# MANUAL DA APOSENTADORIA PROGRAMADA NO RGPS

## Regramento Comum e dos Professores do Ensino Básico

FREDERICO AMADO

# MANUAL DA APOSENTADORIA PROGRAMADA NO RGPS

## Regramento Comum e dos Professores do Ensino Básico

- **Abarca regras permanentes e de transição da Emenda 103/2019.**

**2025**

EDITORA *Jus*PODIVM

www.editorajuspodivm.com.br

EDITORA *Jus*PODIVM
www.editorajuspodivm.com.br

Rua Canuto Saraiva, 131 – Mooca – CEP: 03113-010 – São Paulo – São Paulo
Tel: (11) 3582.5757
• Contato: https://www.editorajuspodivm.com.br/central-de-relacionamento



**Diagramação:** Luiz Fernando Romeu *(lfnando_38@hotmail.com)*

**Capa:** Ana Caquetti

A481m Amado, Frederico
Manual da Aposentadoria Programada no RGPS - Regramento Comum e dos Professores do Ensino Básico / Frederico Amado – São Paulo: Editora JusPodivm, 2025.
864 p.

ISBN: 978-85-442-6260-3.

1. Direito Previdenciário. 2. Aposentadoria Programada. I. Amado, Frederico. II. Título.

CDD 341.6

Bibliotecária Responsável
Ana Carolina Ribeiro Mois – CRB7 – RJ 007348/0



**1ª ed.,** *2.ª tir.:* out./2025.

# Nota do autor

O ***Manual da Aposentadoria Programada no RGPS: Regramento Comum e dos Professores do Ensino Básico*** é uma obra que objetiva estudar a nova legislação das aposentadorias voluntárias com o advento da Emenda Constitucional 103/2019.

Coube à EC 103/2019 extinguir a aposentadoria por tempo de contribuição comum e dos professores do ensino básico, bem como revogar a tradicional aposentadoria por idade urbana, constituindo uma nova modalidade de benefício para substituí-las: a aposentadoria programada, que reuniu três requisitos (idade, tempo de contribuição e período de carência).

Antes do seu estudo, porém, foi necessário perpassar no **Capítulo 1** pelos institutos necessários à sua compreensão, tais como o tempo de contribuição, compensação financeira, contagem recíproca, indenização previdenciária, período de carência, salário de benefício, CNIS, renda mensal, reajustamento, descontos nos benefícios e regras de acumulação.

Ainda precisamos abordar no **Capítulo 2** as extintas aposentadorias por tempo de contribuição, comum e dos professores do ensino básico, bem como a extinta aposentadoria por idade urbana, benefícios que são os precursores da novel aposentadoria programada.

Após isto, no âmbito do **Capítulo 3** promovemos acurado estuda da aposentadoria programada comum e do professor do ensino básico: idade mínima, tempo de contribuição na regra comum; tempo de serviço/contribuição ficto; períodos considerados como tempo de contribuição; início de prova material contemporâneo para prova do tempo de contribuição; tempo de contribuição na regra do professor do ensino básico; período de carência; segurados acobertados; renda mensal; data de início do benefício; dispensa de qualidade de segurado e aposentadoria por idade compulsória nas estatais.

Já no **Capítulo 4** tratamos da aposentadoria programada (por idade) híbrida, benefício não tratado pela Emenda 103/2019 e que possui uma natureza mista de aposentadoria urbana/rural, com inúmeros pontos controvertidos.

De arremate, no **Capítulo 5** finalizamos o trabalho estudando as regras de transição da Emenda 103/2019 das aposentadorias voluntárias comuns e dos professores do ensino básico (artigos 15, 16, 17, 18 e 20), assim como o direito adquirido e o direito à melhor aposentadoria.

Bom estudo!

**O AUTOR.**

# Sumário

CAPÍTULO

1

# INSTITUTOS NECESSÁRIOS AO ESTUDO DAS APOSENTADORIAS VOLUNTÁRIAS

## 1. INTRODUÇÃO

Vamos iniciar a obra neste Capítulo 1 estudando os institutos de Direito Previdenciário indispensáveis ao conhecimento das regras permanentes e transitórias das aposentadorias voluntárias no âmbito do RGPS.

*2. Tempo de serviço/contribuição;*

*3. Contagem recíproca do tempo de contribuição;*

*4. Compensação financeira;*

*5. Indenização previdenciária;*

*6. Período de carência;*

*7. Fator previdenciário;*

*8. Salário de benefício;*

*9. Cadastro Nacional das Informações Sociais;*

*10. Renda mensal inicial;*

*11. Reajustamento das aposentadorias;*

*12. Descontos legalmente autorizados;*

*13. Acumulação de benefícios.*

Após o seu estudo o leitor estará apto a avançar para os Capítulos 2, 3 e 4 para abordarmos as regras das aposentadorias voluntárias programadas comuns e dos professores do ensino básico permanentes e de transição, bem como as extintas aposentadorias por idade urbana e por tempo de contribuição.

## 2. TEMPO DE SERVIÇO/CONTRIBUIÇÃO

### 2.1. Extinção de tempo de serviço e criação do tempo de contribuição com vedação de cômputo ficto

Até o advento da Emenda 20/98, a legislação previdenciária se referia a tempo de serviço, assim considerado o período de exercício de atividade laborativa remunerada considerado para a concessão dos benefícios previdenciários, em especial das aposentadorias.

Entrementes, após a primeira reforma da previdência social, **foi extinto o tempo de serviço e criado o tempo de contribuição**, pois não mais basta o mero exercício do trabalho, e sim a existência de contribuições previdenciárias efetivamente pagas, ou, ao menos, com presunção de pagamento nas hipóteses de responsabilização tributária das empresas.

> Frise-se que, por força do *artigo 4º, da Emenda 20,* exceto no que concerne às contagens fictícias (a exemplo do cômputo em dobro), o tempo de serviço considerado pela legislação vigente para efeito de aposentadoria, cumprido até que a lei discipline a matéria, será contado como tempo de contribuição, não tendo sido editada até hoje a referida norma jurídica.

Para reforçar este entendimento, a **Emenda 103/2019** inseriu o §14 no artigo 201 da Constituição prevendo que "é vedada a contagem de tempo de contribuição fictício para efeito de concessão dos benefícios previdenciários e de contagem recíproca".

Entende-se como **tempo fictício** aquele considerado em lei como tempo de contribuição para fins de concessão de aposentadoria sem que tenha havido, por parte do servidor, a prestação de serviço ou a correspondente contribuição[1].

De acordo com o artigo 25 da Emenda 103/2019, "será assegurada a contagem de tempo de contribuição fictício no Regime Geral de Previdência Social decorrente de hipóteses descritas na legislação vigente até a data de entrada em vigor desta Emenda Constitucional, para fins de concessão de aposentadoria, observado, a partir da sua entrada em vigor, o disposto no § 14 do art. 201 da Constituição Federal".

Certamente quem escreveu esse dispositivo não tinha conhecimento de que a Emenda 20/1998 já havia vedado o cômputo do tempo de contribuição fictício. Trata-se de um dos maiores erros técnicos da Reforma Constitucional.

---

1. Artigo 195, §1º, da Portaria MTP 1.467, de 2 de junho de 2022.

Esse artigo constitucional simplesmente permite em sua literalidade que cerca de 21 anos de tempo de contribuição fictícios prestados entre 16/12/1998 e a data da publicação da Emenda 103/2019 sejam considerados no RGPS, inclusive vindos do RPPS via contagem recíproca com a emissão de CTC (Certidão de Tempo de Contribuição).

## 2.2. Critério de cômputo do tempo de contribuição

De acordo com o revogado artigo 59, do RPS, considerava **tempo de contribuição** o tempo, contado de data a data, desde o início até a data do requerimento ou do desligamento de atividade abrangida pela previdência social, descontados os períodos legalmente estabelecidos como de suspensão de contrato de trabalho, de interrupção de exercício e de desligamento da atividade.

Essa definição persiste para o tempo de contribuição prestado até 13/11/2019. Após essa data, poderá ser em dias ou por competência mensal, a depender do valor da remuneração mensal percebida atingir ou não o piso legal do salário de contribuição.

> **IMPORTANTE:**
> Uma mudança evidente foi o modo de cômputo do tempo de contribuição após a EC 103/2019, que não mais será computado de data a data, e sim por competência mensal, tal qual o período de carência, desde que o valor mensal da remuneração percebida atinja o piso legal ou convencional da categoria ou, se inexistente, ao salário mínimo nacional.

Dessa forma, eis a nova fórmula de cômputo do tempo de contribuição:

| Até 13/11/2019 | Sempre em dias |
|---|---|
| A partir de 14/11/2019 | Por competência, se o valor mensal do salário de contribuição atingiu ao mínimo mensal |

Suponha-se que um segurado empregado com salário mensal de R$ 4.500,00 tenha laborado apenas 10 dias no mês de junho de 2020, tendo faltas injustificadas nos demais dias.

Nessa situação, embora possua apenas 10 dias laborados, todos os 30 dias do mês de junho/2020 serão considerados como tempo de contribuição, pois a sua remuneração mensal *pro rata* foi de R$ 1.500,00 equivalentes a 10 dias de laborar, atingindo ao piso do salário de contribuição.

Logo, o segurado terá um extra de 20 dias de tempo de contribuição, sendo um **caso clássico de tempo de contribuição ficto** criado pelo Decreto 10.410/2020, em clara **inconstitucionalidade chapada**.

> **IMPORTANTE:**
> **Em decorrência do artigo 29[2] da EC 103/2019, a partir da competência 11/2019, o segurado empregado, trabalhador avulso e empregado doméstico** que receber remuneração inferior ao limite mínimo mensal do salário de contribuição, somente considerará o período para fins previdenciários se efetuar os ajustes de complementação, utilização e agrupamento de contribuições, nos termos do Decreto 10.410/2020, que regulamentou o artigo 29 da Emenda 103/2019, nos termos do § 1º do artigo 19-E e o § 27-A do artigo 216, ambos do Regulamento da Previdência Social.

Em termos de contagem recíproca, eis o §4º-A do artigo 125 do RPS, introduzido pelo Decreto 10.410/2020:

> "§ 4º-A Para efeito de contagem recíproca, **a partir de 14 de novembro de 2019**, somente serão consideradas as competências cujos salários de contribuição tenham valor igual ou superior ao limite mínimo mensal do salário de contribuição para o RGPS, observado o disposto no art. 19-E. (Incluído pelo Decreto nº 10.410, de 2020)".

Por óbvio, essa regra se volta aos empregados, trabalhadores avulsos e empregados domésticos, cujo salário de contribuição tem validade previdenciária antes da EC 103/2019 para todos os fins, mesmo que inferior ao piso legal, convencional ou salário mínimo, se se referir a período até 13/11/2019.

Isso porque, para os demais segurados (contribuinte individual, segurado facultativo e segurado especial), o valor nominal do salário de contribuição antes da Emenda 103/2019 já não poderia ser inferior a um salário mínimo, não se prestando para fins de contagem recíproca mesmo antes da Reforma Constitucional, salvo se feito o devido complemento.

A contagem do tempo de contribuição no Regime Geral de Previdência Social observará o mês de trinta dias e o ano de 365 (trezentos e sessenta e cinco) dias, nos termos da extinta Instrução Normativa INSS 85/2016.

## 3. CONTAGEM RECÍPROCA DO TEMPO DE CONTRIBUIÇÃO

### 3.1. Previsão constitucional e definição

O direito à contagem recíproca do tempo de serviço já era previsto na Lei 6.226/75, sendo estampado expressamente na Constituição Federal de 1988

2. Art. 29. Até que entre em vigor lei que disponha sobre o § 14 do art. 195 da Constituição Federal, o segurado que, no somatório de remunerações auferidas no período de 1 (um) mês, receber remuneração inferior ao limite mínimo mensal do salário de contribuição poderá:

   I – complementar a sua contribuição, de forma a alcançar o limite mínimo exigido;

   II – utilizar o valor da contribuição que exceder o limite mínimo de contribuição de uma competência em outra; ou

   III – agrupar contribuições inferiores ao limite mínimo de diferentes competências, para aproveitamento em contribuições mínimas mensais.

   Parágrafo único. Os ajustes de complementação ou agrupamento de contribuições previstos nos incisos I, II e III do *caput* somente poderão ser feitos ao longo do mesmo ano civil.

no seu artigo 201, §9º, ao dispor que, "**para efeito de aposentadoria, é assegurada a contagem recíproca do tempo de contribuição na administração pública e na atividade privada, rural e urbana, hipótese em que os diversos regimes de previdência social se compensarão financeiramente, segundo critérios estabelecidos em lei**".

Posteriormente, com o advento da Emenda 103/2019, o §9º foi levemente modificado e restou inserido o §9º-A no artigo 201 da Constituição:

> **§ 9º** Para fins de aposentadoria, será assegurada a contagem recíproca do tempo de contribuição entre o Regime Geral de Previdência Social e os regimes próprios de previdência social, e destes entre si, observada a compensação financeira, de acordo com os critérios estabelecidos em lei.
>
> **§ 9º-A** O tempo de serviço militar exercido nas atividades de que tratam os arts. 42, 142 e 143 e o tempo de contribuição ao Regime Geral de Previdência Social ou a regime próprio de previdência social terão contagem recíproca para fins de inativação militar ou aposentadoria e a compensação financeira será devida entre as receitas de contribuição referentes aos militares e as receitas de contribuição aos demais regimes.

O parágrafo nono foi ajustado para citar o *nomem iuris* do RGPS e do RPPS na contagem recíproca do tempo de contribuição, observada a compensação financeira, para fins de aposentadoria.

Não destaco nenhuma inovação jurídica. Na verdade, perdeu a chance de ampliar o texto para a contagem recíproca para outros benefícios, como já prevê o artigo 94, *caput*[3], da Lei 8.213/91, o que ocorre na pensão por morte do RGPS (Lei 8.213/91, art. 77, §5º[4]) e RPPS federal (art. 222, §4º[5], da Lei 8.112/90.

Por sua vez, restou inserido o parágrafo 9º-A para deixar claro que o tempo de serviço militar também se presta para a aposentadoria em RPPS e RGPS via contagem recíproca.

O tema foi regulado pela extinta Portaria INSS 450/2020:

---

3. Art. 94. Para **efeito dos benefícios** previstos no Regime Geral de Previdência Social ou no serviço público é assegurada a contagem recíproca do tempo de contribuição na atividade privada, rural e urbana, e do tempo de contribuição ou de serviço na administração pública, hipótese em que os diferentes sistemas de previdência social se compensarão financeiramente. (Redação dada pela Lei nº 9.711, de 20.11.98).

4. § 5º. O tempo de contribuição a Regime Próprio de Previdência Social (RPPS) será considerado na contagem das 18 (dezoito) contribuições mensais de que tratam as alíneas "b" e "c" do inciso V do § 2º. (Incluído pela Lei nº 13.135, de 2015).

5. § 4º. O tempo de contribuição a Regime Próprio de Previdência Social (RPPS) ou ao Regime Geral de Previdência Social (RGPS) será considerado na contagem das 18 (dezoito) contribuições mensais referidas nas alíneas "a" e "b" do inciso VII do **caput**. (Incluído pela Lei nº 13.135, de 2015).

"Seção II

Do Serviço Militar

Art. 32. Será computado como tempo de contribuição o tempo de serviço militar obrigatório, voluntário e o alternativo exercido até 13 de novembro de 2019, salvo se já contado para inatividade remunerada nas Forças Armadas ou auxiliares, ou para aposentadoria no serviço público federal, estadual, do Distrito Federal ou municipal, ainda que anterior à filiação ao RGPS.

Parágrafo único. Ficam mantidas as formas de comprovação dos períodos exercidos em serviço militar até 13 de novembro de 2019.

Art. 33. Para fins de comprovação do tempo de serviço militar, posterior a 14 de novembro de 2019, será exigida, exclusivamente, Certidão de Tempo de Contribuição, e será submetido aos procedimentos incidentes sobre a contagem recíproca".

No entanto, a Portaria MTP 1.467/2022 não limitou a emissão da certidão militar à 13.11.2019.

*"Art. 186. Após as providências de que trata o art. 185, a unidade gestora do RPPS, o órgão de origem do segurado* ***ou o órgão gestor do SPSM, quando se tratar de militar****, deverá emitir a CTC ou a Certidão de Tempo de Serviço Militar constando, obrigatoriamente, no mínimo:*

*I – órgão expedidor;*

*II – nome do segurado ou militar, matrícula, RG, CPF, sexo, data de nascimento, filiação, PIS ou PASEP, cargo ou patente, lotação, data de admissão e data de exoneração ou demissão;*

*III – período de contribuição ao RPPS ou ao SPSM, de data a data, compreendido na certidão;*

*IV – fonte de informação;*

*V – discriminação da frequência durante o período abrangido pela certidão, indicadas as alterações existentes, tais como faltas, licenças, suspensões e outras ocorrências;*

*VI – soma do tempo líquido, que corresponde ao tempo bruto de dias de vínculo ao RPPS ou ao SPSM de data a data, inclusive o dia adicional dos anos bissextos, descontados os períodos de faltas, suspensões, disponibilidade, licenças e outros afastamentos sem remuneração;*

*VII – declaração expressa do servidor responsável pela emissão da certidão, indicando o tempo líquido de contribuição em dias e o equivalente em anos, meses e dias, considerando-se o mês de 30 (trinta) e o ano de 365 (trezentos e sessenta e cinco) dias; VIII – assinatura do responsável pela emissão da certidão e do dirigente do órgão expedidor;*

*IX – indicação da lei que garanta ao segurado ou ao militar a concessão de aposentadorias, transferência para inatividade e pensão por morte;*

*X – relação das bases de cálculo de contribuição por competência, inclusive as correspondentes ao décimo terceiro salário ou gratificação natalina, a serem utilizadas no cálculo dos proventos da aposentadoria, apuradas em todo o período certificado desde a competência julho de 1994 ou desde a do início da contribuição, se posterior àquela competência, sob a forma de anexo; e XI – homologação da unidade gestora do RPPS, no caso de a certidão ser emitida por outro órgão da administração do ente federativo de origem".*

Ao que me parece, considerando que se trata de contagem recíproca e que após a Emenda 103/2019 passou a ter previsão constitucional de pagamento de compensação financeira, que há violação ao artigo 96 da Lei 8.213/91, que após a Lei 13.846/2019 não excepcionou a necessidade de emissão de CTC:

> *"Art. 96. O tempo de contribuição ou de serviço de que trata esta Seção será contado de acordo com a legislação pertinente, observadas as normas seguintes:*
>
> *...*
>
> *VII – **é vedada a contagem recíproca de tempo de contribuição do RGPS por regime próprio de previdência social sem a emissão da CTC correspondente,** ainda que o tempo de contribuição referente ao RGPS tenha sido prestado pelo servidor público ao próprio ente instituidor; (Incluído pela Lei nº 13.846, de 2019)"*

Todavia, é possível argumentar que o Sistema de Proteção Social dos Militares não se confunde com o RPPS, não se aplicando a vedação insculpida no inciso VII do artigo 96 da Lei 8.213/91.

Por conseguinte, a contagem recíproca é o direito de os segurados computarem esse tempo de contribuição do RGPS, se houver migração para o RPPS, caso o trabalhador seja investido em cargo público efetivo de ente político que tenha criado um regime previdenciário para os seus servidores públicos permanentes, e vice-versa, inclusive o regime militar.

Poderá ainda haver contagem recíproca entre Regimes Próprios de Previdência Social de entes políticos diversos, ou mesmo com regimes previdenciários estrangeiros, se houver tratado internacional autorizando.

De acordo com o STJ, considerando que o militar não se aposenta e sim passa a integrar a reserva remunerada, tal disposição deve ser lida também para fins de reserva remunerada do militar, na medida em que não há razão lógica, sistemática ou teleológica para uma distinção que leve a uma interpretação restritiva do dispositivo constitucional[6].

A regulamentação é promovida pelo artigo 94, da Lei 8.213/91, que autoriza a contagem recíproca do tempo de serviço (antes da Emenda 20/98) ou de contribuição, assim considerada como o direito do segurado de computar o período de filiação ao RGPS se houver migração para RPPS da União, estados, Distrito Federal ou municípios, e vice-versa, **para fins de obtenção de benefício previdenciário**, vedada a contagem de qualquer período fictício.

6. ROMS 1.9612, de 19.10.2009.

Portanto, a partir de 16/12/1998, data da vigência da Emenda 20, tanto no RGPS quanto no RPPS, não mais é possível o cômputo fictício do tempo de contribuição, a exemplo da contagem do período de licença prêmio não gozada.

Nesse sentido, a jurisprudência do STJ admite o direito adquirido às contagens de tempo de serviço fictícias até o advento da Emenda 20/1998, a exemplo da decisão tomada no ROMS 20.855, de 14/06/2007:

> "CONSTITUCIONAL. ADMINISTRATIVO. RECURSO ORDINÁRIO EM MANDADO DE SEGURANÇA. SERVIDOR DO ESTADO DO RIO GRANDE DO SUL. LICENÇA-PRÊMIO NÃO GOZADA. **CONTAGEM EM DOBRO PARA FINS DE APOSENTADORIA. PREENCHIMENTO DOS REQUISITOS ANTES DA PUBLICAÇÃO DA EMENDA CONSTITUCIONAL 20/98. DIREITO RECONHECIDO**. PRECEDENTE. RECURSO ORDINÁRIO PROVIDO. 1. O servidor celetista estabilizado do Estado do Rio Grande do Sul que, por força do disposto no art. 276 da Lei Complementar 10.098/94, passou a ser submetido ao regime estatutário e preencheu os requisitos exigidos na legislação pertinente antes do advento da Emenda Constitucional 20/98 tem direito à contagem em dobro do período de licença-prêmio não gozada, para fins de aposentadoria. Precedente. 2. A decisão da Suprema Corte nos autos da ADI 1.150/RS (Rel. Min. MOREIRA ALVES, Tribunal Pleno) não albergou o disposto no art. 276, *caput*, da Lei Complementar Estadual 10.098/94, razão por que permanece válida a regra que determina a submissão ao regime estatutário dos estabilizados que foram contratados pelo Estado do Rio Grande do Sul sob o Regime da Consolidação das Leis do Trabalho – CLT. **3. O disposto no art. 40, § 10, da Constituição Federal, que veda a contagem de tempo de contribuição fictício, não se aplica à recorrente. A conversão postulada refere-se a períodos de licença-prêmio adquiridos antes da promulgação da Emenda Constitucional 20/98, que acrescentou esse dispositivo, mas assegurou, em seus arts. 3º e 4º, a concessão de aposentadoria conforme a legislação pretérita para aqueles que, na sua vigência, cumpriram os requisitos exigidos**. 4. A decisão da Suprema Corte nos autos da ADI 872/RS (Rel. Min. ELLEN GRACIE, Tribunal Pleno) também não atinge o direito postulado no mandado de segurança. O pedido de contagem de tempo de serviço em dobro de período de licença-prêmio não gozada não é formulado com fundamento na inconstitucional Lei Estadual 9.868/93, mas na própria Lei Complementar Estadual 10.098/94, que trata do regime estatutário. 5. Recurso ordinário provido".

Vale salientar que a legislação previdenciária foi além da Constituição Federal, pois garante a contagem recíproca não apenas para a aposentadoria, mas para todos os benefícios previdenciários, observadas as suas exigências.

Logo, na hipótese de uma pessoa que tenha contribuído por 10 anos ao RGPS na condição de segurado obrigatório, caso logre êxito em concurso público e seja empossado em cargo público efetivo de ente político que tenha instituído RPPS, esse período será aproveitado no serviço público, sendo a recíproca também verdadeira.

### 3.2. Permissões, restrições e vedações legais

A regra é o direito à contagem recíproca. Já as restrições e vedações são excepcionais, somente ocorrendo por expressa previsão legal, a exemplo das situações arroladas nos artigos 94 e 96 da Lei 8.213/91.

#### *3.2.1. Vedação nas alíquotas simplificadas*

Excepcionalmente, não será admitida a contagem recíproca do tempo de contribuição do segurado facultativo e do contribuinte individual que optaram por recolher 11% sobre o salário de contribuição de um salário mínimo, ou 5% sobre um salário mínimo no caso do contribuinte individual enquadrado como MEI que fizer o recolhimento simplificado ou o segurado facultativo de baixa renda com atividades domésticas em sua residência, conforme faculta § 2º, do artigo 21, da Lei nº 8.212/91, com redação dada pela Lei 12.470/2011, exceto se recolhida retroativamente a qualquer tempo a complementação de 9% ou de 15%, com os respectivos encargos legais.

Eis o artigo 94 da Lei 8.213/91:

> *"§ 2º Não será computado como tempo de contribuição, para efeito dos benefícios previstos em regimes próprios de previdência social, o período em que o segurado contribuinte individual ou facultativo tiver contribuído na forma do § 2º do art. 21 da Lei nº 8.212, de 24 de julho de 1991, salvo se complementadas as contribuições na forma do § 3º do mesmo artigo . (Incluído pela Lei Complementar nº 123, de 2006)".*

Assim, somente se o segurado promover a complementação de alíquota para 20% com os encargos legais o período será computado no RPPS.

#### *3.2.2. Período rural anterior a novembro de 1991*

Outrossim, na forma do artigo 123, parágrafo único, combinado com o artigo 127, V, ambos do RPS, para fins de *contagem recíproca*, ou seja, de consideração em RPPS, **o tempo de serviço prestado pelo trabalhador rural anteriormente à competência novembro de 1991 será reconhecido apenas se houver indenização ao INSS.**

Por sua vez, o STJ vem validando essa exigência:

> "AGRAVO REGIMENTAL EM RECURSO ESPECIAL. CONTAGEM RECÍPROCA DO TEMPO DE ATIVIDADE RURAL. INDENIZAÇÃO. NECESSIDADE. **1. A jurisprudência da Terceira Seção do Superior Tribunal de Justiça é firme no sentido de que ser imperiosa a indenização ao Regime Geral de Previdência Social do período exercido na atividade rural, anterior à filiação obrigatória, para cômputo em regime próprio de servidor público.** 2. Agravo regimental improvido" (AGREsp 958.190, de 04.08.2008).

<table>
<tr><th colspan="2">Informativo 624 – RECURSOS REPETITIVOS</th></tr>
<tr><td>PROCESSO</td><td>REsp 1.682.678-SP, Rel. Min. Og Fernandes, Primeira Seção, por unanimidade, julgado em 25/04/2018, DJe 30/04/2018 (Tema 609)</td></tr>
<tr><td>RAMO DO DIREITO</td><td>DIREITO PREVIDENCIÁRIO</td></tr>
<tr><td>TEMA</td><td>Tempo de serviço. Servidor público. Contagem recíproca. Trabalho rurícola prestado em período anterior à vigência da Lei n. 8.213/1991. Direito à expedição de certidão. Cômputo do tempo. Exigência de recolhimento das contribuições previdenciárias. Indenização na forma prevista pelo art. 96, IV, da Lei n. 8.213/1991. Tema 609.</td></tr>
<tr><th colspan="2">DESTAQUE</th></tr>
<tr><td colspan="2">O segurado que tenha provado o desempenho de serviço rurícola em período anterior à vigência da Lei n. 8.213/1991, embora faça jus à expedição de certidão nesse sentido para mera averbação nos seus assentamentos, somente tem direito ao cômputo do aludido tempo rural, no respectivo órgão público empregador, para contagem recíproca no regime estatutário se, com a certidão de tempo de serviço rural, acostar o comprovante de pagamento das respectivas contribuições previdenciárias, na forma da indenização calculada conforme o dispositivo do art. 96, IV, da Lei n. 8.213/1991.</td></tr>
<tr><th colspan="2">INFORMAÇÕES DO INTEIRO TEOR</th></tr>
<tr><td colspan="2">De início, tem-se que, reconhecido o tempo de serviço rural, não pode o Instituto Nacional do Seguro Social – INSS se recusar a cumprir seu dever de expedir a certidão de tempo de serviço. O direito à certidão simplesmente atesta a ocorrência de um fato, seja decorrente de um processo judicial (justificação judicial), seja por força de justificação de tempo de serviço efetivada na via administrativa, sendo questão diversa o efeito que essa certidão terá para a esfera jurídica do segurado. No entanto, ainda que seja direito do segurado a expedição de certidão comprobatória do tempo de serviço rurícola prestado anteriormente à vigência da Lei n. 8.213/1991, o cômputo do tempo laborado, para efeito de contagem recíproca, não se revela de forma automática. Destarte, apesar de o art. 94 da Lei n. 8.213/1991 assegurar a contagem recíproca, a legislação, a seguir, em seu art. 96, exigiu fossem recolhidas as contribuições previdenciárias, na forma de indenização, até mesmo para fazer cumprir o mandamento da compensação de regimes. Registre-se que o tratamento entre regimes diferenciados (RPPS e RGPS) não pode ser igual, porque possuem fontes de custeio e formas de cálculo dos benefícios diversos. Ainda que assim não fosse, o caso é de contagem recíproca, o que difere em tudo da mera contagem de tempo dentro de um mesmo regime de Previdência. Assim, na forma da jurisprudência consolidada do STJ, "nas hipóteses em que o servidor público busca a contagem de tempo de serviço prestado como trabalhador rural para fins de contagem recíproca, é preciso recolher as contribuições previdenciárias pertinentes que se buscam averbar, em razão do disposto nos arts. 94 e 96, IV, da Lei 8.213/1991".</td></tr>
</table>

Este também é posicionamento do STF, noticiado por intermédio do Informativo 587:

> "**Contagem Recíproca do Tempo de Serviço Rural e Recolhimento de Contribuições**
>
> Conforme disposto no § 9º do art. 201 da CF ("Para efeito de aposentadoria, é assegurada a contagem recíproca do tempo de contribuição na administração

pública e na atividade privada, rural e urbana, hipótese em que os diversos regimes de previdência social se compensarão financeiramente, segundo critérios estabelecidos em lei."), **a contagem recíproca do tempo de serviço rural pressupõe ter havido o recolhimento das contribuições previdenciárias**. Com base nesse entendimento, o Tribunal, por maioria, indeferiu mandado de segurança impetrado contra ato do Tribunal de Contas da União – TCU, que julgara ilegal a aposentadoria do impetrante, pelo fato de ter sido computado o tempo de serviço rural sem a comprovação do recolhimento das contribuições ao INSS. Vencidos os Ministros Dias Toffoli, Eros Grau e Ayres Britto que concediam a ordem. Tendo em conta que o impetrante comprovara que fora trabalhador rural e que, naquele período, a legislação impunha a contribuição sobre a produção da venda da propriedade rural, do produtor rural, reputavam que, no caso concreto, o TCU exigira uma prova impossível de o impetrante fazer, porque isso não era obrigação dele, mas do produtor rural. Precedente citado: MS 26919/DF (DJE de 23.5.2008). MS 26872/DF, rel. Min. Marco Aurélio, 19.5.2010. (MS-26872)"

No mesmo caminho o entendimento sumulado do Tribunal de Contas da União:

"**Súmula 268** – O tempo de atividade rural somente poderá ser averbado para fins de aposentadoria no serviço público se recolhidas as respectivas contribuições previdenciárias na época própria ou, posteriormente, de forma indenizada".

A TNU também possui o mesmo entendimento:

"**Súmula 10** – O tempo de serviço rural anterior à vigência da Lei nº. 8.213/91 pode ser utilizado para fins de contagem recíproca, assim entendida aquela que soma tempo de atividade privada, rural ou urbana, ao de serviço público estatutário, desde que sejam recolhidas as respectivas contribuições previdenciárias".

**Já no âmbito do RGPS, o tempo de serviço do segurado trabalhador rural prestado antes da vigência da Lei 8.213/91 será computado independentemente do recolhimento das contribuições a ele correspondentes, exceto para efeito de carência**[7].

Por conseguinte, respeitando o regramento de época, em concretização do Princípio do *Tempus Regit Actum*, os trabalhadores rurais poderão considerar no RGPS o tempo de serviço prestado no âmbito da extinta Previdência Rural, sem a necessidade de indenizar o INSS, mas esse período não valerá como carência, pois esta pressupõe o pagamento mensal e tempestivo das contribuições previdenciárias.

> Aliás, de acordo com a Súmula 05, da TNU, a prestação de serviço rural por menor de 12 a 14 anos, até o advento da Lei 8.213, de 24 de julho de 1991, devidamente comprovada, pode ser reconhecida para fins previdenciários, pois respeitado o regramento vigente à época.

7. Artigo 55, §2º, da Lei 8.213/91.

### *3.2.3. Permissões, vedações e restrições do artigo 96 da Lei 8.213/91*

Ademais, em termos de contagem recíproca[8]:

a) **é vedada a contagem de tempo de contribuição no serviço público com o de contribuição na atividade privada, quando concomitantes;**

b) **não será contado por um regime o tempo de contribuição utilizado para concessão de aposentadoria por outro regime;**

c) **não será admitida a contagem em dobro ou em outras condições especiais** (as atividades que conduzem à aposentadoria especial em 15, 20 ou 25 anos).

Eis o STJ:

> **"1. Conforme orientação consolidada no julgamento do EREsp 524.267/PB, não se admite, por expressa proibição legal (artigo 96, I, da Lei 8.213/1991), a conversão de tempo especial em comum, para fins contagem recíproca".** AgRg no REsp 1555436, de 18/2/2016.

A contagem recíproca do tempo de contribuição pressupõe o cômputo de um período contributivo de um regime previdenciário básico em outro regime previdenciário básico (RGPS em RPPS ou vice-versa) **prestado em épocas diversas.**

Em regra, se uma pessoa é segurada do RGPS e do RPPS na mesma época, exercendo atividade laboral no serviço público efetivo e na iniciativa privada simultaneamente, é evidente que descabe a contagem recíproca do tempo de contribuição.

Uma questão que se põe é a possibilidade ou não de soma das remunerações nos períodos concomitantes. É certo que tempos de contribuição concomitantes em regimes diversos não poderão ser somados, pois a ninguém é dado dobrar o tempo em termos de contagem recíproca.

A meu ver, desde que paga a compensação financeira, não existe evidente vedação legal para a soma dos salários concomitantes, pois o artigo 96, inciso II, aduz ser "vedada a contagem de tempo de serviço público com o de atividade privada, quando concomitantes", e não a soma das remunerações.

Não deve haver vedação tácita em desfavor do segurado, que efetuou o pagamento das contribuições previdenciárias concomitantes. No entanto, o tema é deveras controvertido. O TRF da 3ª Região e a TNU não admitem a tese:

> **Tipo**
>
> Acórdão
>
> **Número**
>
> 0005577-87.2015.4.03.6183 ..PROCESSO_ANTIGO: 201561830055774 ..PROCESSO_ANTIGO_FORMATADO: 2015.61.83.005577-4

---

8. Artigo 96 da Lei 8.213/91 e 127, do RPS.

00055778720154036183

**Classe**

APELAÇÃO/REMESSA NECESSÁRIA – 2241525 ..SIGLA_CLASSE: ApelRemNec

**Relator(a)**

JUÍZA CONVOCADA SYLVIA DE CASTRO

**Relator para Acórdão**

..RELATORC:

**Origem**

TRF – TERCEIRA REGIÃO

**Órgão julgador**

DÉCIMA TURMA

**Data**

10/10/2017

**Data da publicação**

20/10/2017

**Fonte da publicação**

e-DJF3 Judicial 1 DATA:20/10/2017 ..FONTE_PUBLICACAO1: ..FONTE_PUBLICACAO2: ..FONTE_PUBLICACAO3:

**Ementa**

PREVIDENCIÁRIO. PROCESSUAL CIVIL. AÇÃO REVISIONAL. INTERESSE DE AGIR. CONFIGURAÇÃO. DECADÊNCIA. INOCORRÊNCIA. APOSENTADORIA DO RGPS. CONTRIBUIÇÕES VERTIDAS A OUTRO REGIME PREVIDENCIÁRIO. CONTAGEM RECÍPROCA. CABIMENTO. LABOR CONCOMITANTE. INCLUSÃO NO CÁLCULO DA RMI. IMPOSSIBILIDADE. ART. 96 DA LEI 8.213/91. PRESCRIÇÃO. JUROS DE MORA. HONORÁRIOS ADVOCATÍCIOS. I – Não há que se falar em carência de ação, por falta de interesse de agir, ante a ausência de pretensão resistida, pelo fato de a parte autora ter pleiteado administrativamente a revisão de sua jubilação no ano de 2006, encontrando-se tal pedido ainda pendente de apreciação pela Autarquia. Os prazos para conclusão dos procedimentos administrativos devem obedecer ao princípio da razoabilidade, consoante disposto na Emenda Constitucional nº 45, de 08.12.2004, que acrescentou o inciso LXXVIII ao artigo 5º da Constituição da República. II – Os benefícios deferidos antes de 27 de junho de 1997 estão sujeitos a prazo decadencial de dez anos contados da data em que entrou em vigor a norma fixando o prazo decadencial decenal, qual seja, 28.06.1997, de modo que o direito do segurado de pleitear a sua revisão expirou em 28.06.2007. Já os benefícios deferidos a partir de 28.06.1997 estão submetidos ao prazo decadencial de dez anos, contados do dia primeiro do mês seguinte ao do recebimento da primeira prestação ou, quando for o caso, do dia em que tomar conhecimento da decisão indeferitória definitiva no âmbito administrativo. III – No caso dos autos, visto que a demandante percebe aposentadoria por tempo de contribuição deferida em 29.09.2015 e que efetuou pedido de revisão na seara administrativa em 18.01.2006, ainda pendente de apreciação, não há que se cogitar da ocorrência de decadência de seu direito de pleitear o recálculo da renda mensal do benefício de que é titular. IV – A Constituição da República de 1988, em seu artigo 201, § 9º, e o artigo 94 da Lei n. 8.213/91, asseguram a contagem recíproca do tempo de contribuição na Administração Pública para efeito de aposentadoria, assim como a compensação financeira entre os diversos regimes, na forma prevista em lei. V – O artigo 96 da Lei nº 8.213/91, ao disciplinar a contagem recíproca de tempo de serviço, veda a contagem de tempo de serviço público com o de atividade privada quando concomitantes ou utilizados para concessão de aposentadoria por outro regime. Isso significa que a contagem recíproca de tempo de serviço não considera aqueles períodos de serviço em que o segurado tenha, ao mesmo tempo ou concomitantemente, exercido duas atividades: pública e privada. **VI – Uma vez vedada a contagem de tempos concomitantes entre o serviço público e privado, como é o caso dos autos, no que se refere ao período de 26.01.1998 a 17.10.1998, em que a autora desempenhou funções profissionais junto à Universidade Federal de São Paulo – UNIFESP/EPM enquanto era filiada ao RGPS em decorrência do labor prestado ao Hospital das Clínicas da Faculdade de Medicina de RPUSP, as contribuições vertidas para o ente estatal não podem ser somadas àquelas que foram destinadas ao INSS, para fins de aumento do salário de contribuição. VII – Embora o artigo 32 da Lei 8.213/91 disponha que O salário-de-benefício do segurado que contribuir em razão de atividades concomitantes será calculado com base na soma dos salários-de-contribuição das atividades exercidas na data do requerimento ou do óbito, ou no período básico de cálculo (...), há que se ter em conta que tal dispositivo legal destina-se ao sistema de contagem concomitante no mesmo sistema, ou seja, dentro do RGPS, e não entre sistemas diversos, sujeitos à contagem recíproca, já que, quanto ao regime de contagem recíproca, o artigo 96, II da LBPS, consoante já mencionado expressamente vedou a contagem de tempos de serviço concomitantes – público e privado. VIII – Uma vez vedada a contagem de tempos de serviço concomitantes, por óbvio não se aplicaria à contagem recíproca a forma de cálculo do salário-de-benefício em razão da concomitância, já que o instituto da contagem recíproca não a admite.** IX – Destarte, é devido o recálculo da renda mensal do benefício de aposentadoria por tempo de contribuição da autora, considerando-se as remunerações auferidas por força do vínculo empregatício mantido junto à Universidade Federal de São Paulo – UNIFESP/EPM, no que se refere aos períodos de 01.01.1994 a 25.01.1998 e 18.10.1998 a 01.09.2001. X – Mantido o termo inicial da revisão do benefício na data do pedido administrativo de revisão (18.01.2006), por ter restado incontroverso. Não há que se falar em incidência de prescrição quinquenal, haja vista a DIB em 29.09.2005 e o fato de o requerimento administrativo de revisão ainda encontrar-se pendente de apreciação. XI – A correção monetária e os juros de mora serão calculados na forma da legislação de regência. Apelação da Autarquia não conhecida na parte em que postula que os juros de mora observem ao disposto na Lei nº 11.960/2009, visto que a sentença decidiu nos exatos termos de sua pretensão. XII – Ante o parcial provimento da apelação do INSS e da remessa oficial, fica mantido o percentual fixado a título de honorários advocatícios, devendo a base de cálculo, contudo, ser limitada às diferenças vencidas até a data da sentença, ante o disposto na Súmula 111 do STJ, o entendimento adotado por esta 10ª Turma, bem como a redação do artigo 85, § 11, do CPC de 2015. XIII – Preliminar rejeitada. Apelação do INSS não conhecida em parte e, na parte conhecida, parcialmente provida. Remessa oficial parcialmente provida.

**Tipo**

Acórdão

**Número**

0505231-71.2018.4.05.8300

05052317120184058300

**Classe**

Pedido de Uniformização de Interpretação de Lei (Turma)

**Relator(a)**

IVANIR CESAR IRENO JUNIOR

**Origem**

TNU

**Órgão julgador**

TURMA NACIONAL DE UNIFORMIZAÇÃO

**Data**

28/04/2021

**Data da publicação**

29/04/2021

**Fonte da publicação**

29/04/2021

**Ementa**

PEDIDO DE UNIFORMIZAÇÃO DE INTERPRETAÇÃO DE LEI FEDERAL. DIREITO PREVIDENCIÁRIO. **REVISÃO DE RMI. PRETENSÃO DE SOMAR SALÁRIOS DE CONTRIBUIÇÃO DO RRPS E DO RGPS EM ATIVIDADES CONCOMITANTES, PARA FINS DE RECÁLCULO DA RMI. PERÍODO DE RPPS NÃO UTILIZADO PARA BENEFÍCIO NO REGIME DE ORIGEM. INVIABILIDADE. O ART. 32 DA LEI 8.213/91 SOMENTE SE APLICA PARA CONTRIBUIÇÕES REALIZADAS NO RGPS. IMPOSSIBILIDADE DE CONTAGEM RECÍPROCA DE CONTRIBUIÇÕES.** JURISPRUDÊNCIA DOMINANTE DA TNU. PUIL NÃO CONHECIDO.

***PEDIDO DE UNIFORMIZAÇÃO. PREVIDENCIÁRIO. REVISÃO DE RMI. AVERBAÇÃO DE VÍNCULO TRABALHISTA. UTILIZAÇÃO DE***

***CONTRIBUIÇÕES QUE RECOLHEU PARA O RPPS E NÃO FORAM APROVEITADAS, POIS SE DESLIGOU DO REFERIDO REGIME. INVIABILIDADE. RECURSO PROVIDO PARA JULGAR IMPROCEDENTE O PEDIDO.***

*(...)*

*12. O art. 32 da Lei 8.213/91 direciona-se à soma de salários de contribuição de atividades vinculadas ao Regime Geral de Previdência Social. Nesse caso, existe autorização legal explícita para a soma dos valores sobre os quais incidiu contribuição direcionada ao mesmo regime previdenciário.*

***13. Porém, se a segurada recolheu contribuições concomitantemente para regimes previdenciários distintos não está acobertado por qualquer garantia legal ou constitucional de aproveitamento das contribuições de um dos regimes pelo outro.***

*14. O fato é que a segurada contribuiu para o RPPS por tempo insuficiente à aposentadoria. Enquanto esteve vinculada àquele sistema, manteve a proteção previdenciária (ex: invalidez, morte etc.). Desfiliando-se do regime sem adquirir o direito a qualquer prestação, não tem direito a uma necessária utilização do tempo contribuído... trata-se de situação idêntica à de qualquer pessoa que venha a perder a qualidade de segurado antes da aquisição de qualquer direito previdenciário.*

*15. O acórdão recorrido, porém, estabeleceu uma forma de aproveitamento dessas contribuições, por meio de uma comunicabilidade não autorizada entre o RGPS e o RPPS, que viola a legalidade e desequilibra a previsão atuarial dos sistemas previdenciários.*

*16. Nos casos de contagem recíproca por tempo de contribuição, a autorização constitucional estabelece a necessidade de compensação entre os regimes, sendo certo que a Lei 9.796/95 disciplina um complexo sistema de compensação previdenciária, específico para essa situação.*

*17. O entendimento adotado pelo acórdão recorrido, ao inovar e criar uma nova forma de aproveitamento, no RGPS, das contribuições para o RPPS, inviabiliza a compensação, sendo absolutamente incompatível cm a sistemática da Lei 9.795/95.*

*18. Desse modo, é inviável a pretensão de aproveitamento, no RGPS, dos valores contribuídos concomitantemente para o RPPS, pois o art. 32 da Lei 8.213/91 é aplicável apenas nos casos das atividades determinarem a filiação ao mesmo regime de previdência.*

*19. Ante o exposto, voto por CONHECER e DAR PROVIMENTO ao recurso do INSS, para julgar improcedente o pedido, fixando a* ***seguinte tese: A soma dos salários de contribuição de atividades concomitantes para cálculo do salário de benefício apenas é autorizada em relação a atividades vinculadas ao Regime Geral de Previdência Social****. (PEDILEF 0014106-46.2014.4.01.3801, Relator JUIZ FEDERAL FABIO DE SOUZA SILVA, julgado em 27.6.2019)*

Por outro lado, existe precedente do TRF da 1ª Região admitindo a tese:

**Tipo**

Acórdão

**Número**

2004.71.00.030487-4

200471000304874

**Classe**

AC – APELAÇÃO CIVEL

**Relator(a)**

JOÃO BATISTA PINTO SILVEIRA

**Origem**

TRIBUNAL – QUARTA REGIÃO

**Órgão julgador**

SEXTA TURMA

**Data**

09/02/2007

**Data da publicação**

21/02/2007

**Fonte da publicação**

D.E. 21/02/2007

**Ementa**

PREVIDENCIÁRIO. REVISÃO DE BENEFÍCIO. AUXÍLIO-DOENÇA. CÁLCULO DO SALÁRIO-DE-BENEFÍCIO. ATIVIDADE PÚBLICA E PRIVADA CONCOMITANTES. LIMINAR. INDEFERIMENTO. **1. Manutenção da decisão que determinou sejam consideradas todas as remunerações auferidas pela autora no período básico de cálculo do auxílio-doença, inclusive aquelas resultantes de filiação a Regime Próprio da Previdência Social, e que o salário de benefício deve ser apurado nos termos do artigo 32 da Lei 8.213/91, com a conseqüente alteração de sua renda mensal inicial.** 2. Liminar indeferida, pois se trata de revisão de benefício em que a autora tem 53 anos de idade e não foi juntada qualquer prova acerca da alegação de necessidade de tratamento de saúde.

Em precedente mais recente o TRF da 1ª Região repeliu a tese:

APELAÇÃO. PREVIDENCIÁRIO. MANDADO DE SEGURANÇA. APOSENTADORIA POR TEMPO DE CONTRIBUIÇÃO. EXERCÍCIO DE ATIVIDADES CONCOMITANTES VINCULADAS A REGIMES PREVIDENCIÁRIOS DIVERSOS (RGPS E RPPS). CÁLCULO DA RMI. SOMA DAS CONTRIBUIÇÕES VERTIDAS AOS DOIS REGIMES PREVIDENCIÁRIOS. IMPOSSIBILIDADE. ART. 96, II, DA LEI N. 8.213/91. EVENTUAL ERRO EM SUA CONCESSÃO. BOA-FÉ DO SEGURADO. INEXIGIBILIDADE DE DEVOLUÇÃO DOS VALORES RECEBIDOS. 1. Cinge-se a presente controvérsia à possibilidade, ou não, de se computarem para o cálculo do salário de benefício os salários de contribuições relativos a atividade vinculada a Regime Próprio de Previdência exercida concomitantemente com atividades vinculadas ao Regime Geral de Previdência Social – RGPS. 2. A Constituição Federal de 1988, no seu art. 201, § 9º, assegura a contagem recíproca do tempo de contribuição na Administração Pública para efeito de aposentadoria, assim como a compensação financeira entre os diversos regimes, na forma prevista em lei (art. 94 da Lei n. 8.213/91). O art. 96 da Lei n. 8.213/91 dispõe que: I – não será admitida a contagem em dobro ou em outras condições especiais; II – é vedada a contagem de tempo de serviço público com o de atividade privada, quando concomitantes; III – não será contado por um sistema o tempo de serviço utilizado para concessão de aposentadoria pelo outro. 3. Este TRF da 1ª Região fixou que "não há qualquer dúvida ou debate acerca do fato de que o art. 96, I, da Lei nº 8.213/91 veda, apenas, a contagem recíproca do mesmo período de labor já computado em um Regime para fins de percepção de benefício em outro, não importando vedação quanto à contagem de períodos de trabalho em regimes diversos, porém prestados concomitantemente. O inciso II do mesmo art. 96 da Lei n. 8.213 /91, por seu turno, não veda a contagem de tempos de serviço concomitantes sob regimes diferentes, celetista e estatutário; impede apenas o uso de qualquer destes períodos, por meio da contagem recíproca, de forma que sirvam, em um mesmo regime de previdência, para aumentar o tempo de serviço para uma única aposentadoria" (AC 2006.38.09.00415-0/MG, Juiz Federal Marcelo Motta de Oliveira, 1ª CRP de Juiz de Fora, DJe de 06/07/2017). 4. Ao contrário do que requer o autor, se há expressa vedação legal quanto à contagem concomitante de tempos de serviço público e privado (art. 96, II, da Lei n. 8.213/91), logicamente as contribuições vertidas para Regime Próprio de Previdência não poderão ser somadas àquelas que foram destinadas ao RGPS, para fins de aumento do salário-de-contribuição e, por conseguinte, da renda mensal inicial da aposentadoria previdenciária. O artigo 32 da Lei 8.213/91 disciplina a sistemática de cálculo dos benefícios previdenciários na hipótese de exercício de atividades concomitantes, mas apenas quanto à contagem recíproca de tempo de atividades exercidas de forma concomitante dentro do próprio RGPS, e não entre sistemas diversos, o que é vedado por lei (AC 2006.38.00.027418-5/MG, Desembargadora Federal Neuza Maria Alves da Silva, Segunda Turma, DJe de 04/08/2011, entre outros). 5. Apelação do autor não provida. 7. Somente nos recursos interpostos contra decisão publicada a partir de 18 de março de 2016, será possível o arbitramento de honorários sucumbenciais recursais, na forma do art. 85, § 11, do novo CPC"(enunciado Administrativo STJ nº 7). Mantida a sucumbência fixada. (TRF-1 – AMS: 00251926920074013800, Relator: JUÍZA FEDERAL LUCIANA PINHEIRO COSTA, Data de Julgamento: 15/10/2018, 1ª CÂMARA REGIONAL PREVIDENCIÁRIA DE MINAS GERAIS, Data de Publicação: 25/04/2019).

O **INSS estende a vedação à soma de tempo de contribuição de atividades concomitantes à soma dos salários de contribuição**. Nos termos do artigo 171 da Instrução Normativa 77/2015, se o período em que o segurado exerce atividade para o RGPS for concomitante com o tempo de serviço prestado à Administração Pública, não serão consideradas no PBC as contribuições vertidas no período para o outro regime de previdência conforme as disposições estabelecidas no art. 96 da Lei nº 8.213, de 1991.

Há consulta da Divisão de Orientação e Informações Técnicas do MPS sobre a interpretação desse dispositivo:

*"CONTAGEM RECÍPROCA. CARGOS ACUMULÁVEIS. PERÍODOS CONCOMITANTES.* ***CTC DO INSS COM PERÍODOS "ZERADOS". IMPOSSIBILIDADE DE UTILIZAÇÃO DA CERTIDÃO ESPECÍFICA EM CASOS DE PERÍODOS CONCOMITANTES. NECESSIDADE DE REVISÃO DA CTC PARA FRACIONAMENTO DO TEMPO.*** *COMPENSAÇÃO FINANCEIRA SOMENTE DE PERÍODOS NÃO CONCOMITANTES.*

*As normas gerais previdenciárias estabeleceram mecanismos que permitem a contagem recíproca do tempo de contribuição para fins de aposentadoria em dois cargos acumuláveis, mediante a emissão ou revisão de CTC do INSS para fracionamento do tempo e destinação ao RPPS de até dois entes federativos ou ao RPPS de um mesmo ente federativo para averbação nos dois cargos acumulados, conforme prevê o art. 511 da Instrução Normativa PRES/INSS nº 128, de 2022. Assim, a CTC pode ser revista, a pedido do interessado, observando-se que o fracionamento poderá corresponder à totalidade de um período contributivo (vínculo) ou apenas a parte dele.*

***No RGPS, o exercício de dupla atividade gera apenas um vínculo contributivo, sendo essa a razão da indicação dos períodos zerados na CTC, que não podem ser contados, salvo se houver revisão dos períodos aproveitados na CTC. A averbação de períodos cuja CTC emitida pelo INSS apresente como "zerados" interferirá no direito à compensação financeira por se tratar de tempo não certificado.***

*Para que a compensação financeira previdenciária seja devida, é imprescindível que o tempo seja fracionado e distribuído corretamente entre os vínculos, evitando-se o computo de tempo não certificado ou dupla contagem. Conforme os artigos 3º e 5º do Decreto nº 10.188, de 2019, a compensação financeira é devida quando o tempo de contribuição, não concomitante com o período no regime instituidor, foi utilizado na concessão de aposentadoria. Tempos concomitantes registrados na CTC não devem ser informados pelo regime instituidor ao regime de origem para fins de compensação. Considerar tais períodos pode resultar em prejuízo ao RPPS.* ***(Divisão de Orientação e Informações Técnicas – DIOIT/CGNAL/DRPPS/SRPC/MPS. GESCONL514441/2024. Data: 7/2/2025)".***

Existe posicionamento do STJ no mesmo sentido do que defendemos nesta obra pela possibilidade de soma das remunerações, vedada a soma dos tempos de contribuição:

**Processo**

AgInt no REsp **2168203** / MG

AGRAVO INTERNO NO RECURSO ESPECIAL

2024/0333099-4

**Relatora**

Ministra REGINA HELENA COSTA (1157)

**Órgão Julgador**

T1 – PRIMEIRA TURMA

**Data do Julgamento**

16/12/2024

**Data da Publicação/Fonte**

DJEN 20/12/2024

**Ementa**

PROCESSUAL CIVIL. PREVIDENCIÁRIO. AGRAVO INTERNO NO RECURSO ESPECIAL. CÁLCULO DA APOSENTADORIA. EXERCÍCIO DE ATIVIDADES CONCOMITANTES. SALÁRIO DE CONTRIBUIÇÃO COMPOSTO POR TODAS AS PARCELAS RECOLHIDAS. TEMA 1.070/STJ. ARGUMENTOS INSUFICIENTES PARA DESCONSTITUIR A DECISÃO ATACADA. APLICAÇÃO DE MULTA. ART. 1.021, § 4º, DO CÓDIGO DE PROCESSO CIVIL DE 2015. DESCABIMENTO.

I – A 1ª Seção desta Corte, no julgamento do **Tema n. 1.070/STJ**, firmou orientação segundo a qual após o advento da Lei 9.876/1999, e para fins de cálculo do benefício de aposentadoria, no caso do exercício de atividades concomitantes pelo segurado, o salário de contribuição deverá ser composto da soma de todas as contribuições previdenciárias por ele vertidas ao sistema, respeitado o teto previdenciário.

**II – O fato de alguns períodos terem sido prestados perante regime próprio de previdência não altera tal conclusão, diante da previsão de compensação financeira entre os diversos regimes no caso de contagem recíproca (art. 201, § 9º, CR, Lei n. 9.796/1999 e art. 26, 5º, do Decreto n. 3.048/1999).**

III – Não apresentação de argumentos suficientes para desconstituir a decisão recorrida.

IV – Em regra, descabe a imposição da multa, prevista no art. 1.021, § 4º, do Código de Processo Civil de 2015, em razão do mero improvimento do Agravo Interno em votação unânime, sendo necessária a configuração da manifesta inadmissibilidade ou improcedência do recurso a autorizar sua aplicação, o que não ocorreu no caso.

V – Agravo Interno improvido.

**Importante:**
**Registre-se o INSS admite a consideração concomitante de período de RPPS em SUBSTITUIÇÃO ao período do RGPS, se o período do RGPS não puder ser utilizado como tempo de contribuição, a exemplo de salário de contribuição abaixo de um salário mínimo ou recolhimento com alíquota simplificada.**

Veja-se que a Portaria INSS/DIRBEN 991/2022:

> "*Art. 157.* ***Havendo concomitância de período de RPPS com a atividade de vinculação obrigatória ao RGPS, poderá ser computado como tempo de contribuição o período de RPPS, desde que devidamente certificado, nas seguintes situações:***
>
> *I – na aposentadoria por tempo de contribuição, quando houver períodos de recolhimentos efetuados por contribuinte individual, inclusive o MEI, na alíquota*

*de 11% (onze por cento), sem a devida complementação; (incluído pela Portaria Dirben/INSS nº 1.080, de 06 de Dezembro de 2022)*

*II – em qualquer benefício: (incluído pela Portaria Dirben/INSS nº 1.080, de 06 de Dezembro de 2022)*

*a) quando houver período na categoria de segurado empregado, empregado doméstico e trabalhador avulso a partir de 14 de novembro de 2019, data posterior à publicação da Emenda Constitucional nº 103, de 2019, cujo salário de contribuição seja inferior ao limite mínimo do salário de contribuição; (incluída pela Portaria Dirben/INSS nº 1.080, de 06 de Dezembro de 2022)*

*b) quando houver período de recolhimento na categoria de contribuinte individual, inclusive o MEI, cujo recolhimento seja inferior ao limite mínimo do salário de contribuição ou cuja extemporaneidade não tenha sido validada. (incluída pela Portaria Dirben/INSS nº 1.080, de 06 de Dezembro de 2022)*

*Parágrafo único. O disposto nos incisos I e II do caput não se aplica se houver contribuição válida decorrente de atividade de filiação obrigatória ao RGPS em outra categoria de segurado. (incluído pela Portaria Dirben/INSS nº 1.080, de 06 de Dezembro de 2022)"*

Demais disso, se um segurado do RGPS utilizou o tempo de contribuição para se aposentar no RGPS, esse mesmo período contributivo não poderá ser levado ao RPPS, porquanto já considerado.

Também não se admite para fins contagem recíproca a contagem em dobro ou em outras condições especiais, razão pela qual mesmo que o segurado exerça atividades nocivas à saúde este período contributivo não será computado de maneira diferenciada em outro regime previdenciário básico.

Registre-se que estas proibições já existiam na legislação previdenciária brasileira mesmo antes da criação do Regime Geral de Previdência Social, pois consignadas no artigo 4º da Lei 6.226/1975[9], sendo, portanto, aplicáveis retroativamente à Lei 8.213/91.

---

9. Art. 4º Para efeitos desta Lei, o tempo de serviço ou de atividades, conforme o caso, será computado de acordo com a legislação pertinente, observadas as seguintes normas:

   I – Não será admitida a contagem de tempo de serviço em dobro ou em outras condições especiais;

   II – É vedada a acumulação de tempo de serviço público com o de atividades privadas, quando concomitante;

   III – Não será contado por um sistema, o tempo de serviço que já tenha servido de base para a concessão de aposentadoria pelo outro sistema;

   IV – o tempo de serviço, anterior ou posterior à filiação obrigatória à Previdência Social, dos segurados – empregadores, empregados domésticos, trabalhadores autônomos, e o de atividade dos religiosos, de que trata a Lei nº 6.696, de 8 de outubro de 1979, somente será contado se for recolhida a contribuição correspondente ao período de atividade, com os acréscimos legais na forma a ser fixada em regulamento. (Redação dada pela Lei nº 6.864, de 1980).

Por força da Lei 13.135/2015, em regra, **a pensão por morte vitalícia ou temporária para ser deferida ao cônjuge, companheiro ou companheira pressupõe o recolhimento de 18 contribuições mensais. Acaso inexistam 18 contribuições mensais vertidas pelo falecido segurado, a pensão por morte será paga por apenas 4 meses.**

Nesse sentido, de acordo com o novel artigo 77, §5º, da Lei 8.213/91, inserido pela Lei 13.135/2015, o tempo de contribuição a Regime Próprio de Previdência Social (RPPS) será considerado na contagem das 18 (dezoito) contribuições mensais, o que pode ser denominado de contagem recíproca *post mortem*, acaso promovida após o falecimento do segurado.

Vale frisar que apenas a legislação geral sobre RPPS (de competência da União) poderá criar restrições ou vedações com razoabilidade à contagem recíproca do tempo de contribuição, como ocorre nos artigos 94 e 96 da Lei 8.213/91.

Isso porque se trata de normatização geral sobre o Regime Próprio de Previdência Social de todos os entes federativos, sendo incongruente a existência de novas regras proibitivas ou restritivas apenas no cunho estadual ou municipal.

Nesse giro, acertadamente, o STF pronunciou a inconstitucionalidade de lei da lavra do Estado da Bahia, que indevidamente limitava em 10 anos o tempo de contribuição do RGPS para fins de contagem recíproca no citado RPPS estadual:

> **Informativo 756 – "Aposentadoria: contagem recíproca e restrições indevidas**
>
> **O Plenário julgou procedente pedido formulado em ação direta para declarar a inconstitucionalidade do art. 119, VI, da Lei 6.677/1994, do Estado da Bahia ["Art. 119. Contar-se-á para efeito de aposentadoria e disponibilidade: ... VI – até 10 (dez) anos do tempo de serviço em atividade privada vinculada à previdência social, desde que um decênio, pelo menos, no serviço público estadual, ressalvada a legislação federal regulamentadora da matéria"].** O Tribunal confirmou a liminar deferida e consignou que, na sua redação original, o § 2º do art. 202 da CF seria autoaplicável ("Art. 202. É assegurada aposentadoria, nos termos da lei, calculando-se o benefício sobre a média dos trinta e seis últimos salários de contribuição, corrigidos monetariamente mês a mês, e comprovada a regularidade dos reajustes dos salários de contribuição de modo a preservar seus valores reais e obedecidas as seguintes condições: ... § 2º – Para efeito de aposentadoria, é assegurada a contagem recíproca do tempo de contribuição na administração pública e na atividade privada, rural e urbana, hipótese em que os diversos sistemas de previdência social se compensarão financeiramente, segundo critérios estabelecidos em lei"). ADI 1798/BA, rel. Min. Gilmar Mendes, 27.8.2014. (ADI-1798)".

O mesmo tratamento foi dado ao STF para lei municipal, que foi pronunciada inválida porque exigia dez anos de efetivo exercício para obtenção de direito à contagem recíproca do tempo de serviço público municipal e de atividade privada:

**STF, Informativo 761-Contagem recíproca de tempo de serviço – 3**

**A imposição de restrições, por legislação local, à contagem recíproca do tempo de contribuição na Administração Pública e na atividade privada para fins de concessão de aposentadoria afronta o art. 202, § 2º, da CF, com redação anterior à EC 20/1998.** Ao reafirmar a jurisprudência do STF, o Plenário reconheceu a existência de repercussão geral do tema e deu parcial provimento a recurso extraordinário para determinar à municipalidade que examine o pedido de aposentadoria do recorrente, considerando a contagem recíproca do tempo de contribuição na Administração Pública e na atividade privada com o fim de sua concessão. Discutia-se pleito de aposentadoria proporcional do funcionalismo público formulado por então ocupante, sem vínculo efetivo, de cargo em comissão, anteriormente à EC 20/1998, que modificou o sistema de previdência social, estabeleceu normas de transição e deu outras providências. Na espécie, o serviço de previdência social de Franco da Rocha/SP indeferira o benefício pretendido sob o fundamento de que a Lei 1.109/1981, daquela localidade, exigiria dez anos de efetivo exercício para obtenção de direito à contagem recíproca do tempo de serviço público municipal e de atividade privada, com a finalidade de conceder aposentação – v. Informativo 652. O Tribunal consignou que, ao se cotejar a Constituição em face da norma local, a expressão "segundo critérios estabelecidos em lei", contida na Constituição, diria respeito às compensações, com a reciprocidade de distribuição financeira do ônus, e não com a contagem do tempo de serviço. Destacou que a lei municipal veicularia restrição a direito consagrado pela Constituição sem qualquer condicionante. Além do mais, referida norma local não teria sido recepcionada pela CF/1988. O Ministro Roberto Barroso destacou que o presente julgado ratificaria tese materializada no Enunciado 359 da Súmula do STF ("Ressalvada a revisão prevista em lei, os proventos da inatividade regulam-se pela lei vigente ao tempo em que o militar, ou o servidor civil, reuniu os requisitos necessários"). Asseverou, ainda, que a legislação local, mais restritiva, não poderia afetar os direitos à aposentadoria na forma como dispostos na Constituição. **RE 650851 QO/SP, rel. Min. Gilmar Mendes, 1º.10.2014. (RE-650851).**

Todavia, *antes da instituição do regime jurídico único*, que ocorreu na esfera federal com o advento da Lei 8.112/90, entende o STF que o tempo celetista prestado em condições especiais pelo servidor público (federal, estadual, distrital ou municipal) será contado com a respectiva conversão prevista na legislação previdenciária:

"EMENTA: RECURSO EXTRAORDINÁRIO. SERVIDOR PÚBLICO ESTADUAL. APOSENTADORIA. TEMPO DE SERVIÇO PRESTADO EM CONDIÇÕES INSALUBRES EM PERÍODO ANTERIOR À SUPERVENIÊNCIA DO ESTATUTO DOS FUNCIONÁRIOS PÚBLICOS DO ESTADO. CONTAGEM RECÍPROCA. POSSIBILIDADE. 1. A contagem recíproca é um direito

> assegurado pela Constituição do Brasil. O acerto de contas que deve haver entre os diversos sistemas de previdência social não interfere na existência desse direito, sobretudo para fins de aposentadoria. **2. Tendo exercido suas atividades em condições insalubres à época em que submetido aos regimes celetista e previdenciário, o servidor público possui direito adquirido à contagem desse tempo de serviço de forma diferenciada e para fins de aposentadoria**. 3. Não seria razoável negar esse direito à recorrida pelo simples fato de ela ser servidora pública estadual e não federal. E isso mesmo porque condição de trabalho, insalubridade e periculosidade, é matéria afeta à competência da União (CB, artigo 22, I [direito do trabalho]). Recurso a que se nega provimento" (RE 255.827, de 25.10.2005).

Este também é o posicionamento do STJ:

> "RECURSO ESPECIAL. ADMINISTRATIVO. SERVIDOR PÚBLICO FEDERAL. CELETISTA. ATIVIDADE INSALUBRE. CONVERSÃO DE REGIME. TEMPO DE SERVIÇO. CONTAGEM RECÍPROCA. POSSIBILIDADE. **1. Os servidores públicos federais que trabalhavam em condições consideradas insalubres antes da edição da Lei 8.112/90 têm direito à contagem especial de tempo de serviço prestado nessa situação, nos termos da legislação vigente à época**. Precedentes. 2. Agravo regimental improvido" (AGREsp 963.475, de 06.05.2008).

De modo mais abrangente, pois vai além do período anterior ao RJU, a TNU afetou o **Tema Repetitivo TNU 278** em 16/10/2020:

| **Tema** | **278** | **Situação do tema** | **Em julgamento – eproc** | **Ramo do direito** | **DIREITO ADMINISTRATIVO/ PREVIDENCIÁRIO** |
|---|---|---|---|---|---|
| **Questão submetida a julgamento** | Saber se o(a) segurado(a) que trabalhava sob condições especiais e passou, sob qualquer condição, para regime previdenciário diverso, tem direito à conversão do tempo de atividade especial em tempo comum, para efeito de contagem recíproca, à luz do disposto no art. 96, I, da Lei n. 8.213/1991. | | | | |
| **Tese firmada** | - | | | | |
| **Processo** | **Decisão de afetação** | **Relator (a)** | **Julgado em** | **Acórdão publicado em** | **Trânsito em julgado** |
| PEDILEF 5005679-21.2018.4.04.7111/RS | 16/10/2020 | Juiz Federal Gustavo Melo Barbosa | - | - | - |

A contagem recíproca do tempo de contribuição consiste no direito fundamental previdenciário em considerar tempo de contribuição vertido em um regime público de previdência em outro regime público de previdência, gozando de previsão constitucional no artigo 201, §§9º e 9º-A e artigo 40, §9º.

Trata-se da regra. No entanto, a legislação previdenciária prevê restrições e impedimentos expressos à contagem recíproca do tempo de contribuição especialmente dentro dos artigos 94 e 96 da Lei 8.213/91.

De efeito, uma das proibições legais expressas consta do texto originário do artigo 96, inciso I, da Lei 8.213/91, que proíbe a contagem recíproca do tempo de contribuição em dobro ou em outras condições especiais.

Cuida-se de vedação clássica do Direito Previdenciário do Brasil que remonta à primeira legislação a respeito do tema. Destarte, desde a Lei 6.226/75, que pioneiramente regulou neste país o instituto da contagem recíproca do tempo de contribuição, existe expresso impedimento normativo em contagens diferenciadas entre regimes previdenciários distintos, mesmo antes da EC 20/1998, período em que se admitia o cômputo de tempo de contribuição ficto.

A citada proibição ainda sofreu novo reforço por intermédio da MP 871/2019-Lei 13.846/2019, pois o artigo 96 da Lei 8.213/91 obteve a inserção do inciso IX, que veda a emissão de CTC com conversão de tempo especial em comum.

No mesmo sentido foi a tese firmada pela 3ª Seção do STJ:

> ***Processo***
>
> ***EREsp 524267** / PB*
>
> *EMBARGOS DE DIVERGÊNCIA EM RECURSO ESPECIAL*
>
> *2008/0017495-9*
>
> ***Relator(a)***
>
> Ministro JORGE MUSSI (1138)
>
> Órgão Julgador
>
> S3 – TERCEIRA SEÇÃO
>
> Data do Julgamento
>
> 12/02/2014
>
> Data da Publicação/Fonte
>
> DJe 24/03/2014
>
> Ementa
>
> *PREVIDENCIÁRIO E ADMINISTRATIVO – TEMPO DE SERVIÇO – CONTAGEM RECÍPROCA – ATIVIDADE INSALUBRE PRESTADA NA INICIATIVA PRIVADA -CONTAGEM ESPECIAL PARA FINS DE CONCESSÃO DE APOSENTADORIA NO SERVIÇO PÚBLICO – IMPOSSIBILIDADE – EMBARGOS DE DIVERGÊNCIA ACOLHIDOS.*
>
> ***1. O REsp n. 534.638/PR, relatado pelo Excelentíssimo Ministro Félix Fischer, indicado como paradigma pela Autarquia Previdenciária, espelha a jurisprudência sedimentada desta Corte no sentido de que, objetivando a <u>contagem</u>***

> ***recíproca de tempo de serviço, vale dizer, a soma do tempo de serviço de atividade privada (urbana ou rural) ao serviço público, não se admite a conversão do tempo de serviço especial em comum, ante a expressa proibição legal (artigo 4º, I, da Lei n. 6.226/75 e o artigo 96, I, da Lei n. 8.213/91).*** *Precedentes.*
>
> *2. Embargos de divergência acolhidos para dar-se provimento ao recurso especial do Instituto Nacional do Seguro Social – INSS, reformando-se o acórdão recorrido para denegar-se a segurança.*

No mesmo sentido a 2ª Turma do STJ:

> ***Processo***
>
> *AREsp 1141255 / SC*
>
> *AGRAVO EM RECURSO ESPECIAL*
>
> *2017/0196627-0*
>
> ***Relator(a)***
>
> Ministro FRANCISCO FALCÃO (1116)
>
> ***Órgão Julgador***
>
> T2 – SEGUNDA TURMA
>
> ***Data do Julgamento***
>
> 04/12/2018
>
> ***Data da Publicação/Fonte***
>
> DJe 10/12/2018
>
> ***Ementa***
>
> *PREVIDENCIÁRIO. SERVIDOR PÚBLICO. REGIME PRÓPRIO. APOSENTADORIA POR TEMPO DE SERVIÇO. CONTAGEM RECÍPROCA. CONVERSÃO DO TEMPO DE SERVIÇO ESPECIAL EM COMUM. IMPOSSIBILIDADE.*
>
> *I – Na origem, trata-se de ação ordinária em que o autor, servidor público federal (Perito Médico do INSS), busca o reconhecimento de tempo especial, pelo exercício da profissão de médico, referente a períodos trabalhados na atividade privada, para obter declaração do direito à contagem especial dos períodos em questão e a sua conversão para tempo comum pelo fator 1,4; com a consequente expedição de nova Certidão de Tempo de Contribuição (CTC), que contemple os tempos convertidos; e, por fim, a concessão de aposentadoria por tempo de contribuição.*
>
> ***II – A jurisprudência do STJ, por meio do julgamento do EREsp 524.267/PB, Rel. Min. Jorge Mussi, Terceira Seção, DJe 24.3.2014, sedimentou o entendimento de que, objetivando a contagem recíproca de tempo de serviço, não se admite a conversão do tempo de serviço especial em comum, em razão da expressa vedação legal (arts. 4º, I, da Lei n. 6.226/1975 e 96, I, da Lei n. 8.213/1991).***
>
> *III – Agravo conhecido para dar provimento ao recurso especial do INSS.*

Com o advento da EC 103/2019, nem mesmo a conversão de tempo especial em comum dentro do RGPS sobreviveu, sendo vedada desde 14/11/2019.

Em apenas uma situação excepcional o STF admite a emissão de CTC convertida pelo RGPS: empregado público transformado em servidor público por ocasião de aprovação de lei do ente político que constituiu o Regime Jurídico Único (RJU), se no período do emprego público houve enquadramento de atividade que ensejasse o tempo especial.

Veja-se a Suprema Corte de modo uníssono:

> *RE 603581 AgR*
>
> ***Primeira Turma***
>
> ***Relator(a): Min. DIAS TOFFOLI***
>
> ***Julgamento: 18/11/2014***
>
> ***Publicação: 04/12/2014***
>
> *Ementa*
>
> *EMENTA Agravo regimental no recurso extraordinário. Direito Constitucional e Administrativo. Tempo de serviço prestado em condições especiais sob regime celetista. Conversão em tempo de atividade comum.* ***Transformação do vínculo em estatutário****. Averbação. Aposentadoria. Contagem recíproca. Possibilidade. Precedentes. 1. A jurisprudência da Corte é no sentido de que o servidor que laborou em condições insalubres, quando regido pelo regime celetista, pode somar esse período, ainda que convertido em tempo de atividade comum, com a incidência dos acréscimos legais, ao tempo trabalhado posteriormente sob o regime estatutário, inclusive para fins de aposentadoria e contagem recíproca entre regimes previdenciários distintos. 2. Agravo regimental não provido.*
>
> *RE 408338 AgR*
>
> ***Segunda Turma***
>
> ***Relator(a): Min. GILMAR MENDES***
>
> ***Julgamento: 30/09/2008***
>
> ***Publicação: 28/11/2008***
>
> *Ementa*
>
> *EMENTA: Agravo regimental em recurso extraordinário. 2. Servidor público estadual. Contagem especial do tempo de serviço prestado sob condições insalubres,* ***no período anterior à instituição de regime jurídico único****. Regime da Previdência Social. Contagem recíproca. Direito reconhecido. Precedentes. 3. Agravo regimental a que se nega provimento.*
>
> *RE 439699 AgR*
>
> ***Primeira Turma***
>
> ***Relator(a): Min. SEPÚLVEDA PERTENCE***
>
> ***Julgamento: 14/11/2006***
>
> ***Publicação: 07/12/2006***
>
> *Ementa*
>
> *EMENTA: 1. Servidor público: contagem especial de tempo de serviço prestado enquanto celetista,* ***antes, portanto, de sua transformação em estatutário****: direito*

> *adquirido, para todos os efeitos, desde que comprovado o efetivo exercício de atividade considerada insalubre, perigosa ou penosa. 2. Recurso extraordinário e prequestionamento: a exigência do prequestionamento não vai ao ponto de impedir que o julgador se valha, para a interpretação sistemática do dispositivo em que fundado explicitamente o apelo, de argumentos extraídos de outro preceito constitucional. 3. Ônus da sucumbência: agravo regimental provido, em parte, para determinar a sucumbência recíproca e fixar os honorários advocatícios em 10% (dez por cento) sobre o valor da causa, a serem compensados e distribuídos.*

Dessa forma, percebe-se que apenas no período anterior ao RJU o STF admite que haja computo convertido de tempo de contribuição do RGPS ao RPPS do servidor público que era empregado público. **Trata-se da única exceção admitida pela Suprema Corte à vedação legal do artigo 96, I, da Lei 8.213/91.**

A posição do STF no que tange à vedação do tempo especial em comum contagem recíproca (exceto a situação anterior ao RJU) não restou modificada pelo Tema 942, que se limitou em permitir a conversão do tempo especial em comum dentro do RPPS até o advento da Emenda 103/2019.

Em nenhuma passagem do Tema 942 a Suprema Corte afastou as vedações do artigo 96, I e IX da Lei 8.213/91, muito menor permitiu a conversão do tempo especial em comum entre regimes previdenciários distintos.

De efeito, <u>dentro do RPPS (não em contagem recíproca)</u>, o Supremo Tribunal Federal passou a admitir a conversão do tempo especial em comum até o advento da EC 103/2019, ao julgar o RE 1.014.286, em 31/08/2020, Tema 942 em Repercussão Geral:

> *Tese firmada: "Até a edição da Emenda Constitucional nº 103/2019, o direito à conversão, em tempo comum, do prestado sob condições especiais que prejudiquem a saúde ou a integridade física de servidor público decorre da previsão de adoção de requisitos e critérios diferenciados para a jubilação daquele enquadrado na hipótese prevista no então vigente inciso III do § 4º do art. 40 da Constituição da República, devendo ser aplicadas as normas do regime geral de previdência social relativas à aposentadoria especial contidas na Lei 8.213/1991 para viabilizar sua concretização enquanto não sobrevier lei complementar disciplinadora da matéria. Após a vigência da EC n.º 103/2019, o direito à conversão em tempo comum, do prestado sob condições especiais pelos servidores obedecerá à legislação complementar dos entes federados, nos termos da competência conferida pelo art. 40, § 4º-C, da Constituição da República".*

No âmbito do RPPS dos servidores federais, a Emenda 103/2019 veda a conversão do tempo especial em comum no seu artigo 10 após 13/11/2019:

> *"Art. 10. Até que entre em vigor lei federal que discipline os benefícios do regime próprio de previdência social dos servidores da União, aplica-se o disposto neste artigo.*

*§ 3º A aposentadoria a que se refere o § 4º-C do art. 40 da Constituição Federal observará adicionalmente as condições e os requisitos estabelecidos para o Regime Geral de Previdência Social, naquilo em que não conflitarem com as regras específicas aplicáveis ao regime próprio de previdência social da União, vedada a conversão de tempo especial em comum".*

Logo, o tema 942 autoriza a conversão do tempo especial em comum apenas internamente no RPPS, e não entre regimes de previdência, utilizando os critérios de especialidade e conversão do RGPS até 13/11/2019.

O caso julgado é sobre uma questão interna do RPPS do Estado de São Paulo, em que servidores públicos do cargo de assistentes agropecuários (José Carlos Ribeiro Meirelles e outros) buscavam o reconhecimento no RPPS de tempo especial para conversão em tempo comum à luz da aplicação analógica da Lei 8.213/91.

Após ler as 59 páginas do Acórdão do Tema STF 942, com voto vencedor do Ministro Fachin, percebe-se que em nenhum momento foi sequer discutida a conversão do tempo especial em comum para fins de contagem recíproca.

Apenas o STF estendeu a regra do artigo 57, §5º, da Lei 8.213/91 para o RPPS para o tempo especial prestado neste regime até 13/11/2019.

Vale registrar que a Secretaria de Previdência incorporou na via administrativa a posição firmada pelo STF no Tema 942, **admitindo a conversão de tempo especial em comum no RPPS na via administrativa dentro do RPPS**, assim como pela emissão de CTC com indicação de especialidade para que o regime receptor faça a conversão até 13/11/2019.

Trata-se do DESPACHO Nº 846/2021/SPREV/SEPRT-ME, que trata da interpretação do Tema STF 942 em Repercussão Geral, o Secretário de Previdência, ao aprovar a Nota Técnica SEI nº 792/2021/SRPPS/SPREV/SEPRT/ME, de 21/01/2021, da Subsecretaria dos Regimes Próprios de Previdência Social – SRPPS/SPREV e a Nota Técnica SEI nº 6178/2021/SRGPS/SPREV/SEPRT/ME, de 10/02/2021, da Subsecretaria do Regime Geral de Previdência Social – SRPGS/SPREV:

**DESPACHO Nº 846/2021/SPREV/SEPRT-ME**

**Processo nº 10133.100013/2021-69**

**ASSUNTO: CONVERSÃO DE TEMPO ESPECIAL EM COMUM. ANÁLISE DA TESE FIXADA PELO SUPREMOTRIBUNAL FEDERAL NO RECURSO EXTRAORDINÁRIO Nº 1014286/STF (TEMA Nº 942). APROVAÇÃO DANOTA TÉCNICA SEI Nº 792/2021/ME E DA NOTA TÉCNICA SEI Nº 6178/2021/ME**

Aprovo a Nota Técnica SEI nº 792/2021/SRPPS/SPREV/SEPRT/ME, de 21/01/2021, da Subsecretaria dos Regimes Próprios de Previdência Social

– SRPPS/SPREV (12908723,) e a Nota Técnica SEI nº 6178/2021/SRGPS/SPREV/SEPRT/ME, de 10/02/2021, da Subsecretaria do Regime Geral de Previdência Social -SRPGS/SPREV (13590427), que trataram da possibilidade de aplicação das regras do Regime Geral de Previdência Social -RGPS para a averbação do tempo de serviço prestado até a publicação da Emenda Constitucional nº 103/2019, em atividades exercidas sob condições especiais, nocivas à saúde ou à integridade física de servidor público, com conversão do tempo especial em comum, conforme análise do sentido e alcance da seguinte tese fixada pelo Supremo Tribunal Federal – STF no julgamento do Recurso Extraordinário – RE nº 1014286, representativo do Tema nº 942 da Repercussão Geral:

*Até a edição da Emenda Constitucional nº 103/2019, o direito à conversão, em tempo comum, do prestado sob condições especiais que prejudiquem a saúde ou a integridade física de servidor público decorre da previsão de adoção de requisitos e critérios diferenciados para a jubilação daquele enquadrado na hipótese prevista no então vigente inciso III do § 4º do art. 40 da Constituição da República, devendo ser aplicadas as normas do regime geral de previdência social relativas à aposentadoria especial contidas na Lei 8.213/1991 para viabilizar sua concretização enquanto não sobrevier lei complementar disciplinadora da matéria. Após a vigência da EC n.º 103/2019, o direito à conversão em tempo comum, do prestado sob condições especiais pelos servidores obedecerá à legislação complementar dos entes federados, nos termos da competência conferida pelo art. 40, § 4º-C, da Constituição da República.* (STF – RE: 1014286 SP 0021903-48.2011.8.26.0506, Relator: LUIZ FUX, Data de Julgamento: 31/08/2020, Tribunal Pleno, Data de Publicação: 24 /09/2020)

Estou de acordo com o entendimento sintetizado a seguir – fundamentado nas aludidas Notas Técnicas – e autorizo sua divulgação como orientação aos Regimes Próprios de Previdência Social – RPPS da União, dos Estados, do Distrito Federal e dos Municípios e ao Instituto Nacional do Seguro Social – INSS:

I – A tese fixada pelo Plenário do Supremo Tribunal Federal – STF no Recurso Extraordinário nº 1014286 (Tema nº 942 da Repercussão Geral):

I.1 – alcança apenas os servidores filiados ao RPPS cujas atividades foram exercidas sob condições especiais que prejudiquem a saúde ou a integridade física até a data de entrada em vigor da Emenda Constitucional nº 103, que se deu em 13 de novembro de 2019, quanto ao direito à conversão desse tempo especial em tempo comum pela aplicação das regras do RGPS sobre aposentadoria especial de que trata o art. 57 da Lei nº 8.213, de 24/07/1991;

I.2 – não diz respeito à conversão em tempo comum do tempo prestado pelo servidor na condição de pessoa com deficiência, nem de conversão de tempo exercido em atividades de risco, hipóteses previstas nos incisos I e II do §4º do art. 40 da Constituição, na redação desses dispositivos anterior à EC nº 103/2019; e

I.3 – não abrange conversão, em tempo comum, do tempo de efetivo exercício das funções de magistério na educação infantil e no ensino fundamental e médio, na hipótese de aposentadoria especial de professor a que se refere o § 5º do art. 40 da Constituição Federal, na redação anterior à reforma previdenciária de 2019.

II – Com a edição da EC nº 103/2019, passam a existir, no RGPS, as seguintes normas de mesmo nível constitucional e contemporâneas aplicáveis à conversão de tempo especial em tempo comum, sendo ambas válidas e compatíveis já que o seu campo de aplicação é distinto:

II.1 – uma permissiva (art. 25 da EC nº 103/2019) que reconhece e assegura essa conversão para os períodos cumpridos até 13 de novembro de 2019 (publicação da EC 103), na forma prevista na Lei nº 8.213/1991; e

II.2 – outra que veda a conversão para o tempo especial cumprido após a sua entrada em vigor: § 14 do art. 201 da Constituição Federal.

III – A aplicação combinada do § 14 do art. 201 da Constituição Federal, acrescido pela EC nº 103/2019, e do art. 25 dessa Emenda, permite concluir que é válida a conversão – no âmbito do RGPS – de tempo especial em tempo comum, 1. 2. cumprido até 13/11/2019, na forma prevista na Lei nº 8.213/1991, inclusive para efeito de contagem recíproca, pois a vedação de contagem de tempo de contribuição fictício – que abrange a conversão de tempo especial em tempo comum, para efeito de concessão de benefício previdenciário e de contagem recíproca – apenas incide em relação ao tempo especial cumprido após a entrada em vigor da Reforma.

IV – No âmbito do RGPS, não se admite, para fins de cumprimento do período de carência, a conversão de tempo especial em comum exercido em qualquer época.

V – A tese fixada pelo Plenário do Supremo Tribunal Federal no RE nº 1014286 permite que a conversão de tempo especial em tempo comum seja observada pelo RGPS e pelos RPPS para o tempo cumprido até 13/11/2019, pois:

V.1 – se trata de um precedente relevante da Corte Maior, cuja orientação firmada é persuasiva para os demais órgãos do Poder Judiciário, não obstante tenha sido adotada em controle difuso de constitucionalidade;

V.2 – ampliou, em substância, o alcance da Súmula Vinculante nº 33 do STF, pois ficou decidido que, na hipótese prevista no inciso III do § 4º do art. 40 da Constituição (na redação anterior à EC nº 103/2019), o direito à conversão, em tempo comum, do prestado sob condições especiais prejudiciais à saúde ou à integridade física, decorre da isonomia na proteção dos trabalhadores expostos a agentes nocivos.

V.3 – o STF reinterpretou a Súmula Vinculante nº 33, a seguir, já que a aplicação analógica das regras de aposentadoria especial do RGPS ao servidor público, "no que couber", passou a incluir necessariamente a possibilidade de conversão de tempo especial em tempo comum, cumprido até 13/11/2019: *Aplicam-se ao servidor público, no que couber, as regras do regime geral da previdência social sobre aposentadoria especial de que trata o artigo 40, § 4º, inciso III da Constituição Federal, até a edição de lei complementar específica.*

VI – Para a efetivação do direito à conversão de tempo especial em tempo comum, nos termos da EC nº 103/2019 e na forma da tese do STF para o Tema 942 de sua Repercussão Geral, devem ser aplicados, na conversão do tempo especial em comum exercido até 13 de novembro de 2019, os fatores de conversão previstos no então vigente art. 70 do Regulamento da Previdência Social, aprovado pelo Decreto nº 3.048, de 06/05/1999, reproduzida no § 5º do art. 188-P do mesmo Regulamento, na redação dada pelo Decreto nº 10.410, de 30/06/2020, conforme a seguinte tabela:

| TEMPO A CONVERTER | MULTIPLICADORES | |
|---|---|---|
| | MULHER (PARA30) | HOMEM (PARA35) |
| DE 15 ANOS | 2,00 | 2,33 |
| DE 20 ANOS | 1,50 | 1,75 |
| DE 25 ANOS | 1,20 | 1,40 |

a) a época de cumprimento do tempo especial;

b) o critério de equivalência (fator de conversão);

c) a legislação complementar regulamentadora da contagem diferenciada acaso existente no regime instituidor;

d) o fundamento legal da espécie de aposentadoria requerida, as quais podem vir a ser fixadas somente por ocasião do requerimento do benefício.

XIII – A decisão do Supremo Tribunal Federal reconhece, para os servidores filiados a RPPS, cujas atividades sejam exercidas sob condições especiais à saúde ou à integridade física, até o advento da Emenda antes referida, o direito à conversão desse tempo especial em tempo comum pela aplicação analógica das regras do RGPS sobre aposentadoria especial de que trata o art. 57 da Lei nº 8.213/1991, o que não significa que o tempo reconhecido como especial deva vir convertido em tempo comum na CTC, cabendo ao regime de origem tão-somente certificar a natureza do período de tempo especial, devendo a correspondente conversão ser efetivada pelo regime instituidor, quando cabível.

Por fim, cabe observar que o exercício da competência estabelecida no art. 40, § 4º-C da Constituição Federal pelos entes federativos, inclusive quanto à possibilidade de previsão de conversão de tempo especial, posterior à Emenda nº103/2019, em tempo comum, conforme entendimento do STF, deve estar embasada em prévia avaliação atuarial que demonstre os impactos no equilíbrio financeiro e atuarial do RPPS, cuja preservação é exigida pelo *caput* do mesmo artigo Constitucional.

Esse foi o posicionamento adotado pela **TNU** no julgamento do **Tema 278**, que acolheu memorial do próprio INSS subscrito pelo autor desta obra em favor do segurado diante da nova posição da Secretaria de Previdência após o Tema 942 do STF:

| **Tema** | **278** | **Situação do tema** | **Julgado** | **Ramo do direito** | **DIREITO ADMINISTRATIVO/ PREVIDENCIÁRIO** |
|---|---|---|---|---|---|
| **Questão submetida a julgamento** | Saber se o(a) segurado(a) que trabalhava sob condições especiais e passou, sob qualquer condição, para regime previdenciário diverso, tem direito à conversão do tempo de atividade especial em tempo comum, para efeito de contagem recíproca, à luz do disposto no art. 96, I, da Lei n. 8.213/1991. | | | | |
| **Tese firmada** | I – O(A) segurado(a) que trabalhava sob condições especiais e passou, sob qualquer condição, para regime previdenciário diverso, tem direito à expedição de certidão desse tempo identificado como especial, discriminado de data a data, ficando a conversão em comum e a contagem recíproca à critério do regime de destino, nos termos do art. 96, IX, da Lei n.º 8.213/1991; II – Na contagem recíproca entre o Regime Geral da Previdência Social – RGPS e o Regime Próprio da União, é possível a conversão de tempo especial em comum, cumprido até o advento da EC n.º 103/2019. | | | | |
| **Processo** | **Decisão de afetação** | **Relator (a)** | **Julgado em** | **Acórdão publicado em** | **Trânsito em julgado** |
| PEDILEF 5005679-21.2018.4.04.7111/RS | 16/10/2020 | Juiz Federal Gustavo Melo Barbosa | 23/09/2021 | 27/09/2021 | - |

**Logo, a CTC vai indicar o tempo especial sem conversão. Já o regime de previdência que receber a CTC fará a conversão, limitada a 13/11/2019.**

Posteriormente, coube ao STJ em 2022 rever o seu posicionamento e se alinhar ao tema 942/STF:

> Processo
>
> REsp 1.592.380-SC, Rel. Min. Francisco Falcão, Segunda Turma, por unanimidade, julgado em 08/02/2022, DJe 10/02/2022.
>
> Ramo do Direito
>
> DIREITO PREVIDENCIÁRIO
>
> Tema
>
> Aposentadoria. Conversão de tempo especial em comum. Certidão do tempo de contribuição do RGPS. Servidor público. Contagem recíproca. Regime próprio de previdência. Até a EC 103/2019. Possibilidade. Tema 942/STF. Juízo de retratação.
>
> DESTAQUE
>
> Até a edição da EC 103/2019, é admissível, aos servidores públicos, a conversão do tempo de serviço especial em comum objetivando a contagem recíproca de tempo de serviço.

INFORMAÇÕES DO INTEIRO TEOR

No caso pretende-se a conversão de tempo especial em comum, com ulterior emissão de certidão por tempo de contribuição, para se utilizar do tempo de serviço exercido no Regime Geral da Previdência Social – RGPS na aposentadoria no Regime Próprio de Previdência Social – RPPS.

Contudo, a jurisprudência do STJ, por meio do julgamento do EREsp n. 524.267/PB, relator Ministro Jorge Mussi, Terceira Seção, DJe 24/3/2014, sedimentou o entendimento de que, objetivando a contagem recíproca de tempo de serviço, não se admite a conversão do tempo de serviço especial em comum, em razão da expressa vedação legal (arts. 4º, I, da Lei n. 6.226/1975 e 96, I, da Lei n. 8.213/1991).

Ocorre que o Plenário do Supremo Tribunal Federal, no julgamento do RE n. 1.014.286 (Tema 942), com repercussão geral reconhecida, encerrado na sessão de 31/8/2020, enfrentou essa questão jurídica, firmando tese contrária à fixada pela Terceira Seção do STJ, para reconhecer que "até a edição da EC 103/2019, não havia impedimento à aplicação, aos servidores públicos, das regras do RGPS para a conversão do período de trabalho em condições nocivas à saúde ou à integridade física em tempo de atividade comum".

Dessa forma, é forçoso realinhar o entendimento desta Corte Superior e, nos termos do art. 1.040 do CPC/2015, fazer a devida adequação ao decidido pelo Supremo Tribunal Federal, no Tema n. 942.

Veja-se enunciado aprovado na **I Jornada de Direito da Seguridade Social do Conselho da Justiça Federal** sobre o tema:

**ENUNCIADO 18:** O tempo laborado em condições especiais até o advento da EC n. 103/2019 poderá ser transportado, em contagem recíproca de tempo de contribuição, para ulterior conversão, perante o regime de destino, do tempo especial em comum majorado.

A TNU possuía uma significativa variação de jurisprudência neste assunto. No processo 50058416220124047002, julgado em 21/10/2016, a TNU se alinhou ao STJ (posição antiga) e vedou a contagem recíproca com conversão de tempo especial em comum, aplicando a vedação do artigo 96, I, da Lei 8.213/91:

***Tipo***

*Acórdão*

***Número***

*50058416220124047002*

*50058416220124047002*

***Relator(a)***

*JUIZ FEDERAL SÉRGIO MURILO WANDERLEY QUEIROGA*

***Data***

*16/06/2016*

***Data da publicação***

*21/10/2016*

***Fonte da publicação***

*DOU 21/10/2016*

***Ementa***

*PEDIDO DE UNIFORMIZAÇÃO NACIONAL. DIREITO PREVIDENCIÁRIO. CONTAGEM RECÍPROCA. SERVIDOR PÚBLICO. PRETENSÃO DE CONVERSÃO DE ATIVIDADE ESPECIAL EM COMUM, PARA UTILIZAÇÃO NO SERVIÇO PÚBLICO. IMPOSSIBILIDADE. VEDAÇÃO LEGAL. HIPÓTESE DIVERSA DA PREVISTA NA SÚMULA 66/TNU. PROVIMENTO PARCIAL DO PEDIDO. 1. Trata-se de Incidente de Uniformização pelo qual se pretende a reforma de acórdão oriundo de Turma Recursal dos Juizados Especiais Federais da Seção Judiciária do Rio Grande do Sul que, mantendo a sentença, reconheceu período de trabalho sob condição especial. 2. O aresto combatido considerou que há o direito adquirido de servidor público vinculado a regime estatutário à contagem ponderada de trabalho anteriormente exercido sob o regime celetista, na empresa Itaipu Binacional, em alegada condição especial, fazendo jus à expedição de certidão de tempo de contribuição. 3. O INSS sustenta o cabimento do pedido de uniformização por entender que o acórdão recorrido estaria contrário a julgados do STJ que, em alegada(s) hipótese(s) semelhante(s), não reconheceu(ram) o direito de servidor público à contagem recíproca de tempo de atividade especial exercida na iniciativa privada sob o regime celetista, por entender haver vedação legal expressa. 4. A Lei nº 10.259/2001 prevê o incidente de uniformização quando "houver divergência entre decisões sobre questões de direito material proferidas por Turmas Recursais na interpretação da lei" (art. 14, caput). Caberá à TNU o exame de pedido de uniformização que envolva "divergência entre decisões de turmas de diferentes regiões ou da proferida em contrariedade a súmula ou jurisprudência dominante do STJ" (art. 14, § 4º). 5. Do cotejo entre o acórdão combatido e os julgados paradigmas, observo que está caracterizada a divergência de entendimento quanto ao direito material posto em análise nos autos, em razão da ocorrência de similitude fática entre os julgados recorridos e os precedentes apresentados. 6. Isto porque se partiu do mesmo fato (de mesma natureza/contagem recíproca de tempo de contribuição envolvendo atividade sob regime especial e serviço público sujeito a regime próprio de previdência social) para se chegar a conclusões jurídicas divergentes (substrato do incidente): no caso recorrido, entendeu-se possível a contagem recíproca; ao passo que no paradigma (RESP. 925359/MG, rel. min. Arnaldo Esteves, j. 17.03.2009) entendeu-se contrariamente, que há impossibilidade do cômputo do tempo especial prestado no regime geral para fins de concessão de aposentadoria no serviço público estatutário. 7. Assim, presente a divergência de interpretação, passo ao exame do mérito do pedido de uniformização de interpretação. 8. No acórdão recorrido, a Turma Recursal de origem, mantendo a sentença, considerou que há o direito adquirido de servidor público vinculado a regime estatutário à contagem ponderada de trabalho anteriormente exercido sob o regime celetista em condição especial, fazendo jus à expedição de certidão de tempo de contribuição, sob o seguinte fundamento: "No que diz respeito à possibilidade de o ex-celetista ter averbado em sua ficha funcional o tempo de serviço especial que prestara no regime anterior, consigno que a sentença está em conformidade com o entendimento da TNU no sentido de que 'é devida a contagem recíproca do tempo de serviço prestado em atividade tida como especial pelo Regime Geral da Previdência, limitada pela disciplina legal própria do servidor e assim até o início de sua submissão ao regime estatutário próprio' (P.U 200450500029971, Relatora Rosana Noya Weibel Kaufmann, DJ 01/03/2010). No mesmo sentido da TNU, as Turmas da Terceira Seção do STJ 'já consolidaram entendimento no sentido de que servidor público, ex-celetista, tem direito à contagem de tempo de serviço exercido em condições especiais na forma da legislação anterior, ou seja, com o acréscimo previsto na legislação previdenciária de regência. (STJ, REsp 497628, Quinta Turma, Rel. Arnaldo Esteves de Lima, DJ 09-10-06, p. 341). Por último, conforme voto proferido pelo relator José Antonio Savaris (autos 200970560022286, j. em 02.09.2010), 'Esclareço que o direito à contagem do tempo especial é garantido tanto ao segurado que permaneceu trabalhando para a mesma Instituição – que passou por alteração de regime (de celetista para estatutário) -, quanto para aquele que, antes pertencente ao RGPS, prestou concurso público e passou a trabalhar sob a égide do regime estatutário. Isso porque o princípio é o mesmo: a incorporação do direito à contagem diferenciada ao patrimônio jurídico do trabalhador antes da alteração de regime de previdência". 9. Sobre o tema, observo que a TNU emitiu a Súmula nº 66, que dispõe: "O servidor público ex-celetista que trabalhava sob condições especiais antes de migrar para o regime estatutário tem direito adquirido à conversão do tempo de atividade especial em tempo comum com o devido acréscimo legal, para efeito de contagem recíproca no regime previdenciário próprio dos servidores públicos". 10. Inicialmente, aponto que este Colegiado, na sessão de julgamento ocorrida em 12/02/2015, não conheceu de incidente de uniformização tratando de matéria análoga, inclusive com base nos mesmos precedentes, sob o entendimento de que o acórdão recorrido encontrava-se em sintonia com a jurisprudência da TNU (PEDILEF nº 5008642-73.2011.4. 04.7102, sob minha relatoria; PEDILEF 50068326 620114047101, rel. Juiz Federal WILSON JOSÉ WITZEL, j. 19.08.2016). 11. Porém, em necessário reenfrentamento da matéria, convenci-me de que a hipótese é de provimento do incidente de uniformização, para considerar como incabível o pedido inicial formulado, referente à conversão, com acréscimo de tempo de serviço laborado em condições especiais sob a égide de regime celetista, no regime geral de previdência social, para fins de contagem recíproca com tempo de serviço público sob regime próprio de previdência, quando não se trata de manutenção do servidor no mesmo cargo público. 12. Primeiro, porque observando a Súmula nº 66 deste Colegiado, percebe-se que ali se trata de servidor público ex-celetista, garantindo-se-lhe a conversão de tempo de serviço exercido sob condição especial em comum após "migrar para o regime estatutário". Tal redação já é bastante indicativa de que ali se trata apenas de tempo de serviço especial em comum, mas sempre no âmbito do serviço público, cuja migração do regime celetista para o estatutário se deu de maneira compulsória, por força de lei. 13. É certo que no STJ a "jurisprudência...é assente no sentido de que o servidor público, ex-celetista, que tenha exercido atividade laboral em condições insalubres, possui direito à contagem especial desse período de trabalho para fins de aposentadoria" (AgRg no REsp 1566891 / RS, 2ª Turma, rel. min. Humberto Martins, j. 08.03.2016). Períodos esses, portanto, sempre anteriores ao advento da Lei n. 8.112/90, prestados já na condição de servidor público, no âmbito do serviço público. 14. Há de se compreender, portanto, que o reconhecimento do direito à conversão do tempo especial em comum, para cômputo nos assentos funcionais vinculado a regime próprio de previdência (estatutário), tem por premissa situação fática que não ocorre nos presentes autos. 15. No caso do servidor público, antes celetista, que migrou para o regime estatutário, houve a imposição da transformação do regime jurídico a que estava vinculado, ao passo que no caso ora em comento, a migração deu-se por ato voluntário do então trabalhador. 16. Tal circunstância, a meu sentir, exerce toda a diferença sobre a solução a ser dada no caso em apreciação, e o é em sentido diverso ao que decidido pela Turma Recursal de origem. 17. Aqui incide a vedação contida no art. 96, I, da Lei 8.213/91, ao tratar da contagem recíproca de tempo de contribuição "na atividade privada, rural e urbana, e do tempo de contribuição ou de serviço na administração pública" (art. 94): Art. 96. O tempo de contribuição ou de serviço de que trata esta Seção será contado de acordo com a legislação pertinente, observadas as normas seguintes: I – não será admitida a contagem em dobro ou em outras condições especiais; II – é vedada a contagem de tempo de serviço público com o de atividade privada, quando concomitantes; III – não será contado por um sistema o tempo de serviço utilizado para concessão de aposentadoria pelo outro; IV – o tempo de serviço anterior ou posterior à obrigatoriedade de filiação à Previdência Social só será contado mediante indenização da contribuição correspondente ao período respectivo, com acréscimo de juros moratórios de zero vírgula cinco por cento ao mês, capitalizados anualmente, e multa de dez por cento. 18. No caso do servidor público que, sendo antes celetista, foi compulsoriamente migrado para o regime próprio (estatutário), entende-se que a vedação não se aplica, tendo em vista o direito adquirido à contagem especial e sua conversão em comum, ante a transformação no regime jurídico que foi imposto a sua categoria profissional. 19. Neste sentido, vejam-se julgados recentes do STJ sobre a matéria, inclusive por sua 3ª Seção: PREVIDENCIÁRIO E ADMINISTRATIVO – TEMPO DE SERVIÇO – CONTAGEM RECÍPROCA – ATIVIDADE INSALUBRE PRESTADA NA INICIATIVA PRIVADA – CONTAGEM ESPECIAL PARA FINS DE CONCESSÃO DE APOSENTADORIA NO SERVIÇO PÚBLICO – IMPOSSIBILIDADE – EMBARGOS DE DIVERGÊNCIA ACOLHIDOS. 1. O REsp n. 534.638/PR, relatado pelo Excelentíssimo Ministro Félix Fischer, indicado como paradigma pela Autarquia Previdenciária, espelha a jurisprudência sedimentada desta Corte no sentido de que, objetivando a contagem recíproca de tempo de serviço, vale dizer, a soma do tempo de serviço de atividade privada (urbana ou rural) ao serviço público, não se admite a conversão do tempo de serviço especial em comum, ante a expressa proibição legal (artigo 4º, I, da Lei n. 6.226/75 e o artigo 96, I, da Lei n. 8.213/91). Precedentes. 2. Embargos de divergência acolhidos para dar-se provimento ao recurso especial do Instituto Nacional do Seguro Social – INSS, reformando-se o acórdão recorrido para denegar-se a segurança. (ERESP 524267/PB, Rel. Ministro JORGE MUSSI, S3, julgado em 12.02.2014) PREVIDENCIÁRIO. AGRAVO REGIMENTAL NO RECURSO ESPECIAL. TEMPO DE SERVIÇO. CONTAGEM RECÍPROCA. ATIVIDADE INSALUBRE PRESTADA NA INICIATIVA PRIVADA. CONTAGEM ESPECIAL PARA FINS DE CONCESSÃO DE APOSENTADORIA NO SERVIÇO PÚBLICO.*

*IMPOSSIBILIDADE 1. A 3ª Seção, ao julgar o EREsp 524.267/PB, espelhando a jurisprudência sedimentada desta Corte, decidiu que, objetivando a contagem recíproca de tempo de serviço, vale dizer, a soma do tempo de serviço de atividade privada (urbana ou rural) ao serviço público, não se admite a conversão do tempo de serviço especial em comum, ante a expressa proibição legal (artigo 4º, I, da Lei n. 6.226/75 e o artigo 96, I, da Lei n. 8.213/91). 2. Agravo Regimental improvido. (AgRg no REsp 1082452/PB, Rel. Ministro NEFI CORDEIRO, 6ª Turma, julgado em 09/12/2014, DJe 19/12/2014) 20. A questão, inclusive, já foi capturada pela doutrina, conforme lição que se segue: "Nos casos em que os servidores públicos celetistas foram, compulsoriamente, tranformados em servidores estatutários, situação que difere da mudança voluntária de regime na qual tem aplicação o instituto da contagem recíproca, pois a migração de regime foi promovida compulsoriamente pela lei, o STF entendeu possível a conversão do tempo de serviço especial, desde que anterior ao advento da Lei 8.112/90, pois a partir daí seria necessária a regulamentação exigida pela Constituição" (grifei). 21. O ponto fulcral, portanto, é que no caso ora em exame a perda do tempo acrescido fictamente ao tempo de serviço prestado em condições especiais se deu por iniciativa do próprio titular, ao migrar voluntariamente para regime previdenciário próprio, no qual, por expressa vedação legal, não cabe a contagem recíproca sob a forma diferenciada do tempo exercido na iniciativa privada. 22. Por fim, a título de necessário esclarecimento, eis que também razão motivadora da necessária revisão do entendimento, aponto que o julgado do STF citado no precedente desta Casa, no qual se deferiu a conversão do tempo especial em comum (PEDILEF nº 50068326620114047101), trata de hipótese diversa da dos autos: servidor público, antes celetista, que migrou para o regime estatutário, situação prevista em nossa Súmula 66 (TNU). 23. Em conclusão, a hipótese dos autos é de parcial provimento do presente incidente, para reformar o acórdão recorrido, julgando improcedente o pedido formulado na inicial, na parte em que pede a conversão em tempo comum pelo fator 1.4, do período de trabalho prestado sob o regime celetista (21/07/1978 a 30/06/1995 – Assistente de Segurança – ITAIPU BINACIONAL).*

Por outro lado, em 03/03/2017, o Ministro OG FERNANDES admitiu o PUIL 240 que busca a reforma da decisão da TNU para o alinhamento do STJ:

*"PEDIDO DE UNIFORMIZAÇÃO DE INTERPRETAÇÃO DE LEI Nº 240 – PR (2017/0025901-5) RELATOR: MINISTRO OG FERNANDES REQUERENTE: INSTITUTO NACIONAL DO SEGURO SOCIAL REQUERIDO: PAULO CELSO FRANCA ADVOGADOS: ROSANGELA CELESTINO – PR032763 LUCIA GUIDOLIN REGIS E OUTRO(S) – PR035910*

*DECISÃO Vistos, etc. Trata-se de pedido de uniformização de interpretação de lei formulado contra decisão da Turma Nacional de Uniformização que reconheceu a possibilidade de conversão do tempo de serviço especial em comum para fins de contagem recíproca.*

*Sustenta o requerente que a jurisprudência deste Superior Tribunal é contrária a tal cômputo por expressa disposição legal (art. 96, I, da Lei n. 8.213/91), citando, como precedente, o acórdão proferido para os EREsp 524.267/PB, assim ementado:*

*PREVIDENCIÁRIO E ADMINISTRATIVO – TEMPO DE SERVIÇO – CONTAGEM RECÍPROCA – ATIVIDADE INSALUBRE PRESTADA NA INICIATIVA PRIVADA – CONTAGEM ESPECIAL PARA FINS DE CONCESSÃO DE APOSENTADORIA NO SERVIÇO PÚBLICO – IMPOSSIBILIDADE – EMBARGOS DE DIVERGÊNCIA ACOLHIDOS. 1. O REsp n. 534.638/PR, relatado pelo Excelentíssimo Ministro Félix Fischer, indicado como paradigma pela Autarquia Previdenciária, espelha a jurisprudência sedimentada desta Corte no sentido de que, objetivando a contagem recíproca de tempo de serviço, vale dizer, a soma do tempo de serviço de atividade privada (urbana ou rural) ao serviço público, não se admite a conversão do tempo de serviço especial em comum, ante a expressa proibição legal (artigo 4º, I, da Lei n. 6.226/75 e o artigo 96, I, da Lei n. 8.213/91). Precedentes. 2. Embargos de divergência acolhidos para dar-se provimento ao recurso especial do Instituto Nacional do Seguro Social – INSS, reformando-se o acórdão recorrido para denegar-se a segurança. (EREsp 524.267/PB, Rel. Ministro JORGE MUSSI, TERCEIRA SEÇÃO, julgado em 12/2/2014, DJe 24/3/2014)*

*Admitido o incidente (e-STJ, fl. 5), subiu o feito a este Superior Tribunal. É o relatório.*

***Em juízo preliminar, configurada está a divergência quanto à possibilidade de conversão do tempo de serviço especial em comum para fins de contagem recíproca.***

*Assim,* ***admito o incidente de uniformização*** *e determino:*

*a) a comunicação desta decisão aos Ministros integrantes da Primeira Seção do STJ e ao Presidente da Turma Nacional de Uniformização, a fim de que dê ciência aos Presidentes das Turmas Recursais Federais, para os fins previstos no art. 14, § 6º, da Lei n. 10.259/2001;*

*b) a publicação de edital no Diário de Justiça, com destaque no noticiário do Superior Tribunal de Justiça na internet;*

*c) seja dada ciência aos interessados para que, caso queiram, se manifestem no prazo de trinta dias, nos termos do art. 14, § 7º, da Lei n. 10.259/2001 e do art. 2º, III, da Resolução n. 10/2007 do STJ; e*

*d) após, a abertura de vista dos autos ao MPF para parecer no prazo de quinze dias".*

O PUIL 240 está concluso desde 13/08/2019. Decorreu do julgamento do processo 200971500147603 em 17/05/2013, que admitiu a conversão do tempo especial em comum para fins de contagem recíproca fora da exceção do período anterior ao RJU:

***Tipo***

*Acórdão*

***Número***

***200971500147603***

***200971500147603***

***Relator(a)***

*JUIZ FEDERAL ADEL AMÉRICO DE OLIVEIRA*

***Data***

*17/05/2013*

***Data da publicação***

*17/05/2013*

***Fonte da publicação***

*DOU 17/05/2013 pág. 105/162*

***Ementa***

*INCIDENTE DE UNIFORMIZAÇÃO. TEMPO DE SERVIÇO. CONTAGEM RECÍPROCA. ATIVIDADE ESPECIAL NO REGIME GERAL. UTILIZAÇÃO DO TEMPO NO REGIME PROPRIO. POSSIBILIDADE. ACÓRDÃO NO MESMO SENTIDO DO ENTENDIMENTO FIRMADO PELA TNU. APLICAÇÃO DA QUESTÃO DE ORDEM 13/TNU. INCIDENTE NÃO CONHECIDO. 1. Pedido de reconhecimento do período de 05.11.1984 a 01.08.1994 como laborado em atividade especial e sua conversão em tempo comum, bem como a expedição de Certidão de Tempo de Contribuição para averbação junto a regime próprio de previdência. 2. Sentença de parcial procedência do pedido, reconhecendo a especialidade dos lapsos de 05.11.1984 a 21.09.1993 e de 28.07.1994 a 01.08.1994 e determinando a expedição da respectiva CTC. 3. Manutenção da sentença pela 2ª Turma Recursal do Rio Grande do Sul. 4. Incidente de uniformização de jurisprudência, interposto pelo INSS, com fundamento no art. 14, § 2º, da Lei nº 10.259/2001. 5. Alegação de que o acórdão é divergente da jurisprudência dominante do Superior Tribunal de Justiça. 6. Incidente inadmitido pela Presidência da Turma Recursal de origem, ao argumento de que a matéria se encontra pacificada na TNU na linha do acórdão recorrido. 7. Pedido de reconsideração na forma do RITNU. 8. Com razão a Presidência da 2ª Turma Recursal do Rio Grande do Sul. Está Turma Nacional de Uniformização já firmou entendimento no sentido de possibilidade da utilização em regime próprio de previdência de tempo de serviço reconhecido como especial e convertido em tempo comum enquanto o segurado exercia atividade vinculada ao Regime Geral da Previdência Social. Nesse sentido, os seguintes precedentes: PEDILEF 200833007023647 (JUIZ FEDERAL ADEL AMÉRICO DE OLIVEIRA, DOU 27/04/2012), PEDILEF 200650500062065 (JUÍZA FEDERAL VANESSA VIEIRA DE MELLO, DOU 28/10/2011), PEDILEF 200450500029971 (JUÍZA FEDERAL ROSANA NOYA WEIBEL KAUFMANN, DJ 01/03/2010) e PEDILEF 200450500092565 (JUÍZA FEDERAL JACQUELINE MICHELS BILHALVA, TNU – Turma Nacional de Uniformização, DJ 13/10/2009). 9. Portanto, o acórdão se encontra na mesma linha de entendimento deste Colegiado, motivo pelo qual se aplica o disposto na Questão de Ordem 13/TNU – "Não cabe Pedido de Uniformização, quando a jurisprudência da Turma Nacional de Uniformização de Jurisprudência dos Juizados Especiais Federais se firmou no mesmo sentido do acórdão recorrido". 10. Incidente de uniformização de jurisprudência não conhecido, nos termos acima.*

Nesse sentido, a TNU vinha determinado a suspensão dos processos com retorno às Turmas Recursais para aguardar a posição do STJ no julgamento do PUIL 240:

> ***Tipo***
>
> *DECISAO MONOCRATICA*
>
> ***Número***
>
> *0000569-41.2012.4.03.6311*
>
> *00005694120124036311*
>
> ***Classe***
>
> *Pedido de Uniformização de Interpretação de Lei (Turma)*
>
> ***Relator(a)***
>
> *BIANOR ARRUDA BEZERRA NETO*
>
> ***Origem***
>
> *TNU*
>
> ***Órgão julgador***
>
> *TURMA NACIONAL DE UNIFORMIZAÇÃO*
>
> ***Data***
>
> *07/08/2018*
>
> ***Data da publicação***
>
> *07/08/2018*
>
> ***Decisão***
>
> *Trata-se de dois pedidos uniformização nacional, interpostos por ambas as partes, através do qual pretende-se reformar acórdão de Turma Recursal que acolheu pretensão contra o INSS, no seguinte sentido: qualificar tempo de serviço celetista como especial e convertê-lo em comum, para fins de contagem recíproca, utilizando o fator 1.4. Segundo o ente público recorrente, não é possível a conversão de tempo celetista especial e comum, para efeitos de contagem recíproca, nos termos dos artigos 4º, I, da Lei 6.227/65 e 96, I, da Lei 8.213/91. Esse tema restou pacificado nesta TNU, em favor dos segurados, nos termos do quanto decidido nos autos do PU n.º 200971500147603, Relator o Juiz Federal Adel Américo de Oliveira, DOU de 17/05/2013. Todavia, atualmente o tema está sob julgamento do STJ, nos autos do PUIL n.º 240, relator o Ministro OG Fernandes, interposto nos autos do PU n.º 5031076-37.2012.4.04.7000. Dessa forma, impõe-se a observância do disposto no art. 9º, VIII, do Regimento Interno da TNU: "Art. 9º Compete ao relator: [...] VIII – determinar a devolução dos feitos às Turmas de origem para sobrestamento, quando a matéria estiver pendente de apreciação na Turma Nacional de Uniformização, no Superior Tribunal de Justiça, em regime de recurso representativo da controvérsia ou pedido de uniformização, ou no Supremo Tribunal Federal, em repercussão geral, de forma que promovam a confirmação ou adaptação dos acórdãos após o julgamento dos recursos paradigmas." **ISTO POSTO, determino a devolução do presente pedido de uniformização à Turma Recursal***

***de origem, com fulcro no art. 9º, VIII, do RITNU, bem como no art. 14, §6.º, da Lei n.º 10.259/01, para fins de sobrestamento até julgamento definitivo pelo STJ do PUIL n.º 240, de forma que promova a posterior confirmação do acórdão recorrido ou sua adaptação à decisão que vier a ser proferida no recurso indicado. Intimem-se.***

Posteriormente, o tema foi novamente julgado pela TNU no processo 5011725-44.2013.4.04.7000, julgado em 16/10/2020, com uma tese intermediária e inovadora:

***Tipo***

*Acórdão*

***Número***

***5011725-44.2013.4.04.7000***

*50117254420134047000*

***Classe***

*Pedido de Uniformização de Interpretação de Lei (Turma)*

***Relator(a)***

*TAIS VARGAS FERRACINI DE CAMPOS GURGEL*

***Relator para Acórdão***

*IVANIR CESAR IRENO JUNIOR*

***Revisor***

*ATANAIR NASSER RIBEIRO LOPES*

***Origem***

*TNU*

***Órgão julgador***

*TURMA NACIONAL DE UNIFORMIZAÇÃO*

***Data***

*16/10/2020*

***Data da publicação***

*18/10/2020*

***Ementa***

*PEDIDO DE UNIFORMIZAÇÃO DE INTERPRETAÇÃO DE LEI FEDERAL. DIREITO PREVIDENCIÁRIO. ATIVIDADE ESPECIAL PRESTADA JUNTO AO RGPS. POSTERIOR FILIAÇÃO AO RPPS. PRETENSÃO DE EMISSÃO DE CTC COM INCLUSÃO DO* ***TEMPO ESPECIAL CONVERTIDO EM COMUM. POSSIBILIDADE DE EMISSÃO DE CTC PELO INSS COM INCLUSÃO DO TEMPO ESPECIAL CONTADO DE DATA A DATA E INDICAÇÃO DO FATOR DE CONVERSÃO. IMPOSSIBILIDADE DE VEDAR A EMISSÃO DE CERTIDÃO DE FATO PREVIDENCIÁRIO INCONTROVERSO. CERTIFICAÇÃO QUE NÃO IMPLICA AVERBAÇÃO AUTOMÁTICA OU OBRIGAÇÃO***

***DO RPPS DE ACEITAR A CONTAGEM RECÍPROCA DO TEMPO ESPECIAL CONVERTIDO. CONVERSÃO E CONTAGEM RECÍPROCA À CRITÉRIO DO RPPS DE DESTINO.*** *PUIL CONHECIDO E PARCIALMENTE PROVIDO. DETERMINAÇÃO DE EXPEDIÇÃO DA CTC CONFORME TESE FIRMADA.*

Neste processo a TNU admitiu a expedição de CTC com indicação de fator de conversão de tempo especial em comum pelo RGPS, mas deixou a cargo do RPPS a avaliação de averbação do tempo convertido sem caráter vinculante, nos termos do Voto Vencedor da juíza federal Ivanir César Ireno Júnior:

> *"Em face do exposto, voto por conhecer do PUIL, não acolher as questões de ordem veiculadas no voto divergente do juiz Atanair Nasser Ribeiro Lopes e DAR PARCIAL PROVIMENTO ao pedido, (i) firmando a seguinte tese: "O segurado do RGPS que trabalhava sob condições especiais e passou, sob qualquer condição, para o RPPS,* ***tem direito à expedição de certidão desse tempo identificado como especial, discriminado de data a data, com indicação do fator de conversão, ficando a conversão em comum e a contagem recíproca à critério do RPPS de destino****, (ii) e determinando que a CTC seja expedida conforme a tese firmada".*

Foi feita uma analogia ao tema 609 do STJ, que trata da expedição de certidão para o tempo rural anterior a novembro de 1991, nos termos do artigo 55, §2º, da Lei 8.213/91.

Note-se que no caso o servidor federal postulou a emissão de CTC convertida com tempo de contribuição multiplicado pelo fator 1,40, tendo o pedido sido rejeitado pelo STJ, não encontrando amparo na Corte Superior a tese acolhida pela TNU no processo 5011725-44.2013.4.04.7000, julgado em 16/10/2020.

Mesmo que a tese firmada não determine a emissão da CTC convertida, mas apenas com a indicação do tempo especial e o fator de conversão, **deixa a critério do RPPS promover a citada conversão de especial em comum, esbarrando nas proibições do artigo 96, inciso I e IX, da Lei 8.213/91 antes do advento do Tema 942 STF, sendo atualmente possível.**

**Com o advento da Lei 13.846/2019, o artigo 96 da Lei 8.213/91 foi ampliado com as seguintes regras:**

a) é vedada a emissão de Certidão de Tempo de Contribuição (CTC) com o registro exclusivo de tempo de serviço, sem a comprovação de contribuição efetiva, exceto para o segurado empregado, empregado doméstico, trabalhador avulso e, a partir de 1º de abril de 2003, para o contribuinte individual que presta serviço a empresa obrigada a arrecadar a contribuição a seu cargo, observado o disposto no § 5º do art. 4º da Lei nº 10.666, de 8 de maio de 2003;

b) a CTC somente poderá ser emitida por regime próprio de previdência social para ex-servidor;

c) é vedada a contagem recíproca de tempo de contribuição do RGPS por regime próprio de previdência social sem a emissão da CTC correspondente, ainda que o tempo de contribuição RGPS tenha sido prestado pelo servidor público ao próprio ente instituidor;

d) é vedada a desaverbação de tempo em regime próprio de previdência social quando o tempo averbado tenha gerado a concessão de vantagens remuneratórias ao servidor público em atividade;

e) para fins de elegibilidade às aposentadorias especiais referidas no § 4º do art. 40 e no § 1º do art. 201 da Constituição Federal, os períodos reconhecidos pelo regime previdenciário de origem como de tempo especial, sem conversão em tempo comum, deverão estar incluídos nos períodos de contribuição compreendidos na CTC e discriminados de data a data.

A hipóteses inseridas no artigo 96 da Lei 8.213/91 já constavam da Portaria MPS 154/2008 (arts. 2º, 11, 12 e 15), tendo sido inseridas na Lei 8.213/91 para respeitar o Princípio da Legalidade, afastando o argumento de inovação regulamentar indevida.

A vedação da letra A atinge apenas aos segurados que precisam efetivamente recolher sobre salário de contribuição para ter direito à contagem recíproca (contribuinte individual autônomo, segurado facultativo e segurado especial), não atingindo aos demais segurados que possuem presunção de recolhimento da contribuição previdenciária, pois o responsável tributário é o tomador do serviço.

O segurado empregado, o trabalhador avulso e o contribuinte individual que prestar serviços à pessoa jurídica (este último a partir da competência 04/2003) têm em seu favor a presunção absoluta de recolhimento das suas contribuições previdenciárias, a teor do artigo 33, §5º, da Lei 8.212/91, pois a responsabilidade tributária é da empresa, sendo apenas necessário comprovar a relação de trabalho e o valor da remuneração mediante prova material contemporânea.

Já para o empregado doméstico inexistia esta presunção, devendo ser demonstrado antigamente o pagamento das suas contribuições previdenciárias, apesar de a responsabilidade ser do empregador doméstico.

Caso inexistissem os pagamentos, se for comprovado o exercício da atividade laboral pelo período exigido, o segurado doméstico recebia o benefício no valor mínimo, na forma do artigo 36, da Lei 8.213/91[10].

---

10. Art. 36. Para o segurado empregado doméstico que, tendo satisfeito as condições exigidas para a concessão do benefício requerido, não comprovar o efetivo recolhimento das contribuições devidas, será concedido o benefício de valor mínimo, devendo sua renda ser recalculada quando da apresentação da prova do recolhimento das contribuições.

Destarte, existia presunção indireta apenas para o valor mínimo de benefício em favor do empregado doméstico, nos termos do artigo 36 da Lei 8.213/91, no período que precedeu ao advento da LC 150/2015, inclusive para fins de período de carência.

Nesse sentido, para o período anterior à competência 6/2015, deve ser aplicado o artigo 36 da Lei 8.213/91, desincumbindo o empregado doméstico da prova do recolhimento da contribuição previdenciária para a concessão de benefício de renda mínima, nos termos do Parecer CONJUR 672/2012, inclusive para fins de carência:

> *"Ante o exposto, esta Advogada da União, no exercício da atribuição prevista no art. 11 da Lei Complementar n° 73/1993, tece as seguintes considerações conclusivas:*
>
> *(i) hão se verifica a existência de divergência quanto ao entendimento fixado no bojo do PARECER/CJ/N° 2585/2001 (publicado no DOU de 1°.10.2001) e no PARECER/CONJUR/MPS/N°616/2010 (publicado no DOU de 23. 2.2010);*
>
> ***(ii) regra geral, o segurado empregado doméstico deve comprovar o efetivo recolhimento das contribuições relativas ao período de carência, inclusive a primeira sem atraso, em conformidade com o art. 27, inciso II, da Lei n° 8.213, de 1991;***
>
> ***(iii) entretanto, quando se tratar de concessão de benefício no valor mínimo, com esteio no art. 36 da Lei n° 8.212/1991, o segurado empregado doméstico e seus dependentes não estão obrigados à comprovação do efetivo recolhimento das contribuições exigidas para efeito de carência, inclusive a primeira sem atraso, desde que atendidos os demais requisitos legais exigíveis, não incidindo nessa hipótese a regra contida no art. 27, II, da Lei n° 8.213, de 1991;***
>
> *(iv) a comprovação da filiação do segurado empregado doméstico junto à Previdência Social, independentemente do valor do benefício, deve ser realizada em observância às regras gerais constantes na Lei n° 8.213, de 1991, especialmente nos arts. 55, §3°, e 108, que impõe indistintamente a todos os segurados obrigatórios a necessidade de comprovação da filiação à Previdência Social com base em prova material contemporânea à prestação do serviço, independentemente da responsabilidade pelo recolhimento de contribuições sociais."*

Posteriormente, com o advento da Lei Complementar 150/2015, o empregado doméstico passou a ter a mesma presunção de recolhimento que já beneficiava o empregado, tendo sido modificado o artigo 27 e tacitamente revogado o artigo 36, da Lei 8.213/91, com a alteração perpetrada no artigo 34 da Lei 8.213/91.

Neste caso, para períodos posteriores à LC 150/2015, em não havendo recolhimento do tributo, basta que esses segurados comprovem o vínculo e o valor da sua remuneração para serem considerados no cálculo da renda mensal inicial dos benefícios e demais efeitos previdenciários.

Todavia, se não puderem comprovar o valor dos seus salários de contribuição no período básico de cálculo, será concedido o benefício de valor mínimo, devendo esta renda ser recalculada, quando da apresentação de prova dos salários de contribuição[11].

Eis os artigos da Lei 8.213/91 que disciplinam o tema, modificados pela LC 150/2015:

> *"Art. 34. No cálculo do valor da renda mensal do benefício, inclusive o decorrente de acidente do trabalho, serão computados:*
>
> *I – para o segurado empregado, inclusive o doméstico, e o trabalhador avulso, os salários de contribuição referentes aos meses de contribuições devidas, ainda que não recolhidas pela empresa ou pelo empregador doméstico, sem prejuízo da respectiva cobrança e da aplicação das penalidades cabíveis, observado o disposto no § 5º do art. 29-A;*
>
> *II – para o segurado empregado, inclusive o doméstico, o trabalhador avulso e o segurado especial, o valor mensal do auxílio-acidente, considerado como salário de contribuição para fins de concessão de qualquer aposentadoria, nos termos do art. 31;*
>
> *III – para os demais segurados, os salários-de-contribuição referentes aos meses de contribuições efetivamente recolhidas.*
>
> *Art. 35. Ao segurado empregado, inclusive o doméstico, e ao trabalhador avulso que tenham cumprido todas as condições para a concessão do benefício pleiteado, mas não possam comprovar o valor de seus salários de contribuição no período básico de cálculo, será concedido o benefício de valor mínimo, devendo esta renda ser recalculada quando da apresentação de prova dos salários de contribuição".*

Este é o lastro legal do artigo 36, §2º, do Decreto 3.048/99, validado pela TNU:

> **PUIL n. 0503286-94.2019.4.05.8500/SE**
>
> **Relator(a):**
>
> JUÍZA FEDERAL CARMEN ELIZANGELA DIAS MOREIRA DE RESENDE
>
> Assunto:
>
> RMI PELA EQUIVALÊNCIA ENTRE SALÁRIO-DE-BENEFÍCIO E SALÁRIO-DE-CONTRIBUIÇÃO. PERÍODO BÁSICO DE CÁLCULO.
>
> **Ementa:**
>
> PEDIDO DE UNIFORMIZAÇÃO DE INTERPRETAÇÃO DE LEI FEDERAL. PREVIDENCIÁRIO. AUSÊNCIA DE PROVA QUANTO AO VALOR DE PARTE DOS SALÁRIOS DE CONTRIBUIÇÃO NO PERÍODO BÁSICO DE CÁLCULO. UTILIZAÇÃO DO SALÁRIO MÍNIMO. ART. 36, § 2º, DO DECRETO N.º 3.048/1999. PRECEDENTE DESTA TNU NO PEDIDO DE UNIFORMIZAÇÃO DE INTERPRETAÇÃO DE LEI 0501846-96.2019.4.05.8101,

11. Artigo 35 da Lei 8.213/91.

RELATOR GUSTAVO MELO BARBOSA, 09/05/2022. PEDILEF CONHECIDO E PROVIDO.

**Tese firmada:**

"O disposto no art. 36, § 2º, do Decreto n.º 3.048/1999, não extrapola o poder regulamentar, devendo ser aplicado quando não houver comprovação do valor de parte dos salários de contribuição no período básico de cálculo"

**Julgado em 15/09/2023**

De acordo com a interpretação administrativa da Previdência Social, que segue à risca o Princípio do *Tempus Regit Actum*, a presunção de recolhimento para salários de contribuição acima de um salário mínimo em favor do empregado doméstico não irá retroagir, operando-se somente a partir da vigência da LC 150, em 2 de junho de 2015, devendo ser considerado o salário de contribuição de um salário mínimo para as competências anteriores à 2 de junho de 2015, acaso não comprovado o efetivo recolhimento da contribuição previdenciária[12].

Esse é o panorama geral intertemporal a respeito do tempo de contribuição, carência e presunção de recolhimento de contribuição previdenciária em favor do empregado doméstico. No que tange à contagem recíproca, o tema é regulado no artigo 96 da Lei 8.213/91, com alterações perpetradas pela MP 871-Lei 13849/2019.

Nota-se um alinhamento entre a LC 150/2015 e a Lei 13.846/2019, pois desde 6/2015 o empregado doméstico possui a mesma presunção de recolhimento do segurado empregado.

De efeito, o legislador na maioria das vezes não promove recortes intertemporais na legislação, salvo situações muito pontuais, cabendo ao intérprete fazê-lo à luz do Princípio da Lei do Tempo Rege o Ato Jurídico.

Caso contrário, todas as alterações normativas teriam efeito retroativo, o que não pode ocorrer na área previdenciária, em regra, inclusive para fins de respeito à regra de contrapartida e ao ato jurídico perfeito.

Nesse sentido, alinhando-se ao próprio posicionamento anterior da autarquia exteriorizado pelo Memorando-Circular nº 38/DIRBEN/INSS, de 5/11/2015 e ao Parecer CONJUR 364/2015, os períodos anteriores ao advento da LC 150 devem ser considerados como salário de contribuição no valor mínimo, na hipótese de inexistência de prova do recolhimento da contribuição previdenciária em valores superiores.

Desse modo devem ser adotadas as seguintes premissas jurídicas para lastrear a atuação administrativa do INSS e judicial em casos desta natureza envolvendo os empregados domésticos:

12. Memorando-Circular nº 38/DIRBEN/INSS, de 5/11/2015.

**A)** A emissão de CTC para períodos anteriores à vigência da LC 150/2015 em favor do empregado doméstico deve ser feita com valores de salários de contribuição no piso legal, na hipótese de inexistir prova do recolhimento efetivo da contribuição previdenciária pelo empregado doméstico, acaso provado o vínculo de emprego, observado o artigo 55, §3º, da Lei 8.213/91;

**B)** A emissão de CTC para períodos posteriores à vigência da LC 150/2015 em favor do empregado doméstico dar-se-á com a presunção de recolhimento para salários de contribuição acima do mínimo legal, acaso provado o vínculo de emprego e os valores dos salários de contribuição, observado o artigo 55, §3º, da Lei 8.213/91.

Não se emite CTC em RPPS para o servidor ativo, pois este precisa estar ocupando o cargo para ter aposentadoria deferida em RPPS, sendo curial a vacância do cargo para a sua emissão.

O cancelamento da averbação (desaverbação) de tempo de contribuição do RGPS no RPPS é possível antes da concessão da aposentadoria pela autoridade administrativa, exceto se o servidor obtiver alguma vantagem remuneratória decorrente da aludida averbação.

Somente é possível a contagem recíproca com a emissão da CTC, pois é necessário um largo controle para prevenir fraudes (uso em duplicidade) e para calcular a compensação financeira de um regime ao outro.

A vedação da letra E apenas reforça o inciso I do artigo 96 da Lei 8.213/91, no sentido de que, para fins de contagem recíproca, inexiste conversão de tempo especial em comum.

Eventual judicialização do tema deve envolver, a princípio, tanto o INSS (responsável pela emissão da CTC e que vai gerar compensação financeira do RGPS ao RPPS futuramente) quanto a entidade pública a que pertence o servidor (irá gerar averbação com efeitos funcionais), podendo, no entanto, haver aquiescência de um destes entes, a depender do ponto controvertido da lide.

Nesse sentido, a correta jurisprudência:

> **TRF-2 – APELAÇÃO/REEXAME NECESSÁRIO APELREEX 2005510101 79041 RJ 2005.51.01.017904-1 (TRF-2)**
>
> **Data de publicação: 18/02/2011**
>
> **Ementa:** PROCESSUAL CIVIL E ADMINISTRATIVO. SERVIDORES PÚBLICOS FEDERAIS, EX-CELETISTAS. AVERBAÇÃO DO TEMPO DE SERVIÇO ANTERIOR À LEI Nº 8.112/90. ATIVIDADE INSALUBRE. **UNIÃO FEDERAL E INSS. LITISCONSORTES PASSIVOS NECESSÁRIOS.** ART. 47 DO CPC. REMESSA PROVIDA. RECURSO DA UNIÃO FEDERAL JULGADO

PREJUDICADO. Ao INSS compete a expedição de certidão com contagem ficta do período trabalhado em condições especiais de acordo com a legislação previdenciária, isto é, o art. 130 do Decreto nº 3.048, de 6 de maio de 1999. Embora a averbação seja realizada no assentamento do servidor para a aposentadoria estatutária, é a autoridade previdenciária que deve expedir a certidão com a contagem ficta do período em que o servidor esteve vinculado ao Regime Geral da Previdência Social, sendo necessária, também, reconhecer a competência da UNIÃO FEDERAL – MINISTÉRIO DA SAÚDE, pois efetuará a devida averbação do tempo de serviço nos assentamentos funcionais do servidor. – **Desta forma, trata-se de litisconsórcio passivo necessário**, na forma do art. 47, do Código de Processo Civil, tendo em vista as obrigações distintas de cada um. – Remessa provida para, anular a sentença, devendo os autos retornarem à Vara de origem para o regular prosseguimento do feito, incluindo o INSS no pólo passivo da demanda e prejudicado o recurso da União Federal.

**TRF-4 – APELAÇÃO EM MANDADO DE SEGURANÇA AMS 21639 RS 2004.71.00.021639-0 (TRF-4)**

**Data de publicação: 24/10/2007**

**Ementa:** SERVIDOR PÚBLICO. CÔMPUTO ESPECIAL DE TEMPO DE SERVIÇO PRESTADO SOB CONDIÇÕES INSALUBRES NO REGIME CELETISTA. EXPEDIÇÃO DE CERTIDÃO E AVERBAÇÃO DO TEMPO ESPECIAL. **INSS. LITISCONSORTE PASSIVO NECESSÁRIO. Necessária a presença do INSS em lide que discute a conversão do tempo de serviço laborado em exposição a agente nocivo, em virtude da competência para reconhecimento do direito e da responsabilidade decorrente da compensação financeira entre os regimes previdenciários.**

**É plenamente possível que um segurado obtenha mais de uma aposentadoria por *regimes diversos*, desde que preencha os requisitos de cada uma e sem a utilização simultânea de tempo de serviço ou de contribuição da mesma atividade**, observado o teto do subsídio dos Ministros do STF, por força do artigo 40, §11, da Constituição.

Nessa linha, o STJ:

"PREVIDENCIÁRIO. AGRAVO REGIMENTAL NO RECURSO ESPECIAL. SEGURADO APOSENTADO EM REGIME PRÓPRIO DE SERVIDOR PÚBLICO COM **CONTAGEM RECÍPROCA.** PERMANÊNCIA DE VÍNCULO COM O REGIME GERAL DA PREVIDÊNCIA SOCIAL. CONCESSÃO DE NOVA APOSENTADORIA. POSSIBILIDADE QUANDO OS REQUISITOS SÃO CUMPRIDOS. DECISÃO MANTIDA. **1. De acordo com o entendimento de ambas as Turmas que compõem a Terceira Seção do Superior Tribunal de Justiça, a concessão de aposentadoria pelo Regime Geral da Previdência Social a segurado aposentado em regime próprio não ofende o disposto nos arts. 96 e 98 da Lei nº 8.213/1991, se o autor permaneceu vinculado ao RGPS e cumpriu os requisitos para nova aposentadoria, excluído o tempo de serviço utilizado para a primeira jubilação.** 2. Ademais, o Decreto nº 3.048/1999 permite a expedição de certidão de **tempo** de contribuição para período fracionado (art. 130, § 10). As vedações nele previstas dizem respeito ao duplo cômputo do tempo de serviço exercido simultaneamente na atividade privada e pública e daquele outrora utilizado para a concessão de aposentadoria (art. 130, §§ 12 e 13), circunstâncias não verificadas no caso concreto. 3. Agravo regimental improvido" (AGREsp 924.423, de 15.04.2008).

Nesse sentido, o segurado que possuía vínculos concomitantes no RGPS antes da instituição do regime jurídico único, na condição de empregado público e de contribuinte individual, poderá promover a contagem recíproca do primeiro para o RPPS e utilizar no RGPS o segundo vínculo, inexistindo obstáculo normativo para isso.

Nesse sentido, o STJ:

> **Informativo 544- DIREITO PREVIDENCIÁRIO. ATIVIDADES CONCOMITANTES PRESTADAS SOB O RGPS E PRINCÍPIO DA UNICIDADE DE FILIAÇÃO.**
>
> **O segurado que manteve dois vínculos concomitantes com o RGPS – um na condição de contribuinte individual e outro como empregado público – pode utilizar as contribuições efetivadas como contribuinte individual na concessão de aposentadoria junto ao RGPS, sem prejuízo do cômputo do tempo como empregado público para a concessão de aposentadoria sujeita ao Regime Próprio, diante da transformação do emprego público em cargo público.** De fato, o contribuinte possuía dois vínculos com o Regime Geral, um na condição de contribuinte individual e outro como empregado público, regido pela CLT. Entretanto, o tempo de serviço e as contribuições recolhidas na condição de contribuinte individual não se confundem com o vínculo empregatício mantido como servidor público. Assim, não há óbice para utilizar o tempo prestado ao estado no regime celetista para fins de aposentadoria estatutária e as contribuições como contribuinte individual na concessão da aposentadoria previdenciária por tempo de contribuição, não havendo falar em violação ao princípio da unicidade de filiação. Ademais, o art. 96 da Lei 8.213/1991 veda apenas que o mesmo lapso temporal, durante o qual o segurado exerceu simultaneamente uma atividade privada e outra sujeita a regime próprio de previdência, seja computado em duplicidade, o que não é o caso, pois não há contagem em duplicidade, uma é decorrente da contratação celetista, e outra da condição de contribuinte individual. **AgRg no REsp 1.444.003-RS, Rel. Min. Humberto Martins, julgado em 8/5/2014.**

Veja-se enunciado aprovado na **I Jornada de Direito da Seguridade Social do Conselho da Justiça Federal** sobre o tema:

> **ENUNCIADO 2:** A averbação automática do tempo de serviço público celetista, contribuído concomitantemente com o tempo de serviço privado, em razão de dupla atividade que ocorreu antes da instituição do Regime Jurídico Único (Lei n. 8.112/1990), não ofende o disposto no art. 4º, inciso IV, da Lei n. 6.226/1975, bem como o art. 96, inciso III, da Lei n. 8.213/1991, podendo os períodos ser

fracionados ou segregados e utilizados para concessão de benefício previdenciário pelo RGPS ou pelo RPPS.

Na hipótese de filiado do RPPS migrar para o RGPS será possível a contagem recíproca do tempo de contribuição sem a necessidade de integralização de carência dentro do RGPS, pois o artigo 95, da Lei 8.213/91, foi revogado pela Medida Provisória 2.187-13/2001.

Logo, as contribuições pagas ainda no RPPS valem para efeito de carência do RGPS, pois inexiste proibição legal nesse sentido, que precisa ser urgentemente editada.

Inclusive, o artigo 26 do Decreto 3.048/99, expressamente, admite que o tempo de contribuição para o RPPS seja considerado para fins de período de carência no RGPS:

> *§ 5º "Observado o disposto no § 4º do art. 13, **as contribuições vertidas para regime próprio de previdência social serão consideradas para todos os efeitos, inclusive para os de carência** (Incluído pelo Decreto nº 3.265, de 1999)".*

Ao que parece, pois existem indeferimentos, o INSS não estende essa regra **ao tempo de contribuição militar**, rejeitando a contagem recíproca deste para fins de carência. Não é razoável dar tratamento distinto ao período militar, pois inexiste distinção legal na Lei 8.213/91.

Nesse sentido, o correto posicionamento da Turma Regional de Uniformização da 4ª Região:

> "EMENTA: PREVIDENCIÁRIO. REGIME GERAL DA PREVIDÊNCIA SOCIAL. TEMPO DE SERVIÇO MILITAR. CÔMPUTO PARA FINS DE CARÊNCIA. POSSIBILIDADE. ARTIGO 55, INCISO I, §2º, LEI 8.213/91. **O tempo de serviço militar**, além de expressamente computar como tempo de serviço/contribuição, nos termos do artigo 55, I, da Lei 8.213/91, e artigo 60, IV, do Decreto 3.048/99, **também deve ser considerado para fins de carência**. Incidente de Uniformização conhecido e provido". **(IUJEF 2008.72.64.000249-8, Turma Regional de Uniformização da 4ª Região, Relator Ivori Luís da Silva Scheffer, D.E. 02/07/2009)**

> "EMENTA: PREVIDENCIÁRIO. REGIME GERAL DA PREVIDÊNCIA SOCIAL. TEMPO DE SERVIÇO MILITAR. CÔMPUTO PARA FINS DE CARÊNCIA. POSSIBILIDADE. 1. Os institutos da carência e de tempo de serviço/contribuição não se confundem. A carência se caracteriza tanto pela existência da relação jurídica de filiação quanto da relação jurídica de custeio. O tempo de serviço/contribuição se caracteriza pela relação jurídica de filiação, mediante o exercício de atividade abrangida pela previdência social, que pode ou não ter caráter contributivo. 2. O artigo 63 da Lei nº 4.375/64 (Lei do serviço Militar), ao tratar dos direitos garantidos aos convocados, prescreve que os prestadores do serviço militar inicial terão o direito de contar esse tempo para fins de aposentadoria. 3. O artigo 100 da Lei nº 8.112/90 (Estatuto dos Servidores Públicos

da União), reconhece que o tempo de serviço prestado às Forças Armadas é tempo de serviço público federal, computado para todos os efeitos, de modo que, mediante o instituto da contagem recíproca, o artigo 3º da Lei 9.796/99 garante a compensação financeira ao Regime Geral de Previdência Social pela União Federal, ente público ao qual o militar estava vinculado. **3. Como a prestação de serviço militar inicial não é uma faculdade do cidadão, mas sim uma obrigação imposta constitucionalmente, não é razoável admitir que o convocado tenha que ser sacrificado com possível exclusão previdenciária decorrente da não contagem para fins de carência daquele período em que esteve servindo à Pátria.** 4. O tempo de serviço militar, além de expressamente computar como tempo de serviço/contribuição, nos termos do artigo 55, I, da Lei 8.213/91, e artigo 60, IV, do Decreto 3.048/99, também deve ser considerado para fins de carência. 5. Incidente conhecido e provido". **(IUJEF 2007.70.95.001932-7, Turma Regional de Uniformização da 4ª Região, Relator Rony Ferreira, D.E. 17/09/2008).**

O INSS não admitia o cômputo de período militar para fins de carência da aposentadoria por idade, a teor do artigo 154, I, da revogada IN INSS 77/2015:

"Art. 154. Não será computado como período de carência:

I – o tempo de serviço militar, obrigatório ou voluntário;"

Isto possivelmente deve ser modificado, mesmo porque a TNU já repelia a tese da autarquia antes da reforma previdenciária[13]:

**Além de computar como tempo de contribuição, serviço militar também deve ser considerado para fins de carência**

**Sessão TNU**

A decisão foi tomada pelo Colegiado na reunião realizada no dia 27 de junho, em Porto Alegre

Na reunião realizada no dia 27 de junho, na cidade de Porto Alegre (RS), a Turma Nacional de Uniformização dos Juizados Especiais Federais (TNU) determinou que o serviço militar, além de computar como tempo de serviço/contribuição, também deve ser considerado para fins de carência.

O pedido de uniformização nacional foi suscitado pela parte autora contra acórdão da 1ª Turma Recursal do Ceará, que não reconheceu como período de carência o tempo de serviço militar obrigatório, julgando improcedente o pedido de concessão de aposentadoria por idade urbana.

Em suas razões recursais, o requerente sustentou divergência do acórdão recorrido com o entendimento firmado pela Turma Regional de Uniformização da 4ª Região no sentido de que o tempo de serviço militar, além de expressamente computar como tempo de serviço/contribuição, nos termos do artigo 55, I, da Lei nº 8.213/91, e artigo 60, IV, do Decreto 3.048/99, também deve ser considerado para fins de carência.

13. https://www.cjf.jus.br/cjf/noticias/2019/07-julho/alem-de-computar-como-tempo-de-contribuicao-servico-militar-tambem-deve-ser-considerado-para-fins-de-carencia.

> Ao adentrar no mérito do processo, o relator do pedido de uniformização no Colegiado, juiz federal Sérgio de Abreu Brito, da Seção Judiciária de Alagoas, argumentou que a contagem do tempo de serviço militar inicial para fins de aposentadoria está prevista no artigo 63 da Lei nº 4.375/64 (Lei do Serviço Militar).
>
> Segundo o magistrado, a norma do artigo 55, I, da Lei nº 8.213/91 também estabelece o cômputo do serviço militar, inclusive voluntário, como tempo de contribuição, assim como a regra contida no artigo 60, IV, do Decreto 3.048/99.
>
> Ainda de acordo com o relator, a orientação contida no artigo 100 da Lei nº 8.112/90 (Estatuto dos Servidores Público da União) reafirma o entendimento das demais normas, reconhecendo que o tempo de serviço prestado às Forças Armadas deve ser contabilizado para todos os efeitos como serviço público federal, independentemente da existência de contribuição previdenciária, para fins de aposentadoria no Regime Próprio de Previdência Social da União.
>
> "Não vislumbro motivo para se afastar a contagem do tempo de serviço militar, para fins de carência no tocante à aposentadoria por idade no Regime Geral da Previdência Social. Frise-se ainda que a prestação de serviço militar não é uma faculdade do cidadão, mas sim uma obrigação imposta constitucionalmente. Destarte, não se afigura razoável admitir que o convocado tenha que ser sacrificado com possível exclusão previdenciária decorrente da não contagem para fins de carência daquele período em que esteve servindo à Pátria", defendeu o juiz federal.
>
> Por maioria, a Turma Nacional de Uniformização dos Juizados Especiais Federais decidiu conhecer e dar provimento ao incidente de uniformização da parte autora para restabelecer a sentença de procedência, nos termos do voto do juiz relator.
>
> Processo nº 0527059-78.2017.4.05.8100/CE

Nesse sentido, o artigo 194, §1º, da Instrução Normativa INSS 128/2022 previu que o tempo de serviço militar obrigatório exercido posteriormente a 13 de novembro de 2019, data da publicação da Emenda Constitucional nº 103, devidamente certificado pelo respectivo ente federativo na forma da contagem recíproca por meio de Certidão de Tempo de Contribuição, será considerado para fins de carência.

O período militar prestado ao Exército no **"Tiro de Guerra"** será considerado para fins de contagem recíproca, conforme previsto inclusive na Lei 8.112/90, desde que expedida a respectiva certidão militar:

> *"Art. 103. Contar-se-á apenas para efeito de aposentadoria e disponibilidade:*
>
> ...
>
> ***VI – o tempo de serviço relativo a tiro de guerra;"***

No mês mesmo sentido a Súmula 108 do TCU, aplicada pela Corte de Contas no Acórdão 205/2020 Plenário:

> *"Súmula 108 – É computável, como tempo de serviço público, para aposentadoria e disponibilidade, o período de Tiro de Guerra. E, para todos os efeitos legais, o período de Centro de Preparação de Oficiais da Reserva e de outros órgãos análogos, reconhecidos na forma da lei e das normas emanadas das autoridades militares competentes."*

Nos termos da Portaria 1/2002 do Exército, "os Tiros-de-Guerra (TG) são Órgãos de Formação da Reserva (OFR), que possibilitam a prestação do Serviço Militar Inicial, no município sede do TG, dos convocados não incorporados em Organização Militar da Ativa (OMA), de molde a atender à instrução, conciliando o trabalho e o estudo do cidadão".

Com o advento da Emenda 103/2019, por certo o INSS deverá aderir ao posicionamento da TNU, diante da ampliação do §9º e inserção do §9º-A no artigo 201 da Constituição, conforme já tratado.

Tendo em vista a extinção da paridade remuneratória entre ativos e inativos para os servidores ingressos após a vigência da EC 41/2003, aliado ao fato de que a aposentadoria no serviço público demanda idade mínima, o que não ocorre no RGPS, é possível que comecem a surgir casos de servidores públicos que se filiem ao RGPS visando à contagem recíproca para obter a aposentação por tempo de contribuição.

Mesmo sendo defesa constitucionalmente a filiação de pessoas vinculadas a RPPS como seguradas facultativas do RGPS, poderá ocorrer à extinção do vínculo funcional do servidor ou a contribuição ao RGPS como segurado obrigatório, o que geraria a filiação ao RGPS e abriria espaço para a contagem recíproca e posterior aposentação.

Vale registrar que a concessão de aposentadoria no RGPS com a utilização de tempo de contribuição do RPPS amparado por CTC dispensará a refiliação ao Regime Geral, desde que se trate de ex-segurado do RGPS com filiação anterior, nos termos do artigo 3º da Lei 10.666/2003, que dispensa a manutenção da qualidade de segurado para a concessão das aposentadorias programadas.

No entanto, na via administrativa, o INSS exige a refiliação como pressuposto da averbação da CTC orienta do RPPS.

**A TNU tem precedente de 17/03/2025 no sentido de que se a CTC for apresentada por ex-segurado do RGPS, dispensa-se a refiliação para a sua averbação e concessão de aposentadoria programada pelo RGPS:**

> ***"Pedido de Uniformização de Interpretação de Lei (Turma) Nº 5000617-76.2021.4.03.6317/SP***
>
> *7. Em primeiro lugar, é importante destacar que o disposto no art. 99 da Lei 8.213/91 — "Art. 99. O benefício resultante de contagem de tempo de serviço na forma desta Seção será concedido e pago pelo sistema a que o interessado estiver*

*vinculado ao requerê-lo, e calculado na forma da respectiva legislação." — deve ser interpretado em consonância com o art. 3º da Lei 10.666/2003, que eliminou a exigência de manutenção da qualidade de segurado para a concessão de aposentadorias programadas.*

*8. Com base nesse dispositivo, no caso de aposentadoria fundamentada exclusivamente no tempo de contribuição ao RGPS, um segurado do sexo masculino que não esteja filiado há mais de 20 anos pode, ao atingir 65 anos de idade, requerer diretamente a aposentadoria por idade, sem a necessidade de refiliação formal ao RGPS, seja como segurado obrigatório ou facultativo.*

*9. Nesse contexto, não parece lógico nem razoável manter a interpretação do art. 99 da Lei 8.213/91 no sentido de exigir a prévia refiliação ao RGPS, especialmente quando a contagem recíproca do tempo de contribuição ao RPPS já é suficiente para o preenchimento dos requisitos para aposentadoria.*

*10. Em segundo lugar, a expedição da Certidão de Tempo de Contribuição (CTC) pelo RPPS, documento essencial para a contagem recíproca, só pode ser feita para ex-servidores, conforme determina o art. 96, VI, da Lei 8.213/91. Isso significa que, uma vez emitida a CTC, há certeza da ausência de vínculo com o RPPS, eliminando o risco de duplicidade de benefício ou de opção aleatória por um regime de aposentação.*

*11. Além disso, a expedição da CTC implica a retirada e transferência do tempo de serviço do RPPS para o RGPS (caso essa seja a destinação da CTC), consolidando a migração do tempo de contribuição. É importante destacar, por exemplo, que, na operação inversa — ou seja, na emissão de CTC pelo RGPS para utilização no RPPS —, a mera expedição da CTC para um segurado que esteja em gozo de auxílio-acidente implica a cessação desse benefício (art. 129 do Decreto 3.048/99), evidenciando que a transferência do tempo de contribuição entre regimes possui efeitos previdenciários concretos e imediatos.*

***12. Em terceiro lugar, ao postular o benefício e apresentar a CTC, o ex-segurado automaticamente retoma a filiação ao RGPS. Isso ocorre porque, como requisito lógico para a concessão do benefício, deve haver a averbação do tempo de serviço, transformando o tempo anteriormente vinculado ao RPPS em tempo de contribuição no RGPS, o que, por si só, caracteriza nova vinculação ao regime geral.***

*13. Em quarto lugar, o próprio Decreto nº 3.048/99 prevê que o segurado mantém sua qualidade de segurado no RGPS por 12 meses após se desvincular do RPPS, conforme estabelece o art. 15, II, da Lei 8.213/91. Não há, nesse período, qualquer exigência de filiação expressa ao novo regime, diferentemente do que foi previsto no §6º do art. 184 da IN PRES/INSS nº 128/2022. Essa previsão normativa, ainda que inusitada, pode ter surgido devido à inexistência do período de graça nos regimes próprios de previdência. Assim, é o próprio regulamento previdenciário que, de forma automática, vincula o egresso do RPPS ao RGPS, pelo menos nos primeiros 12 meses após a desvinculação.*

***14. Em resumo, no caso de pedido de aposentadoria programada por ex-segurado do RGPS, com a utilização de tempo de contribuição em contagem***

> ***recíproca, devidamente amparado por CTC, é dispensada a exigência de refiliação formal ao RGPS na data do requerimento, bem como a necessidade de que a última atividade exercida tenha ocorrido sob esse regime.***
>
> *15. Em face do exposto,* ***voto no sentido de ADMITIR e DAR PROVIMENTO ao agravo interno e ao Pedilef,*** *com retorno dos autos à TR de origem para adequação do julgado".*

Ao revés, se o ex-servidor público nunca foi filiado ao RGPS e somente possui tempo de contribuição no RPPS, será necessária a prévia filiado ao Regime Geral, pois não se trata de ex-segurado.

Nesse sentido, o correto posicionamento da TNU:

> **PUIL n. 0501480-38.2016.4.05.8109/CE** – "A TNU uniformizou o entendimento de que o trabalhador que contribuiu exclusivamente para o Regime Próprio de Previdência (RPPS) deve estar formalmente filiado ao Regime Geral de Previdência Social (RGPS) para obter a concessão de benefícios previdenciários" (Boletim em 22.08.2019).

É permitida a aplicação da contagem recíproca de tempo de contribuição no âmbito dos acordos internacionais de Previdência Social, somente quando neles prevista.

Vale ressaltar que os períodos de trabalho prestados no exterior e que geraram a filiação aos regimes previdenciários estrangeiros apenas serão considerados pelo RGPS na hipótese de celebração de tratado internacional com previsão de reciprocidade.

Nesse sentido, de acordo com o artigo 125, I, do RPS, para efeito de contagem recíproca, hipótese em que os diferentes sistemas de previdência social compensar-se-ão financeiramente, é assegurado o cômputo do tempo de contribuição na administração pública, para fins de concessão de benefícios previstos no Regime Geral de Previdência Social, inclusive de aposentadoria em decorrência de tratado, convenção ou acordo internacional.

O Brasil já possui em vigor os seguintes Acordos Internacionais Previdenciários: Convenção Multilateral Ibero-Americana de Seguridade Social, Acordo Multilateral de Seguridade Social do Mercado Comum do Sul – MERCOSUL, Alemanha, Bélgica, Cabo Verde, Canadá, Chile, Coreia (do Sul), Espanha, França, Grécia, Itália, Japão, Luxemburgo, Portugal, Quebec, EUA, Suíça, Moçambique, Índia, Bulgária e República Tcheca.

Com a Resolução nº 136 de 30 de dezembro de 2010 a operacionalização de cada Acordo de Previdência Social ficou em um único Organismo de Ligação, conforme tabela abaixo.

## Relação dos Organismos de Ligação Brasileiros e Respectivas Competências

| PAÍS | ACORDO | GERÊNCIA EXECUTIVA | CÓDIGO | Agência da Previdência Social Atendimento Acordos Internacionais – APSAI (ORGANISMO DE LIGAÇÃO) | SIGLA | ENDEREÇO |
|---|---|---|---|---|---|---|
| Portugal | Bilateral/ Iberoamericano | São Paulo – Sul | 21.001.15.0 | APSAI São Paulo | APSAISP | Rua Santa Cruz, 747 – 1º Subsolo – Vila Mariana, São Paulo / SP CEP 04.121-000 E-mail: apsai21001150@inss.gov.br |
| Cabo Verde | Bilateral | | | | | |
| Japão | Bilateral | | | | | |
| Bélgica | Bilateral/ Iberoamericano | Rio de Janeiro - Centro | 17.001.22.0 | APSAI Rio de Janeiro | APSAIRJ | Rua Pedro Lessa nº 36 – 5º Andar – Sala 511 – Centro, Rio de Janeiro / RJ CEP 20.030-030 E-mail: apsai17001220@inss.gov.br |
| França | Bilateral | | | | | |
| Estados Unidos | Bilateral | Belo Horizonte | 11.001.14.0 | APSAI Belo Horizonte | APSAIBH | Rua Amazonas, nº 266 – 3º Andar, Ala B, Centro, Belo Horizonte / MG CEP 30.180-001 E-mail: apsai11001140@inss.gov.br |
| Itália | | | | | | |
| Argentina, Paraguai e Uruguai (MERCOSUL) | Multilateral MERCOSUL/ Iberoamericano | Florianópolis | 20.001.13.0 | APSAI Florianópolis | APSAIFL | Rua Felipe Schmidt, nº 331 – 4º Andar -Centro, Florianópolis / SC CEP 88.010-000 E-mail: apsai20001130@inss.gov.br |
| Alemanha | Bilateral | | | | | |

| PAÍS | ACORDO | GERÊNCIA EXECUTIVA | CÓDIGO | Agência da Previdência Social Atendimento Acordos Internacionais – APSAI (ORGANISMO DE LIGAÇÃO) | SIGLA | ENDEREÇO |
|---|---|---|---|---|---|---|
| Coreia | Bilateral | Curitiba | 14.001.03.0 | APSAI Curitiba | APSAICT | Agência da Previdência Social Atendimento Acordos Internacionais Curitiba (Código: 14.001.030) End.: Rua João Negrão, nº 11, 9º andar – sala 901 Centro, Curitiba (PR)<br>CEP 80010-200<br>Tel.: (41) 3616-9385 / 3616-9382<br>E-mail: apsai14001030@inss.gov.br |
| República de Moçambique | | | | | | |
| Bolívia | | | | | | |
| Colombia | | | | | | |
| Equador | | | | | | |
| El Salvador | Iberoamericano | | | | | |
| Peru | | | | | | |
| República Dominicana | | | | | | |
| República da Colômbia | | | | | | |
| Chile | Bilateral/ Iberoamericano | Recife | 15.001.12.0 | APSAI Recife | APSAIRE | Avenida Mário Melo, nº 343', 6º Andar, Sala 602, Santo Amaro, Recife / PE<br>CEP 50.040-010<br>E-mail: apsai15001120@inss.gov.br |
| Suíça | Bilateral | | | | | |
| Canadá | Bilateral | Brasília | 23.001.14.0 | APSAI Brasília | APSAIBR | SAUS – QD 04 – Bloco L – 7º Andar, Asa Sul, Brasília / DF<br>CEP 70.070-924<br>E-mail: apsai23001140@inss.gov.br |
| Espanha | | | | | | |
| Grécia | | | | | | |
| Luxemburgo | | | | | | |
| Quebec | | | | | | |

Outrossim, os períodos de contribuição cumpridos no país acordante poderão ser totalizados com os períodos de seguros cumpridos no Brasil, para efeito de aquisição de benefício, manutenção e de recuperação de direitos, com a finalidade de concessão de benefício brasileiro por totalização, no âmbito dos Acordos Internacionais.

Ademais, o período em que o segurado esteve ou estiver em gozo de benefício da legislação previdenciária do Estado contratante, será considerado somente para fins de manutenção da qualidade de segurado, não podendo ser computado para fins de complementação da carência necessária ao benefício da legislação brasileira.

Por sua vez, o empregado de empresa com sede em um dos Estados contratantes que for enviado ao território do outro, por um período limitado, continuará sujeito à legislação previdenciária do primeiro Estado, sempre que o tempo de trabalho no território de outro Estado não exceda ao período estabelecido no respectivo Acordo, mediante:

> I – fornecimento de Certificado de Deslocamento Temporário, objetivando a dispensa de filiação desses segurados à Previdência Social do país onde estiver prestando os serviços temporariamente;
>
> II – oficialização ao país acordante; e
>
> III – comunicação à unidade local da Receita Federal.

Já os períodos de seguros cumpridos em RPPS brasileiro, poderão ser considerados, para efeito de benefício no âmbito dos Acordos Internacionais, obedecidas as regras de contagem recíproca e compensação previdenciária, nas seguintes situações:

> I – período de RPPS anterior ao período no RGPS, mesmo estando vinculado por último ao regime de previdência do Estado acordante, previsto no respectivo Acordo;
>
> II – período de RPPS posterior ao período no RGPS, estando vinculado por último a um regime de previdência do Estado acordante, previsto no respectivo Acordo ou se já afastado, não ter transcorrido o prazo que caracteriza perda de qualidade de segurado; e
>
> III – não poderão ser considerados os períodos dos RPPS brasileiros, no âmbito do Acordo Internacional, quando não houver período de seguro para o RGPS brasileiro.

Ademais, em 16.12.2010, o Brasil assinou acordo internacional dessa natureza com a Alemanha, que beneficiará cerca de 90 mil brasileiros que vivem naquele país, além dos alemães que aqui residem, tendo sido celebrado com o Japão em 27.06.2010, visando beneficiar cerca de 250 mil brasileiros que lá trabalham.

É preciso que o Brasil prossiga firmando novos ajustes para dar uma cobertura previdenciária aos brasileiros que passam muitos anos trabalhando no exterior para a construção de patrimônio e que retornam posteriormente, sendo uma concretização do Princípio da Universalidade da Cobertura da Previdência Social, que deve ultrapassar os lindes do território nacional.

De sua vez, pontifica o artigo 98, da Lei 8.213/91, que quando a soma dos tempos de contribuição ultrapassar a 30 trinta anos, se do sexo feminino, e a 35 anos, se do sexo masculino, o excesso não será considerado para qualquer efeito.

A despeito desta previsão legal expressa, a interpretação do comando legal vem sendo promovida de maneira restritiva pelo STJ, que vem admitindo que o tempo de contribuição extra seja utilizado para fins de contagem recíproca:

> "PREVIDENCIÁRIO. RECURSO ESPECIAL. SEGURADO JÁ APOSENTADO NO SERVIÇO PÚBLICO COM UTILIZAÇÃO DA CONTAGEM RECÍPROCA. CONCESSÃO DE APOSENTADORIA JUNTO AO RGPS. TEMPO NÃO UTILIZADO NO INSTITUTO DA CONTAGEM RECÍPROCA. FRACIONAMENTO DE PERÍODO. POSSIBILIDADE. ART. 98 DA LEI N.º 8.213/91. INTERPRETAÇÃO RESTRITIVA. 1. A norma previdenciária não cria óbice a percepção de duas aposentadorias em regimes distintos, quando os tempos de serviços realizados em atividades concomitantes sejam computados em cada sistema de previdência, havendo a respectiva contribuição para cada um deles. **2. O art. 98 da Lei n.º 8.213/91 deve ser interpretado restritivamente, dentro da sua objetividade jurídica. A vedação contida em referido dispositivo surge com vistas a reafirmar a revogação da norma inserida na Lei n.º 5.890/73, que permitia o acréscimo de percentual a quem ultrapassasse o tempo de serviço máximo, bem como para impedir a utilização do tempo excedente para qualquer efeito no âmbito da aposentadoria concedida. 3. É permitido ao INSS emitir certidão de tempo de serviço para período fracionado, possibilitando ao segurado da Previdência Social levar para o regime de previdência próprio dos servidores públicos apenas o montante de tempo de serviço que lhe seja necessário para obtenção do benefício almejado naquele regime. Tal período, uma vez considerado no outro regime, não será mais contado para qualquer efeito no RGPS. O tempo não utilizado, entretanto, valerá para efeitos previdenciários junto à Previdência Social**. 4. Recurso especial a que se nega provimento" (REsp 200401363047, de 26.04.2005).

Para a Procuradoria Federal Especializada do INSS, "este artigo encontra-se derrogado pelo §7º do Art. 29, acrescentado pela Lei 9.876, de 26/11/99, que, ao dispor sobre o fator previdenciário, determina que seja considerado todo o período de contribuição do segurado, inclusive o que ultrapassar 30 e 35 anos de contribuição, respectivamente, para mulheres e homens"[14].

14. Lei 8.213/91, anotada pela PFE INSS, pg. 205.

Entende-se que o artigo 98, da Lei 8.213/91, carece de fundamento constitucional de validade, pois afronta de maneira irrazoável o artigo 201, §9º, da Lei Maior, limitando indevidamente a contagem recíproca do tempo de contribuição, pois não permite que o período contributivo excedente seja computado em outro regime previdenciário.

Inclusive, o próprio Regulamento da Previdência Social o despreza, ao dispor que "é permitida a emissão de certidão de tempo de contribuição para períodos de contribuição posteriores à data da aposentadoria no Regime Geral de Previdência Social" (artigo 125, §3º).

Vale frisar que mesmo que o contrato de trabalho seja nulo com pronúncia decretada pela Justiça do Trabalho, ainda assim deverá ser considerado o tempo de contribuição do período até a decretação de nulidade, pois vertidas as contribuições previdenciárias e pela autonomia da relação previdenciária, de natureza pública.

Este, inclusive, é o entendimento do INSS, ao estatuir que o contrato de trabalho considerado nulo produz efeitos previdenciários até a data de sua nulidade, desde que tenha havido a prestação efetiva de trabalho remunerado, observando que a filiação à Previdência Social está ligada ao efetivo exercício da atividade, e não à validade do contrato de trabalho.

Veja-se a respeito o artigo 48, §4º, da Instrução Normativa INSS 128/2022:

> "§ 4º Nas hipóteses de contrato de trabalho vinculado ao RGPS ser considerado nulo, o período de efetivo labor prestado pelo segurado será reconhecido no âmbito do RGPS, salvo hipótese de simulação ou fraude na investidura ou na manutenção da contratação, observados que:
>
> I – a simulação ou fraude na investidura fica caracterizada quando existe a prestação de serviço apenas em seu aspecto formal, porém sem a comprovação do efetivo labor pelo segurado, ou seja, sequer houve a atividade laboral que ensejaria a proteção previdenciária, de modo que o contrato de trabalho considerado nulo não produzirá efeitos previdenciários;
>
> II – a situação de fraude na manutenção da contratação ocorre nas hipóteses em que existe ação judicial específica demonstrando a antinormatividade da contratação e, ainda que exista decisão judicial concreta, em sede de controle difuso, determinando a desvinculação, persiste a atuação irregular da administração pública e do segurado, em evidente afronta à Constituição e ao Poder Judiciário;
>
> III – na hipótese de fraude na manutenção da contratação, o contrato de trabalho considerado nulo produzirá efeitos previdenciários até a data da decretação da sua nulidade, ou até o seu término, se anterior a essa decretação, e desde que tenha havido a prestação efetiva de trabalho remunerado, visto que a filiação à Previdência Social está ligada ao efetivo exercício da atividade, na forma do art. 20 do Regulamento da Previdência Social – RPS;

IV – para os casos de dúvidas quanto à configuração das hipóteses de simulação ou fraude na investidura ou na manutenção da contratação, o processo poderá ser encaminhado à Procuradoria Federal local para fins de esclarecimentos quanto à motivação da nulidade contratual, bem como indicação do período a ser considerado junto ao RGPS".

Eis a posição da TNU em caso análogo:

> **REPRESENTATIVO DE CONTROVÉRSIA – DEFINIÇÃO DE TESE TEMA N. 209 – PUIL n. 0502656-69.2018.4.05.8404/RN** Apreciando o pedido sob o regime dos representativos de controvérsia, a TNU fixou a seguinte tese: O labor prestado à Administração Pública, sob contratação reputada nula pela falta de realização de prévio concurso público, produz efeitos previdenciários, desde que ausente simulação ou fraude na investidura ou contratação, tendo em vista que a relação jurídica previdenciária inerente ao RGPS, na modalidade de segurado empregado, é relativamente independente da relação jurídica de trabalho a ela subjacente.

Curioso notar que, *a contrario sensu*, o artigo 125, §3º, do RPS, **veda a emissão de CTC para períodos de contribuição anteriores à concessão da aposentadoria no RGPS**, por certamente presumir que se trata de período considerado no tempo de contribuição.

No entanto, acaso o período de contribuição não tenha sido utilizado na concessão da aposentadoria pelo RGPS, inexiste base legal para tal impedimento, que não tem lastro no artigo 96 da Lei 8.213/91, haja vista inexistir motivo para a proibição.

Nessa situação, forçoso concluir que a parte final do §3º do artigo 433 da revogada Instrução Normativa INSS 77/2015 não tem base legal:

> *"§ 3º Caso o segurado seja aposentado pelo RGPS, será permitida a emissão de CTC somente para períodos de contribuição posteriores à data do início da aposentadoria concedida no RGPS,* ***ainda que haja comprovação de tempo anterior não incluído no benefício.****"*

Essa regra foi preservada no artigo 514 da Instrução Normativa INSS 128/2022:

> "§ 1º Caso o requerente seja aposentado pelo RGPS, é permitida a emissão de CTC para períodos de contribuição posteriores à data do início do benefício, desde que as respectivas contribuições não tenham sido restituídas ao segurado em forma de pecúlio. Para períodos de contribuição anteriores à data de início da aposentadoria, somente será permitida a emissão de CTC na hipótese em que o período de contribuição tiver sido descartado da aposentadoria em razão de averbação automática em outro regime de previdência realizado até 17 de janeiro de 2019, data da vigência da Medida Provisória nº 871".

Uma forma de resolver esse problema **é o segurado solicitar a CTC de parte do tempo de contribuição que deseja levar ao RPPS antes do pedido**

**de aposentadoria no RGPS**, a fim de excluir o tempo de contribuição que não deseja ser considerado pelo INSS.

Ressalve-se, por outro lado, que o período alvo da regra de descarte do artigo 26 da EC 103/2019 não poderá ser utilizado para nenhum fim previdenciário:

> *"§ 6º Poderão ser excluídas da média as contribuições que resultem em redução do valor do benefício, desde que mantido o tempo mínimo de contribuição exigido, **vedada a utilização do tempo excluído para qualquer finalidade**, inclusive para o acréscimo a que se referem os §§ 2º e 5º, **para a averbação em outro regime previdenciário** ou para a obtenção dos proventos de inatividade das atividades de que tratam os arts. 42 e 142 da Constituição Federal".*

Ainda de acordo com artigo 514 da Instrução Normativa INSS 128/2022, será permitida emissão de CTC para fins de contagem recíproca:

> I – para o período em que o segurado contribuinte individual e o facultativo tiverem contribuído com base na alíquota reduzida de 5% (cinco por cento) ou 11% (onze por cento), ou recebido salário-maternidade nestas condições, desde que complementadas as contribuições para o percentual de 20% (vinte por cento);
>
> II – para o tempo de serviço anterior ou posterior à obrigatoriedade de filiação à Previdência Social, desde que haja o efetivo recolhimento, inclusive de períodos alcançados pela decadência;
>
> III – para o tempo de contribuição do segurado trabalhador rural anterior à competência novembro de 1991, desde que indenizado o período respectivo;
>
> IV – para o período de atividade rural comprovado como segurado especial, desde que indenizado;
>
> V – para o período de aluno-aprendiz devidamente comprovado até 15 de dezembro de 1998, data da publicação da Emenda Constitucional nº 20, desde que à época o ente federativo não mantivesse RPPS; e
>
> VI – para o período em que o segurado esteve recebendo:
>
> a) benefício por incapacidade previdenciário, desde que intercalado com períodos de atividade ou contribuição; ou
>
> b) benefício por incapacidade acidentário:
>
> 1. até 30 de junho de 2020, ainda que não seja intercalado com períodos de atividade ou contribuição; ou
>
> 2. a partir de 1º de julho de 2020, data da publicação do Decreto nº 10.410, somente se intercalado com períodos de atividade ou de contribuição.

Por outro lado, nos termos do artigo 513 da citada normativa, é **vedada** emissão de CTC para fins de contagem de recíproca:

> I – com conversão de tempo de contribuição exercido em atividade sujeita a condições especiais;

II – com conversão do tempo de contribuição do segurado na condição de pessoa com deficiência;

III – com contagem de qualquer tempo de serviço fictício;

IV – para período em que não se comprove a efetiva contribuição;

V – com o tempo de atividade ao RGPS exercido de forma concomitante ao período de emprego público celetista, com filiação à Previdência Social Urbana, objeto de averbação perante o RJU quando de sua criação, exceto se houver o desligamento de servidor do RPPS Federal, Estadual, Municipal ou Distrital;

VI – para o período de trabalho exercido sob o Regime Especial de RPPS de que trata o parágrafo único do art. 3º da Lei nº 3.807, de 26 de agosto de 1960;

VII – para períodos pendentes de indenização; e

VIII – com competências que tenham salário de contribuição inferior ao salário mínimo.

## 3.3. Certidão de tempo de contribuição (CTC) e demais instrumentos similares

Para fins de contagem recíproca, deverá ser fornecida ao segurado uma *certidão de tempo de contribuição – CTC*, a ser emitida pelo INSS (RGPS) ou pelo órgão gestor do respectivo RPPS.

A regulação da emissão de CTC pelo RPPS passou a ser regulamentada pela Portaria MTP 1.467, de 2 de junho de 2022, que revogou a Portaria MPS 154/2008, sendo estudada no Título III desta obra.

Será permitida a emissão de CTC, pelo INSS, para os períodos em que os servidores públicos da União, dos estados, do Distrito Federal e dos municípios estiveram vinculados ao RGPS, somente se, por ocasião de transformação para RPPS, esse tempo não tiver sido averbado automaticamente pelo respectivo órgão, admitindo-se a utilização, no âmbito de um sistema de previdência social, do tempo de contribuição que ainda não tenha sido efetivamente aproveitado para obtenção de aposentadoria em outro, na conformidade do inciso III, do artigo 96, da Lei nº 8.213, de 1991.

Por sua vez, tratando-se de RPPS instituído por ente federativo estadual ou municipal, será necessário oficiar o órgão gestor do regime de previdência para que informe a lei instituidora do regime, a vigência, bem como, se há previsão expressa de averbação automática do período de vínculo sujeito ao RGPS, a exemplo da previsão contida no art. 243 da Lei nº 8.112, de 11 de dezembro de 1990.

Com o advento da MP 871/2019, convertida na Lei 13.846/2019, foi vedada a contagem recíproca de tempo de contribuição do RGPS por regime próprio de previdência social sem a emissão da CTC correspondente, ainda que o tempo de contribuição referente ao RGPS tenha sido prestado pelo servidor público ao próprio ente instituidor, tendo sido extinta a averbação automática, preservados os casos consolidados até 17/01/2019, conforme determinado no artigo 512 da Instrução Normativa INSS 128/2022.

Há consulta da Divisão de Orientação e Informações Técnicas do MPS sobre a interpretação desse dispositivo:

> *"COMPENSAÇÃO FINANCEIRA PREVIDENCIÁRIA. CONTAGEM RECÍPROCA.* ***EMISSÃO DA CTC POR DECISÃO JUDICIAL. INDISPENSABILIDADE DA CTC PARA FINS DE COMPENSAÇÃO FINANCEIRA****. INGRESSO DO REGIME DE ORIGEM NO PROCESSO. CUMPRIMENTO DE DECISÃO JUDICIAL QUE DISPENSA CTC. METODOLOGIA DE APURAÇÃO DA RENDA MENSAL INICIAL NA AUSÊNCIA DE DADOS NA CTC.*
>
> *A Certidão de Tempo de Contribuição é o instrumento essencial e imprescindível para a efetivação da contagem recíproca de tempo de contribuição e a consequente compensação financeira previdenciária entre os regimes de previdência, conforme disposto nos §§ 9º e 9º-A do art. 201 da Constituição Federal, bem como nas normativas específicas que regulamentam a matéria, tais como a Lei nº 9.796, de 1999, o Decreto nº 10.188, de 2019, a Portaria MPS nº 1.400, de 2024 e a Portaria DIRBEN/INSS nº 998, de 2022.*
>
> *A decisão judicial que determina, exclusivamente, a implantação do benefício sem a exigência da CTC não dispensa a necessidade de emissão desse documento para fins de compensação financeira previdenciária. A CTC é requisito indispensável para a efetivação da compensação, não podendo ser substituída por outros documentos, salvo nas hipóteses expressamente previstas na legislação, como na automatização dos processos por meio do sistema Comprev, nos termos do art. 42 da Portaria MPS nº 1.400, de 2024.*
>
> *A apuração da renda mensal inicial, nos casos em que não há informação na CTC, deve observar os critérios estabelecidos na Portaria MPS nº 1.400, de 2024, e na Portaria DIRBEN/INSS nº 998, de 2022, priorizando-se a simulação da renda no RPPS com base nas remunerações disponíveis no CNIS ou no repositório de CTC do sistema Comprev. Na impossibilidade de realizar a simulação, deverá ser adotado o valor médio da renda mensal dos benefícios pagos pelo INSS, conforme disposto nas referidas Portarias.*
>
> *Nos casos em que o benefício foi concedido ou implantado com contagem recíproca sem a apresentação da Certidão de Tempo de Contribuição, em razão de decisão judicial, entende-se que cabe ao regime concessor, ao ser instado a implantar o benefício nessas condições, cumprir a decisão e requerer nos autos, em tempo hábil, o ingresso do regime de origem no processo, a fim de resguardar a viabilidade da contagem recíproca e a compensação de forma regular, sob pena de ter que arcar integralmente com o pagamento dos proventos do beneficiário. Tal providência, deve resultar na emissão, pelo regime de origem, da correspondente CTC em favor do ex-segurado, observando-se as disposições do art. 96 da Lei nº 8.213, de 1991, bem como as normas gerais de certificação de tempo aplicáveis aos RPPS, na hipótese em que o regime concessor é o RGPS.*

> *A operacionalização da compensação financeira previdenciária decorrente da contagem recíproca pressupõe a participação de todos os regimes envolvidos, sendo imprescindível que a decisão judicial atinja o órgão ou entidade responsável pela gestão do regime de origem, pela emissão da CTC e por deferir o requerimento de compensação apresentado pelo instituidor. A CTC é um requisito essencial para a efetivação da compensação, não podendo ser suprida por outra forma que não as previstas nas normas supracitadas.*
>
> *Caso a decisão judicial determine, além da concessão do benefício, o pagamento da compensação, independente de CTC, essa decisão requer cumprimento pelas partes. Assim, a compensação deverá ser paga conforme a ordem judicial. Importante mencionar que, nesse cenário, não há como descumprir a ordem judicial, pois ela possui força vinculativa, porém, apenas as partes que integrarem a lide, pois somente a estas a decisão judicial atinge e produz efeitos.* ***(Divisão de Orientação e Informações Técnicas – DIOIT/CGNAL/DRPPS/SRPC/MPS. Nota SEI nº 4/2025/DIOIT/CGNAL/DRPPS/SRPC-MPS- Processo nº 14021.007302/2025-31. Data: 12/3/2025)".***

Considera-se **averbação automática** o tempo de contribuição vinculado ao RGPS prestado pelo servidor público, que teve a apresentação da CTC dispensada pelo INSS para fins de realização da compensação financeira, nas seguintes hipóteses:

> I – período averbado no próprio ente em que foi prestado o serviço, decorrente da criação do Regime Jurídico Único, em obediência ao disposto no art. 39 da Constituição Federal de 1988; e
>
> II – no caso dos servidores estaduais, municipais ou distritais, período averbado no próprio ente em que foi prestado o serviço quando da transformação do Regime de Previdência em RPPS.

De efeito, para requerimentos de CTC posteriores a 18 de janeiro de 2019, início da vigência da Medida Provisória nº 871, deverão ser certificados os períodos de emprego público celetista, com filiação à Previdência Social Urbana, inclusive nas situações de averbação automática.

De acordo com o artigo 213 da Instrução Normativa INSS/PRES 128/2022, **alterado pela Instrução Normativa INSS/PRES 167/2024**, "a CTC oriunda de outros regimes de previdência ou a Certidão de Tempo de Serviço Militar expedida no âmbito do Sistema de Proteção Social dos Militares – SPSM, no caso das atividades de que tratam os arts. 42, 142 e 143 da Constituição Federal, **emitidas a partir de 1º de julho de 2022, data da entrada em vigor da Portaria MPT nº 1.467, de 2022**, deverão seguir o modelo constante no **Anexo IX da referida Portaria** e estar acompanhada da "Relação das Bases de Cálculo de Contribuição", conforme **Anexo X** da mesma Portaria, caso compreenda período posterior à competência junho de 1994.

Eis o novo modelo de CTC trazido pela **Portaria MPS 1.180/2024**, que alterou o anexo IX da Portaria MTP 1.467/2022:

ANEXO I

(Anexo IX à Portaria MTP nº 1.467, de 2 de junho de 2022)

ANEXO IX

(IDENTIFICAÇÃO DO ÓRGÃO OU ENTIDADE EMITENTE)

CERTIDÃO DE TEMPO DE CONTRIBUIÇÃO

<table>
<tr><td colspan="2"></td><td colspan="2">Nº</td></tr>
<tr><td colspan="2">ÓRGÃO EXPEDIDOR:</td><td colspan="2">CNPJ:</td></tr>
<tr><td colspan="2">NOME DO SERVIDOR:</td><td>SEXO:</td><td>MATRÍCULA:</td></tr>
<tr><td>RG/ÓRGÃO EXPEDIDOR:</td><td>CPF:</td><td colspan="2">PIS/PASEP:</td></tr>
<tr><td colspan="2">FILIAÇÃO:</td><td colspan="2">DATA DE NASCIMENTO:</td></tr>
<tr><td colspan="4">CARGO EFETIVO:</td></tr>
<tr><td>ÓRGÃO DE LOTAÇÃO:</td><td colspan="2">DATA DE ADMISSÃO:</td><td>DATA DE EXONERAÇÃO/DEMISSÃO:</td></tr>
<tr><td colspan="4">PERÍODO DE CONTRIBUIÇÃO COMPREENDIDO NESTA CERTIDÃO:<br>DE ____/____/________ A ____/____/________</td></tr>
<tr><td colspan="4">DESTINAÇÃO DO TEMPO DE CONTRIBUIÇÃO:<br>PERÍODO DE ___/___/____ A ___/___/____ PARA APROVEITAMENTO NO _____(ÓRGÃO A QUE SE DESTINA)_______________CNPJ DO ENTE DESTINATÁRIO_____________________<br>PERÍODO DE ___/___/____ A ___/___/____ PARA APROVEITAMENTO NO _____(ÓRGÃO A QUE SE DESTINA)_________________CNPJ DO ENTE DESTINATÁRIO_____________________</td></tr>
</table>

FREQUÊNCIA

<table>
<tr><td rowspan="2">ANO</td><td rowspan="2">TEMPO BRUTO</td><td colspan="6">DEDUÇÕES</td><td rowspan="2">TEMPO LÍQUIDO</td></tr>
<tr><td>FALTAS (*)</td><td>LICENÇAS (*)</td><td>LICENÇA SEM CONTRIBUIÇÃO (*)</td><td>SUSPENSÕES (*)</td><td>DISPONIBILIDADE (*)</td><td>OUTRA (*)</td></tr>
<tr><td></td><td></td><td></td><td></td><td></td><td></td><td></td><td></td><td></td></tr>
<tr><td></td><td></td><td></td><td></td><td></td><td></td><td></td><td></td><td></td></tr>
<tr><td></td><td></td><td></td><td></td><td></td><td></td><td></td><td></td><td></td></tr>
<tr><td colspan="8">TOTAL (em dias) =</td><td></td></tr>
</table>

(*) Vide períodos discriminados no verso

<table>
<tr><td colspan="2">CERTIFICO, em face do apurado, que o interessado conta, de efetivo exercício prestado neste Órgão, o tempo de contribuição de _____ dias, correspondente a _____ anos, _____ meses e _____ dias.<br>CERTIFICO que a Lei nº ___, de ___/___/___, assegura aos servidores do Estado/Município de ___________ aposentadorias voluntárias, por incapacidade permanente e compulsória, e pensão por morte, com aproveitamento de tempo de contribuição para o Regime Geral de Previdência Social ou para outro Regime Próprio de Previdência Social.</td></tr>
<tr><td>Lavrei a Certidão, que não contém emendas nem rasuras.<br>Local e data: ______________________________<br>Assinatura do servidor<br>Nome/Cargo/Matrícula</td><td>Visto do Dirigente do Órgão<br>Data: ____/____/________<br>Assinatura do servidor<br>Nome/Cargo/Matrícula</td></tr>
</table>

UNIDADE GESTORA DO RPPS

| HOMOLOGO a presente Certidão de Tempo de Contribuição e declaro que as informações nela constantes correspondem à verdade.<br>Local e data: ______________________ ______________________________<br>Assinatura e carimbo do Dirigente da UG |
|---|

Endereço eletrônico para confirmação desta Certidão: ______________________

[Verso da Certidão de Tempo de Contribuição nº ________]

| FREQUÊNCIA – DISCRIMINAÇÃO DAS DEDUÇÕES DO TEMPO BRUTO | | |
|---|---|---|
| Períodos | Tempo em dias | Identificação da ocorrência |
| DE ___/___/_____ A ___/___/_____ | | |
| DE ___/___/_____ A ___/___/_____ | | |
| DE ___/___/_____ A ___/___/_____ | | |
| DE ___/___/_____ A ___/___/_____ | | |
| DE ___/___/_____ A ___/___/_____ | | |
| DE ___/___/_____ A ___/___/_____ | | |
| DE ___/___/_____ A ___/___/_____ | | |

| TEMPO ESPECIAL INCLUÍDO, SEM CONVERSÃO, NO PERÍODO DE CONTRIBUIÇÃO COMPREENDIDO NESTA CERTIDÃO | | |
|---|---|---|
| Especificação do exercício do tempo especial | Período | Tempo em dias |
| I – Na condição de segurado com deficiência: | | |
| a. grave | DE ___/___/_____ A ___/___/_____ | |
| b. moderada | DE ___/___/_____ A ___/___/_____ | |
| c. leve | DE ___/___/_____ A ___/___/_____ | |
| II – No cargo de policial, agente penitenciário ou de agente socioeducativo. | DE ___/___/_____ A ___/___/_____ | |
| III – Em atividades sob condições especiais que prejudiquem a saúde ou a integridade física ou com efetiva exposição a agentes químicos, físicos e biológicos prejudiciais à saúde. | | |
| | | |
| a. com redução do tempo para 25 anos | DE ___/___/_____ A ___/___/_____<br>DE ___/___/_____ A ___/___/_____<br>DE ___/___/_____ A ___/___/_____ | |
| b. com redução do tempo para 20 anos | DE ___/___/_____ A ___/___/_____<br>DE ___/___/_____ A ___/___/_____<br>DE ___/___/_____ A ___/___/_____ | |
| c. com redução do tempo para 15 anos | DE ___/___/_____ A ___/___/_____<br>DE ___/___/_____ A ___/___/_____<br>DE ___/___/_____ A ___/___/_____ | |

| TEMPO DE EFETIVO EXERCÍCIO DAS FUNÇÕES DE MAGISTÉRIO NA EDUCAÇÃO INFANTIL E NO ENSINO FUNDAMENTAL E MÉDIO NO PERÍODO DE CONTRIBUIÇÃO COMPREENDIDO NESTA CERTIDÃO | |
|---|---|
| Períodos | Tempo em dias |
| DE ___/___/________ A ___/___/________ | |
| DE ___/___/________ A ___/___/________ | |
| DE ___/___/________ A ___/___/________ | |

| OBSERVAÇÕES: |
|---|
| |

| ______________________________ Assinatura do servidor que lavrou a certidão Nome/Cargo/Matrícula | ______________________________ Assinatura do Dirigente do Órgão Nome/Cargo/Matrícula |
|---|---|

ANEXO X

(IDENTIFICAÇÃO DO ÓRGÃO OU ENTIDADE EMITENTE)

RELACAÇÃO DAS BASES DE CÁLCULO DE CONTRIBUIÇÃO

REFERENTE À CERTIDÃO DE TEMPO DE CONTRIBUIÇÃO Nº ______, DE ___/___/____.

| ÓRGÃO EXPEDIDOR: | | | | | CNPJ: |
|---|---|---|---|---|---|
| NOME DO SERVIDOR: | | | | | MATRÍCULA: |
| NOME DA MÃE: | | | | | DATA DE NASCIMENTO: |
| DATA DE INÍCIO DA CONTRIBUIÇÃO/ADMISSÃO: | | DATA DA EXONERAÇÃO: | PIS/PASEP | | CPF: |
| Mês | Ano: | Ano: | Ano: | Ano: | Ano: |
| | Valor | Valor | Valor | Valor | Valor |
| JANEIRO | | | | | |
| FEVEREIRO | | | | | |
| MARÇO | | | | | |
| ABRIL | | | | | |
| MAIO | | | | | |
| JUNHO | | | | | |
| JULHO | | | | | |
| AGOSTO | | | | | |

| SETEMBRO | | | | | |
|---|---|---|---|---|---|
| OUTUBRO | | | | | |
| NOVEMBRO | | | | | |
| DEZEMBRO | | | | | |
| 13º SALÁRIO OU GRATIFICAÇÃO NATALINA | | | | | |
| LOCAL e DATA: | | | CARIMBO, MATRÍCULA E ASSINATURA DO SERVIDOR RESPONSÁVEL: | | |

UNIDADE GESTORA DO RPPS

| HOMOLOGO o presente documento e declaro que as informações nele constantes correspondem com a verdade.<br>Local e data: ____________________<br><br>________________________________<br>Carimbo e assinatura do dirigente da unidade gestora do Regime Próprio de Previdência Social |
|---|

ESTE DOCUMENTO NÃO CONTÉM EMENDAS NEM RASURAS

De acordo com o entendimento administrativo do INSS, que decorre de regra do Decreto 3.048/99 (art. 129), se o segurado estiver em gozo de abono de permanência em serviço, auxílio-acidente e auxílio-suplementar e requerer CTC referente ao período de filiação ao RGPS para efeito de aposentadoria junto ao RPPS, poderá ser atendido em sua pretensão, porém o benefício será encerrado na data da emissão da respectiva certidão[15].

Entende-se que esse dispositivo pode não ser válido. No caso de segurado do RGPS que é titular de auxílio-acidente, por exemplo, não tem base legal a previsão regulamentar no que se refere ao tempo de contribuição prestado após a data de início do benefício, pois este não foi considerado para a concessão do benefício.

Já o tempo de contribuição que precede à DIB do benefício, é razoável a previsão regulamentar, pois considerado para a sua concessão.

**A TNU adotou o mesmo posicionamento apresentado nesta obra com brilhante voto apresentado pelo Juiz Federal Ivanir Ireno:**

> ***"Pedido de Uniformização de Interpretação de Lei (Turma) Nº 5002266-73.2022.4.03.6339/SP***

15. Artigo 511, §5º, da Instrução Normativa INSS 128/2022.

*25. Como se observa da previsão legal transcrita, a cessação do auxílio-acidente, que deixou de ser vitalício com a edição da Lei n. 9.528/1997, ocorre em três hipóteses:*

*a) Óbito do segurado;*

*b) Concessão de qualquer aposentadoria no âmbito do próprio RGPS;*

*c) Superação das condições que ensejaram sua concessão ou manutenção, ou seja, a recuperação plena da capacidade para o trabalho.*

*26. Cabe registrar, ainda que não seja relevante para o caso em análise, que, nos termos da Súmula 507 do STJ, é possível a acumulação do auxílio-acidente com a aposentadoria, desde que a consolidação das sequelas incapacitantes e a concessão da aposentadoria tenham ocorrido antes de 11/11/1997.*

*27. Nesse contexto, a princípio, é forçoso reconhecer que a regra prevista no art. 129 do Decreto 3.048/99 viola o princípio da legalidade, por instituir uma causa de cessação de auxílio-acidente sem amparo legal.*

*28. Salvo melhor juízo, e considerando o desconhecimento das razões que fundamentaram a edição do referido dispositivo, bem como a ausência de doutrina especializada sobre o tema, é possível inferir que o Poder Executivo, ao regulamentar a Lei n. 8.213/1991 por meio de decreto, baseou-se, entre outros fatores, em duas premissas.*

*29. Em primeiro lugar, a transferência integral do tempo de contribuição do RGPS para o RPPS, mediante a emissão da Certidão de Tempo de Contribuição (CTC) — ou, ao menos, do período de contribuição utilizado para a concessão do auxílio-acidente —, resulta na perda do suporte fático que, à época do fato gerador, justificou a concessão do benefício, ou seja, a qualidade de segurado. Essa perda implica, consequentemente, a cessação do auxílio-acidente.*

*30. Em segundo lugar, a emissão da Certidão de Tempo de Contribuição (CTC), com a opção pela migração de regime de previdência e a transferência do histórico previdenciário do regime de origem (RGPS) para fins de concessão de benefício (aposentadoria) no regime instituidor (RPPS), com obrigação de compensação em razão da contagem recíproca, equipara-se à aposentadoria para fins de cessação do auxílio-acidente.*

*31. A primeira premissa, conforme definida acima, está correta, e justifica, a partir de uma análise sistêmica e teleológica, a cessação do auxílio-acidente sem violação do princípio da legalidade. Assim, caso seja emitida a Certidão de Tempo de Contribuição (CTC) a pedido do segurado, abrangendo a integralidade dos períodos de contribuição para o RGPS ou, dentre eles, o período de contribuição específico que fundamentou a concessão ou o cálculo do auxílio-acidente, esse benefício deve ser cessado. Isso porque, como já destacado anteriormente, a emissão da CTC implica a perda dos períodos certificados, que deixam de ser considerados para qualquer finalidade, inclusive para garantir a manutenção de benefício anteriormente concedido.*

*32. Além disso, conforme art. 96, III, da Lei 8.213/91, não pode ser contado em um sistema, no caso o RPPS de destino, tempo de serviço utilizado para a concessão de aposentadoria ou outro benefício (no caso, o auxílio-acidente) no regime de origem. Se isso ocorresse, um único tempo estaria produzindo efeitos jurídicos em dois regimes, o que é vedado por lei.*

*33. Por período específico de contribuição deve-se entender todo aquele necessário para a concessão ou cálculo do auxílio-acidente, incluindo o período correspondente à data do acidente e ao tempo de percepção do benefício, se for o caso.*

*34. Fora da definição acima, ou seja, nos casos em que a CTC for emitida de forma fracionada, abrangendo apenas períodos de contribuição que não estejam vinculados ao período específico que fundamentou a concessão ou o cálculo do auxílio-acidente — e que, portanto, permanecem no RGPS produzindo seus efeitos jurídicos —, especialmente aqueles posteriores à concessão do benefício, não parece haver base legal, mesmo sob uma análise sistêmica e teleológica, para justificar a criação de uma nova hipótese de extinção do auxílio-acidente sem o devido amparo legal.*

*35. A segunda premissa não possui fundamento fático e jurídico suficiente para justificar a cessação do auxílio-acidente unicamente com base na emissão da CTC, independentemente dos períodos certificados, como parece sustentar o INSS. Diversos argumentos corroboram essa conclusão.*

*36. Em primeiro lugar, no atual ordenamento jurídico, não há vedação legal à percepção simultânea de auxílio-acidente no RGPS e aposentadoria no RPPS. A restrição prevista no art. 86 da Lei n. 8.213/1991 limita-se à cumulação de auxílio-acidente e aposentadoria dentro do próprio RGPS. Considere-se, por exemplo, a situação de um professor que atua tanto na rede pública quanto na rede privada, estando vinculado, respectivamente, ao RPPS e ao RGPS. Sem a contagem recíproca, esse professor se aposenta pelo RPPS enquanto já recebe auxílio-acidente concedido pelo RGPS. Nessa circunstância, sua aposentadoria no RPPS não acarreta a cessação do auxílio-acidente, o que somente ocorrerá quando ele também se aposentar no RGPS.*

*37. Além disso, salvo melhor juízo, a regra de extensão à vedação de acumulação de benefícios previdenciários prevista no §6º do art. 40 da Constituição Federal, introduzida pela EC n. 103/2019, não impede a cumulação exemplificada neste tópico.*

*38. Em segundo lugar, a compensação previdenciária entre regimes, nos termos da Lei n. 9.796/1999 e do Decreto n. 10.188/2019, é realizada com base no percentual que o tempo de contribuição certificado por contagem recíproca representa em relação ao total de tempo considerado para a concessão do benefício (art. 4º da Lei n. 9.796/1999).*

*39. Dessa forma, o RGPS compensará financeiramente o RPPS apenas pelos períodos efetivamente certificados na CTC, não havendo risco de desequilíbrio financeiro e atuarial ou falta de prévia fonte de custeio. Isso ocorre porque o período contributivo que fundamentou a concessão do auxílio-acidente permanece no RGPS, sem impacto na compensação previdenciária.*

*40. Em terceiro lugar, conforme já analisado anteriormente, o INSS, na condição de regime de origem, pode emitir Certidão de Tempo de Contribuição (CTC) fracionada, permitindo que o segurado mantenha tempo suficiente para a concessão e o gozo de benefício no RGPS. Além disso, também é possível a emissão de CTC referente a períodos de contribuição posteriores à aposentadoria, sem que isso implique na cessação do benefício previdenciário já concedido. Nesse contexto, não faz sentido autorizar a emissão de CTC e a manutenção de tempo de contribuição no RGPS, sem conferir a esse tempo os efeitos jurídicos que lhe são próprios.*

*41. Em quarto lugar, o fato de o beneficiário do auxílio-acidente deixar de ser segurado do RGPS em razão da transferência do tempo de contribuição via Certidão de Tempo de Contribuição (CTC) não justifica a cessação do referido benefício. Se assim fosse, após a edição da Lei n. 13.846/2019, que alterou o inciso I do art. 15 da Lei n. 8.213/1991 para excluir o auxílio-acidente do rol dos benefícios que garantem a manutenção da qualidade de segurado, sempre que um beneficiário de auxílio-acidente perdesse essa qualidade por deixar de contribuir, o benefício deveria ser cessado. No entanto, isso não ocorre por ausência de previsão legal que autorize tal medida.*

*42. Em quinto lugar, a não cessação do auxílio-acidente com a emissão da Certidão de Tempo de Contribuição (CTC) não torna o benefício vitalício. Além de não ser possível presumir que o segurado, após a retirada do tempo de contribuição via CTC, não retornará ao RGPS ou até mesmo se aposentará nesse regime, a legislação prevê outras duas hipóteses para a cessação do auxílio-acidente: o óbito do segurado e a superação das condições que justificaram sua concessão e manutenção.*

*43. Em resumo, a regra do art. 129 do Decreto 3.048/99 somente é compatível com o art. 86 da Lei 8.213/91 caso seja emitida a Certidão de Tempo de Contribuição (CTC), a pedido do segurado, abrangendo a integralidade dos períodos de contribuição para o RGPS ou, dentre eles, o período de contribuição específico que fundamentou a concessão e o cálculo do auxílio-acidente.*

*44. Proposta de fixação de tese: "A regra do art. 129 do Decreto n. 3.048/1999 somente é compatível com o art. 86 da Lei n. 8.213/1991 quando a Certidão de Tempo de Contribuição (CTC) abranger período de contribuição utilizado para a concessão ou cálculo do auxílio-acidente."*

De maneira confusa, pois não apreciou a regra do artigo 129 do Decreto 3.048/99, o STJ autorizou a cessação de auxílio-acidente a segurado que obteve aposentadoria no RPPS:

**Processo**

AgInt no REsp 1714310 / SP

AGRAVO INTERNO NO RECURSO ESPECIAL

2017/0319259-6

**Relator(a)**

Ministro GURGEL DE FARIA (1160)

**Órgão Julgador**

T1 – PRIMEIRA TURMA

**Data do Julgamento**

31/08/2020

**Data da Publicação/Fonte**

DJe 17/09/2020

**Ementa**

PREVIDENCIÁRIO. **AUXÍLIO-ACIDENTE. MANUTENÇÃO EM CONCOMITÂNCIA COM APOSENTADORIA EM REGIME PRÓPRIO. DESCABIMENTO.**

1. A Primeira Seção do STJ, por ocasião do julgamento do REsp 1.296.673/MG, sob o rito do art. 543-C do Código de Processo Civil/1973, concluiu que a cumulação dos benefícios de auxílio-acidente e de aposentadoria será possível se tiverem sido concedidos antes do advento da Lei n. 9.528/1997, que excluiu a vitaliciedade do benefício acidentário e o incluiu na base de cálculo dos proventos de inatividade, vedando, assim, a sua percepção conjunta.

2. A partir da Lei n. 9.528/1997, que retirou a vitaliciedade do auxílio-acidente, o § 2º do art. 86 da Lei n. 8.213/1991 passou a vedar "sua acumulação com qualquer aposentadoria".

4. A natureza da relação previdenciária impede a percepção conjunta de auxílio-acidente pago pelo RGPS e de aposentadoria estatutária, visto que os arts. 11 e 16 da Lei n. 8.213/1991 estabelecem quem são os sujeitos ativos da relação com a Previdência Social (segurados e seus dependentes), entre os quais não está o servidor estatutário, sendo certo que o art. 12 da Lei de Benefícios dispõe, claramente, que o servidor civil, integrante de regime próprio, é excluído do RGPS.

5. Agravo interno desprovido.

De acordo com o voto do Relator, "a controvérsia cinge-se à pretensão da parte autora em manter o auxílio-acidente, concedido em 1991 e cessado em 31/08/2011, ante o requerimento de expedição de Certidão de Tempo de Contribuição para efeito de contagem recíproca em Regime Próprio de Servidor Municipal, no qual se aposentou em 13/01/2012".

Ao invés de avaliar a validade do artigo 129 do RPS, o STJ aplicou de modo equivocado a regra da Lei 9.528/97 que veda a acumulação de aposentadoria do RGPS (não do RPPS) com auxílio-acidente, julgando a lide com fundamentos impertinentes ao caso.

Outrossim, se o requerente estiver em gozo de auxílio por incapacidade temporária, a CTC poderá ser emitida, desde que, antes de sua emissão, seja cessado o benefício a pedido do requerente, nos termos do artigo 551, §8º, da IN INSS 128/2022 alterada pela IN INSS 141/2022.

Nos termos do artigo 473, da revogada IN INSS 77/2015, a CTC relativa ao militar, tanto o integrante da Força Armada quanto o militar dos Estados e do Distrito Federal, por ter regras constitucionais previdenciárias diferenciadas do servidor titular de cargo efetivo, não se submete às normas definidas na Portaria MPS nº 154, de 15 de maio de 2008.

Nos termos do artigo 160-A da Portaria INSS/DIRBEN 991/2022, inserido pela Portaria INSS/DIRBEN 1213/2024, são válidas, para fins de contagem recíproca e compensação financeira, as **certidões de tempo de serviço e de contribuição** e as relações de remunerações de contribuições emitidas:

> I – **em data anterior à publicação da Portaria MPS nº 154, de 15 de maio de 2008**, pelos órgãos da Administração Pública da União, Estados, Distrito Federal e Municípios, suas autarquias, fundações ou unidade gestoras dos RPPS, relativamente ao tempo de serviço e de contribuição para esses regimes, desde que contenham, no mínimo:
>
> a) indicação da lei que assegure, aos servidores do Estado, do Distrito Federal ou do Município, aposentadorias por invalidez, idade, tempo de contribuição e compulsória, e pensão por morte, com aproveitamento de tempo de contribuição prestado em atividade vinculada ao Regime Geral de Previdência Social;
>
> b) referência à destinação do tempo ao RGPS; e
>
> c) indicação de que tempo foi certificado para fins de averbação, concessão de aposentadorias ou contagem recíproca.
>
> II – **nos termos da Portaria MPS nº 154, de 2008, durante sua vigência.**

No período posterior à vigência da Portaria MPS 154/2008, se o segurado não apresentar o documento que contenha a relação de remunerações de contribuições para o período da CTC, **o período certificado não poderá ser computado**, nem deverão ser informadas as remunerações de contribuições no período básico de cálculo – PBC.

Para CTC emitida antes da Portaria MPS nº 154, de 2008, se o segurado não apresentar o documento que contenha a relação de remunerações de contribuições relativa ao período certificado na CTC, **poderá ser computado o referido tempo**, mas não deverão ser informadas as remunerações de contribuições no PBC.

No caso de Certidão de Tempo de Serviço Militar emitida antes da Portaria MTP nº 1.467, de 2022, se não for apresentada a relação de remunerações de contribuições para o período certificado, **caberá o cômputo do tempo**, mas não deverão ser informadas as remunerações de contribuições no PBC.

É vedada a emissão de CTC para fins de contagem recíproca para o período de trabalho exercido sob o **regime especial de contribuição** de que trata o parágrafo único do art. 3º da Lei nº 3.807, de 1960, observado o disposto no

§5º, assim considerado como o *regime especial de contribuição* o correspondente período em que os servidores civis e militares dos Estados, do Distrito Federal e dos Municípios contribuíam para o RGPS com o percentual de 4,0 ou 4,8% sobre o salário de contribuição, **apenas para fazer jus aos benefícios de família** (auxílio-natalidade, pensão por morte, auxílio-reclusão e auxílio-funeral), **sendo a aposentadoria de total responsabilidade dos Estados e Municípios.**

Essa regra se manteve até 13/11/2019, pois a Emenda 103/2019 passou a prever a compensação financeira em caso de contagem recíproca militar (art. 201, §9º-A, da CF), devendo ser adotada a CTC conforme a **Portaria MTP** 1.467/2022 para períodos certificados a contar de 14/11/2019.

No caso de **CTC militar**, serão aplicadas as regras do artigo 198 do RLSM e Portaria nº 060/DGP, de 12 de setembro de 2000 – (Normas para a Emissão de Certidão de Tempo de Serviço Militar para Militares da Ativa e Inativos e para Civis):

**PROCEDIMENTOS PARA EMISSÃO DE CERTIDÃO**

a. Mediante apresentação do Certificado de Reservista ou da Carta Patente A expressão "Válido como Certidão de Tempo de Serviço Militar" constante nesses documentos, de acordo com o previsto no Decreto nº 83 936, de 06 de setembro de 1979, dispensa a expedição de certidão específica no âmbito da Administração Militar.
b. Mediante requerimento pelo interessado
   1) No caso de requerimento de direitos de reservista ex-combatente
      a) O requerimento deve ser dirigido ao Diretor de Inativos e Pensionistas a quem cabe deferir ou não de acordo com o que prevê a Port Nº 034/DGP, de 21 Jul 99, Normas para Emissão de Certidão de Tempo de Serviço Militar de Ex-combatente da 2ª Guerra Mundial.
      b) A OM onde der entrada um requerimento pleiteando direitos de reservista ex-combatente deverá: – verificar, preliminarmente, se o requerente está amparado pela legislação em vigor, a saber: Dec 61.705, de 13 Nov 1967; Dec 5315, de 12 Set 1967; Port Min 019-GB, de 12 Jan 1968; Port 034/DGP, de 21 Jul 1999 e Normas Técnicas da DIP; – constatando que há amparo legal, encaminhar o requerimento de acordo com as normas em vigor; – constatando que não há amparo legal, determinar o arquivamento do mesmo de acordo com a nota sobre encaminhamento de requerimentos publicada no Boletim do DGP nº 051, de 22 Dez 1999.
   2) Nos demais casos
      a) O requerimento será dirigido ao Cmt da OM onde der entrada, observados os procedimentos quanto a tramitação do requerimento e o modelo previsto no Anexo "A" destas Normas.
      b) No caso de OM que não possua autonomia administrativa, as atribuições previstas para o Cmt serão cumpridas pelo escalão enquadrante da mesma, providenciando o Cmt daquela as comunicações e os registros necessários ou consequentes.
      c) Deverão ser anexados ao requerimento os seguintes documentos: – para o militar da ativa ou da reserva: cópia da carteira de identidade militar; – para o civil: cópia da carteira de identidade civil – as cópias deverão ser autenticadas na própria OM onde der entrada o requerimento.

d) O militar, da ativa ou inativo, deverá dar entrada do requerimento junto à OM em que serve ou está vinculado.

e) O civil deverá dar entrada com seu requerimento, na OM mais próxima à sua residência.

f) O Cmt, Ch ou Diretor da OM que receber o requerimento deverá: – despachar o pedido, quando a OM for detentora de todas as informações para a emissão da CTSM; – quando o interessado tiver prestado serviço militar em mais de uma OM, solicitar, obrigatoriamente, os dados necessários à emissão da CTSM às demais OM onde o mesmo tenha servido, observando que: – no caso de TSM passado em Tiro de Guerra (TG) ou Escola de Instrução Militar (EsIM) , as informações deverão ser solicitadas à Região Militar que tenha jurisdição sobre o Tiro de Guerra ou Escola de Instrução Militar. – no caso de TSM passado como aluno de Curso de Formação de Reservista (CFR) em Colégio Militar, informações deverão ser solicitadas ao Cmt do Colégio Militar onde tenha sido realizado; – no caso de TSM passado como aluno do IME, no Curso de Formação de Oficiais (CFO) ou no Curso de Formação e Graduação (CFG), as informações deverão ser solicitadas ao IME; – no caso de Tempo de Serviço Militar (TSM) passado como aluno nos demais OFR, as informações deverão ser solicitadas ao próprio OFR ou à OM que o enquadrar; – no caso de o requerente houver prestado Serviço Militar em organização extinta, transformada ou tornada sem efetivo, as informações necessárias à expedição da certidão deverão levar em consideração o Catálogo de Acervos Documentais do Arquivo Histórico do Exército para o andamento do processo.

c. A OM que tiver que prestar informações para confecção de CTSM deverá fazer constar os seguintes dados a respeito do interessado e baseados em pesquisa nos assentamentos do mesmo ou assuntos publicados em Boletim Interno da OM: – nome por extenso, filiação e identidade; – data e motivo da inclusão (incorporação, matrícula, convocação etc.); – data de pronto para o serviço; – data e motivo da exclusão (licenciamento, demissão, movimentação etc.); – data de desligamento; – para o fim do inciso III do Art. 137 do Estatuto dos Militares (E/1): período (data de início e fim) passado como aluno em OFR, CFR, TG, EIM ou de CFO ou CFG do IME e o tempo de serviço correspondente já calculado de acordo com a legislação em vigor; – para o fim do inciso V do Art. 137 do (E/1): período de férias não gozadas, enquadrado em um dos casos previstos nos parágrafos 4º ou 5º do Art. 63 do E/1 fazendo constar a data e documento que publicar o ato homologatório, quando este for previsto; – para o fim do inciso VI do Art. 137 do Estatuto dos Militares (E/1): período passado em guarnição especial de Categoria "A" (data de apresentação pronto e de desligamento), a partir da vigência da Lei nº 5.774, de 23 de dezembro de 1971 complementada pela Lei 7.698, de 20 de dezembro de 1988; – para o fim do inciso IV do Art. 137 do Estatuto dos Militares (E/1): período passado em gozo de licença especial – para o fim do parágrafo 4º do Art. 137 do Estatuto dos Militares (E/1): período (data de início e fim) passado em Licença para Tratamento de Saúde de Pessoa da Família (LTSPF); em Licença para Tratar de Interesse Particular (LTIP); como desertor; em cumprimento de pena de suspensão do exercício do posto, graduação, cargo ou função por sentença transitada em julgado; e/ou em cumprimento de pena restritiva da liberdade, por sentença transitada em julgado.

d. Certidão

1) A certidão será expedida pela OM onde der entrada o requerimento do interessado, exceto no caso do reservista ex-combatente, e observando o modelo previsto no Anexo "B" destas Normas.

2) Não constará da CTSM qualquer tempo de serviço passado fora do Exército.

3) Para a confecção da CTSM, além das orientações constantes do Anexo "B", deverá ser observado o seguinte:

a) a CTSM abrange todo o período passado pelo interessado no Exército e, quando este tiver prestado serviço militar em mais de uma OM, na CTSM não deverá haver referência a tempo de serviço passado em cada OM;

b) a OM expedidora deverá considerar todas as informações que detiver e as recebidas como resposta às consultas que fizer;

c) o tempo de serviço passado em OFR a ser computado na emissão da CTSM será o calculado pelo mesmo ou pela OM que o enquadrar;

d) quando o militar tiver sido movimentado de uma para outra OM, o período passado entre o desligamento de uma OM e a apresentação pronto para o serviço na outra deverá ser computado como efetivo serviço, exceto quando ocorrer uma das situações previstas no parágrafo 4º do Art. 137 do E/1;

e) verificar se há ocorrência de superposição de contagem de tempo de serviço;

f) fazer a contagem dos abatimentos previstos no parágrafo 4º do Art. 137 do E/1, computados dia-a-dia;

g) a contagem dia-a-dia prevista no "*caput*" do Art. 136 do E/1, deverá considerar o dia a mais existente nos anos bissextos;

h) realizar a apuração do tempo de efetivo serviço de acordo com o previsto no Art. 136 do E/1;

i) os acréscimos não deverão ser computados como tempo de efetivo serviço, devendo constar da CTSM para que sejam considerados somente para a inatividade, de acordo com os parágrafos 1º e 2º do Art. 137 do E/1.

4) A CTSM será entregue ao interessado, mediante recibo deste, na OM onde deu entrada o seu requerimento.

## 4. COMPENSAÇÃO FINANCEIRA

Nas hipóteses de contagem recíproca, caberá aos diferentes regimes previdenciários se *compensarem financeiramente*, sendo feita ao sistema a que o interessado estiver vinculado ao requerer o benefício, consoante critérios aprovados pela Lei 9.796/99 e pelo Decreto 10.188/2019, **não sendo essa compensação condição para a contagem recíproca**.

A compensação financeira funciona como um acerto de contas, sendo paga pelo regime de origem[16] ao regime instituidor[17] e calculada proporcionalmente ao período de serviço/contribuição objeto da contagem recíproca.

16. O regime previdenciário ao qual o segurado ou servidor público esteve vinculado sem que dele receba aposentadoria ou tenha gerado pensão para seus dependentes.

17. O regime previdenciário responsável pela concessão e pagamento de benefício de aposentadoria ou pensão dela decorrente a segurado ou servidor público ou a seus dependentes com cômputo de tempo de contribuição no âmbito do regime de origem.

Para a compreensão da legislação de regência, é curial apresentar quatro definições:

- **Estoque RGPS** – os valores da compensação financeira em atraso relativos ao período compreendido entre 5 de outubro de 1988 e 5 de maio de 1999 dos benefícios concedidos nesse período com contagem recíproca do tempo de contribuição do RGPS ou do RPPS, na hipótese de o RGPS ser o regime instituidor, desde que em manutenção em 5 de maio de 1999;
- **Estoque RPPS** – os valores da compensação financeira em atraso relativos ao período compreendido entre 5 de outubro de 1988 e 5 de maio de 1999 dos benefícios concedidos nesse período com contagem recíproca de outro RPPS, desde que em manutenção em 5 de maio de 1999 ou no período de 6 de maio de 1999 até a data de entrada em vigor deste Decreto;
- **Fluxo acumulado** – os valores da compensação financeira dos benefícios concedidos após o período de estoque RGPS ou de estoque RPPS relativos ao período entre a data de concessão e o deferimento do requerimento de compensação, observado o prazo prescricional; e
- **Fluxo mensal** – os valores da compensação financeira pagos mensalmente pelo regime de origem ao regime instituidor, a partir da competência de concessão da compensação, enquanto os pagamentos dos benefícios objeto da compensação financeira estiverem em manutenção.

O Regime Geral de Previdência Social, como regime instituidor, tem direito de receber de cada regime de origem (RPPS) a compensação financeira proporcional ao percentual do tempo de serviço total do segurado correspondente ao tempo de contribuição no âmbito daquele regime de origem, de acordo com a renda mensal inicial e a data de início do benefício.

A compensação deverá ser paga ao RGPS para cada mês da competência do benefício, consoante o valor resultante da multiplicação da renda mensal do benefício pelo percentual acima referido, sendo que a compensação financeira não poderá exceder à multiplicação do multicitado percentual pela renda mensal do maior benefício da mesma espécie pago diretamente pelo regime de origem.

Acaso o regime próprio de previdência de servidor público não possuir personalidade jurídica própria, atribuem-se ao respectivo ente federado solidariamente as obrigações e direitos previstos na Lei 9.796/99.

O Regime Geral de Previdência Social deve apresentar a cada regime de origem os seguintes dados referentes a cada benefício concedido com cômputo de tempo de contribuição no âmbito daquele regime de origem:

> I – identificação do segurado e, se for o caso, de seu dependente;
>
> II – a renda mensal inicial e a data de início do benefício;
>
> III – o percentual do tempo de serviço total do segurado correspondente ao tempo de contribuição no âmbito daquele regime de origem.

Não será devida pelo RGPS a compensação financeira em relação aos servidores civis e militares dos Estados, do Distrito Federal e dos Municípios quanto aos períodos em que tinham garantida apenas aposentadoria pelo ente federativo e que foram inscritos em regime especial de contribuição para fazer jus aos benefícios de família, na forma prevista no parágrafo único do art. 3º da Lei nº 3.807, de 26 de agosto de 1960, e na legislação posterior.

Nos períodos em que tenha sido assegurado o pagamento de benefícios de aposentadoria ou pensão mediante convênios ou consórcios entre entes federativos, a compensação financeira é devida pelo ente ao qual, nos termos do convênio ou consórcio, recairia a concessão do benefício de aposentadoria.

O valor da compensação financeira será reajustado anualmente pelo INPC, índice previsto no artigo 41-A, da Lei 8.213/91, para a atualização anual dos benefícios pagos no RGPS, nas mesmas datas.

Este regramento também será aplicável na hipótese de o regime de origem ser a previdência de outra nação, desde que haja tratado internacional celebrado com o Brasil.

Outrossim, os Regimes Próprios de Previdência Social terão direito à compensação financeira a ser paga pelo Regime Geral de Previdência Social, caso considerem tempo de serviço/contribuição do RGPS para a concessão de aposentadorias e pensões.

Nesse sentido, serão identificados o valor dos proventos da aposentadoria ou pensão (não há previsão de outros benefícios) dela decorrente e a data de início do benefício, assim como o tempo de serviço total do servidor e o correspondente ao tempo de contribuição ao Regime Geral de Previdência Social.

Com nessas informações, o Regime Geral de Previdência Social calculará qual seria a renda mensal inicial daquele benefício segundo as suas próprias normas. A compensação financeira devida pelo Regime Geral de Previdência Social, relativa ao primeiro mês de competência do benefício, será calculada com base no valor do benefício pago pelo regime instituidor ou na renda mensal do benefício calculada de acordo com as regras do RGPS, o que for menor.

O valor da compensação financeira corresponderá à multiplicação do montante acima especificado (o que for menor) pelo percentual correspondente ao tempo de contribuição ao Regime Geral de Previdência Social no tempo de serviço total do servidor público, devendo ser corrigido anualmente pelo INPC, na mesma data dos reajustes dos benefícios pagos pelo INSS.

O regime instituidor deve apresentar ao Regime Geral de Previdência Social, além das normas que o regem, os seguintes dados referentes a cada benefício concedido com cômputo de tempo de contribuição no âmbito do Regime Geral de Previdência Social:

> I – identificação do servidor público e, se for o caso, de seu dependente;
>
> II – o valor dos proventos da aposentadoria ou pensão dela decorrente e a data de início do benefício;
>
> III – o tempo de serviço total do servidor e o correspondente ao tempo de contribuição ao Regime Geral de Previdência Social.

Por força da Lei 13.485/2017, o pagamento para os regimes próprios de previdência social credores da compensação financeira, relativa ao **período de 5 de outubro de 1988 a 5 de maio de 1999, cujos entes instituidores não sejam devedores** de contribuições previdenciárias ao Regime Geral de Previdência Social (RGPS), será efetivado conforme os seguintes parâmetros:

> I – até o exercício de 2017, para os Municípios:
>
> a) em parcela única, se o crédito não superar R$ 500.000,00 (quinhentos mil reais);
>
> b) em tantas parcelas mensais quantas forem necessárias até o limite de R$ 500.000,00 (quinhentos mil reais), se o crédito superar esse montante;
>
> II – a partir do exercício de 2018, para os Municípios, os Estados e o Distrito Federal:
>
> a) em parcela única, se o crédito não superar R$ 1.500.000,00 (um milhão e quinhentos mil reais);
>
> b) em tantas parcelas mensais de até R$ 1.500.000,00 (um milhão e quinhentos mil reais), se o crédito superar esse montante, no prazo de até cento e oitenta meses, condicionada à existência de recursos financeiros para cumprimento da meta de resultado primário estabelecido na lei de diretrizes orçamentárias;
>
> c) caso o limite de cento e oitenta meses não seja suficiente para a quitação dos créditos, o valor da parcela disposto na alínea *b* deste inciso será ajustado de forma a garantir a quitação no prazo de cento e oitenta meses;
>
> III – por meio de dação em pagamento de imóveis integrantes do Fundo do Regime Geral de Previdência Social (FRGPS).

Ademais, o pagamento da compensação financeira do Fundo do Regime Geral de Previdência Social depende da desistência de eventuais ações judiciais que tenham por objeto a dívida compensada, e é causa da extinção dos pagamentos acima citados a manutenção do litígio ou o ajuizamento de novas ações.

Deverá o INSS manter cadastro atualizado de todos os benefícios objeto de compensação financeira, totalizando o quanto deve para cada regime próprio de previdência dos servidores da União, dos estados, do Distrito Federal e dos municípios, bem como o montante devido por cada um deles para o Regime Geral de Previdência Social, como compensação financeira e pelo não recolhimento de contribuições previdenciárias no prazo legal, sendo possível o parcelamento.

Os regimes instituidores devem comunicar de imediato aos regimes de origem qualquer revisão no valor do benefício objeto de compensação financeira ou sua extinção total ou parcial, cabendo ao Instituto Nacional do Seguro Social – INSS registrar as alterações no cadastro a que se refere o artigo anterior.

O Instituto Nacional do Seguro Social – INSS comunicará o total a ser desembolsado por cada regime de origem até o dia trinta de cada mês, devendo os desembolsos serem feitos até o quinto dia útil do mês subsequente.

Na hipótese de descumprimento deste prazo de desembolso ou de descumprimento do prazo de análise dos requerimentos estipulado em regulamento, serão aplicadas as mesmas normas em vigor para atualização dos valores dos recolhimentos em atraso de contribuições previdenciárias arrecadadas pelo Instituto Nacional do Seguro Social (INSS).

No que for compatível, este regramento aplicar-se-á às compensações financeiras promovidas entre Regimes Próprios de Previdência Social da União, dos estados, do Distrito Federal e dos municípios.

De acordo com o artigo 12 da Lei 10.666/2003, com redação dada pela Lei 13.135/2015, para fins de compensação financeira entre o regime geral de previdência social e os regimes próprios de previdência social da União, dos Estados, do Distrito Federal e dos Municípios, os regimes instituidores apresentarão aos regimes de origem os dados relativos aos benefícios em manutenção em 5 de maio de 1999 concedidos a partir de 5 de outubro de 1988.

Nos termos do artigo 12 do Decreto 10.188/2019, aplica-se a prescrição quinquenal, nos termos do disposto no Decreto nº 20.910, de 6 de janeiro de 1932, aos valores não pagos nem reclamados em época própria do surgimento da pretensão, que ocorrerá:

> I – no primeiro dia subsequente ao registro do ato concessório de aposentadoria ou a pensão pelo Tribunal de Contas competente, quando o regime instituidor for o RPPS; ou
>
> II – no primeiro dia subsequente ao recebimento da primeira prestação, quando o regime instituidor for o RGPS.

Considerando que a regulamentação anterior (Decreto 3.112/1999) não previa a incidência da prescrição quinquenal, o prazo prescricional da compensação financeira relativo ao período do estoque do RPPS será contado a partir da entrada em vigor do Decreto 10.188/2019 (23/12/2019).

A Secretaria de Previdência disponibilizará para adesão do INSS, órgão gestor do RGPS, e dos RPPS da União, dos Estados, do Distrito Federal e dos Municípios, sistema de compensação previdenciária destinado a manter atualizado o cadastro de todos os benefícios objeto de compensação financeira e a apurar o montante devido pelos regimes.

O sistema de compensação previdenciária disponibilizado pela Secretaria de Previdência conterá o cadastro atualizado de todos os benefícios objeto de compensação financeira entre o RGPS e os RPPS, e destes entre si, incluído o total que cada regime deve aos demais como compensação financeira.

**Até o dia trinta de cada mês**, será disponibilizado ao regime de origem o total a ser por ele desembolsado a cada regime instituidor referente a competência do mês anterior, que corresponderá ao somatório do fluxo mensal, do fluxo acumulado e do estoque RGPS ou estoque RPPS, cujo desembolso deverá ser feito até o quinto dia útil do mês subsequente.

O descumprimento do prazo citado com o não pagamento da compensação financeira a qualquer regime resultará na **suspensão do pagamento da compensação financeira devida pelo RGPS** e poderá ensejar a inscrição do ente federativo do regime de origem em dívida ativa federal, estadual, distrital ou municipal.

A Secretaria Especial de Previdência, ouvido o Conselho Nacional dos Regimes Próprios de Previdência Social, estabelecerá prazo para que o regime de origem analise os requerimentos apresentados pelos regimes instituidores, observada a ordem cronológica dos requerimentos, sobre o qual incidirá a mesma atualização dos valores dos recolhimentos em atraso de contribuições previdenciárias arrecadadas pelo RGPS aos requerimentos que ultrapassarem o prazo determinado.

Os recursos financeiros recebidos pelo RPPS a título de compensação financeira somente poderão ser utilizados no pagamento de benefícios previdenciários do respectivo regime.

Caberá **recurso administrativo** da análise dos requerimentos da compensação financeira entre o RGPS e os RPPS e entre estes regimes e do pagamento dos valores relativos à compensação financeira, que será julgado pelo **Conselho de Recursos da Previdência Social**, na forma definida em seu regimento interno.

Nos termos do artigo 25 do decreto 10.188/2019, os Estados, o Distrito Federal e os Municípios deverão aderir à compensação financeira de que trata este Decreto até 31 de dezembro de 2021, sob pena de incidirem as sanções de que trata o art. 7º[18] da Lei nº 9.717, de 27 de novembro de 1998, e a suspensão do pagamento da compensação financeira devida pelo RGPS.

Coube ao Decreto 10.188/2019 constituir o **Conselho Nacional dos Regimes Próprios** de Previdência Social, com as seguintes competências:

> I – participar da definição das políticas e das diretrizes gerais relativas aos RPPS;
>
> II – propor a elaboração e a revisão de normas e procedimentos relativos aos RPPS e à compensação financeira entre o RGPS e os RPPS e destes entre si;
>
> III – examinar proposições de normas e procedimentos relativos aos RPPS e à compensação financeira entre os regimes;
>
> IV – deliberar sobre os parâmetros, as diretrizes e os critérios de responsabilidade previdenciária na instituição, na organização e no funcionamento dos RPPS, relativos a custeio, benefícios, atuária, contabilidade, aplicação e utilização de recursos e constituição e manutenção dos fundos previdenciários, a serem estabelecidos pela Secretaria Especial de Previdência e Trabalho do Ministério da Economia;
>
> V – propor metas e ações que contribuam para o aprimoramento dos RPPS e da compensação financeira;
>
> VI – participar da definição e acompanhar o desenvolvimento de sistemas relativos aos RPPS e à compensação previdenciária;
>
> VII – participar da definição de ações de educação previdenciária, de intercâmbio de informações e de articulação entre órgãos e entidades, públicas ou privadas, nacionais ou internacionais que atuem com previdência;
>
> VIII – acompanhar e avaliar a implementação de políticas, diretrizes gerais, metas, ações e a aplicação das normas e dos procedimentos relativos aos RPPS e à compensação financeira pelos entes federativos;
>
> IX – deliberar sobre o Programa de Certificação Institucional e Modernização da Gestão dos Regimes Próprios de Previdência Social da União, dos Estados, do Distrito Federal e dos Municípios – Pró-Gestão RPPS; e
>
> X – elaborar e aprovar o seu regimento interno.

O detalhamento minucioso da compensação financeira é dado pela **Instrução Normativa SEDGG/ME 96, DE 20/10/2021**, que estabeleceu orientação aos órgãos e entidades integrantes do Sistema de Pessoal Civil da

---

18. Art. 7º O descumprimento do disposto nesta Lei pelos Estados, Distrito Federal e Municípios e pelos respectivos fundos, implicará, a partir de 1º de julho de 1999:

    I – suspensão das transferências voluntárias de recursos pela União;

    II – impedimento para celebrar acordos, contratos, convênios ou ajustes, bem como receber empréstimos, financiamentos, avais e subvenções em geral de órgãos ou entidades da Administração direta e indireta da União;

    III – suspensão de empréstimos e financiamentos por instituições financeiras federais.

Administração Federal (SIPEC) acerca da compensação financeira entre o Regime Próprio de Previdência Social da União e o Regime Geral de Previdência Social e os demais regimes próprios de previdência social dos servidores públicos dos Estados, do Distrito Federal e dos Municípios, que se aplica aos benefícios de aposentadoria concedidos a partir de 5 de outubro de 1988, desde que em manutenção em 6 de maio de 1999 ou concedidos após essa data, com contagem recíproca de tempo de contribuição, e às pensões por morte que delas decorrerem.

Até que seja regulamentada a compensação previdenciária relativa aos sistemas de proteção social dos militares, não deverá ser requerida a compensação financeira do tempo de serviço/contribuição do militar das Forças Armadas, dos Estados e do Distrito Federal.

Não serão objeto de contagem recíproca:

> I – As aposentadorias por invalidez decorrentes de acidente em serviço, moléstia profissional ou doença grave, contagiosa ou incurável, e as pensões delas decorrentes;
>
> II – As aposentadorias cujo tempo de serviço/contribuição foi prestado integralmente na condição de funcionário público, regido pela Lei nº 1.711, de 28 de outubro de 1952, e/ou servidor público, regido pela Lei nº 8.112, de 11 de dezembro de 1990, nos Poderes Executivo, Legislativo e Judiciário da União, no Tribunal de Contas da União, no Ministério Público da União e na Defensoria Pública da União, e as pensões delas decorrentes.

Em relação à compensação financeira pela contagem recíproca do **trabalhador rural**, pontifica o artigo 4º da Instrução Normativa SEDGG/ME 96, DE 20/10/2021:

> *"Art. 4º O tempo de atividade rural será comprovado por intermédio de Certidão de Tempo de Contribuição emitida pelo Instituto Nacional de Seguridade Social – INSS.*
>
> *§ 1º O tempo de atividade rural reconhecido pelo Instituto Nacional de Seguridade Social – INSS por meio de Certidão de Tempo de Serviço expedida até 13 de outubro de 1996 será objeto de compensação financeira, desde que o mesmo tenha sido utilizado pelo regime instituidor em aposentadoria concedida até essa data.*
>
> *§ 2º O tempo de atividade rural reconhecido pelo INSS por meio de Certidão de Tempo de Serviço emitida a partir de 14 de outubro de 1996 somente será considerado para fins de compensação financeira caso esse período seja indenizado ao RGPS pelo servidor".*

Evidente que o §2º somente se aplica ao segurado especial e ao contribuinte individual rural autônomo, que não possuem presunção de recolhimento de contribuição previdenciária, não se aplicando ao empregado, trabalhador avulso rural e contribuinte individual rural que labore para pessoa jurídica a contar de abril/2003.

Esse equívoco foi corrigido pela Portaria MPS 1400 de 27/05/2024 após indicação minha:

> *"Art. 13. Somente serão objeto de compensação financeira os períodos certificados pelo RGPS como atividade rural:*
>
> *I – por CTC emitida até 13 de outubro de 1996, que tiver sido utilizada na concessão de aposentadoria pelo regime instituidor até essa data, em decorrência da Medida Provisória nº 1.523, de 11 de outubro de 1996, convalidada pela Lei nº 9.528, de 10 de dezembro de 1997; e*
>
> *II – por CTC emitida a partir de 14 de outubro de 1996 e que, comprovadamente, tiverem sido indenizados ao RGPS pelo segurado.*
>
> ***Parágrafo único. Não se aplica o disposto no inciso II do caput, conforme § 5º do art. 33 da Lei 8.212, de 24 de julho de 1991, aos seguintes segurados que prestarem serviços de natureza rural:***
>
> ***I – ao empregado;***
>
> ***II – ao trabalhador avulso a partir da competência novembro de 1991; e***
>
> ***III – ao contribuinte individual que prestar, a partir de 1º de abril de 2003, serviços a empresa, em que se aplica o disposto no art. 4º da Lei 10.666, de 08 de maio de 2003".***

A compensação previdenciária será operacionalizada, de modo centralizado, no âmbito do Poder Executivo:

> I – pela unidade do Ministério da Economia responsável pela centralização da concessão e da manutenção de aposentadorias e de pensões no âmbito da Administração Direta, em relação aos órgãos que tiveram os benefícios previdenciários centralizados, nos termos do Decreto nº 10.620, de 05 de fevereiro de 2021.
>
> II – pelo Instituto Nacional do Seguro Social – INSS, no caso dos órgãos da administração autárquica e fundacional.

Para os servidores submetidos ao regime da Consolidação das Leis do Trabalho – CLT, de que trata o Decreto-Lei nº 5.452, de 1º de maio de 1943, em período anterior à vigência do regime jurídico instituído pela Lei nº 8.112, de 1990, deverá ser emitida Certidão Específica de Tempo de Contribuição prestado pelo segurado ao próprio ente instituidor para fins de compensação, conforme Anexo III da Instrução Normativa SEDGG/ME 96, DE 20/10/2021, em relação aos períodos vinculados ao RGPS, em substituição à CTC:

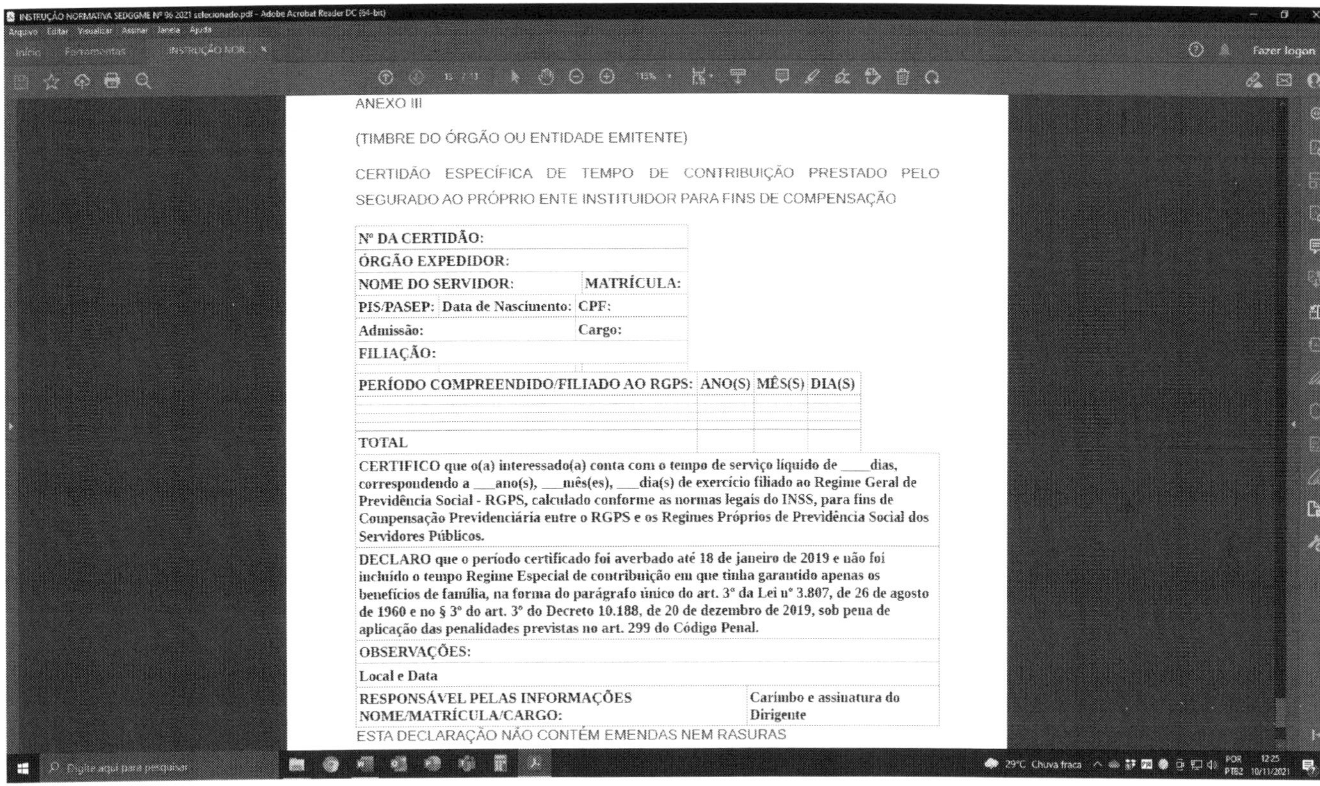

ANEXO III

(TIMBRE DO ÓRGÃO OU ENTIDADE EMITENTE)

CERTIDÃO ESPECÍFICA DE TEMPO DE CONTRIBUIÇÃO PRESTADO PELO SEGURADO AO PRÓPRIO ENTE INSTITUIDOR PARA FINS DE COMPENSAÇÃO

| Nº DA CERTIDÃO: | | |
|---|---|---|
| ÓRGÃO EXPEDIDOR: | | |
| NOME DO SERVIDOR: | | MATRÍCULA: |
| PIS/PASEP: | Data de Nascimento: | CPF: |
| Admissão: | | Cargo: |
| FILIAÇÃO: | | |

| PERÍODO COMPREENDIDO/FILIADO AO RGPS: | ANO(S) | MÊS(S) | DIA(S) |
|---|---|---|---|
| | | | |
| | | | |
| | | | |
| TOTAL | | | |

CERTIFICO que o(a) interessado(a) conta com o tempo de serviço líquido de ____dias, correspondendo a ___ano(s), ___mês(es), ___dia(s) de exercício filiado ao Regime Geral de Previdência Social - RGPS, calculado conforme as normas legais do INSS, para fins de Compensação Previdenciária entre o RGPS e os Regimes Próprios de Previdência Social dos Servidores Públicos.

DECLARO que o período certificado foi averbado até 18 de janeiro de 2019 e não foi incluído o tempo Regime Especial de contribuição em que tinha garantido apenas os benefícios de família, na forma do parágrafo único do art. 3º da Lei nº 3.807, de 26 de agosto de 1960 e no § 3º do art. 3º do Decreto 10.188, de 20 de dezembro de 2019, sob pena de aplicação das penalidades previstas no art. 299 do Código Penal.

OBSERVAÇÕES:

Local e Data

| RESPONSÁVEL PELAS INFORMAÇÕES NOME/MATRÍCULA/CARGO: | Carimbo e assinatura do Dirigente |
|---|---|

ESTA DECLARAÇÃO NÃO CONTÉM EMENDAS NEM RASURAS

A emissão de Certidão Específica de Tempo de Contribuição prestado pelo segurado ao próprio ente instituidor para fins de compensação será exigida para os servidores que tiveram a **averbação automática realizada até 17 de janeiro de 2019**. A partir de 18 de janeiro de 2019 será exigida a Certidão de Tempo de Contribuição emitida pelo Instituto Nacional do Seguro Social para a concessão de aposentadoria, Abono de Permanência e compensação financeira.

A Nota Técnica nº 15790/2020/ME e o Ofício SEI Circular nº 43/DGPA--INSS vieram regulamentar a MP 871/2019, que alterou o artigo 96 da Lei 8.213/91 proibindo averbações automáticas, exigindo a emissão de CTC.

Apenas ficaram resguardadas as situações consolidadas até 17/01/2019. O recorte foi o seguinte: "encontram-se vigentes e eficazes as averbações realizadas pelos órgãos, cujos atos de aposentadoria, pensão ou abono de permanência tenham sido publicados até o dia 17 de janeiro 2019", adotando-se o critério da data de publicação da aposentadoria até a vigência da MP 871/2019 (17/01/2019).

No mesmo sentido o artigo 12 da PORTARIA SGP/SEDGG/ME Nº 10.360, DE 6 DE DEZEMBRO DE 2022:

> *"Art. 12. É vedada a contagem do tempo de ex-empregado público amparado pelo art. 243 da Lei nº 8.112, de 11 de dezembro de 1990, pelo RPPS da União, sem a emissão da CTC correspondente pelo Instituto Nacional do Seguro Social – INSS.*
>
> *Parágrafo único.* ***Encontram-se válidas a averbação automática realizada até 18 de janeiro de 2019, que geraram a concessão de aposentadoria e abono de permanência até essa data".***

A **Certidão Específica** citada será emitida pelos gestores das Unidades de Gestão de Pessoas dos órgãos do SIPEC e, caso não conste o registro do vínculo no Cadastro Nacional de Informações Sociais – CNIS, deverão ser apresentadas provas de vínculo e do recolhimento das contribuições devidas ao RGPS, hipótese na qual o vínculo poderá ser comprovado por meio dos seguintes documentos, dentre outros:

> 1.registro na Carteira de Trabalho e Previdência Social do Servidor – CTPS;
>
> 2.folhas ou recibos de pagamentos de salários e demais registros contábeis;
>
> 3.livro ou ficha de registro de empregado;
>
> 4.contrato de trabalho e respectiva rescisão;
>
> 5.atos de nomeação e de exoneração publicados; e
>
> 6.outros registros funcionais capazes de demonstrar o exercício da atividade e o vínculo ao RGPS.

**Será objeto de compensação financeira** a parcela adicional do tempo de contribuição resultante de **conversão de tempo especial em comum** em decorrência de atividades exercidas sob condições especiais, nocivas à saúde ou à integridade física até 13 de novembro de 2019, data de publicação da Emenda Constitucional nº 103, de 2019, desde que tenha sido aproveitada para a concessão de aposentadoria ou de pensão dela decorrente.

Será realizada a compensação financeira dos servidores transpostos dos Estados de Roraima, Rondônia e Amapá, nos termos das Emendas Constitucionais nº 60, de 11 de novembro de 2009, nº 79, de 27 de maio de 2014, e nº 98, de 6 de dezembro de 2017.

Quando o RPPS da União for regime origem, regime previdenciário ao qual o servidor público esteve vinculado e não tenha ensejado o recebimento de aposentadoria ou de pensão aos seus dependentes, o INSS, órgão gestor do RGPS, e as Unidades Gestoras dos RPPS dos Estados, Distrito Federal e Municípios apresentarão à unidade (Ministério da Economia ou INSS, se for Administração Direta ou Indireta), em relação às vinculações aos órgãos da Administração Direta do Poder Executivo, e ao INSS, em relação aos órgãos da Administração Indireta, requerimento de compensação financeira referente aos benefícios concedidos com cômputo de tempo de contribuição no âmbito daquele regime de origem.

Para realizar o requerimento ou a análise de pedidos de compensação financeira, a Unidade (Ministério da Economia ou INSS, se for Administração Direta ou Indireta) poderá solicitar os seguintes dados e documentos referentes à cada benefício concedido com cômputo de tempo de contribuição:

> I – dados pessoais e outros documentos necessários e úteis à identificação do servidor aposentado e, se for o caso, dos seus dependentes, em caso de pensão;
>
> II – o valor inicial da aposentadoria ou da pensão por morte dela decorrente e a data de início do benefício;
>
> III – o tempo de contribuição no âmbito do RGPS ou dos RPPS dos demais entes utilizados na concessão do benefício na forma da contagem recíproca e o tempo de contribuição total do servidor no RPPS da União;
>
> IV – cópia da Certidão de Tempo de Serviço ou da Certidão de Tempo de Contribuição fornecida pelo regime de origem e utilizada para cômputo do tempo de contribuição no âmbito do regime instituidor;
>
> V – cópia do laudo da junta oficial em saúde, ou outro que o venha a substituir, que reconheceu a invalidez nos casos de aposentadoria por invalidez;
>
> VI – cópia da Portaria de concessão da aposentadoria ou da pensão por morte dela decorrente, e de suas retificações; e
>
> VII – cópia do registro do ato concessório da aposentadoria ou da pensão por morte pelo Tribunal de Contas da União.

Constituem o **Estoque RPPS** os valores da compensação financeira em atraso relativos ao período compreendido entre 5 de outubro de 1988 e 5 de maio de 1999 dos benefícios concedidos nesse período com contagem recíproca de outro RPPS, desde que em manutenção em 5 de maio de 1999, ou no período de 6 de maio de 1999 até 1º de janeiro de 2021, data de entrada em vigor do Decreto nº 10.188, de 2019, sendo o prazo prescricional contado a partir de 1º de janeiro de 2021, data da entrada em vigor do Decreto nº 10.188, de 2019.

Constituem o **Estoque RGPS** os valores da compensação financeira em atraso relativos ao período compreendido entre 5 de outubro de 1988 e 5 de maio de 1999 dos benefícios concedidos nesse período com contagem recíproca do tempo de contribuição do RGPS ou do RPPS, na hipótese de o RGPS ser o regime instituidor, desde que em manutenção em 5 de maio de 1999.

Constitui **Fluxo Acumulado** os valores da compensação financeira dos benefícios concedidos após o período de estoque RGPS ou de estoque RPPS relativos ao período entre a data de concessão e o deferimento do requerimento de compensação, observado o prazo prescricional.

Coube à Portaria MPS 1400 de 27/05/2024 disciplinar os parâmetros e diretrizes da operacionalização da compensação financeira entre o Regime Geral de Previdência Social e os Regimes Próprios de Previdência Social da União, dos Estados, do Distrito Federal e dos Municípios, e destes entre si, em cumprimento da Lei Nº 9796/1999 e do Decreto Nº 10188/2019, revogando expressamente os seguintes atos normativos:

> *"Art. 97. Revogam-se as seguintes normas:*
>
> *I – Portaria MPS/MF nº 410, de 29 de julho de 2009;*
>
> *II – Portaria SEPRT/ME nº 15.829, de 02 de julho de 2020;*
>
> *III – Portaria SPREV/ME nº 6.657, de 11 de junho de 2021; e*
>
> *IV – Portaria SPREV/ME nº 7.803, de 30 de junho de 2021".*

Aplicar-se-á a Portaria MPS 1400 de 27/05/2024 no caso de **extinção de regime próprio de previdência social do ente federativo**, na hipótese de contagem recíproca de tempo de contribuição, sendo que a unidade da Federação assumirá integralmente a responsabilidade pela compensação financeira dos benefícios, inclusive dos concedidos durante a sua vigência, bem como daqueles benefícios cujos requisitos necessários a sua concessão foram implementados anteriormente à extinção do respectivo regime próprio de previdência social, cumprindo ao ente federado observar ainda as seguintes regras:

> I – o tempo de serviço equivalente ao período das contribuições apuradas e parceladas nos termos do disposto no art. 154 do Regulamento da Organização e do Custeio da Seguridade Social, aprovado pelo Decreto nº 2.173, de 5 de março de 1997, devidas por Estados, Distrito Federal e Municípios ao INSS em razão da extinção de RPPS com o retorno dos respectivos servidores ao RGPS, desde que os débitos assim liquidados não tenham sido posteriormente compensados

com contribuições previdenciárias vincendas devidas ao RGPS, com fulcro no parágrafo único do art. 18 do Decreto nº 3.112, de 6 de julho de 1999, será computado como tempo de contribuição ao RGPS, inclusive para efeito de contagem recíproca de tempo de contribuição e apuração do valor da compensação financeira; e

II – compete ao INSS a emissão de Certidão de Tempo de Contribuição referente ao tempo de contribuição de que trata o inciso I.

São **elegíveis** à compensação financeira os benefícios de aposentadoria concedidos a partir de 5 de outubro de 1988, desde que em manutenção em 6 de maio de 1999 ou concedidos após essa data, com contagem recíproca de tempo de contribuição, **e as pensões por morte que deles decorrerem**. No entanto, somente pode ser objeto de compensação financeira o benefício concedido pelo **RPPS** cujo ato concessório tenha sido **registrado pelo Tribunal de Contas** competente.

Nos termos do artigo 3º da Portaria MPS 1400 de 27/05/2024 **não serão objeto da compensação financeira:**

> I – as aposentadorias por invalidez ou por incapacidade permanente decorrentes de acidente em serviço, moléstia profissional ou doença grave, contagiosa ou incurável, especificada em lei, e as pensões por morte que delas decorrerem, quando o cálculo dos proventos independer da utilização de tempo de contribuição[19];
>
> II – as aposentadorias compulsórias de magistrado concedidas com vencimentos proporcionais ao tempo de serviço, com base no inciso V do art. 42 da Lei Complementar nº 35, de 14 de março de 1979, e a pensões por morte que delas decorrerem.

**A regra me parece inválida no item I.** Ora, se houve emissão de CTC pelo INSS averbada no RPPS e o tempo de contribuição considerado pelo RPPS na concessão da aposentadoria por incapacidade permanente, não há base legal ou constitucional para uma mera portaria excluir o pagamento da compensação financeira.

Ao requerer a compensação financeira no sistema Comprev, em caso de **aposentadoria por invalidez ou por incapacidade permanente para o**

19. Para fins do disposto no inciso I do caput:

I – a natureza acidentária da invalidez ou da incapacidade permanente será caracterizada em consonância com os art. 20, art. 21 e art. 21-A da Lei nº 8.213, de 24 de julho de 1991; e

II – a doença grave, contagiosa ou incurável:

a) no que se refere ao RGPS, deverá ser especificada em conformidade com a lista de doenças e afecções prevista no inciso II do art. 26 da Lei nº 8.213, de 1991; e

b) no que se refere aos RPPS, deverá ser observado o disposto na lei do ente federativo do respectivo regime instituidor, na forma do inciso I do § 1º do art. 40 da Constituição Federal.

**trabalho ou pensão por morte dela decorrente**, o RPPS deverá, como regime instituidor, emitir parecer, por meio de médico por ele habilitado, relativo:

> I – ao enquadramento da aposentadoria nas hipóteses de acidente em serviço, moléstia profissional ou doença grave, contagiosa ou incurável, especificada em lei, e as pensões por morte que delas decorrerem, quando o cálculo dos proventos independer da utilização de tempo de contribuição; ou
>
> II – à situação de invalidez do dependente na data do óbito do segurado.

O parecer deverá estar embasado no laudo médico que compõe o processo de concessão do benefício que reconheceu a invalidez ou a incapacidade permanente para o trabalho do aposentado ou a situação de invalidez do dependente na data do óbito do segurado, não sendo necessária a sua anexação ao requerimento pelo regime instituidor.

Caso informada a situação de cálculo dos proventos independer da utilização de tempo de contribuição o requerimento será indeferido automaticamente.

Caso não sejam verificadas as situações acima descritas, o requerimento será reaberto ao regime instituidor para cumprimento de exigências automáticas do sistema, se for o caso, ou ficará disponível para o regime de origem proceder à análise.

Se o requerimento de aposentadoria for indeferido automaticamente e houver requerimento de pensão por morte dela decorrente, este será indeferido automaticamente.

Caso o parecer da situação do dependente da pensão por morte não conclua pela sua condição de inválido, será aberta uma exigência automática para o regime instituidor alterá-la, de acordo com o parecer médico.

Para os requerimentos de aposentadoria por invalidez e de pensão por morte dela decorrente, abertos até 31 de dezembro de 2019, a data de abertura no sistema Comprev interromperá o curso da prescrição.

O **sistema Comprev** é um sistema eletrônico disponibilizado pela Secretaria de Regime Próprio e Complementar do Ministério da Previdência Social, destinado ao cadastro e processamento de todos os benefícios objeto da compensação financeira prevista na Lei nº 9.796, de 1999, na hipótese de contagem recíproca de tempo de contribuição para efeito de aposentadoria entre o Regime Geral de Previdência Social – RGPS e os Regimes Próprios de Previdência Social – RPPS dos servidores públicos da União, dos Estados, do Distrito Federal e dos Municípios, e dos regimes próprios entre si, e a apuração do montante devido pelos regimes de origem, conforme estabelecido no art. 11 do Decreto nº 10.188, de 2019.

Para a operacionalização da compensação financeira pelo sistema Comprev, o INSS e os RPPS, conforme art. 10 do Decreto nº 10.188, de 2019, celebrarão:

I – termo de adesão ao Comprev com o Ministério da Previdência Social; e

II – contrato com a empresa de tecnologia desenvolvedora do sistema Comprev.

Eis os modelos:

**ANEXO I**

TERMO DE ADESÃO AO SISTEMA DE COMPENSAÇÃO PREVIDENCIÁRIA

TERMO DE ADESÃO CELEBRADO COM A SECRETARIA DE REGIME PRÓPRIO E COMPLEMENTAR DO MINISTÉRIO DA PREVIDÊNCIA SOCIAL, RELATIVO AO SISTEMA DE COMPENSAÇÃO PREVIDENCIÁRIA (COMPREV) NOS TERMOS DO DECRETO Nº 10.188, DE 2019.

O Município (ou Estado) de ______________________________, UF ____, inscrito no CNPJ sob o nº ________________, com sede ______________________________________, CEP __________, representado por seu Prefeito (ou Governador) ____________________ ______________, CPF n.º __________________, doravante denominado ADERENTE, resolve celebrar o presente

TERMO DE ADESÃO ao Sistema de Compensação Previdenciária – Comprev, disponibilizado pela SECRETARIA DE REGIME PRÓPRIO E COMPLEMENTAR – SRPC do Ministério da Previdência Social, doravante denominada SRPC/MPS, conforme previsto no § 1º do art. 10 do Decreto nº 10.188, de 20 de dezembro de 2019, para operacionalização da compensação financeira de que trata a Lei nº 9.796, de 5 de maio de 1999.

CLÁUSULA PRIMEIRA – DA DEFINIÇÃO E OBJETIVO DO SISTEMA

1.1 O Sistema Comprev é um sistema eletrônico disponibilizado pela Secretaria de Regime Próprio e Complementar do Ministério da Previdência Social, destinado ao cadastro e processamento de todos os benefícios objeto da compensação financeira prevista na Lei nº 9.796, de 1999, na hipótese de contagem recíproca de tempo de contribuição para efeito de aposentadoria entre o Regime Geral de Previdência Social – RGPS e os Regimes Próprios de Previdência Social – RPPS dos servidores públicos da União, dos Estados, do Distrito Federal e dos Municípios, e dos regimes próprios entre si, e a apuração do montante devido pelos regimes de origem, conforme estabelecido no art. 11 do Decreto nº 10.188, de 2019.

1.2 O sistema Comprev, cuja marca e operacionalidade pertencem à SRPC/MPS, visa proporcionar maior rapidez, confiabilidade e eficiência na operacionalização da compensação previdenciária entre os regimes previdenciários.

1.3 Ao celebrar o presente Termo de Adesão, o ADERENTE reconhece e aceita todas as condições estabelecidas, subordinando-se integralmente às disposições nele previstas.

CLÁUSULA SEGUNDA – DO ACESSO, DO CADASTRO DE USUÁRIOS E DAS INFORMAÇÕES CADASTRAIS

2.1 O acesso ao Sistema Comprev exige, além da celebração deste Termo de Adesão, a contratação direta do ente federativo com a Empresa de Tecnologia e Informações da Previdência – Dataprev, empresa desenvolvedora do sistema, cabendo ao ADERENTE arcar, conjuntamente com o Instituto Nacional do Seguro Social – INSS e com os demais entes federativos que possuem ou possuíram RPPS, com os custos operacionais de sua manutenção e melhorias, observadas as diretrizes de relações negociais estabelecidas pelo Conselho Nacional dos Regimes Próprios de Previdência Social – CNRPPS, conforme previsto no § 2º do art. 10 e no art. 18 do Decreto nº 10.188, de 2019.

2.2 Serão indicados pelo ADERENTE os servidores que irão atuar como gestores de acesso do Sistema Comprev, bem como os dados da conta bancária de titularidade do RPPS, que deverá ter por finalidade exclusiva a movimentação de recursos previdenciários.

2.3 O cadastramento de usuários do Sistema COMPREV será realizado pelos gestores de acesso indicados pelo ADERENTE, que deverão manter acesso restrito aos servidores do ente federativo, e o acesso será efetuado mediante 'login' e senha ou por certificado digital adquirido perante qualquer autoridade certificadora credenciada pelo ICP-BRASIL, constituindo a sua identificação eletrônica no sistema.

2.4 O ADERENTE cientificará os usuários e os gestores de acesso ao Sistema Comprev que serão integralmente responsáveis pelo sigilo do conteúdo, pela segurança da informação, bem como pelo uso e guarda das informações nele consultadas, respondendo civil, criminal e administrativamente por quaisquer perdas e danos advindos do uso ou guarda indevidos de tais informações, conforme as disposições da Lei Geral de Proteção de Dados (LGPD) – Lei nº 13.709, de 14 de agosto de 2018, Lei nº 12.527, de 18 de novembro de 2011, Decreto nº 7.724, de 16 de maio de 2012, Decreto nº 7.845, de 14 de novembro de 2012, além das normas e diretrizes expedidas pelo Gabinete de Segurança Institucional da Presidência da República – GSI/PR e demais normas relacionadas ao tema.

2.5 O acesso ao Sistema Comprev exige uma conduta compatível com as regras de comportamento adequado a 'internautas', como não fazer uso de artifícios, ferramentas e procedimentos que venham a ferir a competitividade, acessibilidade e a segurança do sistema ou que possam gerar prejuízos e violar a privacidade de outros usuários, cuja inobservância levará à imediata exclusão do usuário ou do gestor de acesso e poderá ensejar a aplicação de medidas judiciais contra o infrator dessas regras.

2.6 É de exclusiva responsabilidade do usuário ou do gestor de acesso o sigilo da senha, que constituirá sua identificação eletrônica, não sendo oponível, em qualquer hipótese, alegação de seu uso indevido, cabendo ao ADERENTE cientificar os seus usuários e gestores de acesso sobre esta cláusula.

2.7 Os gestores de acesso e os dados bancários poderão ser modificados pelo ADERENTE a qualquer tempo, com o envio de informações à SRPC/MPS, ficando delegada a atribuição de indicação dos gestores de acesso e dos dados bancários ao representante máximo do órgão ou entidade gestora do RPPS.

CLÁUSULA TERCEIRA – DAS OBRIGAÇÕES DO ADERENTE

3.1 Caberá ao ADERENTE inserir no Sistema Comprev os requerimentos de compensação previdenciária referentes às aposentadorias e pensões delas decorrentes, na hipótese de contagem recíproca de tempo de contribuição.

3.2 O ADERENTE deverá manter os dados cadastrais de seu RPPS atualizados, bem como os dados de todos os benefícios objeto de compensação previdenciária, inclusive quanto a eventuais revisões e sua extinção total ou parcial.

3.3 Ao inserir os requerimentos, o ADERENTE deverá juntar todos os documentos comprobatórios necessários para a análise pelo regime de origem previstos no Decreto nº 10.188, de 2019, e nos atos normativos expedidos pela SRPC/MPS.

3.4 O ADERENTE deverá indicar profissional médico habilitado para realizar o enquadramento do requerimento de compensação previdenciária, quando decorrente de aposentadorias por incapacidade permanente para o trabalho (ou antiga aposentadoria por invalidez), ao rol de doenças previsto na legislação.

3.5 O ADERENTE compromete-se a operacionalizar a compensação financeira, analisando os requerimentos recebidos por meio do Sistema Comprev dos demais regimes previdenciários, nos termos do § 2º do art. 1º da Lei nº 9.717, de 27 de novembro de 1998, sob pena de incidir nas sanções de que trata o art. 7º da referida Lei.

CLÁUSULA QUARTA – DAS OBRIGAÇÕES DA SRPC/MPS

4.1 Caberá à SRPC/MPS, em articulação com a Dataprev e o CNRPPS, fornecer as normas e manuais necessários à operacionalização da compensação previdenciária, bem como orientar os servidores designados pelo ADERENTE, para que possam operar o Sistema Comprev.

4.2 A SRPC/MPS disponibilizará o Sistema Comprev e promoverá a sua manutenção e melhorias, a serem financiadas na forma do item 2.1 deste termo de adesão.

4.3 A SRPC/MPS, quando identificada a necessidade de alteração das cláusulas do presente Termo de Adesão, disponibilizará ao ADERENTE versão atualizada para celebração de novo ajuste.

CLÁUSULA QUINTA – DO PRAZO

5.1 O prazo de vigência do presente Termo de Adesão é de cinco anos.

5.2 Enquanto existirem obrigações financeiras decorrentes da compensação previdenciária, o prazo será automaticamente prorrogado por novos períodos de cinco anos, salvo se houver denúncia expressa deste Termo de Adesão por parte do ADERENTE.

CLÁUSULA SEXTA – DO FORO

6.1 É competente para dirimir as questões judiciais decorrentes deste Termo de Adesão, que não possam ser resolvidas pela mediação administrativa, o foro da Justiça Federal, ficando eleito pelas partes a Seção Judiciária do Distrito Federal.

E, por estar de acordo, firma este Termo de Adesão.

NOME DO RESPONSÁVEL LEGAL DO ADERENTE

PREFEITO (OU GOVERNADOR)

**ANEXO II – TERMO DE ADESÃO AO SISTEMA COMPREV**

**INDICAÇÃO DE DADOS BANCÁRIOS**

<table>
<tr><td colspan="2">Ente Federativo:</td><td>UF:</td></tr>
<tr><td colspan="3">CNPJ do Ente Federativo:</td></tr>
<tr><td colspan="3">Órgão ou Entidade Gestora do RPPS:</td></tr>
<tr><td colspan="3">CNPJ do Órgão ou Entidade Gestora do RPPS:</td></tr>
<tr><td colspan="3">e-mail da Unidade Gestora:</td></tr>
<tr><td colspan="3">Banco:</td></tr>
<tr><td>Código do Banco:</td><td>Agência:</td><td>C/C:</td></tr>
<tr><td colspan="3">Conta Corrente vinculada ao CNPJ nº:</td></tr>
</table>

Declaro que a conta bancária indicada neste Anexo II é de titularidade do Regime Próprio de Previdência Social e foi aberta com a finalidade exclusiva de movimentação de recursos previdenciários, nos termos do art. 15 do Decreto nº 10.188, de 2019, observando a Cláusula 2.2 do Termo de Adesão.

Local, data.

NOME DO RESPONSÁVEL LEGAL DO ADERENTE OU REPRESENTANTE DO RPPS

PREFEITO OU GOVERNADOR / DIRIGENTE DO RPPS

**ANEXO III – TERMO DE ADESÃO AO SISTEMA COMPREV**

**IDENTIFICAÇÃO DOS GESTORES DE ACESSO DO SISTEMA COMPREV**

<table>
<tr><td>Ente Federativo:</td><td colspan="4">UF:</td></tr>
<tr><td colspan="5">CNPJ do Ente Federativo:</td></tr>
<tr><td colspan="5">Órgão ou Entidade Gestora do RPPS:</td></tr>
<tr><td colspan="5">CNPJ do Órgão ou Entidade Gestora do RPPS:</td></tr>
<tr><td></td><td></td><td></td><td></td><td></td></tr>
<tr><td colspan="5">Inclusão ( ) Exclusão ( )</td></tr>
<tr><td colspan="5">Nome Completo:</td></tr>
<tr><td colspan="5">E-mail[1] (indicar dois): 1º______________________ 2º______________________</td></tr>
<tr><td>CPF:</td><td colspan="4">Telefones:</td></tr>
<tr><td colspan="2"></td><td></td><td></td><td></td></tr>
<tr><td colspan="5">Inclusão ( ) Exclusão ( )</td></tr>
<tr><td colspan="5">Nome Completo:</td></tr>
<tr><td colspan="5">E-mail[1] (indicar dois): 1º______________________ 2º______________________</td></tr>
<tr><td colspan="2">CPF:</td><td colspan="3">Telefones:</td></tr>
<tr><td colspan="3">[1] Deverá ser indicado e-mail de uso privativo para cada gestor de acesso, não podendo ser utilizado e-mails departamentais ou compartilhados, pois o sistema Comprev exige o cadastro de e-mail único para cada CPF</td><td></td><td></td></tr>
</table>

NOME DO RESPONSÁVEL LEGAL DO ADERENTE OU REPRESENTANTE DO RPPS

PREFEITO OU GOVERNADOR / DIRIGENTE DO RPPS

O INSS, a União, os Estados, Distrito Federal e Municípios que possuem ou possuíram RPPS e as unidades gestoras desses regimes, deverão, para a operacionalização da compensação financeira e processamento dos requerimentos de compensação, **arcar com os custos operacionais da manutenção e melhorias do sistema Comprev**, por meio da celebração de contrato com a Empresa de Tecnologia e Informações – Dataprev, empresa de tecnologia desenvolvedora do sistema, conforme previsto no § 1º do art. 10 do Decreto nº 10.188, de 2019.

Para a contratação deverão ser observados as diretrizes de relações negociais estabelecidas pelo CNRPPS, conforme previsto no § 2º do art. 10 do Decreto nº 10.188, de 2019, e os seguintes documentos por ele aprovados, disponibilizados no sítio da Previdência Social na internet:

I – o modelo de negócio para o sistema de compensação previdenciária entre o RGPS e os RPPS, e dos RPPS entre si;

II – o projeto básico referencial proposto para a contratação do sistema Comprev com a Dataprev; e

III – a minuta de contrato de adesão a ser celebrado pelos entes federativos e a Dataprev para utilização do sistema.

As taxas mensais pela utilização do sistema Comprev foram definidas pelo CNRPPS por grupos de RPPS, formados por faixas de quantidades de segurados e beneficiários utilizadas no Indicador de Situação Previdenciária – ISP, de que tratam o art. 238 da Portaria MTP nº 1.467, de 2022, e a Portaria SPREV/ME nº 14.762, de 19 de junho de 2020, e respectivos valores:

| GRUPO | FAIXA DE SEGURADOS E BENEFICIÁRIOS, CONFORME ISP DO EXERCÍCIO ANTERIOR | VALOR MENSAL DE UTILIZAÇÃO DO COMPREV | |
|---|---|---|---|
| I | 1 | 300 | R$ 100,00 |
| II | 301 | 600 | R$ 150,00 |
| III | 601 | 1.200 | R$ 300,00 |
| IV | 1.201 | 3.000 | R$ 600,00 |
| V | 3.001 | 6.000 | R$ 1.200,00 |
| VI | 6.001 | 9.000 | R$ 1.800,00 |
| VII | 9.001 | 18.000 | R$ 2.800,00 |
| VIII | 18.001 | 36.000 | R$ 5.000,00 |
| IX | 36.001 | 108.000 | R$ 8.000,00 |
| X | maior que 108.000 | R$ 12.000,00 | |

O sistema Comprev deverá conter as informações relativas à CTC como requisito indispensável para o tratamento automatizado da compensação financeira, exceto para as certidões emitidas pelo INSS anteriores à data de publicação da Portaria MPS 1400 de 27/05/2024 e para as certidões emitidas pelos entes federativos e unidades gestoras do RPPS até a data de publicação da Portaria MPS 1400 de 27/05/2024.

Caberá a compensação financeira nas hipóteses de acumulação de cargos previstas na Constituição Federal, **exceto quando houver concomitância nos períodos de contribuição para o RGPS**, observado o disposto no artigo 193 da Portaria MTP nº 1.467, de 2022[20].

É responsabilidade de cada regime instituidor encaminhar, por intermédio do Comprev, o requerimento de compensação financeira. Os dados dos benefícios objeto de requerimento de compensação financeira poderão ser migrados automaticamente para o sistema Comprev por meio de sistemas mantidos pelo INSS e pelos entes federativos, de Interface de Programação de Aplicativos, ou serem informados manualmente.

A data de ingresso no regime de origem será fixada na data em que se iniciou o aproveitamento do tempo certificado na CTC para a concessão do

20. Art. 193. A averbação, por RPPS, de tempo de contribuição constante de CTC emitida pelo INSS somente pode ser efetivada em um único cargo ocupado pelo segurado, ainda que, no período certificado, tenha havido filiação ao RGPS pelo exercício de múltiplas atividades decorrentes de empregos públicos ou privados ou cargos públicos. Parágrafo único. Ressalva-se do disposto no caput, a hipótese de emissão, pelo INSS, de CTC única com divisão e destinação do tempo de contribuição para, no máximo, dois órgãos distintos, quando solicitado pelo segurado que exerce cargos constitucionalmente acumuláveis, conforme previsão do § 7º do art. 130 do Regulamento da Previdência Social, aprovado pelo Decreto nº 3.048, de 1999.

benefício, que poderá não corresponder à data inicial informada na certidão, nem poderá ser anterior ao período certificado.

O requerimento estará apto para análise da compensação financeira com a apresentação das informações e com o cumprimento das exigências automáticas. A não apresentação das informações ou o não cumprimento das exigências automáticas impossibilitará a disponibilização para análise do requerimento da compensação financeira. O requerimento de compensação financeira que não foi automaticamente disponibilizado pelo sistema Comprev ao regime de origem em virtude de alguma exigência automática deverá ser submetido ao procedimento manual.

**Quando o RGPS for o regime instituidor e o RPPS, o regime de origem**, o INSS deverá encaminhar ao ente federativo, por intermédio do sistema Comprev, o requerimento de compensação financeira referente a cada benefício concedido com tempo de contribuição do RPPS, que deverá conter os seguintes dados:

> I – dados pessoais do segurado e, se for o caso, dos seus dependentes;
>
> II – o tipo de benefício;
>
> III – a data de início do benefício;
>
> IV – a data de início do pagamento, quando for diferente da data de início do benefício;
>
> V – a data de cessação do benefício, se houver no momento do encaminhamento do requerimento;
>
> VI – o tempo de contribuição total do segurado aproveitado na concessão do benefício no regime instituidor;
>
> VII – o tempo de contribuição no âmbito do regime de origem utilizado na concessão do benefício;
>
> VIII – renda mensal inicial da aposentadoria ou da pensão por morte dela decorrente;
>
> IX – a data de ingresso no regime de origem e a data de desvinculação no regime de origem, que serão automaticamente preenchidas quando da adição dos períodos aproveitados na concessão do benefício;
>
> X – protocolo ou número da CTC, quando houver;
>
> XI – a data de recebimento da primeira prestação; e
>
> XII – os demais dados que vierem a ser solicitados no sistema Comprev.
>
> A **data de desvinculação do regime de origem** será:
>
> I – o dia seguinte ao da data fim do último período da CTC, em caso de utilização de todo o período certificado no cômputo do tempo total da aposentadoria;
>
> II – o dia seguinte ao último dia aproveitado do regime de origem, em caso de não utilização de todo o período certificado no cômputo do tempo total da aposentadoria;

III – o dia seguinte ao da data fim do último período indicado na CTC para averbação no RGPS, em caso de CTC fracionada, na qual um período foi indicado para sua utilização no RGPS e outro para sua utilização no RPPS;

IV – o dia seguinte ao da última data de alteração de regime previdenciário, quando o ente federativo apresentar várias datas de instituição e extinção de RPPS;

V – o dia do início da licença sem vencimentos, quando dentro do período certificado constar licença sem vencimentos com término posterior à data da alteração de regime; e

VI – o dia de filiação ao regime instituidor, quando ocorrer em concomitância com o regime de origem.

**Quando o RPPS for regime instituidor e o RGPS, o regime de origem**, a unidade gestora do regime instituidor deverá encaminhar ao RGPS, por meio do sistema Comprev, o requerimento de compensação financeira referente a cada benefício concedido com tempo de contribuição do RGPS, contendo:

I – dados pessoais do segurado e, se for o caso, dos seus dependentes;

II – o tipo de benefício;

III – a data de início do benefício;

IV – a data de início do pagamento, quando for diferente da data de início do benefício;

V – a data de cessação do benefício, se houver no momento do encaminhamento do requerimento;

VI – o tempo de contribuição total do segurado aproveitado na concessão do benefício no regime instituidor;

VII – o tempo de contribuição no âmbito do regime de origem utilizado na concessão do benefício;

VIII – renda mensal inicial da aposentadoria ou da pensão por morte dela decorrente;

IX – a data de ingresso no regime de origem e a data de desvinculação no regime de origem, que serão automaticamente preenchidas quando da adição dos períodos aproveitados na concessão do benefício;

X – protocolo ou número da CTC, quando houver;

XI – a data de publicação do registro do ato concessório do benefício pelo Tribunal de Contas competente, ou a data do registro se este ocorrer até 15 de maio de 2012, antes da entrada em vigor da Lei de Acesso à Informação, Lei nº 12.527, de 18 de novembro de 2011; e

XII – os demais dados que vierem a ser solicitados no sistema Comprev.

Em caso de o tempo de contribuição vinculado ao RGPS ter sido prestado no próprio ente instituidor e averbado, até 18 de janeiro de 2019, sem a respectiva CTC emitida pelo INSS:

I – a comprovação para fins de compensação financeira se dará por meio de certidão específica, conforme modelo constante do Anexo XIII da Portaria MTP nº 1.467, de 2022;

II – os procedimentos para a confirmação, pelo INSS, do período do vínculo, deverão observar o disposto em atos normativos por ele editados; e

III – poderá ser solicitada ao ente federativo, através de exigência no Comprev, a apresentação de documentos e informações previstos nos atos de que trata o inciso II.

**A data de desvinculação do regime de origem** será:

I – o dia seguinte ao da data fim do último período da CTC, em caso de utilização de todo o período certificado no cômputo do tempo total da aposentadoria;

II – o dia seguinte ao da data fim do último período indicado na CTC para averbação no RPPS, em caso de CTC fracionada;

III – o dia seguinte ao da última data de alteração de regime previdenciário, quando o ente federativo apresentar várias datas de instituição e extinção de RPPS;

IV – o dia seguinte ao da data fim do período averbado automaticamente, correspondente à data da alteração de regime previdenciário, em caso de certidão específica emitida pelo ente federativo;

V – o dia de vinculação ao RPPS, quando a CTC emitida pelo RGPS possuir períodos posteriores concomitantes à data de ingresso no ente federativo e de vinculação ao RPPS instituidor;

VI – a data de alteração de regime previdenciário, quando o servidor estiver em gozo de auxílio-doença ou auxílio por incapacidade temporária concedido pelo INSS com início e cessação anterior à alteração de regime; e

VII – o dia seguinte ao da data de cessação do salário-maternidade, do auxílio-doença ou do auxílio por incapacidade temporária do RGPS, quando o servidor estiver em gozo do benefício concedido anteriormente à alteração de regime previdenciário e a cessação for posterior a essa alteração;

VIII – o dia seguinte ao último dia do afastamento da atividade no regime de origem; e

IX – o dia de filiação ao RPPS, quando ocorrer em concomitância com o regime de origem.

**Quando o RPPS for regime instituidor e outro RPPS, o regime de origem**, a unidade gestora do regime instituidor deverá encaminhar ao regime de origem, por meio do sistema Comprev, o requerimento de compensação financeira referente a cada benefício concedido com tempo de contribuição do regime de origem, contendo:

I – dados pessoais do segurado e, se for o caso, dos seus dependentes;

II – o tipo de benefício;

III – a data de início do benefício;

IV – a data de início do pagamento, quando for diferente da data de início do benefício;

V – a data de cessação do benefício, se houver no momento do encaminhamento do requerimento;

VI – o tempo de contribuição total do segurado aproveitado na concessão do benefício no regime instituidor;

VII – o tempo de contribuição no âmbito do regime de origem utilizado na concessão do benefício;

VIII – renda mensal inicial da aposentadoria ou da pensão por morte dela decorrente;

IX – a data de ingresso no regime de origem e a data de desvinculação no regime de origem, que serão automaticamente preenchidas quando da adição dos períodos aproveitados na concessão do benefício;

X – protocolo ou número da CTC, quando houver;

XI – a data de publicação do registro do ato concessório do benefício pelo Tribunal de Contas competente, ou a data do registro se este ocorrer até 15 de maio de 2012, antes da entrada em vigor da Lei de Acesso à Informação, Lei nº 12.527, de 18 de novembro de 2011; e

XII – a regra de cálculo da concessão do benefício, se por integralidade ou por média, nos termos do disposto nos incisos XVIII e XIX do caput do art. 2º da Portaria MTP nº 1.467, de 2022; e

XIII- os demais dados que vierem a ser solicitados no sistema Comprev.

**A data de desvinculação do regime de origem** será:

I – o dia seguinte ao da data fim do último período da CTC, em caso de utilização de todo o período certificado no cômputo do tempo total da aposentadoria;

II – o dia seguinte ao da data fim do último período indicado na CTC para averbação no RPPS, em caso de CTC fracionada;

III – o dia posterior à última data de alteração de regime previdenciário, quando o ente federativo apresentar várias datas de instituição e extinção de RPPS;

IV – o dia de vinculação ao RPPS instituidor, quando a CTC emitida pelo RPPS de origem possuir períodos posteriores concomitantes à data de ingresso no ente federativo e de vinculação ao RPPS instituidor; e

V – o dia do início da licença sem vencimentos, quando dentro do período certificado constar licença sem vencimentos com término posterior ao ingresso no regime instituidor.

Será realizada a compensação financeira dos servidores aposentados e aos pensionistas vinculados aos regimes próprios de previdência dos **Estados de Rondônia, do Amapá e de Roraima transpostos para o Regime Próprio de Previdência Social da União – RPPS – União**, consoante o § 1º do art. 4º e inciso I do art. 35 da Lei nº 13.681, de 18 de junho de 2018, c/c o art. 31 da Emenda Constitucional nº 19, de 4 de junho de 1998, com redação dada pela

Emenda Constitucional nº 98, de 06 de dezembro de 2017, e as normas regulamentadoras expedidas pelo Órgão Central do Sistema de Pessoal Civil da Administração Federal – SIPEC.

O regime de origem, destinatário do requerimento de compensação financeira, não deverá abrir exigência de documentação no sistema Comprev sem que haja prévia análise realizada com base nas informações relativas ao segurado detidas por esse regime. Os requerimentos de compensação financeira encaminhados por meio do sistema Comprev são passíveis de:

> I – **exigências automáticas**, definidas pelas regras de negócio do sistema; e
>
> II – **exigências inseridas no sistema pelo regime de origem**, em caso de dúvida fundada decorrente da análise por ele efetuada, podendo se referir, entre outros dados e situações que possam interferir no direito à compensação financeira, a:
>
> a) matrícula informada;
>
> b) tipo de benefício concedido;
>
> c) tempo aproveitado maior que o certificado;
>
> d) tempo computado de forma concomitante;
>
> e) existência de regime especial em período constante de certidão específica;
>
> f) informação de data de ingresso e de data de desvinculação divergentes da certidão; ou
>
> g) inexistência de segunda via de certidão, emitida em data anterior a 16 de maio de 2008, em posse do regime de origem.

A abertura de exigências pressupõe:

> I – a análise completa do requerimento, observadas as normas aplicáveis à compensação financeira; e
>
> II – a inserção de todas as exigências para suprir as dúvidas fundadas decorrentes da análise precedida.

Recebidas as exigências, deverá o regime instituidor efetuar as devidas correções, esclarecimentos ou complementar a documentação. Cada tipo de exigência poderá ser aberto por até três vezes.

Os requerimentos de compensação financeira deverão ser analisados no estado em que se encontram pelo regime de origem:

> I – caso o regime instituidor não cumpra as exigências;
>
> II – quando estiverem aguardando análise e for verificado, de forma fundamentada, que não são passíveis de compensação; ou
>
> III – quando a exigência for encerrada pelo regime instituidor sem fundamentação.

A **funcionalidade** do sistema Comprev, **denominada exigência**, é classificada como:

I – **exigência prazo**, em que há interrupção da prescrição com a abertura do requerimento, para os requerimentos abertos até 31 de dezembro de 2019, ou com a disponibilização para análise após esta data, e a sua inserção no sistema dar-se-á:

a) automaticamente, para os requerimentos encaminhados até 31 de dezembro de 2019, antes da vigência do Decreto nº 10.188, de 2019; ou

b) pelo regime de origem, para os requerimentos encaminhados a partir de 1º de janeiro de 2020[21];

II – **exigência prescrição**, inserida automaticamente para os requerimentos encaminhados a partir de 1º de janeiro de 2020, em que:

a) a contagem da prescrição para o RPPS como regime instituidor tem início no primeiro dia subsequente à data de publicação do registro do ato concessório do benefício pelo Tribunal de Contas competente, ou à data do registro se este ocorrer até 15 de maio de 2012, antes da entrada em vigor da Lei de Acesso à Informação, Lei nº 12.527, de 18 de novembro de 2011, observado o disposto no parágrafo único do art. 12 do Decreto nº 10.188, de 2019; e

b) a contagem da prescrição para o RGPS como regime instituidor tem início no primeiro dia subsequente ao recebimento da primeira prestação pelo beneficiário; e

c) a prescrição quinquenal continua sendo aplicada enquanto o requerimento não for disponibilizado para análise do regime de origem; e

III – **exigência indeferido**, inserida automaticamente para os requerimentos indeferidos que migraram para o Comprev, que possibilitam:

a) a reabertura dos requerimentos para complemento ou retificação das informações pelo regime instituidor, não se aplicando a prescrição quinquenal devido a disponibilização anterior para análise pelo regime de origem; ou

b) que o regime instituidor ratifique o indeferimento, concordando com o indeferimento por não ser passível de compensação financeira, não sendo o requerimento reenviado para análise.

Em caso de dúvida fundada, quando for anexada a CTS ou CTC, e os dados não ficarem legíveis, é permitido o traslado dos dados para o formulário previsto no **Anexo IV da Portaria MPS 1400 de 27/05/2024**, devendo este ser anexado juntamente com a certidão ilegível:

21. O regime instituidor terá até sessenta dias para cumprimento da exigência do regime de origem de que trata a alínea b, do inciso I do caput.

**ANEXO IV – TRASLADO DE CERTIDÃO DE TEMPO DE CONTRIBUIÇÃO**

| | |
|---|---|
| Aos _______ dias do mês de ___________ do ano de ________, transcrevo os dados constantes na CTC de nº _______________, emitida em _______/_______/__________, pela Agência da Previdência Social de __________ ____________________________________________________. | |
| | |
| ÓRGÃO EXPEDIDOR: | |
| NOME DO SEGURADO: | DOCUMENTO DE IDENTIDADE: |
| NIT/PIS/PASEP: | DATA DE NASCIMENTO: |

FILIAÇÃO:

| | | | |
|---|---|---|---|
| PAI: | | | |
| MÃE: | | | |
| | | | |
| EMPREGADOR: | PERÍODO | TEMPO LÍQUIDO | | |
| | | Anos | Meses | Dias |
| | | | | |
| | | | | |
| | | | | |
| | | | | |
| | | | | |
| | | | | |
| | | | | |
| | | | | |
| Tempo líquido (em dias): | | | | |
| | | | | |

| | |
|---|---|
| CERTIFICO que o(a) interessado(a) conta como de efetivo exercício o tempo de serviço líquido de _______ dias, correspondente a ______ ano(s), ________ mês(es) e _______ dias, vinculado ao RGPS/INSS. Por ser verdade, assinamos o presente: | |
| SERVIDOR EF/RPPS: | VISTO DO SERVIDOR INSS: |
| Carimbo e Assinatura | Carimbo e Assinatura |

Na análise pelo **RGPS, como regime de origem**, do requerimento de compensação financeira encaminhado por RPPS, como regime instituidor, em caso de dúvida fundada, o RGPS poderá exigir do RPPS o envio, entre outros, dos seguintes documentos:

> I – cópia da CTC do RGPS utilizada para cômputo de tempo de contribuição na concessão de benefício pelo RPPS;

II- cópia do ato expedido pela autoridade competente que concedeu a aposentadoria ou a pensão por morte dela decorrente;

III – cópia do registro do ato concessório da aposentadoria ou da pensão por morte pelo Tribunal de Contas competente; e

IV – cópia do mapa do tempo de contribuição, constando as informações do tempo de contribuição utilizado na concessão do benefício pelo RPPS.

Na análise pelo RGPS dos vínculos e contribuições para fins da compensação financeira:

I – não se aplica o conceito de extemporaneidade das informações do Cadastro Nacional de Informações Sociais – CNIS utilizado na concessão de benefícios e emissão de CTC pelo INSS;

II – não é causa de indeferimento do pedido, se o período certificado não constar no CNIS, mas que possa ser comprovado por meio de documentação;

III – em caso de dúvida quanto aos períodos certificados, poderá ser solicitado pelo INSS o processo de averbação da CTC e de concessão do benefício e demais dados e informações necessários para a instrução e conclusão da análise do requerimento;

IV – em caso de constatação de indícios de irregularidades nos dados e na documentação apresentados deverão ser tomadas as providências para apuração, respeitado o prazo de decadência, exceto na hipótese de comprovada má-fé;

V – em caso de requerimentos que possuam CTC com conversão de tempo de serviço especial em comum deverá ser observado o disposto na Portaria MTP nº 1.467, de 2022; e

VI – deverá ser verificado o atendimento ao disposto no § 14 do art. 195 da Constituição Federal, após a data de publicação da Emenda Constitucional nº 103, de 2019.

Quando for identificado que o benefício concedido pelo RPPS (regime instituidor) **utilizou período de contribuição do RGPS (regime de origem), averbado automaticamente no RPPS, que também foi computado na concessão de um benefício pelo RGPS:**

I – se a data de início do benefício do RGPS for anterior à data da mudança de regime previdenciário dos servidores do ente federativo de RGPS para RPPS e à averbação automática desse período pelo ente:

a) deverão ser adotados procedimentos para a revisão do benefício concedido pelo RPPS; e

b) o período não poderá ser objeto de compensação financeira; ou

II – se a data de início do benefício do RGPS for posterior à data de averbação automática e anterior à concessão de benefício do RPPS:

a) deverão ser adotados procedimentos para a revisão do benefício concedido pelo RPPS, se o período averbado não havia gerado a concessão de vantagens remuneratórias ao servidor público até a data de início do benefício do RGPS;

b) deverão ser adotados procedimentos para a revisão do benefício concedido pelo RGPS, se, na data do início deste, o período averbado automaticamente já havia gerado a concessão de vantagens remuneratórias ao servidor; e

c) na hipótese da alínea "a", o período da averbação automática não poderá ser objeto de compensação financeira, e na hipótese da alínea "b", o período poderá ser objeto de compensação financeira; ou

III – se a data de início do benefício do RGPS for posterior à data de concessão de benefício do RPPS:

a) deverão ser adotados procedimentos para a revisão do benefício concedido pelo RGPS; e

b) o período poderá ser objeto de compensação financeira.

Quando for identificado que o benefício concedido pelo RPPS (regime instituidor) utilizou período de contribuição do RGPS (regime de origem), constante de CTC do RGPS, que também foi computado na concessão de um benefício pelo RGPS:

I – se a data de emissão da CTC for anterior à do início do benefício do RGPS:

a) deverão ser adotados procedimentos para a revisão do benefício concedido pelo RGPS; e

b) o período poderá ser objeto de compensação financeira; ou

II – se a aposentadoria do RGPS foi concedida primeiro e a CTC foi emitida pelo INSS posteriormente à DIB desta aposentadoria, será considerada como indevida a emissão da certidão e:

a) deverão ser adotados procedimentos para a revisão da certidão do RGPS; e

b) o período não poderá ser objeto de compensação financeira.

Em caso de emissão de CTC do RGPS que contenha período averbado automaticamente e anteriormente utilizado na concessão de aposentadoria por RPPS distinto daquele a que se destinava a referida certidão, somente é devida a compensação ao RPPS que efetuou a averbação automática e:

I – deverão ser adotados procedimentos para a revisão da certidão do RGPS; e

II – o período certificado não poderá ser objeto de compensação financeira ao RPPS para o qual se destinava a CTC.

Na análise por **RPPS, como regime de origem**, do requerimento de compensação financeira encaminhado pelo RGPS, como regime instituidor, em caso de dúvida fundada, o RPPS poderá exigir do RGPS o envio, entre outros, dos seguintes documentos:

I – cópia da CTC do RPPS utilizada para cômputo do tempo de contribuição no benefício concedido pelo RGPS;

II – cópia do Resumo de Tempo de Contribuição em que conste as informações dos períodos de contribuição utilizados na concessão do benefício pelo RGPS; e

III – cópia do documento de concessão do benefício do RGPS, com a identificação do número e do tipo do benefício, da data de início do benefício, da data de início do pagamento e da renda mensal inicial.

Quando for identificado que o benefício concedido pelo RGPS (regime instituidor) utilizou período de contribuição do RPPS (regime de origem), constante de CTC do RPPS, que também foi computado na concessão de um benefício pelo RPPS:

I – se a CTC foi emitida antes da data do início do benefício do RPPS:

a) deverão ser adotados procedimentos para a revisão do benefício concedido pelo RPPS; e

b) o período poderá ser objeto de compensação financeira ao RGPS (regime instituidor); ou

II – se a data de emissão da CTC for posterior à data do início do benefício do RPPS:

a) deverão ser adotados procedimentos para a revisão da certidão do RPPS; e

b) o período não poderá ser objeto de compensação financeira ao RGPS.

Na análise do requerimento de compensação financeira encaminhado pelo **RPPS (regime instituidor) a outro RPPS (regime de origem)**, em caso de dúvida fundada, o RPPS (regime de origem) poderá exigir do RPPS (regime instituidor) o envio, entre outros, dos seguintes documentos:

I – cópia da CTC utilizada para cômputo do tempo de contribuição no âmbito do regime instituidor;

II – cópia do ato expedido pela autoridade competente que concedeu a aposentadoria ou a pensão por morte dela decorrente;

III – cópia do registro do ato concessório da aposentadoria ou da pensão por morte pelo Tribunal de Contas competente; e

IV – cópia do mapa do tempo de contribuição, constando as informações do tempo de contribuição utilizado na concessão do benefício pelo RPPS.

Em análise ao direito à compensação, se for constatada a emissão de CTC/CTS pelo Regime de Origem e a existência de aposentadoria concedida neste mesmo Regime de Origem, com utilização do mesmo período, deverá ser observado o que segue:

I – se a CTC/CTS foi emitida antes da concessão da aposentadoria no RPPS de origem: será considerada como indevida a aposentadoria concedida pelo RPPS de origem posteriormente à emissão da CTC, sendo devida a compensação ao regime solicitante[22];

22. § 1º Na hipótese do inciso I, deverá ser solicitada revisão de ofício no benefício, observado o prazo decadencial, salvo se comprovada a má-fé apurada conforme regras vigentes.

> II – se a aposentadoria do RPPS de origem foi concedida primeiro e a CTC/CTS foi emitida pelo RPPS de origem posteriormente à DIB da citada aposentadoria: será considerada como indevida a emissão da certidão[23].

Para fins de cargos acumuláveis, é possível ter uma CTC/CTS emitida para uma matrícula, e ao mesmo tempo, ter um benefício concedido em outra matrícula, usando períodos concomitantes, no mesmo RPPS.

Caberão requerimentos de compensação previdenciária na hipótese de acumulação de cargos prevista na Constituição Federal para o mesmo CPF, com matrículas distintas no regime instituidor, em caso de aproveitamento de períodos concomitantes oriundos de matrículas diferentes do regime de origem.

Não haverá compensação na hipótese de acumulação de cargos prevista na Constituição Federal para o mesmo CPF, com aproveitamento de períodos concomitantes oriundos de matrículas diferentes do regime de origem na mesma matrícula no regime instituidor.

O **sistema Comprev** deverá permitir a automatização dos processos de compensação financeira para dispensar a apresentação de documentos para o envio e a análise dos requerimentos de compensação e promover o atendimento das demandas dos seus usuários, a fim de otimizar o uso da força de trabalho do INSS e dos RPPS dos entes federativos.

Caberá **recurso administrativo** da análise conclusiva do requerimento de compensação financeira, após o seu processamento com ou sem a abertura de exigências, se resultar em indeferimento, que será julgado pelo **Conselho de Recursos da Previdência Social – CRPS**, na forma definida em seu regimento interno.

Nos termos do artigo 45 da **Portaria MPS 1400 de 27/05/2024,** os requerimentos de compensação financeira encaminhados pelos regimes instituidores deverão ser analisados pelos regimes de origem nos seguintes prazos estabelecidos pelo CNRPPS, nos termos do art. 8º da Lei nº 9.796, de 1999, e do § 8º do art. 11 do Decreto nº 10.188, de 2019:

> I – mil e oitenta dias, em 2022;
>
> II – quinhentos e quarenta dias, em 2023;
>
> III – trezentos e sessenta dias, em 2024;
>
> IV – trezentos e sessenta dias, em 2025; e
>
> V – trezentos e sessenta dias, em 2026.

O repasse do fluxo mensal de compensação financeira entre regimes poderá ser suspenso quando o credor deixar de decidir ou decidir processos em

23. § 2º Na hipótese do inciso II, deverá ser solicitada a revisão da CTC.

quantidade proporcionalmente inferior aos decididos pelo devedor, considerando-se os critérios de reciprocidade nas análises a serem estabelecidos pela Secretaria de Regime Próprio e Complementar, ouvido o CNRPPS.

Após o deferimento do requerimento de compensação financeira relativo a uma aposentadoria, o sistema Comprev calcula automaticamente o valor da compensação devida, de acordo com os art. 3º, art. 4º e art. 8º-A da Lei nº 9.796, de 1999, e o art. 6º do Decreto nº 10.188, de 2019, utilizando:

> I – a renda mensal inicial da compensação financeira;
>
> II – o percentual correspondente ao tempo de contribuição ao regime de origem, utilizado na concessão do benefício na forma da contagem recíproca, no tempo total de contribuição do segurado no regime instituidor, sendo ambos calculados em dias; e
>
> III – o valor do pro rata inicial da compensação financeira, obtido pela multiplicação do percentual de participação pelo valor da renda mensal inicial do requerimento de compensação financeira.

Ao valor do benefício pago pelo RPPS (regime instituidor) será acrescido, observados os limites da renda mensal inicial da compensação financeira:

> I – o **benefício especial** de que trata o § 1º do art. 3º da Lei nº 12.618, de 30 de abril de 2012, no caso da União; ou
>
> II – o benefício que tenha a mesma natureza do benefício de que trata o inciso I, se previsto em lei pelos Estados, Distrito Federal ou Municípios.

Quando o **RPPS É O REGIME DE ORIGEM E O RGPS, O REGIME INSTITUIDOR**, a **renda mensal inicial da compensação financeira será o menor valor entre:**

> I – o valor da renda mensal inicial do benefício concedido pelo RGPS (instituidor); e
>
> II – o valor da renda inicial da aposentadoria simulada na data de desvinculação do ex-segurado ao RPPS (regime de origem), e atualizada até a data de início do benefício concedido pelo RGPS (instituidor); ou
>
> III – caso não seja possível a simulação de que trata o inciso II, o valor médio da renda mensal do total dos benefícios pagos pelo INSS, divulgado no sítio da Previdência Social na internet, relativo à mesma competência do início do benefício concedido pelo RGPS (instituidor).

O cálculo do valor da renda mensal inicial simulada de benefício no RPPS (origem), de que trata o inciso II acima referido, deverá observar os seguintes parâmetros:

> I – mesma espécie de benefício daquele concedido pelo RGPS (instituidor);
>
> II – com base nas normas aplicáveis aos benefícios concedidos pelo RPPS (origem), vigentes na data de desvinculação do servidor;

> III – período básico de cálculo utilizará as remunerações de vinculação ao RPPS (origem) encontradas no CNIS ou no repositório de CTC do sistema Comprev, a partir da competência julho de 1994, ou desde a data do ingresso no ente, se posterior à essa competência, até a competência anterior à data de desvinculação, atualizadas, com base nos índices de reajustamento dos benefícios concedidos pelo RGPS, até a data de desvinculação ao RPPS (origem);
>
> IV – em caso de ingresso do segurado no serviço público até 31 de dezembro de 2003, deverá ser utilizada a última remuneração do servidor no vínculo RPPS, do mês anterior à data de sua desvinculação;
>
> V – em caso de ingresso posterior à data de que trata o inciso IV, para fins do cálculo pela média, nos termos do inciso XIX do caput do art. 2º da Portaria MTP nº 1.467, de 2022, a renda mensal inicial deverá corresponder à média aritmética de:
>
> a) oitenta por cento das maiores remunerações, se a data de desvinculação for anterior à data de vigência da Emenda Constitucional nº 103, de 2019; ou
>
> b) cem por cento das remunerações, se a data de desvinculação for posterior à data de vigência da Emenda Constitucional nº 103, de 2019, observado o disposto no art. 164 da Portaria MTP nº 1.467, de 2022.

A renda mensal inicial acima referida deverá:

> I – ser atualizada da data de desvinculação ao RPPS (origem) até a data de início do benefício concedido pelo RGPS (instituidor), com base nos índices de reajustamento dos benefícios concedidos pelo RGPS; e
>
> II – ser comparada com a renda mensal inicial de que trata o inciso I, para verificação da renda de menor valor, salvo na hipótese do inciso III do item anterior.

A renda mensal inicial simulada de pensão por morte corresponderá à simulada para a aposentadoria na data de desvinculação do servidor, atualizada, com base nos índices de reajustamento dos benefícios concedidos pelo RGPS, até a competência do início do benefício da pensão, e deverá ser comparada com a renda mensal inicial da pensão por morte no regime instituidor para verificação da renda de menor valor. A renda mensal inicial da compensação financeira não poderá ser:

> I – inferior ao salário-mínimo nacional; ou
>
> II – superior ao valor da remuneração do cargo efetivo que o servidor teria no ente do RPPS (origem), na data imediatamente anterior à da concessão da aposentadoria pelo RGPS (instituidor), ou que teria servido de referência para a concessão da pensão por morte pelo RPPS (origem).

**QUANDO O RGPS É O REGIME DE ORIGEM E O RPPS, O REGIME INSTITUIDOR, a renda mensal inicial da compensação financeira será o menor valor entre:**

> I – a renda mensal inicial do benefício concedido pelo RPPS (instituidor), conforme as informações constantes no requerimento; e

II – o valor da renda inicial da aposentadoria simulada na data de desvinculação do ex-segurado ao RGPS (origem), e atualizada até da data de início do benefício; ou

III – caso não seja possível a simulação de que trata o inciso II, o valor médio da renda mensal do total dos benefícios pagos pelo INSS, divulgado no sítio da Previdência Social na internet, relativo a mesma competência da data de início do benefício.

O cálculo do valor da renda mensal inicial simulada de benefício no RGPS (origem), de que trata o inciso II, deverá observar os seguintes parâmetros:

I – mesma espécie de benefício daquele concedido pelo RPPS (instituidor);

II – com base nas normas aplicáveis aos benefícios concedidos pelo RGPS (origem), vigentes na data de desvinculação do segurado;

III – quando a data da desvinculação for anterior a 5 de outubro de 1988, o cálculo do Salário de Benefício – SB e da Renda Mensal Inicial – RMI será realizado de acordo com o Decreto nº 83.080, de 1979;

IV – quando a data de desvinculação for a partir de 5 de outubro de 1988 até 28 de novembro de 1999 (data da publicação da Lei 9.876, de 1999) o cálculo para encontrar o salário de benefício e, posteriormente, a RMI, abrangerá os últimos salários de contribuição dos meses imediatamente anteriores à desvinculação, até o máximo de 36 (trinta e seis), apurados em período não superior a 48 (quarenta e oito) meses. Todos os 36 (trinta e seis) salários de contribuição utilizados do cálculo serão reajustados, mês a mês, de acordo com o INPC, e

V – quando a data da desvinculação for a partir de 29 de novembro de 1999, o período básico de cálculo utilizará as remunerações de vinculação ao RGPS (origem) encontradas no CNIS ou no repositório de CTC do sistema Comprev, a partir da competência julho de 1994, ou desde a data da vinculação ao RGPS (origem), se posterior à essa competência, até a competência anterior à data de desvinculação, atualizadas até a data de desvinculação ao RGPS (origem), com base nos índices de reajustamento dos benefícios concedidos pelo RGPS, observado o art. 26 da Emenda Constitucional nº 103, de 2019, para concessões com base neste dispositivo.

A renda mensal inicial obtida no item anterior deverá:

I – ser atualizada da data de desvinculação ao RGPS (origem) até a data de início de benefício concedido pelo RPPS (instituidor), com base nos índices de reajustamento dos benefícios concedidos pelo RGPS; e

II – ser comparada com a renda mensal inicial de que trata o inciso I, para verificação da renda de menor valor, salvo na hipótese do inciso III.

A renda mensal inicial simulada de pensão por morte corresponderá à simulada para a aposentadoria na data de desvinculação do servidor, atualizada, com base nos índices de reajustamento dos benefícios concedidos pelo RGPS, até a competência do início do benefício da pensão, e deverá ser comparada com a renda mensal inicial da pensão por morte no regime instituidor para verificação da renda de menor valor. A renda mensal inicial da compensação financeira de que trata este artigo não poderá ser:

I – inferior ao salário-mínimo nacional; ou

II – superior ao limite máximo dos benefícios pagos pelo RGPS (origem).

**QUANDO UM RPPS É O REGIME DE ORIGEM E OUTRO RPPS, O REGIME INSTITUIDOR, a renda mensal inicial da compensação financeira será o menor valor entre:**

I – a renda mensal inicial do benefício concedido pelo RPPS (instituidor), conforme as informações constantes no requerimento; e

II – o valor da renda inicial da aposentadoria simulada na data de desvinculação do ex-segurado ao RPPS (origem) e atualizada até a data de início do benefício; ou

III – caso não seja possível a simulação de que trata o inciso II, o valor do salário-mínimo vigente na data de início do benefício.

O cálculo do valor da renda mensal inicial simulada de benefício no RPPS (origem), de que trata o inciso II, deverá observar os seguintes parâmetros:

I – mesma espécie de benefício daquele concedido pelo RGPS (instituidor);

II – com base nas normas aplicáveis aos benefícios concedidos pelo RPPS (origem), vigentes na data de desvinculação do servidor;

III – período básico de cálculo utilizará as remunerações de vinculação ao RPPS (origem) encontradas no CNIS ou no repositório de CTC do sistema Comprev, a partir da competência julho de 1994, ou desde a data do ingresso no ente, se posterior à essa competência, até a competência anterior à data de desvinculação, atualizadas, com base nos índices de reajustamento dos benefícios concedidos pelo RGPS, até a data de desvinculação ao RPPS (origem);

IV – em caso de ingresso do segurado no serviço público até 31 de dezembro de 2003, deverá ser utilizada a última remuneração do servidor no vínculo RPPS, do mês anterior à data de sua desvinculação;

V – em caso de ingresso posterior à data de que trata o inciso IV, para fins do cálculo pela média, nos termos do inciso XIX do caput do art. 2º da Portaria MTP nº 1.467, de 2022, a renda mensal inicial deverá corresponder à média aritmética de:

a) oitenta por cento das maiores remunerações, se a data de desvinculação for anterior à data de vigência da Emenda Constitucional nº 103, de 2019; ou

b) cem por cento das remunerações, se a data de desvinculação for posterior à data de vigência da Emenda Constitucional nº 103, de 2019, observado o disposto no art. 164 da Portaria MTP nº 1.467, de 2022.

Outrossim, deve observar:

I – deverá ser utilizada a regra de cálculo informada do benefício concedido pelo RPPS (instituidor), se por média ou integralidade;

II – caso seja informada a regra de cálculo pela média, mas as datas de ingresso ou de desvinculação sejam anteriores a 31 de dezembro de 2003, a simulação será efetuada pela integralidade.

A renda mensal inicial simulada de pensão por morte corresponderá à simulada para a aposentadoria na data de desvinculação do servidor, atualizada, com base nos índices de reajustamento dos benefícios concedidos pelo RGPS, até a competência do início do benefício da pensão, e deverá ser comparada com a renda mensal inicial da pensão por morte no regime instituidor para verificação da renda de menor valor. A renda mensal inicial da compensação financeira de que trata este artigo não poderá ser:

I – inferior ao salário-mínimo; ou

II – superior o valor da remuneração do cargo efetivo que o servidor teria no RPPS de origem na data imediatamente anterior a do início da aposentadoria concedida pelo RPPS instituidor ou que teria servido de referência para a concessão da pensão por morte pelo RPPS de origem.

O valor da primeira renda mensal da compensação financeira cujo requerimento foi deferido no sistema Comprev corresponderá ao valor do pro rata inicial calculado de acordo com as fórmulas anteriores, atualizado com base nos índices de reajustamento dos benefícios concedidos pelo RGPS, desde a data de início do benefício, até a competência do deferimento do requerimento de compensação financeira.

Nas competências seguintes à do deferimento do requerimento da compensação financeira, a renda mensal deverá ser atualizada nas mesmas datas e com base nos mesmos índices de reajustamento dos benefícios concedidos pelo RGPS, para obtenção do fluxo mensal devido em cada requerimento, a ser pago até a data de cessação da aposentadoria ou da pensão dela decorrente.

Para apuração do **décimo terceiro salário** do fluxo mensal da compensação financeira deverão ser observados os seguintes parâmetros para cada requerimento deferido:

I – no ano da competência do deferimento do requerimento da compensação financeira:

a) o marco inicial para o cômputo dos meses será 1º de janeiro, ou a data de início do pagamento do benefício, ou na falta desta, a data do início do benefício, se posterior a 1º de janeiro; e

b) o marco final para o cômputo dos meses será 31 de dezembro, ou a data de cessação da aposentadoria ou da pensão por morte dela decorrente, se anterior; e

II – nos anos seguintes ao da competência do deferimento do requerimento da compensação financeira:

a) o marco inicial para o cômputo dos meses será 1º de janeiro; e

b) o marco final para o cômputo dos meses será 31 de dezembro, ou a data de cessação da aposentadoria ou da pensão por morte dela decorrente, se anterior; e

III – deverá ser apurada a quantidade de meses entre os marcos iniciais e finais de que tratam os incisos I e II, sem computar aqueles com quantidade de dias inferior a quinze;

IV – quando a quantidade de meses de que trata o inciso III for igual a doze, o valor do décimo terceiro salário corresponderá ao valor do fluxo mensal da compensação financeira;

V – quando a quantidade de meses de que trata o inciso III for inferior a doze, o valor do décimo terceiro salário corresponderá ao valor do fluxo mensal da compensação financeira dividido por doze e multiplicado pela quantidade de meses;

VI – o valor obtido na forma do inciso IV será incorporado aos demais valores devidos da compensação financeira da competência outubro;

VII – em caso de a cessação do benefício ocorrer após a competência outubro, será gerada glosa do valor de décimo terceiro pago indevidamente, relativo aos meses após a cessação; e

VIII – se a competência do deferimento do requerimento da compensação de que trata o art. 52 for posterior a outubro, o pagamento da compensação relativa ao décimo terceiro será efetuado juntamente com as competências de novembro ou dezembro do ano de deferimento.

Para apuração dos valores devidos referentes aos **estoques** deverão ser considerados:

I – como marco inicial do estoque, a data de início do pagamento do benefício concedido, ou na falta desta, a data de início do benefício; e

II – como marco final do estoque RGPS, 5 de maio de 1999, em caso de aposentadoria ou pensão dela decorrente em manutenção nessa data; ou

III – como marcos finais do estoque RPPS:

a) 31 de dezembro de 2020, em caso de aposentadoria ou pensão dela decorrente em manutenção nessa data; ou

b) a data de cessação do benefício, se ocorrida até 31 de dezembro de 2020.

Aplica-se a **prescrição quinquenal**, nos termos do disposto no Decreto nº 20.910, de 6 de janeiro de 1932, no caso de estoque da compensação financeira, bem como, nos termos do § 1º do art. 58, de fluxo acumulado, observando-se a data de disponibilidade para análise dos requerimentos por meio do sistema Comprev, para os valores não pagos nem reclamados em época própria do surgimento da pretensão, que ocorrerá:

**I – em caso de estoque RGPS:**

a) a partir de 1º de janeiro de 2020, conforme inciso I do art. 28 do Decreto nº 10.188, de 2019, caso o recebimento da primeira prestação pelo beneficiário tenha ocorrido até essa data, quando o regime instituidor for o RGPS;

b) no primeiro dia subsequente ao recebimento da primeira prestação pelo beneficiário, quando o regime instituidor for o RGPS; e

c) no primeiro dia subsequente ao registro do ato concessório de aposentadoria ou a pensão pelo Tribunal de Contas competente, quando o regime instituidor for o RPPS;

**II – em caso de estoque RPPS:**

a) a partir de 1º de janeiro de 2021, conforme parágrafo único do art. 12 do Decreto nº 10.188, de 2019, caso o registro do ato concessório de aposentadoria ou a pensão pelo Tribunal de Contas competente tenha ocorrido até essa data; ou

b) no primeiro dia subsequente ao registro do ato concessório de aposentadoria ou a pensão pelo Tribunal de Contas competente, se ocorrido após 1º de janeiro de 2021.

**Fluxo acumulado** são os valores da compensação financeira dos benefícios concedidos após o período de estoque RGPS ou de estoque RPPS, relativos ao período entre a data de início do benefício e a competência anterior a do deferimento do requerimento da compensação, observado o prazo prescricional. Neste caso, oprazo para fins de aplicação da **prescrição quinquenal** de que trata o artigo 12 do Decreto nº 10.188, de 2019, será contado:

I – quando o regime instituidor for o RGPS, do primeiro dia subsequente ao recebimento da primeira prestação do benefício;

II – quando o regime instituidor for o RPPS, do primeiro dia subsequente à data de publicação do registro do benefício pelo Tribunal de Contas ou a data do registro se este ocorrer até 15 de maio de 2012, antes da entrada em vigor da Lei de Acesso à Informação, Lei nº 12.527, de 18 de novembro de 2011.

Quando for verificado o **pagamento indevido** de compensação financeira de aposentadoria e/ou pensão por morte deverá ocorrer a cobrança dos valores, por meio de **glosa**, classificada da seguinte forma:

I – glosa de estoque RGPS, no caso de pagamentos indevidos relativos ao período de 5 de outubro de 1988 a 5 de maio de 1999;

II – glosa de estoque RPPS, no caso de pagamentos indevidos relativos ao período de 5 de outubro de 1988 a 31 de dezembro de 2020;

III – glosa de fluxo acumulado da compensação entre o RGPS e RPPS, no caso de pagamentos indevidos relativos a períodos a partir de 6 de maio de 1999 até o último dia da competência anterior à da primeira renda mensal deferida de compensação financeira, observada a prescrição quinquenal;

IV – glosa de fluxo acumulado da compensação entre RPPS, no caso de pagamentos indevidos relativos a períodos a partir de 1º de janeiro de 2021 até o último dia da competência anterior à da primeira renda mensal deferida de compensação financeira, observada a prescrição quinquenal; e

V – glosa de fluxo, no caso de pagamentos indevidos relativos a períodos a partir da competência da primeira renda mensal deferida de compensação financeira e até a data da cessação do benefício, observada a prescrição quinquenal.

Para fins do **cálculo dos valores da glosa**, a quantidade de meses de compensação recebida indevidamente, inclusive dos décimos terceiros salários, deverá ser multiplicada pelo valor do fluxo mensal atual para obtenção do valor a ser glosado, da seguinte forma:

> I – a glosa do estoque deverá corresponder à soma:
>
> a) do valor obtido pela multiplicação da quantidade de dias de glosa do estoque pela razão do fluxo mensal sobre trinta; e
>
> b) do valor da glosa do décimo terceiro do estoque, que corresponde ao valor do fluxo mensal multiplicado pela quantidade de anos de estoque de décimo terceiro somado à razão do fluxo mensal sobre doze, multiplicado pela quantidade de meses de estoque do décimo terceiro;
>
> II – a glosa do fluxo acumulado deverá corresponder à soma:
>
> a) do valor obtido pela multiplicação da quantidade de dias de glosa de fluxo acumulado pela razão do valor do fluxo mensal sobre trinta; e
>
> b) do valor da glosa do décimo terceiro salário do fluxo acumulado, que corresponde ao valor do fluxo multiplicado pela quantidade de anos de fluxo acumulado de décimo terceiro somado à razão do fluxo mensal sobre doze, multiplicado pela quantidade de meses restantes de fluxo acumulado de décimo terceiro; e
>
> III – a glosa do fluxo mensal deverá corresponder à soma:
>
> a) do valor obtido pela multiplicação da quantidade de dias de glosa de fluxo pela razão do valor do fluxo mensal sobre trinta; e
>
> b) do valor do décimo terceiro salário da glosa do fluxo mensal, que corresponde ao valor do fluxo multiplicado pela quantidade de anos de fluxo de décimo terceiro somado à razão do fluxo sobre doze, multiplicado pela quantidade de meses restantes de fluxo acumulado de décimo terceiro.

Aplica-se a **cobrança em dobro das parcelas pagas indevidamente pelo regime de origem**, na competência seguinte ao da sua constatação, prevista no parágrafo único do artigo 7º da Lei nº 9.796, de 1999:

> I – se não promovidas pelo regime instituidor as alterações de imediato nos requerimentos em compensação, relativas às situações de revisão no valor do benefício, extinção total ou parcial;
>
> II – se entre a data de cessação do benefício e a cessação manual ou automática do requerimento decorrerem mais de quarenta e cinco dias; e
>
> III – para os casos em que o requerimento de pensão é deferido, sem que haja a cessação automática ou manual da compensação da aposentadoria.

A compensação financeira considera os valores de estoque, fluxo acumulado, fluxo mensal, incluindo as glosas e bloqueios, devidos por um regime previdenciário a outro, para definição de qual regime será credor ou devedor na competência do processamento da folha da compensação. Os valores de estoque, fluxo acumulado e fluxo mensal são totalizados para cada regime e os valores obtidos são comparados entre os dois regimes participantes para a apuração do valor da compensação financeira na competência.

Para a **apuração do valor do estoque:**

I – calcula-se o valor de estoque total bruto de cada regime, somando-se os valores do estoque e do décimo terceiro de estoque;

II – calcula-se o valor a ser glosado para cada regime, decorrente de situações que envolvam ambos os regimes;

III – deduz-se do valor de estoque total bruto de que trata o inciso I, o valor da glosa prevista no inciso II, obtendo-se, para cada regime, o valor do estoque total líquido na competência;

IV – apura-se o saldo do estoque, pela diferença entre o estoque total líquido do regime com compensação a receber pelo estoque total líquido do regime com compensação a pagar; e

V – o regime com o maior valor de estoque total líquido será o regime que terá a compensação de estoque a receber, no montante do saldo de que trata o inciso IV, a ser considerado na apuração do valor da compensação financeira.

Para a apuração do **valor do fluxo acumulado**:

I – calcula-se o valor de fluxo acumulado total bruto de cada regime, somando-se os valores do fluxo acumulado e do décimo terceiro de fluxo acumulado;

II – calcula-se o valor a ser glosado para cada regime, decorrente de situações que envolvam ambos os regimes;

III – deduz-se do valor de fluxo acumulado total bruto de que trata o inciso I, o valor da glosa prevista no inciso II, obtendo-se, para cada regime, o valor do fluxo acumulado total líquido na competência;

IV – apura-se o saldo do fluxo acumulado, que corresponde à diferença entre o fluxo acumulado total líquido do regime com compensação a receber pelo fluxo acumulado total líquido do regime com compensação a pagar; e

V – o regime com o maior valor de fluxo acumulado total líquido será o regime que terá a compensação de fluxo acumulado a receber, no montante do saldo de que trata o inciso IV, a ser considerado na apuração do valor da compensação financeira.

Para a apuração do **valor do fluxo mensal**:

I – calcula-se o valor de fluxo mensal total bruto de cada regime, somando-se os valores do fluxo mensal e do décimo terceiro de fluxo mensal;

II – calcula-se o valor a ser glosado para cada regime, decorrente de situações que envolvam ambos os regimes;

III – deduz-se do valor de fluxo mensal total bruto de que trata o inciso I, o valor da glosa prevista no inciso II, obtendo-se, para cada regime, o valor do fluxo mensal total líquido na competência;

IV – apura-se o saldo do fluxo mensal, que corresponde à diferença entre o fluxo mensal total líquido do regime com compensação a receber pelo fluxo acumulado total líquido do regime com compensação a pagar; e

> V – o regime com o maior valor de fluxo mensal total líquido será o regime que terá a compensação de fluxo mensal a receber, no montante do saldo de que trata o inciso IV, a ser considerado na apuração do valor da compensação financeira.

Após calculados os valores de cada parcela referentes ao estoque, fluxo acumulado e fluxo mensal, deverá ser processada a apuração do valor da compensação financeira devida de lado a lado, em cada competência, por meio da totalização dos valores dessas parcelas, com a finalidade de definição dos regimes credor e devedor dessa competência, observados os seguintes parâmetros:

> I – o valor da compensação relativo à competência é a diferença entre os saldos totais líquidos dos regimes participantes;
>
> II – o regime credor é o que apresentar o maior saldo total de compensação a receber na competência e que terá o direito de receber do regime devedor a diferença prevista no inciso I;
>
> III – o regime devedor é o que apresentar o menor saldo total de compensação a receber na competência e que terá que desembolsar ao regime credor a diferença prevista no inciso I;
>
> IV – caso um regime possua valores a receber de competências anteriores, em relação ao RGPS, que foram suspensos conforme o art. 78, os valores deverão ser:
>
> a) atualizados para a competência, com base nos índices de reajustamento dos benefícios concedidos pelo RGPS; e
>
> b) computados em conjunto com o saldo total para determinação de qual o regime que terá a compensação a receber;
>
> V – caso um regime possua valores a receber de competências anteriores, em relação ao outro regime, que ficaram no estado de rejeitados no processamento do pagamento, na forma do inciso VII do caput do art. 69, esses valores serão computados em conjunto com o saldo total para determinação de qual o regime que terá a compensação a receber; e
>
> VI – caso o regime devedor tenha saldo de estoque a receber, o valor a pagar será deduzido do saldo de estoque.

Para o pagamento da compensação financeira deverão ser considerados, para atendimento ao art. 11 do Decreto nº 10.188, de 2019, os seguintes **marcos temporais**:

> I – no último dia útil da competência, respeitado o horário bancário, o sistema Comprev deverá efetuar a verificação das situações de bloqueio do pagamento dos valores devidos pelo RGPS previstas no artigo 78 ou de cessação do requerimento, na forma do artigo 79, ambos da Portaria MPS 1400 de 27/05/2024;
>
> II – até o quarto dia útil do mês posterior ao da competência, o sistema Comprev deverá realizar o processamento da prévia da folha de pagamento da compensação financeira;

> III – no dia subsequente ao do seu processamento previsto no inciso II, deverá ser disponibilizada a prévia da folha de pagamento a todos regimes que poderão, até a data de que trata o inciso IV, apontar divergências nos seus valores;
>
> IV – no décimo dia útil do mês posterior ao da competência, o sistema Comprev deverá realizar o processamento da folha de pagamento da competência do mês anterior;
>
> V – no dia seguinte ao fechamento da folha de que trata o inciso IV, deverão ser disponibilizados no sistema Comprev e BG-COMPREV os relatórios para pagamento da compensação; e
>
> VI – até o quinto dia útil do mês subsequente ao do fechamento da folha a que se refere o inciso IV, deverá ser realizado o desembolso pelo regime devedor dos valores apresentados na forma do inciso V, observado o valor mínimo de que trata o artigo 73 da Portaria MPS 1400 de 27/05/2024.

O não pagamento pelo regime devedor dos valores apurados a título de compensação financeira:

> I – resultará na atualização dos valores em atraso;
>
> II – resultará no bloqueio do pagamento da compensação financeira devida pelo RGPS; e
>
> III – poderá ensejar a inscrição do ente federativo do regime devedor em dívida ativa federal, estadual, distrital ou municipal, conforme § 6º do art. 11 do Decreto nº 10.188, de 2019.

Nos termos do artigo 69 da Portaria MPS 1400 de 27/05/2024, o sistema Comprev deverá apresentar as seguintes **situações relativas ao pagamento da compensação financeira** para cada competência:

> **I – em aberto**, exibido até o fim do prazo para pagamento, de que trata o inciso VI do caput do art. 67;
>
> **II – contestado**, exibido quando for apresentada contestação pelo regime credor ao regime devedor, durante o prazo para defesa previsto no inciso I do caput do art. 77, devido à não identificação do pagamento ou do pagamento a menor do valor da compensação financeira de que trata o art. 66;
>
> **III – aguardando análise**, exibido durante o prazo previsto no inciso II do caput do art. 77 para que o regime credor analise a defesa apresentada pelo regime devedor;
>
> **IV – aguardando decisão do recurso**, exibido após o regime devedor interpor recurso ao Conselho de Recursos da Previdência Social – CRPS na forma do inciso III do caput do art. 77, enquanto não proferida a decisão final;
>
> **V – pago**, exibido nas seguintes situações:
>
> a) quando for identificado o pagamento da Guia de Recolhimento da União – GRU emitida pelo sistema Comprev;
>
> b) quando consumada a prescrição para interpor contestação dos valores pelo RPPS credor;

c) quando, após a contestação de que trata o art. 77, o regime devedor comprovar ao regime credor, no prazo para a defesa, a regularização do pagamento;

d) após decisão de recurso pelo CRPS, que considere o pagamento efetivado, na forma do inciso III do caput do art. 77;

e) quando o regime credor certificar-se do pagamento, na forma do § 4º do caput do art. 77;

f) enquanto não for apresentada contestação, na forma do art. 77;

**VI – não pago**, exibido nas seguintes situações:

a) quando não houver a confirmação de pagamento da GRU emitida pelo sistema Comprev;

b) o pagamento desembolsado a menor enquanto não for recolhida a diferença com a devida atualização;

c) caso o regime devedor, ao ser contestado pelo regime credor, não comprovar a regularização do pagamento ou apresentar defesa no prazo previsto no inciso I do caput do art. 77;

d) caso o regime devedor, após ser comunicado pelo regime credor do indeferimento da defesa apresentada em resposta à contestação, não ingressar com recurso junto ao CRPS, na forma do inciso III do caput do art. 77;

e) após decisão de recurso pelo CRPS, que considere que o pagamento não foi efetivado; e

**VII – rejeitado**, exibido quando o pagamento não foi efetuado devido a divergências nos dados bancários cadastrados no sistema COMPREV.

Os valores da compensação financeira serão acrescidos, conforme art. 8º da Lei nº 9.796, de 1999, e os § 5º e § 8º do art. 11 do Decreto nº 10.188, de 2019, dos **juros de mora** aplicáveis aos valores dos recolhimentos em atraso das contribuições previdenciárias do RGPS, nos seguintes casos:

I – na hipótese de descumprimento dos prazos de análise dos requerimentos pelo regime de origem; e

II – na hipótese de descumprimento do prazo de desembolso.

Os juros de mora serão, conforme § 3º do art. 61 da Lei nº 9.430, de 27 de dezembro de 1996, e o art. 35 da Lei nº 8.212, de 1991, equivalentes:

I – à taxa referencial do Sistema Especial de Liquidação e Custódia – SELIC, para títulos federais, acumulada mensalmente, calculada a partir do primeiro dia do mês subsequente ao vencimento do prazo até o mês anterior ao do pagamento; e

II – à taxa de um por cento no mês de pagamento.

Nos termos do artigo 71 da Portaria MPS 1400 de 27/05/2024, os valores de estoque RGPS serão quitados na forma prevista no § 5º do art. 6º da Lei nº 9.796, de 1999, desde que o entes federativos não sejam devedores de contribuições previdenciárias devidas a esse regime:

I – em parcela única, se o crédito não for superior a R$ 1.500.000,00 (um milhão e quinhentos mil reais);

II – em parcelas mensais de até R$ 1.500.000,00 (um milhão e quinhentos mil reais), se o crédito superar esse montante, no prazo de até cento e oitenta meses, contado da data da publicação da Lei nº 13.485, de 02 de outubro de 2017;

III – em parcelas mensais com valores acima de R$ 1.500.000,00 (um milhão e quinhentos mil reais), caso o prazo de que trata o inciso II não seja suficiente para a quitação do crédito; ou

IV – por meio de dação em pagamento de imóveis integrantes do Fundo do Regime Geral de Previdência Social – FRGPS, observados os demais procedimentos administrativos, orçamentários, contábeis e legais necessários para sua concretização.

O pagamento dos valores do estoque RPPS deverá observar os seguintes parâmetros:

I – em parcela única, na competência do deferimento do requerimento de compensação financeira;

II – em parcelas mensais, de acordo com os grupos definidos pelas informações do ISP em até cento e oitenta meses:

| GRUPO | FAIXA DE SEGURADOS e BENEFICIÁRIOS DO ISP | | VALOR MÍNIMO DAS PARCELAS MENSAIS DO ESTOQUE RPPS |
|---|---|---|---|
| I | 1 | 300 | R$ 7.507,49 |
| II | 301 | 600 | R$ 11.261,24 |
| III | 601 | 1.200 | R$ 15.014,98 |
| IV | 1.201 | 3.000 | R$ 22.522,47 |
| V | 3.001 | 6.000 | R$ 30.029,96 |
| VI | 6.001 | 9.000 | R$ 37.537,45 |
| VII | 9.001 | 18.000 | R$ 45.044,94 |
| VIII | 18.001 | 36.000 | R$ 52.552,43 |
| IX | 36.001 | 108.000 | R$ 60.059,92 |
| X | maior que 108.000 | | R$ 67.567,41 |

Deverão ser aplicados os seguintes procedimentos relativos ao **desembolso** dos valores apurados da compensação financeira:

I – se o regime devedor for o RGPS, o sistema Comprev envia as informações à instituição financeira para os procedimentos relacionados ao depósito dos valores, de acordo com os dados bancários cadastrados pelos RPPS;

> II – se o regime credor for o RGPS, o pagamento deverá ser por meio de Guia de Recolhimento da União – GRU;
>
> III – quando o regime credor for o RPPS da União e o regime devedor for outro RPPS, o pagamento deverá ser realizado por meio de GRU; ou
>
> IV – quando o regime credor for RPPS dos Estados, Distrito Federal e dos Municípios, e o regime devedor for outro RPPS, deverão ser consultados os dados bancários do RPPS credor disponíveis no sistema Comprev para o pagamento, cujo comprovante deverá ser arquivado pelo regime devedor.

No caso de pagamento de **compensação financeira a maior**, para fins de repetição do indébito, a diferença será corrigida com base nos índices de reajustamento dos benefícios concedidos pelo RGPS, aplicando-se, independentemente de ocorrência de mora e de quem lhe deu causa, desde a data do recebimento, observado o prazo prescricional. Já no caso de pagamento de **compensação financeira a menor**, para fins de quitação do débito, a diferença ficará sujeita à incidência da mesma norma em vigor aplicável para efeito de atualização dos valores dos recolhimentos em atraso de contribuições previdenciárias arrecadadas pelo RGPS.

Poderá ocorrer a **contestação**, após o prazo do quinto dia útil do mês subsequente ao do fechamento da folha, observadas as disposições relativas à prescrição, quando o regime credor não identificar o pagamento pelo regime devedor ou constatar o seu pagamento a menor, da seguinte forma, por intermédio do sistema Comprev:

> I – a partir da data de apresentação da contestação, o regime devedor terá o prazo de trinta dias, para encaminhar defesa ao regime credor, comprovando o pagamento do valor, atualizado;
>
> II – a partir da data de apresentação da defesa, o regime credor terá o prazo de trinta dias para concluir a sua análise e comunicá-la ao regime devedor; e
>
> III – caso a defesa seja considerada insuficiente, o regime devedor terá o prazo de trinta dias para interpor recurso ao Conselho de Recursos da Previdência Social – CRPS, conforme previsto no inciso IV do art. 126 da Lei nº 8.213, de 1991, e no art. 17 do Decreto 10.188, de 2019.

O pagamento da compensação financeira pelo RGPS dependerá da **desistência de eventuais ações judiciais** que tenham por objeto a dívida compensada, conforme § 6º do artigo 6º da Lei nº 9.796, de 1999.

Na contestação e na defesa serão tratados somente os aspectos relacionados à verificação do pagamento e recebimento dos valores apurados na compensação financeira.

O **bloqueio**, relativo à suspensão do pagamento da compensação financeira devida pelo RGPS, aplica-se, nos termos da Lei nº 9.796, de 1999, em caso de:

I – não operacionalização da compensação financeira, caracterizada pela não celebração do termo de adesão e do contrato com a empresa de tecnologia desenvolvedora do sistema Comprev;

II – existência de débitos do ente federativo do regime instituidor pelo não recolhimento de contribuições previdenciárias devidas ao RGPS;

III – não haver pagamento do aluguel de imóvel do INSS utilizado pelo ente federativo, conforme § 3º do art. 11 do Decreto nº 10.188, de 2019;

IV – inadimplência entre o RGPS e os RPPS, e destes entre si, identificada pelo sistema Comprev; ou

V – cumprimento de ordem judicial, em que haja suspensão do pagamento ou outra sanção decorrente de decisão judicial.

Ao final de cada competência, para o processamento da folha da compensação financeira, o sistema Comprev efetua pesquisa de óbitos no CNIS para a execução automática da cessação do requerimento de compensação financeira.

Os requerimentos de compensação financeira, deferidos ou indeferidos, que estejam sendo pagos ou que foram cessados, poderão ser objeto de **revisão no sistema Comprev**, observados os prazos de decadência e de prescrição, nas seguintes situações:

I – em caso de revisão do ato concessório do benefício, inclusive em caso de anulação ou revogação do ato;

II – por solicitação do regime de origem;

III – de ofício pelo regime instituidor;

IV – por decisão final de recurso pelo CRPS; ou

V – por decisão judicial.

Na hipótese de solicitação de **revisão a pedido do regime de origem** (regime demandante):

I – o regime de origem deverá encaminhar notificação ao regime instituidor;

II – a partir da data da ciência da notificação de que trata o inciso I, o regime instituidor terá o prazo de 90 (noventa) dias para análise e conclusão do requerimento ao regime de origem;

III – no caso de abertura de exigência pelo regime instituidor, em que o regime de origem terá prazo de 30 (trinta) dias para cumprimento, o prazo que trata o inciso II é suspenso sendo retomada a contagem após o cumprimento da exigência ou do decurso do prazo;

IV – se o pedido de revisão for indeferido pelo regime instituidor, o regime de origem terá 30 (trinta) dias para interpor recurso ao CRPS, conforme previsto no inciso IV do art. 126 da Lei nº 8.213, de 1991, e no art. 17 do Decreto 10.188, de 2019;

V – se o regime instituidor não finalizar a revisão no prazo do inciso II, o que caracteriza a negativa da revisão a pedido, o regime de origem poderá apresentar recurso na forma do inciso IV deste parágrafo.

Na hipótese de **revisão de ofício** pelo regime instituidor:

I – o regime instituidor deverá encaminhar notificação ao regime de origem;

II – a partir da data da ciência da notificação de que trata o inciso I, o regime de origem terá o prazo de 90 (noventa) dias para apresentar defesa ao regime instituidor;

III – no caso de abertura de exigência pelo regime de origem, em que o regime instituidor terá prazo de 30 (trinta) dias para cumprimento, o prazo que trata o inciso II é suspenso, sendo retomada a contagem após o cumprimento da exigência.

IV – a partir da data de apresentação da defesa de que trata o inciso II pelo regime de origem, o regime instituidor terá o prazo de 90 (noventa) dias para concluir a sua análise e comunicá-la ao regime de origem;

V – no caso de o regime de origem não apresentar defesa ou o regime instituidor concluir pela sua insubsistência, será concluída a revisão; e

VI – após concluída a revisão, será aberto prazo de 30 (trinta) dias para interposição de recurso ao CRPS pela parte interessada, conforme previsto no inciso IV do art. 126 da Lei nº 8.213, de 1991 e no art. 17 do Decreto 10.188, de 2019.

**A revisão da decisão pelo regime de origem pode ocorrer:**

I – com a apresentação de novos elementos pelo regime instituidor, em virtude de:

a) dados que não eram do conhecimento do regime de origem ou que haviam sido declarados inexistentes pelo regime instituidor, até a decisão que motivou a solicitação de revisão;

b) dados que, apesar de solicitados por meio de exigências, não haviam sido apresentados pelo regime instituidor até a decisão do regime de origem; e

c) outros elementos que não estavam presentes na análise inicial do requerimento e que possam interferir nos parâmetros que fundamentaram a decisão ou no reconhecimento do direito à compensação; ou

II – sem a apresentação de novos elementos pelo regime instituidor, assim considerados os requerimentos:

a) analisados e deferidos manualmente, com ou sem abertura de exigências ao regime instituidor, tendo documentos anexados no requerimento;

b) passíveis de análise automática que venham a ser deferidos automaticamente, sem solicitação de exigências ao regime instituidor, que tenham documentos apresentados ou não, em eventual pedido de revisão.

No caso das hipóteses de revisão com a apresentação de **novos elementos**, a revisão gera o direito ao recebimento ou obrigação de pagamento de eventuais diferenças dela decorrentes a partir da competência de disponibilização do pedido de revisão.

No caso das hipóteses de revisão **sem a apresentação de novos elementos**, a revisão gera o direito ao recebimento ou obrigação de pagamento de eventuais diferenças dela decorrentes de forma retroativa, observada a prescrição a ser considerada a partir da competência de disponibilização do pedido de revisão.

Em caso de requerimentos que foram indeferidos:

> I – com a necessidade de apresentação de novos elementos ou informações para conclusão da análise, em razão de não terem sido cumpridas as exigências feitas na análise inicial, hipótese em que o regime de origem deverá encaminhar notificação ao regime instituidor e que o pedido será tratado como novo requerimento, considerando a data de disponibilidade para análise relativa ao cumprimento da exigência no sistema Comprev;
>
> II – sem a necessidade de apresentação de novos elementos ou informações para conclusão da análise, hipótese em que será mantida a data inicial e disponibilidade para análise no sistema Comprev; ou
>
> III – com a necessidade de apresentação de novos elementos ou informações para conclusão da análise, em razão de não terem sido feitas as devidas exigências na análise inicial, que não será tratado como novo requerimento, mantendo a data inicial de disponibilidade para análise no sistema Comprev.
>
> Durante a análise da revisão:
>
> I – quando for identificado erro operacional na análise do requerimento que resulte no seu indeferimento, o requerimento deverá ser cessado na data do início do benefício, assegurado o direito ao contraditório e à ampla defesa, e observado o prazo prescricional; e
>
> II – caso os novos elementos apresentados ensejarem o direito à compensação financeira, mas com base em parâmetros distintos, sem efeitos retroativos, os valores da compensação financeira serão recalculados a partir da data do pedido da revisão efetuada pelo regime de origem, observada a prescrição quinquenal.

Em caso de **revisão do ato concessório do benefício objeto de compensação financeira:**

> I – o regime instituidor deverá registrá-la imediatamente no sistema Comprev;
>
> II – se houver modificação do valor inicial do benefício:
>
> a) serão utilizados os mesmos parâmetros para a concessão da compensação financeira, recalculados os valores de compensação devidos ao regime instituidor desde a data de início de pagamento do benefício, observada a prescrição quinquenal; e
>
> b) o crédito ou débito das diferenças de compensação será efetuado de forma retroativa, observado o prazo prescricional contado da data do pedido de revisão do benefício, e integrará a apuração da compensação financeira na competência da revisão da compensação; ou
>
> III – se houver modificação no valor inicial do benefício, com efeitos financeiros a partir da data do pedido de revisão do ato concessório:
>
> a) os valores da compensação financeira serão recalculados a partir do pagamento do valor do benefício revisado; e
>
> b) o crédito ou débito das diferenças de compensação será apurado a partir da data do pedido de revisão do benefício, e integrará a apuração da compensação financeira na competência da revisão da compensação, observado o prazo prescricional.

Para fins de definição da **competência do reprocessamento do cálculo da compensação financeira e aplicação de prazo prescricional**, a data do pedido de revisão será fixada:

> I – na data de disponibilização do pedido de revisão, em se tratando de revisões abertas pelo regime instituidor ou de revisões solicitadas pelo regime de origem, no caso de requerimento em compensação ou compensado ser alterado para cessado/indeferido;
>
> II – na data estabelecida na decisão administrativa pelo CRPS; ou
>
> III – na data estabelecida na decisão judicial.

A revisão do requerimento de pensão por morte deverá ser verificada a necessidade de revisão no requerimento relativo à aposentadoria, observados os prazos de decadência e de prescrição.

Após a conclusão do processamento da revisão do requerimento, o sistema Comprev exibirá as informações relativas a todas as alterações produzidas. O direito de anular ou rever os atos de deferimento ou indeferimento da compensação financeira decairá no prazo de cinco anos, contado da data em que tenham sido praticados, exceto se comprovada má-fé, nos termos do disposto no art. 54 da Lei nº 9.784, de 29 de janeiro de 1999.

> **PORTARIA PRES/INSS Nº 1.715, DE 25 DE JUNHO DE 2024**
>
> Suspende as tarefas relativas à compensação previdenciária até a publicação de norma relativa à organização da operacionalização e das análises, manual e automática, dos requerimentos de compensação financeira, para atendimento ao disposto no art. 46 da Portaria MPS nº 1.400, de 27 de maio de 2024.
>
> **O PRESIDENTE DO INSTITUTO NACIONAL DO SEGURO SOCIAL – INSS**, no uso da competência que lhe confere o Decreto nº 10.995, de 14 de março de 2022, e tendo em vista o que consta no Processo Administrativo nº 35014.194286/2024-96, RESOLVE:
>
> Art. 1º Fica suspensa qualquer tarefa relativa à compensação previdenciária até a publicação de norma relativa à organização da operacionalização e das análises, manual e automática, dos requerimentos de compensação financeira, para atendimento ao disposto no art. 46 da Portaria MPS nº 1.400, de 27 de maio de 2024.

É vedada a emissão de Certidão de Tempo de Contribuição aos servidores vinculados ao RPPS da União que foram movimentados (cessão, requisição, redistribuição, exercício provisório, etc.) entre órgãos do Poder Executivo, integrante ou não do Sistema Integrado de Administração de Pessoal – SIAPE, ou que foram investidos em cargo efetivo em outros Poderes da União ou em órgãos federais constitucionalmente autônomos.

Para os órgãos que não integram o Sistema SIAPE, de outros Poderes da União ou órgãos federais constitucionalmente autônomos deverá ser emitida Declaração de Tempo de Contribuição, conforme Anexos I e II da Instrução Normativa SEDGG/ME 96, DE 20/10/2021, para subsidiar a análise dos processos de aposentadoria e de solicitação de compensação financeira:

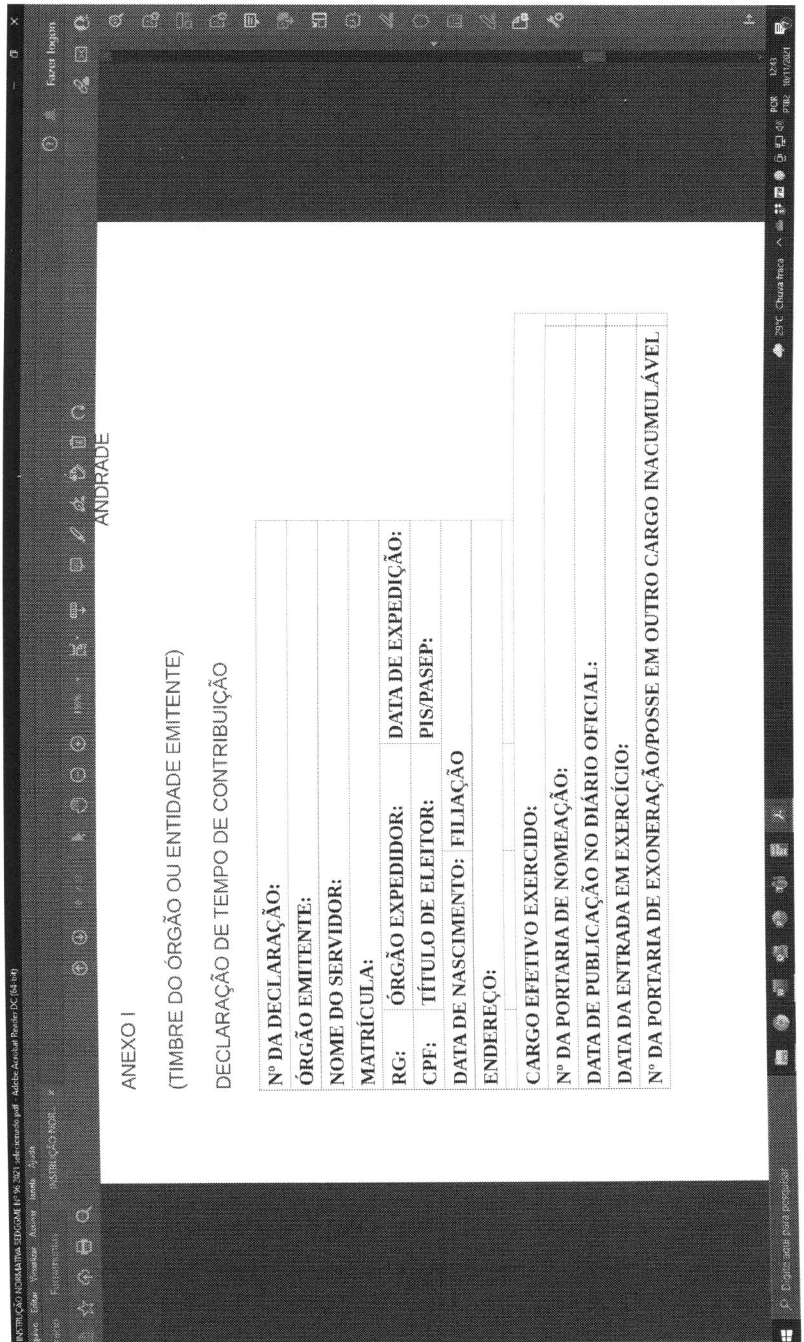

ANDRADE

ANEXO I

(TIMBRE DO ÓRGÃO OU ENTIDADE EMITENTE)

DECLARAÇÃO DE TEMPO DE CONTRIBUIÇÃO

| | | |
|---|---|---|
| **Nº DA DECLARAÇÃO:** | | |
| **ÓRGÃO EMITENTE:** | | |
| **NOME DO SERVIDOR:** | | |
| **MATRÍCULA:** | | |
| **RG:** | **ÓRGÃO EXPEDIDOR:** | **DATA DE EXPEDIÇÃO:** |
| **CPF:** | **TÍTULO DE ELEITOR:** | **PIS/PASEP:** |
| **DATA DE NASCIMENTO:** | **FILIAÇÃO** | |
| **ENDEREÇO:** | | |
| **CARGO EFETIVO EXERCIDO:** | | |
| **Nº DA PORTARIA DE NOMEAÇÃO:** | | |
| **DATA DE PUBLICAÇÃO NO DIÁRIO OFICIAL:** | | |
| **DATA DA ENTRADA EM EXERCÍCIO:** | | |
| **Nº DA PORTARIA DE EXONERAÇÃO/POSSE EM OUTRO CARGO INACUMULÁVEL** | | |

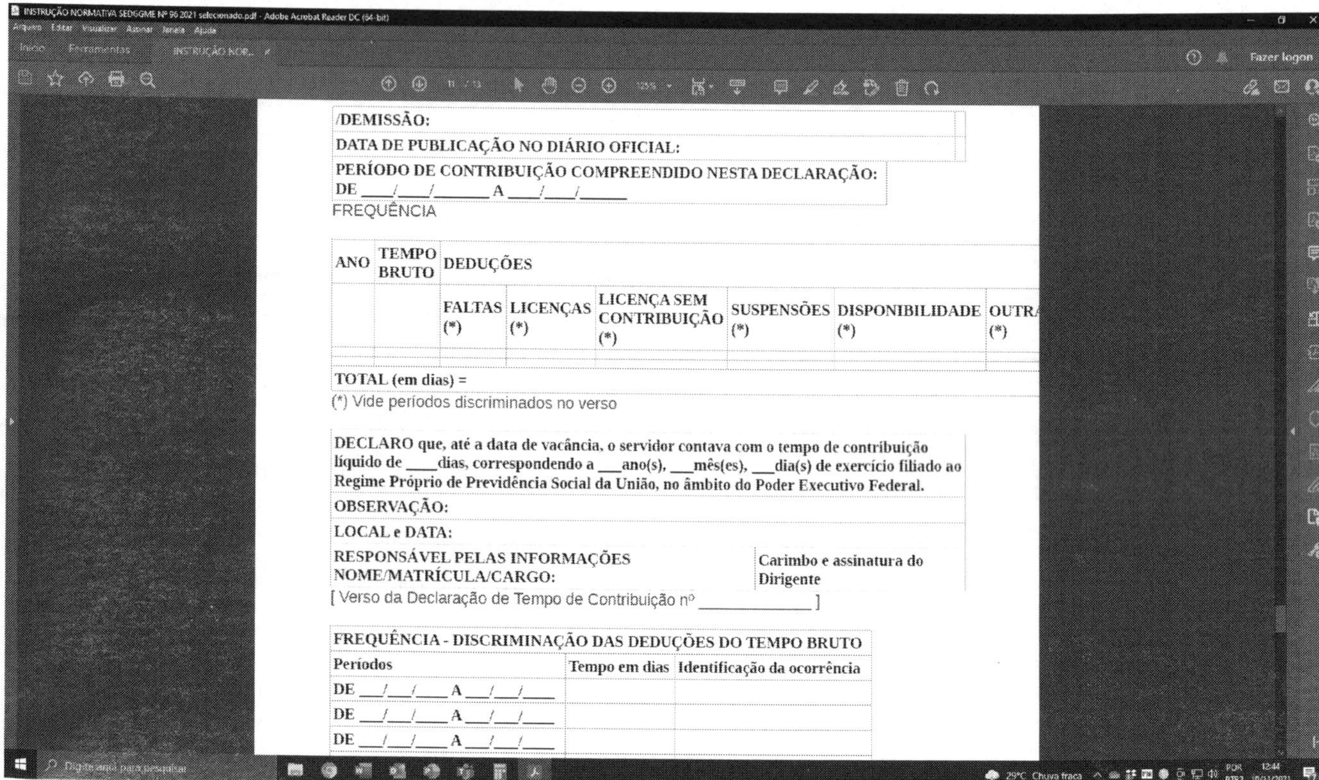

/DEMISSÃO:

DATA DE PUBLICAÇÃO NO DIÁRIO OFICIAL:

PERÍODO DE CONTRIBUIÇÃO COMPREENDIDO NESTA DECLARAÇÃO:
DE ___/___/_______ A ___/___/_____

FREQUÊNCIA

| ANO | TEMPO BRUTO | DEDUÇÕES | | | | | |
|---|---|---|---|---|---|---|---|
| | | FALTAS (*) | LICENÇAS (*) | LICENÇA SEM CONTRIBUIÇÃO (*) | SUSPENSÕES (*) | DISPONIBILIDADE (*) | OUTRA (*) |
| | | | | | | | |
| | | | | | | | |

TOTAL (em dias) =

(*) Vide períodos discriminados no verso

DECLARO que, até a data de vacância, o servidor contava com o tempo de contribuição líquido de ____dias, correspondendo a ___ano(s), ___mês(es), ___dia(s) de exercício filiado ao Regime Próprio de Previdência Social da União, no âmbito do Poder Executivo Federal.

OBSERVAÇÃO:

LOCAL e DATA:

| RESPONSÁVEL PELAS INFORMAÇÕES NOME/MATRÍCULA/CARGO: | Carimbo e assinatura do Dirigente |
|---|---|

[ Verso da Declaração de Tempo de Contribuição nº ______________ ]

| FREQUÊNCIA - DISCRIMINAÇÃO DAS DEDUÇÕES DO TEMPO BRUTO | | |
|---|---|---|
| Períodos | Tempo em dias | Identificação da ocorrência |
| DE ___/___/____ A ___/___/____ | | |
| DE ___/___/____ A ___/___/____ | | |
| DE ___/___/____ A ___/___/____ | | |

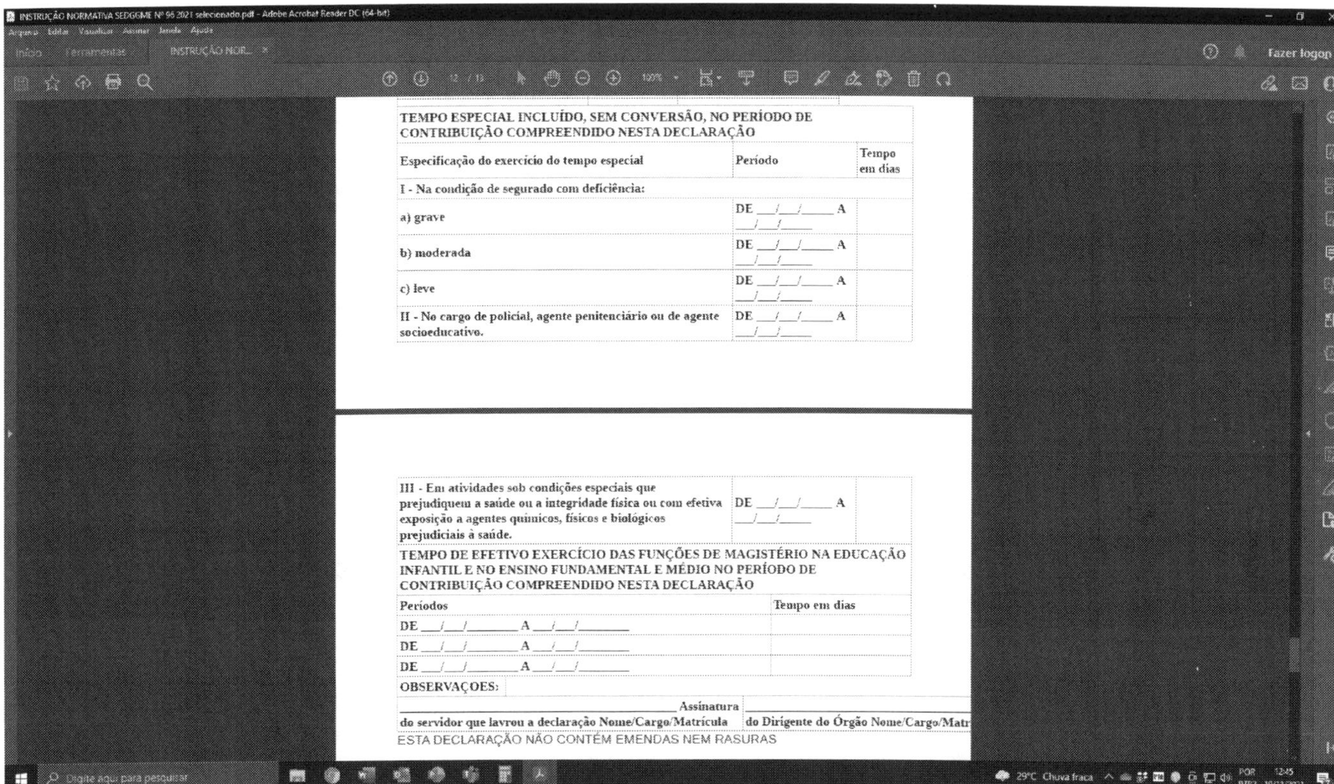

| TEMPO ESPECIAL INCLUÍDO, SEM CONVERSÃO, NO PERÍODO DE CONTRIBUIÇÃO COMPREENDIDO NESTA DECLARAÇÃO | | |
| --- | --- | --- |
| Especificação do exercício do tempo especial | Período | Tempo em dias |
| I - Na condição de segurado com deficiência: | | |
| a) grave | DE ___/___/_____ A ___/___/_____ | |
| b) moderada | DE ___/___/_____ A ___/___/_____ | |
| c) leve | DE ___/___/_____ A ___/___/_____ | |
| II - No cargo de policial, agente penitenciário ou de agente socioeducativo. | DE ___/___/_____ A ___/___/_____ | |
| III - Em atividades sob condições especiais que prejudiquem a saúde ou a integridade física ou com efetiva exposição a agentes químicos, físicos e biológicos prejudiciais à saúde. | DE ___/___/_____ A ___/___/_____ | |

| TEMPO DE EFETIVO EXERCÍCIO DAS FUNÇÕES DE MAGISTÉRIO NA EDUCAÇÃO INFANTIL E NO ENSINO FUNDAMENTAL E MÉDIO NO PERÍODO DE CONTRIBUIÇÃO COMPREENDIDO NESTA DECLARAÇÃO | |
| --- | --- |
| Períodos | Tempo em dias |
| DE ___/___/_______ A ___/___/_______ | |
| DE ___/___/_______ A ___/___/_______ | |
| DE ___/___/_______ A ___/___/_______ | |

OBSERVAÇOES:

| ______________________ Assinatura do servidor que lavrou a declaração Nome/Cargo/Matrícula | ______________________ do Dirigente do Órgão Nome/Cargo/Matr |
| --- | --- |

ESTA DECLARAÇÃO NÃO CONTÉM EMENDAS NEM RASURAS

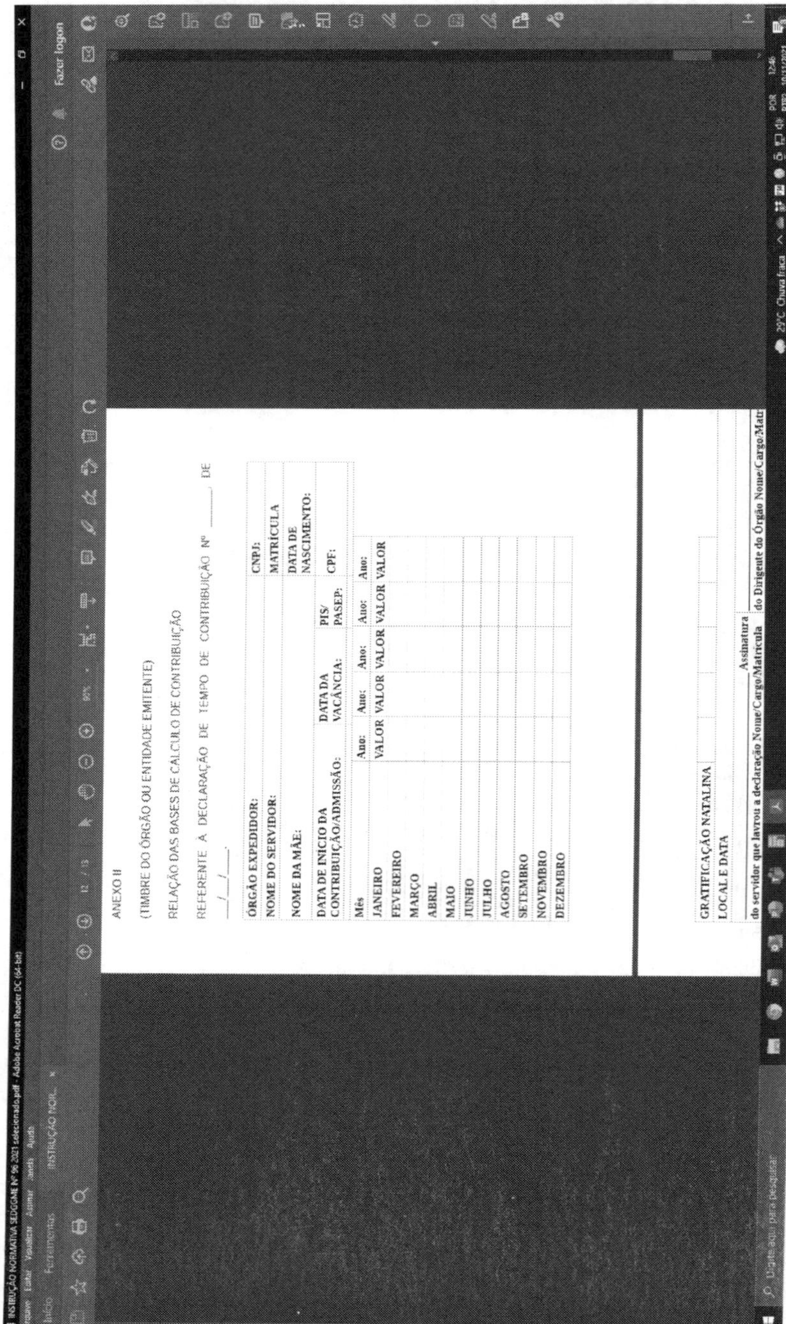

ANEXO II

(TIMBRE DO ÓRGÃO OU ENTIDADE EMITENTE)

RELAÇÃO DAS BASES DE CÁLCULO DE CONTRIBUIÇÃO

REFERENTE À DECLARAÇÃO DE TEMPO DE CONTRIBUIÇÃO Nº ______ DE __/__/____.

| ÓRGÃO EXPEDIDOR: | | CNPJ: |
|---|---|---|
| NOME DO SERVIDOR: | | MATRÍCULA |
| NOME DA MÃE: | | DATA DE NASCIMENTO: |
| DATA DE INÍCIO DA CONTRIBUIÇÃO/ADMISSÃO: | DATA DA VACÂNCIA: | PIS/ PASEP: | CPF: |

| Mês | Ano: | Ano: | Ano: | Ano: | Ano: |
|---|---|---|---|---|---|
| | VALOR | VALOR | VALOR | VALOR | VALOR |
| JANEIRO | | | | | |
| FEVEREIRO | | | | | |
| MARÇO | | | | | |
| ABRIL | | | | | |
| MAIO | | | | | |
| JUNHO | | | | | |
| JULHO | | | | | |
| AGOSTO | | | | | |
| SETEMBRO | | | | | |
| NOVEMBRO | | | | | |
| DEZEMBRO | | | | | |
| GRATIFICAÇÃO NATALINA | | | | | |
| LOCAL E DATA | | | | | |

Assinatura do servidor que lavrou a declaração Nome/Cargo/Matrícula

do Dirigente do Órgão Nome/Cargo/Matr

**O STF tem derrubado o limite imposto pelo Poder Executivo da União aos valores a serem pagos a título de compensação financeira do RGPS ao RPPS dos estados, Distrito Federal e municípios[24]:**

> **ACO 2988 / DF – DISTRITO FEDERAL**
>
> **AÇÃO CÍVEL ORIGINÁRIA**
>
> **Relator(a): Min. ROBERTO BARROSO**
>
> **Julgamento: 20/09/2021**
>
> **Publicação: 04/10/2021**
>
> **Órgão julgador: Tribunal Pleno**
>
> **Publicação**
>
> PROCESSO ELETRÔNICO DJe-197 DIVULG 01-10-2021 PUBLIC 04-10-2021
>
> **Partes**
>
> AUTOR(A/S)(ES): DISTRITO FEDERAL AUTOR(A/S)(ES): INSTITUTO DE PREVIDÊNCIA SOCIAL DOS SERVIDORES DO DISTRITO FEDERAL – IPREV/DF PROC.(A/S)(ES): PROCURADOR-GERAL DO DISTRITO FEDERAL RÉU(É)(S): UNIÃO PROC.(A/S)(ES): ADVOGADO-GERAL DA UNIÃO RÉU(É)(S): INSTITUTO NACIONAL DO SEGURO SOCIAL – INSS PROC.(A/S)(ES : PROCURADOR-GERAL FEDERAL
>
> **Ementa**
>
> Ementa: Direito Administrativo e Previdenciário. Ação Cível Originária. Conflito federativo. Inocorrência de perda superveniente do objeto por aplicação da decisão liminar. Compensação previdenciária. Restrições à quitação do débito. Abuso de competência normativa. Pedido parcialmente procedente. 1. **Ação cível originária movida pelo Distrito Federal e pelo IPREV/DF em face da União e do INSS, com objetivo de tornar efetivo o sistema de compensação previdenciária do art. 201, § 9º, da Constituição.** 2. A alegação de abuso de competência regulamentar para frustrar o pagamento de dívida previdenciária federal tem potencial para desestabilizar o pacto federativo. Caracterização da hipótese do art. 102, I, f, da Constituição. 3. O exaurimento da compensação pleiteada, em virtude da aplicação da medida liminar deferida nestes autos, não causa a perda superveniente do objeto controvertido. A medida liminar tem caráter provisório e precisa ser confirmada por decisão final. Precedentes do STJ

24. 2. Os autores narram que, a partir de 1999, a União e o INSS regularizaram os pagamentos mensais da compensação previdenciária. Indicam, no entanto, que permaneceu em aberto a quantia apurada em acerto de contas financeiro relativa ao período de 1988 a 1999. Alegam que a compensação previdenciária, prevista no art. 201, § 9º, da Constituição, foi regulamentada pela Lei nº 9.796/1999 e pelo Decreto nº 3.112/1999 de forma a inviabilizar a liquidação do estoque existente. Sustentam que a previsão do art. 14–A desse Decreto, que condiciona a compensação previdenciária à disponibilidade orçamentária do INSS e limita o valor de parcelas mensais a R$ 500.000,00 (quinhentos mil reais), torna a dívida de R$ 740.557.990,40 (setecentos e quarenta milhões, quinhentos e cinquenta e sete mil, novecentos e noventa reais e quarenta centavos) impagável, uma vez que não é sequer suficiente para saldar o valor da atualização monetária do débito.

e do STF. **4. O uso de competência normativa para impedir o pagamento de dívida reconhecida ofende ao princípio federativo. A demonstração, em concreto, de que as restrições impostas pelo Decreto nº 3.112/1999 impedem a quitação do débito federal: (i) frustra o regime constitucional de compensação previdenciária; (ii) afeta a esperada cooperação nas relações federativas; e (iii) caracteriza abuso no exercício de competência regulamentar.** Precedentes do STF. 5. Pedido julgado parcialmente procedente, prejudicado o Agravo Interno.

**Decisão**

O Tribunal, por unanimidade, julgou parcialmente procedente o pedido, para confirmar a medida de urgência deferida e autorizar a retenção pelo Distrito Federal, com o subsequente repasse ao IPREV/DF, do montante mensal das contribuições previdenciárias devidas ao Regime Geral de Previdência Social, até o valor do estoque da compensação previdenciária escriturado pelo INSS, constante do relatório do sistema Dataprev emitido em 03.07.2017, julgando prejudicado o agravo interposto contra a decisão de urgência. Sem custas (art. 4º, I, da Lei nº 9.289/1996) e fixados os honorários em 1% do valor da causa (art. 85, § 3º, V, do CPC/2015). Tudo nos termos do voto do Relator. Falou, pelo réu Instituto Nacional do Seguro Social – INSS, a Dra. Bruna Maria Palhano Medeiros, Procuradora Federal. Plenário, Sessão Virtual de 10.9.2021 a 17.9.2021.

Vale registrar que o Novo Regulamento (Decreto 10.188/2019) também possui as citadas restrições:

*"Art. 9º Se for inviável financeiramente ao regime de origem desembolsar de imediato os valores apurados nos termos do art. 8º, os regimes poderão firmar termo de parcelamento em até cento e oitenta meses, hipótese em que os valores devidos serão atualizados nas mesmas datas e pelos mesmos índices de reajustamento dos benefícios do RGPS.*

*§ 1º A parcela mínima dos parcelamentos formalizados entre os RPPS não poderá ser inferior ao limite máximo aplicável aos benefícios do Regime Geral de Previdência Social.*

*§ 2º Comprovada a inexistência de débitos, na forma prevista no § 5º do art. 6º e no § 3º do art. 11 da Lei nº 9.796, de 1999, o pagamento dos valores de estoque RGPS será quitado:*

*I – em parcela única, se o crédito não for superior a R$ 1.500.000,00 (um milhão e quinhentos mil reais);*

***II – em parcelas mensais de até R$ 1.500.000,00 (um milhão e quinhentos mil reais), se o crédito superar esse montante no prazo de até cento e oitenta meses, condicionada à existência de recursos financeiros para cumprimento da meta de resultado primário estabelecido na Lei de Diretrizes Orçamentárias; ou***

*III – por meio de dação em pagamento de imóveis integrantes do Fundo do Regime Geral de Previdência Social – FRGPS, observados os demais procedimentos administrativos, orçamentários, contábeis e legais necessários para sua concretização".*

**MEDIDA PROVISÓRIA 1.303, DE 11 DE JUNHO DE 2025:**
Em razão do advento da Medida Provisória 1.303/2025, em vigor neste ponto desde 11 de junho de 2025, a despesa federal anual resultante da compensação financeira entre o Regime Geral de Previdência Social e os regimes de previdência dos servidores da União, dos Estados, do Distrito Federal e dos Municípios **fica limitada à dotação orçamentária para essa despesa na data de publicação de cada lei orçamentária anual.**

## 5. INDENIZAÇÃO PREVIDENCIÁRIA

É comum que os segurados do RGPS, para cômputo do tempo de serviço (antes da Emenda 20/98) ou de contribuição, queiram considerar períodos no qual exerceram atividade laborativa remunerada, mas encontram obstáculo em razão da inexistência do pagamento das contribuições previdenciárias, **nas hipóteses em que a responsabilidade tributária pelo recolhimento lhes é atribuída**.

Esse fato poderá ocorrer por diversas hipóteses, a exemplo do contribuinte individual que desenvolvia atividade laborativa remunerada e não honrou com o pagamento das respectivas contribuições previdenciárias em razão da sua falta de cautela com o futuro ou por carência de recursos disponíveis.

Outrossim, é possível que determinada categoria, conquanto desenvolvesse trabalho remunerado no período a ser reconhecido, não era enquadrada como segurada obrigatória da Previdência Social, sendo a adesão apenas facultativa na época, a exemplo dos empregados domésticos antes da edição do Decreto 71.785/73.

Entende-se como **reconhecimento de filiação** o direito de o segurado ter reconhecido, em qualquer época, o tempo de exercício de atividade anteriormente abrangida pela previdência social[25].

O tema vem disciplinado genericamente pelo artigo 96, inciso IV, da Lei 8.213/91, ao dispor que **o tempo de serviço anterior ou posterior à obrigatoriedade de filiação à Previdência Social *só será contado mediante indenização da contribuição correspondente ao período respectivo*, com acréscimo de juros moratórios de 0,5% ao mês, capitalizados anualmente, e multa de 10%.**

Vale destacar que a indenização ao INSS é uma espécie de ressarcimento pelo não pagamento da contribuição previdenciária, tendo necessariamente **caráter subsidiário**, ou seja, se ainda for juridicamente possível o adimplemento da contribuição previdenciária, não se admitirá a indenização previdenciária.

25. Artigo 121, do RPS.

A filiação ao RGPS de contribuinte individual que trabalhe por conta própria é condicionada ao recolhimento tempestivo das contribuições previdenciárias, que se forem sonegadas pelo trabalhador forçarão a Secretaria da Receita Federal do Brasil a lançá-las de ofício, aplicando as penalidades respectivas e os juros de mora.

Caso o segurado contribuinte individual manifeste interesse em recolher contribuições relativas a período anterior à sua inscrição, a retroação da data do início das contribuições será autorizada, desde que comprovado o exercício de atividade remunerada no respectivo período.

A **retroação da DIC** é a antecipação da data de inscrição do contribuinte individual autônomo, se demonstrado o exercício de labor remunerado em data anterior, a fim de permitir o pagamento em atraso com os encargos legais de contribuições previdenciárias que ainda não foram fulminadas pela decadência tributária quinquenal.

A retroação da DIC é prevista no artigo 124 do RPS:

> ***"Subseção II Da Retroação da Data do Início das Contribuições***
>
> Art. 124. Caso o segurado contribuinte individual manifeste interesse em recolher contribuições relativas a período anterior à sua inscrição, a retroação da data do início das contribuições será autorizada, desde que comprovado o exercício de atividade remunerada no respectivo período, observado o disposto no § 7º e nos § 9º ao § 14 do art. 216 e nos § 8º e § 8º-A do art. 239. (Redação dada pelo Decreto nº 10.410, de 2020)
>
> *Parágrafo único. O valor do débito poderá ser objeto de parcelamento desde que solicitado pelo segurado à Secretaria Especial da Receita Federal do Brasil do Ministério da Economia. (Redação dada pelo Decreto nº 10.410, de 2020)".*

O período será contado como tempo de contribuição, mas não será considerado para fins de carência por não ser pagamento tempestivo.

Todavia, é comum que não haja essa atuação do órgão de arrecadação, em razão das dificuldades de fiscalização desses segurados, operando-se a decadência quinquenal para o lançamento das contribuições previdenciárias.

Coube à **PORTARIA DIRBEN/INSS Nº 1170, DE 09 DE OUTUBRO DE 2023** disciplina a rotina para a inclusão no Cadastro Nacional de Informações Sociais – CNIS ou nos sistemas de benefícios – Prisma e SABI das informações relativas às **contribuições liquidadas junto à Secretaria Especial da Receita Federal do Brasil – RFB**, a que se referem os incisos I e II do art. 6º da Portaria Conjunta RFB/INSS nº 78, de 05 de outubro de 2022:

> *"Art. 6º Para os fins do disposto no inciso III do § 7º do art. 19-B do RPS, e até que ocorra a integração, com o CNIS, dos sistemas da RFB responsáveis pelo armazenamento de informações relativas a parcelamentos das contribuições sociais a que*

*se refere o inciso II do art. 11 da Lei nº 8.212, de 24 de julho de 1991, será adotado, quanto às contribuições liquidadas, o seguinte tratamento:*

*I – para o cômputo de período em que o débito correspondente tenha sido parcelado, as contribuições originais parceladas serão inseridas pelo INSS no CNIS, desde que confirmada a liquidação do parcelamento até 31 de dezembro de 1999, mediante consulta aos sistemas corporativos da RFB ou por documento emitido por esta, com identificação do segurado, dados do parcelamento, unidade da RFB e identificação do responsável pelas informações; e*

*II – os salários-de-contribuição correspondentes às contribuições incluídas em parcelamento liquidado a partir de janeiro de 2000 serão inseridos pelo INSS nos sistemas de benefício após a confirmação da liquidação nos sistemas corporativos da RFB na forma prevista no inciso I.*

*§ 1º Em caso de insuficiência ou divergência das informações obtidas por meio da consulta realizada aos sistemas corporativos da RFB ou por documento emitido por esta, relativo ao parcelamento, o INSS oficiará a Unidade da RFB para fins de confirmação dos dados.*

*§ 2º A inclusão das informações a que se referem os incisos I e II do caput no CNIS ou nos sistemas de benefícios será feita com base em orientações contidas em ato conjunto do INSS e RFB".*

As contribuições previdenciárias de contribuinte individual e, até a competência 09/2015 dos empregados domésticos, devidas à seguridade social e não recolhidas até seu vencimento, podem ser objeto de Lançamento de Débito Confessado – LDC (Crédito Constituído) e de Auto de Infração da Obrigação Principal (AIOP), estando ou não incluídos em acordo realizado para fins de pagamento parcelado por meio de Confissão de Dívida Fiscal – CDF (Parcelamento Convencional) ou de Parcelamento Especial, constituídos perante a RFB.

As contribuições previdenciárias de contribuinte individual ou de empregado doméstico quitadas, por meio de LDC, AIOP, CDF ou Parcelamento Especial, perante a RFB, não migram automaticamente para o extrato do contribuinte no Cadastro Nacional de Informações Sociais – CNIS.

Para os fins do disposto no inciso III do § 7º do art. 19-B do RPS **(inclusão da contribuição liquidada por meio de parcelamento)**, e até que ocorra a integração, com o CNIS, dos sistemas da RFB responsáveis pelo armazenamento de informações relativas a parcelamentos das contribuições sociais a que se refere o inciso II do art. 11 da Lei nº 8.212, de 24 de julho de 1991, será adotado, quanto às contribuições liquidadas, o seguinte tratamento:

I – para o cômputo de período em que o débito correspondente tenha sido parcelado ou quitado à vista, as contribuições originais serão inseridas pelo INSS no CNIS, desde que confirmada a liquidação até 31 de dezembro de 1999, mediante consulta aos sistemas corporativos da RFB ou por documento emitido por esta, com identificação do segurado, dados do parcelamento, unidade da RFB e identificação do responsável pelas informações, considerando a data da quitação do parcelamento, como data de pagamento de cada competência, até que seja disponibilizada a funcionalidade citada no caput; e

II – os salários-de-contribuição correspondentes às contribuições previdenciárias incluídas em parcelamento liquidado ou quitado à vista a partir de janeiro de 2000 serão inseridos pelo INSS nos sistemas de benefício Prisma e SABI após a confirmação da liquidação na forma prevista no inciso I, considerando a data da quitação do parcelamento, na inclusão em evento próprio no Prisma e SABI, como data de pagamento de cada competência, até que seja disponibilizada a funcionalidade.

Em caso de insuficiência ou divergência das informações obtidas por meio da consulta realizada aos sistemas corporativos da RFB ou por documento emitido por esta, relativo ao parcelamento ou quitação à vista, o INSS oficiará a Delegacia da RFB ou a Procuradoria Geral da Fazenda Nacional – PGFN para fins de confirmação dos dados.

Logo, **uma vez consumada a decadência**, o contribuinte individual apenas contará esse tempo de serviço ou de contribuição para a percepção de benefício previdenciário se indenizar o INSS (retroação da data de início das contribuições), **exceto para fins de carência**, pois esta pressupõe o recolhimento tempestivo do tributo, conforme previsto no artigo 45-A, da Lei 8.212/91, inserido pela Lei Complementar 128/2008:

> "Art. 45-A. O contribuinte individual que pretenda contar como tempo de contribuição, para fins de obtenção de benefício no Regime Geral de Previdência Social ou de contagem recíproca do tempo de contribuição, período de atividade remunerada alcançada pela decadência deverá indenizar o INSS".

O período indenizado será computado como tempo de contribuição, mas não será considerado para fins de período de carência, nos termos do artigo 194, inciso IV, da Instrução Normativa INSS 128/2022.

Isso porque a autorização legal do artigo 45-A da Lei 8.212/91 somente considera a autorização de consideração como tempo de contribuição, sendo a indenização imprestável para fins de período de carência, que pressupõe o pagamento tempestivo de contribuições previdenciárias, à luz do artigo 27, inciso II, da Lei 8.213/91.

Deveras, se não houve o recolhimento a bom tempo da contribuição previdenciária, é evidente que a incompatibilidade do período de carência com o instituto da indenização previdenciária.

Veja-se, a respeito, a jurisprudência remansosa:

> "O presente caso, entendo acertado o posicionamento do INSS ao indeferir a expedição da CTC para o período pretendido. Explico. **Nos termos do art. 45-A da**

**Lei nº 8.212/1991, a indenização do tempo de serviço é condição imprescindível para o cômputo de período de atividade laborativa remunerada, exceto para fins de carência, visando à concessão de benefício no RGPS ou consideração em outro regime previdenciário, quer pelo não pagamento de contribuições previdenciárias já decaídas, quer pela atividade na época não se enquadrar como de filiação obrigatória"** (Processo 0005597-67.2015.4.01.4200 – PRIMEIRA TURMA RECURSAL – AM/RR – 20/02/2017)[26].

"Foi homologada transação judicial celebrada entre a Autarquia Federal e o autor, para promover a averbação de tempo de serviço rural relativo ao período de 05/08/1982 a 31/05/1988, ficando estabelecido que o autor deverá indenizar o RGPS para obter a certidão para contagem recíproca do tempo de contribuição, **com a ressalva de que esse tempo não poderá ser utilizado para fins de carência**, no caso de requerimento de benefício previdenciário" **(TRF 3ª REGIÃO – AGRAVO DE INSTRUMENTO – 499324 (AI) – 12/8/2013).**

"APELAÇÃO CÍVEL – DIREITO PREVIDENCIÁRIO – APOSENTADORIA POR IDADE URBANA – CARÊNCIA NÃO COMPLETADA – LIMITAÇÃO LEGAL DO RECOLHIMENTO DE CONTRIBUIÇÕES EM ATRASO – INDEFERIMENTO DO BENEFÍCIO – HONORÁRIOS ADVOCATÍCIOS – SISTEMÁTICA DO NOVO CPC. I – Analisando os recolhimentos constantes do Cadastro Nacional de Informações Sociais – CNIS e do resumo elaborado pelo INSS, constata-se que, com a exclusão das contribuições consideradas irregulares pela Autarquia Previdenciária, a autora não perfaz as 180 necessárias ao deferimento do benefício almejado. Registre-se, ainda, que ela não logrou desconstituir as alegações do INSS, quanto aos recolhimentos inferiores ao mínimo, as quais gozam de presunção de legitimidade. II – A indenização pleiteada, nos termos do art. 45-A da Lei nº 8.212/91, refere-se a período de atividade remunerada alcançada pela decadência, que não é o caso dos autos. **Acrescente-se que há limitação legal quanto ao recolhimento em atraso de contribuições previdenciárias, para fins de carência (art. 27, II, da Lei nº 8.213/91).** III – Fixação da verba honorária em 10% do valor atualizado da causa, nos termos do art. 85, § 2º, do Código de Processo Civil de 2015, considerando que não houve condenação pecuniária, observada a condição suspensiva do art. 98, § 3º, do mesmo diploma, já que foi deferida a gratuidade de justiça. IV – Apelação desprovida" **(TRF 2ª Região, Processo 01517205420144025101, de 06/10/2016).**

Estão sujeitas à legislação de regência e não ao cálculo na forma de indenização, o recolhimento de contribuições devidas à Previdência Social conforme abaixo:

I – as contribuições em atraso do segurado contribuinte individual, passíveis de cálculo no período não alcançado pela decadência;

II – as contribuições em atraso do segurado facultativo;

26. Este julgado, lavrado em 2017, é muito similar ao nosso conceito de indenização previdenciária que será apresentado ao final deste item e que consta desde a primeira edição desta obra no ano de 2010, quando se chamava Direito Previdenciário Sistematizado.

> III – as contribuições em atraso do empregado doméstico a partir de 8 de abril de 1973, data de vigência do Decreto nº 71.885, de 1973; e
>
> IV – as diferenças apuradas do contribuinte individual quando provenientes de recolhimentos a menor.
>
> V – os períodos de atividade remunerada não alcançados pela decadência, para fins de contagem recíproca, de acordo com o § 3º do art. 45-A da Lei nº 8.212, de 1991.

Ora, se não se operou a decadência quinquenal, cabe o recolhimento da contribuição pelo contribuinte individual, sendo descabida a indenização. Em relação ao segurado facultativo, como inexiste obrigatoriedade de recolhimento da sua contribuição, pois a sua filiação previdenciária é sempre discricionária, não se há de falar em indenização.

No caso de mero complemento de contribuição a ser feita por contribuinte individual, cabe o efetivo recolhimento do *plus* a qualquer tempo, não havendo indenização a ser paga.

Essa indenização, que poderá ter pagamento facilitado em até 60 parcelas, observado o disposto no artigo 244, do RPS, também será necessária para a contagem recíproca do tempo de contribuição, ou seja, quando o segurado quiser aproveitar o período de filiação do RGPS no RPPS, e vice-versa.

Outrossim, há hipóteses de pessoas que hoje estão enquadradas como contribuintes individuais ou outras categorias, mas, no passado, não eram consideradas como seguradas obrigatórias do RGPS, a exemplo dos ministros de confissão religiosa (antes da Lei 6.696/79), devendo indenizar o INSS para o cômputo desse período, na forma do artigo 96, inciso IV, da Lei 8.213/91.

O valor dessa indenização corresponderá a **20%** (por mês a ser reconhecido):

> I – da média aritmética simples dos maiores salários-de-contribuição, reajustados, correspondentes a 80% (oitenta por cento) de todo o período contributivo decorrido desde a competência julho de 1994; ou
>
> II – da remuneração sobre a qual incidem as contribuições para o regime próprio de previdência social a que estiver filiado o interessado, no caso de indenização para fins da contagem recíproca de que tratam os arts. 94 a 99 da Lei nº 8.213, de 24 de julho de 1991, observados o limite máximo previsto no art. 28 e o disposto em regulamento.

Destarte, quando cabível, a indenização ao INSS é condição inafastável ao reconhecimento do tempo de serviço ou de contribuição, conforme pacífica jurisprudência:

> "MANDADO DE SEGURANÇA. CONTRIBUINTE INDIVIDUAL. CONTRIBUIÇÕES PREVIDENCIÁRIAS NÃO RECOLHIDAS. INDENIZAÇÃO NECESSÁRIA PARA CONTAGEM DE TEMPO DE SERVIÇO. – **A ocorrência de decadência do prazo para o INSS apurar e constituir o crédito tributário, ou**

**de prescrição, não liberam o segurado do ônus de recolher contribuições caso queira ver reconhecida a contagem recíproca do tempo de serviço. – O INSS não é obrigado a reconhecer tempo de serviço àqueles que não contribuíram. – Indenização necessária de modo a repor o patrimônio da autarquia, na exata dimensão do que deixou de receber na época própria**. – Aplicação do artigo 45 da Lei nº 8.212/91 e parágrafos apenas na hipótese de inexistência de elementos suficientes à comprovação dos valores percebidos pela prestação laboral. – Manutenção da sentença que determinou o recolhimento das contribuições atrasadas conforme a lei vigente à época do exercício da atividade, com o acréscimo de multa, juros e correção monetária de acordo com a legislação atual, mais o desconto de eventual quantia já recolhida. – Apelação e remessa oficial não providas" (TRF 3ª Região, AMS 283.954, de 18.02.2008).

Sobre a indenização ainda incidirão **juros moratórios de 0,5% ao mês, capitalizados anualmente, limitados ao percentual máximo de 50%, e multa de 10%**, não sendo exigíveis esses encargos nos períodos anteriores a 11.10.1996, ante a inexistência de previsão legal, conforme entende o STJ[27].

Deveras, de acordo com a Corte Superior, "para se apurar os valores da indenização, devem ser considerados os critérios legais existentes ao momento sobre o qual se refere a contribuição" (AgRg no REsp. 760.592 – RS, DJU de 02.05.2006), em decorrência do Princípio do *Tempus Regit Actum*.

Com o advento do Decreto 10.410/2020, finalmente a jurisprudência do STJ pela vedação da aplicação de encargos antes da MP 1.523/1996 (que os criou) restou inserida no Regulamento da Previdência Social no artigo 239:

> "§ 8º Sobre as contribuições devidas e apuradas com fundamento no inciso IV[28] do **caput** do art. 127 e no § 1º do art. 348 incidirão juros moratórios de cinco décimos por cento ao mês, capitalizados anualmente, limitados ao percentual máximo de cinquenta por cento, e multa de dez por cento. (Redação dada pelo Decreto nº 10.410, de 2020)
>
> **§ 8º-A A incidência de juros moratórios e multa de que trata o § 8º será estabelecida para fatos geradores ocorridos a partir de 14 de outubro de 1996.** (Incluído pelo Decreto nº 10.410, de 2020)"

Em seguida a clássica posição do STJ foi confirmada no **Tema 1.103:**

> **PROCESSO**
>
> REsp 1929631 / PR
>
> RECURSO ESPECIAL
>
> 2020/0243752-1

---

27. REsp 774.126, de 11.10.2005.

28. IV – o tempo de contribuição anterior ou posterior à obrigatoriedade de filiação à previdência social só será contado por meio de indenização da contribuição correspondente ao período respectivo, com acréscimo de juros moratórios de cinco décimos por cento ao mês, capitalizados anualmente, e multa de dez por cento, observado o disposto nos § 8º e § 8º-A do art. 239. (Redação dada pelo Decreto nº 10.410, de 2020).

**RECURSO REPETITIVO**

Pesquisa de tema: Tema Repetitivo 1103

Situação do tema: Acórdão Publicado

Pesquisa de Repetitivos e IACs Anotados

**RELATOR**

Ministro OG FERNANDES (1139)

**ÓRGÃO JULGADOR**

S1 – PRIMEIRA SEÇÃO

**DATA DO JULGAMENTO**

11/05/2022

**DATA DA PUBLICAÇÃO/FONTE**

DJe 20/05/2022

**EMENTA**

PROCESSUAL CIVIL. RECURSO ESPECIAL SOB O RITO DOS RECURSOS REPETITIVOS. CONTRIBUIÇÕES PREVIDENCIÁRIAS NÃO RECOLHIDAS NO MOMENTO OPORTUNO. ACRÉSCIMO DE MULTA E DE JUROS. INCIDÊNCIA APENAS QUANDO O PERÍODO A SER INDENIZADO FOR POSTERIOR À EDIÇÃO DA MP Nº 1.523/1996. ART. 1º DA MP Nº 1.523/1996 (CONVERTIDA NA LEI Nº 9.528/1997). INCLUSÃO DO § 4º NO ART. 45 DA LEI Nº 8.212/19 91. RECURSO ESPECIAL CONHECIDO E IMPROVIDO. RECURSO JULGADO SOB A SISTEMÁTICA DOS ARTS. 1.036 E SEGUINTES DO CPC/2015, C/C OS ARTS. 256-N E SEGUINTES DO REGIMENTO INTERNO DO STJ. 1. O objeto da presente demanda é definir se as contribuições previdenciárias não recolhidas no momento oportuno sofrerão o acréscimo de multa e de juros quando o período a ser indenizado for anterior à edição da Medida Provisória n.º 1.523/1996 (convertida na Lei n.º 9.528/1997). 2. A indenização pelo contribuinte dos períodos não recolhidos à época devida para usufruir de benefícios previdenciários já era possível desde o art. 32, § 3º, da Lei n.º 3.807/1960 (antiga LOPS), faculdade essa reafirmada no art. 96, IV, da Lei n.º 8.213/1991 e no Decreto n.º 611/1991 (que a regulamentou), e posteriormente na Lei n.º 9.032/1995, a qual acrescentou o § 2º ao art. 45 da Lei n.º 8.212/1991. 3. No entanto, apenas a partir de 11/10/1996, quando foi editada a Medida Provisória n.º 1.523/1996 (posteriormente convertida na Lei n.º 9.528/1997), é que foi acrescentado o § 4º ao art. 45 da Lei n.º 8.212/1991, determinando expressamente a incidência de juros moratórios de 1% (um por cento) ao mês e multa de 10% (dez por cento) sobre os valores apurados. Somente a partir de então é que podem ser cobrados juros moratórios e multa, uma vez que não é possível realizar, como pretende o INSS, a cobrança de tais encargos sem previsão na legislação. Também descabe cogitar de cobrança dos encargos em caráter retroativo, devendo haver a incidência apenas quando o período a ser indenizado for posterior à edição da Medida Provisória n.º 1.523/1996. Precedentes do STJ. 4. Como se vê, a jurisprudência do STJ tratando do caso concreto é pacífica há bastante tempo. Mais recentemente, inclusive, é rotineiro o proferimento de

> decisões monocráticas aplicando o entendimento dominante, como se pode conferir em rápida pesquisa na jurisprudência da Corte. A necessidade de afetar o tema como repetitivo se deve à insistência do INSS na interposição de recursos trazendo a mesma temática repetidas vezes a esta Corte. Após firmar-se o precedente vinculante em recurso repetitivo, os tribunais locais terão o instrumental para evitar a subida de recursos ao STJ, e o Poder Judiciário deverá considerar como litigância de má-fé a eventual postulação contra precedente vinculante. 5. Não se configura presente a necessidade de modulação dos efeitos do julgado, tendo em vista que tal instituto visa assegurar a efetivação do princípio da segurança jurídica, impedindo que o jurisdicionado de boa-fé seja prejudicado por seguir entendimento dominante que terminou sendo superado em momento posterior, o que, como se vê claramente, não ocorreu no caso concreto. **6. Tese jurídica firmada: "As contribuições previdenciárias não recolhidas no momento oportuno sofrerão o acréscimo de multa e de juros apenas quando o período a ser indenizado for posterior à edição da Medida Provisória n.º 1.523/1996 (convertida na Lei n.º 9.528/1997).".** 7. Recurso especial conhecido e improvido, nos termos da fundamentação. 8. Recurso julgado sob a sistemática do art. 1.036 e seguintes do CPC/2015 e art. 256-N e seguintes do Regimento Interno deste STJ.

De acordo com a Portaria **240/DIRBEN/INSS, de 30/03/2020,** em razão da diferença na obtenção da base de cálculo, quando do requerimento, o segurado deverá indicar a finalidade do cálculo de indenização, se o tempo de contribuição a ser indenizado será destinado para contagem no Regime Geral de Previdência Social – RGPS ou para aproveitamento em Regime Próprio de Previdência Social – RPPS.

Sendo identificado, posteriormente, que o tempo de contribuição, indenizado de acordo com a base de cálculo própria para fins contagem no RGPS, for indicado para aproveitamento em RPPS, o segurado será comunicado da necessidade de retificação do cálculo, ainda que a escolha pela finalidade diversa tenha sido por erro administrativo.

Também haverá necessidade de regularização quando o cálculo de contribuições em atraso tiver sido realizado em desacordo com a legislação aplicável, como na hipótese de erro na apuração da base de cálculo ou na escolha da modalidade do cálculo (legislação de regência ou indenização).

Ainda de acordo com a Portaria **240/DIRBEN/INSS, de 30/03/2020 não haverá retificação do cálculo da indenização previdenciária:**

> I – Decorridos mais de 10 anos entre a data do pagamento ou do pedido de parcelamento do valor apurado e a data do pedido de emissão ou de revisão da Certidão de Tempo de Contribuição;
>
> II – A data de ingresso no RPPS de designação do tempo de contribuição for posterior à data do requerimento para cálculo da indenização;

III – O valor da base de cálculo for igual para ambas as finalidades; ou

IV – A data do requerimento do cálculo de indenização for anterior à publicação do Memorando- Circular Conjunto nº 33/INSS/DIRBEN/DIRAT, de 04 de dezembro de 2009.

Nesse sentido, para fins de concessão dos benefícios do RGPS, **o tempo de serviço prestado pelo trabalhador rural anteriormente à competência novembro de 1991 será reconhecido, desde que devidamente comprovado**[29]**, independentemente de indenização**, pois é respeitado o regramento da época, **salvo para fins de carência**, a teor do §2º, do artigo 55, da Lei 8.213/91:

> "2º O tempo de serviço do segurado trabalhador rural, anterior à data de início de vigência desta Lei, será computado independentemente do recolhimento das contribuições a ele correspondentes, **exceto para efeito de carência**, conforme dispuser o Regulamento".

Esse é o entendimento uniforme do STJ[30] e da **Súmula 24 da TNU**:

> "**Súmula 24** – O tempo de serviço do segurado trabalhador rural anterior ao advento da Lei nº 8.213/91, sem o recolhimento de contribuições previdenciárias, pode ser considerado para a concessão de benefício previdenciário do Regime Geral de Previdência Social (RGPS), exceto para efeito de carência, conforme a regra do art. 55, §2º, da Lei nº 8.213/91".

Isto porque se trata do tempo de serviço prestado à Previdência Social Rural, regulada pela revogada Lei Complementar 11/1971, em que não era necessário o efetivo recolhimento da contribuição ao FUNRURAL, optando o legislador em considerar esse período como tempo de serviço para fins de concessão da aposentadoria por tempo de contribuição, ressalvada a sua não contagem no período de carência.

No entanto, para o STJ, que flexibiliza a vedação legal, **no caso do empregado rural a situação jurídica é diversa.** Isso porque, mesmo no regime previdenciário anterior, a teor do artigo 15[31], da LC 11/1971, cabia ao empregador rural o recolhimento da contribuição previdenciária ou ao adquirente da produção fazê-lo, de modo que o tempo rural anterior à competência de

---

29. Artigo 123, do RPS.

30. AR 3.629, de 23.06.2008.

31. Art. 15. Os recursos para o custeio do Programa de Assistência ao Trabalho Rural provirão das seguintes fontes:

    I – Da contribuição de 2% (dois por cento) devida pelo produtor, sôbre o valor comercial dos produtos rurais, e recolhida:

    a) pelo adquirente, consignatário ou cooperativa que ficam sub-rogados, para êsse fim, em todas as obrigações do produtor;

    b) pelo produtor, quando êle próprio industrializar seus produtos ou vendê-los, no varejo, diretamente ao consumidor.

novembro de 1991 do empregado rural será computado para fins de carência, haja vista a restrição do mencionado §2º se voltar apenas ao produtor rural, e não ao empregado rural.

Logo, entende-se ser razoável excluir ao menos o segurado empregado rural da dura restrição contida no §2º do artigo 55, da Lei 8.213/91, que veda o uso do antigo tempo de serviço rural para fins de carência, conquanto exista vedação legal direta.

Nesse sentido, o STJ:

> "INFORMATIVO 532- DIREITO PREVIDENCIÁRIO. TEMPO DE SERVIÇO/ CONTRIBUIÇÃO ANTERIOR À LEI 8.213/1991. RECURSO REPETITIVO (ART. 543-C DO CPC E RES. 8/2008-STJ).
>
> É possível a concessão de aposentadoria por tempo de serviço/contribuição mediante o cômputo de atividade rural com registro em carteira profissional em período anterior ao advento da Lei 8.213/1991 para efeito da carência exigida pela Lei de Benefícios. De fato, estabelece o § 2º do art. 55 da Lei 8.213/1991 que "o tempo de serviço do segurado trabalhador rural, anterior à data de início de vigência desta Lei, será computado independentemente do recolhimento das contribuições a ele correspondentes, exceto para efeito de carência, conforme dispuser o Regulamento". **Entretanto, não ofende o citado dispositivo o reconhecimento do tempo de serviço exercido por trabalhador rural registrado em carteira profissional para efeito de carência, tendo em vista que o empregador rural, juntamente com as demais fontes previstas na legislação de regência, eram os responsáveis pelo custeio do fundo de assistência e previdência rural (FUNRURAL). Assim, o trabalhador rural não pode ser responsabilizado pela comprovação do recolhimento das contribuições vertidas ao fundo.** Ademais, na atual legislação, o parágrafo único do art. 138 da Lei 8.213/1991 expressamente considera o tempo de contribuição devido aos regimes anteriores a sua vigência. Por fim, o art. 63 da Lei 4.214/1963 (Estatuto do Trabalhador Rural) determinava que os contratos de trabalhos, se constantes de anotações em carteira profissional, não poderiam ser contestados. Precedente citado: REsp 554.068-SP, Quinta Turma, DJ 17/11/2003. REsp 1.352.791-SP, Rel. Min. Arnaldo Esteves Lima, julgado em 27/11/2013".

Nesse mesmo sentido, a TNU não vem aplicando a sua Súmula 24 ao empregado rural do Pró-Rural, conforme notícia publicada no sítio da Justiça Federal:

> **Tempo de serviço do segurado empregado rural antes de 1991 deve ser reconhecido para fins de carência**
>
> **Decisão TNU**
>
> por publicado: 30/11/2017 10h23 última modificação: 30/11/2017 10h25
>
> A Turma Nacional de Uniformização dos Juizados Especiais Federais (TNU) reafirmou a tese que permite, para efeito de carência, o reconhecimento do tempo de serviço exercido por trabalhador rural, com registro na carteira profissional,

em período anterior à Lei nº 8.213/91. O julgamento foi realizado no dia 22 de novembro, em Fortaleza, na sede da Seção Judiciária do Ceará. Em razão de tal entendimento, entendeu ainda o Colegiado ser necessária uma nova interpretação da Súmula 24 da TNU, de modo a excluir de seu escopo o trabalhador empregado rural com registro em CTPS, permitindo, neste caso, que o tempo de serviço de anterior ao advento da Lei nº 8.213/91 seja considerado para efeito de carência, independente da comprovação do recolhimento das contribuições previdenciárias.

A decisão ocorreu durante o julgamento de um recurso apresentado pelo Instituto Nacional do Seguro Social (INSS) contra um acórdão da Terceira Turma Recursal de Minas Gerais, que reconheceu, para fins de carência, o tempo em que o autor da ação manteve a condição de trabalhador rural empregado antes do advento da Lei nº 8.213/91. No pedido de uniformização de jurisprudência, o INSS defendia que a decisão estaria em desconformidade ao disposto no art. 55, §2º da referida Lei, que diz que "O tempo de serviço do segurado trabalhador rural, anterior à data de início de vigência desta Lei, será computado independentemente do recolhimento das contribuições a ele correspondentes, exceto para efeito de carência, conforme dispuser o Regulamento".

A relatora do processo na TNU, juíza federal Gisele Chaves Sampaio Alcântara, reconheceu o incidente de uniformização, mas negou a pretensão da autarquia previdenciária. Para a magistrada, a interpretação literal da legislação, conforme apontado pelo INSS, foi afastada após o julgamento pela Primeira Seção do Superior Tribunal de Justiça (STJ) do REsp 1352791/SP, que passou a nortear os julgados da TNU.

"Nos autos daquele repetitivo, firmou a Corte o entendimento de que não ofende o § 2º do art. 55 da Lei nº 8.213/91 o reconhecimento do tempo de serviço exercido por trabalhador rural registrado em carteira profissional para efeito de carência, tendo em vista que o empregador rural, juntamente com as demais fontes previstas na legislação de regência, eram os responsáveis pelo custeio do fundo de assistência e previdência rural (FUNRURAL)", afirmou a relatora em seu voto.

O entendimento da juíza federal foi acompanhado à unanimidade pelo Colegiado da TNU. O processo foi julgado como representativo da controvérsia, para que o mesmo entendimento seja aplicado a casos semelhantes.

**Processo nº 0000804-14.2012.4.01.3805**

A PGF editou o Parecer Referencial **n. 00002/2019/DEPCONT/PGF/AGU:**

**PROCESSUAL CIVIL. PREVIDENCIÁRIO. APLICAÇÃO DO ARTIGO 3º, INCISOS I E IX, DA PORTARIA AGU Nº 488, DE 2016. RECURSO ESPECIAL REPETITIVO Nº 1.352.791/SP. PEDIDO DE UNIFORMIZAÇÃO DE JURISPRUDÊNCIA N.º 0000804-14.2012.4.01.3805, JULGADO PELA TURMA NACIONAL DE UNIFORMIZAÇÃO, COMO REPRESENTATIVO DE CONTROVÉRSIA. APOSENTADORIA POR TEMPO DE SERVIÇO/ CONTRIBUIÇÃO. AVERBAÇÃO DE TEMPO DE SERVIÇO RURAL COM**

**REGISTRO EM CARTEIRA DE TRABALHO. DESNECESSIDADE DE RECOLHIMENTO, PARA EFEITO DE CARÊNCIA.**

Vale frisar que a nova jurisprudência do STJ e da TNU vem subvertendo as tradicionais regras sobre a necessidade de indenização do empregado doméstico para reconhecimento do tempo de serviço prestado anteriormente à Lei 5.859/72, que inseriu o empregado doméstico na Previdência Urbana.

Entendia-se que o cômputo do tempo de serviço do empregado doméstico anterior à Lei 5.859/72 dependia do recolhimento da indenização previdenciária, vez que na época não existia a obrigação do recolhimento da contribuição previdenciária.

Sucede que o STJ e a TNU dispensaram a prova do recolhimento da contribuição previdenciária por parte do empregado doméstico ou da indenização para fins de consideração para fins de período de carência, o que, em tese, nem mesmo o pagamento da indenização supriria:

> "PREVIDENCIÁRIO. APOSENTADORIA POR IDADE. TRABALHADORA DOMÉSTICA. ART. 55, § 1º, DA LEI 8.213/91. RECOLHIMENTO DAS CONTRIBUIÇÕES PREVIDENCIÁRIAS PARA O PERÍODO ANTERIOR À VIGÊNCIA DA LEI 5.859/72. DESNECESSIDADE. **1. A jurisprudência do Superior Tribunal de Justiça tem se firmado no sentido da desobrigação do trabalhador doméstico de efetuar o recolhimento das contribuições previdenciárias para fins de aposentadoria no período que antecedeu a vigência da Lei 5.859/72, porquanto, à época da prestação do serviço, não havia previsão legal de seu registro, tampouco obrigatoriedade de filiação à Previdência.** Precedentes. 2. Acórdão da Corte de origem em consonância com o entendimento deste Tribunal. Incidência da Súmula 83/STJ que se aplica também à alínea "a", do permissivo constitucional. Recurso especial improvido" (**STJ, 2ª Turma, REsp 1479250, de 18/09/2014**).

> "PEDIDO DE UNIFORMIZAÇÃO SUSCITADO PELA PARTE AUTORA. PREVIDENCIÁRIO. **APOSENTADORIA POR IDADE. EMPREGADA DOMÉSTICA. TRABALHO ANTERIOR À VIGÊNCIA DA LEI Nº 5.859/72. FLEXIBILIZAÇÃO DO INÍCIO DE PROVA MATERIAL. DISPENSA DE REGISTRO NA CTPS E DE FILIAÇÃO AO RGPS. DESNECESSIDADE DE CONTRIBUIÇÕES À PREVIDÊNCIA PARA FINS DE CARÊNCIA.** INCIDENTE CONHECIDO E PARCIALMENTE PROVIDO. 1. Pedido de Uniformização interposto pela parte autora contra acórdão proferido pela Segunda Turma Recursal da Seção Judiciária de São Paulo, que manteve sentença de improcedência do pedido de concessão de aposentadoria por idade, mediante contagem de tempo de serviço na condição de empregada doméstica. 2. Alega, em síntese, que o r. acórdão incorreu em inconstitucionalidade e ilegalidade ao exigir que a prova documental seja plena ou exaustiva. Suscita divergência com precedentes do STJ e do Tribunal Regional Federal da 3ªRegião, no sentido de não ser necessária a exigência de prova documental para atividades de empregada doméstica anteriores à regulamentação trazida pela Lei nº 5.859/1972, uma

vez que não havia previsão legal para registro do trabalhador doméstico, nem obrigatoriedade de filiação ao RGPS. 3. Incidente inadmitido na origem por não ter o recorrente se desincumbido da demonstração analítica da divergência. 4. O incidente de uniformização, contudo, merece ser conhecido. 5. Os acórdãos de Tribunal Regional Federal não servem de paradigma para o incidente conforme precedentes deste Colegiado: "1. Acórdãos paradigmas oriundos de Tribunais Regionais Federais não se prestam a autorizar caracterização de divergência apta a autorizar o conhecimento do incidente de uniformização. [...]." (TNU, PEDILEF 200772510014642, Rel. Juíza Federal Simone dos Santos Lemes Fernandes, DOU 01/06/2012), razão pela qual apenas admito como paradigma o julgado do STJ. 6. Como se verifica, a sentença impugnada considerou incabível a concessão de aposentadoria por idade à recorrente, tendo em vista o não cumprimento da carência, ante a ausência de documentos que comprovassem o exercício da atividade de empregada doméstica, sem registro em CTPS, no período de fevereiro de 1962 a julho de 1988, tempo que resultaria no atendimento da carência exigida. Ressaltou o magistrado que a recorrente somente efetuou o recolhimento de 70 (setenta) contribuições. Não obstante, a sentença proferida em sede de embargos, ao analisar a prova testemunhal produzida nos autos, acabou por reconhecer como comprovado o trabalho doméstico da parte autora no período declinado na inicial, ou seja, de 02/1962 a 07/1988 (evento 025). Tal tempo de serviço foi corroborado pela declaração da empregadora, anexa à petição inicial, de que a recorrente trabalhara em sua residência no período de 1962 a 1988. 7. O acórdão recorrido, a seu tempo, alertou para a impossibilidade de computar o prazo de carência de 60 meses (conforme legislação vigente quando de sua filiação), uma vez que o implemento do requisito etário ocorreu já na vigência da Lei 8.213/91, não sendo conferido à parte direito adquirido a regime jurídico. Acrescentou que a carência exigida deve ser aquela do ano em que ela implementou o requisito etário, mas que no caso não teria sido cumprida, não sendo possível, por isso, a concessão do benefício requerido. 8. Por sua vez, o acórdão paradigma do STJ se refere à flexibilização da exigência de razoável início de prova documental para fins de comprovação da relação de emprego dos trabalhadores domésticos no período anterior à vigência da Lei nº 5.859/72, bem como à desnecessidade de verter contribuições concernentes ao referido período, em virtude da ausência de previsão legal para registro em CTPS e filiação ao RGPS. Considerando que a controvérsia dos autos cinge-se ao cumprimento do período de carência e levando-se em conta a existência de tempo laborado antes da entrada em vigor da citada lei, instaurada está a divergência. 9. O STJ, com efeito, já possui entendimento consolidado no sentido de que "Não tem qualquer amparo exigir-se o pagamento de contribuições previdenciárias referentes a trabalho como empregada doméstica sem registro porque até a Lei 5.859/72 as mesmas não eram exigíveis e ainda porque a partir dessa norma os recolhimentos eram atribuídos ao empregador (art. 5º)". (AREsp 545814, Ministro Herman Benjamin, publicado em 08/09/2014). 10. Pois bem, considerando que já consta do CNIS (evento 015) contribuições individuais de 05/1990 a 05/1995, 12/1996, 02/1997 e de 09/2004 a 03/2005, num total de 70 contribuições e considerando, também, que até a entrada em vigor da Lei 5.859/72 os empregados domésticos não estavam obrigados a comprovar que efetuaram contribuições à previdência para fins de carência, verifico que o acórdão recorrido merece reforma. **11. Incidente de uniformização de jurisprudência conhecido e provido em parte para: a) estabelecer a premissa jurídica de que não é exigível que o trabalhador doméstico recolha contribuições à Previdência social para os períodos laborados antes da entrada em vigor da lei 5.859/72; b) estando devidamente comprovado e reconhecido que a recorrente exerceu atividade doméstica desde fevereiro de 1962, a partir daquela data até o início da vigência da aludida Lei, o tempo de labor deverá ser contado como período de carência, independentemente de comprovação dos recolhimentos;** c) determinar o retorno dos autos à Turma de origem para adequação do julgado à premissa acima fixada. 12. Julgamento realizado de acordo com o art. 7º, VII, a), do RITNU, servindo como representativo de controvérsia" (**TNU, PEDILEF 00082231420094036302, de 08/10/2014**).

Muito embora se tratem de julgados que beneficiaram a parte hipossuficiente da relação previdenciária, é certo que são desprovidos de base jurídica, pois a indenização é sempre facultativa e nesta situação busca suprir recolhimentos previdenciários não realizados pelo fato de o empregado doméstico não ser segurado obrigatório anteriormente à Lei 5.859/72, não se destinando a suprir carência, e sim tempo de serviço. Desta forma, esses julgados fizeram tábula rasa do §1º do artigo 55 da Lei 8.213/91, que sequer foi debatido nas decisões:

> "§ 1º A averbação de tempo de serviço durante o qual o exercício da atividade não determinava filiação obrigatória ao anterior Regime de Previdência Social Urbana só será admitida mediante o recolhimento das contribuições correspondentes, conforme dispuser o Regulamento, observado o disposto no § 2º."

É importante ressaltar que a indenização era tratada nos §§3º, 4º e 5º, do artigo 45, da Lei 8.212/91, que foi declarado inconstitucional pelo STF juntamente com o artigo 46, por preverem a decadência e a prescrição em 10 anos, tema afeto apenas à lei complementar[32].

Ao que parece, ele foi reputado inconstitucional por indevido arrastamento, pois não se exige que a indenização seja tema tratado por lei complementar, vez que a Suprema Corte não apreciou expressamente a sua incompatibilidade vertical, mas apenas dos prazos decenais de prescrição para cobrança e de decadência para o lançamento das contribuições para a seguridade social.

Por isso, plenamente válido é o novel artigo 45-A, da Lei 8.212/91, trazido, por cautela, pela Lei Complementar 128/2008, que grosso modo manteve as mesmas regras de antes.

32. Súmula vinculante nº 08.

De arremate, **impende aduzir que a indenização não será devida pelo contribuinte individual que preste serviço à pessoa jurídica a partir da competência 04/2003, pois desde então a responsabilidade pelo recolhimento da sua contribuição previdenciária passou a ser exclusivamente da empresa tomadora**, por força do artigo 4º, da Lei 10.666/2003.

Nesse caminho, o Enunciado 27 do Conselho de Recursos da Previdência Social:

> "Cabe ao contribuinte individual comprovar a interrupção ou o encerramento da atividade pela qual vinha contribuindo, sob pena de ser considerado em débito no período sem contribuição. A concessão de benefícios previdenciários, requeridos pelo contribuinte individual em débito, é condicionada ao recolhimento prévio das contribuições em atraso, ressalvada a alteração introduzida pelo Decreto nº 4.729/2003, no artigo 26, § 4º e no artigo 216, I, a, do Decreto 3.048/99, que, a partir da competência Abril/2003, torna presumido o recolhimento das contribuições descontadas dos contribuintes individuais pela empresa contratante de seus serviços".

Da mesma forma, não se há de falar em indenização a ser paga pelo empregado ou trabalhador avulso, visto que existe um regime de presunção de recolhimento por parte da empresa, na forma do artigo 33, §5º, da Lei 8.212/91.

Com o advento da Secretaria da Receita Federal do Brasil com a Lei 11.457/2007, que transferiu a competência para a arrecadação, fiscalização e cobrança das contribuições previdenciárias para o referido órgão da União, a Dívida Ativa deixou de ser do INSS e passou para o ente político central.

Nesse sentido, considerando que a indenização busca suprir a contribuição previdenciária que não foi paga, o STJ reconheceu a legitimidade passiva de a União/Fazenda Nacional para responder ação judicial em que se questiona a incidência de juros de mora e multa sobre a indenização previdenciária:

> "RECURSO ESPECIAL. PROCESSUAL CIVIL. **LEGITIMIDADE DA FAZENDA NACIONAL PARA FIGURAR NO PÓLO PASSIVO DA DEMANDA. LEI 11.457/2007**. TRANSFERÊNCIA DA RESPONSABILIDADE PELAS CONTRIBUIÇÕES PREVIDENCIÁRIAS DO INSS PARA A SECRETARIA DA RECEITA FEDERAL DO BRASIL. APOSENTADORIA. RECOLHIMENTO EXTEMPORÂNEO DAS CONTRIBUIÇÕES. INCIDÊNCIA DE JUROS MORATÓRIOS E MULTA SOMENTE A PARTIR DA EDIÇÃO DA MP 1.523/96. RECURSO ESPECIAL DESPROVIDO.
>
> 1. **Trata-se, na origem, de ação ordinária que objetiva o reconhecimento da inexigibilidade de multa e juros de mora no cálculo de indenização necessária à expedição de certidão de tempo de serviço para contagem recíproca.** Tal indenização relaciona-se com o recolhimento de contribuições previdenciárias devidas pelo recorrido, ora agravado.

2. O recolhimento dessas contribuições previdenciárias foi transferido à Secretaria da Receita Federal do Brasil pelo art. 2º da Lei 11.457/07, que previu, por outro lado, em seus arts. 16 e 23, a transferência da responsabilidade pela sua cobrança judicial para a Fazenda Nacional, de modo que à Procuradoria-Geral Federal compete apenas a representação judicial e extrajudicial do INSS.

3. Em outras palavras, da mesma forma que se atribui à Fazenda Nacional a legitimidade ativa para a cobrança judicial da dívida ativa da União Federal, atribui-se-lhe também a legitimidade, no caso, passiva, para a sua defesa em processos como o presente, em que se pleiteia a inexigibilidade de multa e juros de mora incidentes sobre o montante relativo ao recolhimento, em atraso, das contribuições previdenciárias mencionadas no art. 2o. da Lei 11.457/07.

**4. Esta Corte firmou entendimento de que a obrigatoriedade imposta pelo § 4º. do art. 45 da Lei 8.212/91 quanto à incidência de juros moratórios e multa no cálculo da indenização das contribuições previdenciárias somente opera a partir da edição da MP 1.523/96 que, conferindo nova redação à Lei de Organização da Seguridade Social acrescentou tal parágrafo ao referido art. 45"** (RECURSO ESPECIAL Nº 1.325.977 – SC, DJ de 24.09.2012).

Pelo exposto, fica fácil definir a *indenização de tempo de serviço ou contribuição* como a quantia devida ao INSS como **condição inafastável** para o cômputo de período de exercício de atividade laborativa remunerada, **exceto para fins de carência**, visando à concessão de benefício do RGPS ou consideração em outro regime previdenciário (contagem recíproca), quer pelo não pagamento de contribuições previdenciárias já **decaídas**, quer pela atividade na época não se enquadrar como de filiação obrigatória.

Em síntese, eis um rol exemplificativo de situações em que é cabível o pagamento de indenização previdenciária para a consideração do período como tempo de contribuição:

- **Contribuinte individual autônomo com dívida de contribuições antigas (mais de 5 anos);**
- **Contribuinte individual que trabalha para pessoa jurídica até a competência março de 2003[33];**
- **Titular de mandato eletivo antes da Lei 9.506/97[34];**
- **Trabalhador rural antes de novembro de 1991 para emissão de CTC[35];**
- **Empregado doméstico antes da sua inclusão previdenciária (STJ em sentido contrário, conforme visto);**

33. Somente a partir da competência abril de 2003, a responsabilidade tributária passou para a empresa tomadora do serviço, a teor do artigo 4º da Lei 10.666/2003.

34. Somente foi colocado como segurado obrigatório do RGPS com a Lei 9.506/97.

35. Artigo 123, parágrafo único e 127 do Decreto 3.048/99.

- **Segurado especial para emissão de CTC[36], salvo se contribuiu facultativamente sobre 20% do salário de contribuição, a teor do artigo 25, §1º, da Lei 8.212/91.**

**INDENIZAÇÃO E REFORMA DA PREVIDÊNCIA – EMENDA 103/2019**

Muitos segurados do RGPS vêm buscando o pagamento de **indenização previdenciária** à luz do artigo 45-A da Lei 8.212/91 de períodos de labor autônomo sem o devido recolhimento de contribuição previdenciária na época da prestação.

Isso é plenamente possível para o cômputo de tempo de contribuição em que o tributo já decaiu em razão do decurso de prazo superior a 5 anos do fato gerador, desde que demonstrada a atividade remunerada autônoma na época por início de prova material contemporâneo aos fatos ou inscrição ativa no INSS no período.

No entanto, para a formação do direito adquirido, conquanto o artigo 3º da Emenda 103/2019 não trate do tema de modo expresso, entende-se que o **pagamento da indenização previdenciária deve ocorrer até o dia da publicação da Emenda (13/11/2019)**, sob pena de não consideração para fins de aquisição de direito pré-reforma, pois o direito ao tempo de contribuição respectivo só é adquirido com o efetivo pagamento, conquanto se refira a período remoto.

Isso porque o direito adquirido é assegurado somente para os casos do direito formado no dia da publicação da Emenda 103/2019 ("desde que tenham sido cumpridos os requisitos para obtenção destes benefícios até a data de entrada em vigor desta Emenda Constitucional"), o que não ocorre se o pagamento da indenização se der a *posteriori*, pois nesta hipótese não havia o direito de aposentadoria na data de mudança de regime jurídico.

**Por exceção**, acaso o segurado tenha requerido ao INSS o pagamento de indenização em prazo razoável para a duração do processo administrativo previdenciário, com requerimento em data anterior ao advento da alteração constitucional em comento, entende-se que o pagamento deve ser admitido para a formação do direito adquirido, mesmo que efetuado posteriormente à reforma constitucional, pois o segurado não poderá se prejudicar pela mora da Autarquia Federal.

Tomando como parâmetro o julgamento do RE 631.240[37], entende-se que somente o requerimento de cálculo de indenização perpetrado antes de 90 dias do dia da publicação da Emenda Reformadora se amolda na situação citada.

O mesmo posicionamento já foi adotado pelo STJ:

**PROCESSO**

**REsp 1213106 / RS**

RECURSO ESPECIAL

2010/0177735-5

36. A contribuição previdenciária sobre a produção rural não é considerada como tempo de contribuição – Vide Súmula 272 do STJ.

37. 7. Nas ações sobrestadas, o autor será intimado a dar entrada no pedido administrativo em 30 dias, sob pena de extinção do processo. **Comprovada a postulação administrativa, o INSS será intimado a se manifestar acerca do pedido em até 90 dias, prazo dentro do qual a Autarquia deverá colher todas as provas eventualmente necessárias e proferir decisão**. Se o pedido for acolhido administrativamente ou não puder ter o seu mérito analisado devido a razões imputáveis ao próprio requerente, extingue-se a ação. Do contrário, estará caracterizado o interesse em agir e o feito deverá prosseguir.

**RELATORA**

Ministra MARIA THEREZA DE ASSIS MOURA (1131)

**ÓRGÃO JULGADOR**

T6 – SEXTA TURMA

**DATA DO JULGAMENTO**

03/05/2012

**DATA DA PUBLICAÇÃO/FONTE**

DJe 14/05/2012

**EMENTA**

PREVIDENCIÁRIO. APOSENTADORIA POR TEMPO DE SERVIÇO. RECONHECIMENTO DE PERÍODO COMO AUTÔNOMO. RECOLHIMENTO DAS CONTRIBUIÇÕES. NECESSIDADE. EFEITOS FINANCEIROS.

1. Para o reconhecimento do período compreendido entre julho de 1982 e outubro de 1989 como segurado autônomo, impõe-se o recolhimento das contribuições correspondentes.

**2. Assim, referido lapso temporal só será computado para fins de concessão de benefício previdenciário se houver o pagamento da respectiva indenização. Somente a partir desse momento os requisitos restarão implementados e a parte autora fará jus à aposentadoria.**

3. Recurso especial a que se nega provimento.

**PROCESSO**

AgInt no AREsp 1089440 / RS

AGRAVO INTERNO NO AGRAVO EM RECURSO ESPECIAL

2017/0090498-3

**RELATOR**

Ministro FRANCISCO FALCÃO (1116)

**ÓRGÃO JULGADOR**

T2 – SEGUNDA TURMA

**DATA DO JULGAMENTO**

19/04/2018

**DATA DA PUBLICAÇÃO/FONTE**

DJe 03/05/2018

RSTP vol. 348 p. 112

**EMENTA**

PREVIDENCIÁRIO. REVISÃO DE BENEFÍCIO. AGRAVO DE INSTRUMENTO. DEFICIÊNCIA DA FUNDAMENTAÇÃO. INCIDÊNCIA DO ENUNCIADO N. 284 DA SÚMULA DO STF. ACÓRDÃO EM CONSONÂNCIA COM A JURISPRUDÊNCIA DESTA CORTE.

I – O feito encontra-se em sede de execução. Então, por óbvio, deverá ser observado o título executivo. **II – O Tribunal a quo, apenas manteve a sentença, exarando entendimento no sentido de que o direito à revisão da aposentadoria somente pode ser reconhecido a partir do momento em que foram efetuadas as contribuições a destempo.** III – Havendo portanto decisão judicial no sentido de que ao recorrente é possibilitado o recolhimento a destempo, e feito esse recolhimento é possível o cômputo do período trabalhado desde então, não é possível em sede de recurso especial alterar esse entendimento para entender possível revisão que retroaja ao termo inicial da sua aposentadoria ou, mesmo do requerimento administrativo. IV – Desse modo, o recurso especial interposto na fase de execução que busca alterar entendimento firmado no processo de conhecimento, já transitado em julgado, encontra óbice na Súmula 284/STF. **V – Ainda que fosse possível superar tal óbice, melhor sorte não acolheria ao recorrente. Isto porque a jurisprudência desta e. Corte entende que para o reconhecimento de tempo de serviço, impõe-se, necessariamente, o recolhimento prévio da contribuição.** Nesse sentido: AgRg no REsp 1452151/PR, Rel. Ministro HERMAN BENJAMIN, SEGUNDA TURMA, julgado em 24/03/2015, DJe 01/07/2015; REsp 1213106/RS, Rel. Ministra MARIA THEREZA DE ASSIS MOURA, SEXTA TURMA, julgado em 03/05/2012, DJe 14/05/2012. VI – Gize-se, por oportuno, que não corresponde à realidade a alegação de que o atraso no pagamento das contribuições se deu em razão do INSS. VII – A uma porque o tempo correto do recolhimento das contribuições era o período em que o segurado estava laborando, e não anos depois.A duas porque nunca houve, de fato, impedimento a que o segurado recolhesse as contribuições em atraso, as quais ele atribuía a obrigação à empresa da qual era sócio. E esse foi o pedido administrativo e judicial. E o que restou reconhecido no acórdão era que, na verdade, a obrigação é do segurado e as contribuições poderiam ser recolhidas a destempo, com efeitos dali em diante. VIII – Agravo interno improvido.

No mesmo sentido a posição da CONJUR/MPS:

***PARECER n. 00024/2025/CONJUR-MPS/CGU/AGU***

***NUP: 10128.123848/2023-28***

***INTERESSADOS: MINISTÉRIO DA PREVIDÊNCIA SOCIAL – CONSELHO DE RECURSOS DA PREVIDÊNCIA SOCIAL***

***ASSUNTOS: CONTRIBUIÇÕES***

*EMENTA: CONSULTA. REGIME GERAL DE PREVIDÊNCIA SOCIAL – RGPS. CONTRIBUINTE INDIVIDUAL. TEMPO DE CONTRIBUIÇÃO. ART. 45-A DA LEI Nº 8.212, DE 24 DE JULHO DE 1991. INDENIZAÇÃO. NATUREZA JURÍDICA. 1) Consulta envolvendo a possibilidade do cômputo como tempo de contribuição das contribuições indenizadas após a Data de Entrada do Requerimento – DER, desde que antes da concessão da prestação previdenciária. 2) O cerne dos autos perpassa pela definição da natureza jurídica da indenização prevista no art. 45-A da Lei nº 8.212, de 24 de julho de 1991. 3)* ***Somente a partir do efetivo pagamento da indenização do tempo trabalhado e não contribuído que***

***tal período passa a ser considerado tempo de contribuição, logo, a indenização do art. 45-A, da Lei nº 8.212, de 1991, tem natureza constitutiva, não podendo o período indenizado ser considerado para fins de aferição de elegibilidade previdenciária antes do respectivo pagamento.*** *4) Caso haja requerimento administrativo e apenas com a indenização de períodos anteriores seja possível adimplir os requisitos para a concessão do benefício, impõe-se a necessidade de se reafirmar a DER, pois no momento do requerimento o segurado não reunia todos requisitos necessários para o deferimento do benefício. 5) Mesmo nos casos em que o segurado apresenta seu requerimento administrativo e solicita as guias para realizar o pagamento da indenização de tempo pretérito, será necessária a reafirmação da DER caso deseje se valer do período indenizado, pois foi o próprio segurado que deu causa a situação ao não realizar o recolhimento da contribuição previdenciária de forma adequada e tempestiva.*

Dessa forma, **a parcela da jurisprudência do TRF 4ª que cacateriza o pagamento da contribuição ou da indenização previdenciária como condição suspensiva para a implantação do benefício é equivocada:**

*"PREVIDENCIÁRIO. PROCESSO CIVIL. MANDADO DE SEGURANÇA. RECOLHIMENTO DE CONTRIBUIÇÕES EM ATRASO. EFEITOS FINANCEIROS. TERMO INICIAL DO BENEFÍCIO. DATA DO REQUERIMENTO ADMINISTRATIVO. DIREITO LÍQUIDO E CERTO CONFIGURADO. . A data de indenização do período rural não impede que seja ele computado, antes daquela data, para fins de verificação do direito à aposentadoria. Uma vez indenizado, o período se incorpora ao patrimônio jurídico do segurado. . O período indenizado deve ser computado para fins de obtenção do benefício de aposentadoria por tempo de contribuição, inclusive para fins de avaliação do direito adquirido em 13/11/2019 e das regras de transição da EC 103/2019. O recolhimento das contribuições é condição suspensiva para a implantação do benefício (DIP), mas não para que se reconheçam efeitos financeiros pretéritos, uma vez que o direito surge, sob condição suspensiva, quando da prestação do serviço ou realização da atividade. A implantação do pagamento mensal do benefício depende do recolhimento das contribuições pretéritas em atraso, mas há direito aos valores atrasados desde a DER. (TRF4, AC 5000159-07.2023.4.04.7111, SEXTA TURMA, Relator RICARDO TEIXEIRA DO VALLE PEREIRA, juntado aos autos em 18/07/2024).*

*PREVIDENCIÁRIO. RECOLHIMENTO DE CONTRIBUIÇÕES EM ATRASO. APOSENTADORIA POR TEMPO DE CONTRIBUIÇÃO. CONCESSÃO. 1. O recolhimento das contribuições é condição suspensiva para a implantação do benefício (DIP), porém não para que se reconheçam efeitos pretéritos, uma vez que o direito à averbação de períodos de serviço ou atividade surge, sob condição suspensiva, quando da prestação do serviço ou realização da atividade. 2. Efetuado o recolhimento/indenização, não há qualquer impedimento ao cômputo do período correspondente, seja para avaliação do direito adquirido, seja para avaliação do implemento eventual das regras de transição da EC 103/2019. 3. Preenchidos os requisitos legais, tem o segurado direito à obtenção de aposentadoria por tempo de*

> *contribuição. (TRF4, AC 5038045-78.2020.4.04.7100, SEXTA TURMA, Relatora TAÍS SCHILLING FERRAZ, juntado aos autos em 15/07/2024).*
>
> *PREVIDENCIÁRIO. RECOLHIMENTO DE CONTRIBUIÇÕES EM ATRASO. CONDIÇÃO SUSPENSIVA. APOSENTADORIA POR TEMPO DE CONTRIBUIÇÃO. CONCESSÃO. 1. O recolhimento das contribuições é condição suspensiva para a implantação do benefício (DIP), porém não para que se reconheçam efeitos financeiros pretéritos. Efetuado o pagamento das contribuições em atraso, há direito aos valores atrasados desde a DER. 2. Preenchidos os requisitos legais, tem o segurado direito à obtenção de aposentadoria por tempo de contribuição. (TRF4, AC 5017990-14.2022.4.04.7108, SEXTA TURMA, Relatora TAÍS SCHILLING FERRAZ, juntado aos autos em 21/06/2024)."*

**Caso contrário, os autônomos que exercem atividade laboral remunerada e que nunca pagaram contribuição ou indenização previdenciária ao RGPS, após sofrerem acidentes e ficarem inválidos, poderiam pagar após o fato gerador do benefício não programado com efeitos retroativos à data da prestação do labor, subvertendo a lógica do seguro social com a obtenção de aposentadoria por incapacidade permanente.**

**Com efeito, para os segurados obrigatórios que possuem a obrigação de recolher a contribuição previdenciária, a filiação ao RGPS não se dará automaticamente com o exercício de atividade laboral remunerada, sendo necessário que haja o efetivo pagamento para constituir a filiação e a sua condição de segurado.**

**Se não fosse assim, seriam prestigiadas com eficácia retroativa as pessoas que não recolheram a bom tempo a contribuição previdenciária, descumprindo a legislação tributário-previdenciária, a exemplo dos contribuintes individuais autônomos.**

**Por isso, a outra parcela da jurisprudência do TRF da 4ª Região, alinhada ao INSS e ao STJ, que considera a natureza constitutiva da indenização previdencoária é que tem razão jurídicia:**

> *"PREVIDENCIÁRIO. APOSENTADORIA POR TEMPO DE CONTRIBUIÇÃO. TEMPO DE SERVIÇO RURAL ANTERIOR À LEI Nº 8.213. REGIME DE ECONOMIA FAMILIAR. TRABALHO DESENVOLVIDO POR MENOR ANTES DOS DOZE ANOS DE IDADE. INDENIZAÇÃO DO TEMPO DE ATIVIDADE NA CONDIÇÃO DE SEGURADO ESPECIAL POSTERIOR À LEI Nº 8.213 E NA CONDIÇÃO DE CONTRIBUINTE INDIVIDUAL. HONORÁRIOS E SÚMULA 111 DO SUPERIOR TRIBUNAL DE JUSTIÇA. 1. O tempo de serviço do segurado trabalhador rural, anterior à data de vigência da Lei nº 8.213, será computado independentemente do recolhimento das contribuições, exceto para efeito de carência. 2. A certidão do Instituto Nacional de Colonização e Reforma Agrária – INCRA é idônea para a comprovação do tempo de atividade rural, desde que*

*atenda ao requisito de contemporaneidade. 3. Admitem-se como início de prova material do efetivo exercício de atividade rural, em regime de economia familiar, documentos de terceiros, membros do grupo parental (Súmula 73 do Tribunal Regional Federal da 4ª Região). 4. A atividade rural em regime de economia familiar desenvolvida por menor antes dos doze anos de idade poderá ser aproveitada para efeito de obtenção de benefício previdenciário, sob a condição de estar adequadamente comprovado o seu exercício. Orientação adotada pelo Tribunal Regional Federal da 4ª Região na ação civil pública nº 5017267-34.2013.4.04.7100. 5. A legislação previdenciária não permite a averbação e o cômputo do período de atividade rural posterior a 31 de outubro de 1991, na qualidade de segurado especial, caso não haja o prévio recolhimento das contribuições previdenciárias, para a obtenção do benefício de aposentadoria por tempo de contribuição. 6. O segurado contribuinte individual, conforme a legislação previdenciária vigente na época da prestação dos serviços, é obrigado a recolher a sua contribuição por iniciativa própria.* ***7. A indenização do tempo de serviço na qualidade de segurado especial e de contribuinte individual é elemento constitutivo do direito do segurado ao benefício, gerando efeitos a partir da data do efetivo pagamento****. 8. Continua eficaz e aplicável o conteúdo da Súmula 111/STJ (com a redação modificada em 2006), mesmo após a vigência do CPC/2015, no que tange à fixação de honorários advocatícios (Tema 1.105 do Superior Tribunal de Justiça). (TRF4, AC 5004036-66.2020.4.04.7108, QUINTA TURMA, Relator OSNI CARDOSO FILHO, juntado aos autos em 07/12/2023)*

*PREVIDENCIÁRIO. AVERBAÇÃO DE TEMPO DE SERVIÇO ESPECIAL. PENOSIDADE. MOTORISTA DE ÔNIBUS. PROVA PERICIAL. ATO ESSENCIAL. NECESSIDADE DE REABERTURA DA INSTRUÇÃO PROCESSUAL. ANULAÇÃO PARCIAL DA SENTENÇA. INDENIZAÇÃO DE PERÍODO RURAL POSTERIOR A 31-10-1991. INÍCIO DOS EFEITOS FINANCEIROS. APOSENTADORIA POR TEMPO DE CONTRIBUIÇÃO. CORREÇÃO MONETÁRIA E JUROS DE MORA. HONORÁRIOS ADVOCATÍCIOS. 1. Considerada a necessidade da produção da prova da penosidade da atividade laboral (motorista de ônibus), reconhecida a anulação de parte da sentença. 2. Possibilidade de julgamento antecipado parcial do mérito pelo Tribunal, diante de apelação, nos termos do art. 356 do CPC, c/c com o art. 1.013, §3º, do CPC (teoria da causa madura). 3. O julgamento antecipado do mérito, no caso, é solução que melhor atende aos princípios da duração razoável do processo, da eficiência e da economia processual. Ademais, a nulidade é ultima ratio, devendo ser preservados os atos não viciados (art. 281 do CPC). 4. Preenchidos os requisitos fixados pelo STJ no julgamento do REsp 1.845.542-PR para aplicação do julgamento antecipado parcial: estar diante de uma das hipóteses previstas no art. 356 do CPC, haver cumulação de pedidos e forem eles autônomos e independentes, ou – tendo sido deduzido um único pedido -, esse for decomponível. Precedente desta Turma.* ***5. Nos casos em que a utilização do tempo de serviço depende de prévio pagamento de indenização/complementação das contribuições previdenciárias, este somente poderá produzir efeitos na esfera jurídica do segurado se e quando vier a ser efetivamente***

***indenizado. A indenização é, neste caso, elemento constitutivo do direito do segurado***. *6. Contribuições previdenciárias pagas em atraso somente podem gerar efeitos previdenciários a partir da data do efetivo pagamento, não havendo como retroagir tais efeitos à DER, quanto recolhidas depois disso. Isso porque, até a data do pagamento, os requisitos autorizadores do cômputo dessas competências como tempo de contribuição, ou para outros efeitos previdenciários, não se encontravam perfectibilizados. 7. Apenas tem direito à aposentadoria por tempo de contribuição o segurado que, mediante a soma do tempo judicialmente reconhecido com o tempo computado na via administrativa, possuir tempo suficiente e implementar os demais requisitos para a concessão do benefício. 8. Consectários legais fixados nos termos que constam do Manual de Cálculos da Justiça Federal e, a partir de 09/12/2021, nos termos do art. 3º da Emenda Constitucional n.º 113. 9. Caracterizada a sucumbência recíproca, os honorários advocatícios são fixados em 10% sobre o valor da causa, devendo cada uma das partes arcar com 50%, vedada a compensação, nos termos do artigo 85, §14, do CPC, e suspensa a exigibilidade em relação à parte autora, uma vez que concedida a gratuidade da justiça. (TRF4, AC 5028403- 56.2021.4.04.7000, DÉCIMA TURMA, Relator LUIZ FERNANDO WOWK PENTEADO, juntado aos autos em 15/12/2022)*

*PREVIDENCIÁRIO. PENSÃO POR MORTE. SEGURADO FACULTATIVO DE BAIXA RENDA. COMPLEMENTAÇÃO DAS CONTRIBUIÇÕES POST MORTEM. POSSIBILIDADE. UNIÃO ESTÁVEL. COMPROVAÇÃO. TERMO INICIAL. HONORÁRIOS ADVOCATÍCIOS. MAJORAÇÃO. TUTELA ANTECIPADA CONFIRMADA. 1. A concessão de pensão por morte depende do preenchimento dos seguintes requisitos: a) ocorrência do evento morte; b) condição de dependente de quem objetiva a pensão; c) demonstração da qualidade de segurado do de cujus por ocasião do óbito. O benefício independe de carência e é regido pela legislação vigente à época do falecimento. 2. Para fins de concessão de pensão por morte é admitida a complementação pelos dependentes das contribuições recolhidas em vida pelo segurado facultativo de baixa renda, caso não validadas pelo INSS. Tema n. 286 da TNU. 3. Hipótese em que a instituidora não preenchia os requisitos para recolhimentos como segurada facultativa de baixa renda, sendo cabível a complementação das contribuições pelos dependentes após o óbito com o intuito de obter pensão por morte. 3. A dependência econômica do(a) companheiro(a) é presumida, nos termos do art. 16, I, § 4º da Lei 8.213/91. A união estável é caracterizada pela convivência pública, contínua e duradoura, estabelecida com o objetivo de constituir família, podendo ser comprovada por qualquer meio de prova admitido em direito. A coabitação não é requisito essencial. 4. Comprovada a qualidade de dependente do autor e a qualidade de segurada da falecida, mediante a complementação das contribuições previdenciárias por ela vertidas como segurada facultativa, o requerente faz jus à pensão por morte vitalícia. 5. Termo inicial do benefício condicionado ao pagamento da complementação das contribuições previdenciárias da de cujus, pois tal ato tem efeito constitutivo do direito. Assim, incabível que os efeitos financeiros retroajam à DER. Entretanto, o caso em exame é peculiar, pois o pedido de complementação das contribuições já fora efetuado quando do requerimento administrativo, havendo negativa do INSS que, no curso da presente ação, também demorou para cumprir determinação para expedição das guias de pagamento. Termo inicial excepcionalmente fixado na DER. 6. Não conhecido o recurso do INSS quanto ao pleito de fixação dos juros de mora a contar da citação, porquanto o pedido foi contemplado na sentença. 7. Majorados os honorários advocatícios em grau recursal em face do improvimento do recurso. 8. Confirmada a tutela antecipada concedida na sentença. (TRF4, AC 5004602-59.2022.4.04.7006, DÉCIMA TURMA, Relatora CLÁUDIA CRISTINA CRISTOFANI, juntado aos autos em 10/07/2024)".*

Registre-se que a questão será apreciada pelo STF no julgamento do tema **1329** em sede de repercussão geral:

> ***"Tema 1329 – Possibilidade de complementação de contribuição previdenciária para enquadramento em regra de transição prevista no art. 17 da Emenda Constitucional nº 103/2019.***
>
> ***RE 1508285 RG***
>
> *Repercussão Geral – Admissibilidade*
>
> ***Órgão julgador:*** *Tribunal Pleno*
>
> ***Relator(a):*** *MINISTRO PRESIDENTE*
>
> ***Julgamento:*** *04/10/2024*
>
> ***Publicação:*** *09/10/2024*
>
> *Ementa: Direito constitucional e previdenciário. Recurso extraordinário. Complementação de contribuição previdenciária. Regra de transição da EC nº 103/2019. Repercussão geral. I. Caso em exame 1. Recurso extraordinário contra acórdão de Turma Recursal do Tribunal Regional Federal da 4ª Região que condenou o INSS a conceder benefício de aposentadoria, com fundamento no art. 17 da Emenda Constitucional nº 103/2019, mediante a complementação de contribuição previdenciária para enquadramento em regra de transição de tempo mínimo de contribuição. II. Questão em discussão 2. A questão em discussão diz respeito à possibilidade de recolhimento de contribuição previdenciária após a edição da EC nº 103/2019 para enquadramento em regra de transição do art. 17, que exige tempo mínimo de contribuição "até a data de entrada em vigor" da Emenda. III. Razões de decidir* ***3. A Emenda Constitucional nº 103/2019, que alterou o sistema de previdência social, garantiu em seu art. 3º, a concessão de benefício àqueles que tenham cumprido os requisitos para a aposentadoria ou pensão até a data de entrada em vigor da Emenda.*** *Por seu turno, o art. 17 da EC nº 103/2019 fixou regra de transição para a concessão de aposentadoria aos segurados que, até a edição da Emenda, contassem "com mais de 28 (vinte e oito) anos de contribuição, se mulher, e 33 (trinta e três) anos de contribuição, se homem". 4. Constitui questão constitucional relevante definir se as regras de transição do art. 17 da EC nº 103/2019 admitem a complementação de contribuição previdenciária em momento posterior a vigência da Emenda. Grande volume de ações a respeito. IV. Dispositivo 5. Repercussão geral reconhecida para a seguinte questão constitucional: saber se a complementação de contribuição previdenciária após a edição da EC nº*

> *103/2019 autoriza a aplicação da regra de transição do art. 17, que exige tempo mínimo de contribuição na data de entrada em vigor da Emenda".*

Registre-se que o STF utilizou a expressão "complementação" em sentido amplo, pois o caso versa sobre o pagamento de indenização previdenciária efetuado por segurado especial referente a mês do ano de 1994, mas promovido após a EC 103/2019.

O julgamento, para além de avaliar a interpretação do artigo 17 da EC 103/2019, irá ditar os contornos do direito adquirido a ser formado até 13.11.2019, quando o pagamento da indenização previdenciária de competência antiga se der após a data de publicação da EC 103/2019.

> *"SENTENÇA – Ante o exposto, afasto as preliminares suscitadas pelo INSS e, no mérito, julgo PARCIALMENTE PROCEDENTE o pedido, forte no art. 487, I, do CPC, para: a) determinar ao INSS que reconheça e averbe em favor da parte autora o período de atividade rural em regime de economia familiar compreendido entre* ***04/03/1994 e 04/04/1994, considerando que houve o pagamento da respectiva indenização, devendo referido lapso ser considerado para fins de aplicação das regras de transição trazidas pela EC nº 103/19 ou eventual direito adquirido pelas regras que lhe são anteriores****; b) condenar o INSS a conceder à parte autora o benefício de aposentadoria conforme art. 17 das regras de transição da EC 103/19, a partir da DER reafirmada (25/11/2022), nos termos da fundamentação;"*

Em 19 de março de 2025 foi determinada no âmbito do Tema 1329/STF a **suspensão nacional de todos os processos:**

> *Determinada a Suspensão Nacional "(...) Com base no art. 1.035, § 5º, do Código de Processo Civil,* ***DECRETO a SUSPENSÃO do processamento de todas as demandas pendentes que tratem da questão em tramitação no território nacional****. Oficie-se ao Conselho Nacional de Justiça e aos Presidentes de todos os Tribunais do país, com cópia deste despacho e da manifestação do Ministro Presidente, acolhida por unanimidade. A comunicação aos juízos de 1º grau e às turmas recursais de juizados deverá ser feita pelo Tribunal de 2ª instância com os quais mantenham vinculação administrativa. Publique-se. Brasília, 19 de março de 2025."*

## 6. PERÍODO DE CARÊNCIA

### 6.1. Definição e cômputo

Com o intuito de resguardar o equilíbrio financeiro e atuarial do sistema, bem como prevenir a ocorrência de fraudes, a concessão de alguns benefícios previdenciários depende do prévio pagamento de um número mínimo contribuições previdenciárias em dia, o que se intitula de carência.

A definição legal de carência, conforme capitulado no artigo 24, da Lei 8.213/91, é *o número mínimo de contribuições mensais indispensáveis para que o beneficiário faça jus ao benefício, consideradas a partir do transcurso do primeiro dia dos meses de suas competências.*

Nesse sentido, para fins de carência, um dia de trabalho, no mês, vale como contribuição para aquele mês, para qualquer categoria de segurado, nos termos do artigo 145, da revogada Instrução Normativa INSS 77/2015.

Todavia, esse conceito legal é incompleto, pois ainda será preciso que as contribuições previdenciárias sejam pagas tempestivamente para fins de carência, sendo imprestáveis as recolhidas com atraso nos termos abaixo vistos. **Ou seja, a carência se realizará não apenas como o pagamento das contribuições previdenciárias, mas também com o seu recolhimento em dia.**

Nos termos do artigo 26 do RPS, atualizado pelo Decreto 10.410/2020, o período de carência é o tempo correspondente ao número mínimo de contribuições mensais indispensáveis para que o beneficiário faça jus ao benefício, **consideradas as competências cujo salário de contribuição seja igual ou superior ao seu limite mínimo mensal.**

**Isso porque, a partir da competência 11/2019, o segurado empregado, trabalhador avulso e empregado doméstico** que receber remuneração inferior ao limite mínimo mensal do salário de contribuição, somente considerará o período para fins de carência se efetuar os ajustes de complementação, utilização e agrupamento de contribuições, nos termos do Decreto 10.410/2020, que regulamentou o artigo 29 da Emenda 103/2019, na forma do § 1º do artigo 19-E e o § 27-A do artigo 216, ambos do Regulamento da Previdência Social.

Por outro lado, para fins de carência, as contribuições anteriores à data de publicação da Emenda à Constituição nº 103, de 12 de novembro de 2019, serão consideradas em conformidade com a legislação vigente à época.

**Outrossim, registre-se que para o contribuinte individual e o segurado facultativo, mesmo antes da EC 103/2019, o valor nominal do salário de contribuição não poderia ser inferior a um salário mínimo.**

Para os segurados que possuem presunção de recolhimento da contribuição previdenciária não se há de falar de recolhimento em atraso, devendo a carência ser computada a contar do mês da filiação, independentemente do recolhimento, a saber: empregado, empregado doméstico, trabalhador avulso e contribuinte individual que presta serviços à empresa.

A inserção do empregado doméstico neste rol se deu apenas por força da Lei Complementar 150/2015, que modificou o artigo 27, da Lei 8.213/91.

No entanto, na interpretação administrativa da Previdência Social, a presunção de recolhimento em favor do empregado doméstico não irá retroagir, operando-se somente a partir da vigência da LC 150, em 2 de junho de 2015.

Nesse sendo, para a autarquia previdenciária, a carência do empregado doméstico, para período de trabalho de 25/07/1991 até 01/06/2015, será considerada quando comprovado o pagamento da primeira contribuição sem atraso, as demais contribuições recolhidas poderão ser consideradas para fins de carência, ainda que recolhidas fora do prazo legal; para período de trabalho a partir de 02/06/2015, independente do pagamento da primeira contribuição sem atraso e do recolhimento das contribuições mensais, todas as competências a partir de 06/2015 serão consideradas para fins de carência, desde que devidamente comprovado o vínculo de trabalho[38].

Reputa-se equivocado tal entendimento. Conquanto a Lei Complementar 150 tenha entrado em vigor no dia 2 de junho de 2015, data da sua publicação, entende-se ser constitucional sustentar que a presunção de recolhimento das contribuições previdenciárias em favor do empregado doméstico deve ser retroativa, alcançando as competências anteriores a junho de 2015.

Isso porque mesmo antes da LC 150/2015 a responsabilidade tributária de recolher a contribuição do empregado doméstico já era do patrão doméstico, tendo apenas sido corrigida uma inconstitucionalidade por omissão injustificável que discriminava negativamente o empregado doméstico.

Já o contribuinte individual que trabalha por conta própria e o segurado facultativo, por serem os responsáveis tributários pelo recolhimento da sua contribuição não possuem presunção de recolhimento, de modo que o período de carência será contado apenas da data de efetivo pagamento da primeira contribuição sem atraso, não sendo consideradas para este fim as contribuições recolhidas com atraso referentes a competências anteriores.

Nesse sentido, de acordo com o artigo 18-A, §15, da Lei Complementar 123/2006, inserido pela Lei Complementar 139/2011, no caso do contribuinte individual filiado como microempreendedor individual, a inadimplência do recolhimento do valor da sua contribuição previdenciária tem como consequência a não contagem da competência em atraso para fins de carência para obtenção dos benefícios previdenciários respectivos.

Por isso, a tese aqui sustentada goza de previsão legal expressa da Lei Complementar 139/2011, que veio para espancar os eventuais posicionamentos contrários a respeito deste tema.

Inclusive, essa é a posição a ser seguida, pois foi nessa linha que decidiu o STJ no último julgado que abordou diretamente o tema[39]:

38. Memorando-Circular nº 38/DIRBEN/INSS, de 5/11/2015.

39. REsp 870.920, 5ª Turma, de 03.04.2007.

> "PREVIDENCIÁRIO. RECURSO ESPECIAL. DISSÍDIO JURISPRUDENCIAL NÃO CARACTERIZADO. ART. 255 DO RISTJ. APOSENTADORIA POR INVALIDEZ. RECOLHIMENTO DE PRESTAÇÕES EM ATRASO. TEMPO DE SERVIÇO. CÔMPUTO PARA EFEITO DE CARÊNCIA. ART. 27 DA LEI Nº 8.213/91. IMPOSSIBILIDADE. I – Em casos nos quais só a comparação das situações fáticas evidencia o dissídio pretoriano, indispensável que se faça o cotejo analítico entre a decisão recorrida e os paradigmas invocados. A simples transcrição de ementas, sem que se evidencie a similitude das situações, não se presta como demonstração da divergência jurisprudencial. **II – As contribuições previdenciárias recolhidas em atraso não podem ser consideradas para o cômputo do período de carência, nos termos do art. 27 da Lei nº 8.213/91.** Recurso especial desprovido" (g.n.)

No entanto, é certo que o artigo 27, II, da Lei 8.213/91, possui uma redação dúbia, ao estatuir que "para cômputo do período de carência, **serão consideradas as contribuições realizadas a contar da data do efetivo pagamento da primeira contribuição sem atraso, não sendo consideradas para este fim as contribuições recolhidas com atraso referentes a competências anteriores,** no caso dos segurados contribuinte individual, especial e facultativo".

Assim, surgiu uma corrente doutrinária e jurisprudencial no sentido de que o recolhimento das contribuições atrasadas antes da inscrição não se presta para fins de carência, mas, por outro lado, se forem contribuições recolhidas em atraso após a inscrição, estas são consideradas para integralização do período de carência, sendo necessário não ter havido a perda da qualidade de segurado.

Em uma interpretação alternativa do artigo 27, da Lei 8.213/91, a TNU vem entendendo que a partir da 1ª contribuição paga sem atraso, às demais poderão ser pagas com atraso para fins de carência:

> "EMENTA PREVIDENCIÁRIO. CARÊNCIA. CONTRIBUINTE INDIVIDUAL. RECOLHIMENTO COM ATRASO DAS CONTRIBUIÇÕES POSTERIORES À PRIMEIRA. AUSÊNCIA DE PERDA DA QUALIDADE DE SEGURADO. POSSIBILIDADE DE CÔMPUTO DAS CONTRIBUIÇÕES ATRASADAS. **1. Devem ser consideradas, para efeito de carência quanto à obtenção do benefício de auxílio-doença, as contribuições previdenciárias recolhidas com atraso, desde que posteriores à primeira paga sem atraso.** 2. A possibilidade do cômputo, para efeito de carência, dessas contribuições recolhidas em atraso decorre diretamente da interpretação do disposto no art. 27, II, da Lei nº 8.213/91. Importa, para que esse pagamento seja considerado, que não haja perda da qualidade de segurado. Precedente do STJ (REsp 642243/PR, Rel. Ministro Nilson Naves, Sexta Turma, julgado em 21/03/2006, DJ 05/06/2006 p. 324). 3. Tratando-se de restabelecimento de benefício de auxílio-doença, e considerando que a questão da capacidade da autora para o trabalho não foi devidamente apreciada nas instâncias anteriores, devem os autos retornar ao juízo

de origem para que se proceda ao completo e devido julgamento. 4. Pedido de Uniformização parcialmente provido para anular o acórdão e a sentença monocrática"[40] (g.n.).

No entanto, a própria TNU entende que as contribuições atrasadas após a primeira paga em dia somente se prestam para fins de carência se ainda recolhidas dentro do período de graça, vez que se na data do recolhimento já tiver se dado a perda da qualidade de segurado serão imprestáveis para fins de carência:

> "PREVIDENCIÁRIO E PROCESSUAL CIVIL. PEDIDO DE UNIFORMIZAÇÃO. APOSENTADORIA POR IDADE. CONTRIBUINTE INDIVIDUAL. SENTENÇA DE PROCEDÊNCIA MANTIDA PELA 2.ª TURMA RECURSAL DO PARANÁ. ALEGAÇÃO DE DISSÍDIO COM A JURISPRUDÊNCIA DOMINANTE DA TURMA NACIONAL DE UNIFORMIZAÇÃO. RECOLHIMENTO DE CONTRIBUIÇÃO EM ATRASO. CARÊNCIA. NECESSIDADE DA MANUTENÇÃO DA QUALIDADE DE SEGURADO. SIMILITUDE FÁTICO-JURÍDICA ENTRE OS ACÓRDÃOS RECORRIDO E PARADIGMA. DIVERGÊNCIA DEMONSTRADA. CONHECIMENTO E PROVIMENTO DO INCIDENTE. Comprovada a similitude fático-jurídica e a divergência entre o acórdão recorrido e a jurisprudência dominante da Turma Nacional de Uniformização (PEDILEF n.º 200772500000920, Rel. Juiz Federal Derivaldo de Figueiredo Bezerra Filho, DJ 9 fev. 2009), tem cabimento o incidente.- **As contribuições previdenciárias recolhidas com atraso devem ser consideradas para efeito de carência desde que posteriores à primeira paga sem atraso e que o atraso não importe nova perda da condição de segurado (PEDILEF n.º 200670950114708 PR, Rel. Juiz Fed. Élio Wanderley de Siqueira Filho, DJ 14 abr. 2008).**- Hipótese na qual o recorrente alega que o acórdão da Turma Recursal de origem, mantendo a sentença de procedência do pedido de aposentadoria por idade, divergiria da jurisprudência dominante da TNU, segundo a qual é possível o recolhimento de contribuições em atraso, desde que haja a manutenção da qualidade de segurado.- **A TNU já firmou o entendimento quanto à possibilidade de cômputo das contribuições previdenciárias recolhidas a posteriori pelo contribuinte individual para efeitos de carência, se não houver perda da qualidade de segurado.** No caso, o acórdão recorrido afirmou expressamente não haver mais obrigatoriedade do requisito qualidade de segurado, de forma que, pagas as contribuições, mesmo a destempo, seria possível o seu cômputo para fins de carência e, consequentemente, para obtenção da aposentadoria por idade, o que diverge da jurisprudência desta TNU. **Como a recorrida não mais detinha a qualidade de segurada quando do pagamento das contribuições em atraso, referentes às competências de janeiro de 2002 até setembro de 2009, uma vez que passou mais de quatro anos sem contribuir, e tendo pago todo o período a partir do dia que completou a idade exigida para a concessão da aposentadoria por idade, tais contribuições recolhidas em atraso, após perda da qualidade de segurado, não podem ser computadas como carência, mas apenas como tempo de contribuição.**- Incidente de Uniformização conhecido

40. Incidente 200772500000920, de 21.11.2008.

> e provido para reformar a sentença e o acórdão impugnados, julgando improcedente o pedido da autora" (PEDILEF 50389377420124047000, de 08/03/2013).

Veja-se enunciado aprovado na **I Jornada de Direito da Seguridade Social do Conselho da Justiça Federal** sobre o tema:

> **ENUNCIADO 5:** Para os fins do art. 27, inciso II, da Lei n. 8.213/1991, o atraso do pagamento da contribuição previdenciária não impede a consideração deste para efeito de carência, desde que o recolhimento da contribuição seja realizado dentro do período de graça.

Sem entrar neste mérito sobre as contribuições recolhidas em atraso após a primeira tempestivamente paga, recentemente decidiu a 2ª Turma do STJ que as contribuições atrasadas pagas antes da primeira paga na data não se prestam para efeitos do período de carência:

> "PREVIDENCIÁRIO. RECURSO ESPECIAL. APOSENTADORIA URBANA POR IDADE. CONTRIBUINTE INDIVIDUAL. RECOLHIMENTO DA CONTRIBUIÇÃO PREVIDENCIÁRIA EM ATRASO. CÔMPUTO PARA EFEITO DE CARÊNCIA. IMPOSSIBILIDADE. ART. 27, II, DA LEI Nº 8.213/1991. PRECEDENTES. RECURSO ESPECIAL PROVIDO. 1. É da data do efetivo pagamento da primeira contribuição sem atraso que se inicia a contagem do período de carência quando se tratar de contribuinte individual. **2. As contribuições previdenciárias recolhidas em atraso, em período anterior ao primeiro pagamento sem atraso, não podem ser consideradas para o cômputo do período de carência, nos termos do art. 27, II, da Lei n. 8.213/1991.** Precedentes. 3. Recurso especial" (STJ, 2ª Turma, REsp 1376961, de 28/05/2013).

Mas a 3ª Seção do STJ segue o mesmo posicionamento da TNU:

> **Processo**
>
> **AR 4372** / SP
>
> AÇÃO RESCISÓRIA
>
> 2009/0225616-6
>
> **Relator(a)**
>
> Ministro ROGERIO SCHIETTI CRUZ (1158)
>
> **Revisor(a)**
>
> Ministro NEFI CORDEIRO (1159)
>
> **Órgão Julgador**
>
> S3 – TERCEIRA SEÇÃO
>
> **Data do Julgamento**
>
> 13/04/2016
>
> **Data da Publicação/Fonte**
>
> DJe 18/04/2016

**Ementa**

PREVIDENCIÁRIO. AÇÃO RESCISÓRIA. VIOLAÇÃO DE LITERAL DISPOSIÇÃO DE LEI. APOSENTADORIA. INVALIDEZ PERMANENTE. **CONTRIBUIÇÕES EFETUADAS COM ATRASO, POSTERIORMENTE AO PRIMEIRO RECOLHIMENTO EFETUADO SEM ATRASO. CÔMPUTO PARA FINS DE CARÊNCIA. POSSIBILIDADE, DESDE QUE PRESERVADA A CONDIÇÃO DE SEGURADO**. PEDIDO PROCEDENTE.

1. É da data do efetivo pagamento da primeira contribuição sem atraso que se inicia a contagem do período de carência quando se tratar de contribuinte individual. Precedentes.

2. Nos termos do art. 27, II, da Lei n. 8.213/1991, não são consideradas, para fins de cômputo do período de carência, as contribuições recolhidas com atraso, referentes a competências anteriores à data do efetivo pagamento da primeira contribuição sem atraso.

3. Impõe-se distinguir, todavia, o recolhimento, com atraso, de contribuições referentes a competências anteriores ao início do período de carência, daquele recolhimento, também efetuado com atraso, de contribuições relativas a competências posteriores ao efetivo pagamento da primeira contribuição sem atraso (início do período de carência).

4. Na segunda hipótese, desde que não haja a perda da condição de segurado, não incide a vedação contida no art. 27, II, da Lei n. 8.213/1991.

5. Hipótese em que o primeiro pagamento sem atraso foi efetuado pela autora em fevereiro de 2001, referente à competência de janeiro de 2001, ao passo que as contribuições recolhidas com atraso dizem respeito às competências de julho a outubro de 2001, posteriores, portanto, à primeira contribuição recolhida sem atraso, sem a perda da condição de segurada.

6. Efetiva ofensa à literalidade da norma contida no art. 27, II, da Lei n. 8.213/1991, na medida em que a sua aplicação ocorreu fora da hipótese que, por intermédio dela, pretendeu o legislador regular.

7. Pedido da ação rescisória procedente.

Desse modo, a inserção do §4º do artigo 28 do Decreto 3.048/99 pelo Decreto 10.410/2020 **não constitui uma inovação jurídica**, pois o lastro legal (art. 27, II, Lei 8.213/91) não foi recentemente alterado, se tratando de **mera enunciação do texto legal já existente e da jurisprudência firmada pelo STJ e TNU** mais protetiva da Previdência Social:

*"Art. 28. O período de carência é contado:*

*I – para o segurado empregado, inclusive o doméstico, e o trabalhador avulso, a partir da data de sua filiação ao RGPS; e (Redação dada pelo Decreto nº 10.410, de 2020).*

*II – para o segurado contribuinte individual, observado o disposto no § 4º do art. 26, e o segurado facultativo, inclusive o segurado especial que contribua na forma prevista no § 2º do art. 200, a partir da data do efetivo recolhimento da primeira contribuição sem atraso, e não serão consideradas, para esse fim, as contribuições recolhidas com atraso referentes a competências anteriores, observado, quanto ao segurado facultativo, o disposto nos § 3º e § 4º do art. 11. (Redação dada pelo Decreto nº 10.410, de 2020).*

*§ 1º Para o segurado especial que não contribui na forma do § 2º do art. 200, o período de carência de que trata o § 1º do art. 26 é contado a partir do efetivo exercício da atividade rural, mediante comprovação, na forma do disposto no art. 62. (Redação dada pelo Decreto nº 6.042, de 2007).*

*§ 2º O período a que se refere o inciso XVIII do art. 60 será computado para fins de carência.*

*§ 3º Para os segurados a que se refere o inciso II, optantes pelo recolhimento trimestral na forma prevista nos §§ 15 e 16 do art. 216, o período de carência é contado a partir do mês de inscrição do segurado, desde que efetuado o recolhimento da primeira contribuição no prazo estipulado no referido § 15.*

***§ 4º Para os segurados a que se refere o inciso II do caput, na hipótese de perda da qualidade de segurado, somente serão consideradas, para fins de carência, as contribuições efetivadas após novo recolhimento sem atraso, observado o disposto no art. 19-E. (Incluído pelo Decreto nº 10.410, de 2020)"***

De acordo com a **Portaria PRES/INSS 1.382, de 19.11.2021**, para o contribuinte individual autônomo, "a contribuição recolhida com atraso após a perda da qualidade de segurado não será computada para carência", alinhando-se ao STJ e TNU, devendo ser "observada a necessidade do primeiro recolhimento ser efetuado em dia, serão considerados para fins de carência os recolhimentos realizados em atraso, desde que o pagamento tenha ocorrido dentro do período de manutenção da qualidade de segurado e na mesma categoria de segurado".

Ademais, "o cômputo da carência após a perda da qualidade de segurado reinicia-se a partir do efetivo recolhimento de nova contribuição sem atraso".

Ainda de acordo com a **Portaria PRES/INSS 1.382, de 19.11.2021**, "quando se tratar de retroação da Data do Início das Contribuições – DIC, ainda que com início ocorrido dentro do período de manutenção da qualidade de segurado, após o exercício de atividade em categorias diferenciadas, a contribuição paga em atraso, independentemente da data em que foi recolhida, não será considerada para fins de carência".

Outrossim, "para os contribuintes individuais autônomos, "a contribuição recolhida com atraso após a perda da qualidade de segurado poderá ser computada para tempo de contribuição, desde que o recolhimento regularmente realizado seja anterior à data do fato gerador do benefício pleiteado".

De acordo com a **Portaria PRES/INSS 1.382, de 19.11.2021**, "para os contribuintes individuais autônomos, a contribuição recolhida com atraso após a perda da qualidade de segurado poderá ser computada para efeito de manutenção de qualidade de segurado, desde que o recolhimento regularmente realizado seja anterior à data do fato gerador do benefício pleiteado".

De acordo com a **Portaria PRES/INSS 1.382, de 19.11.2021,** "para fins de cômputo da carência, do tempo de contribuição, do Período Básico de Cálculo – PBC e da manutenção da qualidade de segurado, para os segurados contribuintes individuais autônomos, não deverão ser consideradas as contribuições efetuadas em atraso após o fato gerador, independentemente de referirem-se a competências anteriores".

**Excepcionalmente, o artigo 9º, §1º prevê que que "deve ser considerado para todos os fins o recolhimento realizado dentro do prazo legal de vencimento, mesmo que realizado após o fato gerador, sendo vedado recolhimento pós óbito".**

Trata-se de regra que permite a filiação após o risco social concretizado com efeitos retroativos no caso de benefícios por incapacidade laboral e salário-maternidade, desde que o segurado recolha a contribuição após o infortúnio, mas dentro do prazo legal de pagamento do tributo.

**Para as pessoas que burlam a legislação previdenciária, é uma porta aberta para fraudes patrocinada pelo próprio INSS**, considerando que a filiação do contribuinte individual autônomo somente ocorre (ou deveria ocorrer) com o pagamento da primeira contribuição previdenciária, não devendo retroagir para fatos geradores anteriores no caso de benefícios não programados.

Suponha-se que um autônomo tenha se inscrito no CNIS em 01/11/2021 como contribuinte individual, devendo, portanto, pagar a competência novembro/2021 até 15 de dezembro de 2021 ou no primeiro dia útil posterior, se não houver expediente bancário no dia 15/11.

Sem nada pagar e, por conseguinte, sem estar filiado, sofreu grave acidente em 10/11/2021 ficando inválido, tendo promovido em 15/11/2021 o pagamento da primeira contribuição previdenciária. Neste caso, a Autarquia irá conceder o benefício nos termos da citada portaria na via administrativa, considerando a dispensa da carência pelo acidente.

Diante da benesse administrativa, por certo o Poder Judiciário irá aderir a esse posicionamento, que, a despeito de falhar tecnicamente, é mais benéfico ao segurado.

Sobre o tema, o Enunciado 5 do CRPS tem redação dada pela **Resolução 35/CRPS**, publicada em 06/12/2021:

> *"ENUNCIADO Nº 5.*
>
> *O recolhimento em atraso de contribuições previdenciárias devidas pelo contribuinte individual exige a comprovação do efetivo exercício de atividade remunerada, na forma do art. 55, §3º da Lei nº 8.213/91.*
>
> *I – A concessão de prestações ao contribuinte individual em débito ou aos seus dependentes é condicionada ao recolhimento prévio, pelo segurado, das contribuições necessárias à reaquisição da qualidade de segurado, salvo em relação ao prestador de serviço à empresa, a partir da competência abril de 2003.*
>
> *II – Perde a qualidade de segurado o contribuinte individual que, embora em exercício de atividade remunerada, deixa de recolher suas respectivas contribuições por tempo superior ao período de graça (art. 15, §4º da Lei nº 8.213/91), salvo quando não for o responsável pelo seu recolhimento.*
>
> *III – As contribuições recolhidas em atraso pelo contribuinte individual após o período de graça não serão computadas como carência, nem para fins de manutenção da qualidade de segurado, mas apenas como tempo de contribuição.*
>
> *IV – Havendo perda da qualidade de segurado, somente serão consideradas para fins de carência as contribuições efetivadas sem atraso, após nova filiação do contribuinte individual ao Regime Geral de Previdência Social.*
>
> ***V – As contribuições do contribuinte individual empresário não se presumem descontadas e recolhidas, nos termos do art. 4º da Lei nº 10.666/03, quando exercida atividade na empresa da qual seja titular, diretor não empregado, membro de conselho de administração, sócio ou administrador não empregado.***
>
> *VI – A carência do segurado empresário até 24/07/1991, véspera da publicação da Lei nº 8.213/91, será computada a partir da data de sua filiação, podendo ser reconhecidas como carência as contribuições referentes até esta data, mesmo recolhidas em atraso, desde que comprovado o efetivo exercício de atividade nessa categoria.*

Curioso notar que o item III possui divergência com a posição da Autarquia, que é mais favorável ao segurado. Evidente que o recolhimento de contribuição pelo contribuinte individual após perda da qualidade de segurado terá o condão de readquirir a qualidade de segurado a partir da data do pagamento, sem efeitos retroativos.

Veja-se a Portaria INSS 1.382/2021:

> *"Seção III Do cômputo das contribuições em atraso para fins de manutenção da qualidade de segurado*
>
> *Art. 8º Para os segurados elencados no art. 2º, a contribuição recolhida com atraso após a perda da qualidade de segurado poderá ser computada para efeito de manutenção de qualidade de segurado, desde que o recolhimento regularmente realizado seja anterior à data do fato gerador do benefício pleiteado".*

Outrossim, entendia-se nas edições anteriores desta obra que o contribuinte individual e o segurado facultativo que optaram pelo recolhimento simplificado sobre um salário mínimo (11% e 5%), conforme faculta o artigo 21, §§ 2º e 3º, da Lei 8.212/91, ao invés da tradicional alíquota de 20% sobre o salário de contribuição, caso optem em complementar o recolhimento retroativo, com o objetivo se aposentar por tempo de contribuição, esses complementos não poderiam ser utilizados para efeito de carência, pois não efetuados mensalmente no prazo legal.

No entanto, após melhor reflexão sobre o tema mudou-se de opinião, haja vista que houve recolhimento tempestivo e o complemento é expressamente autorizado pela norma, devendo ser considerado também para fins de carência.

Ademais, para o *segurado especial*, a carência será realizada pelo exercício da atividade campesina ou pesqueira artesanal para subsistência, no período equivalente ao número de contribuições mensais exigidas, não sendo necessário o efetivo recolhimento da contribuição sobre a produção rural ou pesqueira, ante da ficção normativa de filiação automática do segurado especial.

Para o **segurado especial**, considera-se período de carência, para fins de concessão dos benefícios a que faz jus pela contribuição sobre produção rural, o **tempo mínimo de efetivo exercício de atividade rural, ainda que de forma descontínua**, igual à quantidade de meses necessária à concessão do benefício requerido, nos termos do artigo 26, §1º, do RPS, atualizado pelo Decreto 10.410/2020.

Questão das mais polêmicas é identificar qual a descontinuidade da carência para o segurado especial (qual período admitido) e, em havendo perda da qualidade de segurado especial, a exemplo do desenvolvimento de atividade urbana por largo período, se os períodos de carência como segurado especial poderão ser reunidos se houver futura reaquisição da qualidade de segurado especial.

De efeito, após a Lei 11.718/2008, admite-se que por até 120 dias no ano civil, contínuos ou intercalados, o segurado especial possa exercer atividade urbana sem perda da qualidade de segurado especial.

No que tange à junção de períodos de carência do segurado especial, a tese foi acolhida pela **TNU** no julgamento do **tema representativo de controvérsia 301**:

| Tema | 301 | Situação do tema | Julgado | Ramo do direito | DIREITO PREVIDENCIÁRIO |
|---|---|---|---|---|---|
| Questão submetida a julgamento | Saber se, à luz da exigência de que o período de exercício de atividade rural seja imediatamente anterior ao requerimento de benefício ou implemento da idade, ainda que descontínuo, conforme arts. 39, i, 48, §2º e 143, todos da Lei 8.213/91, o exercício de atividade urbana por mais de 120 dias, corridos ou intercalados, no ano civil, na vigência da Lei 11.718/2008, implica, além da perda da qualidade de segurado especial, ruptura do perfil de trabalhador rural e interrupção da contagem do tempo de atividade rural (carência), impedindo o somatório dos períodos de atividade campesina anterior e posterior ao vínculo urbano que extrapolou o limite legal, exigindo nova contagem integral do intervalo exigido por lei para a aposentadoria por idade rural pura. | | | | |
| Tese firmada | Cômputo do Tempo de Trabalho Rural **I. Para a aposentadoria por idade do trabalhador rural não será considerada a perda da qualidade de segurado nos intervalos entre as atividades rurícolas.** Descaracterização da condição de segurado especial II. A condição de segurado especial é descaracterizada a partir do 1º dia do mês seguinte ao da extrapolação dos **120 dias de atividade remunerada no ano civil** (Lei 8.213/91, art. 11, § 9º, III); III. Cessada a atividade remunerada referida no item II e comprovado o retorno ao trabalho de segurado especial, na forma do art. 55, parag. 3o, da Lei 8.213/91, o trabalhador volta a se inserir imediatamente no VII, do art. 11 da Lei 8.213/91, ainda que no mesmo ano civil. | | | | |
| **Processo** | **Decisão de afetação** | **Relator (a)** | **Julgado em** | **Acórdão publicado em** | **Trânsito em julgado** |
| PEDILEF 0501240-10.2020.4.05.8303/PE | 17/03/2022 | Juiz Federal Neian Milhomem Cruz – para acórdão: Juiz Federal Fábio de Souza Silva | 15/09/2022 | 16/09/2022 | 24/10/2022 |

Embora na prática haja largo indeferimento administrativo pela Autarquia, **neste tema 301 o INSS apresentou tese favorável ao segurado especial por meio da sua Diretoria de Benefícios**. Veja-se passagem do voto vencedor na TNU:

> *"5. A aposentadoria por idade do trabalhador rural, prevista no art. 48, § 1º da Lei 8.213/91, será devida aos 60 anos de idade para o homem e aos 55 anos de idade para a mulher, desde que comprovado o efetivo exercício de atividade rural, ainda que de forma descontínua, no período imediatamente anterior ao requerimento do benefício, por tempo igual ao número de meses de contribuição correspondente à carência.*
>
> *6. Nos termos do art. 25, II da Lei 8.2132/91, a carência para aposentadoria por idade é de 180 contribuições mensais. Desse modo, é possível resumir a exigência*

*nos seguintes termos: comprovação, no período imediatamente anterior ao requerimento do benefício, do efetivo exercício de atividade rural por 180 meses, ainda que de forma descontínua.*

*7. A controvérsia apresentada neste incidente está relacionada à compatibilização das expressões "imediatamente anterior" e "ainda que de forma descontínua". A correta interpretação de cada uma dessas expressões é essencial para a construção da solução jurídica adequada.*

*8. De início, não há qualquer espaço hermenêutico para se afirmar que os 180 meses de atividade rural devem ocorrer de modo contínuo, contados retroativamente da data do requerimento. Afinal, a lei expressamente garante o cômputo de períodos de trabalho rural de modo descontínuo. Assim, fora de dúvida a possibilidade de soma de atividades rurais, ainda que intercaladas por período de atividade urbana.*

***9. A dúvida consiste em saber se, de alguma forma, o tempo que separa os períodos de atividade rural pode afetar o direito à aposentadoria por idade. Apresentando a questão na forma de exemplos,** é necessário aferir se a lei faz distinção entre casos como os seguintes:*

*a. Homem exerceu atividade rural por 12 anos; em seguida exerceu atividade urbana por 6 meses; voltou a exercer atividade rural por 3 anos, quando completa 60 anos de idade.*

*b. Homem exerceu atividade rural por 12 anos; em seguida exerceu atividade urbana por 40 meses; voltou a exercer atividade rural por 3 anos, quando completa 60 anos de idade.*

*c. Homem exerceu atividade rural por 12 anos; em seguida exerceu atividade urbana por 10 anos; voltou a exercer atividade rural por 3 anos, quando completa 60 anos de idade.*

***10. O acórdão recorrido associa a exigência de trabalho rural em período "imediatamente anterior ao requerimento" à previsão do art. 11, § 9º, III da Lei 8.213/91, para afirmar que um intervalo superior a 120 dias entre dois períodos de atividade rural, torna o primeiro "remoto" e o exclui da contagem do prazo exigido pelo art. 48, § 2º da Lei 8.213/91. De acordo com esse entendimento, não haveria direito ao benefício em qualquer dos exemplos acima.***

***11. Outra parcela da jurisprudência extrai da expressão "imediatamente anterior ao requerimento" uma proibição à descontinuidade ou interrupção da atividade rural por tempo superior ao equivalente ao período de graça (12, 24 ou 36 meses). O voto do Relator, Juiz Federal Ivanir Cesar Ireno Junior, acolhe tal compreensão, afirmando que, quando o segurado se afasta da atividade rural por mais de 36 meses, a contagem do tempo rural é interrompida, impedindo a utilização do período anterior na concessão da aposentadoria por idade rural, por ter se tornado remoto. Essa corrente, reconheceria o direito à aposentadoria no exemplo a, mas o rejeitaria nos exemplos b e c.***

*12. Com a máxima vênia, apesar das importantes razões lançadas nas fundamentações do acórdão recorrido e no voto do Relator, essas posições não refletem a interpretação adequada do art. 48, §2º da Lei 8.213/91, pois atribuem à exigência de trabalho rural em período imediatamente anterior ao requerimento uma dimensão que não pode ser extraída do texto legal. A categoria "tempo rural remoto" não encontra previsão na lei, inexistindo qualquer indicação de prazo máximo para aproveitamento de períodos de trabalho rural. Mais do que isso, carece de sentido e tangencia uma interpretação contra legem, a criação de um prazo de interrupção gerador do chamado "tempo remoto", pois ignora a expressa autorização legal para a contagem modo descontínuo. Distinguir descontinuidade e interrupção pelo lapso temporal decorrido entre atividades rurais é criar um critério restritivo em sentido oposto ao indicado no texto normativo.*

...

***18. De modo ainda mais claro, a Diretoria de Benefícios do INSS, por meio do art. 267 da Portaria DIRBEN/INSS nº 991, de 28 de março de 2022 assim estabelece:***

*Art. 267. Para a aposentadoria por idade do trabalhador rural não será considerada a perda da qualidade de segurado nos intervalos entre as atividades rurícolas, devendo, entretanto, estar o segurado exercendo a atividade rural ou em período de graça decorrente de atividade rural na DER ou na data em que implementou todas as condições exigidas para o benefício, observado o disposto no art. 269.*

***19. A manifestação do INSS, juntada aos autos no evento 69, retira qualquer dúvida a respeito da posição da autarquia sobre o tema, quando se refere à IN 128/2022:***

***O artigo 259, combinado com o artigo 201, esclarece que, ainda que ocorra a perda da qualidade de segurado rural entre os períodos de atividade rural, os mesmos poderão ser computados para fins de carência. Significa dizer que todos os períodos de atividade rural poderão ser somados para fins de carência, ainda que entre eles tenha ocorrido a perda da qualidade de segurado, independente do motivo (exercício de atividade urbana, período sem exercício de atividade), não sendo necessário a partir do retorno à atividade rural cumprir toda a carência, tendo em vista a possibilidade de comprovação da atividade rural de forma descontínua, prevista no art. 39, I, da Lei nº 8.213, de 24 de julho de 1991".***

Desse modo, a TNU:

A) Admitiu a tese que a perda da qualidade de segurado especial se dá após o exercício de atividade urbana por mais de 120 dias no ano civil;

B) Admitiu a soma de períodos diferentes de carência do segurado especial, se intercalados por atividade urbana que acarretou a perda da qualidade de segurado especial.

O problema é que existem precedentes divergentes do E. STJ, que inadmitem a junção dos períodos de carência do segurado especial:

**PROCESSO**

AgInt no REsp **1768946** / PR

AGRAVO INTERNO NO RECURSO ESPECIAL

2018/0248700-6

RELATOR

Ministro MANOEL ERHARDT (DESEMBARGADOR CONVOCADO DO TRF5) (8410)

ÓRGÃO JULGADOR

T1 – PRIMEIRA TURMA

DATA DO JULGAMENTO

03/10/2022

DATA DA PUBLICAÇÃO/FONTE

DJe 05/10/2022

EMENTA

PROCESSUAL CIVIL E PREVIDENCIÁRIO. AGRAVO INTERNO NO RECURSO ESPECIAL. APOSENTADORIA RURAL POR IDADE. VÍNCULOS URBANOS. ART. 11, § 9º, III, DA LEI 8.213/1991 COM A REDAÇÃO ANTERIOR À LEI 11.718/2008. EXERCÍCIO DE ATIVIDADE URBANA NO PERÍODO DE CARÊNCIA. ADOÇÃO, POR ANALOGIA, DOS PRAZOS DO PERÍODO DE GRAÇA. ART. 15 DA LEI 8.213/1991. PERDA DA QUALIDADE DE SEGURADO ESPECIAL. REVALORAÇÃO DAS PROVAS. POSSIBILIDADE. NÃO INCIDÊNCIA DA SÚMULA 7/STJ. AGRAVO INTERNO A QUE SE NEGA PROVIMENTO. 1. A jurisprudência do Superior Tribunal de Justiça orienta-se no sentido de que o exercício de atividade urbana, por si só, não afasta a condição de segurado especial. Assim, o trabalhador que implemente a idade mínima e comprove o exercício de atividade rural, ainda que de forma descontínua, por tempo igual ao número de meses correspondentes à carência exigida, faz jus ao benefício de aposentadoria rural por idade, nos moldes definidos no art. 143 da Lei 8.213/1991. 2. Com o advento da Lei 11.718/2008, ficou definido que o exercício de atividade remunerada não superior a 120 (cento e vinte) dias, corridos ou intercalados, correspondentes ao período de entressafra, não descaracterizava a condição de segurado especial. No que toca ao período de serviço rural exercido anteriormente à Lei 11.718/2008, diante da ausência de previsão legal para disciplinar os períodos descontínuos de atividade rural permitidos, esta Corte Superior decidiu, no julgamento do AgRg no REsp 1.354.939/CE, de relatoria do Ministro ARNALDO ESTEVES LIMA, ser possível a aplicação analógica do art. 15 da Lei 8.213/1991, que dispõe sobre a manutenção da qualidade de segurado àquele que, por algum motivo, deixa de exercer a atividade contributiva durante o denominado período de graça. 3. Para se chegar à conclusão de que a parte não possuía a qualidade de segurada especial, bastou analisar os elementos constantes no próprio acórdão recorrido, sendo inaplicável a Súmula 7/STJ. A revaloração jurídica dos fatos já delineados pelas instâncias ordinárias é admitida nesta instância especial. 4. Agravo interno a que se nega provimento.

Neste precedente, e em vários outros, o STJ entende que o período de carência do segurado especial deve ser formado no período imediatamente anterior à data do requerimento administrativo. Veja-se o inteiro teor:

*"1. O recurso não merece prosperar. 2. Inicialmente, é importante ressaltar que o presente recurso atrai a incidência do Enunciado Administrativo 3 do STJ, segundo o qual aos recursos interpostos com fundamento no CPC/2015 (relativos a decisões publicadas a partir de 18 de março de 2016) serão exigidos os requisitos de admissibilidade recursal na forma do novo CPC. 3. No caso dos autos, foi dado provimento ao recurso especial do INSS para afastar o reconhecimento da qualidade de segurado especial da parte recorrida, ora agravante. 4. A jurisprudência do Superior Tribunal de Justiça orienta-se no sentido de que o exercício de atividade urbana, por si só, não afasta a condição de segurado especial. Assim, o trabalhador que implemente a idade mínima e comprove o exercício de atividade rural, ainda que de forma descontínua, por tempo igual ao número de meses correspondentes à carência exigida, faz jus ao benefício de aposentadoria rural por idade, nos moldes definidos no art. 143 da Lei 8.213/1991. 5. Com o advento da Lei 11.718/2008, ficou definido que o exercício de atividade remunerada não superior a 120 (cento e vinte) dias, corridos ou intercalados, correspondentes ao período de entressafra, não descaracterizava a condição de segurado especial. No que toca ao período de serviço rural exercido anteriormente à Lei 11.718/2008, diante da ausência de previsão legal para disciplinar os períodos descontínuos de atividade rural permitidos, esta Corte Superior decidiu, no julgamento do AgRg no REsp 1.354.939/CE, de relatoria do Ministro ARNALDO ESTEVES LIMA, ser possível a aplicação analógica do art. 15 da Lei 8.213/1991, que dispõe sobre a manutenção da qualidade de segurado àquele que, por algum motivo, deixa de exercer a atividade contributiva durante o denominado período de graça. 6. Confira-se, por oportuno, a ementa do aludido julgado: PREVIDENCIÁRIO. AGRAVO REGIMENTAL NO RECURSO ESPECIAL. SEGURADO ESPECIAL. ART. 11, § 9º, III, DA LEI 8.213/91 COM A REDAÇÃO ANTERIOR À LEI 11.718/08. EXERCÍCIO DE ATIVIDADE URBANA NO PERÍODO DE CARÊNCIA. ADOÇÃO, POR ANALOGIA, DOS PRAZOS DO PERÍODO DE GRAÇA. ART. 15 DA LEI 8.213/91. AGRAVO NÃO PROVIDO. **1. Os arts. 39, I, e 143 da Lei 8.213/91 dispõem que o trabalhador rural enquadrado como segurado obrigatório no Regime Geral de Previdência Social na forma da VII do art. 11 [segurado especial], tem direito a requerer aposentadoria por idade, no valor de um salário mínimo, desde que comprove o exercício de atividade rural, ainda que descontínua, no período imediatamente anterior ao requerimento do benefício, em número de meses idêntico à carência do referido benefício.** 2. A norma previdenciária em vigor à época do ajuizamento da ação, antes do advento da Lei 11.718/08, não especificava, de forma objetiva, quanto tempo de interrupção na atividade rural seria tolerado para efeito da expressão legal "ainda que de forma descontínua". 3. A partir do advento da Lei 11.718/08, a qual incluiu o inciso III do § 9º do art. 11 da Lei 8.213/91, o legislador possibilitou a manutenção da qualidade de segurado especial quando o rurícola deixar de exercer atividade rural por período não superior a cento e vinte dias do ano civil, corridos ou intercalados, correspondentes ao período de entressafra. Todavia, a referida regra, mais gravosa e restritiva de direito, é inaplicável quando o exercício da atividade for anterior à inovação legal. 4. A teor do disposto nos arts. 4º e 5º da Lei de Introdução às Normas de Direito Brasileiro – LINDB, diante da ausência de parâmetros específicos indicados pelo legislador originário,*

*mostra-se mais consentânea com o princípio da razoabilidade a adoção, de forma analógica, da regra previdenciária do art. 15 da Lei 8.213/91, que garante a manutenção da qualidade de segurado, o chamado "período de graça". 5. Demonstrado que a parte recorrente exerceu atividade urbana por período superior a 24 (vinte e quatro) meses no período de carência para a aposentadoria rural por idade, forçosa é a manutenção do acórdão recorrido. 6. Agravo regimental não provido. (AgRg no REsp n. 1.354.939/CE, relator Ministro ARNALDO ESTEVES LIMA, PRIMEIRA TURMA, julgado em 16/6/2014, DJe de 1º/7/2014.) 7. In casu, o Tribunal de origem entendeu que o exercício de atividades urbanas durante o período de carência não obstava a concessão da aposentadoria por idade rural, adotando a seguinte fundamentação: De fato, conforme registros de CTPS (evento 1, out 15) e informações prestadas em depoimento pessoal, ocorreu descontinuidade do labor rural nos períodos de 01-01-1994 a 28-02-1995 e 01-04-2001 a 10-05-2006, no qual foi exercida a atividade de empregada doméstica. Tal fato, porém, não obsta à concessão do benefício, visto que o conjunto probatório demonstra que após o último vínculo urbano a demandante retornou ao labor como boia-fria e permaneceu exercendo esta atividade até a data do implemento do requisito etário e do requerimento administrativo. No caso, tendo a autora já retornado ao efetivo desempenho do labor rural nos últimos 7 anos antes do requerimento administrativo, não é possível que se adote entendimento restritivo quanto ao conceito de descontinuidade, o que acabaria por deixar ao desamparo segurados que desempenharam longos períodos de atividade rural, mas por terem intercalado períodos significativos de atividade urbana ou mesmo de inatividade, restariam excluídos da proteção previdenciária (fls. 317/318). 8. Diante desse quadro, uma vez demonstrado que a parte exerceu atividade urbana por seis anos no período de carência para a concessão do benefício, correta a decisão agravada em reconhecer a perda da qualidade de segurado especial da ora agravante. **9. Ainda que conste na decisão que houve descaracterização do labor exercido em regime de economia familiar e o caso trate de trabalhadora rural boia-fria/diarista, a conclusão segue a mesma, visto que a descontinuidade do trabalho agrícola não pode se dar em tempo superior ao previsto na legislação para a manutenção da qualidade de segurado (prazo máximo de período de graça).** Nesse sentido: PROCESSUAL CIVIL E PREVIDENCIÁRIO. PREQUESTIONAMENTO E SÚMULA 7 DO STJ. CASO CONCRETO. INAPLICABILIDADE. APOSENTADORIA RURAL. EXERCÍCIO DE ATIVIDADE URBANA. PERÍODO. PRAZO DE CARÊNCIA. SEGURADA ESPECIAL. PERDA. 1. Não assiste razão à parte agravante quando alega que faltaria o prequestionamento sobre o tema objeto do recurso especial da autarquia – perda da qualidade de segurada da parte autora -, pois, conquanto não seja exigida a menção expressa do dispositivo de lei federal, a admissibilidade do recurso na instância excepcional pressupõe que a Corte de origem, e não apenas as partes, tenha se manifestado sobre a tese jurídica apontada pelo recorrente. Inteligência da Súmula 282 do STF. 2. Afasta-se a arguição de não conhecimento do recurso especial em virtude do óbice da Súmula 7 do STJ, por ser incontroverso nos autos, com base em informações tanto do inteiro teor do acórdão recorrido quanto da sentença, que a parte autora esteve afastada das lides agrícolas por mais de cinco anos, em outra categoria de segurado. 3. A Primeira Turma desta Corte, no julgamento* *do AgRg no REsp n.1.354.939/CE, decidiu pela aplicação analógica do art. 15 da Lei n.8.213/1991, que dispõe sobre a manutenção da qualidade de segurado àquele que, por algum motivo, deixa de exercer a atividade contributiva por até 24 (vinte e quatro) meses, o denominado "período de graça". 4. Demonstrado que a agravante exerceu atividade urbana por período superior a 24 (vinte e quatro) meses no período de carência para a aposentadoria rural por idade, forçosa é a manutenção da decisão agravada. 5. Agravo interno desprovido. (AgInt nos EDcl no AREsp n. 1.771.821/RS, relator Ministro Gurgel de Faria, Primeira Turma, julgado em 23/5/2022, DJe de 25/5/2022.) PREVIDENCIÁRIO. AGRAVO INTERNO NO RECURSO ESPECIAL. APOSENTADORIA POR IDADE RURAL. PERDA DA QUALIDADE DE SEGURADO ESPECIAL. ATIVIDADE URBANA. TEMPO DE SERVIÇO RURAL. DESCONTINUIDADE. DESCARACTERIZAÇÃO. CARÊNCIA NÃO COMPROVADA. 1. A jurisprudência desta Corte Superior entende que há a descaracterização da atividade rural e a perda da qualidade de segurado quando a interrupção de período laboral é superior à assinalada pela legislação previdenciária. 2. Em decorrência do contexto acima descrito, a segurada não detém, no período imediatamente anterior ao requerimento de aposentadoria, o tempo necessário à concessão do benefício, conforme entendimento firmado em recurso especial repetitivo (REsp 1.354.908/SP, Rel. Ministra Mauro Campbell Marques, Primeira Seção, julgado em 9/9/2015, DJe 10/2/2016). 3. Agravo interno a que se nega provimento. (AgInt no REsp n. 1.590.573/PR, relator Ministro Og Fernandes, Segunda Turma, julgado em 11/9/2018, DJe de 18/9/2018.) 10. Ainda, para se chegar à conclusão de que a parte não possuía a qualidade de segurada especial, bastou analisar os elementos constantes no próprio acórdão recorrido, sendo inaplicável a Súmula 7/STJ. A revaloração jurídica dos fatos já delineados pelas instâncias ordinárias é admitida nesta instância especial. A propósito: PROCESSUAL CIVIL. ADMINISTRATIVO. SERVIDOR PÚBLICO. RECURSO ESPECIAL. AGRAVO DE INSTRUMENTO EM SEDE DE CUMPRIMENTO DE SENTENÇA. ALEGAÇÃO DE AFRONTA AO ART. 1.022 DO CPC. NÃO OCORRÊNCIA. DESCUMPRIMENTO DE OBRIGAÇÃO DE FAZER CONTIDA NO TÍTULO EXECUTIVO JUDICIAL. OFENSA À COISA JULGADA CARACTERIZADA. 1. No caso concreto, não há falar em afronta ao art. 1.022 do CPC, uma vez que o Tribunal de origem dirimiu, fundamentadamente, as questões que lhe foram submetidas e apreciou integralmente a controvérsia posta nos autos, não se podendo, de acordo com a jurisprudência do Superior Tribunal de Justiça, confundir julgamento desfavorável ao interesse da parte com negativa ou ausência de prestação jurisdicional. 2. Nos termos da jurisprudência deste Superior Tribunal, "não se aplica o preceituado no enunciado da Súmula n. 7/STJ no caso de mera revaloração jurídica das provas e dos fatos. No entanto, exige-se, para isso, que todos os elementos fático-probatórios estejam devidamente descritos no acórdão recorrido, sendo, portanto, desnecessária a incursão nos autos em busca de substrato fático para que seja delineada a nova apreciação jurídica" (AgInt no REsp 1.799.947/SP, Rel. Ministro OG FERNANDES, SEGUNDA TURMA, DJe 17/12/2021). 3. Hipótese em que se extrai do acórdão recorrido que a sentença proferida na ação de conhecimento abarcava uma obrigação de fazer (nomeação dos ora recorrentes com data retroativa àquela em que deveriam ter sido nomeados, acaso aprovados no exame psicotécnico primeiramente realizado) e outra de pagar (referente à remuneração pretérita que os ora recorrentes deixaram de perceber em virtude de não terem sido nomeados no momento oportuno pela Administração). 4. Como também se extrai do acórdão impugnado, aludida sentença restou parcialmente reformada pelo Tribunal a quo, mas apenas no tocante à obrigação de pagar, remanescendo inalterada sua parcela concernente à obrigação de fazer, sendo esta última, por isso, alcançada pela imutabilidade resultante da coisa julgada. 5. Inexistindo nos autos notícia de que o título executivo judicial assim formado tenha sido posteriormente rescindido quanto à referida obrigação de fazer, tem-se que o acórdão recorrido, ao chancelar a recalcitrância da União em dar cumprimento à obrigação de fazer, incorreu em desenganada ofensa à coisa julgada. 6. Recurso especial dos autores conhecido e provido. (REsp n. 1.907.723/PR, relator Ministro Sérgio Kukina, Primeira Turma, julgado em 7/6/2022, DJe de 14/6/2022.) AGRAVO INTERNO NO RECURSO ESPECIAL. AÇÃO DE EXECUÇÃO. CUMPRIMENTO DE SENTENÇA. REVALORAÇÃO DE PROVAS. POSSIBILIDADE. NÃO INCIDÊNCIA DO ENUNCIADO N.º 7/STJ. PENHORA. NÃO CABIMENTO. PRECEDENTES ESPECÍFICOS. 1. A revaloração da prova constitui em atribuir o devido valor jurídico a fato incontroverso, sobejamente reconhecido nas instâncias ordinárias, prática admitida em sede de recurso especial, razão pela qual não incide o óbice previsto no Enunciado n.º 7/STJ. 2. De acordo com entendimento do STJ, a legislação não faz distinção entre os tipos de contas ou cadernetas de poupança, sendo incabível a penhora de valores inferiores a quarenta salários mínimos nelas depositadas. 3. Não apresentação pela parte agravante de argumentos novos capazes de infirmar os fundamentos que alicerçaram a decisão agravada. 4. AGRAVO INTERNO DESPROVIDO. (AgInt no REsp n. 1.494.266/RO, relator Ministro Paulo de Tarso Sanseverino, Terceira Turma, julgado em 17/8/2017, DJe de 30/8/2017.) 11. Ante o exposto, nego provimento ao agravo interno de MARIA APARECIDA DOS SANTOS. 12. É como voto".*

Dessa forma, a posição do STJ é a seguinte:

A) Admitiu a tese que a perda da qualidade de segurado especial se dá após o exercício de atividade urbana por mais de 120 dias no ano civil, utilizando os prazos de períodos de graça se anterior à vigência da Lei 11.718/2008;

B) Não admitiu a soma de períodos diferentes de carência do segurado especial, se intercalados por atividade urbana que acarretou a perda da qualidade de segurado especial, exigindo carência um único período antes da DER.

Deveras, note-se que **o termo inicial da carência será o primeiro dia da competência recolhida.** Logo, se um contribuinte individual recolhe a competência de fevereiro até o dia 15 de março, será considerado o dia 1º de fevereiro como o *dies a quo* do cálculo da carência, mesmo que o exercício do trabalho tenha se operado no fim do mês.

Vale salientar que o segurado empregado, o trabalhador avulso e o contribuinte individual que prestar serviços à pessoa jurídica (este último a partir da competência 04/2003) têm em seu favor a presunção absoluta de recolhimento das suas contribuições previdenciárias, a teor do artigo 33, §5º, da Lei 8.212/91, pois a responsabilidade tributária é da empresa, sendo apenas necessário comprovar a relação de trabalho e o valor da remuneração.

Já para o empregado doméstico inexistia esta presunção, devendo ser demonstrado antigamente o pagamento das suas contribuições previdenciárias, apesar de a responsabilidade ser do empregador doméstico. Caso inexistissem os pagamentos, se for comprovado o exercício da atividade laboral pelo período exigido, o segurado doméstico recebia o benefício no valor mínimo, na forma do artigo 36, da Lei 8.213/91[41].

No entanto, com o advento da Lei Complementar 150/2015, o empregado doméstico passou a ter a mesma presunção de recolhimento que já beneficiava o empregado, tendo sido modificado o artigo 27 e tacitamente revogado o artigo 36, da Lei 8.213/91.

No que concerne ao contribuinte individual que não presta serviços a pessoa jurídica, bem como o segurado facultativo, como os mesmos são os responsáveis tributários pela arrecadação, deverão ser vertidas em dia as contribuições previdenciárias para consecução da carência.

De efeito, as contribuições vertidas para Regime Próprio de Previdência Social serão consideradas para todos os efeitos, inclusive para os de carência[42], na hipótese de migração do trabalhador para o RGPS.

Nesse sentido, nos termos da **Orientação Normativa SPS 10/1999**, o tempo de contribuição do servidor público no âmbito do regime próprio de previdência social será considerado no Regime Geral de Previdência Social para todos os efeitos, inclusive para os de carência.

Este regramento se aplica ao segurado que ingressar no RGPS após o afastamento do regime próprio de previdência social em período não superior a:

> I – vinte e quatro meses, quando o tempo de contribuição no regime próprio de previdência social for superior a cento e vinte meses; ou
>
> II – doze meses, quando o tempo de contribuição no regime próprio de previdência social for igual ou inferior a cento e vinte meses.

Outrossim, será considerado para o cômputo da carência o período de atividade dos auxiliares locais de nacionalidade brasileira no exterior, amparados pela Lei nº 8.745, de 1993, anteriormente a 1º de janeiro de 1994, desde que

---

41. Art. 36. Para o segurado empregado doméstico que, tendo satisfeito as condições exigidas para a concessão do benefício requerido, não comprovar o efetivo recolhimento das contribuições devidas, será concedido o benefício de valor mínimo, devendo sua renda ser recalculada quando da apresentação da prova do recolhimento das contribuições.

42. Artigo 26, §5º, do RPS.

sua situação previdenciária esteja regularizada junto ao Instituto Nacional do Seguro Social[43].

Por outro lado, **não é computado para efeito de carência o tempo de atividade do trabalhador rural anterior à competência novembro de 1991, por expressa exclusão legal**[44].

O período de carência será computado:

> I – **para o segurado empregado, empregado doméstico (LC 150/2015), o trabalhador avulso e o contribuinte individual que presta serviços a pessoa jurídica (este a partir da competência 04/2003)**, da data de filiação ao Regime Geral de Previdência Social, ou seja, a partir do exercício de atividade laborativa remunerada;
>
> II – **para o segurado contribuinte individual que não presta serviços à pessoa jurídica, o facultativo e o segurado especial que contribui facultativamente (20% salário de contribuição)**, da data do efetivo recolhimento da primeira contribuição sem atraso, não sendo consideradas para esse fim as contribuições recolhidas com atraso referentes a competências anteriores;
>
> III – **para o segurado especial**, a partir do efetivo exercício da atividade rural ou pesqueira artesanal para fins de subsistência sem o auxílio de empregados permanentes.

Ou seja, para o segurado empregado, empregado doméstico, o trabalhador avulso e o contribuinte individual prestador de serviços à pessoa jurídica (este a partir da competência de 04.2003), basta o exercício da atividade remunerada para se iniciar o cômputo da carência, vez que a responsabilidade tributária pelo pagamento das contribuições previdenciárias é exclusiva da empresa, a teor do artigo 33, §5º, da Lei 8.212/91, presumindo-se de maneira absoluta o pagamento.

Entende-se que a presunção de recolhimento da contribuição previdenciária em favor do empregado doméstico deverá retroagir à vigência da LC 150/2015, pois se trata de correção de discriminação negativa por omissão, na medida em que a responsabilidade tributária de recolher já era do empregador doméstico.

Por outro lado, o contribuinte individual que trabalha por conta própria e o segurado facultativo deverão comprovar o recolhimento tempestivo das contribuições previdenciárias para integralização da carência.

No caso do segurado facultativo e do contribuinte individual que trabalha por conta própria a justificativa dessa regra é que é deles a responsabilidade tributária pelo pagamento, pois inexiste empresa a ser responsabilizada.

---

43. Artigo 28, §2º, do RPS.

44. Artigo 26, §3º, do RPS – Artigo 55, §2º, da Lei 8213/91.

Já para o segurado especial, para a realização da carência, bastará a demonstração do efetivo exercício da atividade rural ou pesqueira artesanal para fins de subsistência sem o auxílio de empregados permanentes.

## 6.2. Exigência de carência

**Nos termos do artigo 25 da Lei 8.213/91, as aposentadorias voluntárias exigem 180 recolhimentos mensais de período de carência:**

> *Art. 25. A concessão das prestações pecuniárias do Regime Geral de Previdência Social depende dos seguintes períodos de carência, ressalvado o disposto no art. 26:*
>
> ...
>
> ***II – aposentadoria por idade, aposentadoria por tempo de serviço e aposentadoria especial: 180 contribuições mensais.*** *(Redação dada pela Lei nº 8.870, de 1994)*

**REFORMA CONSTITUCIONAL DE 2019**

Com o advento da Emenda 103/2019, a aposentadoria por tempo de contribuição sem idade mínima foi extinta (salvo direito adquirido formado até 13/11/2019), nascendo a **aposentadoria por idade e tempo de contribuição** com requisitos cumulativos, devendo o artigo 25 da Lei 8.213/91 ser interpretado conforme a Constituição para sujeitar este benefício ao período de carência de 180 contribuições mensais.

Essa aposentadoria por idade e tempo de contribuição, que também exige período de carência de 180 contribuições mensais, passou a ser chamar de aposentadoria programada, nos termos do artigo 26 do RPS, atualizado pelo Decreto 10.410/2020:

> "Art. 29. A concessão das prestações pecuniárias do Regime Geral de Previdência Social, ressalvado o disposto no art. 30, depende dos seguintes períodos de carência:
>
> I – doze contribuições mensais, nos casos de auxílio por incapacidade temporária e aposentadoria por incapacidade permanente; e (Redação dada pelo Decreto nº 10.410, de 2020).
>
> **II – cento e oitenta contribuições mensais, nos casos de aposentadoria programada, por idade do trabalhador rural e especial;** (Redação dada pelo Decreto nº 10.410, de 2020).
>
> III – dez contribuições mensais, no caso de salário-maternidade, para as seguradas contribuinte individual, especial e facultativa, respeitado o disposto no § 2º do art. 93 e no inciso II do art. 101. (Redação dada pelo Decreto nº 3.452, de 2000)
>
> IV – vinte e quatro contribuições mensais, no caso de auxílio-reclusão. (Incluído pelo Decreto nº 10.410, de 2020)".

Contudo, **nas hipóteses das aposentadorias por idade, tempo de contribuição e especial, para os filiados ao RGPS até 24.07.1991, existe uma**

**regra de transição para a integralização da carência**, pois no regime anterior exigia-se apenas 60 contribuições mensais.

Assim, levando-se em conta o ano em que o segurado implementar todas as condições necessárias à obtenção do benefício, será obedecida a seguinte tabela, inserta no artigo 142, da Lei 8.213/91:

| Ano de implementação das condições | Meses de contribuição exigidos |
|---|---|
| 1991 | 60 meses |
| 1992 | 60 meses |
| 1993 | 66 meses |
| 1994 | 72 meses |
| 1995 | 78 meses |
| 1996 | 90 meses |
| 1997 | 96 meses |
| 1998 | 102 meses |
| 1999 | 108 meses |
| 2000 | 114 meses |
| 2001 | 120 meses |
| 2002 | 126 meses |
| 2003 | 132 meses |
| 2004 | 138 meses |
| 2005 | 144 meses |
| 2006 | 150 meses |
| 2007 | 156 meses |
| 2008 | 162 meses |
| 2009 | 168 meses |
| 2010 | 174 meses |
| 2011 | 180 meses |

Note-se que a regra de transição incidiu até o ano de 2010, pois os segurados antigos que preencheram os requisitos em 2011 em diante terão que realizar a carência de 180 contribuições mensais.

Para a concessão da aposentadoria por idade, vale ressaltar que o entendimento da Previdência Social para a incidência da transcrita tabela tem sido mais favorável aos segurados, pois está sendo considerado o ano em que o segurado completou a idade mínima para o deferimento do benefício, mesmo que a carência tenha sido integralizada posteriormente **("congelamento" da carência)**, conforme explicitado na questão 21, do Parecer CONJUR/MPS 616/2010.

Logo, como a aposentadoria por idade para os homens será concedida aos 65 anos de idade (idade mantida pela Emenda 103/2019), em regra, se um segurado completou essa idade em 1993 terá que realizar a carência de 66 contribuições mensais, mesmo que apenas em 1995 integralize a carência, não sendo necessário atingir 78 contribuições mensais.

Esse também é o posicionamento da TNU, que no dia 24 de novembro de 2011 aprovou a Súmula 44:

> **"Súmula 44 – Para efeito de aposentadoria por idade urbana, a tabela progressiva de carência prevista no art. 142 da Lei nº 8.213/91 deve ser aplicada em função do ano em que o segurado completa a idade mínima para concessão do benefício, ainda que o período de carência só seja preenchido posteriormente" (precedente: PEDILEF 0022551-92208.4.01.3600".**

No mesmo sentido o STJ:

> "PREVIDENCIÁRIO. APOSENTADORIA POR IDADE. TRABALHADORA URBANA. SEGURADA INSCRITA NO RGPS ANTES DA EDIÇÃO DA LEI 8.213/91. APLICAÇÃO DA REGRA DE TRANSIÇÃO PREVISTA NO ART. 142 DA LEI DE BENEFÍCIOS. CARÊNCIA MÍNIMA CUMPRIDA. AGRAVO REGIMENTAL A QUE SE NEGA PROVIMENTO.
>
> 1. Para a concessão da aposentadoria por idade, de acordo com o artigo 48 da Lei 8.213/91, o segurado urbano deve preencher dois requisitos: a) idade mínima de 65 (sessenta e cinco) anos, se homem e 60 (sessenta) anos, se mulher; b) cumprimento da carência mínima exigida por lei.
>
> 2. Aplica-se aos segurados urbanos inscritos no RGPS antes de 24 de julho de 1991, data da publicação da Lei 8.213, a regra de transição prevista no artigo 142 da citada Lei.
>
> **3. De acordo com a regra de transição do artigo 142 da Lei 8.213/91, o segurado que, no ano de 2001, implementar todas as condições necessárias à obtenção do benefício precisará comprovar 120 (cento e vinte) meses de contribuição.**
>
> **4. A agravada se filiou ao RGPS em 1986 e em 2001, quando completou 60 (sessenta) anos de idade, apresentava carência de 121 (cento e vinte e um) meses de contribuição.**
>
> 5. Tendo a agravada contribuído por período superior ao exigido pela Lei 8.213/91, possui direito à concessão do benefício de aposentadoria por idade.
>
> 6. Agravo Regimental a que se nega provimento (STJ, AgRg no REsp 699452, de 05/02/2013).

Na hipótese de segurado filiado até 24.07.1991 e que posteriormente perdeu a condição de segurado por não mais contribuir, uma vez ultrapassado o período de graça, não mais se aplicará a tabela de transição, pois houve a extinção da relação jurídica previdenciária, devendo o segurado se sujeitar ao atual regime (180 contribuições mensais), conforme já se pronunciou expressamente o STJ:[45]

> "PREVIDENCIÁRIO. APOSENTADORIA POR IDADE. TRABALHADOR URBANO. LIMITES NORMATIVOS. APRECIAÇÃO DE MATÉRIA CONSTITUCIONAL. INADEQUAÇÃO DA VIA ELEITA. ARTIGOS 48, 25, II E 142 DA LEI 8.213/91. QUALIDADE DE SEGURADO. MANUTENÇÃO. ARTIGO 15 DA LEI 8.213/91. PERÍODO DE CARÊNCIA DE CONTRIBUIÇÕES. EXIGIBILIDADE. PERDA DA QUALIDADE DE SEGURADO. DESAMPARO DA REGRA DE TRANSIÇÃO DO ART. 142 DA LEI 8.213/91. SEGUNDA FILIAÇÃO APÓS PERDA DA QUALIDADE. NOVA SISTEMÁTICA LEGAL. ARTIGO 24 DA LEI 8.213/91. APLICABILIDADE. ARTIGO 102, § 1º DA LEI 8.213/91. SIMULTANEIDADE. PRESCINDIBILIDADE. REQUISITO DA CARÊNCIA. 180 CONTRIBUIÇÕES. DESCUMPRIMENTO. AGRAVO INTERNO DESPROVIDO.
>
> I – É vedado a esta Corte, em sede de recurso especial, adentrar ao exame de pretensa violação a dispositivos constitucionais, cuja competência encontra-se adstrita ao âmbito do Supremo Tribunal Federal, conforme prevê o art. 102 da Carta Magna, ao designar o Pretório Excelso como seu guardião. Neste contexto, a pretensão trazida no especial exorbita seus limites normativos, que estão precisamente delineados no art. 105, III da Constituição Federal.
>
> II – A aposentadoria por idade, consoante os termos do artigo 48 da Lei 8.213/91, é devida ao segurado que, cumprida a carência exigida nesta lei, completar 65 anos de idade, se homem, e 60, se mulher.
>
> III – O art. 25 da Lei 8.213/91 estipula a carência de 180 (cento e oitenta) meses de contribuição para obtenção da aposentadoria por idade para o trabalhador urbano.
>
> IV – O art. 142 da Lei 8.213/91, por sua vez, estabelece regra transitória de cumprimento do período de carência, restrito aos segurados urbanos inscritos na Previdência Social até 24 de julho de 1991, data da vigência da Lei, conforme tabela inserta no referido dispositivo.
>
> V – A teor do art. 15 da Lei 8.213/91, da análise dos autos, verifica-se que a autora perdeu a qualidade de segurado, não estando, assim, amparada pela carência prevista na regra de transição do art. 142 da Lei 8.213/91, aplicável tão-somente aos segurados urbanos inscritos até 24 de julho de 1991, data da publicação desta Lei.
>
> **VI – Cumpre registrar que a segunda filiação, consolidada após a perda da qualidade de segurado, ocorreu após a publicação da Lei 8.213/91,**

45. AgRg no REsp 794.128, de 21.03.2006.

**sujeitando-se, portanto, à nova sistemática legal. Neste sentido, o art. 24 da Lei de Benefícios fixou regra acerca do aproveitamento das contribuições anteriores em caso de perda da qualidade de segurado.**

VII – Com a perda da qualidade de segurado, há a extinção da relação jurídica com o Instituto Previdenciário. Ocorre que a Lei de Benefícios da Previdência Social favoreceu o segurado que retome a condição de segurado com a nova filiação, podendo, dessa forma, utilizar-se das contribuições vertidas antes da perda dessa condição. Entretanto, deverá, a partir da nova filiação à Previdência, contar com o mínimo de 1/3 (um terço) do número de contribuições previdenciárias exigido para a concessão do benefício requerido.

VIII – Os requisitos exigidos pela legislação previdenciária não precisam ser preenchidos, simultaneamente, no caso de aposentadoria por idade. Interpretação do artigo 102, § 1º da Lei 8.213/91. Precedentes.

**IX – In casu, verificado que a parte-autora perdeu a qualidade de segurado, passando a contribuir novamente para a Previdência Social na vigência da Lei 8.213/91, é necessária a comprovação do recolhimento de 180 (cento e oitenta) contribuições mensais para obtenção do benefício aposentadoria por idade urbana, o que não ocorreu no caso em tela.**

X – Agravo interno desprovido".

"PREVIDENCIÁRIO. APOSENTADORIA POR IDADE. TRABALHADORA URBANA. SEGURADA INSCRITA NO RGPS DEPOIS DA EDIÇÃO DA LEI 8.213/91. IMPOSSIBILIDADE DE APLICAÇÃO DA REGRA DE TRANSIÇÃO PREVISTA NO ART. 142 DA LEI DE BENEFÍCIOS. APLICAÇÃO DO ART. 25, II, DA LEI 8.213/91. CARÊNCIA MÍNIMA NÃO CUMPRIDA. AGRAVO REGIMENTAL A QUE SE NEGA PROVIMENTO.

1. Para a concessão da aposentadoria por idade, de acordo com o artigo 48 da Lei 8.213/91, o segurado urbano deve preencher dois requisitos: a) idade mínima de 65 (sessenta e cinco) anos, se homem e 60 (sessenta) anos, se mulher; b) cumprimento da carência mínima exigida por lei.

2. Aplica-se aos segurados urbanos inscritos no RGPS antes de 24 de julho de 1991, data da publicação da Lei 8.213, a regra de transição prevista no artigo 142 da citada Lei.

**3. A agravante somente se filiou ao RGPS em 01/08/1991, logo não há como pleitear a aplicação da regra de transição prevista no artigo 142 da Lei 8.213/91, seja com a redação anterior, seja com a redação dada pela Lei 9.032/95.**

4. Aos inscritos no RGPS a partir de 25/07/1991 aplica-se o disposto no artigo 25, II, da Lei 8.213/91: 180 meses de contribuição para concessão do benefício aposentadoria por idade.

5. Tendo a agravante contribuído por período inferior (109 meses de contribuição), não possui direito à concessão do benefício de aposentadoria por idade.

6. Agravo Regimental a que se nega provimento" (STJ, AgRg nos EDcl no REsp 890679, de 18/09/2012).

Entende-se que tecnicamente este é o entendimento correto. No entanto, a atual jurisprudência dominante do STJ passou a adotar um posicionamento mais favorável ao segurado, no sentido de que, para os inscritos na mudança do regime, mesmo que tenha havido a perda e a reaquisição da qualidade de segurado após o advento da Lei 8.213/91, há de se aplicar a tabela do artigo 142 da Lei 8.213/91:

> **Informativo 539- "DIREITO PREVIDENCIÁRIO. APLICABILIDADE DA REGRA DE TRANSIÇÃO PREVISTA NO ART. 142 DA LEI 8.213/1991.**
>
> **O inscrito no RGPS até 24/7/1991, mesmo que nessa data não mais apresente condição de segurado, caso restabeleça relação jurídica com o INSS e volte a ostentar a condição de segurado após a Lei 8.213/1991, tem direito à aplicação da regra de transição prevista no art. 142 do mencionado diploma, devendo o requisito da carência, para a concessão de aposentadoria urbana por idade, ser definido de acordo com o ano em que o segurado implementou apenas o requisito etário – e não conforme o ano em que ele tenha preenchido, simultaneamente, tanto o requisito da carência quanto o requisito etário.** Com o advento da Lei 10.666/2003, que passou a disciplinar especificamente a questão da dissociação dos requisitos para obtenção do benefício, a nova sistemática não faz distinção entre o tempo anterior e o posterior à perda da qualidade de segurado. Nesse sentido, o § 1º do art. 3º dessa mesma lei estabelece que, para a concessão de aposentadoria por idade, "a perda da qualidade de segurado não será considerada para a concessão desse benefício", desde que o segurado preencha o requisito da carência (recolhimento mínimo de contribuições) exigido para a concessão do benefício. Além disso, sob a perspectiva da Lei 10.666/2003, o STJ, em sede de incidente de uniformização de jurisprudência (Pet 7.476-PR, Terceira Seção, DJe 25/4/2011), firmou orientação de que a norma contida no § 1º do art. 3º da Lei 10.666/2003 permitiu a dissociação da comprovação dos requisitos para os benefícios da aposentadoria por contribuição, da aposentadoria especial e da aposentadoria por idade urbana, os quais pressupõem contribuição, de modo que não é necessária a manutenção da qualidade de segurado para fins de concessão do benefício da aposentadoria urbana por idade. Sendo assim, admitindo-se a aplicação do art. 142 da Lei 8.213/1991 combinado com o § 1º do art. 3º da Lei 10.666/2003, deve-se permitir a incidência da regra de transição do art. 142 da Lei 8.213/1991 ao segurado inscrito no RGPS até 24/7/1991 que tenha reestabelecido o vínculo com o INSS após a Lei 8.213/1991. Além do mais, no tocante à aplicação da regra de transição prevista no art. 142 da Lei 8.213/1991, o STJ já afirmou que não é obrigatório o preenchimento simultâneo dos dois referidos requisitos (idade mínima e carência) para a concessão da aposentadoria urbana por idade (AgRg no AG 1.364.714-RS, Quinta Turma, DJe 6/5/2011; e REsp 784.145-SC, Quinta Turma, DJ 28/11/2005). Isso porque a interpretação a ser dada ao aludido dispositivo legal deve ser finalística, em conformidade com os seus objetivos, que estão voltados à proteção do segurado que se encontre no período de transição ali especificado. Dessa forma, a implementação dos requisitos para a aposentadoria urbana por idade poderá ocorrer

em momentos diversos (sem simultaneidade) e, uma vez que o segurado atinja o requisito etário (idade mínima), o prazo de carência será consolidado, de modo que ele poderá cumpri-la posteriormente à implementação do requisito etário. **REsp 1.412.566-RS, Rel. Min. Mauro Campbell Marques, 2ª Turma, julgado em 27/3/2014".**

"AGRAVO REGIMENTAL EM RECURSO ESPECIAL. PREVIDENCIÁRIO. APOSENTADORIA URBANA POR IDADE. INSCRIÇÃO ANTERIOR À DATA DE 24 DE JULHO DE 1.991. PERDA DA CONDIÇÃO DE SEGURADA ANTES DA EDIÇÃO DA LEI N.º 8.213/91. POSTERIOR RESTABELECIMENTO DESSA CONDIÇÃO. APLICAÇÃO DA REGRA DE TRANSIÇÃO PREVISTA NO ART. 142 DA LEI N.º 8.213/91 CABÍVEL.

1. **A jurisprudência desta eg. Corte Superior entende que o segurado inscrito na Previdência Social Urbana até 24 de julho de 1.991, ainda que nessa data não mais apresente a condição de segurado, caso restabeleça relação jurídica com o INSS e volte a ostentar tal condição após a Lei n.º 8.213/91, tem direito, na concessão de sua aposentadoria, à aplicação da regra de transição prevista no art. 142 da mencionada lei. Precedente da eg. Terceira Seção** (6ª Turma, AgRg no REsp 501654, de 07/02/2013).

O regramento de transição do artigo 142 da Lei 8.213/91 é plenamente compatível com as aposentadorias programadas estabelecidas pela EC 103/2019, pois as novas regras de aposentadorias voluntárias substituíram as regras constitucionais anteriores, a exemplo da extinção da aposentadoria por idade urbana e da aposentadoria por tempo de contribuição comum e de professor do ensino básico, mas preservaram por adaptação hermenêutica o mesmo regramento de carência de 180 contribuições mensais constante do artigo 25 da Lei 8.213/91, nos termos do Decreto 3.048/99 modificado pelo Decreto 10.410/2020:

*" Art. 29. A concessão das prestações pecuniárias do Regime Geral de Previdência Social, ressalvado o disposto no art. 30, depende dos seguintes períodos de carência:*

*I – doze contribuições mensais, nos casos de auxílio por incapacidade temporária e aposentadoria por incapacidade permanente; e (Redação dada pelo Decreto nº 10.410, de 2020).*

*II – **cento e oitenta contribuições mensais**, nos casos de **aposentadoria programada**, por idade do trabalhador rural e especial; (Redação dada pelo Decreto nº 10.410, de 2020)."*

Assim, **é correto afirmar que a tabela progressiva de carência do art. 142 da Lei n.º 8.213/91, estabelecida de acordo com o implemento do requisito etário, segue sendo aplicável para aposentadorias programadas previstas na EC n.º 103/2019.**

Nesse sentido, a extinta Portaria INSS/DIRBEN 450/2020 do INSS alterada pela Portaria 528/2020 a qual na época prestei a Consultoria Jurídica:

*"Art. 5º Fica mantida a carência disciplinada pela Lei nº 8.213, de 24 de julho de 1991, mantendo-se, assim, a exigência de 180 (cento e oitenta) contribuições mensais para as aposentadorias programáveis e de 12 (doze) contribuições mensais para a aposentadoria por incapacidade permanente previdenciária, antiga aposentadoria por invalidez previdenciária, classificada como não-programável".*

***Parágrafo único. Para definição da carência das aposentadorias programáveis, deve ser verificado o direito à aplicação da tabela progressiva prevista no art. 142 da Lei nº 8.213, de 1991".***

Outrossim, eis a atual Instrução Normativa INSS/PRES 128/2022:

*"Art. 199. Para fins de concessão das **aposentadorias programáveis, a carência** a ser considerada deverá observar: I – se segurado inscrito até 24 de julho de 1991, véspera da publicação da Lei nº 8.213, de 1991, inclusive no caso de reingresso, **a constante da tabela progressiva do art. 142 do mesmo dispositivo legal**; e II – se segurado inscrito a partir de 25 de julho de 1991, data de vigência da Lei nº 8.213, de 1991, 180 (cento e oitenta) contribuições mensais. § 1º Em se tratando de aposentadoria por idade, inclusive do trabalhador rural, para fins de atendimento do disposto no inciso I, o número de meses de contribuição da tabela progressiva a ser exigido para efeito de carência será o do ano em que for preenchido o requisito etário, ainda que a carência seja cumprida em ano posterior ao que completou a idade. **§ 2º O exercício de atividade rural anterior a novembro de 1991 será considerado para a utilização da tabela progressiva do art. 142 da Lei nº 8.213, de 1991".***

Conquanto inexista previsão legal ou regulamentar expressa, **de acordo com a jurisprudência dominante, o período em que o segurado percebeu benefício por incapacidade será considerado para fins de carência**, em que pese inexistir o pagamento de contribuição previdenciária, pois o filiado esteve impedido de desenvolver atividade laboral, conforme entendimento do TRF da 2ª Região[46], 3ª Região[47] e da 4ª Região[48], assim como da TNU[49].

Entretanto, para o INSS, esse período não deverá ser computado para fins de carência, que pressupõe efetivo recolhimento das contribuições previdenciárias[50], não se confundindo percepção de benefício com o pagamento das contribuições previdenciárias.[51]

Contudo, por força de decisão judicial tomada na Ação Civil Pública nº 2009.71.00.004103-4, o INSS editou a Instrução Normativa 73/2014, assegurando

46. AMS 37037, de 21.09.2004.
47. AMS 272378, de 12.08.2008.
48. AC 200104010754986, de 29.07.2008.
49. PEDILEF 200763060010162, de 23.06.2008.
50. Nota Técnica CGMBEN/DIVCONS nº 86/2009.
51. Nesse sentido, o Parecer/CONJUR/MPS 616/2010, aprovado pelo Ministro da Previdência Social em 23.12.2010.

que para benefícios requeridos a partir de 19 de setembro de 2011, fica garantido o cômputo, para fins de carência, do período em gozo de benefício por incapacidade, inclusive os decorrentes de acidente do trabalho, desde que intercalado com períodos de contribuição ou atividade.

Posteriormente, o STJ limitou territorialmente os efeitos dessa decisão aos Estados do Sul do Brasil, pois se cuida de decisão do TRF da 4ª Região, conforme notícia publicada em 24/10/2014:

> **"Decisão do TRF4 que beneficiou segurados do INSS em ação civil pública vale apenas para Região Sul**
>
> A Sexta Turma do Superior Tribunal de Justiça (STJ) restringiu o alcance de decisão que obrigou o Instituto Nacional do Seguro Social (INSS) a computar o tempo de benefício por incapacidade (auxílio-doença ou aposentadoria por invalidez) como período de carência. Seguindo o voto do relator, ministro Rogerio Schietti Cruz, a Turma deu parcial provimento ao recurso do INSS e determinou que a decisão do Tribunal Regional Federal da 4ª Região (TRF4), sediado em Porto Alegre, tenha efeitos apenas na Região Sul, área de sua jurisdição.
>
> **A carência é o tempo mínimo de contribuição que o trabalhador precisa comprovar para ter direito a um benefício previdenciário e varia de acordo com benefício solicitado.**
>
> **Na origem, o Ministério Público ajuizou uma ação civil pública em Porto Alegre para que fossem promovidas as modificações necessárias no texto da Instrução Normativa INSS/PRES 20/2007, cujo teor foi repetido na IN INSS/PRES 45/2010, atualmente em vigor.**
>
> **A norma diz que "não será computado como período de carência o período em que o segurado está ou esteve em gozo de auxílio-doença ou aposentadoria por invalidez, inclusive decorrente de acidente do trabalho ou de qualquer natureza, salvo os períodos entre 1º de junho de 1973 e 30 de junho de 1975 em que o segurado esteve em gozo de auxílio-doença previdenciário ou aposentadoria por invalidez previdenciária".**
>
> **Abrangência**
>
> Em primeiro grau, o processo foi extinto sem julgamento de mérito em razão de suposta ilegitimidade do Ministério Público Federal para propor a ação. Já em grau de apelação, no TRF4, a ação foi julgada parcialmente procedente, possibilitando o cômputo, para fins de carência, dos períodos de aposentadoria por invalidez e auxílio doença, desde que intercalados com períodos de efetivo trabalho ou contribuição.
>
> Para o tribunal regional, por conta da própria natureza do pedido, não seria possível restringir os efeitos da decisão a uma determinada circunscrição territorial, "uma vez que se trata do reconhecimento de que o disposto em uma norma administrativa expedida pelo INSS em âmbito nacional contraria a legislação previdenciária e, por isso, deve ser alterada".
>
> Houve interposição de recurso especial (ao STJ) e extraordinário (ao Supremo Tribunal Federal), mas como não foi dado efeito suspensivo a tais recursos, o

MPF requereu a execução provisória do acórdão, com abrangência nacional. O INSS calcula que a interpretação dada pelo TRF4 resultaria numa despesa adicional de R$ 10,74 bilhões nos próximos dez anos.

A autarquia previdenciária contestou o pedido de execução, mas o juízo determinou o cumprimento da obrigação no prazo de 40 dias, sob pena de multa diária de R$ 5 mil. O INSS ainda recorreu ao TRF4 contra a decisão que mandou executar sem o recolhimento de caução por parte do MPF, mas o tribunal manteve a ordem, apenas reduzindo a multa para R$ 1 mil.

**Competência territorial**

Daí o recurso julgado na Sexta Turma do STJ. Em seu voto, o ministro Schietti destacou que prevalece no tribunal o entendimento de que a sentença em ação civil pública "fará coisa julgada **erga omnes** nos limites da competência territorial do órgão prolator, nos termos do artigo 16 da **Lei 7.347/85**, alterado pela Lei 9.494/97". Assim, como foi tomada pelo TRF4, a decisão tem validade para os estados da 4ª Região – Rio Grande do Sul, Santa Catarina e Paraná.

A Turma ainda confirmou a possibilidade de execução nessa fase processual, quando não houver efeito suspensivo nos recursos pendentes de julgamento. Para os ministros, o MPF é o autor da ação civil pública e age no exercício regular da tutela dos direitos difusos e coletivos ao querer executar a condenação, ainda que sem trânsito em julgado. Os magistrados entenderam que se trata de uma obrigação de fazer.

**Precedentes**

Quanto ao ponto principal do recurso, o ministro Schietti destacou que há decisão de 2014 da Segunda Turma no mesmo sentido da decisão do TRF4, de que é possível "a consideração dos períodos em que o segurado esteve em gozo de auxílio-doença ou de aposentadoria por invalidez como carência para a concessão de aposentadoria por idade, se intercalados com períodos contributivos" (**REsp 1.422.081**).

Assim, afirmou Schietti, somente quando não há o retorno do segurado ao exercício de atividade remunerada no período básico de cálculo é que se veda a utilização do tempo respectivo para fins de carência.

O ministro relator mencionou ainda que a Primeira Seção (atualmente competente para julgar matéria previdenciária) decidiu em julgamento de recurso repetitivo (**REsp 1.410.433**) que "o cômputo dos salários de benefício como salários de contribuição somente será admissível se no período básico de cálculo houver afastamento intercalado com atividade laborativa, em que há recolhimento da contribuição previdenciária."

O relator explicou que, "se o período em que o segurado esteve no gozo de benefício por incapacidade é excepcionalmente considerado como tempo ficto de contribuição, não se justifica interpretar a norma de maneira distinta para fins de carência".

Em seguida foi editada a Instrução Normativa INSS 86/2016, que alterou o artigo 153 da revogada Instrução Normativa INSS 77/2015:

> "Art. 153.........................................................................
>
> § 1º Por força da decisão judicial proferida na Ação Civil Pública nº 2009.71.00.004103-4 (novo nº 0004103-29.2009.4.04.7100) é devido o cômputo, para fins de carência, do período em gozo de benefício por incapacidade, inclusive os decorrentes de acidente do trabalho, desde que intercalado com períodos de contribuição ou atividade, observadas as datas a seguir: (NR)
>
> ..........................................................................................
>
> II – para os residentes nos Estados do Rio Grande do Sul, Santa Catarina e Paraná, a determinação permanece vigente, observada a decisão proferida pelo Superior Tribunal de Justiça no Recurso Especial nº 1.414.439-RS, e alcança os benefícios requeridos a partir de 29 de janeiro de 2009." (NR) **(Retificado pelo DOU de 27/04/2016)**

Eis o artigo 193, §1º, da Instrução Normativa INSS 128/2022:

> "§ 1º Por força da decisão judicial proferida na Ação Civil Pública nº 2009.71.00.004103-4 (novo nº 0004103-29.2009.4.04.7100) é devido o cômputo, para fins de carência, do período em gozo de benefício por incapacidade, inclusive os decorrentes de acidente do trabalho, desde que intercalado com períodos de contribuição ou atividade, para os benefícios requeridos a partir de 19 de setembro de 2011, observado o seguinte:
>
> a) no período compreendido entre 19 de setembro de 2011 a 3 de novembro de 2014 a decisão judicial teve abrangência nacional; e
>
> b) para os residentes nos Estados do Rio Grande do Sul, Santa Catarina e Paraná, a determinação permanece vigente, observada a decisão proferida pelo Superior Tribunal de Justiça (STJ) no Recurso Especial (REsp) nº 1.414.439-RS, e alcança os benefícios requeridos a partir de 29 de janeiro de 2009".

Mas na atualidade há também **decisão em ACP que era de cunho nacional** e foi limitada à 2ª Região em março de 2018 pelo TRF da 2ª Região. Nesse sentido, no Processo: 0216249-77.2017.4.02.5101, que corre na Seção Judiciária do Rio de Janeiro, deferiu-se tutela provisória para **estender os efeitos da disposição prevista no § 1º do art. 153 da revogada IN INSS/PRES nº 77/2015, com redação dada pela IN INSS/ PRES nº 86/2016, aos segurados de todo o País** (posteriormente limitada à 2ª Região), devendo o INSS computar, para fins de carência, o tempo em que fora percebido benefício por incapacidade temporária ou definitiva, desde que intercalado com períodos de contribuição.

**Por força de ação coletiva com efeitos nacionais, para a DER a partir de 20/12/2019, o INSS foi compelido a considerar para fins de carência o gozo de benefício por incapacidade laboral, nos termos da Portaria Conjunta INSS/PFE/DIRBEN Nº 12 DE 19/05/2020:**

> Art. 1º Comunicar para cumprimento a decisão judicial proferida na Ação Civil Pública-ACP nº 0216249-77.2017.4.02.5101/RJ, determinando ao INSS que compute, para fins de carência, o período em gozo de benefício por incapacidade não acidentário intercalado e o período em gozo de benefício por incapacidade acidentário, intercalado ou não.
>
> Art. 2º Até que seja julgado o recurso interposto pelo INSS e expedido um parecer de força executória definitivo, deve ser cumprida a decisão judicial desta ACP nos moldes da ACP de nº 2009.71.00.004103-4/RS, ou seja, computar, para fins de carência, o período em gozo de benefício por incapacidade, inclusive os decorrentes de acidente do trabalho, desde que intercalado com períodos de contribuição ou atividade, conforme artigo 153, § 1º, da Instrução Normativa nº 77/PRES/INSS, de 21.01.2015.
>
> Art. 3º O disposto no artigo 2º desta Portaria produz efeitos para benefícios com Data de Entrada de Requerimento-DER a partir de 20.12.2019 e alcança todo o território nacional.
>
> Parágrafo único. Não haverá necessidade de comprovação de endereço para aplicação desta ACP nº 0216249-77.2017.4.02.5101/RJ, podendo ser aplicada inclusive aos requerentes moradores da Região Sul.
>
> Art. 4º Para o cumprimento da ACP de nº 0216249-77.2017.4.02.5101/RJ, deverão ser observadas as seguintes regras:
>
> I – os períodos de gozo de benefício por incapacidade previdenciário e acidentário (B31, B32, B91 e B92) intercalados, concedidos com base em contribuições, na forma do art. 24 da Lei nº 8.213/1991, poderão ser computados como carência em benefício que exija carência em contribuições;
>
> II – os períodos de B31, B32, B91 e B92 intercalados, concedidos com base em exercício de atividade rural, na forma do art. 39, I, da Lei nº 8.213/1991, poderão ser computados como carência em benefício que exija carência em meses de atividade rural; e
>
> III – os períodos de B31, B32, B91 e B92 intercalados, concedidos para o empregado doméstico sem contribuições, com base no art. 36 da Lei nº 8.213/1991 (DESP 17), poderão ser computados como carência em benefício a ser concedido também com base no referido artigo.
>
> Art. 5º O Sistema Prisma está sendo adequado para permitir que sejam computados para carência os períodos de benefícios por incapacidade (previdenciários e acidentários) intercalados entre períodos de atividade/contribuição, sem prejuízo das demais exigências para reconhecimento do direito ao benefício requerido.
>
> Art. 6º Os requerimentos realizados de acordo com as orientações expressas nesta Portaria devem ter o tipo de benefício "001" (ação civil pública), informando o número do processo 02162497720174025101, sem pontos, hífen, barra e UF, e serem decididos com despacho normal.
>
> Art. 7º A ACP de nº 2009.71.00.004103-4/RS continua vigente, limitada aos residentes dos Estados do Rio Grande do Sul, Santa Catarina e Paraná, para benefícios com DER a partir de 29.01.2009.
>
> Art. 8º Esta Portaria entra em vigor na data de sua publicação.
>
> ALESSANDRO ROOSEVELT SILVA RIBEIRO
>
> Diretor de Benefícios
>
> VIRGÍLIO ANTÔNIO RIBEIRO DE OLIVEIRA FILHO
>
> Procurador-Geral da PFE/INSS

De acordo com o artigo 193, §3º, da Instrução Normativa INSS/PRES 128/2022, alterada pela Instrução Normativa INSS/PRES 167/2024, "por força da decisão judicial, transitada em julgado, proferida na Ação Civil Pública nº

0216249-77.2017.4.02.5101 RJ, de abrangência nacional, para os benefícios requeridos a partir de 20 de dezembro de 2019, é devido o cômputo, **para fins de carência**, dos períodos em gozo de benefício por incapacidade:

> I – previdenciário, desde que sejam intercalados com períodos de contribuição ou atividade; e
>
> II – **acidentário intercalados ou não** com períodos de contribuição ou atividade".

Como a decisão foi anterior ao Decreto 10.410/2020, para fins de carência, em sendo benefício por incapacidade laboral decorrente de acidente de trabalho não **havia** necessidade de ser intercalado para este fim.

Conforme atualizado pela **Portaria Conjunta DIRBEN/PFE-INSS 4, de 21/02/2025**, em 9 de julho de 2024, foi expedido novo parecer de força executória, esclarecendo que, em razão da decisão liminar proferida na Ação Rescisória nº 5000140-14.2024.4.02.0000, foi suspensa a expressão 'não intercalados' dos períodos em gozo de benefício por incapacidade acidentário para o cômputo da carência.

Dessa forma, no âmbito da Ação Civil Pública nº 0216249-77.2017.4.02.5101/RJ, os benefícios por incapacidade por acidente de trabalho passaram a exigir o requisito do recolhimento de uma contribuição após a cessação (intercalado):

> *Ação Civil Pública nº 0216249-77.2017.4.02.5101/RJ – VIGENTE E TRANSITADA EM JULGADO"*
>
> *"Assunto: Benefícios previdenciários. Cômputo, para fins de carência, do período em gozo de benefício por incapacidade." (NR)*

| | |
|---|---|
| "Decisão Judicial" | "Computar, para fins de carência, o período em gozo de benefício por incapacidade previdenciário e acidentário, desde que intercalados com períodos de contribuição ou atividade." (NR) |
| "Abrangência e Período de vigência" | "Nacional: para requerimentos com Data de Entrada do Requerimento-DER a partir de 20 dezembro de 2019" |
| "Comprovação de Endereço" | "A comprovação de endereço fica dispensada" |
| "Aplicabilidade" | "1. A partir de 25 de maio de 2020, conforme Portaria Conjunta nº 12 DIRBEN/PFE/INSS, de 19 de maio de 2020, até que fosse julgado o recurso interposto pelo INSS e expedido um parecer de força executória definitivo, devia ser cumprida a decisão judicial desta ACP nos moldes da ACP de nº 2009.71.00.004103-4/RS, ou seja, para benefícios requeridos a partir de 20 de dezembro de 2019, computar, para fins de carência, o período em gozo de benefício por incapacidade, inclusive os decorrentes de acidente do trabalho, desde que intercalado com períodos de contribuição ou atividade, seguindo a Seção I deste Anexo, no que coubesse. |

| | |
|---|---|
| "Aplicabilidade" | 2. No entanto, a partir de 26 de junho de 2023, foi emitido parecer de força executória, informando sobre o trânsito em julgado da decisão proferida na ACP nº 0216249-77.2017.4.02.5101/RJ, sendo devido, para os benefícios requeridos a partir de 20 de dezembro de 2019, o cômputo, para fins de carência:<br>a) do período em gozo de benefício por incapacidade previdenciário, desde que seja intercalado com períodos de contribuição ou atividade; e<br>b) dos períodos em gozo de benefício por incapacidade acidentário intercalados ou não intercalados com períodos de contribuição ou atividade. |
| | 3. Em 9 de julho de 2024, foi expedido novo parecer de força executória, esclarecendo que, em razão da decisão liminar proferida na Ação Rescisória nº 5000140-14.2024.4.02.0000, foi suspensa a expressão 'não intercalados' dos períodos em gozo de benefício por incapacidade acidentário para o cômputo da carência. |
| | I – Ou seja, a partir de 9/7/2024, para o cumprimento da ACP nº 0216249-77.2017.4.02.5101/RJ, é devido, para os benefícios requeridos a partir de 20 de dezembro de 2019, o cômputo, para fins de carência, dos períodos em gozo de benefício por incapacidade previdenciário e acidentário, desde que sejam intercalados com períodos de contribuição ou atividade. |
| | II – E não deve ser seguido o § 3º do art. 193 da IN 128, de 28 de março de 2022 e o § 3º do art. 89 da Portaria DIRBEN/INSS nº 991, de 28 de março de 2022, e nem o item 2 acima." (NR) |
| "Fundamentação complementar a observar" | "§ 1º do art. 193, da Instrução Normativa PRES/INSS nº 128, de 28 de março de 2022 e § 1º do art. 89 da Portaria DIRBEN/INSS nº 991, de 28 de março de 2022." (NR) |

No mesmo sentido **o CRPS publicou em 06/11/2024 o Enunciado 18**:

> *"**ENUNCIADO Nº 18** Para requerimentos protocolados a partir de 29 de janeiro de 2009, é garantido o cômputo dos períodos em que o segurado esteve em fruição de benefício por incapacidade, para fins de carência, desde que intercalados com períodos de contribuição ou atividade laborativa. I – O disposto no caput também se aplica aos segurados facultativos; II- Os períodos em gozo de benefício por incapacidade acidentário independem de períodos de contribuição ou atividade intercalados; III – O auxílio por incapacidade temporária e a aposentadoria por incapacidade permanente, decorrente de sua conversão, por se originarem da mesma moléstia incapacitante, são considerados para fins de carência; IV – O cômputo dos períodos em que o segurado esteve em gozo de benefício por incapacidade, para fins de carência, é aplicável em todo o território brasileiro".*

Todavia, note-se que o recorte dado ao CRPS é mais favorável aos segurados, pois concedida a DER desde **29 de janeiro de 2009**.

No âmbito do STJ não existia aparentemente um posicionamento uniformizado a respeito, haja vista a existência de julgados restritivos, que apenas admitem o cômputo do auxílio-doença para fins de carência quando intercalado com períodos contributivos, a exemplo das decisões abaixo colacionadas:

> "RECURSO ESPECIAL Nº 1.232.349 – SC (2011/0016739-5)
>
> **DJ de 25/06/2012**
>
> RELATOR: MINISTRO MARCO AURÉLIO BELLIZZE
>
> RECORRENTE: INSTITUTO NACIONAL DO SEGURO SOCIAL – INSS
>
> PROCURADOR: PROCURADORIA-GERAL FEDERAL – PGF
>
> RECORRIDO: ALFREDO FIGUEREDO
>
> ADVOGADO: CHARLESTON WARMLING MONGUILHOTT E OUTRO(S)
>
> DECISÃO: PREVIDENCIÁRIO. APOSENTADORIA POR IDADE. TRABALHADOR URBANO. CÔMPUTO DO PERÍODO EM GOZO DE AUXÍLIO-DOENÇA PARA FINS DE CARÊNCIA, DESDE QUE INTERCALADO COM PERÍODO CONTRIBUTIVO.
>
> 1. Consoante análise contextual e interpretativa da Lei de Benefícios, período de carência significa dizer o número mínimo de contribuições mensais indispensáveis para que o segurado faça jus ao benefício, **razão pela qual o tempo em que o segurado esteve em gozo de auxílio-doença só é computado para fins de carência, se for intercalado com período contributivo, situação não demonstrada nos autos**.
>
> 2. Recurso especial provido".
>
> "AGRAVO REGIMENTAL EM RECURSO ESPECIAL. PREVIDENCIÁRIO. BENEFÍCIO POR INCAPACIDADE. CONTAGEM COMO TEMPO DE CONTRIBUIÇÃO E CARÊNCIA. POSSIBILIDADE. PRECEDENTES.
>
> É pacífico o entendimento, no âmbito da e. Terceira Seção do c. Superior Tribunal de Justiça, de ser possível a contagem do tempo de gozo de benefício por incapacidade para fins de carência e concessão de aposentadoria, quando vier intercalado com período contributivo. Agravo regimental desprovido. (AgRg no REsp nº 1.131.106/SP, relator o Ministro Felix Fischer, DJe de 24/5/2010)".
>
> **"INFORMATIVO 524- DIREITO PREVIDENCIÁRIO. CÔMPUTO DO PERÍODO DE GOZO DE AUXÍLIO-DOENÇA PARA EFEITO DA CARÊNCIA NECESSÁRIA À CONCESSÃO DE APOSENTADORIA POR IDADE.**
>
> **O período de recebimento de auxílio-doença deve ser considerado no cômputo do prazo de carência necessário à concessão de aposentadoria por idade, desde que intercalado com períodos contributivos**. Isso porque, se o período de recebimento de auxílio-doença é contado como tempo de contribuição (art. 29, § 5º, da Lei 8.213/1991), consequentemente, também deverá ser computado para fins de carência, se recebido entre períodos de atividade (art. 55, II, da Lei 8.213/1991). Da mesma forma, o art. 60, III, do Dec. 3.048/1999 estabelece que, enquanto não houver lei específica que discipline a matéria, será contado como tempo de contribuição o período em que o segurado tenha

recebido auxílio-doença entre períodos de atividade. Precedentes citados: REsp 1.243.760-PR, Quinta Turma, DJe 9/4/2013; e AgRg no REsp 1.101.237-RS, Quinta Turma, DJe 1º/2/2013. REsp 1.334.467-RS, Rel. Min. Castro Meira, julgado em 28/5/2013".

Já a 6ª Turma do STJ admitiu a consideração do período de gozo do auxílio-doença para fins de carência de maneira irrestrita no julgamento do AgRg no REsp 1.168.269, de 28.02.2012:

"AGRAVO REGIMENTAL NO RECURSO ESPECIAL. PREVIDENCIÁRIO. ARGUMENTOS INSUFICIENTES PARA ALTERAR A DECISÃO AGRAVADA. **APOSENTADORIA POR IDADE. IMPLEMENTAÇÃO DA CARÊNCIA**. REEXAME FÁTICO-PROBATÓRIO. INCIDÊNCIA DA SÚMULA 7/STJ. **CÔMPUTO DO AUXÍLIO-DOENÇA COMO TEMPO DE SERVIÇO**.

1. O agravante não trouxe argumentos novos capazes de infirmar os fundamentos que alicerçaram a decisão agravada, razão que enseja a negativa do provimento ao agravo regimental.

2. A descaracterização da implementação da carência requer reexame do conjunto fático-probatório, o que é vedado nesta via especial, consoante verbete sumular 7/STJ.

**3. O auxílio-doença é computado como tempo de serviço. Precedente.**

4. Agravo regimental a que se nega seguimento".

No entanto, na atualidade, a jurisprudência do STJ se firmou no sentido de que é possível a consideração dos períodos em que o segurado esteve em gozo de auxílio-doença ou de aposentadoria por incapacidade permanente como carência para a concessão de aposentadoria por idade, se intercalados com períodos contributivos:

"PREVIDENCIÁRIO. RECURSO ESPECIAL. CONVERSÃO DA APOSENTADORIA POR INVALIDEZ EM APOSENTADORIA POR IDADE. REQUISITO ETÁRIO PREENCHIDO NA VIGÊNCIA DA LEI 8.213/1991. DESCABIMENTO. CÔMPUTO DO TEMPO PARA FINS DE CARÊNCIA. INEXISTÊNCIA DE CONTRIBUIÇÃO EM PERÍODO INTERCALADO. IMPOSSIBILIDADE. PRECEDENTES. RECURSO ESPECIAL NÃO PROVIDO.

1. A Lei 8.213/1991 não contemplou a conversão de aposentadoria por invalidez em aposentadoria por idade.

2. É possível a consideração dos períodos em que o segurado esteve em gozo de auxílio-doença ou de aposentadoria por invalidez como carência para a concessão de aposentadoria por idade, se intercalados com períodos contributivos.

3. Na hipótese dos autos, como não houve retorno do segurado ao exercício de atividade remunerada, não é possível a utilização do tempo respectivo" (2ª Turma, REsp 1422081, de 24/04/2014).

"PREVIDENCIÁRIO. AGRAVO REGIMENTAL NO RECURSO ESPECIAL. AÇÃO CIVIL PÚBLICA. CÔMPUTO DO TEMPO DE BENEFÍCIO POR

INCAPACIDADE COMO PERÍODO DE CARÊNCIA. POSSIBILIDADE, DESDE QUE INTERCALADO COM PERÍODO DE EFETIVO TRABALHO. PRECEDENTES.

1. Ação civil pública que tem como objetivo obrigar o INSS a computar, como período de carência, o tempo em que os segurados estão no gozo de benefício por incapacidade (auxílio-doença ou aposentadoria por invalidez).

2. É possível considerar o período em que o segurado esteve no gozo de benefício por incapacidade (auxílio-doença ou aposentadoria por invalidez) para fins de carência, desde que intercalados com períodos contributivos.

3. Se o período em que o segurado esteve no gozo de benefício por incapacidade é excepcionalmente considerado como tempo ficto de contribuição, não se justifica interpretar a norma de maneira distinta para fins de carência, desde que intercalado com atividade laborativa" (6ª Turma, AgRg no REsp 1271928, de 16/10/2014).

O STF possui o mesmo posicionamento:

"Nesse sentido: ARE 802.877, Rel. Min. Teori Zavascki, DJe 1º.4.2014 e ARE 746.835-AgR, Rel. Min. Dias Toffoli, 1ª Turma, DJe 07.10.2014, com a seguinte ementa: "Agravo regimental no recurso extraordinário com agravo. Previdenciário. Aposentadoria por invalidez. Cômputo do tempo de gozo de auxílio-doença para fins de carência. Possibilidade. Precedentes. 1. **O Supremo Tribunal Federal decidiu nos autos do RE nº 583.834/PR-RG, com repercussão geral reconhecida, que devem ser computados, para fins de concessão de aposentadoria por invalidez, os períodos em que o segurado tenha usufruído do benefício de auxílio-doença, desde que intercalados com atividade laborativa. 2. A Suprema Corte vem-se pronunciando no sentido de que o referido entendimento se aplica, inclusive, para fins de cômputo da carência, e não apenas para cálculo do tempo de contribuição.** Precedentes: ARE 802.877/RS, Min. Teori Zavascki, DJe de 1/4/14; ARE 771.133/RS, Min. Luiz Fux, DJe de 21/2/2014; ARE 824.328/SC, Min. Gilmar Mendes, DJe de 8/8/14; e ARE 822.483/RS, Min. Cármem Lúcia, DJe de 8/8/14. 3. Agravo regimental não provido."

De acordo com a **Súmula 73, da TNU, "o tempo de gozo de auxílio-doença ou de aposentadoria por invalidez não decorrentes de acidente de trabalho só pode ser computado como tempo de contribuição ou para fins de carência quando intercalado entre períodos nos quais houve recolhimento de contribuições para a previdência social".**

Vale registrar que a TNU vem diferenciando os benefícios por incapacidade por acidente de trabalho dos não acidentários. Nessa linha de raciocínio, para a aposentadoria por incapacidade permanente e o auxílio-doença por acidente de trabalho serem computados para fins de carência, é desnecessário que sejam intercalados por períodos contributivos.

Isso porque a TNU vinha estendendo o extinto artigo 60, inciso IX, do Decreto 3.048/99, para fins de carência. Esse dispositivo previa que seria contado como tempo de contribuição o período em que o segurado esteve recebendo benefício por incapacidade por acidente do trabalho, intercalado ou não.

No entanto, **o artigo 60 do Decreto 3.048/99 foi revogado pelo Decreto 10.410/2020**, sendo o tema regulado pelo novel artigo 19-C:

> "§ 1º Será computado o tempo intercalado de recebimento de benefício por incapacidade, na forma do disposto no inciso II do **caput** do art. 55 da Lei nº 8.213, de 24 de julho de 1991, **exceto para efeito de carência.** (Incluído pelo Decreto nº 10.410, de 2020)"

Note-se que o ato presidencial manteve a posição anterior em não considerar o gozo de benefício por incapacidade para fins de período de carência, mas apenas como tempo de contribuição.

Outrossim, a ilegalidade regulamentar que afrontava o artigo 55, inciso II, da Lei 8.213/91 foi corrigida, **sendo exigido desde 1/7/2020 que mesmo o benefício por incapacidade por acidente de trabalho seja intercalado por contribuições para ser considerado como tempo de contribuição**.

Evidente que **a nova regulamentação não poderá ter efeitos retroativos**, devendo ser aplicada à percepção de benefícios por incapacidade a contar de 1º de julho de 2020, de modo que **os benefícios acidentários cessados até 30/06/2020 não precisarão ser intercalados para serem computados como tempo de contribuição**.

Aliás, mesmo com a EC 103/2019 reforçando a vedação ao tempo de contribuição ficto, o novo Regulamento optou por conservar o cômputo dos benefícios por incapacidade como tempo de contribuição, embora não haja o recolhimento real ou presumido de contribuição previdenciária, haja vista não comporem o salário de contribuição, o que indica que a regra constitucional continuará sendo retórica.

Por tudo isto, especialmente em razão da falta de uma disciplina legal direta e clara a respeito, este tema é extremamente controverso e vem gerando enorme insegurança jurídica, devendo ser regulado o quanto antes pelo legislador.

Ademais, "a TNU firmou a tese de que o tempo de gozo de auxílio-doença ou aposentadoria por invalidez não decorrentes de acidente do trabalho deve ser computado para fins de tempo de contribuição e carência, quando intercalado com períodos de contribuição, independentemente do número de contribuições vertido e o título a que realizadas" PUIL n. 0000805-67.2015.4.03.6317/SP/2019.

No **Tema em Repercussão Geral 1.125**, publicado em 25/02/2021, o STF reafirmou a sua própria jurisprudência ao admitir que o período de percepção de benefício por incapacidade laborativa também deva ser computado para fins de carência, desde que intercalado por atividades laborais.

Eis a tese firmada:

> **Tema 1.125: *"É constitucional o cômputo, para fins de carência, do período no qual o segurado esteve em gozo do benefício de auxílio-doença, desde que intercalado com atividade laborativa."***

Desse modo, o STF acabou estendendo a regra do artigo 55, inciso II, da Lei 8.213/91, que trata do cômputo do benefício por incapacidade laboral como tempo de contribuição, para fins do período de carência.

No entanto, um ponto chamou-me a atenção. A tese do STF ficou mais restrita que o texto do artigo 55, inciso II, da Lei 8.213/91, que admite que o benefício por incapacidade laboral seja considerado como tempo de contribuição se intercalado por recolhimentos previdenciários.

É que o pagamento de uma contribuição como **segurado facultativo** se amolda ao texto legal citado, mas não se encaixa na literalidade da tese firmada no Tema em Repercussão Geral 1.125, que exigiu que seja intercalado por atividade laboral, o que não ocorre na situação do facultativo que declara não exercer atividade laboral remunerada como pressuposto da filiação previdenciária.

Curiosamente, para fins de tempo de contribuição, a própria autarquia de previdência admite o recolhimento como segurado facultativo para fins de intercalar o benefício por incapacidade laboral no artigo 164, inciso XVI, letra A, da revogada Instrução Normativa INSS 77/2015:

> *"Art. 164. Até que lei específica discipline a matéria, são contados como **tempo de contribuição**, entre outros, conforme previsto no art. 60 do RPS:*
>
> ...
>
> XVI – o período de recebimento de benefício por incapacidade:
>
> *a) o não decorrente de acidente do trabalho, entre períodos de atividade, ainda que em outra categoria de segurado, sendo que as contribuições como contribuinte em dobro, até outubro de 1991 **ou como facultativo, a partir de novembro de 1991 suprem a volta ao trabalho para fins de caracterização;**".*

Embora não tenha preservado a mesma redação, essa posição foi mantida na Instrução Normativa INSS 128/2022:

> "Art. 211. Considera-se tempo de contribuição o tempo correspondente aos períodos para os quais tenha havido contribuição obrigatória ou facultativa ao RGPS, dentre outros, os seguintes:
>
> ...
>
> VI – o período em que o segurado esteve recebendo:

a) benefício por incapacidade previdenciário, desde que intercalado com períodos de atividade ou contribuição; ou

b) benefício por incapacidade acidentário:

1. até 30 de junho de 2020, ainda que não seja intercalado com períodos de atividade ou contribuição; ou

2. a partir de 1º de julho de 2020, data da publicação do Decreto nº 10.410, de 2020, somente se intercalado com períodos de atividade ou de contribuição".

Registre-se precedente do STJ que não admitiu que o período fosse intercalado por contribuição na condição de segurado facultativo, **o que contraria até a posição administrativa do INSS:**

**Processo**

AgInt no REsp 2113564 / RS

AGRAVO INTERNO NO RECURSO ESPECIAL

2023/0444219-9

**Relator**

Ministro MAURO CAMPBELL MARQUES (1141)

**Órgão Julgador**

T2 – SEGUNDA TURMA

**Data do Julgamento**

15/08/2024

**Data da Publicação/Fonte**

DJe 28/08/2024

**Ementa**

PROCESSUAL CIVIL. AGRAVO INTERNO NO RECURSO ESPECIAL. PREVIDENCIÁRIO. APOSENTADORIA. REVISÃO. PRETENSÃO DE INCLUSÃO DOS PERÍODOS EM QUE HOUVE RECEBIMENTO DO AUXÍLIO-DOENÇA COMO TEMPO DE SERVIÇO. ART. 55, II DA LEI 8.213/91. **NECESSIDADE DO GOZO DO BENEFÍCIO SER INTERCALADO COM ATIVIDADE LABORATIVA. TEMA 1125 DO STF. RECOLHIMENTO DE UMA ÚNICA PARCELA COMO SEGURADO FACULTATIVO. AUSENCIA DE ATIVIDADE LABORATIVA RECURSO A QUE SE NEGA PROVIMENTO.** AGRAVO INTERNO NÃO PROVIDO.

1. No caso em análise, o Tribunal de origem obstou pretensão do obreiro de revisão de sua aposentadoria, ao fundamento de que o período em que o segurado usufruiu do benefício de auxílio-doença ou aposentadoria por invalidez pode ser computado como carência e tempo de contribuição, desde que intercalado com períodos de efetiva atividade laborativa, o que não ocorreu no caso em concreto.

2. Nos termos do disposto nos arts. 29, II e § 5º, e 55, II, da Lei 8.213/91, o cômputo dos salários-de-benefício como salários-de-contribuição somente será admissível

se, no período básico de cálculo – PBC, houver afastamento intercalado com atividade laborativa, em que há recolhimento da contribuição previdenciária.

Precedentes.

3. Agravo interno não provido.

De acordo com o artigo 190, da Instrução Normativa INSS 128/2022, o período de carência será considerado de acordo com a filiação, a inscrição ou o recolhimento efetuado pelo segurado da Previdência Social observado os critérios descritos na tabela a seguir:

<table>
<tr><th>Forma de filiação</th><th>A partir de</th><th>Data limite</th><th>Início-cálculo</th></tr>
<tr><td>Empregado</td><td>Indefinida</td><td>Sem limite</td><td>Data da Filiação</td></tr>
<tr><td>Avulso</td><td>Indefinida</td><td>Sem limite</td><td>Data da Filiação</td></tr>
<tr><td rowspan="2">Empresário</td><td>Indefinida</td><td>24/7/1991</td><td>Data da Filiação</td></tr>
<tr><td>25/7/1991</td><td>28/11/1999</td><td>Data da 1ª contribuição sem atraso</td></tr>
<tr><td rowspan="2">Doméstico</td><td>8/04/1973</td><td>24/7/1991</td><td>Data da Filiação</td></tr>
<tr><td>25/7/1991</td><td>Sem limite</td><td>Data da 1ª contribuição sem atraso (após a LC 150/2015 é a partir da filiação com o labor)</td></tr>
<tr><td>Facultativo</td><td>25/7/1991</td><td>Sem limite</td><td>Data da 1ª contribuição sem atraso</td></tr>
<tr><td rowspan="5">Equiparado a autônomo</td><td>5/9/1960</td><td>9/9/1973</td><td>Data da 1ª contribuição</td></tr>
<tr><td>10/9/1973</td><td>1º/02/1976</td><td>Data da inscrição</td></tr>
<tr><td>2/02/1976</td><td>23/01/1979</td><td>Data da 1ª contribuição sem atraso</td></tr>
<tr><td>24/01/1979</td><td>23/01/1984</td><td>Data da inscrição</td></tr>
<tr><td>24/01/1984</td><td>28/11/1999</td><td>Data da 1ª contribuição sem atraso</td></tr>
<tr><td>Empregador rural</td><td>1º/01/1976</td><td>24/7/1991</td><td>Data da 1ª contribuição sem atraso</td></tr>
<tr><td>Contribuinte em dobro</td><td>9/1960</td><td>24/7/1991</td><td>Data da Filiação</td></tr>
<tr><td>Segurado especial que não optou contribuir facultativamente (§ 2º do art. 200 do RPS)</td><td>Indefinida</td><td>Sem limite</td><td>Data da filiação</td></tr>
<tr><td>Segurado especial que optou contribuir facultativamente (§ 2º do art. 200 do RPS)</td><td>11/1991</td><td>Sem limite</td><td>Data da 1ª contribuição sem atraso</td></tr>
</table>

| Forma de filiação | A partir de | Data limite | Início-cálculo |
|---|---|---|---|
| **Autônomo** | 5/9/1960 | 9/9/1973 | Data do 1º pagamento |
| | 10/9/1973 | 1º/02/1976 | Data da inscrição |
| | 2/02/1976 | 23/01/1979 | Data da 1ª contribuição sem atraso |
| | 24/01/1979 | 23/01/1984 | Data da inscrição |
| | 24/01/1984 | 28/11/1999 | Data da 1ª contribuição sem atraso |
| **Contribuinte Individual** | 29/11/1999 | Sem limite | Data da 1ª contribuição sem atraso |
| **Contribuinte Individual (prestador de serviços a empresa – inclusive – "empresário")** | 1º/04/2003 | Sem limite | Data da filiação |

De acordo com o artigo 193 da Instrução Normativa INSS 128/2022, **considera-se para efeito de carência**, observadas as especificações relativas aos trabalhadores rurais:

> I – o período em que o segurado recebeu salário-maternidade, exceto o do segurado especial que não contribui facultativamente;
>
> II – o período como contribuinte individual prestador de serviço a pessoa jurídica, na forma da Lei nº 10.666, de 2003, ainda que sem contribuição, desde que devidamente comprovados e referentes a competências posteriores a abril de 2003;
>
> III – as contribuições vertidas para o RPPS certificadas na forma da contagem recíproca, desde que o segurado não tenha utilizado o período naquele regime, esteja filiado ao RGPS e desvinculado do regime de origem;
>
> IV – o tempo de contribuição para o Plano de Seguridade Social do Servidor Público anterior à Lei nº 8.647, de 1993, efetuado pelo servidor público ocupante de cargo em comissão sem vínculo efetivo com a União, Autarquias, ainda que em regime especial, e Fundações Públicas Federais;
>
> V – o período relativo ao prazo de espera de 15 (quinze) dias do afastamento do trabalho de responsabilidade do empregador, desde que anterior à data de início da incapacidade do benefício requerido; e
>
> VI – anistia prevista em lei, desde que seja expressamente previsto o cômputo do período de afastamento para contagem da carência.

De acordo com o artigo 194 da Instrução Normativa INSS 128/2022, **não será computado como período de carência:**

> I – o tempo de serviço militar, obrigatório ou voluntário, prestado até 13/11/2019;
>
> II – o tempo de serviço do segurado que exerceu atividade rural anterior à competência novembro de 1991, exceto para os benefícios garantidos ao segurado

especial, na forma do inciso I do art. 39 e caput e § 2º do art. 48, ambos da Lei nº 8.213, de 1991;

III – o período de retroação da DIC;

IV – a contribuição recolhida em atraso pelo contribuinte individual, facultativo ou segurado especial, que contribua facultativamente fora do período de manutenção da qualidade de segurado, observado o art. 192; (redação dada pela IN INSS 141/2022)

V – o período indenizado de segurado especial posterior a novembro de 1991, exceto para os benefícios de aposentadoria por idade ou por incapacidade permanente, de auxílio por incapacidade temporária, de auxílio-reclusão ou de pensão, no valor de 1 (um) salário mínimo, e de auxílio-acidente, desde que mantida a condição ou a qualidade de segurado especial na DER, ou na data em que implementar os requisitos para concessão dos benefícios;

VI – o período em que o segurado está ou esteve em gozo de auxílio-acidente ou auxílio-suplementar;

VII – o período de aviso prévio indenizado; e

VIII – a competência com recolhimento abaixo do valor mínimo mensal, resguardado o direito aos ajustes de complementação, utilização de excedente e agrupamento, ressalvados o segurado empregado, empregado doméstico e trabalhador avulso para as contribuições relativas às competências até novembro de 2019.

De acordo com a Portaria INSS/DIRBEN 991/2022 (art. 90), **não será computado como período de carência** o período de retroação da DIC **e o referente à período indenizado**.

## 6.3. Principais distinções entre tempo de contribuição e período de carência

É muito comum no meio previdenciário que se confundam os institutos do período de carência e do tempo de contribuição que, embora possuam similitudes, podem ser claramente diferenciados a partir de uma análise técnica.

O principal traço comum é que o recolhimento da contribuição previdenciária tempestivamente realiza tanto o tempo de contribuição quanto o período de carência.

No entanto, é possível apontar as seguintes diferenças:

a) No caso dos segurados que são responsáveis pelo recolhimento da sua contribuição previdenciária (segurado facultativo e contribuinte individual que trabalha por conta própria), o recolhimento em atraso é computado como tempo de contribuição, mas não será considerado para efeitos de carência, referentes às competências anteriores à primeira paga em dia e as posteriores se houver perda da qualidade de segurado (art. 27, inciso II, da Lei 8.213/91);

b) O período de carência sempre será contado a partir do dia 1º da respectiva competência. Já o tempo de contribuição inicia o seu cômputo somente a contar do dia da filiação, não retroagindo ao dia primeiro (até 13/11/2019)[52];

c) Existem benefícios previdenciários que exigem a carência, mas não o tempo de contribuição, a exemplo do auxílio-reclusão. Já outros exigem simultaneamente a carência e um tempo mínimo de contribuição, como a aposentadoria programada. Há também os benefícios que dispensam a carência, como o auxílio-acidente e o salário-família;

d) A conversão de tempo especial em comum somente é prevista normativamente para o tempo de contribuição (até o advento da Emenda 103/2019), e não para o período de carência, conforme será visto (art. 57, §5º, da Lei 8.213/91);

e) O período rural anterior à Lei 8.213/91 é computado para fins de tempo de contribuição, mas não é considerado para fins de período de carência (art. 55, §2º, da Lei 8.213/91);

f) A regra de ½ se aplica à carência, mas não tem previsão legal para aplicação ao tempo de contribuição;

g) A indenização previdenciária é considerada como tempo de contribuição, mas não será computada para fins de período de carência.

Suponha-se que Odorico seja um contribuinte individual que trabalhe por conta própria e que tenha recolhido 35 anos de contribuições previdenciárias. No entanto, por ser uma pessoa relapsa, todos os recolhimentos foram intempestivos, pois efetuados fora do prazo legal (até o dia 15 do mês seguinte de cada competência ou dia útil posterior se no dia 15 não houver expediente bancário) com perda da qualidade de segurado.

Nesta situação hipotética, na visão do INSS, Odorico não fará jus à aposentadoria por tempo de contribuição (regramento anterior à EC 103/2019), pois conquanto possua o equivalente a 35 anos de contribuição, não terá realizado a carência, haja vista que nenhuma contribuição foi arrecadada no prazo.

Outro caso para ilustrar. Larissa é contribuinte individual que trabalha por conta própria e há anos não recolhe nenhuma contribuição previdenciária. Se ela recolher de vez as 12 contribuições em atraso, estas serão consideradas

52. De acordo com o Decreto 10.410/2020, uma mudança evidente foi o modo de cômputo do tempo de contribuição após a EC 103/2019, que não mais será computado de data a data, e sim por competência mensal, tal qual o período de carência, desde que o valor mensal da remuneração percebida atinja o piso legal ou convencional da categoria ou, se inexistente, ao salário mínimo nacional.

como um ano de contribuição, mas não servirão para a integralização do período de carência.

## 7. FATOR PREVIDENCIÁRIO

Ao contrário do que ocorreu nos Regimes Próprios de Previdência Social com o advento da promulgação da Emenda 20/98, no RGPS continuou sendo possível à concessão de aposentadoria sem a exigência de idade mínima do segurado, a exemplo da aposentadoria por tempo de contribuição, vez que não restou aprovada a reforma constitucional integral pretendida no final dos anos 90. Isto só foi modificado com a Emenda 103/2019, que extinguiu a aposentadoria apenas por tempo de contribuição sem idade mínima.

Até a EC 103/2019, a aposentadoria por tempo de contribuição que, em regra, era deferida ao homem com 35 anos de contribuição e à mulher com 30 anos de contribuição, observada a carência de 180 contribuições mensais, era um benefício que ameaça o equilíbrio financeiro e atuarial do sistema previdenciário, haja vista a possibilidade de os segurados se aposentarem muito cedo, inclusive abaixo dos cinquenta anos de idade.

Inclusive, nessas aposentações precoces, pregava-se que inexistia risco social a ser coberto, pois antes dos sessenta anos de idade o segurado ainda não é sequer considerado idoso, havendo casos em que se percebia a aposentadoria por mais anos do que se verteu contribuições previdenciárias.

Esse fato é agravado com a maior expectativa de vida que progressivamente vem sendo alcançada diante das melhores condições sociais, que chegou à média de 73 anos de idade em 2008, girando em torno de 69 anos de idade para os homens e de 77 para as mulheres, sendo atualmente bem maior.

Diante desse preocupante quadro previdenciário, a Lei 9.876/99, publicada em 29.11.1999, instituiu o fator previdenciário, agora previsto no artigo 29, da Lei 8.213/91, que objetivava inibir aposentadorias precoces, sendo **obrigatório no cálculo da aposentadoria por tempo de contribuição** e **facultativo** para a definição da renda mensal inicial da **aposentadoria por idade no regime anterior à EC 103/2019.**

> Logo, fora a aposentadoria por tempo de contribuição (obrigatório) e por idade (facultativo), o fator previdenciário não era utilizado diretamente no cálculo da renda de nenhum outro benefício previdenciário. Contudo, indiretamente, a pensão por morte poderia ter a sua renda mensal calculada com base no fator previdenciário, se na apuração da renda da aposentadoria do instituidor da pensão o fator tivesse sido aplicado

Pelas **regras anteriores à EC 103/2019**, existia apenas um caso em que o fator previdenciário era facultativo no cálculo do salário de benefício da aposentadoria por tempo de contribuição. Tratava-se da "regra 85/95" (86/96 desde 31/12/2018) para mulheres e homens, respectivamente, atualmente disciplinada pela Lei 13.183, de 4/11/2015.

No entanto, coube à **Medida Provisória 676**, publicada em 18 de junho de 2015, instituir a regra alternativa 85 (mulher)/95 (homem) para tornar facultativo o fator previdenciário nesta aposentadoria. **Posteriormente esta regra foi modificada pela Lei 13.183, de 4/11/2015**.

O segurado que preencher o requisito para a aposentadoria por tempo de contribuição poderá optar pela não incidência do fator previdenciário no cálculo de sua aposentadoria, quando o total resultante da soma de sua idade e de seu tempo de contribuição, incluídas as frações, na data de requerimento da aposentadoria, for: I – igual ou superior a noventa e cinco pontos, se homem, observando o tempo mínimo de contribuição de trinta e cinco anos; ou II – igual ou superior a oitenta e cinco pontos, se mulher, observado o tempo mínimo de contribuição de trinta anos.

De acordo com a literalidade do texto normativo, "as somas de idade e de tempo de contribuição previstas no *caput* serão majoradas em um ponto em:

I – 31 de dezembro de 2018;

II – 31 de dezembro de 2020;

III – 31 de dezembro de 2022;

IV – 31 de dezembro de 2024; e

V – 31 de dezembro de 2026".

Assim, para quem reuniu todos os requisitos até 30/12/2018 será aplicada a regra 85/95, mesmo que o requerimento administrativo se dê após essa data. Já para os que não preencheram a pontuação até 30 de dezembro de 2018, será aplicada a regra 86/96.

De acordo com a literalidade do texto normativo, as somas de idade e de tempo de contribuição previstas no *caput* serão majoradas em um ponto em:

I – 31 de dezembro de 2018 (86/96);

II – 31 de dezembro de 2020 (87/97);

III – 31 de dezembro de 2022 (88/98);

IV – 31 de dezembro de 2024 (89/99); e

V – 31 de dezembro de 2026 (90/100).

Logo, sem revogar a regra ordinária da aposentadoria por tempo de contribuição sem idade mínima e com aplicação compulsória do fator previdenciário, foi criada regra progressiva para a concessão de aposentadoria por tempo de contribuição com aplicação facultativa do fator previdenciário, observado o tempo mínimo de contribuição (30 anos mulher e 35 anos homem), desde que a soma com a idade do segurado atinja à pontuação acima enumerada.

À luz do direito adquirido, ao segurado que alcançar o requisito necessário ao exercício da opção com base na tabela acima e deixar de requerer aposentadoria será assegurado o direito à opção com a aplicação da pontuação exigida na data do cumprimento dos requisitos.

Como exemplo, suponha-se que um segurado homem que em 2015, 2016, 2017 ou 2018 (até 30/12) conte com 37 anos de tempo de contribuição e idade de 58 anos (37 + 58=95). Neste caso ele preencherá esta regra e poderá se aposentar sem o fator previdenciário (não se aplicará o fator quando for para reduzir a renda, mas apenas para majorar).

Suponha-se que uma mulher em 2023 ou 2024 tenha 30 anos de tempo de contribuição e 58 anos de idade (30 + 58=88). Ela preencherá a regra aludida.

Para o segurado que adquiriu o direito a partir de 31/12/2018, a pontuação restou modificada para 86 (mulheres) e 96 (homens), incluindo frações. Eis alguns exemplos da regra 86/96 (aquisição do direito entre 31/12/2018 e 30/12/2020):

| MULHERES | | |
|---|---|---|
| **IDADE** | **TEMPO DE CONTRIBUIÇÃO** | **PONTUAÇÃO TOTAL** |
| 56 anos | 30 anos | 86 |
| 55,5 anos | 30,5 anos | 86 |
| 55 anos | 31 anos | 86 |
| 54,5 anos | 31,5 anos | 86 |
| 54 anos | 32 anos | 86 |

| HOMENS | | |
|---|---|---|
| **IDADE** | **TEMPO DE CONTRIBUIÇÃO** | **PONTUAÇÃO TOTAL** |
| 61 anos | 35 anos | 96 |
| 60,5 anos | 35,5 anos | 96 |
| 60 anos | 36 anos | 96 |
| 59,5 anos | 36,5 anos | 96 |
| 59 anos | 37 anos | 96 |

No entanto, há uma regra especial para o **professor exclusivo do ensino básico.** O tempo mínimo de contribuição do professor e da professora que comprovarem exclusivamente tempo de efetivo exercício de magistério na educação infantil e no ensino fundamental e médio será de, respectivamente, **trinta e vinte e cinco anos**, e serão **acrescidos cinco pontos à soma da idade com o tempo de contribuição**.

Suponha-se que em 2015, 2016, 2017 ou 2018 um professor do sexo masculino do ensino básico possua 30 anos de tempo de contribuição exclusivamente como professor e 60 anos de idade. Neste caso, ele terá direito à regra 95 (30+60+5) com a aplicação facultativa do fator previdenciário.

Nota-se que a tabela foi esticada pela Lei 13.183/2015 em comparação ao texto originário da MP 676/2015, assim como houve a redução do tempo de contribuição em 5 anos em favor do professor exclusivo do ensino básico, o que não acontecia no texto da MP 676/2015.

**Esse regramento do artigo 29-C da Lei 8.213/91 não foi recebido pela EC 103/2019**. Isso porque a sistemática de cálculo das aposentadorias voluntárias passou a ter outras fórmulas de cálculo disciplinas no texto constitucional.

Assim, quem não atingiu a pontuação 86/96 até 13 de novembro de 2019 não mais terá como fazer jus ao regramento do artigo 29-C da Lei 8.213/91.

No entanto, o seu estudo é deveras importante em razão da formação do direito adquirido. Isso porque o segurado que atingiu a citada pontuação até a data da publicação da EC 103/2019, faz jus ao benefício de aposentadoria por tempo de contribuição com fator facultativo mesmo que o requeria após a reforma constitucional, nos termos do artigo 3º da Emenda citada.

Em 4 de junho de 2020, ao julgar o tema 1.091 (RE 1221630), o Plenário do STF reafirmou a constitucionalidade do fator previdenciário, inclusive no salário de benefício da aposentadoria do professor de ensino básico:

Tema:

**1091 – Constitucionalidade do fator previdenciário, previsto no art. 29, *caput*, incisos e parágrafos, da Lei nº 8.213/91, com a redação dada pelo art. 2º da Lei nº 9.876/99.**

Relator: **MINISTRO PRESIDENTE**

Leading Case: **RE 1221630**

Há Repercussão?

**Sim**

Ver descrição [+]

Recurso extraordinário em que se discute, à luz dos arts. 5º, *caput*; 6º; 102, § 2º; 195, § 5º; e 201, §§ 1º, 7º e 8º, da Constituição Federal, a constitucionalidade do fator previdenciário, previsto no art. 29, *caput*,

incisos e parágrafos, da Lei nº 8.213/91, com a redação dada pelo art. 2º da Lei nº 9.876/99, bem como se é devida sua incidência no cálculo dos proventos de aposentadoria de professor.

[-]

**Ver tese** [+]

**É constitucional o fator previdenciário previsto no art. 29, caput, incisos e parágrafos, da Lei nº 8.213/91, com a redação dada pelo art. 2º da Lei nº 9.876/99.**[-]

**RE 1221630 RG / SC – SANTA CATARINA**

**REPERCUSSÃO GERAL NO RECURSO EXTRAORDINÁRIO**

**Relator(a): MINISTRO PRESIDENTE**

**Julgamento: 04/06/2020**

**Publicação: 19/06/2020**

**Órgão julgador: Tribunal Pleno**

view_listpicture_as_pdflibrary_booksfile_copyprint

Repercussão Geral – Mérito

**Publicação**

PROCESSO ELETRÔNICO REPERCUSSÃO GERAL – MÉRITO DJe-154 DIVULG 18-06-2020 PUBLIC 19-06-2020

**Partes**

RECTE.(S) : INSTITUTO NACIONAL DO SEGURO SOCIAL – INSS ADV.(A/S) : PROCURADOR-GERAL FEDERAL RECDO.(A/S) : RAQUEL TELEMBERG CORDEIRO ADV.(A/S) : VINICIOS SORGATTO COLLACO ADV.(A/S) : FABIANO FRETTA DA ROSA

**Ementa**

EMENTA Recurso extraordinário. Direito Previdenciário. Benefício previdenciário. Fator Previdenciário. Constitucionalidade. Existência de repercussão geral. Reafirmação da jurisprudência do Supremo Tribunal Federal sobre o tema. Recurso extraordinário provido para cassar o acórdão recorrido e determinar de que a Corte de origem profira novo julgamento observando a orientação jurisprudencial emanada do Plenário do STF. Tese de repercussão geral: É constitucional o fator previdenciário previsto no art. 29, *caput*, incisos e parágrafos, da Lei nº 8.213/91, com a redação dada pelo art. 2º da Lei nº 9.876/99.

Em seguida, em tese repetitiva (Tema 1011), o STJ definiu que a aposentadoria do professor na sistemática entre a Lei 9.876/99 e a Emenda 103/2019 terá a incidência compulsória do fator previdenciário (salvo regra do artigo 29-C da Lei 8.213/91):

| Tema/ Repetitivo | 1011 | Situação do Tema | Acórdão Publicado | Órgão Julgador | PRIMEIRA SEÇÃO | Assuntos |
|---|---|---|---|---|---|---|
| **Questão submetida a julgamento** | Incidência ou não do fator previdenciário no cálculo da renda mensal inicial da aposentadoria por tempo de contribuição de professor, quando a implementação dos requisitos necessários à obtenção do benefício se der após a edição da Lei 9.876/1999. | | | | | |
| **Tese Firmada** | Incide o fator previdenciário no cálculo da renda mensal inicial de aposentadoria por tempo de contribuição de professor vinculado ao Regime Geral de Previdência Social, independente da data de sua concessão, quando a implementação dos requisitos necessários à obtenção do benefício **se der após o início da vigência da Lei 9.876/1999, ou seja, a partir de 29/11/1999.** | | | | | |
| **Anotações Nugep** | Afetação na sessão eletrônica iniciada em 8/5/2019 e finalizada em 14/5/2019 (Primeira Seção).<br>**Vide Controvérsia n. 65/STJ.**<br>IRDR 0804985-07.2015.4.05.8300/TRF5 (n. 1) – Incidente de resolução de demandas repetitivas instaurado para fins de definição de tese jurídica acerca da incidência, ou não, do fator previdenciário na base de cálculo da aposentadoria de professor prevista no art. 201, parágrafo 8º, da CF/88. | | | | | |
| **Informações Complementares** | Há determinação de suspensão do processamento de todos os processos pendentes, individuais ou coletivos, que versem acerca da questão delimitada e tramitem no território nacional (acórdão publicado no DJe de 28/5/2019). | | | | | |
| **Ramo do Direito** | DIREITO PREVIDENCIÁRIO | | | | | |

| Processo | Tribunal de Origem | RRC | Relator | Data de Afetação | Julgado em | Acórdão Publicado em | Embargos de Declaração | Trânsito em Julgado |
|---|---|---|---|---|---|---|---|---|
| REsp 1799305/PE | TRF5 | Sim | MAURO CAMPBELL MARQUES | 28/05/2019 | 10/02/2021 | 26/03/2021 | - | - |
| REsp 1808156/SP | TRF3 | Não | MAURO CAMPBELL MARQUES | 28/05/2019 | 10/02/2021 | 26/03/2021 | - | - |

Vale registrar que, por força da LC 142/2013, que aprovou as regras para a aposentadoria especial do segurado deficiente, para este benefício será possível a incidência do fator previdenciário, desde que seja favorável ao segurado. Esta sistemática foi conservada pela EC 103/2019 em favor da pessoa com deficiência.

Desta forma, vamos continuar apresentando o FATOR PREVIDENCIÁRIO nesta obra pelos seguintes motivos:

A) Será aplicado aos segurados que tiverem direito adquirido à aposentadoria por tempo de contribuição com incidência

obrigatória pelo direito adquirido formado até a publicação da EC 103/2019, salvo pontuação do artigo 29-C da Lei 8.213/91;

B) Tem incidência facultativa na aposentadoria por tempo de contribuição da pessoa com deficiência mesmo com o advento da EC 103/2019;

**C) Terá aplicação compulsória em uma regra de transição da EC 103/2019 para segurados que faltavam menos de dois anos para se aposentar por tempo de contribuição até a data da publicação da reforma, conforme será estudado no próximo capítulo.**

Vale registrar que **a Emenda 103/2019 não extinguiu o fator previdenciário**. Ao revés, o **constitucionalizou** na regra de transição do artigo 17, parágrafo único[53].

O que ocorre é que a aposentadoria por idade e tempo de contribuição (estudada no próximo capítulo), bem como a aposentadoria por incapacidade permanente terão outra fórmula de cálculo (art. 26 da Emenda) que não utilizará o artigo 29 da Lei 8.213/91, que somente será aplicado com o fator previdenciário na regra de transição do artigo 17, parágrafo único da Emenda 103/2019 e na aposentadoria por tempo de contribuição da pessoa com deficiência, neste caso se benéfico ao segurado.

Isso porque o artigo 22 da Emenda 103/2019 previu que, "até que lei discipline o § 4º-A do art. 40 e o inciso I do § 1° do art. 201 da Constituição Federal, a aposentadoria da **pessoa com deficiência segurada do Regime Geral de Previdência Social** ou do servidor público federal com deficiência vinculado a regime próprio de previdência social, desde que cumpridos, no caso do servidor, o tempo mínimo de dez anos de efetivo exercício no serviço público e de cinco anos no cargo efetivo em que for concedida a aposentadoria, será concedida na forma da **Lei Complementar n° 142, de 8 de maio de 2013, inclusive quanto aos critérios de cálculo dos benefícios**".

53. Parágrafo único. O benefício concedido nos termos deste artigo terá seu valor apurado de acordo com a média aritmética simples dos salários de contribuição e das remunerações calculada na forma da lei, **multiplicada pelo fator previdenciário**, calculado na forma do disposto nos **§§ 7º a 9º do art. 29 da Lei nº 8.213, de 24 de julho de 1991**.

Dessa forma, as regras de fator previdenciário continuam em vigor após a EC 103/2019, mas agora com aplicação restrita às duas situações acima apontadas (regras de transição dos artigos 17 e 22 da Emenda 103/2019).

**O fator previdenciário é um coeficiente que considera a idade da pessoa, o seu tempo de serviço/contribuição e a sua expectativa de vida, de acordo com a tábua completa de mortalidade do IBGE, considerando-se a média nacional para ambos os sexos.**

Ou seja, mesmo as mulheres tendo uma maior expectativa de vida, não haverá nenhum prejuízo para elas, porquanto será considerada a média entre homens e mulheres.

Caso fosse legalmente adotada **em separado** a média de expectativa de vida entre homens e mulheres aqueles serão beneficiados, pois a sua expectativa de vida é cerca de seis anos menos, o que aumentaria o fator previdenciário.

No entanto, deve-se seguir a previsão legal da média unificada, até para não discriminar negativamente as mulheres, nos termos do artigo 29, §8º, da Lei 8.213/91:

> "§ 8º Para efeito do disposto no § 7º, a expectativa de sobrevida do segurado na idade da aposentadoria será obtida a partir da tábua completa de mortalidade construída pela Fundação Instituto Brasileiro de Geografia e Estatística – IBGE, **considerando-se a média nacional única para ambos os sexos**".

Muitos segurados do sexo masculino questionam essa previsão legal, buscando judicialmente a adoção apenas da expectativa de vida dos homens. No entanto, este pedido não vem encontrando amparo na jurisprudência:

> "PODER JUDICIÁRIO JUIZADO ESPECIAL FEDERAL DA 3ª REGIÃO Turmas Recursais dos Juizados Especiais Federais de São Paulo Avenida Paulista, 1912 – Bela Vista – CEP 01310-924 São Paulo/SP Fone: (11) 3012-2046 TERMO Nr: 9301028639/2013 SENTENÇA TIPO: M PROCESSO Nr: 0002206-57.2012.4.03.6301 AUTUADO EM 13/01/2012 ASSUNTO: 040201 – RENDA MENSAL INICIAL – REVISÃO DE BENEFÍCIOS CLASSE: 1 – PROCEDIMENTO DO JUIZADO ESPECIAL CÍVEL AUTOR (Segurado): ODILON COELHO ADVOGADO(A)/DEFENSOR(A) PÚBLICO(A): SP304970 – ANTÔNIO JOSÉ DE VASCONCELOS SARMENTO RÉU: INSTITUTO NACIONAL DO SEGURO SOCIAL – I.N.S.S. (PREVID) ADVOGADO(A): SP999999 – SEM ADVOGADO DISTRIBUIÇÃO POR SORTEIO EM 19/01/2012 16:14:43 JUIZ(A) FEDERAL: LUCIANA ORTIZ TAVARES COSTA ZANONI I – RELATÓRIO Trata-se de embargos de declaração opostos ao acórdão que negou provimento ao recurso do autor e manteve a sentença que julgou improcedente o pedido de revisão de benefício previdenciário com o afastamento do fator previdenciário. O embargante fundamenta que o acórdão é omisso quanto a questão da adoção da expectativa de vida masculina para ambos os sexos. É o relatório. II – VOTO Conheço dos embargos declaratórios, dado que cumpridos seus requisitos

de admissibilidade. **A tabela do IBGE considera a média da população, em obediência ao § 8º do art. 29 da Lei de Benefícios determina a utilização da média nacional única para ambos os sexos, assim não havendo distinção da tábua de mortalidade entre homens e mulheres conforme a legislação, não há que se discutir se houve favorecimento de um dos sexos.** Ante todo o exposto, acolho os embargos de declaração para aclarar a fundamentação, mantendo o aresto embargado. É o voto. III – EMENTA EMBARGOS DE DECLARAÇÃO. OMISSÃO OU CONTRADIÇÃO. PREVIDENCIARIO. FATOR PREVIDENCIÁRIO. TÁBUA DE MORTALIDADE. NÃO HÁ DISTINÇÃO ENTRE OS SEXOS. EMBARGOS ACOLHIDOS APENAS PARA ACLARAR O ACÓRDÃO IV – ACÓRDÃO Vistos, relatados e discutidos estes autos eletrônicos, em que são partes as acima indicadas, decide a Quinta Turma Recursal do Juizado Especial Federal da 3ª Região – Seção Judiciária do Estado de São Paulo, por unanimidade, acolher os embargos de declaração, nos termos do voto do Juiz Federal Relator. Participaram do julgamento o(a)s Meritíssimo(a)s Juíze(a)s Federais Luciana Ortiz Tavares Costa Zanoni, Kyu Soon Lee e Omar Chamon. São Paulo, 10 de maio de 2013. (data do julgamento)". **(5ª Turma Recursal de São Paulo, Processo 00022065720124036301, de 24/05/2013).**

Compete ao IBGE publicar, anualmente, até o dia primeiro de dezembro, no Diário Oficial da União, a tábua completa de mortalidade para o total da população brasileira referente ao ano anterior[54]. Uma vez publicada a tábua de mortalidade, os benefícios previdenciários requeridos a partir dessa data considerarão a nova expectativa de sobrevida.

O comum é que os segurados corram às Agências do INSS para requerer a aposentadoria por tempo de contribuição antes de 1º de dezembro, quando começa a valer a nova tábua, pois a tendência tem sido a expectativa de sobrevida aumentar ano a ano, o que acaba reduzindo o fator previdenciário e, via de consequência, o valor do salário de benefício.

Contudo, curiosamente, para o ano de 2013, para as pessoas entre 52 e 82 anos de idade, a expectativa de sobrevida foi reduzida em razão de ajustes na tábua do IBGE (redução média de 83 dias), o que beneficiou o cálculo do fator previdenciário das aposentadorias por tempo de contribuição e por idade requeridas a partir de 1º de dezembro de 2012, conforme publicado no site da Previdência Social:

"**APOSENTADORIA: Previdência divulga nova tabela do Fator Previdenciário**

**Índice é utilizado no cálculo das aposentadorias por tempo de contribuição**

29/11/2012 – 18:38:00

Da Redação (Brasília)- Uma nova tabela do fator previdenciário foi divulgada para o cálculo das aposentadorias por tempo de contribuição. Os índices têm

54. Artigo 2º, do Decreto 3.266/99.

como base a nova tábua de expectativa de vida, apresentada pelo Instituto Brasileiro de Geografia e Estatística (IBGE), nesta quinta-feira (29), e começam a valer assim que forem publicados no Diário Oficial da União. De acordo com a legislação, a Previdência Social deve considerar a expectativa de sobrevida do segurado na data do pedido do benefício para o cálculo do Fator Previdenciário.

A expectativa de vida ao nascer, segundo o IBGE, subiu de 73,8, em 2010, para 74,1, em 2011. Mas, diferente da tendência dos últimos anos, as projeções do IBGE revelaram que, na faixa de idade que vai de 52 até 80 anos, a expectativa de sobrevida caiu, o que vai beneficiar os segurados. Um homem com 55 anos de idade e 35 anos de contribuição, por exemplo, poderia ter 17 dias a menos de tempo de contribuição para receber um benefício de mesmo valor. O fator previdenciário, neste caso, teve uma pequena alteração. Passou de 0,715 para 0,716.

Já um homem de 60 anos de idade e 35 anos de contribuição teria o fator aumentado de 0,867 para 0,873 e poderia trabalhar 71 dias a menos para receber o mesmo benefício. Uma mulher de 58 anos de idade e 30 de contribuição teria o fator aumentado de 0,801 para 0,805 e poderia ter 45 dias a menos de contribuição para ter um benefício de mesmo valor.

Dados da Previdência Social mostram que, de janeiro a outubro de 2012, das 254 mil aposentadorias concedidas por tempo de contribuição, 175 mil foram para pessoas com 52 anos ou mais.

O Fator Previdenciário é utilizado somente no cálculo do valor da aposentadoria por tempo de contribuição. Na aposentadoria por invalidez e na aposentadoria especial não há utilização do fator. Na aposentadoria por idade, a fórmula é utilizada opcionalmente, apenas quando aumentar o valor do benefício.

Pelas regras da aposentadoria por tempo de contribuição, se o fator for menor do que 1, haverá redução do valor do benefício. Se o fator for maior que 1, há acréscimo no valor e, se o fator for igual a 1, não há alteração.

O novo Fator Previdenciário será aplicado apenas às aposentadorias solicitadas a partir da publicação dos índices pelo IBGE. Os benefícios já concedidos não sofrerão qualquer alteração em função da divulgação da nova tábua. A utilização dos dados do IBGE, como uma das variáveis da fórmula de cálculo do fator, foi determinada pela Lei 9.876, de 1999, quando se criou o mecanismo".

Deveras, com a incidência do fator previdenciário, é comum que os segurados que se aposentem por tempo de contribuição muito jovens possam perder por volta de metade do benefício previdenciário, pois certamente ele será bem inferior a 1,0.

Apenas as pessoas com idade mais avançada e com grande tempo de contribuição se favorecerão do fator previdenciário, pois neste caso ele tende a ser superior a 1,0.

Eis a fórmula para o cálculo do fator previdenciário:

$$f = \frac{Tc \times a}{Es} \times \left(1 + \frac{(Id + Tc \times a)}{100}\right)$$

Onde:

*f* = fator previdenciário;

*Es* = expectativa de sobrevida no momento da aposentadoria;

*Tc* = tempo de contribuição até o momento da aposentadoria;

*Id* = idade no momento da aposentadoria; e

*a* = alíquota de contribuição correspondente a 0,31.

Para efeito da aplicação do fator previdenciário ao tempo de contribuição do segurado serão adicionados:

> I – cinco anos, quando se tratar de mulher; ou
>
> II – cinco ou dez anos, quando se tratar, respectivamente, de professor ou professora, que comprovem exclusivamente tempo de efetivo exercício das funções de magistério na educação infantil e no ensino fundamental e médio.

Quanto maior o fator previdenciário melhor para o segurado. O fator superior a 1,0 irá aumentar o salário de benefício, ao passo que o fator inferior a 1,0 irá reduzi-lo. Ademais, quanto maior a idade e o tempo de contribuição maior será o fator previdenciário.

Tomando por base a tabela de 2011 do fator previdenciário, um homem que conte com 35 anos de contribuição e 53 anos de idade terá um fator previdenciário de 0,668, ou seja, o seu salário de benefício sofrerá uma redução de 33,2%.

Já outro segurado com 65 anos de idade e 35 anos de contribuição terá um fator previdenciário de 1,072, tendo um acréscimo de 7,2% no cálculo do seu salário de benefício.

Por força do artigo 5º, da Lei 9.876/99, observando o Princípio da Segurança Jurídica, a aplicação do fator previdenciário foi progressiva ao longo de cinco anos, incidindo sobre um sessenta avos por mês que se seguir à sua publicação, expirando-se para os benefícios com data de início a partir de 01.12.2004.

Foi assegurado o direito adquirido de todos os segurados que preencheram os requisitos para a aposentadoria por tempo de contribuição até 28.11.1999, dia anterior ao da publicação da Lei 9.876/99, ao cálculo da sua aposentadoria por tempo de contribuição sem a incidência do fator previdenciário.

No entanto, **não poderá o segurado obter um sistema híbrido, extraindo do regime anterior e do atual o que melhor lhe aprouver**. Logo, caso opte pela utilização de tempo de contribuição após 28/11/1999, o salário de benefício deverá ser calculado com base nas novas regras com 80% dos maiores salários de contribuição e com a incidência obrigatória do fator previdenciário, no caso da aposentadoria por tempo de contribuição, não podendo haver a criação de um terceiro regime jurídico com as melhores regras em favor do segurado.

Nesse sentido, a TNU:

> "PREVIDENCIÁRIO. DIREITO ADQUIRIDO A APOSENTADORIA POR TEMPO DE SERVIÇO NA MODALIDADE PROPORCIONAL EM DATA ANTERIOR À EMENDA CONSTITUCIONAL 20/1998, NÃO DÁ AO SEGURADO O DIREITO DE COMPUTAR TEMPO DE CONTRIBUIÇÃO POSTERIOR A 15/12/1998 PARA APOSENTAR-SE NA MODALIDADE INTEGRAL. A CONSIDERAÇÃO DE TEMPO DE CONTRIBUIÇÃO POSTERIOR A 05/12/1999 IMPEDE A DESCONSIDERAÇÃO DO FATOR PREVIDENCIÁRIO, INTRODUZIDO PELA LEI 9.876, PUBLICADA EM RETIFICAÇÃO EM 06/12/1999. TEMPO DE CONTRIBUIÇÃO E FORMA DE CÁLCULO DEVEM SER COMPATÍVEIS COM AS EXIGÊNCIAS EM VIGOR AO TEMPO DA SATISFAÇÃO DE TODOS OS REQUISITOS PARA A APOSENTADORIA NA MODALIDADE REQUERIDA. IMPOSSIBILIDADE DE APLICAÇÃO DE SISTEMA HÍBRIDO DE ELEIÇÃO PELO SEGURADO. ALTERAÇÃO DE POSICIONAMENTO DA TNU. PEDILEF CONHECIDO E NÃO PROVIDO. O requerente pretende a reforma do Acórdão da Turma Recursal gaúcha, para que lhe seja assegurado o que denomina "direito adquirido" a aposentar-se com tempo de contribuição considerado até 28/11/2003, mesma data da entrada de seu requerimento administrativo (DER), com cálculo da renda mensal inicial (RMI) pela média das 36 últimas contribuições entre as 48 últimas competências, afastando-se a incidência do fator previdenciário e também da utilização dos 80% maiores salários-de-contribuição a contar de julho de 1994. O requerente entende que, por ter ao menos 30 anos de tempo de serviço e contribuição computados até 16/12/1998, data da entrada em vigor da Emenda Constitucional 20, adquiriu o direito à aposentadoria naquela sistemática anterior, o que não afasta seu direito a computar as novas contribuições que se sucederam. A Sentença, digna de elogios por sua clareza, concisão e percuciência, foi confirmada pelos próprios fundamentos pelo Acórdão do colegiado gaúcho. Firma a divergência jurisprudencial com aquele Acórdão apresentando o Acórdão do Pedilef 200538007379111, em que por maioria a TNU, sendo relatora para aquele a Juíza Federal Maria Divina Vitória, entendeu da mesma forma que apresenta sua pretensão. Entendo presentes a similitude fática e jurídica da hipótese destes autos com aquela tratada no Pedilef supracitado. Em minhas pesquisas de jurisprudência nos acervos da TNU, STJ e STF nada mais encontrei com tamanha similitude fática e jurídica. Contudo, penso que seja o caso de revermos aquele posicionamento. O requerente não pretendeu a percepção de aposentadoria proporcional por tempo de serviço, a que tinha direito segundo as regras vigentes até a entrada em vigor da Emenda Constitucional 20/1998, considerando o

tempo total naquela data e forma de cálculo da RMI segundo as normas vigentes ao tempo da aquisição de seu direito. O requerente tampouco pretendeu a percepção de aposentadoria proporcional ou integral, considerando as regras de transição da Emenda Constitucional 20, de 15/12/1998, publicada e vigendo desde 16/12/1998, que lhe exigiam 53 anos de idade mínima e tempo de contribuição de 35 anos ou um período adicional (pedágio) de 20% sobre o tempo que lhe faltava para completar os 35 anos em 16/12/1998. **O requerente deseja que lhe seja reconhecido o direito adquirido a um sistema híbrido. Em afronta ao entendimento clássico do que seja o direito adquirido e da Jurisprudência consagrada do STF sobre o tema, que é a Corte a quem cabe a última palavra sobre os direitos adquiridos, já que se trata de assunto inserido em nosso texto constitucional, o requerente pretende o reconhecimento de um direito mesmo sem ter satisfeito todas as condições de exercício desse direito ao tempo da modificação constitucional do sistema de previdência pública e geral dado pela supracitada Emenda Constitucional. O autor pretende congelar as exigências para a sua aposentadoria por tempo de serviço em 15/12/1998, quando possuía condição de se aposentar proporcionalmente por tempo de serviço, logo, tendo direito adquirido a este específico benefício previdenciário, para que em 28/11/2003, quase cinco anos depois, possa se aposentar, não mais proporcionalmente, mas integralmente, não mais considerando o tempo de contribuição em 15/12/1998, inclusive, mas sim até a DER, em 28/11/2003, não pelas novas regras de cálculo da RMI de seu benefício, mas pelas anteriores, afastando-se o fator previdenciário e o cômputo de todas as contribuições desde julho de 1994. Logo, o que o autor pretende é mais que o direito adquirido a um regime jurídico, mais que um direito adquirido, pretende a criação de um sistema híbrido de previdência social que se amolde ao melhor dos mundos para cada beneficiário individualmente considerando, pouco se importando com um sistema geral ou com os benefícios de toda a sociedade e do universo de segurados e beneficiários da previdência social.** O que o artigo 3º da Emenda Constitucional 20/1998 assegurou, inclusive ao autor, ele não quer, em verdade, porque seria apenas o direito adquirido à aposentadoria por tempo de serviço com tempo mínimo de 30 anos, inexigibilidade de idade mínima e cálculo da RMI pela média aritmética dos últimos 36 salários-de-contribuição, entre os 48 últimos meses anteriores à DIB, atualizados monetariamente até a data da concessão. Em 28/11/2003, para que pudesse considerar as regras vigentes antes de 16/12/1998, teria que se enquadrar nas exigências do artigo 9º da Emenda Constitucional 20/1998, que inconvenientemente omite, e que lhe exigiriam 53 anos de idade, que só completaria mais tarde, em 16/02/2010, e, caso seu tempo de contribuição fosse inferior a 35 anos, deveria pagar um adicional de tempo de atividade de 20% sobre o tempo restante naquela data de 16/12/1998. A existência de único precedente da TNU, por maioria, nos idos de 2007, não parecem firmar o entendimento definitivo deste colegiado, a ser prestigiado em detrimento de todos os demais precedentes que tratam de sistemas análogos de direito adquirido e de alterações de regime jurídico e possibilidade de estabelecimento de regras de transição, ante a inexistência de garantia em nosso sistema legal das expectativas de direito. Ou bem o requerente

> se aposentava, ainda com 41 anos de idade, por tempo de serviço na modalidade proporcional, já que tinha mais de 30 anos de tempo em 15/12/1998, inclusive, ou lhe cabe simplesmente ser tratado como todos os demais que se encontravam na mesma situação em 16/12/1998, passando a ter de contar com 53 anos de idade para poder se aposentar proporcionalmente com cômputo de tempo posterior àquela data, ou sem a exigência de idade, na modalidade integral, com 35 anos, mas ao tempo em que completou o período exigido e não em data pretérita ao próprio tempo de serviço que pretende ver computado. O mesmo cabe para a questão da modificação do período básico de cálculo da renda mensal inicial do benefício, que passou a considerar os 80% maiores salários-de-contribuição desde julho de 1994, atualizados monetariamente até a concessão, e a aplicar o fator previdenciário a quem não tinha completado as exigências para a sua aposentadoria em data de 06/12/1999, data da publicação da retificação da Lei 9.876, anteriormente publicada em 29/11/1999. Veja-se que tampouco o requerente tinha condições de se aposentar pela modalidade integral em 29/11/1999, pois não possuía 35 anos de tempo de contribuição, logo, não lhe cabe o direito de exigir a não incidência do fator previdenciário, que prestigia as pessoas de maior tempo de contribuição e idade em detrimento daqueles que possuem menor idade e tempo de contribuição, criado justamente para desestimular as aposentadorias precoces como a do autor da demanda. Ante o exposto, voto por conhecer do Pedido de Uniformização da Interpretação de Lei Federal e negar-lhe provimento, firmando a tese de que àqueles que possuíam direito adquirido a aposentadoria por tempo de serviço na modalidade proporcional em 15/12/1998, inclusive, não é permitido que computem tempo de contribuição a partir de 16/12/1998, data da publicação da Emenda Constitucional 20 e nem que se utilizem da forma de cálculo da renda mensal inicial anteriormente vigente, sem que satisfaça os requisitos exigidos na norma de transição do seu artigo 9º. Julgamento realizado de acordo com o art. 7º, VII, a), do RITNU, servindo como representativo de controvérsia **(PEDILEF 50052947020134047104, de 07/05/2014)**.

Vale registrar que o fator previdenciário irá incidir no salário de benefício das aposentadorias por tempo de contribuição proporcionais concedidas para os antigos segurados com base em regramento de transição da Emenda 20/1998, vez que a Constituição não exaure os requisitos de concessão, sendo que a Lei 9.876/99 é posterior e não afastou a aplicação do fator nesta hipótese.

Nesse sentido, a jurisprudência:

> "APELAÇÃO. **APOSENTADORIA. CÁLCULO DA RENDA MENSAL INICIAL. LEI 9.876/99. APLICAÇÃO DO FATOR PREVIDENCIÁRIO. REGRA VIGENTE AO TEMPO DO IMPLEMENTO DOS REQUISITOS. NÃO PROVIMENTO**. 1 – Os benefícios previdenciários são regidos segundo a legislação em vigor ao tempo do implemento dos requisitos exigidos para sua fruição. **2 – No caso, não poderia a autarquia previdenciária deixar de observar o art. 29 da Lei 8.213/91, com a redação dada pela Lei 9.876/99, que instituiu para o cálculo da renda mensal inicial o fator previdenciário, uma vez que o**

**apelante implementou os requisitos para aposentadoria somente em 2005. 3 – A idade mínima para usufruir da aposentadoria proporcional por tempo de contribuição, prevista na regra de transição criada pelo art. 9º da Emenda Constitucional 20/98, não tem relação com o requisito etário estabelecido no cálculo do fator previdenciário, cuja fórmula atuarial considera além da idade, o tempo de contribuição e a expectativa de vida (segundo tabela divulgada pelo IBGE), além de uma alíquota de contribuição, o qual está em consonância com a regra do art. 201, caput, e parágrafo 7º, da Constituição Federal, no sentido de que seja observado o equilíbrio financeiro e atuarial do sistema quando da concessão do benefício previdenciário.** 4 – No mais, o art. 2º da Lei 9.876/99, contra o qual se insurge o apelante, teve sua constitucionalidade reconhecida pelo Supremo Tribunal Federal, quando do julgamento da Medida Cautelar na ADI 2.111 (rel. Min. SYDNEY SANCHES) e RE 635824 AgR (rel. Min. CARMEN LÚCIA). 5 – Não provimento da apelação" (TRF 5ª Região, AC 534.821, de 28/02/2012).

"PREVIDENCIÁRIO. APOSENTADORIA POR TEMPO DE SERVIÇO PROPORCIONAL. PROFESSOR. CONVERSÃO. CONCESSÃO. CORREÇÃO. JUROS. HONORÁRIOS. 1. Como o enquadramento das atividades por insalubridade, penosidade ou periculosidade, deve ser feito conforme a legislação vigente à época da prestação laboral, mediante os meios de prova legalmente então exigidos, é possível reconhecer a atividade especial de professor até 09/07/81, data da publicação da EC nº 18/81, que criou forma especial de aposentadoria aos professores. 2. Parcialmente reformada a sentença para limitar o reconhecimento da especialidade do labor como professor até a publicação da Emenda Constitucional nº 18/81 (DOU 09/07/1981), sendo possível o reconhecimento da especialidade apenas entre 13-9-1975 e 9-7-1981. **3. O autor cumpriu os requisitos para a concessão de aposentadoria por tempo de serviço proporcional pelas regras de transição (art. 9º da EC nº 20/98), com RMI de 70% do salário-de-benefício, incidindo a Lei n.º 9.876/99 no cálculo do salário-de-benefício (art. 29, inciso I, da Lei n.º 8.213/91- redação da Lei n.º 9.876/99), mediante a apuração da média aritmética simples dos maiores salários-de-contribuição correspondente a 80% (oitenta por cento) de todo o período contributivo (desde 07-94), multiplicada pelo fator previdenciário, a partir da DER".**(TRF 4ª Região, APELREEX 200670040032600, de 22/09/2009).

Por fim, esse instituto teve a sua validade constitucional questionada no STF por intermédio das ADI's 2.110 e 2.111, por suposta inserção indevida de mais um requisito no cálculo da aposentadoria não previsto no artigo 201, da CRFB, tendo **medida cautelar denegada pela Suprema Corte**. Vale transcrever a principal passagem do julgado:

[...] "Quanto à alegação de inconstitucionalidade material do art. 2º da Lei nº 9.876/99, na parte em que deu nova redação ao art. 29, "caput", incisos e parágrafos, da Lei nº 8.213/91, a um primeiro exame, parecem corretas as objeções da Presidência da República e do Congresso Nacional. É que o art. 201, §§ 1º e

7º, d a C.F., com a redação dada pela E.C. nº 20, de 15.12.1998, cuidaram apenas, no que aqui interessa, dos requisitos para a obtenção do benefício da aposentadoria. No que tange ao montante do benefício, ou seja, quanto aos proventos da aposentadoria, propriamente ditos, a Constituição Federal de 5.10.1988, em seu texto originário, dele cuidava no art. 202. O texto atual da Constituição, porém, com o advento da E.C. nº 20/98, já não trata dessa matéria, que, assim, fica remetida "aos termos da lei", a que se referem o "*caput*" e o § 7º do novo art. 201. **Ora, se a Constituição, em seu texto em vigor, já não trata do cálculo do montante do benefício da aposentadoria, ou melhor, dos respectivos proventos, não pode ter sido violada pelo art. 2º da Lei nº 9.876, de 26.11.1999, que, dando nova redação ao art. 29 da Lei nº 8.213/91, cuidou exatamente disso**. E em cumprimento, aliás, ao "*caput*" e ao parágrafo 7º do novo art. 201. 3. **Aliás, com essa nova redação, não deixaram de ser adotados, na Lei, critérios destinados a preservar o equilíbrio financeiro e atuarial, como determinado no "caput" do novo art. 201**. O equilíbrio financeiro é o previsto no orçamento geral da União. E o equilíbrio atuarial foi buscado, pela Lei, com critérios relacionados com a expectativa de sobrevida no momento da aposentadoria, com o tempo de contribuição e com a idade, até esse momento, e, ainda, com a alíquota de contribuição correspondente a 0,31. 4. Fica, pois, indeferida a medida cautelar de suspensão do art. 2º da Lei nº 9.876/99, na parte em que deu nova redação ao art. 29, "*caput*", incisos e parágrafos, da Lei nº 8.213/91. 5. Também não parece caracterizada violação do inciso XXXVI do art. 5º da C.F., pelo art. 3º da Lei impugnada. É que se trata, aí, de norma de transição, para os que, filiados à Previdência Social até o dia anterior ao da publicação da Lei, só depois vieram ou vierem a cumprir as condições exigidas para a concessão dos benefícios do Regime Geral da Previdência Social. 6. Enfim, a Ação Direta de Inconstitucionalidade não é conhecida, no ponto em que impugna toda a Lei nº 9.876/99, ao argumento de inconstitucionalidade formal (art. 65, parágrafo único, da Constituição Federal). É conhecida, porém, quanto à impugnação dos artigos 2º (na parte em que deu nova redação ao art. 29, seus incisos e parágrafos da Lei nº 8.213/91) e 3º daquele diploma. Mas, nessa parte, **resta indeferida a medida cautelar**" (g.n.).

Exceto no que tange ao pedido de pronúncia de inconstitucionalidade da criação de período de carência para o salário-maternidade da contribuinte individual, segurada especial e segurada facultativa, **todos os demais pedidos formulados na ADI 2.110 e 2.111 (julgadas em conjunto) foram julgados improcedentes pelo STF em 21/03/2024, sendo validadas as regras introduzidas pela Lei 9.876/99:**

**ADI 2110**

**Órgão julgador:** Tribunal Pleno

**Relator(a):** Min. NUNES MARQUES

**Julgamento:** 21/03/2024

**Publicação:** 24/05/2024

EMENTA: **AÇÕES DIRETAS DE INCONSTITUCIONALIDADE. PRIMEIRA REFORMA DA PREVIDÊNCIA (EMENDA CONSTITUCIONAL N. 20/1998 E LEI N. 9.876/1999). JULGAMENTO CONJUNTO**. INCONSTITUCIONALIDADE FORMAL DA LEI N. 9.876/1999. REJEIÇÃO. SALÁRIO-MATERNIDADE. CARÊNCIA. IMPOSSIBILIDADE. FATOR PREVIDENCIÁRIO E AMPLIAÇÃO DO PERÍODO BÁSICO DE CÁLCULO (PBC) DOS BENEFÍCIOS PREVIDENCIÁRIOS. CONSTITUCIONALIDADE. ATESTADO DE VACINAÇÃO E FREQUÊNCIA ESCOLAR PARA RECEBER SALÁRIO-FAMÍLIA. EXIGÊNCIA LEGÍTIMA. REVOGAÇÃO DA LEI COMPLEMENTAR N. 84/1996 PELA LEI N. 9.876/1999. POSSIBILIDADE. AÇÕES DIRETAS CONHECIDAS EM PARTE. PROCEDÊNCIA DO PEDIDO EM RELAÇÃO AOS ARTS. 25 E 26 DA LEI N. 8.213/1991, NA REDAÇÃO DA LEI N. 9.876/1999. IMPROCEDÊNCIA DOS DEMAIS PEDIDOS.

**1.** É juridicamente possível e conveniente o julgamento conjunto de ações diretas de inconstitucionalidade que foram ajuizadas contra dispositivos das mesmas leis (Leis n. 8.213/1991 e n. 9.876/1999) e tramitaram simultaneamente, estando no mesmo estado de amadurecimento processual. A apreciação em conjunto, por lógica, induz resultados homogêneos, mas não estabelece prejudicialidade entre as demandas, propostas por legitimados diferentes.

**2.** A alegação de inconstitucionalidade formal por descumprimento do disposto no art. 65, parágrafo único, da Constituição Federal (não retorno do projeto de lei para a Casa iniciadora, após mudanças implementadas na Casa revisora), para ser conhecida, deve vir acompanhada de demonstração analítica das alterações de redação ocorridas.

**3.** A exigência legal de carência para a percepção do benefício de salário-maternidade pelas seguradas contribuintes individuais e seguradas especiais (caso contribuam e requeiram benefício maior que o valor mínimo) foi reformulada, desde a propositura das ações diretas em julgamento, pela Medida Provisória n. 871/2019 e pela Lei n. 13.846/2019, remanescendo, porém, o período mínimo de 10 (dez) meses para a concessão do benefício.

**4.** Viola o princípio da isonomia a imposição de carência para a concessão do salário-maternidade, tendo em vista que (i) revela presunção, pelo legislador previdenciário, de má-fé das trabalhadoras autônomas; (ii) é devido às contribuintes individuais o mesmo tratamento dispensado às seguradas empregadas, em homenagem ao direito da mulher de acessar o mercado de trabalho, e observado, ainda, o direito da criança de ser cuidada, nos primeiros meses de vida, pela mãe; e (iii) há um dever constitucional de proteção à maternidade e à criança, nos termos do art. 227 da Constituição de 1988, como sublinhou o Supremo no julgamento da ADI 1.946.

**5.** A Constituição Federal, a partir da Emenda de n. 20/1998, não mais prevê a forma de cálculo do valor dos benefícios previdenciários, tendo a disciplina da matéria ficado a cargo de lei ordinária. A EC n. 20/1998 também estipulou a utilização do cálculo atuarial como fundamento para a disciplina legal dos benefícios previdenciários. O fator previdenciário, da maneira como estabelecido pela Lei n. 9.876/1999, está em linha com grandezas próprias do cálculo atuarial, de sorte que não interfere na concessão, ou não, do benefício e, por isso, não viola premissas constitucionais. Em verdade, o fator previdenciário apenas pondera o valor do salário de benefício de duas benesses programáveis (aposentadoria por idade e aposentadoria por tempo de contribuição, essa última agora sem status constitucional) em face de algumas grandezas matematicamente relacionadas à higidez financeira do sistema previdenciário.

**6.** A ampliação, mediante lei, do período básico de cálculo (PBC) dos benefícios, isto é, do conjunto dos salários de contribuição usados no cálculo do salário de benefício, está dentro do raio de atuação legítima do legislador e confere maior fidedignidade à média das contribuições, pois, quanto maior a amostra tomada de um conjunto para estabelecer a média, maior a representatividade desta. A criação de regra de transição para os segurados já filiados ao Regime Geral de Previdência Social (Lei n. 9.876/1999, art. 3º) é constitucional, visto que não viola direitos adquiridos, expressamente ressalvados pela legislação, e possui força cogente, não havendo opção aos contribuintes quanto à regra mais favorável, para efeito de cálculo do salário de benefício.

**7.** A Lei n. 8.213/1991, no art. 67, consideradas tanto a redação original como a versão modificada pela Lei n. 9.876/1999, instituiu forma indireta de fiscalização de deveres dos pais para com os filhos menores: o de vaciná-los e o de matriculá-los em escola e acompanhar a frequência escolar, o que se incluía naquilo que o art. 384 do Código Civil de 1916, então vigente, chamava de "pátrio poder". Esses deveres paternos colaboram para a concretização de dois importantes direitos constitucionalmente assegurados às crianças: o direito à saúde e o direito à educação (CF, art. 227, caput).

**8.** Com a edição da EC n. 20/1998, deixou de ser necessária lei complementar para instituir contribuição sobre valores pagos a autônomos, administradores e avulsos. A Lei Complementar n. 84/1996 perdeu, assim, o status de lei complementar, de modo que poderia ser revogada por lei ordinária, como de fato foi pela Lei n. 9.876/1999.

**9.** Ações parcialmente conhecidas, e, na parte conhecida, pedido julgado parcialmente procedente, quanto à alegada inconstitucionalidade dos arts. 25 e 26 da Lei n. 8.213/1991, na redação da Lei n. 9.876/1999, conforme postulado na ADI 2.110, e improcedente em relação às demais pretensões, declarando-se a constitucionalidade dos dispositivos impugnados.

Cuida-se de instituto que é concretização do Princípio do Equilíbrio Financeiro e Atuarial da Previdência Social, na medida em que inibe aposentadorias precoces, pois inexistente risco social a ser coberto.

Entende-se que o melhor caminho é a instituição de idade mínima para a aposentadoria por tempo de contribuição (60 anos e 55 anos de idade para homens e mulheres, respectivamente), com a consequente extinção do fator previdenciário. **E isso foi feito pela EC 103/2019, conforme será estudado.**

> **Importante:**
> **Por fim, registre-se que o fator previdenciário não foi extinto pela EC 103/2019, sendo obrigatório para o cálculo do salário de benefício na regra de transição do seu artigo 17. Ademais, a sua aplicação ainda é prevista, se favorável ao segurado, nas aposentadorias as pessoas com deficiência. Assim, ele ainda subsiste nestas duas situações mesmo após a Emenda 103/2019.**

## 8. SALÁRIO DE BENEFÍCIO

Faremos o estudo do salário de benefício em duas etapas:

A) Na Lei 8.213/91 e;

B) Na Emenda 103/2019.

### 8.1. Salário de benefício na Lei 8.213/91

O salário de benefício é um instituto exclusivo do Direito Previdenciário, regulado pelos artigos 28 a 32 da Lei 8.213/91, sendo utilizado para o cálculo da maioria dos benefícios do RGPS. Mesmo após a EC 103/2019, a nosso ver ele continua em vigor, pois existem benefícios previstos na Lei 8.213/91 que não foram modificados pela Emenda 103/2019, a exemplo do auxílio-doença e do auxílio-acidente.

No entanto, **veremos no item seguinte que essa não é a posição do Governo federal**, que estendeu a regra do artigo 26 da Emenda 103/2019 para todo o Plano de Benefícios.

> **Importante:**
> De efeito, na forma do artigo 28, da Lei 8.213/91, o valor do benefício de prestação continuada, *inclusive o regido por norma especial e o decorrente de acidente do trabalho*, **exceto o salário-família e o salário-maternidade**, será calculado com base no salário de benefício.
> No entanto, essa regra não mais se aplica aos benefícios de aposentadorias e pensão por morte calculados pelo artigo 26 da Emenda 103/2019, conforme será estudado no próximo capítulo.

Conforme dito, esses dois benefícios serão calculados sem o manejo do salário de benefício, haja vista o **salário-família** possuir dois valores fixos (artigo 66, da Lei 8.213/91), bem como o **salário-maternidade** tomar como base de cálculo o salário de contribuição, a remuneração ou a receita proveniente da comercialização da produção, a depender do enquadramento da segurada (artigos 72 e 73, da Lei 8.213/91).

**Ademais, as aposentadorias e pensão por morte calculadas pelo artigo 26 da Emenda 103/2019 terão outra sistemática de renda mensal.**

Equivocadamente, aduz o artigo 31, do RPS, que a pensão por morte não é calculada com o manejo do salário de benefício. Conforme será visto mais adiante, a renda mensal inicial da pensão por morte será cem por cento do valor da aposentadoria que o segurado recebia ou daquela a que teria direito se estivesse aposentado por invalidez na data de seu falecimento.

Assim, **indiretamente, a renda da pensão por morte também era calculada com a utilização do salário de benefício**, pois este instituto será utilizado para o cálculo da aposentadoria, até o advento da EC 103/2019.

Outrossim, o artigo 31 do RPS pontifica que os benefícios regidos por norma especial não serão calculados com base no salário de benefício, afrontando o artigo 28, da Lei 8.213/91, em que pese a lei especial poder dispor de maneira diversa sem qualquer invalidade.

De acordo com o artigo 29, da Lei 8.213/91, com redação dada pela Lei 9.876/99, em regra, **o salário de benefício corresponderá à média aritmética simples dos maiores salários de contribuição correspondentes a 80% de todo o período contributivo.**

No caso da **extinta (EC 103/2019) aposentadoria por tempo de contribuição**, para o cálculo do salário de benefício, essa média aritmética dos 80% maiores salários de contribuição do PBC (período básico de cálculo) ainda era **obrigatoriamente multiplicada pelo fator previdenciário (salvo no caso da regra 85/95) ou 86/96 a contar de 31/12/2018, que era facultativo** para o cálculo do salário de benefício da **aposentadoria por idade**, pois neste caso só incidiria se benéfico ao segurado a se aposentar por idade, na forma do artigo 7º, da Lei 9.876/99. O mesmo ocorre com a **aposentadoria do deficiente**, por força da Lei Complementar 142/2013, sendo facultativa a incidência do fator previdenciário, sendo esta regra recepcionada pelo artigo 22 da EC 103/2019.

Logo, no cálculo da extinta aposentadoria por tempo de contribuição necessariamente era manejado o fator previdenciário salvo no caso da regra 85/95 (vide próximo Capítulo), que tinha aplicação facultativa na aposentadoria por idade e do deficiente, pois só incidiria se fosse mais vantajoso para o segurado.

Ademais, indiretamente, até a EC 103/2019, o fator previdenciário também tinha influência na renda da pensão por morte, se o segurado instituidor estivesse aposentado por tempo de contribuição ou por idade, pois o valor da pensão era de cem por cento do valor da aposentadoria que o segurado recebia ou daquela a que teria direito se estivesse aposentado por invalidez na data de seu falecimento.

Toda essa nova sistemática de cálculo dos benefícios previdenciários de aposentadorias e pensão por morte inaugura pela Emenda 103/2019 será estudada em detalhes no capítulo seguinte.

Conforme regra de transição contida artigo 3º, da Lei 9.876/99, para os segurados com filiação anterior a 29.11.1999, apenas serão utilizados os salários de contribuição a partir da competência de **julho de 1994**, ou seja, após a criação da atual moeda, sistemática conservada pela EC 103/2019.

Na hipótese de segurado em gozo do auxílio-acidente, desde o advento da Lei 9.528/97, o valor do referido benefício integrará o salário de contribuição para o cálculo do salário de benefício da aposentadoria. No regime anterior, era possível a percepção conjunta da aposentadoria com o auxílio-acidente, restando apenas resguardados os direitos adquiridos.

Esta é a inteligência da Súmula 44, da Advocacia-Geral da União:

> "**Súmula 44** – Para a acumulação do auxílio-acidente com proventos de aposentadoria, a lesão incapacitante e a concessão da aposentadoria devem ser anteriores as alterações inseridas no art. 86 § 2º, da Lei 8.213/91, pela Medida Provisória nº 1.596-14, convertida na Lei nº 9.528/97."

Os **salários de contribuição** considerados no cálculo do valor do benefício serão **corrigidos** mês a mês de acordo com a variação integral do Índice Nacional de Preços ao Consumidor – INPC, calculado pela Fundação Instituto Brasileiro de Geografia e Estatística – IBGE, **até o mês anterior ao do início do benefício**[55].

Trata-se de conquista do atual ordenamento constitucional, na forma do previsto no artigo 201, §3º, pois anteriormente nem todos os salários de contribuição eram atualizados, o que gerava uma defasagem na renda mensal inicial em tempos de altíssima inflação.

Desta forma, antes e depois da Lei 9.876/99, o PBC (período básico de cálculo) se inicia no Plano Real (7/1994) ou no mês da filiação, se após esse marco legal. E se estende até o mês anterior da data de início do benefício ou da concretização do fato gerador do benefício não programado.

É um conceito histórico e consolidado no Direito Previdenciário brasileiro que se mantém inclusive após a Emenda Constitucional 103/2019. Nesse sentido, o artigo 29 da Lei 8.213/91, antes da sua alteração pela Lei 9.876/99:

> *"Art. 29. O salário-de-benefício consiste na média aritmética simples de todos os últimos salários-de-contribuição* ***dos meses imediatamente anteriores ao do afastamento da atividade ou da data da entrada do requerimento****, até o máximo de 36 (trinta e seis), apurados em período não superior a 48 (quarenta e oito) meses".*

No mesmo sentido o Decreto 3.048/99:

> *"Art. 33. Todos os salários-de-contribuição utilizados no cálculo do salário-de-benefício serão corrigidos, mês a mês, de acordo com a variação integral do Índice Nacional de Preço ao Consumidor – INPC, referente ao período decorrido a partir da primeira competência do salário-de-contribuição que compõe o período básico de cálculo* **até o mês anterior ao do início do benefício***, de modo a preservar o seu valor real".* (Redação dada pelo Decreto nº 5.545, de 2005)

55. Artigo 33, do RPS.

No entanto, por casuísmo, a 1ª Turma do STJ resolver destruir esse pilar do Direito Previdenciário, inserindo no PBC o mês da ocorrência do fato gerador de uma pensão por morte, rasgando o texto expresso do artigo 29 da Lei 8.213/91 (texto anterior à Lei 9.876/99, que vigorava na época do óbito do segurado), regra aplicada de modo equivocado pela Corte Superior.

Note-se que o dispositivo era expresso ao apontar a composição do PBC "***dos meses imediatamente anteriores ao do afastamento da atividade ou da data da entrada do requerimento***", o que, obviamente, exclui o mês do fato gerador do benefício.

Veja-se a atécnica decisão:

**Processo**

REsp 1577666 / SP RECURSO ESPECIAL 2016/0010001-5

**Relator(a)**

Ministro NAPOLEÃO NUNES MAIA FILHO (1133)

**Órgão Julgador**

T1 – PRIMEIRA TURMA

**Data do Julgamento**

11/02/2020

**Data da Publicação/Fonte**

DJe 14/02/2020

**Ementa**

PREVIDENCIÁRIO E PROCESSUAL CIVIL. RECURSO ESPECIAL. EXECUÇÃO. PENSÃO POR MORTE. APURAÇÃO DO SALÁRIO DE BENEFÍCIO. LEGISLAÇÃO VIGENTE À ÉPOCA DO ÓBITO. ART. 29 DA LEI 8.213/1991, EM SUA REDAÇÃO ORIGINAL. INCLUSÃO DA CONTRIBUIÇÃO REFERENTE AO MÊS DO ÓBITO DO SEGURADO. RMI DEVE REFLETIR A CONTRIBUIÇÃO EFETIVAMENTE RECOLHIDA, NÃO HAVENDO QUE SE FALAR EM UTILIZAÇÃO DO SALÁRIO-MÍNIMO. RECURSO ESPECIAL DA PENSIONISTA PROVIDO.

1. Cinge-se a controvérsia em determinar a forma de cálculo do salário de benefício, para fins de concessão de pensão por morte, no caso de o Segurado, falecido em outubro de 1998, vitimado por acidente de trabalho, ter realizado apenas uma contribuição nos 48 meses que antecedem o óbito, ou seja, a primeira e única contribuição ao INSS, pois o Segurado faleceu no mês inicial de sua atividade laboral.

2. A pensão por morte é regulada pela legislação em vigor no momento do óbito do instituidor do benefício. No caso dos autos, a legislação vigente estabelecia que o valor da pensão por morte equivaleria ao do valor da aposentadoria a que o Segurado teria direito se estivesse aposentado por invalidez na data do seu falecimento (art. 75 da Lei 8.213/1991), correspondente a 100% do seu salário de benefício (art. 44 da Lei 8.213/1991).

3. A apuração do salário de benefício, por sua vez, estava disposta no art. 29 da Lei 8.213/1991, em sua redação original, determinando que o cálculo do benefício seria realizado a partir da média aritmética simples dos últimos salários de contribuição dos meses imediatamente anteriores ao do afastamento da atividade.

4. No caso dos autos, o Tribunal de origem, considerando que o Segurado não tinha qualquer contribuição nos 48 meses que antecederam o óbito, determinou o cálculo da pensão com base no salário mínimo, consignando não ser possível a utilização do salário de contribuição do mês do óbito no cálculo da RMI da pensão, ao fundamento de que só poderiam ser utilizadas as contribuições efetivamente recolhidas até o momento imediatamente anterior ao afastamento da atividade, que seu deu no óbito do Segurado.

5. O acórdão, contudo, merece reforma.

6. De início, deve-se destacar que o art. 29 da Lei 8.213/1991, em sua redação original, determinava a limitação dos cálculos aos salários de contribuição referentes ao período imediatamente anterior ao afastamento do trabalhador, **a lei não fala que a limitação deveria ocorrer até a competência anterior ao afastamento do trabalhador**. Sendo certo que o recolhimento da contribuição sempre se dará no mês posterior ao exercício da atividade.

7. Assim, se o óbito do trabalhador aconteceu em outubro, este é o mês que antecede seu afastamento, este é o período imediatamente anterior ao seu afastamento, de tal modo, o cálculo do benefício deve utilizar o salário de contribuição referente ao mês de outubro de 1998, ainda que o recolhimento a tal competência só tenha se efetivado após o óbito do Segurado.

8. Posicionamento em sentido diverso fere o princípio da contrapartida que norteia o sistema previdenciário. O óbito do Segurado não exime seu empregador do recolhimento da contribuição devida no mês subsequente. Pela mesma razão, não se revela razoável desconsiderar no cálculo do benefício a contribuição recolhida.

9. Ao contrário, se levada a cabo a tese defendida pelo Tribunal, nem mesmo se poderia admitir a qualidade de Segurado do instituidor da pensão, vez que não tinha qualquer contribuição nos 48 meses que antecederam seu óbito. É justamente o exercício da atividade, na qualidade de Segurado empregado, no mês de seu óbito que justifica a concessão da pensão, não se podendo deixar de considerar o valor da remuneração devidamente comprovado, reformando o acórdão que estabelece o cálculo do benefício com base no salário mínimo vigente à época.

10. Impõe-se, assim, reconhecer que ocorrendo o óbito do Segurado na vigência da redação original do art. 29 da Lei 8.213/1991, o cálculo do salário de benefício do Segurado deve seguir seus exatos termos, abrangendo todas as contribuições do Segurado no período limite de 48 meses, incluindo neste cálculo a última contribuição paga referente ao mês do óbito.

11. Recurso Especial da Pensionista provido".

Assim, para em apenas um caso concreto elevar a renda mensal de uma pensão por morte ao arrepio da lei, pois o segurado não possuía nenhum salário de contribuição nos meses anteriores ao acidente que infelizmente o vitimou, sendo concedida a renda mínima pelo INSS por ausência de salário de contribuição no PBC, a Corte Superior destruiu a delimitação do PBC para inserir a competência da DER ou do fato gerador do benefício.

Esse entendimento, se se consolidar, faz com que todas as concessões de benefícios previdenciários deferidas pelo INSS com renda mensal calculada sobre o salário de benefício devam ser revistas para inserir no PBC a última competência da DER ou do fato gerador do benefício não programado, o que poderá ocasionar a elevação ou redução da renda mensal, a depender do recálculo do caso concreto.

O pior é que o texto legal é nitidamente claro no sentido de que o PBC deve ser formados pelas competências anteriores ao do afastamento da atividade ou da data da entrada do requerimento, o que obviamente exclui essa última competência.

**O salário de benefício possui limites mínimos e máximos, não podendo ser inferior a um salário mínimo nem superior ao teto do salário de contribuição da data de início do benefício, atualizado para R$ 8.157,41 (valor atualizado para todo o ano de 2025), desde 01.01.2025.**

No entanto, caso o salário de benefício seja limitado em um caso concreto ao teto legal, na hipótese de a média aritmética dos salários de contribuição superar o limite máximo, deverá ser promovida a sua readequação no primeiro reajuste pelo INSS, observado o novo valor máximo, como ocorreu com os novos tetos inaugurados pelas Emendas 20/1998 (R$ 1.200,00) e 41/2003 (R$ 2.400,00).

De acordo com a Suprema Corte, no julgamento do recurso extraordinário 564.354, de 08.09.2010, "não ofende o ato jurídico perfeito a aplicação imediata do art. 14 da Emenda Constitucional n. 20/1998 e do art. 5º da Emenda Constitucional n. 41/2003 aos benefícios previdenciários limitados a teto do regime geral de previdência estabelecido antes da vigência dessas normas, de modo a que passem a observar o novo teto constitucional", conforme será detidamente estudado no Capítulo 13.

No caso do **segurado especial**, desde a vigência da Lei 11.718/2008, **o salário de benefício é fixado em um salário mínimo**, exceto se ele adotou o regime de recolhimento do contribuinte individual, consoante facultado pelo artigo 25, §1º, da Lei 8.212/91, ou ainda se recolheu durante o prazo de até 120 dias por ano que pôde trabalhar durante a entressafra ou o defeso, ou sobre a remuneração que auferiu com o artesanato ou atividade artística, rendimentos permitidos pelo artigo 11, §9º, da Lei 8.213/91.

Eis o artigo 29 da Lei 8.213/91:

> *"§ 6º* ***O salário-de-benefício do segurado especial consiste no valor equivalente ao salário-mínimo****, ressalvado o disposto no inciso II do art. 39 e nos §§ 3º e 4º do art. 48 desta Lei. (Redação dada pela Lei nº 11.718, de 2008)"*

Logo, somente iremos calcular o salário de benefício do segurado especial quando ele possuir contribuições sobre o salário de contribuição.

**Uma segunda situação que teremos que calcular o salário de benefício do segurado especial é na conversão do auxílio-acidente em aposentadoria, quer por idade ou por incapacidade permanente, podendo ser superior a um salário mínimo.**

Nesse sentido o artigo 36 do Decreto 3.048/99:

> *Art. 36. No cálculo do valor da renda mensal do benefício serão computados:*
>
> *...*
>
> *II – para o segurado empregado, inclusive o doméstico, o trabalhador avulso e o segurado especial, o valor do auxílio-acidente será considerado como salário de contribuição para fins de concessão de qualquer aposentadoria, nos termos do disposto no § 8º do art. 32. (Redação dada pelo Decreto nº 10.410, de 2020).*
>
> *...*
>
> ***§ 6º Para o segurado especial que não contribui facultativamente, o disposto no inciso II será aplicado somando-se ao valor da aposentadoria a renda mensal do auxílio-acidente vigente na data de início da referida aposentadoria, não sendo, neste caso, aplicada a limitação contida no inciso I do § 2º do art. 39 e do art. 183.***

Trata-se da interpretação presidencial do artigo 31 da Lei 8.213/91 para o segurado especial, permitindo um salário de benefício e renda mensal acima de um salário mínimo:

> *"Art. 31. O valor mensal do auxílio-acidente integra o salário-de-contribuição, para fins de cálculo do salário-de-benefício de qualquer aposentadoria, observado, no que couber, o disposto no art. 29 e no art. 86, § 5º. (Restabelecido com nova redação pela Lei nº 9.528, de 1997)."*

A TNU julgou o **tema 322** a respeito:

| **Tema** | **322** | **Situação do tema** | **Julgado** | **Ramo do direito** | **DIREITO PREVIDENCIÁRIO** |
|---|---|---|---|---|---|
| **Questão submetida a julgamento** | Saber se devem ser computados os valores percebidos a título de auxílio-acidente no período básico de cálculo (PBC) da aposentadoria por idade rural do segurado especial, para fins de incremento da renda mensal inicial (RMI), independentemente do recolhimento de contribuições facultativas. | | | | |
| **Tese firmada** | Devem ser computados os valores percebidos a título de auxílio-acidente no período básico de cálculo (PBC) da aposentadoria por idade rural do segurado especial, para fins de incremento da renda mensal inicial (RMI), independentemente do recolhimento de contribuições facultativas, a teor do inciso II do artigo 34 da Lei n. 8.213/91, excetuadas as hipóteses de cumulação de benefícios contempladas na Súmula 507 do STJ. | | | | |
| **Processo** | **Decisão de afetação** | **Relator (a)** | **Julgado em** | **Acórdão publicado em** | **Trânsito em julgado** |
| PEDILEF 5014634-54.2021.4.04.7202/SC | 15/03/2023 | Juíza Federal Luciana Ortiz Tavares Costa Zanoni | 22/11/2023 | 24/11/2023 | |

Considerando que a posição administrativa é favorável ao segurado especial, o INSS se manifestou: *"O Instituto Nacional do Seguro Social (INSS), inicialmente, em seus memoriais, pontua a existência de marco temporal a ser considerado, fazendo a distinção entre o Tema 322, de que ora se cuida, e o Tema 555. Salienta que o acidente que ensejou a concessão do auxílio-acidente no caso subjacente é posterior a 11/11/1997, a partir de quando foi vedada a percepção cumulada do auxílio-acidente e aposentadoria, devendo o tema se ater a esse marco temporal.* ***No mérito, o INSS manifestou concordância com a tese do incidente, sugerindo a fixação da seguinte tese:*** **É correto considerar-se, no período básico de cálculo (PBC), para fins de revisão da renda mensal inicial (RMI) do benefício de aposentadoria por idade rural, o período em que o segurado percebeu auxílio-acidente (nos moldes do art. 36, §6º, do Decreto nº 3.048/99), quando não for possível a cumulação, nos termos da Súmula 507 do STJ.** ***(EVENTO 43)".***

Ademais, lembrando-se das parcelas integrantes do salário de contribuição, serão considerados para cálculo do salário de benefício os ganhos habituais do segurado empregado, a qualquer título, sob forma de moeda corrente ou de utilidades, sobre os quais tenha incidido contribuições previdenciárias, **exceto o décimo terceiro salário (gratificação natalina).**

> Ou seja, atualmente, apesar de incidir contribuição previdenciária em separado sobre a parcela paga a título de décimo terceiro salário para o empregado e o doméstico, a legislação previdenciária excluiu essa verba do cálculo do salário de benefício.

Essa clara posição legal do artigo 29, §3º, da Lei 8.213/91, com redação dada pela Lei 8.870/94, é chancelada pela jurisprudência amplamente dominante nos Tribunais Regionais Federais, que apenas ressalva os benefícios concedidos até o advento da Lei 8.870/94, em aplicação ao Princípio do *Tempus Regit Actum*.

Isso porque, até o advento da Lei 8.620/93, a tributação previdenciária sobre o salário de dezembro era feita juntamente com o décimo terceiro salário, passando desde então a ser feita em separado. Em seguida, veio a Lei 8.870/94 prevendo expressamente que a contribuição sobre a gratificação de natal não seria mais utilizada no cálculo do salário de benefício.

Nesse sentido, a jurisprudência:

> "PREVIDENCIÁRIO – PROCESSUAL CIVIL – AGRAVO LEGAL – REVISÃO DA RENDA MENSAL INICIAL DE BENEFÍCIO – SOMA DO DÉCIMO TERCEIRO SALÁRIO AOS SALÁRIOS-DE-CONTRIBUIÇÃO DO PERÍODO BÁSICO DE CÁLCULO. Inaplicável à espécie o prazo decadencial instituído pelas alterações procedidas no artigo 103 da Lei 8213/91 pela nona reedição da Medida Provisória n.º 1.523, de 27 de junho de 1997, posteriormente convertida na Lei n.º 9.598/97, pela Lei n.º 9.711/1998 e pelo artigo 1.º da Medida Provisória n.º 138/2.003, uma vez que se trata de benefício concedido anteriormente a elas. **Os benefícios cujas datas de início inserem-se no período entre 24.07.1991 e 15.04.1994 fazem jus à revisão para que sejam computados os valores relativos ao décimo terceiro salário nos meses de dezembro que estiverem no período básico de cálculo, respeitado o teto dos salários-de-contribuição vigente no período, nos termos do § 5º do artigo 29 da Lei 8213/91. Os benefícios concedidos na vigência da Lei 8870/94 devem observar a restrição imposta em seu artigo 28, § 7º, ainda que haja salários-de-contribuição dos meses de dezembro de 1991, 1992 e 1993 integrantes do período básico de cálculo. Nesse caso, aplica-se a legislação de regência, à época da data de início do benefício, em observância ao princípio "tempus regit actum"**. Ao manejar o agravo de que trata o artigo 557, § 1º, do CPC, deve a parte demonstrar que a decisão recorrida não se encontra em consonância com precedentes dos Tribunais Superiores ou do próprio Tribunal, o que não se evidenciou "in casu". A fundamentação apresentada não trouxe argumentos que demonstrassem a necessidade de reforma da decisão agravada. Agravo não provido" (TRF 3ª Região, APELAÇÃO/REEXAME NECESSÁRIO – 1.497.466, de 02.04.2012).

> "PREVIDENCIÁRIO. REVISÃO DE RMI. CÔMPUTO DO 13º SALÁRIO NO SALÁRIO DE CONTRIBUIÇÃO. **1. No período em que a contribuição previdenciária do mês de dezembro incidia sobre o somatório da remuneração de dezembro e a gratificação natalina, limitada ao teto do salário de contribuição, o 13º salário deveria ser considerado no cálculo do salário de benefício, não como um 13º salário de contribuição, mas integrando o salário de contribuição do mês de dezembro, como, aliás, previa o art. 29, § 3º da Lei**

> **8.213/91 (redação original)** e os §§ 4º e 6º do Decreto 611/92. 2. Com a alteração no cálculo da contribuição previdenciária incidente sobre a gratificação natalina, feita através da Lei 8.620/93, houve a necessidade de compatibilizar a legislação atinente à concessão de benefícios com a referente ao custeio da seguridade social. **Surge, assim, a proibição da utilização da gratificação natalina para fins de cálculo de benefício com o advento da Lei nº 8.870, de 15 de abril de 1994, que alterou a redação do § 7º do artigo 28 da Lei 8.212/91 (Lei de Custeio) e do § 3º do artigo 29 da Lei 8.213/91 (Lei de Benefícios), dispondo expressamente que a parcela relativa ao décimo terceiro salário integra o salário de contribuição, exceto para efeito de cálculo dos proventos**" (TRF 4ª Região, APELREEX 2009.72.99.001285-0, de 15.12.2010).

Este posicionamento passou a ser adotado pelo STJ:

> "AGRAVO REGIMENTAL NO RECURSO ESPECIAL. PREVIDENCIÁRIO. REVISÃO DE RMI. CÔMPUTO DO 13º SALÁRIO. REDAÇÃO DO ART. 28, § 7º, DA LEI 8.212/1991. DIB ANTERIOR À ALTERAÇÃO DADA PELA LEI 8.870/1994.
>
> 1. O art. 28, § 7º, da Lei nº 8.212/1991 (Lei de Custeio) dispunha que a gratificação natalina integrava o salário de contribuição para fins de apuração do salário de benefício, de sorte que a utilização da referida verba para fins de cálculo de benefício foi vedada apenas a partir da vigência da Lei nº 8.870/1994, que alterou a redação da citada norma e do § 3º do art. 29 da Lei nº 8.213/1991 (Lei de Benefícios), dispondo expressamente que a parcela relativa ao décimo terceiro salário integra o salário de contribuição, exceto para efeito de cálculo dos proventos.
>
> **2. Do acurado exame da legislação pertinente, esta Corte firmou o entendimento segundo o qual, o cômputo dos décimos terceiros salários para fins de cálculo da renda mensal inicial de benefício previdenciário foi autorizado pela legislação previdenciária, até a edição da Lei nº 8.870, de 15 de abril de 1994, que alterou a redação dos arts. 28, § 7º da Lei de nº 8.212/1991 (Lei de Custeio) e 29, § 3º, da Lei nº 8.213/1991 (Lei de Benefícios).** 3. Agravo regimental a que se nega provimento" (STJ, AgRg no REsp 1179432, de 28/08/2012).

O STJ confirmou este posicionamento em tese repetitiva (informativo 603):

| PROCESSO | **REsp 1.546.680-RS, Rel. Min. Og Fernandes, Primeira Seção, por unanimidade, julgado em 10/5/2017, DJe 17/5/2017. (Tema 904)** |
|---|---|
| **RAMO DO DIREITO** | **DIREITO PREVIDENCIÁRIO** |
| **TEMA** | Revisão do cálculo da Renda Mensal Inicial (RMI). Cômputo do 13º salário. Redação do art. 28, § 7º, da Lei n. 8.212/1991 e do art. 29, § 3º, da Lei n. 8.213/1991. Alteração legislativa. Data de Início do Benefício (DIB) posterior à modificação processada pela Lei n. 8.870/1994. |

**DESTAQUE**

O décimo terceiro salário (gratificação natalina) somente integra o cálculo do salário de benefício, nos termos da redação original do § 7º do art. 28 da Lei n. 8.212/1991 e § 3º do art. 29 da Lei n. 8.213/1991, quando os requisitos para a concessão do benefício forem preenchidos em data anterior à publicação da Lei n. 8.870/1994, que expressamente excluiu o décimo terceiro salário do cálculo da Renda Mensal Inicial (RMI), independentemente de o Período Básico de Cálculo (PBC) do benefício estar, parcialmente, dentro do período de vigência da legislação revogada.

Contudo, a TNU não admitia a revisão do benefício previdenciário para inserir a contribuição previdenciária sobre o 13º salário nem mesmo para os benefícios concedidos anteriormente à Lei 8.870/94, a exemplo do julgamento do PEDILEF 2009.72.51.008649-2, de 29.03.2012:

> "EMENTA VOTO PREVIDENCIÁRIO. REVISÃO DE BENEFÍCIO. PRETENSÃO DE CÔMPUTO DO 13º SALÁRIO NO PERÍODO BÁSICO DE CÁLCULO. IMPOSSIBILIDADE. INCIDENTE IMPROVIDO. 1. Incidente conhecido, já que presentes as condições de admissibilidade. 2. Pretende-se a normatização da matéria com base em acórdão que acolhe a pretensão de consideração do 13º salário no período básico de cálculo de benefício previdenciário. A pretensão não merece guarida, eis que esta Turma Nacional de Uniformização possui entendimento pacificado sobre o tema, rechaçando essa possibilidade, tanto no período anterior quanto no posterior à promulgação da Lei n.º 8.870/94 (Cf. Pedilef n.º2008.72.53.000258-3/SC, Relator Élio Wanderley Filho, DJ 28/07/2009). **3. Afigura-se absolutamente irrelevante a data de concessão de aposentadoria dos segurados para o enfrentamento do tema, já que nunca houve, no ordenamento jurídico, norma que autorizasse o pretendido cômputo da gratificação natalina no cálculo da renda mensal inicial do benefício. Nem a redação original da Lei n.º 8.213/91, nem a redação que lhe foi conferida pela Lei n.º 8.870/94 permitem essa ilação.** A legislação de regência é clara ao estatuir que o décimo terceiro salário, embora se considere salário-de-contribuição para fins de incidência de contribuição previdenciária, não deve ser computado quando por ocasião do cálculo da renda mensal inicial dos benefícios previdenciários. 4. A modificação trazida pela Lei n.º 8.870/94 na redação da Lei n.º 8.213/91, vedando expressamente a inclusão da gratificação natalina no cálculo do salário-de-benefício, tem função explicativa, interpretativa, não tendo provocado alteração alguma na forma de cálculo do benefício. A previsão de tributação do décimo terceiro salário justifica-se pela necessidade de custeio do abono anual pago aos segurados e seus dependentes. Indevida, pois, a inclusão da gratificação natalina nos salários-de-contribuição observados para cálculo de benefício previdenciário, mesmo que concedido antes de 1994. 5. Incidente improvido. Sugiro ao em. Presidente desta Turma que imprima, ao resultado deste julgamento, a sistemática prevista no art. 7º letra "a" do Regimento desta Turma, devolvendo às Turmas de origem todos os outros incidentes que versem sobre o mesmo objeto, a fim de que mantenham ou promovam a adequação da decisão recorrida às premissas jurídicas firmadas, já que reflete entendimento consolidado nesta Corte".

Nesse sentido, em 03 de julho de 2012, a TNU publicou a Súmula 60:

> "Súmula 60 – O décimo terceiro salário não integra o salário de contribuição para fins de cálculo do salário de benefício, independentemente da data da concessão do benefício previdenciário".

Mas a TNU reviu o seu posicionamento, alinhando-se ao STJ, ao cancelar a Súmula 60 e publicar a Súmula 83, em 21 de março de 2016:

> Súmula 83 – A partir da entrada em vigor da Lei n. 8.870/94, o décimo terceiro salário não integra o salário de contribuição para fins de cálculo do salário de benefício.

De acordo com o **texto originário** do artigo 32, da Lei 8.213/91, **antes da Lei 13.846/2019**, na hipótese do segurado que contribui em razão de **atividades concomitantes**, o salário de benefício será calculado com base na soma dos salários de contribuição das atividades exercidas até a data do requerimento ou do óbito ou no período básico de cálculo.

De efeito, quando o segurado satisfizer, em relação a cada atividade, as condições para obtenção do benefício requerido, o salário de benefício será calculado com base na soma dos respectivos salários de contribuição.

Logo, suponha-se que *Alfredão* tenha tido dois vínculos empregatícios durante a sua vida de trabalho. Em ambos os vínculos, ele possui mais de 35 anos de contribuição, já tendo satisfeito simultaneamente os requisitos para a concessão da aposentadoria por tempo de contribuição, razão pela qual os salários de contribuição de ambas as atividades deverão ser somados para o cálculo do salário de benefício[56], tendo em conta que no RGPS só é possível ter uma aposentadoria.

Ao revés, quando não se verificava a hipótese anterior, o salário de benefício correspondia à soma das seguintes parcelas:

a) o salário de benefício calculado com base nos salários de contribuição das atividades em relação às quais são atendidas as condições do benefício requerido; e

b) um percentual da média do salário de contribuição de cada uma das demais atividades, equivalente à relação entre o número de meses completos de contribuição e os do período da carência do benefício requerido; e, quando se tratar de benefício por tempo de contribuição, este percentual será o resultante da relação entre os anos completos de atividade e o número de anos de contribuição considerado para a concessão do benefício.

---

56. Parte-se da premissa que foi realizada a carência de 180 contribuições mensais.

**Neste caso anterior à vigência da Lei 13.846/2019**, o segurado possui atividades concomitantes, mas apenas em uma delas preencheu os requisitos legais para o gozo de benefício previdenciário. Aqui o cálculo do salário de benefício não será alcançado com a soma dos salários de contribuição de ambas as atividades, porque em apenas uma delas o segurado preencheu os pressupostos para o gozo do benefício.

Hipoteticamente, suponha-se que *César* tenha dois empregos simultâneos há muitos anos. No primeiro deles, ele alcançou 35 anos de contribuição, mas, no segundo, ele conta apenas com 17,5 anos.

Neste caso, na hipótese da aposentadoria por tempo de contribuição, o salário de benefício será formado com a soma integral dos salários de contribuição da primeira atividade, com metade do valor dos salários de contribuição da segunda, pois nesta *César* apenas alcançou metade do tempo de contribuição exigido pela legislação previdenciária.

Demais disso, não serão perpetradas as somas acima referidas quando o segurado, em obediência ao limite máximo do salário de contribuição, contribuiu apenas para uma das atividades concomitantes.

De acordo com o STJ, "o segurado que tenha preenchido os requisitos para aposentadoria pelo RGPS e que tiver desenvolvido concomitante atividade secundária por regime Próprio da Previdência Social (RPPS), sem, no entanto, preencher os requisitos para concessão do benefício neste regime, tem direito que seu salário de benefício seja calculado com base na soma dos salários de contribuição da atividade principal, acrescido de percentual da média do salário de contribuição da atividade concomitante, nos termos do art. 32, II, "a" e "b", e III, da Lei 8.213/1991. Nos termos do art. 32 da Lei 8.213/1991, o desempenho de atividades concomitantes por parte do segurado pode lhe garantir que o salário de benefício seja (a) o resultado da soma dos salários de contribuição efetivados em cada atividade cujas condições foram totalmente satisfeitas (inciso I), ou (b) será a soma do salário de contribuição da atividade cuja condição foi totalmente satisfeita (atividade principal) acrescido de um percentual decorrente dos valores recolhidos das demais atividades (incisos II, "a" e "b", e III). **Nesse contexto, o fato de o segurado ao RGPS ter prestado atividade concomitante secundária vinculada a regime próprio não afasta o direito à soma do percentual estipulado para efetivação do cálculo do salário de benefício de aposentadoria vinculada àquele regime, visto que a norma contida no art. 32 da Lei de Benefícios Previdenciários não se restringe às atividades concomitantes exercidas exclusivamente no RGPS.** Ressalte-se, ainda, que o art. 94 da referida lei garante a compensação financeira entre os sistemas existentes. REsp 1.428.981-PR, Rel. Min. Humberto Martins, julgado em 2/6/2015, DJe 6/8/2015".

Em todas as hipóteses, **deverá ser observado o teto do salário de contribuição, pois a soma não poderá ultrapassar esta quantia.**

Vale frisar que o artigo 32 da Lei 8.213/91 não definia qual a atividade que deverá ser considerada como a principal, devendo ser considerada àquela em que o segurado reuniu as condições para a concessão do benefício, sendo esta a posição do STJ.

No entanto, no caso de aposentadoria proporcional por tempo de contribuição, entende a Corte Superior que a atividade principal será àquela que gerar a maior renda mensal para o benefício:

> "PREVIDENCIÁRIO. RECURSO ESPECIAL. REGIME GERAL DA PREVIDÊNCIA SOCIAL. APOSENTADORIA POR TEMPO DE SERVIÇO. PROVENTOS PROPORCIONAIS. EMBARGOS À EXECUÇÃO. CRITÉRIO DE CÁLCULO DA RENDA MENSAL INICIAL. ATIVIDADES CONCOMITANTES. ATIVIDADE PRINCIPAL. MELHOR PROVEITO ECONÔMICO. VALOR DA TRABALHO E DA LIVRE INICIATIVA. ART. 32 DA LEI 8.213/1991. INAPLICABILIDADE AO CASO. ART. 29 DA LEI 8.213/1991 EM SUA REDAÇÃO ORIGINAL. OBSERVÂNCIA NO CASO. DISSÍDIO JURISPRUDENCIAL. FALTA DE SIMILITUDE FÁTICA. RECURSO ESPECIAL CONHECIDO EM PARTE E NESSA PARTE NÃO PROVIDO.
>
> **1. Na hipótese de desempenho pelo segurado de atividades laborais concomitantes, a jurisprudência do STJ é assente no sentido de que, nos termos do art. 32 da Lei 8.213/1991, será considerada atividade principal, para fins de cálculo do valor do salário de benefício, aquela na qual o segurado reuniu condições para concessão do benefício.**
>
> **2. A peculiaridade do caso concreto consiste no fato de que o segurado não completou tempo de serviço suficiente para se aposentar em nenhuma das atividades concomitantes, tendo o título exequendo reconhecido o direito à aposentadoria por tempo de serviço com proventos proporcionais, apurando-se o período básico de cálculo nos termos do art. 29 da Lei 8.213/1991, em sua redação original.**
>
> **3. Considerando que o segurado não completou tempo de serviço suficiente para se aposentar em nenhuma das atividades concomitantes, deve ser considerada como atividade principal, para fins de apuração do salário de benefício, aquela que gerar maior proveito econômico no cálculo da renda mensal inicial.**
>
> 4. Não se mostra configurada afronta ao art. 32 da Lei 8.213/1991, na espécie, porque o segurado, no desempenho de atividades concomitantes, não preencheu em nenhuma delas todos os requisitos para obtenção da aposentadoria por tempo de serviço.
>
> 5. A lacuna deixada pelo legislador no art. 32 da Lei 8.213/1991 deve ser integrada pelos princípios que envolvem a ordem econômica e social previstas na

Constituição, ambas fundadas na valorização e no primado do trabalho humano e na livre iniciativa, a fim de assegurar a todos existência digna, conforme os ditames da justiça social. 6. Relativamente ao dissídio jurisprudencial, o recurso especial não pode ser conhecido pela alínea "c" em decorrência da ausência de similitude fática entre os acórdãos confrontados". (RECURSO ESPECIAL - 1311963, DJE DATA:06/03/2014).

Nos termos do artigo 201 da Portaria INSS/DIRBEN 991/2022, **não será considerada múltipla atividade quando:**

I – o segurado satisfizer todos os requisitos exigidos ao benefício em todas as atividades concomitantes;

II – nos meses em que o segurado contribuiu apenas por uma das atividades concomitantes, em obediência ao limite máximo do salário de contribuição;

III – nos meses em que o segurado tenha sofrido redução dos salários de contribuição das atividades concomitantes em respeito ao limite máximo desse salário;

IV – se tratar de mesmo grupo empresarial, ou seja, quando uma ou mais empresas tenham, cada uma delas, personalidade jurídica própria e estiverem sob a direção, controle ou administração de outra, constituindo grupo industrial, comercial ou de qualquer outra atividade econômica, sendo, para efeito da relação de emprego, solidariamente responsáveis a empresa principal e cada uma das subordinadas; e

V – se tratar de auxílio-doença ou aposentadoria por invalidez isentos de carência ou decorrentes de acidente de qualquer natureza, inclusive por acidente do trabalho.

Saliente-se que o artigo 32, da Lei 8.213/91, possuía redação originária, não tendo sido atualizado pela Lei 9.876/99, que criou o fator previdenciário e que alargou o período básico de cálculo para 80% do lapso temporal contributivo do segurado, razão pela qual o seu texto não considera a existência do citado coeficiente obrigatório no salário de benefício das aposentadorias por tempo de contribuição.

Ademais, **a redação do artigo antes da Lei 13.846/19 perdeu a sua razão de ser, pois em 1991 o salário de benefício correspondia à média dos 36 últimos salários de contribuição em período não superior a 48 meses.**

Já com o advento da Lei 9.876/99, com o alargamento do período básico de cálculo, passou a ser a média aritmética simples dos 80% maiores salários de contribuição do segurado.

Como o objetivo do artigo 32 da Lei 8.213/91 era evitar que o segurado recolhesse pelos últimos 36 meses na atividade concomitante secundária e aumentasse o valor do salário de benefício, este artigo estabeleceu uma regra de proporção, que, após a Lei 9.876/99, não mais se justifica.

Em razão desta defasagem legislativa, na sua interpretação administrativa o INSS faz incidir separadamente o fator previdenciário sobre as atividades principais e secundárias antes da confecção da média ponderada.

Entende-se que esta sistemática é inadequada por não estar amparada na Lei 8.213/91, pois acabam sendo apurados dois salários de benefício em separado (com dois fatores previdenciários), para, ao final, se chegar à média final, havendo uma duplicidade sem amparo normativo, gerando uma redução excessiva do salário de benefício quando o fator previdenciário da atividade principal e da secundária for inferior a 1,0.

Era necessário que o artigo 32 da Lei 8.213/91 fosse reformado para que sejam inseridas as regras do cálculo do salário de benefício e do fator previdenciário no que concerne às atividades concomitantes à luz da Lei 9.876/99.

A Lei 13.135/2015 iria alterar com acerto a redação do artigo 32 da Lei 8.213/91, mas lamentavelmente a modificação sofreu um equivocado veto presidencial:

> "Art. 32. O salário-de-benefício do segurado que contribuir em razão de atividades concomitantes será calculado com base na soma dos salários-de-contribuição das atividades exercidas no período básico de cálculo, observado o disposto no art. 29" (VETADO).
>
> **Razões do veto**
>
> "A alteração realizada pelo dispositivo poderia trazer impacto ao equilíbrio financeiro e atuarial da previdência social, tratado pelo art. 201 da Constituição. Além disso, da forma prevista, a medida poderia gerar desincentivos para os segurados que contribuem sobre atividades concomitantes."

Vale frisar que a Lei 9.876/99 não revogou expressamente o artigo 32 da Lei 8.213/91, conquanto este artigo precise ser atualizado para definir com precisão as regras de incidência do fator previdenciário.

Isso porque o alargamento do período básico das 36 últimas contribuições (em período não superior a 48 meses) para os 80% maiores salários de contribuição a partir da competência de julho de 1994 não é incompatível com o artigo 32 da Lei 8.213/91.

O TRF da 4ª Região nega vigência ao artigo 32 da Lei 8.213/91 após a vigência da Lei 10.666/2003:

> **"PREVIDENCIÁRIO. REVISÃO DE BENEFÍCIO. RENDA MENSAL INICIAL. SALÁRIO-DE-BENEFÍCIO. ATIVIDADES CONCOMITANTES. DERROGAÇÃO DO ARTIGO 32 DA LEI 8.213/91 A PARTIR DE 01/04/2003. LEI 9.876/99. MP 83/02 (LEI 10.666/03). IN INSS/DC Nº 89/2003. IN RFB Nº 971/2009**
>
> 1. Segundo estabelece o artigo 32 da Lei de Benefícios (Lei 8.213/91), o salário-de-benefício do segurado que contribuir em razão de atividades concomitantes

deve ser calculado com base na soma dos salários-de-contribuição das atividades exercidas, ou no período básico de cálculo, quando satisfizer, em relação a cada atividade, as condições do benefício requerido. 2. Não satisfeitas as condições em relação a cada atividade, o salário-de-benefício corresponderá à soma do salário-de-benefício da atividade principal, esta considerada aquela em relação à qual preenchidos os requisitos ou, não tendo havido preenchimento dos requisitos em relação a nenhuma delas, a mais benéfica para o segurado, e de um percentual da média do salário-de-contribuição da atividade secundária, conforme dispõe o inciso II do artigo 32 da Lei 8.213/91. 3. A Lei 9.876/99 estabeleceu a extinção gradativa da escala de salário-base (art. 4º), e modificou o artigo 29 da LB (art. 2º), determinando que o salário-de-benefício seja calculado com base na média aritmética simples dos maiores salários-de-contribuição correspondentes a oitenta por cento de todo o período contributivo, multiplicada pelo fator previdenciário(assegurada para quem já era filiado à Previdência Social antes da Lei 9.876/96 a consideração da média aritmética de oitenta por cento do período contributivo decorrido desde a competência julho/94 – art. 3º).4. A Medida Provisória 83, de 12/12/2002 extinguiu, a partir de 1º de abril de 2003, a escala de salário-base (artigos 9º e 14), determinação depois ratificada por ocasião da sua conversão na Lei 10.666, de 08/05/2003 (artigos 9º e 15). 5. Extinta a escala de salário-base a partir de abril de 2003, deixou de haver restrições ao recolhimento por parte dos contribuintes individual e facultativo. Eles passaram a poder iniciar a contribuir para a previdência com base em qualquer valor. Mais do que isso, foram autorizados a modificar os valores de seus salários-de-contribuição sem respeitar qualquer interstício. Os únicos limites passaram a ser o mínimo (salário mínimo) e o máximo (este reajustado regularmente). Nesse sentido estabeleceram a IN INSS/DC nº 89, de 11/06/2003 e a Instrução Normativa RFB nº 971, de 13/11/de 2009. 6. O que inspirou o artigo 32 da Lei 8.213/91, e bem assim as normas que disciplinavam a escala de salário-base, foi o objetivo de evitar, por exemplo, que nos últimos anos de contribuição o segurado empregado passasse a contribuir em valores significativos como autônomo/contribuinte individual, ou mesmo que o autônomo/contribuinte individual majorasse significativamente suas contribuições. Com efeito, como o salário-de-benefício era calculado com base na média aritmética simples de todos os últimos salários-de-contribuição dos meses imediatamente anteriores ao do afastamento da atividade ou da data da entrada do requerimento, até o máximo de 36 (trinta e seis), apurados em período não superior a 48 (quarenta e oito) meses, o aumento de contribuições no final da vida laboral poderia acarretar um benefício mais alto, a despeito de ter o segurado contribuído na maior parte de seu histórico contributivo com valores modestos. 7. Extinta a escala de salário-base, o segurado empregado que tem seu vínculo cessado pode passar a contribuir como contribuinte individual, ou mesmo como facultativo, pelo teto. Por outro lado, o contribuinte individual, ou mesmo o facultativo, pode majorar sua contribuição até o teto no momento que desejar. Inviável a adoção, diante da situação posta, de interpretação que acarrete tratamento detrimentoso para o segurado empregado que também é contribuinte individual, ou mesmo que tem dois vínculos como empregado, sob pena de ofensa à isonomia. 8. Não há sentido em se considerar válido possa o contribuinte individual recolher pelo teto sem qualquer restrição e, por vias transversas, vedar isso ao segurado empregado que desempenha concomitantemente atividade como contribuinte individual, ou mesmo que tem dois vínculos empregatícios. E é isso, na prática, que ocorreria se se reputasse vigente o disposto no artigo 32 da Lei 8.213/91. **9. A conclusão, portanto, é de que, na linha do que estatui a Lei de Introdução às Normas do Direito Brasileiro (antiga LICC), ocorreu, a partir de 1º de abril de 2003, a derrogação do artigo 32 das Lei 8.213/91, de modo que a todo segurado que tenha mais de um vínculo deve ser admitida, a partir da competência abril/2003, a soma dos salários-de-contribuição, respeitado o teto**". (AC 50064475820104047100, de 05/09/2012).

De modo razoável, **a TNU entende que após o advento da Lei 10.666/2003 houve a alteração implícita do artigo 32 da Lei 8.213/91**, determinando a extinção da escala base para o salário de contribuição.

Daí que, **a partir de 4/2003**, o órgão de cúpula do JEF determinou a **soma dos salários de contribuição em atividades concomitantes**, posicionamento adequado:

> **PROCESSO Nº 0000159-29.2011.4.03.6307 REQUERENTE: MARIA ELISABETE BENTIVENHA REQUERIDO(A): INSS**
>
> VOTO-EMENTA
>
> "PEDIDO DE UNIFORMIZAÇÃO. PREVIDENCIÁRIO. REVISÃO. ARTIGO 32 DA LEI 8.213/91. ATIVIDADES CONCOMITANTES. DERROGAÇÃO DO ARTIGO 32 DA LEI 8.213/91 A PARTIR DE 01/04/2003. IMPLEMENTAÇÃO DOS REQUISITOS NECESSÁRIOS À CONCESSÃO DO BENEFÍCIO APÓS 01/04/2003: SOMA DOS SALÁRIOS-DE-CONTRIBUIÇÃO CONCOMITANTES (ANTERIORES E POSTERIORES A 01/04/2003) E LIMITAÇÃO AO TETO. PRECEDENTE DESTA TNU. INCIDENTE CONHECIDO E PROVIDO. Trata-se de Incidente de Uniformização de Jurisprudência interposto pela parte Autora em face de acórdão de Turma Recursal que manteve sentença que julgou improcedente o seu pedido de revisão de aposentadoria para que, no período do exercício de atividades concomitantes, para aplicação da regra do Art.32, incisos I e II da Lei 8213/91, seja considerada como atividade principal aquele que aludir maior proveito econômico em seu favor. A parte recorrente alega divergência jurisprudencial apontando paradigmas que bem caracterizam a divergência e a similitude fático-jurídica em relação ao acórdão recorrido. Acerca da matéria em controvérsia, esta TNU possui precedentes no sentido de que: a) no caso de segurado que contribuiu em razão de atividades concomitantes, implementados os requisitos ao benefício em data posterior a 01/04/2003, os salários-de-contribuição concomitantes (anteriores e posteriores a 04/2003) serão somados e limitados ao teto; b) no caso de segurado que tenha preenchido os requisitos e requerido o benefício até 01/04/2003, aplica-se o art. 32 da Lei n. 8.213/1991, observando-se que se o requerente não satisfizer, em relação a cada atividade, as condições do benefício requerido, a atividade principal será aquela com salários-de-contribuição economicamente mais vantajosos. Note-se o seguinte PEDILEF: PEDIDO DE UNIFORMIZAÇÃO. PREVIDENCIÁRIO. REVISÃO. ARTIGO 32 DA LEI

8.213/91. ATIVIDADES CONCOMITANTES. DERROGAÇÃO DO ARTIGO 32 DA LEI 8.213/91 A PARTIR DE 01/04/2003. LEI 9.876/99. MP 83/02 (LEI 10.666/03). 1. Trata-se de pedido de uniformização interposto contra acórdão proferido pela 3ª Turma Recursal dos Juizados Especiais Federais do Rio Grande do Sul que aplicou o entendimento de que para o cálculo da RMI do benefício, no caso de atividades concomitantes, deve ser considerada como preponderante a que for mais vantajosa economicamente ao segurado. (...) 5. Com efeito, a jurisprudência do STJ consolidou-se no sentido de que o art. 32 da Lei 8.213/91 dispõe que será considerada atividade principal, para fins de cálculo do valor do salário-de-benefício, aquela na qual o segurado reuniu todas as condições para concessão da prestação. Isso significa que apenas o cumprimento de um dos requisitos não torna a atividade principal, sendo indispensável que o segurado preencha, além da carência, o tempo de contribuição necessário à concessão do benefício em apenas uma das atividades para que, então, seja esta atribuída como principal. 6. Quando o segurado que contribui em razão de atividades concomitantes não satisfizer, em relação a cada atividade, as condições do benefício requerido, a atividade principal será aquela com salários-de-contribuição economicamente mais vantajosos. Essa é a orientação atual desta Turma Nacional, aprovada à unanimidade quando do julgamento do Pedilef 5001611-95.2013.4.04.7113, de minha relatoria (DOU 21/03/2014). Na mesma época, o STJ julgou a matéria nos seguintes termos: PROCESSUAL CIVIL E PREVIDENCIÁRIO. AGRAVO REGIMENTAL NO RECURSO ESPECIAL. REGIME GERAL DA PREVIDÊNCIA SOCIAL. APOSENTADORIA POR TEMPO DE SERVIÇO. PROVENTOS PROPORCIONAIS. EMBARGOS À EXECUÇÃO. CRITÉRIO DE CÁLCULO DA RENDA MENSAL INICIAL. ATIVIDADES CONCOMITANTES. ATIVIDADE PRINCIPAL. MELHOR PROVEITO ECONÔMICO. VALOR DA TRABALHO E DA LIVRE INICIATIVA. ART. 32 DA LEI 8.213/1991. INAPLICABILIDADE AO CASO. ART. 29 DA LEI 8.213/1991 EM SUA REDAÇÃO ORIGINAL. OBSERVÂNCIA NO CASO. DISSÍDIO JURISPRUDENCIAL. FALTA DE SIMILITUDE FÁTICA. RECURSO ESPECIAL CONHECIDO EM PARTE E NESSA PARTE NÃO PROVIDO. 1. Na hipótese de desempenho pelo segurado de atividades laborais concomitantes, a jurisprudência do STJ é assente no sentido de que, nos termos do art. 32 da Lei 8.213/1991, será considerada atividade principal, para fins de cálculo do valor do salário de benefício, aquela na qual o segurado reuniu condições para concessão do benefício. 2. A peculiaridade do caso concreto consiste no fato de que o segurado não completou tempo de serviço suficiente para se aposentar em nenhuma das atividades concomitantes. Por isso que deve ser considerada como atividade principal, para fins de apuração do salário de benefício, aquela que gerar maior proveito econômico no cálculo da renda mensal inicial. Observância do julgamento em caso análogo ao presente, proferido no Recurso Especial 1.311.963/SC. 3. Agravo regimental não provido. (AgRg no REsp 1412064/RS, Rel. Ministro MAURO CAMPBELL MARQUES, SEGUNDA TURMA, julgado em 20/03/2014, DJe 26/03/2014) (grifei) 6.1 Portanto, a jurisprudência atual desta Turma Nacional está alinhada à do Superior Tribunal de Justiça. Entendo, contudo, que a matéria uniformizada não pode ser aplicada ao caso dos autos. Explico. 7. A análise detida do processo permite concluir que os salários-de-contribuição concomitantes referem-se ao período de janeiro de 2005 a setembro de 2008, época em que já vigorava a Lei 10.666, de 08/05/2003, decorrente da conversão da Medida Provisória 83, de 12/12/2002, que determinou a extinção, a partir de abril de 2003, da escala de salário-base (artigos 9º e 14). Com essa extinção, deixou de existir restrição quanto ao valor dos recolhimentos efetuados pelos segurados contribuinte individual e segurado facultativo. Isso significa dizer que tais segurados puderam, a partir de então, contribuir para a Previdência Social com base em qualquer valor e foram autorizados a modificar os salários-de-contribuição sem observar qualquer interstício, respeitando apenas os limites mínimo e máximo. 8. À vista desse quadro, entendo que com relação a atividades exercidas concomitantemente em período posterior a março de 2003 não mais se justifica a aplicação do artigo 32 da Lei 8.213/91, que deve ser interpretado como regra de proteção, que objetiva justamente evitar que o segurado, nos últimos anos de contribuição, passe a recolher valores elevados com o intuito de obter um benefício mais alto. Registro que no regime anterior à Lei 9.876/99, o salário-de-benefício era calculado com base na média aritmética simples de todos os últimos salários-de-contribuição dos meses imediatamente anteriores ao do afastamento da atividade ou da data da entrada do requerimento, até o máximo de 36 (trinta e seis), apurados em período não superior a 48 (quarenta e oito) meses. A partir da Lei 9.876/99, que trouxe modificações quanto ao cálculo para apuração do salário-de-benefício, conferindo nova redação ao artigo 29 da Lei 8.213/91, o recolhimento de contribuições em valores superiores apenas nos últimos anos de contribuição passou a ter pouca importância para a fixação da renda mensal inicial do benefício. Foi exatamente essa mudança da sistemática de cálculo do salário-de-benefício que justificou a extinção da escala de salário-base. 9. Como bem ponderado pelo Desembargador Ricardo Teixeira do Vale Pereira (TRF4, APELREEX 0004632-08.2014.404.9999, Quinta Turma, Relator Ricardo Teixeira do Valle Pereira, D.E. 03/06/2015), que compõe o Tribunal Regional Federal da 4ª Região, "extinta a escala de salário-base, o segurado empregado que tem seu vínculo cessado pode passar a contribuir como contribuinte individual, ou mesmo como facultativo, pelo teto. Por outro lado, o contribuinte individual, ou mesmo o facultativo, pode majorar sua contribuição até o teto no momento que desejar. Não pode, diante da situação posta, ser adotada interpretação que acarrete tratamento detrimentoso para o segurado empregado que também é contribuinte individual, ou mesmo que tem dois vínculos como empregado, sob pena de ofensa à isonomia. Não há sentido em se considerar válido possa o contribuinte individual recolher pelo teto sem qualquer restrição e, por vias transversas, vedar isso ao segurado empregado que desempenha concomitantemente atividade como contribuinte individual, ou mesmo que tem dois vínculos empregatícios. E é isso, na prática, que ocorreria se se reputasse vigente o disposto no artigo 32 da Lei 8.213/91. A conclusão, portanto, é de que, na linha do que estatui a Lei de Introdução às Normas do Direito Brasileiro (antiga LICC), ocorreu, a partir de 1º de abril de 2003, a derrogação do artigo 32 das Lei 8.213/91. **Deste modo, assim como o contribuinte individual e o segurado facultativo podem simplesmente passar a recolher pelo teto a partir da competência abril/2003, a todo segurado que tenha mais de um vínculo deve ser admitida, a partir da competência abril/2003, a soma dos salários-de-contribuição, respeitado o teto.". 10. Dessa forma, o art. 32 da Lei n. 8.213/91 deixou de ter vigência a partir de 01/04/2003, pois, com a extinção da escala de salário-base (arts. 9º e 14 da MP 83/2002, convertida na Lei n. 10.666/2003), a regra deixou de produzir o efeito pretendido, tendo ocorrido sua derrogação, motivo pelo qual proponho**

**a uniformização do entendimento de que: a) tendo o segurado que contribuiu em razão de atividades concomitantes implementados os requisitos ao benefício em data posterior a 01/04/2003, os salários-de-contribuição concomitantes (anteriores e posteriores a 04/2003) serão somados e limitados ao teto; e b) no caso de segurado que tenha preenchido os requisitos e requerido o benefício até 01/04/2003, aplica-se o art. 32 da Lei n. 8.213/1991, observando-se que se o requerente não satisfizer, em relação a cada atividade, as condições do benefício requerido, a atividade principal será aquela com salários-de-contribuição economicamente mais vantajosos, na linha do entendimento uniformizado no âmbito desta TNU (Pedilef 500161195.2013. 4.04.7113).** 11. Seria o caso de reformar o acórdão para restabelecer a sentença, a qual, embora por motivos diversos, determinou a soma dos salários-de-contribuição, observado o teto. Todavia, como não houve pedido de uniformização da parte autora com relação ao ponto, nego provimento ao incidente do INSS, pois, determinar a adequação do acórdão para aplicação do entendimento acima expendido implicaria reformatio in pejus. (grifos não originais)

(PEDILEF 50077235420114047112. Relator: João Batista Lazzari. DOU: 09/10/2015).

Diante do exposto, em estando o acórdão recorrido dissonante do entendimento desta Corte Uniformizadora, deve ser DADO PROVIMENTO ao incidente de uniformização, determina-se o retorno do processo à Turma de origem para que promova a adequação do julgado à premissa jurídica fixada, porém dentro dos contornos do pedido efetuado no incidente de uniformização. Incidente de Uniformização de Jurisprudência CONHECIDO E PROVIDO. É como voto.

Acordam os membros da Turma Nacional de Uniformização por DAR PROVIMENTO ao incidente de uniformização de jurisprudência, nos termos do voto-ementa da Juíza Federal Relatora.

**Brasília, 25 de maio de 2017.**

MARIA LÚCIA GOMES DE SOUZA

Juíza Federal Relatora".

Posteriormente, este entendimento se tornou **tese representativa de controvérsia na TNU**: "Entendendo pela **derrogação do art. 32 da Lei 8.213/91**, diante de legislação superveniente (notadamente, as Leis n. 9.876/99 e n. 10.666/03), a TNU ratificou a tese, agora em representativo da controvérsia, no sentido de que, tendo o segurado que contribuiu em razão de atividades concomitantes implementado os requisitos ao benefício em data posterior a 01/04/2003, os salários-de-contribuição concomitantes (anteriores e posteriores a 04/2003) serão somados e limitados ao teto" **(Informativo 23/2018 – Processo n. 5003449-95.2016.4.04.7201)**.

No entanto, embora nitidamente desatualizado o artigo 32 pela reforma no cálculo no salário de benefício, em julgado recente o STJ reafirmou a aplicação do seu texto:

*Superior Tribunal de Justiça*

**RECURSO ESPECIAL Nº 1.632.219 - RS (2016/0270781-9)**

**RELATOR** : **MINISTRO BENEDITO GONÇALVES**
RECORRENTE : INSTITUTO NACIONAL DO SEGURO SOCIAL
RECORRIDO : CARLA MARIA DANI BEDIN
ADVOGADO : PRISCILA RODRIGUES BEZZI E OUTRO(S) - RS087091

**EMENTA**

**PREVIDENCIÁRIO. RECURSO ESPECIAL. VIOLAÇÃO DO ART. 32 DA LEI N. 8.213/1991. EXERCÍCIO DE ATIVIDADES CONCOMITANTES. NÃO PREENCHIMENTO DOS REQUISITOS NECESSÁRIOS À CONCESSÃO DO BENEFÍCIO EM QUALQUER DAS ATIVIDADES DESENVOLVIDAS. ATIVIDADE PRINCIPAL. CRITÉRIO DO MAIOR PROVEITO ECONÔMICO. RECURSO ESPECIAL PROVIDO.**

**DECISÃO**

Trata-se de recurso especial interposto com fundamento no artigo 105, III, "a", da Constituição Federal, contra acórdão proferido pelo TRF da 4ª Região, assim ementado (fl. 260-261, e-STJ):

> PREVIDENCIÁRIO. REVISÃO. ATIVIDADES CONCOMITANTES. ART. 32 DA LEI 8213/91. INAPLICABILIDADE.
> 1. Segundo estabelece o artigo 32 da Lei de Benefícios (Lei 8.213/91), o salário-de-benefício do segurado que contribuir em razão de atividades concomitantes deve ser calculado com base na soma dos salários-de-contribuição das atividades exercidas, ou no período básico de cálculo, quando satisfizer, em relação a cada atividade, as condições do benefício requerido.
> 2. Não satisfeitas as condições em relação a cada atividade, o salário-de-benefício corresponderá à soma do salário-de-benefício da atividade principal, esta considerada aquela em relação à qual preenchidos os requisitos ou, não tendo havido preenchimento dos requisitos em relação a nenhuma delas, a mais benéfica para o segurado, e de um percentual da média do salário-de-contribuição da atividade secundária, conforme dispõe o inciso II do artigo 32 da Lei 8.213/91.
> 3. No entanto, a Lei 9.876/99 estabeleceu a extinção gradativa da escala de salário-base (art. 4º), e modificou o artigo 29 da LB (art. 2º), determinando que o salário-de-benefício seja c alculado com base na média aritmética simples dos maiores salários-de-contribuição correspondentes a oitenta por cento de todo o período contributivo, multiplicada pelo fator previdenciário (assegurada para quem já era filiado à Previdência Social antes da Lei 9.876/96 a consideração da média aritmética de oitenta por cento do período contributivo decorrido desde a competência julho/94 - art. 3º).
> 4. Já a Medida Provisória 83, de 12/12/2002 extinguiu, a partir de 1º de abril de 2003, a escala de salário-base (artigos 9º e 14), determinação depois ratificada por ocasião da sua conversão na Lei 10.666, de 08/05/2003 (artigos 9º e 15).
> 5. Assim, com a extinção da escala de salário-base a partir de abril de 2003, deixou de haver restrições ao recolhimento por parte dos contribuintes individual e facultativo. Eles passaram a poder iniciar a contribuir para a previdência com base em qualquer valor. Mais do que isso, foram autorizados a modificar os valores de seus salários-de-contribuição sem respeitar qualquer int erstício. Os únicos limites passaram a ser o mínimo (salário mínimo) e o máximo (este reajustado regularmente). Nesse sentido estabeleceram a IN INSS/DC nº 89, de 11/06/2003 e a Instrução Normativa RFB nº 971, de 13/11/de 2009.

*Superior Tribunal de Justiça*

> 6. O que inspirou o artigo 32 da Lei 8.213/91, e bem assim as normas que disciplinavam a escala de salário-base, foi o objetivo de evitar, por exemplo, que nos últimos anos de contribuição o segurado empregado passasse a contribuir em valores significativos como autônomo/contribuinte individual, ou mesmo que o autônomo/contribuinte individual majorasse significativamente suas contribuições. Com efeito, como o salário-de-benefício era calculado com base na média aritmética simples de todos os últimos salários-de-contribuição dos meses imediatamente anteriores ao do afastamento da atividade ou da data da entrada do requerimento, até o máximo de 36 (trinta e seis), apurados em período não superior a 48 (quarenta e oito) meses, o aumento de contribuições no final da vida laboral poderia acarretar um benefício mais alto, a despeito de ter o segurado contribuído na maior parte de seu histórico contributivo com valores modestos.
> 7. Extinta a escala de salário-base, o segurado empregado que tem seu vínculo cessado pode passar a contribuir como contribuinte individual, ou mesmo como facultativo, pelo teto. Por outro lado, o contribuinte individual, ou mesmo o facultativo, pode majorar sua contribuição até o teto no momento que desejar. Inviável a adoção, diante da situação posta, de interpretação que acarrete tratamento detrimentoso para o segurado empregado que também é contribuinte individual, ou mesmo que tem dois vínculos como empregado, sob pena de ofensa à isonomia.
> 8. Não há sentido em se considerar válido possa o contribuinte individual recolher pelo teto sem qualquer restrição e, por vias transversas, vedar isso ao segurado empregado que desempenha concomitantemente atividade como contribuinte individual, ou mesmo que tem dois vínculos empregatícios. E é isso, na prática, que ocorreria se se reputasse vigente o disposto no artigo 32 da Lei 8.213/91.
> 9. A conclusão, portanto, é de que, na linha do que estatui a Lei de Introdução às Normas do Direito Brasileiro (antiga LICC), ocorreu, a partir de 1º de abril de 2003, a derrogação do artigo 32 das Lei 8.213/91, de modo que a todo segurado que tenha mais de um vínculo deve ser admitida, independentemente da época da competência, a soma dos salários-de-contribuição, respeitado o teto.
> 10. É que concedido o benefício segundo as novas regras da Lei nº 10.666/2003 não mais cabe aplicar restrição de legislação anterior, mesmo para períodos anteriores, quanto à forma de cálculo da renda mensal inicial dos benefícios.

A parte recorrente alega violação do artigo 32 da Lei n. 8.213/1991, ao argumento de que, tendo o autor exercido atividades concomitantes, submete-se ao regramento previsto na Lei de Benefícios acerca da forma de cômputo do tempo de serviço em ambas as atividades e para fins de integração e formação da renda mensal do benefício, não havendo que ser falar em revogação implícita.

Aduz (fl. 270-271, e-STJ):

> Não é possível apenas somar os salários-de-contribuição, pois conforme dispõe o artigo supratranscrito, se a autora não preencheu o tempo necessário para se aposentar nas duas atividades em que trabalhou, há que ser considerada uma atividade principal, em que o salário de benefício será calculado com base na soma dos salários-de-contribuição, e uma secundária, em que o salário-de-benefício corresponderá a um percentual da média dos salários-de-contribuição equivalente à relação entre os anos completos de atividade e o número de anos exigidos para a percepção do benefício.
>
> O que impende analisar nos casos em que o segurado exerce atividades concomitantes é a efetiva satisfação dos requisitos imprescindíveis ao gozo da aposentadoria em todas as atividades. Se este fosse caso, estaria autorizada a simples soma dos salários-de-contribuição para fins de cálculo do benefício, na forma

*Superior Tribunal de Justiça*

> prevista no artigo 32, inciso I, da Lei 8.213/91.
>
> (...)
>
> Não há como concluir que o artigo 32 da LB foi revogado de forma implícita.
>
> Pelo contrário, ele continua em plena aplicação, seja administrativamente (a IN 77-2015 do INSS mantém aplicação do mecanismo do dispositivo), seja judicialmente, pois este Superior Tribunal de Justiça vem aplicando normalmente a referida norma legal, conforme se verifica das ementas dos acórdãos a seguir:

Sem contrarrazões.

Juízo positivo de admissibilidade às fls. 285, e-STJ.

É o relatório. Passo a decidir.

O Tribunal de origem decidiu que a renda mensal deve ser calculada através da soma de todos os salários-de-contribuição, sob o fundamento de que o art. 32 da Lei n. 8.213/1991 deixou de ter vigência a partir de 01/04/2003, conforme extrai-se dos seguintes excertos do acórdão recorrido (fls. 256-257, e-STJ):

> Pois bem, ao avaliarmos o cálculo de concomitância proposto pelo art. 32 da Lei 8.213/91, veremos que, a partir da extinção da escala de salários-base (ou seja, da extinção dessa regra de segurança) ele fere o princípio da isonomia, inserto na Constituição Federal. Isso porque dois segurados com o mesmo valor de contribuição vão receber contraprestação estatal diversa pelo simples fato de um deles ter contribuído em mais de uma atividade, e o outro, não. A prestação é a mesma; a contraprestação, não.
>
> Na prática, duas são as consequências. A primeira, igualando os iguais. Nos benefícios de aposentadoria por tempo de contribuição, especial e por idade, normalmente o cálculo do art. 32 é prejudicial aos segurados, e nos benefícios de auxílio-doença, aposentadoria por invalidez, pensão por morte e auxílio-reclusão, muitas vezes o cálculo do art. 32 é favorável aos segurados. A segunda, em termos de simplificação dos cálculos e de facilidade no entendimento por parte dos humildes segurados. Ora, o cálculo do art. 32 é complexo, cheio de regrinhas, e com frequentes discussões judiciais.
>
> Retomando, temos que até o momento em que o legislador entendeu presente a escala de salários-base, salutar para a segurança financeira do sistema, há um fundamento para esse tratamento anti-isonômico; a partir de então, não há mais justificativa. Considero, assim, que o art. 32 foi revogado na vigência dessas normas acima citadas, ou seja, em 01/04/2003 (vide o disposto no art. 15 da Lei 10.666/03). Na mesma linha, além da pioneira decisão nesse sentido (TRF4,5ª Turma, AC 5006447- 58.2010.404.7100/RS, relator Desembargador Federal Ricardo Teixeira do Valle Pereira, julgado em 29/08/2012), destaco o julgamento realizado pela 3º Seção, nos Embargos Infringentes n.º 5007039-68.2011.4.04.7003:
>
> > PROCESSUAL CIVIL. EMBARGOS INFRINGENTES. LIMITES DA INFRINGÊNCIA. PREVIDENCIÁRIO. REVISÃO DE BENEFÍCIO. ATIVIDADES CONCOMITANTES. ART. 32 DA LEI Nº 8.213/91.
> >
> > 1. O salário de benefício do segurado que contribuía em razão de atividades concomitantes era calculado nos termos do art. 32 da Lei 8.213/91, somando-se os respectivos salários-de-contribuição quando satisfizesse, em relação a cada atividade, as condições do benefício requerido. No caso de o segurado não haver preenchido as condições para a concessão do benefício em relação a ambas as atividades, o salário-de-benefício correspondia à soma do salário-de-benefício da atividade principal e de um percentual da média do salário-de-contribuição da atividade secundária.

*Superior Tribunal de Justiça*

> 2. O sentido da regra contida no art. 32 da Lei 8.213/91 era o de evitar que, nos últimos anos antes de se aposentar, o segurado pudesse engendrar artificial incremento dos salários-de-contribuição que compõem o período básico de cálculo(PBC), 36 meses dentro de um conjunto de 48 meses, e assim elevar indevidamente o valor da renda mensal inicial da prestação.
> 3. Todavia, modificado o período básico de cálculo pela Lei 9.876/1999, apurado sobre todas as contribuições a partir de 1994 (as 80% melhores), já não haveria sentido na norma, pois inócua seria uma deliberada elevação dos salários-de- contribuição, uma vez ampliado, em bases tão abrangentes, o período a ser considerado.
> 4. No cálculo de benefícios previdenciários concedidos após abril de 2003, devem ser somados os salários-de-contribuição das atividades exercidas concomitantemente, sem aplicação do art. 32, inclusive para períodos anteriores a 1º de abril de 2003, e com observação, por óbvio, do teto do salário-de- contribuição (art. 28, §5º, da Lei 8.212/91).
> 5. No caso concreto, em face dos limites da infringência, fica assegurado o direito da parte autora, de adicionar os salários-de-contribuição das atividades concomitantes, a partir da competência abril/2003, inclusive.

Assim, para benefícios concedidos a partir de 01/04/2003, portanto, não cabe mais o cálculo de atividade concomitante. A revogação gera efeitos para todos os benefícios concedidos posteriormente porque se trata de regra de cálculo do benefício, a ser aplicada a partir de sua vigência, da mesma forma que o fator previdenciário, por exemplo. Em suma, há de se fazer a soma dos salários-de-contribuição.

*Superior Tribunal de Justiça*

A jurisprudência do STJ, por seu turno, aplica o art. 32 da Lei n. 8.213/1991. Nesse sentido, firmou o entendimento de que o critério utilizado para definir qual é a atividade principal, para fins de apuração do salário de benefício de segurado que exerceu atividades profissionais concomitantes e não preencheu os requisitos para o gozo do benefício em nenhuma das atividades exercidas, é o do maior proveito econômico no cálculo da renda mensal inicial.

A propósito:

> PREVIDENCIÁRIO. RECURSO ESPECIAL. REVISÃO DE RMI. EXERCÍCIO DE ATIVIDADES CONCOMITANTES. NÃO PREENCHIMENTO DOS REQUISITOS NECESSÁRIOS À CONCESSÃO DO BENEFÍCIO EM QUALQUER DAS ATIVIDADES DESENVOLVIDAS. CRITÉRIO DO CÁLCULO DA RENDA MENSAL INICIAL.
> ATIVIDADE PRINCIPAL É AQUELA QUE REPRESENTA MAIOR PROVEITO ECONÔMICO. RECURSO ESPECIAL DO INSS A QUE SE NEGA PROVIMENTO.
> 1. Nos termos do art. 32 da Lei 8.213/1991, será considerada como atividade principal, para fins de cálculo do valor do salário de benefício, aquela na qual o Segurado reuniu todas as condições para a concessão do benefício.
> **2. Nas hipóteses em que o Segurado não completou tempo de contribuição suficiente para aposentar em nenhuma das atividades concomitantes, será considerada como atividade principal, para fins de cálculo do benefício, aquela que detém o maior proveito econômico, pois, por óbvio, é a que garante a subsistência do Segurado e, portanto, atinge o objetivo primordial do benefício previdenciário, que é a substituição da renda do trabalhador.**
> 3. Precedentes: REsp. 1.664.015/RS, Rel. Min. HERMAN BENJAMIN, DJe 29.6.2017; REsp. 1.419.667/PR, Rel. Min. REGINA HELENA COSTA, DJe 23.8..2016; REsp. 1.523.803/SC, Rel. Min. HERMAN BENJAMIN, DJe 4.9.2015; AgRg no REsp. 1.412.064/RS, Rel. Min. MAURO CAMPBELL MARQUES, DJe 26.3.2014.
> 4. Recurso Especial do INSS a que se nega provimento.
> (REsp 1390046/RS, Rel. Ministro Napoleão Nunes Maia Filho, Primeira Turma, DJe 06/12/2017)

> PREVIDENCIÁRIO. RECURSO ESPECIAL. CÁLCULO DE BENEFÍCIO. ATIVIDADES CONCOMITANTES. ATIVIDADE PRINCIPAL PARA CÁLCULO DA RENDA MENSAL INICIAL. CRITÉRIO DO MAIOR PROVEITO ECONÔMICO. ACÓRDÃO RECORRIDO EM SINTONIA COM A JURISPRUDÊNCIA DO STJ.
> 1. O Tribunal a quo, ao interpretar o art. 32 da Lei 8.213/1991, aplicou entendimento no sentido de que a atividade considerada principal é a que resulta em maior proveito econômico ao segurado. Com efeito, o acórdão recorrido se encontra em sintonia com a jurisprudência do STJ.
> **2. Deve ser considerada como atividade principal, para fins de apuração do salário de benefício, aquela que gerará maior proveito econômico no cálculo da renda mensal inicial, tratando-se de hipótese em que o segurado não completou tempo de serviço suficiente para se aposentar em nenhuma das atividades concomitantes. Isto porque, diante da lacuna deixada pelo artigo 32 da Lei 8.213/1991, que não prevê, de forma expressa, a fórmula de cálculo dessa situação jurídica, devem ser observados os princípios que envolvem a ordem econômica e social previstas na Constituição, ambas fundadas na valorização e no primado do trabalho humano e na livre iniciativa, a fim de**

*Superior Tribunal de Justiça*

**assegurar a todos a existência digna, conforme os ditames da justiça social.**
3. Recurso Especial não provido.
(REsp 1.664.015/SC, Rel. Ministro Herman Benjamin, Segunda Turma, DJe 20/6/2017)

PREVIDENCIÁRIO. CÓDIGO DE PROCESSO CIVIL DE 1973. APLICABILIDADE. ATIVIDADES CONCOMITANTES. AUSÊNCIA DO PREENCHIMENTO DOS REQUISITOS NECESSÁRIOS À CONCESSÃO DO BENEFÍCIO NAS ATIVIDADES DESENVOLVIDAS. CÁLCULO DA RENDA MENSAL INICIAL. ATIVIDADE PRINCIPAL. MAIOR PROVEITO ECONÔMICO. PRECEDENTES.
I - Consoante o decidido pelo Plenário desta Corte na sessão realizada em 09.03.2016, o regime recursal será determinado pela data da publicação do provimento jurisdicional impugnado. Assim sendo, in casu, aplica-se o Código de Processo Civil de 1973.
**II - Considerando que o art. 32 da Lei n. 8.213/1991 não prevê, de forma expressa, a fórmula de cálculo do salário de benefício na hipótese em que o segurado não preencheu os requisitos para a concessão de aposentadoria em nenhuma das atividades concomitantes, deve ser considerada como atividade principal aquela que proporcionar o maior proveito econômico no cálculo da renda mensal inicial. Precedentes.**
III - Recurso especial improvido.
(REsp 1419667/PR, Rel. Ministra Regina Helena Costa, Primeira Turma, DJe 23/08/2016).

PREVIDENCIÁRIO E PROCESSUAL CIVIL. REGIME GERAL DA PREVIDÊNCIA SOCIAL. CRITÉRIO DE CÁLCULO DA RENDA MENSAL INICIAL. ATIVIDADES CONCOMITANTES. ATIVIDADE PRINCIPAL. MELHOR PROVEITO ECONÔMICO. SÚMULA 83/STJ.
1. Cinge-se a controvérsia a saber quais salários de contribuição devem ser utilizados no cálculo do salário de benefício, no período em que o recorrido exerceu atividades concomitantes abrangidas pelo Regime Geral de Previdência Social, ou seja, qual a atividade principal a ser considerada nos períodos de exercício de atividades concomitantes.
2. No presente caso, em nenhuma das atividades concomitantes o segurado completou a carência exigida para a concessão do benefício.
**3. O Tribunal a quo, ao interpretar o art. 32 da Lei 8.213/1991, aplicou entendimento no sentido de que a atividade considerada principal é a que resulta em maior proveito econômico ao segurado.**
**4. Com efeito, o acórdão recorrido se encontra em sintonia com a jurisprudência do STJ. Aplica-se o óbice da Súmula 83/STJ. Precedentes do STJ: AgRg no REsp 1.412.064/RS, Relator Ministro Mauro Campbell Marques, Segunda Turma, DJe 26.3.2014; REsp 1.311.963/SC, Rel. Ministro Mauro Campbell Marques, Segunda Turma , julgado em 20.2.2014, DJe 6.3.2014; AgRg no REsp 772.745/RS, Rel. Ministro Nefi Cordeiro, Sexta Turma, julgado em 27.6.2014, DJe 5.8.2014 5. Recurso Especial não provido.**
(REsp 1523803/SC, Rel. Ministro Herman Benjamin, Segunda Turma, DJe 04/09/2015).

PREVIDENCIÁRIO. RECURSO ESPECIAL. REGIME GERAL DA PREVIDÊNCIA

*Superior Tribunal de Justiça*

SOCIAL. APOSENTADORIA POR TEMPO DE SERVIÇO. PROVENTOS PROPORCIONAIS. EMBARGOS À EXECUÇÃO. CRITÉRIO DE CÁLCULO DA RENDA MENSAL INICIAL. ATIVIDADES CONCOMITANTES. ATIVIDADE PRINCIPAL. MELHOR PROVEITO ECONÔMICO. VALOR DA TRABALHO E DA LIVRE INICIATIVA. ART. 32 DA LEI 8.213/1991. INAPLICABILIDADE AO CASO. ART. 29 DA LEI 8.213/1991 EM SUA REDAÇÃO ORIGINAL. OBSERVÂNCIA NO CASO. DISSÍDIO JURISPRUDENCIAL. FALTA DE SIMILITUDE FÁTICA. RECURSO ESPECIAL CONHECIDO EM PARTE E NESSA PARTE NÃO PROVIDO.

1. Na hipótese de desempenho pelo segurado de atividades laborais concomitantes, a jurisprudência do STJ é assente no sentido de que, nos termos do art. 32 da Lei 8.213/1991, será considerada atividade principal, para fins de cálculo do valor do salário de benefício, aquela na qual o segurado reuniu condições para concessão do benefício.

2. A peculiaridade do caso concreto consiste no fato de que o segurado não completou tempo de serviço suficiente para se aposentar em nenhuma das atividades concomitantes, tendo o título exequendo reconhecido o direito à aposentadoria por tempo de serviço com proventos proporcionais, apurando-se o período básico de cálculo nos termos do art. 29 da Lei 8.213/1991, em sua redação original.

**3. Considerando que o segurado não completou tempo de serviço suficiente para se aposentar em nenhuma das atividades concomitantes, deve ser considerada como atividade principal, para fins de apuração do salário de benefício, aquela que gerar maior proveito econômico no cálculo da renda mensal inicial.**

4. Não se mostra configurada afronta ao art. 32 da Lei 8.213/1991, na espécie, porque o segurado, no desempenho de atividades concomitantes, não preencheu em nenhuma delas todos os requisitos para obtenção da aposentadoria por tempo de serviço.

5. A lacuna deixada pelo legislador no art. 32 da Lei 8.213/1991 deve ser integrada pelos princípios que envolvem a ordem econômica e social previstas na Constituição, ambas fundadas na valorização e no primado do trabalho humano e na livre iniciativa, a fim de assegurar a todos existência digna, conforme os ditames da justiça social.

6. Relativamente ao dissídio jurisprudencial, o recurso especial não pode ser conhecido pela alínea "c" em decorrência da ausência de similitude fática entre os acórdãos confrontados.

7. Recurso especial conhecido em parte e nessa parte não provido.

(REsp 1311963/SC, Rel. Ministro Mauro Campbell Marques, Segunda Turma, DJe 06/03/2014).

Em sendo assim, tendo o Tribunal de origem, analisando as provas dos autos, asseverado que a autora não preencheu o tempo necessário para se aposentar em nenhuma das atividades em que trabalhou, deve ser aplicada a regra do art. 32 da Lei n. 8.213/1991, considerando-se como atividade principal aquela em que apurado melhor proveito econômico.

Superior Tribunal de Justiça

Ante o exposto, dou provimento ao recurso especial, para determinar que no cálculo da renda mensal inicial do benefício seja aplicado o art. 32 da Lei n. 8.213/1991, nos termos da fundamentação acima.

Publique-se. Intimem-se.

Brasília (DF), 18 de outubro de 2018.

MINISTRO BENEDITO GONÇALVES
Relator

**Mas existe precedente mais recente do STJ da 1ª Turma se alinhando ao posicionamento da TNU:**

**Processo**

REsp 1670818 / PR RECURSO ESPECIAL 2017/0107590-6

**Relator(a)**

Ministro NAPOLEÃO NUNES MAIA FILHO (1133)

**Órgão Julgador**

T1 - PRIMEIRA TURMA

**Data do Julgamento**

19/11/2019

**Data da Publicação/Fonte**

DJe 27/11/2019

**Ementa**

PREVIDENCIÁRIO. RECURSO ESPECIAL. ATIVIDADES CONCOMITANTES. CÁLCULO DO SALÁRIO DE BENEFÍCIO. INAPLICABILIDADE DA REGRA ORIGINAL DO ART. 32 DA LEI 8.213/1991 EM FACE DA AMPLIAÇÃO DO PBC PROMOVIDA PELA LEI 9.876/1999. PRINCÍPIO CONTRIBUTIVO. CONCRETIZAÇÃO DO DIREITO AO MELHOR BENEFÍCIO. POSSIBILIDADE DE SOMA DOS SALÁRIOS DE CONTRIBUIÇÃO. TEXTO ATUAL DO ART. 32 DA LEI 8.213/1991. RECURSO ESPECIAL DO INSS A QUE SE NEGA PROVIMENTO.

1. O art. 32 da Lei 8.213/1991, em sua redação original, estabelecia que o Segurado que exerce mais de uma atividade vinculada do RGPS, simultaneamente, só faria jus à soma dos salários de contribuição na hipótese de implementar todos os requisitos para aposentadoria em cada uma das atividades.

2. Caso contrário, será considerada atividade principal, para fins de cálculo do valor do salário de benefício, aquela na qual o Segurado reuniu condições para concessão do benefício; ou, tratando-se de hipótese em que o Segurado não completou tempo de serviço/contribuição suficiente para se aposentar em nenhuma das atividades, deve ser considerada como atividade principal aquela que gerará maior proveito econômico no cálculo da renda mensal inicial, porquanto o art. 32 da Lei 8.213/1991 não determina que deva ser considerada como principal a atividade mais antiga, dentre as que foram exercidas simultaneamente no PBC.

3. O regramento previsto no art. 32 da Lei 8.213/1991 foi fixado para evitar que o Segurado passasse a contribuir concomitantemente como contribuinte individual somente nos últimos 36 meses que antecediam sua aposentadoria, impossibilitando, por exemplo, que um Segurado que teve todo um histórico contributivo de baixos valores pudesse elevar suas contribuições até o teto do salário de contribuição, nos últimos 36 meses de atividade, e, com isso, aumentar indevidamente a renda mensal inicial de seu benefício.

4. É de se lembrar que o art. 29 da Lei 8.213/1991, em sua redação original, consignava que o salário de benefício seria calculado a partir da média aritmética

simples de todos os últimos salários de contribuição dos meses anteriores ao do afastamento do Segurado da atividade ou da data da entrada do requerimento administrativo, até o máximo de 36 meses, apurados em período não superior a 48 meses.

5. Ocorre que tal regra de cálculo foi alterada com a edição da Lei 9.876/1999, que implementou nova regra ampliando gradualmente a base de cálculo dos benefícios, base que passou a corresponder aos maiores salários de contribuição correspondentes a 80% de todo o período contributivo do Segurado.

**6. Tendo em vista a ampliação do período básico de cálculo – o qual passou a corresponder a toda a vida contributiva do Segurado -, não se afigura mais razoável impedir a soma dos salários de contribuição em cada competência, vez que são recolhidas as contribuições previdenciárias sobre cada uma delas.**

7. É certo que o sistema de Previdência Social é regido pelo princípio contributivo, decorrendo de tal princípio a consequência de haver, necessariamente, uma relação entre custeio e benefício, não se afigurando razoável que o Segurado realize contribuições e não possa se utilizar delas no cálculo de seu benefício.

8. A concessão do benefício previdenciário deve ser regida pela regra da prevalência da condição mais vantajosa ou mais benéfica ao Segurado, nos termos da orientação do STF e do STJ. Assim, é direito do Segurado o recebimento de prestação previdenciária mais vantajosa dentre aquelas cujos requisitos cumpre, assegurando, consequentemente, a prevalência do critério de cálculo que lhe proporcione a maior renda mensal possível, a partir do histórico de suas contribuições.

**9. Admite-se, assim, que o salário de benefício do Segurado que contribuir em razão de atividades concomitantes seja calculado com base na soma dos salários de contribuição, nos termos do atual texto do art. 32 da Lei 8.213/1991, de modo a lhe conferir o direito ao melhor benefício possível com base no seu histórico contributivo.**

10. Recurso Especial do INSS a que se nega provimento.

IMPORTANTE!

Por tudo isso, o artigo 32 da Lei 8.213 foi modificado pela Lei 13.846/2019, que agora prevê sempre a soma dos salários de contribuição de atividades concomitantes, mesmo quando o segurado só tenha preenchido os requisitos do benefício em apenas uma atividade.

De efeito, o salário de benefício do segurado que contribuir em razão de atividades concomitantes será calculado com base na soma dos salários de contribuição das atividades exercidas na data do requerimento ou do óbito, ou no período básico de cálculo, observado o disposto no artigo 29 da Lei 8.213/91, **exceto se o segurado contribuiu apenas por uma das atividades concomitantes em razão do teto do salário de contribuição.**

**Desta forma, ressalvadas as disputas judiciais para concessões anteriores, os requerimentos perpetrados a partir de 18/6/2019 já contam com as somas dos salários de contribuição concomitantes, resolvendo o problema para todos os deferimentos a partir desta data.**

O tema 1.070 foi afetado em 16/10/2020 pelo STJ e será julgado pela 1ª Seção:

| Tema/Repetitivo | 1070 | Situação do Tema | Afetado | Órgão Julgador | PRIMEIRA SEÇÃO | | | Assuntos |
|---|---|---|---|---|---|---|---|---|
| **Questão submetida a julgamento** | Possibilidade, ou não, de sempre se somar as contribuições previdenciárias para integrar o salário-de-contribuição, nos casos de atividades concomitantes (artigo 32 da Lei n. 8.213/91), após o advento da Lei 9.876/99, que extinguiu as escalas de salário-base. | | | | | | | |
| **Anotações Nugep** | Afetação na sessão eletrônica iniciada em 30/9/2020 e finalizada em 6/10/2020 (Primeira Seção).<br>**Vide Controvérsia n. 198/STJ.** | | | | | | | |
| **Informações Complementares** | Há determinação de suspensão do processamento de todos os processos pendentes, individuais ou coletivos, que versem acerca da questão ora afetada e tramitem no território nacional (art. 1.037, II, do CPC/2015). (acórdão publicado no DJe de 16/10/2020). | | | | | | | |
| **Ramo do Direito** | DIREITO PREVIDENCIÁRIO | | | | | | | |
| **Processo** | **Tribunal de Origem** | **RRC** | **Relator** | **Data de Afetação** | **Julgado em** | **Acórdão Publicado em** | **Embargos de Declaração** | **Trânsito em Julgado** |
| **REsp 1870793/RS** | TRF4 | Sim | SÉRGIO KUKINA | 16/10/2020 | - | - | - | - |
| **REsp 1870815/PR** | TRF4 | Sim | SÉRGIO KUKINA | 16/10/2020 | - | - | - | - |
| **REsp 1870891/PR** | TRF4 | Sim | SÉRGIO KUKINA | 16/10/2020 | - | - | - | - |

Ao julgar o **Tema 1.070**, o STJ aderiu ao posicionamento da TNU, no sentido que a alteração do artigo 32 da Lei 8.213/91 ocorreu tacitamente com o advento da Lei 9.876/99, sendo a alteração da Lei 13.846/2019 meramente declaratória:

> **PROCESSO**
>
> REsp 1870891 / PR
>
> RECURSO ESPECIAL
>
> 2020/0088257-0
>
> **RELATOR**
>
> Ministro SÉRGIO KUKINA (1155)
>
> **ÓRGÃO JULGADOR**
>
> S1 – PRIMEIRA SEÇÃO
>
> **DATA DO JULGAMENTO**
>
> 11/05/2022
>
> **DATA DA PUBLICAÇÃO/FONTE**
>
> DJe 24/05/2022
>
> **EMENTA**
>
> PREVIDENCIÁRIO. RECURSO ESPECIAL REPRESENTATIVO DA CONTROVÉRSIA. TEMA 1.070. APOSENTADORIA NO RGPS. EXERCÍCIO DE ATIVIDADES CONCOMITANTES. CÁLCULO DO SALÁRIO-DE-BENEFÍCIO. SOMA DE TODOS OS SALÁRIOS-DE-CONTRIBUIÇÃO VERTIDOS PELO SEGURADO EM SUAS SIMULTÂNEAS ATIVIDADES. POSSIBILIDADE. EXEGESE DA LEI N. 9.876/99. INAPLICABILIDADE DOS INCISOS DO ART. 32 DA LEI 8.213/91 EM SUA REDAÇÃO ORIGINAL. 1. Segundo a redação original dos incisos I, II e III do art. 32 da Lei 8.213/91, que tratavam do cálculo dos benefícios previdenciários devidos no caso de atividades concomitantes, a soma integral dos salários-de-contribuição, para fins de apuração do salário-de-benefício, somente seria possível nas hipóteses em que o segurado reunisse todas as condições para a individual concessão do benefício em cada uma das atividades por ele exercida. 2. O espírito do referido art. 32 da Lei 8.213/91, mormente no que tocava ao disposto em seus incisos II e III, era o de impedir que, às vésperas de implementar os requisitos necessários à obtenção do benefício, viesse o segurado a exercer uma segunda e simultânea atividade laborativa para fins de obter uma renda mensal inicial mais vantajosa, já que seriam considerados os últimos salários-de-contribuição no cômputo de seu salário-de-benefício. **3. No entanto, a subsequente Lei 9.876/99 alterou a metodologia do cálculo dos benefícios e passou a considerar todo o histórico contributivo do segurado, com a ampliação do período básico de cálculo; a renda mensal inicial, com isso, veio a refletir, de forma mais fiel, a contrapartida financeira por ele suportada ao longo de sua vida produtiva, além de melhor atender ao caráter retributivo do Regime Geral da Previdência Social. 4. A substancial ampliação do período básico de cálculo – PBC, como promovida pela Lei**

> **9.876/99, possibilitou a compreensão de que, respeitado o teto previdenciário, as contribuições vertidas no exercício de atividades concomitantes podem, sim, ser somadas para se estabelecer o efetivo e correto salário-de-benefício, não mais existindo espaço para aplicação dos incisos do art. 32 da Lei 8.213/91, garantindo-se, com isso, o pagamento de benefício que melhor retrate o histórico contributivo do segurado.** 5. Acórdão submetido ao regime dos arts. 1.036 e seguintes do CPC/2015 e art. 256-I do RISTJ, com a fixação da seguinte TESE: **"Após o advento da Lei 9.876/99, e para fins de cálculo do benefício de aposentadoria, no caso do exercício de atividades concomitantes pelo segurado, o salário-de-contribuição deverá ser composto da soma de todas as contribuições previdenciárias por ele vertidas ao sistema, respeitado o teto previdenciário".** 6. SOLUÇÃO DO CASO CONCRETO: hipótese em que a pretensão do INSS vai na contramão do enunciado acima, por isso que seu recurso especial resulta desprovido.

De acordo com o artigo 29, §5º, da Lei 8.213/91, se, no período básico de cálculo, o segurado tiver recebido benefício por incapacidade, sua duração será contada, considerando-se como salário de contribuição, no período, o salário de benefício que serviu de base para o cálculo da renda mensal, reajustado nas mesmas épocas e bases dos benefícios em geral, não podendo ser inferior ao valor de um salário mínimo.

Se esse dispositivo for aplicado na sua literalidade, dissociado dos demais dispositivos previdenciários, fará com que o período de gozo de um benefício por incapacidade, como o auxílio-doença, tenha o seu salário de benefício considerado como salário de contribuição futuramente, a exemplo da concessão de aposentadoria por incapacidade permanente.

O STJ determina que sejam considerados apenas os salários de contribuição sobre os quais incidiram contribuição previdenciária, e não o período de gozo do benefício por incapacidade:

> AGRAVO INTERNO. RECURSO ESPECIAL. PREVIDENCIÁRIO. REVISÃO DO VALOR DO BENEFÍCIO DE APOSENTADORIA. RENDA MENSAL INICIAL. SEGURADO BENEFICIÁRIO DE APOSENTADORIA POR INVALIDEZ, ORIGINADA DE AUXÍLIO-DOENÇA E A ELE IMEDIATAMENTE SUBSEQÜENTE. **1. Aposentadoria por invalidez precedida de auxílio-doença deve ser calculada com base no salário-de-benefício do auxílio-doença, que, por sua vez, é calculado utilizando-se os salários-de-contribuição anteriores ao seu recebimento. 2. Hipótese em que incide o art. 36, § 7º, do Decreto 3.048/1999, que determina que o salário-de-benefício da aposentadoria por invalidez será de 100% do valor do salário-de-benefício do auxílio-doença anteriormente recebido, reajustado pelos índices de correção dos benefícios previdenciários**. 3. Agravo interno a que se nega provimento (AGRESP 200802366191, de 03.02.2009).

> **"INFORMATIVO 527 – DIREITO PREVIDENCIÁRIO. CÁLCULO DA RENDA MENSAL INICIAL NO CASO DE CONVERSÃO DO AUXÍLIO-DOENÇA EM APOSENTADORIA POR INVALIDEZ.**
>
> No caso de benefício de aposentadoria por invalidez precedido de auxílio-doença, a renda mensal inicial será calculada de acordo com o disposto no art. 36, § 7º, do Dec. 3.048/1999, exceto quando o período de afastamento tenha sido intercalado com períodos de atividade laborativa, hipótese em que incidirá o art. 29, § 5º, da Lei 8.213/1991. Precedentes citados: AgRg no REsp 1.153.905-SC, Sexta Turma, DJe 7/2/2013; AgRg no REsp 1.024.748-MG, Quinta Turma, DJe 21/8/2012; AgRg no Ag 1270670-PR, Sexta Turma, DJe 23/5/2012. AgRg nos EREsp 909.274-MG, Rel. Min. Alderita Ramos de Oliveira (Desembargadora convocada do TJ-PE), julgado em 12/6/2013".

O STF também seguiu a posição do INSS e do STJ:

> "CONSTITUCIONAL. PREVIDENCIÁRIO. REGIME GERAL DA PREVIDÊNCIA SOCIAL. CARÁTER CONTRIBUTIVO. APOSENTADORIA POR INVALIDEZ. AUXÍLIO-DOENÇA. COMPETÊNCIA REGULAMENTAR. LIMITES. 1. O caráter contributivo do regime geral da previdência social (*caput* do art. 201 da CF) a princípio impede a contagem de tempo ficto de contribuição. **2. O § 5º do art. 29 da Lei nº 8.213/1991 (Lei de Benefícios da Previdência Social – LBPS) é exceção razoável à regra proibitiva de tempo de contribuição ficto com apoio no inciso II do art. 55 da mesma Lei. E é aplicável somente às situações em que a aposentadoria por invalidez seja precedida do recebimento de auxílio-doença durante período de afastamento intercalado com atividade laborativa, em que há recolhimento da contribuição previdenciária. Entendimento, esse, que não foi modificado pela Lei nº 9.876/99.** 3. O § 7º do art. 36 do Decreto nº 3.048/1999 não ultrapassou os limites da competência regulamentar porque apenas explicitou a adequada interpretação do inciso II e do § 5º do art. 29 em combinação com o inciso II do art. 55 e com os arts. 44 e 61, todos da Lei nº 8.213/1991. 4. A extensão de efeitos financeiros de lei nova a benefício previdenciário anterior à respectiva vigência ofende tanto o inciso XXXVI do art. 5º quanto o § 5º do art. 195 da Constituição Federal. Precedentes: REs 416.827 e 415.454, ambos da relatoria do Ministro Gilmar Mendes. 5. Recurso extraordinário com repercussão geral a que se dá provimento" (RE 583834 / SC, de 21.09.2011).

Logo, se um segurado gozou de auxílio-doença posteriormente convertido em aposentadoria por incapacidade permanente, será considerado o salário de benefício do auxílio-doença, automaticamente majorado de 91% para 100%, não sendo feito um novo cálculo computando-se o período do auxílio-doença, em que não houve contribuição (sistemática anterior ao advento da EC 103/2019, que alterou a sistemática de cálculo da aposentadoria por incapacidade permanente).

Posteriormente, o STJ aprovou a Súmula 557:

> **Súmula 557** – A renda mensal inicial (RMI) alusiva ao benefício de aposentadoria por invalidez precedido de auxílio-doença será apurada na forma do art. 36, § 7º, do Decreto n. 3.048/1999, observando-se, porém, os critérios previstos no art. 29, § 5º, da Lei n. 8.213/1991, quando intercalados períodos de afastamento e de atividade laboral.

O INSS vinha seguindo a determinação do artigo 36, §7º, do Decreto 3.048/99, que previa que "a renda mensal inicial da aposentadoria por invalidez concedida por transformação de auxílio-doença será de cem por cento do salário-de-benefício que serviu de base para o cálculo da renda mensal inicial do auxílio doença, reajustado pelos mesmos índices de correção dos benefícios em geral".

A princípio, achava que a revogação do §7º do artigo 36 do Decreto 3.048/99 pelo Decreto 10.410/2020 tinha sido um erro material, considerando que essa metodologia de cálculo do salário de benefício da aposentadoria por invalidez precedida de auxílio-doença havia sido validade pelo STF e STJ:

> ~~"§ 7º A renda mensal inicial da aposentadoria por invalidez concedida por transformação de auxílio-doença será de cem por cento do salário-de-benefício que serviu de base para o cálculo da renda mensal inicial do auxílio doença, reajustado pelos mesmos índices de correção dos benefícios em geral. "~~

Isso porque o artigo 26 da Emenda 103/2019 não trata deste detalhe, não tendo havido alteração normativa constitucional ou em lei federal que justificasse uma alteração regulamentar em um tema tão sensível.

Sucede que o INSS interpretou a revogação do §7º do artigo 36 do Decreto 3.048/99 pelo Decreto 10.410/2020 como uma mudança de posicionamento presidencial sobre o tema, em que pese inexistir regra atual no Regulamento sobre a temática.

Para a Autarquia de Previdência, **para fatos geradores após a EC 103/2019, o INSS não mais considera o mesmo salário de benefício do auxílio por incapacidade temporária na sua conversão em aposentadoria por incapacidade permanente, e sim promove um recálculo do salário de benefício utilizando os mesmos salários de contribuição anteriores**, o que por certo é uma fórmula que pode ser mais favorável ao segurado em razão dos índices de reajuste dos salários de contribuição.

Veja-se, nesse sentido, o artigo 190, para Portaria INSS/DIRBEN 991/2022:

> *"Art. 190. Se no PBC o segurado tiver recebido benefício por incapacidade, considerar-se-á como salário de contribuição, no período, o salário de benefício que serviu de base para o cálculo da renda mensal, reajustado nas mesmas épocas e nas mesmas bases dos benefícios em geral, não podendo ser inferior ao salário mínimo nem superior ao limite máximo do salário de contribuição, observando-se o seguinte:*

*I – benefícios por incapacidade previdenciários: somente serão computados no PBC, nos termos do caput, quando intercalados com períodos de atividade ou de contribuição;*

*II – benefícios por incapacidade acidentários:*

*a) períodos até 30 de junho de 2020, véspera da publicação do Decreto nº 10.410: serão considerados no PBC, nos termos do caput, ainda que não sejam intercalados com períodos de atividade;*

*b) períodos a partir de 1º de julho de 2020, data da publicação do Decreto nº 10.410: serão considerados no PBC, nos termos do caput, somente se intercalados com períodos de atividade ou de contribuição.*

***Parágrafo único. Aplica-se o disposto neste artigo, às situações de transformação de auxílio por incapacidade temporária em aposentadoria por incapacidade permanente com início da aposentadoria ocorrido a partir de 14 de novembro de 2019, vigência da Emenda Constitucional nº 103".***

No mesmo sentido o artigo 132 da Instrução Normativa INSS 128/2022, que mantém a fórmula antiga no inciso I apenas para fato gerador até 13/11/2019:

*"§ 1º O valor da renda mensal da aposentadoria por incapacidade permanente concedida por transformação de auxílio incapacidade temporária deverá corresponder a:*

***I – para fato gerador até 13 de novembro de 2019****, data da publicação da Emenda Constitucional nº 103: 100% (cem por cento) **do salário de benefício que serviu de base para o cálculo da renda mensal do auxílio por incapacidade temporária, reajustado pelos mesmos índices de correção dos benefícios em geral**;*

*II – **a partir de 14 de novembro de 2019**: 60% (sessenta por cento) do **salário de benefício**, com acréscimo de 2% (dois por cento) para cada ano de contribuição que exceder o tempo de 15 (quinze) anos de contribuição se mulher, e 20 (vinte) anos de contribuição, se homem, ressalvado o disposto no § 8º; e*

*III – **a partir de 14 de novembro de 2019**: 100% (cem por cento) do **salário de benefício** quando decorrer de acidente do trabalho, doença profissional ou doença do trabalho".*

**A meu ver, diante da inexistência de alteração constitucional ou legal de cálculo do salário de benefício da aposentadoria por invalidez precedida de auxílio-doença e considerando que a metodologia do §7º do artigo 36 do Decreto 3.048/99 foi validada pelo STF e STJ, não tem sentido a mudança de posicionamento do INSS.**

Em contato com o Prof. Carlos Maciel, que é o co-autor do nosso Manual Prático de Cálculos Previdenciários, foi dito que não é possível em abstrato fixar a melhor fórmula para o segurado, havendo casos em que a atual fórmula é melhor (aumento do salário de benefício) e outros que é pior para o segurado (redução do salário de benefício).

Registre-se, por fim, que o INSS não considera o período de percepção do auxílio-doença no recálculo do salário de benefício tal qual firmado pelo STF e STJ, exceto se houver recolhimento de contribuição previdenciária.

Em 01/12/2022, por 6 x 5, o Recurso Extraordinário do INSS foi desprovido, tendo sido fixada a seguinte tese de repercussão geral no Tema 1102 (revisão da "vida toda"):

> "Decisão: O Tribunal, por maioria, apreciando o tema 1.102 da repercussão geral, negou provimento ao recurso extraordinário, vencidos os Ministros Nunes Marques, Roberto Barroso, Luiz Fux, Dias Toffoli e Gilmar Mendes. Em seguida, por unanimidade, foi fixada a seguinte tese: "O segurado que implementou as condições para o benefício previdenciário após a vigência da Lei 9.876, de 26.11.1999, e antes da vigência das novas regras constitucionais, introduzidas pela EC 103/2019, tem o direito de optar pela regra definitiva, caso esta lhe seja mais favorável", nos termos do voto do Ministro Alexandre de Moraes (Redator para o acórdão). Não votou o Ministro André Mendonça, sucessor do Ministro Marco Aurélio (Relator). Ausente, justificadamente, o Ministro Nunes Marques. Presidência da Ministra Rosa Weber. Plenário, 1º.12.2022".

Assim, para o STF é direito do segurado utilizar os salários anteriores ao Plano Real, se houver elevação do salário de benefício. É possível sintetizar os parâmetros judiciais para a implementação da revisão da "vida toda", considerando que a tese não é adotada na via administrativa:

- Recálculo do salário de benefício utilizando todos os salários de contribuição da vida contributiva do segurado;
- Quando o salário não estiver registrado no CNIS e não houver prova documental contemporânea, será considerado um salário mínimo com lastro no artigo 35 da Lei 8.213/91;
- A tese afasta o divisor mínimo de 60% do PBC, pois não há mais limitação temporal a Julho/1994;
- Incidência da prescrição quinquenal de trato sucessivo;
- Incidência da decadência decenal revisional nos termos do artigo 103, *caput*, da Lei 8.213/91, computada do benefício originário no caso de benefício derivado que utilizou o mesmo salário de benefício, a exemplo de pensão por morte derivada de aposentadoria;
- Incidência da tese sobre todos os benefícios cuja renda seja calculada sobre o salário de benefício;
- Necessidade de cálculo para aferir o interesse de agir, pois na maioria dos casos o salário de benefício será reduzido;
- Incidência da tese apenas nas concessões com lastro na Lei 9.876/99, afastando-se a tese nas concessões baseadas no artigo 26 da EC

103/2019, pois na Reforma Constitucional existe um único regramento limitando o PBC à Julho/1994;

– Dispensa de prévio requerimento administrativo, por ser pedido de revisão e pela tese ser notoriamente rejeitada pela Autarquia.

Eis o Acórdão publicado:

**RE 1276977**

Repercussão Geral – Mérito (Tema 1102)

**Órgão julgador:** Tribunal Pleno

**Relator(a):** Min. MARCO AURÉLIO

**Redator(a) do acórdão:** Min. ALEXANDRE DE MORAES

**Julgamento:** 01/12/2022

**Publicação:** 13/04/2023

Ementa

Ementa: RECURSO EXTRAORDINÁRIO. TRIBUTÁRIO. TEMA 1102 DA REPERCUSSÃO GERAL. POSSIBILIDADE DE REVISÃO DE BENEFÍCIO PREVIDENCIÁRIO MEDIANTE A APLICAÇÃO DA REGRA DEFINITIVA DO ARTIGO 29, INCISOS I E II, DA LEI 8.213/1991, QUANDO MAIS FAVORÁVEL DO QUE A REGRA DE TRANSIÇÃO CONTIDA NO ARTIGO 3º DA LEI 9.876/1999, AOS SEGURADOS QUE INGRESSARAM NO REGIME GERAL DE PREVIDÊNCIA SOCIAL ANTES DA PUBLICAÇÃO DA REFERIDA LEI 9.876/1999, OCORRIDA EM 26/11/1999. DIREITO DE OPÇÃO GARANTIDO AO SEGURADO. 1. A controvérsia colocada neste precedente com repercussão geral reconhecida consiste em definir se o segurado do INSS que ingressou no sistema previdenciário até o dia anterior à publicação da Lei 9.876, em 26 de novembro de 1999, pode optar, para o cálculo do seu salário de benefício, pela regra definitiva prevista no art. 29, I e II, da Lei 8.213/1991 quando essa lhe for mais favorável do que a previsão da lei, no art. 3º, de uma regra transitória, por lhe assegurar um benefício mais elevado. 2. O INSS argumenta que a única regra legal aplicável ao cálculo de todos os segurados, sejam eles filiados ao RGPS antes ou após a vigência da Lei 9.876/1999, é aquela que limita o cômputo para aposentadoria apenas às contribuições vertidas a partir de julho de 1994, "os primeiros, por expresso imperativo legal; os últimos, por consequência lógica da filiação ocorrida após 1999". Desse modo, não haveria que se falar em inclusão do período contributivo anterior a tal marco temporal. 3. A partir da leitura da exposição de motivos do Projeto de Lei que originou a Lei 9.876/1999 e os argumentos aduzidos no acórdão recorrido, depreende-se que a regra definitiva veio para privilegiar no cálculo da renda inicial do benefício a integralidade do histórico contributivo. A limitação imposta pela regra transitória a julho de 1994 teve escopo de minimizar eventuais distorções causadas pelo processo inflacionário nos rendimentos dos trabalhadores. 4. A regra transitória, portanto, era favorecer os trabalhadores com menor escolaridade, inserção menos favorável no mercado de trabalho, que tenham uma trajetória salarial mais ou menos linear, só que, em alguns casos, isso se mostrou pior para o segurado, e não favorável como pretendia o legislador na aplicação específica de alguns casos concretos. 5. A regra transitória acabou aumentando o fosso entre aqueles que ganham mais e vão progredindo e, ao longo do tempo, ganhando mais, daqueles que têm mais dificuldades em virtude da menor escolaridade e a sua média salarial vai diminuindo. Acabou-se ampliando a desigualdade social e a distribuição de renda, que não era essa hipótese prevista, inclusive, pelo legislador. 6. Admitir-se que norma transitória importe em tratamento mais gravoso ao segurado mais antigo em comparação ao novo segurado contraria o princípio da isonomia, que enuncia dever-se tratar desigualmente os desiguais, na medida de sua desigualdade, a fim de conferir-lhes igualdade material, nunca de prejudicá-los. 7. Efetivamente, os segurados que reuniram os requisitos para obtenção do benefício na vigência do art. 29 da Lei 8.213/1991, com a redação da Lei 9.876/1999, podem ter a sua aposentadoria calculada tomando em consideração todo o período contributivo, ou seja, abarcando as contribuições desde o seu início, as quais podem ter sido muito maiores do que aquelas vertidas após 1994, em decorrência da redução salarial com a consequente diminuição do valor recolhido à Previdência. 8. Recurso Extraordinário a que se nega provimento. Tese de julgamento: "O segurado que implementou as condições para o benefício previdenciário após a vigência da Lei 9.876, de 26 de novembro de 1999, e antes da vigência das novas regras constitucionais introduzidas pela EC em 103/2019, que tornou a regra transitória definitiva, tem o direito de optar pela regra definitiva, acaso esta lhe seja mais favorável".

**Tema**

1102 – Possibilidade de revisão de benefício previdenciário mediante a aplicação da regra definitiva do artigo 29, incisos I e II, da Lei nº 8.213/91, quando mais favorável do que a regra de transição contida no artigo 3º da Lei nº 9.876/99, aos segurados que ingressaram no Regime Geral de Previdência Social antes da publicação da referida Lei nº 9.876/99, ocorrida em 26/11/99.

**Tese**

O segurado que implementou as condições para o benefício previdenciário após a vigência da Lei 9.876, de 26.11.1999, e antes da vigência das novas regras constitucionais, introduzidas pela EC 103/2019, tem o direito de optar pela regra definitiva, caso esta lhe seja mais favorável.

**Vale registrar que o INSS interpôs embargos de declaração em 05.05.2023, conforme petição aberta ao público na consulta processual do site do STF, apresentando os seguintes pontos para esclarecimento e integração:**

- Da necessidade de atribuição de efeito suspensivo ao recurso (art. 1.026, § 1º, CPC);
- Falta de decisão quanto à nulidade do acórdão recorrido por inobservância ao art. 97 da CF/88 (reserva de plenário);

- Omissão a respeito da decadência e da prescrição;
- Omissão sobre o divisor mínimo de 60% do Período Básico de Cálculo (PBC);
- Omissão sobre a modulação dos efeitos da decisão;
- Modular os efeitos do acórdão embargado, de forma que ele se aplique apenas para o futuro, excluindo-se expressamente a possibilidade de: a) revisão de benefícios previdenciários já extintos; b) rescisão das decisões transitadas em julgado que, à luz da jurisprudência dominante, negaram o direito à revisão; e c) revisão e pagamento de parcelas de benefícios quitadas à luz e ao tempo do entendimento então vigente, vedando-se por consequência o pagamento de diferenças anteriores a 13.04.2023 (data de publicação do acórdão do Tema 1.102/STF).

No entanto, os julgamentos dos embargos de declaração foram interrompidos em 01/12/2023 pelo PEDIDO DE DESTAQUE apresentado pelo Ministro Alexandre de Moraes:

> "Decisão: Após o voto-vista do Ministro Cristiano Zanin, e dos votos dos Ministros Luís Roberto Barroso (Presidente) e Dias Toffoli, todos divergindo do Relator, e dando parcial provimento aos embargos de declaração, para: i. sanar a omissão quanto à violação ao art. 97 da Constituição da República, aderindo, assim, aos votos dos Ministros Gilmar Mendes, Luiz Fux, Luís Roberto Barroso, Dias Toffoli e Nunes Marques, para reconhecer a nulidade do acórdão proferido pela colenda Primeira Seção do Superior Tribunal de Justiça e determinar a remessa dos autos àquela Corte, para que seja realizado novo julgamento nos termos do art. 97 da Constituição Federal; e, caso fiquem vencidos nesse ponto, ii. por razão de segurança jurídica, na esteira dos arts. 926 e 927 do CPC, modulavam os efeitos da decisão, atribuindo efeitos ex nunc, a contar da publicação da ata de julgamento, qual seja, 13/12/2022, sem qualquer ressalva, restando expressa a impossibilidade de (a) revisão de benefícios previdenciários já extintos; (b) rescisão das decisões transitadas em julgado que, à luz da jurisprudência dominante, negaram o direito à revisão, aplicando, porém, a cláusula rebus sic stantibus para as parcelas posteriores a 13/12/2022, que devem ser corrigidas de acordo com a tese fixada neste processo; e (c) revisão e pagamento de parcelas dos benefícios quitadas à luz e ao tempo do entendimento então vigente, vedando-se por consequência o pagamento de parcelas pretéritas; e dos votos dos Ministros Edson Fachin e Cármen Lúcia, ambos acompanhando a divergência inaugurada pela Ministra Rosa Weber, que votara em assentada anterior, o processo foi destacado pelo Relator. Plenário, Sessão Virtual de 24.11.2023 a 1.12.2023".

Dessa forma, preservado apenas o voto da Ministra Rosa Weber, que se aposentou, o julgamento dos aclaratórios será promovido em sessão física a ser realizada no ano de 2024, devendo todos os demais Ministros votarem novamente.

**IMPORTANTE!**
**No âmbito do julgamento das ADI's 2.110 e 2.111**, o STF reviu a posição adotada no julgamento do tema 1.102, **REJEITANDO a tese da REVISÃO DA VIDA TODA por 7 x 4:**

> **Decisão:** "O Tribunal, por maioria, conheceu parcialmente das ADIs 2.110 e 2.111 e, na parte *conhecida, (a) julgou parcialmente procedente o pedido constante da ADI 2.110, para declarar a inconstitucionalidade da exigência de carência para a fruição de salário-maternidade, prevista no art. 25, inc. III, da Lei nº 8.213/1991, na redação dada pelo art. 2º da Lei nº 9.876/1999, vencidos, nesse ponto, os Ministros Nunes Marques (Relator), Alexandre de Moraes, André Mendonça, Cristiano Zanin e Gilmar Mendes;* ***e (b) julgou improcedentes os demais pedidos constantes das ADIs 2.110 e 2.111, explicitando que o art. 3º da Lei nº 9.876/1999 tem natureza cogente, não tendo o segurado o direito de opção por critério diverso, vencidos, nesse ponto, os Ministros Alexandre de Moraes, André Mendonça, Edson Fachin e Cármen Lúcia. Foi fixada a seguinte tese de julgamento: "A declaração de constitucionalidade do art. 3º da Lei 9.876/1999 impõe que o dispositivo legal seja observado de forma cogente pelos demais órgãos do Poder Judiciário e pela administração pública, em sua interpretação textual, que não permite exceção. O segurado do INSS que se enquadre no dispositivo não pode optar pela regra definitiva prevista no artigo 29, incisos I e II, da Lei nº 8.213/91, independentemente de lhe ser mais favorável".*** *Redigirá o acórdão o Ministro Nunes Marques (Relator). Presidência do Ministro Luís Roberto Barroso.* ***Plenário, 21.3.2024".***

Dessa forma, **o segurado que possuir salários de contribuição anteriores à Julho de 1994, não mais poderá considerá-los no cálculo do salário de benefício.**

Registre-se que no âmbito da ADI 2111 em sede de EMBARGOS DE DECLARAÇÃO julgados em 10/04/2025 **o STF modulou os efeitos da decisão para desonerar a devolução das parcelas recebidas até 25/04/2024 em razão de decisão judicial provisória ou definitiva no âmbito judicial,** EXCETO as repetições já efetivadas até a data do julgamento.

Note-se que **não houve modulação para preservar a formação da coisa julgada material**, de modo que estas poderão ser desconstituídas pela legislação processual com base no artigo 741 do CPC (decisão constitucional firmada pelo STF), observado o tema 100 em repercussão geral para a desconstituição no rito do JEF.

Outrossim, **o STF desonerou os segurados do custo do pagamento de custas judiciais e honorários de sucumbência APENAS para as ações pendentes de conclusão até a data do julgamento**.

Eis a decisão:

> *"Decisão: O Tribunal, por unanimidade, acolheu parcialmente os embargos de declaração para, a título de modulação dos efeitos da decisão, determinar:*

***a) a irrepetibilidade dos valores percebidos pelos segurados em virtude de decisões judiciais, definitivas ou provisórias, prolatadas até 5/4/24, data da publicação da ata de julgamento do mérito das ADI nºs 2.110/DF e 2.111/DF;***

***b) excepcionalmente, no presente caso, a impossibilidade de se cobrarem valores a título de honorários sucumbenciais, custas e perícias contábeis dos autores que buscavam, por meio de ações judiciais pendentes de conclusão até a referida data, a revisão da vida toda.***

*Ficam mantidas as eventuais repetições realizadas quanto aos valores a que se refere o item*

*a) e os eventuais pagamentos quanto aos valores a que se refere o item*

*b) efetuados.*

*Tudo nos termos do voto ora reajustado do Relator. Ausente, justificadamente, o Ministro Gilmar Mendes. Presidência do Ministro Luís Roberto Barroso. Plenário, 10.4.2025."*

Exceto no que tange ao pedido de pronúncia de inconstitucionalidade da criação de período de carência para o salário-maternidade da contribuinte individual, segurada especial e segurada facultativa, **todos os demais pedidos formulados na ADI 2.110 e 2.111 (julgadas em conjunto) foram julgados improcedentes pelo STF em 21/03/2024, sendo validadas as regras introduzidas pela Lei 9.876/99:**

**ADI 2110**

**Órgão julgador:** Tribunal Pleno

**Relator(a):** Min. NUNES MARQUES

**Julgamento:** 21/03/2024

**Publicação:** 24/05/2024

EMENTA: **AÇÕES DIRETAS DE INCONSTITUCIONALIDADE. PRIMEIRA REFORMA DA PREVIDÊNCIA (EMENDA CONSTITUCIONAL N. 20/1998 E LEI N. 9.876/1999). JULGAMENTO CONJUNTO**. INCONSTITUCIONALIDADE FORMAL DA LEI N. 9.876/1999. REJEIÇÃO. SALÁRIO-MATERNIDADE. CARÊNCIA. IMPOSSIBILIDADE. FATOR PREVIDENCIÁRIO E AMPLIAÇÃO DO PERÍODO BÁSICO DE CÁLCULO (PBC) DOS BENEFÍCIOS PREVIDENCIÁRIOS. CONSTITUCIONALIDADE. ATESTADO DE VACINAÇÃO E FREQUÊNCIA ESCOLAR PARA RECEBER SALÁRIO-FAMÍLIA. EXIGÊNCIA LEGÍTIMA. REVOGAÇÃO DA LEI COMPLEMENTAR N. 84/1996 PELA LEI N. 9.876/1999. POSSIBILIDADE. AÇÕES DIRETAS CONHECIDAS EM PARTE. PROCEDÊNCIA DO PEDIDO EM RELAÇÃO AOS ARTS. 25 E 26 DA LEI N. 8.213/1991, NA REDAÇÃO DA LEI N. 9.876/1999. IMPROCEDÊNCIA DOS DEMAIS PEDIDOS.

**1.** É juridicamente possível e conveniente o julgamento conjunto de ações diretas de inconstitucionalidade que foram ajuizadas contra dispositivos das mesmas leis (Leis n. 8.213/1991 e n. 9.876/1999) e tramitaram simultaneamente, estando no mesmo estado de amadurecimento processual. A apreciação em conjunto, por lógica, induz resultados homogêneos, mas não estabelece prejudicialidade entre as demandas, propostas por legitimados diferentes.

**2.** A alegação de inconstitucionalidade formal por descumprimento do disposto no art. 65, parágrafo único, da Constituição Federal (não retorno do projeto de lei para a Casa iniciadora, após mudanças implementadas na Casa revisora), para ser conhecida, deve vir acompanhada de demonstração analítica das alterações de redação ocorridas.

**3.** A exigência legal de carência para a percepção do benefício de salário-maternidade pelas seguradas contribuintes individuais e seguradas especiais (caso contribuam e requeiram benefício maior que o valor mínimo) foi reformulada, desde a propositura das ações diretas em julgamento, pela Medida Provisória n. 871/2019 e pela Lei n. 13.846/2019, remanescendo, porém, o período mínimo de 10 (dez) meses para a concessão do benefício.

**4.** Viola o princípio da isonomia a imposição de carência para a concessão do salário-maternidade, tendo em vista que (i) revela presunção, pelo legislador previdenciário, de má-fé das trabalhadoras autônomas; (ii) é devido às contribuintes individuais o mesmo tratamento dispensado às seguradas empregadas, em homenagem ao direito da mulher de acessar o mercado de trabalho, e observado, ainda, o direito da criança de ser cuidada, nos primeiros meses de vida, pela mãe; e (iii) há um dever constitucional de proteção à maternidade e à criança, nos termos do art. 227 da Constituição de 1988, como sublinhou o Supremo no julgamento da ADI 1.946.

**5.** A Constituição Federal, a partir da Emenda de n. 20/1998, não mais prevê a forma de cálculo do valor dos benefícios previdenciários, tendo a disciplina da matéria ficado a cargo de lei ordinária. A EC n. 20/1998 também estipulou a utilização do cálculo atuarial como fundamento para a disciplina legal dos benefícios previdenciários. O fator previdenciário, da maneira como estabelecido pela Lei n. 9.876/1999, está em linha com grandezas próprias do cálculo atuarial, de sorte que não interfere na concessão, ou não, do benefício e, por isso, não viola premissas constitucionais. Em verdade, o fator previdenciário apenas pondera o valor do salário de benefício de duas benesses programáveis (aposentadoria por idade e aposentadoria por tempo de contribuição, essa última agora sem status constitucional) em face de algumas grandezas matematicamente relacionadas à higidez financeira do sistema previdenciário.

**6.** A ampliação, mediante lei, do período básico de cálculo (PBC) dos benefícios, isto é, do conjunto dos salários de contribuição usados no cálculo do salário de benefício, está dentro do raio de atuação legítima do legislador e confere maior fidedignidade à média das contribuições, pois, quanto maior a amostra tomada de um conjunto para estabelecer a média, maior a representatividade desta. A criação de regra de transição para os segurados já filiados ao Regime Geral de Previdência Social (Lei n. 9.876/1999, art. 3º) é constitucional, visto que não viola direitos adquiridos, expressamente ressalvados pela legislação, e possui força cogente, não havendo opção aos contribuintes quanto à regra mais favorável, para efeito de cálculo do salário de benefício.

**7.** A Lei n. 8.213/1991, no art. 67, consideradas tanto a redação original como a versão modificada pela Lei n. 9.876/1999, instituiu forma indireta de fiscalização de deveres dos pais para com os filhos menores: o de vaciná-los e o de matriculá-los em escola e acompanhar a frequência escolar, o que se incluía naquilo que o art. 384 do Código Civil de 1916, então vigente, chamava de "pátrio poder". Esses deveres paternos colaboram para a concretização de dois importantes direitos constitucionalmente assegurados às crianças: o direito à saúde e o direito à educação (CF, art. 227, caput).

**8.** Com a edição da EC n. 20/1998, deixou de ser necessária lei complementar para instituir contribuição sobre valores pagos a autônomos, administradores e avulsos. A Lei Complementar n. 84/1996 perdeu, assim, o status de lei complementar, de modo que poderia ser revogada por lei ordinária, como de fato foi pela Lei n. 9.876/1999.

**9.** Ações parcialmente conhecidas, e, na parte conhecida, pedido julgado parcialmente procedente, quanto à alegada inconstitucionalidade dos arts. 25 e 26 da Lei n. 8.213/1991, na redação da Lei n. 9.876/1999, conforme postulado na ADI 2.110, e improcedente em relação às demais pretensões, declarando-se a constitucionalidade dos dispositivos impugnados.

Posteriormente, a CNMT apresentou embargos de declaração na ADI 2.111 com o seguinte pedido:

*"Na **ADI 2.111**, a CNTM sustenta que o acórdão embargado, ao alegadamente se descurar das teses de repercussão geral fixadas nos Temas n. 334 e 1.102 e não levar em conta a superestimação acerca do número de processos e o potencial impacto financeiro da RVT, conteria vícios de contradição e omissão (CPC, art. 1.022, I e II).*

*A pretensão infringente da entidade se identifica com aquela sinalizada pelo Ieprev na ADI 2.110 ED, referindo-se ambas à força cogente atribuída ao art. 3º da Lei n. 9.876/1999.*

*A recorrente pede a modificação do julgado e, alternativamente, a modulação dos efeitos, excluindo-se do seu alcance os jurisdicionados que ingressaram com ações revisionais – as chamadas "ações de **Revisão da Vida Toda** (RVT)" – até a data de 21 de março de 2024".*

Em 27/09/2024, pelo placar de 8x3, os embargos foram conhecidos e integralmente rejeitados.

**Registre-se que até o presente momento inexiste na ADI 2.110/2.111 ou mesmo no superado tema 1.102 alguma espécie de modulação concedida pelo STF, a exemplo da não restituição de valores pagos a título de tutela provisória, preservação de coisa julgada material ou desoneração do ônus da sucumbência.**

**Regra especial – Benefícios por totalização (tratados internacionais)**

De acordo com o artigo 32, §18, do RPS, na sistemática anterior à Emenda 103/2019 e ao Decreto 10.410/2020, o salário de benefício, para fins de cálculo da prestação teórica dos benefícios por totalização, no âmbito dos acordos internacionais, do segurado com contribuição para a previdência social brasileira, era apurado:

I – quando houver contribuído, no Brasil, em número igual ou superior a sessenta por cento do número de meses decorridos desde a competência julho de 1994, mediante a aplicação do disposto no art. 188-A e seus §§ 1º e 2º;

II – quando houver contribuído, no Brasil, em número inferior ao indicado no inciso I, com base no valor da média aritmética simples de todos os salários de contribuição correspondentes a todo o período contributivo contado desde julho de 1994, multiplicado pelo fator previdenciário, observados o § 2º do art. 188-A, o § 19 e, quando for o caso, o § 14, ambos deste artigo; e

III – sem contribuição, no Brasil, a partir da competência julho de 1994, com base na média aritmética simples de todo o período contributivo, multiplicado pelo fator previdenciário, observados o disposto no § 2º do art. 188-A e, quando for o caso, no § 14 deste artigo.

Após o advento da Emenda 103/2019, além da alteração do salário de benefício para a média de todos os salários de contribuição do segurado a partir de 7/1994, não temos mais fator previdenciário que não foi previsto no cálculo da renda mensal do artigo 26 da Emenda 103/2019.

Com o advento do Decreto 10.410/2020 essas regras foram revogadas a fim de se alinhar o artigo 26 da Emenda 103/2019, que prevê o salário de benefício com a média de todos os salários de contribuição a partir do Plano Real, regra de descarte e inexistência de divisor mínimo de 60% do PBC.

O benefício concedido no âmbito dos Acordos Internacionais, calculado por totalização de períodos de seguro ou de contribuição prestados nos dois países, será constituído de duas parcelas, quando gerar direito em ambas as partes contratantes.

Verificado o direito ao benefício, cada país calculará o valor do benefício como se todos os períodos de seguros tivessem sido cumpridos sob sua própria legislação sendo que, para a base de cálculo (PBC) do benefício brasileiro, serão considerados os salários-de-contribuição que deram origem a recolhimentos no Brasil, prestação teórica.

Já a parcela a cargo de cada parte contratante será calculada utilizando-se a seguinte fórmula:

Onde:

*RMI (1)* = prestação proporcional;

*RMI (2)* = prestação teórica;

*TS* = tempo de serviço no Brasil;

*TT* = totalidade dos períodos de seguro cumpridos em ambos os países (observado o limite máximo, conforme legislação vigente).

Por sua vez, a renda mensal dos benefícios por totalização, concedidos com base nos Acordos Internacionais de Previdência Social, pode ter valor inferior ao do salário mínimo, exceto para os benefícios concedidos por totalização, no âmbito do Acordo da Espanha, conforme determina o item 2, alínea "b", art. 21 do Acordo Brasil e Espanha.

Conforme regra de transição contida artigo 3º, da Lei 9.876/99, **para os segurados com filiação anterior a 29.11.1999, apenas serão utilizados os salários de contribuição a partir da competência de julho de 1994, ou seja, após a criação da atual moeda:**

**Regras de transição que vigoraram até a Emenda 103/2019**

"Art. 3º **Para o segurado filiado à Previdência Social até o dia anterior à data de publicação desta Lei**, que vier a cumprir as condições exigidas para a concessão dos benefícios do Regime Geral de Previdência Social, **no cálculo do salário-de-benefício será considerada a média aritmética simples dos maiores salários-de-contribuição, correspondentes a, no mínimo, oitenta por cento de todo o período contributivo decorrido desde a competência julho de 1994**, observado o disposto nos incisos I e II do *caput* do art. 29 da Lei nº 8.213, de 1991, com a redação dada por esta Lei".

Esse dispositivo transitório considerou a dificuldade de conversão das moedas anteriores, mas em determinados casos concretos poderá gerar enormes prejuízos no cálculo das aposentadorias, na hipótese de o segurado possuir as maiores contribuições previdenciárias justamente antes de julho de 1994.

Se inexistirem contribuições previdenciárias a partir da competência de julho de 1994, deverá ser concedido o benefício no valor mínimo, conforme determina o artigo 188-E, do RPS.

Há ainda outra regra de transição no §2º[84], do artigo 3º, da Lei 9.876/99, que interferirá no cálculo do salário de benefício das aposentadorias por tempo de contribuição, especial e por idade.

Para os segurados já filiados anteriormente à vigência dessa Lei, o divisor considerado no cálculo da média aritmética dos 80% maiores salários de contribuição (no mínimo) não poderá ser inferior a 60% do período decorrido da competência julho de 1994 até a data de início do benefício, limitado a 100% de todo o período contributivo.

Como exemplo, suponha-se que um segurado tenha requerido uma aposentadoria por idade em julho de 2004. Neste caso, entre julho de 1994 e julho de 2004, o período básico de cálculo contaria com 10 anos (120 contribuições mensais). Logo, o divisor equivaleria a, pelo menos, 60% de 120 contribuições, chegando-se 72 contribuições mensais.

Destarte, mesmo que o segurado não conte com 72 contribuições mensais, o divisor da média aritmética simples dos, no mínimo, 80% maiores salários de contribuição, será o número 72.

Ainda neste caso, se o segurado apenas contar com 60 contribuições ao longo dos referidos 10 anos, essas 60 contribuições serão somadas e divididas por 72, e não por 60.

Essa regra de transição já foi acatada pelo STJ, que aduziu que "não há qualquer referência a que o divisor mínimo para apuração da média seja limitado ao número de contribuições".

Vale registrar que nesta regra de transição do §2º, a Lei 9.876/99 não fixa o salário de benefício nos 80% maiores salários de contribuição, e sim arbitra os 80% maiores salários de contribuição desde a competência de julho/1994 como um mínimo.[57-58]

O aludido divisor é legalmente incorporado à antiga fórmula dos 80% maiores salários de contribuição, não possuindo vida jurídica autônoma. Isso porque é previsto no §2º do artigo 3º da Lei 9.876/99:

57. § 2º No caso das aposentadorias de que tratam as alíneas *b*, *c* e *d* do inciso I do art. 18, o divisor considerado no cálculo da média a que se refere o *caput* e o § 1º não poderá ser inferior a sessenta por cento do período decorrido da competência julho de 1994 até a data de início do benefício, limitado a cem por cento de todo o período contributivo.

58. REsp 929.032, de 24.03.2009.

**Regras de transição que vigoraram até a Emenda 103/2019**

Art. 3º Para o segurado filiado à Previdência Social até o dia anterior à data de publicação desta Lei, que vier a cumprir as condições exigidas para a concessão dos benefícios do Regime Geral de Previdência Social, no cálculo do salário-de-benefício será considerada a média aritmética simples dos maiores salários-de-contribuição, correspondentes a, no mínimo, oitenta por cento de todo o período contributivo decorrido desde a competência julho de 1994, observado o disposto nos HYPERLINK "http://www.planalto.gov.br/ccivil_03/ leis/L8213cons.htm" \l "art29i" incisos I e II do *caput* do art. 29 da Lei no 8.213, de 1991, com a redação dada por esta Lei.

§ 2º No caso das aposentadorias de que tratam as alíneas b, c e d do inciso I do art. 18, o divisor considerado no cálculo da média a que se refere o *caput* e o § 1o não poderá ser inferior a sessenta por cento do período decorrido da competência julho de 1994 até a data de início do benefício, limitado a cem por cento de todo o período contributivo.

**Considerando que o acessório segue o principal, evidente que com a alteração da fórmula de 80% para 100% da média pelo artigo 26 da Emenda de Reforma da Previdência o divisor não foi recebido pela EC 103/2019. Ideal seria a previsão constitucional de um divisor mínimo.**

No caso de inexistência de divisor mínimo para o salário de benefício, bastará que o segurado que possua os requisitos à luz da Emenda 103/2019 que possuir largo período contributivo antes de 7/1994 ter uma contribuição após o Plano Real no teto para que o valor base da aposentadoria estar no teto para, em seguida, aplicar o coeficiente de 60 a 100%. Antes, com o divisor de 60%, haveria redução para salário mínimo.

Entre o Plano Real e 2019 são cerca de 25 anos. 60% disso são 15 anos de divisor. Daí ele ficou largo demais. Já cumpriu a sua missão e está tendo judicialização por isso. Daí já se exauriu, devendo ser substituído pelo novel divisor. Ficou desproporcional.

O divisor mínimo de 60% do PBC foi preservado no Tema 203 TNU:

| Tema | 203 | Situação do tema | Julgado | Ramo do direito | DIREITO PREVIDENCIÁRIO |
|---|---|---|---|---|---|
| Questão submetida a julgamento | **Saber, para fins de interpretação da regra constante do art. 3.º, §2.º, da Lei n.º 9.876/98, aplicável aos segurados filiados à Previdência Social até o dia anterior à data de sua publicação, qual o divisor mínimo a ser utilizado para o cálculo do salário-de-benefício.** | | | | |
| Tese firmada | Para fins de interpretação da regra constante do art. 3.º, §2.º, da Lei n.º 9.876/98, aplicável aos segurados filiados à previdência social até o dia anterior à data de sua publicação, o divisor a ser utilizado para o cálculo do salário-de-benefício não precisa corresponder a um percentual, no mínimo, equivalente ao número de contribuições vertidas. | | | | |
| Processo | Decisão de afetação | Relator (a) | Julgado em | Acórdão publicado em | Trânsito em julgado |
| PEDILEF 0004024-81.2011.4.01.3311/BA | 21/02/2019 | Juiz Federal Gustavo Melo Barbosa | 16/10/2020 | - | - |

**Regras de transição**

Contando o segurado com menos de sessenta por cento de contribuições no período decorrido de julho de 1994 até a data do início do benefício – DIB, o divisor a ser considerado no cálculo da média aritmética simples dos oitenta por cento maiores salários de contribuição de todo o período contributivo desde julho de 1994, não poderá ser inferior a sessenta por cento desse mesmo período (art. 3º, §2º, da Lei 9.876/99).

Por outro lado, contando o segurado com sessenta por cento a oitenta por cento de contribuições no período decorrido de julho de 1994 até a DIB, aplicar-se-á a média aritmética simples.

Esta sistemática regulamentar vem sendo referendada pela jurisprudência:

> "PREVIDENCIÁRIO. APOSENTADORIA POR IDADE. MÉDIA DOS MAIORES SALÁRIOS-DE-CONTRIBUIÇÃO. ÍNDICE DIVISOR. APLICAÇÃO DO § 2º DO ART. 3º DA LEI Nº 9.876/99. 1. O fato gerador para a concessão do benefício previdenciário deve ser regido pela lei vigente à época de sua concessão. 2. A Lei nº 9.876/99, alterando o art. 29, e revogando seu § 1º, da Lei nº 8.213/91, ampliou o período de apuração dos salários-de-contribuição para abranger todo o período contributivo do segurado. Assim, em obediência ao § 2º do art. 3º da referida Lei, deve-se apurar todos os salários-de-contribuição compreendido no período contributivo de julho de 1994 ao mês imediatamente anterior ao requerimento, multiplicando-se por divisor não inferior a 60% (sessenta por cento) e nem superior a 100% (cem por cento). 3. Apelação da parte autora não provida" (TRF 3ª Região, AC 1272515, de 27/05/2008).

Na via administrativa, por força da Nota Técnica nº 0014/2015/DIV/CONS/PFE-INSS/PGF/AGU, a Nota CGLEN nº 18/2016 e o Parecer nº 50/2016/CONJUR-MPS/CGU/AGU, ficou estabelecido que os recolhimentos nas categorias de contribuinte individual, facultativo, empregado doméstico, empregador rural, segurado especial que contribui facultativamente, contribuinte em dobro, equiparado a autônomo e empresário, anteriores a 07/1994 e recolhidos à época com valores abaixo do limite mínimo legal, na forma do §3º do art. 28, da Lei nº 8.212/1991, não estão contemplados pelo indicador de recolhimentos a menor PREC-MENORMIN, não sendo necessária a complementação para o salário de contribuição de um salário mínimo para fins de consideração de carência e tempo de contribuição, pois não são utilizados no cálculo do salário de benefício e que a apuração de diferenças referentes a esse período resulta em valores irrelevantes.

**Regras revogadas**

Antes do advento da Emenda 20/1998 e da Lei 9.876/99, o salário de benefício consistia na média aritmética simples de todos os últimos salários de contribuição dos meses imediatamente anteriores ao do afastamento da atividade ou data de entrada do requerimento, até o máximo de 36, apurados em período não superior a 48 meses.

No caso da aposentadoria por tempo de serviço, especial ou por idade, caso o segurado contasse com menos de 24 contribuições no referido período, o salário de benefício correspondia a 1/24 da soma dos salários de contribuição apurados.

Outrossim, antes da Lei 9.032/95, o cálculo dos benefícios decorrentes de acidente de trabalho era diferenciado, se mais vantajoso ao segurado, pois era considerado o salário de contribuição do dia do acidente.

Essas regras, apesar de revogadas, são ultrativas, pois em razão do Princípio do *Tempus Regit Actum* os benefícios concedidos na sua vigência deverão ser revisados de acordo com essas regras, caso caiba alguma majoração.

Da mesma forma, os segurados que preencheram todos os requisitos legais para o deferimento de algum benefício ainda na vigência do regramento antigo, têm direito adquirido a sua observância, se mais vantajoso, não sendo admitida a cisão de normas para que o segurado extraia apenas o que lhe é mais favorável em cada regime jurídico.

Conforme narrado pelo STJ, "segundo o entendimento firmado pelo Supremo Tribunal Federal, no julgamento dos Recursos Extraordinários 415.454/SC e 416.827/SC, relatados pelo Ministro Gilmar Mendes, a revisão dos benefícios previdenciários obedecem ao princípio do *tempus regit actum*. **Se o direito ao benefício foi adquirido anteriormente à edição da nova lei, o seu cálculo deverá se efetuar de acordo com a legislação vigente à época em que preenchidos os requisitos a ele necessários"** (g.n.).[59]

De resto, o §4º, do artigo 188-A, do RPS, previa ilegalmente que nos casos de auxílio-doença e de aposentadoria por incapacidade permanente, contando o segurado com salários de contribuição em número inferior a 60% do número de meses desde a competência de julho de 1994 até a data do início do benefício, o salário de benefício corresponderia à soma dos salários de contribuição divididos pelo número de contribuições mensais apurada.

Essa irregularidade regulamentar foi corrigida com a publicação do Decreto 6.939/ 2009, passando o salário de benefício a corresponder a média aritmética simples dos maiores salários de contribuição correspondentes a 80% do período contributivo, decorrido desde a competência de julho de 1994 até a data do início do benefício, conforme determina o artigo 29, da Lei 8.213/91.

Houve uma tentativa frustrada de alteração do cálculo do salário de benefício para determinadas prestações por acidente de trabalho pela **Medida Provisória 242, de 28/03/2005**, barrada pelo Senado, que rejeitou a sua conversão em lei por carência de relevância e urgência.

De efeito, por essa MP, o cálculo do salário de benefício do auxílio-doença e do auxílio-acidente por acidente de trabalho passou a corresponder a média aritmética simples dos trinta e seis últimos salários de contribuição ou, não alcançando esse limite, na média aritmética simples dos salários de contribuição existentes, não podendo exceder a remuneração do trabalhador, considerada em seu valor mensal, ou seu último salário de contribuição no caso de remuneração variável.

Na época foram propostas três ADIs no STF contra a MP 242/2005 (3.647, 3.473 e 3.505), mas que perderam o seu objeto pela rejeição da Medida Provisória pelo Senado Federal. Questionava-se, dentre outros fundamentos, a violação ao artigo 246, da Constituição Federal[60], pois a mencionada MP buscava regulamentar o artigo 201, da Constituição, alterado pela Emenda 20/1998, tendo o Ministro Marco Aurélio deferido a medida cautelar para determinar a suspensão da eficácia da MP 242/2005.

Com a rejeição da MP 242/2005, resta analisar a questão dos benefícios de auxílio-doença e auxílio-acidente acidentários deferidos sob a sua vigência, cuja renda mensal foi calculada de acordo com o citado ato normativo.

Considerando que não foi editado pelo Congresso Nacional o decreto legislativo de que trata o artigo 60, §11, da Lei Maior, forçoso concluir que restaram conservadas as relações jurídicas constituídas sob a MP 242/2005, não sendo devida a revisão dos mencionados benefícios por acidente de trabalho (benefícios com DIB entre 28.03.2005 e 03.07.2005), conforme o próprio entendimento do INSS.

Entretanto, a TNU possui posição diversa (PEDILEF 2007.70.66.000523-0, de 29.02.2012):

59. AR 2927, de 14.10.2009.

60. Art. 246. É vedada a adoção de medida provisória na regulamentação de artigo da Constituição cuja redação tenha sido alterada por meio de emenda promulgada entre 1º de janeiro de 1995 até a promulgação desta emenda, inclusive. (Redação dada pela Emenda Constitucional nº 32, de 2001).

"AUXÍLIO-DOENÇA – MP 242/05 – REJEIÇÃO PELO SENADO FEDERAL NACIONAL – NÃO APROVAÇÃO DO PROJETO DE DECRETO LEGISLATIVO 403/2005– IRRELEVÂNCIA – LIMINARES DO STF NAS ADIs 3.467, 3.473, 3.505 – PERDA DA EFICÁCIA DA MEDIDA PROVISÓRIA 242/05 NO PERÍODO POR INCONSTITUCIONALIDADE MATERIAL E FORMAL – MEMORANDO-CIRCULAR CONJUNTO Nº 13 PFEINSS/DIRBEN -VIOLAÇÃO DO PRINCÍPIO DA ISONOMIA – RECÁLCULO DA RMI DOS BENEFÍCIOS CONCEDIDOS NO PERÍODO DE 28/03/2005 a 20/07/2005 – INCIDENTE CONHECIDO E NÃO PROVIDO **Os benefícios concedidos no período de 28/03/2005 a 20/07/2005 devem ser calculados nos termos da Lei 8.213/91 em sua redação anterior a Medida Provisória 242/2005".**

STJ pronunciou que deve ser preservados os efeitos da MP 242/2005:

**PROCESSO**

AgInt no REsp 2024527 / RS

AGRAVO INTERNO NO RECURSO ESPECIAL

2022/0278970-9

**RELATOR**

Ministro HERMAN BENJAMIN (1132)

**ÓRGÃO JULGADOR**

T2 – SEGUNDA TURMA

**DATA DO JULGAMENTO**

18/06/2024

**DATA DA PUBLICAÇÃO/FONTE**

DJe 01/07/2024

**EMENTA**

RECURSO ESPECIAL. PROCESSUAL CIVIL E PREVIDENCIÁRIO. **MEDIDA PROVISÓRIA 242/2005. REJEIÇÃO PELO CONGRESSO NACIONAL. ATO DECLARATÓRIO Nº 1, DE 2005. ADI 3467-7/DF. DECISÃO LIMINAR. PERDA DE OBJETO. PRINCÍPIO DA SEGURANÇA JURÍDICA. AUSÊNCIA DE HIGIDEZ JURÍDICA. MANUTENÇÃO DOS EFEITOS DOS ATOS PRATICADOS DURANTE A VIGÊNCIA. LIMITES. RELAÇÕES JURÍDICAS E ATOS INSTITUTIVOS. ALCANCE DO §11 DO ART. 62 DA CONSTITUIÇÃO FEDERAL. PRESERVAÇÃO DAS RELAÇÕES OCORRIDAS DURANTE A VIGÊNCIA DA MEDIDA PROVISÓRIA. EXCLUSÃO DA REGULAÇÃO CRIADA PELA MEDIDA PROVISÓRIA PARA O FUTURO**. INCONSTITUCIONALIDADE. LIMINAR DO SUPREMO TRIBUNAL FEDERAL (STF). INVALIDAÇÃO DAS RELAÇÕES JURÍDICAS OBJETO DE IMPUGNAÇÃO JUDICIAL. MEDIDA CAUTELAR. SUSPENSÃO DA EFICÁCIA DA MEDIDA PROVISÓRIA PELO STF. RECURSO ESPECIAL. NÃO PROVIMENTO.

1. Trata-se de Recurso Especial contra decisão do Tribunal Regional Federal da 4ª Região que julgou inválida a aplicação da MP 242/2005 em razão de sua rejeição pelo Congresso Nacional e suspensão por decisão liminar na ADI 3467-7/DF.

2. O Supremo Tribunal Federal, em diversas ocasiões, rejeitou o controle de constitucionalidade concentrado da aplicação da referida MP, uma vez que, sendo rejeitada, só restariam as relações jurídicas constituídas sob sua égide, relações subjetivas que deveriam ser tratadas por outros meios processuais.

3. De acordo com o §11º do art. 62 da CF/88, as relações jurídicas decorrentes de atos praticados durante a vigência de uma MP rejeitada são regidas por ela.

4. No presente caso, essa determinação abrange não apenas os atos diretos resultantes da aplicação da MP, mas também os efeitos deles decorrentes, incluindo atos judiciais que levaram à suspensão da eficácia da MP em controle concentrado de constitucionalidade.

> 5. A ausência de higidez jurídica é a marca destas relações formadas por norma jurídica afastada em concentrado controle de constitucionalidade por decisão liminar.
>
> 6. Diante das alegações apresentadas no Agravo Interno e com vistas a evitar negativa de prestação jurisdicional, reconsidero a decisão anterior, dou provimento ao Agravo Interno para conhecer do Recurso Especial, negando-lhe provimento.
>
> Em 2012, inclusive, a TNU sumulou este posicionamento:
>
> **Súmula 65** – Os benefícios de auxílio-doença, auxílio-acidente e aposentadoria por invalidez concedidos no período de 28/3/2005 a 20/7/2005 devem ser calculados nos termos da Lei n. 8.213/1991, em sua redação anterior à vigência da Medida Provisória n. 242/2005.
>
> Em razão do Princípio do *Tempus Regit Actum* e de ações de revisão de benefícios previdenciários mais antigas, não raro é curial na prática administrativa e judicial previdenciária conhecer o cálculo do salário de benefício nos regimes previdenciários pretéritos (pré-1991).
>
> **Esse regramento vigorou até 13/11/2019,** podendo ser aplicado atualmente para fins do artigo 3º da EC 103/2019 (direito adquirido), **não tendo sido recepcionado pela Reforma Previdenciária de 2019,** pois a sistemática adotada a partir de 14/11/2019 prevê o salário de benefício com a média de todos os salários de contribuição a partir do Plano Real, regra de descarte e inexistência de divisor mínimo de 60% do PBC.

Nesse sentido, sem o objetivo de exaurir o tema, colaciona-se tabela que demonstra a evolução legislativa do salário de benefício (fórmula de calcular e teto) desde a época dos Institutos de Previdência:

| Norma | Fórmula de cálculo | Valor máximo |
|---|---|---|
| **Decreto 35.448/54 (Regulamento dos Institutos de Previdência) – Artigo 21** | Média dos salários de contribuição sobre os quais o segurado haja realizado as últimas 36 (trinta e seis) contribuições mensais. Quando de valor igual até a 5 vezes o maior salário mínimo vigente no país, o "salário de benefício" será tomado integralmente para efeito do cálculo. Da parte que exceder a 5 salários mínimos, até valor igual a 10 vezes o maior salário mínimo vigente no país, tomar-se-ão 2/3 (dois terços), que serão adicionados à primeira parte, para efeito de cálculo. Da parte que ultrapassar o limite estabelecido de 10 salários mínimos, tomar-se-á 1/3 que será igualmente adicionado às duas primeiras parcelas, para os efeitos do cálculo do benefício. | Deve ser elaborado concretamente, em razão dos redutores de 2/3 e de 1/3 e da variação do maior salário mínimo. Não havia um teto genérico. |

| Norma | Fórmula de cálculo | Valor máximo |
|---|---|---|
| **Lei 3.807/60 (Lei Orgânica da Previdência Social) – Art. 23** | Média dos salários sobre os quais o segurado haja realizado as últimas 12 contribuições mensais, no período básico de cálculo de 24 meses. | 10 vezes o maior salário mínimo vigente no país. |
| **Lei 5.890/73 – Artigos 3º e 5º** | I – Para o auxílio-doença, a aposentadoria por invalidez, a pensão e o auxílio-reclusão, 1/12 da soma dos salários-de-contribuição imediatamente anteriores ao mês do afastamento da atividade, até o máximo de 12, apurados em período não superior a 18 meses;<br>II – Para as demais espécies de aposentadoria, 1/48 da soma dos salários-de-contribuição imediatamente anteriores ao mês do afastamento da atividade, até o máximo de 48 apurados em período não superior a 60 meses;<br>III – Para o abono de permanência em serviço, 1/48 a soma dos salários-de-contribuição imediatamente anteriores ao mês da entrada do requerimento, até o máximo de 48, apurados em período não superior a 60 meses. | 20 vezes o maior salário mínimo vigente no país (maior valor teto).<br>10 vezes o maior salário mínimo vigente no país (menor valor teto). |
| **Lei 5.890/73 – Artigos 3º e 5º** | Quando o salário de benefício for igual ou inferior a 10 vezes o maior salário mínimo vigente no País aplicar-se-lhe-ão os coeficientes previstos nesta e na Lei nº 3.807, de 26 de agosto de 1960. Quando o salário de benefício for superior a 10 salários mínimos, será ele dividido em duas parcelas: a primeira igual a 10 vezes o maior salário mínimo vigente no País; a segunda, será o valor excedentes ao da primeira. A) sobre a primeira parcela aplicar-se-ão os coeficientes previstos no item anterior; B) sobre a segunda, aplicar-se-á um coeficiente igual a tantos 1/30 (um trinta avos) quantos forem os grupos de 12 (doze) contribuições acima de 10 (dez) salários mínimos, respeitado, em cada caso, o limite máximo de 80% (oitenta por cento) do valor da parcela. | |

| Norma | Fórmula de cálculo | Valor máximo |
|---|---|---|
| **Lei 6.210/75 – Artigo 4º** | Foram alteradas as regras da Lei 5.890/73, com as seguintes inovações:<br>II – para as demais espécies de aposentadoria, 1/36 da soma dos salários-de-contribuição imediatamente anteriores ao mês do afastamento da atividade, até o máximo de 36, apurados em período não superior a 48 meses;<br>III – para o abono de permanência em serviço, 1/36 da soma dos salários-de-contribuição imediatamente anteriores ao mês da entrada do requerimento, até o máximo de 36, apurados em período não superior a 48 meses. | 20 vezes o maior salário mínimo vigente no país (maior valor teto).<br>10 vezes o maior salário mínimo vigente no país (menor valor teto).<br>OBS – Com o advento da Lei 6.205/75, o maior e menor valor teto foram desvinculados do salário mínimo, pois passaram a ser reajustados pelos índices da política salarial da época. |
| **Constituição de 1988 – Artigo 202 (redação original)** | É assegurada aposentadoria, nos termos da lei, calculando-se o benefício sobre a média dos trinta e seis últimos salários de contribuição, corrigidos monetariamente mês a mês, e comprovada a regularidade dos reajustes dos salários de contribuição de modo a preservar seus valores reais. | A Constituição de 1988 não tratou do teto. Nessa época vigorava como teto o equivalente a vinte salários mínimos de referência (Decreto-lei 2.351/87). |
| **Lei 8.213/91 – Artigos 28 e 29 (redação original)** | O salário de benefício consiste na média aritmética simples de todos os últimos salários de contribuição dos meses imediatamente anteriores ao do afastamento da atividade ou da data da entrada do requerimento, até o máximo de 36, apurados em período não superior a 48 meses, todos corrigidos monetariamente pelo INPC. | Cr$ 170.000,00. De acordo com o artigo 136, da Lei 8.213/91, ficam eliminados o menor e o maior valor-teto para cálculo do salário-de-benefício. |
| **Emenda 20/1998** | Com a Emenda 20 foram revogadas as normas constitucionais de cálculo do salário de benefício das aposentadorias sobre os 36 últimos salários de contribuição. | R$ 1.200,00. |

| Norma | Fórmula de cálculo | Valor máximo |
|---|---|---|
| **Lei 9.876/99 (alterou a redação do artigo 29, da Lei 8.213/91)** | O salário de benefício consiste na média aritmética simples dos 80% maiores salários de contribuição do segurado corrigidos monetariamente, a partir da competência 07/1994 (Plano Real). Para a aposentadoria por tempo de contribuição (obrigatório) e para a aposentadoria por idade, é preciso ainda multiplicar a referida média pelo fator previdenciário. | – |
| **Emenda 41/03** | – | R$ 2.400,00 |
| **Emenda 103/2019** | O salário de benefício passou a considerar a média aritmética simples de todos os salários de contribuição do segurado corrigidos monetariamente, a partir da competência 07/1994 (Plano Real), observada a regra de descarte, se favorável. Não foi constituído divisor mínimo. | – |
| **Lei 14.331/2022** | Criou um **divisor mínimo de 108 salários de contribuição** para os segurados com salários anteriores à competência Julho/1994. | – |

Vale frisar que apenas com o advento da Constituição Federal de 1988 passou a existir previsão normativa para que **todos** os salários de contribuição utilizados no cálculo do salário de benefício sofressem atualização monetária.

Deveras, na vigência da Lei 6.210/75, dos 36 salários de contribuição utilizados no cálculo do salário de benefício, apenas os 24 primeiros sofreram correção monetária, ficando os 12 últimos desatualizados, o que gerava perda do poder aquisitivo no cálculo da renda mensal inicial em razão da inflação.

Frise-se que a correção monetária dos salários de contribuição utilizados no período básico de cálculo surgiu pela primeira vez na Lei 5.890/73, mas apenas para os benefícios cuja renda era calculada com base nos 48 últimos salários de contribuição.

## 8.2. Salário de benefício na Emenda 103/2019 e divisor mínimo de 108 salários da Lei 14.331/2022

O artigo 26 da Emenda 103/2019 trouxe regra transitória para regular o cálculo da renda mensal dos benefícios que regulou, até a ulterior edição de lei federal para reger o tema:

> "Art. 26. **Até que lei discipline o cálculo dos benefícios do** regime próprio de previdência social da União e do **Regime Geral de Previdência Social**, será utilizada a média aritmética simples dos salários de contribuição e das remunerações adotados como base para contribuições a regime próprio de previdência social e ao Regime Geral de Previdência Social, ou como base para contribuições decorrentes das atividades militares de que tratam os arts. 42 e 142 da Constituição Federal, atualizados monetariamente, **correspondentes a 100% (cem por cento) do período contributivo desde a competência julho de 1994 ou desde o início da contribuição, se posterior àquela competência.**
>
> § 1º A média a que se refere o *caput* será limitada ao valor máximo do salário de contribuição do Regime Geral de Previdência Social para os segurados desse regime e para o servidor que ingressou no serviço público em cargo efetivo após a implantação do regime de previdência complementar ou que tenha exercido a opção correspondente, nos termos do disposto nos §§ 14 a 16 do art. 40 da Constituição Federal.
>
> § 2º O valor do benefício de aposentadoria corresponderá a 60% **(sessenta por cento)** da média aritmética definida na forma prevista no **caput** e no § 1º, com **acréscimo de 2 (dois) pontos percentuais para cada ano de contribuição que exceder o tempo de 20 (vinte) anos de contribuição nos casos:**
>
> I – do inciso II do § 6º do art. 4º, do § 4º do art. 15, do § 3º do art. 16 e do § 2º do art. 18;
>
> II – do § 4º do art. 10, ressalvado o disposto no inciso II do § 3º e no § 4º deste artigo;
>
> III – de aposentadoria por incapacidade permanente aos segurados do Regime Geral de Previdência Social, ressalvado o disposto no inciso II do § 3º deste artigo; e
>
> IV – do § 2º do art. 19 e do § 2º do art. 21, ressalvado o disposto no § 5º deste artigo.
>
> § 3º O valor do benefício de aposentadoria corresponderá a **100% (cem por cento) da média aritmética** definida na forma prevista no **caput** e no § 1º:
>
> I – no caso do inciso II do § 2º do art. 20;
>
> II – no caso de aposentadoria por incapacidade permanente, quando decorrer de acidente de trabalho, de doença profissional e de doença do trabalho.
>
> § 4º O valor do benefício da aposentadoria de que trata o inciso III do § 1º do art. 10 corresponderá ao resultado do tempo de contribuição dividido por 20 (vinte) anos, limitado a um inteiro, multiplicado pelo valor apurado na forma do **caput** do § 2º deste artigo, ressalvado o caso de cumprimento de critérios de acesso para aposentadoria voluntária que resulte em situação mais favorável.

> § 5º O acréscimo a que se refere o **caput** do § 2º será aplicado para cada ano que **exceder 15 (quinze) anos de tempo de contribuição** para os segurados de que tratam a alínea "a" do inciso I do § 1º do art. 19 e o inciso I do art. 21 e para as **mulheres** filiadas ao Regime Geral de Previdência Social.
>
> § 6º **Poderão ser excluídas da média as contribuições que resultem em redução do valor do benefício, desde que mantido o tempo mínimo de contribuição exigido**, vedada a utilização do tempo excluído para qualquer finalidade, inclusive para o acréscimo a que se referem os §§ 2º e 5º, para a averbação em outro regime previdenciário ou para a obtenção dos proventos de inatividade das atividades de que tratam os arts. 42 e 142 da Constituição Federal.
>
> § 7º Os benefícios calculados nos termos do disposto neste artigo serão reajustados nos termos estabelecidos para o Regime Geral de Previdência Social".

A nosso ver, esse dispositivo apenas deveria regular a renda mensal dos benefícios trazidos pela EC 103/2019, não podendo ser ampliado para todos os benefícios previdenciários com renda calculada com arrimo no salário de benefício.

Contudo, o INSS, através da Portaria 450/2020, com o nosso "voto vencido" registrado, aplicou a fórmula do artigo 26 da Emenda 103 para todos os salários de benefício, mesmo situações não reguladas pela Reforma Constitucional, como auxílio por incapacidade temporária, benefícios rurais e auxílio-acidente:

> "Seção I Do Período Básico de Cálculo e do Salário-de-benefício
>
> Art. 35. Nos termos do art. 26 da EC nº 103, de 2019, o PBC é composto por 100% (cem por cento) dos salários de contribuição a partir de julho de 1994 ou desde o início das contribuições, se posterior a esta competência, observado o disposto no art. 27".

No mesmo sentido o Decreto 3.048/99, atualizado pelo Decreto 10.410/2020:

> "Art. 32. O salário de benefício a ser utilizado para o cálculo dos benefícios de que trata este Regulamento, inclusive aqueles previstos em acordo internacional, consiste no resultado da média aritmética simples dos salários de contribuição e das remunerações adotadas como base para contribuições a regime próprio de previdência social ou como base para contribuições decorrentes das atividades militares de que tratam os art. 42 e art. 142 da Constituição, considerados para a concessão do benefício, atualizados monetariamente, correspondentes a cem por cento do período contributivo desde a competência julho de 1994 ou desde o início da contribuição, se posterior a essa competência". (Redação dada pelo Decreto nº 10.410, de 2020).

Dessa forma, na visão do Poder Executivo da União, para direitos formados a partir de 14/11/2019, o salário de benefício de todos (100% deles a contar de 7/1994) os benefícios do RGPS deverá ser apurado pelo média de todos os salários de contribuição a contar do Plano Real, com a incidência de correção monetária pelo INPC.

Ademais, apontamos as seguintes inovações:

a) **Não incidência do fator previdenciária no cálculo de artigo com o artigo 26 da EC 103/2019;**

b) **Inexistência de divisor mínimo no período básico de cálculo;**

c) **Possibilidade de descarte de salários de contribuição para benefícios programados, acaso seja favorável ao segurado e haja tempo de contribuição excedente ao mínimo legal.**

Por outro lado, para direito adquirido formado até 13/11/2019, garante-se a aplicação da antiga fórmula do salário de benefício, desde que seja mais favorável ao segurado.

Por uma falha inescusável do artigo 26 da Emenda 103/2019, não restou inserido um divisor mínimo no período básico de cálculo, não sendo compatível a aplicação do divisor de 60% de que trata o artigo 3º, §2º, da Lei 9.876/99, pois é vinculado à fórmula de 80%.

Nesse sentido, o próprio sistema da previdência elaborado pelo DATAPREV não faz incidir divisor mínimo na fórmula do artigo 26 da EC 103/2019, pois necessita de lei para a sua criação.

Aliás, o próprio RPS, atualizado pelo Decreto 10.410/2020, somente prevê o divisor mínimo de 60% para a antiga fórmula do salário de benefício pela média dos 80% maiores salários de contribuição:

> "Art. 188-E. O salário de benefício a ser utilizado para apuração do valor da renda mensal dos benefícios concedidos com base em **direito adquirido até 13 de novembro de 2019** consistirá: (Redação dada pelo Decreto nº 10.410, de 2020)
>
> I – para as aposentadorias por idade e por tempo de contribuição, na média aritmética simples dos maiores salários de contribuição correspondentes a oitenta por cento de todo o período contributivo, multiplicada pelo fator previdenciário; e (Incluído pelo Decreto nº 10.410, de 2020)
>
> II – para as aposentadorias por invalidez e especial, auxílio-doença e auxílio-acidente, na média aritmética simples dos maiores salários de contribuição correspondentes a oitenta por cento de todo o período contributivo. (Incluído pelo Decreto nº 10.410, de 2020)
>
> **§ 1º No caso das aposentadorias por idade, por tempo de contribuição e especial, o divisor considerado no cálculo da média a que se referem os incisos I e II do caput não poderá ser inferior a sessenta por cento do período decorrido da competência julho de 1994 até a data de início do benefício, limitado a cem por cento de todo o período contributivo**. (Incluído pelo Decreto nº 10.410, de 2020)"

Indubitavelmente isso não foi projetado, sendo uma grave falha do texto da EC 103/2019 que exige lei para a correção, demonstrando uma falta de técnica na elaboração do texto constitucional nessa passagem sem a devida apreciação jurídica e contábil por verdadeiros especialistas.

Já existem casos reais que apreciei em que o salário de benefício do segurado dobrou ou mesmo triplicou diante da inexistência de divisor mínimo no cálculo do salário de benefício, fazendo com que a EC 103/2019 tenha sido generosa para esses segurados.

Uma outra novidade que vem sendo benéfica para muitos segurados é a REGRA DE DESCARTE. De efeito, prevê o artigo 26 da EC 103/2019 que **poderão ser excluídas da média as contribuições que resultem em redução do valor do benefício, desde que mantido o tempo mínimo de contribuição exigido**, vedada a utilização do tempo excluído para qualquer finalidade, para a averbação em outro regime previdenciário ou para a obtenção dos proventos de inatividade das atividades militares.

Suponha-se que determinado benefício previdenciário exija 25 anos de tempo de contribuição e que o segurado possua 30 anos de tempo de contribuição. Nesse caso, se for benéfico no caso concreto, devendo ser feitas as simulações, o sistema da previdência que roda com inteligência artificial irá descartar até 5 anos se tempo de contribuição, se a renda mensal for melhor para o segurado.

Isso porque o descarte poderá aumentar o salário de benefício, mas irá reduzir o coeficiente do benefício (cada ano descartado reduz 2%), devendo ser simulado no caso concreto a melhor renda mensal em prol do segurado, o que é feito com perfeição pelo sistema do INSS que utiliza a inteligência artificial.

A regra de descarte somada à inexistência de divisor mínimo no salário de benefício é algo que por certo não entrou nas contas da reforma da previdência. Identifiquei um caso de concessão no início de 2020 em que a renda mensal inicial do segurado subiu 143%, em comparação com o regramento anterior à EC 103/2019.

Vale frisar que a regra de descarte somente é compatível com os benefícios programados, pois se refere ao tempo de contribuição, inexistindo descarte de período de carência, de modo que somente é pertinente fazê-lo em aposentadorias programadas.

Nesse sentido a Portaria INSS 450/2020, alterada pelo 528/2020, que acolheu nota técnica jurídica da lavra da PFE INSS de nossa autoria:

> "Art. 37. Na apuração do SB das aposentadorias programáveis poderão ser excluídas quaisquer contribuições que resultem em redução do valor do benefício,

desde que mantida a quantidade de contribuições equivalentes ao período de carência e observado o tempo mínimo de contribuição exigidos.

§ 1º É vedada a utilização das contribuições excluídas na forma do *caput* para qualquer finalidade, inclusive para acréscimo do percentual da renda mensal, para o somatório de pontos das aposentadorias por tempo de contribuição e especial ou para atingir o período adicional exigido para as aposentadorias por tempo de contribuição, bem como para averbação em outro regime previdenciário, ou para a obtenção dos proventos de inatividade das atividades de que tratam os arts. 42 e 142 da Constituição Federal, por força do § 6º do art. 26 da EC nº 103, de 2019. (Redação do parágrafo dada pela Portaria INSS Nº 528 DE 22/04/2020).

**§ 2º Não se aplica a previsão do caput deste artigo aos benefícios previdenciários não programáveis.** (Parágrafo acrescentado pela Portaria INSS Nº 528 DE 22/04/2020)".

No mesmo sentido o artigo 32 do RPS, atualizado pelo Decreto 10.410/2020:

§ 24. Para fins do cálculo das **aposentadorias programadas** para as quais seja exigido tempo mínimo de contribuição, poderão ser excluídas do cálculo da média dos salários de contribuição e das remunerações adotadas como base para contribuições a regime próprio de previdência social ou como base para contribuições decorrentes das atividades militares de que tratam os art. 42 e art. 142 da Constituição, utilizado para definição do salário de benefício, as contribuições que resultem em redução do valor do benefício, observado o disposto nos § 25 e § 26. (Redação dada pelo Decreto nº 10.410, de 2020).

§ 25. Para fins da exclusão a que se refere o § 24, **consideram-se programadas** as aposentadorias programada, especial e por idade do trabalhador rural e as aposentadorias transitórias por idade e por tempo de contribuição, para as quais se exige tempo mínimo de contribuição. (Incluído pelo Decreto nº 10.410, de 2020)

§ 26. A exclusão das contribuições de que trata o § 24 não altera o direito à aposentadoria previamente reconhecido, desde que mantida a quantidade de contribuições equivalentes ao período de carência e observado o tempo mínimo de contribuição necessário à elegibilidade da aposentadoria requerida. (Incluído pelo Decreto nº 10.410, de 2020)

§ 27. É vedada a utilização das contribuições excluídas na forma prevista no § 24 para qualquer finalidade, inclusive para: (Incluído pelo Decreto nº 10.410, de 2020)

I – o acréscimo do percentual da renda mensal; (Incluído pelo Decreto nº 10.410, de 2020)

II – o somatório de pontos das aposentadorias por tempo de contribuição e especial; (Incluído pelo Decreto nº 10.410, de 2020)

III – o cumprimento de período adicional exigido para as aposentadorias por tempo de contribuição; (Incluído pelo Decreto nº 10.410, de 2020)

IV – a averbação em outro regime previdenciário; ou (Incluído pelo Decreto nº 10.410, de 2020)

V – a obtenção dos proventos de inatividade de que tratam os art. 42 e art. 142 da Constituição. (Incluído pelo Decreto nº 10.410, de 2020)"

Coube à **Lei 14.331/2022** inserir o artigo 135-A na Lei 8.213/91, suprindo omissão do artigo 26 da Emenda 103/2019 que se esqueceu de constituir divisor mínimo no cálculo do salário de benefício, o que oportunizou a concretização de brecha constitucional que permitiu o **"milagre da contribuição única"** até 04 de maio de 2022, véspera da sua publicação:

*"Art. 135-A. Para o segurado filiado à Previdência Social até julho de 1994, no cálculo do salário de benefício das aposentadorias, exceto a aposentadoria por incapacidade permanente, o divisor considerado no cálculo da média dos salários de contribuição não poderá ser inferior a **108 (cento e oito) meses**."*

Dessa forma, para os segurados que possuam salários de contribuição antes do Plano Real (Julho/1994), o divisor mínimo no cálculo do salário de benefício calculado com lastro no artigo 26 da EC 103/2019 será de 108 salários de contribuição.

Suponha-se que um segurado possua apenas 80 salários de contribuição a contar de 7/1994. Neste caso, teremos a soma dos 80 salários divididos por 108, o que reduzirá o valor do salário de benefício.

Com efeito, 108 salários de contribuição correspondem a 9 anos. Desse modo, todos os segurados que não possuam ao menos 9 anos de salários de contribuição registrados a partir da competência Julho/1994 terão uma redução no salário de benefício.

Por outro lado, se cabível e proveitoso ao segurado, **segue em vigor a regra de descarte** contemplada no §6º do artigo 26 da Emenda 103/2019, não afetada pela criação do divisor mínimo inaugurado pela Lei 14.331/2022.

**Para as situações de direito adquirido formado até 04 de maio de 2022, o cálculo do salário de benefício à luz do artigo 26 da Emenda 103/2019 deverá ser feito sem a incidência de divisor mínimo, em respeito ao *Tempus Regit Actum*.**

Em que pese a sua aplicação na via administrativa, o "**milagre da contribuição única" não foi aceito em alguns órgãos do Poder Judiciário, a exemplo das Turma Recursa do Amazonas e Roraima,** de modo que a TNU o afetou como representativo de controvérsia sob o número **353:**

| Tema | 353 | Situação do tema | Em Julgamento | | Ramo do direito | DIREITO PREVIDENCIÁRIO |
|---|---|---|---|---|---|---|
| Questão submetida a julgamento | | Definir se, para o cálculo da aposentadoria por idade, no interregno entre a EC nº 103/2019 e a Lei nº 14.331/2022, é possível, com base no art. 26, §6º, da EC nº 103/2019, apurar o salário-de-benefício com apenas uma única contribuição no período básico de cálculo, sem divisor mínimo. | | | | |
| Tese firmada | | | | | | |
| Processo | | Decisão de afetação | Relator (a) | Julgado em | Acórdão publicado em | Trânsito em julgado |
| PEDILEF 1018409-10.2021.4.01.3200/AM | | 07/02/2024 | Juiz Federal Odilon Romano Neto | | | |

Conforme narrado pelo Relator, trata-se de pedido de uniformização nacional interposto pelo autor AUTOMIDES VICENTE DA SILVA, contra acórdão proferido pela **1ª Turma Recursal do Amazonas e de Roraima que, mantendo a sentença de improcedência**, não reconheceu ao autor o direito de ver sua aposentadoria por idade recalculada, mediante utilização de uma única contribuição no período básico de cálculo, com fundamento na regra de transição prevista no art. 26, §6º, da EC nº 103/2019.

**De modo equivocado, o TRF da 4ª Região admitiu a aplicação da regra de descarte móvel (art. 26, §6º, da EC 103/2019) para benefícios NÃO programados:**

> ***"Apelação Cível Nº 5005791-94.2021.4.04.7204/SC***
>
> ***RELATOR****: Desembargador Federal PAULO AFONSO BRUM VAZ*
>
> ***APELANTE****: SUELI MARIA CORREA DE SOUZA (AUTOR)*
>
> ***APELADO****: INSTITUTO NACIONAL DO SEGURO SOCIAL – INSS (RÉU)*
>
> EMENTA
>
> Direito PREVIDENCIÁRIO. ação revisional. regra constitucional do descarte das menores contribuições. pensão por morte e aposentadoria por incapacidade permanente. ARTIGO 26, § 6º, da EC 103/2019. julgamento na forma do artigo 942 do cpc.
>
> *1. O artigo 26, § 6º, da EC 103/2019, dispõe que "poderão ser excluídas da média as contribuições que resultem em redução do valor do benefício, desde que mantido o tempo mínimo de contribuição exigido".* ***Diante das garantias constitucionais conferidas aos direitos fundamentais da Seguridade Social consagrados na Constituição, sob pena de violação ao princípio isonômico, a norma deve ser aplicável também aos ditos benefícios não programáveis, como a aposentadoria por incapacidade permanente e a pensão por morte, enquanto técnica que preserva o valor do benefício.***

*2. O Decreto nº 10.410/2020, ao regulamentar a EC nº 103/2019, não contemplou essa compreensão, prevendo apenas que aos benefícios por incapacidade se aplicasse a regra da média integral, sem dispor sobre a possibilidade de descarte de contribuições que supere, o tempo mínimo exigido (artigo 32, §§ 24 e 25, do RPS), pois, de forma descontextualizada, ou mesmo arbitrária, da expressão "desde que mantido o tempo mínimo de contribuição exigido" extraiu entendimento equivocado que restringiu a previsão para somente as aposentadorias programadas.*

*3. Deve ser privilegiada a opção do constituinte, interpretando-se a norma regulamentar em conformidade com o preceito constitucional. Nesse contexto, ao aplicar o § 25 do Decreto 10.410, deve-se buscar uma compreensão não estrita, conforme a Constituição, incluindo a aposentadoria por invalidez e a pensão por morte na possibilidade do descarte de que trata o § 24 da mesma norma.*

*4. Improcede o raciocínio de que não é possível aplicar-se a regra do descarte aos benefícios por incapacidade e pensão por morte porque são benefícios que não exigem "tempo mínimo de contribuição", porquanto a regra do descarte constitui técnica de cálculo da renda mensal que visa à preservar o valor do benefício, ao passo que "tempo mínimo de contribuição" diz respeito a pressuposto de concessão, critério de elegibilidade, e não interfere necessariamente no cálculo da renda mensal do benefício.*

*5. O cálculo do salário de benefício da aposentadoria por incapacidade permanente (art. 26 da EC 103/2019) deve ser realizado pela média aritmética simples de todos os salários de contribuição do segurado (aqui entra a regra do descarte). Quanto à pensão por morte, o cálculo é feito com base (1) no salário de benefício da aposentadoria eventualmente recebida pelo segurado instituidor ou (2) daquela que teria direito se fosse aposentado por incapacidade na data do óbito, sendo necessário simular o cálculo da renda mensal da aposentadoria por incapacidade permanente para se chegar ao valor da pensão por morte (hipótese concreta), sendo perfeitamente possível aplicar-se a técnica do descarte".*

A análise jurídica envolve o §6º do artigo 26 da Emenda 103/2019, aplicável ao RGPS e RPPU conjuntamente:

*"Art. 26. Até que lei discipline o cálculo dos benefícios do regime próprio de previdência social da União e do Regime Geral de Previdência Social, será utilizada a média aritmética simples dos salários de contribuição e das remunerações adotados como base para contribuições a regime próprio de previdência social e ao Regime Geral de Previdência Social, ou como base para contribuições decorrentes das atividades militares de que tratam os arts. 42 e 142 da Constituição Federal, atualizados monetariamente,* ***correspondentes a 100% (cem por cento) do período contributivo desde a competência julho de 1994 ou desde o início da contribuição, se posterior àquela competência****.*

*§ 1º A média a que se refere o caput será limitada ao valor máximo do salário de contribuição do Regime Geral de Previdência Social para os segurados desse regime e para o servidor que ingressou no serviço público em cargo efetivo após a implantação do regime de previdência complementar ou que tenha exercido a*

*opção correspondente, nos termos do disposto nos §§ 14 a 16 do art. 40 da Constituição Federal.*

*§ 2º O valor do benefício de aposentadoria corresponderá a 60% (sessenta por cento) da média aritmética definida na forma prevista no caput e no § 1º, com acréscimo de 2 (dois) pontos percentuais para cada ano de contribuição que exceder o tempo de 20 (vinte) anos de contribuição nos casos:*

*I – do inciso II do § 6º do art. 4º, do § 4º do art. 15, do § 3º do art. 16 e do § 2º do art. 18;*

*II – do § 4º do art. 10, ressalvado o disposto no inciso II do § 3º e no § 4º deste artigo;*

*III – de aposentadoria por incapacidade permanente aos segurados do Regime Geral de Previdência Social, ressalvado o disposto no inciso II do § 3º deste artigo; e*

*IV – do § 2º do art. 19 e do § 2º do art. 21, ressalvado o disposto no § 5º deste artigo.*

*§ 3º O valor do benefício de aposentadoria corresponderá a 100% (cem por cento) da média aritmética definida na forma prevista no* ***caput*** *e no § 1º:*

*I – no caso do inciso II do § 2º do art. 20;*

*II – no caso de aposentadoria por incapacidade permanente, quando decorrer de acidente de trabalho, de doença profissional e de doença do trabalho.*

*§ 4º O valor do benefício da aposentadoria de que trata o inciso III do § 1º do art. 10 corresponderá ao resultado do tempo de contribuição dividido por 20 (vinte) anos, limitado a um inteiro, multiplicado pelo valor apurado na forma do* ***caput*** *do § 2º deste artigo, ressalvado o caso de cumprimento de critérios de acesso para aposentadoria voluntária que resulte em situação mais favorável.*

*§ 5º O acréscimo a que se refere o* ***caput*** *do § 2º será aplicado para cada ano que exceder 15 (quinze) anos de tempo de contribuição para os segurados de que tratam a alínea "a" do inciso I do § 1º do art. 19 e o inciso I do art. 21 e para as mulheres filiadas ao Regime Geral de Previdência Social.*

***§ 6º Poderão ser excluídas da média as contribuições que resultem em redução do valor do benefício, desde que mantido o tempo mínimo de contribuição exigido, vedada a utilização do tempo excluído para qualquer finalidade, inclusive para o acréscimo a que se referem os §§ 2º e 5º, para a averbação em outro regime previdenciário ou para a obtenção dos proventos de inatividade das atividades de que tratam os arts. 42 e 142 da Constituição Federal.***

*§ 7º Os benefícios calculados nos termos do disposto neste artigo serão reajustados nos termos estabelecidos para o Regime Geral de Previdência Social".*

A despeito de alterar a média aritmética dos 80% maiores para todos os salários de contribuição a partir do Plano Real (competência 07/1994) na forma do *caput*, **o §6º permitiu o descarte do tempo de contribuição e dos salários de contribuição excedentes, se o segurado possuir tempo de contribuição além do tempo mínimo exigido na regra de aposentadoria voluntária que irá se aposentar.**

Assim, se em determinada regra de aposentadoria voluntária que exige 15 anos de tempo de contribuição e o segurado possuir 25 anos de tempo de contribuição, poderão ser descartados até 10 anos de tempo de contribuição (até 120 salários), se a renda mensal for mais favorável, pois é necessário avaliar se o aumento da base de cálculo compensa a redução de coeficiente.

**É justamente por isso que a regra de descarte móvel somente é compatível com benefícios programados** (aposentadorias voluntárias), pois o descarte é de tempo de contribuição, requisito presente apenas nas aposentadorias programadas previstas na Emenda 103/2019 (regras comuns e especiais – regras permanentes e de transição).

O auxílio por incapacidade temporária, a aposentadoria por incapacidade permanente, auxílio-acidente e a pensão por morte não precedida de aposentadoria não são benefícios programados, pois ligados a um infortúnio, não possuindo como requisito de concessão tempo mínimo de contribuição, a saber:

> A) **auxílio por incapacidade temporária** – exige qualidade de segurado na data do fato gerador e, em regra, 12 contribuições mensais de período de carência, não exigindo tempo de contribuição mínimo;
>
> B) **aposentadoria por incapacidade permanente** – exige qualidade de segurado na data do fato gerador e, em regra, 12 contribuições mensais de período de carência, não exigindo tempo de contribuição mínimo;
>
> C) **auxílio-acidente (utiliza o mesmo salário de benefício do auxílio por incapacidade temporária)** – exige apenas qualidade de segurado na data do fato gerador, não exigindo tempo de contribuição mínimo;
>
> D) **pensão por morte não precedida de aposentadoria (a base de cálculo do benefício é a mesma da aposentadoria por incapacidade permanente)**- exige apenas qualidade de segurado na data do fato gerador, não exigindo tempo de contribuição mínimo do falecido.

Nesse sentido, dispõe o §6º do artigo 26 da EC 103/2019 que ***"poderão ser excluídas da média as contribuições que resultem em redução do valor do benefício, desde que mantido o tempo mínimo de contribuição exigido"*.**

Isso demonstra que expressamente o texto constitucional somente autoriza o descarte móvel para os benefícios programados, ou seja, os benefícios previstos na Emenda 103/2019 que possuem como requisito o tempo mínimo de contribuição, que são as aposentadorias voluntárias, quer em regras permanentes ou de transição, quer em regras comuns ou regras especiais no RGPS e no RPPU.

Desse modo, a **limitação da regra do descarte móvel aos benefícios programados que são aqueles que exigem tempo de contribuição mínimo e**

**não estão ligados a um infortúnio, é uma decisão do artigo 26, §6º, da EC 103/2019**, não havendo nenhuma inovação regulamentar.

Em seguida, o mesmo posicionamento foi adotado no Regulamento alterado pelo Decreto 10.410/2020:

> *"Art. 32. O salário de benefício a ser utilizado para o cálculo dos benefícios de que trata este Regulamento, inclusive aqueles previstos em acordo internacional, consiste no resultado da média aritmética simples dos salários de contribuição e das remunerações adotadas como base para contribuições a regime próprio de previdência social ou como base para contribuições decorrentes das atividades militares de que tratam os art. 42 e art. 142 da Constituição, considerados para a concessão do benefício, atualizados monetariamente, correspondentes a cem por cento do período contributivo desde a competência julho de 1994 ou desde o início da contribuição, se posterior a essa competência. (Redação dada pelo Decreto nº 10.410, de 2020).*
>
> ...
>
> *§ 24. Para fins do cálculo das aposentadorias programadas para as quais seja exigido tempo mínimo de contribuição, poderão ser excluídas do cálculo da média dos salários de contribuição e das remunerações adotadas como base para contribuições a regime próprio de previdência social ou como base para contribuições decorrentes das atividades militares de que tratam os art. 42 e art. 142 da Constituição, utilizado para definição do salário de benefício, as contribuições que resultem em redução do valor do benefício, observado o disposto nos § 25 e § 26. (Redação dada pelo Decreto nº 10.410, de 2020).*
>
> *§ 25. Para fins da exclusão a que se refere o § 24, consideram-se programadas as aposentadorias programada, especial e por idade do trabalhador rural e as aposentadorias transitórias por idade e por tempo de contribuição, para as quais se exige tempo mínimo de contribuição. (Incluído pelo Decreto nº 10.410, de 2020)"*

No mesmo sentido a interpretação do Poder Executivo da União no âmbito do RPPU, através do artigo 9º da Portaria MTP 1.467/2022:

> *"§ 6º Poderão ser excluídas da média de que trata o caput as contribuições que resultem em redução do valor do benefício, desde que mantido o tempo mínimo de contribuição exigido, vedada a utilização do tempo excluído para qualquer finalidade, inclusive para o acréscimo a que se referem os §§ 2º e 5º para a averbação em outro regime previdenciário ou para a obtenção dos 127 proventos de inatividade das atividades militares de que tratam os arts. 42 e 142 da Constituição Federal.*
>
> ***§ 7º A exclusão de que trata o § 6º não se aplica ao cálculo de aposentadoria compulsória ou por incapacidade permanente".***

A posição por mim adotada foi encampada pelo Conselho da Justiça Federal:

> *PROCESSO: 0003124-29.2022.4.04.8000 RELATORA: Conselheira Presidente Ministra MARIA THEREZA DE ASSIS MOURA INTERESSADA: Justiça*

*Federal. ASSUNTO: Cálculo dos proventos de aposentadoria. Elevação de matéria pelo TRF4. Limitações aos proventos de aposentadoria.*

*EMENTA PROCEDIMENTO NORMATIVO. CÁLCULO DE PROVENTOS DE APOSENTADORIA. PROVENTOS LIMITADOS AO CARGO EM QUE SE DEU A APOSENTADORIA. AUSÊNCIA DE LIMITAÇÃO A 100% DA MÉDIA ARITMÉTICA. DESCARTE MANUAL DAS CONTRIBUIÇÕES. RESTRITO AOS BENEFÍCIOS COM TEMPO MÍNIMO DE CONTRIBUIÇÃO. ADMINISTRAÇÃO. VANTAJOSO. DEVER CÁLCULO MELHOR DA MAIS DESCARTE. MELHOR BENEFÍCIO.*

*I – No cálculo da aposentadoria estabelecido pelo art. 26, caput e § 2º, da EC 103/2019, os proventos do RPPS não estão limitados à última remuneração do servidor no cargo efetivo em que se deu a aposentadoria.*

***II – A regra de descarte prevista no art. 26, § 6º, da EC n. 103/2019 aplica-se tão somente a benefícios que exijam tempo mínimo de contribuição, ressalvada a possibilidade de descarte de salários de contribuição referentes aos meses de ingresso no serviço público e de aposentação, quando proporcionais.***

*III – Compete à Administração efetuar o cálculo mais vantajoso sobre o melhor benefício a que o servidor fizer jus. Enquanto não implementadas ferramentas que automatizem o cálculo mais favorável, o beneficiário pode tomar a iniciativa de indicar o melhor cálculo, que terá efeitos retroativos, respeitada a prescrição quinquenal.*

*IV – Pedido de providências respondido.*

Nesse sentido, passagem do voto da Ministra Assusete Magalhães promovendo citação direta do meu livro:

> *"Acrescento que esse entendimento encontra amparo na doutrina: "Assim, se o servidor federal possuir remunerações muito baixas, quer do RGPS ou do próprio RPPS, estas poderão ser excluídas das médias as contribuições que resultem em redução do valor do benefício, desde que mantido o tempo mínimo de contribuição exigido, vedada a utilização do tempo excluído para qualquer finalidade. Vale frisar que a regra de descarte somente é compatível com os benefícios programados, não sendo compatível com a pensão por morte. De acordo com o artigo 72 da Portaria SGP/SEDGG/ME 10.360/2022, a regra de descarte não se aplica à aposentadoria por incapacidade permanente e à aposentadoria compulsória. Por força da remissão feita no § 2º, inciso II, este artigo 26 da Emenda 103/2019 será aplicável às aposentadorias do servidor federal disciplinadas no artigo 10 da Emenda. Por exceção, no caso de aposentadoria por incapacidade permanente, quando decorrer de acidente de trabalho, de doença profissional e de doença do trabalho, os proventos corresponderão a 100% da média de todas as remunerações" **(AMADO, Frederico. Curso de Direito e Processo Previdenciário, ob. cit., p. 898)".***

A tese do TRF 4ª, além de juridicamente equivocada, traz um efeito devastador ao RGPS: a CRIAÇÃO DO **MILAGRE DA CONTRIBUIÇÃO ÚNICA NO ÂMBITO DOS BENEFÍCIOS NÃO PROGRAMADOS**, que são o maior número de benefícios ativos atualmente mantidos pelo INSS.

Assim, em uma situação hipotética de benefício por incapacidade laboral com carência dispensada, a exemplo da ocorrência de acidente, o segurado que possua um histórico contributivo de salários de contribuição no valor de um salário mínimo (fixado em R$ 1.412,00 em 2024) e possua apenas um salário de contribuição no teto do RGPS (fixado em R$ 7.786,02 em 2024), a exemplo de um pagamento como segurado facultativo, terá um salário de benefício de R$ 7.786,02, nos termos do artigo 26 da EC 103/2019, pois todos os demais salários serão descartados por esta equivocada e absurda tese.

Como o benefício não exige tempo de contribuição mínimo e neste caso terá período de carência dispensado, o salário de benefício equivalerá a única contribuição existente no teto: R$ 7.786,02, sendo todas as demais descartadas.

Destarte, um segurado com histórico de recolhimentos sobre salário mínimo e apenas uma contribuição no teto do RGPS, teria um salário de benefício do benefício não programado fixado em R$ 7.786,02 e renda do auxílio por incapacidade temporária de R$ 7.085,27 (91% do salário de benefício).

Isso porque o divisor mínimo de 108 salários somente se aplica às aposentadorias programadas, não se aplicando aos benefícios não programados, nos termos da Lei 8.213/91 alterada pela Lei 14.331/2022:

> *"Art. 135-A. Para o segurado filiado à Previdência Social até julho de 1994, no cálculo do salário de benefício das aposentadorias, exceto a aposentadoria por incapacidade permanente, o divisor considerado no cálculo da média dos salários de contribuição não poderá ser inferior a 108 (cento e oito) meses. (Incluído pela Lei nº 14.331, de 2022)".*

## 9. CADASTRO NACIONAL DE INFORMAÇÕES SOCIAIS (CNIS)

Com fulcro no artigo 29-A da Lei 8.213/91, o INSS utilizará as informações constantes no Cadastro Nacional de Informações Sociais – CNIS sobre os vínculos e as remunerações dos segurados, para fins de cálculo do salário de benefício, comprovação de filiação ao Regime Geral de Previdência Social, tempo de contribuição e relação de emprego.

O CNIS é um banco de dados previdenciários mantidos pela DATAPREV[61], sendo abastecido pela GFIP – Guia de Recolhimento do FGTS e de Informações Previdenciárias e pelo RAIS – Relatório Anual de Informações Sociais, dentre outras fontes. É uma ferramenta indispensável para boa

61. A Empresa de Tecnologia e Informações da Previdência Social é uma empresa pública federal instituída pela Lei 6.125/74.

presentação judicial do INSS promovida pelos Procuradores Federais, pois traz subsídios para a defesa.

Havendo dúvida sobre a regularidade do vínculo incluído no CNIS e inexistência de informações sobre remunerações e contribuições, o INSS exigirá a apresentação dos documentos que serviram de base à anotação, sob pena de exclusão do período.

O segurado poderá solicitar, a qualquer tempo, a inclusão, a exclusão, a ratificação ou a retificação de suas informações constantes do CNIS, com a apresentação de documentos comprobatórios dos dados divergentes, conforme critérios definidos pelo INSS, **independentemente de requerimento de benefício**, nos termos do artigo 19, §1º, do RPS.

Nos termos da **Instrução Normativa INSS 164/2024**, o filiado poderá solicitar, a qualquer momento, a inclusão, alteração, ratificação ou exclusão das informações divergentes, extemporâneas ou insuficientes do CNIS, prestando as informações referentes à atualização desejada e apresentando documentos comprobatórios, conforme critérios estabelecidos nesta Instrução Normativa, observadas as formas de filiação, independentemente de requerimento de benefício.

**Quando não houver, no requerimento eletrônico no Meu INSS (https://meu.inss.gov.br), campos adicionais para registro de todas as informações necessárias para a atualização desejada no** CNIS, o segurado ou seu representante legal deverá anexar ao requerimento a solicitação contendo tais informações, podendo para esse fim utilizar o respectivo formulário correspondente à atualização desejada ("Requerimento de Atualização do CNIS – RAC", constante no Anexo I), dispensado nas situações de atualização que não demandem a sua manifestação escrita, vinculadas ao requerimento de benefícios:

# Anexo I – Requerimento de Atualização do CNIS – RAC Completo:

**ANEXO I**
**INSTRUÇÃO NORMATIVA PRES/INSS Nº 128, DE 28 DE MARÇO DE 2022**

REQUERIMENTO DE ATUALIZAÇÃO DO CNIS – RAC COMPLETO

| **1. INFORMAÇÕES BÁSICAS** |
|---|
| Nome civil: |
| CPF nº: |
| Número (s) de inscrição (ões) NIT/PIS/Pasep/NIS: |
| Data de nascimento: |
| Nome da mãe: |

**2. TIPO DE ATUALIZAÇÃO**

**2.1. ACERTO DE DADOS DE IDENTIFICAÇÃO DA PESSOA FÍSICA**

Ao escolher a opção "Incluir" ou "Alterar", informe na coluna "CAMPO A SER ATUALIZADO" o dado correto para atualização. Ao escolher a opção "Excluir" informe na coluna "CAMPO A SER ATUALIZADO" o dado a ser excluído.

| **AÇÃO** | **CAMPO A SER ATUALIZADO** |
|---|---|
| ( ) Incluir<br>( ) Alterar<br>( ) Excluir | 1. Nome social (se houver): |
| ( ) Incluir<br>( ) Alterar<br>( ) Excluir | 2. Nome civil: |
| ( ) Incluir<br>( ) Alterar<br>( ) Excluir | 3. Nome da mãe: |
| ( ) Incluir<br>( ) Alterar<br>( ) Excluir | 4. Nome do pai: |
| ( ) Incluir<br>( ) Alterar<br>( ) Excluir | 5. Data de nascimento: |
| ( ) Incluir<br>( ) Alterar<br>( ) Excluir | 6. Sexo:<br>( ) Masculino ( ) Feminino ( ) Não Informado/declarado |
| ( ) Incluir<br>( ) Alterar<br>( ) Excluir | 7. Estado civil:<br>( ) Solteiro(a) ( ) Casado(a) ( ) Separado(a) Judicialmente ( ) Viúvo(a) ( ) Divorciado (a) |
| ( ) Incluir<br>( ) Alterar<br>( ) Excluir | 8. Grau de instrução:<br>( ) Analfabeto ( ) Fundamental Incompleto ( ) Fundamental Completo ( ) Ensino Médio Incompleto ( ) Ensino Médio Completo<br>( ) Superior Incompleto ( ) Superior Completo ( ) Especialização |
| ( ) Incluir<br>( ) Alterar<br>( ) Excluir | 9. Cor/Raça:<br>( ) Branca ( ) Preta ( ) Parda ( ) Amarela<br>( ) Indígena ( ) Não Declarada |
| ( ) Incluir<br>( ) Alterar<br>( ) Excluir | 10. Nacionalidade:<br>( ) Brasileira ( ) Brasileiro Nascido no Exterior<br>( ) Naturalizado Brasileiro ( ) Estrangeiro |
| ( ) Incluir<br>( ) Alterar<br>( ) Excluir | 11. Município de nascimento/UF: |
| ( ) Incluir<br>( ) Alterar<br>( ) Excluir | 12. País de origem |

| | |
|---|---|
| ( ) Incluir<br>( ) Alterar<br>( ) Excluir | 13. Chegada ao País (estrangeiro): |
| ( ) Incluir<br>( ) Alterar<br>( ) Excluir | 14. Endereço principal:<br>CEP: ____<br>Tipo de Logradouro (Rua/Avenida): ____<br>Logradouro: ____ Nº: ____ Complemento: ____ Bairro: ____UF: ____ Município: ____ |
| ( ) Incluir<br>( ) Alterar<br>( ) Excluir | 15. Endereço secundário:<br>CEP: ____<br>Tipo de Logradouro (Rua/Avenida): ____<br>Logradouro: ____ Nº: ____ Complemento: ____ Bairro: ____UF: ____ Município: ____ |
| ( ) Incluir<br>( ) Alterar<br>( ) Excluir | 16. Telefones:<br>Fixo: (DDD: ____) Nº ____<br>Celular: (DDD: ____) Nº ____<br>Principal: (DDD: ____) Nº ____<br>Secundário: (DDD: ____) Nº ____<br>E-mail: ____ |
| ( ) Incluir<br>( ) Alterar<br>( ) Excluir | 17. CPF nº: |
| ( ) Incluir<br>( ) Alterar<br>( ) Excluir | 18. Nº CTPS: ____ Nº Série: ____<br>Data de Emissão: ____/____/____ UF: ____ |
| ( ) Incluir<br>( ) Alterar<br>( ) Excluir | 19. Nº Carteira de Identidade (RG): ____<br>Data de Emissão: ____/____/____ UF: ____Órgão Emissor: ____ |
| ( ) Incluir<br>( ) Alterar<br>( ) Excluir | 20. Nº Título de eleitor: ____<br>Data de Emissão: ____/____/____ |
| ( ) Incluir<br>( ) Alterar<br>( ) Excluir | 21. Certidão de nascimento:<br>Nº Termo: ____ Livro: ____ Folha: ____ UF: ____<br>Município: ____<br>Cartório: ____<br>Data do Evento: ____/____/____ Data do Registro: ____/____/____ |
| ( ) Incluir<br>( ) Alterar<br>( ) Excluir | 22. Certidão de casamento:<br>Nº Termo ____ Livro: ____ Folha: ____ UF: ____<br>Município: ____<br>Cartório: ____<br>Data do Evento: ____/____/____ Data do Registro: ____/____/____ |
| ( ) Incluir<br>( ) Alterar<br>( ) Excluir | 23. Nº Carteira de marítimo: ____<br>Data de Emissão: ____/____/____ |
| ( ) Incluir<br>( ) Alterar<br>( ) Excluir | 24. Nº CNH: ____ Categoria: ____<br>Data Primeira Habilitação: ____/____/____<br>Data de Emissão: ____/____/____ |
| ( ) Incluir<br>( ) Alterar<br>( ) Excluir | 25. Nº Passaporte: ____ Série: ____<br>Data de Emissão: ____/____/____ |
| ( ) Incluir<br>( ) Alterar<br>( ) Excluir | 26. Nº Documento estrangeiro: ____<br>País Emissor: ____ Data de Emissão: ____/____/____ |

**2.2. ACERTO DE VÍNCULOS E REMUNERAÇÕES - EMPREGADO E EMPREGADO DOMÉSTICO**

| 2.2.1. INCLUIR VÍNCULO E REMUNERAÇÃO | | |
|---|---|---|
| ( ) Tipo de Filiado: | ( ) Empregado | ( ) Empregado Doméstico |
| Nome ou Razão Social do Empregador: | | |
| Nº CNPJ/CEI/CPF do Empregador: | | |
| Data de Admissão: | | |
| Data de Rescisão: | | |
| Motivo da Rescisão: | | |
| Tipo de Contrato: | ( ) Contrato de Trabalho por Prazo Determinado, vinculado à ocorrência de um fato<br>( ) Contrato de Trabalho por Tempo Indeterminado<br>( ) Contrato de Trabalho por Tempo Determinado<br>( ) Contrato Temporário de Trabalho<br>( ) Aluno Aprendiz<br>( ) Menor Aprendiz<br>( ) Mandato Eletivo | |
| Regime Jurídico (Trabalho):<br>( ) CLT | | ( ) Estatutário / Regime Jurídico Único – RJU |
| Regime Previdenciário: | ( ) RGPS | ( ) RPPS |
| Natureza da Ocupação: | ( ) Urbana | ( ) Rural |
| Ocupação (CBO): | | |

| Competência (Mês/Ano) | Remuneração (R$) | Competência (Mês/Ano) | Remuneração (R$) | Competência (Mês/Ano) | Remuneração (R$) |
|---|---|---|---|---|---|
| ___/___/_____ | | ___/___/_____ | | ___/___/_____ | |
| ___/___/_____ | | ___/___/_____ | | ___/___/_____ | |
| ___/___/_____ | | ___/___/_____ | | ___/___/_____ | |
| ___/___/_____ | | ___/___/_____ | | ___/___/_____ | |
| ___/___/_____ | | ___/___/_____ | | ___/___/_____ | |
| ___/___/_____ | | ___/___/_____ | | ___/___/_____ | |
| ___/___/_____ | | ___/___/_____ | | ___/___/_____ | |
| ___/___/_____ | | ___/___/_____ | | ___/___/_____ | |
| ___/___/_____ | | ___/___/_____ | | ___/___/_____ | |
| ___/___/_____ | | ___/___/_____ | | ___/___/_____ | |
| ___/___/_____ | | ___/___/_____ | | ___/___/_____ | |
| ___/___/_____ | | ___/___/_____ | | ___/___/_____ | |

Observação:______________________________________________________________

**2.2.2. ALTERAR VÍNCULO**

Nome ou Razão Social do Empregador:

Nº CNPJ/CEI/CPF do Empregador:

| Dados | De | Para |
|---|---|---|
| Data de Admissão: | ___/___/_____ | ___/___/_____ |
| Data de Rescisão: | ___/___/_____ | ___/___/_____ |
| Motivo da Rescisão: | | |
| Tipo de Contrato: | | |
| Regime Jurídico (Trabalho): | | |
| Regime Previdenciário: | | |
| Natureza do Vínculo: | | |
| Ocupação (CBO): | | |

Observação:______________________________________________________________

**2.2.3. ALTERAR REMUNERAÇÃO DO VÍNCULO**

ATENÇÃO: Empregado preencher o nº CNPJ/CEI/CAEPF/CNO do estabelecimento
Empregado Doméstico preencher o CPF do empregador

| Tipo de Remuneração: | ( ) Normal<br>( ) Trabalhador Cedido<br>( ) Dirigente Sindical | ( ) Acordo, Convenção ou Dissídio Coletivo<br>( ) Reclamatória Trabalhista |
|---|---|---|

Observação:______________________________________________________________

**2.2.4. COMPROVAR VÍNCULO EXTEMPORÂNEO**

| Nome ou Razão Social do Empregador | Nº CNPJ/CEI/CPF do Empregador | Data de Admissão (Dia/Mês/Ano) | Data de Rescisão (Dia/Mês/Ano) |
|---|---|---|---|
| | | ___/___/_____ | ___/___/_____ |
| | | ___/___/_____ | ___/___/_____ |
| | | ___/___/_____ | ___/___/_____ |
| | | ___/___/_____ | ___/___/_____ |
| | | ___/___/_____ | ___/___/_____ |

| | | __/__/____ | __/__/____ |
|---|---|---|---|

Observação:______________________________________________

**2.2.5. EXCLUIR VÍNCULO**

| Nome ou Razão Social do Empregador | Nº CNPJ/CEI/CPF do Empregador | Data de Admissão (Dia/Mês/Ano) | Data de Rescisão (Dia/Mês/Ano) |
|---|---|---|---|
| | | __/__/____ | __/__/____ |
| | | __/__/____ | __/__/____ |
| | | __/__/____ | __/__/____ |
| | | __/__/____ | __/__/____ |
| | | __/__/____ | __/__/____ |
| | | __/__/____ | __/__/____ |
| | | __/__/____ | __/__/____ |

Observação:______________________________________________

**2.3. ACERTO DE REMUNERAÇÕES - TRABALHADOR AVULSO**

Informe os dados para atualização.

**2.3.1. INCLUIR REMUNERAÇÕES DO TRABALHADOR AVULSO**

Tipo: ( ) Portuário ( ) Não Portuário

Nº CNPJ do OGMO/Sindicato:

Nº CNPJ do Estabelecimento:

| Competência (Mês/Ano) | Nº CNPJ do Tomador | Natureza* | Ocupação (CBO) | Remuneração (R$) |
|---|---|---|---|---|
| ___/_____ | | | | |
| ___/_____ | | | | |
| ___/_____ | | | | |
| ___/_____ | | | | |
| ___/_____ | | | | |
| ___/_____ | | | | |
| ___/_____ | | | | |
| ___/_____ | | | | |

*Natureza: 1 - Urbana, 2 - Rural

Observação:______________________________________________

**2.3.2. ALTERAR REMUNERAÇÕES DO TRABALHADOR AVULSO**

**DE:**

Tipo: ( ) Portuário ( ) Não Portuário

Nº CNPJ do OGMO/Sindicato:

Nº CNPJ do Estabelecimento:

| Competência (Mês/Ano) | Nº CNPJ do Tomador | Natureza* | Ocupação (CBO) | Remuneração (R$) |
|---|---|---|---|---|
| ___/_____ | | | | |
| ___/_____ | | | | |
| ___/_____ | | | | |
| ___/_____ | | | | |
| ___/_____ | | | | |
| ___/_____ | | | | |

| | | | | |
|---|---|---|---|---|
| ___/___ | | | | |
| ___/___ | | | | |

*Natureza: 1 - Urbana; 2 - Rural

**PARA:**

| Tipo: | ( ) Portuário | ( ) Não Portuário |
|---|---|---|

Nº CNPJ do OGMO/Sindicato:

Nº CNPJ do Estabelecimento:

| Competência (Mês/Ano) | Nº CNPJ do Tomador | Natureza* | Ocupação (CBO) | Remuneração (R$) |
|---|---|---|---|---|
| ___/___ | | | | |
| ___/___ | | | | |
| ___/___ | | | | |
| ___/___ | | | | |
| ___/___ | | | | |
| ___/___ | | | | |
| ___/___ | | | | |

*Natureza: 1 - Urbana; 2 - Rural

**2.3.3. EXCLUIR REMUNERAÇÕES DO TRABALHADOR AVULSO**

| Tipo: | ( ) Portuário | ( ) Não Portuário |
|---|---|---|

Nº CNPJ do OGMO/Sindicato:

Nº CNPJ do Estabelecimento:

| Competência (Mês/Ano) | Nº CNPJ do Tomador | Natureza* | Ocupação (CBO) | Remuneração (R$) |
|---|---|---|---|---|
| ___/___ | | | | |
| ___/___ | | | | |
| ___/___ | | | | |
| ___/___ | | | | |
| ___/___ | | | | |
| ___/___ | | | | |
| ___/___ | | | | |

*Natureza: 1 - Urbana; 2 - Rural

Observação: ________________________________________________

________________________________________________

________________________________________________

**2.4 ACERTO DE REMUNERAÇÕES - CI PRESTADOR DE SERVIÇO**

Informe os dados para atualização

**2.4.1. INCLUIR, ALTERAR OU EXCLUIR REMUNERAÇÕES DE CI PRESTADOR DE SERVIÇO A PARTIR DE ABRIL/2003**

| Ação | Competência (Mês/Ano) | Nº CNPJ (Contratante/cooperativa/estabelecimento) | Ocupação (CBO) | Valor (R$) CNIS x Valor (R$) da remuneração recebida **De → Para** |
|---|---|---|---|---|
| ( ) Incluir<br>( ) Alterar<br>( ) Excluir | ___/___ | | | |
| ( ) Incluir<br>( ) Alterar<br>( ) Excluir | ___/___ | | | |
| ( ) Incluir<br>( ) Alterar<br>( ) Excluir | ___/___ | | | |
| ( ) Incluir<br>( ) Alterar<br>( ) Excluir | ___/___ | | | |
| ( ) Incluir<br>( ) Alterar<br>( ) Excluir | ___/___ | | | |
| ( ) Incluir<br>( ) Alterar<br>( ) Excluir | ___/___ | | | |
| ( ) Incluir<br>( ) Alterar<br>( ) Excluir | ___/___ | | | |

Observação: ________________________________________________

**2.5. RECONHECIMENTO DE FILIAÇÃO E ATUALIZAÇÃO DE ATIVIDADE**

Ao escolher a opção "Incluir" ou "Alterar" informe os dados corretos para atualização.
Ao escolher a opção "Excluir" informe os dados a serem excluídos.

| Ação | NIT | * Tipo de Filiado | Ocupação | Data de Início | Data-Fim |
|---|---|---|---|---|---|
| ( ) Incluir<br>( ) Alterar<br>( ) Excluir | | | | __/__/____ | __/__/____ |
| ( ) Incluir<br>( ) Alterar<br>( ) Excluir | | | | __/__/____ | __/__/____ |
| ( ) Incluir<br>( ) Alterar<br>( ) Excluir | | | | __/__/____ | __/__/____ |
| ( ) Incluir<br>( ) Alterar<br>( ) Excluir | | | | __/__/____ | __/__/____ |

***Tipo de Filiado: 1 - Empregado Doméstico; 2 - Contribuinte Individual; 3 - Segurado Especial; 4 - Facultativo**

Observação:________________________________________

**2.6. ACERTO DE CONTRIBUIÇÕES**
**(CONTRIBUINTE INDIVIDUAL, FACULTATIVO E SEGURADO ESPECIAL)**
Informe os dados para atualização.

**2.6.1. INCLUIR OU EXCLUIR CONTRIBUIÇÃO (exceto GPS/DARF)**

| Ação | Competência (Mês/Ano) | NIT/PIS/Pasep/NIS | Código | Valor (R$) autenticado | Valor (R$) de contribuição | Data do Pagamento (Dia/Mês/Ano) |
|---|---|---|---|---|---|---|
| ( ) Incluir<br>( ) Excluir | __/____ | | | | | __/__/____ |
| ( ) Incluir<br>( ) Excluir | __/____ | | | | | __/__/____ |
| ( ) Incluir<br>( ) Excluir | __/____ | | | | | __/__/____ |
| ( ) Incluir<br>( ) Excluir | __/____ | | | | | __/__/____ |
| ( ) Incluir<br>( ) Excluir | __/____ | | | | | __/__/____ |
| ( ) Incluir<br>( ) Excluir | __/____ | | | | | __/__/____ |
| ( ) Incluir<br>( ) Excluir | __/____ | | | | | __/__/____ |
| ( ) Incluir<br>( ) Excluir | __/____ | | | | | __/__/____ |

Observação:________________________________________

**2.6.2. ALTERAR CONTRIBUIÇÃO**

| NIT/PIS/Pasep/NIS | Competência (Mês/Ano)<br>De → Para | Data de Autenticação (Dia/Mês/Ano)<br>De → Para | | Valor (R$) da contribuição<br>De → Para | Valor (R$) autenticado<br>De → Para | Alterar Código de Pagamento<br>De → Para |
|---|---|---|---|---|---|---|
| | → | → | | → | → | → |
| | → | → | | → | → | → |
| | → | → | | → | → | → |
| | → | → | | → | → | → |
| | → | → | | → | → | → |
| | → | → | | → | → | → |
| | → | → | | → | → | → |

| | | | | | | |
|---|---|---|---|---|---|---|
| | → | → | | → | → | → |
| | → | → | | → | → | → |

Observação:______________________________

**2.6.3. DESMEMBRAR CONTRIBUIÇÃO**

| Guia a desmembrar (Mês/Ano) | NIT<br>PIS/Pasep<br>NIS | Valor (R$) autenticado (incluindo juros e multa) | Código | Data de Pagamento (Dia/Mês/Ano) | Período referente ao desmembramento (Mês/Ano a Mês/Ano) |
|---|---|---|---|---|---|
| ___/___ | | | | ___/___/___ | ___/___ a ___/___ |
| ___/___ | | | | ___/___/___ | ___/___ a ___/___ |
| ___/___ | | | | ___/___/___ | ___/___ a ___/___ |
| ___/___ | | | | ___/___/___ | ___/___ a ___/___ |
| ___/___ | | | | ___/___/___ | ___/___ a ___/___ |

Observação:______________________________

**2.6.4. TRANSFERIR CONTRIBUIÇÕES**

Do NIT/PIS/Pasep/NIS: ______________________________
Para o NIT/PIS/Pasep/NIS: ______________________________

| Competência (Mês/Ano) | Data de Autenticação (Dia/Mês/Ano) | Valor (R$) da contribuição | Valor (R$) autenticado | Código de Pagamento |
|---|---|---|---|---|
| ___/___ | ___/___/___ | | | |
| ___/___ | ___/___/___ | | | |
| ___/___ | ___/___/___ | | | |
| ___/___ | ___/___/___ | | | |
| ___/___ | ___/___/___ | | | |
| ___/___ | ___/___/___ | | | |
| ___/___ | ___/___/___ | | | |
| ___/___ | ___/___/___ | | | |
| ___/___ | ___/___/___ | | | |
| ___/___ | ___/___/___ | | | |
| ___/___ | ___/___/___ | | | |
| ___/___ | ___/___/___ | | | |

Observação:______________________________

1. Declaro, para os devidos fins, que exerço/exerci atividade de filiação obrigatória, referente às contribuições constantes no Cadastro Nacional de Informações Sociais - CNIS, vinculadas ao NIT conforme acima referenciado, na atividade e período conforme acima relacionados.

2. Declaro, ainda, serem completas e verdadeiras as informações acima expostas, estando ciente das penalidades do art. 299 do Código Penal Brasileiro:

Art. 299. Omitir, em documento público ou particular, declaração que devia constar, ou nele inserir, ou fazer inserir declaração falsa ou diversa da que devia ser escrita, com o fim de prejudicar direito, criar, obrigação ou alterar a verdade sobre fato juridicamente relevante.

*Atenção:* Junte ao requerimento os comprovantes dos dados a serem atualizados.

| Local: ______________<br>Data: ____/____/____ | Assinatura:<br>______________________ |
|---|---|

**ANEXO I-A**
**INSTRUÇÃO NORMATIVA PRES/INSS Nº 128, DE 28 DE MARÇO DE 2022**

REQUERIMENTO DE ATUALIZAÇÃO DO CNIS – RAC
2.1 - ACERTO DE DADOS DE IDENTIFICAÇÃO DA PESSOA FÍSICA

O "**Anexo I-A** – 2.1 – Acerto de Dados de Identificação da Pessoa Física" traz o formulário de acerto de dados no CNIS da pessoa física:

| 1. INFORMAÇÕES BÁSICAS |
|---|
| Nome civil: |
| CPF nº: |
| Número (s) de inscrição (ões) NIT/PIS/Pasep/NIS: |
| Data de nascimento: |
| Nome da mãe: |

| 2. TIPO DE ATUALIZAÇÃO | |
|---|---|
| 2.1. ACERTO DE DADOS DE IDENTIFICAÇÃO DA PESSOA FÍSICA<br>Ao escolher a opção "Incluir" ou "Alterar", informe na coluna "CAMPO A SER ATUALIZADO" o dado correto para atualização. Ao escolher a opção "Excluir" informe na coluna "CAMPO A SER ATUALIZADO" o dado a ser excluído. | |
| **AÇÃO** | **CAMPO A SER ATUALIZADO** |
| ( ) Incluir<br>( ) Alterar<br>( ) Excluir | 1. Nome social (se houver): |
| ( ) Incluir<br>( ) Alterar<br>( ) Excluir | 2. Nome civil: |
| ( ) Incluir<br>( ) Alterar<br>( ) Excluir | 3. Nome da mãe: |
| ( ) Incluir<br>( ) Alterar<br>( ) Excluir | 4. Nome do pai: |
| ( ) Incluir<br>( ) Alterar<br>( ) Excluir | 5. Data de nascimento: |
| ( ) Incluir<br>( ) Alterar<br>( ) Excluir | 6. Sexo:<br>( ) Masculino ( ) Feminino ( ) Não informado/declarado |
| ( ) Incluir<br>( ) Alterar<br>( ) Excluir | 7. Estado civil:<br>( ) Solteiro(a) ( ) Casado(a) ( ) Viúvo(a)<br>( ) Divorciado(a) ( ) Separado(a) Judicialmente |
| ( ) Incluir<br>( ) Alterar<br>( ) Excluir | 8. Grau de instrução:<br>( ) Analfabeto ( ) Fundamental Incompleto ( ) Fundamental Completo<br>( ) Ensino Médio Incompleto ( ) Ensino Médio Completo<br>( ) Superior Incompleto ( ) Superior Completo ( ) Especialização |
| ( ) Incluir<br>( ) Alterar<br>( ) Excluir | 9. Cor/Raça:<br>( ) Branca ( ) Preta ( ) Parda ( ) Amarela<br>( ) Indígena ( ) Não Declarada |
| ( ) Incluir<br>( ) Alterar<br>( ) Excluir | 10. Nacionalidade:<br>( ) Brasileira ( ) Brasileiro Nascido no Exterior<br>( ) Naturalizado Brasileiro ( ) Estrangeiro |
| ( ) Incluir<br>( ) Alterar<br>( ) Excluir | 11. Município de nascimento/UF: |
| ( ) Incluir<br>( ) Alterar<br>( ) Excluir | 12. País de origem |
| ( ) Incluir<br>( ) Alterar<br>( ) Excluir | 13. Chegada ao País (estrangeiro): |
| ( ) Incluir<br>( ) Alterar<br>( ) Excluir | 14. Endereço principal:<br>CEP: ____________<br>Tipo de Logradouro (Rua/Avenida): ____________<br>Logradouro: ____________ Nº: ______ Complemento: ____________ Bairro: ____________ UF: ______<br>Município: ____________ |

| | |
|---|---|
| ( ) Incluir<br>( ) Alterar<br>( ) Excluir | 15. Endereço secundário:<br>CEP: ____________<br>Tipo de Logradouro (Rua/Avenida): ____________<br>Logradouro: ____________ Nº: ______ Complemento: ________ Bairro: __________ UF: ______<br>Município: ____________ |
| ( ) Incluir<br>( ) Alterar<br>( ) Excluir | 16. Telefones:<br>Fixo: (DDD: ____) Nº ____________<br>Celular: (DDD: _____) Nº ____________<br>Principal: (DDD: _____) Nº ____________<br>Secundário: (DDD: _____) Nº ____________<br>E-mail: ____________ |
| ( ) Incluir<br>( ) Alterar<br>( ) Excluir | 17. CPF nº: |
| ( ) Incluir<br>( ) Alterar<br>( ) Excluir | 18. Nº CTPS: ____________ Nº Série: ________<br>Data de Emissão: ___/___/___ UF: ________ |
| ( ) Incluir<br>( ) Alterar<br>( ) Excluir | 19. Nº Carteira de Identidade (RG): ____________<br>Data de Emissão: ___/___/____ UF: _____ Órgão Emissor: ________ |
| ( ) Incluir<br>( ) Alterar<br>( ) Excluir | 20. Nº Título de eleitor: ____________<br>Data de Emissão: _____/_____/________ |
| ( ) Incluir<br>( ) Alterar<br>( ) Excluir | 21. Certidão de nascimento:<br>Nº Termo: ________ Livro: ______ Folha: ________ UF: _____<br>Município: ____________<br>Cartório: ____________<br>Data do Evento: ____/____/_____ Data do Registro: ____/____/______ |
| ( ) Incluir<br>( ) Alterar<br>( ) Excluir | 22. Certidão de casamento:<br>Nº Termo ________ Livro: ______ Folha: ________ UF: _____<br>Município: ____________<br>Cartório: ____________<br>Data do Evento: ____/____/_____ Data do Registro: ____/____/______ |
| ( ) Incluir<br>( ) Alterar<br>( ) Excluir | 23. Nº Carteira de marítimo: ____________<br>Data de Emissão: _____/_____/________ |
| ( ) Incluir<br>( ) Alterar<br>( ) Excluir | 24. Nº CNH: ____________ Categoria: ________<br>Data Primeira Habilitação: ____/____/________<br>Data de Emissão: _____/_____/________ |
| ( ) Incluir<br>( ) Alterar<br>( ) Excluir | 25. Nº Passaporte: ____________ Série: ____________<br>Data de Emissão: _____/_____/_____ |
| ( ) Incluir<br>( ) Alterar<br>( ) Excluir | 26. Nº Documento estrangeiro: ____________<br>País Emissor: ____________ Data de Emissão: _____/_____/______ |

Declaro serem completas e verdadeiras as informações acima expostas, estando ciente das penalidades do art. 299 do Código Penal Brasileiro:
Art. 299. Omitir, em documento público ou particular, declaração que devia constar, ou nele inserir, ou fazer inserir declaração falsa ou diversa da que devia ser escrita, com o fim de prejudicar direito, criar, obrigação ou alterar a verdade sobre fato juridicamente relevante.

Atenção: Junte ao requerimento os comprovantes dos dados a serem atualizados.

| | |
|---|---|
| Local: ____________<br>Data: ______/_______/________ | Assinatura:<br>____________ |

**ANEXO I-B**
**INSTRUÇÃO NORMATIVA PRES/INSS Nº 128, DE 28 DE MARÇO DE 2022**

REQUERIMENTO DE ATUALIZAÇÃO DO CNIS – RAC
2.2 - ACERTO DE VÍNCULOS E REMUNERAÇÕES - EMPREGADO E EMPREGADO DOMÉSTICO

| **1. INFORMAÇÕES BÁSICAS** |
|---|
| Nome civil: |
| CPF nº: |

A **exclusão de informações** de atividade, vínculos e remunerações incorretas no CNIS deverá ser efetivada mediante declaração expressa do filiado, podendo utilizar um dos seguintes modelos simplificados de Requerimentos de Atualização do CNIS – RAC:

> I – **Anexo I-B – 2.2** – Acerto de Vínculos e Remunerações Empregado e Empregado Doméstico;
>
> II – **Anexo I-C – 2.3** – Acerto de remunerações – Trabalhador Avulso;
>
> III – **Anexo I-D – 2.4** – Acerto de Remunerações – CI Prestador de Serviço;
>
> IV – **Anexo I-E – 2.5** – Reconhecimento de Filiação e Atualização de Atividade, após pesquisas realizadas pelo INSS nos sistemas corporativos.

Eis os anexos:

| Número (s) de Inscrição (ões) NIT/PIS/Pasep/NIS: |
|---|
| Data de nascimento: |
| Nome da mãe: |

**2. TIPO DE ATUALIZAÇÃO**

**2.2. ACERTO DE VÍNCULOS E REMUNERAÇÕES - EMPREGADO E EMPREGADO DOMÉSTICO**

**2.2.1. INCLUIR VÍNCULO E REMUNERAÇÃO**

| Campo | Opções | |
|---|---|---|
| Tipo de Filiado: | ( ) Empregado | ( ) Empregado Doméstico |
| Nome ou Razão Social do Empregador: | | |
| Nº CNPJ/CEI/CPF do Empregador: | | |
| Data de Admissão: | | |
| Data de Rescisão: | | |
| Motivo da Rescisão: | | |
| Tipo de Contrato: | ( ) Contrato de Trabalho por Prazo Determinado, vinculado à ocorrência de um fato<br>( ) Contrato de Trabalho por Tempo Indeterminado<br>( ) Contrato de Trabalho por Tempo Determinado<br>( ) Contrato Temporário de Trabalho<br>( ) Aluno Aprendiz<br>( ) Menor Aprendiz<br>( ) Mandato Eletivo | |
| Regime Jurídico (Trabalho): ( ) CLT ( ) Estatutário / Regime Jurídico Único – RJU | | |
| Regime Previdenciário: ( ) RGPS ( ) RPPS | | |
| Natureza da Ocupação: ( ) Urbana ( ) Rural | | |
| Ocupação (CBO): | | |

| Competência (Mês/Ano) | Remuneração (R$) | Competência (Mês/Ano) | Remuneração (R$) | Competência (Mês/Ano) | Remuneração (R$) |
|---|---|---|---|---|---|
| ___/___/____ | | ___/___/____ | | ___/___/____ | |
| ___/___/____ | | ___/___/____ | | ___/___/____ | |
| ___/___/____ | | ___/___/____ | | ___/___/____ | |

Observação:_______________________________________________

**2.2.2. ALTERAR VÍNCULO**

Nome ou Razão Social do Empregador:

Nº CNPJ/CEI/CPF do Empregador:

| **Dados** | De | Para |
|---|---|---|
| Data de Admissão: | ___/___/____ | ___/___/____ |
| Data de Rescisão: | ___/___/____ | ___/___/____ |
| Motivo da Rescisão: | | |
| Tipo de Contrato: | | |
| Regime Jurídico (Trabalho): | | |
| Regime Previdenciário: | | |
| Natureza do Vínculo: | | |
| Ocupação (CBO): | | |

Observação:_______________________________________________

**2.2.3. ALTERAR REMUNERAÇÃO DO VÍNCULO**

**ATENÇÃO:** Empregado preencher o nº CNPJ/CEI/CAEPF/CNO do estabelecimento

Empregado Doméstico preencher o nº CPF do empregador

Tipo de Remuneração: ( ) Normal ( ) Trabalho Cedido ( ) Dirigente Sindical ( ) Acordo, Convenção ou Dissídio Coletivo ( ) Reclamatória Trabalhista

| Razão Social do Empregador | Nº CNPJ/CEI/CAEPF/CNO/ CPF do Empregador | Data de Admissão | Competência (Mês/Ano) | De (R$) | Para (R$) |
|---|---|---|---|---|---|
| | | ___/___/____ | | | |

| | | | | | |
|---|---|---|---|---|---|
| | | __/__/__ | | | |
| | | __/__/__ | | | |
| | | __/__/__ | | | |
| | | __/__/__ | | | |
| | | __/__/__ | | | |
| | | __/__/__ | | | |
| | | __/__/__ | | | |

Observação:......................................................................

**2.2.4. COMPROVAR VÍNCULO EXTEMPORÂNEO**

| Nome ou Razão Social do Empregador | Nº CNPJ/CEI/CPF do Empregador | Data de Admissão (Dia/Mês/Ano) | Data de Rescisão (Dia/Mês/Ano) |
|---|---|---|---|
| | | __/__/__ | __/__/__ |
| | | __/__/__ | __/__/__ |
| | | __/__/__ | __/__/__ |
| | | __/__/__ | __/__/__ |

Observação:______________________________________

**2.2.5. EXCLUIR VÍNCULO**

| Nome ou Razão Social do Empregador | Nº CNPJ/CEI/CPF do Empregador | Data de Admissão (Dia/Mês/Ano) | Data de Rescisão (Dia/Mês/Ano) |
|---|---|---|---|
| | | __/__/__ | __/__/__ |
| | | __/__/__ | __/__/__ |
| | | __/__/__ | __/__/__ |
| | | __/__/__ | __/__/__ |
| | | __/__/__ | __/__/__ |

Declaro serem completas e verdadeiras as informações acima expostas, estando ciente das penalidades do artigo 299 do Código Penal Brasileiro, conforme descrito abaixo.

*"Art. 299. Omitir, em documento público ou particular, declaração que devia constar, ou nele inserir, ou fazer inserir declaração falsa ou diversa da que devia ser escrita, com o fim de prejudicar direito, criar, obrigação ou alterar a verdade sobre fato juridicamente relevante."*

| | |
|---|---|
| Local: ........................................ | Assinatura: |
| Data: ......./......../........ | ........................................ |

**ANEXO I-C**
**INSTRUÇÃO NORMATIVA PRES/INSS Nº 128, DE 28 DE MARÇO DE 2022**

REQUERIMENTO DE ATUALIZAÇÃO DO CNIS – RAC
2.3 - ACERTO DE REMUNERAÇÕES - TRABALHADOR AVULSO

| **1. INFORMAÇÕES BÁSICAS** |
|---|
| Nome civil: |
| CPF nº: |
| Número(s) de Inscrição(ões) NIT/PIS/Pasep/NIS: |
| Data de nascimento: |
| Nome da mãe: |

**2. TIPO DE ATUALIZAÇÃO**

**2.3. ACERTO DE REMUNERAÇÕES – TRABALHADOR AVULSO**
Informe os dados para atualização.

**2.3.1. INCLUIR REMUNERAÇÕES DO TRABALHADOR AVULSO**

| Tipo: | ( ) Portuário | ( ) Não Portuário |
|---|---|---|

Nº CNPJ do OGMO/Sindicato:

Nº CNPJ do Estabelecimento:

| Competência (Mês/Ano) | Nº CNPJ do Tomador | Natureza* | Ocupação (CBO) | Remuneração (R$) |
|---|---|---|---|---|
| ____/______ | | | | |
| ____/______ | | | | |
| ____/______ | | | | |
| ____/______ | | | | |
| ____/______ | | | | |
| ____/______ | | | | |
| ____/______ | | | | |
| ____/______ | | | | |

*Natureza: 1 – Urbana; 2 – Rural

Observação:______________________________

**2.3.2. ALTERAR REMUNERAÇÕES DO TRABALHADOR AVULSO**

**DE:**

| Tipo: | ( ) Portuário | ( ) Não Portuário |
|---|---|---|

Nº CNPJ do OGMO/Sindicato:

Nº CNPJ do Estabelecimento:

| Competência (Mês/Ano) | Nº CNPJ do Tomador | Natureza* | Ocupação (CBO) | Remuneração (R$) |
|---|---|---|---|---|
| ____/______ | | | | |
| ____/______ | | | | |
| ____/______ | | | | |
| ____/______ | | | | |
| ____/______ | | | | |
| ____/______ | | | | |
| ____/______ | | | | |
| ____/______ | | | | |

*Natureza: 1 – Urbana; 2 – Rural

**PARA:**

| Tipo: | ( ) Portuário | ( ) Não Portuário |
|---|---|---|

Nº CNPJ do OGMO/Sindicato:

Nº CNPJ do Estabelecimento:

| Competência (Mês/Ano) | Nº CNPJ do Tomador | Natureza* | Ocupação (CBO) | Remuneração (R$) |
|---|---|---|---|---|
| ____/______ | | | | |
| ____/______ | | | | |
| ____/______ | | | | |
| ____/______ | | | | |
| ____/______ | | | | |
| ____/______ | | | | |
| ____/______ | | | | |

Observação:______________________________

**2.3.3. EXCLUIR REMUNERAÇÕES DO TRABALHADOR AVULSO**

| Tipo: | ( ) Portuário | | ( ) Não Portuário | |
|---|---|---|---|---|
| Nº CNPJ do OGMO/Sindicato: | | | | |
| Nº CNPJ do Estabelecimento: | | | | |
| Competência (Mês/Ano) | Nº CNPJ do Tomador | Natureza* | Ocupação (CBO) | Remuneração (R$) |
| ____/____ | | | | |
| ____/____ | | | | |
| ____/____ | | | | |
| ____/____ | | | | |
| ____/____ | | | | |
| ____/____ | | | | |

*Natureza: 1 - Urbana; 2 - Rural

Observação:______________________________________________

Declaro serem completas e verdadeiras as informações acima expostas, estando ciente das penalidades do art. 299 do Código Penal Brasileiro:

Art. 299. Omitir, em documento público ou particular, declaração que devia constar, ou nele inserir, ou fazer inserir declaração falsa ou diversa da que devia ser escrita, com o fim de prejudicar direito, criar, obrigação ou alterar a verdade sobre fato juridicamente relevante.

**Atenção: Junte ao requerimento os comprovantes dos dados a serem atualizados.**

| Local: ______________________ | Assinatura: |
|---|---|
| Data: ____/____/____ | ______________________ |

**ANEXO I-D**
**INSTRUÇÃO NORMATIVA PRES/INSS Nº 128, DE 28 DE MARÇO DE 2022**

REQUERIMENTO DE ATUALIZAÇÃO DO CNIS – RAC
2.4 - ACERTO DE REMUNERAÇÕES - CI PRESTADOR DE SERVIÇO

| **1. INFORMAÇÕES BÁSICAS** |
|---|
| Nome civil: |
| CPF nº: |
| Número (s) de inscrição (ões) NIT/PIS/Pasep/NIS: |
| Data de nascimento: |
| Nome da mãe: |

| **2. TIPO DE ATUALIZAÇÃO** |
|---|
| **2.4. ACERTO DE REMUNERAÇÕES**<br>Informe os dados para atualização. |

| | | | | | |
|---|---|---|---|---|---|
| ( ) Incluir<br>( ) Alterar<br>( ) Excluir | | | | __/__/___ | __/__/___ |
| ( ) Incluir<br>( ) Alterar<br>( ) Excluir | | | | __/__/___ | __/__/___ |

***Tipo de Filiado: 1 - Empregado Doméstico; 2 - Contribuinte Individual; 3 - Segurado Especial; 4 - Facultativo**

Observação: ________________________________

Declaro, para os devidos fins, que exerço/exerci atividade de filiação obrigatória, referente às contribuições constantes no Cadastro Nacional de Informações Sociais - CNIS, vinculadas ao NIT conforme acima referenciado, na atividade e período conforme acima relacionados.

Declaro, ainda, serem completas e verdadeiras as informações acima expostas, estando ciente das penalidades do art. 299 do Código Penal Brasileiro:

Art. 299. Omitir, em documento público ou particular, declaração que devia constar, ou nele inserir, ou fazer inserir declaração falsa ou diversa da que devia ser escrita, com o fim de prejudicar direito, criar, obrigação ou alterar a verdade sobre fato juridicamente relevante.

Atenção: Junte ao requerimento os comprovantes dos dados a serem atualizados.

| | |
|---|---|
| Local: ________________ | Assinatura: |
| Data: _____/______/______ | ________________________ |

**ANEXO I-F**
**INSTRUÇÃO NORMATIVA PRES/INSS Nº 128, DE 28 DE MARÇO DE 2022**

REQUERIMENTO DE ATUALIZAÇÃO DO CNIS – RAC
2.6 - ACERTO DE CONTRIBUIÇÕES

| **1. INFORMAÇÕES BÁSICAS** |
|---|
| Nome civil: |
| CPF nº: |
| Número (s) de Inscrição (ões) NIT/PIS/Pasep/NIS: |
| Data de nascimento: |
| Nome da mãe: |

**2. TIPO DE ATUALIZAÇÃO**

**2.6. ACERTO DE CONTRIBUIÇÕES**
**(CONTRIBUINTE INDIVIDUAL, FACULTATIVO E SEGURADO ESPECIAL)**
Informe os dados para atualização.

**2.6.1. INCLUIR OU EXCLUIR CONTRIBUIÇÃO (exceto GPS/DARF)**

| Ação | Competência (Mês/Ano) | NIT/PIS/Pasep/NIS | Código | Valor (R$) autenticado | Valor (R$) de contribuição | Data de Pagamento (Dia/Mês/Ano) |
|---|---|---|---|---|---|---|
| ( ) Incluir<br>( ) Excluir | ___/____ | | | | | __/__/___ |
| ( ) Incluir<br>( ) Excluir | ___/____ | | | | | __/__/___ |
| ( ) Incluir<br>( ) Excluir | ___/____ | | | | | __/__/___ |
| ( ) Incluir<br>( ) Excluir | ___/____ | | | | | __/__/___ |
| ( ) Incluir<br>( ) Excluir | ___/____ | | | | | __/__/___ |
| ( ) Incluir<br>( ) Excluir | ___/____ | | | | | __/__/___ |

Observação: ________________________________

**2.6.2. ALTERAR CONTRIBUIÇÃO**

| NIT/PIS/Pasep/NIS | Competência (Mês/Ano)<br>De → Para | Data de Autenticação (Dia/Mês/Ano)<br>De → Para | | Valor (R$) da contribuição<br>De → Para | Valor (R$) autenticado<br>De → Para | Alterar Código de Pagamento<br>De → Para |
|---|---|---|---|---|---|---|
| | → | → | | → | → | → |
| | → | → | | → | → | → |
| | → | → | | → | → | → |
| | → | → | | → | → | → |
| | → | → | | → | → | → |
| | → | → | | → | → | → |
| | → | → | | → | → | → |
| | → | → | | → | → | → |
| | → | → | | → | → | → |

Observação:............................................................

**2.6.3. DESMEMBRAR CONTRIBUIÇÃO**

| Guia a desmembrar (Mês/Ano) | NIT<br>PIS/Pasep<br>NIS | Valor (R$) autenticado (incluindo juros e multa) | Código | Data de Pagamento (Dia/Mês/Ano) | Período referente ao desmembramento (Mês/Ano a Mês/Ano) |
|---|---|---|---|---|---|
| ___/___ | | | | ___/___/___ | ___/___ a ___/___ |
| ___/___ | | | | ___/___/___ | ___/___ a ___/___ |
| ___/___ | | | | ___/___/___ | ___/___ a ___/___ |
| ___/___ | | | | ___/___/___ | ___/___ a ___/___ |
| ___/___ | | | | ___/___/___ | ___/___ a ___/___ |
| ___/___ | | | | ___/___/___ | ___/___ a ___/___ |
| ___/___ | | | | ___/___/___ | ___/___ a ___/___ |
| ___/___ | | | | ___/___/___ | ___/___ a ___/___ |

Observação:___________________________________________

**2.6.4. TRANSFERIR CONTRIBUIÇÕES**

Do NIT/PIS/Pasep/NIS: ............................................................
Para o NIT/PIS/Pasep/NIS: ............................................................

| Competência (Mês/Ano) | Data de Autenticação (Dia/Mês/Ano) | Valor (R$) da contribuição | Valor (R$) autenticado | Código de Pagamento |
|---|---|---|---|---|
| ___/___ | ___/___/___ | | | |
| ___/___ | ___/___/___ | | | |
| ___/___ | ___/___/___ | | | |
| ___/___ | ___/___/___ | | | |
| ___/___ | ___/___/___ | | | |
| ___/___ | ___/___/___ | | | |
| ___/___ | ___/___/___ | | | |
| ___/___ | ___/___/___ | | | |
| ___/___ | ___/___/___ | | | |
| ___/___ | ___/___/___ | | | |
| ___/___ | ___/___/___ | | | |
| ___/___ | ___/___/___ | | | |

Observação:___________________________________________

Declaro serem completas e verdadeiras as informações acima expostas, estando ciente das penalidades do art. 299 do Código Penal Brasileiro:

Art. 299. Omitir, em documento público ou particular, declaração que devia constar, ou nele inserir, ou fazer inserir declaração falsa ou diversa da que devia ser escrita, com o fim de prejudicar direito, criar, obrigação ou alterar a verdade sobre fato juridicamente relevante.

Atenção: Junte ao requerimento os comprovantes dos dados a serem atualizados.

| Local: ______________________<br>Data: ____/____/____ | Assinatura:<br>________________________________ |
|---|---|

Contudo, **somente as informações validadas no CNIS serão utilizadas pelo INSS**, pois o referido cadastro possui **marcas** sobre os vínculos (modelo antigo de indicadores do CNIS Cidadão), a saber:

> **Marca Amarela ou EXT-NT:** para vínculo que foi registrado no sistema em momento ulterior estabelecido pela legislação e que deverá ser confirmado após a apresentação de documentos pelo segurado;
>
> **Marca Amarela em Vínculos de Segurado Especial ou PEND:** período do segurado especial registrado, mas que ainda depende de confirmação;
>
> **Marca Verde ou EXT-DT:** para vínculo extemporâneo analisado e confirmado pela autarquia previdenciária;
>
> **Marca Laranja ou EXT-IT:** para vínculo extemporâneo analisado e não confirmado pela autarquia previdenciária;
>
> **Marca Roxa ou EXT-DP**: para vínculo extemporâneo analisado e parcialmente confirmado pela autarquia previdenciária;
>
> **Marca Vermelha com texto amarelo em Vínculos de Segurado Especial ou NEGAT**: o tempo registrado como segurado especial é negativo;
>
> **Marca Vermelha com "X" amarelo ou IRREG:** vínculo considerado irregular;
>
> **Marca Vermelha com "S" em amarelo abaixo do menu RT:** atesta a existência de reclamatória trabalhista;
>
> **Marca Azul:** vínculo referente a Regime Próprio de Previdência Social;
>
> **Letra "R" em azul ao lado direito do vínculo**: remuneração pendente de acerto;
>
> **Letra "A" azul ao lado direito do Vínculo:** vínculo alterado pela Previdência Social;
>
> **Asterisco Verde ao Lado Esquerdo do Vínculo:** vínculo com faixa crítica, ou seja, há mais de um segurado com o mesmo número de inscrição ou outras situações análogas.

Logo, é necessário que o usuário do CNIS saiba interpretar as suas informações, para que não sejam utilizados indevidamente vínculos não confirmados ou irregulares.

A pesquisa pode ser promovida pelo nome do segurado, CPF ou PIS. Na página inaugural do CNIS estão listados os vínculos previdenciários do segurado com empresas, na condição de segurado especial, como contribuinte individual por conta própria ou na condição de segurado facultativo, com indicação do termo inicial e final, caso esteja cessado. Veja-se um exemplo real:

24/09/2012 - 17:50:15
Pág.: 1 de 1

INSS

CNIS - Cadastro Nacional de Informações Sociais

Períodos de Contribuição

Inscrição Principal: 1.706.641.974-8 Inscrição Informada: 1.706.641.974-8

Nome: FREDERICO AUGUSTO DI TRINDADE AMADO

*** O INSS poderá rever a qualquer tempo as informações constantes deste extrato, art. 19, §3 Decr. Nr. 3.048/99. ***

| Seq | Tipo Trab | Rec1 | Empregador/ Informações SE | Inscrição Cadastrada | Admissão/ Comp. Inicial | Rescisão/ Comp. Final | Comp. Ult Remun | Tipo Vínculo | CBO | Identificação da Obra | Acerto Pendente |
|---|---|---|---|---|---|---|---|---|---|---|---|
| 001 | CNPJ | *(EXT-NT) | 00.401.376/0001-08 SECRETARIA DE CULTURA - SECULT | 1.706.641.974-8 | 23/01/1998 | | 02/2001 | | 1114 | | |
| 002 | CNPJ | *(RPPS) | 05.489.410/0001-61 PROCURADORIA-GERAL FEDERAL | 1.706.641.974-8 | 06/05/2003 | | 12/2006 | CLT | 2412 | | |
| 003 | CNPJ | *(RPPS) | 26.994.558/0003-95 ADVOCACIA GERAL DA UNIAO | 1.706.641.974-8 | 06/05/2003 | | 12/2006 | CLT | 2412 | | |
| 004 | CNPJ | | 01.188.034/0001-14 SOCIEDADE TECNOPOLITANA DA BAHIA LTDA | 1.706.641.974-8 | 01/06/2007 | 02/02/2009 | | CLT | 2341 | | |
| 005 | CNPJ | | 01.221.872/0001-42 ASSOCIACAO EDUCACIONAL UNYAHNA S/C | 1.706.641.974-8 | 01/04/2009 | | 08/2009 | CLT | 2347 | | |
| 006 | CI | | | 1.706.641.974-8 | 02/2010 | | 02/2010 | | | | |

*** Fim da pesquisa de Vínculos ***

Também existe uma página com todas as informações cadastrais do segurado:

INSS

CNIS - Cadastro Nacional de Informações Sociais

Dados Cadastrais do Trabalhador

Inscrição Principal: 1.706.641.974-8 Inscrição Informada: 1.706.641.974-8
Dt Cadastramento: 01/01/1998
Nome: FREDERICO AUGUSTO DI TRINDADE AMADO
Sexo: Masculino

Dt Nascimento: 16/08/1979 Dt Óbito: 00/00/0000 CPF: 929.018.835-91
Nome da Mãe: GILDA PIMENTEL AMADO
Título Eleitor: 00000000000-00
Identidade: Emissor: UF:
CPTS: 2279159 / 00200 / SE
Certidão Civil: Folha: Livro: Termo:
Nacionalidade: BRASILEIRA
Município Nasc.: Nao Informado

Endereço:
Bairro:
Município:
UF:
CEP: 00.000.000

Ainda será possível o detalhamento dos salários de contribuição do segurado registrados por cada vínculo por cada ano contributivo, conforme a consulta abaixo:

PREVIDÊNCIA SOCIAL

INSS

CNIS – Cadastro Nacional de Informações Sociais

Remunerações do Trabalhador

Inscrição Principal: 1.706.641.974-8 Inscrição Informada: 1.706.641.974-8
Inscrição Associada ao Vínculo: 1.706.641.974-8

Nome: FREDERICO AUGUSTO DI TRINDADE AMADO
Empregador: 00.401.376/0001-08
SECRETARIA DE CULTURA - SECULT

Data Admissao : 23/01/1998 Ult Remun : 02/2001

| Ano | Mês | Remunerações Valor Histórico ($) | Acerto Pendente | Ag.Noc. |
|---|---|---|---|---|
| 1998 | JAN | 0,00 | | |
| | FEV | 329,33 | | |
| | MAR | 260,00 | | |
| | ABR | 260,00 | | |
| | MAI | 260,00 | | |
| | JUN | 260,00 | | |
| | JUL | 260,00 | | |
| | AGO | 260,00 | | |
| | SET | 260,00 | | |
| | OUT | 260,00 | | |
| | NOV | 260,00 | | |
| | DEZ | 346,65 | | |

O novo modelo de CNIS (Portal CNIS) já apresenta o significado das marcas, se houver, possuindo um novo formato, conforme tela abaixo:

Página 5 de 6

PREVIDÊNCIA SOCIAL

INSS

CNIS – Cadastro Nacional de Informações Sociais

Extrato Previdenciário - Portal CNIS

13/11/2016 10:38:04

**Identificação do Filiado**

**Nit:** **CPF:** **Nome:**
**Data de Nascimento:** **Nome da Mãe:**

| Seq. | NIT | Origem do Vínculo | Tipo Filiado Vínculo | Data Início | Data Fim | Indicadores |
|---|---|---|---|---|---|---|
| 3 | | PERÍODO DE ATIVIDADE DE SEGURADO ESPECIAL | Segurado Especial | 31/12/2007 | 22/06/2008 | PSE-PEN |

**Períodos**

| NIT | Data Início | Data Fim | Fonte | Situação | Indicadores |
|---|---|---|---|---|---|
| | 31/12/2007 | | CAFIR | Pendente | PSE-PEN |

| Seq. | NIT | Origem do Vínculo | Tipo Filiado Vínculo | Data Início | Data Fim | Indicadores |
|---|---|---|---|---|---|---|
| 4 | | PERÍODO DE ATIVIDADE DE SEGURADO ESPECIAL | Segurado Especial | 23/06/2008 | | PSE-NEG<br>ISE-CVU |

**Períodos**

| NIT | Data Início | Data Fim | Fonte | Situação | Indicadores |
|---|---|---|---|---|---|
| | 31/12/2007 | | CAFIR | Pendente | PSE-PEN |

| Seq. | NIT | Origem do Vínculo | Tipo Filiado Vínculo | Data Início | Data Fim | Indicadores |
|---|---|---|---|---|---|---|
| 5 | | RECOLHIMENTO | Contribuinte Individual | 01/03/2009 | 31/03/2009 | |

**Contribuições**

| Compet. | Data Pgto. | Contribuição | Salário Contrib. | Indicadores |
|---|---|---|---|---|
| 03/2009 | 17/04/2009 | 643,78 | 3.218,90 | |

O INSS poderá rever a qualquer tempo as informações constantes deste extrato, conforme artigo 19, § 3° do Decreto 3.048/99.

Neste exemplo acima, o **indicador PSE-PEN** no vínculo de segurado especial entre 31.12.2007 e 22.6.2008 indica que os períodos obtidos de bases governamentais com marcador pendente de confirmação para o segurado especial.

Atualmente, em ordem alfabética crescente, é possível apontar a existência dos seguintes indicadores mais importantes de vínculos no CNIS (listagem exemplificativa) extraídos da prática previdenciária:

| INDICADOR DO CNIS | SIGNIFICADO |
|---|---|
| **AEXT-IND** | ACERTO DE VÍNCULO EXTEMPORÂNEO INDEFERIDO |
| **AEXT-VP** | ACERTO DE VÍNCULO EXTEMPORÂNEO DEFERIDO PARCIALMENTE |
| **AEXT-VT** | ACERTO DE VÍNCULO EXTEMPORÂNEO DEFERIDO TOTALMENTE |
| **ASEF-DEF** | PERÍODO DE SEGURADO ESPECIAL INDÍGENA |
| **GFIP** | INDICADOR DE REMUNERAÇÃO DE CI PRESTADOR DE SERVIÇO DECLARADA EM GFIP |
| **IEAN (15), IEAN (20) ou IEAN (25)** | INDICADOR DE REMUNERAÇÕES QUE POSSUEM INDICAÇÃO DE EXPOSIÇÃO A AGENTE NOCIVO |
| **IGFIP-INF** | Indicador de GFIP meramente informativa (depende de comprovação da atividade) |
| **ILEI123** | Indicador de contribuição recolhida com fundamento na Lei Complementar 123 |
| **IMEI** | RECOLHIMENTO DE CONTRIBUIÇÃO PREVIDENCIÁRIA NA CONDIÇÃO DE MICROEMPREENDEDOR INDIVIDUAL |
| **IREC-CIRURAL** | Recolhimento com código de Contribuinte Individual Rural sem homologação |
| **IREC-FBR** | Recolhimento de segurado facultativo de baixa renda |
| **IREC-INDPEND** | Recolhimentos com indicadores e/ou pendências |
| **IREC-LC123 ou IRECOL (ILEI123)** | RECOLHIMENTO PELA LEI COMPLEMENTAR 123 |
| **IREC-LC 123-SUP** | RECOLHIMENTO PELA LEI COMPLEMENTAR 123 EM VALOR SUPERIOR AO SALÁRIO MÍNIMO |
| **IRECOL/GFIP** | INDICADOR DE SOMATÓRIO DE CONTRIBUIÇÕES FEITAS EM GUIA DE RECOLHIMENTO E GUIA GFIP |
| **IRECOI** | RECOLHIMENTO DE CONTRIBUIÇÃO PREVIDENCIÁRIA POR MEIO DA GUIA DE RECOLHIMENTO |
| **ISALMIN** | CONTRIBUIÇÃO LIMITADA AO SALÁRIO MÍNIMO |
| **PADM-EMPR** | VÍNCULO COM DATA DE ADMISSÃO ANTERIOR AO INÍCIO DA ATIVIDADE DO EMPREGADOR |
| **PDT-NASC-FIL--INV** | IDADE DO FILIADO MENOR QUE A PERMITIDA E PDT-NASC-FIL-MENOR--INV – IDADE DO FILIADO MENOR APRENDIZ MENOR QUE A PERMITIDA |
| **PEMP-IDINV** | TIPO EMPREGADOR INVÁLIDO |
| **PEMP-CAD** | FALTA DE INFORMAÇÕES CADASTRAIS DO CNPJ OU CEI |
| **PREC-COD1821** | Recolhimento com código de pagamento 1821 – Titular de Mandato Eletivo |
| **PREC-CSE** | Recolhimento GPS de Segurado Especial Pendente Comprovação |

| INDICADOR DO CNIS | SIGNIFICADO |
|---|---|
| **PREC-FACULT-CONC** | RECOLHIMENTO OU ATIVIDADE DE CONTRIBUINTE FACULTATIVO CONCOMITANTE COM OUTRO TIPO DE FILIAÇÃO |
| **PREC-FBR** | RECOLHIMENTO FACULTATIVO BAIXA RENDA NÃO VALIDADO |
| **PREC-FBR-ANT** | Recolhimento facultativo baixa renda anterior a comp. 09/2011 |
| **PREC-LC123-ANT** | Recolhimento com código da LC 123 anterior à competência 04/2007 |
| **PREC-MENOR-MIN** | RECOLHIMENTO ABAIXO DO VALOR MÍNIMO |
| **PREC-PMIG-DOM** | RECOLHIMENTO DE EMPREGADO DOMÉSTICO SEM REGISTRO DE VÍNCULO |
| **PREM-EMPR** | Remuneração antes do início da atividade do empregador |
| **PREM-EXT** | REMUNERAÇÃO DE CONTRIBUINTE INDIVIDUAL PRESTADOR DE SERVIÇO INFORMADA EXTEMPORANEAMENTE |
| **PREM-FVIN** | Remunerações posteriores ao fim do vínculo de trabalho |
| **PREM-RET** | Remuneração de prestador de serviço declarada em GFIP mas que não é considerada para previdência por ser anterior a 04/2003 ou não possui a declaração do campo "valor retido" se posterior a esse período |
| **PRES-EMPR** | DATA DE RESCISÃO ANTERIOR AO INÍCIO DA ATIVIDADE DO EMPREGADOR |
| **PEXT** | PENDÊNCIA DE VÍNCULO EXTEMPORÂNEO NÃO TRATADO |
| **PRPPS** | REGIME PREVIDENCIÁRIO RPPS |
| **PSE-NEG** | PERÍODO NEGATIVO DE SEGURADO ESPECIAL |
| **PSE-PEN** | PERÍODO PENDENTE DE SEGURADO ESPECIAL |
| **PSE-POS** | PERÍODO POSITIVO DE SEGURADO ESPECIAL |
| **PVIN-IRREG** | VÍNCULO IRREGULAR |
| **PVIN-MIL** | VÍNCULO COM AFASTAMENTO PARA PRESTAÇÃO DE SERVIÇO MILITAR |
| **PVIN-OBITO** | DATA DE INÍCIO DO VÍNCULO EMPREGATÍCIO POSTERIOR À DATA DE ÓBITO DO SEGURADO |

As contribuições não tratadas/validadas manualmente pelo servidor no Portal CNIS/Requerimento de Guias Pendentes, a partir da Versão 4.20 do Portal CNIS, que apresentarem algum tipo de pendência detectada pelos batimentos automáticos, receberão o **indicador PREC-FBR (recolhimento de segurado Facultativo de Baixa Renda não validado)** e respectivos motivos (subindicadores), que apresentarão o tipo de pendência existente. Eis alguns motivos deste indicador:

**FBR-AUT-BAT** – Recolhimento de segurado Facultativo de Baixa Renda com atualização cadastral/elos no CNIS aguardando batimentos.

**FBR-AUT-CONCBEN** – Recolhimento de segurado Facultativo de Baixa Renda concomitante com benefício incompatível (previdenciário/BPC/PA).

**FBR-AUT-CONCSD** – Recolhimento de segurado Facultativo de Baixa Renda concomitante com período de Seguro Desemprego (SD/SDPA).

**FBR-AUT-DUPGRUPFAM** – Recolhimento de segurado Facultativo de Baixa Renda com duplicidade de grupo familiar.

**FBR-AUT-FACULTCONC** – Recolhimento de segurado Facultativo de Baixa Renda concomitante com filiação incompatível (segurado obrigatório).

**FBR-AUT-OBITO** – Recolhimento de segurado Facultativo de Baixa Renda com óbito anterior à competência de referência ou à data do pagamento.

**FBR-AUT-PENDCAD** – Recolhimento de segurado Facultativo de Baixa Renda sem cadastro no CadÚnico ou sem a atualização bienal.

**FBR-AUT-RENPES** – Recolhimento de segurado Facultativo de Baixa Renda com renda pessoal informada no CadÚnico.

**FBR-AUT-RENSUP** – Recolhimento de segurado Facultativo de Baixa Renda com renda familiar superior a 2 (dois) salários mínimos.

**Coube ainda à Portaria INSS/DIRBEN 1.005/2022 constituir novos indicadores no CNIS a respeito dos ajustes no salário de contribuição:**

**ANEXO IV PORTARIA DIRBEN/INSS Nº 990, DE 28 DE MARÇO DE 2022 (incluído pela PORTARIA DIRBEN/INSS nº 1.005, 11 de abril de 2022)**

**INDICADORES DOS AJUSTES DE COMPLEMENTAÇÃO, UTILIZAÇÃO E AGRUPAMENTO**

**Indicadores de Complementação:**

**1. ICOMPL-VR-SM-EC103:** Indicador que sinaliza se a competência possui recolhimento de complementação Darf para o valor mínimo.

**2. IVLR-DARF-LIMITADO:** Indicador que sinaliza que um valor de Darf foi limitado de forma que o valor total da competência não ultrapasse o valor do Salário Mínimo na competência.

**Indicadores de Agrupamento:**

**1. IAGRUP-ZER-EC103:** Indicador aplicado na competência que possui valor abaixo de Salário Mínimo e que cede para outra competência e restando a cedente zerada (desfavorecida);

2. IAGRUP-VR-EC103: Indicador aplicado na competência que possui valor abaixo de Salário Mínimo e que cede para outra competência e restando a cedente com resíduo (desfavorecida).

3. IAGRUP-SM-EC103: Indicador aplicado na competência que recebe de outra competência, que possui valor abaixo de Salário Mínimo e ficando a favorecida igual ao Salário Mínimo (favorecida).

4. IAGRUP-MN-SM-EC103: Indicador aplicado na competência que recebe de outra competência, que possui valor abaixo de Salário Mínimo e permanecendo a favorecida abaixo do Salário Mínimo (favorecida).

**Indicadores de Utilização:**

1. IUTILIZ-EXC-EC103: Indicador aplicado na competência que receber valor de competências que possuam valores excedentes ao Salário Mínimo e ficando a favorecida igual ao Salário Mínimo (favorecida).

2. IUTILIZ-EXC-MN-SM-EC103: Indicador aplicado na competência que receber valor de competências que possuam valores excedentes ao Salário Mínimo e permanecendo a favorecida abaixo do Salário Mínimo (favorecida).

3. ICED-VR-EXC-EC103: Indicador aplicado na competência com que possui valor excedente ao Salário Mínimo e que cede valor para outra competência (desfavorecida).

**Outros indicadores:**

1. IREL-PREV-POSSUI-COMP-AJUST: Indicador aplicado na Relação Previdenciária para sinalizar que esta possui alguma competência que foi ajustada (favorecida/desfavorecida).

2. IREM-INDPEND: Indicador aplicado na Relação Previdenciária, exceto no tipo Período Contribuição Consolidado, para sinalizar que esta possui remunerações que contém indicadores e/ou pendencias diferentes dos indicadores EC103.

Temos, ainda, mais dois indicadores de pendências:

**A. PDESFAZ-AJ-EC103**: Pendência por desfazimento de agrupamento ou utilização;

B. **PSC-MEN-SM-EC103**: Pendência na competência em que o somatório dos salários de contribuição é menor que o mínimo. Competência pode ser passível de complementação, utilização ou agrupamento, de acordo com a EC 103/2019.

Tivemos uma especificação de novas regras do CNIS com o advento da Portaria INSS/DIRBEN 1.121/2023, com a previsão de **3 (três) tipos de indicadores no Portal CNIS:**

> **I – Indicador de Pendência (CsPendencia):** identifica a informação que possui alguma pendência, sendo necessária a atualização dessa informação no Portal CNIS para que ocorra a sua liberação e utilização pelos sistemas de benefícios. Geralmente informado com "P" na primeira letra da sigla do indicador;
>
> **II – Indicador de Alerta (CsIndicador):** identifica a informação com a aplicação de um alerta, podendo ou não ser demandada uma ação pelo INSS, a exemplo do indicador Exposição Agentes Nocivos – IEAN que, aplicado a um período de vínculo empregatício, norteia um possível enquadramento do período como especial, para fins de cômputo em benefício, de forma que o período será computado como comum caso não seja efetuado o seu enquadramento como especial. Geralmente é informado com "I" na primeira letra da sigla do indicador; e
>
> **III – Indicador de Acerto já efetuado (CsAcerto):** apenas indica que um acerto foi efetuado anteriormente em determinado vínculo, remuneração, contribuição ou período de atividade, para que seja observada, quando necessária nova alteração, a existência do acerto anterior e as possíveis implicações que isso trará. Geralmente é informado com "A" na primeira letra da sigla do indicador.

Outrossim, restou aprovado o Anexo V – Relação dos Indicadores Disponibilizados no CNIS (SEI 11137035), que passará a compor a Portaria Dirben/INSS nº 990, de 28 de março de 2022, que serão disponibilizados no Portal-INSS, na intraprev.

**A atual redação do referido Anexo V encontra-se com a redação dada pela Portaria DIRBEN/INSS Nº 1262 DE 21/03/2025:**

INSTITUTO NACIONAL DO SEGURO SOCIAL

Diretoria de Benefícios e Relacionamento com o Cidadão

**Anexo**

**PORTARIA DIRBEN/INSS Nº 1.262, DE 21 DE MARÇO DE 2025**

**ANEXO**

**ANEXO V - RELAÇÃO DOS INDICADORES DISPONIBILIZADOS NO CNIS**

**I - INDICADORES DE PENDÊNCIA (CsPendencia):**

| TIPO | GRUPO | SIGLA | DESCRIÇÃO | ESCLARECIMENTOS |
|---|---|---|---|---|
| CsPendencia | AJUSTES EC103 - OUTROS INDICADORES | **PDESFAZ-AJ-EC103** | **Pendência por desfazimento de agrupamento ou utilização** | Trata-se de um indicador de pendência por desfazimento de agrupamento ou utilização.<br>Indica que não poderão ocorrer operações de utilização de excedente, agrupamento e complementação num ano civil que possua qualquer competência que apresente a pendência: PDESFAZ-AJ-EC103. |

| | | | | |
|---|---|---|---|---|
| CsPendencia | AJUSTES EC103 - OUTROS INDICADORES | **PMOV-INCONSIST** | **Pendência de registro inconsistente de movimentação entre competências** | Trata-se de um indicador de pendência que verifica a consistência dos dados de créditos e débitos, ocorridos entre competências, no processo de elaboração dos ajustes de agrupamento, utilização e complementação de valores entre competências de um mesmo ano civil.<br>O indicador somente será aplicado quando detectada a inconsistência. |
| CsPendencia | AJUSTES EC103 - OUTROS INDICADORES | **PREM-BLOQ-EC103** | **Pendência de bloqueio de remuneração/contribuição para ajuste entre competências** | Pendência para sinalização de bloqueio, aplicada quando a remuneração/contribuição possui algum tipo de pendência que não permite sua participação em ajuste entre competências. Aplicada na remuneração/contribuição bloqueada. A competência do ano civil poderá possuir esta pendência caso todos os recolhimentos envolvidos na competência estejam bloqueados.<br>Esse indicador de pendência é exibido quando existir:<br>A. vínculo extemporâneo;<br>B. remuneração extemporânea de CI prestador de serviço;<br>C. contribuição pelo Plano Simplificado (inclusive o MEI), quando essa contribuição for concomitante com vínculo de empregado e |

| | | | | |
|---|---|---|---|---|
| | | | | empregado doméstico/período de trabalhador avulso, sem complementação para 20%;<br>D. inconsistências no cadastro de Pessoa Jurídica;<br>E. período de vínculo ou remuneração fora do período de atividade da empresa. |
| CsPendencia | AJUSTES EC103 - OUTROS INDICADORES | **PSC-MEN-SM-EC103** | **Pendência que sinaliza que a competência possui salário de contribuição menor do que o mínimo. Competência não tratada, passível de complementação, utilização ou agrupamento** | Pendência na competência em que o somatório dos salários de contribuição é menor que o mínimo. Competência pode ser passível de complementação, utilização ou agrupamento, de acordo com a Emenda Constitucional nº 103/2019.<br>Esta pendência é mutuamente exclusiva em relação à pendência PREM-BLOQ-EC103, ou seja, caso exista PREM-BLOQ-EC103, PSCMEN-SM-EC103 não será verificada.<br>A partir da competência novembro de 2019, esse indicador substitui o indicador PREC-MENOR-MIN quando se tratar de situações alcançadas pelo art. 29 da Emenda Constitucional nº 103/2019.<br>É em "Detalhamento da Relação Previdenciária |

| | | | | |
|---|---|---|---|---|
| | | | | por Competência" onde pode ser observada a aplicação do novo indicador PSC-MEN-SM-EC103 envolvendo competências que se encontram abaixo do valor mínimo permitido, sendo necessários os Ajustes do art. 29 da Emenda Constitucional nº 103/2019, a serem requeridos pelo segurado via canal de atendimento remoto do Meu INSS.<br>Após a realização de Ajustes de complementação, utilização e agrupamento, bem como o processamento do Documento de Arrecadação de Receitas Federais - Darf liquidado, já não é mais apresentado o indicador PSC-MEN-SM-EC103 nas competências ajustadas. |
| CsPendencia | CONTRIBUIÇÕES | **IREC-FBR-IND** | **Recolhimento de segurado Facultativo de Baixa Renda indeferido/inválido via Portal CNIS** | Indica que o período de contribuição efetuado como facultativo de baixa renda da Lei nº 12.470/2011, já foi analisado e indeferido/invalidado manualmente pelo servidor no Portal CNIS/Requerimento de Guias Pendentes. |
| CsPendencia | CONTRIBUIÇÕES | **PREC-CDCONC** | **Recolhimento ou período atividade de contribuinte em dobro concomitante com outro TFV (Tipo de Filiado no Vínculo)** | Indicador de pendência para guias de contribuição ou período atividade de contribuinte em dobro concomitante com outro Tipo de Filiado no Vínculo - TFV.<br>Para a retirada da pendência, deverá ser analisada a situação do CNIS em relação aos recolhimentos/vínculos apresentados, a fim de |

| | | | | |
|---|---|---|---|---|
| | | | | identificar qual o tratamento a ser dispensado para o caso concreto, se devido.<br>Poderá ser identificado que não há tratamento a ser aplicado em razão da contribuição ter sido realizada indevidamente e já ter sido ultrapassado o prazo para solicitar restituição à Secretaria Especial da Receita Federal do Brasil - RFB. |
| CsPendencia | CONTRIBUIÇÕES | **PREC-COD1821** | **Recolhimento com código de pagamento 1821 - Mandato Eletivo** | O indicador PREC-COD1821 sinaliza pendência no recolhimento de complementação dos valores devidos à alíquota de 20%, aplicada para o interstício entre 01/02/1998 e 18/09/2004, em que o exercente de mandato eletivo optou pela filiação como segurado facultativo, para fins de validação e cômputo do período. |

| | | | | |
|---|---|---|---|---|
| CsPendencia | CONTRIBUIÇÕES | **PREC-CSE** | **Recolhimento de segurado especial pendente de comprovação da atividade** | Guia diferente de Guia da Previdência Social - GPS, sem código de pagamento e com registro de Segurado Especial no banco de atividade do CNIS: apresenta pendência.<br>GPS com código de pagamento 1503 (SE - Segurado Especial) com ou sem registro de segurado especial no banco de atividade do CNIS: apresenta pendência.<br>Requerimento de SE no CNIS homologando a atividade corresponde ao período de contribuição da guia não GPS ou GPS: retira a pendência da contribuição.<br>Dessa forma, o indicador de pendência do recolhimento facultado ao segurado especial, em GPS ou por guia diferente de GPS sem código de pagamento (Carnê, Guia de Recolhimento Simplificada - GRS) deverá ser tratado para que o período recolhido seja considerado.<br>Deve-se fazer a ratificação na categoria de segurado especial através de requerimento no Portal CNIS, conforme procedimentos previstos na legislação vigente.<br>Se constatado que não se trata de segurado especial, pode ser realizado o reconhecimento de filiação em outra atividade obrigatória, demandando alteração do código de pagamento, ou ainda para a categoria de |

| | | | | |
|---|---|---|---|---|
| | | | | "facultativo", desde que atendidas as disposições legais. |
| CsPendencia | CONTRIBUIÇÕES | **PREC-FACULTCONC** | **Recolhimento ou período de contribuinte facultativo concomitante com outros vínculos** | Pendência em recolhimentos efetuados nos códigos relativos a facultativo, a partir da implantação da GPS, e/ou recolhimentos anteriores à implantação da GPS que tenham correspondente período declarado de atividade como facultativo concomitantes com outro Tipo de Filiado no Vínculo - TFV.<br>Não há impacto no reconhecimento de direitos nos casos em que os vínculos do segurado estejam corretos e a concomitância com filiação obrigatória no RGPS seja confirmada, pois apesar da disponibilização dos recolhimentos indevidos aos sistemas de benefícios, esses recolhimentos estão marcados como pendentes e não serão considerados. |

| | | | | |
|---|---|---|---|---|
| | | | | Contudo, pode haver impacto no reconhecimento do direito nos casos em que a concomitância indevida decorrer de vínculos sem data de rescisão ou recolhimentos com códigos de pagamento equivocado, sendo necessário realizar os ajustes devidos no CNIS a fim de que o indicador seja retirado do recolhimento. |
| CsPendencia | CONTRIBUIÇÕES | **PREC-FBR** | **Recolhimento de segurado Facultativo de Baixa Renda não validado** | Até 18/05/2023, data da implementação da Versão 4.20 do Portal CNIS (Baseline 4.20.0), este indicador apontava pendência atribuída aos períodos de contribuições do segurado FBR aguardando a validação ou a invalidação pelo servidor em decorrência de solicitação do segurado, conforme Memorando-Circular Conjunto nº 41/DIRBEN/CGTI/INSS, de 19/09/2018.<br>A partir da Versão 4.20 do Portal CNIS (Baseline 4.20.0), as contribuições não tratadas/validadas manualmente pelo servidor no Portal CNIS/Requerimento de Guias Pendentes, que apresentarem algum tipo de pendência detectada pelos batimentos automáticos, receberão o indicador PREC-FBR (recolhimento de segurado Facultativo de Baixa Renda não validado) e respectivos motivos |

| | | | | |
|---|---|---|---|---|
| | | | | (subindicadores), que apresentarão o tipo de pendência existente. Os novos motivos possíveis para o indicador são: FBR-AUT-BAT, FBR-AUT-CONCBEN, FBR-AUT-CONCSD, FBR-AUT-DUPGRUPFAM, FBR-AUT-FACULTCONC, FBR-AUT-OBITO, FBR-AUT-PENDCAD, FBR-AUT-RENPES, FBR-AUT-RENSUP, FBR-AUT-EXPCAD, FBR-AUT-PENDPROCES e FBR-AUT-CONCQSA. |
| CsPendencia | CONTRIBUIÇÕES | **PREC-FBR (FBR-AUT-BAT)** | **Recolhimento de segurado Facultativo de Baixa Renda com atualização cadastral/elos no CNIS aguardando batimentos** | Ocorrendo atualização cadastral em dados de pessoa física do segurado Facultativo de Baixa Renda, o recolhimento passará a apresentar o indicador de pendência PREC-FBR (FBR-AUT-BAT) enquanto aguarda o batimento automático, levando em conta as informações contidas em todos os NITs envolvidos, que somente ocorrerá no processamento noturno do dia em que houve a alteração do CNIS. |
| CsPendencia | CONTRIBUIÇÕES | **PREC-FBR (FBR-AUT-CONCBEN)** | **Recolhimento de segurado Facultativo de Baixa Renda concomitante com benefício incompatível (previdenciário/BPC/PA)** | O indicador PREC-FBR (FBR-AUT-CONCBEN) será apresentado quando for identificado recolhimento de segurado Facultativo de Baixa Renda concomitante com benefícios do Regime Geral de Previdência Social - RGPS, de Benefício de Prestação Continuada da Lei Orgânica da Assistência Social - BPC-LOAS ou de Pensão Alimentícia - PA, visto que o valores recebidos |

| | | | | |
|---|---|---|---|---|
| | | | | também constituem renda própria e, portanto, impedem a validação de contribuição como FBR. São consideradas todas as espécies de benefícios do RGPS/INSS.<br><br>Previsão legal e normativa: alínea "b", inciso II, § 2º, art. 21, da Lei nº 8.212, de 24/07/1991, Parecer nº 22/2014/CONJUR-MPS/CGU/AGU, de 17/01/2014, e Nota CGLEN nº 44, de 24/02/2014 – SPPS/MPS. |

| | | | | |
|---|---|---|---|---|
| CsPendencia | CONTRIBUIÇÕES | **PREC-FBR (FBR-AUT-CONCQSA)** | **Recolhimento de segurado Facultativo de Baixa Renda participante de quadro societário (QSA) de empresa** | A aplicação desse indicador ocorre a partir do batimento automático com a base de Pessoa Jurídica do CNIS para verificação da existência de informação de que o segurado integre Quadro de Sócios e Administradores (QSA) de empresa ou seja Microempreendedor Individual (MEI). Caso exista uma dessas informações, as competências concomitantes relativas aos recolhimentos nos códigos 1929 (mensal) ou 1937 (trimestral) serão invalidadas. Para QSA, a consulta é a equivalente à do Painel do Cidadão no Portal CNIS, e para o MEI, a consulta é a equivalente à do menu Consulta > Pessoa Jurídica/Equiparado > Dados Cadastrais, também no Portal CNIS, observando a indicação "MEI: Sim" no detalhamento do CNPJ.<br><br>Previsão legal: alínea "b", inciso II, § 2º, art. 21, da Lei 8.212, de 24/07/1991.<br><br>Procedimento: O servidor deverá oportunizar ao segurado a apresentação de documentação que indique situação diversa daquela constatada no sistema, observadas as normas vigentes.<br><br>As contribuições não validadas pelo motivo de o segurado ser participante de quadro societário (QSA) de empresa, quando esteja na situação de que trata o § 9º do art. 94 da Instrução Normativa PRES/INSS nº 128, de 28/03/2022 ("segurado contribuinte individual, |

| | | | | |
|---|---|---|---|---|
| | | | | por conta própria ou o que presta serviços à empresa, inclusive como empresário, no mês em que não for paga nem creditada remuneração, ou não houver retribuição financeira pela prestação de serviços), poderão ser aproveitadas caso o segurado faça sua complementação para 11% (Plano Simplificado de Previdência - PSP) ou 20% (Plano Normal), com a utilização de códigos de pagamento de GPS previstos no ADE CODAC/RFB nº 46, de 2013.<br>Os recolhimentos não validados nesse cenário, caso não complementados, poderão ser objeto de solicitação de restituição junto à RFB, conforme previsão contida no art. 89 da Lei nº 8.212, de 24/07/1991, e Instrução Normativa RFB nº 2055, de 06/12/2021. |
| CsPendencia | CONTRIBUIÇÕES | **PREC-FBR (FBR-AUT-CONCSD)** | **Recolhimento de segurado Facultativo de Baixa Renda concomitante com período de Seguro Desemprego (SD/SDPA)** | O indicador PREC-FBR (FBR-AUT-CONCSD) será apresentado quando for identificado recolhimento de segurado Facultativo de Baixa Renda concomitante com período de Seguro Desemprego (SD/SDPA).<br>Previsão legal: alínea "b", inciso II, § 2º, art. 21, da Lei nº 8.212, de 24/07/1991.<br>Procedimento: O servidor analisador do INSS |

| | | | | |
|---|---|---|---|---|
| | | | | deve verificar se o recolhimento como segurado FBR refere-se a competência concomitante com período de Seguro Desemprego ou Seguro Defeso. Caso positivo, o recolhimento é indevido, cabendo ao segurado a solicitação de restituição junto à RFB ou optar por migrar para outro plano de contribuição, complementando a alíquota de contribuição para 11% ou 20%, respectivamente, nos códigos de GPS 1830 ou 1945, quando aplicável. |
| CsPendencia | CONTRIBUIÇÕES | **PREC-FBR (FBR-AUT-DUPGRUPFAM)** | **Recolhimento de segurado Facultativo de Baixa Renda com duplicidade de grupo familiar** | Como regra, ao ingressar em outro grupo familiar no Cadastro Único para Programas Sociais do Governo Federal - CadÚnico, a pessoa é excluída do grupo familiar anterior. Mesmo sendo uma situação incomum a existência de duplicidade do membro em mais de um grupo familiar, foi prevista a apresentação do indicador PREC-FBR (FBR-AUT-DUPGRUPFAM) para informar ao usuário sobre duplicidade de cadastro familiar em relação ao membro se identificada essa situação durante o processamento automático.<br>Procedimento: O servidor analisador do INSS deve orientar o segurado a efetuar a atualização no CadÚnico para correção das informações, no sentido de regularizar as informações referentes à Família a que pertence. |

| | | | | |
|---|---|---|---|---|
| CsPendencia | CONTRIBUIÇÕES | **PREC-FBR (FBR-AUT-EXPCAD)** | **Recolhimento de segurado Facultativo de Baixa Renda sem atualização bienal no CadÚnico** | O segurado FBR deve, além de estar inscrito no Cadastro Único para Programas Sociais do Governo Federal - CadÚnico, realizar o recolhimento da contribuição previdenciária como segurado FBR dentro do período de dois anos a partir da atualização da situação no CadÚnico, conforme previsão normativa: art. 12, do Decreto nº 11.016, de 29/03/2022.<br>Procedimento: O servidor analisador do INSS deve orientar o segurado a atualizar seu cadastro junto ao CadÚnico. Todavia, somente serão computados os recolhimentos efetuados posteriormente à atualização.<br>As contribuições não validadas pelo motivo de cadastro expirado poderão ser aproveitadas caso o segurado faça sua complementação para 11% (Plano Simplificado de Previdência - PSP) ou 20% (Plano Normal), com a utilização de códigos de pagamento de GPS previstos no ADE CODAC/RFB nº 46, de 2013. |

| | | | | |
|---|---|---|---|---|
| CsPendencia | CONTRIBUIÇÕES | **PREC-FBR (FBR-AUT-FACULTCONC)** | **Recolhimento de segurado Facultativo de Baixa Renda concomitante com filiação incompatível (segurado obrigatório)** | O indicador PREC-FBR (FBR-AUT-FACULTCONC) será apresentado quando for identificada contribuição como segurado FBR concomitante com vínculo no Regime Geral de Previdência Social - RGPS ou no Regime Próprio de Previdência Social - RPPS.<br>Previsão legal: alínea "b", inciso II, § 2º, art. 21, da Lei nº 8.212, de 24/07/1991.<br>Procedimento: O servidor analisador do INSS deve verificar a existência de vínculos, remunerações, ou contribuições de filiação obrigatória concomitantes com os recolhimentos FBR. Conforme o caso, não caberá a validação das contribuições, restando ao segurado solicitar a restituição junto à RFB ou solicitar a complementação para 11% (Plano Simplificado de Previdência - PSP) ou 20% (Plano Normal), com a utilização de códigos de pagamento de GPS previstos no ADE CODAC/RFB nº 46, de 2013.<br>Caso se trate de vínculo sem data fim no Portal CNIS, mas já encerrado de fato, em período anterior aos recolhimentos, o servidor analisador do INSS deve proceder à atualização do CNIS conforme orientações das normas pertinentes; então a competência deixará de apresentar esse indicador, conforme o caso. |

| | | | | |
|---|---|---|---|---|
| CsPendencia | CONTRIBUIÇÕES | **PREC-FBR (FBR-AUT-OBITO)** | **Recolhimento de segurado Facultativo de Baixa Renda com óbito anterior à competência de referência ou à data do pagamento** | O indicador PREC-FBR (FBR-AUT-OBITO) será apresentado quando for identificado recolhimento de segurado Facultativo de Baixa Renda com óbito anterior à competência de referência ou à data do pagamento. O sistema não valida a contribuição cuja data de pagamento da competência ou a própria competência sejam posteriores à data de óbito do segurado.<br><br>Previsão normativa: item 39, do Parecer nº 45/2011/DIVCONS/CGMBEN/PFE-INSS - Comando SIPPS 346583001 - Processo SEI nº 35014.034699/2022-51.<br><br>Procedimento: O servidor analisador do INSS deve verificar se trata-se de homônimo e se o óbito se refere ao contribuinte. Confirmado o óbito do segurado anterior ao pagamento da contribuição, esta não será validada, restando ao dependente unicamente a possibilidade de solicitação de restituição junto à RFB.<br><br>Importante observar que, tratando-se de informação indevida de óbito, deverá ser verificado o motivo da divergência, cabendo observar as normas pertinentes para adoção do procedimento correto. |

| | | | | |
|---|---|---|---|---|
| CsPendencia | CONTRIBUIÇÕES | **PREC-FBR (FBR-AUT-PENDCAD)** | **Recolhimento de segurado Facultativo de Baixa Renda sem cadastro no CadÚnico** | Inicialmente, cabe destacar que anteriormente à versão 4.20 do Portal CNIS (baseline 4.20.0, build de 29/08/2023) esse indicador também era apresentado quando identificado recolhimento de segurado facultativo de baixa renda sem a atualização bienal. Entretanto, com a versão 4.20 do Portal CNIS, foi criado o indicador FBR-AUT-EXPCAD para destacar os recolhimentos com essa situação específica.<br><br>Dessa forma, a partir da publicação Portaria DIRBEN/INSS nº 1.174, em 23/10/2023, o indicador FBR-AUT-PENDCAD passou a ser apresentado apenas quando for identificado recolhimento de segurado facultativo de baixa renda sem cadastro no Cadastro Único para Programas Sociais do Governo Federal - CadÚnico.<br><br>Pode ser encontrada a previsão normativa para a aplicação desse indicador no § 4º, do art. 21, da Lei nº 8.212, de 24/07/1991.<br><br>Procedimento: O servidor analisador do INSS deve orientar o segurado a efetuar o cadastro junto ao CadÚnico. Todavia, somente serão computados os recolhimentos efetuados após o cadastro válido.<br><br>As contribuições não validadas pelo motivo de ausência de inscrição no CadÚnico poderão ser aproveitadas caso o segurado faça sua complementação para 11% (Plano Simplificado |

| | | | | |
|---|---|---|---|---|
| | | | | de Previdência - PSP) ou 20% (Plano Normal), com a utilização de códigos de pagamento de GPS previstos no ADE CODAC/RFB nº 46, de 2013.<br>Os recolhimentos não validados pelo motivo de ausência de cadastro, caso não complementados, poderão ser objeto de solicitação de restituição junto à RFB, conforme previsão contida no art. 89 da Lei nº 8.212, de 24/07/1991, e Instrução Normativa RFB nº 2055, de 06/12/2021. |
| CsPendencia | CONTRIBUIÇÕES | **PREC-FBR (FBR-AUT-PENDPROCES)** | **Recolhimento de segurado Facultativo de Baixa Renda pendente de processamento no CadÚnico** | O indicador PREC-FBR (FBR-AUT-PENDPROCES) é aplicado quando o serviço de consulta automática ao Cadastro Único para Programas Sociais do Governo Federal - CadÚnico não consegue obter as informações necessárias naquele Cadastro para a validação das contribuições do segurado FBR.<br>Previsão legal e normativa: § 4º, do art. 21, da Lei nº 8.212, de 24/07/1991, e art. 12, do Decreto nº 11.016, de 29/03/2022. |

| | | | | |
|---|---|---|---|---|
| CsPendencia | CONTRIBUIÇÕES | **PREC-FBR (FBR-AUT-RENPES)** | **Recolhimento de segurado Facultativo de Baixa Renda com renda pessoal informada no CadÚnico** | O indicador PREC-FBR (FBR-AUT-RENPES) é apresentado quando o segurado informa ter renda própria no Cadastro Único para Programas Sociais do Governo Federal - CadÚnico. Esse quesito é avaliado conforme as informações existentes no CadÚnico. Previsão legal: alínea "b", inciso II, § 2º, art. 21, da Lei nº 8.212, de 24/07/1991.<br>Procedimento: Não há tratamento a ser adotado pelo servidor. Trata-se de informações prestadas pelo cidadão ao CadÚnico indicando a existência de renda pessoal, o que impede a validação do recolhimento. Não é possível retirar a pendência. Assim, cabe orientar ao segurado a proceder a atualização das informações no CadÚnico, se for o caso, a qual será válida a partir da competência em que for realizada, ou realizar a complementação para a alíquota de 11% (no código 1830) ou de 20% (no código 1945) ou ainda a solicitação de restituição junto à RFB. |

| | | | | |
|---|---|---|---|---|
| CsPendencia | CONTRIBUIÇÕES | **PREC-FBR (FBR-AUT-RENSUP)** | **Recolhimento de segurado Facultativo de Baixa Renda com renda familiar superior a 2 salários mínimos** | A família na qual o segurado é inscrito no Cadastro Único para Programas Sociais do Governo Federal - CadÚnico deve apresentar renda mensal de até 2 (dois) salários mínimos, conforme previsão normativa: art. 21, § 4º, da Lei 8.212, de 24/07/1991.<br>Dessa forma, quando for identificado recolhimento de segurado facultativo de baixa renda com renda familiar superior a 2 salários mínimos, o indicador de pendência PREC-FBR (FBR-AUT-RENSUP) será apresentado.<br>Procedimento: Não há tratamento a ser adotado pelo servidor. A renda familiar superior a 2 (dois) salários mínimos advém de informações prestadas pelo próprio segurado junto ao CadÚnico.<br>Assim, cabe orientar ao segurado a proceder a atualização das informações no CadÚnico, se for o caso, a qual será válida a partir da competência em que for realizada, ou realizar a complementação para a alíquota de 11% (no código 1830) ou de 20% (no código 1945) ou ainda a solicitação de restituição junto à RFB. |

| | | | | |
|---|---|---|---|---|
| CsPendencia | CONTRIBUIÇÕES | **PREC-FBR-ANT** | **Recolhimento de segurado Facultativo de Baixa Renda anterior a 09/2011 (inválido)** | O PREC-FBR-ANT indica recolhimento de facultativo baixa renda - FBR anterior à competência 09/2011. Esta pendência é atribuída às contribuições recolhidas com código de pagamento de FBR em competências anteriores à publicação da Lei nº 12.470, de 2011, instituidora dessa modalidade de contribuição previdenciária.<br>O filiado pode solicitar a alteração do recolhimento para o código correspondente ao Plano Simplificado - PS da Lei Complementar nº 123, de 2006 (11%) ou para o plano convencional (20%) e recolher a diferença, caso necessário.<br>Nos casos de recolhimentos em atraso fora das condições exigidas para o segurado facultativo, caberá a avaliação pelo servidor da validade do recolhimento e/ou possível orientação quanto ao direito de restituição. |
| CsPendencia | CONTRIBUIÇÕES | **PREC-LC150-DOM** | **Pagamento de doméstica em GPS em período de remuneração de fonte INSS/eSocial** | Toda contribuição de empregado doméstico efetuada em GPS para a competência 10/2015 em diante é indevida e receberá o indicador de pendência PREC-LC150-DOM, para que não seja utilizada pelos sistemas de benefícios.<br>Caso identificado recolhimento indevido do empregado doméstico em GPS após 09/2015, poderá ser solicitada a restituição dos valores junto à RFB, observada a prescrição. |

| | | | | |
|---|---|---|---|---|
| CsPendencia | CONTRIBUIÇÕES | **PREC-MENOR-MIN** | **Recolhimento abaixo do valor mínimo** | Indicador de Pendência disponibilizado para as contribuições de segurado especial, facultativo e contribuinte individual, incluindo o prestador de serviço, efetuadas a partir de 07/1994, a fim de identificar as competências nas quais houve recolhimentos inferiores ao salário mínimo, e que não são qualificadas a compor os benefícios previdenciários, na forma do § 3º do art. 214 do Decreto nº 3.048, de 1999 (Regulamento da Previdência Social - RPS). Há impacto no reconhecimento do direito. A não complementação da contribuição inferior ao limite mínimo impede o seu aproveitamento para fins de tempo de contribuição, carência e cálculo do valor dos benefícios.<br><br>O valor da contribuição considerada para fins de exibição, ou não, do indicador PREC-MENOR-MIN, será apurado de acordo com a alíquota de contribuição correspondente ao Tipo de Filiado no Vínculo - TFV e espécie de filiação. Se ocorrer complementação da contribuição pendente, o indicador PREC-MENOR-MIN será automaticamente retirado.<br><br>Observação: As contribuições do empregado doméstico em GPS não recebem marcação do indicador PREC-MENOR-MIN nos casos de contribuição abaixo do valor mínimo até 09/2015, considerando que a remuneração para esse tipo de filiado era proporcional ao tempo de trabalho efetivo durante o mês, |

| | | | | |
|---|---|---|---|---|
| | | | | conforme disposto no RPS, em seu art. 214, § 3º, inciso II.<br><br>A partir da competência 10/2015, o recolhimento da contribuição de empregado doméstico passou a ser efetuado por Documento de Arrecadação do eSocial - DAE, sendo que para o CNIS são utilizadas as remunerações lançadas no evento S-1200 (folha de pagamento) no Sistema de Escrituração Digital das Obrigações Fiscais, Previdenciárias e Trabalhistas - eSocial, e não os valores de remuneração referentes ao recolhimento do DAE.<br><br>A partir de publicação da Emenda Constitucional nº 103/2019, de acordo com seu art. 29, para o contribuinte individual por conta própria que contribuiu na alíquota de 20% e para o prestador de serviço, esse indicador não é mais aplicado a partir da competência 11/2019, passando a ser aplicado o indicador de pendência PSC-MEN-SM-EC103.<br><br>Procedimento: O servidor analisador do INSS deverá orientar o segurado a efetuar o recolhimento da diferença entre o valor já recolhido e o limite mínimo estabelecido para a competência. |

| | | | | |
|---|---|---|---|---|
| CsPendencia | CONTRIBUIÇÕES | **PREC-OBITO** | **Competência do recolhimento posterior ao mês do óbito** | O indicador de pendência PREC-OBITO foi implementado em 01/10/2024, data da versão 8.1.20 da Extrato CNIS, sendo aplicado nas competências de salários de contribuição de pessoa física que recolha individualmente com recolhimentos posteriores ao mês do óbito e naquelas em que a data do pagamento (data de autenticação) forem posteriores à data do óbito do segurado constante no CNIS.<br><br>Somente serão disponibilizadas para o reconhecimento de direitos os salários de contribuição de competências até o mês do óbito e que tiverem sido recolhidas antes do falecimento.<br><br>Procedimento: Confirmar se realmente existe o óbito e se a data foi informada corretamente no CNIS. Se verificada a necessidade de exclusão ou alteração da data de óbito, utilizar o módulo de Pessoa Física CNIS-PF. Caso a data do óbito esteja correta, verificar ainda se os salários de contribuição foram informados em competências equivocadas, observado que a data do pagamento (data de autenticação) deve ser anterior ao falecimento. Se verificada a necessidade de exclusão ou alteração da data de óbito, utilizar o módulo de Pessoa Física CNIS-PF. Se não houver alteração, só serão disponibilizadas para o reconhecimento de direitos competências até o mês do óbito e cuja |

| | | | | |
|---|---|---|---|---|
| | | | | autenticação seja anterior à data do óbito. |

| | | | | |
|---|---|---|---|---|
| CsPendencia | CONTRIBUIÇÕES | **PREC-PMIG-DOM** | **Recolhimento de empregado doméstico sem comprovação de vínculo** | Este indicador é normalmente aplicado às contribuições de empregado doméstico por falta do vínculo correspondente no Portal CNIS.<br>A contribuição também fica com o indicador de pendência PREC-PMIG-DOM se não estiver associada a um vínculo contemporâneo. Ao tratar a extemporaneidade do vínculo, a pendência da contribuição desaparece, pois passa a estar associada a um vínculo contemporâneo.<br>Também é aplicado aos recolhimentos da parte do empregador referente à salário-maternidade do empregado doméstico e/ou recolhimentos anteriores à implantação da GPS que tenham correspondente período declarado de atividade como empregado doméstico.<br>Procedimento: inclusão do vínculo de empregado doméstico no Portal CNIS – módulo VRE. Se constatado que não se trata de empregado doméstico poderá ser realizado reconhecimento de filiação em outra atividade obrigatória, demandando alteração do código de pagamento para a filiação obrigatória correspondente ou alteração do código para facultativo, a pedido do filiado e desde que atendidas as disposições legais.<br>A partir da competência 10/2015, somente as remunerações que constarem no vínculo serão válidas. Eventuais contribuições recolhidas por |

| | | | | |
|---|---|---|---|---|
| | | | | meio de GPS a partir desta competência não serão consideradas e receberão o indicador de pendência PREC-LC150-DOM. |
| CsPendencia | CONTRIBUIÇÕES | **PREM-EXT** | **Remuneração informada fora do prazo, passível de comprovação** | O indicador é apresentado em vínculos de contribuinte individual prestador de serviço em que o contratante presta a informação extemporaneamente a partir da competência 04/2003.<br>Dessa forma, o indicador só é apresentado na Extrato do CNIS, para o CI prestador de serviço a empresa, a partir da competência 04/2003, quando o contratante passou a ser responsável pelo recolhimento, conforme a Lei nº 10.666, de 2003.<br>Na consulta aos dados da GFIP/eSocial, disponíveis no Portal CNIS, é apresentada a |

| | | | | |
|---|---|---|---|---|
| | | | | informação se a contribuição é extemporânea ou não.<br>O não tratamento da remuneração impede o cômputo do período no reconhecimento de direitos. A pendência da remuneração do CI prestador de serviço pode ser retirada através de tratamento via requerimento específico no Portal CNIS, desde que apresentada documentação comprobatória dos dados divergentes na forma do art. 29-A da Lei nº 8.213, de 1991. |
| CsPendencia | CONTRIBUIÇÕES | **PREM-TSVE-PER-QUARENTENA** | **Remuneração informada após o término do TSVE referente ao período de Quarentena** | Desde 16/12/2024, com a implementação das versões Extrato CNIS 8.3.2 e Portal CNIS 4.23, passou a ser aplicado o indicador de pendência PREM-TSVE-PER-QUARENTENA ao período de remuneração compreendido entre a data de término do contrato do TSVE e a data final da Quarentena (dtFimRemun). |
| CsPendencia | CONTRIBUIÇÕES | **PREM-TSVE-PER-TERM-JUD** | **Pendência de Remuneração após o término do TSVE reconhecido judicialmente com data anterior a competências de remunerações já informadas no eSocial** | O indicador de pendência PREM-TSVE-PER-TERM-JUD foi implementado a partir de 23/08/2024, data da Versão 8.1.14 da Extrato CNIS, 6.0.0 do eSocial CNIS Disp e 4.22 do Portal CNIS, sendo aplicado nas remunerações do período compreendido entre a data do término de contrato do TSVE reconhecido judicialmente e a data do último dia trabalhado.<br>Esse indicador de pendência foi criado para contemplar situações em que o declarante, por |

Página **28** de **136**

| | | | | |
|---|---|---|---|---|
| | | | | força de decisão judicial, necessita informar o término do contrato de trabalho do TSVE por decisão judicial com data anterior às competências com remunerações já informadas no eSocial.<br><br>Cabe observar que não há tratamento para validar remunerações após o término do contrato de trabalho do TSVE por decisão judicial, nem após o último dia trabalhado. No caso, se tiver acerto a ser feito, sugere-se indicar ao contratante/cooperativa a correção dos dados no eSocial. |
| CsPendencia | CONTRIBUIÇÕES | **PREM-TSVE-POS-QUARENTENA** | **Pendência de Remuneração informada para TSVE após o período de Quarentena** | O indicador de pendência PREM-TSVE-POS-QUARENTENA foi implementado a partir de 23/08/2024, data da Versão 8.1.14 da Extrato CNIS, 6.0.0 do eSocial CNIS Disp e 4.22 do Portal CNIS, em substituição ao PREM-POSQRT, sendo aplicado para o período de remuneração posterior à data do término do contrato e ao período de Quarentena previsto para o TSVE (dtFimRemun).<br><br>As remunerações com esta pendência não serão computadas para fins de reconhecimento de direitos.<br><br>Cabe observar que não há tratamento para validar remunerações após a Quarentena. No caso, se tiver acerto a ser feito, sugere-se indicar ao contratante/cooperativa a correção |

| | | | | |
|---|---|---|---|---|
| | | | | dos dados no eSocial. |
| CsPendencia | CONTRIBUIÇÕES | **PREM-TSVE-POS-TERM-JUD** | **Pendência de Remuneração após o período entre o término do TSVE e o último dia trabalhado** | O indicador de pendência PREM-TSVE-POS-TERM-JUD foi implementado a partir de 23/08/2024, data da Versão 8.1.14 da Extrato CNIS, 6.0.0 do eSocial CNIS Disp e 4.22 do Portal CNIS, sendo aplicado nas remunerações posteriores a data do término de contrato do TSVE reconhecido judicialmente e posteriores ao último dia trabalhado.<br>Cabe observar que não há tratamento para validar remunerações após o término do contrato de trabalho do TSVE por decisão judicial, nem após o último dia trabalhado. No caso, se tiver acerto a ser feito, sugere-se indicar ao contratante/cooperativa a correção dos dados no eSocial. |

| | | | | |
|---|---|---|---|---|
| CsPendencia | CONTRIBUIÇÕES | **PREM-TSVE-PROC-TRAB** | **Pendência de Reconhecimento de Remuneração de Trabalhador sem Vínculo oriundo de Processo Trabalhista** | O indicador de pendência PREM-TSVE-PROC-TRAB foi implementado a partir de 23/08/2024, data da Versão 8.1.14 da Extrato CNIS, 6.0.0 do eSocial CNIS Disp e 4.22 do Portal CNIS, sendo aplicado:<br><br>1) às remunerações informadas por GFIP 650 com característica 3 - Reclamatória Trabalhista sem Reconhecimento de vínculo, para contribuinte individual ou trabalhador avulso, decorrentes de reclamatória trabalhista que reconheceu a prestação de serviço à empresa, mas não reconheceu o vínculo empregatício; e<br><br>2) às remunerações informadas no evento S-2500 do eSocial com "TpContr 6 - Trabalhador sem vínculo de emprego/estatutário (TSVE), sem reconhecimento de vínculo empregatício", para contribuinte individual ou trabalhador avulso, decorrentes de reclamatória trabalhista que reconheceu a prestação de serviço à empresa, mas não reconheceu o vínculo empregatício.<br><br>As remunerações serão apresentadas no CNIS com o indicador de pendência PREM-TSVE-PROC-TRAB e Tipo de Parcela "Reclamatória Trabalhista" havendo necessidade de comprovação, nos termos dos arts. 85 a 89 (trabalhador avulso) e arts. 95 e 97 |

| | | | | |
|---|---|---|---|---|
| | | | | (contribuinte individual), da Instrução Normativa PRES/INSS nº 128, de 28 de março de 2022. |
| CsPendencia | CONTRIBUIÇÕES/VÍNCULOS E REMUNERAÇÕES | **PDT-NASC-FIL-INV** | **Idade do filiado menor que a permitida pela legislação** | Indica existência de vínculos ou contribuições em períodos em que o titular do NIT/PIS/PASEP não possuía a idade mínima permitida pela legislação previdenciária (12, 14 e 16 anos).<br>Procedimento: confirmar se a data de nascimento está correta. Se verificada a necessidade de alteração, utilizar o módulo de Pessoa Física CNISPF. Se não houver alteração, não serão considerados pelos sistemas de benefícios os períodos e as remunerações anteriores à idade mínima permitida, salvo quando haja análise do caso pontual e o |

| | | | | |
|---|---|---|---|---|
| | | | | tratamento específico seja efetuado. |
| CsPendencia | CONTRIBUIÇÕES/VÍNCULOS E REMUNERAÇÕES | **PDT-NASC-FIL-MENOR-INV** | **Idade do filiado menor aprendiz menor que a permitida pela legislação** | Indica existência de vínculos ou contribuições em períodos em que o titular do NIT/PIS/PASEP não possuía a idade mínima permitida pela legislação previdenciária na condição de menor aprendiz (12 e 14 anos).<br>Procedimento: confirmar se a data de nascimento está correta. Se verificada a necessidade de alteração, utilizar o módulo de Pessoa Física CNISPF. Se não houver alteração, não serão considerados pelos sistemas de benefícios os períodos e as remunerações anteriores à idade mínima permitida, salvo quando haja análise do caso pontual e o tratamento específico seja efetuado. |
| CsPendencia | CONTRIBUIÇÕES/VÍNCULOS E REMUNERAÇÕES | **PREM-NASC** | **Remuneração antes da data de nascimento do Filiado** | Indicador aplicado na remuneração quando a competência for anterior à data de nascimento do filiado.<br>Este indicador é aplicado para remunerações de todos os tipos de filiado, seja empregado, contribuinte individual, trabalhador avulso, empregado doméstico, etc.<br>Deverá ser analisado se há erro na informação |

| | | | | |
|---|---|---|---|---|
| | | | | da competência de remuneração ou do dado cadastral do filiado. Sendo devida a retificação de alguma das informações existentes no CNIS, deverão ser seguidos os procedimentos previstos nos normativos. |
| CsPendencia | DARF - EVENTOS | **PDARF-ALT-COMP-FORA-VIG** | **Indicador de Darf incluído por alteração de competência fora do período de vigência** | Apresentado apenas na "Consulta Documento de Arrecadação" do Portal CNIS, esse indicador é aplicado ao Darf quando ocorre o evento de "Alteração", se for alteração de competência fora do período de vigência do respectivo código de receita. Nesse caso, o Darf passa para a situação de "Inválido". |
| CsPendencia | DARF - EVENTOS | **PDARF-ALT-CPF** | **Darf desassociado do CPF originário pela RFB** | Apresentado apenas na "Consulta Documento de Arrecadação" do Portal CNIS, esse indicador de pendência é aplicado ao Darf no CPF originário (anterior) para indicar que houve a desassociação do referido Darf no CPF em questão em razão de um evento de alteração de CPF feita pela RFB.<br>Ou seja, quando há a recepção de um evento de Alteração de CPF do contribuinte para um Darf anteriormente recebido com outro CPF, é apresentado esse indicador de pendência (PDARF-ALT-CPF) no Darf do CPF anterior.<br>No CPF atual, para esse mesmo Darf, constará o indicador IDARF-ALT-CPF.<br>A situação do Darf no CPF anterior passa a ser |

| | | | | |
|---|---|---|---|---|
| | | | | "Desassociado" e não é mais disponibilizado para a Extrato CNIS, e a situação do Darf no CPF atual passa a ser "Pago" e passa a ser disponibilizado para a Extrato CNIS. |
| CsPendencia | DARF - EVENTOS | **PDARF-EVENTO-INCONSISTENTE** | **Evento inconsistente** | Apresentado apenas na "Consulta Documento de Arrecadação" do Portal CNIS, esse indicador é aplicado ao Darf quando ocorre o processamento de um evento sem a existência do evento anterior exigido, ou seja, o PDARF-EVENTO-INCONSISTENTE é aplicado quando não há o encadeamento ou o ordenamento dos eventos de forma correta. |
| CsPendencia | DARF - EVENTOS | **PDARF-INV-ALT-CODRECEITA** | **Indicador de Darf invalidado por alteração pela RFB para código de receita não tratado** | Apresentado apenas na "Consulta Documento de Arrecadação" do Portal CNIS, esse indicador é aplicado ao Darf quando é invalidado por alteração, pela RFB, para código de receita não tratado pelo INSS, independente do novo código ser ou não de interesse do INSS. O Darf que recebe o indicador PDARF-INV-ALT-CODRECEITA fica na situação de "Armazenado". |

| | | | | |
|---|---|---|---|---|
| CsPendencia | DARF - EVENTOS | **PDARF-RESTIT-PARCIAL** | **Indicador de Darf com Valor Restituído Parcial** | Apresentado apenas na "Consulta Documento de Arrecadação" do Portal CNIS, esse indicador é aplicado ao Darf quando ocorre o evento de "Restituição", se for restituição parcial. Nesse caso, é calculado o novo salário de contribuição do Darf resultante da diferença entre o valor anterior do Darf e o valor restituído. O Darf manterá a situação de "Pago". |
| CsPendencia | DARF - EVENTOS | **PDARF-RESTIT-TOTAL** | **Indicador de Darf com Valor Restituído Total** | Apresentado apenas na "Consulta Documento de Arrecadação" do Portal CNIS, esse indicador é aplicado ao Darf quando ocorre o evento de "Restituição", se for restituição total. Nesse caso, o Darf passa para a situação de "Restituído" e não é disponibilizado nenhum valor para o Extrato Ano Civil. |
| CsPendencia | GERAIS DO NIT OU DE DADOS CADASTRAIS | **PNIT-CRIT** | **NIT em faixa crítica** | Trata-se de indicador que serve para informar a situação do Número de Identificação do Trabalhador - NIT no cadastro da Pessoa Física - PF, de forma que o campo "Situação" apresenta a informação [NIT Faixa Crítica], nos casos em que foi atribuído, indevidamente, o mesmo NIT para mais de uma pessoa na ocasião do cadastramento. |

| | | | | |
|---|---|---|---|---|
| CsPendencia | GERAIS DO NIT OU DE DADOS CADASTRAIS | **PNIT-IND** | **NIT Indeterminado** | Trata-se de indicador que serve para informar a situação do NIT no cadastro da Pessoa Física - PF, de forma que o campo "Situação" apresenta a informação [NIT Indeterminado], no caso de registro sem nenhum dado cadastral ou, no qual não conste, na base de dados, o Nome do Trabalhador e/ou a Data de Nascimento. Havendo comprovação da titularidade do cadastro, nos termos da legislação previdenciária, caberá a complementação dos dados do cidadão no CNIS. |
| CsPendencia | GERAIS DO NIT OU DE DADOS CADASTRAIS | **PNIT-O094** | **NIT invalidado pertencente à faixa crítica do tipo Ofício INSS 094** | Trata-se de indicador que serve para informar a situação do NIT no cadastro da Pessoa Física - PF, de forma que o campo "Situação" apresenta a informação [NIT Ofício 094]. Não há tratamento para o NIT da Faixa 094, visto que eram 7 (sete) números fictícios de NIT, exclusivos para uso interno da Caixa Econômica Federal - CAIXA, para recepcionar Guia de Recolhimento do Fundo de Garantia do Tempo de Serviço e Informações à Previdência Social - GFIP que era entregue em papel, para trabalhadores sem NIT. Foram utilizados em testes quando da implantação da GFIP. |
| CsPendencia | GERAIS DO NIT OU DE DADOS CADASTRAIS | **PNIT-SC** | **NIT não encontrado cadastrado/inexistente** | Trata-se de indicador da situação do NIT no cadastro da Pessoa Física - PF, que ocorre quando não constam, na base de dados do CNIS, informações da pessoa física associadas |

| | | | | |
|---|---|---|---|---|
| | | | | ao NIT consultado.<br>Havendo comprovação da titularidade do cadastro, nos termos da legislação previdenciária, caberá a inclusão dos dados do cidadão no CNIS. |
| CsPendencia | GERAIS DO NIT OU DE DADOS CADASTRAIS | **PNIT-SUP** | **NIT com indício de superposição de dados** | Trata-se de indicador que serve para informar a situação do NIT no cadastro da Pessoa Física - PF, de modo que o campo "Situação" apresenta a informação [NIT com indício de Superposição de dados], considerando que é um NIT em que o aplicativo Cadastro da Pessoa Física - CADPF causou superposição de registros com gravação incorreta na base de PF no período de 08/04 a 01/05/2002.<br>Deverá ser avaliado o caso concreto antes da adoção das providências devidas. |
| CsPendencia | SEGURADO ESPECIAL | **PSE-NEG** | **Período Segurado Especial Negativo** | Indica período migrado de base governamental CAFIR ou RGP de segurado especial negativo, ainda não ratificado.<br>CAFIR: para proprietários de um ou mais imóveis rurais com área total superior a 4 módulos fiscais e data de registro à partir de 23/06/2008, data da publicação da Lei nº 11.718, de 2008.<br>RGP: se pescador industrial. É um período pendente, pois necessita de tratamento no CNIS (exclusão ou ratificação). |

| | | | | |
|---|---|---|---|---|
| | | | | Procedimento: Ratificação ou exclusão do período, conforme declarado e solicitado pelo filiado através do Portal CNIS. |
| CsPendencia | SEGURADO ESPECIAL | **PSE-PEN** | **Período Segurado Especial Pendente** | Indica período migrado de base governamental CAFIR ou RGP de segurado especial pendente, ainda não ratificado.<br>CAFIR: para proprietários de um ou mais imóveis rurais com área total superior a 4 módulos fiscais e data de registro anterior à 23/06/2008, data da publicação da Lei nº 11.718, de 2008.<br>RGP: se pescador artesanal embarcado. É um período pendente, pois necessita de tratamento (exclusão).<br>Procedimento: exclusão do período caso declarado e solicitado pelo filiado através do Portal CNIS.<br>Até que o Módulo de Comprovação do Portal CNIS esteja em produção, caso o segurado comprove que exerceu atividade, o período poderá ser ratificado e incluído no Portal CNIS. |

| | | | | |
|---|---|---|---|---|
| CsPendencia | SEGURADO ESPECIAL | **PSE-POS** | **Período Segurado Especial Positivo** | Indica período migrado de base governamental CAFIR ou RGP de segurado especial positivo, ainda não ratificado.<br>CAFIR: para proprietários de um ou mais imóveis rurais com área total de até 4 módulos fiscais.<br>RGP: se pescador artesanal não embarcado.<br>Mesmo se tratando de um indicador "positivo", trata-se de um período pendente, pois necessita de tratamento no CNIS (exclusão ou ratificação).<br>Procedimento: ratificação ou exclusão do período, conforme declarado e solicitado pelo filiado através do Portal CNIS. |

| | | | | |
|---|---|---|---|---|
| CsPendencia | VÍNCULOS E REMUNERAÇÕES | PADM-EMPR | **Data de admissão** anterior ao início **da atividade do empregador** | Trata-se de indicador de pendência que indica que a data de admissão do vínculo é anterior à data de existência da empresa registrada no cadastro de Pessoas Jurídicas da RFB. Pode ocorrer pelo fato de o início da atividade da empresa ser anterior à data de sua formalização.<br>A data de início de atividade do Empregador a ser considerada, para efeito de levantamento da pendência, será a data mais antiga entre às datas de início de atividade do Empregador existentes em cada vínculo agrupado. Esta regra não se aplica sobre vínculos de fonte INSS e eSocial.<br>Não há impacto no reconhecimento de direitos, uma vez que esse indicador não impede o cômputo do vínculo para todos os fins, desde que comprovado e feito o tratamento de validação do vínculo de acordo com a normatização vigente.<br>Uma vez que existam os elementos para validação do vínculo, deve ser utilizado no Portal CNIS – módulo VRE o Requerimento de Vínculo – ação "Alterar". O sistema exibe mensagem de inconsistência na fase de solicitação, a qual deve ser confirmada. Na fase de análise, o sistema disponibiliza o campo "justificativa", no qual deve ser informado o motivo da validação do vínculo, de acordo com |

| | | | | |
|---|---|---|---|---|
| | | | | a documentação apresentada. Se for validado o vínculo, deve ser encaminhado Ofício à RFB informando da existência de vínculo anterior ao início da atividade da empresa.<br><br>Se restar dúvida quanto à validade do vínculo, pode ser realizada Pesquisa Externa à Junta Comercial para verificar a consistência do vínculo frente à documentação constitutiva da empresa. |

| | | | | |
|---|---|---|---|---|
| CsPendencia | VÍNCULOS E REMUNERAÇÕES | PADM-EMPR | **Data de admissão** posterior à data de encerramento **da atividade do empregador** | Trata-se de indicador de pendência que indica que a data de admissão do vínculo é posterior à data de encerramento da empresa registrada no cadastro de Pessoas Jurídicas da RFB.<br><br>A data de encerramento da atividades do Empregador a ser considerada, para efeito de levantamento da pendência, será a data mais recente entre às datas de encerramento de atividade do Empregador existentes em cada vínculo agrupado. Esta regra não se aplica sobre vínculos de fonte INSS e eSocial.<br><br>Não há impacto no reconhecimento de direitos, uma vez que esse indicador não impede o cômputo do vínculo para todos os fins, desde que comprovado e feito o tratamento de validação do vínculo de acordo com a normatização vigente.<br><br>Uma vez que existam os elementos para validação do vínculo, deve ser utilizado no Portal CNIS – módulo VRE o Requerimento de Vínculo – ação "Alterar". O sistema exibe mensagem de inconsistência na fase de solicitação, a qual deve ser confirmada. Na fase de análise, o sistema disponibiliza o campo "justificativa", no qual deve ser informado o motivo da validação do vínculo, de acordo com a documentação apresentada. Se for validado o vínculo, deve ser encaminhado Ofício à RFB informando da existência de vínculo posterior |

| | | | | |
|---|---|---|---|---|
| | | | | ao encerramento da atividade da empresa.<br><br>Se restar dúvida quanto à validade do vínculo, pode ser realizada Pesquisa Externa à Junta Comercial para verificar a consistência do vínculo frente à documentação constitutiva da empresa. |
| CsPendencia | VÍNCULOS E REMUNERAÇÕES | **PCEI-EQP-INV** | **Empregador com identificador inválido** | Indicador aplicado na relação previdenciária quando o identificador do empregador for inválido.<br><br>Essa situação ocorre nos casos em que a matrícula CEI (Cadastro Específico do INSS) do empregador tiver o dígito verificador diferente de /0 (pessoa física equiparada a empresa) e /8 (produtor rural equiparado a empresa).<br><br>Vínculos com empregador CEI /6 e /7 são considerados válidos e não apresentam essa crítica. |

| | | | | |
|---|---|---|---|---|
| CsPendencia | VÍNCULOS E REMUNERAÇÕES | **PEMP-CAD** | **Faltam dados cadastrais do empregador (CNPJ ou CEI)** | Trata-se de indicador de pendência exibido nos casos em que o identificador do empregador é válido, porém faltam dados cadastrais na base de Pessoas Jurídicas CNIS-PJ.<br>Não há impacto no reconhecimento de direitos, uma vez que esse indicador não impede o cômputo do vínculo para todos os fins, desde que comprovado e feito o tratamento de validação do vínculo de acordo com a normatização vigente. |

| | | | | |
|---|---|---|---|---|
| CsPendencia | VÍNCULOS E REMUNERAÇÕES | **PEMP-IDINV** | **Empregador com identificador inválido** | O indicador é aplicado em vínculo que possui identificador do empregador inválido. Existe vínculo no CNIS que possui identificador do empregador inválido, ou seja, não se determina se é CGC, CNPJ ou CEI, que eram os identificadores válidos à época. Geralmente, esses vínculos são das décadas de 1970 ou 1980.<br><br>Essa situação ocorreu no período em que a RAIS ou o FGTS Informativo (fontes do CNIS) permitia que fosse informado o empregador com identificador CPF, INCRA, Entidade PASEP, CI Empregador e Ignorado, enquanto não possuía o CGC/CNPJ ou o CEI, o que não ocorre mais.<br><br>Cabe reforçar que o CPF como identificador do empregador só era permitido para empregador doméstico, nas situações em que o servidor do INSS insere o vínculo no CNIS (fonte INSS) com base no documento comprobatório do vínculo. Posteriormente, passou a ser possível pela fonte eSocial, a partir de 10/2015, com o SIMPLES DOMÉSTICO, e recentemente passou a ser permitido também para o empregador pessoa física equiparada, de acordo com a implantação do eSocial, conforme cronograma.<br><br>Logo, quando falamos sobre identificador do empregador CPF como inválido, estamos falando de vínculos de empregado e referentes a períodos antigos, geralmente da década de |

| | | | | |
|---|---|---|---|---|
| | | | | 1970/1980.<br>Os tipos de identificadores dos empregadores considerados inválidos estão registrados na base de dados com os seguintes domínios:<br>3 – CPF;<br>4 – INCRA;<br>6 – Entidade PASEP;<br>7 – CI Empregador; e<br>9 – Ignorado.<br>Os tipos de identificadores dos empregadores considerados válidos são os seguintes:<br>1 – CNPJ;<br>2 – CEI;<br>3 – CPF (se de fonte INSS – válido para o vínculo de empregado doméstico, ou se for fonte eSocial - válido tanto para vínculo de empregado doméstico como para vínculo de empregado com empregador pessoa física equiparada);<br>5 – Indeterminado (se de fonte INSS); e<br>8 – CGC de 8 dígitos (se de fonte INSS). |

| | | | | |
|---|---|---|---|---|
| CsPendencia | VÍNCULOS E REMUNERAÇÕES | **PEXT** | **Vínculo com informação extemporânea, passível de comprovação** | O indicador de pendência aponta que o vínculo empregatício, ou parte dele, foi inserido fora do prazo legal, nos termos do artigo 19, § 3º do RPS, aprovado pelo Decreto nº 3.048, de 1999. Para o tratamento da extemporaneidade é exigido que o segurado apresente documentos que comprovem a regularidade do vínculo, devendo para tanto ser utilizado o requerimento de vínculo extemporâneo no CNIS.<br>Há impacto no reconhecimento do direito. Caso não seja comprovada a regularidade, o período (ou o vínculo integral) informado extemporaneamente não será considerado para fins de tempo de contribuição e para fins de cálculo da renda mensal inicial. |
| CsPendencia | VÍNCULOS E REMUNERAÇÕES | PREM-EMPR | **Remunerações** após a data de encerramento **da atividade do empregador** | Trata-se de indicador de pendência que indica que a remuneração de determinada competência é posterior à competência da data de encerramento da empresa registrada no cadastro de Pessoas Jurídicas da RFB.<br>A data de encerramento da atividades do Empregador a ser considerada, para efeito de levantamento da pendência, será a data mais recente entre às datas de encerramento de atividade do Empregador existentes em cada vínculo agrupado.<br>Há impacto no reconhecimento de direitos, |

| | | | | |
|---|---|---|---|---|
| | | | | uma vez que esse indicador impede o cômputo da competência nos sistemas de benefícios.<br>Não há tratamento a ser aplicado para esse indicador no CNIS, devendo, se for o caso, ser retificada a data de encerramento da atividade do empregador na RFB. |
| CsPendencia | VÍNCULOS E REMUNERAÇÕES | PREM-EMPR | **Remunerações** antes da data de início **de atividade do empregador** | Trata-se de indicador de pendência que indica que a remuneração de determinada competência é anterior à competência da data de início de atividade da empresa registrada no cadastro de Pessoas Jurídicas da RFB.<br>A data de inicio de atividade do Empregador a ser considerada, para efeito de levantamento da pendência, será a data mais antiga entre às datas de início de atividade do Empregador existentes em cada vínculo agrupado.<br>Há impacto no reconhecimento de direitos, uma vez que esse indicador impede o cômputo da competência nos sistemas de benefícios.<br>Não há tratamento a ser aplicado para esse indicador no CNIS, devendo, se for o caso, ser retificada a data de início da atividade do empregador na RFB. |

| | | | | |
|---|---|---|---|---|
| CsPendencia | VÍNCULOS E REMUNERAÇÕES | **PREM-FORA-ATIV-INTERM** | **Remuneração de trabalho intermitente fora do período de atividade de intermitente** | Indicador implementado a partir da versão 4.20 do Portal CNIS, implantada em produção em 28/11/2023, que indica que a competência de remuneração não está coberta por:<br>- período de Convocatória (Evento S-2260) para informações enviadas até a versão 2.5 do leiaute do eSocial;<br>- quantidade de dias trabalhados do intermitente no mês (campo "qtdDiasInterm" do Evento S-1200) para informações enviadas até a versão 2.5 do leiaute do eSocial;<br>- dias trabalhados do intermitente no mês (campo "dia" do Evento S-1200) para informações enviadas a partir da versão 1.0 do leiaute do eSocial; ou<br>- período compreendido entre as datas registradas por meio dos códigos de movimentação T1 e T2 da GFIP.<br>Ou seja, a aplicação do indicador de pendência na competência de remuneração no CNIS se deve ao fato de que o empregador não informou os dados necessários, seja na GFIP para as competências em sua vigência, seja no eSocial para as competências a partir do desligamento da GFIP.<br>Observação: A partir da versão 4.20 do Portal CNIS foi extinto o indicador de pendência "PREM-FORA-CONVOC - Remuneração de |

| | | | | |
|---|---|---|---|---|
| | | | | trabalho intermitente não coberta por Convocatória". |
| CsPendencia | VÍNCULOS E REMUNERAÇÕES | **PREM-FORA-CONVOC** | **Remuneração de trabalho intermitente não coberta por Convocatória** | O indicador era aplicado na remuneração do vínculo com contrato de trabalho intermitente para demonstrar que a competência de remuneração não estava coberta por convocatória.<br>Esse indicador foi extinto a partir da versão 4.20 do Portal CNIS, implantada em produção em 28/11/2023, posto que em razão de alterações no leiaute do eSocial sua aplicação ficou prejudicada. A partir da referida versão passa a ser aplicado na remuneração o indicador de pendência "PREM-FORA-ATIV-INTERM - Remuneração de trabalho intermitente fora do período de atividade de intermitente". |

| | | | | |
|---|---|---|---|---|
| CsPendencia | VÍNCULOS E REMUNERAÇÕES | **PREM-FORA-REINTEG-ANISTIA** | **Pendência de Remuneração fora do período da Reintegração por Anistia Legal** | O indicador de pendência PREM-FORA-REINTEG-ANISTIA foi implementado a partir de 23/08/2024, data da Versão 8.1.14 da Extrato CNIS, 6.0.0 do eSocial CNIS Disp e 4.22 do Portal CNIS, sendo aplicado nas remunerações existentes entre o desligamento anulado e a data do efeito da Reintegração por Anistia (tpReint 2) do evento S-2298 do eSocial.<br><br>Importante avaliar eventual erro do declarante ao fixar a data do efeito da Reintegração por Anistia, tendo em vista existirem remunerações fora do período contemplado pela Reintegração. Neste caso, se houver necessidade, poderá ser feita exigência para que o empregador providencie a análise e, se for o caso, a retificação do evento S-2298 do eSocial, onde é informada a Reitegração por Anistia. |
| CsPendencia | VÍNCULOS E REMUNERAÇÕES | **PREM-FORA-REINTEG-OUTROSTIPOS** | **Pendência de Remuneração fora do período da Reintegração por iniciativa do empregador ou por outros motivos** | O indicador de pendência PREM-FORA-REINTEG-OUTROSTIPOS foi implementado a partir de 23/08/2024, data da Versão 8.1.14 da Extrato CNIS, 6.0.0 do eSocial CNIS Disp e 4.22 do Portal CNIS, sendo aplicado nas remunerações que existam no CNIS entre o desligamento anulado e a data do efeito da Reintegração por Outros Motivos (tpReint 9) do evento S-2298 do eSocial.<br><br>É importante avaliar eventual erro do declarante ao fixar a data do efeito da |

| | | | | |
|---|---|---|---|---|
| | | | | Reintegração por Outros Motivos, tendo em vista existirem remunerações fora do período contemplado pela Reintegração. Neste caso, se houver necessidade, poderá ser feita exigência para que o empregador providencie a análise e, se for o caso, a retificação do evento S-2298 do eSocial, onde é informada a Reintegração por Outros Motivos. |
| CsPendencia | VÍNCULOS E REMUNERAÇÕES | **PREM-FORA-REINTEG-PROC-TRAB** | **Pendência de Remuneração fora do período da Reintegração oriunda de Processo Trabalhista** | O indicador de pendência PREM-FORA-REINTEG-PROC-TRAB foi implementado a partir de 23/08/2024, data da Versão 8.1.14 da Extrato CNIS, 6.0.0 do eSocial CNIS Disp e 4.22 do Portal CNIS, sendo aplicado caso existam remunerações entre o desligamento anulado e a data do efeito da reintegração por decisão judicial trabalhista (tpReint 1) do evento S-2298 do eSocial.<br>É importante avaliar eventual erro do declarante ao fixar a data do efeito da Reintegração por decisão judicial trabalhista, tendo em vista existirem remunerações fora do período contemplado pela Reintegração. Neste caso, se houver necessidade, poderá ser feita exigência para que o empregador providencie a análise e, se for o caso, a retificação do evento S-2298 do eSocial, onde é informada a Reintegração por decisão judicial trabalhista. |

| | | | | |
|---|---|---|---|---|
| CsPendencia | VÍNCULOS E REMUNERAÇÕES | **PREM-FVIN** | **Remuneração após o fim do vínculo** | Indicador de pendência que aponta as remunerações informadas posteriores ao encerramento do vínculo empregatício.<br>O vínculo apresentará o indicador "IREM-INDPEND - Remunerações com indicadores/pendências" pelo fato de existir remunerações posteriores ao encerramento do vínculo.<br>Ao detalharmos as remunerações, aquelas posteriores à data de desligamento apresentarão indicador de pendência "PREM-FVIN - Remuneração após o fim do vínculo".<br>As remunerações com esta pendência não são computadas para fins de reconhecimento de direitos por estarem fora do período do vínculo.<br>Caberá verificar se há um possível erro na data de rescisão informada pelo empregador, que ensejaria a retificação da data fim e, em havendo, deverão ser seguidos os procedimentos previstos nos normativos aplicáveis.<br>A partir de 23/08/2024, data da implementação da Versão 8.1.14 da Extrato CNIS, 6.0.0 do eSocial CNIS Disp e 4.22 do Portal CNIS, foram implementados alguns indicadores de pendências específicos no lugar da pendência de remuneração após fim de vínculo, sendo eles: IREM-PER-QUARENTENA, PREM-POS- |

| | | | | |
|---|---|---|---|---|
| | | | | QUARENTENA, PREM-PER-DESLIG-JUD, PREM-POS-DESLIG-JUD, PREM-PER-DESLIG-APOSENT e PREM-POS-DESLIG-APOSENT. Nas demais situações, continuará sendo aplicado o indicador de pendência PREM-FVIN. |
| CsPendencia | VÍNCULOS E REMUNERAÇÕES | **PREM-IVIN** | **Remuneração antes do início do vínculo** | Indicador de pendência que aponta as remunerações informadas anteriores ao início do vínculo empregatício.<br>O vínculo apresentará o indicador “IREM-INDPEND - Remunerações com indicadores/pendências” pelo fato de existir remunerações anteriores ao início do vínculo.<br>Ao detalharmos o vínculo todas as remunerações anteriores à data de admissão apresentarão indicador de pendência “PREM-IVIN - Remuneração antes do início do vínculo”. As remunerações com esta pendência não são |

| | | | | |
|---|---|---|---|---|
| | | | | computadas para fins de reconhecimento de direitos por estarem fora do período do vínculo.<br><br>Caberá ser verificado se há um possível erro na data de admissão informada pelo empregador, que ensejaria a retificação da data início e, em havendo, deverão ser seguidos os procedimentos previstos nos normativos aplicáveis. |
| CsPendencia | VÍNCULOS E REMUNERAÇÕES | **PREM-OBITO** | **Remuneração após óbito** | O indicador de pendência PREM-OBITO já era aplicado nas competências de remunerações posteriores ao mês do óbito do trabalhador constante no CNIS nos casos de empregado e empregado doméstico.<br><br>A partir de 01/10/2024, data da implementação da versão 8.1.20 da Extrato CNIS, esse indicador de pendência também passou a ser aplicado nos casos de trabalhador avulso ou contribuinte individual prestador de serviços à empresa, nas competências de remunerações posteriores ao mês do óbito do trabalhador constante no CNIS.<br><br>Somente serão disponibilizadas para o reconhecimento de direitos as remunerações até a competência da data do óbito.<br><br>Procedimento: Confirmar se realmente existe o óbito e se a data foi informada corretamente no CNIS. Se verificada a necessidade de |

Página **56** de **136**

| | | | | |
|---|---|---|---|---|
| | | | | exclusão ou alteração da data de óbito, utilizar o módulo de Pessoa Física CNIS-PF. Caso a data do óbito esteja correta, verificar ainda se as remunerações foram informadas em competências equivocadas. |
| CsPendencia | VÍNCULOS E REMUNERAÇÕES | **PREM-PER-DESLIG-APOSENT** | **Pendência de Remuneração após o desligamento por aposentadoria de servidor com data anterior à competência de remuneração já informada no eSocial** | O indicador de pendência PREM-PER-DESLIG-APOSENT foi implementado a partir de 23/08/2024, data da Versão 8.1.14 da Extrato CNIS, 6.0.0 do eSocial CNIS Disp e 4.22 do Portal CNIS, sendo aplicado nas remunerações do período compreendido entre a data de desligamento por aposentadoria do servidor e a data do último dia trabalhado.<br><br>Esse indicador de pendência foi criado para contemplar situações em que o declarante necessita informar o desligamento do servidor público por aposentadoria, cuja data de início tenha sido fixada em data anterior às competências com remunerações já informadas no eSocial.<br><br>Cabe observar que não há tratamento para validar remunerações após o desligamento por |

| | | | | |
|---|---|---|---|---|
| | | | | aposentadoria reconhecido, nem após o último dia trabalhado. No caso, se tiver acerto a ser feito, sugere-se indicar ao empregador a correção dos dados no eSocial. |
| CsPendencia | VÍNCULOS E REMUNERAÇÕES | **PREM-PER-DESLIG-JUD** | **Pendência de Remuneração após o desligamento reconhecido judicialmente com data anterior à competência de remuneração já informada no eSocial** | O indicador de pendência PREM-PER-DESLIG-JUD foi implementado a partir de 23/08/2024, data da Versão 8.1.14 da Extrato CNIS, 6.0.0 do eSocial CNIS Disp e 4.22 do Portal CNIS, sendo aplicado nas remunerações do período compreendido entre a data de desligamento reconhecido judicialmente e a data do último dia trabalhado.<br>Esse indicador de pendência foi criado para contemplar situações em que o declarante, por força de decisão judicial, necessita informar o desligamento do empregado com data anterior às competências com remunerações já informadas no eSocial.<br>Cabe observar que não há tratamento para validar remunerações após o desligamento por decisão judicial reconhecido, nem após o último dia trabalhado. No caso, se tiver acerto a ser feito, sugere-se indicar ao empregador a |

| | | | | |
|---|---|---|---|---|
| | | | | correção dos dados no eSocial. |
| CsPendencia | VÍNCULOS E REMUNERAÇÕES | **PREM-POS-DESLIG-APOSENT** | **Pendência de Remuneração após o período entre o desligamento por aposentadoria de servidor e o último dia trabalhado** | O indicador de pendência PREM-POS-DESLIG-APOSENT foi implementado a partir de 23/08/2024, data da Versão 8.1.14 da Extrato CNIS, 6.0.0 do eSocial CNIS Disp e 4.22 do Portal CNIS, sendo aplicado nas remunerações posteriores à data de desligamento por aposentadoria do servidor e posteriores ao último dia trabalhado.<br>Cabe observar que não há tratamento para validar remunerações após o desligamento por aposentadoria reconhecido, nem após o último dia trabalhado. No caso, se tiver acerto a ser feito, sugere-se indicar ao empregador a correção dos dados no eSocial. |

| | | | | |
|---|---|---|---|---|
| CsPendencia | VÍNCULOS E REMUNERAÇÕES | **PREM-POS-DESLIG-JUD** | **Pendência de Remuneração após o período entre o desligamento e o último dia trabalhado** | O indicador de pendência PREM-POS-DESLIG-JUD foi implementado a partir de 23/08/2024, data da Versão 8.1.14 da Extrato CNIS, 6.0.0 do eSocial CNIS Disp e 4.22 do Portal CNIS, sendo aplicado nas remunerações do período posterior à data de desligamento do vínculo por foça de decisão judicial e posterior ao último dia trabalhado do empregado.<br>Cabe observar que não há tratamento para validar remunerações após o desligamento por decisão judicial reconhecido, nem após o último dia trabalhado. No caso, se tiver acerto a ser feito, sugere-se indicar ao empregador a correção dos dados no eSocial. |
| CsPendencia | VÍNCULOS E REMUNERAÇÕES | **PREM-POSQRT** | **Remuneração posterior ao período de quarentena** | Foi substituído pelos indicadores específicos PREM-POS-QUARENTENA e PREM-TSVE-POS-QUARENTENA a partir de 23/08/2024, data da implantação da Versão 8.1.14 da Extrato CNIS, 6.0.0 do eSocial CNIS Disp e 4.22 do Portal CNIS.<br>Este indicador de pendência apontava as remunerações informadas posteriores ao fim do vínculo e ao período de quarentena (após a data limite de quarentena informada caso o vínculo fosse de fonte eSocial).<br>As remunerações com esta pendência não eram computadas para fins de reconhecimento de direitos. |

| | | | | |
|---|---|---|---|---|
| CsPendencia | VÍNCULOS E REMUNERAÇÕES | **PREM-POS-QUARENTENA** | **Pendência de Remuneração informada após o período de Quarentena** | O indicador de pendência PREM-POS-QUARENTENA foi implementado a partir de 23/08/2024, data da Versão 8.1.14 da Extrato CNIS, 6.0.0 do eSocial CNIS Disp e 4.22 do Portal CNIS, em substituição ao PREM-POSQRT, sendo aplicado para o período de remuneração posterior à data de desligamento do vínculo e posterior ao período de Quarentena previsto para o empregado.<br>As remunerações com esta pendência não serão computadas para fins de reconhecimento de direitos.<br>Cabe observar que não há tratamento para validar remunerações após a Quarentena. No caso, se tiver acerto a ser feito, sugere-se indicar ao empregador a correção dos dados no eSocial. |
| CsPendencia | VÍNCULOS E REMUNERAÇÕES | **PREM-REINTEG-ANISTIA** | **Pendência em Remuneração de período de Anistia Legal** | O indicador de pendência PREM-REINTEG-ANISTIA foi implementado a partir de 23/08/2024, data da Versão 8.1.14 da Extrato CNIS, 6.0.0 do eSocial CNIS Disp e 4.22 do Portal CNIS, sendo aplicado nas remunerações informadas por GFIP 650 com característica 1 - Anistiados e naquelas informadas no evento S-1200 do eSocial (entre a data do efeito e o efetivo retorno ao trabalho) por anistia legal.<br>Há necessidade de comprovação dessas remunerações, conforme art. 165 da Instrução |

| | | | | |
|---|---|---|---|---|
| | | | | Normativa PRES/INSS nº 128, de 28 de março de 2022.<br><br>Antes de 23/08/2024, as remunerações informadas em GFIP 650 com característica 1 - Anistiados, por serem consideradas como GFIP Informativa, não eram disponibilizadas no vínculo do CNIS, era apresentado um intervalo sem remuneração no vínculo referente ao período de anistia. A partir desta versão, mesmo sendo GFIP Informativa, as remunerações passaram a ser disponibilizadas no vínculo com o indicador PREM-REINTEG-ANISTIA. |
| CsPendencia | VÍNCULOS E REMUNERAÇÕES | **PREM-REINTEG-OUTROSTIPOS** | **Pendência em Remuneração de período de Reintegração por iniciativa do empregador ou por outros motivos** | O indicador de pendência PREM-REINTEG-OUTROSTIPOS foi implementado a partir de 23/08/2024, data da Versão 8.1.14 da Extrato CNIS, 6.0.0 do eSocial CNIS Disp e 4.22 do Portal CNIS, sendo aplicado nas remunerações constantes no período entre a data do efeito da Reintegração por Outros Motivos (tpReint 9) do evento S-2298 do eSocial e do efetivo retorno.<br><br>Esclarecida a situação de fato pelo empregador e não sendo indenizatórias as verbas informadas para o período de Reintegração por Outros Motivos, o vínculo e as remunerações poderão ser tratados nos sistemas de benefício, nos termos da Portaria DIRBEN/INSS nº 874, de 14 de janeiro de 2021. |

Página **62** de **136**

| | | | | |
|---|---|---|---|---|
| CsPendencia | VÍNCULOS E REMUNERAÇÕES | **PREM-VINC-PROC-TRAB** | **Pendência de Reconhecimento de Remuneração no Vínculo oriunda de Processo Trabalhista** | O indicador de pendência PREM-VINC-PROC-TRAB foi implementado a partir de 23/08/2024, data da Versão 8.1.14 da Extrato CNIS, 6.0.0 do eSocial CNIS Disp e 4.22 do Portal CNIS, sendo aplicado caso a verba remuneratória do tipo Reclamatória Trabalhista esteja sozinha na competência do vínculo.<br><br>Geralmente as remunerações ficarão pendentes quando for reconhecida uma nova data de admissão, retroagindo o vínculo para trás, ou quando for reconhecida uma nova data de desligamento, estendendo o vínculo para frente, ou ainda quando for reconhecido um vínculo. Há também a possibilidade de termos remunerações pendentes nos casos de unicidade contratual caso haja espaços temporais entre os vínculos unificados.<br><br>Quanto à necessidade de comprovação, deve ser observado os termos do art. 172 da Instrução Normativa PRES/INSS nº 128, de 28 de março de 2022. |

| | | | | |
|---|---|---|---|---|
| CsPendencia | VÍNCULOS E REMUNERAÇÕES | PRES-EMPR | **Data de rescisão** posterior à data de encerramento **da atividade do empregador** | Trata-se de indicador de pendência que indica que a data de rescisão do vínculo é posterior à data de encerramento da empresa registrada no cadastro de Pessoas Jurídicas da RFB.<br><br>A data de encerramento da atividades do Empregador a ser considerada, para efeito de levantamento da pendência, será a data mais recente entre às datas de encerramento de atividade do Empregador existentes em cada vínculo agrupado. Esta regra não se aplica sobre vínculos de fonte INSS e eSocial.<br><br>Não há impacto no reconhecimento de direitos, uma vez que esse indicador não impede o cômputo do vínculo para todos os fins, desde que comprovado e feito o tratamento de validação do vínculo de acordo com a normatização vigente.<br><br>Uma vez que existam os elementos para validação do vínculo, deve ser utilizado no Portal CNIS – módulo VRE o Requerimento de Vínculo – ação "Alterar". O sistema exibe mensagem de inconsistência na fase de solicitação, a qual deve ser confirmada. Na fase de análise, o sistema disponibiliza o campo "justificativa", no qual deve ser informado o motivo da validação do vínculo, de acordo com a documentação apresentada. Se for validado o vínculo, deve ser encaminhado Ofício à RFB informando da existência de vínculo anterior ao |

| | | | | |
|---|---|---|---|---|
| | | | | início da atividade da empresa.<br>Se restar dúvida quanto à validade do vínculo, pode ser realizada Pesquisa Externa à Junta Comercial para verificar a consistência do vínculo frente à documentação constitutiva da empresa. |

| | | | | |
|---|---|---|---|---|
| CsPendencia | VÍNCULOS E REMUNERAÇÕES | PRES-EMPR | **Data de rescisão** anterior à data de início **da Atividade do Empregador** | Trata-se de indicador de pendência que indica que a data de rescisão do vínculo é anterior à data de existência da empresa registrada no cadastro de Pessoas Jurídicas da RFB. Pode ocorrer pelo fato de o início da atividade da empresa ser anterior à data de sua formalização.<br>A data de início de atividade do Empregador a ser considerada, para efeito de levantamento da pendência, será a data mais antiga entre às datas de início de atividade do Empregador existentes em cada vínculo agrupado. Esta regra não se aplica sobre vínculos de fonte INSS e eSocial.<br>Não há impacto no reconhecimento de direitos, uma vez que esse indicador não impede o cômputo do vínculo para todos os fins, desde que comprovado e feito o tratamento de validação do vínculo de acordo com a normatização vigente.<br>Uma vez que existam os elementos para validação do vínculo, deve ser utilizado no Portal CNIS – módulo VRE o Requerimento de Vínculo – ação "Alterar". O sistema exibe mensagem de inconsistência na fase de solicitação, a qual deve ser confirmada. Na fase de análise, o sistema disponibiliza o campo "justificativa", no qual deve ser informado o motivo da validação do vínculo, de acordo com a documentação apresentada. Se for validado o |

| | | | | |
|---|---|---|---|---|
| | | | | vínculo, deve ser encaminhado Ofício à RFB informando da existência de vínculo anterior ao início da atividade da empresa.<br>Se restar dúvida quanto à validade do vínculo, pode ser realizada Pesquisa Externa à Junta Comercial para verificar a consistência do vínculo frente à documentação constitutiva da empresa. |

<table>
<tr>
<td>CsPendencia</td>
<td>VÍNCULOS E REMUNERAÇÕES</td>
<td>PRPPS</td>
<td>Vínculo de empregado com informações de Regime Próprio (Servidor Público)</td>
<td>Indicador de pendência que sinaliza a existência de período de Regime Próprio de Previdência Social - RPPS em parte ou na totalidade do vínculo empregatício.<br><br>O vínculo de agente público no CNIS pode conter um único ou vários períodos intercalados de regime(s) previdenciário(s) (RGPS/RPPS), a depender das mudanças de regimes efetuadas pelo ente federativo no decorrer do tempo.<br><br>Pode haver impacto no reconhecimento de direitos para os casos em que for necessário realizar ajuste(s) do(s) período(s) de regime(s) previdenciário(s) (RGPS ou RPPS) no vínculo, constante do CNIS, de acordo com a análise da documentação comprobatória apresentada.<br><br>Esse indicador também é apresentado para vínculos de trabalhadores não vinculados ao Regime Geral de Previdência Social - RGPS, mas com direito ao Fundo de Garantia por Tempo de Serviço - FGTS, informados na Guia de Recolhimento do FGTS e de Informações à Previdência Social - GFIP com a categoria 03 – trabalhador não vinculado ao RGPS, mas com direito ao FGTS. Um exemplo dessa situação é o empregado estrangeiro que presta serviço no Brasil, vinculado ao regime previdenciário do país de origem, mas com direito ao FGTS.</td>
</tr>
</table>

| | | | | |
|---|---|---|---|---|
| CsPendencia | VÍNCULOS E REMUNERAÇÕES | **PRPSE** | **Vínculo de empregado do Regime de Previdência no Exterior (Não é possível atualização pelo INSS visto não ser vínculo utilizável pelo RGPS. Em caso de erro cabe ao empregador corrigir a informação no eSocial)** | Indicador de pendência aplicado em vínculo oriundo de evento S-2200, do eSocial, com informação de tipo de regime previdenciário "3 - Regime de Previdência Social no Exterior - RPSE".<br><br>Ressalta-se que esse regime previdenciário, informado no campo "tpRegPrev", do Grupo "vínculo", no eSocial, é utilizado para empregados estrangeiros (expatriados), contratados para prestar serviços no Brasil, mas com vinculação ao regime de previdência no exterior. Esse trabalhador tem os recolhimentos das contribuições previdenciárias no país de origem, sem vinculação ao regime de previdência no Brasil (RGPS).<br><br>O vínculo é exibido na consulta extrato com indicador de pendência "PRPSE" e não é disponibilizado para os sistemas de benefícios, servindo somente para visualização da existência desse tipo de vínculo, sem nenhum reflexo em utilização no RGPS.<br><br>Ao ser detalhado o vínculo, é possível verificar na tabela "Regimes Previdenciários", que consta na coluna "Descrição", o tipo "Regime de Previdência Social no Exterior".<br><br>Cabe ressaltar que para esse tipo de vínculo não deve ser feito nenhum tipo de atualização via requerimento no CNIS, visto não ser possível |

| | | | | |
|---|---|---|---|---|
| | | | | qualquer ação cadastral relacionada a vínculos que possuam regime previdenciário RPSE. Ou seja, não há qualquer ação pelo INSS a ser feita de tratamento desse tipo de vínculo (que não é da previdência no Brasil).<br><br>Desde a versão do Portal CNIS 4.21, implementada em 19/12/2023, foi alterada a descrição do indicador de pendência “PRPSE”, de "Vínculo de empregado do Regime de Previdência no Exterior" para "Vínculo de empregado do Regime de Previdência no Exterior (Não é possível atualização pelo INSS visto não ser vínculo utilizável pelo RGPS. Em caso de erro cabe ao empregador corrigir a informação no eSocial)", explicitando a necessidade de, em caso de erro quanto ao regime previdenciário informado, instruir o empregador a retificar no eSocial o campo “tpRegPrev” do evento S2200 - Cadastramento Inicial do Vínculo e Admissão/Ingresso de Trabalhador. |
| CsPendencia | VÍNCULOS E REMUNERAÇÕES | **PSUC-DIVERG-DT-ADM** | **Pendência que indica que o vínculo é sucessor e foram encontradas uma ou mais divergências envolvendo a data de admissão do vínculo sucedido e este sucessor** | Esclarecemos que houve a implementação em produção do indicador de pendência PSUC-DIVERG-DT-ADM, que ainda não havia sido homologado. Dessa forma, o INSS solicitou à Dataprev a desabilitação do referido indicador de pendência até que sejam finalizadas as |

| | | | | |
|---|---|---|---|---|
| | | | | especificações e homologação.<br><br>A retirada do indicador de pendência PSUC-DIVERG-DT-ADM em produção ocorreu no dia 19/09/2024 às 22:30 através da execução da RDM 410114. |
| CsPendencia | VÍNCULOS E REMUNERAÇÕES | **PVIN-ADMISSAO-DESLIG-PROC-TRAB** | **Pendência por Alteração da Data de Admissão e Inclusão ou Alteração da Data de Desligamento, oriundas de Processo Trabalhista** | A partir de 23/08/2024, data da implementação da Versão 8.1.14 da Extrato CNIS, 6.0.0 do eSocial CNIS Disp e 4.22 do Portal CNIS, esse indicador passou a ser aplicado.<br><br>No caso de vínculo que possua informações do evento S-2500 com Tipo de Contrato "TpContr 4 - Trabalhador com vínculo formalizado, com alteração na data de admissão e inclusão ou alteração de data de desligamento", o vínculo no CNIS passará a apresentar o indicador de pendência PVIN-ADMISSAO-DESLIG-PROC-TRAB e o indicador IREM-INDPEND.<br><br>Enquanto os requerimentos/serviços do Portal CNIS não estiverem adequados para tratamento das informações do vínculo e/ou remunerações com indicadores de pendência de Reclamatória Trabalhista, foram realizados alguns ajustes nos sistemas de benefícios na forma de disponibilização e tratamento dos vínculos para fins de viabilizar a confirmação desses vínculos diretamente nos sistemas de benefício.<br><br>Atualmente, a pendência de Reclamatória |

| | | | | |
|---|---|---|---|---|
| | | | | Trabalhista será apresentada no PRISMA na opção 2 - Tempo de Contribuição, por meio da indicação "ReclTrab".<br><br>Dessa forma, após reconhecida a filiação/remuneração, de acordo com o procedimento previsto nos artigos 172 e seguintes da Instrução Normativa PRES/INSS nº 128, de 28 de março de 2022, o vínculo com pendência ReclTrab e/ou suas respectivas remunerações, poderão ser confirmados diretamente no PRISMA, conforme procedimentos de operacionalização interna.<br><br>No caso do sistema SIBE PU será necessário solicitar a desativação da FERR/SIBE e, no caso do SABI, a desativação da FERR/SABI, para viabilizar, excepcionalmente, a habilitação de benefícios por incapacidade por meio do sistema PRISMA. |

| | | | | |
|---|---|---|---|---|
| CsPendencia | VÍNCULOS E REMUNERAÇÕES | **PVIN-ADMISSAO-PROC-TRAB** | **Pendência por Alteração da Data de Admissão oriunda de Processo Trabalhista** | A partir de 23/08/2024, data da implementação da Versão 8.1.14 da Extrato CNIS, 6.0.0 do eSocial CNIS Disp e 4.22 do Portal CNIS, esse indicador passou a ser aplicado.<br><br>No caso de vínculo que possua informações do evento S-2500 com Tipo de Contrato "TpContr 2 - Trabalhador com vínculo formalizado, com alteração na data de admissão", o vínculo no CNIS passará a apresentar o indicador de pendência PVIN-ADMISSAO-PROC-TRAB e o indicador IREM-INDPEND.<br><br>Enquanto os requerimentos/serviços do Portal CNIS não estiverem adequados para tratamento das informações do vínculo e/ou remunerações com indicadores de pendência de Reclamatória Trabalhista, foram realizados alguns ajustes nos sistemas de benefícios na forma de disponibilização e tratamento dos vínculos para fins de viabilizar a confirmação desses vínculos diretamente nos sistemas de benefício.<br><br>Atualmente, a pendência de Reclamatória Trabalhista será apresentada no PRISMA na opção 2 - Tempo de Contribuição, por meio da indicação "ReclTrab".<br><br>Dessa forma, após reconhecida a filiação/remuneração, de acordo com o procedimento previsto nos artigos 172 e seguintes da Instrução Normativa PRES/INSS nº |

| | | | | |
|---|---|---|---|---|
| | | | | 128, de 28 de março de 2022, o vínculo com pendência ReclTrab e/ou suas respectivas remunerações, poderão ser confirmados diretamente no PRISMA, conforme procedimentos de operacionalização interna.<br>No caso do sistema SIBE PU será necessário solicitar a desativação da FERR/SIBE e, no caso do SABI, a desativação da FERR/SABI, para viabilizar, excepcionalmente, a habilitação de benefícios por incapacidade por meio do sistema PRISMA. |
| CsPendencia | VÍNCULOS E REMUNERAÇÕES | **PVIN-ADM-OBITO** | **Data de admissão posterior ao óbito** | O indicador de pendência PVIN-ADM-OBITO foi implantado em 01/10/2024, data da versão 8.1.20 da Extrato CNIS, sendo aplicado em vínculo de empregado e empregado doméstico com data de admissão posterior à data do óbito do filiado.<br>Esse indicador de pendência substituiu o PVIN-OBITO.<br>Somente serão disponibilizados para o reconhecimento de direitos os vínculos com data de admissão anterior à data do óbito do |

| | | | | |
|---|---|---|---|---|
| | | | | trabalhador, observadas as remunerações e a data de desligamento no vínculo, que também deverão ser anteriores ao óbito.<br>Procedimento: Confirmar se realmente existe o óbito e se a data foi informada corretamente no CNIS. Se verificada a necessidade de exclusão ou alteração da data de óbito, utilizar o módulo de Pessoa Física CNIS-PF. Caso a data do óbito esteja correta, verificar ainda se a data de admissão do vínculo está correta. |
| CsPendencia | VÍNCULOS E REMUNERAÇÕES | **PVIN-AGRUP-INC** | **Pendência que sinaliza inconsistência em Vínculo agrupador quando não foi possível encontrar todos os seus vínculos agrupados relacionados** | Indicador de pendência apresentado quando, eventualmente, ocorrer de um dos vínculos participantes do agrupamento ter sido excluído pelo empregador, deixando o agrupamento "incompleto". Outra situação que pode deixar o agrupamento "incompleto" é quando ocorre um desfazimento automático de elos.<br>Esse indicador impede a disponibilização do vínculo para os sistemas de benefícios, evitando a utilização de uma informação que foi excluída ou desmembrada.<br>A forma de tratar a pendência é fazer um desagrupamento e um novo agrupamento, sem o vínculo excluído pela empresa ou pelo desfazimento de elos. |

| | | | | |
|---|---|---|---|---|
| CsPendencia | VÍNCULOS E REMUNERAÇÕES | **PVIN-CAGED** | **Vínculo Oriundo da fonte CAGED** | Indicador utilizado em vínculos com fonte de origem Cadastro Geral de Empregados e Desempregados - CAGED.<br>Esse indicador serve para que a Extrato CNIS não disponibilize vínculos oriundos exclusivamente de fonte CAGED.<br>Para os casos em que houver mais fontes de informação do vínculo (RAIS, FGTS/GRE, GFIP) além do CAGED, o vínculo é consolidado e apresentado no CNIS. Neste caso, a fonte CAGED será apresentada, quando do detalhamento do vínculo, no quadro "Vínculos Previdenciários Relacionados", com o indicador PVIN-CAGED.<br>Cabe ressaltar que o CAGED nunca foi uma fonte prevalente para fins previdenciários, em razão de conter muitas inconsistências/divergências quando confrontada às demais fontes de dados. |

| | | | | |
|---|---|---|---|---|
| CsPendencia | VÍNCULOS E REMUNERAÇÕES | **PVIN-DESLIG-JUSTIÇA-TRAB** | **Pendência por Inclusão da Data de Desligamento feita pela Justiça do Trabalho por meio do Evento S-8299 – Baixa Judicial do Vínculo do eSocial** | O indicador de pendência PVIN-DESLIG-JUSTIÇA-TRAB foi implementado a partir de 23/08/2024, data da Versão 8.1.14 da Extrato CNIS, 6.0.0 do eSocial CNIS Disp e 4.22 do Portal CNIS, sendo aplicado no vínculo quando informada data de desligamento pela Justiça do Trabalho por meio do evento S-8299 do eSocial, nos casos em que a competência da data de desligamento for posterior à última remuneração disponibilizada no CNIS.<br>Nessa situação, haverá necessidade de comprovação da filiação do período entre a última remuneração e a data do desligamento.<br>Salientamos que caso a competência da data de desligamento seja anterior ou igual à da última remuneração normal já disponibilizada no CNIS, o vínculo não receberá pendência, mas sim somente o indicador "IVIN-DESLIG-JUSTIÇA-TRAB – Inclusão da Data de Desligamento feita pela Justiça do Trabalho por meio do Evento S-8299 – Baixa Judicial do Vínculo do eSocial", o qual não necessita de tratamento. |

| | | | | |
|---|---|---|---|---|
| CsPendencia | VÍNCULOS E REMUNERAÇÕES | **PVIN-DESLIG-OBITO** | **Data do desligamento posterior à data do óbito** | O indicador de pendência PVIN-DESLIG-OBITO foi implantado em 01/10/2024, data da versão 8.1.20 da Extrato CNIS, sendo aplicado em vínculo de empregado e empregado doméstico com data de desligamento posterior à data do óbito do filiado.<br>Somente serão disponibilizados para o reconhecimento de direitos os vínculos com data de desligamento anterior à data do óbito do trabalhador.<br>Procedimento: Confirmar se realmente existe o óbito e se a data foi informada corretamente no CNIS. Se verificada a necessidade de exclusão ou alteração da data de óbito, utilizar o módulo de Pessoa Física CNIS-PF. Caso a data do óbito esteja correta, verificar ainda se a data de desligamento do vínculo está correta. |
| CsPendencia | VÍNCULOS E REMUNERAÇÕES | **PVIN-DESLIG-PROC-TRAB** | **Pendência por Inclusão ou Alteração da Data de Desligamento oriunda de Processo Trabalhista** | O indicador de pendência PVIN-DESLIG-PROC-TRAB foi implementado a partir de 23/08/2024, data da Versão 8.1.14 da Extrato CNIS, 6.0.0 do eSocial CNIS Disp e 4.22 do Portal CNIS, sendo aplicado no vínculo que possua informações do evento S-2500 do eSocial com Tipo de Contrato "TpContr 3 - Trabalhador com vínculo formalizado, com inclusão ou alteração de data de desligamento".<br>Desde 16/12/2024, data da implementação das versões Extrato CNIS 8.3.2 e Portal CNIS 4.23, o |

Página **78** de **136**

| | | | | |
|---|---|---|---|---|
| | | | | indicador "PVIN-DESLIG-PROC-TRAB" passou a ser aplicado também para informação de desligamento por meio do evento "S-2299 - Desligamento" do eSocial por motivo de decisão judicial trabalhista (campo "nrProcTrab" do leiaute do evento preenchido), mesmo na ausência do evento S-2500 - Processo Trabalhista.<br>Nessas situações haverá necessidade de comprovação da filiação do período entre a última remuneração e a data do desligamento. |
| CsPendencia | VÍNCULOS E REMUNERAÇÕES | **PVIN-IRREG** | **Vínculo em situação de irregularidade** | Indicador de pendência apresentado no vínculo de empregado ou na competência de remuneração de trabalhador avulso ou de contribuinte individual prestador de serviço a empresa, do CNIS, resultante de apuração de indício de fraude pelas áreas competentes.<br>No caso de desmarcação da irregularidade, o indicador deixará de ser apresentado no CNIS, contudo as ações efetuadas, da marcação e desmarcação estarão disponíveis para consulta no detalhamento do vínculo de empregado ou na competência de remuneração de trabalhador avulso ou de contribuinte individual prestador de serviço a empresa. |

| | | | | |
|---|---|---|---|---|
| CsPendencia | VÍNCULOS E REMUNERAÇÕES | **PVIN-ME** | **Vínculo de mandato eletivo, passível de comprovação** | Trata-se de indicador de pendência em vínculo de exercente de mandato eletivo oriundo de fonte GFIP, em razão da declaração de inconstitucionalidade da alínea "h", do inciso I, do artigo 12, da Lei nº 8.212, de 1991, cujo período do vínculo comporte o interstício entre 01/02/1998 a 18/09/2004, período para o qual o exercente de mandato eletivo poderá optar pela filiação como facultativo, conforme procedimento descrito na Instrução Normativa PRES/INSS nº 128, de 2022.<br>Atualmente, não está sendo realizado tratamento do indicador no CNIS. Caso necessária a exclusão, no vínculo, do período reconhecido como facultativo, deverá ser alterado o vínculo por meio de requerimento no VRE. |
| CsPendencia | VÍNCULOS E REMUNERAÇÕES | **PVIN-OBITO** | **Data de admissão posterior ao óbito** | O indicador de pendência PVIN-OBITO era aplicado em vínculo com data de admissão posterior à data do óbito do filiado, tendo sido substituído pelo PVIN-ADM-OBITO em 01/10/2024, data da implementação da versão 8.1.20 da Extrato CNIS. |

| | | | | |
|---|---|---|---|---|
| CsPendencia | VÍNCULOS E REMUNERAÇÕES | **PVIN-RE** | **Causa de rescisão estimada por não ter sido informada pela fonte (RAIS/FGTS/GRE)** | Indicador de pendência que sinaliza que a causa de rescisão no vínculo foi estimada por não ter sido informada pelas fontes RAIS ou FGTS/GRE.<br>A aplicação desse indicador foi necessária à época em que houve a migração do banco de dados de vínculos da Plataforma Alta para a Plataforma Baixa, que hoje é o Portal CNIS, por conta de que o banco de dados não permitia o campo "causa de rescisão" sem preenchimento.<br>No caso da fonte GFIP, essa pendência não ocorre.<br>Para tratamento, se necessário, deverá ser realizado o acerto no vínculo, pelo módulo VRE do CNIS, ajustando a causa de rescisão para aquela comprovada pelo segurado. |
| CsPendencia | VÍNCULOS E REMUNERAÇÕES | **PVIN-REC-PROC-TRAB** | **Pendência de Reconhecimento de Vínculo oriundo de Processo Trabalhista** | O indicador de pendência PVIN-REC-PROC-TRAB foi implementado a partir de 23/08/2024, data da Versão 8.1.14 da Extrato CNIS, 6.0.0 do eSocial CNIS Disp e 4.22 do Portal CNIS, sendo aplicado ao vínculo quando:<br><br>1) oriundo de GFIP 650 com as características 4 - Reclamatória Trabalhista com Reconhecimento de Vínculo ou 8 - Comissão de Conciliação Prévia (CCP)/Núcleo Intersindical de Conciliação Trabalhista (Ninter); e<br><br>2) oriundo do evento S-2500 do eSocial com |

| | | | | |
|---|---|---|---|---|
| | | | | tipo de contrato "TpContr 5 - Empregado com reconhecimento de vínculo".<br><br>Nessas situações, haverá necessidade de comprovação da filiação, conforme previsto na Instrução Normativa PRES/INSS nº 128, de 28 de março de 2022. |
| CsPendencia | VÍNCULOS E REMUNERAÇÕES | **PVIN-RESP-INDIRETO-PROC-TRAB** | **Pendência de Reconhecimento de Vínculo informado por Responsável Indireto em Processo Trabalhista** | O indicador de pendência PVIN-RESP-INDIRETO-PROC-TRAB foi implementado a partir de 23/08/2024, data da Versão 8.1.14 da Extrato CNIS, 6.0.0 do eSocial CNIS Disp e 4.22 do Portal CNIS, sendo aplicado no vínculo que possua informações do evento S-2500 do eSocial com Tipo de Contrato "TpContr 8 - Responsabilidade indireta".<br><br>O tipo de contrato TpContr 8 é utilizado quando a decisão no processo trabalhista determina o pagamento de verbas ao reclamante pelo responsável indireto (subsidiário ou solidário), sendo obrigação deste proceder ao envio do evento S-2500 do eSocial. |

| | | | | |
|---|---|---|---|---|
| CsPendencia | VÍNCULOS E REMUNERAÇÕES | **PVIN-SUBSTIT-INC** | **Pendência que sinaliza inconsistência em Vínculo prevalente quando não foi possível encontrar todos os seus vínculos relacionados** | Trata-se de indicador de pendência apresentado no vínculo substituto quando o vínculo substituído sofre alguma alteração que impossibilite a localização deste entre os vínculos relacionados do substituidor. |
| CsPendencia | VÍNCULOS E REMUNERAÇÕES | **PVIN-TRAB-INTERM** | **Pendência relaciona da a Vínculo que possui informações de trabalho intermitente** | Indicador de pendência aplicado no vínculo que demonstra que a relação previdenciária possui informações de contrato de trabalho intermitente.<br>Esse indicador de pendência foi criado para atender solicitação da área de reconhecimento de direitos, com objetivo de não disponibilizar esses vínculos para os sistemas de benefícios, até que sejam definidas regras para sua utilização.<br>Não há tratamento no CNIS das informações referentes ao período de atividade exercida no vínculo com contrato de trabalho intermitente. Dessa forma, se verificado eventual erro de informação para o referido vínculo e/ou remunerações, cabe ao empregador providenciar a retificação dos dados por meio do eSocial. |

| | | | | |
|---|---|---|---|---|
| CsPendencia | VÍNCULOS E REMUNERAÇÕES | **PVIN-UNIC-CONTR-PROC-TRAB** | **Pendência de Vínculo que possui Unicidade Contratual oriunda de Processo Trabalhista** | O indicador de pendência PVIN-UNIC-CONTR-PROC-TRAB foi implementado a partir de 23/08/2024, data da Versão 8.1.14 da Extrato CNIS, 6.0.0 do eSocial CNIS Disp e 4.22 do Portal CNIS, sendo aplicado no vínculo resultante da unificação (unificador) quando se tratar de unicidade de vínculos de empregado ou empregado doméstico, caso a data de admissão (campo DtAdm) informada no evento S-2500 do eSocial for diferente da data de admissão do vínculo mais antigo entre os unificados (agrupados) e/ou a data de desligamento (campo DtDeslig) for diferente data de desligamento do vínculo mais atual.<br>Nessa situação haverá necessidade de comprovação da filiação dos períodos compreendidos entre a data de admissão mais antiga e a que foi inserida pelo evento e/ou entre a data de deligamento mais atual e a data informada pelo evento. |

| | | | | |
|---|---|---|---|---|
| CsPendencia | VÍNCULOS E REMUNERAÇÕES | **PVIN-UNIC-CONTR-TSVE-PROC-TRAB** | **Pendência de Vínculo que possui Unicidade Contratual do período de TSVE oriunda de Processo Trabalhista** | O indicador de pendência PVIN-UNIC-CONTR-TSVE-PROC-TRAB foi implementado a partir de 23/08/2024, data da Versão 8.1.14 da Extrato CNIS, 6.0.0 do eSocial CNIS Disp e 4.22 do Portal CNIS, sendo aplicado no vínculo resultante da unificação (unificador) quando se tratar de unicidade contratual envolvendo TSVE (contribuinte individual ou trabalhador avulso) com reconhecimento de vínculo de empregado, caso a data de admissão (campo DtAdm) informada no evento S-2500 do eSocial for diferente da primeira competência de remuneração do TSVE, ou a data de desligamento (campo DtDeslig) for diferente da última competência de remuneração do TSVE.<br>Nessa situação, haverá necessidade de comprovação da filiação dos períodos compreendidos entre a primeira competência de remuneração de TSVE e a data de admissão inserida pelo evento e/ou entre a última competência de remuneração de TSVE e a data de desligamento informada pelo evento. |

## II - INDICADORES DE ALERTA (CsIndicador):

| TIPO | GRUPO | SIGLA | DESCRIÇÃO | ESCLARECIMENTOS |
|---|---|---|---|---|
| CsIndicador | AJUSTES EC103 - AGRUPAMENTO | **IAGRUP-MN-SM-EC103** | **Indicador de competência objeto de agrupamento que recebeu de outra competência mas permaneceu abaixo do mínimo (favorecida)** | Indicador aplicado na competência, que possui valor abaixo do Salário Mínimo e que após ter recebido valores de outra competência, permaneceu abaixo do Salário Mínimo (favorecida).<br><br>Por meio do botão "Extrato Ano Civil" da tela inicial do Extrato para SIBE o servidor pode consultar o Extrato de Ano Civil, onde é disponibilizada a consulta por Ano Civil. Após a realização de Ajustes de complementação, utilização e agrupamento, bem como o processamento do Darf liquidado, será possível ao servidor observar as competências ajustadas e seus respectivos indicadores ao se consultar o Ano Civil ou detalhando as remunerações da relação previdenciária. |
| CsIndicador | AJUSTES EC103 - AGRUPAMENTO | **IAGRUP-SM-EC103** | **Indicador de competência objeto de agrupamento que resultou em salário de contribuição igual ao valor mínimo (favorecida)** | Indicador aplicado na competência, que possui valor abaixo do Salário Mínimo e que após ter recebido valores de outra competência, ficou com valor igual ao do Salário Mínimo (favorecida).<br><br>Por meio do botão "Extrato Ano Civil" da tela inicial do Extrato para SIBE o servidor pode consultar o Extrato de Ano Civil, onde é disponibilizada a consulta por Ano Civil. Após a realização de Ajustes de complementação, utilização e agrupamento, bem como o processamento do Darf liquidado, será possível ao servidor observar as competências ajustadas e seus respectivos indicadores ao se consultar o Ano Civil ou detalhando as remunerações da relação previdenciária. |

| | | | | |
|---|---|---|---|---|
| CsIndicador | AJUSTES EC103 - AGRUPAMENTO | **IAGRUP-VR-EC103** | **Indicador de competência objeto de agrupamento onde restou valor residual (desfavorecida)** | Indicador aplicado na competência que possui valor abaixo de Salário Mínimo e que cede valor para outra competência, restando a cedente com resíduo (desfavorecida).<br>Por meio do botão "Extrato Ano Civil" da tela inicial do Extrato para SIBE o servidor pode consultar o Extrato de Ano Civil, onde é disponibilizada a consulta por Ano Civil. Após a realização de Ajustes de complementação, utilização e agrupamento, bem como o processamento do Darf liquidado, será possível ao servidor observar as competências ajustadas e seus respectivos indicadores ao se consultar o Ano Civil ou detalhando as remunerações da relação previdenciária. |
| CsIndicador | AJUSTES EC103 - AGRUPAMENTO | **IAGRUP-ZER-EC103** | **Indicador de competência objeto de agrupamento que restou zerada (desfavorecida)** | Indicador aplicado na competência que possui valor abaixo de Salário Mínimo e que cede para outra competência, restando a cedente zerada (desfavorecida).<br>Por meio do botão "Extrato Ano Civil" da tela inicial do Extrato para SIBE o servidor pode consultar o Extrato de Ano Civil, onde é disponibilizada a consulta por Ano Civil. Após a realização de Ajustes de complementação, utilização e agrupamento, bem como o processamento do Darf liquidado, será possível ao servidor observar as competências ajustadas e seus respectivos indicadores ao se consultar o Ano Civil ou detalhando as remunerações da relação previdenciária. |

| | | | | |
|---|---|---|---|---|
| CsIndicador | AJUSTES EC103 - COMPLEMENTAÇÃO | **ICOMPL-VR-SM-EC103** | **Indicador de competência que possui recolhimento de complementação para o valor mínimo** | Indicador que sinaliza se a competência possui recolhimento de complementação Darf para o valor mínimo.<br><br>Por meio do botão "Extrato Ano Civil" da tela inicial do Extrato para SIBE o servidor pode consultar o Extrato de Ano Civil, onde é disponibilizada a consulta por Ano Civil. Após a realização de Ajustes de complementação, utilização e agrupamento, bem como o processamento do Darf liquidado, será possível ao servidor observar as competências ajustadas e seus respectivos indicadores ao se consultar o Ano Civil ou detalhando as remunerações da relação previdenciária. |
| CsIndicador | AJUSTES EC103 - COMPLEMENTAÇÃO | **IVLR-DARF-LIMITADO** | **Valor de DARF foi limitado de forma que o valor total da competência não ultrapasse o valor do Salário Mínimo na competência** | Indicador que sinaliza que um valor de Darf foi limitado, de forma que o valor total da competência não ultrapasse o valor do Salário Mínimo na competência.<br><br>Por meio do botão "Extrato Ano Civil" da tela inicial do Extrato para SIBE o servidor pode consultar o Extrato de Ano Civil, onde é disponibilizada a consulta por Ano Civil. Após a realização de Ajustes de complementação, utilização e agrupamento, bem como o processamento do Darf liquidado, será possível ao servidor observar as competências ajustadas e seus respectivos indicadores ao se consultar o Ano Civil ou detalhando as remunerações da relação previdenciária.<br><br>O indicador IVLR-DARF-LIMITADO é aplicado em conjunto com o indicador ICOMPL-VR-SM-EC103, de forma que o valor total da competência não ultrapasse o valor do Salário Mínimo na competência. |

| | | | | |
|---|---|---|---|---|
| CsIndicador | AJUSTES EC103 - OUTROS INDICADORES | **IREL-PREV-POSSUI-COMP-AJUST** | **Relação Previdenciária possui alguma competência que foi ajustada (favorecida/desfavorecida)** | Indicador aplicado na Relação Previdenciária para sinalizar que esta possui alguma competência que foi ajustada (favorecida/desfavorecida). |
| CsIndicador | AJUSTES EC103 - UTILIZAÇÃO | **ICED-VR-EXC-EC103** | **Indicador de competência que cedeu valor excedente para outra competência** | Indicador aplicado na competência que possui valor excedente ao Salário Mínimo e que cede valor para outra competência (desfavorecida).<br>Por meio do botão "Extrato Ano Civil" da tela inicial do Extrato para SIBE o servidor pode consultar o Extrato de Ano Civil, onde é disponibilizada a consulta por Ano Civil. Após a realização de Ajustes de complementação, utilização e agrupamento, bem como o processamento do Darf liquidado, será possível ao servidor observar as competências ajustadas e seus respectivos indicadores ao se consultar o Ano Civil ou detalhando as remunerações da relação previdenciária. |
| CsIndicador | AJUSTES EC103 - UTILIZAÇÃO | **IUTILIZ-EXC-EC103** | **Indicador de competência que foi favorecida por valor de remuneração(-ões) excedente(s) de outra(s) competência(s)** | Indicador aplicado na competência que recebeu valor de competências que possuam valores excedentes ao Salário Mínimo, ficando a favorecida igual ao Salário Mínimo (favorecida).<br>Por meio do botão "Extrato Ano Civil" da tela inicial do Extrato para SIBE o servidor pode consultar o Extrato de Ano Civil, onde é disponibilizada a consulta por Ano Civil. Após a realização de Ajustes de complementação, utilização e agrupamento, bem como o processamento do Darf liquidado, será possível ao servidor observar as competências ajustadas e seus respectivos indicadores ao se |

| | | | | |
|---|---|---|---|---|
| | | | | consultar o Ano Civil ou detalhando as remunerações da relação previdenciária. |
| CsIndicador | AJUSTES EC103 - UTILIZAÇÃO | **IUTILIZ-EXC-MN-SM-EC103** | **Indicador de competência que foi favorecida por valor de remuneração(-ões) excedente(s) de outra(s) competência(s), mas permaneceu inferior ao mínimo** | Indicador aplicado na competência que recebeu valor de competências que possuam valores excedentes ao Salário Mínimo, permanecendo a favorecida abaixo do Salário Mínimo (favorecida).<br>Por meio do botão "Extrato Ano Civil" da tela inicial do Extrato para SIBE o servidor pode consultar o Extrato de Ano Civil, onde é disponibilizada a consulta por Ano Civil. Após a realização de Ajustes de complementação, utilização e agrupamento, bem como o processamento do Darf liquidado, será possível ao servidor observar as competências ajustadas e seus respectivos indicadores ao se consultar o Ano Civil ou detalhando as remunerações da relação previdenciária. |
| CsIndicador | CONTRIBUIÇÕES | **GFIP** | **Indica que remuneração da competência foi declarada em GFIP** | É apresentado na Extrato para PRISMA/SABI. Indica que a remuneração da competência foi declarada em GFIP, sendo aplicado ao contribuinte individual prestador de serviço. |

| | | | | |
|---|---|---|---|---|
| CsIndicador | CONTRIBUIÇÕES | **IREC-DESINDEXA** | **Indica que a contribuição da competência foi desindexada** | Alerta que houve a desindexação na competência que foi objeto de indenização, seja para fins de cômputo no Regime Geral da Previdência Social - RGPS ou de contagem recíproca.<br>A desindexação consiste em apurar o salário de contribuição da época, na competência paga por meio de cálculo de indenização, de forma que, quando do requerimento do benefício ou emissão de Certidão de Tempo de Contribuição - CTC, o referido salário seja disponibilizado sem distorção do seu valor.<br>A desindexação visa evitar a utilização de um salário de contribuição superior ao devido, visto que para fins de concessão de benefícios, é aplicado o índice de correção sobre o salário de contribuição, sem levar em conta que já houve correção na data do cálculo da contribuição em atraso.<br>Não é necessário ao servidor efetuar qualquer tratamento na competência que apresenta este indicador. |
| CsIndicador | CONTRIBUIÇÕES | **IREC-FBR** | **Recolhimento de segurado Facultativo de Baixa Renda (L 12470/2011)** | O IREC-FBR é o indicador de recolhimentos efetuados como contribuinte facultativo de baixa renda da Lei nº 12.470, de 2011 que já foram validados. Esse indicador é aplicado nas seguintes situações:<br>a) Recolhimentos validados por meio do SARCI (Sistemas de Acerto de Recolhimentos do Contribuinte Individual);<br>b) Recolhimentos validados automaticamente pelo sistema a partir da Versão 4.20 do Portal CNIS (Baseline 4.20.0). |

| | | | | |
|---|---|---|---|---|
| CsIndicador | CONTRIBUIÇÕES | **IREC-FBR-DEF** | **Recolhimento de segurado Facultativo de Baixa Renda deferido/válido via Portal CNIS** | Indica que o período de contribuição efetuado como facultativo de baixa renda da Lei nº 12.470, de 2011, já foi analisado e deferido/validado manualmente pelo servidor no Portal CNIS/Requerimento de Guias Pendentes. |
| CsIndicador | CONTRIBUIÇÕES | **IREC-INDPEND** | **Recolhimentos com indicadores/pendências** | Trata-se de indicador padrão sinalizando a existência de indicadores e/ou pendências em uma ou mais competências do período de contribuição e, portanto, deve ser detalhado.<br>No detalhamento de cada salário de contribuição é que se verificará o indicador específico, o qual poderá ou não necessitar de tratamento. |
| CsIndicador | CONTRIBUIÇÕES | **IREC-LC123** | **Recolhimento no Plano Simplificado de Previdência Social (LC 123/2006)** | Indica que o recolhimento foi efetuado com código da Lei Complementar nº 123, de 2006 (Plano Simplificado com alíquotas reduzidas de 11% e 5%). É apresentado na Extrato para SIBE.<br>Caso os sistemas de benefícios identifiquem na competência o indicador IREC-LC123, não será possível o cômputo desta em aposentadoria por tempo de contribuição ou CTC sem a devida complementação para a alíquota de 20%. |
| CsIndicador | CONTRIBUIÇÕES | **IREC-LC123-SUP** | **Recolhimento no Plano Simplificado de Previdência Social (LC 123/2006) superior ao salário mínimo** | Indica que o valor recolhido no plano simplificado da Lei Complementar nº 123, de 2006, superou o limite de contribuição para o salário mínimo vigente na competência.<br>A aplicação desse indicador visa limitar o salário de contribuição da competência ao salário mínimo vigente.<br>O segurado poderá solicitar junto à Secretaria Especial da Receita Federal do Brasil - RFB a restituição do excedente da |

| | | | | |
|---|---|---|---|---|
| | | | | contribuição, desde que não alcançado pela prescrição. |
| CsIndicador | CONTRIBUIÇÕES | **IREC-LIM-SM** | **Indica que a contribuição da competência foi limitada ao salário mínimo** | É apresentado na extrato para SIBE. Na extrato para PRISMA/SABI corresponde ao indicador ISALMIN.<br>Indica que o recolhimento apropriado na competência foi superior ao limite mínimo estabelecido na Lei Complementar nº 123, de 2006. É exibido na competência o salário de contribuição corresponde ao limite mínimo.<br>O segurado poderá solicitar junto à RFB a restituição do excedente da contribuição, desde que não alcançado pela prescrição. |
| CsIndicador | CONTRIBUIÇÕES | **IREC-MEI** | **Indica que a contribuição da competência foi recolhida com código MEI** | Está sendo apresentado somente na Extrato SIBE. Demonstra que a contribuição da competência foi recolhida com código de Microempreendedor Individual - MEI.<br>No Extrato para PRISMA/SABI é exibido o indicador IRECOL (IMEI), que corresponderia à mesma situação do IREC-MEI.<br>O indicador IREC-MEI é apresentado em conjunto na Extrato para SIBE com o IREC-LC123. Já na Extrato para SABI só é apresentado o IRECOL (IMEI).<br>Caso os sistemas de benefícios identifiquem na competência o presente indicador, não será possível o cômputo desta em aposentadoria por tempo de contribuição ou CTC sem a devida complementação para a alíquota de 20%. |

| | | | | |
|---|---|---|---|---|
| CsIndicador | CONTRIBUIÇÕES | **IRECOL** | **Indica que a contribuição da competência é recolhimento** | É apresentado no Extrato para PRISMA/SABI. Indica que a contribuição da competência consiste em recolhimento realizado por meio de documento de arrecadação (Exemplo: GPS). |
| CsIndicador | CONTRIBUIÇÕES | **IRECOL (ILEI123)** | **Indica que a contribuição da competência foi recolhida com código da Lei Complementar 123** | Está sendo apresentado somente na Extrato PRISMA/SABI. Demonstra que a contribuição da competência foi recolhida com alíquota reduzida de 11%, conforme previsto na Lei Complementar nº 123, de 2006.<br>Caso os sistemas de benefícios identifiquem na competência o indicador IRECOL (ILEI123), não será possível o cômputo desta em aposentadoria por tempo de contribuição ou CTC sem a devida complementação para a alíquota de 20%.<br>No Extrato para SIBE é exibido o indicador IREC-LC123, que corresponderia à mesma situação do IRECOL (ILEI123). |
| CsIndicador | CONTRIBUIÇÕES | **IRECOL (IMEI)** | **Indica que a contribuição da competência foi recolhida com código MEI** | Está sendo apresentado somente na Extrato PRISMA/SABI. Demonstra que a contribuição da competência foi recolhida com código de Microempreendedor Individual - MEI.<br>Já no Extrato para SIBE é exibido o indicador IREC-MEI que corresponderia à mesma situação do IRECOL (IMEI).<br>Caso os sistemas de benefícios identifiquem na competência o presente indicador, não será possível o cômputo desta em aposentadoria por tempo de contribuição ou CTC sem a devida complementação para a alíquota de 20%. |

| | | | | |
|---|---|---|---|---|
| CsIndicador | CONTRIBUIÇÕES | **IREM-TSVE-PER-QUARENTENA** | **Remuneração informada após o término do TSVE referente ao período de Quarentena** | A partir de 23/08/2024, data de entrada em produção da Versão 8.1.14 da Extrato CNIS, 6.0.0 do eSocial CNIS Disp e 4.22 do Portal CNIS, esse indicador passou a ser aplicado em substituição ao indicador IREM-PERQRT.<br><br>Dessa forma, o período de remuneração compreendido entre a data de término do contrato do TSVE e a data final da Quarentena (dtFimRemun), que anteriormente recebia o indicador IREM-PERQRT, deveria passar a apresentar o indicador **IREM**-TSVE-PER-QUARENTENA. Apesar de estar prevista a aplicação do indicador **IREM**-TSVE-PER-QUARENTENA para o período entre o término do contrato e a data fim da Quarentena, até que fosse emitida a manifestação jurídica sobre a possibilidade, ou não, do cômputo de remunerações do TSVE para esse período, seria aplicado o indicador de pendência **PREM**-TSVE-**POS**-QUARENTENA a fim de não ser(em) disponibilizada(s) a(s) competência(s) para os sistemas de benefício.<br><br>Inicialmente, a partir da definição jurídica sobre a possibilidade, ou não, do cômputo das remunerações do período de Quarentena do TSVE (ainda pendente), havia a previsão de ser aplicado o indicador **IREM**-TSVE-**PER**-QUARENTENA, caso tais competências pudessem ser consideradas ou, um novo indicador de pendência a ser criado **PREM**-TSVE-**PER**-QUARENTENA, caso não pudessem ser computadas.<br><br>Ocorre que desde 16/12/2024, com a implementação das versões Extrato CNIS 8.3.2 e Portal CNIS 4.23, passou a ser aplicado o indicador **PREM**-TSVE-**PER**-QUARENTENA em substituição ao indicador **PREM**-TSVE-**POS**-QUARENTENA, |

| | | | | |
|---|---|---|---|---|
| | | | | que estava sendo aplicado provisoriamente ao período de remuneração compreendido entre a data de término do contrato do TSVE e a data final da Quarentena (dtFimRemun).<br><br>Dessa forma, a aplicação do indicador **IREM**-TSVE-**PER**-QUARENTENA ainda permanece suspensa, posto que pendente a manifestação jurídica sobre a possibilidade de cômputo, ou não, do período de quarentena. |
| CsIndicador | CONTRIBUIÇÕES | **ISALMIN** | **Indica que a contribuição da competência foi limitada ao salário mínimo** | É apresentado na Extrato para PRISMA/SABI. Na Extrato para SIBE corresponde ao indicador IREC-LIM-SM.<br><br>Indica que o recolhimento apropriado na competência foi superior ao limite mínimo estabelecido na Lei Complementar nº 123, de 2006. É exibido na competência o salário de contribuição corresponde ao limite mínimo.<br><br>O segurado poderá solicitar junto à RFB a restituição do excedente da contribuição, desde que não alcançado pela prescrição. |

| | | | | |
|---|---|---|---|---|
| CsIndicador | DARF - ERROS DE PROCESSAMENTO | **IDARF-CPF-NAO-INF** | **Indicador de Darf para CPF não informado no evento** | Esse indicador aponta erro, sendo apresentado apenas na "Consulta Documento de Arrecadação" do Portal CNIS. Ocorre quando o CPF do filiado não foi informado no evento e, neste caso, é registrado o erro de tratamento, sendo associado ao evento indicador de Darf cujo CPF do filiado não foi informado no evento. Como exemplo para explicitar que se trata de uma regra de segurança do sistema, caso seja recepcionado da RFB um Darf com código de Receita 1872-02, porém tenha vindo no evento o campo tipo e identificador preenchido com CNPJ ao invés de CPF, neste caso, pela regra, o Darf cairá em erro de tratamento pois não será encontrado CPF associado ao evento.<br><br>Esse erro será raro de ocorrer, porém, caso aconteça, deve ser orientado que o segurado solicite junto à RFB a alteração do Darf para que passe a constar o CPF no documento de arrecadação, o que propiciará a recepção de arquivo com o evento de alteração do campo CPF. |
| CsIndicador | DARF - ERROS DE PROCESSAMENTO | **IDARF-ESPECIE-CI-INVALIDA** | **Indicador de Darf para Espécie CI inválida na competência** | Apresentado apenas na "Consulta Documento de Arrecadação" do Portal CNIS, esse indicador alerta que a espécie de Contribuinte Individual é inválida para a apropriação do Darf recepcionado no evento da competência.<br><br>Esse erro ocorre quando o tipo de Contribuinte Individual for aquele de que trata o inciso I do caput ou o inciso I do § 1º, ambos do art. 199-A do Decreto nº 3.048, de 6 de maio de 1999 (Regulamento da Previdência Social - RPS), os quais não participam da complementação prevista no inciso I do art. 29 da Emenda Constitucional nº 103, de 12 de novembro de 2019 (vide § 14 do art. 124 da Instrução |

| | | | | |
|---|---|---|---|---|
| | | | | Normativa PRES/INSS nº 128, de 28 de março de 2022). Nesse caso a situação do Darf fica como "Processado com erro". |
| CsIndicador | DARF - ERROS DE PROCESSAMENTO | **IDARF-EXT-SEM-ANO-CIV** | **Indicador de Darf para a inexistência de ano civil presente na Extrato** | Apresentado apenas na "Consulta Documento de Arrecadação" do Portal CNIS, esse indicador é aplicado quando não existe qualquer valor de contribuição original na competência para a qual houve recolhimento da complementação por Darf código de receita 1872/1872-02 (inciso I do art. 29 da Emenda Constitucional nº 103, de 12 de novembro de 2019) e, portanto, a competência (período de apuração) relacionado ao Darf, não está incluída em Ano Civil de que trata o parágrafo único do art. 29 da Emenda Constitucional nº 103, de 2019. Neste caso, para sanar o problema é necessário ser feita a análise do caso concreto para tomada de decisão. Por exemplo, se de fato não existe atividade remunerada na competência e por um lapso o segurado recolheu a complementação equivocadamente. Ele poderá solicitar junto à RFB a possibilidade de alterar para competência que exista fato gerador para aproveitamento do valor recolhido. Ou então, se houver omissão do empregador, que não enviou as informações no eSocial, por exemplo, orientar que solicite ao empregador o envio do evento de remuneração para a competência faltante. Ou ainda, caso não exista |

Página **98** de **136**

| | | | | |
|---|---|---|---|---|
| | | | | competência a ser apropriado o valor recolhido, orientar que seja solicitada a restituição do valor junto à RFB. |
| CsIndicador | DARF - ERROS DE PROCESSAMENTO | **IDARF-FIL-CAD-DIV** | **Indicador de DARF para filiado com dados cadastrais divergentes entre CNIS e RFB** | Apresentado apenas na "Consulta Documento de Arrecadação" do Portal CNIS. Aponta erro no processamento do documento de arrecadação em razão de ter sido apurada divergência nos dados cadastrais do filiado no CNIS ou na base de CPF da RFB. Até que seja corrigida a divergência encontrada, o documento de arrecadação não é processado, não sendo apresentado no extrato do cidadão.<br>Após ser efetuada a atualização de dados cadastrais do CNIS, haverá o reprocessamento da competência pelo job automático, de modo que o Portal CNIS passará a apresentar a informação atualizada (corrigida). O job é processado várias vezes durante o dia e, portanto, caso o documento de arrecadação processado não seja visualizado no mesmo dia, poderá ser visualizado no dia seguinte. |

| | | | | |
|---|---|---|---|---|
| CsIndicador | DARF - ERROS DE PROCESSAMENTO | **IDARF-FIL-NAO-ENC** | **Indicador de Darf para filiado não encontrado no cadastro de pessoas físicas** | Apresentado apenas na "Consulta Documento de Arrecadação" do Portal CNIS, esse indicador é aplicado quando na emissão do Darf não constem, na RFB, dados cadastrais de identificação do filiado para o CPF informado ou haja divergência entre a base de dados de pessoas físicas do CNIS e a base de dados cadastrais do CPF na RFB em relação ao nome do filiado, e/ou ao nome da mãe e/ou à data de nascimento.<br>Para sanar o problema deve ser verificado o caso concreto e detectado onde se encontra o erro, se no cadastro do CPF ou no CNIS. Se for no CPF deve ser orientado que o segurado procure a RFB para corrigir; se for no CNIS, o servidor deverá corrigir o cadastro conforme as orientações vigentes.<br>Quando houver atualização de dados no CNIS, haverá um Job de reprocessamento que passará a apresentar a informação atualizada/corrigida. Esse Job é processado durante todo o dia e, portanto, caso a correção realizada não seja visualizada no mesmo dia, poderá ser visualizada no dia seguinte. |
| CsIndicador | DARF - ERROS DE PROCESSAMENTO | **IDARF-SEM-EMISS-ANT** | **Indicador de Darf sem emissão registrada anteriormente** | Apresentado apenas na "Consulta Documento de Arrecadação" do Portal CNIS, esse indicador alerta que se trata de Darf para o qual o sistema não localizou, na base do INSS, Darf correspondente (com a mesma chave de identificação) que tenha sido emitido pelo Meu INSS (Darf não numerado ou Darf numerado emitido já com a integração com o SENDA - sistema gerador de Darf da RFB). Neste caso, o Darf foi emitido de forma manual ou pelo |

| | | | | |
|---|---|---|---|---|
| | | | | SicalcWeb. |
| CsIndicador | DARF - ERROS DE PROCESSAMENTO | **IDARF-TIPO-FILIADO-INVALIDO** | **Indicador de Darf para Tipo de Filiado inválido na competência** | Apresentado apenas na "Consulta Documento de Arrecadação" do Portal CNIS, esse erro ocorre quando o Darf recepcionado está relacionado a segurado especial (inciso VII, art. 9º do Decreto nº 3.048, de 6 de maio de 1999 - RPS) ou a segurado facultativo (art. 11 do RPS), uma vez que esses tipos de segurados não participam da complementação de que trata o art. 29 da Emenda Constitucional nº 103, de 12 de novembro de 2019. Neste caso, é registrado o erro de tratamento, sendo associado ao evento indicador de Darf para tipo de filiado inválido na competência. |
| CsIndicador | DARF - ERROS DE PROCESSAMENTO | **IDARF-TIPO-FILIADO-NAO-INFORMADO** | **Indicador de Darf para Tipo de Filiado não informado na competência** | Apresentado apenas na "Consulta Documento de Arrecadação" do Portal CNIS, esse indicador aponta erro que ocorre quando o Extrato Ano Civil possui a competência do Darf com a remuneração/contribuição, porém a competência tem alguma pendência que faz com que o sistema não reconheça o tipo de filiado. |

| | | | | |
|---|---|---|---|---|
| CsIndicador | DARF - EVENTOS | **IDARF-ALT-CODRECEITA** | **Indicador de Darf incluído por alteração de código de receita aplicável pelo INSS por outro código também aplicável** | Apresentado apenas na "Consulta Documento de Arrecadação" do Portal CNIS, esse indicador é aplicado ao Darf quando há um evento de Alteração de código de receita aplicável pelo INSS por outro código também aplicável.<br>Ou seja, inicialmente pode ter no CNIS um Darf recepcionado com um determinado código de receita que é utilizado pelo INSS para os processos de trabalho. Esse Darf pode ter sido enviado por um evento de “Inclusão Normal”, por exemplo. Posteriormente, caso seja recepcionado um evento de “Alteração” para esse mesmo Darf, com a mudança para um código de receita que também é utilizado pelo INSS, nessas condições, é aplicado o indicador IDARF-ALT-CODRECEITA. |
| CsIndicador | DARF - EVENTOS | **IDARF-ALT-COMPETENCIA** | **Indicador de Darf incluído por alteração de competência dentro do período de vigência** | Apresentado apenas na "Consulta Documento de Arrecadação" do Portal CNIS, esse indicador é aplicado ao Darf quando há um evento de Alteração de competência e essa esteja dentro do período de vigência do respectivo código de receita.<br>Caso a competência para a qual o Darf foi alterado esteja fora do período de vigência do respectivo código de receita, o indicador aplicado é de pendência PDARF-ALT-COMP-FORA-VIG. |

| | | | | |
|---|---|---|---|---|
| CsIndicador | DARF - EVENTOS | **IDARF-ALT-CPF** | **Indicador de Darf alterado pela RFB para o CPF do titular** | Apresentado apenas na "Consulta Documento de Arrecadação" do Portal CNIS, esse indicador é aplicado ao Darf no novo CPF do titular para indicar que houve a inclusão do referido Darf no CPF em questão em razão de um evento de alteração de CPF, a qual foi feita pela RFB.<br>Ou seja, quando há a recepção de um evento de Alteração de CPF do contribuinte para um Darf anteriormente recebido com outro CPF, é apresentado esse indicador (IDARF-ALT-CPF) no Darf disponível no novo CPF.<br>No CPF anterior, para esse mesmo Darf, constará o indicador PDARF-ALT-CPF.<br>A situação do Darf no CPF do atual titular passa a ser "Pago" e disponibilizado para a Extrato CNIS, e a situação do Darf no CPF anterior passa a ser "Desassociado" e não disponibilizado para a Extrato CNIS. |
| CsIndicador | DARF - EVENTOS | **IDARF-ALT-DADOS** | **Indicador de Darf incluído por alteração de dados** | Apresentado apenas na "Consulta Documento de Arrecadação" do Portal CNIS, esse indicador é aplicado quando há alteração de algum outro dado (campo) do Darf pela RFB, exceto alteração de CPF, Código de Receita ou Competência, para os quais existem indicadores específicos.<br>Os demais campos que podem ser alterados no Darf são: Data de Vencimento, Valor Principal, Valor Multa, Valor Juros e Data de Validade.<br>Importante lembrar que os campos que contém dados financeiros somente podem ser alterados entre si, porém o valor total do Darf nunca será alterado. Ou seja, podem ser alterados os campos de valor principal, juros, multa, porém, |

| | | | | o valor total sempre será o mesmo. Isso geralmente ocorre em erros de preenchimento manual pelo interessado de Darf não numerado sem utilização dos sistemas disponíveis de cálculo; assim pode ocorrer do documento não possuir valores de principal, juros e multa compatíveis; nesse caso, se o interessado alterar esses campos junto à RFB, o INSS recepcionará o evento de Alteração com os campos preenchidos com os novos valores compatíveis. |
|---|---|---|---|---|
| CsIndicador | DARF - EVENTOS | **IDARF-DESFAZ-CANCEL** | **Indicador de Darf com Cancelamento Desfeito** | Apresentado apenas na "Consulta Documento de Arrecadação" do Portal CNIS, esse indicador é aplicado ao Darf quando ocorre o evento "Desfaz Cancelamento". Nesse caso, o Darf passa a ser exibido com a situação correspondente ao evento anterior ao evento de cancelamento (status e respectivo indicador). |
| CsIndicador | DARF - EVENTOS | **IDARF-DESFAZRESTIT-PARCIAL** | **Indicador de Darf com Valor Restituído Parcial Desfeito** | Apresentado apenas na "Consulta Documento de Arrecadação" do Portal CNIS, esse indicador é aplicado ao Darf quando ocorre o evento "Desfaz Restituição", se for restituição parcial. Nesse caso, o Darf passa a ser exibido com a situação correspondente ao evento anterior ao evento de restituição parcial (status e respectivo indicador).<br>Observação: É restituição parcial quando o valor autenticado do Darf é maior que o valor restituído. |

| | | | | |
|---|---|---|---|---|
| CsIndicador | DARF - EVENTOS | **IDARF-DESFAZRESTIT-TOTAL** | **Indicador de Darf com Valor Restituído Total Desfeito** | Apresentado apenas na "Consulta Documento de Arrecadação" do Portal CNIS, esse indicador é aplicado ao Darf quando ocorre o evento "Desfaz Restituição", se for restituição total. Nesse caso, o Darf passa a ser exibido com a situação correspondente ao evento anterior ao evento de restituição total (status e respectivo indicador).<br>Observação: É restituição total quando o valor autenticado do Darf é igual ao valor restituído. |
| CsIndicador | GERAIS DO NIT OU DE DADOS CADASTRAIS | **PCTC-NTR** | **Certidão de Tempo de Contribuição pendente de análise do INSS** | Indicador no Extrato Previdenciário quando existe Certidão de Tempo de Contribuição - CTC cadastrada no banco de dados para o filiado consultado.<br>Não é devida a adoção de nenhuma providência no Portal CNIS para tratar este indicador, que tem caráter apenas informativo para os sistemas de benefícios. |
| CsIndicador | SEGURADO ESPECIAL | **ISE-CVU** | **Período de segurado especial concomitante com outro período urbano** | Indica a existência de período de segurado especial que possui concomitância com períodos em outra categoria de segurado (vínculos empregatícios urbanos ou rurais, contribuições) ou filiação a outro regime de previdência (RPPS).<br>Tratar-se apenas de informação para que o período na condição de segurado especial não seja computado automaticamente no sistema de benefícios.<br>Não há tratamento a ser efetuado no período referente a condição de segurado especial. Dessa forma, o tratamento no CNIS, caso devido, deverá ser realizado nos outros períodos. |

Página **105** de **136**

| | | | | |
|---|---|---|---|---|
| CsIndicador | VÍNCULOS E REMUNERAÇÕES | **ACNISVR** | **Acerto realizado pelo INSS** | Demonstra que foi efetuado acerto do vínculo pelo INSS no sistema CNISVR, sistema este que foi descontinuado. |

| | | | | |
|---|---|---|---|---|
| CsIndicador | VÍNCULOS E REMUNERAÇÕES | **IDT** | **Indicador de Demanda de Natureza Trabalhista** | Até 22/08/2024, o indicador IDT era disponibilizado no vínculo e nas parcelas de remunerações oriundas de GFIP 650 somente com tipo "MOVIMENTO", com características 0 e 3:<br><br>Característica 0 - Indica que a GFIP 650 foi emitida em versão anterior à SEFIP 8.4 (10/2008), não sendo possível identificar o tipo de declaração a que se refere, se de reclamatória trabalhista, acordo, dissídio, convenção, etc.<br><br>Característica 3 - É utilizada em GFIP 650 a partir da versão do SEFIP 8.4 (10/2008) para declaração à Previdência referente às verbas pagas em decorrência de Reclamatórias Trabalhistas, cujo objeto da ação se refere apenas a diferenças remuneratórias, ou seja, a ação não trata de reconhecimento de vínculo empregatício.<br><br>A partir de 23/08/2024, data de entrada em produção da Versão 8.1.14 da Extrato CNIS, 6.0.0 do eSocial CNIS Disp e 4.22 do Portal CNIS, o indicador "IDT – Indicador de demanda de natureza trabalhista" é disponibilizado apenas nos casos de vínculo que apresentam GFIP 650 - Característica "0", observando as situações a seguir:<br><br>A) vínculo criado por GFIP 650 com característica "0" (zero) (GFIP Informativa): antes não exibido no CNIS, passou a ser relacionado e disponibilizado com os indicadores IDT e IREM-INDPEND. Já as verbas remuneratórias dessa Reclamatória Trabalhista, que estarão sozinhas na competência do vínculo, receberão o indicador de |

<table>
<tr><td></td><td></td><td></td><td></td><td>pendência PREM-VINC-PROC-TRAB, nesse caso, havendo necessidade de comprovação da filiação no período;<br><br>B) vínculo criado por GFIP regular da empresa e remunerações oriundas de GFIP 650 com característica “0” (zero): o vínculo é disponibilizado com os indicadores IDT e IREM-INDPEND. Quanto às remunerações, temos que:<br><br>B.1) quando concomitante a outra parcela de remuneração normal: estas remunerações receberão o indicador IREM-VINC-PROC-TRAB, e serão liberadas automaticamente para os sistemas de benefício, sem necessidade de nenhum tratamento por parte do servidor; e<br><br>B.2) quando não existir outra parcela de remuneração normal na competência: a remuneração com origem na GFIP 650 com característica “0” (zero) receberá indicador de pendência PREM-VINC-PROC-TRAB, havendo necessidade de comprovação da filiação no período.<br><br>A partir de 23/08/2024 o IDT deixou de ser apresentado para GFIP 650 com característica “3”, passando a ser aplicado o IVIN-PROC-TRAB.<br><br>Observações:<br><br>1) As remunerações informadas por GFIP 650 com as características 5 (Declaração à Previdência referente às verbas pagas em decorrência de Acordos Coletivos), 6 (Declaração à Previdência referente às verbas pagas em decorrência de Dissídios Coletivos) e 7 (Declaração à</td></tr>
</table>

| | | | | |
|---|---|---|---|---|
| | | | | Previdência referente às verbas pagas em decorrência de Convenções Coletivas), mesmo após 23/08/2024, continuam a ser apresentadas com indicador específico IREM-ACD (Remuneração possui parcela de Acordo, Convenção ou Dissídio Coletivo).<br><br>2) A partir de 23/08/2024, data de entrada em produção da Versão 8.1.14 da Extrato CNIS, 6.0.0 do eSocial CNIS Disp e 4.22 do Portal CNIS, as informações constantes da GFIP 650 com características iguais a 1 (verbas pagas em decorrência de Leis de Anistia), 4 (verbas pagas em decorrência de Reclamatórias Trabalhistas, cujo objeto da ação, trata, também, de reconhecimento de vínculo empregatício) e 8 (às verbas pagas em decorrência de conciliação resultante da mediação pela Comissão de Conciliação Prévia ou pelo Núcleo Intersindical de Conciliação Trabalhista), mesmo se tratando de GFIP INFORMATIVA, passaram a ser disponibilizadas no CNIS. Nesse caso, apresentarão indicadores próprios: IVIN-REINTEG-ANISTIA, para o caso de GFIP 650 com característica 1; e PVIN-REC-PROC-TRAB, para os casos de GFIP 650 com características 4 e 8. |

| | | | | |
|---|---|---|---|---|
| CsIndicador | VÍNCULOS E REMUNERAÇÕES | **IEAN** | **Exposição a agente nocivo informada pelo empregador, passível de comprovação** | Indica um possível enquadramento para fins de aposentadoria especial, em razão da informação pelo empregador da contribuição a que se refere o art. 22, inciso II, da Lei nº 8.212, de 1991. O fato de exibir o indicador não implica em conversão automática, nem dispensa a análise administrativa e técnica da atividade especial. |
| CsIndicador | VÍNCULOS E REMUNERAÇÕES | **IREM-ACD** | **Remuneração possui parcela de Acordo, Convenção ou Dissídio Coletivo** | O “IREM-ACD” foi implementado para identificar as remunerações provenientes das GFIP 650 com características 05, 06 e 07 – Acordo Coletivo, Dissídio Coletivo e Convenção Coletiva. Quanto às informações de remunerações de Acordo, Dissídio ou Convenção Coletiva feitas pelo eSocial, essas também são indicadas no CNIS com o “IREM-ACD”.<br><br>Independente da remuneração ter sido informada via GFIP 650 ou pelo eSocial, na relação previdenciária teremos a informação do indicador “IREM-INDPEND”.<br><br>Na aba "Remunerações" do Painel do Cidadão, o valor da remuneração proveniente de Acordo, Convenção ou Dissídio Coletivo já aparece somado ao da remuneração normal, visto que as remunerações com o indicador "IREM-ACD" não dependem de comprovação para fins de disponibilização ao sistema de benefícios.<br><br>Na consulta "Extrato para SIBE", da mesma forma, na relação previdenciária será apresentado o indicador "IREM-INDPEND" e clicando no ícone de "Remunerações" é possível observar as parcelas que compõem a remuneração, sendo que a parcela proveniente de Acordo, Convenção ou Dissídio Coletivo apresentará o indicador "IREM-ACD". |

| | | | | |
|---|---|---|---|---|
| CsIndicador | VÍNCULOS E REMUNERAÇÕES | **IREM-INDPEND** | **Remunerações com indicadores/pendência** | Seria um indicador aplicado na Relação Previdenciária, exceto no tipo Período Contribuição Consolidado, que tem a finalidade de sinalizar que existe remuneração que contém indicador de alerta ou pendência diferente dos indicadores da Emenda Constitucional nº 103, de 2019.<br>A remuneração que contém indicador de alerta não necessita de tratamento e é disponibilizada automaticamente para os sistemas de benefícios. Para a remuneração que possui indicador de pendência será possível verificar, no detalhamento desta, o indicador correspondente à inconsistência detectada, cujo tratamento deverá observar a respectiva previsão normativa. |
| CsIndicador | VÍNCULOS E REMUNERAÇÕES | **IREM-PARC-CEDIDO** | **Remuneração possui parcela de remuneração decorrente de Trabalhador Cedido** | É um indicador aplicado na remuneração, para demonstrar que esta é oriunda de cessão/requisição de trabalhador, visualizado quando são detalhadas as remunerações atreladas ao vínculo de origem do trabalhador cedido.<br>De forma semelhante ao que ocorre nos vínculos com admissão por transferência, no detalhamento do vínculo é possível visualizar os períodos em que o trabalhador esteve à serviço da empresa cedente ou da empresa cessionária. |
| CsIndicador | VÍNCULOS E REMUNERAÇÕES | **IREM-PARC-DIR-SIND** | **Remuneração possui parcela de remuneração decorrente de Dirigente Sindical** | É um indicador aplicado na remuneração, para demonstrar que esta é oriunda de exercício de mandato sindical, visualizado quando detalhamos as remunerações atreladas ao vínculo de origem do trabalhador afastado.<br>De forma semelhante ao que ocorre nos vínculos com admissão por transferência, no detalhamento do vínculo é possível visualizar os períodos em que o trabalhador esteve |

| | | | | |
|---|---|---|---|---|
| | | | | à serviço do sindicato. |
| CsIndicador | VÍNCULOS E REMUNERAÇÕES | **IREM-PERQRT** | **Remuneração em período de quarentena** | Era um indicador aplicado na remuneração de uma relação trabalhista para demonstrar que se tratava de competência de quarentena remunerada de trabalhador desligado.<br>Foi substituído pelos indicadores específicos "IREM-PER-QUARENTENA" e "IREM-TSVE-PER-QUARENTENA" a partir de 23/08/2024, data da implantação da Versão 8.1.14 da Extrato CNIS, 6.0.0 do eSocial CNIS Disp e 4.22 do Portal CNIS. |
| CsIndicador | VÍNCULOS E REMUNERAÇÕES | **IREM-PER-QUARENTENA** | **Remuneração informada após o desligamento referente ao período de quarentena** | A partir de 23/08/2024, data de entrada em produção da Versão 8.1.14 da Extrato CNIS, 6.0.0 do eSocial CNIS Disp e 4.22 do Portal CNIS, esse indicador passou a ser aplicado em substituição ao indicador IREM-PERQRT.<br>Dessa forma, o período de remuneração do vínculo, compreendido entre a data de desligamento e a data final da quarentena, que anteriormente, recebia o indicador IREM-PERQRT, passou a apresentar o indicador IREM-PER-QUARENTENA. |

| | | | | |
|---|---|---|---|---|
| CsIndicador | VÍNCULOS E REMUNERAÇÕES | **IREM-RECL-TRAB** | **Remuneração possui parcela de reclamatória trabalhista** | Até 22/08/2024 esse indicador era aplicado na remuneração para demonstrar que a parcela era oriunda de reclamatória trabalhista.<br>Não havia impacto no reconhecimento de direito, uma vez que a reclamatória trabalhista que versava exclusivamente sobre verbas remuneratórias não necessitava de documentos comprobatórios.<br>A partir de 23/08/2024, data de entrada em produção da Versão 8.1.14 da Extrato CNIS, 6.0.0 do eSocial CNIS Disp e 4.22 do Portal CNIS, esse indicador deixou de ser aplicado, tendo sido substituído pelo IREM-VINC-PROC-TRAB. |
| CsIndicador | VÍNCULOS E REMUNERAÇÕES | **IREM-REINTEG-PARC-PROC-TRAB** | **Remuneração de período de Reintegração parcial oriunda de Processo Trabalhista** | A partir de 23/08/2024, data de entrada em produção da Versão 8.1.14 da Extrato CNIS, 6.0.0 do eSocial CNIS Disp e 4.22 do Portal CNIS, esse indicador passou a ser aplicado, nos casos de reintegração parcial, às remunerações compreendidas entre a data do efeito da reintegração e a data do efetivo retorno ao trabalho, declaradas por meio do evento S-2500 do eSocial.<br>Cabe destacar que na reintegração parcial a data do efeito da reitegração não corresponde ao dia imediatamente posterior ao desligamento anulado. Com isso, na reitegração parcial pode haver um intervalo sem remunerações dessa natureza entre a data do desligamento anulado e a data do efeito da reitegração.<br>Esse indicador é aplicado no vínculo em conjunto com o indicador IVIN-REINTEG-PROC-TRAB. |

| | | | | |
|---|---|---|---|---|
| CsIndicador | VÍNCULOS E REMUNERAÇÕES | **IREM-REINTEG-TOT-PROC-TRAB** | **Remuneração de período de Reintegração total oriunda de Processo Trabalhista** | A partir de 23/08/2024, data de entrada em produção da Versão 8.1.14 da Extrato CNIS, 6.0.0 do eSocial CNIS Disp e 4.22 do Portal CNIS, esse indicador passou a ser aplicado, nos casos de reintegração total, às remunerações declaradas por meio do evento S-2500 do eSocial.<br>Cabe destacar que na reintegração total a data do efeito da reitegração corresponde ao dia imediatamente posterior ao desligamento anulado, inexistindo intervalo.<br>Esse indicador é aplicado no vínculo em conjunto com o indicador IVIN-REINTEG-PROC-TRAB. |
| CsIndicador | VÍNCULOS E REMUNERAÇÕES | **IREM-TRAB-INTERM** | **Remuneração relacionada a Trabalho Intermitente** | Indicador aplicado na remuneração da relação trabalhista para demonstrar que a parcela se refere a trabalho intermitente.<br>Para que seja aplicado o indicador IREM-TRAB-INTERM, a competência de remuneração deve estar coberta por:<br>- período de Convocatória (Evento S-2260) para informações enviadas até a versão 2.5 do leiaute do eSocial;<br>- quantidade de dias trabalhados do intermitente no mês (campo "qtdDiasInterm" do Evento S-1200) para informações enviadas até a versão 2.5 do leiaute do eSocial;<br>- dias trabalhados do intermitente no mês (campo "dia" do Evento S-1200) para informações enviadas a partir da versão 1.0 do leiaute do eSocial; ou<br>- período compreendido entre as datas registradas por meio dos códigos de movimentação T1 e T2 da GFIP. |

| | | | | |
|---|---|---|---|---|
| CsIndicador | VÍNCULOS E REMUNERAÇÕES | **IREM-TRAB-VERDE-AMARELO** | **Indicador remunerações pertencentes aos Vínculo que possua algum período de categoria relacionada a carteira verde amarela** | Indicador na remuneração que esteja contida em período de vínculo com Contrato de Trabalho Verde Amarelo.<br>Observação: o Contrato de Trabalho Verde Amarelo foi instituído pela Medida Provisória nº 905, de 11 de novembro de 2019, que vigorou até 18 de agosto de 2020, de acordo com Ato Declaratório do Presidente da Mesa do Congresso Nacional nº 127, de 28 de setembro de 2020. |
| CsIndicador | VÍNCULOS E REMUNERAÇÕES | **IREM-VINC-PROC-TRAB** | **Remuneração no Vínculo oriunda de Processo Trabalhista** | A partir de 23/08/2024, data de entrada em produção da Versão 8.1.14 da Extrato CNIS, 6.0.0 do eSocial CNIS Disp e 4.22 do Portal CNIS, esse indicador passou a ser aplicado na remuneração informada na GFIP 650, com características 0 - Demanda de Natureza Trabalhista, 3 - Reclamatória Trabalhista sem Reconhecimento de vínculo, 4 - quando essa é concomitante a remuneração já declarada no vínculo, 8 - Comissão de Conciliação Prévia (CCP)/Núcleo Intersindical de Conciliação Trabalhista (Ninter), bem como nas remunerações informadas pelo eSocial, no evento S-2500 com qualquer Tipo de Contrato (TpContr 1 ao 9), quando essa está acompanhada de outro tipo de remuneração normal na mesma competência.<br>No caso de aplicação desse indicador, não há necessidade de nenhum tratamento por parte do servidor, pois a remuneração informada é concomitante à remuneração já declarada no vínculo e será liberada automaticamente para os sistemas de benefício. |
| CsIndicador | VÍNCULOS E REMUNERAÇÕES | **IVIN-AGRUP-VINC** | **Indicador de Vínculo Trabalhista gerado pelo Serviço de agrupamento** | Indicador aplicado na relação trabalhista para demonstrar que o vínculo é resultado de agrupamento de vínculos |

Página **115** de **136**

| | | | | |
|---|---|---|---|---|
| | | | **de vínculos** | efetuado pelo INSS por meio do SERVIÇO CNIS no GET. |
| CsIndicador | VÍNCULOS E REMUNERAÇÕES | **IVIN-AGRUP-VINC-PART** | **Indicador que marca o vínculo que foi alvo do Serviço de agrupamento de vínculos** | Este indicador é visualizado em vínculo que tenha participado de agrupamento ao detalhar o vínculo agrupador (resultante do agrupamento). O vínculo agrupador recebe o indicador IVIN-AGRUP-VINC. |
| CsIndicador | VÍNCULOS E REMUNERAÇÕES | **IVIN-DESLIG-JUSTIÇA-TRAB** | **Inclusão da Data de Desligamento feita pela Justiça do Trabalho por meio do Evento S-8299 – Baixa Judicial do Vínculo do eSocial** | A partir de 23/08/2024, data de entrada em produção da Versão 8.1.14 da Extrato CNIS, 6.0.0 do eSocial CNIS Disp e 4.22 do Portal CNIS, esse indicador passou a ser aplicado. Quando ocorrer a informação da data de desligamento por meio do evento S-8299, caso a competência da data informada para o desligamento seja anterior ou igual à data da última remuneração normal, já disponibilizada no CNIS, será apresentado no vínculo o indicador IVIN-DESLIG-JUSTIÇA-TRAB.<br>Nesse caso, não há tratamento para o indicador, o vínculo será disponibilizado automaticamente para os sistemas de benefício. |
| CsIndicador | VÍNCULOS E REMUNERAÇÕES | **IVIN-JORN-DIFERENCIADA** | **Vínculo possui regime de jornada diferenciada** | O indicador é aplicado na relação previdenciária quando o vínculo possui jornada de trabalho menor que 44 (quarenta e quatro) horas semanais, conforme informação contratual do campo "qtdHrsSem" do evento S-2200 ou S-2206 enviado pelo empregador no eSocial.<br>O indicador IVIN-JORN-DIFERENCIADA é somente um alerta no vínculo e não exige nenhum tratamento no CNIS. |

| | | | | |
|---|---|---|---|---|
| CsIndicador | VÍNCULOS E REMUNERAÇÕES | **IVIN-POSSUI-REG-PRELIM** | **Indicador que informa que a Relação Trabalhista possui um registro preliminar informado anteriormente em eSocial** | Indicador aplicado na relação previdenciária para demonstrar que o vínculo existente no CNIS possuiu anteriormente um evento S-2190 do eSocial (Registro Preliminar de Trabalhador) e que agora possui evento S-2200 ou S-2300 informado para o vínculo. Esse indicador tem o objetivo de diferenciar os vínculos que tiveram o registro preliminar daqueles que somente tiveram o evento de registro normal (S-2200 ou S-2300).<br>O indicador IVIN-POSSUI-REG-PRELIM é somente um alerta no vínculo e não exige nenhum tratamento no CNIS. |
| CsIndicador | VÍNCULOS E REMUNERAÇÕES | **IVIN-POSSUI-REM-TRAB-INTERM** | **Relação Trabalhista possui Remunerações de Trabalho Intermitente** | Indicador de que a relação trabalhista possui remunerações de trabalho intermitente.<br>Ou seja, no vínculo é apresentado esse indicador quando existir remuneração informada de trabalho intermitente, mesmo que a remuneração esteja dentro ou fora do período de convocatória ou de trabalho do intermitente. |
| CsIndicador | VÍNCULOS E REMUNERAÇÕES | **IVIN-POSSUI-REM-TRANS** | **Vínculo possui remuneração que foi transferida para este por Cessionário de Dirigente Sindical ou Trabalhador Cedido** | Trata-se de indicador que demonstra a presença de remuneração informada por cessionário na composição do período remuneratório do vínculo de origem (cedente). Isso não altera em nada a composição das informações do vínculo e das remunerações, mas somente esclarece em qual estabelecimento/empresa/órgão a remuneração está sendo informada, com a vinculação da contribuição ao regime de origem do trabalhador. |

| | | | | |
|---|---|---|---|---|
| CsIndicador | VÍNCULOS E REMUNERAÇÕES | **IVIN-PROC-TRAB** | **Vínculo possui Processo Trabalhista** | A partir de 23/08/2024, data da implementação da Versão 8.1.14 da Extrato CNIS, 6.0.0 do eSocial CNIS Disp e 4.22 do Portal CNIS, o vínculo para o qual constar informações de GFIP 650 com característica 3 - Reclamatória Trabalhista sem Reconhecimento de vínculo, ou informações do evento S-2500 com Tipo de Contrato "TpContr 1 - Trabalhador com vínculo formalizado, sem alteração nas datas de admissão e de Desligamento", apresentará o indicador IVIN-PROC-TRAB.<br>O indicador IVIN-PROC-TRAB também poderá ser aplicado no vínculo quando for informado no evento S-2500 o "TpContr 7 - Trabalhador com vínculo de emprego formalizado em período anterior ao eSocial", desde que não haja alteração das datas de admissão e desligamento. |

| | | | | |
|---|---|---|---|---|
| CsIndicador | VÍNCULOS E REMUNERAÇÕES | **IVIN-REG-PRELIM** | **Indicador que informa que a Relação Trabalhista é um registro preliminar de vínculo informado eSocial** | Indicador aplicado na relação previdenciária para demonstrar que o vínculo existente no CNIS é oriundo de um registro trabalhista preliminar informado por meio do evento S-2190 do eSocial.<br><br>Quando o empregador/contratante transmitir o evento S-2200 ou S-2300, a relação previdenciária no Extrato CNIS passará a apresentar o indicador IVIN-POSSUI-REG-PRELIM, que aponta que a relação trabalhista existente no CNIS já possuiu um evento S-2190 (Registro Preliminar de Trabalhador) anterior e agora a relação previdenciária possui evento S-2200 ou S-2300. Esse indicador tem o objetivo de diferenciar os vínculos que tiveram o registro preliminar daqueles que somente tiveram o evento de registro normal (S-2200 ou S-2300).<br><br>É importante lembrar que enquanto o vínculo possuir somente o registro preliminar, ou seja, enquanto apresentar o indicador IVIN-REG-PRELIM no CNIS, o vínculo não conterá, por exemplo, informações de afastamento, o que impacta no reconhecimento de direitos a benefícios por incapacidade temporária.<br><br>Portanto, neste caso, deve ser solicitado que o empregador regularize a situação, enviando o evento S-2200, bem como o evento S-2230 (Afastamento Temporário) referente ao afastamento do trabalhador. Dessa forma, o vínculo será atualizado com o indicador IVIN-POSSUI-REG-PRELIM e com a informação do afastamento no detalhe da Relação Previdenciária no CNIS.<br><br>Por fim, cabe salientar que os indicadores IVIN-REG-PRELIM e IVIN-POSSUI-REG-PRELIM são somente informações de |

| | | | | |
|---|---|---|---|---|
| | | | | atenção no vínculo e não exigem nenhum tratamento no CNIS. |

| | | | | |
|---|---|---|---|---|
| CsIndicador | VÍNCULOS E REMUNERAÇÕES | **IVIN-REINTEG** | **Vínculo possui reintegração no último desligamento por 1- Reintegração por decisão judicial ou 3- Reversão de servidor público ou 4- Recondução de servidor público ou 5- Reinclusão de militar** | A partir de 23/08/2024, data da implementação da Versão 8.1.14 da Extrato CNIS, 6.0.0 do eSocial CNIS Disp e 4.22 do Portal CNIS, esse indicador deixou de ser aplicado, tendo sido substituído pelo IVIN-REINTEG-PROC-TRAB, quando se tratar do tipo de reintegração 1 - Reintegração por decisão judicial do evento S-2298 do eSocial, e pelo IVIN-REINTEG-SERVPUBLICO, quando se tratar do tipo de reintegração 3 - Reversão de servidor público, 4 - Recondução de servidor público ou 5 - Reinclusão de militar.<br><br>Até 22/08/2024, esse indicador era aplicado para demonstrar que existia reintegração no último desligamento por:<br><br>1 - Reintegração por decisão judicial ou<br>3 - Reversão de servidor público ou<br>4 - Recondução de servidor público ou<br>5 - Reinclusão de militar.<br><br>Ao ser detalhado o vínculo, na tabela "Períodos de Reintegração", eram apresentadas informações da data de rescisão, motivo da rescisão, data da reintegração, motivo da reintegração e data do efetivo retorno da reintegração.<br><br>Ainda, na tabela "Detalhe do Vínculo", os campos "Data de Rescisão" e "Causa de Rescisão" somente deveriam constar preenchidos, quando fossem informados pelo empregador uma nova data e o motivo de desligamento do referido trabalhador. |

| | | | | |
|---|---|---|---|---|
| | | | | Observação: os vínculos com o indicador IVIN-REINTEG não eram disponibilizados para os sistemas legados PRISMA e SABI, até que fossem realizados os ajustes necessários para que pudessem ser considerados somente os períodos devidos do vínculo.<br><br>Caso fossem comprovados os períodos de reintegração, o vínculo deveria ser tratado no sistema de benefícios, após a desativação do FERR/CNIS. Se o efeito da reintegração gerasse um período entre o desligamento e a reintegração, deveriam ser informados no sistema de benefício os períodos do vínculo a serem considerados. |

| CsIndicador | VÍNCULOS E REMUNERAÇÕES | **IVIN-REINTEG-ANISTIA** | **Indicador de Reintegração por Anistia Legal** | Indicador aplicado para demonstrar que existe reintegração por anistia legal no vínculo.<br><br>Até 22/08/2024, somente os períodos de Anistiados (Leis de Anistias) informados pelo eSocial no evento S-2298 eram tratados e disponibilizados com o indicador no vínculo, no CNIS.<br><br>Destaca-se que, apesar de serem tratados como reintegração, os períodos de Anistiados possuem características próprias de acordo com cada tipo de Anistia a ser aplicada (Leis de Anistias).<br><br>A partir de 23/08/2024, data da implementação da Versão 8.1.14 da Extrato CNIS, 6.0.0 do eSocial CNIS Disp e 4.22 do Portal CNIS, além dos períodos de anistia oriundos do evento S-2298 do eSocial, passaram a ser tratadas as remunerações declaradas no evento S-1200 do eSocial para o período compreendido entre a data do efeito da reintegração e do efetivo retorno ao trabalho, para as quais será aplicado o indicador de pendência PREM-REINTEG-ANISTIA.<br><br>Ainda, desde 23/08/2024, o vínculo que possua informações de GFIP 650 com característica 1 - Anistiados passou a ser apresentado no CNIS com o indicador "IVIN-REINTEG-ANISTIA" e o indicador "IREM-INDPEND", demonstrando que o vínculo possui remuneração(-ões) com indicador(es) e/ou pendência(s).<br><br>Salientamos que as remunerações apresentadas, relativas ao período compreendido entre a dispensa ou suspensão contratual e o efetivo retorno do trabalhador, informadas |
|---|---|---|---|---|

| | | | | |
|---|---|---|---|---|
| | | | | por meio da GFIP 650 com característica 1 - Anistiados, são disponibilizadas no CNIS com indicador de pendência PREM-REINTEG-ANISTIA.<br><br>Destacamos que existindo remunerações entre o desligamento anulado e a data do efeito da reintegração, será aplicada a pendência PREM-FORA-REINTEG-ANISTIA.<br><br>Observação: Os vínculos com o indicador IVIN-REINTEG-ANISTIA ainda não serão disponibilizados para os sistemas de benefício PRISMA e SABI, até que sejam realizados os ajustes necessários para que sejam considerados somente os períodos devidos do vínculo.<br><br>Portanto, caso comprovados os períodos de anistia e respectivas remunerações, o vínculo deve ser tratado no sistema de benefícios, após a desativação do FERR/CNIS. Se o efeito da anistia gerar um período entre o desligamento e a reintegração, devem ser informados no sistema de benefício os períodos do vínculo a serem considerados. |

| | | | | |
|---|---|---|---|---|
| CsIndicador | VÍNCULOS E REMUNERAÇÕES | **IVIN-REINTEG-OUTROSTIPOS** | **Vínculo possui reintegração no último desligamento por iniciativa do empregador ou por outros motivos** | O indicador IVIN-REINTEG-OUTROSTIPOS foi implementado em 23/08/2024, data da Versão 8.1.14 da Extrato CNIS, 6.0.0 do eSocial CNIS Disp e 4.22 do Portal CNIS.<br>Esse indicador é apresentado no vínculo quando o declarante/empregador, de ofício, sem relação com processo trabalhista ou anistia legal, pretende tornar sem efeito o desligamento do trabalhador e reintegrá-lo às suas atividades (utiliza-se do evento S-2298 do eSocial com o tipo de reintegração tpReint 9 - Outros).<br>Destaca-se que para as remunerações declaradas para o período compreendido entre a data do efeito da reintegração por outros motivos e do efetivo retorno ao trabalho, será aplicado o indicador de pendência PREM-REINTEG-OUTROSTIPOS.<br>Existindo remunerações entre o desligamento anulado e a data do efeito da reintegração por outros motivos, será aplicada a pendência PREM-FORA-REINTEG-OUTROSTIPOS.<br>Observação: Os vínculos com o indicador IVIN-REINTEG-OUTROSTIPOS ainda não serão disponibilizados para os sistemas de benefício PRISMA e SABI, até que sejam realizados os ajustes necessários para que sejam considerados somente os períodos devidos do vínculo.<br>Portanto, caso comprovados os períodos de reintegração por outros motivos e respectivas remunerações, o vínculo deve ser tratado no sistema de benefícios, após a desativação do FERR/CNIS. Se o efeito da reitegração por outros motivos gerar um período entre o desligamento e a reintegração, devem ser informados no sistema de benefício |

Página **125** de **136**

| | | | | |
|---|---|---|---|---|
| | | | | os períodos do vínculo a serem considerados. |
| CsIndicador | VÍNCULOS E REMUNERAÇÕES | **IVIN-REINTEG-PARC** | **Sentença trabalhista determinando reintegração do trabalhador e pagamento de remunerações de período parcial** | Esse indicador foi substituído pelo IVIN-REINTEG-PARC-PROC-TRAB, a partir de 23/08/2024, data da implementação da Versão 8.1.14 da Extrato CNIS, 6.0.0 do eSocial CNIS Disp e 4.22 do Portal CNIS.<br>Era aplicado na relação trabalhista quando a reintegração fosse parcial. Nesse caso, a data do efeito da reintegração não seria o dia imediatamente posterior à data do desligamento informado anteriormente, podendo corresponder até/inclusive à data do efetivo retorno do trabalhador. |

| | | | | |
|---|---|---|---|---|
| CsIndicador | VÍNCULOS E REMUNERAÇÕES | **IVIN-REINTEG-PARC-PROC-TRAB** | **Vínculo possui reintegração parcial oriunda de Processo Trabalhista** | O indicador IVIN-REINTEG-PARC-PROC-TRAB foi implementado a partir de 23/08/2024, data da Versão 8.1.14 da Extrato CNIS, 6.0.0 do eSocial CNIS Disp e 4.22 do Portal CNIS, em substituição ao indicador IVIN-REINTEG-PARC, quando na reintegração houver intervalo entre o desligamento anulado e a data do efeito da reintegração. Este indicador é apresentado no vínculo em conjunto com o indicador IVIN-REINTEG-PROC-TRAB.<br><br>Na reitegração parcial, as remunerações são informadas no evento S-2500 do eSocial. Neste caso, será aplicado o indicador IREM-REINTEG-PARC-PROC-TRAB nas remunerações compreendidas entre a data do efeito da reintegração e do efetivo retorno ao trabalho.<br><br>Caso existam remunerações entre o desligamento anulado e a data do efeito da reintegração, será aplicado o indicador de pendência PREM-FORA-REINTEG-PROC-TRAB. |
| CsIndicador | VÍNCULOS E REMUNERAÇÕES | **IVIN-REINTEG-PROC-TRAB** | **Vínculo possui reintegração no último desligamento oriunda de Processo Trabalhista** | O indicador IVIN-REINTEG-PROC-TRAB foi implementado a partir de 23/08/2024, data da Versão 8.1.14 da Extrato CNIS, 6.0.0 do eSocial CNIS Disp e 4.22 do Portal CNIS, em substituição ao indicador IVIN-REINTEG, quando se tratar do tipo de reintegração 1 - Reintegração por decisão judicial do evento S-2298 do eSocial.<br><br>Cabe ressaltar que na hipótese de não ocorrência do trânsito em julgado da decisão judicial que determinou a Reintegração do trabalhador, fica prejudicada a análise do período declarado no CNIS entre o efeito da Reintegração e o efetivo retorno ao trabalho, não se impondo restrição, nessa situação, em considerar os períodos efetivamente |

| | | | | |
|---|---|---|---|---|
| | | | | trabalhados entre a data de admissão até o desligamento anulado, e após o efetivo retorno ao trabalho até o novo desligamento se houver.<br>Nas situações em que o servidor observar que as datas declaradas no eSocial não correspondem às definidas na decisão judicial, poderá emitir exigência para que o declarante/empregador reveja as informações enviadas e, se for o caso, envie a retificação do evento S-2298 do eSocial. |
| CsIndicador | VÍNCULOS E REMUNERAÇÕES | **IVIN-REINTEG-TOT** | **Sentença trabalhista determinando reintegração e pagamento de remunerações retroativas do período total** | Esse indicador foi substituído pelo IVIN-REINTEG-TOT-PROC-TRAB, a partir de 23/08/2024, data da implementação da Versão 8.1.14 da Extrato CNIS, 6.0.0 do eSocial CNIS Disp e 4.22 do Portal CNIS.<br>Era aplicado na relação trabalhista quando a reintegração fosse total. Nesse caso, a data do efeito da reintegração não seria o dia imediatamente posterior à data do desligamento informado anteriormente. |
| CsIndicador | VÍNCULOS E REMUNERAÇÕES | **IVIN-REINTEG-TOT-PROC-TRAB** | **Vínculo possui reintegração total oriunda de Processo Trabalhista** | O indicador IVIN-REINTEG-TOT-PROC-TRAB foi implementado a partir de 23/08/2024, data da Versão 8.1.14 da Extrato CNIS, 6.0.0 do eSocial CNIS Disp e 4.22 do Portal CNIS, em substituição ao indicador IVIN-REINTEG-TOT, quando na reintegração não houver intervalo entre o desligamento anulado e a data do efeito da reintegração. Este indicador é apresentado no vínculo em conjunto com o indicador IVIN-REINTEG-PROC-TRAB. |

Página **128** de **136**

| | | | | |
|---|---|---|---|---|
| | | | | Na reitegração total, as remunerações são informadas no evento S-2500 do eSocial. Neste caso, será aplicado o indicador IREM-REINTEG-TOT-PROC-TRAB nas remunerações compreendidas entre a data do efeito da reintegração e do efetivo retorno ao trabalho. |
| CsIndicador | VÍNCULOS E REMUNERAÇÕES | **IVIN-TRAB-INTERM** | **Indicador de Vínculo que possui informações de trabalho intermitente** | Indicador aplicado à relação previdenciária para demonstrar que o vínculo possui informações de contrato de trabalho intermitente. |
| CsIndicador | VÍNCULOS E REMUNERAÇÕES | **IVIN-TRAB-VERDE-AMARELO** | **Indicador de Vínculo que possua algum período de categoria(eSocial ou GFIP) relacionada a carteira verde amarela** | Indicador que o vínculo possui período com Contrato de Trabalho Verde Amarelo.<br>Observação: o Contrato de Trabalho Verde Amarelo foi instituído pela Medida Provisória nº 905, de 11 de novembro de 2019, que vigorou até 18 de agosto de 2020, de acordo com Ato Declaratório do Presidente da Mesa do Congresso Nacional nº 127, de 28 de setembro de 2020. |
| CsIndicador | VÍNCULOS E REMUNERAÇÕES | **IVIN-UNIC-CONTR-PROC-TRAB** | **Vínculo possui Unicidade Contratual oriunda de Processo Trabalhista** | O indicador IVIN-UNIC-CONTR-PROC-TRAB foi implementado a partir de 23/08/2024, data da Versão 8.1.14 da Extrato CNIS, 6.0.0 do eSocial CNIS Disp e 4.22 do Portal CNIS, sendo aplicado no CNIS ao vínculo resultante da unificação (unificador) quando se tratar de unicidade de vínculos de empregado ou empregado doméstico, caso a data de admissão (campo DtAdm) informada no evento S-2500 do eSocial for igual à data de admissão do vínculo mais antigo entre os unificados (agrupados), e a data de desligamento (campo DtDeslig) for igual à data de |

| | | | | |
|---|---|---|---|---|
| | | | | desligamento do vínculo mais atual. |
| CsIndicador | VÍNCULOS E REMUNERAÇÕES | **IVIN-UNIC-CONTR-TSVE-PROC-TRAB** | **Vínculo possui Unicidade Contratual do período de TSVE oriunda de Processo Trabalhista** | O indicador IVIN-UNIC-CONTR-TSVE-PROC-TRAB foi implementado a partir de 23/08/2024, data da Versão 8.1.14 da Extrato CNIS, 6.0.0 do eSocial CNIS Disp e 4.22 do Portal CNIS, sendo aplicado no CNIS ao vínculo resultante da unificação (unificador) quando se tratar de unicidade contratual envolvendo TSVE com reconhecimento de vínculo de empregado, caso a data de admissão (campo DtAdm) informada no evento S-2500 do eSocial for igual à primeira competência de remuneração do TSVE, e a data de desligamento (campo DtDeslig) for igual à última competência de remuneração do TSVE. |

**III - INDICADORES DE ACERTO (CsAcerto):**

| TIPO | GRUPO | SIGLA | DESCRIÇÃO | ESCLARECIMENTOS |
|---|---|---|---|---|
| CsAcerto | SEGURADO ESPECIAL | **ASE-DEF** | **Acerto Período Segurado Especial Deferido** | Trata-se de indicador que demonstra o período de atividade de segurado especial autodeclarado que foi ratificado e incluído no CNIS. |

Página **130** de **136**

| | | | | |
|---|---|---|---|---|
| | | | | Considerando o resultado da análise dos instrumentos ratificadores existentes, o período ratificado que foi cadastrado no CNIS pode não corresponder ao período total informado na autodeclaração. |
| CsAcerto | SEGURADO ESPECIAL | **ASE-DEFJ** | **Acerto Período Segurado Especial Deferido Judicial** | Trata de indicador que demonstra o período de atividade de segurado especial que foi incluído no CNIS em cumprimento a uma determinação judicial. |
| CsAcerto | SEGURADO ESPECIAL | **ASE-DEFR** | **Acerto Período Segurado Especial Deferido Recursal** | Trata de indicador que demonstra o período de atividade de segurado especial, que foi incluído no CNIS em cumprimento a uma determinação emanada em Acórdão do Conselho de Recursos da Previdência Social - CRPS.<br>O período cadastrado por decisão recursal pode ser diferente do objeto do recurso uma vez que este poderá ser reconhecido parcialmente. |
| CsAcerto | SEGURADO ESPECIAL | **ASEF-DEF** | **Acerto Período Segurado Especial FUNAI Deferido** | Trata-se de indicador que demonstra o período de atividade de segurado especial do indígena certificado pela Fundação Nacional do Índio - FUNAI, que foi incluído no CNIS através da funcionalidade CNISSEINTERNET. |
| CsAcerto | SEGURADO ESPECIAL | **ASEF-DEFJ** | **Acerto Período Segurado Especial FUNAI Deferido Judicial** | Trata-se de indicador que demonstra o período de atividade de segurado especial do indígena que foi incluído no CNIS através da funcionalidade CNISSEINTERNET, em cumprimento de determinação judicial. |

| | | | | |
|---|---|---|---|---|
| CsAcerto | SEGURADO ESPECIAL | **ASE-IND** | **Acerto Período Segurado Especial Indeferido** | Trata-se de indicador que demonstra o período de atividade de segurado especial autodeclarado e não ratificado, que foi incluído no CNIS.<br>Este indicador também será apresentado para o período migrado de base governamental Cadastros de Imóveis Rurais - CAFIR ou Registro Geral da Atividade Pesqueira - RGP, que foi excluído em razão do segurado declarar não ser segurado especial.<br>Em se tratando de período autodeclarado, o período não ratificado, que foi cadastrado no CNIS, pode não corresponder ao período total informado na autodeclaração. |
| CsAcerto | SEGURADO ESPECIAL | **ASE-INDR** | **Acerto Período Segurado Especial Indeferido Recursal** | Trata de indicador que demonstra o período de atividade de segurado especial autodeclarado e anteriormente não ratificado, que foi incluído no CNIS em cumprimento de determinação emanada em Acórdão do CRPS.<br>O período cadastrado por decisão recursal pode ser diferente do objeto do recurso, uma vez que este poderá ser reconhecido parcialmente. |
| CsAcerto | SEGURADO ESPECIAL | **ASE-NSE** | **Acerto Período Não Segurado Especial** | Trata de indicador que demonstra o período migrado de base governamental CAFIR ou RGP, que foi excluído por meio de Requerimento no CNIS, após análise e conclusão quanto à descaracterização da condição de segurado especial.<br>Períodos excluídos com esse motivo só poderão ser comprovados posteriormente mediante decisão |

| | | | | |
|---|---|---|---|---|
| | | | | judicial ou recursal. |
| CsAcerto | SEGURADO ESPECIAL | **ASE-RNEG** | **Acerto Período Segurado Especial Negativo Ratificado** | Trata de indicador que demonstra o período migrado de base governamental CAFIR ou RGP negativo (descaracterizado como segurado especial), que teve essa condição confirmada pelo segurado, de modo que o acerto foi realizado pelo servidor do INSS via Requerimento no CNIS. |
| CsAcerto | SEGURADO ESPECIAL | **ASE-RPOS** | **Acerto Período Segurado Especial Positivo Ratificado** | Trata de indicador que demonstra o período migrado de base governamental CAFIR ou RGP positivo (caracterizado como segurado especial), que teve essa condição confirmada pelo segurado, de modo que o acerto foi realizado pelo servidor do INSS via Requerimento no CNIS. |
| CsAcerto | VÍNCULOS E REMUNERAÇÕES | **AEXT-IND** | **Vínculo extemporâneo não confirmado pelo INSS** | Demonstra que o requerimento de acerto de vínculo extemporâneo foi indeferido pelo INSS no Portal CNIS – Atualização VRCE/Requerimento/VRE. |
| CsAcerto | VÍNCULOS E REMUNERAÇÕES | **AEXT-INDJ** | **Vínculo extemporâneo não confirmado por decisão judicial** | Demonstra que o requerimento de acerto de vínculo extemporâneo foi indeferido por decisão judicial no Portal CNIS – Atualização VRCE/Requerimento/VRE. |
| CsAcerto | VÍNCULOS E REMUNERAÇÕES | **AEXT-INDR** | **Vínculo extemporâneo não confirmado por decisão recursal** | Demonstra que o requerimento de acerto de vínculo extemporâneo foi indeferido por decisão recursal no Portal CNIS – Atualização VRCE/Requerimento/VRE. |

Página **133** de **136**

| | | | | |
|---|---|---|---|---|
| CsAcerto | VÍNCULOS E REMUNERAÇÕES | **AEXT-VP** | **Vínculo extemporâneo confirmado parcialmente pelo INSS** | Demonstra que o requerimento de acerto de vínculo extemporâneo foi parcialmente deferido pelo INSS no Portal CNIS – Atualização VRCE/Requerimento/VRE. |
| CsAcerto | VÍNCULOS E REMUNERAÇÕES | **AEXT-VPR** | **Vínculo extemporâneo confirmado parcialmente por decisão recursal** | Demonstra que o requerimento de acerto de vínculo extemporâneo foi parcialmente deferido por decisão recursal no Portal CNIS – Atualização VRCE/Requerimento/VRE. |
| CsAcerto | VÍNCULOS E REMUNERAÇÕES | **AEXT-VPT** | **Vínculo extemporâneo confirmado parcialmente por decisão judicial** | Demonstra que o requerimento de acerto de vínculo extemporâneo foi parcialmente deferido por decisão judicial no Portal CNIS – Atualização VRCE/Requerimento/VRE. |
| CsAcerto | VÍNCULOS E REMUNERAÇÕES | **AEXT-VT** | **Vínculo extemporâneo confirmado pelo INSS** | Demonstra que o requerimento de acerto de vínculo extemporâneo foi totalmente deferido pelo INSS no Portal CNIS – Atualização VRCE/Requerimento/VRE. |
| CsAcerto | VÍNCULOS E REMUNERAÇÕES | **AEXT-VTJ** | **Vínculo extemporâneo confirmado por decisão judicial** | Demonstra que o requerimento de acerto de vínculo extemporâneo foi totalmente deferido por decisão judicial no Portal CNIS – Atualização VRCE/Requerimento/VRE. |
| CsAcerto | VÍNCULOS E REMUNERAÇÕES | **AEXT-VTR** | **Vínculo extemporâneo confirmado por decisão recursal** | Demonstra que o requerimento de acerto de vínculo extemporâneo foi totalmente deferido por decisão recursal no Portal CNIS – Atualização VRCE/Requerimento/VRE. |
| CsAcerto | VÍNCULOS E | **AVRC-AGPVINC** | **Acerto de Agrupamento de Vínculos** | Demonstra que foi executado o agrupamento de vínculos por meio do CNIS Serviços na interface com |

| | | | | |
|---|---|---|---|---|
| | REMUNERAÇÕES | | | o Gerenciador de Tarefas - GET. |
| CsAcerto | VÍNCULOS E REMUNERAÇÕES | **AVRC-DEF** | **Acerto confirmado pelo INSS** | Demonstra que o requerimento de acerto de vínculos foi deferido pelo INSS no Portal CNIS - Atualização VRCE/Requerimento/VRE. |
| CsAcerto | VÍNCULOS E REMUNERAÇÕES | **AVRC-DEFJ** | **Acerto confirmado por decisão judicial** | Demonstra que o requerimento de acerto de vínculos foi deferido por decisão judicial no Portal CNIS - Atualização VRCE/Requerimento/VRE. |
| CsAcerto | VÍNCULOS E REMUNERAÇÕES | **AVRC-DEFR** | **Acerto confirmado por decisão recursal** | Demonstra que o requerimento de acerto de vínculos foi deferido por decisão recursal no Portal CNIS - Atualização VRCE/Requerimento/VRE. |
| CsAcerto | VÍNCULOS E REMUNERAÇÕES | **AVRC-DGPVINC** | **Acerto de Desagrupamento de Vínculos** | Demonstra que foi desfeito, por meio do CNIS Serviços na interface com o GET, o agrupamento de vínculos anteriormente realizado. |
| CsAcerto | VÍNCULOS E REMUNERAÇÕES | **AVRC-IND** | **Acerto negado pelo INSS** | Demonstra que o requerimento de acerto de vínculos foi indeferido pelo INSS no Portal CNIS - Atualização VRCE/Requerimento/VRE. |
| CsAcerto | VÍNCULOS E REMUNERAÇÕES | **AVRC-INDJ** | **Acerto negado por decisão judicial** | Demonstra que o requerimento de acerto de vínculos foi indeferido por decisão judicial no Portal CNIS - Atualização VRCE/Requerimento/VRE. |
| CsAcerto | VÍNCULOS E REMUNERAÇÕES | **AVRC-INDR** | **Acerto negado por decisão recursal** | Demonstra que o requerimento de acerto de vínculos foi indeferido por decisão recursal no Portal CNIS - Atualização VRCE/Requerimento/VRE. |

*documento assinado eletronicamente*

**VANDERLEI BARBOSA DOS SANTOS**

Diretor de Benefícios e Relacionamento com o Cidadão

DIRBEN - Diretoria de Benefícios e de Relacionamento com o Cidadão
Setor de Autarquias Sul Qd 2 Bloco O
Asa Sul
Brasília - DF, 70070.946
dirben@inss.gov.br

Documento assinado eletronicamente por **VANDERLEI BARBOSA DOS SANTOS**, **Diretor(a) de Benefícios e Relacionamento com o Cidadão**, em 21/03/2025, às 15:56, conforme horário oficial de Brasília, com fundamento no § 3º do art. 4º do Decreto nº 10.543, de 13 de novembro de 2020.

A autenticidade deste documento pode ser conferida no site https://sei.inss.gov.br/sei/controlador_externo.php?acao=documento_conferir&id_orgao_acesso_externo=0, informando o código verificador **19979131** e o código CRC **29FBCDE8**.

**Referência:** Caso responda este Documento, indicar expressamente o Processo nº 35014.538728/2022-59 SEI nº 19979131

**Foram implantadas em 26/01/2023 as adequações necessárias à atualização do Portal CNIS Baseline 4.18.0 da Versão 4.18 do Portal CNIS, com as seguintes inovações:**

A) os indicadores "**IVIN-TRAB-VERDE-AMARELO** – Indicador de Vínculo de contrato em carteira verde amarela" aplicado ao vínculo e "**IREMTRAB-VERDE-AMARELO** – Indicador de Remuneração de contrato em carteira verde amarela" aplicado à remuneração, foram implementados na Extrato CNIS (no escopo da versão 7.1.10+371 em 09/04/2022);

B) **foram observadas as mesmas regras para a aplicação da pendência "PSC-MEN-SM-EC103" e demais indicadores referentes à Reforma Previdenciária de que**

**trata o Art. 29 da EC nº 103, de 2019**. Os indicadores "IVIN-TRAB-VERDE-AMARELO" (para Vínculo) e "IREM-TRAB-VERDE-AMARELO" (para remuneração) estão mantidos a título de informação, não gerando nenhuma pendência no vínculo ou remuneração.

No dia 16 de dezembro 2024 foram implementadas as versões ***Extrato CNIS 8.3.2 e Portal CNIS 4.23***. As correções e melhorias no Portal CNIS são as seguintes:

*I Adequações na Consulta Período Contratante/Cooperativa no detalhe da Relação Previdenciária da Consulta Extrato;*

*II Apresentação do Nome do Município no campo Vara Trabalhista, nas informações de Reclamatória Trabalhista, no detalhe da Relação Previdenciária;*

*III Apresentação de mensagem "Não é possível alterar competência com RT" em Requerimento de Prestador de Serviço/Trabalhador Avulso em check box de seleção da remuneração de Reclamatória Trabalhista;*

*IV Adequações na Consulta Valores CI/GFIP/eSocial/INSS para exibição das competências de Reclamatória Trabalhista;*

*V Adequação dos requerimentos no Portal CNIS para permitir alteração em vínculo e remuneração que possua somente indicador de informação de Reclamatória Trabalhista (IVIN[...] e IREM[...]);*

*VI Adequação na Consulta Extrato para SIBE, Vínculos Originais e Painel Cidadão para exibição de nova tabela denominada "Anistia" no detalhe do vínculo;*

*VII Adequação dos campos da tabela de dados de "Anistia" ao detalhar remuneração;*

*VIII – Alteração da sigla e da descrição do indicador de pendência de POS-DESLIG "PREM-TSVE--JUD – Pendência de Remuneração após o período entre o desligamento e o último dia trabalhado" para "PREM-TSVE-POS-TERM-JUD Pendência de Remuneração após o período entre o término do TSVE trabalhado";*

*IX e o último dia Alteração do indicador de pendência das remunerações existentes entre o término do contrato de trabalho do TSVE e a data fim da Quarentena de "PREM TSVE-POS-QUARENTENA" para "PREM-TSVE-PER-QUARENTENA", conforme previsto no subitem 6.4 do Guia Prático aprovado pela Portaria DIRBEN/INSS nº 1.244, de 13 de Setembro de 2024;*

> *X Aplicação do indicador "PVIN-DESLIG-PROC-TRAB" para situação de desligamento informado no evento "S-2299 – Desligamento" do eSocial por motivo de decisão judicial trabalhista (campo "nrProcTrab" do leiaute do evento preenchido), mesmo na ausência do evento S-2500 – Processo Trabalhista;*
>
> *XI Aplicação do indicador "PREM-FORA-REINTEG-OUTROSTIPOS" em remunerações de fonte GFIP.*

Vale registrar que os vínculos marcados com o indicar PEXT até 31/12/2008 tiveram a marca retirada do CNIS de modo automático, se a fonte de informação foi a GFIP ou RAIS, considerando o objetivo de facilitar as concessões eletrônicas seguras:

| | |
|---|---|
| **Vínculo criado por fonte RAIS ou FGTS entregue até 31/12/1998** | O vínculo será contemporâneo |
| **Vínculo criado por fonte RAIS entregue a partir de 01/01/1999 (sem fonte GFIP)** | O vínculo será totalmente extemporâneo, exceto se possuir RPPS. |
| **Vínculo criado por fonte GFIP entregue entre 01/01/1999 e 31/12/2008** | O vínculo será contemporâneo |
| **Vínculo criado por GFIP entregue após 31 de dezembro de 2008** | São mantidas as mesmas regras para o cálculo da extemporaneidade |
| **Vínculo com extemporaneidade tratada pelo INSS antes das novas regras (confirmada, parcialmente confirmada ou não confirmada)** | O tratamento feito pelo INSS prevalece sobre as novas regras |

Isso porque os novos critérios levam em consideração o entendimento de que as alterações promovidas no Decreto nº 3.048, de 6 de maio de 1999, por meio do Decreto nº 6.722 de 30 de dezembro de 2008, produzem efeitos para informações inseridas no CNIS após a sua publicação, sendo sua aplicação pelo INSS, para informações anteriores a essa data, de caráter discricionário, respaldado por consulta efetuada à PFE/INSS em processo próprio.[62]

Nos termos do artigo 19, §3º, do RPS, **considera-se extemporânea a inserção de dados (indicador PEXT)**:

> I – relativos à data de início de vínculo empregatício, após o último dia do quinto mês subsequente ao mês da data da admissão do segurado;
>
> II – relativos à remuneração de trabalhador avulso ou contribuinte individual que preste serviços a empresa ou equiparado, após o último dia do quinto mês subsequente ao mês da data da prestação de serviço pelo segurado; ou
>
> III – relativos à contribuição, sempre que o recolhimento tiver sido feito sem observância ao disposto em lei.

62. Memorando-Circular nº 20-2018/DIRBEN/INSS.

Assim, se um empregado foi admitido em 15/01/2021 a empresa deverá apresentar a GFIP indicando a contratação até 30/06/2021, sob pena de o vínculo de emprego migrar para o CNIS com o indicador de extemporaneidade (PEXT).

De duas vezes, nos termos do Decreto 10.410/2020, a extemporaneidade citada **poderá** ser desconsiderada depois de decorrido o prazo de um ano, contado da data de inserção das informações relativas a vínculos e remunerações, **conforme critérios definidos pelo INSS.**

Constarão do CNIS as informações dos segurados e beneficiários dos regimes próprios de previdência social para fins de mera verificação das situações previstas que impactem no reconhecimento de direitos e na concessão e no pagamento de benefícios pelo RGPS, pois o período de RPPS depende da apresentação de CTC para o cômputo no Regime Geral.

O **empregado com contrato de trabalho intermitente** terá identificação específica em instrumento de prestação de informações à previdência social, de forma a permitir a identificação dos períodos de prestação serviços e dos períodos de inatividade.

Os documentos necessários à atualização do CNIS e à análise de requerimentos de benefícios e serviços poderão ser apresentados em **cópias simples**, em meio físico ou eletrônico, dispensada a sua autenticação, exceto nas hipóteses em que haja previsão legal expressa e de dúvida fundada quanto à autenticidade ou à integridade do documento, ressalvada a possibilidade de o INSS exigir, a qualquer tempo, os documentos originais, situação em que o responsável pela apresentação das cópias ficará sujeito às sanções administrativas, civis e penais aplicáveis.

Caso os documentos apresentados não sejam suficientes para a comprovação de atividade, vínculo ou remunerações, estes poderão ser corroborados por **pesquisa externa ou justificação administrativa**, conforme o caso.

Na falta de documento contemporâneo, podem ser aceitos declaração do empregador ou de seu preposto, atestado de empresa ainda existente ou certificado ou certidão de entidade oficial dos quais constem os dados comprobatórios, **desde que extraídos de registros existentes**, que serão confirmados pelo INSS, exceto se fornecidas por órgão público, que gozam de fé pública.

Mediante o disposto no art. 29-A da Lei nº 8.213, de 1991, e nos arts. 19, 19-A e 19-B do RPS e manifestação da Consultoria Jurídica do Ministério da Previdência Social – MPS por meio do Parecer/Conjur/MPS nº 57, de 5 de fevereiro de 2009, serão consideradas quitadas em tempo hábil as contribuições previdenciárias devidas pelos contribuintes individuais, contribuintes em dobro, facultativos, equiparados a autônomos, empresários e empregados domésticos, relativas ao período compreendido entre abril de 1973 e fevereiro de 1994, quitadas até essa data, **dispensando-se a exigência da respectiva comprovação por parte do contribuinte quando estejam no CNIS e microficha**.

Nos termos do artigo 119 da Instrução INSS 128/2022, entende-se por ajuste de Guia, as operações de inclusão, alteração, exclusão, transferência ou desmembramento de recolhimentos a serem realizadas em sistema próprio, a fim de corrigir no CNIS as informações divergentes dos comprovantes de recolhimentos apresentados pelo contribuinte individual, empregado doméstico, facultativo e segurado especial que contribui facultativamente, sendo que:

> I – **inclusão** é a operação a ser realizada para inserir contribuições inexistentes no CNIS e na Área Disponível para Acerto – ADA, mas comprovadas em documentos próprios de arrecadação, sendo permitida inserção de contribuições efetivadas em Guias de Recolhimento (GR, GR1 e GR2), Carnês de Contribuição, Guias de Recolhimento de Contribuinte Individual (GRCI), Guias de Recolhimento da Previdência Social (GRPS 3) e microficha;
>
> II – alteração é a operação a ser realizada para o mesmo NIT, a fim de corrigir as informações constantes no CNIS, que estão divergentes das comprovadas em documento próprio de arrecadação, ou decorrentes de erro de preenchimento do mesmo, sendo permitido, nessa situação, alterar competência, data de pagamento, valor autenticado, valor de contribuição e código de pagamento, desde que obedecidos os critérios definidos;
>
> III – **exclusão** é a operação a ser realizada para excluir contribuições quando estas forem incluídas indevidamente por fraude ou erro do servidor e não for possível desfazer a operação de inclusão;
>
> IV – **transferência** é a operação a ser realizada:
>
> a) de um NIT para outro, em razão de recolhimento em:
>
> 1. NIT de terceiro;
>
> 2. NIT indeterminado; ou
>
> 3. NIT pertencente à faixa crítica;
>
> b) de um NIT para a ADA, a pedido do contribuinte, quando algum recolhimento constar indevidamente em sua conta corrente ou a pedido dos órgãos de controle;
>
> c) de um NIT para o CNPJ ou o CEI, em razão de recolhimento efetuado indevidamente no NIT; e
>
> d) da ADA para o NIT ou CNPJ/CEI em razão de recolhimento constante no "banco de inválidos";
>
> V – **desmembramento** é a operação a ser realizada para distribuição de valores recolhidos de forma consolidada em uma só competência ou nos recolhimentos trimestrais, que não foram desmembrados automaticamente para as demais competências incluídas no recolhimento, sendo que:

a) os recolhimentos devem ser comprovados em documento próprio de arrecadação;

b) o desmembramento é permitido para contribuições efetivadas em Guias de Recolhimento (GR, GR1 e GR2), Carnês de Contribuição, Guias de Recolhimento de Contribuinte Individual (GRCI), Guias de Recolhimento da Previdência Social (GRPS 3) e Guia da Previdência Social (GPS).

Nos recolhimentos efetuados pelo filiado de forma indevida ou quando não comprovada a atividade como segurado obrigatório, **caberá a convalidação destes para o código de facultativo**, observada a tempestividade dos recolhimentos e a concordância expressa do segurado.

Considerando que os dados constantes do CNIS relativos a contribuições valem como tempo de contribuição e prova de filiação à Previdência Social, os recolhimentos constantes em **microfichas**, a partir de abril de 1973 para os empregados domésticos, e a partir de setembro de 1973 para os autônomos, equiparados a autônomo e empresário, **poderão ser incluídos a pedido do filiado**, observando-se a titularidade do NIT, bem como os procedimentos definidos em manuais.

Os acertos de recolhimento de contribuinte individual, empregado doméstico, facultativo e segurado especial que contribui facultativamente, identificados no requerimento de benefício ou de atualização de dados do CNIS, são de **responsabilidade do INSS**, conforme estabelece a Portaria Conjunta RFB/INSS nº 273, de 19 de janeiro de 2009.

Por outro lado, os acertos de GPS que envolvam solicitação do filiado para inclusão de recolhimento, alteração da data de pagamento e alteração de valor autenticado, bem como a operação de transferência de CNPJ/CEI para NIT serão realizadas, **exclusivamente, pela Secretaria da Receita Federal do Brasil**.

O tratamento dos ajustes de GPS e de demais guias de recolhimento previdenciário que a antecederam, de contribuinte individual, empregado doméstico, facultativo e segurado especial que contribui facultativamente, bem como o tratamento dos registros em duplicidade, quando solicitado pelo agente arrecadador, em qualquer situação, serão de responsabilidade da RFB, conforme Portaria Conjunta RFB/INSS nº 273, de 19 de janeiro de 2009.

O acesso ao CNIS para o público externo é fornecido atualmente por meio do sistema Meu INSS, disponível em http://servicos.inss.gov.br/. Esta plataforma disponibiliza o acesso a vários serviços do INSS, através de uma senha de uso pessoal.

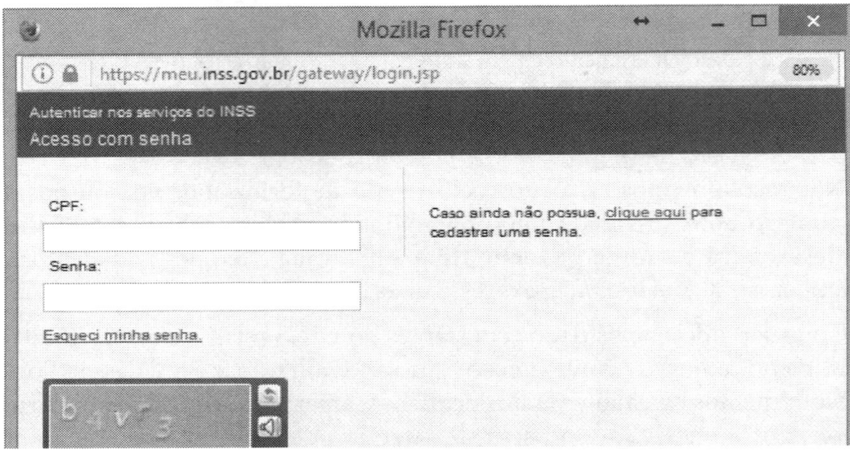


A senha do site Meu INSS permite acesso restrito às informações de interesse do segurado, não permitindo acesso às informações de terceiros. Ademais, a senha só é fornecida caso inexistam pendências cadastrais em nome do segurado. Caso haja incorreções cadastrais como erro no nome, data de nascimento ou CPF, o segurado deve realizar a retificação presencialmente no INSS.

O fornecimento da senha do Meu INSS é realizado presencialmente, nas agências do INSS, bem como nos canais remotos, como internet e central 135. Para fornecimento da senha via internet, o usuário deve usar a funcionalidade "fazer login":

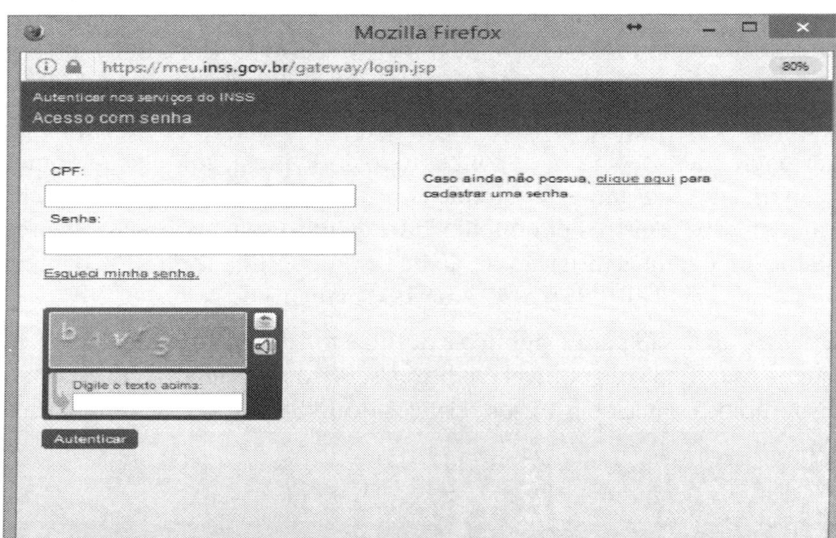

É direito dos segurados o acesso às informações do CNIS, o que pode ser feito diretamente pela internet, no sítio da DATAPREV, após o cadastramento de uma senha pessoal[63].

Coube ao **Decreto 10.047/2019** dispor sobre a governança do Cadastro Nacional de Informações Sociais – CNIS e instituir o Programa Observatório de Previdência e Informações do CNIS.

Compete à Secretaria de Previdência do MPS:

> I – articular com os órgãos e as entidades da administração pública federal a forma de compartilhamento de bases de dados para sua incorporação ao Cnis;
>
> II – fomentar a interoperabilidade das informações entre o Cnis e os demais sistemas da administração pública federal;
>
> III – promover ações para ampliação das informações sociais contidas no Cnis; e
>
> IV – definir diretrizes de governança do Cnis.
>
> Compete ao INSS:
>
> I – administrar e operacionalizar o Cnis, com base nas orientações e nos atos normativos editados pela Secretaria Especial de Previdência e Trabalho do Ministério da Economia;
>
> II – administrar e gerir permissões e níveis de acesso ao Cnis e suas informações;
>
> III – administrar e gerir as demandas de desenvolvimento do Cnis;
>
> IV – incorporar ao Cnis as informações necessárias à concessão, à manutenção, à revisão e às verificações periódicas de benefícios administrados pelo INSS; e
>
> V – encaminhar à Secretaria de Previdência as propostas de ações ou de normativos relacionados às suas competências.

Fica dispensada a celebração de convênio, acordo de cooperação técnica ou instrumentos congêneres para a efetivação do compartilhamento de dados com o INSS, nos termos do artigo 5º do Decreto nº 10.046, de 9 de outubro de 2019, que abarca os órgãos e as entidades da administração pública federal direta, autárquica e fundacional e os demais Poderes da União.

**Eis a listagem de bases, sistemas e repositórios que são replicados no CNIS:**

1. Cadastro Nacional da Pessoa Jurídica – CNPJ;
2. Cadastro Nacional de Imóveis Rurais – Cnir;
3. Cadastro Nacional de Obras – CNO;
4. Cadastro de Atividade Econômica da Pessoa Física – CAEPF;
5. Cadastro de Imóveis Rurais – Cafir;
6. Cadastro de Pessoas Físicas – CPF;

63. http://www1.dataprev.gov.br/conweb/sp2cgi.exe?sp2application=conweb.

7. Sistema Nacional de Cadastro Rural – SNCR;
8. Sistema Integrado de Administração de Recursos Humanos – Siape;
9. Fundo de Garantia do Tempo de Serviço – FGTS;
10. Sistema Integrado de Administração Financeira do Governo Federal – Siafi;
11. Registro Nacional de Veículos Automotores – Renavam;
12. Registro Nacional de Carteira de Habilitação – Renach;
13. Programa Nacional de Acesso ao Ensino Técnico e Emprego – Pronatec;
14. Programa Universidade para Todos – ProUni;
15. Sistema de Seleção Unificada – Sisu;
16. Monitoramento da frequência escolar do Programa Bolsa Família – Presença;
17. Financiamento Estudantil – Fies;
18. Programa Nacional de Fortalecimento da Agricultura Familiar – Pronaf;
19. Base de dados do sistema GTA;
20. Sistema de Informações de Projetos de Reforma Agrária – Sipra;
21. Cadastro Nacional de Estabelecimentos de Saúde – Cnes;
22. Prontuário Eletrônico do Paciente – PEP;
23. Programa de Volta para Casa – PVC;
24. Sistema de Acompanhamento da Gestante – SisPreNatal;
25. Sistema de Informações do Programa Nacional de Imunizações – SIPNI;
26. Sistema de Informações sobre Mortalidade – SIM;
27. Sistema de Cadastro de usuários do SUS – Cadsus;
28. Sistema de Informação sobre Nascidos Vivos – Sinasc;
29. Folha de Pagamento do Programa Bolsa Família;
30. Cadastro Único – CadÚnico;
31. Sistema de Registro Nacional Migratório – Sismigra;
32. Sistema de Informação do câncer do colo do útero – Siscolo;
33. Sistema de Informação do câncer de mama – Sismama;
34. Sistema Nacional de Passaportes – Sinpa;
35. Sistema Nacional de Informações de Segurança Pública – Sinesp;
36. Registro Administrativo de Nascimento e Óbito de Indígenas – Rani;
37. Sistema ProVB – Programa de Vendas em Balcão;
38. Sistema de Cadastro Nacional de Produtores Rurais, Público do PAA, Cooperativas, Associações e demais Agências – Sican;
39. Observatório da Despesa Pública;
40. Sistema de Gerenciamento de Embarcações da Marinha do Brasil – Sisgemb;
41. Sistema da Declaração de Aptidão ao Pronaf – Sistemas DAP;

42. Cadastro da Agricultura Familiar – CAF;
43. Cadastro Ambiental Rural – CAR;
44. Sistema de Cadastramento Unificado de Fornecedores – Sicaf;
45. Cadastro Nacional de Empresas – CNE;
46. Folha de Pagamento do Seguro-Desemprego;
47. Folha de Pagamento do Programa Garantia Safra;
48. Base de Beneficiários do Plano Safra;
49. Folha de Pagamento do Bolsa Estiagem;
50. Auxílio econômico a produtores independentes de cana-de-açúcar;
51. Sistema Aguia.

O compartilhamento ou uso das bases de dados e informações do CNIS observará o disposto no artigo 198[64] da Lei nº 5.172, de 25 de outubro de 1966, na Lei nº 13.709, de 14 de agosto de 2018, e a legislação pertinente ao sigilo médico.

Coube à ***INSTRUÇÃO NORMATIVA MDS/SAGICAD nº 2, de 21/05/2025***, estabelecer as regras e os procedimentos operacionais relativos ao processo de inclusão e atualização de dados pessoais e de documentos no Cadastro Único para Programas Sociais do Governo Federal (Cadastro Único), por meio da integração de dados com o Cadastro Nacional de Informações Sociais (CNIS) e o Cadastro de Pessoa Física (CPF), bem como a forma de contestação das informações integradas.

64. Art. 198. Sem prejuízo do disposto na legislação criminal, é vedada a divulgação, por parte da Fazenda Pública ou de seus servidores, de informação obtida em razão do ofício sobre a situação econômica ou financeira do sujeito passivo ou de terceiros e sobre a natureza e o estado de seus negócios ou atividades. (Redação dada pela Lcp nº 104, de 2001) § 1º Excetuam-se do disposto neste artigo, além dos casos previstos no art. 199, os seguintes: (Redação dada pela Lcp nº 104, de 2001) I – requisição de autoridade judiciária no interesse da justiça; (Incluído pela Lcp nº 104, de 2001) II – solicitações de autoridade administrativa no interesse da Administração Pública, desde que seja comprovada a instauração regular de processo administrativo, no órgão ou na entidade respectiva, com o objetivo de investigar o sujeito passivo a que se refere a informação, por prática de infração administrativa. (Incluído pela Lcp nº 104, de 2001) § 2º O intercâmbio de informação sigilosa, no âmbito da Administração Pública, será realizado mediante processo regularmente instaurado, e a entrega será feita pessoalmente à autoridade solicitante, mediante recibo, que formalize a transferência e assegure a preservação do sigilo. (Incluído pela Lcp nº 104, de 2001) § 3º Não é vedada a divulgação de informações relativas a: (Incluído pela Lcp nº 104, de 2001) I – representações fiscais para fins penais; (Incluído pela Lcp nº 104, de 2001) II – inscrições na Dívida Ativa da Fazenda Pública; (Incluído pela Lcp nº 104, de 2001) III – parcelamento ou moratória; e (Redação dada pela Lei Complementar nº 187, de 2021) IV – incentivo, renúncia, benefício ou imunidade de natureza tributária cujo beneficiário seja pessoa jurídica. (Incluído pela Lei Complementar nº 187, de 2021).

> **Importante:**
> **A novidade é a integração do Cadastro Único com o CPF e com o CNIS de forma automática no momento da inclusão e da atualização cadastral,** bem como de forma periódica em processos sistêmicos, **independente de atualização cadastral realizada pelo Responsável pela Unidade Familiar (RUF).**

Os dados pessoais e de documentos atualizados no Cadastro Único a partir das integrações de dados estarão disponíveis para consulta individual no Sistema de Cadastro Único e no Aplicativo Cadastro Único, ficando registrados diretamente no formulário eletrônico do Cadastro Único.

O Responsável pela Unidade Familiar (RUF) poderá acessar os dados de todos os membros de sua família registrados no Cadastro Único, inclusive aqueles advindos da integração com os registros administrativos. Cada membro da família somente poderá ter acesso aos dados de endereço, domicílio e família e a seus próprios dados registrados no Cadastro Único, inclusive aqueles advindos da integração com os registros administrativos.

Caso não reconheça a atualidade ou correção de algum dado pessoal ou de documento advindo da integração do Cadastro Único com o CNIS, o RUF poderá realizar contestação das informações junto à gestão municipal e do Distrito Federal do Cadastro Único, mediante apresentação de comprovação documental.

Caso não reconheça a atualidade ou correção de algum dado pessoal ou de documento advindo da integração do Cadastro Único com a base do CPF, o RUF deverá realizar a contestação das informações diretamente junto à RFB.

Foi ainda instituído pelo Decreto 10.047/2019 o **Programa Observatório de Previdência e Informações do Cnis**, sob a gestão da Secretaria de Previdência, com os seguintes objetivos:

> I – fomentar a produção acadêmica e científica de pesquisas e estudos sociais baseados nos dados constantes no Cnis;
>
> II – fortalecer o diálogo entre gestores públicos, comunidade acadêmica e demais atores envolvidos na promoção de políticas sociais;
>
> III – incentivar o intercâmbio de experiências e de conhecimentos entre órgãos e entidades públicas ou privadas envolvidos na promoção de políticas sociais;
>
> IV – estimular a governança e a utilização de dados estatísticos do Cnis como subsídio à formulação e à avaliação de políticas sociais;
>
> V – auxiliar os órgãos e entidades públicas relacionadas a políticas sociais no aperfeiçoamento de sua atuação; e
>
> VI – auxiliar no aprimoramento dos instrumentos de identificação, de prevenção de irregularidades e de combate a fraudes.

Coube à **Portaria Conjunta MPS/INSS 3, de 16 de janeiro de 2024**, definir as diretrizes de governança do Cadastro Nacional de Informações Sociais – CNIS e estabelece orientações para o Instituto Nacional do Seguro Social – INSS exercer suas atribuições de administrar e operacionalizar o CNIS, nos termos do inciso IV do art. 2º e do inciso I do art. 3º do Decreto nº 10.047, de 9 de outubro de 2019.

São **diretrizes de governança do CNIS** promover:

> I – o compartilhamento de dados entre os órgãos e as entidades do Poder Público;
>
> II – a categorização de dados geridos pelo CNIS, em atenção aos arts. 3º e 4º do Decreto nº 10.046, de 9 de outubro de 2019;
>
> III – o registro das informações de interesse da administração pública federal, com vistas ao fortalecimento do cadastro do cidadão no CNIS;
>
> IV – a confiabilidade do CNIS nas análises das condições de acesso e manutenção de benefícios sociais, assistenciais e fiscais;
>
> V – soluções tecnológicas com vistas à simplificação de processos e procedimentos de atendimento aos usuários dos serviços públicos, respeitados os limites legais e as condições de segurança de dados, de modo a propiciar as melhores regras para compartilhamento de informações, nos termos do Decreto nº 9.094, de 17 de julho de 2017, inciso VI do art. 1º;
>
> VI – a utilização do Cadastro de Pessoa Física – CPF para fins de acesso a informações e ou cruzamento de dados de bases oficiais, com vistas ao cumprimento dos critérios de elegibilidade para concessão e manutenção de benefícios;
>
> VII – mecanismos de manutenção da integridade para recepção, hospedagem, tratamento, atualização, acesso, utilização e distribuição dos dados;
>
> VIII – a transparência nas decisões administrativas com base nas informações que compõem o CNIS, em especial, sobre as fontes de dados utilizadas e quais instituições acessam sua base.

As bases, sistemas e repositórios incorporados ao CNIS têm por **objetivo**:

> I – promover a desburocratização e simplificação dos atos administrativos, proporcionando melhor atendimento ao cidadão, conforme premissas definidas pela Lei nº 13.726, de 08 de outubro de 2018;
>
> II – manter a confiabilidade na utilização de dados, que se dará:
>
> a) na análise de requerimentos, ao possibilitar a confirmação das circunstâncias de elegibilidade ou inelegibilidade aos benefícios requeridos, evitando fraudes e ou desvios no reconhecimento de direitos;
>
> b) por meio de cruzamento de dados, preferencialmente automáticos;
>
> III – aprimorar a análise automática de benefícios; e
>
> IV – facilitar o acesso, em base unificada, pelo próprio cidadão, aos seus dados sob gestão de diferentes órgãos públicos, bem como aos próprios órgãos e entidades do Poder Público.

Ao INSS compete avaliar as solicitações de compartilhamento de dados do CNIS formuladas por **órgãos ou entidades referidos no art. 1º do Decreto nº 10.046, de 2019 (órgãos e entidades federais)**, com base no art. 5º desse Decreto.

Já ao MPS compete avaliar as solicitações de compartilhamento de dados do CNIS formuladas por órgãos ou entidades **não especificados no art. 1º do Decreto nº 10.046, de 2019**, promovendo a celebração de convênio, acordo de cooperação técnica ou instrumento congênere, conforme o caso.

O compartilhamento de dados do CNIS se dará nas formas previstas no **Anexo I** da **Portaria Conjunta MPS/INSS 3, de 16 de janeiro de 2024** e o requerimento para compartilhamento será condicionado aos seguintes requisitos:

> I – apresentação do Formulário para Solicitação de Acesso a Dados do CNIS, na forma do Anexo II, devidamente preenchido e assinado;
>
> II – apresentação do Termo de Compromisso de Manutenção de Sigilo – TCMS, na forma do Anexo III, devidamente preenchido e assinado pela autoridade subscritora da solicitação, acompanhado de cópia do seu documento de identificação oficial com foto e do seu CPF;
>
> III – na hipótese de solicitação de acesso on-line ao CNIS, apresentação dos TCMSs preenchidos e assinados pelos 2 (dois) servidores indicados como Gestores de Acesso, sendo que estes Termos deverão estar acompanhados de cópias do documento de identificação oficial com foto e do CPF, de cada um;
>
> IV – em se tratando de dados pessoais, inclusive sensíveis, apresentação das informações necessárias ao cumprimento do disposto nos arts. 7º e 11 da Lei nº 13.709, de 2018;
>
> V – arcar, se necessário, com os custos suficientes ao processamento, transmissão, armazenamento, proteção e cessão dos dados, exceto disposição contrária prevista em lei, regulamento ou acordo entre as entidades ou os órgãos envolvidos; e
>
> VI – não fornecer a terceiros os dados requisitados do CNIS, exceto nos casos previstos em lei.

O acesso a dados do CNIS poderá ser realizado das seguintes formas:

> I – acesso on-line: de forma direta, por meio de senha disponibilizada em quantidade controlada, sendo liberado o acesso às informações conforme a classificação do nível de acesso autorizado.
>
> II – API/Web Service (Interface de Programação de Aplicativos) ou mecanismo similar: integração direta entre sistemas de informação a partir de chamadas diretas ao banco de dados, através de barramento de serviços, que permite o compartilhamento ordenado de dados em modelo de serviço pela internet, por meio de canais seguros e criptografados;
>
> III – qualificação de dados: os dados de interesse serão qualificados junto ao CNIS e entregues como extração.

O órgão ou entidade que necessite ter acesso aos dados do CNIS deverá enviar solicitação por ofício ao Ministério da Previdência Social ou ao INSS, conforme especificado a seguir, acompanhado dos documentos constantes nos Anexos II e III, da cópia do documento de identificação oficial com foto e do CPF da autoridade solicitante.

> I – órgãos e entidades da administração pública referidos no art. 1º do Decreto nº 10.046, de 2019 **(federais)**: solicitação endereçada ao **INSS**, para análise com base no art. 5º do Decreto nº 10.046, de 2019;
>
> II – demais órgãos e entidades do Poder Público não referidos no art. 1º do Decreto nº 10.046, de 2019 **(não federais)**: solicitação endereçada ao **Ministério da Previdência Social**, para avaliação e adoção das tratativas necessárias visando à celebração de convênio, acordo de cooperação técnica ou instrumento congênere, conforme o caso.

O órgão ou a entidade cujo pedido foi deferido ou qualquer outra pessoa que intervenha em uma das fases do tratamento obriga-se a garantir a segurança da informação dos dados pessoais, nos termos da Lei nº 13.709, de 2018:

> **A) Órgãos federais**: Acesso on-line – API/Web servisse – Extração de dados qualificados;
>
> **B) Órgãos não federais**: API/Web servisse – Extração de dados qualificados, após celebração de convênio, acordo de cooperação técnica ou instrumentos congêneres.

Os órgãos ou as entidades solicitantes devem observar e implementar os seguintes requisitos mínimos de segurança nos sistemas receptores dos dados e informações oriundos do CNIS:

> I – manter o registro das operações de tratamento de dados do CNIS;
>
> II – adotar medidas de segurança, técnicas e administrativas aptas a proteger os dados pessoais de acessos não autorizados e de situações acidentais ou ilícitas de destruição, perda, alteração, comunicação ou qualquer forma de tratamento inadequado ou ilícito; e
>
> III – assegurar que os sistemas utilizados para o tratamento de dados pessoais sejam estruturados de forma a atender aos requisitos de segurança, aos padrões de boas práticas e de governança e aos princípios gerais previstos nas normas regulamentares.

A autorização de compartilhamento de dados será **revogada** quando:

> I – houver alteração normativa ou de interpretação a afastar o motivo invocado para a sua concessão;
>
> II – forem descumpridas as regras de utilização dos dados;
>
> III – o órgão solicitante formalizar interesse em revogar a autorização;
>
> IV – nas hipóteses previstas no convênio, acordo de cooperação técnica ou instrumento congênere celebrado.

Eis o modelo do formulário para solicitação de acesso ao CNIS:

ANEXO III FORMULÁRIO PARA SOLICITAÇÃO DE ACESSO A DADOS DO CNIS

| 1. IDENTIFICAÇÃO DO ÓRGÃO OU DA ENTIDADE SOLICITANTE: | |
|---|---|
| CNPJ: | |
| Nome: | |
| Nível Federativo: | [ ] Federal - Art.1° D 10.046/19(enviar pedido ao INSS);<br>[ ] Estadual ou [ ] Municipal (Enviar pedido a SPrev) |
| Natureza jurídica: | |
| Endereço de correspondência, incluindo o CEP: | |

| 2. AUTORIDADE DO ÓRGÃO OU DA ENTIDADE SOLICITANTE:<br>[Preencher com os dados da autoridade máxima do orgão ou da entidade ou da autoridade com poderes para tanto] | |
|---|---|
| Nome completo: | |
| Cargo/Função: | |
| CPF: | |
| Matrícula: | |
| E-mail institucional: | |
| Telefone com DDD: | |

| 3. RESPONSÁVEL TÉCNICO PELA SOLICITAÇÃO:<br>[Dados do servidor indicado pelo órgão ou pela entidade que será o responsável pelo manuseio dos dados do CNIS] | |
|---|---|
| Nome completo: | |
| Cargo/Função: | |
| CPF: | |
| Matrícula: | |
| E-mail institucional: | |
| Telefone com DDD: | |

4. OBJETO DA SOLICITAÇÃO: DADOS DO CNIS:

| | |
|---|---|
| [ ] | Nível Básico: dados cadastrais de pessoas físicas e seus elos. |
| [ ] | Nível Intermediário: dados cadastrais e da vida laborativa e previdenciária, sem exibir valores (remunerações/ salários/contribuições). |
| [ ] | Nível Completo*: dados cadastrais e da vida laborativa e previdenciária, incluindo valores (remunerações/salários/contribuições).<br>*Avaliação à luz dos arts. 198 e 199 da Lei n° 5.172, de 1966. |

5. NECESSIDADE DE ACESSO AOS DADOS:OBJETO DA SOLICITAÇÃO:
[Especificar, correlacionando aos dados solicitados, e apresentando a(s) devidas justificativa(s). Exemplos: para o funcionamento dos seguintes sistemas; realização dos seguintes serviços; execução de batimentos; combate a fraudes]

6. DESTINATÁRIOS DO COMPARTILHAMENTO:

7. FINALIDADE DO TRATAMENTO DOS DADOS:
[Detalhar a finalidade pretendida pelo órgão ou pela entidade, compatibilizando com as atividades de sua competência e apresentando as justificativas para acesso. Informar a previsão legal]

8. FORMAS DE ACESSO SOLICITADAS:
[Assinalar com "X" a(s) opção(-ões) desejadas]

| | |
|---|---|
| [ ] | API/Web Service (Interface de Programação de Aplicativos) ou mecanismo similar.<br>[ ] API Pessoa Física (consulta a inscrições; consulta a dados pessoais; consulta a dados pessoais com endereço);<br>[ ] API Relação Trabalhista (consulta a lista de Relações Trabalhistas/Vínculos/Períodos);<br>[ ] API Renda Familiar*<br>*Observados os arts. 198 e 199 da Lei nº 5.172, de 1966. |
| [ ] | Extração de dados qualificados |
| [ ] | Acesso on-line |

9. TERMO DE RESPONSABILIDADE PELA UTILIZAÇÃO DA INFORMAÇÃO:

I - Este órgão ou entidade compromete-se a observar os critérios técnicos e de segurança que serão adotados para o acesso às informações contidas no CNIS, conforme o nível de acesso disponibilizado, e utilizar as informações que lhe forem disponibilizadas, exclusivamente, nas atividades que lhe compete exercer e para alcançar o(s) objetivo(s) e a(s) finalidade(s) declarados, além de manter sigilo relativo aos dados recebidos;

II - Exigir dos usuários que terão acesso direto às informações disponibilizadas, que assinem o Termo de Compromisso de Manutenção de Sigilo previsto no Anexo III desta Portaria;

Declaro que:

III - Estou ciente de que:

a) a quebra do sigilo das informações disponibilizadas fora das hipóteses expressamente autorizadas, sujeitará o infrator às sanções penais, cíveis e administrativas previstas na legislação pertinente; e

b) o agente público que tiver acesso aos dados do INSS e divulgá-los ou permitir acesso indevido aos respectivos dados, será responsabilizado, nos termos dos arts. 32 e 33 da Lei nº 12.527, de 18 de novembro de 2011, sem prejuízo das responsabilidades civis, penais e administrativas previstas na legislação pertinente.

Local (UF), ______ de _______ de ____.

(ASSINATURA)

----------------------------------------------------------------

(NOME COMPLETO DA AUTORIDADE

(CARGO/FUNÇÃO/SETOR)

(Nº DO CPF)

A Lei 13.846/2019 previu que o Ministério da Economia manterá sistema de cadastro dos segurados especiais no Cadastro Nacional de Informações Sociais – CNIS e poderá firmar acordo de cooperação com o Ministério da Agricultura, Pecuária e Abastecimento e com outros órgãos da administração pública federal, estadual, distrital e municipal para a manutenção e a gestão do sistema de cadastro (inserção dos arts. 38-A e 38-B na Lei 8.213/91).

**Importante:**
A novidade é que o sistema preverá a manutenção e a atualização **anual** do cadastro do **segurado especial** e conterá as informações necessárias à caracterização da condição de segurado especial, devendo ser feita **até 30 de junho do ano subsequente, vedada a atualização após 5 anos, exceto se** o segurado especial demonstrar em época própria a comercialização da produção e o recolhimento da contribuição efetivo da contribuição prevista no art. 25 da Lei 8.212/91.

**No entanto, essa sistemática de atualização anual cadastral do segurado especial no CNIS só será aplicada a partir de 1/1/2023.**

**Importante**
Mas existe uma novidade inaugurada pela Emenda 103/2019. É que, para **fins de comprovação de atividade rural** exercida até a data de entrada em vigor da Emenda Constitucional, o prazo de que tratam os §§ 1º e 2º do art. 38-B da Lei nº 8.213, de 24 de julho de 1991, será **prorrogado** até a data em que o Cadastro Nacional de Informações Sociais – **CNIS atingir a cobertura mínima de 50% dos trabalhadores** de que trata o § 8º do art. 195 da Constituição Federal, apurada conforme quantitativo da **Pesquisa Nacional por Amostra de Domicílios Contínua – PNAD.**

Em teoria para o período anterior a 1º de janeiro de 2023, **mas, diante da ausência de regulamentação, PARA TODO O PERÍODO**, o segurado especial comprovará o tempo de exercício da atividade rural por meio de **autodeclaração** ratificada por entidades públicas credenciadas, nos termos do art. 13 da Lei nº 12.188, de 11 de janeiro de 2010, e por outros órgãos públicos, na forma prevista no regulamento.

São entidades públicas credenciadas para ratificar a autodeclaração do segurado especial as **Entidades Executoras do Pronater ou órgãos públicos, inclusive o INSS**. Na hipótese de haver divergência de informações, para fins de reconhecimento de direito com vistas à concessão de benefício, o INSS poderá exigir a apresentação dos documentos que atestem o exercício da atividade rural ou pesqueira.

De efeito, **são requisitos para obter o credenciamento como Entidade Executora do Pronater**:

> I – contemplar em seu objeto social a execução de serviços de assistência técnica e extensão rural;
>
> II – estar legalmente constituída há mais de 5 (cinco) anos, exceto entidades públicas;
>
> III – possuir base geográfica de atuação no Estado em que solicitar o credenciamento;
>
> IV – contar com corpo técnico multidisciplinar, abrangendo as áreas de especialidade exigidas para a atividade;
>
> V – dispor de profissionais registrados em suas respectivas entidades profissionais competentes, quando for o caso;
>
> VI – atender a outras exigências estipuladas em regulamento.

Com propriedade, de acordo com o artigo 106, da Lei 8.213/91, a comprovação do exercício de atividade rural será feita, alternativamente, por meio de diversos documentos, tendo sido alterado o inciso IV e revogado o inciso III:

> "~~III – declaração fundamentada de sindicato que represente o trabalhador rural ou, quando for o caso, de sindicato ou colônia de pescadores, desde que homologada pelo Instituto Nacional do Seguro Social – INSS~~ **(revogado pela Lei 13.846/19)**;
>
> IV – Declaração de Aptidão ao Programa Nacional de Fortalecimento da Agricultura Familiar, de que trata o inciso II do *caput* do art. 2º da Lei nº 12.188, de 11 de janeiro de 2010, ou por documento que a substitua, emitidas apenas por instituições ou organizações públicas *(redação dada pela Lei 13.846/19)*";

O objetivo normativo foi retirar a atribuição dos sindicatos rurais de declarar a condição de segurado especial, passando a tarefa a ser desempenhada pelas instituições do PRONATER, mediante declaração de aptidão ao Programa Nacional de Fortalecimento da Agricultura Familiar.

A Declaração de Aptidão ao Programa Nacional de Fortalecimento da Agricultura Familiar (DAP) é o documento que identifica os beneficiários do Programa Nacional de Fortalecimento da Agricultura Familiar (PRONAF).

Eis as informações governamentais a respeito da DAP[65]:

> *Declaração de Aptidão ao Pronaf (DAP)*
>
> A Declaração de Aptidão ao Programa Nacional de Fortalecimento da Agricultura Familiar (DAP) é o instrumento utilizado para identificar e qualificar as Unidades Familiares de Produção Agrária (UFPA) da Agricultura Familiar e suas formas associativas organizadas em pessoas jurídicas.
>
> Consideram-se beneficiários de DAP a UFPA composta por: agricultores/as familiares, pescadores artesanais, aquicultores, maricultores, silvicultores, extrativistas, quilombolas, indígenas, assentados da reforma agrária e beneficiários do Programa Nacional de Crédito Fundiário.
>
> A UFPA será identificada por uma única **DAP Principal**, categorizada em: **Grupo "A" ou "A/C", Grupo "B" ou Grupo "V"**. Para essa identificação e categorização da UFPA, deve-se observar os seguintes critérios:
>
> - A emissão será vinculada ao município do estabelecimento da UFPA;
> - A área do estabelecimento deve ser de até quatro módulos fiscais;
> - A atividade agrária ser desenvolvida em **ambiente rural ou urbano**;
> - A gestão do estabelecimento deve ser estritamente familiar;
> - A renda proveniente da exploração do estabelecimento deve ser igual ou superior àquela auferida fora do estabelecimento;
> - A UFPA deve utilizar, no mínimo, metade da força de trabalho familiar no processo produtivo e de geração de renda.

65. http://www.mda.gov.br/sitemda/saf/dap.

**As DAP emitidas a partir de 27 de agosto de 2018 terão validade de 1 ano.** Para emissão da DAP, o/a beneficiário/a deverá juntar a documentação pertinente e procurar:

- Os Sindicados e Associações de Trabalhadores da Agricultura Familiar ou Sindicatos Rurais;
- Os escritórios das Entidades Estaduais de Assistência Técnica e Extensão;
- Associações e colônias de pescadores artesanais e aquicultores (para seu público específico);
- Escritórios regionais do Instituto Nacional de Colonização e Reforma Agrária.

A emissão da DAP é gratuita não podendo os emissores credenciados cobrarem quaisquer custas pela sua emissão.

Coube à Portaria 1, de 13/4/2017, da lavra da Secretaria Especial de Agricultura dispor sobre as competências, condições e procedimentos específicos para a emissão, validação, suspensão, cancelamento e exercício do controle social da DAP – Declaração de Aptidão ao Pronaf (Programa Nacional de Fortalecimento da Agricultura Familiar).

Eis as modalidades de DAP's:

> – **DAP principal** – utilizada para identificação e qualificação da Unidade Familiar de Produção Rural;
>
> – **DAP acessória** – utilizada para identificação dos filhos(as), dos(as) jovens e das mulheres agregadas a uma Unidade Familiar de Produção Rural e devem, obrigatoriamente, estar vinculadas a uma DAP Principal;
>
> – **DAP jurídica** – utilizada para identificar e qualificar as Formas Associativas da Agricultura Familiar organizadas em pessoas jurídicas;
>
> – **DAP última versão** – a DAP mais recente emitida e registrada na base de dados da SAF;
>
> – **DAP válida** – aquela cujos dados utilizados no processo de identificação e qualificação das Unidades Familiares de Produção Rural passaram por análise de consistência, garantindo a condição de agricultores(as) familiares e não sofreram qualquer impugnação posterior que motivasse sua suspensão ou cancelamento;
>
> – **DAP ativa** – a que possibilita o acesso dos(as) agricultores(as) familiares às políticas públicas dirigidas a essa categoria de produtores(as) rurais e, é assim denominada, desde que combine dois atributos: DAP última versão e DAP válida;
>
> – **DAP suspensa** – aquela temporariamente desabilitada na base de dados da SAF para fins de acesso às políticas públicas destinadas à agricultura familiar devido a necessidade de atualização cadastral ou para verificação/conferência das informações declaradas;
>
> – **DAP cancelada** – aquela que foi efetivamente cancelada na base de dados da SAF por solicitação do próprio beneficiário, do Agente Emissor da DAP, indicação do Controle Social da DAP, dos próprios órgãos de controle externo e interno e demais casos. O cancelamento da DAP pode ser efetuado com ou sem o bloqueio do CPF dos titulares, conforme o caso.

## 9.1. Microfichas do antigo INPS

> DICA: Na situação da inexistência de recolhimentos mais antigos registrados no CNIS, em que o segurado contribuinte individual não possua a prova do recolhimento, deve ser tentado no INSS o acesso às microfichas do segurado que foram digitalizadas pela DATAPREV. As microfichas podem conter imagens dos recolhimentos previdenciários dos autônomos nas décadas de 1970 e 1980 ainda sob a égide do antigo INPS.
>
> Existem, ainda, microfichas que registraram o recolhimento previdenciários dos empregadores domésticos no período.

De acordo com o **artigo 11, §7º, da OI INSS 174/2007**, será permitida a inclusão de competências a partir de abril de 1973, para os empregados domésticos, e a partir de setembro de 1973, para os contribuintes individuais, inclusive as contribuições constantes em microfichas.

**Eis o regramento do INSS a respeito das microfichas:**

> I – as contribuições efetivadas pelo contribuinte, anteriores a janeiro/85 estão somente em microfilme (microficha) e possuem duas formas de classificação:
>
> a) numéricas: pelo NIT;
>
> b) alfanuméricas: pelo nome do trabalhador;
>
> II – o processo de consulta era bastante moroso, pois com o passar dos anos, alguns estados deixaram de ter disponível o equipamento que permitia a leitura das mesmas, ficando o serviço centralizado na Dataprev e em algumas regiões específicas, razão pelo qual, a solicitação de pesquisas enviadas pelas APS para o período anterior a 1985, demandava aproximadamente sessenta dias para o retorno da informação;
>
> III – as microfichas foram disponibilizadas de forma *on-line* e integradas às consultas do CNIS, para agilizar o reconhecimento automático de direito aos benefícios da Previdência Social, reduzindo o tempo de consulta efetuada por meio de Pedidos de Informação-PI;
>
> IV – a consulta permite disponibilização da imagem relativa ao período de contribuição do segurado e existem dois tipos:
>
> a) cada microficha no período de 1974 a 1978, contém as seguintes informações:
>
> 1. inscrição;
>
> 2. pagamento acumulado: quantidade e valor;
>
> 3. ano;
>
> 4. competências pagas e valores;
>
> b) cada microficha a partir de 1978 contém as seguintes informações:
>
> 1. inscrição;
>
> 2. UF;
>
> 3. data de nascimento;

4. CT (Categoria);

CS-CATEGORIA-CI

| | |
|---|---|
| Autônomo | 1 |
| Contribuinte em dobro | 2 |
| Facultativo | 3 |
| Empregador | 4 |
| Doméstico | 5 |
| Estudante | 6 |
| Indeterminado | 9 |

Ainda de acordo com o INSS, quanto aos empregados domésticos, cumpre ressaltar que, de início, quando o pagamento era efetuado no 1º carnê implantado em 1973, não se fazia registro de mês de competência e nem do valor pago, computando-se apenas, a quantidade de recolhimentos, observando-se que a partir de janeiro de 1979, com a implantação do carnê único para todas as categorias, inclusive as domésticas, estas passaram a ter em seus registros o mês de competência e o valor."

De acordo com o artigo 45 da OI INSS 174/2007[66], eis o histórico das microfichas:

> I – a emissão das microfichas não era feita ao concluir um exercício e sim no meio do exercício (normalmente entre abril e agosto);
>
> II – conforme Ordem de Serviço nº INPS/SB 055.9, de 5 de dezembro de 1985, realizasse a análise da informação constante na microficha. Quando os dados estiverem corretos, a transcrição será feita de imediato. Quando incorretos, como por exemplo: valores registrados com deslocamento de posição, duplicidade de recolhimentos numa competência e falta daquela que seria a correta, entre outros, serão corrigidos e transcritos;

**Exemplo:**

> NIT XXXXXXXX
>
> - Na competência julho/78 aparece o valor 464 e a competência junho/78 está em branco. Assim, como 2 x 232 = 464, podemos dividir 464 em 2 e colocar 232 para cada competência (junho/78 e julho/78);
>
> III – observado o exemplo contido no inciso anterior, somente podemos fazer esta divisão quando o resultado dá exatamente o valor que consta na tabela de contribuição para aquela competência, caso contrário, esses valores somados

66. As microfichas ainda não foram totalmente digitalizadas, faltando o período de março/84 a dezembro/84. Após consulta por meio do aplicativo CNIS Cidadão, caso o servidor perceba que estão faltando contribuições, considerando o total apresentado ou o segurado alegue ter feito as contribuições, deverá ser feita solicitação à Dataprev pelo endereço eletrônico: www-sartweb, solicitando a pesquisa e o envio das fotocópias das microfichas, devendo ser informado o nome do segurado, DN, CPF, documento de identidade, NIT e o período a ser pesquisado.

aparecem em apenas uma competência, e no campo *"Quantidade"* será acrescido de um recolhimento (é possível encontrar nas microfichas uma quantidade de valores discriminados menor do que o valor constante no campo *"Quantidade");*

IV – com a implantação do Banco de Dados em 1985, o procedimento mencionado no inciso anterior continuou ocorrendo, porém, a partir de 1994, as contribuições para uma mesma competência passaram a ser armazenadas separadamente;

V – quando o NIT for pertencente a uma Faixa Crítica, há dois contribuintes recolhendo com o mesmo número de inscrição. Então, cada competência pode estar com valor dobrado e a quantidade total de recolhimentos do período também dobrada. Estes casos devem ser verificados e adotados os procedimentos para NIT Faixa Crítica;

VI – quando um recolhimento era efetuado com a competência inválida, o valor do recolhimento era desprezado e era somado um na quantidade de contribuições efetuadas. Neste caso, é possível encontrarmos uma inscrição com informação de *"Quantidade de Contribuições"* maior do que as contribuições discriminadas. Cada caso deverá ser analisado;

VII – sempre que houver competências com recolhimentos maiores do que as demais competências no período devem ser verificadas se houve aumento da tabela de contribuição ou se é pagamento em duplicidade referente a alguma competência que estará em branco;

VIII – em algumas emissões somente foram geradas microfichas por UF. Os contribuintes eram classificados (para efeito de organização nas microfichas) pela UF do último pagamento (caso não houvesse esta informação pela UF de Inscrição);

IX – quando não encontramos um contribuinte em uma das microfichas por UF, para ter certeza que ele não possui recolhimentos, temos que pesquisar em outra UF, ou por nome (caso tenha havido microficha alfa nesta emissão), é um trabalho de *"garimpo"* da informação. Na época essa forma de apresentar os Contribuintes Individuais-CI foi definida pelo INSS, que considerava que na maioria dos casos estaria acertando, pois o pagamento em outra UF significaria que o CI havia se transferido para outro endereço;

X – as microfichas alfanuméricas contêm as mesmas informações das numéricas. As alfabéticas eram geradas apenas para auxiliar na localização daqueles contribuintes que perdiam o número de inscrição (NIT). Com a implantação da consulta *on-line* (por nome) deixaram de ter finalidade;

XI – quando um contribuinte não possuía dados cadastrais (sem nome), a microficha alfabética apresentava no campo nome o NIT. Portanto, em toda emissão da microficha alfabética vamos encontrar, nas primeiras microfichas, contribuintes sem nome, com o NIT no lugar do nome;

XII – os recolhimentos efetuados com a competência inválida serão somados na quantidade e não serão detalhados na microficha. Nestes casos o segurado deverá apresentar os comprovantes de recolhimento;

XIII – entende-se por competência inválida aquela com mês maior que 13, ano inválido ou sem informação de mês ou ano;

XIV – quantidade de pagamentos não significa quantidade de competências. O contribuinte pode efetuar mais de um pagamento para uma mesma competência (pagamento complementar).

Eis um exemplo de microfichas de diversos segurados (coluna da esquerda constando os NIT's foi excluída para preservar dados dos segurados) no período de 1974/1978:

| - CIS | CONTRIBUINTES INDIVIDUAIS * EXTRATO DE RECOLHIMENTOS - PERÍODO 01/74 A 12/78 | | | | | | | | | | | | | | |
|---|---|---|---|---|---|---|---|---|---|---|---|---|---|---|---|
| | PAGAMENTOS ACUMULADOS | | COMPETÊNCIAS PAGAS E VALORES | | | | | | | | | | | | |
| | QUANTIDADE | VALORES | ANO | JAN. | FEV. | MAR. | ABR. | MAI. | JUN. | JUL. | AGO. | SET. | OUT. | NOV. | DEZ. |
| 34 | 2 | | | | | | | | | | | | | | |
| 42 | 1 | | | | | | | | | | | | | | |
| 50 | 7 | 232 | 78 | | | | | | | | | | | 232 | |
| 59 | 3 | | | | | | | | | | | | | | |
| 77 | 4 | 464 | 78 | | | | | | | | | | | 464 | |
| 85 | 3 | | | | | | | | | | | | | | |
| 07 | 14 | 1.160 | 78 | | | | | | | | | | | 464 | 464 |
| 20 | 7 | | | | | | | | | | | | | | |
| 39 | 6 | | | | | | | | | | | | | | |
| 47 | 19 | | | | | | | | | | | | | | |
| 55 | 18 | | | | | | | | | | | | | | |
| 52 | 10 | | | | | | | | | | | | | | |
| 60 | 2 | | | | | | | | | | | | | | |
| 79 | 22 | 1.856 | 78 | | | | | | | 464 | 232 | | 232 | 464 | 464 |
| 95 | 1 | | | | | | | | | | | | | | |
| 09 | 8 | | | | | | | | | | | | | | |
| 17 | 1 | | | | | | | | | | | | | | |
| 25 | 1 | | | | | | | | | | | | | | |
| 33 | 14 | | | | | | | | | | | | | | |
| 57 | 24 | | | | | | | | | | | | | | |
| 65 | 67 | 500 | 78 | | | | | | | | | | | 250 | 250 |
| 73 | 28 | | | | | | | | | | | | | | |
| 81 | 14 | | | | | | | | | | | | | | |
| 03 | 20 | | | | | | | | | | | | | | |
| 11 | 15 | | | | | | | | | | | | | | |
| 38 | 10 | | | | | | | | | | | | | | |

Nesta segunda imagem são apresentadas as microfichas de 17 seguradas, todas de prenome Raquel, cujos dados pessoais da primeira coluna da esquerda foram excluídos, até a competência 05/1982:

EXTRATO DE RECOLHIMENTOS DE CONTRIBUINTE INDIVIDUAL *** DATAPREV

| PAGAMENTOS ACUMULADOS | | PERÍODOS | COMPETÊNCIAS PAGAS E VALORES 21 EMITIDO EM 19/05/82 | | | | | | | | | | | |
|---|---|---|---|---|---|---|---|---|---|---|---|---|---|---|
| QUAN. | VALOR | DE/ATÉ | MAI. | JUN. | JUL. | AGO. | SET. | OUT. | NOV. | DEZ. | JAN. | FEV. | MAR | ABR. |
| 31 | 17514 | 0578/0479<br>0579/0480<br>0580/0481<br>0581/0581 | ***<br>***<br>664<br>926 | 250<br>***<br>664 | 250<br>***<br>664 | 250<br>363<br>664 | 250<br>363<br>664 | 250<br>363<br>664 | 250<br>469<br>926 | 250<br>469<br>926 | ***<br>469<br>1852 | ***<br>469<br>926 | ***<br>469<br>926 | ***<br>469<br>*** |
| 2 | *** | ****/0582 | | | | | | | | | | | | |
| 1 | *** | ****/0582 | | | | | | | | | | | | |
| 3 | 4062 | 0581/1081 | *** | *** | *** | 1354 | 1354 | 1354 | | | | | | |
| 18 | 16738 | 0580/0481<br>0581/0881 | ***<br>*** | ***<br>1562 | ***<br>1461 | ***<br>1503 | *** | 664 | 926 | 926 | 926 | 926 | 2280 | 916 |
| 10 | 2500 | 0578/0479 | *** | *** | *** | 250 | 500 | 250 | 250 | 250 | 250 | 250 | 250 | 250 |
| 7 | 7402 | 0580/0481<br>0581/1081 | ***<br>1354 | ***<br>2708 | ***<br>*** | ***<br>1354 | ***<br>*** | ***<br>134 | *** | *** | *** | *** | 926 | 926 |
| 3 | 750 | 0578/0878 | 250 | 250 | 250 | *** | | | | | | | | |
| 65 | 21877 | 0578/0479<br>0579/0480<br>0580/0481<br>0581/1081 | ***<br>363<br>664<br>1354 | ***<br>363<br>664<br>1354 | ***<br>363<br>664<br>1354 | ***<br>***<br>664<br>1354 | ***<br>***<br>664<br>1354 | ***<br>363<br>664<br>1354 | 250<br>1407<br>926 | 250<br>***<br>926 | 250<br>***<br>926 | 250<br>469<br>926 | 250<br>469<br>926 | ***<br>***<br>92 |
| 3 | 750 | 0578/0179 | *** | *** | *** | *** | *** | 250 | 250 | 250 | *** | | | |
| 4 | 1000 | 0578/1278 | *** | *** | 250 | *** | 250 | 250 | 250 | *** | | | | |
| 24 | *** | ****/0582 | | | | | | | | | | | | |
| 6 | 3384 | 0580/1080 | 664 | 664 | 664 | 664 | 664 | 64 | | | | | | |
| 6 | 17634 | 0581/1081 | 2939 | 2939 | 2939 | 2939 | 2939 | 2939 | | | | | | |
| 41 | 11157 | 0578/0479<br>0579/0280 | 250<br>363 | 250<br>363 | 250<br>363 | 500<br>363 | 250<br>363 | 250<br>363 | 250<br>*** | 250<br>469 | 250<br>469 | 250<br>*** | 250 | 250 |
| 13 | 2081 | ****/0582 | | | | | | | | | | | | |
| 19 | *** | ****/0582 | | | | | | | | | | | | |

## 10. RENDA MENSAL INICIAL

*Exceto o salário-família e o salário-maternidade*, que têm outras fórmulas de cálculo, **todos os benefícios do RGPS eram calculados através da aplicação de um percentual sobre o salário de benefício**.

Apenas para ilustrar, pois os benefícios previdenciários em espécie serão estudados no próximo Capítulo, eis o valor das rendas mensais iniciais que ainda conservam o salário de benefício no seu cálculo:

A) **Auxílio-acidente**: 50% do salário de benefício;

B) **Aposentadoria por tempo de contribuição da pessoa com deficiência**: 100% do salário de benefício;

C) **Auxílio-doença (auxílio por incapacidade temporária)**: 91% do salário de benefício, limitada à média dos 12 últimos salários de contribuição;

D) **Aposentadoria programada**: A partir de 60% do salário de benefício.

Com efeito, **a renda mensal do benefício de prestação continuada que substituir o salário de contribuição ou o rendimento do trabalho do segurado não terá valor inferior ao do salário mínimo**, consoante determinação do artigo 201, §2º, da Constituição de 1988, que contempla um enorme avanço de proteção social no Brasil.

A pensão por morte no RGPS não poderá ser inferior a um salário mínimo, não tenho sido aprovada a regra da EC 103/2019 que permitia renda inferior se o dependente recebesse renda formal.

Assim sendo, **apenas o auxílio-acidente e o salário-família**, que não se destinam a substituir o rendimento do trabalho, **poderão ter valor inferior a um salário mínimo**.

Excepcionalmente, o auxílio-doença (auxílio por incapacidade temporária) poderá ser inferior a um salário mínimo, mas apenas na hipótese de segurado com atividades concomitantes. Nesse sentido, dispõe o artigo 73, §4º, do Decreto 3.048/99, que no caso de incapacidade para apenas uma atividade, o valor do auxílio-doença poderá ser inferior ao salário mínimo desde que somado às demais remunerações recebidas resultar valor superior a este.

Da mesma forma, **a renda mensal dos benefícios por totalização**, concedidos com base em acordos internacionais celebrados pelo Brasil no âmbito do RGPS, **poderá ter valor inferior ao do salário mínimo**[67].

Por outro lado, em regra, os benefícios do Regime Geral de Previdência Social não poderão ter valor superior ao teto do salário de contribuição, fixado originariamente em Cr$ 170.000,00 (cento e setenta mil cruzeiros) pela Lei 8.213/91. Esse valor vem sendo reajustado ao menos anualmente, a depender do exercício. A Emenda 20/1998 o fixou em R$ 1.200,00, ao passo que a Emenda 41/2003 em R$ 2.400,00. Desde 01.01.2012, foi atualizado para R$ 3.916,20 pela Portaria MPS/MF 02/2012. Para o ano de 2015, o valor foi atualizado para R$ 4.663,75 pela Portaria MPS/MF 13/2015. Por sua vez, para o exercício de 2016 foi fixado em R$ 5.189,82. Para 2017, foi fixado em R$ 5.531,31. *Em 2018, foi reajustado para R$ 5.645,80*. Para o exercício de 2019, o teto foi reajustado para R$ 5.839,45 (valor atualizado para todo o ano de 2019 – Portaria ME nº 9, de 15/1/2019). Em 2020 o teto do salário de contribuição foi reajustado para

67. Artigo 35, §1º, do RPS.

R$ 6.101,06. Para 2021 o teto do salário de contribuição e salário de benefício foi reajustado para R$ 6.433,57. Para 2022 foi reajustado para R$ 7.087,22. Para 2023 foi reajustado para R$ 7.507,49. Para 2024 foi reajustado para R$ 7.786,02. **Para 2025 foi reajustado para R$ 8.157,41.**

Colaciona-se abaixo uma tabela que demonstra a evolução do valor máximo do salário de contribuição/salário de benefício desde o ano de 1992:

| Mês | Teto do salário de contribuição e de benefício |
|---|---|
| Janeiro a Abril/1992 | 923.262,76 |
| Maio a Agosto/1992 | 2.126.842,49 |
| Setembro a Dezembro/1992 | 4.780.863,30 |
| Janeiro a Fevereiro/1993 | 11.532.054,23 |
| Março a Abril/1993 | 15.760.858,52 |
| Maio a Junho/1993 | 30.214.732,09 |
| Julho/1993 | 42.439.310,55 |
| Agosto/1993 | 50.613,12 |
| Setembro/1993 | 86.414,97 |
| Outubro/1993 | 108.165,62 |
| Novembro/1993 | 135.120,49 |
| Dezembro/1993 | 168.751,98 |
| Janeiro/1994 | 295.795,39 |
| Fevereiro/1994 | 385.273,50 |
| Março a Dezembro/1994 | 582,86 |
| Janeiro a Abril/1995 | 582,86 |
| Maio a Julho/ 1995 | 832,66 |
| Agosto/95 a Abril/1996 | 832,66 |
| Maio a Dezembro/1996 | 957,56 |
| Pagamentos efetuados até 22/01/97 inclusive | 957,56 |
| Pagamentos efetuados a contar de 23/01/97 até Abril/1997 | 957,56 |
| Maio/1997 | 957,56 |

| Mês | Teto do salário de contribuição e de benefício |
|---|---|
| Junho/97 a Maio/1998 | 1.031,87 |
| Junho a Novembro/1998 | 1.081,50 |
| **Dezembro/1998** | **1.200,00** |
| Janeiro a maio/1999 | 1.200,00 |
| Pagamentos efetuados até 16/06/99 inclusive | 1.255,32 |
| Pagamentos efetuados a contar de 17/06/99 | 1.255,32 |
| Junho/99 a Março/2000 | 1.255,32 |
| Abril/2000 | 1.255,32 |
| Maio/2000 | 1.255,32 |
| Pagamentos efetuados no período de 1 a 16 de Junho/2000 | 1.328,25 |
| Pagamentos a partir de 17/06/2000 | 1.328,25 |
| Julho/2000 a Fevereiro/2001 | 1.328,25 |
| Pagamentos efetuados no período de 1 a 17/03/2001 | 1.328,25 |
| Pagamentos efetuados a partir de 18/03/2001 | 1.328,25 |
| Abril e Maio/2001 | 1.328,25 |
| Junho/2001 a Março/2002 | 1.430,00 |
| Abril e Maio/2002 | 1.430,00 |
| Junho/2002 a Março/2003 | 1.561,56 |
| Junho a Dezembro/2003 | 1.869,34 |
| **Janeiro a Abril/2004** | **2.400,00** |
| Maio/2004 a Abril/2005 | 2.508,72 |
| Maio/2005 a Março/2006 | 2.668,15 |
| Abril/2006 a 15/08/2006 | 2.801,56 |
| 16/08/2006 a Março/2007, houve um arredondamento. | 2.801,82 |
| Abril/2007 a Dezembro/2007 | 2.894,28 |
| Janeiro/2008 a Fevereiro/2008 | 2.894,28 |
| Março/2008 a Janeiro/2009 | 3.038,99 |

| Mês | Teto do salário de contribuição e de benefício |
|---|---|
| Fevereiro/2009 a Dezembro/2009 | 3.218,90 |
| Junho/2010 a Dezembro/2010 | 3.467,40 |
| Janeiro/2011 | 3.691,74 |
| Janeiro/2012 | 3.916,20 |
| Janeiro/2013 | 4.159,00 |
| Janeiro/2014 | 4.390,24 |
| Janeiro/2015 | 4.663,75 |
| Janeiro/2016 | 5.189,82 |
| Janeiro/2017 | 5.531,31 |
| Janeiro/2018 | 5.645,80 |
| Janeiro/2019 | 5.839,45 |
| Janeiro/2020 | 6.101,06 |
| Janeiro/2021 | 6.433,57 |
| Janeiro/2022 | 7.087,22 |
| Janeiro/2023 | 7.507,49 |
| Janeiro/2024 | 7.786,02 |
| Janeiro/2025 | 8.157,41 |

Contudo, *esta regra comporta exceções*. A primeira se refere à **aposentadoria por incapacidade permanente (antiga invalidez)**, vez que, se o aposentado necessitar de assistência permanente de outra pessoa, ele terá direito a um **acréscimo fixo de 25%** sobre a renda mensal inicial do benefício, podendo esse *plus* superar o teto, a teor do artigo 45, da Lei 8.213/91.

Em regra, o pagamento dos benefícios de prestação continuada não poderá ser antecipado, devendo ser pagos no período compreendido entre o quinto dia útil que anteceder o final do mês de sua competência e o quinto dia útil do mês subsequente (até um salário mínimo) ou do primeiro ao quinto dia útil do mês subsequente ao de sua competência, caso a renda mensal seja superior a um salário mínimo.

Entretanto, em razão das fortes chuvas ocorridas no Nordeste em meados de 2010, foi editado o Decreto 7.223, de 29.06.2010, que alterou a redação do artigo 169, do RPS, ao prever que, excepcionalmente, nos casos de estado de calamidade pública decorrente de desastres naturais, reconhecidos por ato do Governo Federal, o INSS poderá, nos termos de ato do Ministro de Estado da Previdência Social, antecipar aos beneficiários domiciliados nos respectivos municípios.[68]

Vale registrar que empresas, sindicatos e entidades fechadas de previdência complementar poderão realizar o pagamento integral dos benefícios previdenciários devidos a seus beneficiários, mediante celebração de contrato com o INSS, dispensada a licitação, nos termos do artigo 117-A da Lei 8.213/91, introduzido pela Lei 14.020/2020.

Também poderá superar o teto do salário de contribuição o **salário-maternidade pago às seguradas empregadas e trabalhadoras avulsas**, desde que não ultrapasse o teto do funcionalismo público, a teor do artigo 248[85], da CRFB, que é o subsídio dos Ministros do STF.

Neste caso, a exceção decorre de julgamento do STF, na ADI/MC 1.946, de 29.04.99, confirmado em 03.04.2003, em aplicação ao Princípio da Isonomia, haja vista que a limitação ao teto do RGPS geraria a discriminação negativa das mulheres no mercado de trabalho, porquanto os empregadores não iriam admitir trabalhadoras que ganhassem acima do teto do salário de contribuição, pois ficariam responsáveis pelo pagamento da diferença entre o limite máximo e a sua remuneração.

Também poderão ultrapassar o teto do RGPS **benefícios previstos em legislação especial**, como os pagos aos anistiados e ex-combatentes da 2ª Guerra Mundial.

Considerando que o salário de benefício se sujeita ao teto do salário de contribuição, caso supere esse valor no mês de início do benefício, a diferença percentual entre esta média e o referido limite será incorporada ao valor do benefício juntamente com o primeiro reajuste do mesmo após a concessão, observado que nenhum benefício assim reajustado poderá superar o limite máximo do salário de contribuição vigente na competência em que ocorrer o reajuste[69].

Vale salientar que o segurado empregado, o trabalhador avulso e o contribuinte individual que preste serviço à pessoa jurídica (este a partir da competência 04.2003) têm a seu favor a presunção absoluta de recolhimento das suas contribuições previdenciárias pela empresa, que é a responsável

68. Art. 248. Os benefícios pagos, a qualquer título, pelo órgão responsável pelo regime geral de previdência social, ainda que à conta do Tesouro Nacional, e os não sujeitos ao limite máximo de valor fixado para os benefícios concedidos por esse regime observarão os limites fixados no art. 37, XI (Incluído pela Emenda Constitucional nº 20, de 1998).

69. Artigo 35, §3º, do RPS.

tributária originária. O mesmo se aplica ao empregado doméstico após a LC 150/2015.

Neste caso, em não havendo recolhimento, basta que esses segurados comprovem o vínculo e o valor da sua remuneração para serem considerados no cálculo da renda mensal inicial dos benefícios.

Todavia, se não puderem comprovar o valor dos seus salários de contribuição no período básico de cálculo, será concedido o benefício de valor mínimo, devendo esta renda ser recalculada, quando da apresentação de prova dos salários de contribuição[70].

Eis os artigos da Lei 8.213/91 que disciplinam o tema, modificados pela LC 150/2015:

> "Art. 34. No cálculo do valor da renda mensal do benefício, inclusive o decorrente de acidente do trabalho, serão computados:
>
> I – para o segurado empregado, inclusive o doméstico, e o trabalhador avulso, os salários de contribuição referentes aos meses de contribuições devidas, ainda que não recolhidas pela empresa ou pelo empregador doméstico, sem prejuízo da respectiva cobrança e da aplicação das penalidades cabíveis, observado o disposto no § 5º do art. 29-A;
>
> II – para o segurado empregado, inclusive o doméstico, o trabalhador avulso e o segurado especial, o valor mensal do auxílio-acidente, considerado como salário de contribuição para fins de concessão de qualquer aposentadoria, nos termos do art. 31;
>
> III – para os demais segurados, os salários-de-contribuição referentes aos meses de contribuições efetivamente recolhidas.
>
> Art. 35. Ao segurado empregado, inclusive o doméstico, e ao trabalhador avulso que tenham cumprido todas as condições para a concessão do benefício pleiteado, mas não possam comprovar o valor de seus salários de contribuição no período básico de cálculo, será concedido o benefício de valor mínimo, devendo esta renda ser recalculada quando da apresentação de prova dos salários de contribuição".

No entanto, na interpretação administrativa da Previdência Social, a presunção de recolhimento em favor do empregado doméstico não irá retroagir, operando-se somente a partir da vigência da LC 150, em 2 de junho de 2015, devendo ser considerado o salário de contribuição de um salário mínimo para as competências anteriores a junho de 2015, acaso não comprovado o efetivo recolhimento da contribuição previdenciária[71].

---

70. Artigo 35, da Lei 8.213/91.

71. Memorando-Circular nº 38/DIRBEN/INSS, de 5/11/2015.

Reputa-se equivocado tal entendimento. Conquanto a Lei Complementar 150 tenha entrado em vigor no dia 2 de junho de 2015, data da sua publicação, entende-se ser constitucional sustentar que a presunção de recolhimento das contribuições previdenciárias em favor do empregado doméstico deve ser retroativa, alcançando as competências anteriores a junho de 2015.

Isso porque mesmo antes da LC 150/2015 a responsabilidade tributária de recolher a contribuição do empregado doméstico já era do patrão doméstico, tendo apenas sido corrigida uma inconstitucionalidade por omissão injustificável que discriminava negativamente o empregado doméstico.

Com base no Princípio do *Tempus Regit Actum* e da Precedência da Fonte de Custeio, novos critérios de cálculo dos benefícios não se aplicam aos concedidos anteriormente, mesmo que sejam mais benéficos. Nesse sentido, o STF:

> "EMENTA: RECURSO EXTRAORDINÁRIO. PREVIDENCIÁRIO. BENEFÍCIO DA PENSÃO POR MORTE. CONCESSÃO ANTERIOR À LEI N. 9.032/95. IMPOSSIBILIDADE DE RETROAÇÃO. SÚMULA 359 DO SUPREMO TRIBUNAL FEDERAL. RECURSO PROVIDO. 1. Em matéria previdenciária, a jurisprudência do Supremo Tribunal Federal firmou-se no sentido de que a lei de regência é a vigente no tempo de concessão do benefício (*tempus regit actum*). 2. Lei nova (Lei n. 9.032/95 para os beneficiados antes do seu advento e Lei n. 8.213 para aqueles que obtiveram a concessão em data anterior a 1991), que não tenha fixado a retroatividade de seus efeitos para os casos anteriormente aperfeiçoados, submete-se à exigência normativa estabelecida no art. 195, § 5º, da Constituição: "Nenhum benefício ou serviço da seguridade social poderá ser criado, majorado ou estendido sem a correspondente fonte de custeio total." (RE 320.179, de 09.02.2007).

Vale registrar que é possível simular no site da Previdência Social[89] a renda mensal inicial do benefício previdenciário. Basta acessar www.previdencia.gov.br e clicar no serviço do segurado (Simulação de Cálculo da Renda Mensal de Benefício Previdenciário).

Bastará ao segurado indicar o benefício que deseja e abastecer os campos em aberto com o valor dos salários de contribuição. Veja-se abaixo a simulação para um auxílio-doença que possui renda mensal de 91% do salário de benefício feita para o **ano de 2015**:

**DEMONSTRATIVO DO RESULTADO DA SIMULAÇÃO DO CÁLCULO DA RENDA MENSAL**

**Prezado(a) Sr(a). FREDERICO AMADO,**

Agradecemos a sua participação e esperamos ter proporcionado um serviço à altura do beneficiário da Previdência Social.

Abaixo encontram-se os seus dados e os resultados obtidos a partir dos valores informados.

| **Nome: FREDERICO AMADO** | **Data de Nascimento: 16/08/1979** | **Sexo: Masculino** | **Espécie de benefício: 31 – Auxílio Doença** |
|---|---|---|---|

**Cálculo de Benefícios segundo a Lei 9876, de 29/11/1999**

| NR | DATA | SALÁRIO | ÍNDICE | SAL. CORRIGIDO | NR | DATA | SALÁRIO | ÍNDICE | SAL. CORRIGIDO |
|---|---|---|---|---|---|---|---|---|---|
| 001 | 03/2014 | 1.000,00 | 1,0160 | 1.016,06 | 001 | 03/2014 | 1.000,00 | 1,0160 | 1.016,06 |
| 002 | 02/2014 | 750,00 | 1,0225 | 766,92 ** | 002 | 02/2014 | 750,00 | 1,0225 | 766,92 ** |
| 003 | 01/2014 | 1.000,00 | 1,0290 | 1.029,00 | 003 | 01/2014 | 1.000,00 | 1,0290 | 1.029,00 |

** Valor Desconsiderado

Tempo de contribuição: 2,0 grupos de 12 contribuições

Somatório dos salários corrigidos = 4.030,60

Salário de Benefício = 4.030,60 ÷ 4 = 1.007,65

**Renda Mensal Inicial** = 1.007,65 X coeficiente = **916,96**.

Onde, Coeficiente = 0,910

## 11. REAJUSTAMENTO DAS APOSENTADORIAS

De acordo com o regramento atual, contido no artigo 41-A, da Lei 8.213/91, **o valor dos benefícios em manutenção será reajustado, anualmente, na mesma data do reajuste do salário mínimo, *pro rata*, de acordo com suas respectivas datas de início ou do último reajustamento, com base no Índice Nacional de Preços ao Consumidor - INPC**, apurado pela Fundação Instituto Brasileiro de Geografia e Estatística - IBGE, que toma por base o rendimento de famílias com renda de um a oito salários mínimos, nas regiões metropolitanas do país, sendo o índice legal utilizado desde 2003.

Outrossim, as concessões de benefícios lastreadas no artigo 26 da EC 103/2019 também observam o reajuste pelo INPC:

> ***'§ 7º Os benefícios calculados nos termos do disposto neste artigo serão reajustados nos termos estabelecidos para o Regime Geral de Previdência Social".***

Assim, se uma pessoa se aposentou no meio do ano, apenas terá direito ao primeiro reajuste subsequente proporcionalmente ao INPC acumulado a partir da sua aposentação, e não integralmente.

Vale ressaltar que antes do atual ordenamento constitucional, prevalecia o entendimento da **Súmula 260, do TFR**, prevendo que no primeiro reajuste do benefício previdenciário deve-se aplicar o **índice integral do aumento verificado**, independentemente do mês da concessão, considerado, nos reajustes subsequentes, o salário mínimo então atualizado.

Logo, na atualidade, este é o reajuste mínimo garantido por lei aos aposentados, pensionistas e demais segurados do RGPS, consistente na variação do INPC. Todavia, considerando que nenhum benefício que objetive substituir a remuneração do trabalhador ou o salário de contribuição poderá ser inferior a um salário mínimo, muitos segurados vêm se beneficiando de reajustes acima do INPC.

É que o salário mínimo ao longo destas duas últimas décadas vem tendo majoração real, bem acima da inflação. Por conseguinte, os beneficiários de aposentadorias, pensões, auxílios-doença, salários-maternidade e auxílios-reclusão no valor de um salário mínimo vêm recebendo reajustes anuais idênticos ao do salário mínimo, gerando uma situação diferenciada dentro do RGPS.

> Insta salientar que desde a promulgação da Lei 8.213/91 a renda mensal inicial dos benefícios previdenciários foi desvinculada do salário mínimo, à exceção dos benefícios substitutivos da remuneração do segurado no valor mínimo.

Logo, os segurados apenas farão jus ao índice legal de reajuste, que atualmente é o INPC, mas já foi, por exemplo, o IRSM, o IPC-r e o IGPDI.

Após a promulgação da Constituição Federal de 1988, os benefícios concedidos até o seu advento foram revistos pelo INSS por determinação do **artigo 58, do ADCT**, que previu que os **benefícios de prestação continuada, mantidos pela previdência social na data da promulgação da Constituição, terão seus valores revistos, a fim de que seja restabelecido o poder aquisitivo, expresso em número de salários mínimos, que tinham na data de sua concessão, obedecendo-se a esse critério de atualização até a implantação do plano de custeio e benefícios referidos no artigo seguinte, sendo as prestações devidas a partir do sétimo mês após a promulgação da Lei Maior.**

Posteriormente, os benefícios concedidos entre 05.10.88 e 05.04.91 foram revistos por determinação do artigo 144, da Lei 8.213/91, sendo conhecida no foro como "período do buraco negro".

É que a determinação constitucional de que todos os salários de contribuição fossem corrigidos monetariamente não era norma dotada de autoaplicabilidade, apenas sendo executada com o advento da Lei 8.213/91, razão pela qual esses benefícios foram todos revistos, mas as parcelas vencidas não foram pagas aos beneficiários (entre 10/1988 e 05/1991) por falta de previsão legal.

**Em síntese, a partir de janeiro de 1992, após a vigência do Decreto 357/91, que aprovou o então regulamento da Previdência Social, em decorrência da publicação da Lei 8.213/91, os benefícios previdenciários passaram a ser desvinculados do número de salários mínimos da data da concessão, sendo reajustados pelo índice legal, que atualmente é o INPC.**

Nesse sentido, o STJ[72]:

> "PREVIDENCIÁRIO. AGRAVO REGIMENTAL NO AGRAVO DE INSTRUMENTO. REAJUSTE DE BENEFÍCIO. EQUIVALÊNCIA COM A VARIAÇÃO DO SALÁRIO-DE-CONTRIBUIÇÃO. AUSÊNCIA DE PREVISÃO LEGAL. APLICAÇÃO DOS CRITÉRIOS DE CORREÇÃO PREVISTOS NO ART. 41, II, DA LEI 8.213/91. REVISÃO DE BENEFÍCIO. ART. 202 DA CONSTITUIÇÃO FEDERAL. INCIDÊNCIA DO ART. 144, PARÁGRAFO ÚNICO, DA LEI 8.213/91. PRECEDENTES. AGRAVO IMPROVIDO. **1. A Terceira Seção do Superior Tribunal de Justiça tem entendimento dominante no sentido de que, a partir de janeiro de 1992, os reajustamentos dos benefícios previdenciários devem ser feitos de acordo com os critérios estabelecidos no art. 41, II, da Lei 8.213/91, e suas alterações posteriores, não sendo mais aplicável o reajuste pelo salário mínimo.** 2. Inexiste previsão legal para a pretendida equivalência entre a variação do salário-de-contribuição e o valor dos benefícios previdenciários. 3. O cálculo das rendas mensais iniciais dos benefícios previdenciários concedidos entre 5/10/88 e 5/4/91 deve ser feito nos termos do art.

72. AGA 665.167, de 28.11.2006.

144 da mencionada lei, aplicando-se o índice INPC, sendo indevidas quaisquer diferenças anteriores ao mês de junho de 1992. Precedentes. 4. Agravo regimental improvido" (g.n.).

Saliente-se que esse regramento atende à previsão constitucional que determina que o reajustamento dos benefícios observe critérios legais que mantenham o seu valor real, conforme referendado pelo STF:

> "A norma inscrita no art. 20, inciso I, da Lei nº 8.880/94 – que determinou a conversão, em URV, dos benefícios mantidos pela Previdência Social, com base na média do valor nominal vigente nos meses de novembro e dezembro de 1993 e de janeiro e fevereiro de 1994 – não transgride os postulados constitucionais da irredutibilidade do valor dos benefícios previdenciários (CF, art. 194, parágrafo único, n. IV) e da intangibilidade do direito adquirido (CF, art. 5º, XXXVI). Precedente: RE 313.382/SC (Pleno). **A INTERVENÇÃO DO LEGISLADOR NA DEFINIÇÃO DO VALOR REAL DOS BENEFÍCIOS PREVIDENCIÁRIOS. – A manutenção, em bases permanentes, do valor real dos benefícios previdenciários tem, no próprio legislador – e neste, apenas –, o sujeito concretizante das cláusulas fundadas no art. 194, parágrafo único, n. IV, e no art. 201, § 4º (na redação dada pela EC 20/98), ambos da Constituição da República, pois o reajustamento de tais benefícios, para adequar-se à exigência constitucional de preservação de seu quantum, deverá conformar-se aos critérios exclusivamente definidos em lei**. – O sistema instituído pela Lei nº 8.880/94, ao dispor sobre o reajuste quadrimestral dos benefícios mantidos pela Previdência Social, não vulnerou a exigência de preservação do valor real de tais benefícios, eis que a noção de valor real – por derivar da estrita observância dos "critérios definidos em lei" (CF, art. 201, § 4º, in fine) – traduz conceito eminentemente normativo, considerada a prevalência, na matéria, do princípio da reserva de lei" (passagem do RE-AgR 322348, de 12.11.2002).
>
> "A presunção de constitucionalidade da legislação infraconstitucional realizadora do reajuste previsto no art. 201, § 4º, CF, somente pode ser elidida mediante demonstração da impropriedade do percentual adotado para o reajuste. Os percentuais adotados excederam os índices do INPC ou destes ficaram abaixo, num dos exercícios, em percentual desprezível e explicável, certo que o INPC é o índice mais adequado para o reajuste dos benefícios, já que o IGP-DI melhor serve para preços no atacado, porque retrata, basicamente, a variação de preços do setor empresarial brasileiro." (RE 376.846, Rel. Min. Carlos Velloso, julgamento em 24-9-2003, Plenário, *DJ* de 2-4-2004).

Vale ressaltar que ao longo destas duas últimas décadas os segurados e dependentes que recebem benefícios acima de um salário mínimo, em especial os aposentados, vêm unindo forças com o intuito de obter um índice de reajuste idêntico ao do salário mínimo, que há muito é acima da inflação.

E a pressão surtiu efeitos, ao menos parciais. É que foi editada a Medida Provisória 475, de 23.12.2009, majorando os benefícios previdenciários em

6,14%, a partir de 1º de janeiro de 2010, acima do INPC acumulado em 2009, que ficou em 4,11%, proporcionalmente ao mês da concessão.

Posteriormente, o Congresso Nacional ainda incrementou o aumento proposto pelo Presidente da República, durante a tramitação da Medida Provisória 475, convertida na **Lei 12.254, de 15.06.2010, concedendo um reajuste de 7,72%:**

| Data de início do benefício | Reajuste (%) |
|---|---|
| Até fevereiro de 2009 | 7,72% |
| Em março de 2009 | 7,39% |
| Em abril de 2009 | 7,17% |
| Em maio de 2009 | 6,58% |
| Em junho de 2009 | 5,95% |
| Em julho de 2009 | 5,51% |
| Em agosto de 2009 | 5,26% |
| Em setembro de 2009 | 5,18% |
| Em outubro de 2009 | 5,01% |
| Em novembro de 2009 | 4,77% |
| Em dezembro de 2009 | 4,38% |

Para 2011 foi apenas concedido o reajuste pela variação do INPC de 2010, pela Portaria MPS/MF 568, de 31.12.2011, equivalente a 6,41%. Já para o ano de 2012 o Governo federal concedeu apenas o reajuste pelo INPC de 2011, no total de 6,08%. Por sua vez, para 2013, o reajuste concedido aos benefícios foi de 6,20%. Já para o ano de 2014 o reajuste anual foi de 5,56%. Para o exercício de 2015 o reajuste foi de 6,23%. Para 2016, diante da grande inflação do ano anterior, o reajuste foi de 11,28%. Em 2017, foi concedido um reajuste na ordem de 6,58%. Em 2018, o reajuste foi de 2,07%. Para 2019, foi fixado em 3,43%.

Eis os reajustes dos anos seguintes:

| **2020** | **4,48%** |
|---|---|
| **2021** | 5,26% |
| **2022** | 10,18% |
| **2023** | 5,93% |
| **2024** | 3,71% |
| **2025** | 4,77% |

## Eis a tabela histórica dos reajustes entre os anos de 1958 e 2016:

| PREVIDÊNCIA SOCIAL<br>INSTITUTO NACIONAL DO SEGURO SOCIAL<br>DIRETORIA DE BENEFÍCIOS | TABELA DE REAJUSTAMENTO DE BENEFÍCIOS |
|---|---|

| | |
|---|---|
| 1º REAJUSTAMENTO - 1958 | 2º REAJUSTAMENTO - 1960 |
| 3º REAJUSTAMENTO - 1962 | 4º REAJUSTAMENTO - 1964 |
| 5º REAJUSTAMENTO - 1966 | 6º REAJUSTAMENTO - 1967 |
| 7º REAJUSTAMENTO - 1968 | 8º REAJUSTAMENTO - 1969 |
| 9º REAJUSTAMENTO - 1970 | 10º REAJUSTAMENTO - 1971 |
| 11º REAJUSTAMENTO - 1972 | 12º REAJUSTAMENTO - 1973 |
| 13º REAJUSTAMENTO - 1974 | 14º REAJUSTAMENTO - 1975 |
| 15º REAJUSTAMENTO - 1976 | 16º REAJUSTAMENTO - 1977 |
| 17º REAJUSTAMENTO - 1978 | 18º REAJUSTAMENTO - 1979 |
| 19º REAJUSTAMENTO- 1979 | 20º REAJUSTAMENTO - 1980 |
| 21º REAJUSTAMENTO - 1980 | 22º REAJUSTAMENTO - 1981 |
| 23º REAJUSTAMENTO - 1981 | 24º REAJUSTAMENTO - 1982 |
| 25º REAJUSTAMENTO - 1982 | 26º REAJUSTAMENTO - 1983 |
| 27º REAJUSTAMENTO - 1983 | 28º REAJUSTAMENTO - 1984 |
| 29º REAJUSTAMENTO - 1984 | 30º REAJUSTAMENTO - 1985 |
| 32º REAJUSTAMENTO - 1986 | 31º REAJUSTAMENTO - 1985 |
| 33º REAJUSTAMENTO – JAN/1987 | 34º REAJUSTAMENTO – MAR/1987 |
| 35º REAJUSTAMENTO- MAI/1987 | 36º REAJUSTAMENTO – JUN/1987 |
| 37º REAJUSTAMENTO – SET/1987 | 38º REAJUSTAMENTO – OUT/1987 |
| 39º REAJUSTAMENTO – NOV/1987 | 40º REAJUSTAMENTO – DEZ/1987 |
| 41º REAJUSTAMENTO – JAN/1988 | 42º REAJUSTAMENTO – FEV/1988 |
| 43º REAJUSTAMENTO – MAR/1988 | 44º REAJUSTAMENTO – ABR/1988 |
| 45º REAJUSTAMENTO – MAI/1988 | 46º REAJUSTAMENTO – JUN/1988 |
| 47º REAJUSTAMENTO – JULH/1988 | 48º REAJUSTAMENTO – AGO/1988 |
| 49º REAJUSTAMENTO – SET/1988 | 50º REAJUSTAMENTO – OUT/1988 |
| 51º REAJUSTAMENTO – NOV/1988 | 52º REAJUSTAMENTO – DEZ/1988 |
| 53º REAJUSTAMENTO – JAN/1989 | 54º REAJUSTAMENTO – FEV/1989 |
| 55º REAJUSTAMENTO – MAR/1989 | 56º REAJUSTAMENTO – ABR/1989 |
| 57º-REAJUSTAMENTO – MAI/1989 | 58º REAJUSTAMENTO – JUNH/1989 |
| 59º REAJUSTAMENTO – JULH/1989 | 60º REAJUSTAMENTO – AGO/1989 |
| 61º REAJUSTAMENTO – SET/1989 | 62º REAJUSTAMENTO - OUT/1989 |
| 63º REAJUSTAMENTO – NOV/1989 | 64º REAJUSTAMENTO – DEZ/1989 |
| 65º REAJUSTAMENTO – JAN/1990 | 66º REAJUSTAMENTO – FEV/1990 |
| 67º REAJUSTAMENTO – MAR/1990 | 68º REAJUSTAMENTO – JUNH/1990 |
| 69º REAJUSTAMENTO – JULH/1990 | 70º REAJUSTAMENTO – AGO/1990 |
| 71º REAJUSTAMENTO – SET/1990 | 72º REAJUSTAMENTO – OUT/1990 |
| 73º REAJUSTAMENTO – NOV/1990 | 74º REAJUSTAMENTO – DEZ/1990 |
| 75º REAJUSTAMENTO – JAN/1991 | 76º REAJUSTAMENTO – FEV/1991 |
| 77º REAJUSTAMENTO – MAR/1991 | ABONO MAI/1991 |
| ABONO – JUNH/1991 | ABONO – JULH/1991 |
| ABONO – AGO/1991 | 78º REAJUSTAMENTO – SET/1991 |
| 79º REAJUSTAMENTO – JAN/1992 | 80º REAJUSTAMENTO - MAI/1992 |
| 81º REAJUSTAMENTO – SET/1992 | 82º REAJUSTAMENTO – JAN/1993 |
| 83º REAJUSTAMENTO – MAR/1993 | 84º REAJUSTAMENTO – MAI/1993 |
| 85º REAJUSTAMENTO – JULH/1993 | 86º REAJUSTAMENTO – AGO/1993 |
| 87º REAJUSTAMENTO – SET/1993 | 88º REAJUSTAMENTO – OUT/1993 |
| 89º REAJUSTAMENTO – NOV/1993 | 90º REAJUSTAMENTO – DEZ/1993 |
| 91º REAJUSTAMENTO – JAN/1994 | 92º REAJUSTAMENTO – FEV/1994 |
| CONVERSÃO EM URV – MAR/1994 | ATUALIZAÇÃO DO VALOR MÍNIMO DE BENEFÍCIO - SET/1994 |
| ABONO - JAN/1995 (PARCELA ÚNICA) | 93º REAJUSTAMENTO – MAI/1995 |
| 94º REAJUSTAMENTO - MAI/1996 | 95º REAJUSTAMENTO – JUNH/1997 |
| 96º REAJUSTAMENTO – JUNH/1998 | 97º REAJUSTAMENTO – JUNH/1999 |

1

| PREVIDÊNCIA SOCIAL<br>INSTITUTO NACIONAL DO SEGURO SOCIAL<br>DIRETORIA DE BENEFÍCIOS | **TABELA DE REAJUSTAMENTO DE BENEFÍCIOS** |
|---|---|

| | |
|---|---|
| 98º REAJUSTAMENTO – JUNH/2000 | 99º REAJUSTAMENTO – JUNH/2001 |
| 100º REAJUSTAMENTO – JUNH/2002 | 101º REAJUSTAMENTO – JUNH/2003 |
| 102º REAJUSTAMENTO – MAIO/2004 | 103º REAJUSTAMENTO – MAIO/2005 |
| 104º REAJUSTAMENTO – 1º ABRIL/2006 | 105º REAJUSTAMENTO – 1º AGOSTO/2006 |
| 106º REAJUSTAMENTO – 1º ABRIL/2007 | 107º REAJUSTAMENTO – 1º MARÇO/2008 |
| 108º REAJUSTAMENTO – 1º FEVEREIRO/2009 | 109º REAJUSTAMENTO – 1º JANEIRO/2010 |
| 110º REAJUSTAMENTO – 1º JANEIRO/2011 | 111º REAJUSTAMENTO – 1º MARÇO/2011 |
| 112º REAJUSTAMENTO – 1º JANEIRO/2012 | 113º REAJUSTAMENTO – 1º JANEIRO/2013 |
| 114º REAJUSTAMENTO – 1º JANEIRO/2014 | 115º REAJUSTAMENTO – 1º JANEIRO/2015 |
| 116º REAJUSTAMENTO – 1º JANEIRO/2016 | |

| Cr$ | | 1º REAJUSTAMENTO AUTOMÁTICO 13/05/1958 *(voltar)* | | LEGISLAÇÃO: DECRETO 47.149/59 | |
|---|---|---|---|---|---|
| DIB | ÍNDICE DE REAJUSTAMENTO | VALORES MÍNIMOS | | SALÁRIO MÍNIMO (*) VER (S.M REGIONAL) | |
| | | APOSENTADORIA | PENSÃO | VIGÊNCIA | VALOR |
| 1923 | 14,23 | | | | |
| 1924 | 13,88 | | | | |
| 1925 | 13,53 | | | | |
| 1926 | 13,19 | | | | |
| 1927 | 12,49 | | | | |
| 1928 | 11,80 | | | | |
| 1929/38 | 9,72 | | | | |
| 1939 | 9,37 | | | | |
| 1940 | 9,02 | | | 01/07/40 | 0,24 |

| Cr$ | | 1º REAJUSTAMENTO AUTOMÁTICO 13/05/58 *(voltar)* | | LEGISLAÇÃO: DECRETO Nº 47.149/59 | |
|---|---|---|---|---|---|
| DIB | ÍNDICE DE REAJUSTAMENTO | VALORES MÍNIMOS | | SALÁRIO MÍNIMO VER S.M REGIONAL | |
| | | APOSENTADORIA | PENSÃO | VIGÊNCIA | VALOR |
| 1941 | 8,68 | | | 01/07/40 | 0,24 |
| 1942 | 8.33 | | | 31/12/42 | 0,24 |

| PREVIDÊNCIA SOCIAL<br>INSTITUTO NACIONAL DO SEGURO SOCIAL<br>DIRETORIA DE BENEFÍCIOS | TABELA DE REAJUSTAMENTO DE BENEFÍCIOS |
|---|---|

| | | | | | |
|---|---|---|---|---|---|
| 1943 | 7,98 | | | 01/01/43 | 0,30 |
| | | | | 09/11/43 | 0,30 |
| | | | | 10/11/43 | 0,38 |
| 1944 | 7,63 | | | | 0,38 |
| 1945 | 6,94 | 0,26 | 0,13 | | 0,38 |
| 1946 | 6,41 | 0,26 | 0,13 | | 0,38 |
| 1947 | 5,84 | 0,26 | 0,13 | | 0,38 |

| Cr$ | | 1º REAJUSTAMENTO AUTOMÁTICO 13/05/58 *(voltar)* | | LEGISLAÇÃO: DECRETO Nº 47.149/59 | |
|---|---|---|---|---|---|
| DIB | ÍNDICE DE REAJUSTAMENTO | VALORES MÍNIMOS | | SALÁRIO MÍNIMO VER S.M REGIONAL | |
| | | APOSENTADORIA | PENSÃO | VIGÊNCIA | VALOR |
| 1948 | 5,25 | 0,26 | 0,13 | | 0,38 |
| 1949 | 4,65 | 0,26 | 0,13 | | 0,38 |
| 1950 | 4,05 | 0,26 | 0,13 | | 0,38 |
| 1951 | 3,49 | 0,26 | 0,13 | 31/12/51 | 0,38 |
| 1952 | 2,96 | 0,84 | 0,42 | 01/01/52 | 1,20 |
| 1953 | 2,48 | 0,84 | 0,42 | | 1,20 |
| 1954 | 2,06 | 0,84 | 0,42 | 30/06/54 | 1,20 |
| | | 1,68 | 0,84 | 01/07/54 | 2,40 |
| 1955 | 1,69 | 1,68 | 0,84 | | 2,40 |

| PREVIDÊNCIA SOCIAL<br>INSTITUTO NACIONAL DO SEGURO SOCIAL<br>DIRETORIA DE BENEFÍCIOS | **TABELA DE REAJUSTAMENTO DE BENEFÍCIOS** |
|---|---|

| **Cr$** | | **1º REAJUSTAMENTO AUTOMÁTICO 13/05/58** *(voltar)* | **LEGISLAÇÃO: DECRETO Nº 47.149/59** | | |
|---|---|---|---|---|---|
| **DIB** | **ÍNDICE DE REAJUSTAMENTO** | **VALORES MÍNIMOS** | **SALÁRIO MÍNIMO VER S.M REGIONAL** | | |
| | | **APOSENTADORIA** | **PENSÃO** | **VIGÊNCIA** | **VALOR** |
| **1956** | **1,38** | **1,68** | **0,84** | **30/06/56** | **2,40** |
| | | **2,66** | **1,33** | **01/08/56** | **3,80** |
| **1957** | **1,11** | **2,66** | **1,33** | | **3,80** |

| **Cr$** | | **2º REAJUSTAMENTO AUTOMÁTICO JUN/1960** *(voltar)* | **LEGISLAÇÃO: DECRETO Nº 50.326/60** | | |
|---|---|---|---|---|---|
| **DIB** | **ÍNDICE DE REAJUSTAMENTO** | **VALORES MÍNIMOS** | **SALÁRIO MÍNIMO** | **MAIOR VALOR DE BENEFÍCIO** | |
| | | | **VER S.M REGIONAL** | **48,00** | |
| | | **APOSENTADORIA** | **PENSÃO** | **VIGÊNCIA** | **VALOR** |
| **1958** | **1,68** | **2,66** | **1,33** | **1958** | **3,80** |
| **1959** | **1,26** | **4,20** | **2,10** | **01/01/59** | **6,00** |

| **Cr$** | | **3º REAJUSTAMENTO AUTOMÁTICO JUNH/1962** *(voltar)* | | **LEGISLAÇÃO: DECRETO Nº 1.282/62** | |
|---|---|---|---|---|---|
| **DIB** | **ÍNDICE DE REAJUSTAMENTO** | **VALORES MÍNIMOS** | | **SALÁRIO MÍNIMO** | **MAIOR VALOR DE BENEFÍCIO** |
| | | | | **VER S.M REGIONAL** | **48,00** |
| | | **APOSENTADORIA** | **PENSÃO** | **VIGÊNCIA** | **VALOR** |
| **1960** | **2,18** | **4,20** | **2,10** | **17/10/60** | **6,00** |
| | | **6,72** | **3,36** | **18/10/60** | **9,60** |
| **1961** | **1,34** | **6,72** | **3,36** | **15/10/61** | **9,60** |
| | | **9,40** | **4,70** | **16/10/61** | **13,44** |

PREVIDÊNCIA SOCIAL
INSTITUTO NACIONAL DO SEGURO SOCIAL
DIRETORIA DE BENEFÍCIOS

## TABELA DE REAJUSTAMENTO DE BENEFÍCIOS

| CrS | | 4º REAJUSTAMENTO AUTOMÁTICO JUNH/1964 (voltar) | | LEGISLAÇÃO: DECRETO Nº 53.926/64 | |
|---|---|---|---|---|---|
| DIB | ÍNDICE DE REAJUSTAMENTO | VALORES MÍNIMOS | | SALÁRIO MÍNIMO | MAIOR VALOR DE BENEFÍCIO |
| | | | | VER S.M REGIONAL | 210,00 |
| | | APOSENTADORIA | PENSÃO | VIGÊNCIA | VALOR |
| 1962 | 2,58 | 9,40 | 4,70 | 31/12/62 | 13,44 |
| 1963 | 1,61 | 14,70 | 7,35 | 01/01/63 | 21,00 |

| CrS | | 5º REAJUSTAMENTO AUTOMÁTICO JUNH/1966 (voltar) | | LEGISLAÇÃO: DECRETO Nº 58.840/66 | |
|---|---|---|---|---|---|
| DIB | ÍNDICE DE REAJUSTAMENTO | VALORES MÍNIMOS | | SALÁRIO MÍNIMO | MAIOR VALOR DE BENEFÍCIO |
| | | | | VER S.M REGIONAL | |
| | | APOSENTADORIA | PENSÃO | VIGÊNCIA | VALOR |
| 1964 | 2,00 | 14,70 | 7,35 | 23/02/64 | 21,00 |
| | | 29,40 | 14,70 | 24/02/64 | 42,00 |
| 1965 | 1,27 | 29,40 | 14,70 | 28/02/65 | 42,00 |
| | | 46,20 | 23,10 | 01/03/65 | 66,00 |
| | | 58,80 | 29,40 | 01/03/66 | 84,00 |

| PREVIDÊNCIA SOCIAL<br>INSTITUTO NACIONAL DO SEGURO SOCIAL<br>DIRETORIA DE BENEFÍCIOS | **TABELA DE REAJUSTAMENTO DE BENEFÍCIOS** |
|---|---|

| CrS | | **6º REAJUSTAMENTO AUTOMÁTICO JUNH/1967** *(voltar)* | | **LEGISLAÇÃO: DECRETO Nº 60.501/67 ATO ODS Nº SSS 1.208/67 DECRETO Nº 60.231/67** | |
|---|---|---|---|---|---|
| | | **VALORES MÍNIMOS** | | **SALÁRIO MÍNIMO** | **MAIOR VALOR DE BENEFÍCIO** |
| | | APOSENTADORIA = 74,00<br>PENSÃO = 37,00 | | **VER S.M REGIONAL** | 1.050,00 |
| ***TODAS AS FAIXAS*** | | | | | |
| DIB | **ÍNDICE DE REAJUSTE** | DIB | **ÍNDICE DE REAJUSTE** | DIB | **ÍNDICE DE REAJUSTE** |
| **12/65** | **1,25** | **05/66** | **1,17** | **10/66** | **1,11** |
| **01/66** | **1,23** | **06/66** | **1,15** | **11/66** | **1,10** |
| **02/66** | **1,21** | **07/66** | **1,14** | **12/66** | **1,09** |
| **03/66** | **1,19** | **08/66** | **1,13** | **01/67** | **1,08** |
| **04/66** | **1,18** | **09/66** | **1,12** | **02/67** | **1,07** |

| CrS | | **7º REAJUSTAMENTO AUTOMÁTICO JUNH/1968** *(voltar)* | | **LEGISLAÇÃO: PORTARIA SAT Nº 08/68 ATO ODS Nº 501.18/68 DECRETO Nº 62.461/68** | |
|---|---|---|---|---|---|
| | | **VALORES MÍNIMOS** | | **SALÁRIO MÍNIMO** | **MAIOR VALOR DE BENEFÍCIO** |
| | | APOSENTADORIA = 91,00<br>PENSÃO = 46,00 | | **VER S.M REGIONAL** | 1.296,00 |
| ***TODAS AS FAIXAS*** | | | | | |
| DIB | **ÍNDICE DE REAJUSTE** | DIB | **ÍNDICE DE REAJUSTE** | DIB | **ÍNDICE DE REAJUSTE** |
| **03/67** | **1,23** | **07/67** | **1,16** | **11/67** | **1,08** |
| **04/67** | **1,22** | **08/67** | **1,14** | **12/67** | **1,06** |
| **05/67** | **1,20** | **09/67** | **1,12** | **01/68** | **1,04** |
| **06/67** | **1,18** | **10/67** | **1,10** | **02/68** | **1,02** |

| PREVIDÊNCIA SOCIAL<br>INSTITUTO NACIONAL DO SEGURO SOCIAL<br>DIRETORIA DE BENEFÍCIOS | **TABELA DE REAJUSTAMENTO DE BENEFÍCIOS** |
|---|---|

| Cr$ | | **8º REAJUSTAMENTO AUTOMÁTICO AGO/1969** *(voltar)* | | **LEGISLAÇÃO: PORTARIA SAT Nº 06/69 ODS Nº SSS 501.22/69 DECRETO Nº 64.442/69** | |
|---|---|---|---|---|---|
| | | **VALORES MÍNIMOS** | | **SALÁRIO MÍNIMO** | **MAIOR VALOR DE BENEFÍCIO** / **UNIDADE SALARIAL** |
| | | APOSENTADORIA = 110,00<br>PENSÃO = 55,00 | | **VER S.M REGIONAL** | 1.560,00 / |
| ***TODAS AS FAIXAS*** | | | | | |
| DIB | **ÍNDICE DE REAJUSTE** | DIB | **ÍNDICE DE REAJUSTE** | DIB | **ÍNDICE DE REAJUSTE** |
| **03/68** | **1,21** | **07/68** | **1,14** | **11/68** | **1,07** |
| **04/68** | **1,19** | **08/68** | **1,12** | **12/68** | **1,05** |
| **05/68** | **1,17** | **09/68** | **1,10** | **01/69** | **1,03** |
| **06/68** | **1,16** | **10/68** | **1,09** | **02/69** | **1,02** |

| Cr$ | | **9º REAJUSTAMENTO AUTOMÁTICO AGO/1970** *(voltar)* | | **LEGISLAÇÃO: PORTARIA SAT Nº 09/70 ODS Nº SSS 501.35/70 DECRETO Nº 66.523/70** | |
|---|---|---|---|---|---|
| | | **VALORES MÍNIMOS** | | **SALÁRIO MÍNIMO** | **MAIOR VALOR DE BENEFÍCIO** / **UNIDADE SALARIAL** |
| | | APOSENTADORIA = 132,00<br>PENSÃO = 66,00 | | **VER S.M REGIONAL** | 1.872,00 / |
| ***TODAS AS FAIXAS*** | | | | | |
| DIB | **ÍNDICE DE REAJUSTE** | DIB | **ÍNDICE DE REAJUSTE** | DIB | **ÍNDICE DE REAJUSTE** |
| **03/69** | **1,20** | **07/69** | **1,13** | **11/69** | **1,07** |
| **04/69** | **1,18** | **08/69** | **1,12** | **12/69** | **1,05** |
| **05/69** | **1,17** | **09/69** | **1,10** | **01/70** | **1,03** |
| **06/69** | **1,15** | **10/69** | **1,08** | **02/70** | **1,02** |

PREVIDÊNCIA SOCIAL
INSTITUTO NACIONAL DO SEGURO SOCIAL
DIRETORIA DE BENEFÍCIOS

# TABELA DE REAJUSTAMENTO DE BENEFÍCIOS

| Cr$ | | 10º REAJUSTAMENTO AUTOMÁTICO AGO/1971 *(voltar)* | | LEGISLAÇÃO: PORTARIA SAT Nº 12/71 ATO ODS Nº 501.45/17 DECRETO Nº 68.576/71 | |
|---|---|---|---|---|---|
| | | VALORES MÍNIMOS | SALÁRIO MÍNIMO | MAIOR VALOR DE BENEFÍCO | UNIDADE SALARIAL |
| | | APOSENTADORIA = 158,00<br>PENSÃO = 79,00 | VER S.M REGIONAL | | |
| *TODAS AS FAIXAS* | | | | | |
| DIB | ÍNDICE DE REAJUSTE | DIB | ÍNDICE DE REAJUSTE | DIB | ÍNDICE DE REAJUSTE |
| 04/70 | 1,20 | 08/70 | 1,13 | 12/70 | 1,07 |
| 05/70 | 1,18 | 09/70 | 1,12 | 01/71 | 1.05 |
| 06/70 | 1,17 | 10/70 | 1,10 | 02/71 | 1,03 |
| 07/70 | 1,15 | 11/70 | 1,08 | 03/71 | 1,02 |

| Cr$ | | 11º REAJUSTAMENTO AUTOMÁTICO AGO/1972 *(voltar)* | | LEGISLAÇÃO: PORTARIA Nº 06/72 ODS Nº SSS 501.50/72 DECRETO Nº 70.465/72 | |
|---|---|---|---|---|---|
| | | VALORES MÍNIMOS | SALÁRIO MÍNIMO | MAIOR VALOR DE BENEFÍCO | UNIDADE SALARIAL |
| | | APOSENTADORIA = 189,00<br>PENSÃO = 95,00 | VER S.M REGIONAL | | |
| *TODAS AS FAIXAS* | | | | | |
| DIB | ÍNDICE DE REAJUSTE | DIB | ÍNDICE DE REAJUSTE | DIB | ÍNDICE DE REAJUSTE |
| 05/71 | 1,19 | 09/71 | 1,13 | 01/72 | 1,06 |
| 06/71 | 1,17 | 10/71 | 1,11 | 02/72 | 1,05 |
| 07/71 | 1,16 | 11/71 | 1,09 | 03/72 | 1,03 |
| 08/71 | 1,14 | 12/71 | 1,08 | 04/72 | 1,01 |

| PREVIDÊNCIA SOCIAL<br>INSTITUTO NACIONAL DO SEGURO SOCIAL<br>DIRETORIA DE BENEFÍCIOS | TABELA DE REAJUSTAMENTO DE BENEFÍCIOS |
|---|---|

| Cr$ | | 12º REAJUSTAMENTO AUTOMÁTICO AGO/1973 *(voltar)* | | LEGISLAÇÃO: PORTARIA SAT Nº09/73 ATO ODS Nº SSS 501.57/73 DECRETO Nº 72.148/72 | |
|---|---|---|---|---|---|
| | | VALORES MÍNIMOS | | SALÁRIO MÍNIMO / MAIOR VALOR DE BENEFÍCIO | UNIDADE SALARIAL |
| | | APOSENTADORIA = 219,00<br>PENSÃO = 110,00 | | VER S.M REGIONAL | |
| *TODAS AS FAIXAS* | | | | | |
| DIB | ÍNDICE DE REAJUSTE | DIB | ÍNDICE DE REAJUSTE | DIB | ÍNDICE DE REAJUSTE |
| 05/72 | 1,16 | 09/72 | 1,11 | 01/73 | 1,05 |
| 06/72 | 1,15 | 10/72 | 1,09 | 02/73 | 1,04 |
| 07/72 | 1,13 | 11/72 | 1,08 | 03/73 | 1,03 |
| 08/72 | 1,12 | 12/72 | 1,07 | 04/73 | 1,01 |
| OBS: A PARTIR DE 11/06/73 (LEI 5890) APOSENTADORIA = 281,00 E PENSÃO =188,00 | | | | | |

| PREVIDÊNCIA SOCIAL<br>INSTITUTO NACIONAL DO SEGURO SOCIAL<br>DIRETORIA DE BENEFÍCIOS | TABELA DE REAJUSTAMENTO DE BENEFÍCIOS |
|---|---|

| Cr$ | 13º REAJUSTAMENTO AUTOMÁTICO MAI/1974 *(voltar)* | | LEGISLAÇÃO: PORTARIA SAT Nº 10/74 ATO ODS Nº 501.59/74 DECRETO Nº 73.995/74 | | |
|---|---|---|---|---|---|
| | VALORES MÍNIMOS | | SALÁRIO MÍNIMO | MAIOR VALOR DE BENEFÍCIO | UNIDADE SALARIAL |
| | APOSENTADORIA = 340,00<br>PENSÃO = 227,00 | | 376,80<br>(01/05/74) | | |
| ***TODAS AS FAIXAS*** | | | | | |
| DIB | **ÍNDICE DE REAJUSTE** | **DIB** | **ÍNDICE DE REAJUSTE** | **DIB** | **ÍNDICE DE REAJUSTE** |
| **05/73** | **1,21** | **09/73** | **1,14** | **01/74** | **1,07** |
| **06/73** | **1,19** | **10/73** | **1,12** | **02/74** | **1,05** |
| **07/73** | **1,17** | **11/73** | **1,10** | **03/74** | **1,03** |
| **08/73** | **1,16** | **12/73** | **1,09** | **04/74** | **1,02** |
| **LEGISLAÇÃO** | | **VALORES MÍNIMOS** | | **SALÁRIO MÍNIMO** | |
| **ODS Nº SSS 501.65/74 (ABONO DE EMERGÊNCIA)** | | **APOSENTADORIA=374,00 PENSÃO=250,00** | | **415,20 (01/12/74)** | |
| DIB INICIADOS ATÉ 30/06/74 = 10% PARA TODOS, PAGO DE 01/12/74 ATÉ 30/04/75 A TÍTULO DE ANTECIPAÇÃO | | | | | |

| PREVIDÊNCIA SOCIAL<br>INSTITUTO NACIONAL DO SEGURO SOCIAL<br>DIRETORIA DE BENEFÍCIOS | **TABELA DE REAJUSTAMENTO DE BENEFÍCIOS** |
|---|---|

| **Cr$** | **14º REAJUSTAMENTO AUTOMÁTICO MAI/1975** *(voltar)* | **LEGISLAÇÃO: PORTARIA MPAS Nº04/75 ODS Nº SSS 501.70/75 DECRETO Nº 75.679/75** | | |
|---|---|---|---|---|
| | **VALORES MÍNIMOS** | **SALÁRIO MÍNIMO** | **MAIOR VALOR DE BENEFÍCIO** | **UNIDADE SALARIAL** |
| | APOSENTADORIA = 480,00<br>PENSÃO = 320,00 | **VER S.M REGIONAL** | 10.400,00 | |

***TODAS AS FAIXAS***

| DIB | ÍNDICE DE REAJUSTE | DIB | ÍNDICE DE REAJUSTE | DIB | ÍNDICE DE REAJUSTE |
|---|---|---|---|---|---|
| **05/74** | **1,38** | **09/74** | **1,25** | **01/75** | **1,13** |
| **06/74** | **1,35** | **10/74** | **1,22** | **02/75** | **1,10** |
| **07/74** | **1,32** | **11/74** | **1,19** | **03/75** | **1,06** |
| **08/74** | **1,29** | **12/74** | **1,16** | **04/75** | **1,03** |

| **Cr$** | **15º REAJUSTAMENTO AUTOMÁTICO MAI/1976** *(voltar)* | **LEGISLAÇÃO: PORTARIA MPAS Nº 401/76 OS/INPS Nº 052.9/76 DECRETO Nº 77.510 E 77.511/76** | | |
|---|---|---|---|---|
| | **VALORES MÍNIMOS** | **SALÁRIO MÍNIMO** | **MAIOR VALOR DE BENEFÍCIO** | **UNIDADE SALARIAL** |
| | APOSENTADORIA = 692,00<br>PENSÃO = 461,00 | **VER S.M REGIONAL** | 13.385,00 | |

***TODAS AS FAIXAS***

| DIB | ÍNDICE DE REAJUSTE | DIB | ÍNDICE DE REAJUSTE | DIB | ÍNDICE DE REAJUSTE |
|---|---|---|---|---|---|
| **05/75** | **1,43** | **09/75** | **1,29** | **01/76** | **1,14** |
| **06/75** | **1,39** | **10/75** | **1,25** | **02/76** | **1,11** |
| **07/75** | **1,36** | **11/75** | **1,22** | **03/76** | **1,07** |
| **08/75** | **1,32** | **12/75** | **1,18** | **04/76** | **1,04** |

| PREVIDÊNCIA SOCIAL<br>INSTITUTO NACIONAL DO SEGURO SOCIAL<br>DIRETORIA DE BENEFÍCIOS | TABELA DE REAJUSTAMENTO DE BENEFÍCIOS |
|---|---|

| Cr$ | | 16º REAJUSTAMENTO AUTOMÁTICO MAI/1977 (voltar) | | LEGISLAÇÃO: PORT. MPAS Nº 727/77 ATO OS/INPS Nº 05232/77 DECRETO Nº 79.610/77 | |
|---|---|---|---|---|---|
| | | VALORES MÍNIMOS | | SALÁRIO MÍNIMO | MAIOR VALOR TETO | UNIDADE SALARIAL |
| SALÁRIO-FAMÍLIA = 5% SM REGIONAL | | APOSENTADORIA = 996,00<br>PENSÃO = 664,00 | | VER S.M REGIONAL | 18.738,00 | |
| TODAS AS FAIXAS | | | | | | |
| DIB | ÍNDICE DE REAJUSTE | DIB | ÍNDICE DE REAJUSTE | DIB | ÍNDICE DE REAJUSTE | |
| 05/76 | 1,40 | 09/76 | 1,27 | 01/77 | 1,13 | |
| 06/76 | 1,37 | 10/76 | 1,23 | 02/77 | 1,10 | |
| 07/76 | 1,33 | 11/76 | 1,20 | 03/77 | 1,07 | |
| 08/76 | 1,30 | 12/76 | 1,17 | 04/77 | 1,03 | |

| Cr$ | | 17º REAJUSTAMENTO AUTOMÁTICO MAI/1978 (voltar) | | LEGISLAÇÃO: PORT. MPAS Nº 1072/78 OS Nº 011.004/78 DECRETO Nº 81.615 E 81.624/78 | | |
|---|---|---|---|---|---|---|
| | | VALORES MÍNIMOS | | SALÁRIO MÍNIMO | MAIOR VALOR DE BENEFÍCIO | UNIDADE SALARIAL |
| SALÁRIO-FAMÍLIA =- 5% S.M REGIONAL | | APOSENTADORIA = 1.404,00<br>PENSÃO = 936,00 | | VER S.M REGIONAL | 26.046,00 | |
| TODAS AS FAIXAS | | | | | | |
| DIB | ÍNDICE DE REAJUSTE | DIB | ÍNDICE DE REAJUSTE | DIB | ÍNDICE DE REAJUSTE | |
| 05/77 | 1,39 | 09/77 | 1,26 | 01/78 | 1,13 | |
| 06/77 | 1,36 | 10/77 | 1,23 | 02/78 | 1,10 | |
| 07/77 | 1,32 | 11/77 | 1,20 | 03/78 | 1,06 | |
| 08/77 | 1,29 | 12/77 | 1,16 | 04/78 | 1,03 | |

| PREVIDÊNCIA SOCIAL<br>INSTITUTO NACIONAL DO SEGURO SOCIAL<br>DIRETORIA DE BENEFÍCIOS | **TABELA DE REAJUSTAMENTO DE BENEFÍCIOS** |
|---|---|

| **Cr$** | **18º REAJUSTAMENTO AUTOMÁTICO MAI/1979** *(voltar)* | **LEGISLAÇÃO: PORTARIA MPAS Nº 1.540/79 OS Nº 053.5/79 DECRETO Nº 83.375/79** | | |
|---|---|---|---|---|
| | **VALORES MÍNIMOS** | **SALÁRIO MÍNIMO** | **MAIOR VALOR DE BENEFÍCIO** | **UNIDADE SALARIAL** |
| SALÁRIO-FAMÍLIA = 5% S.M REGIONAL | APOSENTADORIA = 2.042,00<br>PENSÃO = 1.361,00 | **VER S.M REGIONAL** | 37.507,00 | 1.447,00 |

***TODAS AS FAIXAS***

| DIB | **ÍNDICE DE REAJUSTE** | **DIB** | **ÍNDICE DE REAJUSTE** | **DIB** | **ÍNDICE DE REAJUSTE** |
|---|---|---|---|---|---|
| **05/78** | **1,44** | **09/78** | **1,29** | **01/79** | **1,15** |
| **06/78** | **1,40** | **10/78** | **1,26** | **02/79** | **1,11** |
| **07/78** | **1,37** | **11/78** | **1,22** | **03/79** | **1,07** |
| **08/78** | **1,33** | **12/78** | **1,18** | **04/79** | **1,04** |

| PREVIDÊNCIA SOCIAL<br>INSTITUTO NACIONAL DO SEGURO SOCIAL<br>DIRETORIA DE BENEFÍCIOS | **TABELA DE REAJUSTAMENTO DE BENEFÍCIOS** |
|---|---|

| **Obs.: Com a Lei n º 7.604/87 houve alteração nos índices de reajustamento no período de 11/79 a 05/84, e os benefícios foram recuperados, com efeitos financeiros a partir de abril/87.** | | **19º REAJUSTAMENTO AUTOMÁTICO NOV/1979** *(voltar)* | | **LEGISLAÇÃO: LEI Nº 7.604/87 PORTARIA MPAS Nº 4.039/87 OS-INPS/SB 053.150/87 DECRETO Nº 84. 135/79** | |
|---|---|---|---|---|---|
| Cr$ | | VALORES MÍNIMOS | **SALÁRIO MÍNIMO** | **MAIOR VALOR DE BENEFÍCIO** | **UNIDADE SALARIAL** |
| SALÁRIO-FAMÍLIA = 5% S.M REGIONAL | | **APOSENTADORIA = 2.640,00 PENSÃO = 1.760,00** | **2.932,80 (01/11/79)** | **46.737,00** | **2.596,50** |
| **DIB** | **Até 8.798,40** | **Acima de 8.798,40 Até 29.328,00** | | **Acima de 29.328,00** | |
| | **ÍNDICE DE REAJUSTE** | **ÍNDICE DE REAJUSTE** | **VALOR A ACRESCER** | **ÍNDICE DE REAJUSTE** | **VALOR A ACRESCER** |
| **05/79** | **1,2926** | **1,2660** | **234,04** | **1,2128** | **1.794,29** |
| **06/79** | **1,2438** | **1,2216** | **195,02** | **1,1773** | **1.495,18** |
| **07/79** | **1,1950** | **1,1773** | **156,03** | **1,1418** | **1.196,25** |
| **08/79** | **1,1463** | **1,1330** | **117,02** | **1,1064** | **897,14** |
| **09/79** | **1,0975** | **1,0886** | **78,00** | **1,0709** | **598,03** |
| **10/79** | **1,0487** | **1,0443** | **39,01** | **1,0354** | **299,10** |

| ÍNDICES ANTERIORES A LEI 7.604/87 | | **19º REAJUSTAMENTO AUTOMÁTICO NOV/1979** *(voltar)* | | **LEGISLAÇÃO: PORTARIA MPAS Nº 1.901/79 OS-INPS/SB 053.10/79 DECRETO Nº 84. 135/79** | |
|---|---|---|---|---|---|
| Cr$ | | VALORES MÍNIMOS | **SALÁRIO MÍNIMO** | **MAIOR VALOR DE BENEFÍCIO** | **UNIDADE SALARIAL** |
| **SALÁRIO-FAMÍLIA = 5% S.M.REGIONAL** | | **APOSENTADORIA = 2.640,00 PENSÃO = 1.760,00** | **2.932,80 (01/11/79)** | **46.737,00** | **2.596,45** |
| **DIB** | **Até 6.804,00** | **Acima de 6.804,00 Até 22.680,00** | | **Acima de 22.680,00** | |
| | **ÍNDICE DE REAJUSTE** | **ÍNDICE DE REAJUSTE** | **VALOR A ACRESCER** | **ÍNDICE DE REAJUSTE** | **VALOR A ACRESCER** |
| **05/79** | **1,2926** | **1,2660** | **181,00** | **1,2128** | **1.388,00** |
| **06/79** | **1,2438** | **1,2216** | **150,82** | **1,1773** | **1.156,62** |
| **07/79** | **1,1950** | **1,1773** | **120,67** | **1,1418** | **925,37** |

| PREVIDÊNCIA SOCIAL<br>INSTITUTO NACIONAL DO SEGURO SOCIAL<br>DIRETORIA DE BENEFÍCIOS | **TABELA DE REAJUSTAMENTO DE BENEFÍCIOS** |
|---|---|

| | | | | | |
|---|---|---|---|---|---|
| **08/79** | **1,1463** | **1,1330** | **90,50** | **1,1064** | **694,00** |
| **09/79** | **1,0975** | **1,0886** | **60,32** | **1,0709** | **462,62** |
| **10/79** | **1,0487** | **1,0443** | **30,17** | **1,0354** | **231,37** |

<table>
<tr><td colspan="2">Obs.: Com a Lei n º 7.604/87 houve alteração nos índices de reajustamento no período de 11/79 a 05/84, e os benefícios foram recuperados, com efeitos financeiros a partir de abril/87.</td><td colspan="2">20º REAJUSTAMENTO AUTOMÁTICO<br>MAI/1980<br>(voltar)</td><td colspan="3">LEGISLAÇÃO:<br>LEI Nº 7.604/87<br>PORTARIA MPAS Nº 4.039/87<br>OS-INPS/SB 053.150/87<br>DECRETO Nº 84.674/80</td></tr>
<tr><td colspan="2">Cr$</td><td colspan="2">VALORES MÍNIMOS</td><td>SALÁRIO MÍNIMO</td><td>MAIOR VALOR TETO</td><td>UNIDADE SALARIAL</td></tr>
<tr><td colspan="2">SALÁRIO-FAMÍLIA = 5% S.M REGIONAL</td><td colspan="2">APOSENTADORIA = 3.735,00<br>PENSÃO = 2.490,00</td><td>4.149,60</td><td>63.122,40</td><td>3.506,80</td></tr>
<tr><td rowspan="2">DIB</td><td>Até 12.448,80</td><td colspan="2">Acima de 12.448,80<br>Até 41.496,00</td><td colspan="3">Acima de 41.496,00</td></tr>
<tr><td>ÍNDICE DE REAJUSTE</td><td>ÍNDICE DE REAJUSTE</td><td>VALOR A ACRESCER</td><td colspan="2">ÍNDICE DE REAJUSTE</td><td>VALOR A ACRESCER</td></tr>
<tr><td>11/79</td><td>1,4147</td><td>1,3770</td><td>469,32</td><td colspan="2">1,3016</td><td>3.598,12</td></tr>
<tr><td>12/79</td><td>1,3455</td><td>1,3141</td><td>391,08</td><td colspan="2">1,2513</td><td>2.998,31</td></tr>
<tr><td>01/80</td><td>1,2764</td><td>1,2513</td><td>312,89</td><td colspan="2">1,2010</td><td>2.393,86</td></tr>
<tr><td>02/80</td><td>1,2073</td><td>1,1885</td><td>234,66</td><td colspan="2">1,1508</td><td>1.799,06</td></tr>
<tr><td>03/80</td><td>1,1382</td><td>1,1256</td><td>156,42</td><td colspan="2">1,1005</td><td>1.199,25</td></tr>
<tr><td>04/80</td><td>1,0691</td><td>1,0628</td><td>78,23</td><td colspan="2">1,0502</td><td>599,80</td></tr>
</table>

| PREVIDÊNCIA SOCIAL<br>INSTITUTO NACIONAL DO SEGURO SOCIAL<br>DIRETORIA DE BENEFÍCIOS | TABELA DE REAJUSTAMENTO DE BENEFÍCIOS |
|---|---|

| ÍNDICES ANTERIORES A LEI 7.604/87 | | 20º REAJUSTAMENTO AUTOMÁTICO MAI/1980 (voltar) | | LEGISLAÇÃO: PORTARIA MPAS Nº 2.133/80 OS-INPS/SB 053.16/80 DECRETO Nº 84.674/80 | | |
|---|---|---|---|---|---|---|
| Cr$ | | VALORES MÍNIMOS | | SALÁRIO MÍNIMO | MAIOR VALOR DE BENEFÍCIO | UNIDADE SALARIAL |
| SALÁRIO-FAMÍLIA = 5% S.M.REGIONAL | | APOSENTADORIA = 3.735,00<br>PENSÃO = 2.490,00 | | 4.149,60 | 63.122,40 | 3.506,80 |
| DIB | Até 8.798,40 | Acima de 8.798,40 Até 29.328,00 | | Acima de 29.328,00 | | |
| | ÍNDICE DE REAJUSTE | ÍNDICE DE REAJUSTE | VALOR A ACRESCER | ÍNDICE DE REAJUSTE | VALOR A ACRESCER | |
| 11/79 | 1,4147 | 1,3770 | 332,00 | 1,3016 | 2.543,00 | |
| 12/79 | 1,3455 | 1,3141 | 276,65 | 1,2513 | 2.119,08 | |
| 01/80 | 1,2764 | 1,2513 | 221,34 | 1,2010 | 1.695,41 | |
| 02/80 | 1,2073 | 1,1885 | 166,00 | 1,1508 | 1.271,50 | |
| 03/80 | 1,1382 | 1,1256 | 110,65 | 1,1005 | 847,58 | |
| 04/80 | 1,0691 | 1,0628 | 55,34 | 1,0502 | 423,91 | |

| PREVIDÊNCIA SOCIAL<br>INSTITUTO NACIONAL DO SEGURO SOCIAL<br>DIRETORIA DE BENEFÍCIOS | **TABELA DE REAJUSTAMENTO DE BENEFÍCIOS** |
|---|---|

<table>
<tr><td colspan="2">Obs.: Com a Lei n º 7.604/87 houve alteração nos índices de reajustamento no período de 11/79 a 05/84, e os benefícios foram recuperados, com efeitos financeiros a partir de abril/87.</td><td colspan="2">21º REAJUSTAMENTO AUTOMÁTICO<br>NOV/1980<br>(voltar)</td><td colspan="3">LEGISLAÇÃO:<br>LEI Nº 7.604/87<br>PORTARIA MPAS Nº 4.039/87<br>OS-INPS/SB 053.150/87<br>DECRETO Nº 85.310/80</td></tr>
<tr><td colspan="2">Cr$</td><td colspan="2">VALORES MÍNIMOS</td><td>SALÁRIO MÍNIMO</td><td>MAIOR VALOR DE BENEFÍCIO</td><td>UNIDADE SALARIAL</td></tr>
<tr><td colspan="2">SALÁRIO-FAMÍLIA = 5% S.M REGIONAL</td><td colspan="2">APOSENTADORIA = 5.210,00<br>PENSÃO = 3.474,00</td><td>5.788,80<br>(01/11/80)</td><td>84.335,40</td><td>4.685,30</td></tr>
</table>

<table>
<tr><td rowspan="2">DIB</td><td>Até 17.366,40</td><td colspan="2">Acima de 17.366,40<br>Até 57.888,00</td><td colspan="2">Acima de 57.888,00</td></tr>
<tr><td>ÍNDICE DE REAJUSTE</td><td>ÍNDICE DE REAJUSTE</td><td>VALOR A ACRESCER</td><td>ÍNDICE DE REAJUSTE</td><td>VALOR A ACRESCER</td></tr>
<tr><td>05/80</td><td>1,3949</td><td>1,3590</td><td>623,45</td><td>1,2872</td><td>4.779,81</td></tr>
<tr><td>06/80</td><td>1,3290</td><td>1,2991</td><td>519,52</td><td>1,2393</td><td>3.983,01</td></tr>
<tr><td>07/80</td><td>1,2632</td><td>1,2393</td><td>415,65</td><td>1,1914</td><td>3.186,69</td></tr>
<tr><td>08/80</td><td>1,1974</td><td>1,1795</td><td>311,72</td><td>1,1436</td><td>2.389,90</td></tr>
<tr><td>09/80</td><td>1,1316</td><td>1,1196</td><td>207,79</td><td>1,0957</td><td>1.593,11</td></tr>
<tr><td>10/80</td><td>1,0658</td><td>1,0598</td><td>103,92</td><td>1,0478</td><td>796,79</td></tr>
</table>

| PREVIDÊNCIA SOCIAL<br>INSTITUTO NACIONAL DO SEGURO SOCIAL<br>DIRETORIA DE BENEFÍCIOS | TABELA DE REAJUSTAMENTO DE BENEFÍCIOS |
|---|---|

| ÍNDICES ANTERIORES A LEI 7.604/87 | 21º REAJUSTAMENTO AUTOMÁTICO NOV/1980 (voltar) | LEGISLAÇÃO: PORTARIA MPAS Nº 2.316/80 OS-INPS/SB 053.24/80 DECRETO Nº 85.310/80 | | |
|---|---|---|---|---|
| Cr$ | VALORES MÍNIMOS | SALÁRIO MÍNIMO | MAIOR VALOR DE BENEFÍCIO | UNIDADE SALARIAL |
| SALÁRIO-FAMÍLIA = 5% SM.REGIONAL | APOSENTADORIA = 5.210,00<br>PENSÃO = 3.474,00 | VER S.M REGIONAL | 84.335,40 | 4.685,30 |

| DIB | Até 12.448,80 | Acima de 12.448,80 Até 41.496,00 | | Acima de 41.496,00 | |
|---|---|---|---|---|---|
| | ÍNDICE DE REAJUSTE | ÍNDICE DE REAJUSTE | VALOR A ACRESCER | ÍNDICE DE REAJUSTE | VALOR A ACRESCER |
| 05/80 | 1,3949 | 1,3590 | 446,90 | 1,2872 | 3.426,30 |
| 06/80 | 1,3290 | 1,2991 | 372,40 | 1,2393 | 2.855,13 |
| 07/80 | 1,2632 | 1,2393 | 297,94 | 1,1914 | 2.284,31 |
| 08/80 | 1,1974 | 1,1795 | 223,45 | 1,1436 | 1.713,15 |
| 09/80 | 1,1316 | 1,1196 | 148,95 | 1,0957 | 1.141,98 |
| 10/80 | 1,0658 | 1,0598 | 74,49 | 1,0478 | 571,16 |

| PREVIDÊNCIA SOCIAL<br>INSTITUTO NACIONAL DO SEGURO SOCIAL<br>DIRETORIA DE BENEFÍCIOS | TABELA DE REAJUSTAMENTO DE BENEFÍCIOS |
|---|---|

| Obs.: Com a Lei n º 7.604/87 houve alteração nos índices de reajustamento no período de 11/79 a 05/84, e os benefícios foram recuperados , com efeitos financeiros a partir de abril/87. | 22º REAJUSTAMENTO AUTOMÁTICO MAI/1981 *(voltar)* | LEGISLAÇÃO: LEI Nº 7.604/87 PORTARIA MPAS Nº 4.039/87 OS-INPS/SB 053.150/87 DECRETO Nº 85.950/81 | | |
|---|---|---|---|---|
| Cr$ | VALORES MÍNIMOS | SALÁRIO MÍNIMO | MAIOR VALOR DE BENEFÍCIO | UNIDADE SALARIAI |
| SALÁRIO-FAMÍLIA = 5% S.M.REGIONAL | APOSENTADORIA = 7.619,00<br>PENSÃO = 5.079,00 | 8.464,80 | 120.186,00 | 6.677,00 |

| | Até 25.394,40 | Acima de 25.394,40 Ate 84.648,00 | | Acima de 84.648,00 Até 126.972,00 | | Acima de 126.972,00 Até 169.296,00 | | Acima de 169.296,00 | |
|---|---|---|---|---|---|---|---|---|---|
| DIB | ÍNDICE | ÍNDICE | VALOR A ACRESCER | ÍNDICE | VALOR A ACRESCER | ÍNDICE | VALOR A ACRESCER | ÍNDICE | VALOR A ACRESCEI |
| 1/80 | 1,5082 | 1,4620 | 1.173,22 | 1,3696 | 8.994,69 | 1,2310 | 26.593,02 | 1,0000 | 65.700,39 |
| 2/80 | 1,4234 | 1,3849 | 977,64 | 1,3079 | 7.495,27 | 1,1924 | 22.159,96 | 1,0000 | 54.748,13 |
| 1/81 | 1,3388 | 1,3080 | 782,18 | 1,2464 | 5.996,75 | 1,1540 | 17.729,56 | 1,0000 | 43.802,45 |
| 2/81 | 1,2541 | 1,2310 | 586,61 | 1,1848 | 4.497,34 | 1,1155 | 13.296,51 | 1,0000 | 32.850,19 |
| 3/81 | 1,1693 | 1,1539 | 391,03 | 1,1231 | 2.997,93 | 1,0769 | 8.863,45 | 1,0000 | 21.897,93 |
| 4/81 | 1,0847 | 1,0770 | 195,57 | 1,0616 | 1.499,41 | 1,0385 | 4.433,05 | 1,0000 | 10.952,25 |

19

| PREVIDÊNCIA SOCIAL<br>INSTITUTO NACIONAL DO SEGURO SOCIAL<br>DIRETORIA DE BENEFÍCIOS | TABELA DE REAJUSTAMENTO DE BENEFÍCIOS |
|---|---|

| ÍNDICES ANTERIORES A LEI 7.604/87 | 22º REAJUSTAMENTO AUTOMÁTICO MAI/81 *(voltar)* | LEGISLAÇÃO: PORTARIA MPAS Nº 2.491/81 OS-INPS/SB 053.32/81 DECRETO Nº 85.950/81 | | |
|---|---|---|---|---|
| Cr$ | VALORES MÍNIMOS | SALÁRIO MÍNIMO | MAIOR VALOR DE BENEFÍCIO | UNIDADE SALARIAL |
| SALÁRIO-FAMÍLIA = 5% S.M REGIONAL | APOSENTADORIA = 7.619,00<br>PENSÃO = 5.079,00 | VER S.M REGIONAL | 120.186,00 | 6.677,00 |

| Até 17.366,40 | | Acima de 17.366,40 Ate 57.888,00 | | Acima de 57.888,00 Até 86.832,00 | | Acima de 86.832,00 Até 115.776,00 | | Acima de 115.776,00 | |
|---|---|---|---|---|---|---|---|---|---|
| DIB | ÍNDICE | ÍNDICE | VALOR A ACRESCER | ÍNDICE | VALOR A ACRESCER | ÍNDICE | VALOR A ACRESCER | ÍNDICE | VALOR A ACRESCER |
| 11/80 | 1,5082 | 1,4620 | 802,00 | 1,3696 | 6.151,00 | 1,2310 | 18.186,00 | 1,0000 | 44.930,00 |
| 12/80 | 1,4234 | 1,3849 | 668,30 | 1,3079 | 5.125,62 | 1,1924 | 15.154,39 | 1,0000 | 37.440,16 |
| 01/81 | 1,3388 | 1,3080 | 534,69 | 1,2464 | 4.100,87 | 1,1540 | 12.124,60 | 1,0000 | 29.954,83 |
| 02/81 | 1,2541 | 1,2310 | 401,00 | 1,1848 | 3.075,50 | 1,1155 | 9.093,00 | 1,0000 | 22.465,00 |
| 03/81 | 1,1693 | 1,1539 | 267,30 | 1,1231 | 2.050,12 | 1,0769 | 6.061,39 | 1,0000 | 14.975,16 |
| 04/81 | 1,0847 | 1,0770 | 133,69 | 1,0616 | 1.025,37 | 1,0385 | 3.031,60 | 1,0000 | 7.489,83 |

| PREVIDÊNCIA SOCIAL<br>INSTITUTO NACIONAL DO SEGURO SOCIAL<br>DIRETORIA DE BENEFÍCIOS | TABELA DE REAJUSTAMENTO DE BENEFÍCIOS |
|---|---|

| Obs.: Com a Lei n ° 7.604/87 ouve alteração nos índices de eajustamento no período de 1/79 a 05/84, e os benefícios ram recuperados, com efeitos nanceiros a partir de abril/87. | 23º REAJUSTAMENTO AUTOMÁTICO NOV/1981 (voltar) | LEGISLAÇÃO: LEI Nº 7.604/87 PORTARIA MPAS Nº 4.039/87 OS-INPS/SB 053.150/87 DECRETO Nº 86.514/81 | | |
|---|---|---|---|---|
| Cr$ | VALORES MÍNIMOS | SALÁRIO MÍNIMO | MAIOR VALOR DE BENEFÍCIO | UNIDAD SALARIA |
| SALÁRIO-FAMÍLIA = 5% S.M REGIONAL | APOSENTADORIA = 10.736,00<br>PENSÃO = 7.157,00 | 11.928,00 | 165.951,00 | 9.219,50 |

| | Até 35.784,00 | Acima de 35.784,00 Até 119.280,00 | | Acima de 119.280,00 Até 178.920,00 | | Acima de 178.920,00 Até 238.560,00 | | Acima de 238.560,0( | |
|---|---|---|---|---|---|---|---|---|---|
| DIB | ÍNDICE | ÍNDICE | VALOR A ACRESCER | ÍNDICE | VALOR A ACRESCER | ÍNDICE | VALOR A ACRESCER | ÍNDICE | VALOR ACRESCI |
| )5/81 | 1,4499 | 1,4090 | 1.463,57 | 1,3272 | 11.220,67 | 1,2045 | 33.174,15 | 1,0000 | 81.959,6 |
| )6/81 | 1,3749 | 1,3408 | 1.219,59 | 1,2727 | 9.350,18 | 1,1704 | 27.644,01 | 1,0000 | 68.296,9 |
| )7/81 | 1,2999 | 1,2727 | 975,76 | 1,2181 | 7.480,82 | 1,1363 | 22.117,20 | 1,0000 | 54.642,5 |
| )8/81 | 1,2250 | 1,2045 | 731,78 | 1,1636 | 5.610,33 | 1,1023 | 16.587,07 | 1,0000 | 40.979,8 |
| )9/81 | 1,1500 | 1,1363 | 487,80 | 1,1091 | 3.739,84 | 1,0682 | 11.056,94 | 1,0000 | 27.317,1 |
| 10/81 | 1,0750 | 1,0682 | 243,97 | 1,0545 | 1.870,48 | 1,0341 | 5.530,13 | 1,0000 | 13.662,6 |

| PREVIDÊNCIA SOCIAL<br>INSTITUTO NACIONAL DO SEGURO SOCIAL<br>DIRETORIA DE BENEFÍCIOS | TABELA DE REAJUSTAMENTO DE BENEFÍCIOS |
|---|---|

| NDICES ANTERIORES A LEI 7.604/87 | 23º REAJUSTAMENTO AUTOMÁTICO NOV/1981 *(voltar)* | | LEGISLAÇÃO: PORTARIA MPAS Nº 2.689/81 OS-INPS/SB 053.39/81 DECRETO Nº 85.514/81 | |
|---|---|---|---|---|
| **Cr$** | **VALORES MÍNIMOS** | **SALÁRIO MÍNIMO** | **MAIOR VALOR DE BENEFÍCIO** | **UNIDADE SALARIAL** |
| ALÁRIO-FAMÍLIA = 5% SM.REGIONAL | APOSENTADORIA = 10.736,00<br>PENSÃO = 7.157,00 | 11.928,00 | 165.951,00 | 9.219,50 |

| | Até 25.394,40 | Acima de 25.394,40 Até 84.648,00 | | Acima de 84.648,00 Até 126.972,00 | | Acima de 126.972,00 Até 169.296,00 | | Acima de 169.296,00 | |
|---|---|---|---|---|---|---|---|---|---|
| **DIB** | **ÍNDICE** | **ÍNDICE** | **VALOR A ACRESCER** | **ÍNDICE** | **VALOR A ACRESCER** | **ÍNDICE** | **VALOR A ACRESCER** | **ÍNDICE** | **VALOR A ACRESCE** |
| **05/81** | **1,4499** | **1,4090** | **1.039,00** | **1,3272** | **7.963,00** | **1,2045** | **23.542,00** | **1,0000** | **58.163,0** |
| **06/81** | **1,3749** | **1,3408** | **865,79** | **1,2727** | **6.635,56** | **1,1704** | **19.617,54** | **1,0000** | **48.467,2** |
| **07/81** | **1,2999** | **1,2727** | **692,70** | **1,2181** | **5.308,93** | **1,1363** | **15.695,45** | **1,0000** | **38.777,2** |
| **08/81** | **1,2250** | **1,2045** | **519,50** | **1,1636** | **3.981,50** | **1,1023** | **11.771,00** | **1,0000** | **29.081,5** |
| **09/81** | **1,1500** | **1,1363** | **346,29** | **1,1091** | **2.654,06** | **1,0682** | **7.846,54** | **1,0000** | **19.385,7** |
| **10/81** | **1,0750** | **1,0682** | **173,20** | **1,0545** | **1.327,43** | **1,0341** | **3.924,45** | **1,0000** | **9.695,77** |

| PREVIDÊNCIA SOCIAL<br>INSTITUTO NACIONAL DO SEGURO SOCIAL<br>DIRETORIA DE BENEFÍCIOS | TABELA DE REAJUSTAMENTO DE BENEFÍCIOS |
|---|---|

| bs.: Com a Lei n º 7.604/87 ɔuve alteração nos índices reajustamento no período de 11/79 a 05/84, e os benefícios foram ·ecuperados, com efeitos financeiros a partir de abril/87. | 24º REAJUSTAMENTO AUTOMÁTICO MAI/1982 *(voltar)* | LEGISLAÇÃO: LEI Nº 7.604/87 PORTARIA MPAS Nº 4.039/87 OS -INPS/SB 053.150/87 DECRETO Nº 87.139/82 | | |
|---|---|---|---|---|
| Cr$ | VALORES MÍNIMOS | SALÁRIO MÍNIMO | MAIOR VALOR DE BENEFÍCIO | UNIDAD SALARIA |
| SALÁRIO-FAMÍLIA = 5% S.M.REGIONAL | APOSENTADORIA = 14.948,00<br>PENSÃO = 9.965,00 | 16.808,00 | 254.610,00 | 14.145,0( |

| Até 49.824,00 | | Acima de 49.824,00 Até 166.080,00 | | Acima de 166.080,00 Até 249.120,00 | | Acima de 249.120,00 Até 332.160,00 | | Acima de 332.160,00 | |
|---|---|---|---|---|---|---|---|---|---|
| ·IB | ÍNDICE | ÍNDICE | VALOR A ACRESCER | ÍNDICE | VALOR A ACRESCER | ÍNDICE | VALOR A ACRESCER | ÍNDICE | VALOR . ACRESCI |
| /81 | 1,4301 | 1,3910 | 1.948,12 | 1,3128 | 14.935,57 | 1,1955 | 44.157,35 | 1,0000 | 109.094,6 |
| :/81 | 1,3584 | 1,3258 | 1.623,36 | 1,2606 | 12.445,81 | 1,1629 | 36.796,31 | 1,0000 | 90.908,5: |
| /82 | 1,2867 | 1,2606 | 1.298,81 | 1,2085 | 9.957,54 | 1,1303 | 29.439,70 | 1,0000 | 72.733,3 |
| :/82 | 1,2150 | 1,1955 | 974,06 | 1,1564 | 7.467,78 | 1,0977 | 22.078,67 | 1,0000 | 54.547,3 |
| ;/82 | 1,1433 | 1,1303 | 649,30 | 1,1042 | 4.978,02 | 1,0651 | 14.717,64 | 1,0000 | 36.361,2 |
| ı/82 | 1,0716 | 1,0651 | 324,75 | 1,0521 | 2.489,75 | 1,0325 | 7.361,03 | 1,0000 | 18.186,0 |

| PREVIDÊNCIA SOCIAL<br>INSTITUTO NACIONAL DO SEGURO SOCIAL<br>DIRETORIA DE BENEFÍCIOS | TABELA DE REAJUSTAMENTO DE BENEFÍCIOS |
|---|---|

| ÍNDICES ANTERIORES A LEI 7.604/87 | 24º REAJUSTAMENTO AUTOMÁTICO MAI/1982 *(voltar)* | | LEGISLAÇÃO: PORTARIA MPAS Nº 2.840/82 OS-INPS/SB 053.48/82 DECRETO Nº 87.139/82 | |
|---|---|---|---|---|
| **Cr$** | **VALORES MÍNIMOS** | **SALÁRIO MÍNIMO** | **MAIOR VALOR DE BENEFÍCIO** | **UNIDADI SALARIA** |
| SALÁRIO-FAMÍLIA = 5% S.M.REGIONAL | APOSENTADORIA = 14.948,00<br>PENSÃO = 9.965,00 | **VER S.M REGIONAL** | 254.610,00 | 14.145,00 |

| | **Até 35.784,00** | **Acima de 35.784,00 Até 119.280,00** | | **Acima de 119.280,00 Até 178.920,00** | | **Acima de 178.920,00 Até 238.560,00** | | **Acima de 238.560,00** | |
|---|---|---|---|---|---|---|---|---|---|
| **DIB** | **ÍNDICE** | **ÍNDICE** | **VALOR A ACRESCER** | **ÍNDICE** | **VALOR A ACRESCER** | **ÍNDICE** | **VALOR A ACRESCER** | **ÍNDICE** | **VALOR A ACRESCE** |
| **11/81** | **1,4301** | **1,3910** | **1.399,15** | **1,3128** | **10.726,85** | **1,1955** | **31.714,17** | **1,0000** | **78.352,65** |
| **12/81** | **1,3584** | **1,3258** | **1.165,91** | **1,2606** | **8.938,68** | **1,1629** | **26.427,41** | **1,0000** | **65.291,26** |
| **01/82** | **1,2867** | **1,2606** | **932,81** | **1,2085** | **7.151,59** | **1,1303** | **21.143,83** | **1,0000** | **52.237,71** |
| **02/82** | **1,2150** | **1,1955** | **699,57** | **1,1564** | **5.363,42** | **1,0977** | **15.857,08** | **1,0000** | **39.176,32** |
| **03/82** | **1,1433** | **1,1303** | **466,33** | **1,1042** | **3.575,25** | **1,0651** | **10.570,33** | **1,0000** | **26.114,93** |
| **04/82** | **1,0716** | **1,0651** | **233,23** | **1,0521** | **1.788,16** | **1,0325** | **5.286,75** | **1,0000** | **13.061,38** |

| PREVIDÊNCIA SOCIAL<br>INSTITUTO NACIONAL DO SEGURO SOCIAL<br>DIRETORIA DE BENEFÍCIOS | TABELA DE REAJUSTAMENTO DE BENEFÍCIOS |
|---|---|

| Obs.: Com a Lei n º 604/87 houve alteração nos índices de ajustamento no período de 11/79 a 05/84, e os benefícios foram cuperados, com efeitos financeiros a partir de abril/87. | 25º REAJUSTAMENTO AUTOMÁTICO NOV/1982 *(voltar)* | LEGISLAÇÃO:<br>LEI Nº 7.604/87<br>PORTARIA MPAS Nº 4.039/87<br>OS-INPS/SB 053.150/87<br>DECRETO Nº 87.743/82 | | |
|---|---|---|---|---|
| Cr$ | VALORES MÍNIMOS | SALÁRIO MÍNIMO | MAIOR VALOR DE BENEFÍCIO | UNIDADI SALARIA |
| ALÁRIO-FAMÍLIA = 5% S.M.REGIONAL | APOSENTADORIA = 21.212,00, PENSÃO = 14.141,00 | 23.568,00 | 361.037,00 | 20.057,60 |

| | Até '0.704,00 | Acima de 70.704,00 Até 235.680,00 | | Acima de 235.680,00 Até 353.520,00 | | Acima de 353.520,00 Até 471.360,00 | | Acima de 471.360,00 | |
|---|---|---|---|---|---|---|---|---|---|
| DIB | ÍNDICE | ÍNDICE | VALOR A ACRESCER | ÍNDICE | VALOR A ACRESCER | ÍNDICE | VALOR A ACRESCER | ÍNDICE | VALOR ACRESCI |
| 05/82 | 1.4598 | 1.4180 | 2.955,43 | 1.3344 | 22.658,27 | 1.2090 | 66.989,68 | 1,0000 | 165.503,9 |
| 06/82 | 1.3831 | 1.3483 | 2.462,75 | 1.2786 | 18.881,13 | 1.1741 | 55.822,50 | 1,0000 | 137.914,4 |
| 07/82 | 1.3065 | 1.2786 | 1.970,38 | 1.2229 | 15.106,26 | 1.1393 | 44.662,01 | 1,0000 | 110.341,4 |
| 08/82 | 1.2299 | 1.2090 | 1.477,71 | 1.1672 | 11.329,13 | 1.1045 | 33.494,84 | 1,0000 | 82.751,9 |
| 09/82 | 1.1532 | 1.1393 | 985,04 | 1.1114 | 7.552,00 | 1.0696 | 22.327,66 | 1,0000 | 55.162,4 |
| 10/82 | 1.0766 | 1.0696 | 492,67 | 1.0557 | 3.777,13 | 1.0348 | 11.167,17 | 1,0000 | 27.589,5 |

| PREVIDÊNCIA SOCIAL<br>INSTITUTO NACIONAL DO SEGURO SOCIAL<br>DIRETORIA DE BENEFÍCIOS | TABELA DE REAJUSTAMENTO DE BENEFÍCIOS |
|---|---|

| NDICES ANTERIORES A LEI 7.604/87 | 25º REAJUSTAMENTO AUTOMÁTICO NOV/1982 *(voltar)* | LEGISLAÇÃO: PORTARIA MPAS Nº 3.087/82 OS-INPS/SB 053.57/82 DECRETO Nº 87.743/82 | | |
|---|---|---|---|---|
| Cr$ | VALORES MÍNIMOS | SALÁRIO MÍNIMO | MAIOR VALOR DE BENEFÍCIO | UNIDADE SALARIA |
| ALÁRIO-FAMÍLIA = 5% S.M.REGIONAL | APOSENTADORIA = 21.212,00, PENSÃO = 14.141,00 | 23.568,00 (01/11/82) | 361.037,00 | 20.057,60 |

| | Até 9.824,00 | Acima de 49.824,00 Até 166.080,00 | | Acima de 166.080,00 Até 249.120,00 | | Acima de 249.120,00 Até 332.160,00 | | Acima de 332.160,00 | |
|---|---|---|---|---|---|---|---|---|---|
| DIB | ÍNDICE | ÍNDICE | VALOR A ACRESCER | ÍNDICE | VALOR A ACRESCER | ÍNDICE | VALOR A ACRESCER | ÍNDICE | VALOR A ACRESCE |
| 05/82 | 1.4598 | 1.4180 | 2.082,64 | 1.3344 | 15.966,93 | 1.2090 | 47.206,58 | 1,0000 | 116.628,0 |
| 06/82 | 1.3831 | 1.3483 | 1.735,46 | 1.2786 | 13.305,24 | 1.1741 | 39.337,24 | 1,0000 | 97.186,1 |
| 07/82 | 1.3065 | 1.2786 | 1.388,49 | 1.2229 | 10.645,15 | 1.1393 | 31.472,62 | 1,0000 | 77.755,9 |
| 08/82 | 1.2299 | 1.2090 | 1.041,32 | 1.1672 | 7.983,46 | 1.1045 | 23.603,29 | 1,0000 | 58.314,01 |
| 09/82 | 1.1532 | 1.1393 | 694,14 | 1.1114 | 5.321,77 | 1.0696 | 15.733,95 | 1,0000 | 38.872,11 |
| 10/82 | 1.0766 | 1.0696 | 347,17 | 1.0557 | 2.661,68 | 1.0348 | 7.869,33 | 1,0000 | 19.441,8 |

| PREVIDÊNCIA SOCIAL<br>INSTITUTO NACIONAL DO SEGURO SOCIAL<br>DIRETORIA DE BENEFÍCIOS | **TABELA DE REAJUSTAMENTO DE BENEFÍCIOS** |
|---|---|

| **Obs.: Com a Lei n º 7.604/87 houve alteração nos índices de reajustamento no período de 11/79 a 05/84, e os benefícios foram recuperados, com efeitos financeiros a partir de abril/87.** | **26º REAJUSTAMENTO AUTOMÁTICO MAI/1983** *(voltar)* | | **LEGISLAÇÃO: LEI Nº 7.604/87 PORTARIA MPAS Nº 4.039/87 OS-INPS/SB 053.150/87 DECRETO Nº 88.267/83** | |
|---|---|---|---|---|
| **Cr$** | **VALORES MÍNIMOS** | **SALÁRIO MÍNIMO** | **MAIOR VALOR DE BENEFÍCIO** | **UNIDADE SALARIAL** |
| SALÁRIO-FAMÍLIA = 5%<br>S.M.REGIONAL | APOSENTADORIA = 31.298,00<br>PENSÃO = 20.865,00 | 34.776,00 | 532.529,28 | 29.584,96 |

| **Até 104.328,00** | | **Acima de 104.328,00 Até 243.432,00** | | **Acima de 243.432,00 Até 521.640,00** | | **Acima de 521.640,00 Até 695.520,00** | | **Acima de 695.520,00** | |
|---|---|---|---|---|---|---|---|---|---|
| **DIB** | **ÍNDICE** | **ÍNDICE** | **VALOR A ACRESCER** | **ÍNDICE** | **VALOR A ACRESCER** | **ÍNDICE** | **VALOR A ACRESCER** | **ÍNDICE** | **VALOR A ACRESCER** |
| **11/82** | **1.4750** | **1.4513** | **2.472,57** | **1.3800** | **19.829,27** | **1.2375** | **94.162,97** | **1,0000** | **259.348,97** |
| **12/82** | **1.3958** | **1.3760** | **2.060,39** | **1.3166** | **16.523,73** | **1.1979** | **78.466,00** | **1,0000** | **216.115,49** |
| **01/83** | **1.3166** | **1.3008** | **1.648,46** | **1.2533** | **13.220,17** | **1.1583** | **62.778,45** | **1,0000** | **172.907,95** |
| **02/83** | **1.2375** | **1.2256** | **1.236,28** | **1.1900** | **9.914,63** | **1.1187** | **47.081,48** | **1,0000** | **129.674,48** |
| **03/83** | **1.1583** | **1.1504** | **824,10** | **1.1266** | **6.609,09** | **1.0791** | **31.384,51** | **1,0000** | **86.441,01** |
| **04/83** | **1.0791** | **1.0752** | **412,17** | **1.0633** | **3.305,53** | **1.0395** | **15.696,96** | **1,0000** | **43.233,47** |

| PREVIDÊNCIA SOCIAL<br>INSTITUTO NACIONAL DO SEGURO SOCIAL<br>DIRETORIA DE BENEFÍCIOS | TABELA DE REAJUSTAMENTO DE BENEFÍCIOS |
|---|---|

| ÍNDICES ANTERIORES A LEI 7.604/87 | 26º REAJUSTAMENTO AUTOMÁTICO MAI/1983 *(voltar)* | LEGISLAÇÃO: PORTARIA MPAS Nº 3.155/83 OS-INPS/SB 053.66/83 DECRETO Nº 88.267/83 | | |
|---|---|---|---|---|
| Cr$ | VALORES MÍNIMOS | SALÁRIO MÍNIMO | MAIOR VALOR DE BENEFÍCIO | UNIDADE SALARIAL |
| SALÁRIO-FAMÍLIA: 5% do Salário Mínimo Regional | APOSENTADORIA = 31.298,00<br>PENSÃO = 20.865,00 | 34.776,00 | 532.529,28 | 29.584,96 |

| Até 70.704,00 | | Acima de 70.704,00 Até 164.976,00 | | Acima de 164.976,00 Até 353.520,00 | | Acima de 353.520,00 Até 471.360,00 | | Acima de 471.360,00 | |
|---|---|---|---|---|---|---|---|---|---|
| DIB | ÍNDICE | ÍNDICE | VALOR A ACRESCER | ÍNDICE | VALOR A ACRESCER | ÍNDICE | VALOR A ACRESCER | ÍNDICE | VALOR A ACRESCER |
| 11/82 | 1.4750 | 1.4513 | 1.675,68 | 1.3800 | 13.438,47 | 1.2375 | 63.815,07 | 1,0000 | 175.763,07 |
| 12/82 | 1.3958 | 1.3760 | 1.396,34 | 1.3166 | 11.198,27 | 1.1979 | 53.177,09 | 1,0000 | 146.463,36 |
| 01/83 | 1.3166 | 1.3008 | 1.117,17 | 1.2533 | 8.959,42 | 1.1583 | 42.545,50 | 1,0000 | 117.181,23 |
| 02/83 | 1.2375 | 1.2256 | 837,84 | 1.1900 | 6.719,23 | 1.1187 | 31.907,53 | 1,0000 | 87.881,53 |
| 03/83 | 1.1583 | 1.1504 | 558,50 | 1.1266 | 4.479,04 | 1.0791 | 21.269,56 | 1,0000 | 58581,83 |
| 04/83 | 1.0791 | 1.0752 | 279,33 | 1.0633 | 2.240,19 | 1.0395 | 10.637,97 | 1,0000 | 29.299,70 |

| PREVIDÊNCIA SOCIAL<br>INSTITUTO NACIONAL DO SEGURO SOCIAL<br>DIRETORIA DE BENEFÍCIOS | TABELA DE REAJUSTAMENTO DE BENEFÍCIOS |
|---|---|

| Obs.: Com a Lei n º 7.604/87 houve alteração nos índices de reajustamento no período de 11/79 a 05/84, e os benefícios foram recuperados, com efeitos financeiros a partir de abril/87. | 27º REAJUSTAMENTO AUTOMÁTICO<br>NOV/1983<br>*(voltar)* | LEGISLAÇÃO:<br>LEI Nº 7.604/87<br>PORTARIA MPAS Nº 4.039/87<br>OS-INPS/SB 053.150/87<br>DECRETO Nº 88.930/83 | | |
|---|---|---|---|---|
| Cr$ | VALORES MÍNIMOS | SALÁRIO MÍNIMO | MAIOR VALOR DE BENEFÍCIO | UNIDADE SALARIAL |
| SALÁRIO-FAMÍLIA= 5% S.M.REGIONAL | APOSENTADORIA = 51.408,00<br>PENSÃO = 34.272,00 | 57.120,00 | 874.413 | 48.578,50 |

| Até 171.360,00 | | Acima de 171.360,00 Até 399.840,00 | | Acima de 399.840,00 Até 856.800,00 | | Acima de 856.800,00 | |
|---|---|---|---|---|---|---|---|
| **DIB** | **ÍNDICE** | **ÍNDICE** | **VALOR A ACRESCER** | **ÍNDICE** | **VALOR A ACRESCE R** | **ÍNDICE** | **VALOR A ACRESCER** |
| **05/83** | **1.6420** | **1.5136** | **22.002,62** | **1.3852** | **73.342,08** | **1.3210** | **128.348,64** |
| **06/83** | **1.5349** | **1.4279** | **18.334,78** | **1.3209** | **61.115,95** | **1.2674** | **106.952,92** |
| **07/83** | **1.4280** | **1.3424** | **14.669,14** | **1.2568** | **48.897,16** | **1.2140** | **85.570,03** |
| **08/83** | **1.3210** | **1.2568** | **11.001,31** | **1.1926** | **36.671,04** | **1.1605** | **64.174,32** |
| **09/83** | **1.2139** | **1.1711** | **7.333,47** | **1.1283** | **24.444,91** | **1.1069** | **42.778,60** |
| **10/83** | **1.1070** | **1.0856** | **3.667,83** | **1.0642** | **12.226,12** | **1.0535** | **21.395,71** |

| PREVIDÊNCIA SOCIAL<br>INSTITUTO NACIONAL DO SEGURO SOCIAL<br>DIRETORIA DE BENEFÍCIOS | **TABELA DE REAJUSTAMENTO DE BENEFÍCIOS** |
|---|---|

| **ÍNDICES ANTERIORES A LEI 7.604/87** | **27º REAJUSTAMENTO AUTOMÁTICO NOV/1983** *(voltar)* | **LEGISLAÇÃO: PORTARIA MPAS Nº 1.542/83 OS-INPS/SB 053.72/83 DECRETO Nº 88.930/83** | | |
|---|---|---|---|---|
| **Cr$** | **VALORES MÍNIMOS** | **SALÁRIO MÍNIMO** | **MAIOR VALOR DE BENEFÍCIO** | **UNIDADE SALARIAL** |
| SALÁRIO-FAMÍLIA = 5% S.M.REGIONAL | APOSENTADORIA = 51.408,00<br>PENSÃO = 34.272,00 | **VER S.M REGIONAL** | 874.413,00 | 48.578,50 |

| **Até 104.328,00** | | **Acima de 104.328,00 Até 243.432,00** | | **Acima de 243.432,00 Até 521.640,00** | | **Acima de 521.640,00** | |
|---|---|---|---|---|---|---|---|
| **DIB** | **ÍNDICE** | **ÍNDICE** | **VALOR A ACRESCER** | **ÍNDICE** | **VALOR A ACRESCER** | **ÍNDICE** | **VALOR A ACRESCER** |
| **05/83** | **1.6420** | **1.5136** | **13.395,72** | **1.3852** | **44.652,38** | **1.3210** | **78.141,67** |
| **06/83** | **1.5349** | **1.4279** | **11.162,65** | **1.3209** | **37.208,82** | **1.2674** | **65.115,45** |
| **07/83** | **1.4280** | **1.3424** | **8.930,92** | **1.2568** | **29.769,74** | **1.2140** | **52.097,05** |
| **08/83** | **1.3210** | **1.2568** | **6.697,86** | **1.1926** | **22.326,19** | **1.1605** | **39.070,83** |
| **09/83** | **1.2139** | **1.1711** | **4.464,79** | **1.1283** | **14.882,63** | **1.1069** | **26.044,61** |
| **10/83** | **1.1070** | **1.0856** | **2.233,06** | **1.0642** | **7.443,55** | **1.0535** | **13.026,21** |

| PREVIDÊNCIA SOCIAL<br>INSTITUTO NACIONAL DO SEGURO SOCIAL<br>DIRETORIA DE BENEFÍCIOS | **TABELA DE REAJUSTAMENTO DE BENEFÍCIOS** |
|---|---|

| **Obs.: Com a Lei n º 7.604/87 houve alteração nos índices de reajustamento no período de 11/79 a 05/84, e os benefícios foram recuperados, com efeitos financeiros a partir de abril/87.** | **28º REAJUSTAMENTO AUTOMÁTICO MAI/1984** *(voltar)* | **LEGISLAÇÃO: LEI Nº 7.604/87 PORTARIA MPAS Nº 4.039/87 OS-INPS/SB 053.150/87 DECRETO Nº 89.589/84 E 2.171/84** | | |
|---|---|---|---|---|
| **Cr$** | **VALORES MÍNIMOS** | **SALÁRIO MÍNIMO** | **MAIOR VALOR DE BENEFÍCIO** | **UNIDADE SALARIAL** |
| SALÁRIO-FAMÍLIA = 5% S.M.REGIONAL | APOSENTADORIA = 87.458,00<br>PENSÃO = 58.305,00 | 97.176,00 (01/05/84) | 1.487.376,50 | 82.632,03 |

| **Até 291.528,00** | | **Acima de 291.528,00 Até 680.232,00** | | **Acima de 680.232,00 Até 1.457.640,00** | | **Acima de 1.457.640,00** | |
|---|---|---|---|---|---|---|---|
| **DIB** | **ÍNDICE** | **ÍNDICE** | **VALOR A ACRESCER** | **ÍNDICE** | **VALOR A ACRESCER** | **ÍNDICE** | **VALOR A ACRESCER** |
| **11/83** | **1.7010** | **1.5608** | **40.872,23** | **1.4206** | **136.240,75** | **1.3505** | **238.421,31** |
| **12/83** | **1.5841** | **1.4673** | **34.058,82** | **1.3504** | **113.529,41** | **1.2920** | **198.676,47** |
| **01/84** | **1.4673** | **1.3738** | **27.249,51** | **1.2804** | **90.831,70** | **1.2336** | **158.955,48** |
| **02/84** | **1.3505** | **1.2804** | **20.436,11** | **1.2103** | **68.120,37** | **1.1752** | **119.210,65** |
| **03/84** | **1.2336** | **1.1869** | **13.622,71** | **1.1401** | **45.409,04** | **1.1168** | **79.465,82** |
| **04/84** | **1.1168** | **1.0934** | **6.813,40** | **1.0701** | **22.711,33** | **1.0584** | **39.744,83** |

| PREVIDÊNCIA SOCIAL<br>INSTITUTO NACIONAL DO SEGURO SOCIAL<br>DIRETORIA DE BENEFÍCIOS | **TABELA DE REAJUSTAMENTO DE BENEFÍCIOS** |
|---|---|

| ÍNDICES ANTERIORES A LEI 7.604/87 | 28º REAJUSTAMENTO AUTOMÁTICO MAI/1984 *(voltar)* | LEGISLAÇÃO PORTARIA MPAS/SC 1.706/84 OS-INPS/SB 053.78/84 DECRETO Nº 89.589/84 |
|---|---|---|

| Cr$ | VALORES MÍNIMOS | SALÁRIO MÍNIMO | MAIOR VALOR DE BENEFÍCIO | UNIDADE SALARIAL |
|---|---|---|---|---|
| SALÁRIO-FAMÍLIA = 5% S.M.REGIONAL | APOSENTADORIA = 87.458,40<br>PENSÃO = 58.305,60 | 97.176,00<br>(01/05/84) | 1.487.376,50 | 82.632,03 |

| | Até 171.360,00 | Acima de 171.360,01 Até 399.840,00 | | Acima de 399.840,01 Até 856.800,00 | | Acima de 856.800,01 | |
|---|---|---|---|---|---|---|---|
| DIB | ÍNDICE | ÍNDICE | VALOR A ACRESCER | ÍNDICE | VALOR A ACRESCER | ÍNDICE | VALOR A ACRESCER |
| 11/83 | 1.7010 | 1.5608 | 24.024,67 | 1.4206 | 80.082,24 | 1.3505 | 140.143,92 |
| 12/83 | 1.5841 | 1.4673 | 20.019,75 | 1.3504 | 66.732,53 | 1.2920 | 116.781,92 |
| 01/84 | 1.4673 | 1.3738 | 16.017,24 | 1.2804 | 53.390,82 | 1.2336 | 93.433,95 |
| 02/84 | 1.3505 | 1.2804 | 12.012,33 | 1.2103 | 40.041,12 | 1.1752 | 70.071,96 |
| 03/84 | 1.2336 | 1.1869 | 8.007,42 | 1.1401 | 26.691,41 | 1.1168 | 46.709,96 |
| 04/84 | 1.1168 | 1.0934 | 4.004,91 | 1.0701 | 13.349,70 | 1.0584 | 23.361,99 |

| PREVIDÊNCIA SOCIAL<br>INSTITUTO NACIONAL DO SEGURO SOCIAL<br>DIRETORIA DE BENEFÍCIOS | **TABELA DE REAJUSTAMENTO DE BENEFÍCIOS** |
| --- | --- |

| **Cr$** | **29º REAJUSTAMENTO AUTOMÁTICO NOV/1984** *(voltar)* | **LEGISLAÇÃO: PORTARIA MPAS Nº 1.897/84 OS-INPS/SB 053.84/84 DECRETO Nº 90.381/84** | | |
| --- | --- | --- | --- | --- |
| | **VALORES MÍNIMOS** | **SALÁRIO MÍNIMO** | **MAIOR VALOR DE BENEFÍCIO** | **UNIDADE SALARIAL** |
| SALÁRIO-FAMÍLIA = 8.328,00 | APOSENTADORIA = 149.904,00<br>PENSÃO = 99.936,00 | 166.560,00 (01/11/84) | 2.547.882,00 | 141.549,00 |

| **DIB** | **ATE 499.680,00** | | **ACIMA DE 499.680,00** | |
| --- | --- | --- | --- | --- |
| | **ÍNDICE** | **VALOR A ACRESCER** | **ÍNDICE** | **VALOR A ACRESCER** |
| **05/84** | **1.7130** | --- | **1.60605** | **53.441,00** |
| **06/84** | **1.5941** | --- | **1.50502** | **44.532,00** |
| **07/84** | **1.4753** | --- | **1.40405** | **35.629,00** |
| **08/84** | **1.3565** | --- | **1.30302** | **26.720,00** |
| **09/84** | **1.2376** | --- | **1.20199** | **17.811,00** |
| **10/84** | **1.1188** | --- | **1.10102** | **8.908,00** |

| PREVIDÊNCIA SOCIAL<br>INSTITUTO NACIONAL DO SEGURO SOCIAL<br>DIRETORIA DE BENEFÍCIOS | **TABELA DE REAJUSTAMENTO DE BENEFÍCIOS** |
|---|---|

| **Cr$** | | **30º REAJUSTAMENTO AUTOMÁTICO MAI/1985** *(voltar)* | | **LEGISLAÇÃO: PORTARIA MPAS Nº 3.504/85 OS-INPS/SB 053.92/85 DECRETO Nº 91.213/85** | | |
|---|---|---|---|---|---|---|
| | | **VALORES MÍNIMOS** | | **SALÁRIO MÍNIMO** | **MAIOR VALOR DE BENEFÍCIO** | **UNIDADE SALARIAL** |
| SALÁRIO-FAMÍLIA = 16.656,00 | | APOSENTADORIA = 299.808,<br>PENSÃO = 199.872, | | 333.120,<br>(01/05/85) | 4.815.504,0<br>0 | 267.528,00 |
| **DIB** | **ÍNDICE DE REAJUSTE** | **DIB** | **ÍNDICE DE REAJUSTE** | **DIB** | **ÍNDICE DE REAJUSTE** | |
| **11/84** | **1.8900** | **01/85** | **1.5933** | **03/85** | **1.2966** | |
| **12/84** | **1.7416** | **02/85** | **1.4450** | **04/85** | **1.1483** | |

| **Cr$** | | **31º REAJUSTAMENTO AUTOMÁTICO NOV/1985** *(voltar)* | | **LEGISLAÇÃO: DECRETO-LEI 2.171/84 PORTARIA MPAS Nº 3.599/85 OS-INPS/SB 053.102/85 DECRETO Nº 91861/85 E 91.862/85** | | |
|---|---|---|---|---|---|---|
| | | **VALORES MÍNIMOS** | | **SALÁRIO MÍNIMO** | **MAIOR VALOR DE BENEFÍCIO** | **UNIDADE SALARIAL** |
| SALÁRIO-FAMÍLIA = 30.000,00 | | APOSENTADORIA = 540.000,00<br>PENSÃO = 360.000,00<br>AUX.DOENÇA = 450.000,00 | | 600.000,00<br>(01/11/83) | 8.200.800,0<br>0 | 455.600,00 |
| **DIB** | **ÍNDICE DE REAJUSTE** | **DIB** | **ÍNDICE DE REAJUSTE** | **DIB** | **ÍNDICE DE REAJUSTE** | |
| **05/85** | **1.7030** | **07/85** | **1.4686** | **09/85** | **1.2343** | |
| **06/85** | **1.5858** | **08/85** | **1.3515** | **10/85** | **1.1171** | |

PREVIDÊNCIA SOCIAL
INSTITUTO NACIONAL DO SEGURO SOCIAL
DIRETORIA DE BENEFÍCIOS

**TABELA DE REAJUSTAMENTO DE BENEFÍCIOS**

| Cz$ | | 32º REAJUSTAMENTO AUTOMÁTICO MAR/1986 (voltar) | | LEGISLAÇÃO: PORTARIA MPAS Nº 3.720/86 OS-INPS/SB 053.113./86 DECRETO-LEI Nº 2.284/86 | |
|---|---|---|---|---|---|
| | | VALORES MÍNIMOS | | SALÁRIO MÍNIMO / MAIOR VALOR DE BENFÍCIO / UNIDADE SALARIAL | |
| SALÁRIO-FAMÍLIA = 40,20 | | APOSENTADORIA = 723,60<br>PENSÃO = 482,40<br>AUX.DOENÇA = 603,00 | | 804,00 (01/01/86) / 10.998,00 / 611,00 | |
| **DIB** | **ÍNDICE DE REAJUSTE** | **DIB** | **ÍNDICE DE REAJUSTE** | **DIB** | **ÍNDICE DE REAJUSTE** |
| **05/85** | **1.2673** | **08/85** | **1.3637** | **11/85** | |
| **06/85** | **1.2947** | **09/85** | **1.4081** | **ATE** | **1.2673** |
| **07/85** | **1.3265** | **10/85** | **1.4617** | **02/86** | |

**OBS: VALORES EXPRESSOS EM CRUZADOS**

| Cz$ | 33º REAJUSTAMENTO AUTOMÁTICO JAN/1987 (voltar) | LEGISLAÇÃO: PORTARIA MPAS NºS 2.718/87, 3.919/87 E 3.929/87 OS-INPS/SB 053.128/87 DECRETO-LEI Nº 2.302/86 | | |
|---|---|---|---|---|
| SALÁRIO-FAMÍLIA = 48,24 | VALORES MÍNIMOS | **SALÁRIO MÍNIMO** | **MAIOR VALOR DE BENEFÍCIO** | **UNIDADE SALARIAL** |
| | APOSENTADORIA = 868,32<br>PENSÃO = 578,88<br>AUX. DOENÇA = 723,60 | 964,80 (01/01/87) | 13.197,60 | 733,20 |
| DIB ATÉ 12/86 - ÍNDICE DE REAJUSTE DE 1,20 (GATILHO) | | | | |

| PREVIDÊNCIA SOCIAL<br>INSTITUTO NACIONAL DO SEGURO SOCIAL<br>DIRETORIA DE BENEFÍCIOS | **TABELA DE REAJUSTAMENTO DE BENEFÍCIOS** |
|---|---|

| **Cz$** | | **34º REAJUSTAMENTO AUTOMÁTICO MAR/1987** *(voltar)* | | **LEGISLAÇÃO: PORTARIA MPAS Nº 3.960/87 OS-INPS/SB 053.131/87 DECRETO Nº 94.089/87** | |
|---|---|---|---|---|---|
| | | **VALORES MÍNIMOS** | | **SALÁRIO MÍNIMO** | **MAIOR VALOR DE BENEFÍCIO** / **UNIDADE SALARIAL** |
| SALÁRIO-FAMÍLIA = 68,40 | | APOSENTADORIA = 1.231,20<br>PENSÃO = 820,80<br>AUX.DOENÇA = 1.026,00 | | 1.368,00<br>(01/03/87) | 18.720,00 / 1.040,00 |
| **DIB** | **ÍNDICE DE REAJUSTE** | **DIB** | **ÍNDICE DE REAJUSTE** | **DIB** | **ÍNDICE DE REAJUSTE** |
| **03/86** | **1.4179** | **07/86** | **1.2790** | **11/86** | **1.1390** |
| **04/86** | **1.3830** | **08/86** | **1.2440** | **12/86** | **1.1040** |
| **05/86** | **1.3480** | **09/86** | **1.2090** | **01/87** | **1.1170** |
| **06/86** | **1.3130** | **10/86** | **1.1740** | **02/87** | **1.0580** |
| A PARTIR DE 01/04/87 - SM=1.368,00 - APOSENTADORIA E PENSÃO= 1.300,00 (LEI 7604/87) | | | | | |

| **Cz$** | **35º REAJUSTAMENTO AUTOMÁTICO MAI/1987** *(voltar)* | **LEGISLAÇÃO: PORTARIA MPAS Nº 4.008/87 OS-INPS/SB 053.137 E 150/87 DECRETO-LEI Nº 2.302/86** | | |
|---|---|---|---|---|
| | **VALORES MÍNIMOS** | **SALÁRIO MÍNIMO** | **MAIOR VALOR DE BENEFÍCIO** | **UNIDADE SALARIAL** |
| SALÁRIO-FAMÍLIA = 82,08 | APOSENTADORIA = 1.477,44<br>PENSÃO = 984,96<br>AUX.DOENÇA = 1.231,20 | 1.641,60<br>(01/05/87) | 22.464,00 | 1.248,00 |
| DIB ATÉ 04/87 - INDICE REAJUSTE DE 1,20 (GATILHO) | | | | |

PREVIDÊNCIA SOCIAL
INSTITUTO NACIONAL DO SEGURO SOCIAL
DIRETORIA DE BENEFÍCIOS

# TABELA DE REAJUSTAMENTO DE BENEFÍCIOS

| Cz$ | 36º REAJUSTAMENTO AUTOMÁTICO JUNHO/1987 *(voltar)* | LEGISLAÇÃO: PORTARIA MPAS Nº 4.035/87 OS-INPS/SB 053.148/87 LEI Nº 7.604/87 DECRETO-LEI Nº 2.302/86 | | |
|---|---|---|---|---|
| | VALORES MÍNIMOS | SALÁRIO MÍNIMO | MAIOR VALOR DE BENEFÍCIO | UNIDADE SALARIAL |
| SALÁRIO-FAMÍLIA = 98,49 | APOSENTADORIA = 1.872,00<br>PENSÃO = 1.872,00<br>AUX.DOENÇA = 1.872,00 | 1.969,92<br>(01/06/87) | 26.964,00 | 1.498,00 |
| DIB ATÉ 05/87 - INDICE REAJUSTE DE 1,20 (GATILHO) | | | | |

| Cz$ | | 37º REAJUSTAMENTO AUTOMÁTICO SET/1987 *(voltar)* | | LEGISLAÇÃO: PORTARIA MPAS Nº 2.863/87 OS-INPS/SB 053.160/87 DECRETO Nº 94.815 E 94.816/87 | | | |
|---|---|---|---|---|---|---|---|
| SALÁRIO MÍNIMO DE REFERÊNCIA 2.062,31 | | VALORES MÍNIMOS | | PISO NACIONAL DE SALÁRIO | | MAIOR VALOR DE BENEFÍCIO | UNIDADE SALARIAL |
| SALÁRIO-FAMÍLIA = 103,11 | | APOSENTADORIA = 2.200,00<br>PENSÃO = 2.200,00 | | 2.400,00<br>(01/09/87) | | 28.233,00 | 1.568,50 |
| **DIB** | **INDICE REAJUSTE** | **DIB** | **INDICE REAJUSTE** | **DIB** | **INDICE REAJUSTE** | **DIB** | **INDICE REAJUSTE** |
| **05/87** | **1.0768** | **06/87** | **1.0469** | **07/87** | **1.0469** | **08/87** | **1.0469** |

| Cz$ | | 38º REAJUSTAMENTO AUTOMÁTICO OUT/1987 *(voltar)* | | LEGISLAÇÃO: PORTARIA MPAS Nº 2.891/87 E 4.107/87 OS-INPS/SB 053.162/87 DECRETO Nº 94.989/87 E 94.990/87 | |
|---|---|---|---|---|---|
| SALÁRIO MÍNIMO DE REFERÊNCIA 2.159,03 | | VALORES MÍNIMOS | | PISO NACIONAL DE SALÁRIO | MAIOR VALOR DE BENEFÍCIO / UNIDADE SALARIAL |
| SALÁRIO-FAMÍLIA = 107,95 | | APOSENTADORIA = 2.420,00<br>PENSÃO = 2.420,00 | | 2.640,00<br>(01/10/87) | 29.565,00 / 1.642,50 |
| **DIB** | **INDICE DE REAJUSTE** | **DIB** | **INDICE DE REAJUSTE** | **DIB** | **INDICE DE REAJUSTE** |
| **05/87** | **1.0768** | **07/87** | **1.0469** | **09/87** | **1.0469** |
| **06/87** | **1.0469** | **08/87** | **1.0469** | | |

| PREVIDÊNCIA SOCIAL<br>INSTITUTO NACIONAL DO SEGURO SOCIAL<br>DIRETORIA DE BENEFÍCIOS | TABELA DE REAJUSTAMENTO DE BENEFÍCIOS |
|---|---|

| Cz$ | | 39º REAJUSTAMENTO AUTOMÁTICO NOV/1987 *(voltar)* | | LEGISLAÇÃO: PORTARIA MPAS Nº 2.904/87 E 4.133 /87 OS-INPS/SB 053.164/87 DECRETOS Nº 95.092/87 E 95.093/87 | |
|---|---|---|---|---|---|
| **SALÁRIO-MÍNIMO DE REFERÊNCIA** 2.260,29 | | **VALORES MÍNIMOS** | | **PISO NACIONAL DE SALÁRIO** | **MAIOR VALOR DE BENEFÍCIO** / **UNIDADE SALARIAL** |
| SALÁRIO-FAMÍLIA = 113,01 | | APOSENTADORIA = 2.750.00<br>PENSÃO = 2.750,00 | | 3.000,00 (01/11/87) | 30.960,00 / 1.720,00 |
| **DIB** | **INDICE DE REAJUSTE** | **DIB** | **INDICE DE REAJUSTE** | **DIB** | **INDICE DE REAJUSTE** |
| **05/87** | **1.0768** | **07/87** | **1.0469** | **09/87** | **1.0469** |
| **06/87** | **1.0469** | **08/87** | **1.0469** | **10/87** | **1.0469** |

| Cz$ | | 40º REAJUSTAMENTO AUTOMÁTICO DEZ/1987 *(voltar)* | | LEGISLAÇÃO: PORTARIA MPAS Nº 2.921/87 E 4.155/87 OS 053.172/87 DECRETOS Nº 95.307/87 E 95.308/87 | |
|---|---|---|---|---|---|
| **SALÁRIO MINIMO DE REFERÊNCIA** 2.550,00 | | **VALORES MÍNIMOS** | | **PISO NACIONAL DE SALÁRIO** | **MAIOR VALOR DE BENEFÍCIO** / **UNIDADE SALARIAL** |
| SALÁRIO-FAMÍLIA = 127,50 | | APOSENTADORIA = 3.300,00<br>PENSÃO = 3.300,00 | | 3.600,00 (01/12/87) | 38.820,00 / 1.941,00 |
| **DIB** | **INDICE DE REAJUSTE** | **DIB** | **INDICE DE REAJUSTE** | **DIB** | **INDICE DE REAJUSTE** |
| **05/87** | **1.1231** | **07/87** | **1.0919** | **09/87** | **1.0919** |
| **06/87** | **1.0919** | **08/87** | **1.0919** | **10/87** | **1.0919** |
| **11/87** | **1.0919** | | | | |

| PREVIDÊNCIA SOCIAL<br>INSTITUTO NACIONAL DO SEGURO SOCIAL<br>DIRETORIA DE BENEFÍCIOS | TABELA DE REAJUSTAMENTO DE BENEFÍCIOS |
|---|---|

<table>
<tr><td colspan="2">Cz$</td><td colspan="2">41º REAJUSTAMENTO AUTOMÁTICO<br>JAN/1988<br>(voltar)</td><td colspan="6">LEGISLAÇÃO:<br>PORTARIA MPAS Nº 4.164/88, SG/2.935/88<br>OS - 053.174/87<br>DECRETO Nº 83.080/79, 95.579, 95.580/87</td></tr>
<tr><td colspan="2">SALÁRIO MINÍMO DE REFERÊNCIA<br>3.060,00</td><td colspan="2">VALORES MÍNIMOS</td><td colspan="2">PISO NACIONAL DE SALÁRIO</td><td colspan="2">MAIOR VALOR DE BENEFÍCIO</td><td colspan="2">UNIDADE SALARIAL</td></tr>
<tr><td colspan="2">SALÁRIO-FAMÍLIA =153,00</td><td colspan="2">APOSENTADORIA =4.125,00<br>PENSÃO = 4.125,00</td><td colspan="2">4.500,00<br>(01/01/88)</td><td colspan="2">41.940,00</td><td colspan="2">2.330,00</td></tr>
<tr><td>DIB</td><td>INDICE DE REAJUSTE</td><td>DIB</td><td>INDICE DE REAJUSTE</td><td colspan="3">DIB</td><td colspan="3">INDICE DE REAJUSTE</td></tr>
<tr><td>05/87</td><td>1.1231</td><td>07/87</td><td>1.0919</td><td colspan="3">09/87</td><td colspan="3">1.0919</td></tr>
<tr><td>06/87</td><td>1.0919</td><td>08/87</td><td>1.0919</td><td colspan="3">10/87</td><td colspan="3">1.0919</td></tr>
<tr><td>11/87</td><td>1.0919</td><td>12/87</td><td>1.0919</td><td colspan="3"></td><td colspan="3"></td></tr>
</table>

<table>
<tr><td colspan="2">Cz$</td><td colspan="2">42º REAJUSTAMENTO AUTOMÁTICO<br>FEV/1988<br>(voltar)</td><td colspan="6">LEGISLAÇÃO:<br>PORTARIA MPAS Nº 4.171/88, 4.034/87<br>OS - 053.178/88<br>DECRETO Nº 95.686/88 e 95.687/88</td></tr>
<tr><td colspan="2">SALÁRIO MINÍMO DE REFERÊNCIA<br>3.600,00</td><td colspan="2">VALORES MÍNIMOS</td><td colspan="2">PISO NACIONAL DE SALÁRIO</td><td colspan="2">MAIOR VALOR DE BENEFÍCIO</td><td colspan="2">UNIDADE SALARIAL</td></tr>
<tr><td colspan="2">SALÁRIO-FAMÍLIA =180,00</td><td colspan="2">APOSENTADORIA = 4.840,00<br>PENSÃO = 4.840,00</td><td colspan="2">5.280,00<br>(01/02/88)</td><td colspan="2">49.320,00</td><td colspan="2">2.740,00</td></tr>
<tr><td>DIB</td><td>INDICE DE REAJUSTE</td><td>DIB</td><td>INDICE DE REAJUSTE</td><td colspan="3">DIB</td><td colspan="3">INDICE DE REAJUSTE</td></tr>
<tr><td>05/87</td><td>1.1231</td><td>07/87</td><td>1.0919</td><td colspan="3">09/87</td><td colspan="3">1.0919</td></tr>
<tr><td>06/87</td><td>1.0919</td><td>08/87</td><td>1.0919</td><td colspan="3">10/87</td><td colspan="3">1.0919</td></tr>
<tr><td>11/87</td><td>1.0919</td><td>12/87</td><td>1.0919</td><td colspan="3">01/88</td><td colspan="3">1.0919</td></tr>
</table>

| PREVIDÊNCIA SOCIAL<br>INSTITUTO NACIONAL DO SEGURO SOCIAL<br>DIRETORIA DE BENEFÍCIOS | TABELA DE REAJUSTAMENTO DE BENEFÍCIOS |
|---|---|

| ESTA TABELA SOMENTE É APLICADA AOS BENEFÍCIOS COM VALOR SUPERIOR AO MÍNIMO E COM APLICAÇÃO DAS TABELAS 35 ATÉ A 43<br>Cz$ | | 43º REAJUSTAMENTO AUTOMÁTICO MAR/1988 *(voltar)* | | LEGISLAÇÃO: PORTARIA MPAS Nº 4.192/88 OS-INPS/SB Nº 053.189/88 DECRETO Nº 95.758/88 E 95.759/88 | |
|---|---|---|---|---|---|
| SALÁRIO MINIMO DE REFERÊNCIA 4.248,00 | | VALORES MÍNIMOS | | PISO NACIONAL DE SALÁRIO | MAIOR VALOR DE BENEFÍCIO / UNIDADE SALARIAL |
| SALÁRIO-FAMÍLIA = 212,40 | | APOSENTADORIA =5.710,00<br>PENSÃO = 5.710,00 | | 6.240,00<br>(01/03/88) | 58.194,00 / 3.233,00 |
| **DIB** | **INDICE DE REAJUSTE** | **DIB** | **INDICE DE REAJUSTE** | **DIB** | **INDICE DE REAJUSTE** |
| **03/87** | **1.8890** | **07/87** | **1.4983** | **11/87** | **1.3596** |
| **04/87** | **1.6514** | **08/87** | **1.4541** | **12/87** | **1.3160** |
| **05/87** | **1.6382** | **09/87** | **1.4312** | **01/88** | **1.2584** |
| **06/87** | **1.8893** | **10/87** | **1.4183** | **02/88** | **1.1800** |

| INDICE ACUMULADO APLICAVEL SOBRE A RM NA DIB DO BENEFÍCIO. COM A PLICAÇÃO DESTA TABELA NÃO SE UTILIZAM OS REAJUSTES DA 35 ATÉ A 43<br>Cz$ | | 43º REAJUSTAMENTO AUTOMÁTICO MAR/88 *(voltar)* | | LEGISLAÇÃO: PORTARIA MPAS Nº 4.192/88 OS-INPS/SB Nº 053.189/88 DECRETO Nº 95.758/88 E 95.759/88 | |
|---|---|---|---|---|---|
| SALÁRIO MINÍMO DE REFERÊNCIA 4.248,00 | | VALORES MÍNIMOS | | PISO NACIONAL DE SALÁRIO | MAIOR VALOR TETO / UNIDADE SALARIAL |
| SALÁRIO-FAMÍLIA =212,40 | | APOSENTADORIA =5.710,00<br>PENSÃO = 5.710,00 | | 6.240,00<br>(01/03/88) | 58.194,00 / 3.233,00 |
| **DIB** | **INDICE DE REAJUSTE** | **DIB** | **INDICE DE REAJUSTE** | **DIB** | **INDICE DE REAJUSTE** |
| **03/87** | **4.8112** | **07/87** | **2.2380** | **11/87** | **1.7700** |
| **04/87** | **4.2060** | **08/87** | **2.1720** | **12/87** | **1.5690** |
| **05/87** | **3.4770** | **09/87** | **2.0420** | **01/88** | **1.3740** |
| **06/87** | **2.8220** | **10/87** | **1.9330** | **02/88** | **1.1800** |

| PREVIDÊNCIA SOCIAL<br>INSTITUTO NACIONAL DO SEGURO SOCIAL<br>DIRETORIA DE BENEFÍCIOS | **TABELA DE REAJUSTAMENTO DE BENEFÍCIOS** |
|---|---|

| **Cz$** | **44º REAJUSTAMENTO AUTOMÁTICO ABR/1988** *(voltar)* | **LEGISLAÇÃO: PORTARIA /GM 4204/88 OS/INPS/SB 053.193/88 DECRETO Nº 95884/88 95885/88** | | |
|---|---|---|---|---|
| **SALÁRIO MÍNIMO DE REFERÊNCIA** 4.932,00 | **VALORES MÍNIMOS** | **PISO NACIONAL DE SALÁRIO** | **MAIOR VALOR DE BENEFÍCIO** | **UNIDADE SALARIAL** |
| SALÁRIO-FAMÍLIA =246,60 | APOSENTADORIA = 6.645,00<br>PENSÃO = 6.645,00 | 7.260,00<br>(01/04/88) | 67.572,00 | 3.754,00 |
| DIB ATÉ 03/88 | INDICE DE REAJUSTE DE 1,1619 | | | |

| **Cz$** | **45º REAJUSTAMENTO AUTOMÁTICO MAI/1988** *(voltar)* | **LEGISLAÇÃO: PORTARIA /GM 4.230/88 OS/INPS/SB 053.194/88 DECRETO Nº 95.987 95.988/88** | | |
|---|---|---|---|---|
| **SALÁRIO MINÍMO DE REFERÊNCIA** 5.918,00 | **VALORES MÍNIMOS** | **PISO NACIONAL DE SALÁRIO** | **MAIOR VALOR DE BENEFÍCIO** | **UNIDADE SALARIAL** |
| SALÁRIO-FAMÍLIA = 295,50 | APOSENTADORIA = 7.972,00<br>PENSÃO = 7.972,00 | 8.712,00<br>(01/05/88) | 81.090,00 | 4.505,00 |
| DIB ATÉ 04/88 | INDICE DE REAJUSTE DE 1,1619 | | | |

| **Cz$** | **46º REAJUSTAMENTO AUTOMÁTICO JUNH/1988** *(voltar)* | **LEGISLAÇÃO: PORTARIA /GM 4.246/88 OS/INPS/SB 053.205/88 DECRETO Nº 96.107 E 96.108/88** | | |
|---|---|---|---|---|
| **SALÁRIO MÍNIMO DE REFERÊNCIA** 6.984,00 | **VALORES MÍNIMOS** | **PISO NACIONAL DE SALÁRIO** | **MAIOR VALOR DE BENEFÍCIO** | **UNIDADE SALARIAL** |
| SALÁRIO-FAMÍLIA = 349,20 | APOSENTADORIA =9.487,00<br>PENSÃO = 9.487,00 | 10.368,00<br>(01/06/88) | 95.706,00 | 5.317,00 |
| DIB ATÉ 05/88 | INDICE DE REAJUSTE DE 1,1768 | | | |

| PREVIDÊNCIA SOCIAL<br>INSTITUTO NACIONAL DO SEGURO SOCIAL<br>DIRETORIA DE BENEFÍCIOS | **TABELA DE REAJUSTAMENTO DE BENEFÍCIOS** |
|---|---|

| Cz$ | **47º REAJUSTAMENTO AUTOMÁTICO JULH/1988** *(voltar)* | **LEGISLAÇÃO: PORTARIA /GM 4256 E 4263/88 OS/INPS/SB 053.206/88 DECRETO Nº 96235 E 96236/88** | | |
|---|---|---|---|---|
| **SALÁRIO MÍNIMO DE REFERÊNCIA** 8.376,00 | **VALORES MÍNIMOS** | **PISO NACIONAL DE SALÁRIO** | **MAIOR VALOR DE BENEFÍCIO** | **UNIDADE SALARIAL** |
| SALÁRIO-FAMÍLIA = 418,80 | APOSENTADORIA = 11.387,00<br>PENSÃO = 11.387,00 | 12.444,00<br>(01/07/88) | 114.786,00 | 6.377,00 |
| DIB ATÉ 06/88 | INDICE DE REAJUSTE DE 1,1768 | | | |

| Cz$ | **48º REAJUSTAMENTO AUTOMÁTICO AGO/1988** *(voltar)* | **LEGISLAÇÃO: PORTARIA /GM 4.306/88 OS/INPS/SB 053.212/88 DECRETO Nº 96.442 E 96.443/88** | | |
|---|---|---|---|---|
| **SALÁRIO MÍNIMO DE REFERÊNCIA** 10.464,00 | **VALORES MÍNIMOS** | **PISO NACIONAL DE SALÁRIO** | **MAIOR VALOR DE BENEFÍCIO** | **UNIDADE SALARIAL** |
| SALÁRIO-FAMÍLIA = 523,20 | APOSENTADORIA =14.230,00<br>PENSÃO = 14.230,00 | 15.552,00<br>(01/08/88) | 143.406,00 | 7.967,00 |
| DIB ATÉ 07/88 | INDICE DE REAJUSTE DE 1,1768 | | | |

| Cz$ | **49º REAJUSTAMENTO AUTOMÁTICO SET/1988** *(voltar)* | **LEGISLAÇÃO: PORTARIA/GM/MPAS 4.320 /88 OS/INPS/SB 053.220/88 DECRETO Nº 96.625 E 96.626/88** | | |
|---|---|---|---|---|
| **SALÁRIO MÍNIMO DE REFERÊNCIA** 12.702,00 | **VALORES MÍNIMOS** | **PISO NACIONAL DE SALÁRIO** | **MAIOR VALOR DE BENEFÍCIO** | **UNIDADE SALARIAL** |
| SALÁRIO-FAMÍLIA = 635,10 | APOSENTADORIA = 17.348,00<br>PENSÃO = 17.348,00 | 18.960,00<br>(01/09/88) | 174.078,00 | 9.671,00 |
| DIB ATÉ 08/88 | INDICE DE REAJUSTE DE 1,2139 | | | |

PREVIDÊNCIA SOCIAL
INSTITUTO NACIONAL DO SEGURO SOCIAL
DIRETORIA DE BENEFÍCIOS

**TABELA DE REAJUSTAMENTO DE BENEFÍCIOS**

| **Cz$** | **50º REAJUSTAMENTO AUTOMÁTICO OUT/1988** *(voltar)* | **LEGISLAÇÃO: PORTARIA/GM/MPAS 4.342 /88 OS/INPS/SB 053.227/88 DECRETOS Nº 96.857 E 96.858/88** | | |
|---|---|---|---|---|
| **SALÁRIO MÍNIMO DE REFERÊNCIA** 15.756,00 | **VALORES MÍNIMOS** | **PISO NACIONAL DE SALÁRIO** | **MAIOR VALOR DE BENEFÍCIO** | **UNIDADE SALARIAL** |
| SALÁRIO-FAMÍLIA = 787,80 | APOSENTADORIA =21.685,00 PENSÃO = 21.685,00 | 23.700,00 (01/10/88) | 215.928,00 | 11.996,00 |
| DIB ATÉ 09/88 | INDICE DE REAJUSTE DE 1,2139 | | | |

| **Cz$** | **51º REAJUSTAMENTO AUTOMÁTICO NOV/1988** *(voltar)* | **LEGISLAÇÃO: PORTARIA/GM/MPAS 4.359 /88 OS/INPS/SB 053.228/88 DECRETOS Nº 97.024 E 97.025/88** | | |
|---|---|---|---|---|
| **SALÁRIO MÍNIMO DE REFERÊNCIA** 20.476,00 | **VALORES MÍNIMOS** | **PISO NACIONAL DE SALÁRIO** | **MAIOR VALOR DE BENEFÍCIO** | **UNIDADE SALARIAL** |
| SALÁRIO-FAMÍLIA = 1.023,80 | APOSENTADORIA = 28.182,00 PENSÃO =28.182,00 | 30.800,00 (01/11/88) | 280.620,00 | 15.590,00 |
| DIB ATÉ 10/88 | INDICE DE REAJUSTE DE 1,2139 | | | |

| **Cz$** | **52º REAJUSTAMENTO AUTOMÁTICO DEZ/1988** *(voltar)* | **LEGISLAÇÃO: PORTARIA/GM/MPAS 4.372 /88 OS/INPS/SB 053.235/88 DECRETOS Nº 97.151 E 97.152/88** | | |
|---|---|---|---|---|
| **SALÁRIO MÍNIMO DE REFERÊNCIA** 25.595,00 | **VALORES MÍNIMOS** | **PISO NACIONAL DE SALÁRIO** | **MAIOR VALOR DE BENEFÍCIO** | **UNIDADE SALARIAL** |
| SALÁRIO-FAMÍLIA = 1.279,75 | APOSENTADORIA = 36.989,00 PENSÃO = 36.989,00 | 40.425,00 (01/12/88) | 350.784,00 | 19.488,00 |
| DIB ATÉ 11/88 | INDICE DE REAJUSTE DE 1,2605 | | | |

| PREVIDÊNCIA SOCIAL<br>INSTITUTO NACIONAL DO SEGURO SOCIAL<br>DIRETORIA DE BENEFÍCIOS | **TABELA DE REAJUSTAMENTO DE BENEFÍCIOS** |
|---|---|

| Cz$ | **53º REAJUSTAMENTO AUTOMÁTICO JAN/1989** *(voltar)* | **LEGISLAÇÃO: PORTARIA/GM/MPAS 4.390 /88 OS/INPS/SB 053.236/89 DECRETOS Nº 97.385 97.386/88** | | |
|---|---|---|---|---|
| **SALÁRIO MÍNIMO DE REFERÊNCIA** 31.866,00 | **VALORES MÍNIMOS** | **PISO NACIONAL DE SALÁRIO** | **MAIOR VALOR DE BENEFÍCIO** | **UNIDADE SALARIAL** |
| SALÁRIO-FAMÍLIA = 1.593,30 | APOSENTADORIA = 49.752,00<br>PENSÃO = 49.752,00 | 54.374,00<br>(01/01/89) | 436.734,00 | 24.263,00 |
| DIB ATÉ 12/88 | INDICE DE REAJUSTE DE 1,2605 | | | |

| NCz$ | | **54º REAJUSTAMENTO AUTOMÁTICO FEV/1989** *(voltar)* | | **LEGISLAÇÃO: PORTARIA/GM/MPAS 4.405 /89 OS/INPS/SB 053.245/89 DECRETOS Nº 97.453 97.454/89** | | |
|---|---|---|---|---|---|---|
| **SALÁRIO MÍNIMO DE REFERÊNCIA 36,74** | | **VALORES MÍNIMOS** | | **PISO NACIONAL DE SALÁRIO** | **MAIOR VALOR DE BENEFÍCIO** | **UNIDADE SALARIAL** |
| SALÁRIO-FAMÍLIA = 1,84 | | APOSENTADORIA = 58,47<br>PENSÃO = 58,47 | | 63,90<br>(01/02/79) | 503,46 | 27,97 |
| **DIB** | **INDICE REAJUSTE** | **DIB** | **INDICE REAJUSTE** | **DIB** | **INDICE REAJUSTE** | |
| **03/87** | **1.1037** | **11/87** | **1.1599** | **07/88** | **1.0878** | |
| **04/87** | **1.1235** | **12/87** | **1.1663** | **08/88** | **1.0708** | |
| **05/87** | **1.1247** | **01/88** | **1.1754** | **09/88** | **1.0525** | |
| **06/87** | **1.1057** | **02/88** | **1.1713** | **10/88** | **1.0300** | |
| **07/87** | **1.1420** | **03/88** | **1.1599** | **11/88** | **1.0109** | |
| **08/87** | **1.1473** | **04/88** | **1.1436** | **12/88** | **1.0000** | |
| **09/87** | **1.1502** | **05/88** | **1.1274** | **01/89** | **1.0000** | |
| **10/87** | **1.1519** | **06/88** | **1.1090** | | | |

OBS: VALORES EXPRESSOS EM CRUZADOS NOVOS.

| PREVIDÊNCIA SOCIAL<br>INSTITUTO NACIONAL DO SEGURO SOCIAL<br>DIRETORIA DE BENEFÍCIOS | **TABELA DE REAJUSTAMENTO DE BENEFÍCIOS** |
|---|---|

| NCr$ | **55º REAJUSTAMENTO AUTOMÁTICO MAR/1989** *(voltar)* | **LEGISLAÇÃO: PORTARIA/GM/MPAS 4.418 /89 OS/INPS/SB 053.255/89 DECRETOS Nº 97.453 97.454/89** | | |
|---|---|---|---|---|
| **SALÁRIO MÍNIMO DE REFERÊNCIA**<br>36,74 | **VALORES MÍNIMOS** | **PISO NACIONAL DE SALÁRIO** | **MAIOR VALOR DE BENEFÍCIO** | **UNIDADE SALARIAL** |
| SALÁRIO-FAMÍLIA = 1,84 | APOSENTADORIA = 58,47<br>PENSÃO =58,47 | 63,90<br>(01/03//89 | 503,46 | 27,97 |
| DIB ATÉ 12/88 | INDICE DE REAJUSTE DE 1,0243 | | | |

| NCr$ | **56º REAJUSTAMENTO AUTOMÁTICO ABR/1989** *(voltar)* | **LEGISLAÇÃO: PORTARIA/GM/MPAS 4.438 /89 OS/INPS/SB 053.257 E 262/89 DECRETOS Nº 97.453 97.454/89** | | |
|---|---|---|---|---|
| **SALÁRIO MÍNIMO DE REFERÊNCIA**<br>36,74 | **VALORES MÍNIMOS** | **PISO NACIONAL DE SALÁRIO** | **MAIOR VALOR DE BENEFÍCIO** | **UNIDADE SALARIAL** |
| SALÁRIO-FAMÍLIA = 1,84 | APOSENTADORIA = 58,47<br>PENSÃO =58,47 | 63,90<br>(01/04/89) | 503,46 | 27,97 |
| **DIB** | **ÍNDICE DE REAJUSTE** | | | |
| **ATÉ 05/10/88** | **CONVERSÃO EM S.M. (ARTIGO 58)** | | | |
| **DE 06/10/88 A 31/12/88** | **1,1870** | | | |

| NCz$ | **57º - REAJUSTAMENTO AUTOMÁTICO MAI/1989** *(voltar)* | **LEGISLAÇÃO: PORTARIA/GM/MPAS 4448 /89 OS/INPS/SB 053.262/89 DECRETOS Nº 97.453 97.454/89** | | |
|---|---|---|---|---|
| **SALÁRIO MÍNIMO DE REFERÊNCIA**<br>46,80 | **VALORES MÍNIMOS** | **PISO NACIONAL DE SALÁRIO** | **MAIOR VALOR DE BENEFÍCIO** | **UNIDADE SALARIAL** |
| SALÁRIO-FAMÍLIA = 4,07 | APOSENTADORIA = 74,48<br>PENSÃO =74,48 | 81,40<br>(01/05/89) | 648,00 | 36,00 |
| DIB ATÉ 05/10/88 | CONVERSÃO EM S.M. (ARTIGO 58) | | | |

| PREVIDÊNCIA SOCIAL<br>INSTITUTO NACIONAL DO SEGURO SOCIAL<br>DIRETORIA DE BENEFÍCIOS | **TABELA DE REAJUSTAMENTO DE BENEFÍCIOS** |
|---|---|

| NCz$ | **58º REAJUSTAMENTO AUTOMÁTICO JUNH/1989** *(voltar)* | **LEGISLAÇÃO: PORTARIA/GM/MPAS 4.490 /89 OS/INPS/SB 053.270/89 LEI Nº 7.604/87 E 7.787/89** | | |
|---|---|---|---|---|
| **SALÁRIO MÍNIMO DE REFERÊNCIA** 46,80 | **VALORES MÍNIMOS** | **PISO NACIONAL DE SALÁRIO** | **MAIOR VALOR DE BENEFÍCIO** | **UNIDADE SALARIAL** |
| SALÁRIO-FAMÍLIA 4,07 | APOSENTADORIA = 74,48<br>PENSÃO =74,48 | 120,00<br>INSS usou 81,40 (01/06/89) | 648,00 | 36,00 |

| **DIB** | **ÍNDICE DE REAJUSTE** |
|---|---|
| **ATÉ 05/10/88** | **CONVERSÃO EM S.M. (ARTIGO 58)** |
| **DE 06/10/88 A 28/02/89** | **1,2967** |
| **03/89** | **1,2516** |
| **04/89** | **1,1798** |
| **05/89** | **1,0994** |

| NCz$ | **59º REAJUSTAMENTO AUTOMÁTICO JULH/1989** *(voltar)* | **LEGISLAÇÃO: PORTARIA/GM/MPAS 4.489 /89 OS/INPS/SB 053.271/89 DECRETO Nº 97.915/89** | | |
|---|---|---|---|---|
| **SALÁRIO MÍNIMO DE REFERÊNCIA** | **VALORES MÍNIMOS** | **SALÁRIO MÍNIMO** | **MAIOR VALOR DE BENEFÍCIO** | **UN IDADE SALARIAL** |
| SALÁRIO-FAMÍLIA = 7,49 | APOSENTADORIA = 137,07<br>PENSÃO =137,07 | 149,80 (01/07/89) | 1.350,00 | 75,00 |

| **DIB** | **ÍNDICE DE REAJUSTE** |
|---|---|

| NCz$ | **60º REAJUSTAMENTO AUTOMÁTICO AGO/1989** *(voltar)* | **LEGISLAÇÃO: PORTARIA/GM/MPAS 4.498 /89 OS/INPS/SB 053.277/89 DECRETOS Nº 97.968 E 98.003/89** | | |
|---|---|---|---|---|
| **SALÁRIO MÍNIMO DE REFERÊNCIA** | **VALORES MÍNIMOS** | **SALÁRIO MÍNIMO** | **MAIOR VALOR DE BENEFÍCIO** | **UNIDADE SALARIAL** |
| SALÁRIO-FAMÍLIA = 7,49 | APOSENTADORIA = 183,24<br>PENSÃO =183,24 | 192,88 (01/08/89) | 1.738,26 | 96,57 |

| **DIB** | **ÍNDICE DE REAJUSTE** |
|---|---|
| **ATÉ 05/10/88** | **CONVERSÃO EM S.M. (ARTIGO 58)** |
| **DE 06/10/88 A 31/07/89** | **1,2876** |

| PREVIDÊNCIA SOCIAL<br>INSTITUTO NACIONAL DO SEGURO SOCIAL<br>DIRETORIA DE BENEFÍCIOS | **TABELA DE REAJUSTAMENTO DE BENEFÍCIOS** |
|---|---|

| NCz$ | **61º REAJUSTAMENTO AUTOMÁTICO SET/1989** *(voltar)* | **LEGISLAÇÃO: PORTARIA/GM/MPAS 4.511 /89 OS/INPS/SB 053.282/89 DECRETOS Nº 97.968 E 98.003/89** | | |
|---|---|---|---|---|
| | **VALORES MÍNIMOS** | **SALÁRIO MÍNIMO** | **MAIOR VALOR DE BENEFÍCIO** | **UNIDADE SALARIAL** |
| SALÁRIO-FAMÍLIA= 7,49 | APOSENTADORIA = 237,01<br>PENSÃO =237,01 | 249,48<br>(01/09/89) | 2.248,20 | 124,90 |

| **DIB** | **INDICE DE REAJUSTE** |
|---|---|
| **DIB ATÉ 05/10/88** | **CONVERSÃO EM S.M. (ARTIGO 58)** |
| **DIB DE 06/10/88 A 31/08/89** | **ÍNDICE DE REAJUSTE DE 1,2934** |

| NCz$ | **62º REAJUSTAMENTO AUTOMÁTICO OUT/1989** *(voltar)* | **LEGISLAÇÃO: PORTARIA/GM/MPAS 4535 /89 OS/INPS/SB 053.286/89 DECRETOS Nº 98211/89** | | |
|---|---|---|---|---|
| | **VALORES MÍNIMOS** | **SALÁRIO MÍNIMO** | **MAIOR VALOR DE BENEFÍCIO** | **UNIDADE SALARIAL** |
| SALÁRIO-FAMÍLIA = 7,49 | APOSENTADORIA = 362,64<br>PENSÃO =362,64 | 381,73<br>(01/10/89) | 3.056,40 | 169,80 |

| **DIB** | **ÍNDICE DE REAJUSTE** |
|---|---|
| **ATÉ 05/10/88** | **CONVERSÃO EM S.M. (ARTIGO 58)** |
| **DE 06/10/88 A 30/09/89** | **1.3595** |

| NCz$ | **63º REAJUSTAMENTO AUTOMÁTICO NOV/1989** *(voltar)* | **LEGISLAÇÃO: LEIS 7604/87, 7.787/89E 7.789/89 PORT./GM/MPAS 4.547/89 OS/INPS/SB 053.290/89 IAPAS/236/89 DECRETOS Nº 98.211/89, ART.58 ADCT** | | |
|---|---|---|---|---|
| | **VALORES MÍNIMOS** | **SALÁRIO MÍNIMO** | **MAIOR VALOR DE BENEFÍCIO** | **UNIDADE SALARIAL** |
| SALÁRIO-FAMÍLIA = 8,89 | APOSENTADORIA =529,46<br>PENSÃO =529,46 | 557,33<br>(01/11/89) | 4.206,42 | 233,69 |

| **DIB** | **ÍNDICE DE REAJUSTE** |
|---|---|
| **ATÉ 05/10/88** | **CONVERSÃO EM S.M. (ARTIGO 58)** |
| **DE 06/10/88 A 31/10/89** | **1,3762** |

| PREVIDÊNCIA SOCIAL<br>INSTITUTO NACIONAL DO SEGURO SOCIAL<br>DIRETORIA DE BENEFÍCIOS | **TABELA DE REAJUSTAMENTO DE BENEFÍCIOS** |
|---|---|

| NCz$ | 64º REAJUSTAMENTO AUTOMÁTICO DEZ/1989 *(voltar)* | LEGISLAÇÃO: LEIS 7604/87, 7.787/89E 7.789/89 PORT./GM/MPAS 4.561/89 OS/INPS/SB 053.296/89 IAPAS/245/89 DECRETOS Nº 98.211/89, ART.58 ADCT | | |
|---|---|---|---|---|
| | VALORES MÍNIMOS | SALÁRIO MÍNIMO | MAIOR VALOR DE BENEFÍCIO | UNIDAE SALARIAL |
| SALÁRIO-FAMÍLIA= 12,57 | APOSENTADORIA = 748,77<br>PENSÃO =748,77 | 788,18<br>(01/12/89) | 5.948,64 | 330,48 |

| DIB | ÍNDICE DE REAJUSTE |
|---|---|
| ATÉ 05/10/88 | CONVERSÃO EM S.M. (ARTIGO 58) |
| DE 06/10/88 A 30/11/89 | 1,4142 |

| NCz$ | 65º REAJUSTAMENTO AUTOMÁTICO JAN/1990 *(voltar)* | LEGISLAÇÃO: LEIS 7604/87, 7.787/89E 7.789/89 PORT./GM/MPAS 4.561/89 OS/INPS/SB 053.296/89 IAPAS/245/89 DECRETOS Nº 98.211/89, ART.58 ADCT | | |
|---|---|---|---|---|
| | VALORES MÍNIMOS | SALÁRIO MÍNIMO | MAIOR VALOR DE BENEFÍCIO | UNIDADE SALARIAL |
| SALÁRIO-FAMÍLIA = 19,30 | APOSENTADORIA = 1.219,75<br>PENSÃO =1.219,75 | 1.283,95<br>(01/01/90) | 9.134,00 | 507,45 |

| DIB | ÍNDICE DE REAJUSTE |
|---|---|
| ATÉ 05/10/88 | CONVERSÃO EM S.M. (ARTIGO 58) |
| DE 06/10/88 A 31/12/89 | 1,5355 |

| PREVIDÊNCIA SOCIAL<br>INSTITUTO NACIONAL DO SEGURO SOCIAL<br>DIRETORIA DE BENEFÍCIOS | **TABELA DE REAJUSTAMENTO DE BENEFÍCIOS** |
|---|---|

| NCz$ | **66º REAJUSTAMENTO AUTOMÁTICO FEV/1990** *(voltar)* | **LEGISLAÇÃO: LEIS 7604/87, 7.787/89E 7.789/89 PORT./GM/MPAS 4.594/90 OS/INPS/SB 053.308/90 IAPAS/250/90 DECRETOS Nº 98.900/89, ART.58 ADCT** | | |
|---|---|---|---|---|
| | **VALORES MÍNIMOS** | **SALÁRIO MÍNIMO** | **MAIOR VALOR DE BENEFÍCIO** | **UNIDADE SALARIAL** |
| SALÁRIO-FAMÍLIA= 30,13 | APOSENTADORIA = 1.904,15<br>PENSÃO =1.904,15 | 2.004,37<br>(01/02/90) | 14.059,24 | 792,18 |

| **DIB** | **ÍNDICE DE REAJUSTE** |
|---|---|
| **ATÉ 05/10/88** | **CONVERSÃO EM S.M. (ARTIGO 58)** |
| **DE 06/10/88 A 31/01/90** | **1,5611** |

| Cr$ | **67º REAJUSTAMENTO AUTOMÁTICO MAR/1990** *(voltar)* | **LEGISLAÇÃO: LEIS 7604/87, 7.787/89E 7.789/89 PORT./GM/MPAS 4.611/90 OS/INPS/SB 053.314/90 IAPAS/255/90 DECRETOS Nº 98.900/89, ART.58 ADCT** | | |
|---|---|---|---|---|
| | **VALORES MÍNIMOS** | **SALÁRIO MÍNIMO** | **MAIOR VALOR DE BENEFÍCIO** | **UNIDADE SALARIAL** |
| SALÁRIO-FAMÍLIA = 52,06 | APOSENTADORIA = 3.490,36<br>PENSÃO =3.490,36 | 3.674,06<br>(01/03/90) | 24.637,32 | 1.368,74 |

| **DIB** | **ÍNDICE DE REAJUSTE** |
|---|---|
| **ATÉ 05/10/88** | **CONVERSÃO EM S.M. (ARTIGO 58)** |
| **DE 06/10/88 A 28/02/90** | **1,7278** |

| PREVIDÊNCIA SOCIAL<br>INSTITUTO NACIONAL DO SEGURO SOCIAL<br>DIRETORIA DE BENEFÍCIOS | **TABELA DE REAJUSTAMENTO DE BENEFÍCIOS** |
|---|---|

| Cr$ | **68º REAJUSTAMENTO AUTOMÁTICO JUNH/1990** *(voltar)* | **LEGISLAÇÃO: LEIS 7.604/87, 8.030/90 PORT./GM/MPAS 3.387,3.407 E 3.408/90 OS/INPS/SB 053.328/90 PT-MF/MPL 289/90, ART 58 DCT** | | |
|---|---|---|---|---|
| | **VALORES MÍNIMOS** | **SALÁRIO MÍNIMO** | **MAIOR VALOR DE BENEFÍCIO** | **UNIDADE SALARIAL** |
| SALÁRIO-FAMÍLIA = 54,86 | APOSENTADORIA = 3.664,87<br>PENSÃO =3.664,87 | 3.857,76<br>(01/06/90) | 25.962,84 | 1.442,38 |

| **DIB** | **ÍNDICE DE REAJUSTE** |
|---|---|
| **ATÉ 05/10/88** | **CONVERSÃO EM S.M. (ARTIGO 58)** |
| **DE 06/10/88 A 31/05/90** | **1,0538** |

| Cr$ | **69º REAJUSTAMENTO AUTOMÁTICO JULH/1990** *(voltar)* | **LEGISLAÇÃO: LEIS 7.604/87, 8.030/90 PORT./GM/MTPS 3.501,3.513 E 3.514/90 OS/INPS/SB 053.331/90 PT-MF/MPL 415/90, ART.58 ADCT** | | |
|---|---|---|---|---|
| | **VALORES MÍNIMOS** | **SALÁRIO MÍNIMO** | **MAIOR VALOR DE BENEFÍCIO** | **UNIDADE SALARIAL** |
| SALÁRIO-FAMÍLIA = 69,75 | APOSENTADORIA = 4.659,52<br>PENSÃO = 4.659,52 | 4.904,76<br>(01/07/90) | 33.008,94 | 1.833,83 |

| **DIB** | **ÍNDICE DE REAJUSTE** |
|---|---|
| **ATÉ 05/10/88** | **CONVERSÃO EM S.M. (ARTIGO 58)** |
| **DE 06/10/88 A 30/06/90** | **1,2714** |

| PREVIDÊNCIA SOCIAL<br>INSTITUTO NACIONAL DO SEGURO SOCIAL<br>DIRETORIA DE BENEFÍCIOS | TABELA DE REAJUSTAMENTO DE BENEFÍCIOS |
|---|---|

| Cr$ | 70º REAJUSTAMENTO AUTOMÁTICO AGO/1990 *(voltar)* | LEGISLAÇÃO: LEIS 7.604/87, 8.030/90 PORT./GM/MTPS 3.557,3.559 E 3.561/90 OS/INPS/SB 053.332/90 PT-MF/MPL 429/90, ART.58 ADCT | | |
|---|---|---|---|---|
| | VALORES MÍNIMOS | SALÁRIO MÍNIMO | MAIOR VALOR DE BENEFÍCIO | UNIDADE SALARIAL |
| SALÁRIO-FAMÍLIA= 74,00 | APOSENTADORIA = 4.943,29<br>PENSÃO = 4.943,29 | 5.203,46<br>(01/08/90) | 35.019,36 | 1.945,52 |

| DIB | ÍNDICE DE REAJUSTE |
|---|---|
| ATÉ 05/10/88 | CONVERSÃO EM S.M. (ARTIGO 58) |
| DE 06/10/88 A 31/07/90 | 1,0609 |

| Cr$ | 71º REAJUSTAMENTO AUTOMÁTICO SET/1990 *(voltar)* | LEGISLAÇÃO: LEIS 7.604/87, 8.030/90 PORT./GM/MTPS 3.588,3.590 E 3.592/90 OS/INSS/DB-02/90 PT-MF/MPL 512/90, ART.58 ADCT | | |
|---|---|---|---|---|
| | VALORES MÍNIMOS | SALÁRIO MÍNIMO | MAIOR VALOR DE BENEFÍCIO | UNIDADE SALARIAL |
| SALÁRIO-FAMÍLIA= 86,13 | APOSENTADORIA =5.753,49<br>PENSÃO =5.753,49 | 6.056,31<br>(01/09/90) | 40.759,02 | 2.264,39 |

| DIB | ÍNDICE DE REAJUSTE |
|---|---|
| ATÉ 05/10/88 | CONVERSÃO EM S.M. (ARTIGO 58) |
| DE 06/10/88 A 31/08/90 | 1,1639 |

| PREVIDÊNCIA SOCIAL<br>INSTITUTO NACIONAL DO SEGURO SOCIAL<br>DIRETORIA DE BENEFÍCIOS | TABELA DE REAJUSTAMENTO DE BENEFÍCIOS |
|---|---|

| Cr$ | 72º REAJUSTAMENTO AUTOMÁTICO OUT/1990 *(voltar)* | LEGISLAÇÃO: LEIS 7604/87, 8.030/90 PORT./GM/MTPS 3.628,3.639 E 3.641/90 OS/INSS/DB-03/90 PT-MF/MPL 561/90, ART.58 ADCT | | |
|---|---|---|---|---|
| | **VALORES MÍNIMOS** | **SALÁRIO MÍNIMO** | **MAIOR VALOR DE BENEFÍCIO** | **UNIDADE SALARIAL** |
| SALÁRIO-FAMÍLIA= 91,38 | APOSENTADORIA =6.103,88<br>PENSÃO =6.103,88 | 6.425,14<br>(01/10/90) | 43.241,22 | 2.402,29 |

| DIB | ÍNDICE DE REAJUSTE |
|---|---|
| ATÉ 05/10/88 | CONVERSÃO EM S.M. (ARTIGO 58) |
| DE 06/10/88 A 30/09/90 | 1,0609 |

| Cr$ | 73º REAJUSTAMENTO AUTOMÁTICO NOV/1990 *(voltar)* | LEGISLAÇÃO: LEIS 7.604/87 E 8.030/90 PORT./GM/MTPS 3.719,3.725,3.726/90 OS/INSS/DB-07/90 PT-MF/MPL 631/90, ART.58 ADCT | | |
|---|---|---|---|---|
| | **VALORES MÍNIMOS** | **SALÁRIO MÍNIMO** | **MAIOR VALOR TETO** | **UNIDADE SALARIAL** |
| SALÁRIO-FAMÍLIA= 118,47 | APOSENTADORIA =7.913,07<br>PENSÃO =7.913,07 | 8.329,55<br>(01/11/90) | 56.057,94 | 3.461,00 |

| DIB | ÍNDICE DE REAJUSTE |
|---|---|
| ATÉ 05/10/88 | CONVERSÃO EM S.M. (ARTIGO 58) |
| DE 06/10/88 A 31/10/90 | 1,2964 |

| PREVIDÊNCIA SOCIAL<br>INSTITUTO NACIONAL DO SEGURO SOCIAL<br>DIRETORIA DE BENEFÍCIOS | **TABELA DE REAJUSTAMENTO DE BENEFÍCIOS** |
|---|---|

| Cr$ | **74º REAJUSTAMENTO AUTOMÁTICO DEZ/1990** *(voltar)* | **LEGISLAÇÃO: LEIS 7.604/87 E 8.030/90 DECRETO 83.080/79 PORT./GM/MTPS 3.787,3.789 E 3.790/90 OS/INSS/DB-13/90 PT-MF/MPL 729/90, ART.58 ADCT** | | |
|---|---|---|---|---|
| | **VALORES MÍNIMOS** | **SALÁRIO MÍNIMO** | **MAIOR VALOR DE BENEFÍCIO** | **UNIDADE SALARIAL** |
| SALÁRIO-FAMÍLIA= 125,68 | APOSENTADORIA =8.394,98<br>PENSÃO =8.394,98 | 8.836,82<br>(01/12/90) | 59.471,82 | 3.303,99 |

| DIB | ÍNDICE DE REAJUSTE |
|---|---|
| **ATÉ 05/10/88** | **CONVERSÃO EM S.M. (ARTIGO 58)** |
| **DE 06/10/88 A 30/11/90** | **1,0609** |

| Cr$ | **75º REAJUSTAMENTO AUTOMÁTICO JAN/1991** *(voltar)* | **LEGISLAÇÃO: LEIS 7.604/87 E 8.030/90 DECRETO 83.080/79 PORT./GM/MPAS 3.828,3.014 E 3.015/91 OS/INSS/DB-01/91 PT-MF/MPL 854/90, ART.58 ADCT** | | |
|---|---|---|---|---|
| | **VALORES MÍNIMOS** | **SALÁRIO MÍNIMO** | **MAIOR VALOR DE BENEFÍCIO** | **UNIDADE SALARIAL** |
| SALÁRIO-FAMÍLIA= 175,30 | APOSENTADORIA =11.709,32<br>PENSÃO =11.709,32 | 12.325,60<br>(01/01/91) | 82.951,38 | 4.608,41 |

| DIB | ÍNDICE DE REAJUSTE |
|---|---|
| **ATÉ 05/10/88** | **CONVERSÃO EM S.M. (ARTIGO 58)** |
| **DE 06/10/88 A 31/12/90** | **1,3948** |

| PREVIDÊNCIA SOCIAL<br>INSTITUTO NACIONAL DO SEGURO SOCIAL<br>DIRETORIA DE BENEFÍCIOS | **TABELA DE REAJUSTAMENTO DE BENEFÍCIOS** |
|---|---|

| Cr$ | **76º REAJUSTAMENTO AUTOMÁTICO FEV/1991** *(voltar)* | **LEGISLAÇÃO: LEIS 7.604/87, 8.030/90 PORT./GM/MPAS 3.076/90,3.075/91 OS/INSS/DB-03/91-ART58 DCT PT-MF/MPL 294 E 295/91,** | | |
|---|---|---|---|---|
| | **VALORES MÍNIMOS** | **SALÁRIO MÍNIMO** | **MAIOR VALOR DE BENEFÍCIO** | **UNIDADE SALARIAL** |
| SALÁRIO-FAMÍLIA= 226,07 | APOSENTADORIA =15.100,69<br>PENSÃO =15.100,69 | 15.895,46<br>(01/02/91) | 106.974,00 | 5.943,00 |

| **DIB** | **ÍNDICE DE REAJUSTE** |
|---|---|
| **ATÉ 05/10/88** | **CONVERSÃO EM S.M. (ARTIGO 58)** |
| **DE 06/10/88 A 31/01/91** | **1,2896** |

| Cr$ | **77º REAJUSTAMENTO AUTOMÁTICO MAR/1991** *(voltar)* | **LEGISLAÇÃO: PORT./GM/MTPS 3.111/91 E 3.112/91 OS/INSS/DB-07/91-ART58 DCT LEIS 7.604/87, 8.177/91 E 8.178/91 OS 07/91** | | |
|---|---|---|---|---|
| | **VALORES MÍNIMOS** | **SALÁRIO MÍNIMO** | **MAIOR VALOR DE BENEFÍCIO** | **UNIDADE SALARIAL** |
| SALÁRIO-FAMÍLIA= 241,78 | APOSENTADORIA =16.150,00<br>PENSÃO =16.150,00 | 17.000,00<br>(01/03/91) | 114.408,72 | 6.356,04 |

| **DIB** | **ÍNDICE DE REAJUSTE** |
|---|---|
| **ATÉ 05/10/88** | **CONVERSÃO EM S.M. (ARTIGO 58)** |
| **DE 06/10/88 A 28/02/91** | **1,0695** |

**OBS: A partir de 05/04/91, o valor mínimo de benefício não poderá ser inferior a 1 (um) Salário Mínimo - apenas para Aposentadorias e Pensões, conforme Portaria 3.401 de 08/09/91.**

| PREVIDÊNCIA SOCIAL<br>INSTITUTO NACIONAL DO SEGURO SOCIAL<br>DIRETORIA DE BENEFÍCIOS | TABELA DE REAJUSTAMENTO DE BENEFÍCIOS |
|---|---|

| Cr$ | ABONO<br>MAI/1991<br>*(voltar)* | LEGISLAÇÃO:<br>LEI N°8.178/91<br>PT/GM N° 3.218/91<br>PT/MTPS N° 4.426/89 |
|---|---|---|
| | VALORES MÍNIMOS | SALÁRIO MÍNIMO |
| DIB ATÉ 04/91 | APOSENT. E PENSÃO = 16.150,00<br>ALTERADO EM 08/91 PARA<br>17.000,00 A PARTIR 05/04/91 | 17.000,00<br>(01/03/91) |
| RM EM 03/91 ABONO = 3.131,68 P/RM MENOR QUE 17.000,00 E NOVA RM COM LIMITE DE 18.798,60 | | |
| P/ RM EM 03/91 IGUAL OU SUPERIOR A 17.000,00 ABONO DE 10,58% | | |

| Cr$ | ABONO<br>JUNH/1991<br>*(voltar)* | LEGISLAÇÃO:<br>LEI N° 8.178/91<br>PT/GM N 3.304/91<br>PT/MTPS 4.426/89 |
|---|---|---|
| | VALORES MÍNIMOS | SALÁRIO MÍNIMO |
| DIB ATÉ 05/91 | APOS. E PENS. = 16.150,00<br>ALTERADO EM 08/91 PARA<br>17.000,00 A PARTIR 05/04/91 | 17.000,00<br>(01/03/91) |
| RM EM 03/91 ABONO = 3.131,68 P/RM MENOR QUE 17.000,00 E NOVA RM COM LIMITE DE 18.798,60 | | |
| P/ RM EM 03/91 IGUAL OU SUPERIOR A 17.000,00 ABONO DE 10,58% | | |

| Cr$ | ABONO<br>JULH/1991<br>*(voltar)* | LEGISLAÇÃO:<br>LEI N° 8.178/91<br>PT/GM N 3.331/91<br>OS-INSS 19/91 |
|---|---|---|
| | VALORES MÍNIMOS | SALÁRIO MÍNIMO |
| DIB ATÉ 06/91 | APOS. E PENS. = 16.150,00<br>ALTERADO EM 08/91 PARA<br>17.000,00 A PARTIR 05/04/91 | 17.000,00<br>(01/03/91) |
| RM EM 03/91 ABONO = 3.131,68 P/RM MENOR QUE 17.000,00 E NOVA RM COM LIMITE DE 18.798,60 | | |
| P/ RM EM 03/91 IGUAL OU SUPERIOR A 17.000,00 ABONO DE 10,58% | | |

| PREVIDÊNCIA SOCIAL<br>INSTITUTO NACIONAL DO SEGURO SOCIAL<br>DIRETORIA DE BENEFÍCIOS | **TABELA DE REAJUSTAMENTO DE BENEFÍCIOS** |
|---|---|

<table>
<tr><td rowspan="2">Cr$</td><td>ABONO<br>AGO/1991<br>(voltar)</td><td colspan="3">LEGISLAÇÃO:<br>LEI Nº 8.178/91<br>PT/GM N 3.483/91<br>PT?MPS nº 3401/91<br>OS-DSS - 024/91</td></tr>
<tr><td>VALORES MÍNIMOS</td><td>SALÁRIO MÍNIMO</td><td>MAIOR VALOR DE BENEFÍCIO</td><td>UNIDADE SALARIAL</td></tr>
<tr><td>DIB ATÉ 07/91</td><td>APOSENTADORIA = 17.000,00<br>PENSÃO = 17.000,00</td><td>17.000,00<br>(01/08/91)</td><td>170.000,00</td><td></td></tr>
<tr><td colspan="5">RM EM 03/91 ABONO = 16.161,60 P/RM MENOR QUE 17.000,00 E NOVA RM COM LIMITE DE 26.282,00</td></tr>
<tr><td colspan="5">P/ RM EM 03/91 IGUAL OU SUPERIOR A 17.000,00 ABONO DE 54,60%</td></tr>
</table>

<table>
<tr><td rowspan="2">Cr$</td><td>78º REAJUSTAMENTO AUTOMÁTICO<br>SET/1991<br>(147%)<br>(voltar)</td><td colspan="3">LEGISLAÇÃO:<br>LEI Nº 8.212 E 8.213/91<br>PT/MPS/GM Nº 302/91<br>DECRETO Nº 357/91</td></tr>
<tr><td>VALORES MÍNIMOS</td><td>SALÁRIO MÍNIMO</td><td>MAIOR VALOR DE BENEFÍCIO</td><td>UNIDADE SALARIAL</td></tr>
<tr><td>SALÁRIO-FAMÍLIA = ATÉ 126.000,00 = 3.360,02<br>SUPERIOR 126.000,00 = 420,00</td><td>APOSENTADORIA = 42.000,00<br>PENSÃO = 42.000,00</td><td>42.000,00<br>(01/01/91)</td><td>420.002,00</td><td></td></tr>
<tr><td colspan="5">O ABONO CONCEDIDO EM AGOSTO/92, FOI INCORPORADO NA RENDA MENSAL DO BENEFÍCIO A PARTIR DE 01/09/92</td></tr>
</table>

<table>
<tr><td colspan="2">O REAJUSTE DOS 147,06% ESCALONADO FOI EFETUADO NA COMPETÊNCIA AGOSTO/92</td><td colspan="2">TABELA USADA APENAS PARA OS SEGURADOS QUE TIVERAM SUAS RENDAS MENSAIS RECALCULADAS DE ACORDO COM O ART. 5º DA PORTARIA MTPS 3.003 DE 02/01/92</td></tr>
<tr><td colspan="2">TODAS AS FAIXAS</td><td colspan="2">TODAS AS FAIXAS</td></tr>
<tr><td>DIB</td><td>ÍNDICE DE REAJUSTE</td><td>DIB</td><td>ÍNDICE DE REAJUSTE</td></tr>
<tr><td>03/91</td><td>2.4706</td><td></td><td></td></tr>
<tr><td>04/91</td><td>2.1249</td><td>04/91</td><td>1.6009772</td></tr>
<tr><td>05/91</td><td>1.8275</td><td>05/91</td><td>1.5329707</td></tr>
<tr><td>06/91</td><td>1.5718</td><td>06/91</td><td>1.4369804</td></tr>
<tr><td>07/91</td><td>1.3519</td><td>07/91</td><td>1.2965627</td></tr>
<tr><td>08/91</td><td>1.1627</td><td>08/91</td><td>1.1562000</td></tr>
</table>

| PREVIDÊNCIA SOCIAL<br>INSTITUTO NACIONAL DO SEGURO SOCIAL<br>DIRETORIA DE BENEFÍCIOS | **TABELA DE REAJUSTAMENTO DE BENEFÍCIOS** |
|---|---|

| **Cr$** | **79º REAJUSTAMENTO AUTOMÁTICO JAN/1992** *(voltar)* | **LEGISLAÇÃO: LEI Nº 8.212 E 8.213/91 E 8.222/91 PT/MTPS/GM NºS 42/92, 3.037/92. 3.038/92 DECRETO 357/91 OS 058/92** | | |
|---|---|---|---|---|
| | **VALORES MÍNIMOS** | **SALÁRIO MÍNIMO** | **MAIOR VALOR DE BENEFÍCIO** | **UNIDADE SALARIAL** |
| SALARIO-FAMÍLIA - ATÉ 276.978,83 = 7.386,11<br>SUPERIOR 276.978,83 = 923,26 | **APOSENTADORIA = 96.037,33**<br>**PENSÃO = 96.037,33** | 96.037,33 (01/09/91 | 923.262,76 | |

| **DIB** | **ÍNDICE DE REAJUSTAMENTO** |
|---|---|
| **DIB ATÉ 09/91** | **2.1982342** |
| **10/91** | **1.9012577** |
| **11/91** | **1.5702429** |
| **12/91** | **1.2415000** |

| | **DIFERENÇA DE ÍNDICE ABR/1992** *(voltar)* | |
|---|---|---|
| **DIFERENÇA DO ÍNDICE DE 79,96 %(INPC) E 54,60% (ICB) CONCEDIDO EM 09/91** | | |
| OBS: **TERÃO DIREITO AO REAJUSTE OS BENEFÍCIOS ANTERIORES A 05/04/91 E COM RENDA MENSAL SUPERIOR AO SALÁRIO MÍNIMO EM 03/91.** | | |
| **ÍNDICE DE REAJUSTE DE 16.40%** | | |

| **Cr$** | **80º REAJUSTAMENTO AUTOMÁTICO MAI/1992** *(voltar)* | **LEGISLAÇÃO: LEI Nº 8.212 E 8.213/91 8.419/92 PT/GM Nº 55 E 57/92 DECRETO 357/91 OS-DISES - 108/92** | | |
|---|---|---|---|---|
| | **VALORES MÍNIMOS** | **SALÁRIO MÍNIMO** | **MAIOR VALOR DE BENEFÍCIO** | **UNIDADE SALARIAL** |
| SALÁRIO-FAMÍLIA - ATÉ - 638.052,75 = 17.014,76<br>SUPERIOR - 638.052,75 = 2.126,84 | **APOSENTADORIA = 230.000,00**<br>**PENSÃO = 230.000,00** | 230.000,00 01/05/95 | 2.126.842,4 9 | |

| **DIB** | **ÍNDICE DE REAJUSTE** |
|---|---|
| **ATÉ 01/92** | **2,303616** |
| **02/92** | **1.829428** |
| **03/92** | **1.469656** |
| **04/92** | **1.208400** |

| PREVIDÊNCIA SOCIAL<br>INSTITUTO NACIONAL DO SEGURO SOCIAL<br>DIRETORIA DE BENEFÍCIOS | TABELA DE REAJUSTAMENTO DE BENEFÍCIOS |
|---|---|

| Cr$ | 81º REAJUSTAMENTO AUTOMÁTICO SET/]1992 *(voltar)* | LEGISLAÇÃO: LEI Nº 8.212 E 8.213/91 8.419/92 PT/GM Nº 601/92, 447/92 E 449/92 DECRETO 357/91E 611/92 0S - 157/92 | | |
|---|---|---|---|---|
| | VALORES MÍNIMOS | SALÁRIO MÍNIMO | MAIOR VALOR DE BENEFÍCIO | UNIDADE SALARIAL |
| SALÁRIO-FAMÍLIA - ATÉ - 1.434.259,00 = 38.246,95 SUPERIOR - 1.434.259,00 = 4.780,86 | APOSENTADORIA = 522.186,94 PENSÃO = 522.186,94 | 522.186,94 (01/09/92) | 4.780.863,3 0 | |

| DIB | ÍNDICE DE REAJUSTE |
|---|---|
| ATÉ 05/92 | 2.247869 |
| 06/92 | 1.805517 |
| 07/92 | 1.494015 |
| 08/92 | 1.223800 |

| Cr$ | 82º REAJUSTAMENTO AUTOMÁTICO JAN/1993 *(voltar)* | LEGISLAÇÃO: LEI Nº 8.212 E 8.213/91 8.542/92 PT/GM Nº 601/92, 08/93 E 09/93 DECRETO 357/91E 611/92 OS - 195/93 | | |
|---|---|---|---|---|
| | VALORES MÍNIMOS | SALÁRIO MÍNIMO | MAIOR VALOR DE BENEFÍCIO | UNIDADE SALARIAL |
| SALÁRIO-FAMÍLIA - ATÉ - 3.459.616,29 = 92.256,54 SUPERIOR - 3.459.616,29 = 11.532,05 | APOSENTADORIA = 1.250.700,00 PENSÃO = 1.250.700,00 | 1.250.700,0 0 (01/01/93) | 11.532.054,2 3 | |

| DIB | ÍNDICE DE REAJUSTE |
|---|---|
| ATÉ 09/92 | 2.412128 |
| 10/92 | 1.945579 |
| 11/92 | 1.543253 |
| 12/92 | 1.255800 |

| PREVIDÊNCIA SOCIAL<br>INSTITUTO NACIONAL DO SEGURO SOCIAL<br>DIRETORIA DE BENEFÍCIOS | TABELA DE REAJUSTAMENTO DE BENEFÍCIOS |
|---|---|

| Cr$ | 83º REAJUSTAMENTO AUTOMÁTICO MAR/1993 (voltar) | LEGISLAÇÃO: LEI Nº 8.212 E 8.213/91 8.542/92 PT/GM Nº 04/93 DECRETO 357/91E 611/92 OS - 223/93 | | |
|---|---|---|---|---|
| | VALORES MÍNIMOS | SALÁRIO MÍNIMO | MAIOR VALOR DE BENEFÍCIO | UNIDADE SALARIAL |
| SALÁRIO-FAMÍLIA - ATÉ - 4.728.257,59 = 126.087,01 SUPERIOR -4.728.257,59 = 15.760,85 | APOSENTADORIA = 1.709.400,00 PENSÃO = 1.709.400,00 | 1.709.400,00 (01/03/93) | 15.760.858,5 2 | |
| DIB ATÉ 02/92 | ÍNDICE DE REAJUSTE DE 36,67% | | | |

| Cr$ | 84º REAJUSTAMENTO AUTOMÁTICO MAI/1993 (voltar) | LEGISLAÇÃO: LEI Nº 8.212 E 8.213/91 8.542/92 PT/GM Nº 209/93 E 210/93 DECRETO 357/91E 611/92 OS - 244/93 | | |
|---|---|---|---|---|
| | VALORES MÍNIMOS | SALÁRIO MÍNIMO | MAIOR VALOR DE BENEFÍCIO | UNIDADE SALARIAL |
| SALÁRIO-FAMÍLIA - ATÉ -9.064.419,69 = 241.718,13 SUPERIOR - 9.064.419,69 = 30.214,71 | APOSENTADORIA = 3.303.300,00 PENSÃ0 = 3.303. 300,00 | 3.303.300,00 (01/05/93) | 30.214.732,09 | |

| DIB | ÍNDICE DE REAJUSTE |
|---|---|
| ATÉ 01/93 | 1.9170 |
| 02/93 | 1.4987 |
| 03/93 | 1.6271 |
| 04/93 | 1.2825 |

| Cr$ | 85º REAJUSTAMENTO AUTOMÁTICO JULH/1993 (voltar) | LEGISLAÇÃO: LEI Nº 8.212 E 8.213/91 8.542/92 PT/GM Nº 341/93 E 342/93 DECRETO 357/91E 611/92 OS - 270/93 | | |
|---|---|---|---|---|
| | VALORES MÍNIMOS | SALÁRIO MÍNIMO | MAIOR VALOR DE BENEFÍCIO | UNIDADE SALARIAL |
| SALÁRIO-FAMÍLIA - ATÉ -12.731.793,25 = 339,514,87 SUPERIOR - 12.731.793,25 = 42.439,28 | APOSENTADORIA = 4.639.800,00 PENSÃO = 4.639.800,00 | 4.639.800,00 (01/07/93 | 42.439.310,55 | |
| DIB ATÉ 06/93 | IND. REAJUSTE DE 1.4046 | | | |

| PREVIDÊNCIA SOCIAL<br>INSTITUTO NACIONAL DO SEGURO SOCIAL<br>DIRETORIA DE BENEFÍCIOS | TABELA DE REAJUSTAMENTO DE BENEFÍCIOS |
|---|---|

| CR$ | 86º REAJUSTAMENTO AUTOMÁTICO AGO/1993 *(voltar)* | LEGISLAÇÃO:<br>LEI Nº 8.212 E 8.213/91 8.542/92 8.686/93<br>DECRETO 357/91E 611/92<br>LEI COMPLEMENTAR 77/93<br>MP - 336/93, 340/93<br>PORTARIA 422/93, 421/93<br>OS 286/93 | | |
|---|---|---|---|---|
| | VALORES MÍNIMOS | SALÁRIO MÍNIMO | MAIOR VALOR DE BENEFÍCIO | UNIDADE SALARIAL |
| SALÁRIO-FAMÍLIA - ATÉ - 15.183,93 = 404,90<br>SUPERIOR - 15.183,93 = 50,60 | APOSENTADORIA = 5.534,00<br>PENSÃO = 5.534,00 | 5.534,00 (01/08/93) | 50.613,12 | |
| DIB ATÉ 07/93 | IND. REAJUSTE DE 1.1926 | | | |

| CR$ | 87º REAJUSTAMENTO AUTOMÁTICO SET/1993 *(voltar)* | LEGISLAÇÃO:<br>LEI Nº 8.212 E 8.213/91 8.542/92 8.686/93<br>DECRETO 357/91E 611/92<br>LEI COMPLEMENTAR 77/93<br>MP - 336/93, 340/93<br>PORTARIA 471/93, 472/93 E 495/93<br>OS 299/93 | | |
|---|---|---|---|---|
| | VALORES MÍNIMOS | SALÁRIO MÍNIMO | MAIOR VALOR DE BENEFÍCIO | UNIDADE SALARIAL |
| SALÁRIO-FAMÍLIA - ATÉ -25.924,48 = 691,31<br>SUPERIOR - 25.924,48 = 86,40 | APOSENTADORIA = 9.606,00<br>PENSÃ0 = 9.606,00 | 9.606,00 (01/09/93) | 86.414,97 | |

| DIB | ÍNDICE D E REAJUSTE |
|---|---|
| ATÉ 05/93 | 1.7073 |
| 06/93 | 1.3298 |
| 07/93 | 1.4330 |
| 08/93 | 1.3222 |

| PREVIDÊNCIA SOCIAL<br>INSTITUTO NACIONAL DO SEGURO SOCIAL<br>DIRETORIA DE BENEFÍCIOS | **TABELA DE REAJUSTAMENTO DE BENEFÍCIOS** |
|---|---|

| CR$ | 88º REAJUSTAMENTO AUTOMÁTICO OUT/1993 (*voltar*) | LEGISLAÇÃO: LEI Nº 8.212 E 8.213/91 8.542/92 8.686/93 DECRETO 357/91E 611/92 LEI COMPLEMENTAR 77/93 PORTARIA 522 e 523/93 OS 311/93 | | |
|---|---|---|---|---|
| | VALORES MÍNIMOS | SALÁRIO MÍNIMO | MAIOR VALOR DE BENEFÍCIO | UNIDADE SALARIAL |
| SALÁRIO-FAMÍLIA - ATÉ 32.449,67 = 865,31 SUPERIOR - 32.449,67 = 108,15 | APOSENTADORIA = 12.024,00 PENSÃO = 12.024,00 | 12.024,00 (01/10/93) | 108.165,62 | |
| DIB ATÉ 09/93 | IND. REAJUSTE DE 1.2517 | | | |

| CR$ | 89º REAJUSTAMENTO AUTOMÁTICO NOV/1993 (*voltar*) | LEGISLAÇÃO: LEI Nº 8.212 E 8.213/91 8.542/92 8.686/93 8.700/93 DECRETO 357/91E 611/92 LEI COMPLEMENTAR 77/93 PORTARIA 600 e 602/93 OS 332/93 | | |
|---|---|---|---|---|
| | VALORES MÍNIMOS | SALÁRIO MÍNIMO | MAIOR VALOR DE BENEFÍCIO | UNIDADE SALARIAL |
| SALÁRIO-FAMÍLIA - ATÉ 40.536,13 = 1.080,95 SUPEIROR 40.536,13 = 135,10 | APOSENTADORIA = 15.021,00 PENSÃO = 15.021,00 | 15.021,00 (01/11/93) | 135.120,49 | |
| DIB ATÉ 10/93 | IND. REAJUSTE DE 1.2492 | | | |

| CR$ | 90º REAJUSTAMENTO AUTOMÁTICO DEZ/1993 (*voltar*) | LEGISLAÇÃO: LEI Nº 8.212 E 8.213/91 8.542/92 8.686/93 8.700/93 DECRETO 357/91E 611/92 PORTARIAS 685/93, 691/93 OS 352/93 | | |
|---|---|---|---|---|
| | VALORES MÍNIMOS | SALÁRIO MÍNIMO | MAIOR VALOR DE BENEFÍCIO | UNIDADE SALARIAL |
| SALÁRIO-FAMÍLIA - ATÉ 50.625,57 = 1.350,00 SUPERIOR 50.625,57 = 168,72 | APOSENTADORIA = 18.760,00 PENSÃO = 18.760,00 | 18.760,00 (01/12/93) | 168.751,08 | 18.760,00 |
| DIB ATÉ 11/93 | IND. REAJUSTE DE 1.2489 | | | |

PREVIDÊNCIA SOCIAL
INSTITUTO NACIONAL DO SEGURO SOCIAL
DIRETORIA DE BENEFÍCIOS

# TABELA DE REAJUSTAMENTO DE BENEFÍCIOS

| CR$ | 91º REAJUSTAMENTO AUTOMÁTICO JAN/1994 *(voltar)* | LEGISLAÇÃO: LEI Nº 8.212 E 8.213/91 8.542/92 8.686/93 8.700/93 DECRETO 357/91E 611/92 PORTARIA 782/93, 783/94 OS 369/94 | | |
|---|---|---|---|---|
| | VALORES MÍNIMOS | SALÁRIO MÍNIMO | MAIOR VALOR DE BENEFÍCIO | UNIDADE SALARIAL |
| SALÁRIO-FAMÍLIA - ATÉ 88.738,58 = 2.366,33 SUPERIOR - 88.738,58 = 295,74 | **APOSENTADORIA = 32.882,00 PENSÃ0 = 32.882,00** | 32.882,00 (01/01/94) | 295.795,39 | 32.882,00 |

| DIB | ÍNDICE DE REAJUSTE |
|---|---|
| ATÉ 09/93 | 1.7528 |
| 10/93 | 1.6022 |
| 11/93 | 1.4834 |
| 12/93 | 1.3735 |

| CR$ | 92º REAJUSTAMENTO AUTOMÁTICO FEV/1994 *(voltar)* | LEGISLAÇÃO: LEI Nº 8.212 E 8.213/91 8.542/92 8.686/93 8.700/93 DECRETO 357/91E 611/92 PORTARIA 845/94, 846/94 OS 387/94/93 | | |
|---|---|---|---|---|
| | VALORES MÍNIMOS | SALÁRIO MÍNIMO | MAIOR VALOR DE BENEFÍCIO | UNIDADE SALARIAL |
| SALÁRIO-FAMÍLIA - ATÉ 115.582,02 = 3.082,15 SUPERIOR - 115.582,02 = 385,19 | **APOSENTADORIA = 42.829,00 PENSÃO = 42.829,00** | 42.829,00 (01/02/94) | **385.273,50** | **42.829,00** |

| DIB ATÉ 01/94 | IND. REAJUSTE DE 1.3025 |
|---|---|

62

| PREVIDÊNCIA SOCIAL<br>INSTITUTO NACIONAL DO SEGURO SOCIAL<br>DIRETORIA DE BENEFÍCIOS | TABELA DE REAJUSTAMENTO DE BENEFÍCIOS |
|---|---|

| URV | CONVERSÃO EM URV-<br>(UNIDADE REAL DE VALOR)<br>MAR/1994<br>*(voltar)* | LEGISLAÇÃO:<br>LEI Nº 8.212 E 8.213/91 8.542/92 8.686/93 8.700/93<br>DECRETO 357/91E 611/92<br>MED. PROV. 434/94<br>PORTARIAS/MPS 928 E 929 /94<br>OS/DSS 398/94 | | |
|---|---|---|---|---|
| | VALORES MÍNIMOS | SALÁRIO MÍNIMO | MAIOR VALOR DE BENEFÍCIO | |
| SALÁRIO-FAMÍLIA - ATÉ 174,86 = 4,66<br>SUPERIOR 174,86 = 0,58 | APOSENTADORIA = 64,79 URV<br>PENSÃO = 64,79 URV | 64,79<br>(01/03/94 | 582,86 | |

NOTA:

1- Para fins de conversão do valor dos benefícios em URV, deverá ser dividido o valor mensal de fevereiro de 1994 por:

I - 634,6471 - Para benefícios vinculados aos índices de reajuste dos Servidores Públicos da União;

II - 633,3818 - Para benefícios com data de início no mês de outubro de 1993;

III - 609,6611 - Para benefícios com data de início no mês de novembro/93;

IV - 661,0052 - Para os demais benefícios.

2- Para fins de pagamento, os benefícios serão transformados em cruzeiros reais, multiplicando-se a quantidade de URV pelo valor diário da mesma, na data estipulada para o pagamento (do 1º ao 12º dia útil do mês).

**Obs.: A partir de julho/94 os valores passaram a ser expressos em real**

| R$ | ATUALIZAÇÃO DO VALOR MÍNIMO DE BENEFÍCIO<br>SET/1994<br>VALOR EM REAIS<br>*(voltar)* | LEGISLAÇÃO:<br>LEI Nº 8.212 E 8.213/91 8.542/92 8.686/93 8.700/93 E 8880/94<br>DECRETOS 357/91 e 611/92<br>MED. PROV. 598/94<br>PORTARIA 1.436/94<br>OS/DSS -442/94 |
|---|---|---|
| | VALORES MÍNIMOS | SALÁRIO MÍNIMO |
| | APOSENTADORIA = 70,00<br>PENSÃO = 70,00 | 70,00<br>(01/09/94) |

| PREVIDÊNCIA SOCIAL<br>INSTITUTO NACIONAL DO SEGURO SOCIAL<br>DIRETORIA DE BENEFÍCIOS | TABELA DE REAJUSTAMENTO DE BENEFÍCIOS |
|---|---|

| R$ | ABONO<br>JAN/1995 (PARCELA ÚNICA)<br>*(voltar)* | LEGISLAÇÃO:<br>MED.PROV. 809/94<br>OS/DSS 466/95 |
|---|---|---|
| | VALORES MÍNIMOS | SALÁRIO MÍNIMO |
| | APOSENTADORIA = 70,00<br>PENSÃO = 70,00 | 70,00 |
| DIB ATÉ 31/01/95 | VALOR DO ABONO = 15,00 | |
| **NOTA: Não farão jus ao abono os seguintes benefícios -**<br>a) Estatutários, esp. 20, 22, 37, 38, 73, 76 e os de tratamento 16<br>b) Ex-combatentes (Lei 1.756/52 e 4.297/63), esp. 23 e 43 (trat. 11, 12, 24, 25), 29, 34, 72, 78 e 79<br>c) Anistiados, esp. 58 e 59<br>d) Seringueiros esp. 85 e 86<br>e) Vítimas da Talidomida esp. 56 | | |

| RS | 93º<br>REAJUSTAMENTO<br>AUTOMÁTICO<br>MAI/1995<br>*(voltar)* | LEGISLAÇÃO:<br>LEIS º 8.212 E 8.213/91 8.686/93 E 8880/94<br>9.032/95, 8.870/94 E 8.861/94.<br>DECRETO 357/91E 611/92<br>MED. PROV. 978/95<br>PORT. 2005 e 2006/95<br>OS 489/95 | | |
|---|---|---|---|---|
| | VALORES MÍNIMOS | MAIOR VALOR DE BENEFÍCIO | SALÁRIO-DE-BENEFÍCIO | SALÁRIO MÍNIMO |
| SALÁRIO-FAMÍLIA: ATÉ 249,80 = 6,66<br>SUPEIROR = 249,80 = 0,83 | APOSENTADORIA: 100,00<br>PENSÃ0: 100,00 | 832,66 | 582,86 | 100,00 |

| DIB | REAJUSTE PELO (%) ( 3º e 4º do Art. 2º da nº 8.880/94, | AUMENTO REAL (%) .2º do Art. 1º da nº 9.032/95), | REAJUSTE TOTAL (%) |
|---|---|---|---|
| 07/94 | 29.5471 | 10.2743 | 42,8572 |
| 08/94 | 22.1221 | 10.2743 | 34,6693 |
| 09/94 | 15.7994 | 10.2743 | 27,6970. |
| 10/94 | 14.0769 | 10.2743 | 25,7975 |
| 11/94 | 11.9938 | 10.2743 | 23,5004 |
| 12/94 | 8.4476 | 10.2743 | 19,5899 |
| 01/95 | 6.1235 | 10.2743 | 17,0270 |

| PREVIDÊNCIA SOCIAL<br>INSTITUTO NACIONAL DO SEGURO SOCIAL<br>DIRETORIA DE BENEFÍCIOS | TABELA DE REAJUSTAMENTO DE BENEFÍCIOS |
|---|---|

<table>
<tr><td rowspan="2">R$</td><td>94º<br>REAJUSTAMENTO<br>AUTOMÁTICO<br>MAIO/1996<br>(voltar)</td><td colspan="3">LEGISLAÇÃO:<br>LEIS 8742/93, º 8.212 E 8.213/91 8.686/93 E 8880/94<br>9.032/95, 8.870/94 E 8.861/94.<br>DECRETO 357/91E 611/92 E 1.744/95<br>MED. PROV. 1.415/96<br>PORT. 5.242/96, 3.251/96, 3.253/96<br>OS 535/96</td></tr>
<tr><td>VALORES MÍNIMOS</td><td>MAIOR VALOR DE BENEFÍCIO</td><td>SALÁRIO-DE-BENEFÍCIO</td><td>SALÁRIO MÍNIMO</td></tr>
<tr><td>SALÁRIO-FAMÍLIA<br>ATÉ 287,27 = 7,66<br>SUPERIOR 287,27 = 0,95</td><td>APOSENTADORIA:<br>112,00<br>PENSÃ0: 112,00</td><td>957,56</td><td>832,66</td><td>112,00<br>01/05/96</td></tr>
</table>

| DIB | REAJUSTE PELO IGP-DI ( ART. 2º DA M.P 1.415/96) | AUMENTO REAL (%) ART. 5º DA M.P 1.415/96) | REAJUSTE TOTAL (%) PERFAZENDO 15% |
|---|---|---|---|
| 05/95 | 11,2508 | 3.3700 | 15,000 |
| 06/95 | 10.8061 | 3.3700 | 14,5403 |
| 07/95 | 7,9761 | 3.3700 | 11,6149 |
| 08/95 | 5,6124 | 3.3700 | 9,1715 |
| 09/95 | 4,2686 | 3.3700 | 7,7824 |
| 10/95 | 5,4081 | 3.3700 | 8,9603 |

<table>
<tr><td>PREVIDÊNCIA SOCIAL<br>INSTITUTO NACIONAL DO SEGURO SOCIAL<br>DIRETORIA DE BENEFÍCIOS</td><td>TABELA DE REAJUSTAMENTO DE BENEFÍCIOS</td></tr>
</table>

<table>
<tr><td rowspan="2">R$</td><td>95º<br>REAJUSTAMENTO<br>AUTOMÁTICO<br>JUNHO/1997<br>(voltar)</td><td colspan="3">LEGISLAÇÃO:<br>LEIS 8742/93, º 8.212 E 8.213/91 8.686/93 E 8880/94<br>9.032/95, 8.870/94 E 8.861/94.<br>DECRETO 357/91E 611/92 E 1.744/95, 2.172/97<br>MEDIDAS PROVISÓRIAS. 1.572, 1572.1/97<br>PORTARIAS: 3.964/97, 3.971/97<br>ORDEM DE SERVIÇO: 573/97</td></tr>
<tr><td>VALORES MÍNIMOS</td><td>MAIOR VALOR DE BENEFÍCIO</td><td>SALÁRIO-DE-BENEFÍCIO</td><td>SALÁRIO MÍNIMO</td></tr>
<tr><td>SALÁRIO-FAMÍLIA<br>ATÉ 309,56 = 8,25<br>SUPERIOR 309,56 = 1.02</td><td>APOSENTADORIA:<br>120,00<br>PENSÃ0: 120,00</td><td>1.031,87</td><td>1.031,87</td><td>120,00<br>(01/05/97)</td></tr>
</table>

| DATA DE INICIO DO BENEFICIO | REAJUSTE (%) |
|---|---|
| 05/96 | 7,7600 |
| 06/96 | 7,1400 |
| 07/96 | 6,5300 |
| 08/96 | 5,9200 |
| 09/96 | 5,3100 |
| 10/96 | 4,7100 |
| 11/96 | 4,1100 |
| 12/96 | 3,5100 |
| 01/97 | 2,9200 |
| 02/97 | 2,3300 |
| 03/97 | 1,7400 |
| 04/97 | 1,1600 |
| 05/97 | 0,5800 |

| PREVIDÊNCIA SOCIAL<br>INSTITUTO NACIONAL DO SEGURO SOCIAL<br>DIRETORIA DE BENEFÍCIOS | TABELA DE REAJUSTAMENTO DE BENEFÍCIOS |
|---|---|

| R$ | 96º REAJUSTAMENTO AUTOMÁTICO JUNHO/1998 *(voltar)* | LEGISLAÇÃO: LEIS 8742/93, º 8.212 E 8.213/91 8.686/93 E 8880/94 9.032/95, 8.870/94 E 8.861/94. E 9.311/96 DECRETO 357/91E 611/92 E 1.744/95, 2.172/97 MEDIDAS PROVISÓRIAS. 1.656.1/98, 1.663.10/98 PORTARIAS: MPAS 4.478/98, 4.479/98 ORDEM DE SERVIÇO: 601/98 | | |
|---|---|---|---|---|
| | VALORES MÍNIMOS | MAIOR VALOR DE BENEFÍCIO | SALÁRIO-DE-BENEFÍCIO | SALÁRIO MÍNIMO |
| SALÁRIO-FAMÍLIA ATÉ 324,45 = 8,65 SUPERIOR 324,45 = 1,07 | APOSENTADORIA: 130,00 PENSÃ0: 130,00 | 1.081,50 | 1.081,50 | 130,00 (01/05/98 |

| DATA DE INICIO DO BENEFICIO | REAJUSTE (%) |
|---|---|
| 06/97 | 4,81 |
| 07/97 | 4,40 |
| 08/97 | 3,99 |
| 09/97 | 3,59 |
| 10/97 | 3,18 |
| 11/97 | 2,78 |
| 12/97 | 2,38 |
| 01/98 | 1,98 |
| 02/98 | 1,58 |
| 03/98 | 1,18 |
| 04/98 | 0,79 |
| 05/98 | 0,39 |

PREVIDÊNCIA SOCIAL
INSTITUTO NACIONAL DO SEGURO SOCIAL
DIRETORIA DE BENEFÍCIOS

# TABELA DE REAJUSTAMENTO DE BENEFÍCIOS

| R$ | 97º REAJUSTAMENTO AUTOMÁTICO JUNHO/1999 *(voltar)* | LEGISLAÇÃO: LEIS 8742/93, º 8.212 E 8.213/91 8.686/93 E 8880/94 9.032/95, 8.870/94 E 8.861/94. E 9.311/96 DECRETO 357/91E 611/92 E 1.744/95, 2.172/97 MEDIDAS PROVISÓRIAS. 1.824/99 PORTARIAS: MPAS 5.188/99 ORDEM DE SERVIÇO: 624/99 e 625/99 | | |
|---|---|---|---|---|
| | VALORES MÍNIMOS | MAIOR VALOR DE BENEFÍCIO | SALÁRIO-DE-BENEFÍCIO | SALÁRIO MÍNIMO |
| SALÁRIO-FAMÍLIA ATÉ 376.60 = 9.05 | APOSENTADORIA: 136,00 PENSÃ0: 136,00 | 1.255,32 | 1.255,32 | 136,00 (01/05/99). |

| DATA DE INICIO DO BENEFICIO | REAJUSTE (%) |
|---|---|
| 06/98 | 4,61 |
| 07/98 | 4,22 |
| 08/98 | 3,83 |
| 09/98 | 3,44 |
| 10/98 | 3,05 |
| 11/98 | 2,66 |
| 12/98 | 2,28 |
| 01/99 | 1,90 |
| 02/99 | 1,51 |
| 03/99 | 1,13 |
| 04/99 | 0,75 |
| 05/99 | 0,38 |

| PREVIDÊNCIA SOCIAL<br>INSTITUTO NACIONAL DO SEGURO SOCIAL<br>DIRETORIA DE BENEFÍCIOS | TABELA DE REAJUSTAMENTO DE BENEFÍCIOS |
|---|---|

| R$ | 98º REAJUSTAMENTO AUTOMÁTICO JUNHO/2000 *(voltar)* | LEGISLAÇÃO: LEI Nº 9.971/00 MEDIDAS PROVISÓRIAS. 1.933-12, 1.945-50, 1.946-38, 1.947-25, E 2.022-17/00 PORTARIAS: MPAS – 6211/00 | | | |
|---|---|---|---|---|---|
| | VALORES MÍNIMOS | MAIOR VALOR DE BENEFÍCIO | SALÁRIO-DE-BENEFÍCIO | SALÁRIO MÍNIMO | VALOR DA DIÁRIA P/ SEGURADO |
| SALÁRIO-FAMÍLIA ATÉ 398,48 = 9,58 | APOSENTADORIA:151,00 PENSÃ0: 151,00 | 1.328,25 | 1.328,25 | 151,00 | 28,51 |

| DATA DE INICIO DO BENEFICIO | REAJUSTE (%) |
|---|---|
| ATÉ 06/99 | 5,81 |
| 07/99 | 5,31 |
| 08/99 | 4,82 |
| 09/99 | 4,33 |
| 10/99 | 3,84 |
| 11/99 | 3,35 |
| 12/99 | 2,86 |
| 01/00 | 2,38 |
| 02/00 | 1,90 |
| 03/00 | 1,42 |
| 04/99 | 0,95 |
| 05/99 | 0,47 |

<table>
<tr><td>PREVIDÊNCIA SOCIAL<br>INSTITUTO NACIONAL DO SEGURO SOCIAL<br>DIRETORIA DE BENEFÍCIOS</td><td>TABELA DE REAJUSTAMENTO DE BENEFÍCIOS</td></tr>
</table>

<table>
<tr><td rowspan="2">R$</td><td>99º<br>REAJUSTAMENTO<br>AUTOMÁTICO<br>JUNHO/2001<br>(voltar)</td><td colspan="4">LEGISLAÇÃO:<br>LEISns 8.212 , 8.213/91e /9.31196, 9.539/97<br>DECRETOS. 3.048/99 e 3.826/01<br>PORTARIAS: MPAS 1.987/01<br>EMENDA CONSTITUCIONAL 20 e 21/98<br>MEDIDA PROVISÓRIA 2.129-9/01</td></tr>
<tr><td>VALORES MÍNIMOS</td><td>MAIOR VALOR DE BENEFÍCIO</td><td>SALÁRIO-DE-BENEFÍCIO</td><td>SALÁRIO MÍNIMO</td><td>VALOR DA DIÁRIA P/ SEGURADO</td></tr>
<tr><td>SALÁRIO-FAMÍLIA<br>ATÉ 429,00 = 10,31</td><td>APOSENTADORIA:<br>180,00<br>PENSÃ0: 180,00</td><td>1.430,00</td><td>1.430,00</td><td>180,00</td><td>30,69</td></tr>
</table>

| DATA DE INICIO DO BENEFICIO | REAJUSTE (%) |
|---|---|
| Até 06/00 | 7,66 |
| 07//00 | 7,34 |
| 08/00 | 5,87 |
| 09/00 | 4,60 |
| 10/00 | 4,15 |
| 11/00 | 3,99 |
| 12/00 | 3,68 |
| 01/01 | 3,12 |
| 02/01 | 2,33 |
| 03/01 | 1,83 |
| 04/01 | 1.34 |
| 05/01 | 0,50 |

| PREVIDÊNCIA SOCIAL<br>INSTITUTO NACIONAL DO SEGURO SOCIAL<br>DIRETORIA DE BENEFÍCIOS | **TABELA DE REAJUSTAMENTO DE BENEFÍCIOS** |
|---|---|

| **R$** | **100º REAJUSTAMENTO AUTOMÁTICO JUNHO/2002** *(voltar)* | **LEGISLAÇÃO:**<br>**LEIS 8.212 e 8.213/91 e 9.311/96, 9.539/97**<br>**DECRETOS. . 3.048/99 e 4.249/02**<br>**PORTARIA 288/02 e 525/02**<br>**EMENDAS CONSTITUCIONAL 20/98 21/99e 31/00**<br>**MEDIDA PROVISÓRIA 2.187-13 e 35/02** | | | |
|---|---|---|---|---|---|
| **LIMITE MÁXIMO DO SALÁRIO DE CONTRIBUIÇÃO 1.561,56** | **VALORES MÍNIMOS** | **MAIOR VALOR DE BENEFÍCIO** | **SALÁRIO-DE-BENEFÍCIO** | **SALÁRIO MÍNIMO** | **VALOR DA DIÁRIA P/ SEGURADO** |
| **SALÁRIO-FAMÍLIA 11,26**<br>**✓ REMUNERAÇÃO ATÉ 468,47** | **APOSENTADORIA: 200,00**<br>**PENSÃ0: 200,00**<br>**AUXÍLIO-RECLUSÃO REMUNERAÇÃO (= OU <) 468,47** | **1.561,,56** | **NÃO INFERIOR 200,00**<br>**NÃOSUPERIOR 1.561,56** | **200,00** | **33,51** |

| DATA DE INÍCIO DO BENEFÍCIO | REAJUSTE (%) |
|---|---|
| 06/2001 | 9,20 |
| 07/2001 | 8,55 |
| 08/2001 | 7,36 |
| 09/2001 | 6,52 |
| 10/2001 | 6,05 |
| 11/2001 | 5,06 |
| 12/2001 | 3,72 |
| 01/2002 | 2,96 |
| 02/2002 | 1,87 |
| 03/2002 | 1,56 |
| 04/2002 | 0,93 |
| 05/2002 | 0,25 |

| PREVIDÊNCIA SOCIAL<br>INSTITUTO NACIONAL DO SEGURO SOCIAL<br>DIRETORIA DE BENEFÍCIOS | **TABELA DE REAJUSTAMENTO DE BENEFÍCIOS** |
|---|---|

| **R$** | **101º REAJUSTAMENTO AUTOMÁTICO JUNHO/2003** *(voltar)* | **LEGISLAÇÃO:<br>LEIS nºs 8.212 , 8.213/91, 9.311/96, 9.539/97, e 10.699/03<br>DECRETOS nºs. 3.048/99, 4.249/02 e 4.709/03<br>PORTARIA nºs 348/03 e 727/03<br>EMENDAS CONSTITUCIONAL nºs 20/98, 21/99 e 31/00<br>MEDIDA PROVISÓRIA nºs 2.187-13/01, 083/02 e 116//03** | | | |
|---|---|---|---|---|---|
| **LIMITE MÁXIMO DO SALÁRIO DE CONTRIBUIÇÃO 1.869,34** | **VALORES MÍNIMOS** | **MAIOR VALOR DE BENEFÍCIO** | **SALÁRIO-DE-BENEFÍCIO** | **SALÁRIO MÍNIMO** | **VALOR DA DIÁRIA P/ SEGURADO** |
| **SALÁRIO-FAMÍLIA 13,48<br>✓ REMUNERAÇÃ ATÉ 560,81** | **APOSENTADORIA: 240,00<br>PENSÃ0: 240,00<br>AUXÍLIO RECLUSÃO REMUNERAÇÃO (= OU <) 560, 81** | **1.869,34** | **NÃO INFERIOR 240,00<br>NÃOSUPERIOR 1.869,34** | **240,00** | **40,11** |

| DATA DE INÍCIO DO BENEFÍCIO | REAJUSTE (%) |
|---|---|
| 06/2002 | 19,71 |
| 07/2002 | 18,98 |
| 08/2002 | 17,63 |
| 09/2002 | 16,63 |
| 10/2002 | 15,67 |
| 11/2002 | 13,88 |
| 12/2002 | 10,15 |
| 01/2003 | 7,25 |
| 02/2003 | 4.67 |
| 03/2003 | 3,16 |
| 04/2003 | 1,77 |
| 05/2003 | 0,38 |

PREVIDÊNCIA SOCIAL
INSTITUTO NACIONAL DO SEGURO SOCIAL
DIRETORIA DE BENEFÍCIOS

# TABELA DE REAJUSTAMENTO DE BENEFÍCIOS

| R$ | 102º REAJUSTAMENTO AUTOMÁTICO MAIO/2004 *(voltar)* | LEGISLAÇÃO: LEIS nºs 8.212 e 8.213/91, DECRETOS nºs. 3.048/99 e,5.061/04 PORTARIA nº 479/04 EMENDAS CONSTITUCIONAL nºs 20/98 e 41/03 MEDIDA PROVISÓRIA nºs 2.187-13/01, e 182/04 | | | |
|---|---|---|---|---|---|
| **LIMITE MÁXIMO DO SALÁRIO DE CONTRIBUIÇÃO** 2.508,72 | **VALORES MÍNIMOS** | **MAIOR VALOR DE BENEFÍCIO** | **SALÁRIO-DE-BENEFÍCIO** | **SALÁRIO MÍNIMO** | **VALOR DA DIÁRIA P/ SEGURADO** |
| **SALÁRIO-FAMÍLIA NÃO SUPERIOR A 390,00** 20,00 **SUPERIOR A 390,00 E IGUAL OU INFERIOR A R$ 586,19:** 14,09 | **APOSENTADORIA: 260,00 PENSÃ0: 260,00 AUXÍLIO RECLUSÃO REMUNERAÇÃO (= OU <) 586,19** | **2.508,72** | **NÃO INFERIOR 260,00 NÃO SUPERIOR 2.508,72** | **260,00** | **41,93** |

| DATA DE INÍCIO DO BENEFÍCIO | REAJUSTE (%) |
|---|---|
| Até 06/2003 | 4,53 |
| 07/2003 | 4,59 |
| 08/2003 | 4,55 |
| 09/2003 | 4,36 |
| 10/2003 | 3,51 |
| 11/2003 | 3,11 |
| 12/2003 | 2,73 |
| 01/2004 | 2,18 |
| 02/2003 | 1,34 |
| 03/2004 | 0,94 |
| 04/2004 | 0,37 |

| PREVIDÊNCIA SOCIAL<br>INSTITUTO NACIONAL DO SEGURO SOCIAL<br>DIRETORIA DE BENEFÍCIOS | **TABELA DE REAJUSTAMENTO DE BENEFÍCIOS** |
|---|---|

| **R$** | **103º REAJUSTAMENTO AUTOMÁTICO MAIO/2005** *(voltar)* | **LEGISLAÇÃO:**<br>**LEIS nºs 8.212/91, 8.213/91 e 11.164/05**<br>**DECRETOS nºs. 3.048/99 e, 5443/05**<br>**PORTARIA nº 822/05**<br>**EMENDAS CONSTITUCIONAL nºs 20/98 e 41/03**<br>**MEDIDA PROVISÓRIA nºs 2.187-13/01, e 248/05** | | | |
|---|---|---|---|---|---|
| **LIMITE MÁXIMO DO SALÁRIO DE CONTRIBUIÇÃO** 2.668,15 | **VALORES MÍNIMOS** | **MAIOR VALOR DE BENEFÍCIO** | **SALÁRIO-DE-BENEFÍCIO** | **SALÁRIO MÍNIMO** | **VALOR DA DIÁRIA P/ SEGURADO** |
| **SALÁRIO-FAMÍLIA NÃO SUPERIOR A 414,78** 21,27 **SUPERIOR A 414,78 E IGUAL OU INFERIOR A R$ 623,44** 14,99 | **APOSENTADORIA: 300,00 PENSÃO: 300,00 AUXÍLIO RECLUSÃO REMUNERAÇÃO (= OU <) 623,44** | **2.668,15** | **NÃO INFERIOR 300,00 NÃO SUPERIOR 2.668,15** | **300,00** | **44,59** |

| **DATA DE INÍCIO DO BENEFÍCIO** | **REAJUSTE (%)** |
|---|---|
| **Até 05/04** | **6,355** |
| **06/2004** | **5,932** |
| **07/2004** | **5,405** |
| **08/2004** | **4,641** |
| **09/2004** | **4,120** |
| **10/2004** | **3,944** |
| **11/2004** | **3,767** |
| **12/2004** | **3,313** |
| **01/2005** | **2,432** |
| **02/2005** | **1,851** |
| **03/2005** | **1.405** |
| **04/2005** | **0,670** |

PREVIDÊNCIA SOCIAL
INSTITUTO NACIONAL DO SEGURO SOCIAL
DIRETORIA DE BENEFÍCIOS

# TABELA DE REAJUSTAMENTO DE BENEFÍCIOS

<table>
<tr><td>R$</td><td>104º<br>REAJUSTAMENTO<br>AUTOMÁTICO<br>ABRIL/2006<br>(voltar)</td><td colspan="4">LEGISLAÇÃO:<br>LEIS nºs 8.212/91 e 8.213/91 e 11.321/06<br>DECRETOS nºs. 5.756/06, 3.048/99 e 5.756/06<br>PORTARIA nº MPS 119/06<br>EMENDAS CONSTITUCIONAL nºs 20/98 e 41/03<br>MEDIDA PROVISÓRIA nºs 2.187-13/01, 288/06 e 291/06</td></tr>
<tr><td>LIMITE MÁXIMO DO SALÁRIO DE CONTRIBUIÇÃO: 2.801,56</td><td>VALORES MÍNIMOS</td><td>MAIOR VALOR DE BENEFÍCIO</td><td>SALÁRIO-DE-BENEFÍCIO</td><td>SALÁRIO MÍNIMO</td><td>VALOR DA DIÁRIA P/ SEGURADO</td></tr>
<tr><td>SALÁRIO-FAMÍLIA<br>NÃO SUPERIOR A R$ 435,52 = 22,33<br>SUPERIOR A E IGUAL OU INFERIOR A R$ 654,61 = 15,74</td><td>APOSENTADORIA: 350,00<br>PENSÃ0: 350,00<br>AUXÍLIO RECLUSÃO 350,00<br>SERINGUEIROS: 700,00</td><td>2.801,56</td><td>NÃO INFERIOR: 350,00<br>NÃO SUPERIOR: 2.801,56</td><td>350,00</td><td>46,82</td></tr>
</table>

| DATA DE INÍCIO DO BENEFÍCIO | REAJUSTE (%) |
|---|---|
| Até 05/05 | 5,000 |
| 06/2005 | 4,270 |
| 07/2005 | 4,385 |
| 08/2005 | 4,354 |
| 09/2005 | 4,354 |
| 10/2005 | 4,198 |
| 11/2005 | 3,597 |
| 12/2005 | 3,040 |
| 01/2006 | 2,630 |
| 02/2006 | 2,241 |
| 03/2006 | 2,007 |

| PREVIDÊNCIA SOCIAL<br>INSTITUTO NACIONAL DO SEGURO SOCIAL<br>DIRETORIA DE BENEFÍCIOS | TABELA DE REAJUSTAMENTO DE BENEFÍCIOS |
|---|---|

| R$ | 105º REAJUSTAMENTO AUTOMÁTICO AGOSTO/2006 *(voltar)* | LEGISLAÇÃO:<br>LEIS nºs 8.212/91 e 8.213/91, 8.444/92 11.321/06, 10.699/03<br>DECRETOS nºs. 5.756/06, 3.048/99 e 5.872/06<br>PORTARIA nº MPS 119/06 – 342/06<br>EMENDAS CONSTITUCIONAL nºs 20/98 e 41/03<br>MEDIDA PROVISÓRIA nºs 2.187-13/01, 291/06 e 316/06 | | | |
|---|---|---|---|---|---|
| LIMITE MÁXIMO DO SALÁRIO DE CONTRIBUIÇÃO: 2.801,82 | VALORES MÍNIMOS | MAIOR VALOR DE BENEFÍCIO | SALÁRIO-DE-BENEFÍCIO | SALÁRIO MÍNIMO | VALOR DA DIÁRIA P/ SEGURADO |
| SALÁRIO-FAMÍLIA NÃO SUPERIOR A R$ 435,52 = 22,33 SUPERIOR A E IGUAL OU INFERIOR A R$ 654,61 = 15,74 | APOSENTADORIA: 350,00 PENSÃO: 350,00 AUXÍLIO RECLUSÃO 350,00 SERINGUEIROS: 700,00 | 2.801,82 | NÃO INFERIOR: 350,00 NÃO SUPERIOR: 2.801,82 | 350,00 | 46,82 |

| DATA DE INÍCIO DO BENEFÍCIO | REAJUSTE (%) |
|---|---|
| Até 05/05 | 5,010% |
| 06/2005 | 4,280% |
| 07/2005 | 4,395% |
| 08/2005 | 4,364% |
| 09/2005 | 4,364% |
| 10/2005 | 4,208% |
| 11/2005 | 3,607% |
| 12/2005 | 3,050% |
| 01/2006 | 2,640% |
| 02/2006 | 2,251% |
| 03/2006 | 2,017% |

PREVIDÊNCIA SOCIAL
INSTITUTO NACIONAL DO SEGURO SOCIAL
DIRETORIA DE BENEFÍCIOS

## TABELA DE REAJUSTAMENTO DE BENEFÍCIOS

| R$ | 106º REAJUSTAMENTO AUTOMÁTICO<br>ABRIL/2007<br>*(voltar)* | LEGISLAÇÃO:<br>LEIS nºs 8.212/91 e 8.213/91, 8.444/92 11.321/06, 10.699/03<br>DECRETOS nºs. 3.048/99, 5.756/06, e 6.042/07<br>PORTARIA nº MPS nº 142/07<br>EMENDAS CONSTITUCIONAL nºs 20/98 e 41/03<br>MEDIDA PROVISÓRIA nºs 362/07 | | | |
|---|---|---|---|---|---|
| IMITE MÁXIMO DO SALÁRIO DE CONTRIBUIÇÃO: 2.894,28 | VALORES MÍNIMOS | MAIOR VALOR DE BENEFÍCIO | SALÁRIO-DE-BENEFÍCIO | SALÁRIO MÍNIMO | VALOR D. DIÁRIA P SEGURAD |
| ;ALÁRIO-FAMÍLIA ÃO SUPERIOR A R$ 449,93 = 23,08 SUPERIOR A E ;UAL OU INFERIOR A R$ 676,27 = 16.26 | APOSENTADORIA: 380,00<br>PENSÃ0: 380 ,00<br>AUXÍLIO RECLUSÃO 380,00<br>SERINGUEIROS: 760,00 | 2.894,28 | NÃO INFERIOR: 380,00<br>NÃO SUPERIOR: : 2.894,28 | 380,00 | 48,37 |

| DATA DE INÍCIO DO BENEFÍCIO | REAJUSTE (%) |
|---|---|
| Até 04/06 | 3,30 |
| 05/2006 | 3,17 |
| 06/2006 | 3,04 |
| 07/2006 | 3,11 |
| 08/2006 | 3,00 |
| 09/2006 | 3,02 |
| 10/2006 | 2,85 |
| 11/2006 | 2,41 |
| 12/2006 | 1,98 |
| 01/2007 | 1,36 |
| 02/2007 | 0,86 |
| 03/2007 | 0,44 |

77

PREVIDÊNCIA SOCIAL
INSTITUTO NACIONAL DO SEGURO SOCIAL
DIRETORIA DE BENEFÍCIOS

**TABELA DE REAJUSTAMENTO DE BENEFÍCIOS**

| SALÁRIO-DE-CONTRIBUÇÃO R$ | ALÍQUOTA P/ FINS DE RECOLHIMNETO AO INSS (%) |
|---|---|
| Até 868,29 | 7,65* |
| 868,30 até 1.140,00 (3SM) | 8,65* |
| 1.140,01 até 1.447,14 | 9,00 |
| 1.447,15 até 2894,26 | 11,00 |

- Alíquota reduzidas para salários e remuneração até três salários mínimos, em razão do disposto no inciso II do art. 17 da Lei nº 9.311, de 24/10/96, que institui a Contribuição Provisória sobre Movimentação ou Transmissão de Valores e de Créditos e de Direitos de Natureza Financeira – CPMF.

| PREVIDÊNCIA SOCIAL<br>INSTITUTO NACIONAL DO SEGURO SOCIAL<br>DIRETORIA DE BENEFÍCIOS | **TABELA DE REAJUSTAMENTO DE BENEFÍCIOS** |
|---|---|

| R$ | 107º REAJUSTAMENTO AUTOMÁTICO MARÇO/2008 *(voltar)* | LEGISLAÇÃO: LEIS nºs 8.212/91 e 8.213/91, 8.444/92 11.321/06, 10.699/03 DECRETOS nºs. 3.048/99, 5.756/06, e 6.042/07 PORTARIA nº MPS nº 77/08 EMENDAS CONSTITUCIONAL nºs 20/98 e 41/03 MEDIDA PROVISÓRIA nºs 421/08 | | | |
|---|---|---|---|---|---|
| IMITE MÁXIMO DO SALÁRIO DE CONTRIBUIÇÃO: 3.038,99 | VALORES MÍNIMOS | MAIOR VALOR DE BENEFÍCIO | SALÁRIO-DE-BENEFÍCIO | SALÁRIO MÍNIMO | VALOR D. DIÁRIA P SEGURAD |
| ;ALÁRIO-FAMÍLIA ÃO SUPERIOR A R$ 472,43 = 24.23 SUPERIOR A E ;UAL OU INFERIOR A R$ 710,08 = 17,07 | APOSENTADORIA: 415,00 PENSÃ0: 415,00 AUXÍLIO RECLUSÃO: 415,00 SERINGUEIROS: 830,00 | 3.038,99 | NÃO INFERIOR: 415,00 NÃO SUPERIOR: : 3.038,99 | 415,00 | 50,79 |

| DATA DE INÍCIO DO BENEFÍCIO | REAJUSTE (%) |
|---|---|
| Até 04/07 | 5,00 |
| 05/2007 | 4,73 |
| 06/2007 | 4,45 |
| 07/2007 | 4,13 |
| 08/2007 | 3,80 |
| 09/2007 | 3,19 |
| 10/2007 | 2,93 |
| 11/2007 | 2,62 |
| 12/2007 | 2,19 |
| 01/2008 | 1,20 |
| 02/2008 | 0,51 |

**TABELA DE CONTRIBUIÇÃO DOS SEGURADOS EMPREGADO, EMPREGADO DOMÉSTICO E TRABALHADOR AVULSO, PARA PAGAMENTO DE REMUNERAÇÃO A PARTIR DE 1º DE MARÇO DE 2008**

| SALÁRIO-DE-CONTRIBUÇÃO R$ | ALÍQUOTA P/ FINS DE RECOLHIMNETO AO INSS (%) |
|---|---|
| Até 868,29 | 7,65* |
| 868,30 até 1.140,00 (3SM) | 8,65* |

79

PREVIDÊNCIA SOCIAL
INSTITUTO NACIONAL DO SEGURO SOCIAL
DIRETORIA DE BENEFÍCIOS

**TABELA DE REAJUSTAMENTO DE BENEFÍCIOS**

| | |
|---|---|
| 1.140,01 até 1.447,14 | 9,00 |
| 1.447,15 até 2894,26 | 11,00 |

- Alíquota reduzidas para salários e remuneração até três salários mínimos, em razão do disposto no inciso II do art. 17 da Lei nº 9.311, de 24/10/96, que institui a Contribuição Provisória sobre Movimentação ou Transmissão de Valores e de Créditos e de Direitos de Natureza Financeira – CPMF.

| PREVIDÊNCIA SOCIAL<br>INSTITUTO NACIONAL DO SEGURO SOCIAL<br>DIRETORIA DE BENEFÍCIOS | **TABELA DE REAJUSTAMENTO DE BENEFÍCIOS** |
|---|---|

| R$ | 108º REAJUSTAMENTO AUTOMÁTICO FEVEREIRO/2009 *(voltar)* | LEGISLAÇÃO:<br>LEIS nºs 8.212/91 e 8.213/91, 8.444/92 11.321/06, 10.699/03, 11.944/09<br>DECRETOS nºs. 3.048/99, 5.756/06, e 6.042/07, 6765/0<br>PORTARIA MPS/MF nº 48/09<br>EMENDAS CONSTITUCIONAL nºs 20/98 e 41/03<br>MEDIDA PROVISÓRIA nºs 456/09 | | | |
|---|---|---|---|---|---|
| LIMITE MÁXIMO DO SALÁRIO DE ONTRIBUIÇÃO: 3.218,90 | VALORES MÍNIMOS | MAIOR VALOR DE BENEFÍCIO | SALÁRIO-DE-BENEFÍCIO | SALÁRIO MÍNIMO | VALOR D. DIÁRIA P SEGURAD |
| SALÁRIO-FAMÍLIA NÃO SUPERIOR A R$ 500,40 = 25,66<br>SUPERIOR A E IGUAL U INFERIOR A R$ 752,12 = 18,08 | APOSENTADORIA: 465,00<br>PENSÃO: 465,00<br>AUXÍLIO RECLUSÃO: 752,12<br>SERINGUEIROS: 930,00 | 3.218,90 | NÃO INFERIOR: 465,00<br>NÃO SUPERIOR: 3.218,90: | 465,00 | 53,80 |

| DATA DE INÍCIO DO BENEFÍCIO | REAJUSTE (%) |
|---|---|
| Até 03/2008 | 5,92 |
| 04/2008 | 5,38 |
| 05/2008 | 4,71 |
| 06/2008 | 3,72 |
| 07/2008 | 2,78 |
| 08/2008 | 2,19 |
| 09/2008 | 1,97 |
| 10/2008 | 1,82 |
| 11/2008 | 1,32 |
| 12/2008 | 0.93 |
| 01/2009 | 0,64 |

**TABELA DE CONTRIBUIÇÃO DOS SEGURADOS EMPREGADO, EMPREGADO DOMÉSTICO E TRABALHADOR AVULSO, PARA PAGAMENTO DE REMUNERAÇÃO A PARTIR DE 1º DE FEVEREIRO DE 2009**

| SALÁRIO-DE-CONTRIBUÇÃO R$ | ALÍQUOTA P/ FINS DE RECOLHIMNETO AO INSS (%) |
|---|---|
| Até 965,67 | 8,00 |
| de 965,68 até 1.609,45 | 9.00 |
| de 1.609,46 até 3.218,90 | 11,00 |

| PREVIDÊNCIA SOCIAL<br>INSTITUTO NACIONAL DO SEGURO SOCIAL<br>DIRETORIA DE BENEFÍCIOS | TABELA DE REAJUSTAMENTO DE BENEFÍCIOS |
|---|---|

| R$ | 109º REAJUSTAMENTO AUTOMÁTICO JANEIRO/2010 *(voltar)* | LEGISLAÇÃO: LEIS nºs 8.212/91 e 8.213/91. DECRETOS nºs. 3.048/99 PORTARIA MPS/MF nº 350/09 EMENDAS CONSTITUCIONAL nºs 20/98 e 41/03 MEDIDA PROVISÓRIA nºs 474/09, 475/09 | | | |
|---|---|---|---|---|---|
| ~~IMITE MÁXIMO DO SALÁRIO DE CONTRIBUIÇÃO: 3.416,54~~ | VALORES MÍNIMOS | MAIOR VALOR DE BENEFÍCIO | SALÁRIO-DE-BENEFÍCIO | SALÁRIO MÍNIMO | VALOR D. DIÁRIA P SEGURAD |
| ~~ALÁRIO FAMÍLIA ÃO SUPERIOR A R$ 531,12 27,24 SUPERIOR A E GUAL OU INFERIOR A R$ 798,30 – 19,19~~ | APOSENTADORIA:510,00<br>PENSÃ0: 510,00<br>AUXÍLIO RECLUSÃO: 510,00<br>SERINGUEIROS: 1.020,00 | ~~3.416,54~~ | ~~NÃO INFERIOR: 510,00 NÃO SUPERIOR: 3.416,54:~~ | 510,00 | ~~57,10~~ |

| DATA DE INÍCIO DO BENEFÍCIO | REAJUSTE (%) |
|---|---|
| ~~Até 2/2009~~ | ~~6,14~~ |
| ~~3/2009~~ | ~~5,81~~ |
| ~~4/2009~~ | ~~5,60~~ |
| ~~5/2009~~ | ~~5,02~~ |
| ~~6/2009~~ | ~~4,40~~ |
| ~~7/2009~~ | ~~3,96~~ |
| ~~8/2009~~ | ~~3,72~~ |
| ~~9/2009~~ | ~~3,64~~ |
| ~~10/2009~~ | ~~3,47~~ |
| ~~11/2009~~ | ~~3,23~~ |
| ~~12/2009~~ | ~~2,85~~ |

**TABELA DE CONTRIBUIÇÃO DOS SEGURADOS EMPREGADO, EMPREGADO DOMÉSTICO E TRABALHADOR AVULSO, PARA PAGAMENTO DE REMUNERAÇÃO A PARTIR DE 1º DE JANEIRO DE 2010**

| SALÁRIO-DE-CONTRIBUÇÃO R$ | ALÍQUOTA P/ FINS DE RECOLHIMNETO AO INSS (%) |
|---|---|
| Até 1.024,97 | 8,00 |
| de 1.024,988 até 1.708,27 | 9.00 |
| de 1.708,28 até 3.416,54 | 11,00 |

| PREVIDÊNCIA SOCIAL<br>INSTITUTO NACIONAL DO SEGURO SOCIAL<br>DIRETORIA DE BENEFÍCIOS | **TABELA DE REAJUSTAMENTO DE BENEFÍCIOS** |
|---|---|

| R$ | 109º REAJUSTAMENTO AUTOMÁTICO JANEIRO/2010<br>*(voltar)*<br>Revoga a Portaria nº 350/09 | LEGISLAÇÃO:<br>LEIS nºs 8.212/91, 8.213/91, 12.255/10 e 12.254/10<br>DECRETOS nºs. 3.048/99<br>PORTARIA MPS/MF nº 333/10<br>EMENDAS CONSTITUCIONAL nºs 20/98 e 41/03<br>MEDIDA PROVISÓRIA nºs 474/09, 475/09 | | | |
|---|---|---|---|---|---|
| IMITE MÁXIMO DO SALÁRIO DE CONTRIBUIÇÃO: 3.416,54 | VALORES MÍNIMOS | MAIOR VALOR DE BENEFÍCIO | SALÁRIO-DE-BENEFÍCIO | SALÁRIO MÍNIMO | VALOR D DIÁRIA I SEGURAD |
| ;ALÁRIO-FAMÍLIA ÃO SUPERIOR A R$ 539,03, 27,64 JPERIOR A E IGUAL OU INFERIOR A R$ 810,18 = 19,48 | APOSENTADORIA:510,00<br>PENSÃ0: 510,00<br>AUXÍLIO RECLUSÃO: 510,00<br>SERINGUEIROS: 1.020,00 | 3.467,40 | NÃO INFERIOR: 510,00<br>NÃO SUPERIOR: 3.467,40 | 510,00 | 57,95 |

| DATA DE INÍCIO DO BENEFÍCIO | REAJUSTE (%) |
|---|---|
| Até 2/2009 | 7,72 |
| 3/2009 | 7,39 |
| 4/2009 | 7,17 |
| 5/2009 | 6,58 |
| 6/2009 | 5,95 |
| 7/2009 | 5,51 |
| 8/2009 | 5,26 |
| 9/2009 | 5,18 |
| 10/2009 | 5,01 |
| 11/2009 | 4,77 |
| 12/2009 | 4,38 |

| PREVIDÊNCIA SOCIAL<br>INSTITUTO NACIONAL DO SEGURO SOCIAL<br>DIRETORIA DE BENEFÍCIOS | **TABELA DE REAJUSTAMENTO DE BENEFÍCIOS** |
|---|---|

| **R$** | **110º REAJUSTAMENTO AUTOMÁTICO JANEIRO/2011**<br>*(voltar)*<br>Revoga a Portaria nº 333/10 | **LEGISLAÇÃO:**<br>**LEIS nºs** 8.212/91, 8.213/91, 11.520/07, 12.255/10 e 12.254/10<br>**DECRETOS nºs.** 3.048/99<br>**PORTARIA MPS/MF nº** 407/11<br>**EMENDAS CONSTITUCIONAL nºs** 20/98 e 41/03<br>**MEDIDA PROVISÓRIA nºs** 516/10 | | | |
|---|---|---|---|---|---|
| **IMITE MÁXIMO DO SALÁRIO DE CONTRIBUIÇÃO: 3.689,66** | **VALORES MÍNIMOS** | **MAIOR VALOR DE BENEFÍCIO** | **SALÁRIO-DE-BENEFÍCIO** | **SALÁRIO MÍNIMO** | **VALOR D DIÁRIA I SEGURAI** |
| **;ALÁRIO-FAMÍLIA ÃO SUPERIOR A R$ 573,91 29,43 JPERIOR A E IGUAL )U INFERIOR A R$ 862,11 = 20,74** | **APOSENTADORIA:540,00<br>PENSÃO: 545,00<br>AUXÍLIO RECLUSÃO: 545,00<br>SERINGUEIROS: 1.090,00** | **3.691,74** | **NÃO INFERIOR: 545,00<br>NÃO SUPERIOR: 3.691,74** | **545,00** | **61,70** |

| **DATA DE INÍCIO DO BENEFÍCIO** | **REAJUSTE (%)** |
|---|---|
| ı janeiro de 2010 | 6,47 |
| ı fevereiro de 2010 | 5,54 |
| ı março de 2010 | 4,80 |
| ı abril de 2010 | 4,06 |
| ı maio de 2010 | 3,31 |
| ı junho de 2010 | 2,87 |
| ı julho de 2010 | 2,98 |
| ı agosto de 2010 | 3,05 |
| ı setembro de 2010 | 3,13 |
| ı outubro de 2010 | 2,57 |
| ı novembro de 2010 | 1,64 |
| n dezembro de 2010 | 0,60 |

**TABELA DE CONTRIBUIÇÃO DOS SEGURADOS EMPREGADO, EMPREGADO DOMÉSTICO E TRABALHADOR AVULSO, PARA PAGAMENTO DE REMUNERAÇÃO A PARTIR DE 1º DE JANEIRO DE 2011.**

| **SALÁRIO-DE-CONTRIBUIÇÃO (R$)** | **ALÍQUOTA PARA FINS DE RECOLHIMENTO AO INSS** |
|---|---|
| até 1.107,52 | 8,00% |
| de 1.107,53 até 1.845,87 | 9,00% |
| de 1.845,88 até 3.691,74 | 11,00 % |

| PREVIDÊNCIA SOCIAL<br>INSTITUTO NACIONAL DO SEGURO SOCIAL<br>DIRETORIA DE BENEFÍCIOS | TABELA DE REAJUSTAMENTO DE BENEFÍCIOS |
|---|---|

| R$ | 111º REAJUSTAMENTO AUTOMÁTICO MARÇO/2011 (voltar) Revoga a Portaria nº 333/10 | LEGISLAÇÃO: LEIS nºs 8.212/91, 8.213/91, 11.520/07, 12.382/11 DECRETOS nºs. 3.048/99 PORTARIA MPS/MF nº 115/11 EMENDAS CONSTITUCIONAL nºs 20/98 e 41/03 | | | |
|---|---|---|---|---|---|
| IMITE MÁXIMO DO SALÁRIO DE CONTRIBUIÇÃO: 3.689,66 | VALORES MÍNIMOS | MAIOR VALOR DE BENEFÍCIO | SALÁRIO-DE-BENEFÍCIO | SALÁRIO MÍNIMO | VALOR D DIÁRIA I SEGURAD |
| ;ALÁRIO-FAMÍLIA ÃO SUPERIOR A R$ 573,58 29,41 JPERIOR A E IGUAL OU INFERIOR A R$ 862,11 = 20,73 | APOSENTADORIA:545,00<br>PENSÃO: 545,00<br>AUXÍLIO RECLUSÃO: 545,00<br>SERINGUEIROS: 1.090,00 | | | 545,00 | |

| R$ | 112º REAJUSTAMENTO AUTOMÁTICO JANEIRO/2012 (voltar) Revoga a Portaria nº 407/11 | LEGISLAÇÃO: LEIS nºs 8.212/91, 8.213/91, 11.520/07, 12.382/11 DECRETOS nºs. 3.048/99, 7.655/11 PORTARIA MPS/MF nº 2/12 EMENDAS CONSTITUCIONAL nºs 20/98 e 41/03 | | | |
|---|---|---|---|---|---|
| IMITE MÁXIMO DO SALÁRIO DE CONTRIBUIÇÃO: 3.916,20 | VALORES MÍNIMOS | MAIOR VALOR DE BENEFÍCIO | SALÁRIO-DE-BENEFÍCIO | SALÁRIO MÍNIMO | VALOR D DIÁRIA I SEGURAD |
| ;ALÁRIO-FAMÍLIA ÃO SUPERIOR A R$ 608,80 31,22 JPERIOR A E IGUAL OU INFERIOR A R$ 915,05 = 22,00 | APOSENTADORIA :622,00<br>PENSÃO: 622,00<br>AUXÍLIO RECLUSÃO: 622,00<br>SERINGUEIROS: 1.244,00<br>SÍNDROME DA TALIDOMIDA: 301,99 | 3.916,20 | NÃO INFERIOR: 622,00 Jan NÃO SUPERIOR: 3.916,20 | 622,00 | 65,45 |

| DATA DE INÍCIO DO BENEFÍCIO | REAJUSTE (%) |
|---|---|
| é janeiro de 2011 | 6,08 |
| ı fevereiro de 2011 | 5,09 |
| ı março de 2011 | 4,53 |
| ı abril de 2011 | 3,84 |
| ı maio de 2011 | 3,10 |
| ı junho de 2011 | 2,52 |
| ı julho de 2011 | 2,29 |
| ı agosto de 2011 | 2,29 |
| ı setembro de 2011 | 1,86 |
| ı outubro de 2011 | 1,41 |
| ı novembro de 2011 | 1,08 |
| ı dezembro de 2011 | 0,51 |

| PREVIDÊNCIA SOCIAL<br>INSTITUTO NACIONAL DO SEGURO SOCIAL<br>DIRETORIA DE BENEFÍCIOS | **TABELA DE REAJUSTAMENTO DE BENEFÍCIOS** |
|---|---|

**TABELA DE CONTRIBUIÇÃO DOS SEGURADOS EMPREGADO, EMPREGADO DOMÉSTICO E TRABALHADOR AVULSO, PARA PAGAMENTO DE REMUNERAÇÃO A PARTIR DE 1º DE JANEIRO DE 2012.**

| SALÁRIO-DE-CONTRIBUIÇÃO (R$) | ALÍQUOTA PARA FINS DE RECOLHIMENTO AO INSS |
|---|---|
| até 1.174,86 | 8,00% |
| de 1.174,87 até 1.958,10 | 9,00% |
| de 1.958,11 até 3.916,20 | 11,00 % |

| R$ | 113º REAJUSTAMENTO AUTOMÁTICO JANEIRO/2013 *(voltar)* revogada a Portaria MPS/MF nº 2/2012. | LEGISLAÇÃO: LEIS nºs 8.212/91, 8.213/91, 11.520/07, 12.382/11 DECRETOS nºs. 3.048/99, 7.872/12 PORTARIA MPS/MF nº 15/13 EMENDAS CONSTITUCIONAL nºs 20/98 e 41/03 | | | |
|---|---|---|---|---|---|
| IMITE MÁXIMO DO SALÁRIO DE CONTRIBUIÇÃO: 4.159,00 | VALORES MÍNIMOS | MAIOR VALOR DE BENEFÍCIO | SALÁRIO-DE-BENEFÍCIO | SALÁRIO MÍNIMO | VALOR D DIÁRIA I SEGURAD |
| ;ALÁRIO-FAMÍLIA ÃO SUPERIOR A R$ 646,55 33,16 JPERIOR A E IGUAL OU INFERIOR A R$ 971,78 = 23,36 | APOSENTADORIA :678,00 PENSÃ0: 678,00 AUXÍLIO RECLUSÃO: 971,78 SERINGUEIROS: 1.356,00 SÍNDROME DA TALIDOMIDA: 320,71 | 4.159,00 | NÃO INFERIOR: 678,00 Jan NÃO SUPERIOR: 4.159,00 | 678,00 | 69,51 |

| DATA DE INÍCIO DO BENEFÍCIO | REAJUSTE (%) |
|---|---|
| é janeiro de 2012 | 6,20 |
| ı fevereiro de 2012 | 5,66 |
| ı março de 2012 | 5,25 |
| ı abril de 2012 | 5,06 |
| ı maio de 2012 | 4,39 |
| ı junho de 2012 | 3,82 |
| ı julho de 2012 | 3,55 |
| ı agosto de 2012 | 3,11 |
| ı setembro de 2012 | 2,65 |
| ı outubro de 2012 | 2,00 |
| ı novembro de 2012 | 1,28 |
| ı dezembro de 2012 | 0,74 |

**TABELA DE CONTRIBUIÇÃO DOS SEGURADOS EMPREGADO, EMPREGADO DOMÉSTICO E TRABALHADOR AVULSO, PARA PAGAMENTO DE REMUNERAÇÃO A PARTIR DE 1º DE JANEIRO DE 2013.**

| SALÁRIO-DE-CONTRIBUIÇÃO (R$) | ALÍQUOTA PARA FINS DE RECOLHIMENTO AO INSS |
|---|---|
| até 1.247,70 | 8,00% |
| de 1.247,71 até 2.079,50 | 9,00% |
| de 2.079,51 até 4.159,00 | 11,00 % |

| PREVIDÊNCIA SOCIAL<br>INSTITUTO NACIONAL DO SEGURO SOCIAL<br>DIRETORIA DE BENEFÍCIOS | **TABELA DE REAJUSTAMENTO DE BENEFÍCIOS** |
|---|---|

| **R$** | **114º REAJUSTAMENTO AUTOMÁTICO JANEIRO/2014** *(voltar)*<br>revogada a Portaria MPS/MF nº 15/2013. | **LEGISLAÇÃO:**<br>**LEIS nºs** 8.212/91, 8.213/91, 11.520/07, 12.382/11<br>**DECRETOS nºs.** 3.048/99, 8.166/13<br>**PORTARIA CJ MPS/MF nº** 19/14<br>**EMENDAS CONSTITUCIONAL nºs** 20/98 e 41/03 | | | |
|---|---|---|---|---|---|
| **IMITE MÁXIMO DO SALÁRIO DE CONTRIBUIÇÃO: 4.390,24** | **VALORES MÍNIMOS** | **MAIOR VALOR DE BENEFÍCIO** | **SALÁRIO-DE-BENEFÍCIO** | **SALÁRIO MÍNIMO** | **VALOR D DIÁRIA I SEGURAI** |
| **;ALÁRIO-FAMÍLIA**<br>; 35,00 p/ o segurado c/ nuneração mensal não perior a R$ 682,50;<br>; 24,66 p/ segurado c/ nuneração mensal perior a R$ 682,50 e ıal ou inferior a R$ )25,81 | **APOSENTADORIA :724,00**<br>**PENSÃ0: 724,00**<br>**AUXÍLIO RECLUSÃO: 1.025,81**<br>**SERINGUEIROS: 1.448,00**<br>**SÍNDROME DA TALIDOMIDA: 338,54** | **4.390,24** | **NÃO INFERIOR: 724,00**<br>**SUPERIOR: 4.390,24** | **724,00** | **73,37** |

| **DATA DE INÍCIO DO BENEFÍCIO** | **REAJUSTE (%)** |
|---|---|
| é janeiro de 2013 | 5,56 |
| ı fevereiro de 2013 | 4,60 |
| ı março de 2013 | 4,06 |
| ı abril de 2013 | 3,44 |
| ı maio de 2013 | 2,83 |
| ı junho de 2013 | 2,47 |
| ı julho de 2013 | 2,19 |
| ı agosto de 2013 | 2,32 |
| ı setembro de 2013 | 2,16 |
| ı outubro de 2013 | 1,88 |
| ı novembro de 2013 | 1,26 |
| ı dezembro de 2013 | 0,72 |

**TABELA DE CONTRIBUIÇÃO DOS SEGURADOS EMPREGADO, EMPREGADO DOMÉSTICO E TRABALHADOR AVULSO, PARA PAGAMENTO DE REMUNERAÇÃO A PARTIR DE 1º DE JANEIRO DE 2014.**

| **SALÁRIO-DE-CONTRIBUIÇÃO (R$)** | **ALÍQUOTA PARA FINS DE RECOLHIMENTO AO INSS** |
|---|---|
| até 1.317,07 | 8,00% |
| de 1.317,08 até 2.195,12 | 9,00% |
| de 2.195,13 até 4.390,24 | 11,00 % |

| PREVIDÊNCIA SOCIAL<br>INSTITUTO NACIONAL DO SEGURO SOCIAL<br>DIRETORIA DE BENEFÍCIOS | TABELA DE REAJUSTAMENTO DE BENEFÍCIOS |
|---|---|

| R$ | 115º REAJUSTAMENTO AUTOMÁTICO JANEIRO/2015 *(voltar)*<br>revogada a Portaria MPS/MF nº 19/2014. | LEGISLAÇÃO:<br>LEIS nºs 8.212/91, 8.213/91,, 12.382/11<br>DECRETOS nºs. 3.048/99, 8.381/14<br>PORTARIA CJ MPS/MF nº 13/14<br>EMENDAS CONSTITUCIONAL nºs 20/98 e 41/03 | | | |
|---|---|---|---|---|---|
| IMITE MÁXIMO DO SALÁRIO DE CONTRIBUIÇÃO: 4.663,75 | VALORES MÍNIMOS | MAIOR VALOR DE BENEFÍCIO | SALÁRIO-DE-BENEFÍCIO | SALÁRIO MÍNIMO | VALOR D DIÁRIA I SEGURAI |
| ALÁRIO-FAMÍLIA<br>37,18 p/ o segurado c/ nuneração mensal não erior a R$ 725,02;<br>26,20 p/ segurado c/ nuneração mensal erior a R$ 725,02 e ial ou inferior a R$ 89,72 | APOSENTADORIA :788,00<br>PENSÃO: 788,00<br>AUXÍLIO RECLUSÃO: 1.089,72<br>SERINGUEIROS: 1.576,00<br>SÍNDROME DA TALIDOMIDA: (Lei nº 12.663/12) | 4.663,75 | NÃO INFERIOR: 788,00<br>SUPERIOR: 4.663,75 | 788,00 | 77,94 |

| DATA DE INÍCIO DO BENEFÍCIO | REAJUSTE (%) |
|---|---|
| é janeiro de 2014 | 6,23 |
| fevereiro de 2014 | 5,56 |
| março de 2014 | 4,89 |
| abril de 2014 | 4,04 |
| maio de 2014 | 3,23 |
| junho de 2014 | 2,62 |
| julho de 2014 | 2,35 |
| agosto de 2014 | 2,22 |
| setembro de 2014 | 2,04 |
| outubro de 2014 | 1,54 |
| novembro de 2014 | 1,15 |
| dezembro de 2014 | 0,62 |

**TABELA DE CONTRIBUIÇÃO DOS SEGURADOS EMPREGADO, EMPREGADO DOMÉSTICO E TRABALHADOR AVULSO, PARA PAGAMENTO DE REMUNERAÇÃO A PARTIR DE 1º DE JANEIRO DE 2015**

| SALÁRIO-DE-CONTRIBUIÇÃO (R$) | ALÍQUOTA PARA FINS DE RECOLHIMENTO AO INSS |
|---|---|
| até 1.399,12 | 8,00% |
| de 1.399,13 até 2.331,88 | 9,00% |
| de 2.331,89 até 4.663,75 | 11,00 % |

| PREVIDÊNCIA SOCIAL<br>INSTITUTO NACIONAL DO SEGURO SOCIAL<br>DIRETORIA DE BENEFÍCIOS | TABELA DE REAJUSTAMENTO DE BENEFÍCIOS |
|---|---|

| R$ | 116º REAJUSTAMENTO AUTOMÁTICO JANEIRO/2016 *(voltar)*<br>revogada a Portaria MPS/MF nº 13/2015. | LEGISLAÇÃO:<br>LEIS nºs 8.212/91, 8.213/91, 13.152/15<br>DECRETOS nºs. 3.048/99, 8.618/15<br>PORTARIA CJ MPS/MF nº 1/16<br>EMENDAS CONSTITUCIONAL nºs 20/98 e 41/03 | | | |
|---|---|---|---|---|---|
| IMITE MÁXIMO DO SALÁRIO DE CONTRIBUIÇÃO: 5.189,82 | VALORES MÍNIMOS | MAIOR VALOR DE BENEFÍCIO | SALÁRIO-DE-BENEFÍCIO | SALÁRIO MÍNIMO | VALOR D DIÁRIA I SEGURAD |
| ;ALÁRIO-FAMÍLIA<br>; 41,37 p/ o segurado c/ nuneração mensal não )erior a R$ 806,80;<br>; 29,16 p/ segurado c/ nuneração mensal )erior a R$ 806,80 e ıal ou inferior a R$ !12,64 | APOSENTADORIA :880,00<br>PENSÃO: 880,00<br>AUXÍLIO RECLUSÃO: 1.212,64<br>SERINGUEIROS: 1.760,00<br>SÍNDROME DA TALIDOMIDA: (Lei nº 12.663/12) | 5.189,82 | NÃO INFERIOR: 880,00<br>SUPERIOR: 5.189,82 | 880,00 | 86,73 |

| DATA DE INÍCIO DO BENEFÍCIO | REAJUSTE (%) |
|---|---|
| é janeiro de 2015 | 11,28 |
| ı fevereiro de 2015 | 9,65 |
| ı março de 2015 | 8,40 |
| ı abril de 2015 | 6,78 |
| ı maio de 2015 | 6,03 |
| ı junho de 2015 | 4,99 |
| ı julho de 2015 | 4,19 |
| ı agosto de 2015 | 3,59 |
| ı setembro de 2015 | 3,33 |
| ı outubro de 2015 | 2,81 |
| ı novembro de 2015 | 2,02 |
| ı dezembro de 2015 | 0,90 |

**TABELA DE CONTRIBUIÇÃO DOS SEGURADOS EMPREGADO, EMPREGADO DOMÉSTICO E TRABALHADOR AVULSO, PARA PAGAMENTO DE REMUNERAÇÃO A PARTIR DE 1º DE JANEIRO DE 2016**

| SALÁRIO-DE-CONTRIBUIÇÃO (R$) | ALÍQUOTA PARA FINS DE RECOLHIMENTO AO INSS |
|---|---|
| até 1.556,94 | 8,00% |
| de 1.556,95 até 2.594,92 | 9,00% |
| de 2.594,93 até 5.189,82 | 11,00 % |

## 12. DESCONTOS LEGALMENTE AUTORIZADOS NAS APOSENTADORIAS

Apenas poderão ser abatidos dos benefícios previdenciários os débitos do segurado ou dependentes autorizados pela legislação previdenciária.

De acordo com o artigo 115 da Lei 8.213/91, poderão ser descontados:

> I – **contribuições devidas pelo segurado à Previdência Social**;
>
> **II – pagamento administrativo ou judicial de benefício previdenciário ou assistencial indevido**, ou além do devido, inclusive na hipótese de cessação do benefício pela revogação de decisão judicial, em valor que não exceda 30% da sua importância, nos termos do regulamento; *(redação dada pela **Lei 13.846/2019**)*;
>
> III – **Imposto de Renda** retido na fonte;
>
> IV – **pensão de alimentos** decretada em sentença judicial;
>
> V – **mensalidades de associações** e demais entidades de aposentados legalmente reconhecidas, desde que autorizadas por seus filiados (a autorização do desconto deverá ser revalidada a cada 3 (três) anos, a partir de 31 de dezembro de 2021);
>
> VI – **pagamento de empréstimos, financiamentos, cartões de crédito e operações de arrendamento mercantil** concedidos por instituições financeiras e sociedades de arrendamento mercantil, públicas e privadas, quando expressamente autorizado pelo beneficiário, até o limite de 35% (trinta e cinco por cento) do valor do benefício, sendo 5% (cinco por cento) destinados exclusivamente para: a) a amortização de despesas contraídas por meio de cartão de crédito; ou b) a utilização com a finalidade de saque por meio do cartão de crédito (Lei 13.172/2015).

**Por força da MP 1.006/2020,** até 31 de dezembro de 2020, o percentual máximo de consignação nas hipóteses previstas no inciso VI do *caput* do art. 115 da Lei nº 8.213, de 24 de julho de 1991, e no § 5º do art. 6º da Lei nº 10.820, de 17 de dezembro de 2003, será de **quarenta por cento**, dos quais cinco por cento serão destinados exclusivamente para:

> I – amortização de despesas contraídas por meio de cartão de crédito; ou
>
> II – utilização com finalidade de saque por meio do cartão de crédito.

> IMPORTANTE!
> Com o advento da **MP 1.106/2022**, passou a ser possível a concessão do crédito consignado sobre o **BPC/LOAS**, assim como a margem de desconto foi elevada de 35% para **40%.** Ademais, os beneficiários de programas federais de transferência de renda, a exemplo do **Auxílio-Brasil**, poderão autorizar a União a proceder aos descontos em seu benefício, de forma irrevogável e irretratável, em favor de instituições financeiras autorizadas a funcionar pelo Banco Central do Brasil, para fins de amortização de valores referentes ao pagamento mensal de empréstimos e financiamentos, até o limite de quarenta por cento do valor do benefício, na forma estabelecida em regulamento. **Ao ser convertida na Lei 14.431/2022, a margem subiu para o total de 45%.**

IMPORTANTE!

No entanto, ao menos provisoriamente, desde 06 de março de 2023, data de publicação da **Medida Provisória 1.164,** regulamentada pela Portaria INSS/DIRBEN 1.114/2023, **o empréstimo consignado sobre o BPC/LOAS e demais benefícios assistenciais da União foi vedado pelo Governo federal.**

IMPORTANTE!

Mas com o advento da **Lei 14.601, de 19 de junho de 2023**, que alterou artigo 6º da Lei 10.820/2003, **foi restabelecido o empréstimo consignado sobre o BPC/LOAS, mas como limite global de desconto de 35%:**

> *§ 5º Para os titulares de benefícios de aposentadoria e pensão do Regime Geral de Previdência Social, os descontos e as retenções referidos no **caput** deste artigo não poderão ultrapassar o limite de 45% (quarenta e cinco por cento) do valor dos benefícios, dos quais 35% (trinta e cinco por cento) destinados exclusivamente a empréstimos, a financiamentos e a arrendamentos mercantis, 5% (cinco por cento) destinados exclusivamente à amortização de despesas contraídas por meio de cartão de crédito consignado ou à utilização com a finalidade de saque por meio de cartão de crédito consignado e 5% (cinco por cento) destinados exclusivamente à amortização de despesas contraídas por meio de cartão consignado de benefício ou à utilização com a finalidade de saque por meio de cartão consignado de benefício.*
>
> ***§ 5º-A Para os titulares do benefício de prestação continuada de que trata o art. 20 da Lei nº 8.742, de 7 de dezembro de 1993 (Lei Orgânica da Assistência Social), os descontos e as retenções referidos no caput deste artigo não poderão ultrapassar o limite de 35% (trinta e cinco por cento) do valor dos benefícios, dos quais** 30% (trinta por cento) destinados exclusivamente a empréstimos, a financiamentos e a arrendamentos mercantis e 5% (cinco por cento) destinados exclusivamente à amortização de despesas contraídas por meio de cartão de crédito consignado ou cartão consignado de benefício ou à utilização com a finalidade de saque por meio de cartão de crédito consignado ou cartão consignado de benefício.*
>
> *§ 6º A instituição financeira que proceder à retenção de valor superior ao limite estabelecido nos §§ 5º e 5º-A deste artigo perderá todas as garantias que lhe são conferidas nesta Lei.*
>
> ***§ 7º Aplica-se o previsto no caput e no § 5º deste artigo aos titulares da renda mensal vitalícia prevista na Lei nº 6.179, de 11 de dezembro de 1974.***
>
> ***§ 8º Para os benefícios que tenham como requisito para sua concessão a preexistência do benefício de prestação continuada de que trata o art. 20 da Lei nº 8.742, de 7 de dezembro de 1993 (Lei Orgânica da Assistência Social), aplica-se o previsto no caput e no § 5º-A deste artigo.***
>
> *§ 9º As operações de empréstimos, de financiamentos e de arrendamentos mercantis de que trata o § 5º-A deste artigo deverão ser realizadas em 2 (dois) momentos, separados entre si pelo intervalo mínimo de 5 (cinco) dias úteis entre a proposta da instituição financeira e a celebração do contrato." (NR)*

Note-se que o empréstimo consignado foi estendido à **renda mensal vitalícia**, bem como aos benefícios assistenciais que tenham o BPC/LOAS como pressuposto, a exemplo do **auxílio-inclusão e da pensão especial da Zika.**

No julgamento da **ADI 7.223, em 12.09.2023**, o STF, por unanimidade, julgou improcedente o pedido formulado, **reconhecendo constitucionais os**

**arts. 1º e 2º da Lei Federal n. 14.431, de 3 de agosto de 2022**, que autorizaram originalmente o empréstimo com consignação sobre o BPC/LOAS.

Em seguida coube ao INSS publicar a Instrução Normativa INSS 154, de 12/09/2023, **em que a Autarquia passou novamente a admitir o empréstimo consignado sobre o BPC/LOAS e aos benefícios que tenham como requisito para sua concessão a preexistência do BPC.**

Eis os benefícios geridos pelo INSS que **NÃO ADMITEM** a consignação em comento, tendo havido a exclusão do BPC/LOAS e demais benefícios que o tem como pressuposto do citado rol:

**ANEXO II DA INSTRUÇÃO NORMATIVA PRES/INSS Nº 138, DE 10 DE NOVEMBRO DE 2022 – ESPÉCIES NÃO PERMITIDAS**

| Espécie | Descrição da Espécie |
|---|---|
| 009 | COMPL. ACIDENTE TRABALHO P/TRAB. (RURAL) |
| 010 | AUXÍLIO-DOENÇA ACIDENTÁRIO – TRAB. RURAL |
| 013 | AUXÍLIO-DOENÇA – TRABALHADOR RURAL |
| 015 | AUXÍLIO-RECLUSÃO – TRABALHADOR RURAL |
| 025 | AUXÍLIO-RECLUSÃO |
| 031 | AUXÍLIO POR INCAPACIDADE TEMPORÁRIA |
| 035 | AUXÍLIO-DOENÇA DO EX-COMBATENTE |
| 036 | AUXÍLIO-ACIDENTE PREVIDENCIÁRIO |
| 039 | AUXÍLIO INVALIDEZ ESTUDANTE |
| 047 | ABONO PERMANÊNCIA EM SERVICO – 35 ANOS |
| 048 | ABONO PERMANÊNCIA EM SERVICO – 30 ANOS |
| 050 | AUXÍLIO-DOENÇA EXTINTO PLANO BÁSICO |
| 053 | AUXÍLIO-RECLUSÃO EXTINTO PLANO BÁSICO |
| 061 | AUXÍLIO-NATALIDADE |
| 062 | AUXÍLIO-FUNERAL |
| 063 | AUXÍLIO-FUNERAL TRABALHADOR RURAL |
| 064 | AUXÍLIO-FUNERAL EMPREGADOR RURAL |
| 065 | PECÚLIO ESPECIAL SERVIDOR AUTARQUICO |
| 066 | PEC. ESP. SERVIDOR AUTARQUICO |
| 067 | PECÚLIO OBRIGATÓRIO EX-IPASE |

| Espécie | Descrição da Espécie |
|---|---|
| 068 | PECÚLIO ESPECIAL DE APOSENTADOS |
| 069 | PECÚLIO DE ESTUDANTE |
| 070 | RESTITUIÇÃO CONTRIB. P/SEG. S/CARÊNCIA |
| 071 | SALÁRIO-FAMÍLIA PREVIDENCIÁRIO |
| 073 | SALÁRIO-FAMÍLIA ESTATUTÁRIO |
| 074 | COMPLEMENTO DE PENSÃO À CONTA DA UNIÃO |
| 075 | COMPLEMENTO DE APOSENT. Á CONTA DA UNIÃO |
| 076 | SALÁRIO FAMÍLIA ESTATUTÁRIO |
| 077 | SALÁRIO FAM. ESTATUTÁRIO SERVIDOR SINPAS |
| 079 | VANTAGENS DE SERVIDOR APOSENTADO |
| 080 | SALÁRIO MATERNIDADE |
| 085 | PENSÃO VITALÍCIA SERINGUEIROS |
| 086 | PENSÃO VITALÍCIA DEPENDENTES SERINGUEIRO |
| 090 | SIMPLES ASSIST. MÉDICA P/ ACIDENTE TRAB. |
| 091 | AUXÍLIO-DOENÇA POR ACIDENTE DO TRABALHO |
| 094 | AUXÍLIO-ACIDENTE |
| 095 | AUXÍLIO SUPLEMENTAR ACIDENTE TRABALHO |
| 097 | PECÚLIO POR MORTE ACIDENTE DO TRABALHO |
| 098 | ABONO ANUAL DE ACIDENTE DE TRABALHO |
| 099 | AFASTAMENTO ATÉ 15 DIAS ACIDENTE TRAB. |

Veja-se a atual redação do artigo 115, VI, da Lei 8.213/91:

> *"Art. 115. Podem ser descontados dos benefícios:*
>
> *VI – pagamento de empréstimos, financiamentos e operações de arrendamento mercantil concedidos por instituições financeiras e sociedades de arrendamento mercantil, ou por entidades fechadas ou abertas de previdência complementar, públicas e privadas, quando expressamente autorizado pelo beneficiário,* ***até o limite de 45% (quarenta e cinco por cento) do valor do benefício, sendo 35% (trinta e cinco por cento) destinados exclusivamente a empréstimos, financiamentos e arrendamentos mercantis, 5% (cinco por cento) destinados exclusivamente à amortização de despesas contraídas por meio de cartão de crédito consignado ou à utilização com a finalidade de saque por meio de cartão de crédito consignado e 5% (cinco por cento) destinados exclusivamente à amortização***

***de despesas contraídas por meio de cartão consignado de benefício ou à utilização com a finalidade de saque por meio de cartão consignado de benefício. (Redação dada pela Lei nº 14.431, de 2022)".***

Outrossim, os titulares de benefícios de aposentadoria e pensão do Regime Geral de Previdência Social e do benefício de prestação continuada de que trata o art. 20 da Lei nº 8.742, de 7 de dezembro de 1993, poderão autorizar que o Instituto Nacional do Seguro Social (INSS) proceda aos descontos referidos no art. 1º desta Lei e, de forma irrevogável e irretratável, que a instituição financeira na qual recebam os seus benefícios retenha, para fins de amortização, valores referentes ao pagamento mensal de empréstimos, financiamentos, cartões de crédito e operações de arrendamento mercantil por ela concedidos, quando previstos em contrato, na forma estabelecida em regulamento, observadas as normas editadas pelo INSS e ouvido o Conselho Nacional de Previdência Social.

Esta regra é aplicável aos titulares da **renda mensal vitalícia (RMV)** prevista na Lei nº 6.179, de 11 de dezembro de 1974, e de **benefícios que tenham como requisito para sua concessão a preexistência do benefício de prestação continuada** de que trata o art. 20 da Lei nº 8.742, de 7 de dezembro de 1993, a exemplo da pensão da Zika Vírus, que tem como pressuposto o deferimento de BPC/LOAS da pessoa com deficiência.

Coube à Portaria Conjunta **DIRBEN/PRES/INSS 51/2024** disciplinar procedimentos para acompanhamento da execução dos Acordos de Cooperação Técnica firmados com **entidades associativas para operar averbações de desconto de mensalidade em benefícios elegíveis pagos pelo INSS.**

Semestralmente, o INSS fará avaliação ordinária dos ACTs vigentes para desconto de mensalidade associativa, utilizando-se para tal intento de informações obtidas de diversas fontes para apurar possíveis e eventuais infrações cometidas pelas entidades associativas, relatando práticas irregulares cometidas pelas entidades associativas acordantes na averbação de desconto associativo e outras informações obtidas das mais diversas áreas internas da Autarquia.

Durante o processo de verificação ordinária, o INSS levará em consideração a quantidade de reclamações em desfavor da entidade, na plataforma do consumidor.gov e demais plataformas governamentais oficiais de reclamação.

O INSS pode solicitar à Dataprev informações referentes aos descontos averbados pelas entidades associativas acordantes para subsidiar o processo de verificação ordinária, tais como quantidade de:

> I – averbações por instituição, amostras de fichas de autorização (termo de adesão ao desconto); e
>
> II – consignações suspensas ou excluídas nos primeiros 60 (sessenta) dias após a averbação, relacionando cada instituição.

Nas averbações de desconto de mensalidade com desconformidade e em caso de descumprimento das obrigações do ACT, pelas entidades associativas ou por terceiros a seu serviço, serão aplicadas as penalidades previstas na Instrução Normativa PRES/INSS nº 162, de 2024, ou outra que venha a substituí-la, desde que constatadas pelo INSS, dentre outras, as seguintes irregularidades:

> I – não manter à disposição dos beneficiários o Serviço de Atendimento ao Consumidor – SAC gratuito (0800) para pedidos de exclusão do desconto associativo e outras reclamações;
>
> II – não manter, em sítio da Internet, a lista de seus serviços e canais de atendimento ao beneficiário;
>
> III – deixar de ofertar outros meios para pagamento da mensalidade associativa;
>
> IV – não operar a devolução dos valores descontados, quando for comprovada a não comprovação do beneficiário;
>
> V – deixar de atender, no prazo legal, a pedido do INSS e de órgãos de controle, a apresentação de fichas de autorização de desconto de mensalidade;
>
> VI – comprovadamente dificultar o pedido de exclusão do desconto associativo, efetuado pelo beneficiário;
>
> VII – uma vez advertida, a entidade não regularizar o funcionamento do SAC;
>
> VIII – não conservar os documentos que comprovem a legitimidade da autorização do desconto associativo, pelo prazo de 5 (cinco) anos, contados da data da exclusão do desconto;
>
> IX – deixar de atender às solicitações encaminhadas pelo INSS quanto à apresentação de fichas de autorização ou de qualquer outro documento utilizado para averbação da desconto associativo, ou ainda, deixar de prestar esclarecimentos para avaliar a regularidade da averbação;
>
> X – deixar de comandar a exclusão do desconto, imediatamente, na data de constatação de irregularidade da averbação;
>
> XI – não devolver ao beneficiário, em até 2 (dois) dias úteis, os valores descontados indevidamente, corrigindo-os com base na variação da Taxa Sistema Especial de Liquidação e Custódia – Selic, desde a data do vencimento da parcela referente ao desconto indevido até o dia útil anterior ao da efetiva devolução;
>
> XII – deixar de encaminhar a documentação do legado (estoque) nos prazos e cronogramas do INSS/Dataprev;
>
> XIII – quando houver risco iminente detectado pelo INSS;
>
> XIV – deixar de satisfazer as condições iniciais de habilitação e qualificação exigidas à execução/manutenção do ACT;
>
> XV – deixar de efetuar e manter seu cadastramento na plataforma Consumidor.GOV na condição de "entidade sem fins lucrativos";
>
> XVI – deixar de cumprir o Termo de Compromisso de Sigilo (Lei Geral de Proteção de Dados);

XVII – deixar de cumprir as decisões judiciais e do Ministério Público, que envolvam suspensão, exclusão e devolução dos descontos de mensalidade associativa, bem como deixar de apresentar de cópia de fichas de autorização e documentação correlata ou ainda deixar de prestar esclarecimentos sobre a regularidade da averbação sob sua responsabilidade e custódia;

XVIII – deixar de apresentar ao INSS, quando solicitado, o relatório anual detalhado do resultado da avaliação de auditoria externa independente, na forma e prazo a ser regulamentado pela Dirben;

XIX – quando houver aumento de mais 50% (cinquenta por cento) de averbações de novos descontos, de uma competência mensal para outra subsequente;

XX – encaminhar qualquer tentativa de comando de averbação, sem que tenha sido formalizado o termo de adesão ao desconto de mensalidade associativa, com uso de assinatura eletrônica e biometria;

XXI – utilizar os símbolos de identificação do INSS para qualquer finalidade e valer-se do ACT para se apresentar como servidor, funcionário, prestador de serviços, procurador, correspondente, intermediário ou preposto do INSS para ofertar seus produtos ou serviços; e

XXII – coletar, distribuir, disponibilizar, ceder e comercializar informações dos beneficiários do INSS.

Nos termos do **artigo 35 da Instrução Normativa PRES/INSS nº 162/2024**, comprovada a execução da parceria em desacordo com o plano de trabalho e com as normas da legislação específica e dessa Instrução Normativa, a administração pública poderá, mediante o devido processo legal, aplicar à entidade as seguintes sanções:

I – advertência;

II – suspensão da averbação de novos descontos por até 90 (noventa) dias;

III – rescisão e impedimento de celebrar termos de fomento, termos de colaboração e contratos com o INSS, por prazo não superior a 2 (dois) anos; e/ou

IV – declaração de inidoneidade para celebrar acordo de cooperação com órgãos e entidades de todas as esferas de governo, enquanto perdurarem os motivos determinantes da punição ou até que seja promovida a reabilitação perante o INSS, que será concedida sempre que a entidade ressarcir a administração pelos prejuízos resultantes, e após decorrido o prazo da sanção aplicada com base no inciso II.

A entidade associativa será notificada, mediante Ofício em que conste expressamente a descrição da conduta alegadamente irregular, bem como a previsão de possibilidade de apresentação de defesa prévia escrita, no prazo de 10 (dez) dias, contatos a partir do envio da notificação prevista nas cláusulas do ACT.

A CGPAG decidirá nos autos, concordando ou não com a Nota Técnica expedida pela DCBEN, oportunidade em que poderá agravar, abrandar ou sugerir a não aplicação de sanção à entidade associativa, ou, ainda, propor novas diligências, a fim de complementar a instrução processual.

Da decisão da CGPAG, caberá recurso que será direcionado à autoridade que prolatou a decisão, no prazo de 10 (dez) dias, contados do encaminhamento eletrônico notificação da decisão, a qual, não a reconsiderando, deverá encaminhar os autos com as razões recursais interpostas para apreciação da Dirben.

Da decisão da Dirben, caberá recurso em 2ª e última instância, no prazo de 10 (dez) dias, contados da ciência da decisão, que será direcionado à autoridade que prolatou a decisão, a qual, não a reconsiderando, deverá encaminhar os autos com as razões recursais interpostas para apreciação da Presidência.

Os recursos hierárquicos referidos não têm efeito suspensivo, salvo se assim expressamente deferidos, de ofício ou mediante requerimento, pela autoridade recorrida ou pela autoridade competente para decidir o recurso, em casos de justo receio de prejuízo de difícil ou incerta reparação decorrente da execução, devidamente motivados.

O tema é disciplinado pelo artigo 626 e seguintes da Instrução Normativa INSS 128/2022, que prevê que a **consignação** é uma forma especial ou indireta de pagamento, meio pelo qual o devedor, titular de benefício, possui para extinguir uma obrigação de pagamento junto ao INSS e/ou a terceiros, comandada por meio de desconto em seu benefício, podendo ser **descontos obrigatórios, eletivos e por determinação judicial**.

São considerados **descontos obrigatórios** aqueles determinados por lei:

> I – as contribuições à Previdência Social;
>
> II – o pagamento administrativo ou judicial de benefício previdenciário ou assistencial indevido ou além do devido, inclusive na hipótese de cessação do benefício pela revogação de decisão judicial;
>
> III – o Imposto de Renda Retido na Fonte – IRRF; e
>
> IV – pensão de alimentos.

Por outro lado, são considerados **descontos eletivos** aqueles que dependem de expressa vontade do titular do benefício, entre outros:

> I – consignação em aposentadoria ou pensão por morte, para pagamento de operações financeiras contratadas pelo titular do benefício em favor de instituição financeira, conforme estipulado em normativos específicos; e
>
> II – mensalidades de associações e de demais entidades de aposentados legalmente reconhecidas, desde que autorizadas por seus filiados, que deve ser revalidada a cada 3 (três) anos, a partir de 31 de dezembro de 2022, podendo esse prazo ser prorrogado por mais 1 (um) ano, por meio de ato do Presidente do INSS.

Eis mais algumas regras da Autarquia:

a) O limite para consignação de débitos junto ao benefício, obrigatórios, eletivos ou por determinação judicial, quando acumulados, é de 100% (cem por cento) do valor da renda mensal do benefício, devendo ser observados, para os casos de consignações decorrentes de empréstimos bancários e de valores recebidos indevidamente, os limites estabelecidos pelos normativos vigentes.

b) Os pagamentos retroativos, por não versarem obrigações mensais de valor fixo insuscetíveis de cobrança confiscatória, não se sujeitam a qualquer limite percentual no tocante à quitação de débitos do beneficiário para com o INSS, podendo ser, para tanto, retidos em sua integralidade.

c) As consignações de caráter obrigatório prevalecem sobre as de caráter eletivo, sendo que, entre as obrigatórias, observar-se-á a cronologia da implantação, salvo disposição em contrário.

A pensão alimentícia é uma consignação obrigatória, implantada no benefício do instituidor, conforme parâmetros predeterminados, nas seguintes situações:

> I – em cumprimento de decisão judicial em ação de alimentos;
>
> II – nos termos constantes da escritura, mediante ofício ou apresentação da escritura pública; ou
>
> III – nos termos dos acordos extrajudiciais referendados pelas Defensorias Públicas e Ministério Público, através de ofício do órgão, acompanhado do instrumento de acordo.

A pensão alimentícia cessa:

> I – na data do óbito do titular da pensão alimentícia;
>
> II – na data de cessação do benefício de origem;
>
> III – na data expressa na determinação judicial ou escritura pública ou acordo extrajudicial; ou
>
> IV – na ausência da data citada no inciso III, na data de recebimento do ofício pelo INSS ou da apresentação da escritura pública ou do acordo extrajudicial, que determinem a cessação.

A pensão alimentícia não se caracteriza como benefício, tratando-se tão somente de repasse de valores e, portanto, os descontos são devidos se e enquanto perdurar o pagamento do benefício e serão mantidos até o limite do crédito objeto da transação.

O titular do benefício de aposentadoria ou pensão por morte poderá autorizar a consignação em benefício para pagamento de operações financeiras, conforme o estipulado em normativos específicos e obedecendo aos seguintes critérios:

> I – a consignação poderá ser efetivada, desde que:
>
> a) o desconto, seu valor e o respectivo número de prestações a consignar e reter sejam expressamente autorizados pelo titular do benefício ou por seu representante legal, na qualidade de tutor ou curador, desde que autorizado judicialmente para tal;
>
> b) a operação financeira tenha sido realizada por instituição financeira ou pela sociedade de arrendamento mercantil a ela vinculada;
>
> c) a instituição financeira tenha celebrado acordo de cooperação técnica com o INSS para esse fim; e
>
> d) o valor do desconto não exceda, no momento da contratação, o limite percentual estabelecido em ato específico em relação ao valor disponível do benefício, excluindo Complemento Positivo – CP, PAB, e 13º (décimo terceiro) salário, correspondente à última competência emitida, constante do histórico de créditos;
>
> II – entende-se por valor disponível do benefício, aquele apurado após as deduções das seguintes consignações:
>
> a) pagamento de benefício além do devido;
>
> b) IRRF;
>
> c) pensão alimentícia;
>
> d) mensalidades de associações e demais entidades de aposentados legalmente reconhecidas; e
>
> e) oriundas de decisão judicial;
>
> III – as consignações de que tratam o caput não se aplicam aos benefícios:
>
> a) concedidos nas regras de Acordos de Previdência Social, para os segurados residentes no exterior;
>
> b) pagos a título de pensão alimentícia;
>
> c) assistenciais, inclusive os decorrentes de leis específicas;
>
> d) recebidos por meio de representante legal, na qualidade de guardião, tutor nato, administrador provisório ou representante de entidade de que trata o art. 92 do Estatuto da Criança e do Adolescente;
>
> e) com procurador ativo;
>
> f) pagos por intermédio da empresa acordante; e
>
> g) pagos por intermédio de cooperativas de créditos que não possuam contratos para pagamento e arrecadação de benefícios.

Em caso de concorrência, vale ressaltar que os débitos do beneficiário em decorrência do pagamento de benefício além do devido terão preferência sobre os créditos consignados em favor de instituições financeiras em razão de empréstimos contratados pelo aposentado ou pensionista.

A consignação de crédito também é permitida aos titulares da renda mensal vitalícia (RMV) prevista na Lei nº 6.179, de 11 de dezembro de 1974, e de benefícios que tenham como requisito para sua concessão a preexistência do benefício de prestação continuada de que trata o art. 20 da Lei nº 8.742, de 7 de dezembro de 1993

Coube à **IN INSS 162/2024** estabelecer, no âmbito do INSS, critérios e procedimentos para celebração, operacionalização e acompanhamento dos Acordos de Cooperação Técnica – ACTs relativos aos **descontos**, em benefícios de aposentados ou pensionistas do Regime Geral de Previdência Social de **mensalidade associativa**.

A averbação do desconto no benefício ocorrerá desde que:

> I – a operação seja realizada por entidade acordante habilitada e que mantenha ACT com o INSS para operacionalizar o referido desconto; e
>
> II – o desconto seja formalizado por meio de termo de adesão, firmado e assinado com assinatura eletrônica avançada e biometria, apresentação do documento de identificação oficial, válido e com foto, e número do Cadastro de Pessoa Física – CPF.

No âmbito de suas competências e responsabilidades, as entidades e a Dataprev deverão adotar medidas de segurança, técnicas e administrativas, aptas a proteger os dados e informações pessoais de acessos não autorizados, de situações acidentais ou ilícitas de uso ou de compartilhamento ou qualquer forma de tratamento inadequado ou ilícito.

A Entidade e seus representantes serão **solidariamente responsáveis** na hipótese de informações falsamente prestadas ao INSS.

A autorização de desconto de mensalidade associativa, efetivada por meio do termo de adesão com **assinatura eletrônica avançada e reconhecimento biométrico**, somente poderá ocorrer em favor da própria entidade acordante.

O desconto de mensalidade associativa poderá incidir somente nos benefícios previdenciários de aposentadorias e pensões por morte, quaisquer que sejam suas espécies.

É vedado o desconto de mensalidade associativa em:

> I – benefício por incapacidade temporária;
>
> II – pensão alimentícia;
>
> III – benefício assistencial;
>
> IV – acordo internacional para beneficiários residentes no exterior;
>
> V – benefícios pagos por intermédio de empresa convenente ou contratada para complemento de pagamento; e
>
> VI – benefícios concedidos por determinação judicial, em caráter provisório.

O desconto de mensalidade associativa será excluído, imediatamente, por solicitação do beneficiário ou por determinação judicial.

A solicitação de exclusão de desconto de mensalidade associativa poderá ser feita:

> I – pelo associado diretamente junto à entidade; ou
>
> II – pelo próprio beneficiário, por meio dos canais remotos do INSS.

Os valores recebidos indevidamente por segurado não podem ser consignados na pensão por morte do seu dependente por falta de previsão legal, pois se trata de dívida do segurado cujo patrimônio sucedido deve responder, se houver, quer através dos sucessores ou do espólio.

A TNU afetou o **tema representativo de controvérsia 326** e irá decidir se o INSS é civilmente responsável nas hipóteses em que se realizam descontos de contribuições associativas em benefício previdenciário sem autorização do segurado:

| **Tema** | **326** | **Situação do tema** | **Em Julgamento** | | **Ramo do direito** | **DIREITO ADMINISTRATIVO** |
|---|---|---|---|---|---|---|
| **Questão submetida a julgamento** | | Definir se o INSS é civilmente responsável nas hipóteses em que se realizam descontos de contribuições associativas em benefício previdenciário sem autorização do segurado, bem como se, em caso positivo, quais os limites e as condições para caracterização dessa responsabilidade. | | | | |
| **Tese firmada** | | | | | | |
| Processo | | Decisão de afetação | Relator (a) | Julgado em | Acórdão publicado em | Trânsito em julgado |

De efeito, o rol do artigo 115 da Lei 8.213/91 é taxativo, só podendo a Autarquia descontar do benefício o que a lei autoriza. Considerando que a dívida é do segurado, e não do seu dependente, não há lastro legal para consignar na pensão por morte dívida decorrente do pagamento indevido ao segurado em vida.

**Coube à PORTARIA INSS/PRES Nº 138, DE 10 DE NOVEMBRO DE 2022** estabelecer critérios e procedimentos operacionais relativos à consignação de descontos para pagamento de crédito consignado contraído nos benefícios pagos pelo INSS.

**Equiparou-se à aposentadoria previdenciária**, para fins da citada Instrução Normativa, **as pensões especiais vitalícias pagas pelo INSS como Encargos Previdenciários da União – EPU**, ampliando o texto da Lei 14.431/2022 a meu ver indevidamente, pois a regra é não ter nenhum desconto no benefício, exceto se a lei expressamente autorizar, sendo incabível extensão por analogia.

**De acordo com a Autarquia não poderá ter descontos sobre os seguintes benefícios:**

| Espécie | Descrição da Espécie |
|---|---|
| 009 | COMPL. ACIDENTE TRABALHO P/TRAB. (RURAL) |
| 010 | AUXÍLIO-DOENÇA ACIDENTÁRIO – TRAB. RURAL |
| 013 | AUXÍLIO-DOENÇA – TRABALHADOR RURAL |
| 015 | AUXÍLIO-RECLUSÃO – TRABALHADOR RURAL |
| 025 | AUXÍLIO-RECLUSÃO |
| 031 | AUXÍLIO POR INCAPACIDADE TEMPORÁRIA |
| 035 | AUXÍLIO-DOENÇA DO EX-COMBATENTE |
| 036 | AUXÍLIO-ACIDENTE PREVIDENCIÁRIO |
| 039 | AUXÍLIO INVALIDEZ ESTUDANTE |
| 047 | ABONO PERMANÊNCIA EM SERVICO – 35 ANOS |
| 048 | ABONO PERMANÊNCIA EM SERVICO – 30 ANOS |
| 050 | AUXÍLIO-DOENÇA EXTINTO PLANO BÁSICO |
| 053 | AUXÍLIO-RECLUSÃO EXTINTO PLANO BÁSICO |
| 061 | AUXÍLIO-NATALIDADE |
| 062 | AUXÍLIO-FUNERAL |
| 063 | AUXÍLIO-FUNERAL TRABALHADOR RURAL |
| 064 | AUXÍLIO-FUNERAL EMPREGADOR RURAL |
| 065 | PECÚLIO ESPECIAL SERVIDOR AUTARQUICO |
| 66 | PEC. ESP. SERVIDOR AUTARQUICO |
| 067 | PECÚLIO OBRIGATÓRIO EX-IPASE |
| 068 | PECÚLIO ESPECIAL DE APOSENTADOS |
| 069 | PECÚLIO DE ESTUDANTE |
| 070 | RESTITUIÇÃO CONTRIB. P/SEG. S/CARÊNCIA |
| 071 | SALÁRIO-FAMÍLIA PREVIDENCIÁRIO |
| 073 | SALÁRIO-FAMÍLIA ESTATUTÁRIO |

| Espécie | Descrição da Espécie |
|---|---|
| 074 | COMPLEMENTO DE PENSÃO À CONTA DA UNIÃO |
| 075 | COMPLEMENTO DE APOSENT. Á CONTA DA UNIÃO |
| 076 | SALÁRIO FAMÍLIA ESTATUTÁRIO |
| 077 | SALÁRIO FAM. ESTATUTÁRIO SERVIDOR SINPAS |
| 079 | VANTAGENS DE SERVIDOR APOSENTADO |
| 080 | SALÁRIO MATERNIDADE |
| 085 | PENSÃO VITALÍCIA SERINGUEIROS |
| 086 | PENSÃO VITALÍCIA DEPENDENTES SERINGUEIRO |
| 090 | SIMPLES ASSIST. MÉDICA P/ ACIDENTE TRAB. |
| 091 | AUXÍLIO-DOENÇA POR ACIDENTE DO TRABALHO |
| 094 | AUXÍLIO-ACIDENTE |
| 095 | AUXÍLIO SUPLEMENTAR ACIDENTE TRABALHO |
| 097 | PECÚLIO POR MORTE ACIDENTE DO TRABALHO |
| 098 | ABONO ANUAL DE ACIDENTE DE TRABALHO |
| 099 | AFASTAMENTO ATÉ 15 DIAS ACIDENTE TRAB. |

O crédito consignado, cujas parcelas contratadas são deduzidas diretamente do pagamento mensal do benefício, compreende as seguintes modalidades:

I – empréstimo pessoal;

II – cartão de crédito; e

III – cartão consignado de benefício.

A averbação da contratação de crédito consignado pelo titular do benefício ocorrerá desde que:

> I – a operação seja realizada com a própria instituição consignatária acordante ou por meio do correspondente bancário a ela vinculado, na forma da Resolução nº 3.954, de 2011, do BCB, sendo, a primeira, responsável pelos atos praticados em seu nome;
>
> II – o desconto seja formalizado por meio de contrato firmado e assinado, com uso de reconhecimento biométrico, apresentação do documento de identificação oficial, válido e com foto, e Cadastro de Pessoa Física – CPF, junto com a autorização da consignação tratada no inciso III;
>
> III – a autorização da consignação seja dada de forma expressa, assinada com uso de reconhecimento biométrico, não sendo aceita autorização dada por ligação telefônica e nem a gravação de voz reconhecida como meio de prova da ocorrência;

IV – o benefício não esteja bloqueado para empréstimos;

V – o somatório dos descontos de crédito consignado, no momento da averbação, não excedam o limite de 45% (quarenta e cinco por cento) do valor da margem consignável do benefício, conforme previsto no § 5º do art. 6º da Lei nº 10.820, de 2003, sendo de até:

a) 35% (trinta e cinco por cento) para as operações exclusivamente de empréstimo pessoal;

b) 5% (cinco por cento) para as operações exclusivamente de cartão de crédito; e

c) 5% (cinco por cento) para as operações exclusivamente de cartão consignado de benefício;

VI – não exceda 84 (oitenta e quatro) parcelas mensais e sucessivas;

VII – o valor do empréstimo pessoal contratado seja depositado:

a) na conta bancária que corresponda àquela na qual o benefício é pago; ou

b) em conta corrente ou poupança, designada expressamente pelo contratante, da qual ele seja o titular, ou, ainda, por meio de ordem de pagamento, preferencialmente na agência/banco onde é pago mensalmente o benefício, para os beneficiários que recebem na modalidade de cartão magnético;

VIII – seja efetivada no Estado (Unidade da Federação – UF) em que o benefício é mantido.

A autorização valerá enquanto subscrita pelo titular do benefício, não persistindo, por sucessão, em relação aos respectivos pensionistas e dependentes do beneficiário. O procurador não poderá autorizar os descontos de crédito consignado.

A quantidade de parcelas do contrato firmado com a instituição consignatária acordante não poderá ser superior à Data de Cessação do Benefício – DCB determinada para os benefícios de pensão por morte por prazo estipulado, em conformidade com a alínea "c" do inciso V do § 2º do art. 77 da Lei nº 8.213, de 24 de julho de 1991.

A averbação da contratação do crédito consignado não será permitida nos benefícios quando:

I – pagos:

a) em países com os quais o Brasil mantém Acordo Internacional de Previdência Social para beneficiários residentes no exterior;

b) por intermédio de empresa acordante, nos termos do art. 117-A da Lei nº 8.213, de 1991; e

c) a título de pensão alimentícia;

II – estiverem bloqueados para empréstimos;

III – tenha sido atingida a margem consignável.

A identificação do limite de 45% (quarenta e cinco por cento) dar-se-á no momento da averbação, após a dedução das seguintes consignações, observada a última competência paga, excluída a que contenha o 13º (décimo terceiro) salário:

I – pagamento de benefícios além do devido;

II – imposto de renda retido na fonte;

III – pensão alimentícia;

IV – contribuições devidas pelo segurado à previdência social;

V – mensalidades de associações e de demais entidades de aposentados ou pensionistas legalmente reconhecidas, constituídas e em funcionamento, desde que autorizadas por seus filiados; e

VI – consignações para pagamento de crédito consignado autorizadas pelo titular do benefício.

O bloqueio dos benefícios elegíveis para averbação do crédito consignado é realizado:

I – automaticamente, quando da concessão do benefício;

II – pela alteração do local de pagamento que implique Transferência do Benefício em Manutenção – TBM para outra Agência da Previdência Social – APS, por comando do INSS ou da rede bancária;

III – por solicitação do titular, representante legal ou procurador; e

IV – quando comandada reativação do benefício.

**Os benefícios concedidos a partir de 1º de abril de 2019, permanecerão bloqueados para a realização de crédito consignado por 90 (noventa) dias, contados da Data de Despacho do Benefício – DDB, ou seja, da data de concessão do benefício.**

O beneficiário poderá desistir das operações de crédito consignado que tiver contratado fora do estabelecimento comercial no prazo de até 7 (sete) dias a contar do recebimento do crédito, devendo restituir o valor total recebido, monetariamente atualizado, conforme previsto no parágrafo único do art. 49 da Lei nº 8.078, de 11 de setembro de 1990.

Nas operações de empréstimo pessoal ficam definidos os seguintes critérios:

> I – a quantidade de parcelas não poderá exceder o limite de 84 (oitenta e quatro) parcelas mensais;
>
> **II – a taxa de juros não poderá ser superior a 2,14% (dois inteiros e quatorze centésimos por cento) ao mês, devendo expressar o Custo Efetivo Total – CET do empréstimo (regra antiga);**
>
> III – é vedada a cobrança da Taxa de Abertura de Crédito – TAC e quaisquer outras taxas administrativas;
>
> IV – é vedado o estabelecimento de prazo de carência para o início do pagamento das parcelas; e

> V – é vedada a inclusão de prêmio de seguros destinados à proteção da operação de empréstimo pessoal nos descontos relativos a empréstimos consignados (seguro prestamista).

Com o advento da Instrução Normativa INSS 144 de 15/03/2023, a taxa de juros não poderá ser superior a 1,70% (um inteiro e setenta centésimos por cento) ao mês para as operações de empréstimo consignado em benefício previdenciário, devendo expressar o Custo Efetivo Total – CET do empréstimo, assim como a taxa de juros não poderá ser superior a 2,62% (dois inteiros e sessenta e dois centésimos por cento) ao mês para as operações realizadas por meio de cartão de crédito e cartão consignado de benefício, e deverá expressar o Custo Efetivo Total (CET).

**Em seguida foi publicada a Instrução Normativa INSS 146/2023, aduzindo que a taxa de juros não poderá ser superior a 1,97% (um inteiro e noventa e sete centésimos por cento) ao mês para as operações de empréstimo consignado em benefício previdenciário, devendo expressar o Custo Efetivo Total – CET do empréstimo, bem como a taxa de juros não poderá ser superior a 2,89% (dois inteiros e oitenta e nove centésimos por cento) ao mês para as operações realizadas por meio de cartão de crédito e cartão consignado de benefício, e deverá expressar o custo efetivo total (CET).**

O limite da taxa de juros para os empréstimos consignados tem acompanhado a variação da SELIC. Como há bastante oscilação, vamos passar ano a ano a apresentá-la na tabela abaixo:

| MÊS/ANO | Limite juros consignado | Limite juros consignado cartão de crédito |
|---|---|---|
| Janeiro/2025 | 1,80% | 2,46% |

O número máximo de parcelas mensais do empréstimo consignado é de 84. Com o advento da Instrução Normativa INSS/PRES 181, de 05/02/2025, passou para **96 parcelas mensais**.

A portabilidade entre instituições financeiras poderá ser realizada, desde que atenda às normas editadas pelo BCB e CMN.

Exclusivamente, na contratação do cartão consignado de benefício é obrigatória:

> I – a oferta mínima de: auxílio funeral e seguro de vida, sem limite de idade, no valor de, no mínimo, R$ 2.000,00 (dois mil reais) cada, atualizado anualmente pelo Índice Nacional de Preços ao Consumidor – INPC, independente da causa mortis, bem como descontos em redes de farmácias conveniadas;
>
> II – a entrega do cartão consignado de benefício, exclusivamente em meio físico, para o beneficiário; e

III – a entrega das apólices, em meio físico ou eletrônico, de seguro de vida e do auxílio-funeral.

Atendidos os requisitos da legislação vigente e havendo margem consignável disponível no benefício, a averbação do desconto relativo ao crédito consignado é efetivada por arquivo magnético encaminhado diretamente pela instituição consignatária acordante à Dataprev.

As operações de crédito consignado, processadas mensalmente pela Dataprev, serão identificadas no extrato de pagamento do benefício por meio das seguintes rubricas:

I – 216: consignação – empréstimo bancário (código 98: empréstimo pessoal);

II – 217: consignação sobre a RMC (código 77: cartão de crédito);

III – 322: Reserva de Margem Consignável (RMC), trata-se de informação da margem reservada para uso do cartão de crédito (código 76: RMC);

IV – 268: consignação sobre a RCC (código 99: cartão consignado de benefício); e

V – 383: Reserva Cartão Consignado (RCC), trata-se de informação de margem reservada para cartão consignado de benefício (código 44: RCC).

Neste caso, deve a Autarquia adotar os procedimentos de cobrança do espólio ou, inexistindo este, dos sucessores da lei civil, acaso o falecido tenha deixado herança, no limite desta.

Nesta situação deve a Autarquia seguir o procedimento da Instrução Normativa INSS 74/2014:

***"Art. 24. Em caso de óbito do devedor ou do responsável, o servidor ou a equipe designada para a cobrança administrativa deverá juntar a cópia reprográfica da Certidão de Óbito ou documento equivalente ou extrato de consulta aos sistemas de registro de informações de óbito, e promover a busca junto aos órgãos oficiais das informações relativas ao espólio, fazendo constar os elementos do processo de inventário ou partilha, se houver.***

*§ 1º Constatada a existência de bens:*

*I – antes da partilha, a cobrança prosseguirá em face do espólio; e*

*II – depois da partilha, a cobrança prosseguirá em face dos sucessores até o limite do valor do patrimônio transferido a cada um deles.*

*§ 2º Não havendo patrimônio em nome do devedor ou responsável, deverá ser informada a Setorial Contábil para registro, de acordo com o Manual do Sistema Integrado de Administração Financeira do Governo Federal – SIAFI.*

*§ 3º Após o registro a que se refere o § 2º deste artigo, a Setorial Contábil encaminhará a Nota de Lançamento ao órgão de origem para juntada ao processo de cobrança e posterior arquivamento.*

*§ 4º As informações relativas à abertura de inventário ou existência de espólio do devedor deverão ser obtidas pelo servidor ou equipe responsável pela cobrança.*

> *§ 5º Caso o servidor ou a equipe responsável pela cobrança constate a existência de bens em nome do devedor e não tenha sido constatada a abertura de inventário, deverá ser encaminhado expediente à unidade da Procuradoria-Geral Federal para as providências cabíveis".*

No caso do BPC/LOAS, até o advento da MP 871/2019, convertida na Lei 13.846/2019, o INSS não cobrava as parcelas recebidas de boa-fé pelo beneficiário fruto de erro administrativo de concessão com lastro no Decreto 6.214/2007:

> *"Art. 49. Cabe ao INSS, sem prejuízo da aplicação de outras medidas legais, adotar as providências necessárias à restituição do valor do benefício pago indevidamente,* ***ressalvados os casos de recebimento de boa-fé****. (Redação dada pelo Decreto nº 9.462, de 2018)'.*

No entanto, com a nova redação do artigo 115, II, da Lei 8.213/91, esse dispositivo regulamentar não foi recepcionado, tendo a **Portaria INSS/DIRBEN 633, de 27/08/2020** modificado a posição da autarquia em razão da posição do consultivo do Ministério da Cidadania (PARECER n. 00579/2020/CONJUR-MC/CGU/AGU), passando a Autarquia a fazer a cobrança das parcelas indevidamente pagas de BPC/LOAS ao beneficiário mesmo nas situações de boa-fé subjetiva.

Vale ressaltar que o STJ vinha divergindo sobre a possibilidade de devolução das parcelas pagas a título de benefícios previdenciários em consequência de decisões judiciais precárias posteriormente revertidas.

> A 3ª Seção do STJ entendia que as parcelas recebidas em processo judicial, a título de benefício previdenciário, em decorrência de antecipação de tutela posteriormente revogada, eram irrepetíveis, em nome do Princípio da Segurança Jurídica e da Boa-fé:

> PREVIDENCIÁRIO. PROCESSUAL CIVIL. EMBARGOS DE DECLARAÇÃO NO RECURSO ESPECIAL. POSTULAÇÃO DE EFEITOS INFRINGENTES. PENSÃO POR MORTE. VALORES RECEBIDOS POR FORÇA DE TUTELA ANTECIPADA POSTERIORMENTE REVOGADA. DEVOLUÇÃO. IMPOSSIBILIDADE. ENTENDIMENTO DA TERCEIRA SEÇÃO. DISPOSITIVOS DA LEI DE BENEFÍCIOS QUE REGEM HIPÓTESES DIVERSAS. PRECEDENTES DA QUINTA E SEXTA TURMAS. ALEGADA OFENSA À CLÁUSULA DE RESERVA DE PLENÁRIO (CF, ART. 97). NÃO-OCORRÊNCIA. PRECEDENTES DO STF E STJ. EMBARGOS ACOLHIDOS. **1. A Terceira Seção do Superior Tribunal de Justiça, à unanimidade, sedimentou o entendimento sobre o tema para assentar que, em se tratando de verba alimentar percebida por força de tutela antecipada, posteriormente revogada, aplicável a jurisprudência consagrada por este Tribunal, pautado pelo princípio da irrepetibilidade dos alimentos**. 2. O "art. 115 da Lei nº 8.213/91 regulamenta a hipótese de desconto administrativo, sem necessária autorização judicial, nos casos em que a concessão a maior se deu por ato administrativo do Instituto agravante, não agraciando os casos majorados por força de decisão judicial" (AgRg no REsp 1.054.163/RS,

> Sexta Turma, Rel. Min. MARIA THEREZA DE ASSIS MOURA, DJe 30/6/08). 3. Não caracteriza ofensa à reserva de plenário a interpretação dispensada por órgão fracionário de Tribunal a dispositivo de lei que, mediante legítimo processo hermenêutico, tem sua incidência limitada a determinadas hipóteses. 4. Embargos de declaração acolhidos, com excepcionais efeitos infringentes, para negar provimento ao recurso especial (EDREsp 996.850, de 04.11.2008)".

Nesse sentido, a antiga posição da TNU, quando vigorava a Súmula 51:

> **"Súmula 51- Os valores recebidos por força de antecipação dos efeitos de tutela, posteriormente revogada em demanda previdenciária, são irrepetíveis em razão da natureza alimentar e da boa-fé no seu recebimento". (SÚMULA CANCELADA EM 2017)**

Em julgados monocráticos, o Ministro Teori Albino Zavascki já vinha se manifestando pela necessidade da restituição das parcelas pagas pelo INSS, como na decisão tomada no AREsp 176.900, de 01/06/2012:

> "PROCESSUAL CIVIL. **PREVIDENCIÁRIO. APOSENTADORIA POR IDADE RURAL. ANTECIPAÇÃO DE TUTELA. LIMINAR REVOGADA. RESTITUIÇÃO DE VALORES INDEVIDAMENTE RECEBIDOS. POSSIBILIDADE**. PRECEDENTES. AGRAVO CONHECIDO PARA, DESDE LOGO, DAR PROVIMENTO AO RECURSO ESPECIAL. DECISÃO
>
> 1. Trata-se de agravo de decisão que deixou de admitir recurso especial interposto contra acórdão do Tribunal Regional Federal da 1ª Região, que deu provimento à apelação do recorrente para "reformar a sentença recorrida e julgar improcedente o pedido formulado na inicial, revogada, de imediato, a tutela antecipada concedida, dispensando a autora da repetição das parcelas recebidas até a cessação dos seus efeitos." (fl. 128). No recurso especial, o recorrente aponta, além do dissídio jurisprudencial, violação aos arts. 273, § 3º e 811, I e II, do CPC, sustentando que (a) "no caso das tutelas antecipadas, a lei processual impõe, com toda a clareza, a reversibilidade do provimento antecipado como pré-requisito à sua concessão" (fl. 136) e (b) "é impossível falar-se em boa-fé quando a parte autora tinha pleno conhecimento de que estava recebendo em razão de provimento jurisdicional precário." (fl. 138) 2. **Tem razão o recurso. As medidas antecipatórias, quando concedidas, o são com a sua natureza própria de precariedade, provisoriedade e revogabilidade, se for o caso, sendo que, em caso de revogação, devem as partes retornar ao status quo ante, cabendo ao requerente repor os danos causados pela execução da medida revogada. É o que se extrai dos arts. 273, § 4º e 811, I e II, do CPC, invocados nas razões recursais.** Por isso mesmo, em caso análogo, assim decidiu a 1ª Turma do STJ: PROCESSUAL CIVIL. SERVIDOR PÚBLICO. ANTECIPAÇÃO DE TUTELA. LIMINAR REVOGADA. RESTITUIÇÃO DE VALORES INDEVIDAMENTE RECEBIDOS. POSSIBILIDADE.
>
> 1. É firme a jurisprudência do STJ no sentido de que os valores indevidamente pagos por força de decisão judicial liminar posteriormente revogada são passíveis de devolução. 2. Agravo regimental a que se nega provimento. (AgReg

no AREsp 40.007/SC, Min. Teori Albino Zavascki, DJ de 16/04/2012) No voto, foram invocados vários precedentes do STJ no mesmo sentido, que reproduzo: ADMINISTRATIVO. PROCESSUAL CIVIL. EMBARGOS DE DECLARAÇÃO NO RECURSO ORDINÁRIO EM MANDADO DE SEGURANÇA. SERVIDORES PÚBLICOS. RESTITUIÇÃO DE VALORES PAGOS EM VIRTUDE DE LIMINAR. POSSIBILIDADE. PAGAMENTO INDEVIDO POR ERRO DA ADMINISTRAÇÃO. RECEBIMENTO DE BOA-FÉ. VERBA DE CARÁTER ALIMENTAR. DEVOLUÇÃO. NÃO CABIMENTO. AMBOS OS EMBARGOS REJEITADOS. 1. Nos termos do art. 535 do CPC, os embargos de declaração são cabíveis para modificar o julgado que se apresentar omisso, contraditório ou obscuro, bem como para sanar possível erro material existente na decisão, o que não ocorre no presente caso. 2. "Valores pagos pela Administração Pública em virtude de decisão judicial provisória, posteriormente cassada, devem ser restituídos, sob pena de enriquecimento ilícito por parte dos servidores beneficiados (REsp 725.118/RJ, Rel. Min. PAULO GALLOTTI, Sexta Turma, DJ 24/4/06). 3. Descabe restituição de valores recebidos de boa-fé pelo servidor em decorrência de errônea interpretação ou má aplicação da lei pela Administração Pública. Precedentes. 4. Ambos os embargos de declaração rejeitados. (EDcl no RMS 32.706/SP, Min, Arnaldo Esteves Lima, 1ª T., DJe de 09/11/2011)

ADMINISTRATIVO – SERVIDOR PÚBLICO – VALORES RECEBIDOS EM VIRTUDE DE LIMINAR POSTERIORMENTE CASSADA – RESTITUIÇÃO – DEVIDA. 1. Este Tribunal tem entendido que é devida a restituição à Administração Pública de valores recebidos em virtude de decisão judicial provisória, posteriormente cassada, sob pena de enriquecimento ilícito dos beneficiados. 2. A agravante não trouxe argumento novo capaz de infirmar os fundamentos que alicerçaram a decisão agravada, razão que enseja a negativa do provimento ao agravo regimental. Agravo regimental improvido. (AgRg no REsp 1191879/RJ, Min. Humberto Martins, 2ª T., DJe de 08/09/2010) Por estar em dissonância com esta jurisprudência, o acórdão recorrido merece reforma no ponto.

3. Diante do exposto, conheço do agravo para, desde logo, dar provimento ao recurso especial. Intime-se".

**Este entendimento foi confirmado pela 1ª Seção do STJ em 12 de junho de 2013, tendo sido determinada a devolução de parcelas ao INSS de benefício previdenciário cuja antecipação de tutela foi posteriormente revogada.**

Isso porque a antecipação de tutela é precária, correndo à custa e risco do autor, assim como com arrimo no Princípio da Boa-fé Objetiva:

**"INFORMATIVO 524 – DIREITO PROCESSUAL CIVIL E PREVIDENCIÁRIO. DEVOLUÇÃO DE BENEFÍCIO PREVIDENCIÁRIO RECEBIDO EM RAZÃO DE ANTECIPAÇÃO DOS EFEITOS DA TUTELA POSTERIORMENTE REVOGADA.**

**O segurado da Previdência Social tem o dever de devolver o valor de benefício previdenciário recebido em antecipação dos efeitos da tutela (art. 273 do CPC) a qual tenha sido posteriormente revogada.** Historicamente, a

> jurisprudência do STJ, com fundamento no princípio da irrepetibilidade dos alimentos, tem isentado os segurados do RGPS da obrigação de restituir valores obtidos por antecipação de tutela que posteriormente tenha sido revogada. Já os julgados que cuidam da devolução de valores percebidos indevidamente por servidores públicos evoluíram para considerar não apenas o caráter alimentar da verba, mas também a boa-fé objetiva envolvida na situação. Nestes casos, o elemento que evidencia a boa-fé objetiva consiste na legítima confiança ou justificada expectativa de que os valores recebidos sejam legais e de que passem a integrar definitivamente o seu patrimônio. **Nas hipóteses de benefícios previdenciários oriundos de antecipação de tutela, não há dúvida de que existe boa-fé subjetiva, pois, enquanto o segurado recebe os benefícios, há legitimidade jurídica, apesar de precária. Do ponto de vista objetivo, todavia, não há expectativa de definitividade do pagamento recebido via tutela antecipatória, não podendo o titular do direito precário pressupor a incorporação irreversível da verba ao seu patrimônio. Efetivamente, não há legitimidade jurídica para o segurado presumir que não terá de devolver os valores recebidos, até porque, invariavelmente, está o jurisdicionado assistido por advogado e, conforme o disposto no art. 3º da LINDB – segundo o qual ninguém se escusa de cumprir a lei, alegando que não a conhece –, deve estar ciente da precariedade do provimento judicial que lhe é favorável e da contraposição da autarquia previdenciária quanto ao mérito. Ademais, em uma escala axiológica, evidencia-se a desproporcionalidade da hipótese analisada em relação aos casos em que o próprio segurado pode tomar empréstimos de instituição financeira e consignar descontos em folha, isto é, o erário "empresta" – via antecipação de tutela posteriormente cassada – ao segurado e não pode cobrar sequer o principal. Já as instituições financeiras emprestam e recebem, mediante desconto em folha, não somente o principal como também os juros remuneratórios.** REsp 1.384.418-SC, Rel. Min. Herman Benjamin, julgado em 12/6/2013".

No que concerne ao *modus operandi* da devolução, a 1ª Seção do STJ estabeleceu como regras a declaração judicial da dívida e o desconto do débito mensalmente sobre o benefício previdenciário em até 10% do seu valor:

> **"INFORMATIVO 524 – DIREITO PROCESSUAL CIVIL E PREVIDENCIÁRIO. FORMA DE DEVOLUÇÃO DE BENEFÍCIO PREVIDENCIÁRIO RECEBIDO EM ANTECIPAÇÃO DOS EFEITOS DE TUTELA POSTERIORMENTE REVOGADA.**
>
> Na devolução de benefício previdenciário recebido em antecipação dos efeitos da tutela (art. 273 do CPC) a qual tenha sido posteriormente revogada, devem ser observados os seguintes parâmetros: a) a execução de sentença declaratória do direito deverá ser promovida; e b) liquidado e incontroverso o crédito executado, o INSS poderá fazer o desconto em folha de até 10% da remuneração dos benefícios previdenciários em manutenção até a satisfação do crédito. Isso porque o caráter alimentar dos benefícios previdenciários está ligado ao princípio constitucional da dignidade da pessoa humana, de forma que as imposições

> obrigacionais sobre os respectivos proventos não podem comprometer o sustento do segurado". REsp 1.384.418-SC, Rel. Min. Herman Benjamin, julgado em 12/6/2013.
>
> Contudo, nota-se que na grande maioria dos casos em que a antecipação de tutela é cassada, inexiste benefício previdenciário ativo para a efetivação dos descontos, o que vai tornar necessária a execução judicial da dívida.

Por tudo isto, nota-se que existia uma **divergência interna não superada no STJ**, vez que a 1ª Seção entende pela devolução, ao passo que a 3ª Seção pela não devolução das parcelas percebidas de benefício previdenciário com antecipação de tutela revogada.

**O tema foi apreciado pela Corte Especial do STJ em 20 de novembro de 2013, tendo se adotado uma posição intermediária entre os entendimentos da 1ª e da 3ª Seção do Superior Tribunal de Justiça.**

Nesse diapasão, se a reversão da antecipação de tutela se der nas instâncias ordinárias (em sede sentença ou acórdão proferido em sede de julgamento de recurso de apelação ou recurso inominado do JEF pelo Tribunal ou Turma Recursal), dever-se-á devolver à Previdência Social as parcelas já percebidas.

Por outro lado, se a revogação da tutela antecipada se operar nas instâncias extraordinárias (STF e STJ, em sede de recurso extraordinário ou especial) não haverá a restituição ao INSS, ao argumento de que já havia se criado a legítima expectativa de vitória ao segurado ou dependente, em razão de se tratar de recurso julgado em via não ordinária.

Veja-se o decisivo julgado:

> PROCESSO CIVIL. EMBARGOS DE DIVERGÊNCIA EM RECURSO ESPECIAL. SENTENÇA QUE DETERMINA O RESTABELECIMENTO DE PENSÃO POR MORTE. CONFIRMAÇÃO PELO TRIBUNAL DE ORIGEM. DECISÃO REFORMADA NO JULGAMENTO DO RECURSO ESPECIAL. DEVOLUÇÃO DOS VALORES RECEBIDOS DE BOA-FÉ. IMPOSSIBILIDADE. PRECEDENTES DO STJ.
>
> 1. A dupla conformidade entre a sentença e o acórdão gera a estabilização da decisão de primeira instância, de sorte que, de um lado, limita a possibilidade de recurso do vencido, tornando estável a relação jurídica submetida a julgamento; e, de outro, cria no vencedor a legítima expectativa de que é titular do direito reconhecido na sentença e confirmado pelo Tribunal de segunda instância.
>
> 2. Essa expectativa legítima de titularidade do direito, advinda de ordem judicial com força definitiva, é suficiente para caracterizar a boa-fé exigida de quem recebe a verba de natureza alimentar posteriormente cassada, porque, no mínimo, confia – e, de fato, deve confiar – no acerto do duplo julgamento.
>
> 3. Por meio da edição da súm. 34/AGU, a própria União reconhece a irrepetibilidade da verba recebida de boa-fé, por servidor público, em virtude de

interpretação errônea ou inadequada da Lei pela Administração. Desse modo, e com maior razão, assim também deve ser entendido na hipótese em que o restabelecimento do benefício previdenciário dá-se por ordem judicial posteriormente reformada.

4. Na hipótese, impor ao embargado a obrigação de devolver a verba que por anos recebeu de boa-fé, em virtude de ordem judicial com força definitiva, não se mostra razoável, na medida em que, justamente pela natureza alimentar do benefício então restabelecido, pressupõe-se que os valores correspondentes foram por ele utilizados para a manutenção da própria subsistência e de sua família. Assim, a ordem de restituição de tudo o que foi recebido, seguida à perda do respectivo benefício, fere a dignidade da pessoa humana e abala a confiança que se espera haver dos jurisdicionados nas decisões judiciais.

5. Embargos de divergência no recurso especial conhecidos e desprovidos" (EREsp 1086154, Corte Especial, de 20/11/2013).

A 1ª Seção do STJ reafirmou o seu posicionamento em sede de Recurso Especial Repetitivo:

"INFORMATIVO 570- DIREITO PREVIDENCIÁRIO E PROCESSUAL CIVIL. REPETIÇÃO DE BENEFÍCIOS PREVIDENCIÁRIOS INDEVIDAMENTE RECEBIDOS POR FORÇA DE TUTELA ANTECIPADA. RECURSO REPETITIVO (ART. 543-C DO CPC E RES. 8/2008-STJ). TEMA 692.

**A reforma da decisão que antecipa a tutela obriga o autor da ação a devolver os benefícios previdenciários indevidamente recebidos.** O grande número de ações, e a demora que disso resultou para a prestação jurisdicional, levou o legislador a prever a antecipação da tutela judicial naqueles casos em que, desde logo, houvesse, a partir dos fatos conhecidos, uma grande verossimilhança no direito alegado pelo autor. Nesse contexto, o pressuposto básico do instituto é a reversibilidade da decisão judicial. Havendo perigo de irreversibilidade, não há tutela antecipada (art. 273, § 2º, do CPC). Por isso, quando o juiz antecipa a tutela, está anunciando que seu decisum não é irreversível. Sendo assim, se acabou por ser mal sucedida a demanda na qual houvera antecipação da tutela judicial, o autor da ação responde pelo que recebeu indevidamente. Além do mais, não prospera o argumento de que o autor não seria obrigado a devolver benefícios advindos da antecipação por ter confiado no juiz, porquanto esta fundamentação ignora o fato de que a parte, no processo, está representada por advogado, o qual sabe que a antecipação de tutela tem natureza precária. Há, ainda, o reforço do direito material. Um dos princípios gerais do direito é o de que não pode haver enriquecimento sem causa. Sendo um princípio geral, ele se aplica ao direito público, e com maior razão neste caso porque o lesado é o patrimônio público. Ademais, o art. 115, II, da Lei 8.213/1991 é expresso no sentido de que os benefícios previdenciários pagos indevidamente estão sujeitos à repetição. Uma decisão do STJ que viesse a desconsiderá-lo estaria, por via transversa, deixando de aplicar norma legal que, a contrario sensu, o STF declarou constitucional, uma vez que o art. 115, II, da Lei 8.213/1991 exige o que dispensava o art. 130, parágrafo único na redação originária, declarado inconstitucional na ADI 675 (Tribunal

Pleno, DJ 20/6/1997).**REsp 1.401.560-MT, Rel. Min. Sérgio Kukina, Rel. para acórdão Min. Ari Pargendler, Primeira Seção, julgado em 12/2/2014, DJe 13/10/2015".**

Nesse sentido, a edição 67 da Jurisprudência em Teses publicada pelo próprio STJ em 5 de outubro de 2016 traz a mesma conclusão proposta nesta obra:

> **"15) Os valores de benefícios previdenciários recebidos por força de tutela antecipada posteriormente revogada devem ser devolvidos, haja vista a reversibilidade da medida antecipatória, a ausência de boa-fé objetiva do beneficiário e a vedação do enriquecimento sem causa.**
>
> **Acórdãos**
>
> AgInt nos EDcl no AREsp 444197/PR, Rel. Ministro GURGEL DE FARIA, PRIMEIRA TURMA, Julgado em 14/06/2016, DJE 09/08/2016
>
> AgInt no REsp 1566724/PR, Rel. Ministro SÉRGIO KUKINA, PRIMEIRA TURMA, Julgado em 23/06/2016, DJE 30/06/2016
>
> AgRg no REsp 1574367/MG, Rel. Ministro HERMAN BENJAMIN, SEGUNDA TURMA, Julgado em 19/04/2016, DJE 27/05/2016
>
> EDcl no REsp 1401560/MT, Rel. Ministro MAURO CAMPBELL MARQUES, PRIMEIRA SEÇÃO, Julgado em 27/04/2016, DJE 02/05/2016
>
> EDcl no AgRg no AgRg no REsp 1199904/RJ, Rel. Ministro NAPOLEÃO NUNES MAIA FILHO, PRIMEIRA TURMA, Julgado em 24/11/2015, DJE 09/12/2015
>
> REsp 1057817/RS, Rel. Ministro NEFI CORDEIRO, Julgado em 03/11/2015, DJE 10/12/2015
>
> REsp 1401560/MT, Rel. Ministro SÉRGIO KUKINA, Rel. p/ Acórdão Ministro ARI PARGENDLER, PRIMEIRA SEÇÃO, Julgado em 12/02/2014, DJE 13/10/2015
>
> **16) Não é necessária a devolução de valores concedidos ao segurado por sentença confirmada em 2ª instância (dupla conformidade), que, posteriormente, é reformada em sede de Recurso Especial.**
>
> **Acórdãos**
>
> AgRg no REsp 1584052/RS, Rel. Ministro MARCO AURÉLIO BELLIZZE, TERCEIRA TURMA, Julgado em 10/05/2016, DJE 19/05/2016
>
> EREsp 1086154/RS, Rel. Ministra NANCY ANDRIGHI, CORTE ESPECIAL, Julgado em 20/11/2013, DJE 19/03/2014
>
> **Decisões Monocráticas**
>
> REsp 1592456/RS, Rel. Ministra REGINA HELENA COSTA, PRIMEIRA TURMA, Julgado em 03/06/2016, Publicado em 08/06/2016
>
> AREsp 549596/RS, Rel. Ministro NAPOLEÃO NUNES MAIA FILHO, PRIMEIRA TURMA, Julgado em 07/08/2015, Publicado em 27/08/2015".

Vale registrar que o posicionamento aqui consolidado já foi utilizado em julgado da TNU com a seguinte transcrição desta obra:

**"9. Especificamente no âmbito do Superior Tribunal de Justiça e desta Turma Nacional de Uniformização a matéria apresenta o perfil e evolução jurisprudencial pesquisada por Frederico Amado, a seguir retratada:** O PODER JUDICIÁRIO CONCEDEU UM BENEFÍCIO PREVIDENCIÁRIO ATRAVÉS DE ANTECIPAÇÃO DE TUTELA. DEPOIS, OPEROU-SE A SUA REVOGAÇÃO. É NECESSÁRIO DEVOLVER AO INSS O QUE FOI RECEBIDO – CONHEÇA A POSIÇÃO DA CORTE ESPECIAL DO STJ: Vale ressaltar que o STJ vinha divergindo sobre a possibilidade de devolução das parcelas pagas a título de benefícios previdenciários em consequência de decisões judiciais precárias posteriormente revertidas. A 3ª Seção do STJ Atualmente, o STJ (3ª Seção) entende que as parcelas recebidas em processo judicial, a título de benefício previdenciário, em decorrência de antecipação de tutela posteriormente revogada, são irrepetíveis, em nome do Princípio da Segurança Jurídica e da Boa-fé... Este entendimento foi confirmado pela 1ª Seção do STJ em 12 de junho de 2013, tendo sido determinada a devolução de parcelas ao INSS de benefício previdenciário cuja antecipação de tutela foi posteriormente revogada. Isso porque a antecipação de tutela é precária, correndo à custa e risco do autor, assim como com arrimo no Princípio da Boa-fé Objetiva... O tema foi apreciado pela Corte Especial do STJ em 20 de novembro de 2013, tendo se adotado uma posição intermediária entre os entendimentos da 1ª e da 3ª Seção do Superior Tribunal de Justiça. Nesse diapasão, se a reversão da antecipação de tutela se der nas instâncias ordinárias (em se de sentença ou acórdão proferido em sede de julgamento de recurso de apelação ou recurso inominado do JEF pelo Tribunal ou Turma Recursal), dever-se-á devolver à Previdência Social as parcelas já percebidas. Por outro lado, se a revogação da tutela antecipada se operar nas instâncias extraordinárias (STF e STJ, em sede de recurso extraordinário ou especial) não haverá a restituição ao INSS, ao argumento de que já havia se criado a legítima expectativa de vitória ao segurado ou dependente, em razão de se tratar de recurso julgado em via não ordinária. Veja-se o decisivo julgado: "PROCESSO CIVIL. EMBARGOS DE DIVERGÊNCIA EM RECURSO ESPECIAL. SENTENÇA QUE DETERMINA O RESTABELECIMENTO DE PENSÃO POR MORTE. CONFIRMAÇÃO PELO TRIBUNAL DE ORIGEM. DECISÃO REFORMADA NO JULGAMENTO DO RECURSO ESPECIAL. DEVOLUÇÃO DOS VALORES RECEBIDOS DE BOA-FÉ. IMPOSSIBILIDADE. PRECEDENTES DO STJ.1. A dupla conformidade entre a sentença e o acórdão gera a estabilização da decisão de primeira instância, de sorte que, de um lado, limita a possibilidade de recurso do vencido, tornando estável a relação jurídica submetida a julgamento; e, de outro, cria no vencedor a legítima expectativa de que é titular do direito reconhecido na sentença e confirmado pelo Tribunal de segunda instância.2. Essa expectativa legítima de titularidade do direito, advinda de ordem judicial com força definitiva, é suficiente para caracterizar a boa-fé exigida de quem recebe a verba de natureza alimentar posteriormente cassada, porque, no mínimo, confia – e, de fato, deve confiar – no acerto do duplo julgamento.3. Por meio da edição da súm. 34/AGU, a própria União reconhece a irrepetibilidade da verba recebida de boa-fé, por servidor público, em virtude de interpretação errônea ou inadequada da Lei pela Administração. Desse modo, e com maior razão, assim também deve ser entendido na hipótese em que o restabelecimento do benefício previdenciário dá-se por ordem judicial posteriormente reformada.4. Na hipótese, impor ao embargado a obrigação de devolver a verba que por anos recebeu de boa-fé, em virtude de ordem judicial com força definitiva, não se mostra razoável, na medida em que, justamente pela natureza alimentar do benefício então restabelecido pressupõe-se que os valores correspondentes foram por ele utilizados para a manutenção da própria subsistência e de sua família. Assim, a ordem de restituição de tudo o que foi recebido, seguida à perda do respectivo benefício, fere a dignidade da pessoa humana e abala a confiança que se espera haver dos jurisdicionados nas decisões judiciais.5. Embargos de divergência no recurso especial conhecidos e desprovidos" (EREsp 1086154, Corte Especial, de 20/11/2013). [grifei]". (PEDILEF 50190790520134047200, de 11/12/2014).

Logo, **a tese repetitiva firmada pelo STJ é pela devolução dos valores à Previdência Social quando da revogação da tutela provisória, salvo no caso de dupla conformidade** (sentença e acórdão favoráveis ao segurado ou dependente), quando o INSS somente reverteu à tese nas instâncias extraordinárias.

Nesse sentido, o julgamento do AgInt no REsp 1540492, em 20 de junho de 2017:

> "PROCESSUAL CIVIL E ADMINISTRATIVO. AGRAVO INTERNO NO RECURSO ESPECIAL. EXIGIBILIDADE DA DEVOLUÇÃO DE VALORES RECEBIDOS POR FORÇA DE DECISÃO JUDICIAL POSTERIORMENTE MODIFICADA. ENTENDIMENTO FIRMADO PELA PRIMEIRA SEÇÃO NO JULGAMENTO DO RECURSO ESPECIAL REPRESENTATIVO DA CONTROVÉRSIA 1.401.560/MT. INAPLICABILIDADE AO CASO CONCRETO, TENDO EM VISTA A DUPLA CONFORMIDADE ENTRE SENTENÇA E ACÓRDÃO, ESTE MODIFICADO SOMENTE EM SEDE DE RECURSO ESPECIAL. BOA-FÉ DE QUEM RECEBE A VERBA DE NATUREZA ALIMENTAR, PORQUE CONFIA NO ACERTO DO DUPLO JULGAMENTO. AGRAVO INTERNO DA UNIÃO A QUE SE NEGA PROVIMENTO.
>
> 1. Cinge-se a questão em examinar a possibilidade de restituição de valores recebidos em decorrência de acórdão do Tribunal que reconheceu o direito a determinado benefício a Servidor Público, com posterior modificação e exclusão desse direito em sede de Recurso Especial.
>
> 2. A Primeira Seção desta Corte no julgamento do Recurso Especial Representativo da Controvérsia 1.401.560/MT, julgado em 12.2.2014, consolidou o entendimento de que é necessária a devolução dos valores recebidos a título de tutela antecipada posteriormente revogada, apesar da natureza alimentar dos benefícios previdenciários e da boa-fé dos segurados.
>
> **3. Entretanto, referido precedente se distingue daquela situação em que o demandante obtém um pronunciamento jurisdicional que lhe reconhece o direito em sentença e acórdão, gerando uma estabilização da questão discutida nos autos, tendo em vista a dupla conformidade do julgamento.**

> **4. Em virtude dessa dupla conformidade, o demandante tem a legítima expectativa de titularidade do direito e, por isso, pode executar a sentença após a confirmação do acórdão, passando a receber de boa-fé os valores declarados em pronunciamento judicial com força definitiva. Precedentes: AgRg no AgRg no REsp. 1.473.789/PE, Rel. Min. ASSUSETE MAGALHÃES, DJe 24.6.2016; AgInt no REsp. 1.592.456/RS, Rel. Min. REGINA HELENA COSTA, DJe 18.10.2016.**
>
> 5. A hipótese dos autos se amolda perfeitamente ao citado precedente do Órgão Especial desta Corte Superior, uma vez que o ora recorrido teve seu pedido liminar concedido em março de 2001, tendo a demanda sido julgada procedente e confirmada pelo Tribunal Regional Federal da 5ª. Região. Posteriormente, no ano de 2010, em sede de Recurso Especial, houve provimento à insurgência para excluir a condenação do erário, sendo certo que, até então, havia dupla conformidade da sentença e acórdão que reconhecia direitos ao Servidor Público.
>
> 6. Desse modo, tendo o Tribunal de origem assentado ser descabida a restituição ao erário de valores indevidamente pagos ao servidor, se ele os percebeu de boa-fé, entendida esta como a ausência de conduta dolosa que tenha contribuído para a ocorrência do fato antijurídico, presunção esta não desqualificada por provas em contrário (fls. 531), a conclusão se mostra convergente ao entendimento desta Corte Superior, não merecendo, portanto, reparos".

Vale registrar que no julgamento do PEDILEF 0004955-39.2011.4.03.6315, em 30/08/2017, a TNU promoveu o cancelamento da Súmula 51 a fim de se adequar ao posicionamento do STJ:

> "A Turma Nacional de Uniformização dos Juizados Especiais Federais (TNU), por maioria, nos termos do voto do juiz federal Frederico Augusto Leopoldino Koehler, cancelou o enunciado da Súmula nº 51, que dispõe que "Os valores recebidos por força de antecipação dos efeitos de tutela, posteriormente revogada em demanda previdenciária, são irrepetíveis em razão da natureza alimentar e da boa-fé no seu recebimento". A decisão foi tomada na sessão do dia 30 de agosto, realizada na sede do Tribunal Regional Federal da 4ª Região (TRF4), em Porto Alegre.
>
> De acordo com os autos, ao realizar a superação de seu entendimento anterior, a TNU entendeu que o tema objeto do incidente foi uniformizado no âmbito do Superior Tribunal de Justiça (STJ) – Tema 692 – por ocasião do julgamento do REsp nº 1.401.560 (Relator p/ Acórdão Ministro ARI PARGENDLER, PRIMEIRA SEÇÃO, julgado em 12/02/2014, DJe 13/10/2015).
>
> Nesse contexto, o Colegiado considerou que o Supremo Tribunal Federal (STF), no julgamento do ARE-RG 722421, de relatoria do ministro Ricardo Lewandowski, já se pronunciou no sentido de que não existe repercussão geral quando a matéria versar sobre a possibilidade de devolução de valores recebidos em virtude de tutela antecipada posteriormente revogada (Tema n. 799), considerando-se que a solução da controvérsia envolve o exame de legislação infraconstitucional, a configurar apenas ofensa indireta ou reflexa ao texto constitucional.

Koehler destacou que, "cumpre registrar que, no âmbito do STJ, em recente decisão (Pet nº 10.996, DJe 26/06/2017), da lavra do eminente ministro Mauro Campbell Marques, presidente desta Turma Nacional de Uniformização, acolheu-se incidente de uniformização da jurisprudência interposto pelo INSS, concluindo que o entendimento deste Colegiado Nacional, assentado no enunciado de sua Súmula 51 contraria frontalmente o entendimento firmado por aquela Corte Superior no julgamento do TEMA 692 dos recursos repetitivos".

Processo nº 0004955-39.2011.4.03.6315. *Fonte: Imprensa CJF*"

A TNU se alinhou ao STJ. Postergou o que pôde, mas cedeu. O que a Turma Nacional não decidiu expressamente foi sobre a aplicação da dupla conformidade ao rito do JEF, haja vista que o STJ firmou tese no sentido de que a revogação de tutela provisória em instância superior em recursos tarifados não enseja a devolução.

Eis julgados recentes do STJ:

**AgInt no REsp 1540492, 1ª Turma, de 20/6/2017**

"PROCESSUAL CIVIL E ADMINISTRATIVO. AGRAVO INTERNO NO RECURSO ESPECIAL. EXIGIBILIDADE DA DEVOLUÇÃO DE VALORES RECEBIDOS POR FORÇA DE DECISÃO JUDICIAL POSTERIORMENTE MODIFICADA. ENTENDIMENTO FIRMADO PELA PRIMEIRA SEÇÃO NO JULGAMENTO DO RECURSO ESPECIAL REPRESENTATIVO DA CONTROVÉRSIA 1.401.560/MT. INAPLICABILIDADE AO CASO CONCRETO, TENDO EM VISTA A DUPLA CONFORMIDADE ENTRE SENTENÇA E ACÓRDÃO, ESTE MODIFICADO SOMENTE EM SEDE DE RECURSO ESPECIAL. BOA-FÉ DE QUEM RECEBE A VERBA DE NATUREZA ALIMENTAR, PORQUE CONFIA NO ACERTO DO DUPLO JULGAMENTO. AGRAVO INTERNO DA UNIÃO A QUE SE NEGA PROVIMENTO.

1. Cinge-se a questão em examinar a possibilidade de restituição de valores recebidos em decorrência de acórdão do Tribunal que reconheceu o direito a determinado benefício a Servidor Público, com posterior modificação e exclusão desse direito em sede de Recurso Especial.

2. A Primeira Seção desta Corte no julgamento do Recurso Especial Representativo da Controvérsia 1.401.560/MT, julgado em 12.2.2014, consolidou o entendimento de que é necessária a devolução dos valores recebidos a título de tutela antecipada posteriormente revogada, apesar da natureza alimentar dos benefícios previdenciários e da boa-fé dos segurados.

3. Entretanto, referido precedente se distingue daquela situação em que o demandante obtém um pronunciamento jurisdicional que lhe reconhece o direito em sentença e acórdão, gerando uma estabilização da questão discutida nos autos, tendo em vista a dupla conformidade do julgamento.

**4. Em virtude dessa dupla conformidade, o demandante tem a legítima expectativa de titularidade do direito e, por isso, pode executar a sentença após a confirmação do acórdão, passando a receber de boa-fé os valores**

**declarados em pronunciamento judicial com força definitiva. Precedentes: AgRg no AgRg no REsp. 1.473.789/PE, Rel. Min. ASSUSETE MAGALHÃES, DJe 24.6.2016; AgInt no REsp. 1.592.456/RS, Rel. Min. REGINA HELENA COSTA, DJe 18.10.2016.**

5. A hipótese dos autos se amolda perfeitamente ao citado precedente do Órgão Especial desta Corte Superior, uma vez que o ora recorrido teve seu pedido liminar concedido em março de 2001, tendo a demanda sido julgada procedente e confirmada pelo Tribunal Regional Federal da 5a. Região. Posteriormente, no ano de 2010, em sede de Recurso Especial, houve provimento à insurgência para excluir a condenação do erário, sendo certo que, até então, havia dupla conformidade da sentença e acórdão que reconhecia direitos ao Servidor Público.

6. Desse modo, tendo o Tribunal de origem assentado ser descabida a restituição ao erário de valores indevidamente pagos ao servidor, se ele os percebeu de boa-fé, entendida esta como a ausência de conduta dolosa que tenha contribuído para a ocorrência do fato antijurídico, presunção esta não desqualificada por provas em contrário (fls. 531), a conclusão se mostra convergente ao entendimento desta Corte Superior, não merecendo, portanto, reparo".

**REsp 1669438, 2ª Turma, de 20/6/2017**

"PROCESSUAL CIVIL. PREVIDENCIÁRIO. VALORES DE ÍNDOLE ALIMENTAR RECEBIDOS EM RAZÃO DE SENTENÇA JUDICIAL DE MÉRITO, CONFIRMADA PELO TRIBUNAL DE ORIGEM. VALORES RECEBIDOS DE BOA-FÉ. DESCONTOS. IMPOSSIBILIDADE.

1. Na hipótese dos autos, extrai-se do acórdão vergastado que o entendimento do Sodalício a quo está em consonância com a orientação do Superior Tribunal de Justiça.

**2. A Corte Especial do STJ, em hipótese análoga à dos autos, entendeu descabida a restituição de valores de índole alimentar, recebidos de boa-fé, por força de sentença de mérito, confirmada em 2º Grau ainda que posteriormente alterada em Recurso Especial. Isso porque "a dupla conformidade entre a sentença e o acórdão gera a estabilização da decisão de primeira instância, de sorte que, de um lado, limita a possibilidade de recurso do vencido, tornando estável a relação jurídica submetida a julgamento; e, de outro, cria no vencedor a legítima expectativa de que é titular do direito reconhecido na sentença e confirmado pelo Tribunal de segunda instância. Essa expectativa legítima de titularidade do direito, advinda de ordem judicial com força definitiva, é suficiente para caracterizar a boa-fé exigida de quem recebe a verba de natureza alimentar posteriormente cassada, porque, no mínimo, confia – e, de fato, deve confiar – no acerto do duplo julgamento. E essa confiança, porque não se confunde com o mero estado psicológico de ignorância sobre os fatos ou sobre o direito, é o que caracteriza a boa-fé objetiva"** (STJ, EREsp 1.086.154/RS, Rel. Ministra Nancy Andrighi, Corte Especial, DJe de 19/03/2014). No mesmo sentido: STJ, AgRg no AREsp 405.924/CE, Rel. Ministra Regina Helena Costa, Primeira Turma, DJe de 14/12/2015. Com igual compreensão, em decisão monocrática: STJ, REsp 1.421.530/CE, Rel. Ministro Mauro Campbell Marques, DJe de 28/4/2014".

Entende-se que, ao adaptar a posição do STJ ao rito do JEF, que a revogação da tutela provisória em incidentes de uniformização de jurisprudência (TRU, TNU e STJ) não enseja a devolução dos valores, pois são recursos tarifados excepcionais (são tarifados apenas para uniformizar questões de direito material em divergência de Turmas do JEF ou contra decisão dominante do STJ e não devolvem o reexame direto da matéria de fato).

Também não cabe devolução das parcelas percebidas a título de benefício previdenciário quando o INSS consegue êxito em ação rescisória, pois neste caso já havia se formado a coisa julgada com a expectativa consolidada do beneficiário da Previdência Social.

Nesse sentido, a edição 67 da Jurisprudência em Teses publicada pelo próprio STJ em 5 de outubro de 2016:

> **17) Os valores relativos a benefícios previdenciários pagos a maior ao segurado por força de decisão judicial transitada em julgado, que venha a ser rescindida, não são passíveis de devolução.**
>
> **Acórdãos**
>
> AgRg no AREsp 820594/SP, Rel. Ministro MAURO CAMPBELL MARQUES, SEGUNDA TURMA, Julgado em 23/02/2016, DJE 01/03/2016
>
> AR 004160/SP, Rel. Ministro REYNALDO SOARES DA FONSECA, TERCEIRA SEÇÃO, Julgado em 23/09/2015, DJE 29/09/2015
>
> AR 004186/SP, Rel. Ministro GURGEL DE FARIA, TERCEIRA SEÇÃO, Julgado em 24/06/2015, DJE 04/08/2015
>
> AR 004194/MG, Rel. Ministro NEFI CORDEIRO, TERCEIRA SEÇÃO, Julgado em 25/02/2015, DJE 05/03/2015
>
> AR 003926/RS, Rel. Ministro MARCO AURÉLIO BELLIZZE, TERCEIRA SEÇÃO, Julgado em 11/09/2013, DJE 18/09/2013
>
> AR 003816/MG, Rel. Ministro OG FERNANDES, TERCEIRA SEÇÃO, Julgado em 11/09/2013, DJE 26/09/2013

Vale registrar que o STF entendeu o tema não possui repercussão geral (tema 799):

> **ARE 722421 RG**
>
> Repercussão Geral – Admissibilidade
>
> **Órgão julgador:**
>
> Tribunal Pleno
>
> **Relator(a):**
>
> MINISTRO PRESIDENTE
>
> **Julgamento:**
>
> 19/03/2015
>
> **Publicação:**
>
> 30/03/2015

**Ementa**

Ementa: RECURSO EXTRAORDINÁRIO COM AGRAVO. PREVIDENCIÁRIO E PROCESSUAL CIVIL. **VALORES RECEBIDOS EM VIRTUDE DE CONCESSÃO DE ANTECIPAÇÃO DE TUTELA POSTERIORMENTE REVOGADA. DEVOLUÇÃO. MATÉRIA DE ÍNDOLE INFRACONSTITUCIONAL. OFENSA INDIRETA À CONSTITUIÇÃO. REPERCUSSÃO GERAL. INEXISTÊNCIA.** I – O exame da questão constitucional não prescinde da prévia análise de normas infraconstitucionais, o que afasta a possibilidade de reconhecimento do requisito constitucional da repercussão geral. II – Repercussão geral inexistente.

Por outro lado, ao julgar os Embargos de Declaração da decisão que rejeitou a desaposentação, o STF afastou a restituição das parcelas já percebidas pelo segurado em sede de tutela provisória (Informativo 965):

**REPERCUSSÃO GERAL**

DIREITO PREVIDENCIÁRIO – BENEFÍCIOS PREVIDENCIÁRIOS

**Art. 18, § 2º, da Lei 8.213/1991: "desaposentação" e "reaposentação"** –

O Plenário, em conclusão e por maioria, deu parcial provimento a embargos declaratórios em recursos extraordinários para assentar a irrepetibilidade dos valores alimentares recebidos de boa-fé, até a proclamação do resultado deste julgamento. Garantiu, também, o direito daqueles que usufruem de "desaposentação" ou de "reaposentação" em decorrência de decisão transitada em julgado, até a proclamação do resultado deste julgamento. **Ademais, alterou a tese de repercussão geral (Tema 503), que ficou assim redigida: "No âmbito do Regime Geral de Previdência Social – RGPS, somente lei pode criar benefícios e vantagens previdenciárias, não havendo, por ora, previsão legal do direito à 'desaposentação' ou à 'reaposentação', sendo constitucional a regra do art. 18, § 2º, da Lei 8.213/1991".** O tema de fundo diz respeito à possibilidade de reconhecimento da "desaposentação", consistente na renúncia a benefício de aposentadoria, com a utilização do tempo de serviço ou contribuição que fundamentou a prestação previdenciária originária, para a obtenção de benefício mais vantajoso em nova aposentadoria. Na ocasião, o Plenário decidiu pela inexistência do direito à "desaposentação" (Informativo 845).

Os embargantes alegaram omissão quanto ao fenômeno da "reaposentação". Além disso, o acórdão embargado também não contemplaria a modulação dos efeitos da decisão proferida.

Prevaleceu o voto do ministro Alexandre de Moraes. De início, salientou que, por ocasião do julgamento de mérito, o Plenário fez a distinção entre os institutos da "desaposentação" e da "reaposentação", tema amplamente debatido. **Ademais, salientou a desnecessidade de repetição dos valores recebidos de boa-fé. Ressalvou, entretanto, que houve casos de segurados que tiveram o direito à "desaposentação" e à "reaposentação" reconhecidos por decisões judiciais transitadas em julgado. Nessas hipóteses, a decisão proferida em recurso extraordinário com repercussão geral reconhecida deve preservar o que foi firmado em caráter definitivo pelo Poder Judiciário, em respeito aos princípios da segurança jurídica e da boa-fé.**" RE 381367 ED/RS, rel. orig. Min. Dias Toffoli, red. p/ o ac. Min. Alexandre de Moraes, julgamento em 6.2.2020.

(RE-381367) RE 827833 ED/SC, rel. orig. Min. Dias Toffoli, red. p/ o ac. Min. Alexandre de Moraes, julgamento em 6.2.2020. (RE-827833).

O STF decidiu da mesma forma na Ação Rescisória 1.622:

**AR 1622 / RJ – RIO DE JANEIRO**

**AÇÃO RESCISÓRIA**

**Relator(a): Min. GILMAR MENDES**

**Revisor(a): MIN. RICARDO LEWANDOWSKI**

**Julgamento: 17/08/2021**

**Publicação: 24/08/2021**

**Órgão julgador: Tribunal Pleno**

**Publicação**

PROCESSO ELETRÔNICO DJe-168 DIVULG 23-08-2021 PUBLIC 24-08-2021

**Partes**

AUTOR(A/S)(ES): INSTITUTO NACIONAL DO SEGURO SOCIAL – INSS PROC.(A/S)(ES): PROCURADOR-GERAL FEDERAL RÉU(É)(S): ABDIAS MESQUITA DE QUEIROZ ADV.(A/S): SEM REPRESENTAÇÃO NOS AUTOS

**Decisão**

O Tribunal, por unanimidade, julgou procedente, em parte, a ação rescisória para desconstituir a coisa julgada no RE 236.736, por violação a literal dispositivo de lei (art. 485, V, do CPC/73 c/c arts. 201, § 2º, da CF e 58 do ADCT), sendo caso de reanalisá-lo para dar provimento ao recurso extraordinário, de forma a aplicar o critério do art. 58 do ADCT (de acordo com a Lei 7.787/89) somente até a implantação do plano de custeio e benefícios com as Leis 8.212/1991 e 8.213/1991, invertendo-se os ônus sucumbenciais e observado o benefício da gratuidade judiciária concedida na origem. **Considerou, ainda, incabível o efeito jurídico-processual de restituição dos valores recebidos indevidamente até a presente data, em decorrência da boa-fé amparada em decisão transitada em julgado, de sorte que deve ficar registrado que, a partir da finalização deste julgamento, torna-se indevida a percepção de benefício previdenciário em descompasso com os reajustes proferidos pelas Leis 8.212/1991 e 8.213/1991, a qualquer título, devendo haver restituição em caso de percepção indevida acima do teto, somente em caso de recebimento indevido após tal marco (finalização do julgamento).** Por fim, condenou a parte ré ao pagamento de honorários advocatícios no importe de R$ 5.000,00 (cinco mil reais). Custas pela lei. Tudo nos termos do voto do Relator. Plenário, Sessão Virtual de 6.8.2021 a 16.8.2021.

Vale frisar que o texto original do artigo 130, parágrafo único, da Lei 8.213/91, anterior à Lei 9.528/97, previa que os recursos interpostos pela Previdência Social em processos que envolvam prestações desta lei, serão recebidos exclusivamente no efeito devolutivo, cumprindo-se, desde logo, a decisão ou sentença, através de processo suplementar ou carta de sentença, sendo que ocorrendo a reforma da decisão, será suspenso o benefício e exonerado o beneficiário de restituir os valores recebidos por força da liquidação condicionada.

Veja-se que existia regra expressa que desonerava a restituição de parcelas recebidas de benefício previdenciário por força de decisão posteriormente reformada. Mas este artigo foi suspenso pelo STF na ADI/MC 675, julgada em 6/10/1994:

> "Previdência Social: L. 8.213/91 (Plano de Benefícios): suspensão cautelar, em ação direta, por despacho do Presidente do STF, no curso das férias forenses, da parte final do *caput* do art. 130 (que determina o cumprimento imediato de decisões relativas a prestações previdenciárias, ainda que na pendência de recursos) e do seu parágrafo único que, na hipótese da reforma da decisão, exonera o beneficiário de "restituir os valores recebidos por força da liquidação condicional": referendum, por voto de desempate, do despacho presidencial".

Na visão da maioria dos ministros do STF, o *caput* violou o regime de precatório, pois permitia a execução provisória de obrigação de pagar com recurso pendente de julgamento, vez que o regime de precatórios do artigo 100 da CF exige a coisa julgada.

Demais disso, o parágrafo único ofendia o duplo grau de jurisdição, pois tornava inócuo o recurso ao dispensar a restituição das parcelas percebidas de benefício previdenciário.

Note-se que com este estudo histórico da Lei 8.213/91 e da jurisprudência do STF pode se concluir que a atual jurisprudência do STJ apenas se coadunou com a posição do STF tomada no ano de 1994.

Vale registrar que as decisões mais recentes da **1ª Turma do STJ** não têm permitido que a reversão de tutela provisória revogada em instância ordinária se dê através de desconto administrativo pelo INSS, embora haja precedente anterior da 1ª Seção que expressamente autorizou o desconto em folha limitado a 10% do valor do benefício:

> "PREVIDENCIÁRIO. RECURSO ESPECIAL. OFENSA AO ART. 115, II, DA LEI N. 8.213/1991. ATO DO GERENTE EXECUTIVO DE BENEFÍCIOS DO INSS QUE DETERMINOU O DEVOLUÇÃO DE VALORES RECEBIDOS POR PENSIONISTA, A TÍTULO DE TUTELA ANTECIPADA, POSTERIORMENTE REVOGADA. IMPOSSIBILIDADE. NORMATIVO QUE NÃO AUTORIZA, NA VIA ADMINISTRATIVO-PREVIDENCIÁRIA, A COBRANÇA DE VALORES ANTECIPADOS EM PROCESSO JUDICIAL. 1. Os recursos interpostos com fulcro no CPC/1973 sujeitam-se aos requisitos de admissibilidade nele previstos, conforme diretriz contida no Enunciado Administrativo n. 2 do Plenário do STJ. 2. Na origem, cuida-se de mandado de segurança impetrado por beneficiária de pensão por morte contra ato de Gerente Executivo de Benefícios do INSS que determinou o desconto, no benefício, de valores recebidos a título de tutela antecipada posteriormente cassada. **3. O normativo contido no inciso II do artigo 115 da Lei n. 8.213/1991 não autoriza o INSS a descontar, na via administrativa, valores concedidos a título de tutela antecipada, posteriormente cassada com a improcedência do pedido. Nas demandas judicializadas, tem o INSS os meios inerentes ao controle dos atos judiciais que por ele devem ser manejados a tempo e modo. 4. Recurso especial não provido"** (REsp 1338912, 1ª Turma, de 23/5/2017).

Logo, essa linha entende que deve a execução ser invertida no próprio processo judicial, pois o retorno do *status quo ante* é competência funcional do juiz natural do processo em que a tutela provisória foi concedida e revogada, descabendo o ajuizamento de ação autônoma.

Por outro lado, a 2ª Turma do STJ permite o desconto administrativo limitado a 10% do valor do benefício, se existir prestação ativa:

> "PREVIDENCIÁRIO E PROCESSUAL CIVIL. ANTECIPAÇÃO DA TUTELA. REVOGAÇÃO. RESTITUIÇÃO DOS VALORES. VERBA DE NATUREZA ALIMENTAR RECEBIDA DE BOA-FÉ PELA PARTE SEGURADA. REPETIBILIDADE. APOSENTADORIA POR IDADE. TRABALHADOR RURAL. AUSÊNCIA DE INÍCIO DE PROVA MATERIAL. IMPOSSIBILIDADE DE DEFERIMENTO DO BENEFÍCIO. PREVIDENCIÁRIO. RECURSO ESPECIAL DO INSS 1. A controvérsia gira em torno da possibilidade de ressarcimento do valor pago indevidamente à segurada em razão de tutela antecipada. Todavia, a Primeira Seção, no julgamento do REsp 1.384.418/SC, realinhou o entendimento jurisprudencial, assentando que é dever do titular de benefício previdenciário, isto é, de direito patrimonial, devolver valores recebidos por força de tutela antecipada posteriormente revogada. **Neste caso, o INSS poderá fazer o desconto em folha de até dez por cento do salário de benefício percebido pelo segurado, até a satisfação do crédito.** Cumpre asseverar, que a Primeira Seção, ao julgar o REsp 1.401.560/MT, reafirmou o cabimento da restituição de parcelas previdenciárias recebidas em razão de tutela antecipada posteriormente revogada. AGRAVO EM RECURSO ESPECIAL DE JOÃO MIRANDA DA SILVA 2. Hipótese em que o Tribunal local consignou: "os documentos que em regra são admitidos como início de prova material do labor rural alegado, passam a ter afastada essa serventia, quando confrontados com outros documentos que lidem a condição campesina outrora demandada. (...) Impossível o deferimento do benefício almejado com base em prova exclusivamente testemunhal. (fl. 126, e-STJ)". 3. Dessa feita, à margem do alegado pelo agravante, rever o entendimento da Corte regional somente seria possível por meio do reexame do acervo fático-probatório existente nos autos, o que não se permite em Recurso Especial, ante o óbice da Súmula 7/STJ. 4. Com relação ao dissídio jurisprudencial, a divergência deve ser comprovada, cabendo a quem recorre demonstrar as circunstâncias que identificam ou assemelham os casos confrontados, com indicação da similitude fática e jurídica entre eles. CONCLUSÃO 5. Recurso Especial do INSS provido e Agravo em Recurso Especial de João Miranda da Silva não provido" (REsp 1612805, de 13/12/2016).

De acordo com a 2ª Turma, "o STJ entende que o direito da Administração Pública de efetuar o desconto dos servidores e dos titulares de benefícios previdenciários de valores indevidamente pagos por força de decisão judicial precária, posteriormente revogada, deve ser exercido no prazo de 5 (cinco) anos, nos termos do art. 54 da Lei 9.784/99, contados da data do trânsito em julgado da decisão que julgou improcedente o pedido"[73].

73. REsp 1658946, de 18/5/2017.

Mas tudo indica que a 1ª Seção do STJ irá rever esta tese, pois admitiu questão de ordem para a sua revisão e determinou a suspensão de todos os processos sem coisa julgada que versem sobre o tema 692:

<table>
<tr><th>Tema/Repetitivo</th><th>692</th><th>Situação do Tema</th><th>Afetado – Possível Revisão de Tese</th><th>Órgão Julgador</th><th>PRIMEIRA SEÇÃO</th><th>Assuntos</th></tr>
<tr><td>Questão submetida a julgamento</td><td colspan="6">Proposta de Revisão de Entendimento firmado em tese repetitiva firmada pela Primeira Seção relativa ao Tema 692/STJ, quanto à devolução dos valores recebidos pelo litigante beneficiário do Regime Geral da Previdência Social – RGPS em virtude de decisão judicial precária, que venha a ser posteriormente revogada.</td></tr>
<tr><td>Tese Firmada</td><td colspan="6">Tese firmada pela Primeira Seção no julgamento do REsp 1.401.560/MT, acórdão publicado no DJe de 13/10/2015, que se propõe a revisar:<br>A reforma da decisão que antecipa a tutela obriga o autor da ação a devolver os benefícios previdenciários indevidamente recebidos.</td></tr>
<tr><td>Anotações Nugep</td><td colspan="6">Importante<br>No voto condutor do acórdão de afetação da matéria ao rito dos repetitivos, o Ministro relator ressalta a necessidade de ampliação do debate das variações a respeito da questão. No ponto, lista as seguintes situações que, dentre outras, poderão ser analisadas pelo Superior Tribunal de Justiça na presente afetação:<br>a) tutela de urgência concedida de ofício e não recorrida; b) tutela de urgência concedida a pedido e não recorrida; c) tutela de urgência concedida na sentença e não recorrida, seja por agravo de instrumento, na sistemática processual anterior do CPC/1973, seja por pedido de suspensão, conforme o CPC/2015; d) tutela de urgência concedida initio litis e não recorrida; e) tutela de urgência concedida initio litis, cujo recurso não foi provido pela segunda instância; f) tutela de urgência concedida em agravo de instrumento pela segunda instância; g) tutela de urgência concedida em primeiro e segundo graus, cuja revogação se dá em razão de mudança superveniente da jurisprudência então existente; h) tutela de urgência concedida e cassada, a seguir, seja em juízo de reconsideração pelo próprio juízo de primeiro grau, ou pela segunda instância em agravo de instrumento ou mediante pedido de suspensão; i) tutela de urgência cassada, mesmo nas situações retratadas anteriormente, mas com fundamento expresso na decisão de que houve má-fé da parte ou afronta clara a texto de lei, como no caso das vedações expressas de concessão de medida liminar ou tutela antecipada.<br>Vide Controvérsia 51/STJ – Aplicação, revisão ou distinção do Tema n. 692/STJ.</td></tr>
</table>

| **Tema/Repetitivo** | **692** | **Situação do Tema** | **Afetado – Possível Revisão de Tese** | **Órgão Julgador** | **PRIMEIRA SEÇÃO** | | | **Assuntos** |
|---|---|---|---|---|---|---|---|---|
| **Informações Complementares** | Há determinação de suspensão do processamento de todos os processos ainda sem trânsito em julgado, individuais ou coletivos, que versem acerca da questão submetida à revisão pertinente ao Tema n. 692/STJ e tramitem no território nacional, com a ressalva de incidentes, questões e tutelas, que sejam interpostas a título geral de provimentos de urgência nos processos objeto do sobrestamento (acórdão publicado no DJe de 3/12/2018, questão de ordem nos REsps n. 1.734.627/SP, 1.734.641/SP, 1.734.647/SP, 1.734.656/SP, 1.734.685/SP e 1.734.698/SP). | | | | | | | |
| **Repercussão Geral** | Tema 799/STF – Possibilidade da devolução de valores recebidos em virtude de tutela antecipada posteriormente revogada. | | | | | | | |
| **Ramo do Direito** | DIREITO PREVIDENCIÁRIO | | | | | | | |
| **Processo** | **Tribunal de Origem** | **RRC** | **Relator** | **Data de Afetação** | **Julgado em** | **Acórdão Publicado em** | **Embargos de Declaração** | **Trânsito em Julgado** |
| **Pet 12482/DF** | STJ | Não | OG FERNANDES | 03/12/2018 | – | – | – | – |
| **REsp 1401560/MT** | TRF1 | Não | SÉRGIO KUKINA | 03/09/2013 | 12/02/2014 | 13/10/2015 | 02/05/2016 | 03/03/2017 |

Em 11 de maio de 2022, foi julgada a **revisão de tese no Tema 692** pela 1ª Seção do STJ. Podemos assim sintetizar o seu teor:

**A)** Foi mantido o posicionamento de que a revogação da tutela provisória gera a obrigação de restituição pelo beneficiário da previdência social;

**B)** Foi estendido o posicionamento para benefícios assistenciais;

**C)** Com base na alteração legal da Lei 13.846/2019, o limite de desconto se o benefício estiver ativo será de 30%;

**D)** Foi superado o posicionamento da não devolução da situação de dupla conformidade entre sentença e acórdão de 2º grau, na situação de vitória do INSS apenas nas instâncias extraordinárias (itens 17 e 18);

**E)** A não devolução dar-se-á apenas na situação de *overuling* (item 19).

Veja-se o Acórdão:

PETIÇÃO Nº 12482 - DF (2018/0326281-2)

PROCESSUAL CIVIL. **PROPOSTA DE REVISÃO DO ENTENDIMENTO FIRMADO NO TEMA REPETITIVO 692/STJ (RESP N. 1.401.560/MT). ART. 927, § 4º, DO CPC/2015. ARTS. 256-S, 256- T, 256-U E 256-V DO RISTJ. DEVOLUÇÃO DE VALORES DE BENEFÍCIOS PREVIDENCIÁRIOS RECEBIDOS POR FORÇA DE DECISÃO LIMINAR POSTERIORMENTE REVOGADA. ADVENTO DE NOVA LEGISLAÇÃO. ART. 115, INC. II, DA LEI N. 8.213/1991, COM A REDAÇÃO DADA PELA LEI N. 13.846/2019. TEMA N. 799/STF (ARE 722.421/MG): POSSIBILIDADE DA DEVOLUÇÃO DE VALORES RECEBIDOS EM VIRTUDE DE TUTELA ANTECIPADA POSTERIORMENTE REVOGADA. NATUREZA INFRACONSTITUCIONAL. QUESTÃO DE ORDEM JULGADA NO SENTIDO DA REAFIRMAÇÃO, COM AJUSTES REDACIONAIS, DO PRECEDENTE FIRMADO NO TEMA REPETITIVO N. 692/STJ.**

1. A presente questão de ordem foi proposta com a finalidade de definir se o entendimento firmado no Tema Repetitivo 692/STJ (REsp n. 1.401.560/MT) deve ser reafirmado, alterado ou cancelado, diante da variedade de situações que ensejam dúvidas quanto à persistência da orientação firmada pela tese repetitiva referida, bem como à jurisprudência do STF, estabelecida em sentido contrário, mesmo que não tendo sido com repercussão geral ou em controle concentrado de constitucionalidade.

2. O CPC/1973 regulamentava a matéria de forma clara, prevendo, em resumo, que a efetivação da tutela provisória corre por conta do exequente, e a sua eventual reforma restituiria as partes ao estado anterior à concessão, o que obrigaria o exequente a ressarcir eventuais prejuízos sofridos pelo executado. A mesma lógica foi mantida pelo legislador do CPC/2015. Por conta disso que sempre se erigiu como pressuposto básico do instituto da tutela de urgência a reversibilidade dos efeitos da decisão judicial.

3. O debate surgiu especificamente no que tange à aplicação de tal regulamentação no âmbito previdenciário. Ou seja, discutia-se se as normas específicas de

tal área do direito trariam solução diversa da previsão de caráter geral elencada na legislação processual.

4. A razão histórica para o surgimento dessa controvérsia na área previdenciária consiste na redação original do art. 130 da Lei n. 8.213/1991, o qual dispunha que: "Ocorrendo a reforma da decisão, será suspenso o benefício e exonerado o beneficiário de restituir os valores recebidos". Nos idos de 1997, a Lei n. 9.528 alterou completamente a redação anterior, passando a valer a regra geral do CPC, na ausência de norma especial em sentido contrário no âmbito previdenciário.

5. A partir de então, começou a amadurecer a posição no sentido da necessidade de devolução dos valores recebidos em caso de revogação da tutela antecipada, o que redundou, em 2014, no entendimento vinculante firmado pelo STJ no Tema Repetitivo 692 (REsp n. 1.401.560/MT): "A reforma da decisão que antecipa a tutela obriga o autor da ação a devolver os benefícios previdenciários indevidamente recebidos.".

6. Em 2018, esta Relatoria propôs a questão de ordem sob exame, diante da variedade de situações que ensejam dúvidas quanto à persistência da orientação firmada pela tese repetitiva referida, bem como à existência de alguns precedentes em sentido contrário no STF, mesmo não tendo sido com repercussão geral ou em controle concentrado de constitucionalidade.

7. À época, o art. 115, inc. II, da Lei n. 8.213/1991 – que regulamenta a matéria no direito previdenciário – trazia redação que não era clara e direta como a da legislação processual, uma vez que não referia expressamente a devolução de valores recebidos a título de antecipação dos efeitos da tutela posteriormente revogada. Tal fato, aliás, não passou despercebido pela Primeira Seção ao rejeitar os EDcl no REsp n. 1.401.560/MT fazendo menção a tal fato.

8. Foi essa redação pouco clara que gerou dúvidas e terminou ocasionando, em 2018, a propositura da questão de ordem ora sob julgamento.

9. A Medida Provisória n. 871/2019 e a Lei n. 13.846/2019, entretanto, trouxeram uma reformulação da legislação previdenciária, e o art. 115, inc. II, passou a não deixar mais qualquer dúvida: Na hipótese de cessação do benefício previdenciário ou assistencial pela revogação da decisão judicial que determinou a sua implantação, os valores recebidos devem ser devolvidos à parte adversa.

10. Se o STJ – quando a legislação era pouco clara e deixava margem a dúvidas – já tinha firmado o entendimento vinculante no Tema Repetitivo 692/STJ, não é agora que deve alterar sua jurisprudência, justamente quando a posição da Corte foi sufragada expressamente pelo legislador reformador ao regulamentar a matéria.

11. Trata-se, pois, de observância de norma editada regularmente pelo Congresso Nacional, no estrito uso da competência constitucional a ele atribuída, não cabendo ao Poder Judiciário, a meu sentir, reduzir a aplicabilidade do dispositivo legal em comento, decorrente de escolha legislativa explicitada com bastante clareza.

12. Ademais, a postura de afastar, a pretexto de interpretar, sem a devida declaração de inconstitucionalidade, a aplicação do art. 115, inc. II, da Lei n. 8.213/1991 pode ensejar questionamentos acerca de eventual inobservância do art. 97 da CF/1988 e, ainda, de afronta ao verbete vinculante n. 10 da Súmula do STF.

13. O STF adota o posicionamento referido em algumas ações originárias propostas (na maioria, mandados de segurança) em seu âmbito. Porém, não o faz com caráter de guardião da Constituição Federal, mas sim na análise concreta das ações originárias. A maioria dos precedentes do STF não diz respeito a lides previdenciárias e, além disso, são todos anteriores às alterações inseridas no art. 115, inc. II, da Lei n. 8.213/1991. Na verdade, atualmente o STF vem entendendo pela inexistência de repercussão geral nessa questão, por se tratar de matéria infraconstitucional, como se verá adiante.

14. O que se discute no caso em tela é a interpretação de artigo de lei federal, mais especificamente, o art. 115, inc. II, da Lei n. 8.213/1991 e vários dispositivos do CPC/2015. Assim, vale o entendimento do STJ sobre a matéria, pois, segundo o art. 105 da Carta Magna, é esta Corte a responsável pela uniformização da interpretação da legislação infraconstitucional no país.

15. A propósito, o STF, ao julgar o Tema 799 da Repercussão Geral (ARE 722.421/MG, j. em 19/3/2015), já firmou expressamente que a questão não é constitucional e deve, portanto, ser deslindada nos limites da legislação infraconstitucional, o que foi feito com bastante clareza pelo legislador ao trazer a nova redação do art. 115, inc. II, da Lei n. 8.213/1991. No mesmo sentido, vide o RE 1.202.649 AgR (relator Ministro Celso de Mello, Segunda Turma, j. em 20/12/2019), e o RE 1.152.302 AgR (relator Ministro Marco Aurélio, Primeira Turma, j. em 28/5/2019).

16. Ao propor a questão de ordem, esta Relatoria citou as seguintes particularidades processuais que supostamente seriam aptas a ensejar uma consideração específica quanto à possibilidade de revisão do entendimento firmado no Tema 692/STJ: a) tutela de urgência concedida de ofício e não recorrida; b) tutela de urgência concedida a pedido e não recorrida; c) tutela de urgência concedida na sentença e não recorrida, seja por agravo de instrumento, na sistemática processual anterior do CPC/1973, seja por pedido de suspensão, conforme o CPC/2015; d) tutela de urgência concedida initio litis e não recorrida; e) tutela de urgência concedida initio litis, cujo recurso não foi provido pela segunda instância; f) tutela de urgência concedida em agravo de instrumento pela segunda instância; g) tutela de urgência concedida em primeiro e segundo graus, cuja revogação se dá em razão de mudança superveniente da jurisprudência então existente.

17. Quanto a elas, note-se que se trata basicamente do momento em que foi concedida e/ou revogada a tutela de urgência, se logo no início do feito, se na sentença, se na segunda instância, ou se apenas no STF ou no STJ. A ideia subjacente é que, em algumas hipóteses, a tutela de urgência já estaria, de certa forma, incorporada ao patrimônio jurídico da parte autora, e sua revogação poderia resultar em injustiça no caso concreto.

18. Tais situações, entretanto, são tratadas pela lei da mesma forma, não merecendo distinção do ponto de vista normativo. Ou seja, em qualquer desses casos, a tutela de urgência não deixa de ser precária e passível de modificação ou revogação a qualquer tempo, o que implicará o retorno ao estado anterior à sua concessão.

**19. Situação diversa é a da tutela de urgência cuja revogação se dá em razão de mudança superveniente da jurisprudência então dominante. Nesses**

**casos, a superação do precedente deverá ser acompanhada da indispensável modulação dos efeitos, a juízo do Tribunal que está promovendo a alteração jurisprudencial, como determina o art. 927, § 3º, do CPC. Assim, como diz a norma, o próprio juízo de superação "de jurisprudência dominante do Supremo Tribunal Federal e dos tribunais superiores ou daquela oriunda de julgamento de casos repetitivos" deve ser acompanhado da modulação dos efeitos da alteração no interesse social e no da segurança jurídica. Dessa forma, uma eventual guinada jurisprudencial não resultará, em princípio, na devolução de valores recebidos por longo prazo devido à cassação de tutela de urgência concedida com base em jurisprudência dominante à época em que deferida, bastando que o tribunal, ao realizar a superação, determine a modulação dos efeitos.**

20. Por fim, não há que se falar em modulação dos efeitos do julgado no caso em tela, uma vez que não se encontra presente o requisito do art. 927, § 3º, do CPC. Isso porque, no caso sob exame, não houve alteração, mas sim reafirmação da jurisprudência dominante do STJ.

**21. Questão de ordem julgada no sentido da reafirmação da tese jurídica, com acréscimo redacional para ajuste à nova legislação de regência, nos termos a seguir: "A reforma da decisão que antecipa os efeitos da tutela final obriga o autor da ação a devolver os valores dos benefícios previdenciários ou assistenciais recebidos, o que pode ser feito por meio de desconto em valor que não exceda 30% (trinta por cento) da importância de eventual benefício que ainda lhe estiver sendo pago.".**

O STJ reafirmou a aplicação do tema 692 mesmo na situação em que a renda mensal do benefício seja de **um salário mínimo**:

**PROCESSO**

REsp 2084815 / RS

RECURSO ESPECIAL

2023/0237374-8

**RELATOR**

Ministro GURGEL DE FARIA (1160)

**ÓRGÃO JULGADOR**

T1 – PRIMEIRA TURMA

**DATA DO JULGAMENTO**

10/10/2023

**DATA DA PUBLICAÇÃO/FONTE**

DJe 20/10/2023

**EMENTA**

PROCESSUAL CIVIL E PREVIDENCIÁRIO. VALORES PAGOS POR DECISÃO PRECÁRIA. DEVOLUÇÃO. SÚMULA 126 DO STJ. NÃO INCIDÊNCIA. **TEMA 692 DO STJ. REAFIRMAÇÃO DE JURISPRUDÊNCIA: PET 12.482/DF. DESCONTO SOBRE BENEFÍCIOS DE VALOR MÍNIMO. POSSIBILIDADE.**

1. No tocante ao tema da restituição de benefício previdenciário concedido por decisão judicial precária, não há falar em incidência da Súmula 126 do STJ diante do entendimento do Supremo Tribunal Federal no Tema 799 de que se trata de questão cuja natureza é infraconstitucional e a ela atribuem-se os efeitos da ausência de repercussão geral.

2. No julgamento da Pet n. 12.482/DF, a Primeira Seção desta Corte ratificou o entendimento anteriormente firmado no julgamento do Tema repetitivo n. 692 do STJ, segundo o qual "A reforma da decisão que antecipa os efeitos da tutela final obriga o autor da ação a devolver os valores dos benefícios previdenciários ou assistenciais recebidos, o que pode ser feito por meio de desconto em valor que não exceda 30% (trinta por cento) da importância de eventual benefício que ainda lhe estiver sendo pago".

3. O legislador, ao fixar um limite de até 30% para a realização do desconto nas situações em que o segurado ainda tiver percebendo um benefício, o fez estabelecendo a ponderação entre a exigibilidade da prestação pecuniária antecipada e a situação econômica do beneficiário que teve cassada a tutela judicial, dando certa margem de discricionariedade à Administração autárquica para a realização dos descontos sem deixar de levar em consideração a hipossuficiência do segurado e/ou dependente.

**4. Caso em que o Tribunal de origem deu parcial provimento ao agravo de instrumento interposto pela autarquia por considerar que, não obstante a jurisprudência do STJ tenha se firmado no sentido de que a lei autoriza o desconto de até 30% do valor do benefício, a quantia resultante não pode ser inferior a um salário mínimo.**

**5. A interpretação adotada pela Corte Regional afasta-se da orientação firmada no precedente qualificado do STJ, na medida em que, ao acrescentar uma hipótese de dispensa à devolução dos valores pagos por força de antecipação de tutela, posteriormente revogada, sem a declaração de inconstitucionalidade do dispositivo legal, cria uma exceção à regra da reversibilidade da medida antecipatória revogada, negando vigência à própria norma definida no art. 115, II, da LB, bem como afrontando o art. 927, III, do CPC/2015, devendo, por isso, ser reformada.**

6. Recurso especial provido.

**Processo**

AgInt no REsp 2126356 / RS

AGRAVO INTERNO NO RECURSO ESPECIAL 2024/0058622-7

**Relator**

Ministro SÉRGIO KUKINA (1155)

**Órgão Julgador**

T1 – PRIMEIRA TURMA

**Data do Julgamento**

23/09/2024

**Data da Publicação/Fonte**

DJe 25/09/2024

**Ementa**

**PREVIDENCIÁRIO** E PROCESSUAL CIVIL. RESTITUIÇÃO DE VALORES RECEBIDOS A TÍTULO DE ANTECIPAÇÃO DE TUTELA. TEMA N. 692/STJ. OBSERVÂNCIA DO ART. 115, II, DA LEI N. 8.213/91. MATÉRIA DE ÍNDOLE INFRACONSTITUCIONAL. DESCONTO SOBRE BENEFÍCIOS DE VALOR MÍNIMO. POSSIBILIDADE. ATIVIDADE RURAL, EM REGIME DE ECONOMIA FAMILIAR NO PERÍODO DE CARÊNCIA. COMPROVAÇÃO. SÚMULA 7/STJ

1. Segundo tese repetitiva consolidada no Tema n. 692/STJ, " a reforma da decisão que antecipa os efeitos da tutela final obriga o autor da ação a devolver os valores dos benefícios previdenciários ou assistenciais recebidos, o que pode ser feito por meio de desconto em valor que não exceda 30% (trinta por cento) da importância de eventual benefício que ainda lhe estiver sendo pago".

2. A controvérsia não possui repercussão geral, conforme definido pelo Supremo Tribunal Federal no julgamento do ARE-RG n. 722.421, Rel. Min. Ricardo Lewandowski, pois a solução da questão envolve o exame de legislação infraconstitucional.

3. A restituição dos valores provenientes de antecipação de tutela posteriormente revogada deve observar o disposto no inciso II do art. 115 da Lei n. 8.213/91, conforme definido no Tema n. 692/STJ, reafirmado no julgamento da Pet n. 12.482/DF.

**4. A Lei n. 8.213/91 autoriza expressamente que a restituição do pagamento judicial do benefício previdenciário ou assistencial, indevido ou além do devido, pode ser feita mediante desconto no benefício ativo em valor que não exceda 30% da sua importância, não impondo nenhuma outra restrição, de forma que é possível o desconto, mesmo em benefício de valor mínimo.**

5. O Tribunal de origem concluiu que não há, nos autos, início de prova material do exercício de atividade rural, em regime de economia familiar, no período de carência, apto a comprovar a qualidade de segurado da parte autora perante a Previdência Social, exigência prevista na Lei de Benefícios.

6. Nesses termos, escorreita a decisão agravada que entendeu no sentido de que, a alteração das premissas adotadas pela Corte de origem, tal como colocada a questão nas razões recursais, demandaria, necessariamente, novo exame do acervo fático-probatório constante dos autos, providência vedada em recurso especial, conforme o óbice previsto na Súmula n. 7/STJ. 7.

Agravo interno não provido.

Curioso que, a despeito da revisão da tese do tema 692 ter expressamente **afastado** a tese da impossibilidade de restituição no caso de dupla conformidade entre sentença e acórdão, há decisão de 2024 da 2ª Turma aplicando a antiga posição, certamente por um descuido de assessoria:

**Processo**

AgInt no REsp 1702156 / SP

AGRAVO INTERNO NO RECURSO ESPECIAL

2017/0257784-6

**Relator**

Ministro FRANCISCO FALCÃO (1116)

**Órgão Julgador**

T2 - SEGUNDA TURMA

**Data do Julgamento**

19/08/2024

**Data da Publicação/Fonte**

DJe 21/08/2024

**Ementa**

PROCESSUAL CIVIL. PREVIDENCIÁRIO. PENSÃO POR MORTE. RESTABELECIMENTO. JUÍZO DE RETRATAÇÃO. VERBAS RECEBIDAS A TÍTULO DE ANTECIPAÇÃO DE TUTELA. CARÁTER ALIMENTAR. DEVOLUÇÃO. DESCABIMENTO. DESPROVIMENTO DO AGRAVO INTERNO. MANUTENÇÃO DA DECISÃO RECORRIDA. TEMA 692/STJ. DEVOLUÇÃO INCABÍVEL EM SENTENÇA CONFIRMADA POR DECISÃO DE TRIBUNAL.

I - Na origem, trata-se de ação previdenciária, objetivando o restabelecimento de pensão por morte. Na sentença o pedido foi julgado improcedente. No Tribunal a quo, a sentença foi reformada para julgar procedente o pedido. Em sede de juízo de retratação, o Tribunal a quo alterou a decisão para que fosse mantida a sentença, consignando, contudo, a impossibilidade de devolução dos valores já recebidos.

II - O Superior Tribunal de Justiça, sob a sistemática dos recursos repetitivos (Tema 692/STJ), firmou entendimento no sentido de que "A reforma da decisão que antecipa os efeitos da tutela final obriga o autor da ação a devolver os valores dos benefícios previdenciários ou assistenciais recebidos, o que pode ser feito por meio de desconto em valor que não exceda 30% (trinta por cento) da importância de eventual benefício que ainda lhe estiver sendo pago".

Veja-se (Tema 692/STJ): Pet n. 12.482/DF, relator Ministro Og Fernandes, Primeira Seção, julgado em 11/5/2022, DJe de 24/5/2022.

**III - Porém, a Corte Especial, no julgamento dos EREsp n. 1.086.154/RS, em exceção à aludida regra, considerou incabível a devolução das parcelas de natureza alimentar (pensão de servidor a filho maior de 21 anos), desde que proferida em sentença confirmada por Tribunal de segunda instância, como ocorre no presente caso, a qual é passível de execução provisória e cria expectativa de titularidade definitiva. Veja-se: EREsp n. 1.086.154/RS, relatora Ministra Nancy Andrighi, Corte Especial, julgado em 20/11/2013, DJe de 19/3/2014. A corroborar referido entendimento: AgInt no REsp n. 1.592.456/**

**RS, relatora Ministra Regina Helena Costa, Primeira Turma, julgado em 4/10/2016, DJe de 18/10/2016.**

IV – Agravo interno improvido.

**Existe precedente do STJ admitindo a reversão da execução no mesmo processo:**

**PROCESSO**

AgInt no AREsp 2341757 / SP

AGRAVO INTERNO NO AGRAVO EM RECURSO ESPECIAL

2023/0119584-1

**RELATOR**

Ministro HERMAN BENJAMIN (1132)

**ÓRGÃO JULGADOR**

T2 – SEGUNDA TURMA

**DATA DO JULGAMENTO**

30/10/2023

**DATA DA PUBLICAÇÃO/FONTE**

DJe 18/12/2023

**EMENTA**

PROCESSUAL CIVIL E ADMINISTRATIVO. BENEFÍCIO PREVIDENCIÁRIO. VALORES RECEBIDOS POR FORÇA DE DECISÃO JUDICIAL PRECÁRIA, POSTERIORMENTE REFORMADA. RESTITUIÇÃO AO ERÁRIO. POSSIBILIDADE. DESNECESSIDADE DE PROPOSITURA DE AÇÃO PRÓPRIA PARA PLEITEAR A DEVOLUÇÃO.

1. Cuida-se, na origem, de Agravo de instrumento interposto pelo Instituto Nacional do Seguro Social – INSS visando a reforma de decisão que, nos autos da ação proposta por Luciane Perobelli Bello, rejeitou o pedido de devolução dos valores pagos a título de auxílio-doença por força de tutela antecipada posteriormente revogada, nos próprios autos.

2. O Superior Tribunal de Justiça firmou posição no Tema Repetitivo 692 (REsp 1.401.560/MT) no sentido de que os valores recebidos por decisão judicial precária, posteriormente revogada, devem ser devolvidos. Proposta a revisão do entendimento em Questão de Ordem autuada como Pet 12.482/DF, Rel. Min. Og Fernandes, Primeira Seção, DJe de 24/5/2022, decidiu-se no sentido de reafirmar, com ajustes redacionais, a possibilidade de devolução na referida hipótese.

**3. A jurisprudência do Superior Tribunal de Justiça também reconhece possível proceder à execução, nos próprios autos, objetivando o ressarcimento de valores despendidos a título de tutela provisória, posteriormente revogada, dispensando-se, portanto, o ajuizamento de ação autônoma para pleitear a devolução do numerário.**

4. Agravo Interno não provido.

Existe precedente recente que afastou a aplicação do Tema 692 na situação de reversão de decisão judicial passado em julgado via **ação rescisória**:

> **PROCESSO**
>
> AgInt no AREsp 1935200 / SP
>
> AGRAVO INTERNO NO AGRAVO EM RECURSO ESPECIAL
>
> 2021/0231668-8
>
> **RELATOR**
>
> Ministro GURGEL DE FARIA (1160)
>
> **ÓRGÃO JULGADOR**
>
> T1 – PRIMEIRA TURMA
>
> **DATA DO JULGAMENTO**
>
> 13/02/2023
>
> **DATA DA PUBLICAÇÃO/FONTE**
>
> DJe 17/02/2023
>
> **EMENTA**
>
> PROCESSUAL CIVIL E PREVIDENCIÁRIO. RECURSO ESPECIAL. SUSPENSÃO. DESCABIMENTO. DECISÃO TRANSITADA EM JULGADO. MODIFICAÇÃO POR RESCISÓRIA. DEVOLUÇÃO DE VALORES PAGOS. IMPOSSIBILIDADE.
>
> 1. Descabe falar em sobrestamento do feito se não coincide com o caso concreto o tema objeto da PET 12.482/DF – devolução de valores recebidos em razão de tutela antecipada, posteriormente revogada.
>
> **2. Hipótese em que o segurado recebeu, em pagamento, valores referentes a benefício previdenciário por força de decisão judicial definitiva, situação que se ajusta à orientação firmada por esta Corte, no sentido de que, se o título judicial transitado em julgado for, posteriormente, rescindido, as parcelas pagas não são passíveis de devolução, ante o caráter alimentar dessa verba.**
>
> 3. Agravo interno desprovido.

Posteriormente, em sede de embargos de declaração opostos pelo INSS no tema 692, a omissão foi sanada ficando expresso na tese firmada que **a restituição ocorrerá nos próprios autos**:

> **Processo**
>
> EDcl na Pet 12482 / DF
>
> EMBARGOS DE DECLARAÇÃO NA PETIÇÃO
>
> 2018/0326281-2
>
> **Relator**
>
> Ministro AFRÂNIO VILELA (1187)
>
> **Órgão Julgador**
>
> S1 – PRIMEIRA SEÇÃO

**Data do Julgamento**

09/10/2024

**Data da Publicação/Fonte**

DJe 11/10/2024

**Ementa**

PREVIDENCIÁRIO E PROCESSUAL CIVIL. EMBARGOS DE DECLARAÇÃO NA PETIÇÃO. QUESTÃO DE ORDEM NO TEMA REPETITIVO 692/STJ. DEVOLUÇÃO DE VALORES DE BENEFÍCIOS PREVIDENCIÁRIOS RECEBIDOS POR FORÇA DE ANTECIPAÇÃO DE TUTELA POSTERIORMENTE REVOGADA. ART. 115, II, DA LEI 8.213/1991. COMPLEMENTAÇÃO DA TESE JURÍDICA. POSSIBILIDADE DE LIQUIDAÇÃO NOS MESMOS AUTOS. ARTS. 520, II, DO CPC/2015 E 475-O, II, DO CPC/1973. ART. 1.022 DO CPC/2015. OMISSÃO CONFIGURADA. EMBARGOS DE DECLARAÇÃO PARCIALMENTE ACOLHIDOS.

1. Em análise, embargos de declaração opostos contra acórdão da Primeira Seção do STJ, o qual julgou questão de ordem, no sentido da reafirmação da tese jurídica no Tema 692/STJ, com acréscimo redacional para ajuste à nova legislação de regência, nos termos a seguir: "A reforma da decisão que antecipa os efeitos da tutela final obriga o autor da ação a devolver os valores dos benefícios previdenciários ou assistenciais recebidos, o que pode ser feito por meio de desconto em valor que não exceda 30% (trinta por cento) da importância de eventual benefício que ainda lhe estiver sendo pago."

2. Nos termos do art. 1.022 do Código de Processo Civil, os embargos de declaração têm o objetivo de introduzir o estritamente necessário para eliminar a obscuridade, contradição ou suprir a omissão existente no julgado, além de corrigir erro material, não permitindo em seu bojo a rediscussão da matéria.

3. Não obstante o voto proferido na Questão de Ordem no Tema 692/STJ tenha sido claro quanto à possibilidade de liquidação nos próprios autos, quando reformada a decisão que lastreava a execução provisória, com base no art. 520, I e II, do CPC/2015 (art. 475-O, I e II, do CPC/1973), a tese jurídica não fez nenhuma referência a essa questão.

4. Por essa razão, a fim de evitar desnecessárias controvérsias derivadas do julgamento da presente Questão de Ordem, pertinente uma complementação no conteúdo da tese jurídica consagrada no Tema 692/STJ, para incluir, expressamente, a possibilidade de liquidação nos próprios autos, na forma do art. 520, I e II, do CPC/2015 (art.

475-O, I e II, do CPC/1973).

5. Solução do caso concreto: Embargos de declaração do INSS parcialmente acolhidos, para complementar a tese jurídica firmada no Tema 692/STJ.

6. Tese jurídica firmada: "A reforma da decisão que antecipa os efeitos da tutela final obriga o autor da ação a devolver os valores dos benefícios previdenciários ou assistenciais recebidos, o que pode ser feito por meio de desconto em valor que não exceda 30% (trinta por cento) da importância de eventual benefício

que ainda lhe estiver sendo pago, restituindo-se as partes ao estado anterior **e liquidando-se eventuais prejuízos nos mesmos autos**, na forma do art. 520, II, do CPC/2015 (art. 475-O, II, do CPC/73)."

Por sua vez, o Sindicato dos Eletricitários também interpôs embargos de declaração, conforme passagem do Relator Ministro Afrânio Vilela:

> *"Nos embargos de declaração, o Sindicato alega omissão em relação aos seguintes pontos: a) se a cobrança dos valores pagos por força de decisão precária será feita no próprio processo ou em autos apartados;* ***b) se a tese firmada se estende também aos processos cujas decisões já transitaram em julgado, posteriormente rescindidas em ação rescisória****; c) se o tema deverá ser seguido mesmo em caso de dupla conformidade entre a sentença e o acórdão; d) a ausência de motivação para fixação do percentual de até 30% (trinta por cento) para o desconto dos valores antecipados, posteriormente revogados, constante da redação do Tema 692/STJ; e) se o desconto poderá ocorrer mesmo nas hipóteses em que o beneficiário estiver recebendo valor aquém do salário-mínimo, em razão de empréstimo consignado já contratado com instituição financeira, nos termos do art. 6º da Lei 10.820/2023; f) se há a possibilidade de cobrança dos valores indevidamente recebidos antes da modificação da redação do art. 115 da Lei 8.213/91, pela MP 871/2019".*

Os embargos foram integralmente rejeitados. No que tange à **ação rescisória**, a questão **não foi alvo da revisão do tema 692**, não tendo sido julgada, conforme declinado pelo Relator Ministro Afrânio Vilela:

> ***"2.2 Sobre a possibilidade de extensão da tese firmada aos processos já transitados em julgado, posteriormente rescindidos em ação rescisória****: Quanto ao tópico relativo à possibilidade de extensão do Tema 692/STJ aos processos já transitados em julgado, observa-se, inicialmente, que a insurgência carece de fundamentação, porquanto o embargante não indicou, específica e concretamente, quais seriam os supostos vícios de omissão, contradição, obscuridade ou erro material constantes do acórdão ora impugnado.* ***De todo modo, observo que nenhum dos casos listados na proposta de revisão do tema repetitivo foi objeto de ação rescisória.*** *Nesses termos, admitir a tese aventada pelo embargante acarretaria o desrespeito ao princípio da congruência da decisão judicial, previsto no art. 492 do CPC/2015, uma vez que* ***os limites definidos na questão de ordem apreciada na PET 12.482/DF seriam indevidamente alargados em sede de embargos de declaração****. Portanto, rejeito a alegação de omissão nesse quesito".*

Desta forma, podemos aplicar que a REGRA é que ***"a reforma da decisão que antecipa os efeitos da tutela final obriga o autor da ação a devolver os valores dos benefícios previdenciários ou assistenciais recebidos****, o que pode ser feito por meio de desconto em valor que não exceda 30% (trinta por cento) da importância de eventual benefício que ainda lhe estiver sendo pago, restituindo-se as partes ao estado anterior e liquidando-se eventuais prejuízos nos mesmos autos, na forma do art. 520, II, do CPC/2015 (art. 475-O, II, do CPC/73)."*

No entanto, teremos **DUAS EXCEÇÕES** pela irrepetibilidade dos valores recebidos a título judicial:

**A)** Overruling jurisprudencial;

**B)** Procedência de ação rescisória proposta pelo INSS.

Coube à **Portaria Conjunta PGF/INSS 2, de 16.1.2018**, dispor sobre a cobrança de valores pagos a título de benefício previdenciário concedido por decisão provisória que é posteriormente revogada ou reformada, decisão transitada em julgado que venha a ser rescindida, conforme será detalhado.

A cobrança dos valores pagos a título de benefício previdenciário concedido por decisão judicial provisória que é posteriormente revogada ou reformada, ou por decisão transitada em julgado que venha a ser rescindida, deverá ser processada, preferencialmente:

> I – nos próprios autos do processo judicial em que proferida a decisão provisória que é posteriormente revogada ou reformada;
>
> II – nos autos do processo da ação rescisória, quando se tratar de desconstituição de decisão com trânsito em julgado.

Nos casos em que restar obstaculizado ou infrutífero o procedimento previsto acima, o INSS deverá promover a cobrança dos valores de forma administrativa, salvo se houver decisão judicial que a proíba.

A cobrança administrativa consistirá na notificação do segurado para promover a devolução dos valores recebidos indevidamente, instruída com a respectiva Guia de Recolhimento da União – GRU, preenchida com o valor apurado/a ser parcelado.

Transcorrido o prazo para pagamento ou parcelamento da GRU remetida juntamente com a notificação de cobrança, sem que tenha havido êxito no pagamento ou parcelamento espontâneo do valor cobrado, deverá o INSS promover a operacionalização de desconto em benefício ativo do segurado.

Não haverá instrução, nem a necessidade de oportunizar prazo para defesa no âmbito do processo administrativo de cobrança, resguardando-se a eficácia preclusiva da coisa julgada formada pelo processo judicial já transitado em julgado, no bojo do qual o segurado já pôde exercer o seu direito à ampla defesa e ao contraditório, em feito conduzido pelo Poder Judiciário de acordo com a legislação processual civil, que culminou na formação de um título executivo judicial apto a ser exigido, na forma do art. 515, I, do Código de Processo Civil/2015.

Não sendo possível ou restando infrutífera a cobrança nas duas formas previstas acima, será promovida a inscrição do débito em Dívida Ativa por meio da Equipe Nacional de Cobrança – ENAC, da Coordenação Geral de

Cobrança da Procuradoria Geral Federal – CGCOB/PGF, com a consequente adoção das demais medidas previstas na legislação para a cobrança do débito, **salvo se houver decisão judicial que impeça o ressarcimento.**

O cálculo do débito, para restituição dos valores pagos nas hipóteses previstas na citada Portaria, observará os seguintes parâmetros de atualização:

> I – nos casos em que a cobrança for realizada no processo judicial, o valor devido será corrigido desde a data do recebimento indevido até a data do vencimento do crédito, pelo mesmo índice utilizado para os reajustes dos benefícios do Regime Geral de Previdência Social – RGPS, de acordo com o art. 31 da Lei n° 10.741/2003 – Estatuto do Idoso, c/c o art. 41-A da Lei n° 8.213/1991, e o art. 175 do Decreto n° 3.048/1999;
>
> II – nos casos em que restar infrutífera a cobrança judicial, para determinação do montante a ser cobrado via GRU, os valores apurados na forma do inciso I serão acrescidos dos encargos decorrentes da mora, conforme o previsto no art. 37-A, da Lei nº 10.522/2002, a partir do dia seguinte ao vencimento, na forma abaixo:
>
> a) juros de mora: para créditos com vencimento após 4 de dezembro de 2008, aplica-se a Taxa SELIC – taxa referencial atualmente aplicada a todos os créditos públicos federais, de acordo com o disposto na Lei nº 11.941/2009;
>
> b) multa de mora: para todos os créditos vencidos a partir de 4 de dezembro de 2008, incidirá multa de mora calculada à taxa de 0,33% (trinta e três centésimos por cento) por dia de atraso, aplicada a partir do primeiro dia subsequente ao dia do vencimento até o dia em que ocorrer o seu pagamento, limitada a 20% (vinte por cento);
>
> c) para créditos com vencimentos anteriores à data de 4 de dezembro de 2008, será aplicável correção e juros estabelecidos nas normas anteriores. Nesse período, os juros de mora e a correção monetária eram calculados de forma "independente". Os juros de mora eram calculados em 1% (um por cento) ao mês (art. 16 do DL nº 2.323, de 1987, c/c art. 54, § 2º da Lei nº 8.383/1994). Já a correção monetária seguia a aplicação da UFIR (art. 54 da Lei nº 8.383/1991) e, a partir de 27 de outubro de 2000, era aplicado o IPCA (de acordo com a decisão nº 1122/2000 – TCU). Somente em 4 de dezembro de 2008 é que se passou a aplicar a Taxa referencial SELIC; e
>
> d) no caso de inscrição em dívida ativa, acresce-se a cobrança de encargo legal, conforme previsto no art. 37-A, § 1º, da Lei n° 10.522/2002;

Nas hipóteses previstas nesta Portaria está **dispensada a cobrança de valores** que, após a atualização monetária dos créditos consolidados de um mesmo devedor, não alcancem o montante previsto no art. 3º-A da Portaria AGU nº 377, de 25 de agosto de 2011, incluído pela Portaria AGU nº 193, de 10 de junho de 2014, observadas eventuais atualizações futuras **(for igual ou inferior a R$ 10.000,00).**

Questão controvertida é quando a sentença revoga tutela provisória, **mas é omissa quanto à necessidade ou não de devolução das verbas pagas pelo**

**INSS ao beneficiário da previdência social**, transitando em julgado com essa omissão.

Por força de **decisão proferida na Ação Civil Pública 0005906-07.2012.403.6183 de âmbito nacional**, ficou o INSS **obrigado a abster-se de cobrar, administrativamente**, valores atinentes aos benefícios previdenciários e assistenciais concedidos por meio de decisão liminar, tutela antecipada e sentença, reformadas por outra e ulterior decisão judicial, **excetuadas as hipóteses** de execução judicial quanto à possibilidade de pedido de liquidação **e cobrança expresso nos próprios autos do processo judicial**[74].

> **ATENÇÃO**
> **A novidade sobre o tema foi a alteração normativa promovida pela Lei 13.846/2019, pois agora a Lei 8.213/91 prevê expressamente que é devido o desconto administrativo no benefício** previdenciário **ou assistencial** decorrente de recebimento de parcela indevida**, inclusive na hipótese de cessação do benefício pela revogação de decisão judicial.**

**Agora existe um elemento novo para a jurisprudência avaliar este tema: existe previsão legal expressa para descontar do benefício na via administrativa parcelas decorrentes de tutela provisória revogada.**

**A inserção de benefícios assistenciais no texto também constitui uma novidade, pois anteriormente os descontos administrativos existiam apenas para os previdenciários.**

Na esfera administrativa, caso o pagamento do benefício além do devido tenha decorrido de erro da Previdência Social, será feito o parcelamento em favor do beneficiário, não podendo cada parcela ultrapassar 30% do valor do benefício, no número de meses necessário ao pagamento do débito.

Outrossim, antes de efetuar o referido desconto, deverá o INSS instaurar processo administrativo em que seja assegurada ampla defesa do titular do benefício, sob pena de ilegalidade dos descontos.

Na hipótese de desconto de contribuições previdenciárias devidas pelo titular do benefício à União, será preciso que tenham sido regularmente constituídas através do lançamento, bem como ainda não prescritas.

> Todavia, há jurisprudência firme no sentido de que o INSS não poderá descontar do benefício as parcelas pagas a maior ao segurado ou dependente por erro administrativo, se recebidas de boa-fé:

74. Memorando-Circular Conjunto nº 48 /DIRBEN/PFE/INSS.

"PREVIDENCIÁRIO – **REVISÃO ADMINISTRATIVA DE PENSÃO POR MORTE QUE RESULTOU NO DESDOBRAMENTO DO BENEFÍCIO – OCORRÊNCIA DE ERRO ADMINISTRATIVO – BOA-FÉ DAS SEGURADAS – IMPOSSIBILIDADE DE DESCONTO DOS VALORES PAGOS A MAIOR. CARÁTER ALIMENTAR DAS PRESTAÇÕES PREVIDENCIÁRIAS** – HONORÁRIOS. – De acordo com a Lei 8.213/91, o benefício previdenciário de pensão por morte é devido ao conjunto dos dependentes do segurado que falecer, no valor total da aposentadoria que o mesmo recebia ou daquele a que teria direito se estivesse aposentado por invalidez na data do seu falecimento, sendo certo que, em havendo mais de um pensionista, o valor da pensão deverá ser rateada entre todos eles em partes iguais. – In casu, o segurado falecido deixou duas dependentes, quais sejam: cônjuge e filha inválida (art. 16, I, da Lei 8.213/91). No entanto, durante o processo administrativo de concessão do benefício de pensão por morte às Autoras, o INSS apesar de ter informado a hipótese de desdobramento da pensão entre as duas dependentes, deixou de cadastrar tal informação no INFBEN – Informações do Benefício. Assim, ambas as autoras passaram a receber o benefício de forma integral e não rateada, gerando os valores que o INSS pretende repetir. – Indevido o desconto dos valores pagos a maior. **Embora o art. 115, inciso II, da Lei 8.213/91, preveja a possibilidade de desconto de pagamento de benefício além do devido, tal interpretação deve ser restritiva, em virtude da natureza alimentar do benefício previdenciário. – Ademais, não restou comprovado nos presentes autos qualquer comportamento doloso, fraudulento ou de má-fé por parte das seguradas. A percepção indevida, no caso, resultou única e exclusivamente de equívoco administrativo na apuração do benefício, para o qual as beneficiárias não concorreram.** – Mantida a fixação dos honorários advocatícios no percentual de 10% (dez por cento) sobre o valor da causa. – Apelação a que se nega provimento" **(TRF da 2ª Região, AC 412.799, de 25.05.2010).**

"PREVIDENCIÁRIO. MANDADO DE SEGURANÇA. PENSÃO POR MORTE. BOA-FÉ DA IMPETRANTE. DECADÊNCIA DO DIREITO DO INSS DE REVISAR O BENEFÍCIO. NÃO OCORRÊNCIA. **PAGAMENTOS FEITOS INDEVIDAMENTE. DESCONTO DO BENEFÍCIO EM MANUTENÇÃO. IMPOSSIBILIDADE. RECEBIMENTO DE BOA-FÉ.** 1. A Administração, em atenção ao princípio da legalidade, tem o poder-dever de anular seus próprios atos quando eivados de vícios que os tornem ilegais (Súmulas 346 e 473 do STF). 2. Embora concedida a pensão por morte à impetrante em 1988, o erro administrativo que culminou com a majoração do benefício não ocorreu naquela data, mas em julho de 2004, quando já se encontrava em vigor a Lei n. 10.839, de 05-02-2004, que estabelecia o prazo decadencial de dez anos para a revisão dos atos administrativos. 3. Considerando que a revisão administrativa que constatou o erro ocorreu em 2007, não se há de falar em decadência. 4. Correta a redução do percentual da pensão por morte da demandante procedida pelo INSS, tendo em vista que não havia amparo legal para a majoração realizada, a qual decorreu de erro administrativo. **5. Dada a manifesta natureza alimentar do benefício previdenciário, a norma do inciso II do art. 115 da Lei nº 8.213/91 deve se restringir às hipóteses em que, para o pagamento a maior feito pela**

**Administração, tenha concorrido o beneficiário.** Precedentes do STJ pela aplicação do princípio da irrepetibilidade ou não devolução dos alimentos" **(TRF da 4ª Região, APELREEX 2008.71.09.000557-3, de 16.12.2009)**.

"PROCESSUAL CIVIL E PREVIDENCIÁRIO. BENEFÍCIO PREVIDENCIÁRIO. PAGAMENTO INDEVIDO. BOA-FÉ. DEVOLUÇÃO. IMPOSSIBILIDADE. PRECEDENTES. SÚMULA 83/STJ. 1. Cumpre asseverar que não há nos autos informação da existência de tutela antecipada para recebimento do benefício previdenciário, conforme alegado pelo agravante. **2. A jurisprudência desta Corte é no sentido da impossibilidade dos descontos, em razão do caráter alimentar dos proventos percebidos a título de benefício previdenciário, aplicando ao caso o princípio da irrepetibilidade dos alimentos.** Precedentes. Súmula 83/STJ. 3. A decisão agravada, ao julgar a questão que decidiu de acordo com a interpretação sistemática da legislação, especialmente nos termos do art. 115 da Lei n. 8.112/91, apenas interpretou as normas, ou seja, de forma sistemática, não se subsumindo o caso à hipótese de declaração de inconstitucionalidade sem que a questão tenha sido decidida pelo Plenário. Agravo regimental improvido" (STJ, AgRg no AREsp 432511, de 17/12/2013).

No mesmo sentido, entende a TNU que são irrepetíveis os valores recebidos a maior pelo segurado decorrente de erro da própria Administração, em face do caráter alimentar da prestação e da boa-fé no recebimento (processo 0001590-32.2010.4.03.6308, de 14/4/2016).

O tema foi apreciado em tese repetitiva pelo STJ sob o número 979, tendo havido na admissão determinação de suspensão dos processos em curso:

**RECURSO REPETITIVO**

21/08/2017 10:12

**Primeira Seção decidirá se valores recebidos por causa de erro da Previdência devem ser devolvidos**

A Primeira Seção do Superior Tribunal de Justiça (STJ) determinou que seja suspensa em todo o território nacional a tramitação de processos individuais ou coletivos que discutem a devolução de valores recebidos por beneficiários do INSS – mesmo que tenham sido recebidos de boa-fé – por força de erro da Previdência Social.

A decisão foi tomada pelo colegiado ao determinar a afetação do Recurso Especial 1.381.734 para julgamento pelo rito dos recursos repetitivos (artigo 1.036 e seguintes do Código de Processo Civil). O relator do processo é o ministro Benedito Gonçalves.

O tema está cadastrado sob o número 979 no sistema de recursos repetitivos, com a seguinte redação: "Devolução ou não de valores recebidos de boa-fé, a título de benefício previdenciário, por força de interpretação errônea, má aplicação da lei ou erro da administração da Previdência Social."

A suspensão do trâmite dos processos não impede a propositura de novas ações ou a celebração de acordos.

> Recursos repetitivos
>
> O novo Código de Processo Civil regula nos artigos 1.036 a 1.041 o julgamento por amostragem, mediante a seleção de recursos especiais que tenham controvérsias idênticas. Conforme previsto nos artigos 121-A do RISTJ e 927 do CPC, a definição da tese pelo STJ vai servir de orientação às instâncias ordinárias da Justiça, inclusive aos juizados especiais, para a solução de casos fundados na mesma controvérsia.
>
> A tese estabelecida em repetitivo também terá importante reflexo na admissibilidade de recursos para o STJ e em outras situações processuais, como a tutela da evidência (artigo 311, II, do CPC) e a improcedência liminar do pedido (artigo 332 do CPC).
>
> Na página de repetitivos do STJ, é possível acessar todos os temas afetados, bem como saber a abrangência das decisões de sobrestamento e as teses jurídicas firmadas nos julgamentos, entre outras informações.

O tema foi apreciado pelo **STJ** no **Repetitivo nº 979**, tendo sido firmada a seguinte tese:

> ***Tema 979*** *– "Com relação aos pagamentos indevidos aos segurados, decorrentes de erro administrativo (material ou operacional) não embasado em interpretação errônea ou equivocada da lei pela administração, são repetíveis, sendo legítimo o desconto no percentual de até 30% do valor do benefício pago ao segurado/beneficiário, ressalvada a hipótese em que o segurado, diante do caso concreto, comprove sua boa-fé objetiva, sobretudo com demonstração de que não lhe era possível constatar o pagamento indevido."*

Definiu o STJ que o INSS **não poderá cobrar** as parcelas pagas aos beneficiários da previdência social na situação de interpretação equivocada da legislação (Princípio da Segurança Jurídica), haja vista que a Lei 9.784/99 pontifica que no processo administrativo deve ser observado o preceito da *"interpretação da norma administrativa da forma que melhor garanta o atendimento do fim público a que se dirige,* ***vedada aplicação retroativa de nova interpretação"*** (art. 2º, parágrafo único, inciso XIII).

Por outro lado, o INSS **poderá cobrar** parcelas indevidas pagas aos beneficiários da previdência social na hipótese de erro administrativo que não importe em revisão de interpretação, e sim de natureza material ou operacional, a exemplo da acumulação indevida de benefícios previdenciários por erro do sistema operacional.

Excepcionalmente, mesmo na situação de erro administrativo que não importe em revisão de interpretação, **não caberá a restituição** se o segurado provar a sua boa-fé objetiva demonstrando que não tinha elementos no caso concreto para ter conhecimento do pagamento indevido.

Ainda foi promovida uma **modulação** pela 1ª Seção do STJ, de modo que o **novo posicionamento** somente deve ser aplicado aos processos que tenham sido distribuídos, na primeira instância, **a partir da publicação do acórdão em 23/04/2021**.

Desse modo, **para os ajuizamentos até 22/04/2021**, deve ser aplicado o antigo posicionamento do STJ pela irrepetibilidade dos valores pagos indevidamente ao segurado ou dependente, salvo prova de má-fé a cargo do INSS.

Eis o Acórdão integral publicado em 23/04/2021:

> **RECURSO REPETITIVO**
>
> **Pesquisa de tema: Tema Repetitivo 979**
>
> **Situação do tema: Acórdão Publicado**
>
> **Pesquisa de Repetitivos e IACs Organizados por Assunto**
>
> **Processo**
>
> REsp **1381734** / RN
>
> RECURSO ESPECIAL
>
> 2013/0151218-2
>
> **Relator(a)**
>
> Ministro BENEDITO GONÇALVES (1142)
>
> **Órgão Julgador**
>
> S1 – PRIMEIRA SEÇÃO
>
> **Data do Julgamento**
>
> 10/03/2021
>
> **Data da Publicação/Fonte**
>
> DJe 23/04/2021
>
> **Ementa**
>
> PROCESSUAL CIVIL E PREVIDENCIÁRIO. RECURSO ESPECIAL REPRESENTATIVO DE CONTROVÉRSIA. TEMA 979. ARTIGO 1.036 DO CPC/2015. BENEFÍCIO PREVIDENCIÁRIO. PENSÃO POR MORTE. ARTIGOS 884 E 885 DO CÓDIGO CIVIL/2002. AUSÊNCIA DE PREQUESTIONAMENTO. SÚMULA 211 DO STJ. ART. 115, II, DA LEI N. 8.213/1991. DEVOLUÇÃO DE VALORES RECEBIDOS POR FORÇA DE INTERPRETAÇÃO ERRÔNEA E MÁ APLICAÇÃO DA LEI. NÃO DEVOLUÇÃO. ERRO MATERIAL DA ADMINISTRAÇÃO. POSSIBILIDADE DE DEVOLUÇÃO SOMENTE NA HIPÓTESE DE ERRO EM QUE OS ELEMENTOS DO CASO CONCRETO NÃO PERMITAM CONCLUIR PELA INEQUÍVOCA PRESENÇA DA BOA-FÉ OBJETIVA. 1. Da admissão do recurso especial: Não se conhece do recurso especial quanto à alegada ofensa aos artigos 884 e 885 do Código Civil, pois não foram prequestionados. Aplica-se à hipótese o disposto no enunciado da Súmula 211 do STJ. O apelo especial que trata do dissídio também não comporta conhecimento, pois não indicou as circunstâncias que identifiquem ou assemelhem os precedentes colacionados e também por ausência de cotejo analítico e similitude entre as hipóteses apresentadas. Contudo, merece conhecimento o recurso

quanto à suposta ofensa ao art. 115, II, da lei n. 8.213/1991. 2. Da limitação da tese proposta: A afetação do recurso em abstrato diz respeito à seguinte tese: Devolução ou não de valores recebidos de boa-fé, a título de benefício previdenciário, por força de interpretação errônea, má aplicação da lei ou erro da Administração da Previdência Social. **3. Irrepetibilidade de valores pagos pelo INSS em razão da errônea interpretação e/ou má aplicação da lei:** O beneficiário não pode ser penalizado pela interpretação errônea ou má aplicação da lei previdenciária ao receber valor além do devido. Diz-se desse modo porque também é dever-poder da Administração bem interpretar a legislação que deve por ela ser aplicada no pagamento dos benefícios. Dentro dessa perspectiva, esta Corte Superior evoluiu a sua jurisprudência passando a adotar o entendimento no sentido de que, para a não devolução dos valores recebidos indevidamente pelo beneficiário da Previdência Social, é imprescindível que, além do caráter alimentar da verba e do princípio da irrepetibilidade do benefício, a presença da boa-fé objetiva daquele que recebe parcelas tidas por indevidas pela administração. Essas situações não refletem qualquer condição para que o cidadão comum compreenda de forma inequívoca que recebeu a maior o que não lhe era devido. **4. Repetição de valores pagos pelo INSS em razão de erro material da Administração previdenciária:** No erro material, é necessário que se averigue em cada caso se os elementos objetivos levam à conclusão de que houve boa-fé do segurado no recebimento da verba. Vale dizer que em situações em que o homem médio consegue constatar a existência de erro, necessário se faz a devolução dos valores ao erário. 5. Do limite mensal para desconto a ser efetuado no benefício: O artigo 154, § 3º, do Decreto n. 3.048/1999 autoriza a Administração Previdenciária a proceder o desconto daquilo que pagou indevidamente; todavia, a dedução no benefício só deverá ocorrer quando se estiver diante de erro da administração. Nesse caso, caberá à Administração Previdenciária, ao instaurar o devido processo administrativo, observar as peculiaridades de cada caso concreto, com desconto no benefício no percentual de até 30% (trinta por cento). **6. Tese a ser submetida ao Colegiado:** Com relação aos pagamentos indevidos aos segurados decorrentes de erro administrativo (material ou operacional), não embasado em interpretação errônea ou equivocada da lei pela Administração, são repetíveis os valores, sendo legítimo o seu desconto no percentual de até 30% (trinta por cento) do valor do benefício mensal, ressalvada a hipótese em que o segurado, diante do caso concreto, comprova sua boa-fé objetiva, sobretudo com demonstração de que não lhe era possível constatar o pagamento indevido. **7. Modulação dos efeitos:** Tem-se de rigor a modulação dos efeitos definidos neste representativo da controvérsia, em respeito à segurança jurídica e considerando o inafastável interesse social que permeia a questão sub examine, e a repercussão do tema que se amolda a centenas de processos sobrestados no Judiciário. Desse modo somente deve atingir os processos que tenham sido distribuídos, na primeira instância, a partir da publicação deste acórdão. **8. No caso concreto:** Há previsão expressa quanto ao momento em que deverá ocorrer a cessação do benefício, não havendo margem para ilações quanto à impossibilidade de se estender o benefício para além da maioridade da beneficiária. Tratou-se, em verdade, de simples erro da administração na continuidade do pagamento da pensão, o que resulta na exigibilidade de tais valores, sob forma de ressarcimento ao erário, com descontos nos benefícios, tendo em vista o princípio da indisponibilidade do patrimônio público e em razão da vedação ao princípio do enriquecimento sem causa. Entretanto, em razão da modulação dos efeitos aqui definidos, deixa-se de efetuar os descontos dos valores recebidos indevidamente pelo segurado. 9. Dispositivo: Recurso especial parcialmente conhecido e, nessa extensão, não provido. Acórdão sujeito ao regime previsto no artigo 1.036 e seguintes do CPC/2015.

Note-se que no caso concreto julgado somente não houve restituição em razão da modulação, pois recaiu na regra geral da restituição por se tratar de erro de sistema, não envolvendo alteração de interpretação administrativa, que manteve a pensão por morte ativa após o beneficiário (equiparado a filho que não era inválido ou deficiente) completar 21 anos de idade.

Definiu o STJ que o INSS não poderá cobrar as parcelas pagas aos beneficiários da previdência social na situação de interpretação equivocada da legislação (Princípio da Segurança Jurídica), haja vista que a Lei 9.784/99 pontifica que no processo administrativo deve ser observado o preceito da *"interpretação da norma administrativa da forma que melhor garanta o atendimento do fim público a que se dirige, vedada aplicação retroativa de nova interpretação"* (art. 2º, parágrafo único, inciso XIII).

Por outro lado, o INSS poderá cobrar parcelas indevidas pagas aos beneficiários da previdência social na hipótese de erro administrativo que não importe em revisão de interpretação, e sim de natureza material ou operacional, a exemplo da acumulação indevida de benefícios previdenciários por erro do sistema operacional nas situações em que a legislação prevê expressamente a sua cessação, a exemplo da pensão por morte de filho não inválido e não deficiente aos 21 anos de idade.

Excepcionalmente, mesmo na situação de erro administrativo que não importe em revisão de interpretação, não caberá a restituição se o segurado provar a sua boa-fé objetiva demonstrando que não tinha elementos no caso concreto para ter conhecimento do pagamento indevido.

Note-se que o STJ trouxe o campo de discussão para a **boa-fé objetiva**, conforme critérios de conhecimento do erro pelo homem mediano, certamente diante da dificuldade probatória de aferição da boa-fé subjetiva. Logo, **a instrução processual terá que avaliar o caso concreto em termos objetivos, e não subjetivos.**

Ainda foi promovida uma modulação pela 1ª Seção do STJ, de modo que o novo posicionamento somente deve ser aplicado aos processos que tenham sido distribuídos, na primeira instância, a partir da publicação do acórdão em 23/04/2021.

Desse modo, para os ajuizamentos até 22/04/2021, deve ser aplicado o antigo posicionamento do STJ pela irrepetibilidade dos valores pagos indevidamente ao segurado ou dependente, a exemplo do REsp 1657394, de 28/03/2017, salvo prova de má-fé subjetiva do beneficiário a cargo do INSS.

Note-se que no caso concreto julgado no Tema 979 somente não houve restituição em razão da modulação, pois recaiu na regra geral da restituição por se tratar de erro de sistema, não envolvendo alteração de interpretação administrativa, que manteve a pensão por morte ativa após o beneficiário (equiparado a filho que não era inválido ou deficiente) completar 21 anos de idade.

Conforme deduziu o STJ, "*tratou-se, em verdade, de simples erro da administração na continuidade do pagamento da pensão, o que resulta na exigibilidade de tais valores, sob forma de ressarcimento ao erário, com descontos nos benefícios, tendo em vista o princípio da indisponibilidade do patrimônio público e em razão da vedação ao princípio do enriquecimento sem causa*".

Sobre o tema foi editado o PARECER REFERENCIAL n. 00014/2022/ DEPPREV/PGF/AGU:

> I. CONTENCIOSO. PROCESSUAL CIVIL. PREVIDENCIÁRIO.
>
> II. PORTARIA AGU 488/16, ARTIGO 3º, I.
>
> III. **TEMA 979 STJ**. ENTENDIMENTO FIRMADO PELO STJ NO JULGAMENTO DO RECURSO ESPECIAL Nº 1.381.7374 – RN. RECURSO REPETITIVO.
>
> IV. INEXISTÊNCIA DE REPERCUSSÃO GERAL. MATÉRIA CONSIDERADA INFRACONSTITUCIONAL.
>
> V. IRREPETIBILIDADE DE VALORES PAGOS PELO INSS EM RAZÃO DA ERRÔNEA INTERPRETAÇÃO E/OU MÁ APLICAÇÃO DA LEI.
>
> VI. REPETIBILIDADE DE VALORES PAGOS PELO INSS EM RAZÃO DE ERRO MATERIAL E/OU OPERACIONAL DA ADMINISTRAÇÃO PREVIDENCIÁRIA, DESDE QUE NÃO COMPROVADA BOA-FÉ OBJETIVA PELO SEGURADO. LEGITIMIDADE DE DESCONTO NO PERCENTUAL DE ATÉ 30% (TRINTA POR CENTO) DO VALOR DO BENEFÍCIO MENSAL.
>
> VII. MODULAÇÃO DOS EFEITOS DE FORMA A ABARCAR APENAS OS PROCESSOS QUE TENHAM SIDO DISTRIBUÍDOS, NA PRIMEIRA INSTÂNCIA, A PARTIR DA PUBLICAÇÃO DO ACÓRDÃO, OCORRIDA AOS 23/04/2021.

No âmbito do Conselho de Recursos da Previdência Social privilegiou-se o Princípio da Boa-fé Objetiva ao se publicar em 21 de novembro de 2013 o Enunciado 38:

> **Enunciado 38** – "A revisão dos parâmetros médicos efetuada em sede de benefício por incapacidade não rende ensejo à devolução dos valores recebidos, se presente a boa-fé objetiva".

A pedido da Procuradoria Especializada do INSS, o Presidente do CRPS chegou a suspender a aplicação do Enunciado 38. No entanto, em sessão realizada em 27 de fevereiro de 2014, o Plenário o manteve:

> "RESOLUÇÃO CRPS Nº 18 DE 27/02/2014 – DOU 05/03/2014 (Ministério da Previdência Social)
>
> O Conselho Pleno do Conselho de Recursos da Previdência Social, no uso da competência que lhe é atribuída pelo artigo 303, Parágrafo 1º, Inciso IV, do Decreto nº 3.048/99, na redação do Decreto nº 6.857/2009, tendo em vista o disposto no artigo 15, inciso II, da Portaria MPS nº 548/2011 – Regimento Interno do CRPS – em sessão realizada no dia 27 de fevereiro de 2014, resolve: Revogar a decisão do Presidente do Conselho de Recursos da Previdência Social – CRPS, que suspendeu, "ad referendum" deste Conselho Pleno, os efeitos do Enunciado nº 38 do CRPS e negar provimento ao pedido da Procuradoria Federal Especializada junto ao Instituto Nacional do Seguro Social de nulidade do mesmo Enunciado, que fica mantido nos seguintes termos: Enunciado nº 38 "A revisão dos parâmetros médicos efetuada em sede de benefício por incapacidade não rende ensejo à devolução dos valores recebidos, se presente a boa-fé objetiva."
>
> MANUEL DE MEDEIROS DANTAS
>
> Presidente do Conselho"

Desta forma, no âmbito do CRPS, se presente a boa-fé objetiva, o provimento de recurso do INSS em benefício por incapacidade não gera a devolução das parcelas recebidas pelo segurado em razão de revisão médica.

O problema aqui é que o Enunciado 38 não apresentou elementos para enquadramento da boa-fé objetiva, como o fez o STJ, conforme os critérios anteriormente enumerados, deixando em aberto quando deverá ser feita a restituição ou não, o que deve ser mensurado pelos Conselheiros em cada julgamento.

Mais recentemente, desta feita à luz do Tema Repetitivo STJ 979, o CRPS publicou o Enunciado 17, por intermédio da Resolução 29/2023:

> "ENUNCIADO 17 – REDAÇÃO DADA PELA RESOLUÇÃO 29/2023
>
> São repetíveis os pagamentos indevidos de benefícios previdenciários do Regime Geral de Previdência Social decorrentes de erro administrativo (material ou operacional), exceto quando comprovada a boa-fé objetiva pelo interessado, sobretudo quando há demonstração de que não lhe era possível constatar o erro no pagamento.
>
> I – Os pagamentos indevidos feitos em benefícios previdenciários embasados em interpretação errônea ou equivocada da lei pela Administração são irrepetíveis, independentemente da comprovação de má-fé.
>
> II – São repetíveis os pagamentos indevidos decorrentes do BPC/LOAS somente quando estiver comprovada a má-fé do beneficiário, nos termos do art. 49 do Decreto nº 6.214/07".

No entanto, registre-se que **o item II contraria a posição do Tema Repetitivo 979/STJ**, que julgou a questão à luz da boa-fé objetiva.

Ademais, **o artigo 49 do Decreto 6.214/2007 não mais vigora desde o advento da MP 871/2019, convertida na Lei 13.846/2019**, que alterou o artigo 115, II, da Lei 8.213/91, conforme posição remansosa do Governo federal.

Desta forma, no item II do novel Enunciado 17 o CRPS conseguiu contrariar o STJ e o Ministério do Desenvolvimento e Assistência Social (PARECER n. 00579/2020/CONJUR-MC/CGU/AGU) e o INSS (Portaria INSS/DIRBEN 633, de 27/08/2020).

A TNU somente permite o desconto por erro administrativo se comprovada a má-fé do beneficiário: PEDILEF n. 0508732-04.2016.4.05.8300 – "A TNU fixou a tese de que, comprovada a má-fé do beneficiário, é devida a repetição da integralidade dos valores de benefício previdenciário pagos indevidamente" (Informativo 26/2018 – PEDILEF n. 0508732-04.2016.4.05.8300).

Na **Ação Civil Pública nº 0033840-05.2015.4.01.3300**, em âmbito nacional, **o INSS foi condenado a "se abster de, nos moldes do art. 365 do Decreto nº 3.048/99, requisitar dos empregadores a realização dos descontos oriundos de dívidas que decorram do erro da administração, para qual o beneficiário não tenha concorrido nem agido de má-fé"**. O escopo da Ação Civil Pública versa sobre "garantir aos segurados da previdência social a intangibilidade da verba salarial em face de determinação do INSS para que o empregador efetue descontos na folha de pagamento de seus funcionários em razão de valores devidos constatados em revisão administrativa". A decisão tem abrangência nacional com vigência a partir de 16 de julho de 2016[75].

Aliás, o STJ já decidiu que a restituição de benefícios previdenciários não constitui dívida ativa não tributária, não podendo ser inscrita em Dívida Ativa, sendo necessária uma ação específica para constituir o título executivo:

> "PROCESSUAL CIVIL. EXECUÇÃO FISCAL. BENEFÍCIO PREVIDENCIÁRIO CONCEDIDO MEDIANTE SUPOSTA FRAUDE. NÃO INCLUSÃO NO CONCEITO DE DÍVIDA ATIVA NÃO TRIBUTÁRIA. RESPONSABILIDADE CIVIL. NECESSIDADE DE AJUIZAMENTO DE AÇÃO PRÓPRIA.
>
> 1. Insurge-se o INSS contra acórdão que manteve extinta a execução fiscal fundada em Certidão de Dívida Ativa para restituição de valores referentes a benefícios previdenciários concedidos mediante suposta fraude, por não se incluir no conceito de dívida ativa não tributária.
>
> 2. Conforme dispõem os arts. 2º e 3º da Lei n. 6.830/80, e 39, § 2º, da Lei n. 4.320/64, o conceito de dívida ativa envolve apenas os créditos certos e líquidos.

75. Memorando-Circular Conjunto nº 9-2018/DIRBEN/PFE/INSS.

> Assim, tanto a dívida ativa tributária como a não tributária requer o preenchimento desses requisitos.
>
> 3. No caso dos autos, cuida-se de um suposto crédito decorrente de ato ilícito (fraude). Trata-se de um nítido caso de responsabilidade civil, não se enquadrando no conceito de dívida ativa não tributária por falta do requisito da certeza.
>
> 4. Necessidade de uma ação própria para formação de um título executivo.
>
> Recurso especial improvido" (REsp 1.172.126, de 21.09.2010).

Por força da Lei 13.494/2017, que inseriu o parágrafo terceiro no artigo 115, da Lei 8.213/91, a legislação previdenciária passou a prever expressamente que serão inscritos em dívida ativa pela Procuradoria-Geral Federal os créditos constituídos pelo INSS em razão de benefício previdenciário ou assistencial pago indevidamente ou além do devido, hipótese em que se aplica o disposto na Lei nº 6.830, de 22 de setembro de 1980, para a execução judicial.

Logo, o fundamento da transcrita decisão do STJ encontra-se superado, pois agora há base legal para a aludida inscrição em Dívida Ativa.

Nesse sentido, o Tema Repetitivo 1.064 do STJ, julgado em 23 de junho de 2021:

> **Processo**
>
> REsp 1860018 / RJ RECURSO ESPECIAL 2019/0271443-2
>
> **Relator(a)**
>
> Ministro MAURO CAMPBELL MARQUES (1141)
>
> **Órgão Julgador**
>
> S1 – PRIMEIRA SEÇÃO
>
> **Data do Julgamento**
>
> 23/06/2021
>
> **Data da Publicação/Fonte**
>
> DJe 28/06/2021
>
> **Ementa**
>
> RECURSO INTERPOSTO NA VIGÊNCIA DO CPC/2015. ENUNCIADO ADMINISTRATIVO
>
> Nº 3. RECURSO REPETITIVO. **TEMA CORRELATO AO TEMA N. 598 CONSTANTE DO REPETITIVO RESP. N. 1.350.804-PR**. PROCESSUAL CIVIL. DIREITO FINANCEIRO E PREVIDENCIÁRIO. DISCUSSÃO ACERCA DA POSSIBILIDADE DE INSCRIÇÃO EM DÍVIDA ATIVA DE BENEFÍCIO PREVIDENCIÁRIO INDEVIDAMENTE RECEBIDO, QUALIFICADO COMO ENRIQUECIMENTO ILÍCITO. APLICABILIDADE DOS §§3º E 4º, DO ART. 115, DA LEI N. 8.213/91, COM A REDAÇÃO DADA PELA MEDIDA PROVISÓRIA N. 780/2017 (LEI N. 13.494/2017) E MEDIDA PROVISÓRIA

N. 871/2019 (LEI N. 13.846/2019) AOS PROCESSOS EM CURSO DONDE CONSTAM CRÉDITOS CONSTITUÍDOS ANTERIORMENTE À VIGÊNCIA DAS REFERIDAS LEIS. IMPOSSIBILIDADE. 1. O presente repetitivo **Tema/ Repetitivo n. 1064** é um desdobramento do Tema/Repetitivo n. 598, onde foi submetida a julgamento no âmbito do REsp. n. 1.350.804-PR (Primeira Seção, Rel. Min. Mauro Campbell Marques, julgado em 12.06.2013) a "Questão referente à possibilidade de inscrição em dívida ativa de benefício previdenciário indevidamente recebido, qualificado como enriquecimento ilícito". Naquela ocasião foi definido que a inscrição em dívida ativa de valor decorrente de ilícito extracontratual deve ser fundamentada em dispositivo legal específico que a autorize expressamente, o que impossibilitava a inscrição em dívida ativa de valor indevidamente recebido, a título de benefício previdenciário do INSS, pois não havia lei específica que assim o dispusesse. Essa lacuna de lei tornava ilegal o art. 154, §4º, II, do Decreto n. 3.048/99 que determinava a inscrição em dívida ativa de benefício previdenciário pago indevidamente, já que não dispunha de amparo legal. 2. Pode-se colher da ratio decidendi do repetitivo REsp. n. 1.350.804-PR três requisitos prévios à inscrição em dívida ativa: 1º) a presença de lei autorizativa para a apuração administrativa (constituição); 2º) a oportunização de contraditório prévio nessa apuração; e 3º) a presença de lei autorizativa para a inscrição do débito em dívida ativa. 3. Após o advento da Medida Provisória n. 780/2017 (convertida na Lei n. 13.494/2017) a que se sucedeu a Medida Provisória n. 871/2019 (convertida na Lei n. 13.846/2019), que alteraram e adicionaram os §§ 3º, 4º e 5º ao art. 115, da Lei n. 8.213/91, foi determinada a inscrição em dívida ativa pela Procuradoria-Geral Federal – PGF dos créditos constituídos pelo Instituto Nacional do Seguro Social – INSS em decorrência de benefício previdenciário ou assistencial pago indevidamente ou além do devido, inclusive para terceiro beneficiado que sabia ou deveria saber da origem do benefício pago indevidamente em razão de fraude, dolo ou coação. 4. Considerando-se as razões de decidir do repetitivo REsp. n. 1.350.804-PR, as alterações legais não podem retroagir para alcançar créditos constituídos (lançados) antes de sua vigência, indiferente, portanto, que a inscrição em dívida ativa tenha sido feita depois da vigência das respectivas alterações legislativas. O processo administrativo que enseja a constituição do crédito (lançamento) há que ter início (notificação para defesa) e término (lançamento) dentro da vigência das leis novas para que a inscrição em dívida ativa seja válida. Precedentes: REsp. n. 1.793.584/ SP, Segunda Turma, Rel. Min. Francisco Falcão, julgado em 02.04.2019; AREsp n. 1.669.577/SP, Segunda Turma, Rel. Min. Herman Benjamin, julgado em 04.08.2020; AREsp. n. 1.570.630 / SP, Segunda Turma, Rel. Min. Herman Benjamin, julgado em 12.11.2019; REsp. n. 1.826.472 / PE, Segunda Turma, Rel. Min. Francisco Falcão, julgado em 15.10.2019; AREsp. n. 1.521.461 / RJ, Segunda Turma, Rel. Min. Herman Benjamin, julgado em 03.10.2019; REsp. n. 1.776.760 / SP, Segunda Turma, Rel. Min. Herman Benjamin, julgado em 23.04.2019; AREsp n. 1.432.591/RJ, decisão monocrática, Rel. Ministro Mauro Campbell Marques, DJe 21.2.2019; REsp. n. 1.772.921/SC, Decisão monocrática, Rel. Min. Assusete Magalhães, DJe 18.2.2019. 5. Desta forma, propõe-se as seguintes teses:

**5.1. "As inscrições em dívida ativa dos créditos referentes a benefícios previdenciários ou assistenciais pagos indevidamente ou além do devido constituídos por processos administrativos que tenham sido iniciados antes da vigência da Medida Provisória nº 780, de 2017, convertida na Lei n. 13.494/2017 (antes de 22.05.2017) são nulas, devendo a constituição desses créditos ser reiniciada através de notificações/intimações administrativas a fim de permitir-se o contraditório administrativo e a ampla defesa aos devedores e, ao final, a inscrição em dívida ativa, obedecendo-se os prazos prescricionais aplicáveis"; e 5.2. "As inscrições em dívida ativa dos créditos referentes a benefícios previdenciários ou assistenciais pagos indevidamente ou além do devido contra os terceiros beneficiados que sabiam ou deveriam saber da origem dos benefícios pagos indevidamente em razão de fraude, dolo ou coação, constituídos por processos administrativos que tenham sido iniciados antes da vigência da Medida Provisória nº 871, de 2019, convertida na Lei nº 13.846/2019 (antes de 18.01.2019) são nulas, devendo a constituição desses créditos ser reiniciada através de notificações/intimações administrativas a fim de permitir-se o contraditório administrativo e a ampla defesa aos devedores e, ao final, a inscrição em dívida ativa, obedecendo-se os prazos prescricionais aplicáveis".** 6. Recurso especial não provido.

**Por outro lado,** o Superior Tribunal decretou a **nulidade das inscrições em Dívida Ativa do INSS** inerentes aos créditos referentes a benefícios previdenciários ou assistenciais pagos indevidamente ou além do devido constituídos por **processos administrativos que tenham sido iniciados antes da vigência da MP 780/2017**, considerando que antes do citado diploma inexistia expressa previsão legal para a citada inscrição, ou antes da **MP 871/2019** na situação de terceiros beneficiados que sabiam ou deveriam saber da origem dos benefícios pagos indevidamente em razão de fraude, dolo ou coação.

**Por certo, muitas pretensões de ressarcimento estarão prescritas com a aludida pronúncia de invalidade de casos antigos.** Apesar disso, nestas situações mais graves (crimes e atos de improbidade administrativa) é possível levantar o manto da imprescritibilidade da reparação do dano ao Erário previdenciário com lastro no Tema 666 em Repercussão Geral em ***obiter dictum***:

> *"O que se mostra mais consentâneo com o sistema de direito, inclusive o constitucional, que consagra a prescritibilidade como princípio, é atribuir um sentido estrito aos ilícitos de que trata o § 5º do art. 37 da Constituição Federal, afirmando como tese de repercussão geral a de que a imprescritibilidade a que se refere o mencionado dispositivo diz respeito apenas a ações de ressarcimento de danos decorrentes de ilícitos tipificados como de improbidade administrativa e como ilícitos penais"* **(STF do RE 669.069/MG, de 3/2/2016, Relatado pelo saudoso Ministro Teori Zavascki/TRECHO DO VOTO).**

Posteriormente, estas duas exceções de imprescritibilidade foram confirmadas pelo Plenário do STF em 08/08/2018 no julgamento do RE 852.475/SP:

*RE 852475 / SP – SÃO PAULO*

*RECURSO EXTRAORDINÁRIO*

*Relator(a): Min. ALEXANDRE DE MORAES*

*Redator(a) do acórdão: Min. EDSON FACHIN*

*Julgamento: 08/08/2018*

*Publicação: 25/03/2019*

*Órgão julgador: Tribunal Pleno*

Repercussão Geral – Mérito

*Publicação*

PROCESSO ELETRÔNICO REPERCUSSÃO GERAL – MÉRITO DJe-058 DIVULG 22-03-2019 PUBLIC 25-03-2019

*Partes*

RECTE.(S) : MINISTÉRIO PÚBLICO DO ESTADO DE SÃO PAULO PROC.(A/S)(ES) : PROCURADOR-GERAL DE JUSTIÇA DO ESTADO DE SÃO PAULO RECDO.(A/S) : ANTÔNIO CARLOS COLTRI E OUTRO(A/S) ADV.(A/S) : RUY MALDONADO AM. CURIAE. : UNIÃO PROC.(A/S)(ES) : ADVOGADO-GERAL DA UNIÃO

*Ementa*

DIREITO CONSTITUCIONAL. DIREITO ADMINISTRATIVO. RESSARCIMENTO AO ERÁRIO. *IMPRESCRITIBILIDADE*. SENTIDO E ALCANCE DO ART. 37, § 5 º, DA CONSTITUIÇÃO. 1. A prescrição é instituto que milita em favor da estabilização das relações sociais. 2. Há, no entanto, uma série de exceções explícitas no texto constitucional, como a prática dos *crimes* de racismo (art. 5º, XLII, CRFB) e da ação de grupos armados, civis ou militares, contra a ordem constitucional e o Estado Democrático (art. 5º, XLIV, CRFB). 3. O texto constitucional é expresso (art. 37, § 5º, CRFB) ao prever que a lei estabelecerá os prazos de prescrição para ilícitos na esfera cível ou penal, aqui entendidas em sentido amplo, que gerem prejuízo ao erário e sejam praticados por qualquer agente. 4. A Constituição, no mesmo dispositivo (art. 37, § 5º, CRFB) decota de tal comando para o Legislador as ações cíveis de ressarcimento ao erário, tornando-as, assim, imprescritíveis. **5. São, portanto, imprescritíveis as ações de ressarcimento ao erário fundadas na prática de ato doloso tipificado na Lei de** *Improbidade* **Administrativa. 6. Parcial provimento do recurso extraordinário para (i) afastar a prescrição da sanção de ressarcimento e (ii) determinar que o tribunal recorrido, superada a preliminar de mérito pela** *imprescritibilidade* **das ações de ressarcimento por** *improbidade* **administrativa, aprecie o mérito apenas quanto à pretensão de ressarcimento.**

Dessa forma, considerando que a citada inscrição em Dívida Ativa decorre da necessidade de ressarcimento civil da Autarquia em decorrência do pagamento indevido de benefícios previdenciários e assistenciais, deveria o STJ ter feito a ressalva da **imprescritibilidade** da pretensão nas situações excepcionais ressalvadas pelo STF no julgamento do **tema 666: condutas tipificadas como crimes ou atos de improbidade administrativa.**

Isso porque parte das inscrições em Dívida Ativa decorreram da prática de crimes contra a seguridade social (estelionato, sonegação de contribuição, apropriação indébita de contribuição, peculato eletrônico contra sistemas previdenciários, formação de quadrilha, falsificação de documento público contra a Previdência Social etc.) e/ou atos de improbidade administrativa praticados por servidores da Autarquia.

**Em seguida, a Lei 13.846/2019 estendeu esse regramento à hipótese de revogação de tutela judicial**: "§ 3º Serão inscritos em dívida ativa pela Procuradoria-Geral Federal os créditos constituídos pelo INSS em decorrência de benefício previdenciário ou assistencial pago indevidamente ou além do devido, **inclusive na hipótese de cessação do benefício pela revogação de decisão judicial**, nos termos do disposto na Lei nº 6.830, de 22 de setembro de 1980, para a execução judicial".

**Outrossim**, será objeto de inscrição em dívida ativa, em conjunto ou separadamente, o terceiro beneficiado que sabia ou deveria saber da origem do benefício pago indevidamente em razão de fraude, dolo ou coação, desde que devidamente identificado em procedimento administrativo de responsabilização.

Entende o STJ que a abertura de processo administrativo pelo INSS para apurar os seus créditos não tem o condão de suspender a prescrição. No entanto, note-se que a decisão é anterior à alteração na Lei 8.213/91 perpetrada em 2017 e 2019, que passou a permitir a inscrição em Dívida Ativa, se aplicando somente na vigência do Tema Repetitivo 598:

> **PROCESSO**
>
> REsp 1973239 / CE
>
> RECURSO ESPECIAL
>
> 2021/0366803-0
>
> **RELATOR**
>
> Ministro GURGEL DE FARIA (1160)
>
> **ÓRGÃO JULGADOR**
>
> T1 – PRIMEIRA TURMA
>
> **DATA DO JULGAMENTO**
>
> 12/12/2023
>
> **DATA DA PUBLICAÇÃO/FONTE**
>
> DJe 08/02/2024

**EMENTA**

PROCESSUAL CIVIL E PREVIDENCIÁRIO. NEGATIVA DE PRESTAÇÃO JURISDICIONAL. INEXISTÊNCIA. BENEFÍCIO IRREGULARMENTE PERCEBIDO. COBRANÇA. DEFLAGRAÇÃO PRÉVIA DE PROCESSO ADMINISTRATIVO. SUSPENSÃO DA PRESCRIÇÃO. IMPOSSIBILIDADE.

1. Não há violação d o art. 1.022, II, do CPC, quando a Corte Regional desenvolve fundamentação expressa sobre a matéria controvertida.

**2. A deflagração de processo administrativo para apurar suposto crédito da Fazenda Pública não pode ser acolhida como causa suspensiva da prescrição, com fulcro no art. 4º do Decreto 20.910/32, "já que a hipótese que se cogita no referido dispositivo é aquela em que o próprio credor formula pedido, na Administração Pública, de apreciação de seu direito de receber quantia devida" (REsp 1.400.282/SP, relator Ministro Mauro Campbell Marques, Segunda Turma, julgado em 5/9/2013, DJe de 11/9/2013).**

**3. No caso, não pode prevalecer a pretensão do INSS de que o referido comando normativo seja aplicado em seu favor, pois assim permitiria que a Administração manipulasse o próprio prazo prescricional, esvaziando o sentido da prescrição, instituto radicado na segurança jurídica.**

4. A prevalecer a tese advogada no recurso especial, bastaria à Fazenda Pública deflagrar processo administrativo para estudo do seu próprio crédito e então suspenderia o prazo para sua cobrança; e bastaria se postergar a conclusão desse mesmo processo deflagrado para impedir o início do curso da prescrição.

5. Hipótese em que o processo administrativo prévio, iniciado supostamente para constituir o crédito, era prescindível, porque nem sequer teria o condão de permitir, ao seu fim, inscrever o valor em dívida ativa para lastrear execução, conforme orientação firmada no Tema/repetitivo 598, submetido a julgamento no âmbito do REsp. 1.350.804-PR.

6. **Se o processo administrativo prévio era dispensável, jamais poderia ter o condão de suspender o curso da prescrição**, na medida em que a Administração já poderia ter apresentado sua pretensão muito antes, devendo suportar o ônus da sua inércia.

7. Recurso não provido.

A Previdência Social entende que deverá haverá a devolução dos valores percebidos indevidamente mesmo de boa-fé, para preservar o Erário. Nesse sentido, colaciona-se passagem do Parecer/CONJUR/MPS 616/2010, aprovado pelo Ministro da Previdência Social em 23.12.2010:

> Questão 15. A boa-fé do segurado é fator impeditivo de restituição de valores de benefícios equivocadamente concedidos ou majorados administrativamente, por força de errônea interpretação da norma?
>
> 88. No âmbito do RGPS, para que fique delineada a situação de pagamento de benefício indevido, no todo ou em parte, é necessário que o fato fique comprovado em sede de processo administrativo no qual deve ser assegurada ampla

defesa e contraditório ao beneficiário, por força da garantia constitucional ao devido processo legal (art. 5º, inciso LIV, da Constituição).

89. Por outro lado, a legislação em vigor não permite o perdão da dívida ao segurado recebedor do benefício indevido, mesmo se ficar caracterizada sua boa-fé. Permite-se apenas o parcelamento do débito ou a sua consignação, quando o beneficiário for recebedor de outro benefício do INSS. É o que se extrai da leitura do art. 115, inciso II e § 1º, da LBPS.

90. O Regulamento da Previdência Social, no seu art. 154, contém alguns parâmetros mais detalhados sobre como proceder o ressarcimento do erário.

Também é possível descontar do benefício previdenciário a **pensão de alimentos**, que será implantada:

a) em cumprimento de **decisão judicial** em ação de alimentos;

b) nos termos constantes da **escritura**, mediante **ofício** ou apresentação da escritura pública;

c) nos termos dos acordos extrajudiciais referendados pelas Defensorias Públicas e Ministério Público, através de ofício do órgão, acompanhado do instrumento de acordo.

Nos termos do artigo 631 da Instrução Normativa INSS 128/2022, a pensão alimentícia cessa:

> I – na data do óbito do titular da pensão alimentícia;
>
> II – na data de cessação do benefício de origem;
>
> III – na data expressa na determinação judicial ou escritura pública ou acordo extrajudicial; ou
>
> IV – na ausência da data citada no inciso III, na data de recebimento do ofício pelo INSS ou da apresentação da escritura pública ou do acordo extrajudicial, que determinem a cessação.

Registre-se que a pensão alimentícia **não se caracteriza como benefício**, tratando-se tão somente de repasse de valores e, portanto, os descontos são devidos se e enquanto perdurar o pagamento do benefício e serão mantidos até o limite do crédito objeto da transação.

O pagamento de pensão alimentícia será realizado, preferencialmente, através de conta de depósito indicada pelo juízo ou requerente, utilizando-se, para repasse financeiro, do Protocolo de Pagamento de Benefícios em Meio Magnético.

No que concerne aos empréstimos que os beneficiários (aposentados e pensionistas) do RGPS poderão contratar e cujo desconto será promovido pela própria autarquia previdenciária, o tema é regulado pela Instrução Normativa INSS 28, de 16 de maio de 2008.

O empréstimo será realizado com instituição financeira que tenha celebrado convênio com o INSS/Empresa de Tecnologia e Informações da Previdência Social – DATAPREV, para esse fim.

Nos termos da Resolução INSS 640/2018, ficam estabelecidos os parâmetros para realização de consignação em benefício e o preceito de fixar a consignação em um percentual de até 30% do valor da renda do benefício. Excepcionalmente poderá ser consignado percentual menor que 30%, desde que observadas as seguintes situações:

> I – para benefícios com renda mensal de até dois salários mínimos e idade do titular a contar de 70 (setenta) anos, o percentual de desconto será de 10% (dez por cento);
>
> II – para benefícios com renda mensal de até seis salários mínimos e idade do titular menor do que 21 (vinte e um) anos e a contar de 53 (cinquenta e três) anos, o percentual de desconto será de 20% (vinte por cento);
>
> III – para benefícios com renda mensal de até seis salários mínimos e idade do titular igual ou maior que 21 (vinte e um) anos e inferior a 53 (cinquenta e três) anos, o percentual de desconto será de 25% (vinte e cinco por cento); e
>
> IV – para benefícios cuja renda mensal seja acima de seis salários mínimos, o percentual de desconto será de 30% (trinta por cento), independente da idade do titular do benefício.

Desde o início de 2019, o início criou uma trava para os empréstimos consignados, que só poderão ser contratados após decorridos o prazo de seis meses da concessão da aposentadoria e da pensão por morte.

Com o advento da **Medida Provisória 680, de 10 de julho de 2015**, este limite de 30% foi elevado para **35%**, sendo **5%** destinados exclusivamente para a amortização de despesas contraídas por meio de **cartão de crédito**.

Com a conversão da MP 680 da Lei 13.172/2015, a citada margem de 5% também poderá ser utilizada para a finalidade de quitar despesas de saque por meio do cartão de crédito.

Atualmente, por força da **Lei 14.431/2022**, podem ser descontados dos benefícios o pagamento de empréstimos, financiamentos e operações de arrendamento mercantil concedidos por instituições financeiras e sociedades de arrendamento mercantil, ou por entidades fechadas ou abertas de previdência complementar, públicas e privadas, quando expressamente autorizado pelo beneficiário, até o limite de **45%** (quarenta e cinco por cento) do valor do benefício, sendo 35% (trinta e cinco por cento) destinados exclusivamente a empréstimos, financiamentos e arrendamentos mercantis, 5% (cinco por cento) destinados exclusivamente à amortização de despesas contraídas por meio de cartão de crédito consignado ou à utilização com a finalidade de saque por meio de cartão de crédito consignado e 5% (cinco por cento) destinados exclusivamente à amortização de despesas contraídas por meio de cartão consignado de benefício ou à utilização com a finalidade de saque por meio de cartão consignado de benefício.

Existem muitos problemas nessas operações decorrentes de fraudes. Não raro os aposentados ou pensionistas são vítimas de estelionato, especialmente quando a contratação é feita por terceiros em seu nome de maneira irregular, sendo o suposto beneficiário surpreendido com o desconto em folha sem ter recebido o empréstimo que realmente não contratou.

O INSS, por sua vez, também acaba sendo vítima das fraudes juntamente com a instituição financeira, pois normalmente recebe o contrato do banco sem nenhum vício aparente e procede aos descontos no benefício previdenciário.

O estelionatário ardilosamente consegue sacar o empréstimo da conta do segurado ou dependente. Este, por sua vez, acaba ingressando com ação judicial contra a instituição financeira e o INSS para ser ressarcido materialmente e moralmente, pois verdadeiramente nada contratou.

A jurisprudência vem reconhecendo a legitimidade passiva do INSS nestas demandas juntamente com a instituição financeira credora:

> "INCIDENTE DE UNIFORMIZAÇÃO. EMPRÉSTIMO CONSIGNADO NÃO CONTRATADO. DESCONTO INDEVIDO EM PROVENTOS DE BENEFÍCIO PREVIDENCIÁRIO. INDENIZAÇÃO. LEGITIMIDADE PASSIVA DO INSS. INCIDENTE CONHECIDO E IMPROVIDO. 1. Pedido de reparação de danos patrimoniais decorrentes de descontos realizados no benefício previdenciário de que é titular a parte autora a título de empréstimo consignado que alega o demandante não ter contratado. 2. Sentença de procedência do pedido, ao argumento de que, "não tendo o INSS se desincumbido satisfatoriamente de comprovar existência do mencionado contrato de empréstimo válido, sendo certo que não existe nos autos sequer um início de prova material neste sentido, há que se aplicar o disposto no art. 359 do CPC no que pertine a veracidade das alegações da parte autora, acolhendo-se a pretensão do autor da mesma de ser restituída das quantias indevidamente descontadas de seu benefício, cancelando-se definitivamente as consignações pendentes".3. Manutenção da sentença pela Turma Recursal de Alagoas, nos termos do art. 46 da Lei nº 9.099/95. 4. Incidente de uniformização de jurisprudência, interposto pelo INSS, com fundamento no art. 14, § 2º, da Lei nº 10.259/2001. 5. Alegação de que o acórdão é divergente de julgado da 1ª Turma Recursal do Rio de Janeiro, sustentando a legitimidade tão somente da instituição financeira para responder pela condenação. 6. Incidente admitido pela Presidência da Turma Recursal de origem. 7. Muito embora essa TNU já tenha decidido, em caso idêntico (PEDILEF 05352050820084058300, JUÍZA FEDERAL VANESSA VIEIRA DE MELLO, DOU 06/07/2012.), que a questão versaria sobre matéria processual, no presente caso este Colegiado optou por conhecer, por maioria, o incidente, cabendo a

> este Relator acolher tal entendimento. 8. No mérito, tenho que não deve prosperar a irresignação do recorrente. Não obstante o disposto no art. 6º da Lei nº 10.820/2003, entendo que há sim legitimidade do INSS, pois a autarquia previdenciária é que opera o desconto nos valores do benefício do segurado. Outrossim, o pedido de indenização se deve ao fato de que o INSS não procedeu com a diligência esperada e necessária para evitar que um contrato de empréstimo não firmado pelo segurado fosse consignado aos seus proventos de aposentadoria, em que pese a notoriedade da grande possibilidade de fraude em contratos dessa natureza. 9. Diante dessas considerações, voto por uniformizar o entendimento que o INSS é parte legítima para figurar nas ações em que o segurado busca indenização por descontos havidos em decorrência de contrato de empréstimo consignado que alega não ter firmado com instituição financeira. Manutenção do acórdão da Turma Recursal de origem. 10. Incidente de uniformização de jurisprudência conhecido e improvido" (TNU, PEDILEF 05126334620084058013, de 14/11/2012). Neste caso, para que a autarquia previdenciária seja condenada em indenização por danos morais, é necessária a comprovação de sua negligência, por se tratar de ato omissivo da Administração Pública.

Nesse sentido, o STJ manteve uma condenação ao INSS de R$ 5.000,00 por danos extrapatrimoniais, por julgar que no caso concreto o ente previdenciário agiu com culpa:

> "PROCESSUAL CIVIL E ADMINISTRATIVO. **RESPONSABILIDADE CIVIL DO ESTADO. ATO OMISSIVO DA ADMINISTRAÇÃO. INSS. CONDENAÇÃO EM DANOS MORAIS. CABIMENTO.** QUANTUM DEBEATUR. REDUÇÃO. REEXAME DO CONJUNTO FÁTICO-PROBATÓRIO. INVIABILIDADE. SÚMULA 7/STJ.
>
> 1. Hipótese em que o Tribunal a quo, soberano no exame da prova, julgou que **são ilegais os descontos nos proventos de aposentadoria da autora, porquanto inexistente o acordo de empréstimo consignado, e que a autarquia previdenciária agiu com desídia ao averbar** contrato falso.
>
> 2. A jurisprudência do STJ é pacífica no sentido de que, caracterizada a **responsabilidade subjetiva do Estado**, mediante a conjugação concomitante de três elementos – dano, **negligência administrativa** e nexo de causalidade entre o evento danoso e o comportamento ilícito do Poder Público –, é inafastável o direito do autor à indenização ou reparação civil dos prejuízos suportados.
>
> 3. O valor dos danos morais, fixado em R$ 5.000,00 (cinco mil reais), não se mostra exorbitante ou irrisório. Portanto, modificar o quantum debeatur implicaria, in casu, reexame da matéria fático-probatória, obstado pela Súmula 7/STJ.
>
> 4. Recurso Especial não provido" (REsp 1.228.224, de 03.05.2011).

## 13. ACUMULAÇÃO DE BENEFÍCIOS

A Emenda 103/2019 inseriu o §15 no artigo 201 da Constituição, rezando que "**lei complementar** estabelecerá vedações, regras e condições para a acumulação de benefícios previdenciários".

A meu ver, os dispositivos da Lei 8.213/91 que tratam sobre acumulação de benefícios foram recebidos pela **Emenda 103/2019** com o ***status* de lei complementar**.

O tema é tratado de maneira não exauriente pelo artigo 124, da Lei 8.213/91. **Em regra, é possível a acumulação de benefícios previdenciários pelo mesmo segurado ou dependente, salvo nas hipóteses proibidas pela legislação previdenciária de maneira expressa ou implícita.**

Todavia, **deverá ser respeitado o direito adquirido à acumulação**, na hipótese de o segurado ou dependente ter acumulado benefícios que, posteriormente, passaram a não mais poder ser acumulados.

Logo, a possibilidade ou não de acumulação de benefícios deverá ser aferida à luz da lei em vigor no momento da sua ocorrência, em respeito ao Princípio do *Tempus Regit Actum.*

Conforme expressa proibição do referido dispositivo, **não poderão ser acumulados no âmbito do RGPS[19]:**

a) **aposentadoria e auxílio-doença;**[76]

b) **mais de uma aposentadoria** (exceto com data de início anterior a janeiro de 1967, de acordo com o Decreto-Lei nº 72, de 21 de novembro de 1966, pois respeitado o direito adquirido);

c) **salário-maternidade e auxílio-doença;**

d) **mais de um auxílio-acidente;**

e) **mais de uma pensão por morte deixada por cônjuge ou companheiro**, ressalvado o direito de opção pela mais vantajosa (exceto se o óbito tenha ocorrido até 28 de abril de 1995, véspera da publicação da Lei nº 9.032, de 1995, período em que era permitida a acumulação), proibição reforçada pelo *caput* do artigo 24 da Emenda 103/2019;

ATENÇÃO: **Veja-se enunciado aprovado na I Jornada de Direito da Seguridade Social do Conselho da Justiça Federal sobre o tema: ENUNCIADO 7:** No RGPS, é possível cumulação de pensão por morte de cônjuge ou companheiro e de filho.

f) **o recebimento conjunto do seguro-desemprego com qualquer benefício de prestação continuada da Previdência Social**, exceto pensão por morte ou auxílio-acidente;

76. **Há casos de benefícios extintos que ainda são pagos em razão do direito adquirido.**

**ATENÇÃO:** Com o advento da **Lei 14.601, de 19 de junho de 2023,** que alterou o artigo 2º da Lei 10.779/2003, com vigência neste ponto a contar de 01.01.2024, **passou a ser possível a acumulação do SDPA com os benefícios do Programa Bolsa Família e da renda básica da cidadania:**

*"§ 1º Para fazer jus ao benefício, o pescador não poderá estar em gozo de nenhum benefício decorrente de benefício previdenciário ou assistencial de natureza continuada, exceto pensão por morte, auxílio-acidente* ***e transferências de renda de que tratam o parágrafo único do art. 6º e o inciso VI do caput do art. 203 da Constituição Federal e o caput e o § 1º do art. 1º da Lei nº 10.835, de 8 de janeiro de 2004".***

g) **Aposentadoria com abono de permanência em serviço.**

Registre-se que a vedação de acumulação de mais de um auxílio-acidente pelo segurado somente foi introduzida no artigo 124, V, da Lei 8.213/91, por ocasião do advento da Lei 9.032/95, não podendo prejudicar direito adquirido anterior, posto que não existia em período anterior.

Desse modo, se o segurado adquirir o direito a acumular mais de um auxílio-acidente com fato gerador até 29/05/1995 terá o direito adquirido constituído e preservado. Nem mesmo na LOPS (Lei 3.807/1960) existia vedação de acumulação de mais de um auxílio-acidente, pois não contida no artigo 57[77].

Vale ressaltar a inovação do artigo 167, §2º, do RPS, que permite a acumulação do seguro-desemprego com o auxílio-reclusão.

Veja-se o TCU:

> **Acórdão 1058/2017 Plenário** (Acompanhamento, Relator Ministro Vital do Rêgo)
>
> Pessoal. Auxílio-reclusão. Acumulação. Seguro-desemprego.

---

77. Art. 57. Não prescreverá o direito ao benefício, mas prescreverão as prestações respectivas não reclamadas no prazo de 5 (cinco) anos, a contar da data em que forem devidas. As aposentadorias e pensões para cuja concessão tenham sido preenchidos todos os requisitos não prescreverão mesmo após a perda da qualidade de segurado. (Redação dada pela Lei nº 5.890, de 1973)

    § 1º Não será permitida ao segurado a percepção conjunta de: (Incluído pela Lei nº 5.890, de 1973)

    a) auxílio-doença com aposentadoria de qualquer natureza; (Incluída pela Lei nº 5.890, de 1973)

    b) auxílio-doença e abono de retorno à atividade; (Incluída pela Lei nº 5.890, de 1973)

    c) auxílio-natalidade quando o pai e a mãe forem segurados. (Incluída pela Lei nº 5.890, de 1973)

    § 1º Em relação aos benefícios de que trata a Previdência Social Urbana, não será permitida a percepção conjunta, salvo direito adquirido, de: (Redação dada pela Lei nº 6.887, de 1980)

    a) auxílios-natalidade, quando o pai e a mãe forem segurados; (Redação dada pela Lei nº 6.887, de 1980)

    b) aposentadoria e auxílio-doença; (Redação dada pela Lei nº 6.887, de 1980)

    c) aposentadoria e abono de permanência em serviço; (Redação dada pela Lei nº 6.887, de 1980)

    d) duas ou mais aposentadorias. (Incluída pela Lei nº 6.887, de 1980)

> Não constitui irregularidade a percepção simultânea do auxílio-reclusão (art. 80 da Lei 8.213/1991) e do seguro-desemprego (Lei 7.998/1990), em face da interpretação sistemática das disposições constantes dos arts. 80 e 124, parágrafo único, da Lei 8.213/1991 e do art. 2º da Lei 7.998/1990.

De acordo com o **Tema 232 da TNU**, "o auxílio-doença é inacumulável com o seguro-desemprego, mesmo na hipótese de reconhecimento retroativo da incapacidade em momento posterior ao gozo do benefício da lei 7.998/90, hipótese na qual as parcelas do seguro-desemprego devem ser abatidas do valor devido a título de auxílio-doença".

De acordo com o STJ, para atender ao disposto no parágrafo único do art. 124 da Lei n. 8.213/1991, **basta que o valor recebido a título de seguro-desemprego, nos períodos coincidentes, seja abatido do montante devido nos casos em que o benefício previdenciário foi equivocadamente indeferido pela autarquia federal**. REsp 1.982.937-SP, Rel. Min. Manoel Erhardt (Desembargador convocado do TRF5), Primeira Turma, por unanimidade, julgado em 05/04/2022, DJe 08/04/2022.

Veja-se outro precedente:

> **PROCESSO**
>
> AgInt no REsp 2037615 / SP
>
> AGRAVO INTERNO NO RECURSO ESPECIAL
>
> 2022/0355177-7
>
> **RELATOR**
>
> Ministro PAULO SÉRGIO DOMINGUES (1185)
>
> **ÓRGÃO JULGADOR**
>
> T1 – PRIMEIRA TURMA
>
> **DATA DO JULGAMENTO**
>
> 30/10/2023
>
> **DATA DA PUBLICAÇÃO/FONTE**
>
> DJe 03/11/2023
>
> **EMENTA**
>
> PROCESSUAL CIVIL. AGRAVO INTERNO. RECURSO ESPECIAL. CUMPRIMENTO DE SENTENÇA. BENEFÍCIO PREVIDENCIÁRIO E SEGURO-DESEMPREGO. RECEBIMENTO CONJUNTO. VEDAÇÃO LEGAL. COMPENSAÇÃO OU DESCONTO. POSSIBILIDADE. PROVIMENTO NEGADO.
>
> 1. Cuida-se, na origem, de agravo de instrumento interposto contra a decisão que, nos autos de cumprimento de sentença contra o INSS, acolheu impugnação da parte executada para excluir o pagamento da aposentadoria por invalidez ou do auxílio-doença nas competências em que havia sido recebido seguro-desemprego. Decisão mantida pelo Tribunal de origem.

**2. Segundo orientação do STJ, para atender ao disposto no parágrafo único do art. 124 da Lei 8.213/1991, que veda o recebimento conjunto do seguro-desemprego com qualquer benefício de prestação continuada da Previdência Social, exceto pensão por morte ou auxílio-acidente, basta que o valor referente ao seguro-desemprego, nos períodos coincidentes, seja abatido da quantia a ser recebida.**

3. Não é razoável a dedução integral das parcelas da aposentadoria nos períodos coincidentes, pois o seguro-desemprego apenas foi recebido em decorrência do incorreto indeferimento da aposentadoria pleiteada pelo recorrente.

4. Agravo interno a que se nega provimento.

Apenas é proibida a acumulação de mais de uma pensão deixada por cônjuge ou companheiro. Logo, nada impede a acumulação de mais de uma pensão em outros casos, a exemplo da instituída por cônjuge e por filho do segurado.

Caso a segurada esteja em gozo de auxílio-doença, este deverá ser suspenso durante a percepção do salário-maternidade, pois os benefícios são inacumuláveis, devendo ser reativado ulteriormente, caso a segurada ainda se encontre incapaz para o trabalho por causas alheias à gravidez[78].

Outrossim, **ainda não poderão ser acumulados**[79]:

a) **Auxílio-acidente com aposentadoria** (após a Lei 9.528/97);

b) **Amparo assistencial da pessoa idosa ou deficiente com benefício previdenciário** (artigo 20, §4º, da Lei 8.742/93), exceto com as pensões especiais indenizatórias (artigo 5º do Decreto 6.214/2007);

---

78. Tratando-se de segurada gestante em gozo de auxílio-doença, inclusive o decorrente de acidente de trabalho, deverá ser observado: I – concedido o auxílio-doença por causas associadas à gravidez, a perícia médica poderá, se for o caso, fixar a DCB de vinte e oito dias a um dia antes da data provável do parto, sendo que em caso de parto antecipado, será necessária a realização de revisão médica para a fixação da cessação do auxílio-doença na véspera da data do parto mediante apresentação da certidão de nascimento da criança; e II – no caso de a gravidez não ser a geradora da incapacidade laborativa da segurada: a) o benefício por incapacidade deverá ser suspenso administrativamente enquanto perdurar o salário-maternidade, devendo ser restabelecido a contar do primeiro dia seguinte ao término do período de cento e vinte dias, caso a DCB por incapacidade tenha sido fixada em data posterior a este período, sem necessidade de nova habilitação; b) se fixada a DCB por incapacidade durante a vigência do salário-maternidade e ficar constatado, mediante avaliação da perícia médica do INSS, a pedido da segurada, que esta permanece incapacitada para o trabalho pela mesma doença que originou o auxílio-doença cessado, este será restabelecido, fixando-se novo limite; ou c) se na avaliação da perícia médica do INSS, conforme alínea anterior, ficar constatada a incapacidade da segurada para o trabalho em razão de moléstia diversa do benefício de auxílio-doença cessado, deverá ser concedido novo benefício.

79. **Há casos de benefícios extintos que ainda são pagos em razão do direito adquirido.**

**ATENÇÃO:** Com o advento da **Lei 14.601, de 19 de junho de 2023,** que alterou o §4º do artigo 20 da Lei 8.742/93, **passou a ser possível a acumulação do BPC/LOAS com os benefícios do Programa Bolsa Família e da renda básica da cidadania:**
*"§ 4º O benefício de que trata este artigo não pode ser acumulado pelo beneficiário com qualquer outro no âmbito da seguridade social ou de outro regime, salvo os da assistência médica e da pensão especial de natureza indenizatória,* ***bem como as transferências de renda de que tratam o parágrafo único do art. 6º e o inciso VI do caput do art. 203 da Constituição Federal e o caput e o § 1º do art. 1º da Lei nº 10.835, de 8 de janeiro de 2004".***

c) **Auxílio-doença com auxílio-acidente, se a causa for a mesma**, vez que a percepção do auxílio-acidente pressupõe a cessação do auxílio--doença (artigo 86, §2º, da Lei 8.213/91);

d) **Aposentadoria, pensão por morte, salário-maternidade, abono de permanência, ou auxílio-doença do segurado baixa renda recluso com o auxílio-reclusão dos seus dependentes**[80] (artigo 80, da Lei 8.213/91);

e) **Mais de um auxílio-doença**, mesmo que o segurado mantenha vínculos concomitantes, devendo haver a soma dos salários de contribuição para o cálculo da renda mensal inicial;

f) **Renda mensal vitalícia com qualquer outra espécie de benefício da Previdência Social**;

g) **Mais de um auxílio-reclusão de instituidor cônjuge ou companheiro**, para evento ocorrido a partir de 29 de abril de 1995, data da publicação da Lei nº 9.032, de 1995, facultado o direito de opção pelo mais vantajoso, tendo em vista que as regras da pensão por morte se comunicam ao auxílio-reclusão;

h) **Benefício assistencial (BPC/LOAS) com benefício da Previdência Social ou de qualquer outro regime previdenciário, exceto**: a) espécie 54 – Pensão Indenizatória a Cargo da União; b) espécie 56 – Pensão Especial aos Deficientes Físicos Portadores da Síndrome da Talidomida – Lei nº 7.070, de 1982; c) espécie 60 – Benefício Indenizatório a Cargo da União; d) espécie 89 – Pensão Especial aos Dependentes das Vítimas da Hemodiálise – Caruaru – PE – Lei nº 9.422, de 1996; e e) espécie 96 – Pensão Especial (Hanseníase) – Lei nº 11.520, de 2007;

80. A partir de 13 de dezembro de 2002, data da publicação da MP nº 83, de 2002, convalidada pela Lei nº 10.666, de 2003, o segurado recluso, que contribuir na forma do § 6º do art. 116 do RPS, não faz jus aos benefícios de auxílio-doença e de aposentadoria durante a percepção, pelos dependentes, do auxílio-reclusão, sendo permitida a opção, desde que manifestada, também, pelos dependentes, pelo benefício mais vantajoso.

i) **Auxílio-suplementar com aposentadoria ou auxílio-doença**;

j) **Seguro-desemprego com qualquer Benefício de Prestação Continuada da Previdência Social**, exceto pensão por morte, auxílio-reclusão, auxílio-acidente, auxílio-suplementar e abono de permanência em serviço;

k) Auxílio-inclusão com BPC/LOAS;

l) Auxílio-inclusão com seguro-desemprego;

m) Auxílio-inclusão com prestações a título de aposentadoria, de pensões ou de benefícios por incapacidade pagos por qualquer regime de previdência social.

Veja-se a respeito o teor da **Portaria INSS/DIRBEN 994/2022**:

> "Art. 1º Exceto na hipótese de direito adquirido, não é permitido o recebimento em conjunto dos seguintes benefícios do RGPS, inclusive quando decorrentes de acidente do trabalho:
>
> I – mais de uma aposentadoria, exceto com DIB anterior a janeiro de 1967, de acordo com o Decreto-Lei nº 72, de 21 de novembro de 1966;
>
> II – aposentadoria com abono de permanência em serviço;
>
> III – aposentadoria com auxílio por incapacidade temporária;
>
> IV – salário-maternidade com auxílio por incapacidade temporária ou aposentadoria por incapacidade permanente;
>
> V – auxílio-suplementar com aposentadoria ou auxílio por incapacidade temporária, observado quanto ao auxílio por incapacidade temporária a exceção da pensão especial hanseníase.
>
> VI – mais de um auxílio por incapacidade temporária, inclusive acidentário;
>
> VII – mais de um auxílio-acidente, para fatos geradores após a vigência da Lei nº 9.032, de 28 de abril de 1995;
>
> VIII – auxílio-acidente com qualquer aposentadoria, quando a consolidação das lesões decorrentes de acidentes de qualquer natureza ou o preenchimento dos requisitos da aposentadoria forem posteriores às alterações inseridas no § 2º do art. 86 da Lei nº 8.213, de 24 de julho de 1991, pela Medida Provisória no 1.596-14, convertida na Lei no 9.528, de 10 de dezembro de 1997;
>
> IX – auxílio-acidente com auxílio por incapacidade temporária, do mesmo acidente ou da mesma doença que o gerou;
>
> X – mais de uma pensão deixada por cônjuge;
>
> XI – mais de uma pensão deixada por companheiro ou companheira;
>
> XII – mais de uma pensão deixada por cônjuge e companheiro ou companheira.
>
> XIII – pensão por morte deixada por cônjuge ou companheiro com auxílio-reclusão de cônjuge ou companheiro, para evento ocorrido a partir de 29 de abril

de 1995, data da publicação da Lei no 9.032, de 1995, facultado o direito de opção pelo mais vantajoso;

XIV – mais de um auxílio-reclusão de instituidor cônjuge ou companheiro, para evento ocorrido a partir de 29 de abril de 1995, data da publicação da Lei no 9.032, de 1995, facultado o direito de opção pelo mais vantajoso;

XV – auxílio-reclusão pago aos dependentes, com auxílio por incapacidade temporária, salário-maternidade, aposentadoria ou abono de permanência em serviço do segurado recluso, observado o disposto no § 7° deste artigo, permitida a opção pelo benefício mais vantajoso.

XVI – renda mensal vitalícia com qualquer benefício de qualquer regime, exceto se o beneficiário tiver ingressado no regime do extinto INPS após completar 60 anos, quando será possível também receber o pecúlio de que trata o § 3º do art. 5º da Lei nº 3.807, de 26 de agosto de 1960;

XVII – pensão mensal vitalícia de seringueiro (soldado da borracha), com qualquer outro Benefício de Prestação Continuada de natureza assistencial mantido pela Previdência Social ou qualquer outro benefício do RGPS;

XVIII – amparo social à pessoa portadora de deficiência ou auxílio-inclusão com pensão especial destinada a crianças com Síndrome Congênita do Zika Vírus;

XIX – benefício assistencial com benefício da Previdência Social ou de qualquer outro regime previdenciário, ressalvados os benefícios assistenciais concedidos a partir de 7 de julho de 2011, data de publicação da Lei nº 12.435, de 6 de julho de 2011, que poderão ser acumulados com as seguintes prestações de natureza indenizatória:

a) espécie 54 – Pensão Indenizatória a Cargo da União;

b) espécie 56 – Pensão Especial aos Deficientes Físicos Portadores da Síndrome da Talidomida – Lei nº 7.070, de 1982;

c) espécie 60 – Beneficio Indenizatório a Cargo da União;

d) espécie 89 – Pensão Especial aos Dependentes das Vítimas da Hemodiálise – Caruaru – PE – Lei nº 9.422, de 1996; e

e) espécie 96 – Pensão Especial (Hanseníase) – Lei nº 11.520, de 2007.

§ 1º Nas hipóteses de que tratam os incisos X, XI e XII do caput, fica facultado ao dependente optar pela pensão mais vantajosa, observado o disposto no art. 5º, exceto para óbitos ocorridos até 28 de abril de 1995, véspera da publicação da Lei nº 9.032, de 1995, situação na qual será permitida a acumulação.

§ 2º É vedado o recebimento conjunto do seguro-desemprego com qualquer benefício de prestação continuada previdenciária ou assistencial, exceto pensão por morte, auxílio-reclusão, auxílio-acidente, auxílio-suplementar ou abono de permanência em serviço.

§ 3º O beneficiário não pode acumular o Benefício de Prestação Continuada ou o auxílio-inclusão com outro benefício no âmbito da Seguridade Social ou de outro regime, inclusive o seguro-desemprego, ressalvados o de assistência médica e a pensão especial de natureza indenizatória.

§ 4º A partir de 13 de dezembro de 2002, data da publicação da MP nº 83/2002, convalidada pela Lei nº 10.666, de 8 de maio de 2003, o segurado recluso, que contribuir na forma do § 6º do art. 116 do RPS, não faz jus aos benefícios de auxílio por incapacidade temporária e de aposentadoria durante a percepção pelos dependentes do auxílio-reclusão, sendo permitida a opção, desde que manifestada também pelos dependentes pelo benefício mais vantajoso.

§ 5º O segurado recluso em regime fechado, a partir de 18 de janeiro de 2019, data da publicação da MP nº 871, de 2019, não terá o direito aos benefícios de salário-maternidade e de aposentadoria reconhecido durante a percepção, pelos dependentes, do benefício de auxílio-reclusão, exceto se manifestada a opção pelo benefício mais vantajoso também pelos dependentes.

§ 6º Não fará jus ao auxílio por incapacidade temporária o segurado recluso em regime fechado, exceto se a opção ao auxílio por incapacidade temporária tiver ocorrido antes de 18 de janeiro de 2019, data da publicação de MP nº 871, de 2019, convertida na Lei nº 13.846, de 2019.

§ 7º O pagamento do auxílio-suplementar ou do auxílio acidente deverá ser suspenso até a cessação do auxílio por incapacidade temporária acidentário concedido em razão do mesmo acidente ou doença, devendo ser restabelecido após a cessação do novo benefício ou cessado se concedida aposentadoria.

§ 8º A opção pelo benefício mais vantajoso disposta no inciso XV deverá ser manifestada por declaração escrita do(a) segurado(a) e respectivos dependentes, juntada ao processo de concessão, inclusive no auxílio-reclusão. Em caso de opção pelo Auxílio por Incapacidade Temporária, o Auxílio-Reclusão será restabelecido no dia seguinte à cessação do outro benefício".

Considerando a notória vedação legal, evidente que o BPC/LOAS não poderá acumulado com o auxílio-acidente. Nesse sentido, o **Tema 253 da TNU**:

| Tema | 253 | Situação do tema | Julgado | Ramo do direito | DIREITO PREVIDENCIÁRIO |
|---|---|---|---|---|---|
| Questão submetida a julgamento | Se o benefício assistencial de prestação continuada e o auxílio-acidente são acumuláveis ou inacumuláveis. | | | | |
| Tese firmada | **É inacumulável o benefício de prestação continuada – BPC/LOAS com o auxílio-acidente, na forma do art. 20, §4º, da Lei nº 8.742/1993, sendo facultado ao beneficiário, quando preenchidos os requisitos legais de ambos os benefícios, a opção pelo mais vantajoso.** | | | | |
| **Processo** | **Decisão de afetação** | **Relator (a)** | **Julgado em** | **Acórdão publicado em** | **Trânsito em julgado** |
| PEDILEF 0500878-55.2018.4.05.8310/PE | 12/03/2020 | Juiz Federal Ivanir César Ireno Júnior | 27/05/2021 | 28/05/2021 | - |

Conforme visto anteriormente, apesar de o INSS não admitir a acumulação da pensão mensal do seringueiro, prevista no artigo 54 do ADCT da Constituição Federal de 1988, com qualquer benefício previdenciário, o tema é polêmico na jurisprudência.

O INSS também não admite a acumulação de auxílio-reclusão pago aos dependentes com salário maternidade do segurado recluso, regra que afronta o artigo 80 da Lei 8.213/91, que não traz essa vedação, também não presente no artigo 124 da Lei 8.213/91.

É admitida a acumulação de auxílio-doença, de auxílio-acidente ou de auxílio suplementar, desde que originário de outro acidente ou de outra doença, com pensão por morte e/ou com abono de permanência em serviço.

Nos termos do artigo 6º da Portaria INSS/DIRBEN 994/2022, se em razão de qualquer outro acidente ou doença, o segurado fizer jus a auxílio por incapacidade temporária, o auxílio-suplementar ou auxílio acidente será mantido, concomitantemente com o auxílio por incapacidade temporária e, quando da cessação deste será:

> I – mantido, se não for concedido novo benefício; ou
>
> II – cessado, se concedido auxílio-acidente ou aposentadoria.

Somente com o advento da Lei 9.528/97 vedou-se a acumulação de aposentadoria com auxílio-acidente. Veja-se a Súmula 507 STJ:

> "A acumulação de auxílio-acidente com aposentadoria pressupõe que a lesão incapacitante e a aposentadoria sejam anteriores a 11/11/1997, observado o critério do art. 23 da Lei n. 8.213/1991 para definição do momento da lesão nos casos de doença profissional ou do trabalho".

No entanto, para respeitar a interpretação administrativa de época, nos termos do artigo 9º da Portaria INSS/DIRBEN 994/2022, os benefícios de auxílio-acidente com DIB anterior ou igual a 10 de novembro de 1997 acumulados com aposentadoria com DER e DDB entre 14 de setembro de 2009 até 06 de dezembro de 2012, deverão ser mantidos, independentemente da decadência.

Pelo entendimento exarado no Parecer nº 175/CONJUR-2003, de 18 de setembro de 2003, do Ministério da Defesa, ratificado pela Nota CJ/MPS nº 483, de 18 de abril de 2007, os benefícios de ex-combatente podem ser acumulados com a pensão especial instituída pela Lei nº 8.059, de 04 de julho de 1990 (devida aos ex-combatentes da Segunda Guerra Mundial).

Na hipótese de acumulação proibida, o titular de benefício de prestação continuada e de renda mensal vitalícia que vier a requerer benefício previdenciário, deverá optar expressamente por um dos dois benefícios, cabendo ao servidor do INSS esclarecer qual o benefício mais favorável para o beneficiário.

Vale ressaltar que **não há mais proibição de acumulação de aposentadoria rural e pensão por morte de trabalhador rural**, como ocorria quando vigorava o artigo 6º, §2º, da Lei Complementar 16/1973, que proibia a acumulação de benefícios do FUNRURAL, devendo se aplicar o Princípio do *Tempus Regit Actum*, conforme correta compreensão do TRF da 1ª Região:

> **"3 – Tendo o óbito ocorrido em 10/06/1986, são aplicáveis as disposições do Decreto 83.080/79 e das Leis Complementares 11/71 e 16/73, atos normativos que regulamentavam os benefícios devidos ao trabalhador rural. 4 – De acordo com o princípio "tempus regit actum", a acumulação de pensão por morte com aposentadoria era vedada quando ambas fossem concedidas sob o regime do PRORURAL (Leis Complementares 11/71 e 16/73), haja vista a proibição expressa prevista no Decreto 83.080/79, em seu art. 333."** (passagem da AR 5.525, de 11.02.2010).

Nesse sentido, a Súmula 36, da TNU:

> **Súmula 36 – "Não há vedação legal à cumulação da pensão por morte de trabalhador rural com o benefício da aposentadoria por invalidez, por apresentarem pressupostos fáticos e fatos geradores distintos".**

> Aliás, no âmbito do RGPS, não há nenhum impedimento legal de acumulação de qualquer espécie de aposentadoria com a pensão por morte.

O auxílio emergencial temporário é um benefício assistencial criado pela União, no valor de R$ 600,00 por mês, em razão da pandemia da COVID-19, sendo pago por até 3 meses, nos termos do artigo 2º da Lei 13.982/2020.

A sua gestão não foi atribuída ao INSS, sendo operacionalizado pela Caixa Econômica Federal, tendo os seguintes requisitos cumulativos para a sua legítima concessão ao trabalhador:

> I – seja maior de 18 (dezoito) anos de idade, salvo no caso de mães adolescentes;
>
> II – não tenha emprego formal ativo;
>
> **III – não seja titular de benefício previdenciário ou assistencial ou beneficiário do seguro-desemprego ou de programa de transferência de renda federal, ressalvado o Bolsa Família** (nas situações em que for mais vantajoso, o auxílio emergencial substituirá, temporariamente e de ofício, o benefício do Programa Bolsa Família, ainda que haja um único beneficiário no grupo familiar);
>
> IV – cuja renda familiar mensal *per capita* seja de até 1/2 (meio) salário-mínimo ou a renda familiar mensal total seja de até 3 (três) salários mínimos;
>
> V – que, no ano de 2018, não tenha recebido rendimentos tributáveis acima de R$ 28.559,70 (vinte e oito mil, quinhentos e cinquenta e nove reais e setenta centavos); e
>
> VI – que exerça atividade na condição de:
>
> a) microempreendedor individual (MEI);

b) contribuinte individual do Regime Geral de Previdência Social que contribua na forma do *caput* ou do inciso I do § 2º do art. 21 da Lei nº 8.212, de 24 de julho de 1991; ou

c) trabalhador informal, seja empregado, autônomo ou desempregado, de qualquer natureza, inclusive o intermitente inativo, inscrito no Cadastro Único para Programas Sociais do Governo Federal (CadÚnico) até 20 de março de 2020, ou que, nos termos de autodeclaração, cumpra o requisito do inciso IV.

Ademais, o recebimento do auxílio emergencial está limitado a 2 (dois) membros da mesma família, **cabendo aos órgãos federais disponibilizar as informações necessárias à verificação dos requisitos para concessão do auxílio emergencial, constantes das bases de dados de que sejam detentores**, nos termos do §11 do artigo 2º da Lei 13.982/2020.

Dessa forma, é requisito para a concessão legal do auxílio emergencial que o requerente **não seja titular de benefício previdenciário ou assistencial ou beneficiário do seguro-desemprego ou de programa de transferência de renda federal.**

Posteriormente, no que tange ao auxílio emergencial pago no ano de 2021, expressamente o artigo 18 da MP 1.039/2021 previu **o desconto das parcelas recebidas a título de auxílio emergencial nos benefícios previdenciários referentes às competências coincidentes**:

> *"Art. 18. Constatada irregularidade que ocasione o pagamento indevido dos auxílios emergenciais de que tratam a Lei nº 13.982, de 2020, a Medida Provisória nº 1.000, de 2020, e esta Medida Provisória, caberá ao Ministério da Cidadania:*
>
> *I – cancelar os benefícios irregulares; e*
>
> *II – notificar o trabalhador para restituição voluntária dos valores recebidos indevidamente, por meio de Guia de Recolhimento da União emitida por sistema próprio de devolução do auxílio.*
>
> *§ 1º Caso o trabalhador não restitua os valores voluntariamente, será observado rito próprio de constituição de crédito da União.*
>
> ***§ 2º Os valores dos auxílios emergenciais de que tratam a Lei nº 13.982, de 2020, a Medida Provisória nº 1.000, de 2020, e esta Medida Provisória cumulados indevidamente com benefícios previdenciários serão descontados dos benefícios que o trabalhador venha a receber da Previdência Social, observado o disposto na Lei nº 8.213, de 1991, e o disposto em ato conjunto do Ministro de Estado da Cidadania e do Presidente do Instituto Nacional do Seguro Social".***

Posteriormente, restou editada a Portaria Conjunta MC/INSS Nº 11, de 13/07/2021, prevendo que os valores dos auxílios emergenciais recebidos acumuladamente com benefícios previdenciários ou assistenciais de titularidade do mesmo cidadão, serão descontados do benefício de sua titularidade.

A identificação dos períodos de acumulação indevida será processada por meio do cruzamento das bases de dados do Ministério da Cidadania e do INSS, realizado pela DATAPREV.

Os débitos serão apurados por competência de recebimento acumulado, corrigidos monetariamente pelo mesmo índice utilizado para os reajustamentos dos benefícios do Regime Geral de Previdência Social – RGPS e lançados na forma de consignação automática, registrada sob a rubrica 255 – "Desconto Acumulação Auxílio Emergencial", observado o limite mensal de 30% da Renda Mensal do Benefício, sendo que os valores descontados serão recolhidos mensalmente pelo INSS por meio de Guia de Recolhimento da União (GRU).

A MP 1.039/2021 surtiu efeitos jurídicos até 15/07/2021, com efeitos preservados diante da não edição de decreto legislativo diante da caducidade.

Por seu turno, nos termos da Lei 14.020/2020, que aprovou o Programa Emergencial de Manutenção do Emprego e da Renda durante a pandemia da COVID-19, o **Benefício Emergencial de Preservação do Emprego e da Renda** é inacumulável com benefício de prestação continuada do Regime Geral de Previdência Social ou dos regimes próprios de previdência social, exceto pensão por morte e auxílio-acidente, sendo também vedada a sua percepção conjunta com o seguro-desemprego em qualquer de suas modalidades.

Vale frisar que mesmo na vigência da LC 11/1971, violando o *Tempus Regit Actum*, a TNU passou a admitir a acumulação de aposentadoria com pensão por morte rural:

> Informativo 13/2017
>
> Processo 0007627-59.2011.4.03.6302
>
> É possível a cumulação de aposentadoria rurícola com pensão por morte – ainda que concedidos sob a égide da revogada LC 16/73 -, pois eles possuem fatos geradores e pressupostos fáticos distintos.

O titular de Benefício de Prestação Continuada e de renda mensal vitalícia que requerer benefício previdenciário deverá optar expressamente por um dos dois benefícios, cabendo ao servidor do INSS prestar as informações necessárias para subsidiar a decisão do beneficiário sobre qual o benefício mais vantajoso.

Neste caso, nos termos do artigo 12 da Portaria INSS/DIRBEN 994/2022, a DIP (data de início do pagamento) do benefício previdenciário será fixada na DER estabelecida de acordo com as regras vigentes para fixação da DER do INSS e o benefício incompatível deverá ser cessado no dia imediatamente anterior, observada a necessidade de realizar o encontro de contas do período de recebimento concomitante.

Tratando-se de opção pelo recebimento de pensão por morte, em razão do disposto nos arts. 74, 79 e 103, todos da Lei nº 8.213, de 1991, para óbitos a partir de 18 de janeiro de 2019, data da vigência da Medida Provisória nº 871, convertida na Lei nº 13.846, de 2019 deverá ser observado o seguinte:

> I – ocorrendo a manifestação dentro do prazo de 90 (noventa) dias da data do óbito, a pensão será devida desde a data do óbito, devendo ocorrer a devolução dos valores recebidos no benefício assistencial;
>
> II – para o menor antes de completar 16 (dezesseis) anos com requerimento realizado até 180 (cento e oitenta) dias da data do óbito, o pagamento da pensão será devido desde a data do óbito, devendo ocorrer a devolução dos valores recebidos no benefício assistencial.

Por outro lado, para fato gerador anterior à 18 de janeiro de 2019, os prazos devem observar aqueles vigentes à época.

Outrossim, nos termos do artigo 12 da Portaria INSS/DIRBEN 994/2022, ao titular de benefício previdenciário que se enquadrar no direito ao recebimento de benefício assistencial será facultado o direito de opção pelo mais vantajoso, exceto nos casos de aposentadoria programada, aposentadoria por idade, tempo de contribuição e especial, haja vista o contido no art. 181-B do RPS.

A posição da Autarquia é que esse direito de opção somente poderá ser exercido uma única vez, o que a meu ver carece de base legal, pois essa restrição pertence apenas ao domínio da lei:

> *"Art. 14. O direito de opção de que trata os arts. 12 e 13 poderá ser exercido uma única vez.*
>
> *Parágrafo único. A renúncia ao benefício se dá em relação à percepção pecuniária, não prejudicando a análise de benefício futuro, da mesma ou de outra espécie, que poderá, inclusive, ser devido durante o período de manutenção da qualidade de segurado".*

O recebimento da pensão especial hanseníase não impede o recebimento de qualquer benefício previdenciário, podendo ser acumulada inclusive com a complementação paga nas aposentadorias concedidas e mantidas aos ferroviários admitidos até 31 de outubro de 1969, na Rede Ferroviária Federal S/A, bem como com os seguintes benefícios:

> I – Amparo previdenciário por invalidez – trabalhador rural (espécie 11), amparo previdenciário por idade – trabalhador rural (espécie 12), renda mensal vitalícia por incapacidade (espécie 30) e renda mensal vitalícia por idade (espécie 40), instituídas pela Lei nº 6.179, de 1974, dada a natureza mista, assistencial e previdenciária desses benefícios;
>
> II – Pensão especial devida aos portadores da síndrome de talidomida (espécie 56); e

III – Amparo social a pessoa portadora de deficiência (espécie 87) e amparo social ao idoso (espécie 88) – benefícios assistenciais previstos na Lei Orgânica da Assistência Social[81].

Também é plenamente possível a acumulação de salários-maternidade, no caso de empregos concomitantes, fazendo jus a segurada ao salário-maternidade relativo a cada emprego, a teor do artigo 98, do RPS.

É permitida a acumulação dos benefícios previstos no RPS, concedidos a partir de 11 de dezembro de 1997, data da publicação da Lei nº 9.528, de 10 de dezembro de 1997, com a Pensão Especial aos Portadores da deficiência física conhecida como "Síndrome da Talidomida" que não poderá ser reduzido em razão de eventual aquisição de capacidade laborativa ou de redução de incapacidade para o trabalho ocorrida após a sua concessão, nos termos do artigo 4º da Portaria INSS/DIRBEN 994/2022.

Pelo entendimento exarado no Parecer nº 175/CONJUR/2003, de 18 de setembro de 2003, do Ministério da Defesa, ratificado pela Nota CJ/MPS nº 483, de 18 de abril de 2007, os benefícios de ex-combatente podem ser acumulados com a pensão especial instituída pela Lei nº 8.059, de 4 de julho de 1990.

Por fim, vale frisar que a jurisprudência do STJ admite a acumulação de benefício previdenciário com a pensão civil *ex delicto*. Isso porque possuem naturezas distintas, sendo o benefício previdenciário contributivo e substitutivo da remuneração do segurado, ao passo que a aludida pensão civil é reparatória:

> **Informativo 542 – DIREITO CIVIL E PREVIDENCIÁRIO. ACUMULAÇÃO DE PENSÃO DECORRENTE DE ATO ILÍCITO COM O BENEFÍCIO PREVIDENCIÁRIO DE PENSÃO POR MORTE.**
>
> **É possível a cumulação do benefício previdenciário de pensão por morte com pensão civil** ***ex delicto*****.** A jurisprudência do STJ é pacífica no sentido de que "o benefício previdenciário é diverso e independente da indenização por danos materiais ou morais, porquanto, ambos têm origens distintas. Este, pelo direito comum; aquele, assegurado pela Previdência. A indenização por ato ilícito é autônoma em relação a qualquer benefício previdenciário que a vítima receba" (AgRg no AgRg no REsp 1.292.983-AL, Segunda Turma, DJe 7/3/2012). Precedentes citados: AgRg no REsp 1.295.001-SC, Terceira Turma, DJe 1º/7/2013; e AgRg no AREsp 104.823-SP, Quarta Turma, DJe 17/9/2012. **REsp 776.338-SC, Rel. Min. Raul Araújo, julgado em 6/5/2014.**
>
> Processo
>
> AgInt no AREsp 1581256 / MS
>
> AGRAVO INTERNO NO AGRAVO EM RECURSO ESPECIAL

81. Artigo 9º, da Portaria INSS/DIRBEN 994/2022.

2019/0270733-9

Relator(a)

Ministro RICARDO VILLAS BÔAS CUEVA (1147)

Órgão Julgador

T3 – TERCEIRA TURMA

Data do Julgamento

01/03/2021

Data da Publicação/Fonte

DJe 09/03/2021

Ementa

AGRAVO INTERNO NO AGRAVO EM RECURSO ESPECIAL. PENSIONAMENTO MENSAL. BENEFÍCIO PREVIDENCIÁRIO. INDEPENDÊNCIA. ABATIMENTO. IMPOSSIBILIDADE. 1. Recurso especial interposto contra acórdão publicado na vigência do Código de Processo Civil de 2015 (Enunciados Administrativos nºs 2 e 3/STJ). **2. É possível a cumulação das parcelas de pensão indenizatória por ilícito civil com benefício previdenciário sem que isso importe em ofensa ao princípio da reparação integral. Precedentes.** 3. Agravo interno não provido.

O segurado ou beneficiário será notificado, via carta de concessão, para apresentar a autodeclaração em até 60 (sessenta) dias, contados a partir da data de despacho do benefício – DDB, sob pena de suspensão do pagamento do benefício.

A autodeclaração deverá ser realizada por meio do formulário eletrônico do serviço "Informar sobre Recebimento de Benefício em Outro Regime de Previdência", através dos canais remotos Meu INSS ou Central de Teleatendimento 135, servindo também como requerimento de reativação do benefício.

Transcorrido o prazo de 60 dias, sem apresentação da autodeclaração de recebimento de aposentadoria ou pensão em outro regime de previdência social, o benefício será suspenso automaticamente pelo motivo 92 – NAO APRES.DEC.REC.BENEF RPPS. Após 6 (seis) meses de suspensão, o benefício será cessado pelo motivo 109 – NAO APRES. DEC. REC. BEN. RPPS.

A reativação dos benefícios suspensos ou cessados na forma dos §§ 3º e 4º do art. 3º-A, poderá ser realizada somente mediante apresentação da autodeclaração, utilizando o motivo 51 – APRES.DEC.RECEB.BENEF.RPPS, devendo haver o cadastramento prévio da acumulação ou informação de que não há recebimento de outro benefício no aplicativo PLENUS/SISBEN/ACUMULA, opções 1 – INCRPPS ou 7 – SEMRPPS, respectivamente.

Acaso haja pagamento em duplicidade de dois ou mais benefícios inacumuláveis, deve ser feito o encontro de contas para a reposição ao Erário no processo administrativo ou judicial previdenciário.

No âmbito do processo judicial, a TNU firmou o Tema 195 em 18/09/2020:

<table>
<tr><th>Tema</th><td>195</td><th>Situação do tema</th><td>Em julgamento – eproc</td><th>Ramo do direito</th><td>DIREITO PREVIDENCIÁRIO</td></tr>
<tr><th>Questão submetida a julgamento</th><td colspan="5">Saber qual o critério para fixação do regime de compensação entre valores de benefícios inacumuláveis, ambos regularmente concedidos.</td></tr>
<tr><th>Tese firmada</th><td colspan="5">No cálculo das parcelas atrasadas do benefício concedido judicialmente, devem ser compensados todos os valores recebidos em período concomitante em razão de benefício inacumulável, sendo que a compensação deve se dar pelo total dos valores recebidos, não se podendo gerar saldo negativo para o segurado.</td></tr>
<tr><th>Processo</th><th>Decisão de afetação</th><th>Relator (a)</th><th>Julgado em</th><th>Acórdão publicado em</th><th>Trânsito em julgado</th></tr>
<tr><td>PEDILEF 5042553-09.2016.4.04.7100/RS (Questão de ordem: preliminar de coisa julgada. Incidente não conhecido)<br>PEDILEF 5068010-43.2016.4.04.7100/RS (Segundo processo vinculado ao tema – em julgamento)</td><td>26/10/2018 – afetado pelo Pleno<br>12/03/2020 – PEDILEF 5068010-43.2016.4.04.7100/RS vinculado ao tema</td><td>PEDILEF 5042553-09.2016.4.04.7100/RS – Juiz Federal Bianor Arruda Bezerra Neto/ PEDILEF 5068010-43.2016.4.04.7100/RS – Juíza Federal Isadora Segalla Afanasieff</td><td>18/09/2020</td><td>-</td><td>-</td></tr>
</table>

**PEDIDO DE UNIFORMIZAÇÃO DE INTERPRETAÇÃO DE LEI (TURMA) Nº 5068010-43.2016.4.04.7100/RS**

**RELATORA**: JUÍZA FEDERAL ISADORA SEGALLA AFANASIEFF

**REQUERENTE**: JUREMA CLAUDETE DE AZEVEDO

**REQUERIDO**: JUÍZO SUBSTITUTO DA 2ª VF DE LAJEADO

**REQUERIDO**: INSTITUTO NACIONAL DO SEGURO SOCIAL – INSS

**EMENTA**

DIREITO PREVIDENCIÁRIO. INCIDENTE DE UNIFORMIZAÇÃO DE INTERPRETAÇÃO DE LEI FEDERAL. FORMA DE COMPENSAÇÃO DE VALORES RECEBIDOS ADMINISTRATIVAMENTE A TÍTULO DE AUXÍLIO-DOENÇA COM AQUELES DEVIDOS A TÍTULO DA APOSENTADORIA POR TEMPO DE CONTRIBUIÇÃO OBTIDA NA VIA JUDICIAL.

**1. COMPENSAÇÃO QUE NÃO SE CONFUNDE COM O ENTENDIMENTO ACERCA DA (DES)NECESSIDADE DEVOLUÇÃO DOS VALORES RECEBIDOS DE BOA-FÉ PELO SEGURADO, TRATANDO-SE APENAS DE PROCEDIMENTO DE ENCONTRO DE CONTAS REALIZADO EM SEDE DE LIQUIDAÇÃO DO JULGADO, NO INTUITO DE EVITAR O RECEBIMENTO DE VALORES INDEVIDOS PELA PARTE.**

2. FIXAÇÃO DE TESE. TEMA 195: "*NO CÁLCULO DAS PARCELAS ATRASADAS DO BENEFÍCIO CONCEDIDO JUDICIALMENTE, DEVEM SER COMPENSADOS TODOS OS VALORES RECEBIDOS EM PERÍODO CONCOMITANTE EM RAZÃO DE BENEFÍCIO INACUMULÁVEL, SENDO QUE A COMPENSAÇÃO DEVE SE DAR PELO TOTAL DOS VALORES RECEBIDOS, NÃO SE PODENDO GERAR SALDO NEGATIVO PARA O SEGURADO*".

3. INCIDENTE AO QUAL SE NEGA PROVIMENTO.

Note-se que para a TNU a compensação será feita de modo global apurando-se o valor total dos períodos coincidentes e vedada a apuração de saldo negativo.

Por outro lado, ao julgar o IRDR 14, o TRF da 4ª Região entendeu que a compensação deve se dar por competência mensal, e não pelo valor global:

| **Número do Tema:** | 14 |
|---|---|
| **Situação:** | Acórdão publicado |
| **Ramo Direito:** | Averbação/Cômputo/Conversão de tempo de serviço especial, Tempo de serviço, DIREITO PREVIDENCIÁRIO |
| **Controvérsia:** | Discute-se o procedimento no desconto de valores recebidos a título de benefícios inacumuláveis quando o direito à percepção de um deles transita em julgado após o auferimento do outro, gerando crédito de proventos em atraso. |

| | | | | |
|---|---|---|---|---|
| **Tese Fixada:** | **O procedimento no desconto de valores recebidos a título de benefícios inacumuláveis quando o direito à percepção de um deles transita em julgado após o auferimento do outro, gerando crédito de proventos em atraso, deve ser realizado por competência e no limite do valor da mensalidade resultante da aplicação do julgado, evitando-se, desta forma, a execução invertida ou a restituição indevida de valores, haja vista o caráter alimentar do benefício previdenciário e a boa-fé do segurado, não se ferindo a coisa julgada, sem existência de "refomatio in pejus", eis que há expressa determinação legal para tanto.** | | | |
| **Observações:** | **Há recurso especial pendente de julgamento.** | | | |
| **Processo IRDR:** | 50238721420174040000/TRF4 – Relator: LUÍS ALBERTO D AZEVEDO AURVALLE | | | |
| **Processos Representativos:** | 50717925820164047100/RS | | | |
| **Processos REsp/RE:** | - | | | |
| **Datas:** | Afetação | Julgamento | Acórdão Publicado | Trânsito Julgado |
| | 23/08/2017 | 23/05/2018 | 28/05/2018 | |

Muitas vezes a acumulação indevida não era conhecida no processo de conhecimento e nem foi alvo de debate, razão pela qual o tema não faz coisa julgada, sendo possível o abatimento em razão de inacumulabilidade legal mesmo na fase de execução, respeitado o contraditório.

Foi afetado no STJ tema para definir se a compensação deve se limitar ao período de pagamento do título judicial ou por todo o período de inacumulabilidade:

> **PROCESSO**
> ProAfR no REsp 2039616 / PR
> PROPOSTA DE AFETAÇÃO NO RECURSO ESPECIAL
> 2022/0334691-9
> **RELATOR**
> Ministro GURGEL DE FARIA (1160)
> **ÓRGÃO JULGADOR**
> S1 – PRIMEIRA SEÇÃO
> **DATA DO JULGAMENTO**
> 15/08/2023
> **DATA DA PUBLICAÇÃO/FONTE**
> DJe 24/08/2023

**EMENTA**

PREVIDENCIÁRIO. CUMPRIMENTO DE SENTENÇA. VALORES RECEBIDOS NA VIA ADMINISTRATIVA. BENEFÍCIO INACUMULÁVEL CONCEDIDO JUDICIALMENTE. COMPENSAÇÃO. RECURSO ESPECIAL REPETITIVO. AFETAÇÃO.

1. A questão submetida ao Superior Tribunal de Justiça diz respeito à definição quanto à forma de compensação de prestações previdenciárias, recebidas na via administrativa, quando de levantamento de cálculos em cumprimento de sentença concessiva de outro benefício, com elas não acumulável, de modo a apurar se, nos meses em que houver o percebimento (na via administrativa) de importância maior que a estabelecida na via judicial, a dedução deverá abranger todo o quantum recebido pelo beneficiário ou ter como teto o valor referente à parcela fruto da coisa julgada.

2. Hipótese em que o apelo excepcional interposto é admissível e contém abrangente argumentação e discussão sobre o tema, há multiplicidade de recursos sobre o mesmo assunto e foram atendidos os demais requisitos para a afetação.

**3. Tese controvertida: Definir se, no caso de compensação de prestações previdenciárias, recebidas na via administrativa, quando de levantamento de cálculos em cumprimento de sentença concessiva de outro benefício, com elas não acumulável, nos meses em que houver o percebimento (na via administrativa) de importância maior que a estabelecida na via judicial, a dedução deverá abranger todo o quantum recebido pelo beneficiário ou ter como teto o valor referente à parcela fruto da coisa julgada.**

4. Afetação do recurso especial como representativo de controvérsia repetitiva para julgamento pela Primeira Seção do Superior Tribunal de Justiça.

**ACÓRDÃO**

Vistos, relatados e discutidos os autos em que são partes as acima indicadas, acordam os Ministros da Primeira Seção do Superior Tribunal de Justiça, por unanimidade, afetar o processo ao rito dos recursos repetitivos (RISTJ, art. 257-C) para delimitar a seguinte tese controvertida: "Definir se, no caso de compensação de prestações previdenciárias, recebidas na via administrativa, quando de levantamento de cálculos em cumprimento de sentença concessiva de outro benefício, com elas não acumulável, nos meses em que houver o percebimento (na via administrativa) de importância maior que a estabelecida na via judicial, a dedução deverá abranger todo o quantum recebido pelo beneficiário ou ter como teto o valor referente à parcela fruto da coisa julgada." e, igualmente por unanimidade, **determinou a suspensão dos recursos especiais ou agravos em recursos especiais em segunda instância e/ou no STJ fundados em idêntica questão de direito** (observada a orientação do art. 256-L do RISTJ), conforme proposta do Sr. Ministro Relator. Os Srs. Ministros Paulo Sérgio Domingues, Herman Benjamin, Mauro Campbell Marques, Benedito Gonçalves, Sérgio Kukina e Regina Helena Costa votaram com o Sr. Ministro Relator. Não participou do julgamento o Sr. Ministro Francisco Falcão.

O STJ firmou tese em 20.06.2024 no **tema 1207** no sentido de que "*a compensação de prestações previdenciárias, recebidas na via administrativa, quando da elaboração de cálculos em cumprimento de sentença concessiva de outro benefício, com elas não acumulável,* ***deve ser feita mês a mês****, no limite, para cada competência, do valor correspondente ao título judicial,* ***não devendo ser apurado valor mensal ou final negativo ao beneficiário, de modo a evitar a execução invertida ou a restituição indevida***".

Dessa forma, se o segurado tem a receber parcelas judiciais de auxílio por incapacidade temporária das competências janeiro até dezembro de 2023 no valor total de R$ 25.000,00, mas já recebeu parcelas nas mesmas competências na via administrativa no INSS com a concessão administrativa de aposentadoria no valor total de R$ 30.000,00, deve ser promovida a compensação total das parcelas, **sem a possibilidade de o INSS cobrar a diferença de R$ 5.000,00**.

**O cálculo**, no entanto, nos termos do tema 1207/STJ **deve ser feito mês a mês**, na mesma linha do quanto definido pelo TRF da 4ª Região no julgamento do IRDR 14, o que diverge do tema 195 da TNU, que prevê que o cálculo deve ser global, e não por competência mensal.

Veja-se o acórdão do tema 1207:

> **PROCESSO**
>
> REsp 2045596 / RS
>
> RECURSO ESPECIAL
>
> 2022/0309178-6
>
> **RECURSO REPETITIVO**
>
> Pesquisa de tema: Tema Repetitivo 1207
>
> Situação do tema: Acórdão Publicado
>
> Pesquisa de Repetitivos e IACs Anotados
>
> **RELATOR**
>
> Ministro GURGEL DE FARIA (1160)
>
> **ÓRGÃO JULGADOR**
>
> S1 – PRIMEIRA SEÇÃO
>
> **DATA DO JULGAMENTO**
>
> 20/06/2024
>
> **DATA DA PUBLICAÇÃO/FONTE**
>
> DJe 28/06/2024
>
> **TESE JURÍDICA**
>
> "A compensação de prestações previdenciárias, recebidas na via administrativa, quando da elaboração de cálculos em cumprimento de sentença concessiva de outro benefício, com elas não acumulável, deve ser feita mês a mês, no limite,

para cada competência, do valor correspondente ao título judicial, não devendo ser apurado valor mensal ou final negativo ao beneficiário, de modo a evitar a execução invertida ou a restituição indevida".

**EMENTA**

PREVIDENCIÁRIO. RECURSO ESPECIAL REPETITIVO (TEMA 1.207). CUMPRIMENTO DE SENTENÇA. VALORES RECEBIDOS NA VIA ADMINISTRATIVA. BENEFÍCIO INACUMULÁVEL CONCEDIDO JUDICIALMENTE. COMPENSAÇÃO. TÍTULO JUDICIAL. LIMITE. OBSERVÂNCIA.

1. A questão submetida ao Superior Tribunal de Justiça diz respeito à definição sobre qual a forma de compensação das prestações previdenciárias, recebidas na via administrativa, no momento da elaboração dos cálculos de cumprimento de sentença concessiva de outro benefício, com elas não acumulável, à luz do art. 124 da Lei de Benefícios, de modo a decidir se, nos meses em que houver o percebimento (na via administrativa) de importância maior que a estabelecida na via judicial, a dedução (i) deverá abranger todo o quantum recebido pelo beneficiário naquela competência ou (ii) terá como teto o valor referente à parcela fruto da coisa julgada.

2. O art. 124 da Lei n 8.213/1991 veda o recebimento conjunto de benefícios substitutivos de renda, bem como de mais de um auxílio-acidente. Não obstante, o encontro de competências e, por conseguinte, a imposição legal de compensar as parcelas inacumuláveis, não transformam o recebimento de benefício concedido mediante o preenchimento dos requisitos legais, no âmbito administrativo, em pagamento além do devido, de modo a se exigir sua restituição aos cofres da autarquia, pois não se trata de pagamento por erro da Administração ou por má-fé.

3. A circunstância de uma prestação previdenciária concedida na via administrativa ser superior àquela devida por força do título judicial transitado em julgado, por si só, também não é situação que enseja o abatimento total, pois depende da espécie de benefício e do percentual estabelecido por lei a incidir na sua base de cálculo.

4. A legislação de regência é que determina os critérios para fixação da Renda Mensal Inicial – RMI de cada prestação previdenciária. Com efeito, segundo o disposto no art. 29 da Lei n. 8.213/1991, a RMI é apurada com base no Salário de Benefício (SB), que é a média dos salários de contribuição do segurado. E, segundo a lei, cada espécie de benefício previdenciário possui um percentual específico que incidirá sobre o salário de benefício.

**5. Eventuais diferenças a maior decorrentes de critérios legais não podem ser decotadas, pois, além de serem verbas de natureza alimentar recebidas de boa-fé, são inerentes ao próprio cálculo do benefício deferido na forma da lei, ao qual a parte exequente fez jus.**

**6. O cumprimento de sentença deve observar o título judicial, sendo incabível falar em excesso de execução por falta de abatimento total das parcelas pagas administrativamente. Na realidade, a forma de compensação postulada pelo INSS levaria a uma execução invertida, pois tornaria o segurado-exequente**

**em devedor, em certas competências, o que não se pode admitir, sobretudo quando a atuação da autarquia, ao indeferir indevidamente benefícios, tem ocasionado demasiada judicialização de demandas previdenciárias.**

7. Tese repetitiva: A compensação de prestações previdenciárias, recebidas na via administrativa, quando da elaboração de cálculos em cumprimento de sentença concessiva de outro benefício, com elas não acumulável, deve ser feita mês a mês, no limite, para cada competência, do valor correspondente ao título judicial, não devendo ser apurado valor mensal ou final negativo ao beneficiário, de modo a evitar a execução invertida ou a restituição indevida.

8. Caso concreto: o acórdão recorrido está de acordo com a tese proposta, mostrando-se de rigor a sua manutenção.

9. Recurso especial da autarquia desprovido.

## 13.1. Redutores do artigo 24 da EC 103/2019

Ademais, o **artigo 24 da Emenda 103/2019** traz regras de vedação ou com restrição de acumulação entre pensões e aposentadoria com pensão, se aplicando de imediato a todos os regimes público de previdência, inclusive dos **estados, Distrito Federal e municípios, determinado a redução em faixas do menor benefício**.

Restou **vedada a acumulação de mais de uma pensão por morte deixada por cônjuge ou companheiro**, no âmbito do mesmo regime de previdência social, **ressalvadas** as pensões do mesmo instituidor decorrentes do exercício de **cargos acumuláveis** na forma do art. 37 da Constituição Federal, o que já existia no RGPS e RPPS federal, mas não existia em alguns estados e municípios por falta de previsão da lei local.

Admitiu-se a acumulação com a redução em faixas do menor benefício nos seguintes casos:

a) **pensão por morte** deixada por cônjuge ou companheiro de um regime de previdência social com **pensão por morte** concedida por outro regime de previdência social ou com pensões decorrentes das atividades militares;

b) **pensão por morte** deixada por cônjuge ou companheiro de um regime de previdência social com **aposentadoria** concedida no âmbito do Regime Geral de Previdência Social ou de regime próprio de previdência social ou com proventos de inatividade decorrentes das atividades militares;

c) de **aposentadoria** concedida no âmbito do Regime Geral de Previdência Social ou de regime próprio de previdência social com **pensões decorrentes das atividades militares.**

Neste caso, é assegurada a percepção do valor integral do benefício mais vantajoso e de uma parte de cada um dos demais benefícios, apurada cumulativamente de acordo com as **seguintes faixas**:

| PERCENTUAL PAGO | FAIXA DO BENEFÍCIO | REDUTOR |
|---|---|---|
| 100% | Até 1 salário mínimo | - |
| 60% | Acima de 1 até 2 salários mínimos | 40% |
| 40% | Acima de 2 até 3 salários mínimos | 60% |
| 20% | Acima de 3 até 4 salários mínimos | 80% |
| 10% | Acima de 4 salários mínimos | 90% |

Cabe pedido de revisão a qualquer tempo, caso o melhor benefício se torne o pior benefício, a exemplo do fracionamento ulterior de pensão por morte.

Vamos simular uma situação considerando o salário mínimo de R$ 998,00 em 2019 e uma pensão por morte no valor de **R$ 5.000,00** que será reduzida por ser o menor benefício.

Vamos simular uma situação considerando o salário mínimo de **R$ 998,00** em 2019 e uma pensão por morte no valor de **R$ 5.000,00** que será reduzida por ser o menor benefício.

| PERCENTUAL PAGO | FAIXA DO BENEFÍCIO | VALOR DEVIDO |
|---|---|---|
| 100% | Até R$ 998,00 | R$ 998,00 |
| 60% | Acima de R$ 998,00 até R$ 1.996,00 | R$ 598,80 |
| 40% | R$ 1.996,00 até R$ 2.994,00 | R$ 399,20 |
| 20% | Acima de R$ 2.994,00 até R$ 3.992,00 | R$ 199,60 |
| 10% | Acima de R$ 3.992,00 até R$ 5.000,00 | R$ 100,80 |
| - | - | **Total de R$ 2.296,40** |

Destarte, no caso simulado, a pensão por morte será reduzida de **R$ 5.000,00** para **R$ 2.296,40**.

Agora a tabela atualizada para 2024:

| PERCENTUAL PAGO | FAIXA DO BENEFÍCIO | REDUTOR |
|---|---|---|
| 100% | Até 1 salário mínimo (R$ 1.412,00) | - |
| 60% | Acima de 1 até 2 salários mínimos (R$ 2.824,00) | 40% |
| 40% | Acima de 2 até 3 salários mínimos (R$ 4.236,00) | 60% |

| PERCENTUAL PAGO | FAIXA DO BENEFÍCIO | REDUTOR |
|---|---|---|
| 20% | Acima de 3 até 4 salários mínimos (R$ 5.648,00) | 80% |
| 10% | Acima de 4 salários mínimos (acima de R$ 5.648,00) | 90% |

Um ponto que não é tratado é se essas faixas deverão ou não ser modificadas anualmente, pois o salário mínimo sofre atualização monetária todo ano e, se a correção monetária do salário mínimo forma acima da variação do INPC (índice dos benefícios previdenciários), o recálculo irá majorar a renda do benefício.

**Não há restrição para a acumulação de aposentadorias** em mais de um regime público de previdência, de modo que é possível **acumular sem redução**, por exemplo, duas aposentadorias do RPPS (cargos legitimamente permitidos na Constituição) e uma aposentadoria no RGPS.

Vale registrar que o novo regramento preserva o **direito adquirido**, quando o fato gerador da aposentadoria ou pensão por morte ocorreu **até a data da publicação da Emenda 103/2019** (morte e requisitos para aposentar), mesmo que o requerimento seja ofertado ulteriormente.

**Se houver o direito formado até 13.11.2019 a dois benefícios, há, portanto, direito adquirido à acumulação sem redução.** Se houver o direito formado a um terceiro benefício após 13.11.2019, **somente este terceiro benefício será reduzido, sob pena de ofensa ao direito adquirido.**

Mas, de modo surpreendente e inconstitucional, há decisão do STF mantendo decisão do RPPS/SE determinando a redução de dois benefícios e a preservação de um deles, o maior:

> **ARE 1475653 ED / SE – SERGIPE**
>
> **EMB.DECL. NO RECURSO EXTRAORDINÁRIO COM AGRAVO**
>
> **Relator(a): Min. ALEXANDRE DE MORAES**
>
> **Julgamento: 18/03/2024**
>
> **Publicação: 25/03/2024**
>
> **Órgão julgador: Primeira Turma**
>
> **Publicação**
>
> PROCESSO ELETRÔNICO DJe-s/n DIVULG 22-03-2024 PUBLIC 25-03-2024
>
> **Partes**
>
> EMBTE.(S) : JOSE ALVES NUNES ADV.(A/S) : GILSON ALVES NUNES EMBDO.(A/S) : INSTITUTO DE PREVIDENCIA DOS SERVIDORES DO ESTADO DE SERGIPE – SERGIPEPREVIDENCIA PROC.(A/S)(ES) : PROCURADOR-GERAL DO ESTADO DE SERGIPE

**Ementa**

EMENTA: EMBARGOS DE DECLARAÇÃO RECEBIDOS COMO AGRAVO INTERNO. EC 103/2019. INCIDÊNCIA. AGRAVO INTERNO A QUE SE NEGA PROVIMENTO. 1. O órgão julgador pode receber, como agravo interno, os embargos de declaração que notoriamente visam a reformar a decisão monocrática do Relator, sendo desnecessária a intimação do embargante para complementar suas razões quando o recurso, desde logo, exibir impugnação específica a todos os pontos da decisão embargada. Inteligência do art. 1.024, § 3º, do Código de Processo Civil de 2015. 2. Do contexto fático delineado na origem, extrai-se que o autor recebe os seguintes benefícios (I) pensão por morte pelo RGPS desde 12/11/1999; (II) pensão por morte pelo RPPS-SE desde 10/1/2000; e (III) aposentadoria especial como professor, pelo regime próprio (RPPS-SE), desde 4/10/2000. 3. Postula, ainda, a aposentadoria do cargo de engenheiro civil, a qual exerce em órgão público estadual desde 1986, pelo regime próprio (RPPS-SE), acumulável com o benefício relativo à função de magistério. 4. O Tribunal de origem entendeu que, embora a EC 103/2019 tenha restringido a possibilidade de acumulação de benefícios previdenciários, ressalvou, no seu art. 24, § 4º, o ato jurídico perfeito. Por essa razão, os benefícios de pensão por morte – um deles regido pelo RGPS e o outro, pelo RPPS –, bem como a aposentadoria pelo RPPS obtida em 04/10/2000, não estão submetidos ao regramento instituído a partir da vigência da EC 103/2019, uma vez que tais situações configuram ato jurídico perfeito. **5. Quanto ao pedido de reconhecimento da aposentadoria no cargo de engenheiro, a sentença registrou que (fl. 5, Doc. 6): "o Autor ingressou no serviço público como engenheiro da ADEMA em 01/03/1986, portanto, em 10 de setembro de 2021, data de seu requerimento de aposentadoria (fl. 11), este se encontrava com 35,6 (trinta e cinco anos e seis meses de serviço público)" 6. Conclui-se, portanto, que em 12 de novembro de 2019, o autor contava com 33 anos de contribuição, tendo adquirido o direito à segunda aposentadoria somente após a EC 103/2019, razão pela qual devem ser aplicadas as regras previstas nos parágrafos 2º e 3º do seu art. 24, para o cálculo de todos os benefícios recebidos acumuladamente**. 7. Embargos de Declaração recebidos como Agravo Interno, ao qual se nega provimento.

De efeito, o beneficiário adquiriu o direito a uma pensão por morte no RGPS e a uma aposentadoria no RPPS antes da Emenda 103/2019. E, após a EC 103/2019, adquiriu o direito a uma aposentadoria no RGPS, somente devendo este terceiro benefício ser reduzido, de modo que a decisão do STF afrontou a garantia constitucional do direito adquirido.

Como o artigo 24 da EC 103/2019 é regra restritiva de direito, o seu **rol é taxativo**. Dessa forma, é necessário destacar alguns pontos.

Veja-se o STF:

**MS 39802**

**Órgão julgador:** Primeira Turma

**Relator(a):** Min. FLÁVIO DINO

**Julgamento:** 28/10/2024

**Publicação:** 05/11/2024

**Ementa**

Ementa: MANDADO DE SEGURANÇA. DIREITO CONSTITUCIONAL, ADMINISTRATIVO E PREVIDENCIÁRIO. SUSPENSÃO DE APOSENTADORIA. **ACUMULAÇÃO DE BENEFÍCIOS PREVIDENCIÁRIOS. APOSENTADORIA PELO RGPS, PENSÃO POR APOSENTADORIA PELO RPPS E PENSÃO MILITAR. POSSIBILIDADE DE ACUMULAÇÃO DE BENEFÍCIOS PREVIDENCIÁRIOS ORIUNDOS DE REGIMES DISTINTOS**. PRECEDENTES. INAPLICABILIDADE DO TEMA Nº 921 DA REPERCUSSÃO GERAL AO CASO. CONCEDIDA A ORDEM. 1. Mandado de Segurança impetrado contra ato do Tribunal de Contas da União que culminou na suspensão de pagamento de aposentadoria vinculada ao Regime Geral de Previdência Social. 2. A impetração do Mandado de Segurança nº 39.753 ocorreu após o declínio de competência do primeiro grau de jurisdição e antes do envio dos presentes autos a esta Suprema Corte. 3. Deferimento do pedido de liminar lançado nos autos daquele Mandado de Segurança nº 39.753, conhecido como requerimento de tutela provisória incidental. Adoção, por analogia, do procedimento disposto no Código de Processo Civil para os casos de pedido de efeito suspensivo manejado no período compreendido entre a interposição da apelação e sua distribuição, nos termos que dispõe o seu art. 1.012, § 3º, I. **4. Controvérsia consistente na análise da possibilidade de acumulação de duas aposentadorias, concedidas à impetrante em decorrência do exercício de um cargo público e de um emprego público, ambos na função do magistério, com uma pensão militar. Possibilidade. Precedentes deste STF**. 5. Concessão da ordem, confirmando a medida liminar anteriormente deferida, para: (i) anular os efeitos do ato impugnado e de todos aqueles que dele decorram, consubstanciado no Extrato Individualizado de Indício do Tribunal de Contas da União; e (ii) determinar a continuidade do pagamento da aposentadoria vinculada ao Regime Geral de Previdência Social, em cumulação com a aposentadoria decorrente do Regime Próprio de Previdência Social e à pensão militar, dos quais a impetrante é beneficiária.

O primeiro é que a restrição na acumulação de pensão por morte é apenas para pensionista cônjuge, companheiro ou companheira do segurado falecido, não se aplicando a pensão por morte instituída em favor de filhos e irmãos.

Nesse sentido o posicionamento do INSS firmado pela Portaria 450/2020:

"Art. 59. A acumulação da pensão por morte com outro benefício do mesmo titular ensejará a redução do valor do benefício menos vantajoso nas seguintes hipóteses:

I – pensão por morte mantida no RGPS, instituída por cônjuge ou companheiro, acumulada com pensão por morte mantida por outro regime de previdência social, também instituída por cônjuge ou companheiro, inclusive as decorrentes das atividades militares; e

II – pensão por morte instituída por cônjuge ou companheiro, de qualquer regime de previdência social, inclusive as decorrentes das atividades militares, acumuladas com aposentadorias concedidas por qualquer regime de previdência social ou com proventos de inatividade decorrentes das atividades militares.

**Parágrafo único. As regras de acumulação previstas neste artigo é aplicável apenas:**

I – às pensões instituídas por cônjuge ou companheiro, ex-cônjuge e ex-companheiro; e

II – às hipóteses em que o fato gerador ou preenchimento dos requisitos de qualquer dos benefícios seja posterior a 14 de novembro de 2019, independentemente do início dos demais".

No entanto, em junho de 2024 foi editada consulta pelo GESCON no sentido de que **as pensões militares das filhas estão abarcadas pelo inciso III, e não apenas as pensões de cônjuges e companheiros:**

***ACUMULAÇÃO DE APOSENTADORIA NO RPPS COM PENSÃO POR MORTE CONCEDIDA A FILHA DE MILITAR. APLICAÇÃO DAS FAIXAS REDUTORAS PREVISTAS NO §2º DO ART. 24 DA EMENDA CONSTITUCIONAL Nº 103/2019. POSSIBILIDADE.***

*A previsão do § 2º do art. 24 da EC nº 103, de 2019, excepciona do escalonamento nele previsto a acumulação de pensão por morte trazida na ressalva do caput do artigo, que é somente a situação da pensão do mesmo instituidor decorrente do exercício de cargos acumuláveis na forma do art. 37 da Constituição, a ser paga pelo mesmo regime de previdência social. Ou seja, os benefícios de pensões originadas de um mesmo servidor exercente de cargos acumuláveis no mesmo RPPS não sofrerá a incidência do escalonamento reproduzido acima, a elas sendo aplicadas as regras de cálculo do benefício previstas na lei do ente federativo, exceto se for cumulada com benefício de aposentadoria, quando o escalonamento incidirá conforme a regra constitucional, como bem esclarece o § 4º do artigo 165 da Portaria MTP nº 1.467, de 2022.*

*A Nota Técnica SEI nº 12212/2019/ME, ao analisar as regras da reforma promovida pela EC nº 103, de 2019, alusivas a acumulação de benefícios, concluiu, com fundamento no disposto no §5º do art. 24, que essa reforma recepcionou, naquilo que não for contrário às restrições impostas por esse mesmo artigo, as regras sobre acumulação de benefícios prevista na legislação vigente na data de sua entrada em vigor, a exemplo do art. 29 da Lei nº 3.765, de 4.5.1960, que trata das pensões militares.*

***Considera-se admitida pelo inciso III do art. 24 da EC nº 103, de 2019, a acumulação de "pensões decorrentes de atividade militar" de que tratam os artigos 42 e 142 da Constituição Federal – expressão que alberga a pensão vitalícia concedida a filha não inválida do instituidor militar, prevista na Lei nº 3.765, de 1960 – com aposentadoria concedida no âmbito de RPPS, sendo assegurada, nessa hipótese de acumulação, a opção da segurada pela percepção do valor integral do benefício mais vantajoso, mas com aplicação ao benefício com proventos de menor valor, das faixas restritivas previstas § 2º do art. 24***

***da EC nº 103, de 2019.*** *(Divisão de Orientação e Informações Técnicas – DIOIT/CGNAL/DRPPS/SRPC/MPS. GESCON L467041/2024. Data: 08/06/2024).*

O segundo ponto a frisar é que pelo texto do artigo 24, §2º, da EC 103/2019, na hipótese de acumulação de mais de dois benefícios citados no §1º, a exemplo de aposentadoria e duas pensões por morte (uma de RPPS e outra de RGPS, pode exemplo), somente o benefício maior terá renda preservada, devendo ser reduzidos os outros dois menores de possuírem renda acima de um salário mínimo.

Isso porque consta do texto constitucional que "nas hipóteses das acumulações previstas no § 1º, é assegurada a percepção do valor integral do benefício mais **vantajoso e de uma parte de cada um dos demais benefícios"**.

Nesse sentido o posicionamento do INSS firmado pela Portaria 450/2020:

> "Art. 60. Verificada uma das hipóteses do art. 59, conforme o § 2º do art. 24 da EC nº 103, de 2019, **será mantido o valor integral do benefício mais vantajoso** e, **para os demais benefícios**, é garantido o valor de um salário mínimo e, **caso supere esse valor, será acrescido de**:
>
> I – 60% (sessenta por cento) do valor que exceder 1 (um) salário mínimo, até o limite de 2 (dois) salários mínimos;
>
> II – 40% (quarenta por cento) do valor que exceder 2 (dois) salários mínimos, até o limite de 3 (três) salários mínimos;
>
> III – 20% (vinte por cento) do valor que exceder 3 (três) salários mínimos, até o limite de 4 (quatro) salários mínimos; e
>
> IV – 10% (dez por cento) do valor que exceder 4 (quatro) salários mínimos".

**Ainda de acordo com a autarquia,** quando houver **mais de um dependente no mesmo benefício**, o valor da pensão por morte a ser considerado em caso de acumulação é o referente **somente à cota parte** a que o cônjuge ou companheiro, ex-cônjuge ou ex-companheiro, faz jus.

**Um terceiro ponto é a extensão das regras do artigo 24 da Emenda 103/2019 ao auxílio-reclusão. É certo que em termos infraconstitucionais, o artigo 80 da Lei 8.213/91 prevê que as regras da pensão por morte serão aplicáveis ao auxílio-reclusão, no que couber (o auxílio-reclusão é concedido nas mesmas condições da pensão por morte).**

**A questão jurídica a ser enfrentada é que estamos analisando regras constitucionais, que não se subordinam ao regramento da Lei 8.213/91, e sim o contrário. Desse modo, é duvidosa a extensão do artigo 24 da Emenda 103/2019 ao auxílio-reclusão, máxime porque se trata de norma constitucional restritiva de direitos.**

**No momento essa controvérsia não tem efeitos práticos no RGPS, pois para as prisões em regime fechado a contar de 14/11/2019 o auxílio-reclusão**

**foi fixado em um salário mínimo pelo artigo 27 da EC 103/2019, inexistindo redução no benefício de renda mínima.**

**A dificuldade de aplicação do artigo 24 da EC 103 é o cruzamento de dados, considerando a não regulamentação do artigo 12 da Emenda 103/2019:**

> *"Art. 12. A União instituirá sistema integrado de dados relativos às remunerações, proventos e pensões dos segurados dos regimes de previdência de que tratam os arts. 40, 201 e 202 da Constituição Federal, aos benefícios dos programas de assistência social de que trata o art. 203 da Constituição Federal e às remunerações, proventos de inatividade e pensão por morte decorrentes das atividades militares de que tratam os arts. 42 e 142 da Constituição Federal, em interação com outras bases de dados, ferramentas e plataformas, para o fortalecimento de sua gestão, governança e transparência e o cumprimento das disposições estabelecidas nos incisos XI e XVI do art. 37 da Constituição Federal".*

Até que haja a sua implementação, deve ser exigida uma autodeclaração de acumulação ou não acumulação do beneficiário.

De efeito, nos termos da Portaria INSS/DIRBEN 994/2022, até que seja implementado o sistema de cadastro dos segurados do RGPS e dos servidores vinculados a regimes próprios de previdência social de que trata o § 6º do Art. 167-A do RPS, a comprovação de que o aposentado ou o pensionista cônjuge ou companheira ou companheiro do RGPS não recebe aposentadoria ou pensão de outro regime próprio de previdência social será feita por meio de autodeclaração, a qual o sujeitará às sanções administrativas, civis e penais aplicáveis caso seja constatada a emissão de declaração falsa.

Já para a aposentadoria por incapacidade permanente, a autodeclaração será exigida após o processamento da concessão do benefício.

CAPÍTULO

2

# AS EXTINTAS APOSENTADORIAS POR TEMPO DE CONTRIBUIÇÃO E POR IDADE URBANA

## 1. INTRODUÇÃO

Antes do estudo das regras permanentes e transitórias das aposentadorias voluntárias comuns e dos professores do ensino básico, é indispensável estudar dois benefícios extintos pela Emenda 103/2019:

A) **Aposentadoria por idade urbana**, que exigia idade mínima e período de carência;

B) **Aposentadoria por tempo de contribuição comum e do professor do ensino básico**, que exigia tempo de contribuição e período de carência.

Ambos os benefícios foram extintos pela EC 103/2019, exceto direito adquirido formado até 13/11/2019, pois a reforma constitucional de 2019 criou um novo benefício para substituí-los denominado pelo Decreto 10.410/2020 de **aposentadoria programada**, que reúne três requisitos: **idade mínima, tempo de contribuição e período de carência.**

## 2. A EXTINTA APOSENTADORIA POR TEMPO DE CONTRIBUIÇÃO

**Este tópico é necessário para o exercício profissional. Isso porque muitos segurados adquiriram o direito à aposentadoria por tempo de contribuição sem idade mínima antes do advento da Emenda 103/2019, sendo assegurado o direito adquirido pelo artigo 3º da Reforma Constitucional.**

**Mas não serão todos os segurados que tinham direito à EXTINTA aposentadoria por tempo de contribuição (sistemática anterior à EC 103/2019).** Inicialmente, por falta de previsão legal em seu favor, o **segurado especial** não se aposentava por tempo de contribuição, exceto se optou pelo recolhimento das contribuições previdenciárias de acordo com o regime do contribuinte individual.

Eis o entendimento do **STJ**, consolidado na **Súmula 272**:

> "**Súmula: 272** – O trabalhador rural, na condição de segurado especial, sujeito à contribuição obrigatória sobre a produção rural comercializada, somente faz jus à aposentadoria por tempo de serviço, se recolher contribuições facultativas".

> Outrossim, o contribuinte individual que trabalhe por conta própria sem vinculação a pessoa jurídica e o segurado facultativo que optaram pelo regime simplificado de recolhimento, ou seja, arrecadaram 11% sobre o salário mínimo, ou 5% sobre um salário mínimo no caso do microempreendedor individual e do segurado facultativo de baixa renda com atividades domésticas em sua residência (inscrito no CadÚnico), ao invés de 20%, também não tinham direito a se aposentar por tempo de contribuição, na forma do artigo 21, §2º, da Lei 8.212/91.

Todavia, caso esses segurados se arrependessem, poderiam complementar o recolhimento dos 9% ou dos 15% com os respectivos juros legais para que possam se aposentar por tempo de contribuição, sendo essa contribuição exigida a qualquer tempo, sob pena de indeferimento do benefício.

A respeito do tema, colaciona-se Enunciado aprovado no XII FONAJEF:

> **Grupo 4**
>
> **Enunciado nº 1 (ATUAL ENUNCIADO 161 FONAJEF)**
>
> Nos casos de pedido de concessão de benefício por segurado facultativo de baixa renda, a comprovação da inscrição da família no CadÚnico é documento indispensável para propositura da ação, sob pena de extinção sem exame do mérito (Aprovado no XII FONAJEF).

No mesmo sentido, a TNU em tese repetitiva:

> **EMENTA. DIREITO PREVIDENCIÁRIO. PEDIDO DE UNIFORMIZAÇÃO DE INTERPRETAÇÃO DE LEI FEDERAL. INCIDENTE DE UNIFORMIZAÇÃO JULGADO COMO REPRESENTATIVO DA CONTROVÉRSIA (TEMA 181). SEGURADO FACULTATIVO DE BAIXA RENDA. COMPROVAÇÃO DA CONDIÇÃO DE BAIXA RENDA. INSCRIÇÃO NO CADÚNICO. REDUÇÃO DA ALÍQUOTA DE CONTRIBUIÇÃO PREVIDENCIÁRIA. IMPOSSIBILIDADE DE VALIDAÇÃO DE CONTRIBUIÇÕES VERTIDAS ANTES DA INSCRIÇÃO. INCIDENTE CONHECIDO E NÃO PROVIDO.**
>
> 1. O OBJETO EM DISCUSSÃO CINGE-SE À ANÁLISE DO DIREITO À VALIDAÇÃO DAS CONTRIBUIÇÕES EFETUADAS PELA SEGURADA, NA MODALIDADE FACULTATIVO DE BAIXA RENDA, ANTES DA DATA DO REGISTRO NO CADASTRO ÚNICO DE PROGRAMAS SOCIAIS DO GOVERNO FEDERAL.

2. O CONTRIBUINTE FACULTATIVO BAIXA RENDA, DESTINATÁRIO DA ALÍQUOTA DE 5%, É AQUELE QUE SE DEDICA AO TRABALHO DOMÉSTICO EM SUA RESIDÊNCIA, PERTENCENTE À FAMÍLIA DE BAIXA RENDA E INSCRITO NO CADASTRO ÚNICO PARA PROGRAMAS SOCIAIS DO GOVERNO FEDERAL – CADÚNICO, CUJA RENDA MENSAL SEJA DE ATÉ 2 (DOIS) SALÁRIOS MÍNIMOS, ART. 21, §2, II "B", E §4º, DA LEI Nº 8.212/91.

3. AS CONDIÇÕES SOCIECONÔMICAS, QUE INTERFEREM NO CUMPRIMENTO DOS REQUISITOS E, DE CONSEQUÊNCIA, NO DIREITO À ALÍQUOTA DIFERENCIADA, PODEM SOFRER ALTERAÇÕES COM O PASSAR DO TEMPO, RAZÃO POR QUE O CADASTRO REPRESENTA UM CRITÉRIO SEGURO PARA SUA AFERIÇÃO, NO MOMENTO EM QUE É FEITO.

4. DAÍ PORQUE A OBRIGAÇÃO ACESSÓRIA DE INSCREVER-SE PREVIAMENTE NO CADASTRO ÚNICO NÃO PODE SER INTERPRETADA COMO UMA MERA EXIGÊNCIA DE ORDEM BUROCRÁTICA. E MAIS, NÃO PODE OPERAR EFEITOS RETROATIVOS.

5. FIXADA TESE JURÍDICA REPRESENTATIVA DA CONTROVÉRSIA (TEMA 181): "A PRÉVIA INSCRIÇÃO NO CADASTRO ÚNICO, PARA PROGRAMAS SOCIAIS DO GOVERNO FEDERAL – CADÚNICO, É REQUISITO ESSENCIAL PARA VALIDAÇÃO DAS CONTRIBUIÇÕES PREVIDENCIÁRIAS VERTIDAS NA ALÍQUOTA DE 5% (ART. 21, § 2º, INCISO II, ALÍNEA "B", E § 4º, DA LEI 8.212/91), E OS EFEITOS DESSA INSCRIÇÃO NÃO ALCANÇAM AS CONTRIBUIÇÕES FEITAS ANTERIORMENTE".

A Turma Nacional de Uniformização, por maioria, decidiu CONHECER E NEGAR PROVIMENTO ao incidente de uniformização, nos termos do voto do Juiz Federal Erivaldo dos Santos. Incidente de Uniformização julgado como representativo da controvérsia, conforme art. 17, VII, do RITNU (Tema 181).

Brasília, 21 de novembro de 2018.

A aposentadoria por tempo de contribuição tinha renda de **100% do salário de benefício,** lembrando que no cálculo do salário de benefício é **obrigatório o manejo do fator previdenciário**, o que acaba reduzindo bastante a renda mensal inicial dos benefícios das pessoas que se aposentam ainda muito jovens.

No entanto, coube à **Medida Provisória 676, publicada em 18 de junho de 2015**, instituir a regra alternativa 85 (mulher)/95 (homem) para tornar facultativo o fator previdenciário nesta aposentadoria. Posteriormente esta regra foi modificada pela Lei 13.183, de 4/11/2015.

O segurado que preencher o requisito para a aposentadoria por tempo de contribuição poderá optar pela não incidência do fator previdenciário no cálculo de sua aposentadoria, quando o total resultante da soma de sua idade e de seu tempo de contribuição, incluídas as frações, na data de requerimento da aposentadoria, for: I – igual ou superior a noventa e cinco pontos, se homem, observando o tempo mínimo de contribuição de trinta e cinco anos; ou II – igual ou superior a oitenta e cinco pontos, se mulher, observado o tempo mínimo de contribuição de trinta anos.

De acordo com a literalidade do texto normativo, as somas de idade e de tempo de contribuição previstas no *caput* serão (seriam) majoradas em um ponto em:

> **I – 31 de dezembro de 2018 (86/96);**
>
> II – 31 de dezembro de 2020 (87/97);
>
> III – 31 de dezembro de 2022 (88/98);
>
> IV – 31 de dezembro de 2024 (89/99); e
>
> V – 31 de dezembro de 2026 (90/100).

A **última faixa foi 86/96**, tendo em vista a não recepção do artigo 29-C da Lei 8.213/91 pela EC 103/2009.

Logo, **sem revogar a regra ordinária da aposentadoria por tempo de contribuição sem idade mínima e com aplicação compulsória do fator previdenciário**, foi criada regra progressiva para a concessão de aposentadoria por tempo de contribuição com aplicação facultativa do fator previdenciário, observado o tempo mínimo de contribuição (30 anos mulher e 35 anos homem), desde que a soma com a idade do segurado atinja à pontuação acima enumerada.

À luz do **direito adquirido**, ao segurado que alcançar o requisito necessário ao exercício da opção com base na tabela acima e deixar de requerer aposentadoria será assegurado o direito à opção com a aplicação da pontuação exigida na data do cumprimento dos requisitos.

Como exemplo, suponha-se que um segurado homem que em 2015, 2016, 2017 ou 2018 (até 30/12) conte com 37 anos de tempo de contribuição e idade de 58 anos (37 + 58=95). Neste caso ele preencherá esta regra e poderá se aposentar sem o fator previdenciário (não se aplicará o fator quando for para reduzir a renda, mas apenas para majorar).

Suponha-se que uma mulher em 2023 ou 2024 tenha 30 anos de tempo de contribuição e 58 anos de idade (30 + 58=88). Ela preencherá a regra aludida.

**Para o segurado que adquiriu o direito a partir de 31/12/2018, a pontuação restou modificada para 86 (mulheres) e 96 (homens), incluindo frações. Eis alguns exemplos da regra 86/96 (aquisição do direito entre 31/12/2018 e 30/12/2020):**

| MULHERES | | |
|---|---|---|
| **IDADE** | **TEMPO DE CONTRIBUIÇÃO** | **PONTUAÇÃO TOTAL** |
| 56 anos | 30 anos | 86 |
| 55,5 anos | 30,5 anos | 86 |
| 55 anos | 31 anos | 86 |
| 54,5 anos | 31,5 anos | 86 |
| 54 anos | 32 anos | 86 |

| HOMENS | | |
|---|---|---|
| **IDADE** | **TEMPO DE CONTRIBUIÇÃO** | **PONTUAÇÃO TOTAL** |
| 61 anos | 35 anos | 96 |
| 60,5 anos | 35,5 anos | 96 |
| 60 anos | 36 anos | 96 |
| 59,5 anos | 36,5 anos | 96 |
| 59 anos | 37 anos | 96 |

No entanto, há uma regra especial para o **professor exclusivo do ensino básico**. O tempo mínimo de contribuição do professor e da professora que comprovarem exclusivamente tempo de efetivo exercício de magistério na educação infantil e no ensino fundamental e médio será de, respectivamente, **trinta e vinte e cinco anos**, e serão **acrescidos cinco pontos à soma da idade com o tempo de contribuição.**

Suponha-se que em 2015, 2016, 2017 ou 2018 um professor do sexo masculino do ensino básico possua 30 anos de tempo de contribuição exclusivamente como professor e 60 anos de idade. Neste caso, ele terá direito à regra 95 (30+60+5) com a aplicação facultativa do fator previdenciário.

Nota-se que a tabela foi esticada pela Lei 13.183/2015 em comparação ao texto originário da MP 676/2015, assim como houve a redução do tempo de contribuição em 5 anos em favor do professor exclusivo do ensino básico, o que não acontecia no texto da MP 676/2015.

O benefício de aposentadoria por tempo de contribuição será devido aos segurados amparados pelos Acordos de Previdência Social bilateral que o Brasil mantém com Portugal, Espanha, Grécia, Argentina, Uruguai e Cabo Verde, desde que preencham todos os requisitos para concessão desse benefício, utilizando períodos cumpridos naquele outro Estado, sendo que, nos casos da

Argentina e Uruguai, considerando que no Acordo Multilateral de Seguridade Social do Mercosul não há previsão expressa desse tipo de benefício, somente serão reconhecidos, por força do direito adquirido, aqueles que comprovarem a implementação dos requisitos necessários no período em que estiveram em vigência os acordos bilaterais dos dois países.

Logo, considerando que o Acordo Multilateral de Seguridade Social do Mercosul não prevê a contagem recíproca internacional para o benefício da aposentadoria por tempo de contribuição, que não possui paralelo na Argentina e Uruguai, esta não será cabível nesta hipótese, salvo direito adquirido consolidado no regime anterior, quando vigoravam os acordos bilaterais entre os referidos países.

A Emenda 20/1998 assegurou (artigo 3º) a concessão de aposentadoria e pensão, a qualquer tempo, aos servidores públicos e aos segurados do regime geral de previdência social, bem como aos seus dependentes, que, até a data da sua publicação (16/12/1998), tenham cumprido os requisitos para a obtenção destes benefícios, com base nos critérios da legislação então vigente.

Assim, o segurado que contasse com 30 anos de tempo de serviço até 16/12/98 e a segurada que contabilizasse 25 anos de serviço possuem direito adquirido à aposentadoria proporcional, mesmo que apenas tenham requerido a aposentação em data posterior.

Todavia, para tanto, evidentemente não podem ser considerados períodos contributivos prestados após a Emenda 20, consoante a jurisprudência pacificada do STF:

> "AGRAVO REGIMENTAL NO RECURSO EXTRAORDINÁRIO. CONSTITUCIONAL. PREVIDENCIÁRIO. APOSENTADORIA POR TEMPO DE SERVIÇO. DIREITO ADQUIRIDO. ARTIGO 3º DA EC N. 20/98. CONTAGEM DE TEMPO DE SERVIÇO POSTERIOR A 16.12.1998. BENEFÍCIO CALCULADO NOS TERMOS DAS NORMAS VIGENTES ANTES DO ADVENTO DA REFERIDA EMENDA. IMPOSSIBILIDADE. ACÓRDÃO RECORRIDO EM CONSONÂNCIA COM O ENTENDIMENTO DESTA CORTE. 1. O segurando que queira incorporar tempo de serviço posterior ao advento da EC n. 20/98 para se aposentar, não pode se valer da legislação anterior para calcular o benefício previdenciário, devendo, sim, submeter-se ao novo ordenamento, com observância das regras de transição. Porquanto, de forma diversa, se criaria um regime misto de aposentadoria incompatível com a lógica do sistema. Nesse sentido, RE n. 575.089, Relator o Ministro Ricardo Lewandowski, Plenário, DJe 24.10.08, assim ementado: "EMENTA: INSS. APOSENTADORIA. CONTAGEM DE TEMPO. DIREITO ADQUIRIDO. ART. 3º DA EC 20/98. CONTAGEM DE TEMPO DE SERVIÇO POSTERIOR A 16.12.1998. POSSIBILIDADE. BENEFÍCIO CALCULADO EM CONFORMIDADE COM NORMAS VIGENTES ANTES DO ADVENTO DA REFERIDA EMENDA. INADMISSIBILIDADE. RE IMPROVIDO. **I – Embora tenha o recorrente direito adquirido à aposentadoria, nos**

**termos do art. 3º da EC 20/98, não pode computar tempo de serviço posterior a ela, valendo-se das regras vigentes antes de sua edição. II -Inexiste direito adquirido a determinado regime jurídico, razão pela qual não é lícito ao segurado conjugar as vantagens do novo sistema com aquelas aplicáveis ao anterior. III – A superposição de vantagens caracteriza sistema híbrido, incompatível com a sistemática de cálculo dos benefícios previdenciários.** IV – Recurso extraordinário improvido." 2. In casu, o acórdão originariamente recorrido assentou: "APOSENTADORIA POR TEMPO DE SERVIÇO. EC Nº 20, DE 1998. TEMPO DE SERVIÇO POSTERIOR A 16-12-1998. Inviável a utilização de tempo de serviço posterior a 16-12-1998 e a aplicação do regramento anterior à EC nº 20/98, sem as alterações por ela estabelecidas." 3. Agravo regimental a que se nega provimento" **(RE 671.628, de 24.04.2012)**.

Vale registrar também que o segurado não possui direito de postular a conversão de aposentadoria com proventos integrais em aposentadoria proporcional, consoante pacificado pelo STJ, a exemplo do julgamento do AgRg no REsp 1.309.258, de 05.06.2012:

> "A jurisprudência desta Corte firmou entendimento de que não é possível a conversão de aposentadoria integral em proventos proporcionais, uma vez que tratam de benefícios distintos. Súmula 83/STJ. Precedentes desta Corte e do STF. AgRg no AREsp 74.966/GO, Rel. Min. Teori Albino Zavascki, Primeira Turma; AgRg no REsp 1242327/PR, Rel. Adilson Vieira Macabu (Desembargador convocado do TJ/RJ), Quinta Turma; AgRg no REsp 1233152/RS, Rel. Min. Jorge Mussi, Quinta Turma; AI 810744 AgR, Rel.(a): Min. Ricardo Lewandowski, Primeira Turma; RE 286508 AgR, Relator(a): Min. Celso de Mello, Segunda Turma; RE 286921 AgR, Relator(a): Min. Ellen Gracie, Segunda Turma; RE 352391 AgR, Rel.(a): Min. Carlos Velloso, Segunda Turma".

## 2.1. A revogada regra de transição do artigo 9º da EC 20/1998

Para as pessoas que eram seguradas do RGPS em 16.12.1998, data de vigência da Emenda 20, a aposentadoria por tempo de contribuição proporcional foi mantida em regra de transição, à razão de 70% do salário de benefício, somado a 5% por ano de contribuição que supere a soma de 30 anos (homem) ou 25 anos de contribuição (mulher) com o "pedágio", até o limite de 100% do salário de benefício.

Mas o artigo 9º, da Emenda 20/1998, exigia dois pressupostos para a concessão da aposentadoria por tempo de contribuição proporcional para os antigos segurados:

A) contar no mínimo com 53 anos de idade, se homem, e 48 anos de idade, se mulher;

B) um período adicional de contribuição equivalente a 40% do tempo que, na data da publicação da Emenda, faltaria para atingir o limite de tempo constante da alínea anterior ("pedágio").

Assim, suponha-se que uma mulher contava com 20 anos de serviço em 16.12.1998. Para se beneficiar da regra de transição, além de atingir a idade mínima de 48 anos de idade na data de requerimento do benefício, ela teria que pagar um "pedágio" de 02 anos de contribuição, que equivale a 40% do que faltava para atingir 25 anos de serviço, totalizando 27 anos de contribuição, com renda mensal inicial de 70% do salário de benefício.

## 3. A EXTINTA APOSENTADORIA POR IDADE URBANA

A aposentadoria por idade urbana de que trata o artigo 48 da Lei 8.213/91 foi extinta pela Emenda 103/2019, respeito o direito adquirido para quem preencheu todos os requisitos até 13.11.2019.

Desde então foi substituída pela aposentadoria programada, que inseriu um novo requisito: exigência de 20 anos de tempo de contribuição para os homens e de 20 anos de tempo de contribuição para as mulheres.

Ademais, a idade da mulher foi elevada de 60 para 62 anos de idade, bem como houve modificação da renda mensal do benefício com o advento do artigo 26 da Emenda 103/2016.

Eis os requisitos e renda mensal da extinta aposentadoria por idade urbana no âmbito da Lei 8.213/91:

> *"Art. 25. A concessão das prestações pecuniárias do Regime Geral de Previdência Social depende dos seguintes períodos de* ***carência****, ressalvado o disposto no art. 26:*
>
> *...*
>
> *II –* ***aposentadoria por idade****, aposentadoria por tempo de serviço e aposentadoria especial:* ***180 contribuições mensais****. (Redação dada pela Lei nº 8.870, de 1994)*
>
> *...*
>
> *Art. 48. A aposentadoria por idade será devida ao segurado que, cumprida a carência exigida nesta Lei, completar* ***65 (sessenta e cinco) anos de idade, se homem, e 60 (sessenta), se mulher.*** *(Redação dada pela Lei nº 9.032, de 1995)*
>
> *Art. 49. A aposentadoria por idade será devida:*
>
> *I – ao segurado empregado, inclusive o doméstico, a partir:*
>
> *a) da data do desligamento do emprego, quando requerida até essa data ou até 90 (noventa) dias depois dela; ou*
>
> *b) da data do requerimento, quando não houver desligamento do emprego ou quando for requerida após o prazo previsto na alínea "a";*
>
> *II – para os demais segurados, da data da entrada do requerimento.*
>
> *Art. 50. A aposentadoria por idade, observado o disposto na Seção III deste Capítulo, especialmente no art. 33,* ***consistirá numa renda mensal de 70% (setenta por cento) do salário-de-benefício, mais 1% (um por cento) deste, por grupo de 12 (doze) contribuições, não podendo ultrapassar 100% (cem por cento) do salário-de-benefício".***

**Havia previsão de concessão da aposentadoria por idade urbana a todas as classes de segurados do RGPS**, uma vez realizados os requisitos legais.

Conforme determinação constitucional, haverá **redução de idade em 05 anos** para os **trabalhadores rurais** de ambos os sexos e para os que exerçam suas atividades em regime de economia familiar, nestes incluídos **o produtor**

**rural, o garimpeiro e o pescador artesanal. ESSA REGRA CONSTITUCIONAL SEGUE EM VIGOR, TENDO SIDO PRESERVADA A APOSENTADORIA POR IDADE RURAL EXIGINDO IDADE MÍNIMA REDUZIDA E PERÍODO DE CARÊNCIA SEM A EXIGÊNCIA DE TEMPO DE CONTRIBUIÇÃO.**

Vale registrar que não existe impedimento normativo para considerar o período rural anterior à vigência da Lei 8.213/91 (Pró-rural) para a carência da aposentadoria por idade, inclusive a híbrida, vez que o impedimento existente se direciona apenas à aposentadoria por tempo de contribuição.

Isso porque a regra de vedação do artigo 55, §2º[1], da Lei 8.213/91 trata apenas do benefício de aposentadoria por tempo de contribuição, que não era assegurado aos trabalhadores rurais na Previdência Rural, não se direcionando à carência da aposentadoria por idade.

Tendo em vista que o regime jurídico anterior previa a carência de apenas 60 contribuições mensais, há uma regra de transição esculpida no artigo 142, da Lei 8.213/91, para o segurado "**inscrito**" na Previdência Social Urbana até 24 de julho de 1991, bem como para o trabalhador e o empregador rural cobertos pela Previdência Social Rural, pontificando que a carência da aposentadoria por idade obedecerá à seguinte tabela, **levando-se em conta o ano em que o segurado implementou todas as condições necessárias à obtenção do benefício:**

| Ano de implementação das condições | Meses de contribuição exigidos |
|---|---|
| 1991 | 60 meses |
| 1992 | 60 meses |
| 1993 | 66 meses |
| 1994 | 72 meses |
| 1995 | 78 meses |
| 1996 | 90 meses |
| 1997 | 96 meses |
| 1998 | 102 meses |
| 1999 | 108 meses |

1. § 2º O tempo de serviço do segurado trabalhador rural, anterior à data de início de vigência desta Lei, será computado independentemente do recolhimento das contribuições a ele correspondentes, **exceto para efeito de carência**, conforme dispuser o Regulamento.

| Ano de implementação das condições | Meses de contribuição exigidos |
|---|---|
| 2000 | 114 meses |
| 2001 | 120 meses |
| 2002 | 126 meses |
| 2003 | 132 meses |
| 2004 | 138 meses |
| 2005 | 144 meses |
| 2006 | 150 meses |
| 2007 | 156 meses |
| 2008 | 162 meses |
| 2009 | 168 meses |
| 2010 | 174 meses |
| 2011 | 180 meses |

A regra de transição do artigo 142, da Lei 8.213/91, é imperfeita. Ao se referir à inscrição, quis o legislador tratar da filiação, pois é com este instituto que a condição de segurado ocorrerá, vez que a inscrição é o mero ato de cadastro do segurado ou dependente no INSS.

Logo, para a incidência da tabela de transição, valerá a data da filiação, pois esse dispositivo deverá ser interpretado sistematicamente, consoante todo o ordenamento previdenciário.

Todavia, para a concessão da aposentadoria por idade, vale ressaltar que o entendimento da Previdência Social para a incidência da transcrita tabela tem sido mais favorável aos segurados, pois está sendo considerado o ano em que o segurado completou a idade mínima para o deferimento do benefício, mesmo que a carência tenha sido integralizada posteriormente **("congelamento" da carência)**, conforme explicitado na questão 21, do Parecer CONJUR/MPS 616/2010.

Logo, como a aposentadoria por idade para os homens será concedida aos 65 anos de idade, em regra, se um segurado completou essa idade em 1993 terá que realizar a carência de 66 contribuições mensais, mesmo que apenas em 1995 integralize a carência, não sendo necessário atingir 78 contribuições mensais.

Convém advertir que mesmo para os segurados filiados até o dia 24.07.1991, caso tenham perdido posteriormente a sua condição e se refiliado posteriormente, incidirá o novo regramento, que exige a carência de 180 contribuições mensais, vez que houve a extinção da relação jurídico-previdenciária, conforme já decidiu o próprio STJ[2].

Em regra, nos termos do artigo 50, da Lei 8.213/91, a **renda mensal inicial** (RMI) da aposentadoria por idade será de 70% do salário de benefício, acrescida de 1% a cada grupo de 12 contribuições mensais, no máximo de 100% do salário de benefício.

Destarte, salvo no caso da tabela de transição, como a carência para o benefício é de 15 anos de recolhimentos tempestivos, a RMI equivalerá a 85% do salário de benefício.

Vale lembrar que no cálculo do salário de benefício da aposentadoria por idade a multiplicação da média aritmética simples dos 80% maiores salários de contribuição do período básico de cálculo pelo **fator previdenciário é facultativa**, ou seja, esse índice somente será utilizado se benéfico ao segurado, para majorar o valor mensal da prestação, a teor do artigo 7º, da Lei 9.876/99[3].

Uma questão controversa é saber se a averbação de tempo de serviço rural sem o recolhimento das contribuições previdenciárias prestado anteriormente à Lei 8.213/91 com base no artigo 55, §2º[4], da citada norma, será considerado para fins de elevação da renda da aposentadoria por idade, à razão de 1% por ano de serviço rural prestado.

Por força do artigo 3º, §1º, da Lei 10.666/2003, **a perda da qualidade de segurado não será considerada para a concessão da aposentadoria por idade**, desde que o segurado conte com, no mínimo, o tempo de contribuição correspondente ao exigido para efeito de carência na data do requerimento do benefício.

Logo, não mais é preciso que uma pessoa mantenha a qualidade de segurada para se aposentar por idade, desde que preencha os demais requisitos legais, a exemplo de um homem que trabalhou como empregado apenas dos 30 aos 45 anos de idade, tendo, destarte, 180 contribuições mensais previdenciárias pagas tempestivamente.

Essa pessoa, ao completar 65 anos de idade, fará jus à aposentadoria por idade, mesmo não sendo mais segurada há mais de uma década.

---

2. AGREsp 794.128, de 21.03.2006.
3. Art. 7º É garantido ao segurado com direito a aposentadoria por idade a opção pela não aplicação do fator previdenciário a que se refere o art. 29 da Lei nº 8.213, de 1991, com a redação dada por esta Lei.
4. § 2º O tempo de serviço do segurado trabalhador rural, anterior à data de início de vigência desta Lei, será computado independentemente do recolhimento das contribuições a ele correspondentes, exceto para efeito de carência, conforme dispuser o Regulamento.

Uma vez realizada a idade mínima e a carência, o benefício será devido desde a data de entrada do requerimento no INSS. **No caso do segurado empregado e do empregado doméstico, a data de início do benefício será a do desligamento do emprego, se requerida até 90 dias**.

Caso não haja desligamento do emprego ou se requerida depois de transcorridos 90 dias da extinção do vínculo empregatício, o benefício será devido desde o requerimento administrativo.

No caso do segurado empregado, a legislação previdenciária ainda prevê a esdrúxula figura da **aposentadoria por idade compulsória**, a ser postulada facultativamente pela empresa quando o segurado completar 70 anos de idade, se homem, ou 65 anos, se mulher, desde que realizada a carência, caso em que será garantida ao empregado a indenização prevista na legislação trabalhista, considerada como data da rescisão do contrato de trabalho a imediatamente anterior à do início da aposentadoria.

Conforme narrado no início deste Capítulo, considerando o atual entendimento do STF de que a aposentadoria não é causa de extinção do contrato de trabalho, entende-se que o artigo 51, da Lei 8.213/91, que contempla a aposentadoria por idade compulsória, não possui base constitucional, embora não tenha se identificado jurisprudência específica a respeito, pois na prática as empresas não se valem desse instituto.

CAPÍTULO
3

# APOSENTADORIA PROGRAMADA COMUM E DOS PROFESSORES DO ENSINO BÁSICO: REGRAS PERMANENTES DA EMENDA 103/2019

## 1. CONCESSÃO DA APOSENTADORIA PELO RGPS E ROMPIMENTO DO VÍNCULO COM A ADMINISTRAÇÃO PÚBLICA

De logo, vale registrar que **a concessão de aposentadoria espontânea nas estatais não tinha o condão de extinguir o contrato de trabalho**, não mais prevalecendo a redação do artigo 453 da CLT, conforme entendimento pacificado pela Suprema Corte, desde o julgamento da ADI/MC 1.721, em 19.12.1997, que se mantém até a atualidade:

> "Previdência social: **aposentadoria espontânea não implica, por si só, extinção do contrato de trabalho. 1. Despedida arbitrária ou sem justa causa (CF, art. 7º, I): viola a garantia constitucional o acórdão que, partindo de premissa derivada de interpretação conferida ao art. 453, caput, da CLT (redação alterada pela L. 6.204/75), decide que a aposentadoria espontânea extingue o contrato de trabalho, mesmo quando o empregado continua a trabalhar na empresa após a concessão do benefício previdenciário**. 2. A aposentadoria espontânea pode ou não ser acompanhada do afastamento do empregado de seu trabalho: só há readmissão quando o trabalhador aposentado tiver encerrado a relação de trabalho e posteriormente iniciado outra; caso haja continuidade do trabalho, mesmo após a aposentadoria espontânea, não se pode falar em extinção do contrato de trabalho e, portanto, em readmissão. 3. Precedentes ADIn 1.721-MC, Ilmar Galvão, RTJ 186/3; ADIn 1.770, Moreira Alves, RTJ 168/128" (**RE 449.420, de 16.08.2005**).

Em razão desse posicionamento do STF, entende-se que a aposentadoria compulsória por idade a ser requerida pela empresa, nos termos do artigo 51 da Lei 8.213/91[1], é inconstitucional, pois gera o rompimento do vínculo de emprego, embora desconheça posicionamento jurisprudencial específico para este caso, de rara aplicabilidade na atualidade.

Uma situação excepcional e razoável ocorre na aposentadoria especial para a proteção do segurado empregado que trabalha exposto a agentes nocivos à sua saúde. É que a legislação previdenciária aduz que o aposentado especial que continuar ou voltar a desenvolver a atividade nociva à sua saúde (atividade especial), nos termos do artigo 57, §8º, da Lei 8.213/91[2], terá o cancelamento (*rectius* suspensão) do benefício. Esta hipótese é justificável, pois o legislador busca a proteção da saúde do trabalhador, conforme será explicado.

No entanto, **há uma exceção inaugurada pela EC 103/2019**. É que restou inserido no artigo 37 da Constituição o novel §14, ao dispor que "a aposentadoria concedida com a utilização de tempo de contribuição decorrente de cargo, emprego ou função pública, inclusive do **Regime Geral** de Previdência Social, acarretará o **rompimento do vínculo** que gerou o referido tempo de contribuição".

A concessão de aposentadoria no RPPS já gerava o rompimento da relação jurídica estatutária antes da reforma constitucional com a vacância do cargo efetivo.

A novidade agora é que a concessão de aposentadoria no RGPS passa a gerar a **extinção da relação de trabalho com a Administração Pública**, quer celetista ou mesmo estatutária, o que atinge servidores efetivos de municípios que não criaram RPPS.

Dessa forma, mesmo os **empregados públicos das estatais** que se aposentarem pelo RGPS terão a **extinção do contrato de trabalho com a Administração Pública.**

Pela abertura do texto, embora seja até absurdo, tal regra chega a atingir os servidores que apenas ocupem cargo em comissão e que se aposentem pelo RGPS, embora neste caso nada impede nova nomeação após a exoneração decorrente da concessão da aposentadoria.

---

1. Art. 51. A aposentadoria por idade pode ser requerida pela empresa, desde que o segurado empregado tenha cumprido o período de carência e completado 70 (setenta) anos de idade, se do sexo masculino, ou 65 (sessenta e cinco) anos, se do sexo feminino, sendo compulsória, caso em que será garantida ao empregado a indenização prevista na legislação trabalhista, considerada como data da rescisão do contrato de trabalho a imediatamente anterior à do início da aposentadoria.

2. § 8º Aplica-se o disposto no art. 46 ao segurado aposentado nos termos deste artigo que continuar no exercício de atividade ou operação que o sujeite aos agentes nocivos constantes da relação referida no art. 58 desta Lei.

Para a aplicabilidade do dispositivo, será necessário criar um canal de comunicação entre o INSS e as entidades da Administração Pública para estas tomarem conhecimento da concessão de aposentadoria pelo RGPS.

O dispositivo também se aplica ao notário, ou tabelião, e oficial de registro, ou registrador, pois exercem função pública, reforçando a regra do artigo 39[3], incisos II e III da Lei 8.935/94, que prevê a aposentadoria do RGPS como causa de extinção da delegação:

Entende-se que os agentes públicos que adquiriram direito a se aposentar no RGPS antes da alteração constitucional possuem direito adquirido a permanecer com o vínculo ativo com a Administração Pública, embora a Emenda Constitucional 103/2019 silencie a respeito e a regra de transição trate de modo diverso.

Há, no entanto, fórmula de transição esdrúxula do artigo 6º da Emenda:

Art. 6º O disposto no § 14 do art. 37 da Constituição Federal não se aplica a **aposentadorias concedidas** pelo Regime Geral de Previdência Social até a data de entrada em vigor desta Emenda Constitucional.

Trata-se de regra infeliz, que utilizou como recorte intertemporal a data da concessão da aposentadoria pelo RGPS, e não a data do implemento dos requisitos da aposentadoria.

Daí que, se aplicável na literalidade, os segurados que requereram o benefício antes da promulgação da reforma constitucional serão prejudicados, acaso o INSS demore na concessão administrativa e só o faça após vigente o novo regime jurídico.

Entende-se que o dispositivo deve ser interpretado conforme a Constituição, que deve ser uma unidade normativa, de modo que o direito adquirido se forma pela implementação dos requisitos a uma aposentadoria, e não no momento da concessão administrativa.

Ao menos deve ser considerada a data do requerimento administrativo como divisor do regime jurídico, e não a data da concessão da aposentadoria.

O posicionamento esposado nessa obra foi seguido pelo Decreto 10.410/2020, que inseriu o artigo 153-A no Decreto 3.048/99:

> *"Art. 153-A. A concessão de aposentadoria* ***requerida a partir de 14 de novembro de 2019*** *com utilização de tempo de contribuição decorrente de cargo, emprego ou*

---

3. Art. 39. Extinguir-se-á a delegação a notário ou a oficial de registro por:

   I – morte;

   II – aposentadoria facultativa;

   III – invalidez.

*função pública acarretará o rompimento do vínculo que gerou o referido tempo de contribuição. (Incluído pelo Decreto nº 10.410, de 2020)*

*Parágrafo único. Para fins do disposto no* ***caput****, após a consolidação da aposentadoria, nos termos do disposto no art. 181-B, o INSS* ***notificará a empresa responsável sobre a aposentadoria do segurado e constarão da notificação as datas de concessão e de início do benefício****. (Incluído pelo Decreto nº 10.410, de 2020)".*

Logo, somente os empregados de estatais que requereram ao INSS aposentadoria voluntária a partir de 14/11/2019 terão o rompimento do vínculo de emprego, devendo a autarquia notificar o ente empresarial quando conceder o benefício previdenciário.

Em 16/06/2021, ao julgar o **Tema 606 em Repercussão Geral**, o STF aplicou a literalidade da regra da Emenda 103/2019:

*"Decisão: Em continuidade de julgamento, o Tribunal, por maioria, fixou a seguinte tese (tema 606 da repercussão geral): "A natureza do ato de demissão de empregado público é constitucional-administrativa e não trabalhista, o que atrai a competência da Justiça comum para julgar a questão. A concessão de aposentadoria aos empregados públicos inviabiliza a permanência no emprego, nos termos do art. 37, § 14, da CRFB, salvo para as aposentadorias concedidas pelo Regime Geral de Previdência Social até a data de entrada em vigor da Emenda Constitucional nº 103/19, nos termos do que dispõe seu art. 6º", nos termos do voto do Ministro Dias Toffoli, Redator para o acórdão, vencidos o Ministro Marco Aurélio (Relator) e, em parte, a Ministra Rosa Weber. Afirmou suspeição o Ministro Luiz Fux (Presidente). Presidiu o julgamento a Ministra Rosa Weber (Vice-Presidente). Plenário, 16.06.2021 (Sessão realizada por videoconferência – Resolução 672/2020/STF)".*

Prevaleceu o voto do Ministro Dias Toffoli, que afastou a competência da Justiça do Trabalho por não envolver no mérito a rediscussão do contrato de trabalho na ação judicial de reintegração.

No mérito, referendou a regra do artigo 37, §14, da Constituição, exceto na situação de transição do artigo 6º da Emenda 103/2019:

*"Tenho, de início, ser relevante a consideração da divergência quanto ao art. 37, II, § 14 (incluído pela EC nº 103/19), dado que, após sua inserção, de modo expresso, a Constituição Federal definiu que a aposentadoria faz cessar o vínculo ao cargo, emprego ou função pública cujo tempo de contribuição houver embasado a passagem do servidor/empregado público para a inatividade, inclusive quando feita sob o Regime Geral de Previdência Social. Não obstante, tenho que o entendimento defendido pelo Ministro Marco Aurélio, apesar de se basear em precedentes firmados anteriormente à entrada em vigor da EC nº 103/19, deve prevalecer no caso concreto.*

*Isso porque é preciso considerar o conjunto normativo da EC nº 103/19, que, em seu art. 6º, determinou: "Art. 6º O disposto no § 14 do art. 37 da Constituição Federal não se aplica a aposentadorias concedidas pelo Regime Geral de Previdência Social até a data de entrada em vigor desta Emenda Constitucional." A norma em tela eximiu, portanto, da observância ao § 14 do art. 37 da Constituição Federal as aposentadorias que já houvessem sido concedidas pelo Regime Geral de Previdência Social até a data de entrada em vigor da Emenda. O caso dos autos se refere a aposentadorias concedidas pelo RGPS antes da entrada em vigor da referida Emenda Constitucional. Sendo assim, com base no art. 6º da EC nº 103/19, inviável a aplicação da regra contida no art. 37, § 14 da CF/88 a este caso específico".*

A nova regra constitucional busca a redistribuição de riquezas, pois é socialmente melhor que duas pessoas tenham uma renda cada do que uma pessoa acumular salário com aposentadoria e continuar na ativa e não reabrir a contratação de um novo empregado público concursado.

## 2. PANORAMA NORMATIVO DAS APOSENTADORIAS VOLUNTÁRIAS APÓS A EMENDA 103/2019

Até o advento da **Emenda 103/2019**, o artigo 201, §7º, da Constituição, **previa** duas aposentadorias distintas:

a) Por tempo de contribuição (inciso I);

b) Por idade (inciso II).

Na época da votação da Emenda 20/1998, por apenas um voto, não restou aprovada a extinção de aposentadoria comum sem idade mínima do RGPS, conquanto tenha sido aprovada no RPPS.

Trata-se de **modificação necessária**, pois não existe risco social a ser tutelado com o tempo de contribuição sem a inserção de uma idade mínima, devendo ser compensado o largo tempo de contribuição com a majoração da renda mensal, e não com a dispensa da idade mínima.

Ademais, a expectativa média de sobrevida no Brasil cresce a cada ano, fazendo com que as aposentadorias fiquem ativas por mais tempo, o que eleva os gastos previdenciários.

Esta é a regra permanente que deverá ser aplicada aos novos segurados do RGPS, filiados após a publicação da Emenda 103/2019. **Extinguiu-se a aposentadoria sem idade mínima**, vinculando-se idade e tempo de contribuição mínimos:

*"Art. 201*

*§7º.*

***I – 65 (sessenta e cinco) anos de idade, se homem, e 62 (sessenta e dois) anos de idade, se mulher, observado tempo mínimo de contribuição;***

***II – 60 (sessenta) anos de idade, se homem, e 55 (cinquenta e cinco) anos de idade, se mulher, para os trabalhadores rurais e para os que exerçam suas atividades em regime de economia familiar, nestes incluídos o produtor rural, o garimpeiro e o pescador artesanal.***

*§8º.*

*O requisito de idade a que se refere o inciso I do § 7º será* ***reduzido em 5 (cinco) anos****, para o* ***professor*** *que comprove tempo de efetivo exercício das funções de magistério na educação infantil e no ensino fundamental e médio fixado em* ***lei complementar****".*

Há previsão de concessão da **aposentadoria por idade e tempo de contribuição** a todas as classes de segurados do RGPS, uma vez realizados os requisitos legais.

O Congresso Nacional não aceitou as alterações propostas pelo Governo para a **aposentadoria voluntária** dos **trabalhadores rurais, pescadores artesanais e garimpeiros.**

Daí acabou gerando **duas aposentadorias voluntárias**:

a) Aposentadoria programada por idade, tempo de contribuição e período de carência para trabalhadores urbanos, se subdividindo em comum e professor do ensino básico;

b) Aposentadoria por idade com período de carência para trabalhadores rurais, pescadores artesanais e garimpeiros, sem a exigência de tempo de contribuição.

Buscou-se a elevação da idade mínima para a aposentadoria e a inserção de um modelo contributivo efetivo com redução de alíquota, que o Congresso Nacional se negou em aprovar forçando a retirada destes pontos em negociação com o Governo.

Desta forma, o único ponto em que a Emenda 103/2019 abordou a aposentadoria voluntária dos trabalhadores rurais e similares foi para a manutenção da idade mínima de 60 anos para os homens e 55 anos para as mulheres (art. 201, §7º, inciso II, da Constituição).

O dispositivo não cita período de carência, que pode ser inserido pela legislação infraconstitucional com a aplicação do artigo 25 da Lei 8.213/91, se referindo apenas a "tempo mínimo de contribuição".

Vale registrar que para período de carência não são consideradas contribuições em atraso antes da primeira paga em dia ou após perda da qualidade de segurado, nos termos do artigo 27, inciso II[4], da Lei 8.213/91, para os segu-

4. Art. 27. Para cômputo do período de carência, serão consideradas as contribuições: (Redação dada pela Lei Complementar nº 150, de 2015) II – realizadas a contar da data de efetivo pagamento da primeira contribuição sem atraso, **não sendo consideradas para este fim as contribuições recolhidas com atraso referentes a competências anteriores**, no caso dos segurados contribuinte individual, especial e facultativo, referidos, respectivamente, nos incisos V e VII do art. 11 e no art. 13. (Redação dada pela Lei Complementar nº 150, de 2015).

rados sem presunção de recolhimento de contribuição previdenciária, vedação que inexiste atualmente para cômputo do tempo de contribuição.

**Acredita-se que as regras de carência de 180 contribuições mensais do artigo 25 da Lei 8.213/91 foram recebidas pela Emenda 103/2019.**

Conforme determinação constitucional mantida na EC 103/2019, haverá **redução de idade em 05 anos** para os **trabalhadores rurais** de ambos os sexos e para os que exerçam suas atividades em regime de economia familiar, nestes incluídos **o produtor rural, o garimpeiro e o pescador artesanal.**

A regulamentação é dada pelo artigo 48, §1º, da Lei 8.213/91, com redação dada pela Lei 9.876/99:

> "§ 1º Os limites fixados no *caput* são reduzidos para sessenta e cinqüenta e cinco anos no caso de trabalhadores rurais, respectivamente homens e mulheres, referidos na alínea *a* do inciso I, na alínea *g* do inciso V e nos incisos VI e VII do art. 11".

Assim, pelo texto legal, são agraciados pela redução os seguintes segurados:

A) **(art. 11, I, letra A – empregado rural):** a) aquele que presta serviço de natureza urbana ou rural à empresa, em caráter não eventual, sob sua subordinação e mediante remuneração, inclusive como diretor empregado;

B) **(art. 11, V, letra G – contribuinte individual rural):** g) quem presta serviço de natureza urbana ou rural, em caráter eventual, a uma ou mais empresas, sem relação de emprego;

C) **(art. 11, VI – trabalhador avulso rural):** VI – como trabalhador avulso: quem presta, a diversas empresas, sem vínculo empregatício, serviço de natureza urbana ou rural definidos no Regulamento (intermediação do sindicato rural);

D) **(art. 11, VII – segurado especial):** VII – como segurado especial: a pessoa física residente no imóvel rural ou em aglomerado urbano ou rural próximo a ele que, individualmente ou em regime de economia familiar, ainda que com o auxílio eventual de terceiros, na condição de: a) produtor, seja proprietário, usufrutuário, possuidor, assentado, parceiro ou meeiro outorgados, comodatário ou arrendatário rurais, que explore atividade: 1. agropecuária em área de até 4 (quatro) módulos fiscais; 2. de seringueiro ou extrativista vegetal que exerça suas atividades nos termos do inciso XII do *caput* do art. 2º da Lei nº 9.985, de 18 de julho de 2000, e faça dessas atividades o principal meio de vida; b) pescador artesanal ou a este assemelhado que faça da pesca profissão habitual ou principal meio de vida; e c) cônjuge ou companheiro, bem como filho maior de 16 (dezesseis) anos de idade ou a este equiparado, do segurado de que tratam as alíneas a e *b* deste inciso, que, comprovadamente, trabalhem com o grupo familiar respectivo.

Curioso notar que a regulamentação dada pelo artigo 48 da Lei 8.213/91 não contemplou o produtor rural contribuinte individual para a redução em cinco anos na redução da idade para o benefício da aposentadoria por idade, pois não há referência ao artigo 11, V, letra A, da Lei 8.213/91:

a) a pessoa física, proprietária ou não, que explora atividade agropecuária, a qualquer título, em caráter permanente ou temporário, em área superior a 4 (quatro) módulos fiscais; ou, quando em área igual ou inferior a 4 (quatro) módulos fiscais ou atividade pesqueira, com auxílio de empregados ou por intermédio de prepostos; ou ainda nas hipóteses dos §§ 9º e 10 deste artigo;

Acredita-se que pela generalidade do texto constitucional na primeira parte do artigo 201, §7º, II, que aduz "**reduzido em cinco anos o limite para os trabalhadores rurais de ambos os sexos** e para os que exerçam suas atividades em regime de economia familiar, nestes incluídos o produtor rural, o garimpeiro e o pescador artesanal", deveria a Lei 8.213/91 ter abarcado todos os trabalhadores rurais com a redução na idade, e não deixado de fora o produtor rural contribuinte individual.

Isso porque o objetivo da redução da idade constitucional foi compensar o trabalhador rural, o garimpeiro e o pescador artesanal com uma regra de aposentadoria precoce, decorrente do nítido desgaste físico gerado por essas atividades. Mas é certo que o texto constitucional é deveras confuso e deveria ter uma melhor redação.

Sobre o tema, veja-se a posição da TNU:

Tipo

Acórdão

Precedente Relevante

Número

0000533-96.2016.4.03.6201

00005339620164036201

Classe

Pedido de Uniformização de Interpretação de Lei (Turma)

Relator(a)

PAULO CEZAR NEVES JUNIOR

Origem

TNU

Órgão julgador

TURMA NACIONAL DE UNIFORMIZAÇÃO

Data

15/09/2022

Data da publicação

20/09/2022

Fonte da publicação

20/09/2022

Ementa

PEDIDO DE UNIFORMIZAÇÃO DE INTERPRETAÇÃO DE LEI. PREVIDENCIÁRIO. **TRABALHADOR RURAL PARA OS FINS DO PARÁGRAFO 1O, DO ART. 48, DA LEI N. 8.213/91. NECESSIDADE DE INTERPRETAÇÃO DA NORMA EM CONFORMIDADE COM O DISCRÍMEN CONSTITUCIONALMENTE AUTORIZADO. SOMENTE PODE SER CONSIDERADO TRABALHADOR RURAL AQUELE QUE, EXPOSTO ÀS INTEMPÉRIES E AOS DESGASTES FÍSICOS DECORRENTES DO TRABALHO BRAÇAL, REALIZE ATIVIDADE PROFISSIONAL DIRETAMENTE LIGADA À AGRICULTURA, À PECUÁRIA; À EXTRAÇÃO E A EXPLORAÇÃO VEGETAL E ANIMAL; À EXPLORAÇÃO DA APICULTURA, AVICULTURA, CUNICULTURA, SUINOCULTURA, SERICICULTURA, PISCICULTURA E OUTRAS CULTURAS ANIMAIS; BEM COMO À TRANSFORMAÇÃO DE PRODUTOS DECORRENTES DA ATIVIDADE RURAL, SEM QUE SEJAM ALTERADAS A COMPOSIÇÃO E AS CARACTERÍSTICAS DO PRODUTO IN NATURA, FEITA PELO PRÓPRIO AGRICULTOR OU CRIADOR, COM EQUIPAMENTOS E UTENSÍLIOS USUALMENTE EMPREGADOS NAS ATIVIDADES RURAIS, UTILIZANDO EXCLUSIVAMENTE MATÉRIA-PRIMA PRODUZIDA NA ÁREA RURAL EXPLORADA, TAIS COMO A PASTEURIZAÇÃO E O ACONDICIONAMENTO DO LEITE, ASSIM COMO O MEL E O SUCO DE LARANJA, ACONDICIONADOS EM EMBALAGEM DE APRESENTAÇÃO; BEM COMO RELACIONADAS AO CULTIVO DE FLORESTAS QUE SE DESTINEM AO CORTE PARA COMERCIALIZAÇÃO, CONSUMO OU INDUSTRIALIZAÇÃO. DESSA FORMA, A COZINHEIRA, AINDA QUE ATUE EM PROPRIEDADE RURAL OU PRÉDIO RÚSTICO INSERIDA EM CICLO DE ATIVIDADE AGROECONÔMICA, PREPARANDO ALIMENTOS PARA OS TRABALHADORES OU PARA O EMPREGADOR, NÃO É TRABALHADORA RURAL PARA OS FINS DO PARÁGRAFO 1º, DO ART. 48, DA LEI N. 8.213/91.** RECURSO DESPROVIDO.

No que tange à aposentadoria por idade dos trabalhadores rurais com redução etária, o garimpeiro segue beneficiário desta regra, nos termos do artigo 201 da Constituição Federal:

> "§ 7º É assegurada aposentadoria no regime geral de previdência social, nos termos da lei, obedecidas as seguintes condições: (Redação dada pela Emenda Constitucional nº 20, de 1998)
>
> ...

> II – sessenta e cinco anos de idade, se homem, e sessenta anos de idade, se mulher, reduzido em cinco anos o limite para os trabalhadores rurais de ambos os sexos e para os que exerçam suas atividades em regime de economia familiar, nestes incluídos o produtor rural, o garimpeiro e o pescador artesanal. (Incluído dada pela Emenda Constitucional nº 20, de 1998)
>
> *II – 60 (sessenta) anos de idade, se homem, e 55 (cinquenta e cinco) anos de idade, se mulher, para os trabalhadores rurais* ***e para os que exerçam suas atividades em regime de economia familiar****, nestes incluídos o produtor rural,* ***o garimpeiro*** *e o pescador artesanal. (Redação dada pela Emenda Constitucional nº 103, de 2019)".*

**Note-se, no entanto, que a redução etária não se dirige a qualquer garimpeiro autônomo, mas apenas aos que laboram em regime de economia familiar, tal qual os segurados especiais.** Nesse sentido, o RPS:

> *"Art. 56. A aposentadoria por idade do trabalhador rural, uma vez cumprido o período de carência exigido, será devida aos segurados a que se referem a alínea "a" do inciso I, a alínea "j" do inciso V e os incisos VI e VII do* ***caput*** *do art. 9º e* ***aos segurados garimpeiros que trabalhem, comprovadamente, em regime de economia familiar, conforme definido no § 5º do art. 9º****, quando completarem cinquenta e cinco anos de idade, se mulher, e sessenta anos de idade, se homem. (Redação dada pelo Decreto nº 10.410, de 2020)."*

Considerando que para a redução etária na aposentadoria por idade do garimpeiro se exige o mesmo requisito de filiação do segurado especial (regime de economia familiar), **a sua caracterização exige a utilização analógica das regras inerentes à filiação do segurado especial, no que couber**, em especial destes requisitos fixados no artigo 11 da Lei 8.213/91:

> *"§ 1º Entende-se como regime de economia familiar a atividade em que o trabalho dos membros da família é indispensável à própria subsistência e ao desenvolvimento socioeconômico do núcleo familiar e é exercido em condições de mútua dependência e colaboração, sem a utilização de empregados permanentes. (Redação dada pela Lei nº 11.718, de 2008)*
>
> *§ 6º Para serem considerados segurados especiais, o cônjuge ou companheiro e os filhos maiores de 16 (dezesseis) anos ou os a estes equiparados deverão ter participação ativa nas atividades rurais do grupo familiar. (Incluído pela Lei nº 11.718, de 2008)*
>
> *§ 7º O grupo familiar poderá utilizar-se de empregados contratados por prazo determinado ou de trabalhador de que trata a alínea g do inciso V do caput, à razão de no máximo 120 (cento e vinte) pessoas por dia no ano civil, em períodos corridos ou intercalados ou, ainda, por tempo equivalente em horas de trabalho, não sendo computado nesse prazo o período de afastamento em decorrência da percepção de auxílio-doença. (Redação dada pela Lei nº 12.873, de 2013)*
>
> *§ 8º Não descaracteriza a condição de segurado especial: (Incluído pela Lei nº 11.718, de 2008)*
>
> *I – a outorga, por meio de contrato escrito de parceria, meação ou comodato, de até 50% (cinqüenta por cento) de imóvel rural cuja área total não seja superior a 4 (quatro) módulos fiscais, desde que outorgante e outorgado continuem a exercer a respectiva atividade, individualmente ou em regime de economia familiar; (Incluído pela Lei nº 11.718, de 2008)*

*II – a exploração da atividade turística da propriedade rural, inclusive com hospedagem, por não mais de 120 (cento e vinte) dias ao ano; (Incluído pela Lei nº 11.718, de 2008)*

*III – a participação em plano de previdência complementar instituído por entidade classista a que seja associado em razão da condição de trabalhador rural ou de produtor rural em regime de economia familiar; e (Incluído pela Lei nº 11.718, de 2008)*

*IV – ser beneficiário ou fazer parte de grupo familiar que tem algum componente que seja beneficiário de programa assistencial oficial de governo; (Incluído pela Lei nº 11.718, de 2008)*

*V – a utilização pelo próprio grupo familiar, na exploração da atividade, de processo de beneficiamento ou industrialização artesanal, na forma do § 11 do art. 25 da Lei nº 8.212, de 24 de julho de 1991; e (Incluído pela Lei nº 11.718, de 2008)*

*VI – associação, exceto em cooperativa de trabalho, conforme regulamento: (Redação dada pela Lei nº 15.072, de 2024)*

*a) em cooperativa que tenha atuação vinculada às atividades previstas no inciso VII do caput deste artigo, conforme previsão em seu objeto social ou autorização da autoridade competente; (Incluído pela Lei nº 15.072, de 2024)*

*b) (VETADO); (Incluído pela Lei nº 15.072, de 2024)*

*VII – a incidência do Imposto Sobre Produtos Industrializados – IPI sobre o produto das atividades desenvolvidas nos termos do § 12. (Incluído pela Lei nº 12.873, de 2013) (Produção de efeito)*

*§ 9º Não é segurado especial o membro de grupo familiar que possuir outra fonte de rendimento, exceto se decorrente de: (Incluído pela Lei nº 11.718, de 2008)*

*I – benefício de pensão por morte, auxílio-acidente ou auxílio-reclusão, cujo valor não supere o do menor benefício de prestação continuada da Previdência Social; (Incluído pela Lei nº 11.718, de 2008)*

*II – benefício previdenciário pela participação em plano de previdência complementar instituído nos termos do inciso IV do § 8º deste artigo; (Incluído pela Lei nº 11.718, de 2008)*

*III – exercício de atividade remunerada em período não superior a 120 (cento e vinte) dias, corridos ou intercalados, no ano civil, observado o disposto no § 13 do art. 12 da Lei nº 8.212, de 24 de julho de 1991; (Redação dada pela Lei nº 12.873, de 2013)*

*IV – exercício de mandato eletivo de dirigente sindical de organização da categoria de trabalhadores rurais; (Incluído pela Lei nº 11.718, de 2008)*

*V – exercício de: (Redação dada pela Lei nº 15.072, de 2024)*

*a) mandato de vereador do Município em que desenvolve a atividade rural; (Incluído pela Lei nº 15.072, de 2024)*

*b) atividade remunerada, sem dedicação exclusiva ou regime integral de trabalho, derivada de mandato eletivo: (Incluído pela Lei nº 15.072, de 2024)*

*1. em cooperativa, exceto cooperativa de trabalho, que tenha atuação vinculada às atividades previstas no inciso VII do caput deste artigo, conforme previsão em seu objeto social ou autorização da autoridade competente, de acordo com regulamento e observado o disposto no "§ 13 do art. 12 da Lei nº 8.212, de 24 de julho de 1991 (Lei Orgânica da Seguridade Social); (Incluído pela Lei nº 15.072, de 2024)*

*2. (VETADO); (Incluído pela Lei nº 15.072, de 2024)*

*VI – parceria ou meação outorgada na forma e condições estabelecidas no inciso I do § 8º deste artigo; (Incluído pela Lei nº 11.718, de 2008)*

*VII – atividade artesanal desenvolvida com matéria-prima produzida pelo respectivo grupo familiar, podendo ser utilizada matéria-prima de outra origem, desde que a renda mensal obtida na atividade não exceda ao menor benefício de prestação continuada da Previdência Social; e (Incluído pela Lei nº 11.718, de 2008)*

*VIII – atividade artística, desde que em valor mensal inferior ao menor benefício de prestação continuada da Previdência Social. (Incluído pela Lei nº 11.718, de 2008)".*

> **IMPORTANTE:**
> **Vale registrar que na aposentadoria por idade dos trabalhadores rurais**, garimpeiros e pescadores artesanais, somente será exigida a idade mínima e o período de carência, **não havendo exigência de tempo de contribuição**, sendo uma espécie de aposentadoria programada *lato sensu*.

Nesse sentido o RPS:

***"Subseção II***

***Da aposentadoria programada***

*(Redação dada pelo Decreto nº 10.410, de 2020).*

*Art. 51. A aposentadoria programada, **uma vez cumprido o período de carência exigido**, será devida ao segurado que cumprir, cumulativamente, os seguintes requisitos: (Redação dada pelo Decreto nº 10.410, de 2020).*

*I – sessenta e dois anos de idade, se mulher, e sessenta e cinco anos de idade, se homem; e (Incluído pelo Decreto nº 10.410, de 2020)*

*II – quinze anos de **tempo de contribuição**, se mulher, e vinte anos de **tempo de contribuição**, se homem. (Incluído pelo Decreto nº 10.410, de 2020)*

***Subseção III***

***Da aposentadoria por idade do trabalhador rural***

*(Redação dada pelo Decreto nº 10.410, de 2020).*

*Art. 56. A aposentadoria por idade do trabalhador rural, **uma vez cumprido o período de carência exigido**, será devida aos segurados a que se referem a alínea "a" do inciso I, a alínea "j" do inciso V e os incisos VI e VII do art. 9º e aos segurados garimpeiros que trabalhem, comprovadamente, em regime de economia familiar, conforme definido no § 5º do art. 9º, quando completarem cinquenta e cinco anos de idade, se mulher, e sessenta anos de idade, se homem. (Redação dada pelo Decreto nº 10.410, de 2020)."*

> **IMPORTANTE:**
> **Trabalhadores rurais**, garimpeiros e pescadores artesanais: idade mínima e período de carência (APOSENTADORIA POR IDADE);
> **Segurados urbanos** (em regra): idade mínima, tempo de contribuição e período de carência (APOSENTADORIA PROGRAMADA).

## 3. APOSENTADORIA PROGRAMADA URBANA COMUM E DO PROFESSOR DO ENSINO BÁSICO: REGRAMENTO PERMANENTE DA EMENDA 103/2019

### 3.1. Idade Mínima

Em regra, restou fixada pela **Emenda 103/2019** a seguinte idade mínima para a aposentadoria por idade e tempo de contribuição:

**a) Homens: 65 anos;**

**b) Mulheres: 62 anos.**

Embora as mulheres vivam cerca de 7 anos a mais que os homens, a discriminação positiva se justifica pela discriminação negativa no mercado de trabalho, especialmente por receberem menos que os homens para exercer a mesma função e terem em média maior escolaridade.

Outro motivo que justifica a redução para as meninas é a dupla jornada e a maternidade. Mas note-se que essa redução caiu de 5 para apenas 3 anos.

Vale registrar que os contribuintes individuais e segurados facultativos que recolheram contribuições simplificadas com alíquota de 11% ou de 5% sobre salário mínimo, na forma do artigo 21, §2º, da Lei 8.212/91, fazem jus à aposentadoria programada por idade, tempo de contribuição e carência.

Isso porque o impedimento normativo infraconstitucional se refere à aposentadoria por tempo de contribuição sem idade mínima que existiu no regime anterior à EC 103/2019, não havendo restrição no texto constitucional ou mesmo no Decreto 10.410/2020 para a novel aposentadoria programada.

Aliás, jamais poderia se pensar em vedar o acesso a este benefício, por se tratar da única aposentadoria programada que eles têm acesso após a Emenda 103/2019.

De seu turno, para o **professor do ensino básico**, garantiu-se apenas a redução em 5 anos na idade:

**a) Homens: 60 anos;**

**b) Mulheres: 57 anos.**

O enquadramento previdenciário das pessoas transgêneras, **transexuais e travestis** no âmbito do RGPS ainda não possui regulamentação legal. Doutrinariamente tem prevalecido que seja considerada a identidade de sexo no momento do requerimento, pois a alteração do registro civil possui eficácia retroativa.

Veja-se enunciado aprovado na **I Jornada de Direito da Seguridade Social do Conselho da Justiça Federal** sobre o tema:

**ENUNCIADO 13:** Nos benefícios programáveis da Previdência Social, será observada a identidade de gênero comprovada no momento da DER para as pessoas transgêneras, transexuais e travestis.

Não há garantia constitucional na regra permanente de redução do tempo de contribuição, sendo os requisitos afetados a uma **lei complementar** que deve ser futuramente editada.

Eis o Decreto 3.048/99 atualizado pelo Decreto 10.410/2020:

***"Subseção II***

***Da aposentadoria programada (COMUM)***

***(Redação dada pelo Decreto nº 10.410, de 2020).***

*Art. 51. A aposentadoria programada, uma vez cumprido o período de carência exigido, será devida ao segurado que cumprir, cumulativamente, os seguintes requisitos: (Redação dada pelo Decreto nº 10.410, de 2020).*

***I – sessenta e dois anos de idade, se mulher, e sessenta e cinco anos de idade, se homem; e (Incluído pelo Decreto nº 10.410, de 2020)***

***II – quinze anos de tempo de contribuição, se mulher, e vinte anos de tempo de contribuição, se homem. (Incluído pelo Decreto nº 10.410, de 2020)***

*§ 1º Para fins de apuração do tempo de contribuição a que se refere o inciso II do **caput**, é vedada a inclusão de tempo fictício. (Redação dada pelo Decreto nº 10.410, de 2020).*

*§ 2º O período pelo qual os segurados contribuinte individual e facultativo tiverem contribuído na forma prevista no art. 199-A será considerado como tempo de contribuição, observada a restrição estabelecida em seu § 2º. (Redação dada pelo Decreto nº 10.410, de 2020).*

...

***Subseção II-A***

***Da aposentadoria programada do professor***

*(Redação dada pelo Decreto nº 10.410, de 2020).*

*Art. 54. Para o **professor** que comprove, exclusivamente, tempo de efetivo exercício em função de magistério na educação infantil, no ensino fundamental ou no ensino médio, desde que cumprido o período de carência exigido, será concedida a aposentadoria de que trata esta Subseção quando cumprir, cumulativamente, os seguintes requisitos: (Redação dada pelo Decreto nº 10.410, de 2020).*

***I – cinquenta e sete anos de idade, se mulher, e sessenta anos de idade, se homem; e (Incluído pelo Decreto nº 10.410, de 2020)***

***II – vinte e cinco anos de contribuição, para ambos os sexos, em efetivo exercício na função a que se refere o caput. (Incluído pelo Decreto nº 10.410, de 2020)".***

## 3.2. Tempo de contribuição na regra comum

Para os **segurados filiados ao RGPS após a reforma constitucional em comento**, devem ser observados os seguintes requisitos na REGRA COMUM:

a) **HOMENS:** 65 anos de idade e tempo mínimo de contribuição de **20 anos;**

b) **MULHERES**: 62 anos de idade e tempo mínimo de contribuição de **15 anos.**

O dispositivo não cita período de carência, se referindo apenas a "tempo de contribuição", pois a carência nunca foi um instituto constitucional.

Considerava-se até a EC 103/2019 na visão do Decreto 10.410/2020 ***tempo de contribuição*** o tempo, contado de data a data, desde o início até a data do requerimento ou do desligamento de atividade abrangida pela previdência social, descontados os períodos legalmente estabelecidos como de suspensão de contrato de trabalho, de interrupção de exercício e de desligamento da atividade.

**Após a atualização do Decreto 3.048/99 pelo Decreto 10.410/2020, o tempo de contribuição passou a ser computado a contar de 11/2019 por competência mensal, e não mais em dias, desde que a base de cálculo do salário de contribuição atinja a um salário mínimo:**

> *"Art. 19-C.* ***Considera-se tempo de contribuição o tempo correspondente aos períodos para os quais tenha havido contribuição obrigatória ou facultativa ao RGPS****, dentre outros, o período: (Incluído pelo Decreto nº 10.410, de 2020)*
>
> ...
>
> *§ 2º As competências em que o salário de contribuição mensal tenha sido igual ou superior ao limite mínimo serão computadas integralmente como tempo de contribuição, independentemente da quantidade de dias trabalhados. (Incluído pelo Decreto nº 10.410, de 2020)*
>
> ...
>
> ~~Art. 59. Considera-se tempo de contribuição o tempo, contado de data a data, desde o início até a data do requerimento ou do desligamento de atividade abrangida pela previdência social, descontados os períodos legalmente estabelecidos como de suspensão de contrato de trabalho, de interrupção de exercício e de desligamento da atividade.~~ (Revogado pelo Decreto nº 10.410, de 2020)."

Ademais, não será computado como tempo de contribuição o já considerado para concessão de qualquer aposentadoria prevista no RGPS ou por outro regime de previdência social.

### 3.3. Tempo de serviço/contribuição ficto

Com o advento da EC 103/2019, agregou-se ao tempo de contribuição a exigência de idade mínima para a concessão. Desde a Emenda 20/1998, veda-se o cômputo de tempo de contribuição fictício. Por outro lado, em respeito ao direito adquirido, o tempo de serviço considerado pela legislação vigente para efeito de aposentadoria, cumprido até que a lei discipline a matéria, será contado como tempo de contribuição, **exceto as contagens de tempo fictícias**, a exemplo daquelas em dobro perpetradas no passado[5].

Apesar da ressalva feita pelo artigo 4º, da Emenda 20, a jurisprudência do STJ e o próprio INSS admitem o direito adquirido às contagens de tempo de serviço fictícias até o seu advento, a exemplo da decisão tomada no ROMS 20.855, de 14/06/2007:

> "CONSTITUCIONAL. ADMINISTRATIVO. RECURSO ORDINÁRIO EM MANDADO DE SEGURANÇA. SERVIDOR DO ESTADO DO RIO GRANDE DO SUL. LICENÇA-PRÊMIO NÃO GOZADA. **CONTAGEM EM DOBRO PARA FINS DE APOSENTADORIA. PREENCHIMENTO DOS REQUISITOS ANTES DA PUBLICAÇÃO DA EMENDA CONSTITUCIONAL 20/98. DIREITO RECONHECIDO**. PRECEDENTE. RECURSO ORDINÁRIO PROVIDO. 1. O servidor celetista estabilizado do Estado do Rio Grande do Sul que, por força do disposto no art. 276 da Lei Complementar 10.098/94, passou a ser submetido ao regime estatutário e preencheu os requisitos exigidos na legislação pertinente antes do advento da Emenda Constitucional 20/98 tem direito à contagem em dobro do período de licença-prêmio não gozada, para fins de aposentadoria. Precedente. 2. A decisão da Suprema Corte nos autos da ADI 1.150/RS (Rel. Min. MOREIRA ALVES, Tribunal Pleno) não albergou o disposto no art. 276, *caput*, da Lei Complementar Estadual 10.098/94, razão por que permanece válida a regra que determina a submissão ao regime estatutário dos estabilizados que foram contratados pelo Estado do Rio Grande do Sul sob o Regime da Consolidação das Leis do Trabalho – CLT. **3. O disposto no art. 40, § 10, da Constituição Federal, que veda a contagem de tempo de contribuição fictício, não se aplica à recorrente. A conversão postulada refere-se a períodos de licença-prêmio adquiridos antes da promulgação da Emenda Constitucional 20/98, que acrescentou esse dispositivo, mas assegurou, em seus arts. 3º e 4º, a concessão de aposentadoria conforme a legislação pretérita para aqueles que, na sua vigência, cumpriram os requisitos exigidos**. 4. A decisão da Suprema Corte nos autos da ADI 872/RS (Rel. Min. ELLEN GRACIE, Tribunal Pleno) também não atinge o direito postulado no mandado de segurança. O pedido de contagem de tempo de serviço em dobro de período de licença-prêmio não gozada não é formulado com fundamento na inconstitucional Lei Estadual 9.868/93, mas na própria Lei Complementar Estadual 10.098/94, que trata do regime estatutário. 5. Recurso ordinário provido".

De sua vez, a EC 103/2019 novamente vedou o tempo de contribuição fictício ao inserir dispositivo no artigo 201 da Constituição:

> § 14. É vedada a contagem de tempo de contribuição fictício para efeito de concessão dos benefícios previdenciários e de contagem recíproca.

5. Artigo 4º, da Emenda 20/1998.

Não se trata de novidade constitucional. A vedação ao tempo de contribuição fictício foi introduzida no RGPS e RPPS pela Emenda 20/1998 (16/12/1998):

> *"Art. 4º da EC 20/98 – Observado o disposto no art. 40, § 10, da Constituição Federal, o tempo de serviço considerado pela legislação vigente para efeito de aposentadoria, cumprido até que a lei discipline a matéria, será contado como tempo de contribuição".*
>
> *"Art. 40, CF: § 10 – A lei não poderá estabelecer qualquer forma de contagem de tempo de contribuição fictício. (Incluído pela Emenda Constitucional nº 20, de 15/12/98)"*

A inovação foi a inserção da proibição dentro do texto permanente do artigo 201 da Constituição, seguindo o que já havia no artigo 40 da Constituição.

Aliás, a própria Portaria MPS 154/2008 (artigo 11, inciso III) admite a expedição de certidão de tempo de contribuição com tempo de serviço fictício prestado até o advento da Emenda 20/1998.

Entende-se como **tempo fictício** aquele considerado em lei como tempo de contribuição para fins de concessão de aposentadoria sem que tenha havido, por parte do servidor, a prestação de serviço ou a correspondente contribuição[6].

O **primeiro problema jurídico** é que esta é uma zona cinzenta no Direito Previdenciário, pois nenhuma lei até hoje foi editada para enunciar o que se caracteriza como tempo de contribuição fictício, especialmente no RGPS.

Por certo, o artigo 55, II, da Lei 8.213/91 consagra uma ficção de cômputo de tempo de contribuição, pois permite contar como tempo de contribuição o período de gozo de auxílio-doença e aposentadoria por invalidez, mesmo não havendo recolhimento efetivo ou presumido da contribuição previdenciária, se intercalados por recolhimentos.

É no RPPS que se concentram os exemplos de ficção, como a vedação do cômputo e dobro de licença prêmio não gozada adquirida após 16/12/1998.

Outrossim, é forçoso reconhecer que o artigo 103, §2º, da Lei 8.112/90, ao dispor que "será contado em dobro o tempo de serviço prestado às Forças Armadas em operações de guerra" não foi recepcionado pela EC 20/1998, não podendo ser aplicado para a contagem de tempo de contribuição em dobro em razão da participação do militar da União em potenciais, futuras e indesejáveis guerras.

Ademais, de acordo com o TCU (Acórdão 6105/2017 Primeira Câmara), não é possível computar o tempo de inatividade para fins de nova aposentadoria

6. Artigo 11, §1º, da Portaria MPS 154/2008.

após o advento da EC 20/1998, a qual derrogou o § 1º[7] do art. 103 da Lei 8.112/1990, mesmo aquele decorrido sob a égide da EC 41/2003, uma vez que a contribuição do servidor inativo é inferior à do ativo e não há contribuição por parte da União, suas autarquias e fundações quando o servidor está na inatividade.

O **segundo problema** (e bem maior) é o texto do artigo 25 da Emenda 103/2019:

> "Art. 25. Será assegurada a contagem de tempo de contribuição fictício no Regime Geral de Previdência Social decorrente de hipóteses descritas na legislação vigente até a data de entrada em vigor desta Emenda Constitucional, para fins de concessão de aposentadoria, observado, a partir da sua entrada em vigor, o disposto no § 14 do art. 201 da Constituição Federal".

Certamente quem escreveu esse dispositivo não tinha conhecimento de que a Emenda 20/1998 já havia vedado o cômputo do tempo de contribuição fictício.

Esse artigo constitucional simplesmente permite em sua literalidade que cerca de 21 anos de tempo de contribuição fictícios prestados entre 16/12/1998 e a data da publicação da Emenda 103/2019 sejam considerados no RGPS, inclusive vindos do RPPS via contagem recíproca com a emissão de CTC (Certidão de Tempo de Contribuição).

### 3.4. Períodos considerados como tempo de contribuição

Dentre outros períodos previstos no artigo 55 da Lei 8.213/91, assim como no artigo 60 do RPS (este artigo vigorou até 30/06/2020, tendo sido revogado pelo Decreto 10.410/2020), serão considerados como tempo de contribuição, até que lei específica discipline a matéria:

> *"I – **o período de exercício de atividade remunerada abrangida pela previdência social urbana e rural, ainda que anterior à sua instituição**, respeitado o disposto no inciso XVII;*
>
> *II – **o período de contribuição efetuada por segurado depois de ter deixado de exercer atividade remunerada que o enquadrava como segurado obrigatório da previdência social;***
>
> *III – **o período em que o segurado esteve recebendo auxílio-doença ou aposentadoria por invalidez, entre períodos de atividade;***
>
> *IV – o tempo de serviço militar, salvo se já contado para inatividade remunerada nas Forças Armadas ou auxiliares, ou para aposentadoria no serviço público federal, estadual, do Distrito Federal ou municipal, ainda que anterior à filiação ao Regime Geral de Previdência Social, nas seguintes condições:*

7. § 1º O tempo em que o servidor esteve aposentado será contado apenas para nova aposentadoria.

*a) obrigatório ou voluntário; e*

*b) alternativo, assim considerado o atribuído pelas Forças Armadas àqueles que, após alistamento, alegarem imperativo de consciência, entendendo-se como tal o decorrente de crença religiosa e de convicção filosófica ou política, para se eximirem de atividades de caráter militar;*

*V – **o período em que a segurada esteve recebendo salário-maternidade**;*

*VI – **o período de contribuição efetuada como segurado facultativo**;*

*VII – **o período de afastamento da atividade do segurado anistiado** que, em virtude de motivação exclusivamente política, foi atingido por atos de exceção, institucional ou complementar, ou abrangido pelo Decreto Legislativo nº 18, de 15 de dezembro de 1961, pelo Decreto-Lei nº 864, de 12 de setembro de 1969, ou que, em virtude de pressões ostensivas ou expedientes oficiais sigilosos, tenha sido demitido ou compelido ao afastamento de atividade remunerada no período de 18 de setembro de 1946 a 5 de outubro de 1988;*

*VIII – o tempo de serviço público federal, estadual, do Distrito Federal ou municipal, inclusive o prestado a autarquia ou a sociedade de economia mista ou fundação instituída pelo Poder Público, regularmente certificado na forma da Lei nº 3.841, de 15 de dezembro de 1960, desde que a respectiva certidão tenha sido requerida na entidade para a qual o serviço foi prestado até 30 de setembro de 1975, véspera do início da vigência da Lei nº 6.226, de 14 de junho de 1975;*

*IX – **o período em que o segurado esteve recebendo benefício por incapacidade por acidente do trabalho, intercalado ou não**;*

*X – **o tempo de serviço do segurado trabalhador rural anterior à competência novembro de 1991**;*

*XI – o tempo de exercício de mandato classista junto a órgão de deliberação coletiva em que, nessa qualidade, tenha havido contribuição para a previdência social;*

*XII – **o tempo de serviço público prestado à administração federal direta e autarquias federais, bem como às estaduais, do Distrito Federal e municipais, quando aplicada a legislação que autorizou a contagem recíproca de tempo de contribuição**;*

*XIII – o período de **licença remunerada**, desde que tenha havido desconto de **contribuições**;*

*XIV – o período em que o segurado tenha sido colocado pela empresa em **disponibilidade remunerada**, desde que tenha havido desconto de **contribuições**;*

*XV – o tempo de serviço prestado à Justiça dos Estados, às serventias extrajudiciais e às escrivanias judiciais, desde que não tenha havido remuneração pelos cofres públicos e que a atividade não estivesse à época vinculada a regime próprio de previdência social;*

*XVI – o tempo de atividade patronal ou autônoma, exercida anteriormente à vigência da Lei nº 3.807, de 26 de agosto de 1960, desde que indenizado conforme o disposto no art. 122;*

*XVII – o período de atividade na condição de empregador rural, desde que comprovado o recolhimento de contribuições na forma da Lei nº 6.260, de 6 de novembro de 1975, com indenização do período anterior, conforme o disposto no art. 122;*

*XVIII – o período de atividade dos auxiliares locais de nacionalidade brasileira no exterior, amparados pela Lei nº 8.745, de 1993, anteriormente a 1º de janeiro de 1994, desde que sua situação previdenciária esteja regularizada junto ao Instituto Nacional do Seguro Social;*

*XIX –* ***o tempo de exercício de mandato eletivo federal, estadual, distrital ou municipal, desde que tenha havido contribuição em época própria e não tenha sido contado para efeito de aposentadoria por outro regime de previdência social;***

*XX – o tempo de trabalho em que o segurado esteve exposto a agentes nocivos químicos, físicos, biológicos ou associação de agentes prejudiciais à saúde ou à integridade física, observado o disposto nos arts. 64 a 70;*

*XXI – o tempo de contribuição efetuado pelo servidor público de que tratam as alíneas "i", "j" e "l" do inciso I do caput do art. 9º e o § 2º do art. 26, com base nos arts. 8º e 9º da Lei nº 8.162, de 8 de janeiro de 1991, e no art. 2º da Lei nº 8.688, de 21 de julho de 1993;*

*XXII –* ***o tempo exercido na condição de aluno-aprendiz referente ao período de aprendizado profissional realizado em escola técnica, desde que comprovada a remuneração, mesmo que indireta, à conta do orçamento público e o vínculo empregatício"*** *(g.n.).*

Contudo, o artigo 60 do Decreto 3.048/99 foi expressamente revogado pelo Decreto 10.410/2020 que passou a reger o tema nos artigos 19-C e 188-G:

***"Art. 19-C. Considera-se tempo de contribuição o tempo correspondente aos períodos para os quais tenha havido contribuição obrigatória ou facultativa ao RGPS, dentre outros, o período:***

*I – de contribuição efetuada por segurado que tenha deixado de exercer atividade remunerada que o enquadrasse como segurado obrigatório da previdência social;*

*II – em que a segurada tenha recebido salário-maternidade;*

*III – de licença remunerada, desde que tenha havido desconto de contribuições;*

*IV – em que o segurado tenha sido colocado em disponibilidade remunerada pela empresa, desde que tenha havido desconto de contribuições;*

*V – de atividade patronal ou autônoma, exercida anteriormente à vigência da Lei nº 3.807, de 26 de agosto de 1960, desde que tenha sido indenizado conforme o disposto no art. 122;*

*VI – de atividade na condição de empregador rural, desde que tenha havido contribuição na forma prevista na Lei nº 6.260, de 6 de novembro de 1975, e indenização do período anterior, conforme o disposto no art. 122;*

*VII – de exercício de mandato eletivo federal, estadual, distrital ou municipal, desde que tenha havido contribuição na época apropriada e este não tenha sido contado para fins de aposentadoria por outro regime de previdência social;*

*VIII – de licença, afastamento ou inatividade sem remuneração do segurado empregado, inclusive o doméstico e o intermitente, desde que tenha havido contribuição na forma prevista no § 5º do art. 11; e*

*IX – em que o segurado contribuinte individual e o segurado facultativo tenham contribuído na forma prevista no art. 199-A, observado o disposto em seu § 2º.*

*§ 1º Será computado o tempo intercalado de recebimento de benefício por incapacidade, na forma do disposto no inciso II do caput do art. 55 da Lei nº 8.213, de 24 de julho de 1991, exceto para efeito de carência.*

***§ 2º As competências em que o salário de contribuição mensal tenha sido igual ou superior ao limite mínimo serão computadas integralmente como tempo de contribuição, independentemente da quantidade de dias trabalhados.***

*§ 3º Na hipótese de o débito ser objeto de parcelamento, o período correspondente ao parcelamento somente será computado para fins de concessão de benefício no RGPS e de emissão de certidão de tempo de contribuição para fins de contagem recíproca após a comprovação da quitação dos valores devidos.*

***Art. 188-G. O tempo de contribuição até 13 de novembro de 2019 será contado de data a data, desde o início da atividade até a data do desligamento, considerados, além daqueles referidos no art. 19-C, os seguintes períodos:***

*I – o **tempo de serviço militar**, exceto se já contado para inatividade remunerada nas Forças Armadas ou auxiliares ou para aposentadoria no serviço público federal, estadual, distrital ou municipal, ainda que anterior à filiação ao RGPS, obrigatório, voluntário ou alternativo, assim considerado o tempo atribuído pelas Forças Armadas àqueles que, após o alistamento, alegaram imperativo de consciência, entendido como tal aquele decorrente de crença religiosa ou de convicção filosófica ou política, para se eximirem de atividades de caráter militar;*

*II – o tempo em que o **anistiado político** esteve compelido ao afastamento de suas atividades profissionais, em decorrência de punição ou de fundada ameaça de punição, por motivo exclusivamente político, situação que será comprovada nos termos do disposto na Lei nº 10.559, de 13 de novembro de 2002;*

*III – o **tempo de serviço público federal, estadual, distrital ou municipal**, inclusive aquele prestado a autarquia, sociedade de economia mista ou fundação instituída pelo Poder Público, regularmente certificado na forma prevista na Lei nº 3.841, de 15 de dezembro de 1960, desde que a certidão tenha sido requerida na entidade para a qual o serviço tenha sido prestado até 30 de setembro de 1975, data imediatamente anterior ao início da vigência da Lei nº 6.226, de 14 de junho de 1975;*

*IV – o tempo de serviço do segurado trabalhador rural anterior à competência novembro de 1991;*

*V – o tempo de exercício de mandato classista junto a órgão de deliberação coletiva em que, nessa qualidade, tenha havido contribuição para a previdência social;*

*VI – o tempo de serviço prestado à Justiça dos Estados, às serventias extrajudiciais e às escrivanias judiciais, desde que não tenha havido remuneração pelo erário e que a atividade não estivesse, à época, vinculada a regime próprio de previdência social;*

*VII – o tempo de atividade dos auxiliares locais de nacionalidade brasileira no exterior amparados pela Lei nº 8.745, de 9 de dezembro de 1993, anteriormente a*

*1º de janeiro de 1994, desde que a sua situação previdenciária esteja regularizada no INSS;*

*VIII – o tempo de contribuição efetuado pelo servidor público de que tratam as alíneas "i", "j" e "l" do inciso I do* ***caput*** *do art. 9º e o § 2º do art. 26, com fundamento do disposto nos art. 8º e art. 9º da Lei nº 8.162, de 8 de janeiro de 1991, e no art. 2º da Lei nº 8.688, de 21 de julho de 1993; e*

*IX – o tempo exercido na condição de aluno-aprendiz referente ao período de aprendizado profissional realizado em escola técnica, desde que comprovados a remuneração pelo erário, mesmo que indireta, e o vínculo empregatício.*

*Parágrafo único. O tempo de contribuição de que trata este artigo será considerado para fins de cálculo do valor da renda mensal de qualquer benefício."*

Trata-se na verdade de uma reorganização do tema, pois somente a lei pode regular o tema de modo a criar direitos e obrigações.

**IMPORTANTE:**
Não obstante isto, note-se que o ato presidencial manteve a posição anterior em não considerar o gozo de benefício por incapacidade para fins de período de carência, mas apenas como tempo de contribuição.

Outrossim, a ilegalidade regulamentar que afrontava o artigo 55, inciso II, da Lei 8.213/91 foi corrigida, **sendo exigido desde 1/7/2020 que mesmo o benefício por incapacidade por acidente de trabalho seja intercalado por contribuições para ser considerado como tempo de contribuição.**

Evidente que a nova regulamentação não poderá ter efeitos retroativos, devendo ser aplicada à percepção de benefícios por incapacidade a contar de 1º de julho de 2020, de modo que **os benefícios acidentários cessados até 30/06/2020 não precisarão ser intercalados para serem computados como tempo de contribuição.**

Aliás, mesmo com a EC 103/2019 reforçando a vedação ao tempo de contribuição ficto, o novo Regulamento optou por conservar o cômputo dos benefícios por incapacidade como tempo de contribuição, embora não haja o recolhimento real ou presumido de contribuição previdenciária, haja vista não comporem o salário de contribuição, o que indica que a regra constitucional continuará sendo retórica.

Vale registrar que **a regra do artigo 55, II, da Lei 8213/91 não atinge ao auxílio-acidente**, que é benefício indenizatório e que **não deverá ser considerado como tempo de contribuição**. Nesse sentido, o STJ:

***Processo***

*REsp 1247971 / PR RECURSO ESPECIAL 2011/0079656-3*

***Relator(a)***

*Ministro NEWTON TRISOTTO (DESEMBARGADOR CONVOCADO DO TJ/SC) (8350)*

***Órgão Julgador***

*T5 – QUINTA TURMA*

***Data do Julgamento***

*28/04/2015*

***Data da Publicação/Fonte***

*DJe 15/05/2015*

***Ementa***

*PREVIDENCIÁRIO. AUXÍLIO-SUPLEMENTAR. CÔMPUTO DO TEMPO CORRESPONDENTE PARA EFEITO DE APOSENTADORIA. IMPOSSIBILIDADE. BENEFÍCIO QUE INTEGRA, MAS NÃO SUBSTITUI, O SALÁRIO-DE-CONTRIBUIÇÃO. SEGURADO QUE NÃO CONTRIBUIU PARA A PREVIDÊNCIA SOCIAL NO PERÍODO QUE PRETENDE COMPUTAR. RECURSO ESPECIAL DESPROVIDO.*

*1. Por força do disposto no art. 55 da Lei n. 8.213/1991, no cálculo da aposentadoria por tempo de serviço, "é possível considerar o período em que o segurado esteve no gozo de benefício por incapacidade (auxílio-doença ou aposentadoria por invalidez) para fins de carência, desde que intercalados com períodos contributivos" (AgRg no REsp 1.271.928/RS, Rel. Ministro Rogerio Schietti Cruz, Sexta Turma, julgado em 16/10/2014; REsp 1.334.467/RS, Rel. Ministro Castro Meira, Segunda Turma, julgado em 28/05/2013; AgRg no Ag 1.103.831/MG, Rel. Ministro Marco Aurélio Bellizze, Quinta Turma, julgado em 03/12/2013).* ***Nos termos do art. 31 da Lei n. 8.213/1991, o valor mensal do auxílio-acidente – e, por extensão, o valor do auxílio-suplementar, que foi absorvido por aquele (AgRg no REsp 1.347.167/RS, Rel. Ministro Ari Pargendler, Primeira Turma, julgado em 18/12/2012; AgRg no REsp 1.098.099/SP, Rel. Ministro Marco Aurélio Bellizze, Quinta Turma, julgado em 27/11/2012; AgRg no AREsp 116.980/SP, Rel. Ministro Mauro Campbell Marques, Segunda Turma, julgado em 03/05/2012) – "integra o salário-de-contribuição" tão somente "para fins de cálculo do salário-de-benefício de qualquer aposentadoria".***

*E "serão considerados para cálculo do salário-de-benefício os ganhos habituais do segurado empregado, a qualquer título, sob forma de moeda corrente ou de utilidades, sobre os quais tenha incidido contribuições previdenciárias, exceto o décimo-terceiro salário (gratificação natalina)" (art. 29, § 3º). De acordo com o art. 214 do Decreto n. 3.048/1999, não integram o salário-de-contribuição (§ 9º) os "benefícios da previdência social, nos termos e limites legais, ressalvado o disposto no § 2º" (inc. I), ressalva relacionada com o salário-maternidade.* ***À luz desses preceptivos legais, é forçoso concluir que não pode ser computado como tempo de serviço para fins de qualquer aposentadoria o período em que o segurado percebeu apenas o auxílio-suplementar – salvo se no período contribuiu para a previdência social.***

*2. Recurso especial desprovido.*

De acordo com o artigo 1º, III, da Lei de Anistia (Lei 10.559/2002), o Regime do Anistiado Político compreende o direito à contagem, para todos os efeitos, do tempo em que o anistiado político esteve compelido ao afastamento de suas atividades profissionais, em virtude de punição ou de fundada ameaça de punição, por motivo exclusivamente político, vedada a exigência de recolhimento de quaisquer contribuições previdenciárias.

Nos termos do artigo 162 da Instrução Normativa INSS 128/2022, a partir de 1º de junho de 2001, o segurado anistiado pelo art. 8º do Ato das Disposições Constitucionais Transitórias, regulamentada pela Lei nº 10.559, de 13 de novembro de 2002, terá direito à contagem de tempo do período de anistia, reconhecido pela Comissão de Anistia do Ministério da Justiça, no âmbito do RGPS.

A comprovação da condição de anistiado e do período de anistia, em que esteve compelido ao afastamento de suas atividades profissionais, em virtude de punição ou de fundamentada ameaça de punição, por razões exclusivamente políticas, será por meio da apresentação da portaria do Ministério da Justiça e Segurança Pública, publicada no Diário Oficial da União.

Para fins de emissão de CTC, o INSS vem exigindo o pagamento de indenização previdenciária no citado artigo, o que a meu ver afronta o artigo 1º, III, da Lei de Anistia que garante o período para todos os fins, inclusive vedando a exigência de recolhimento de quaisquer contribuições previdenciárias.

**IMPORTANTE:**
Uma mudança evidente foi o modo de cômputo do tempo de contribuição após a EC 103/2019, que não mais será computado de data a data, e sim por competência mensal, tal qual o período de carência, desde que o valor mensal da remuneração percebida atinja o piso legal ou convencional da categoria ou, se inexistente, ao salário mínimo nacional.

Dessa forma, eis a nova fórmula de computo do tempo de contribuição:

| | |
|---|---|
| **Até 13/11/2019** | Sempre em dias |
| **A partir de 14/11/2019** | Por competência, se o valor mensal do salário de contribuição atingiu ao mínimo mensal |

Suponha-se que um segurado empregado com salário mensal de R$ 4.500,00 tenha laborado apenas 10 dias no mês de junho de 2020, tendo faltas injustificadas nos demais dias.

Nessa situação, embora possua apenas 10 dias laborados, todos os 30 dias do mês de junho/2020 serão considerados como tempo de contribuição, pois a sua remuneração mensal *pro rata* foi de R$ 1.500,00 equivalentes a 10 dias de laborar, atingindo ao piso do salário de contribuição.

Logo, o segurado terá um extra de 20 dias de tempo de contribuição, sendo um **caso clássico de tempo de contribuição ficto** criado pelo Decreto 10.410/2020, em clara **inconstitucionalidade chapada**.

**IMPORTANTE:**

**Em decorrência do artigo 29**[8] **da EC 103/2019, a partir da competência 11/2019, o segurado empregado, trabalhador avulso e empregado doméstico** que receber remuneração inferior ao limite mínimo mensal do salário de contribuição, somente terá o período considerado para fins previdenciários se efetuar os ajustes de complementação, utilização e agrupamento de contribuições, nos termos do Decreto 10.410/2020, que regulamentou o artigo 29 da Emenda 103/2019, nos termos do § 1º do artigo 19-E e o § 27-A do artigo 216, ambos do Regulamento da Previdência Social.

De efeito, nos termos do artigo 19-E do RPS, introduzido pelo Decreto 10.410/2020, a partir de 13 de novembro de 2019, para fins de aquisição e manutenção da qualidade de segurado, de carência, de tempo de contribuição e de cálculo do salário de benefício exigidos para o reconhecimento do direito aos benefícios do RGPS e para fins de contagem recíproca, somente serão consideradas as competências cujo salário de contribuição seja igual ou superior ao limite mínimo mensal do salário de contribuição.

Nesse sentido, a contar da competência 11/2019, ao segurado que, no somatório de remunerações auferidas no período de um mês, receber remuneração inferior ao limite mínimo mensal do salário de contribuição será assegurado:

I – complementar a contribuição das competências, de forma a alcançar o limite mínimo do salário de contribuição exigido **(COMPLEMENTAÇÃO);**

II – utilizar o excedente do salário de contribuição superior ao limite mínimo de uma competência para completar o salário de contribuição de outra competência até atingir o limite mínimo **(EXCEDENTE TRANSFERÍVEL)**; ou

III – agrupar os salários de contribuição inferiores ao limite mínimo de diferentes competências para aproveitamento em uma ou mais competências até que estas atinjam o limite mínimo **(AGRUPAMENTO)**.

Os ajustes de complementação, excedente transferível e agrupamento poderão ser efetivados, a qualquer tempo, por iniciativa do segurado, hipótese em que se tornarão **irreversíveis e irrenunciáveis após processados**.

---

8. Art. 29. Até que entre em vigor lei que disponha sobre o § 14 do art. 195 da Constituição Federal, o segurado que, no somatório de remunerações auferidas no período de 1 (um) mês, receber remuneração inferior ao limite mínimo mensal do salário de contribuição poderá:

   I – complementar a sua contribuição, de forma a alcançar o limite mínimo exigido;

   II – utilizar o valor da contribuição que exceder o limite mínimo de contribuição de uma competência em outra; ou

   III – agrupar contribuições inferiores ao limite mínimo de diferentes competências, para aproveitamento em contribuições mínimas mensais.

   Parágrafo único. Os ajustes de complementação ou agrupamento de contribuições previstos nos incisos I, II e III do *caput* somente poderão ser feitos ao longo do mesmo ano civil.

A complementação citada poderá ser recolhida até o dia quinze do mês subsequente ao da prestação do serviço e, a partir dessa data, com os acréscimos de juros e multa previstos no artigo 35[9] da Lei nº 8.212, de 1991.

Os ajustes para o excedente transferível e o agrupamento de contribuições serão efetuados na forma indicada ou autorizada pelo segurado, **desde que utilizadas as competências do mesmo ano** civil, assim considerado o período de doze meses contados de 1º de janeiro a 31 de dezembro do respectivo ano.

A efetivação do agrupamento não impede o recolhimento da contribuição referente à competência que tenha o salário de contribuição transferido, em todo ou em parte, para agrupamento com outra competência a fim de atingir o limite mínimo mensal do salário de contribuição.

Para complementação ou recolhimento da competência que tenha o salário de contribuição transferido, em todo ou em parte será observado o prazo de até o dia quinze do mês subsequente ao da prestação do serviço e, a partir dessa data, com os acréscimos previstos no art. 35 da Lei nº 8.212, de 1991.

Para fins de pensão por morte, na hipótese de falecimento do segurado, os ajustes citados poderão ser solicitados por seus dependentes para fins de reconhecimento de direito para benefício a eles devidos até o dia quinze do mês de janeiro subsequente ao do ano civil correspondente.

Dessa forma, o Decreto 10.410/2020 permitiu a **complementação de contribuição após a morte**, desde que seja feita pelo dependente até o dia 15 de janeiro do ano seguinte.

Veja-se, nesse sentido, o §7º do artigo 19-E do Regulamento:

> "§ 7º Na hipótese de **falecimento do segurado**, os ajustes previstos no § 1º poderão ser solicitados por seus dependentes para fins de reconhecimento de direito para benefício a eles devidos **até o dia quinze do mês de janeiro subsequente ao do ano civil correspondente**, observado o disposto no § 4º. (Incluído pelo Decreto nº 10.410, de 2020)"

Suponha-se que um segurado faleceu em setembro de 2020 e que possua salário de contribuição referente à competência abril de 2020 no valor de R$ 500,00, pois se tratou de contrato de emprego intermitente.

Suponha-se, ainda, que essa competência abril é necessária para a manutenção da qualidade de segurado na data do óbito. Nesta situação, o dependente

9. Art. 35. Os débitos com a União decorrentes das contribuições sociais previstas nas alíneas a, b e c do parágrafo único do art. 11 desta Lei, das contribuições instituídas a título de substituição e das contribuições devidas a terceiros, assim entendidas outras entidades e fundos, não pagos nos prazos previstos em legislação, serão acrescidos de multa de mora e juros de mora, nos termos do art. 61 da Lei nº 9.430, de 27 de dezembro de 1996. (Redação dada pela Lei nº 11.941, de 2009).

poderá complementar a competência abril de 2020 até 15/01/2021 para fins de concessão da pensão por morte.

**Curioso notar que para os demais benefícios não programados, a exemplo da aposentadoria por incapacidade permanente e do auxílio por incapacidade temporária, o Decreto 10.410/2020** parece permitir o pagamento do complemento após a ocorrência do risco social, pois prevê que o recolhimento da complementação deverá ser efetuado pelo próprio segurado até o dia quinze do mês seguinte ao da competência de referência e, após essa data, com incidência dos acréscimos legais de que tratam os art. 238 e art. 239 (juros e multa).

Por sua vez, eis o dispositivo do artigo 216 do RPS:

> *"§ 27-A. O segurado que, no somatório de remunerações auferidas no período de um mês, receber remuneração inferior ao limite mínimo mensal do salário de contribuição poderá solicitar o ajuste das competências pertencentes ao mesmo ano civil, na forma por ele indicada, ou autorizar que os ajustes sejam feitos automaticamente, para que o limite mínimo mensal do salário de contribuição seja alcançado, por meio da opção por:*
>
> ***I – complementar a sua contribuição, observado que:***
>
> *a) o recolhimento da complementação deverá ser efetuado pelo próprio segurado até o dia quinze do mês seguinte ao da competência de referência e, após essa data, com incidência dos acréscimos legais de que tratam os art. 238 e art. 239;*
>
> *b) para o empregado, o empregado doméstico e o trabalhador avulso, a complementação será efetuada por meio da aplicação da alíquota de sete inteiros e cinco décimos por cento, inclusive para o mês em que exista contribuição concomitante na condição de contribuinte individual; e*
>
> *c) para o contribuinte individual que preste serviço a empresa, de que trata o § 26, e que contribua exclusivamente nessa condição, a complementação será efetuada por meio da aplicação da alíquota de vinte por cento;*
>
> ***II – utilizar o valor da contribuição que exceder o limite mínimo de uma competência em outra, observado que:***
>
> *a) para efeito de utilização da contribuição, serão considerados os salários de contribuição apurados por categoria, consolidados na competência de origem;*
>
> *b) o salário de contribuição poderá ser utilizado para complementar uma ou mais competências com valor inferior ao limite mínimo, mesmo que em categoria distinta;*
>
> *c) poderão ser utilizados valores excedentes ao limite mínimo do salário de contribuição de mais de uma competência para compor o salário de contribuição de apenas uma competência; e*
>
> *d) utilizado o valor excedente, caso o salário de contribuição da competência favorecida ainda permaneça inferior ao limite mínimo, esse valor poderá ser complementado nos termos do disposto no inciso I; ou*

> ***III – agrupar contribuições inferiores ao limite mínimo de diferentes competências, para aproveitamento em contribuições mínimas mensais, observado que:***
>
> *a) as competências que não atingirem o valor mínimo do salário de contribuição poderão ser agrupadas desde que o resultado do agrupamento não ultrapasse o valor mínimo do salário de contribuição;*
>
> *b) na hipótese de o resultado do agrupamento ser inferior ao limite mínimo do salário de contribuição, o segurado poderá complementar na forma prevista no inciso I ou utilizar valores excedentes na forma prevista no inciso II; e*
>
> *c) as competências em que tenha havido exercício de atividade e tenham sido zeradas em decorrência do agrupamento poderão ser objeto de recolhimento pelo segurado, respeitado o limite mínimo".*

**Registre-se que para o contribuinte individual e o segurado facultativo, mesmo antes da EC 103/2019, o valor nominal do salário de contribuição não poderia ser inferior a um salário mínimo e que já existia o instituto da complementação.**

**Nesse sentido, o artigo 5º da Lei 10.666/2003:**

> *"Art. 5º O contribuinte individual a que se refere o art. 4º **é obrigado a complementar**, diretamente, a contribuição até o valor mínimo mensal do salário-de-contribuição, quando as remunerações recebidas no mês, por serviços prestados a pessoas jurídicas, forem inferiores a este".*

Mas note-se que **de obrigatória a complementação passa a ser facultativa** com o advento do artigo 29 da EC 103/2019, pois ninguém pode ser compelido a recolher contribuição sobre salário de contribuição que não auferiu remuneração por labor, sob pena de confisco e violação ao Princípio da Capacidade Contributiva.

No entanto, se não o fizer, a competência não terá efeitos previdenciários para todos os segurados desde 13/11/2019, sendo que já não o tinha para contribuintes individuais e segurados facultativos antes da Reforma Constitucional de 2019.

De acordo com o artigo 55, II, da Lei 8.213/91, será considerado como tempo de serviço o tempo intercalado em que o segurado esteve em gozo de auxílio-doença ou de aposentadoria por incapacidade permanente, razão pela qual o período de percepção de benefício previdenciário por incapacidade apenas será considerado como tempo de contribuição se intercalado como períodos contributivos.

Nesse sentido, a Súmula 73 da TNU:

> ***Súmula 73- "O tempo de gozo de auxílio-doença ou de aposentadoria por invalidez não decorrentes de acidente de trabalho só pode ser computado como tempo de contribuição ou para fins de carência quando intercalado entre***

***períodos nos quais houve recolhimento de contribuições para a previdência social".***

De efeito, de acordo com o artigo 216 da Instrução Normativa INSS 128/2022 **não serão computados como tempo de contribuição, para fins de benefícios no RGPS**, os períodos:

> *I – correspondentes ao emprego ou a atividade não vinculada ao RGPS;*
>
> *II – de parcelamento de contribuições em atraso ou de retroação de DIC do contribuinte individual até que haja liquidação declarada pela RFB;*
>
> *III – o período recolhido em atraso do segurado regularmente inscrito na categoria de contribuinte individual, facultativo ou segurado especial que esteja contribuindo facultativamente, cujo recolhimento tenha sido efetuado após o fato gerador do benefício;*
>
> *IV – os períodos em que o segurado esteve recebendo **benefício por incapacidade, e não houve retorno à atividade**, ainda que em outra categoria de segurado;*
>
> *V – para efeito de concessão de aposentadoria por tempo de contribuição e contagem recíproca:*
>
> *a) o período em que o segurado contribuinte individual e facultativo tiver contribuído com base na alíquota reduzida de 5% (cinco por cento) ou 11% (onze por cento), salvo se efetuar a complementação das contribuições para o percentual de 20% (vinte por cento); e*
>
> *b) de recebimento do salário-maternidade do contribuinte individual, facultativo ou em prazo de manutenção da qualidade de segurado dessas categorias, concedido em decorrência das contribuições efetuadas com base na alíquota reduzida de 5% (cinco por cento) ou 11% (onze por cento), salvo se efetuar a complementação das contribuições para o percentual de 20% (vinte por cento);*
>
> *VI – em que o segurado era amparado por RPPS, exceto aquele certificado regularmente por CTC;*
>
> *VII – que tenham sido considerados para a concessão de aposentadoria pelo RGPS ou qualquer outro regime de previdência social, independente de emissão de CTC;*
>
> *VIII – de contagem em dobro das licenças prêmio não gozadas do servidor público optante pelo regime da CLT e os de servidor de instituição federal de ensino, na forma prevista no Decreto nº 94.664, de 23 de julho de 1987;*
>
> *IX – exercidos com idade inferior à prevista na Constituição Federal;*
>
> *X – os períodos de aprendizado profissional realizados a partir de 16 de dezembro de 1998, data da publicação da Emenda Constitucional nº 20, de 1998, na condição de aluno aprendiz nas escolas técnicas;*
>
> *XI – do bolsista e do estagiário que prestam serviços à empresa, de acordo com a Lei nº 11.788, de 2008, exceto se houver recolhimento à época na condição de facultativo; e*
>
> *XII – exercidos a título de colaboração por monitores ou alfabetizadores recrutados pelas comissões municipais da Fundação Movimento Brasileiro de Alfabetização (MOBRAL), para desempenho de atividade de caráter não econômico e eventual,*

*por não acarretar qualquer ônus de natureza trabalhista ou previdenciária, conforme estabelecido no Decreto nº 74.562, de 16 de setembro de 1974, ainda que objeto de CTC.*

A idade mínima para a filiação dos segurados obrigatórios variou bastante ao longo das últimas décadas, podendo ser traçado o seguinte histórico, com base no artigo 5º da Instrução Normativa INSS PRES 128/2022:

> *"Art.5º. O limite mínimo de idade para ingresso no RGPS do segurado obrigatório que exerce atividade urbana ou rural, do facultativo e do segurado especial, é o seguinte:*
>
> *I – **até 14 de março de 1967**, véspera da vigência da Constituição Federal de 1967, quatorze anos;*
>
> *II – **de 15 de março de 1967**, data da vigência da Constituição Federal de 1967, **a 4 de outubro de 1988**, véspera da promulgação da Constituição Federal de 1988, doze anos;*
>
> *III – **a partir de 5 de outubro de 1988**, data da promulgação da Constituição Federal de 1988 a 15 de dezembro de 1998, véspera da vigência da Emenda Constitucional nº 20, de 1998, quatorze anos, exceto para menor aprendiz, que conta com o limite de doze anos, por força do art. 7º, inciso XXXIII, da Constituição Federal; e*
>
> *IV – **a partir de 16 de dezembro de 1998**, data da vigência da Emenda Constitucional nº 20, de 1998, dezesseis anos, exceto para menor aprendiz, que é de quatorze anos, por força do art. 1º da referida Emenda, que alterou o inciso XXXIII do art. 7º da Constituição Federal de 1988.*
>
> *Parágrafo único. A partir de 25 de julho de 1991, data da publicação da Lei nº 8.213, de 1991, não há limite máximo de idade para o ingresso no RGPS".*

O INSS, por sua vez, até o cumprimento da Ação Civil Pública nº 5031617-51.2018.4.04.7100/RS, aduzia que não seriam computados como tempo de contribuição, para fins de benefícios no RGPS, os períodos exercidos com idade inferior a prevista na Constituição Federal, salvo as exceções previstos em lei, devendo ser avaliada a idade em vigor na época da prestação do labor (*tempus regit actum*).

Esse tema não será mais modificado, pois essa decisão foi mantida pelo STF:

> *21/12/2020 SEGUNDA TURMA A G. REG. NO RECURSO EXTRAORDINÁRIO 1.225.475 RIO GRANDE DO SUL*
>
> *"Ementa: AGRAVO REGIMENTAL NO RECURSO EXTRAORDINÁRIO. PREVIDENCIÁRIO. EXERCÍCIO DE ATIVIDADE LABORAL POR CRIANÇA OU ADOLESCENTE. ART. 7º, XXXIII, DA CONSTITUIÇÃO FEDERAL. NORMA PROTETIVA QUE NÃO PODE PRIVAR DIREITOS. AGRAVO A QUE SE NEGA PROVIMENTO, COM APLICAÇÃO DE MULTA. I – O art. 7º, XXXIII, da Constituição Federal não pode ser interpretado em prejuízo da criança ou adolescente que exerce atividade laboral. Regra constitucional que busca a proteção e defesa*

*dos trabalhadores não pode ser utilizada para privá-los dos seus direitos, inclusive, previdenciários. Precedentes. II – Agravo regimental a que se nega provimento, com aplicação de multa (art. 1.021, § 4º, do CPC)".*

As pessoas que não desenvolvam atividade laborativa no Brasil poderão se filiar na condição de **segurados facultativos** da previdência social, em atendimento ao Princípio da Universalidade de Cobertura, a exemplo do **estagiário.**

Deveras, o **estágio** é ato educativo escolar supervisionado, desenvolvido no ambiente de trabalho, que visa à preparação para o trabalho produtivo de educandos que estejam frequentando o ensino regular em instituições de educação superior, de educação profissional, de ensino médio, da educação especial e dos anos finais do ensino fundamental, na modalidade profissional da educação de jovens e adultos, nos termos do artigo 1º, da Lei 11.788/2008.

Assim, desde que recolha efetivamente a contribuição previdenciária, o segurado poderá se filiar como segurado facultativo de acordo com o RPS:

*"Art. 11. É segurado facultativo o maior de dezesseis anos de idade que se filiar ao Regime Geral de Previdência Social, mediante contribuição, na forma do art. 199, desde que não esteja exercendo atividade remunerada que o enquadre como segurado obrigatório da previdência social.*

*§ 1º **Podem filiar-se facultativamente, entre outros:***

*VII – o estagiário que preste serviços a empresa nos termos do disposto na Lei nº 11.788, de 2008; (Redação dada pelo Decreto nº 10.410, de 2020)."*

**Entretanto, o próprio RPS prevê que o estágio irregular deve ser considerado como vínculo de emprego:**

*"Art. 9º São segurados obrigatórios da previdência social as seguintes pessoas físicas:*

*I – como empregado:*

***h) o bolsista e o estagiário que prestam serviços a empresa, em desacordo com a Lei nº 11.788, de 25 de setembro de 2008; (Redação dada pelo Decreto nº 6.722, de 2008)".***

Dessa forma, o próprio Decreto 3.048/99 considera o estágio irregular como período de tempo de contribuição como empregado, devendo ser investigada a violação das regras da Lei 11.788/2008.

Embora essa avaliação possa ser feita dentro do processo administrativo ou judicial previdenciário, por certo o caminho mais segurado é a **reclamação trabalhista** contra a empresa para que haja o reconhecimento formal do vínculo de emprego pela Justiça do Trabalho.

Eis os requisitos legais do estágio:

I – matrícula e frequência regular do educando em curso de educação superior, de educação profissional, de ensino médio, da educação especial e nos anos finais do ensino fundamental, na modalidade profissional da educação de jovens e adultos e atestados pela instituição de ensino;

II – celebração de termo de compromisso entre o educando, a parte concedente do estágio e a instituição de ensino;

III – compatibilidade entre as atividades desenvolvidas no estágio e aquelas previstas no termo de compromisso.

O descumprimento de qualquer dos incisos citados ou de qualquer obrigação contida no termo de compromisso caracteriza vínculo de emprego do educando com a parte concedente do estágio para todos os fins da legislação trabalhista e **previdenciária**, conforme texto expresso do artigo 3º, §2º, da Lei 11.788/2008.

De efeito, a jornada de atividade em estágio será definida de comum acordo entre a instituição de ensino, a parte concedente e o aluno estagiário ou seu representante legal, devendo constar do termo de compromisso ser compatível com as atividades escolares e não ultrapassar:

I – 4 (quatro) horas diárias e 20 (vinte) horas semanais, no caso de estudantes de educação especial e dos anos finais do ensino fundamental, na modalidade profissional de educação de jovens e adultos;

II – 6 (seis) horas diárias e 30 (trinta) horas semanais, no caso de estudantes do ensino superior, da educação profissional de nível médio e do ensino médio regular.

Ademais, o estágio relativo a cursos que alternam teoria e prática, nos períodos em que não estão programadas aulas presenciais, poderá ter jornada de até 40 (quarenta) horas semanais, desde que isso esteja previsto no projeto pedagógico do curso e da instituição de ensino.

A duração do estágio, na mesma parte concedente, não poderá exceder 2 (dois) anos, exceto quando se tratar de estagiário portador de deficiência.

É assegurado ao estagiário, sempre que o estágio tenha duração igual ou superior a 1 (um) ano, período de recesso de 30 (trinta) dias, a ser gozado preferencialmente durante suas férias escolares.

O número máximo de estagiários em relação ao quadro de pessoal das entidades concedentes de estágio deverá atender às seguintes proporções:

I – de 1 (um) a 5 (cinco) empregados: 1 (um) estagiário;

II – de 6 (seis) a 10 (dez) empregados: até 2 (dois) estagiários;

III – de 11 (onze) a 25 (vinte e cinco) empregados: até 5 (cinco) estagiários;

IV – acima de 25 (vinte e cinco) empregados: até 20% (vinte por cento) de estagiários.

Veja-se um precedente do TST que pronunciou a nulidade do contrato de estágio e reconheceu o vínculo de emprego:

> *Processo:* ***ARR – 338-57.2013.5.04.0009***
>
> *Órgão Judicante: 6ª Turma*
>
> *Relatora: Cilene Ferreira Amaro Santos*
>
> *Julgamento: 27/03/2019*
>
> *Publicação: 05/04/2019*
>
> ***ACORDAM*** *os Ministros da Sexta Turma do Tribunal Superior do Trabalho, por unanimidade, a) conhecer do agravo de instrumento da reclamante e, no mérito, negar-lhe provimento quanto aos temas "nulidade do v. acórdão regional por negativa de prestação jurisdicional", "jornada de 44h semanais. divisor 220", "cálculo do repouso semanal remunerado" e "diferenças de prêmios. art. 400, I e II, do CPC/15. percentual fixado com base no princípio da razoabilidade"; b) conhecer do agravo de instrumento da reclamante e, no mérito, dar-lhe provimento para determinar o processamento do recurso de revista quanto ao tema "contrato de estágio. período de 6/04/2008 a 5/04/2009. Descaracterização";* ***c) conhecer do recurso de revista da reclamante quanto a este último tema, por violação do art. 3º, §§ 1º e 2º, da Lei 11.788/2007, e, no mérito, dar-lhe provimento para declarar a invalidade do contrato de estágio, reconhecer o vínculo de emprego com a reclamada no período de 04/08/2008 a 10/01/2010*** *e determinar o retorno dos autos para que prossiga no exame dos referidos pedidos (unicidade contratual, cestas básicas, reajustes salariais. adicional por tempo de serviço. quilômetros rodados. depreciação do veículo. seguro. IPVA, prêmios"), conforme entender de direito; d) conhecer do agravo de instrumento da reclamada e, no mérito, negar-lhe provimento.*

A Lei 8.212/91 é silente no que concerne ao **aviso prévio indenizado** integrar ou não o salário de contribuição. Até o advento do Decreto 6.727/2009, o Regulamento previa que o aviso prévio indenizado não compunha o salário de contribuição. No entanto, o citado dispositivo foi revogado (artigo 214, §9º, inciso V, **letra F**), passando o Regulamento a também silenciar a respeito, em uma tentativa frustrada de o Poder Executivo da União de fazer incidir contribuição previdenciária sobre o aviso prévio indenizado.

Vale frisar que o aviso prévio indenizado possui natureza não remuneratória, razão pela qual não comporá o salário de contribuição, não podendo o Regulamento da Previdência Social, por ser ato legal secundário, dispor em sentido contrário.

> **"A revogação da alínea "f" do inciso V, § 9º, artigo 214, do Decreto nº 3.048/99, nos termos em que promovida pelo artigo 1º do Decreto 6.727/09, não tem o condão de autorizar a cobrança de contribuições previdenciárias calculadas sobre o valor do aviso prévio indenizado"** (AI 2009.30.00.203908, Des. Federal Cotrim Guimarães, TRF3, Segunda Turma, 11/03/2010).

Nesse caminho, o STJ[10]:

10. Passagem do Informativo 445 e 462.

> **"CONTRIBUIÇÃO PREVIDENCIÁRIA. AVISO PRÉVIO INDENIZADO.**
>
> O valor pago a título de indenização em razão da ausência de aviso prévio tem o intuito de reparar o dano causado ao trabalhador que não fora comunicado sobre a futura rescisão de seu contrato de trabalho com a antecedência mínima estipulada na CLT, bem como não pôde usufruir da redução na jornada de trabalho a que teria direito (arts. 487 e seguintes da CLT). **Assim, por não se tratar de verba salarial, não incide contribuição previdenciária sobre os valores pagos a título de aviso prévio indenizado.** REsp 1.198.964-PR, Rel. Min. Mauro Campbell Marques, julgado em **2/9/2010**".
>
> **"AVISO PRÉVIO INDENIZADO. CONTRIBUIÇÃO PREVIDENCIÁRIA.**
>
> A Turma reafirmou que não há incidência de contribuição previdenciária sobre a verba paga ao trabalhador a título de aviso prévio indenizado, tendo em vista sua natureza indenizatória. Ressaltou-se que o salário de contribuição é o valor da remuneração, considerados os rendimentos destinados a retribuir o trabalho (art. 28 da Lei n. 8.212/1991), o que não se verifica na verba em questão, pois, durante o período que corresponde ao aviso prévio indenizado, o empregado não presta trabalho algum, nem fica à disposição do empregador. Logo, por não se tratar de parcela destinada a retribuir trabalho, mas revestida de nítido caráter indenizatório, é incabível a incidência de contribuição previdenciária sobre os valores pagos a título do referido aviso prévio. Precedentes citados: REsp 812.871-SC, DJe 25/10/2010, e REsp 1.198.964-PR, DJe 4/10/2010. REsp 1.221.665-PR, Rel. Min. Teori Albino Zavascki, julgado em 8/2/2011".
>
> "PROCESSUAL CIVIL E TRIBUTÁRIO. CONTRIBUIÇÃO PREVIDENCIÁRIA. SALÁRIO-MATERNIDADE. REMUNERAÇÃO DE FÉRIAS GOZADAS. NATUREZA SALARIAL. INCIDÊNCIA. AVISO PRÉVIO INDENIZADO. NATUREZA INDENIZATÓRIA. NÃO INCIDÊNCIA. PRECEDENTES.
>
> 1. É pacífico no STJ o entendimento de que o salário-maternidade não tem natureza indenizatória, mas sim remuneratória, razão pela qual integra a base de cálculo da contribuição previdenciária.
>
> 2. O pagamento de férias gozadas possui natureza remuneratória e salarial, nos termos do art. 148 da CLT, e integra o salário de contribuição. Saliente-se que não se discute, no apelo, a incidência da contribuição sobre o terço constitucional.
>
> 3. **O valor pago ao trabalhador a título de aviso prévio indenizado, por não se destinar a retribuir o trabalho e possuir cunho indenizatório, não está sujeito à incidência da contribuição previdenciária sobre a folha de salários.** Precedentes do STJ" (AgRg nos EDcl no AREsp 135682, 2ª Turma, de 29/05/2012).

Em 26 de fevereiro de 2014, a 1ª Seção do STJ no julgamento em Recurso Especial 1.230.957 confirmou o entendimento de que **o aviso prévio indenizado não integra o salário de contribuição**:

> **"2.2 Aviso prévio indenizado.**
>
> A despeito da atual moldura legislativa (Lei 9.528/97 e Decreto 6.727/2009), as importâncias pagas a título de indenização, que não correspondam a serviços

prestados nem a tempo à disposição do empregador, não ensejam a incidência de contribuição previdenciária.

A CLT estabelece que, em se tratando de contrato de trabalho por prazo indeterminado, a parte que, sem justo motivo, quiser a sua rescisão, deverá comunicar a outra a sua intenção com a devida antecedência. Não concedido o aviso prévio pelo empregador, nasce para o empregado o direito aos salários correspondentes ao prazo do aviso, garantida sempre a integração desse período no seu tempo de serviço (art. 487, § 1º, da CLT). Desse modo, o pagamento decorrente da falta de aviso prévio, isto é, o aviso prévio indenizado, visa a reparar o dano causado ao trabalhador que não fora alertado sobre a futura rescisão contratual com a antecedência mínima estipulada na Constituição Federal (atualmente regulamentada pela Lei 12.506/2011).

Dessarte, não há como se conferir à referida verba o caráter remuneratório pretendido pela Fazenda Nacional, por não retribuir o trabalho, mas sim reparar um dano. Ressalte-se que, "se o aviso prévio é indenizado, no período que lhe corresponderia o empregado não presta trabalho algum, nem fica à disposição do empregador. Assim, por ser ela estranha à hipótese de incidência, é irrelevante a circunstância de não haver previsão legal de isenção em relação a tal verba" (REsp 1.221.665/PR, 1ª Turma, Rel. Min. Teori Albino Zavascki, DJe de 23.2.2011).

A corroborar a tese sobre a natureza indenizatória do aviso prévio indenizado, destacam-se, na doutrina, as lições de Maurício Godinho Delgado e Amauri Mascaro Nascimento. Precedentes: REsp 1.198.964/PR, 2ª Turma, Rel. Min. Mauro Campbell Marques, DJe de 4.10.2010; REsp 1.213.133/SC, 2ª Turma, Rel. Min. Castro Meira, DJe de 1º.12.2010; AgRg no REsp 1.205.593/PR, 2ª Turma, Rel. Min. Herman Benjamin, DJe de 4.2.2011; AgRg no REsp 1.218.883/SC, 1ª Turma, Rel. Min. Benedito Gonçalves, DJe de 22.2.2011; AgRg no REsp 1.220.119/RS, 2ª Turma, Rel. Min. Cesar Asfor Rocha, DJe de 29.11.2011."

Finalmente, a Receita Federal passou a adotar a posição do STJ, no sentido da não incidência de contribuição previdenciária sobre o aviso prévio indenizado (Instrução Normativa RFB 1.730/2017[11] combinada com a Consulta COSIT 362/2017):

SOLUÇÃO DE CONSULTA COSIT Nº 362, DE 10 DE AGOSTO DE 2017

CONSULTA N.º 137 – COSIT, DE 2 DE JUNHO DE 2014.

CONTRIBUIÇÕES SOCIAIS PREVIDENCIÁRIAS. AVISO PRÉVIO INDENIZADO.

Nos termos da NOTA PGFN/CRJ/Nº 485/2016, de 30 de maio de 2016 (aprovada em 2 de junho de 2016), e com esteio no artigo 19, inciso V, parágrafos 4º, 5º e 7º da Lei n.º 10.522, de 2002, e no artigo 3º, parágrafo 3º da Portaria Conjunta PGFN/RFB n.º 1, de 2014, o aviso prévio indenizado, **exceto seu reflexo no 13º salário**, não integra a base de cálculo para fins de incidência das contribuições sociais previdenciárias incidentes sobre a folha de salários.

11. A partir da competência junho de 2016, o valor do aviso prévio indenizado não deve ser computado para fins de preenchimento da GPS, podendo ser utilizada a GPS gerada pelo Sefip.

Curiosamente, apenas a RFB irá cobrar a contribuição sobre o aviso prévio indenizado no que concerne ao seu reflexo no décimo terceiro salário, o que passou a ser admitida pelo STJ:

> "É pacífico no STJ o entendimento quanto à incidência da contribuição previdenciária sobre o décimo terceiro salário proporcional ao aviso prévio indenizado" (REsp 1810236 / CE, de 25/6/2019).

Posteriormente, ao julgar o **Tema 250**, a TNU estendeu o cômputo do aviso prévio indenizado para todos os fins previdenciários:

<table>
<tr><th>Tema</th><th>250</th><th>Situação do tema</th><th>Julgado</th><th>Ramo do direito</th><th>DIREITO PREVIDENCIÁRIO</th></tr>
<tr><td colspan="2">Questão submetida a julgamento</td><td colspan="4">Saber se o período de aviso prévio indenizado é válido para todos os fins previdenciários, inclusive como tempo de contribuição para obtenção de aposentadoria.</td></tr>
<tr><td colspan="2">Tese firmada</td><td colspan="4">O período de aviso prévio indenizado é válido para todos os fins previdenciários, inclusive como tempo de contribuição para obtenção de aposentadoria.</td></tr>
<tr><td colspan="2">Processo</td><td>Decisão de afetação</td><td>Relator (a)</td><td>Julgado em</td><td>Acórdão publicado em</td><td>Trânsito em julgado</td></tr>
<tr><td colspan="2">PEDILEF 0515850-48.2018.4.05.8013/AL</td><td>12/03/2020</td><td>Juíza Federal Susana Sbrogio Galia</td><td>25/2/2021</td><td>26/2/2021</td><td>-</td></tr>
</table>

Contra a decisão da TNU no Tema 250, o INSS interpôs PUIL (STJ) e Recurso Extraordinário, que não foram admitidos pelas Cortes Superiores.

No entanto, o STJ julgará a temática em sede de recurso especial no rito repetitivo, afetando o **tema 1238**:

> **PROCESSO**
>
> ProAfR no REsp **2070015** / RS
>
> PROPOSTA DE AFETAÇÃO NO RECURSO ESPECIAL 2023/0147875-1
>
> **DECISÃO DE AFETAÇÃO**
>
> Pesquisa de tema: **Tema Repetitivo 1238**
>
> **RELATOR**
>
> Ministro MAURO CAMPBELL MARQUES (1141)
>
> **ÓRGÃO JULGADOR**
>
> S1 – PRIMEIRA SEÇÃO
>
> **DATA DO JULGAMENTO**
>
> 27/02/2024

**DATA DA PUBLICAÇÃO/FONTE**

DJe 11/03/2024

**EMENTA**

PROCESSO CIVIL E PREVIDENCIÁRIO. PROPOSTA DE AFETAÇÃO COMO REPETITIVO. RECURSOS ESPECIAIS. AVISO PRÉVIO INDENIZADO. CÔMPUTO COMO TEMPO DE SERVIÇO PARA FINS PREVIDENCIÁRIOS.

1. Delimitação da questão de direito controvertida como sendo: "decidir sobre a possibilidade de cômputo do aviso prévio indenizado como tempo de serviço para fins previdenciários".

2. Multiplicidade efetiva ou potencial de processos com idêntica questão de direito demonstrada pelo despacho da Ministra Presidente da Comissão Gestora de Precedentes e demais informações constantes dos autos dos processos repetitivos.

3. Determinação de suspensão do processamento de todos os processos, individuais ou coletivos, que versem sobre a mesma matéria, nos quais tenha havido a interposição de recurso especial ou de agravo em recurso especial, na segunda instância, ou que estejam em tramitação no Superior Tribunal de Justiça.

4. Recurso especial submetido à sistemática dos recursos repetitivos, estando em afetação conjunta o REsp n. 2.068.311/RS, REsp n. 2.069.623/SC e o REsp n. 2.070.015/RS.

**ACÓRDÃO**

Vistos, relatados e discutidos esses autos em que são partes as acima indicadas, acordam os Ministros da PRIMEIRA SEÇÃO do Superior Tribunal de Justiça, na conformidade dos votos e das notas taquigráficas, o seguinte resultado de julgamento: "A PRIMEIRA SEÇÃO, por unanimidade, afetou o processo ao rito dos recursos repetitivos (RISTJ, art. 257-C) para delimitar a seguinte tese controvertida: "decidir sobre a possibilidade de cômputo do aviso prévio indenizado como tempo de serviço para fins previdenciários." e, igualmente por unanimidade, suspendeu a tramitação de todos os processos, individuais ou coletivos, que versem sobre a mesma matéria, nos quais tenha havido a interposição de recurso especial ou de agravo em recurso especial, na segunda instância, ou que estejam em tramitação no STJ, respeitada, no último caso, a orientação prevista no art. 256-L do RISTJ, conforme proposta do Sr. Ministro Relator."

Os Srs. Ministros Benedito Gonçalves, Sérgio Kukina, Gurgel de Faria, Paulo Sérgio Domingues, Afrânio Vilela, Francisco Falcão e Herman Benjamin votaram com o Sr. Ministro Relator.

Eis a tese firmada pelo STJ no âmbito do tema repetitivo **1238** em 06/02/2025:

*Proclamação Final de Julgamento: Prosseguindo o julgamento, a Primeira Seção, por maioria, vencidos os Srs. Ministros Relator, Teodoro Silva Santos e Afrânio Vilela (voto-vista), deu provimento ao recurso especial, nos termos do voto do Sr.*

*Ministro Gurgel de Faria, que lavrará o acórdão (RISTJ, Art 52, II c/c IV). Foi aprovada, por maioria, a seguinte tese no tema repetitivo 1238:* ***"Não é possível o cômputo do período de aviso prévio indenizado como tempo de serviço para fins previdenciários".***

Em seguida a TNU modificou o tema 250:

| **Tema** | **250** | **Situação do tema** | **Revisado – Tema 1238/STJ** | **Ramo do direito** | **DIREITO PREVIDENCIÁRIO** |
|---|---|---|---|---|---|
| **Questão submetida a julgamento** | | Saber se o período de aviso prévio indenizado é válido para todos os fins previdenciários, inclusive como tempo de contribuição para obtenção de aposentadoria. | | | |
| **Tese firmada** | | Não é possível o cômputo do período de aviso prévio indenizado como tempo de serviço para fins previdenciários. (Tese firmada no Tema 1238/STJ) | | | |
| **Entendimento anterior** | | O período de aviso prévio indenizado é válido para todos os fins previdenciários, inclusive como tempo de contribuição para obtenção de aposentadoria. (tese revisada pelo Tema 1238/STJ) | | | |
| **Repetitivo STJ/ Repercussão geral** | | Tema 1238/STJ | | | |
| **Processo** | **Decisão de afetação** | **Relator (a)** | **Julgado em** | **Acórdão publicado em** | **Trânsito em julgado** |
| PEDILEF 0515850-48.2018.4. 05.8013/AL | 12/03/2020 | Juíza Federal Susana Sbrogio Galia | 25/2/2021 | 26/2/2021 | 06/12/2023 no STF (RE 1461964); 28/09/2023 no STJ (PUIL 2391/ DF) |

Por sua vez, é necessário honrar o parcelamento para que o período seja considerado para fins previdenciários. Acertadamente, o posicionamento do INSS é seguido pelo STJ:

> **STJ:** "PREVIDENCIÁRIO. AGRAVO REGIMENTAL NO RECURSO ESPECIAL. APOSENTADORIA POR TEMPO DE SERVIÇO. CONDIÇÕES. IMPLEMENTAÇÃO. CONTRIBUINTE INDIVIDUAL. CONTRIBUIÇÕES. RECOLHIMENTO. NECESSIDADE. 1. O reconhecimento do labor desenvolvido como contribuinte individual depende do recolhimento das contribuições correspondentes. 2. Quanto ao lapso temporal, este será computado para fins de concessão de benefício previdenciário desde que efetuado o pagamento da respectiva indenização. 3. **O parcelamento do débito não tem o condão de suprir a necessidade de implementação dos requisitos necessários ao deferimento do benefício de aposentadoria, o que ocorrerá com a devida quitação da dívida**. 4. Agravo regimental a que se nega provimento" (AgRg no REsp 1233270/PR, Rel. Ministro OG FERNANDES, SEXTA TURMA, julgado em 18/04/2013, DJe 29/04/2013).

Coube à **Lei 8.878/94** conceder ANISTIA aos servidores públicos civis e empregados da Administração Pública Federal direta, autárquica e fundacional, bem como aos empregados de empresas públicas e sociedades de economia mista sob controle da União que, **no período compreendido entre 16 de março de 1990 e 30 de setembro de 1992**, tenham sido:

> I – exonerados ou demitidos com violação de dispositivo constitucional ou legal;
>
> II – despedidos ou dispensados dos seus empregos com violação de dispositivo constitucional, legal, regulamentar ou de cláusula constante de acordo, convenção ou sentença normativa;
>
> III – exonerados, demitidos ou dispensados por motivação política, devidamente caracterizado, ou por interrupção de atividade profissional em decorrência de movimentação grevista.

Por sua vez, considerando que a Lei 8.878/94 **não previu na anistia o cômputo do período sem labor como tempo de contribuição**, este também não deve ser considerado. **Ao revés, a pretensão esbarra no artigo 6º da Lei 8.878/94:**

> *"Art. 6º A anistia a que se refere esta Lei só gerará efeitos financeiros a partir do efetivo retorno à atividade, vedada a remuneração de qualquer espécie em caráter retroativo".*

Veja-se a jurisprudência que vem rejeitando o cômputo previdenciário do período:

> *Tipo*
>
> *Acórdão*
>
> *Número*
>
> *2009.82.01.000866-5200982010008665*
>
> *Classe*
>
> *AC – Apelação Cível – 596277*
>
> *Relator(a)*
>
> *Desembargador Federal Edílson Nobre*
>
> *Origem*
>
> *TRIBUNAL – QUINTA REGIÃO*
>
> *Órgão julgador*
>
> *Quarta Turma*
>
> *Data*
>
> *24/10/2017*
>
> *Data da publicação*
>
> *27/10/2017*
>
> *Fonte da publicação*

*DJE – Data: 27/10/2017 – Página::83*

*Ementa*

*ADMINISTRATIVO. SERVIDOR. ANISTIA. LEI 8.878/94. CÔMPUTO DO PERÍODO DE AFASTAMENTO DA ATIVIDADE LABORAL PARA FINS DE APOSENTADORIA. EFEITOS FINANCEIROS RETROATIVOS. IMPOSSIBILIDADE. VEDAÇÃO LEGAL. APELAÇÃO IMPROVIDA. 1. Além de, às expressas, o art. 6º da Lei 8.878/94 excluir o pagamento de valores relacionados a período anterior ao retorno do administrado ao serviço público, a denegação do pleito se impõe: a) por a anistia em causa demandar criterioso estudo por parte da Administração; b) o reconhecimento da condição de anistiado não justifica, só por só, o retorno ao serviço, o qual, nos termos do art. 3º da Lei 8.878/94, requer a necessidade e a disponibilidade orçamentária e financeira da Administração.* ***2. Admitir o cômputo do tempo de afastamento para fins de aposentadoria, com o pagamento das correspondentes contribuições previdenciárias, como desejam os autores, significa, por via transversa, conferir efeito financeiro pretérito à anistia concedida nos termos da Lei 8.878/94, o que, como visto, é vedado legalmente****. 3. Apelação improvida. Honorários recursais fixados em 10% do valor que vier a ser apurado a título de honorários sucumbenciais, na forma fixada na sentença, observado o disposto no art. 98, parágrafo 3º do CPC.*

*Decisão*

*UNÂNIME*

*Tipo*

*Acórdão*

*Número*

*0007506-94.2012.4.03.61080007506942012403610 8*

*Classe*

*APELAÇÃO CÍVEL – 1932160 (ApCiv)*

*Relator(a)*

*DESEMBARGADOR FEDERAL BAPTISTA PEREIRA*

*Origem*

*TRF – TERCEIRA REGIÃO*

*Órgão julgador*

*DÉCIMA TURMA*

*Data*

*12/07/2016*

*Data da publicação*

*20/07/2016*

*Fonte da publicação*

*e-DJF3 Judicial 1 – DATA: 20/07/2016*

*Ementa*

*DIREITO PREVIDENCIÁRIO E PROCESSUAL CIVIL. AGRAVO INTERNO. REVISÃO DE APOSENTADORIA POR IDADE. LEI 8.878/94. ANISTIADO POLÍTICO. PREVISÃO APENAS DE REINTEGRAÇÃO AO SERVIÇO. ESPECIALIDADE DE PERÍODOS NÃO COMPROVADA. AGRAVO DESPROVIDO.* ***1. A Lei 8.878/94 não previu qualquer contagem de tempo de contribuição no período em que o autor esteve afastado do serviço e apenas deferiu a reintegração no serviço com efeitos financeiros a partir de então; não fazendo jus o autor à contagem como tempo de contribuição de 09/08/90 a 04/01/10.*** *2. O autor não exerceu atividades especiais nos períodos de 09/02/87 a 11/08/90, no cargo de engenheiro, pois, de acordo com a descrição de atividades era engenheiro responsável por elaborar estudos e projetos, não apontando o PPP qualquer agente insalubre a que esteve exposto; 12/06/92 a 07/08/92, no cargo de "engenheiro instalações PL", que não se enquadra no item 2.1.1 do Decreto 53.831/64, não apontando o PPP qualquer agente insalubre a que esteve exposto; 09/05/00 a 12/06/00, no cargo de técnico de manutenção, não provando o formulário a exposição a agentes insalubres. 3. Com a exclusão dos períodos de atividade especial de 09/02/87 a 10/08/90 e de 12/06/92 a 07/08/92, considerando-os como tempo comum, não faz jus o autor à revisão do benefício. 4. Agravo desprovido.*

Vale registrar, como de costume, que a lei do tempo deve reger o ato jurídico. Desse modo, as regras insertas no artigo 55 da Lei 8.213/91 devem lastrear o enquadramento do tempo de contribuição prestado sob a sua vigência, não possuindo efeitos retroativos.

Desta forma, ainda hoje na prática profissional previdenciária é necessário analisar períodos de atividade realizados ainda sob a égide da Previdência Social Urbana, devendo a análise jurídica ser perpetrada à luz da Lei 3.0807/1960 (LOPS) e dos Regulamentos de Época.

Nesse sentido, invocamos os períodos que devem ser considerados como tempo de serviço entre 24/1/1979 e a véspera da vigência da Lei 8.213/91, a teor do artigo 54, §2º, do Decreto 83.080/79:

***§ 2º São contados como tempo de serviço:***

*I – o período de exercício de atividade abrangida pela previdência social urbana ainda que anterior à sua instituição;*

*II – o período de contribuição em dobro na forma do artigo 8º*[12]*;*

12. Art. 8º O segurado afastado de atividade abrangida pela previdência social urbana pode manter essa qualidade, desde que passe a efetuar em dobro o pagamento mensal da contribuição na forma do Regulamento próprio.

§ 1º O pagamento a que se refere este artigo deve ser iniciado até o último dia do mês seguinte ao do fim dos prazos do artigo 7º, sob pena da perda da qualidade de segurado.

§ 2º O segurado que se vale da faculdade prevista neste artigo não pode interromper o pagamento das contribuições por mais de 12 (doze) meses consecutivos.

*III – o período em que o segurado esteve recebendo benefício por incapacidade entre períodos de atividade;*

*IV – o tempo de serviço militar, inclusive o voluntário, ainda que anterior à filiação do segurado à previdência social urbana, salvo se já contado para inatividade remunerada nas Forças Armadas ou Auxiliares, ou para aposentadoria no serviço público federal, estadual ou municipal;*

*V – o período em que a segurada esteve recebendo salário-maternidade;*

*VI – o tempo de serviço público federal, na forma dos artigos 201 e 428;*

*VII – o tempo de serviço público federal, estadual ou municipal, inclusive o prestado a autarquia ou a sociedade de economia mista ou fundação instituída pelo Poder Público, regularmente certificado na forma da Lei nº 3.841, de 15 de dezembro de 1960, desde que a respectiva certidão tenha sido requerida, na entidade a que o serviço foi prestado, até 30 de setembro de 1975, véspera do início da vigência da Lei nº 6.226, de 14 de julho de 1975".*

Note-se que a Previdência Urbana considerava como tempo de serviço até períodos de labor urbano antes da vigência da Lei 3.807/1960 desde que por categorias profissionais abarcadas na LOPS.

Nesta época já existia a figura do segurado facultativo da Previdência Urbana, cujo período era considerado como tempo de serviço, com fulcro no artigo 56 do Decreto 88.080/79[13].

### 3.5. Início de prova material contemporâneo para prova do tempo de contribuição

**IMPORTANTE!**
A comprovação do tempo de serviço ou de contribuição, inclusive mediante justificação administrativa ou judicial, só produzirá efeito quando baseada em início de prova material, não sendo admitida prova exclusivamente testemunhal, salvo na ocorrência de motivo de força maior ou caso fortuito, conforme previsão do artigo 55, §3º, da Lei 8.213/91.

Embora já se entendesse que a prova material precisava ser contemporânea ao período probando, a **Lei 13.846/19** inseriu a expressão em negrito:

*"§ 3º A comprovação do tempo de serviço para fins do disposto nesta Lei, inclusive mediante justificativa administrativa ou judicial, observado o disposto no art. 108,*

---

§ 3º Durante o prazo do § 2º o reinício do pagamento das contribuições fica condicionado à regularização das contribuições em atraso, com os acréscimos legais cabíveis.

13. Art. 56 – O período de filiação facultativa é contado como tempo de serviço em função das contribuições efetivamente recolhidas, observado o disposto no § 2º, do artigo 54. (Redação dada ao artigo pelo Decreto nº 87.374, de 08.07.1982, DOU 09.07.1982)

Nota: Assim dispunha o artigo alterado:

"Art. 56. O período de filiação facultativa prevista no item V do artigo 5º é contado como tempo de serviço em função das contribuições efetivamente recolhidas, observado o disposto no § 2º do artigo 54."

*só produzirá efeito quando for baseada em início de prova material* ***contemporânea dos fatos****, não admitida a prova exclusivamente testemunhal, exceto na ocorrência de motivo de força maior ou caso fortuito, na forma prevista no Regulamento".*

Essa regra de tarifação de prova remonta à época da Previdência Social Urbana, constando do artigo 32, §9º, da LOPS (Lei 3.807/1960), não sendo inovação da Lei 8.213/91:

*"§ 9º Não será admissível para cômputo de tempo de serviço prova exclusivamente testemunhal. (Incluído pelo Decreto-lei nº 66, de 1966)".*

> **STF**
> "A teor do disposto no § 3º do artigo 55 da Lei nº 8.213/91, o tempo de serviço há de ser revelado mediante início de prova documental, não sendo admitida, exceto ante motivo de força maior ou caso fortuito, a exclusivamente testemunhal. Decisão em tal sentido não vulnera os preceitos dos artigos 5º, incisos LV e LVI, 6º e 7º, inciso XXIV, da Constituição Federal" (RE 226.588, de 15.08.2000).

Caracteriza *motivo de força maior ou caso fortuito* a verificação de ocorrência notória, tais como incêndio, inundação ou desmoronamento, que tenha atingido a empresa na qual o segurado alegue ter trabalhado, devendo ser comprovada mediante registro da ocorrência policial feito em época própria ou apresentação de documentos contemporâneos dos fatos, e verificada a correlação entre a atividade da empresa e a profissão do segurado, na forma do artigo 143, §2º, do RPS.

Vale ressaltar que a jurisprudência tradicional do STF valida essa tarifação de prova, a exemplo do julgamento do RE 226.588, de 15.08.2000:

*"APOSENTADORIA – TEMPO DE SERVIÇO – PROVA EXCLUSIVAMENTE TESTEMUNHAL – INADMISSIBILIDADE COMO REGRA.* ***A teor do disposto no § 3º do artigo 55 da Lei nº 8.213/91, o tempo de serviço há de ser revelado mediante início de prova documental, não sendo admitida, exceto ante motivo de força maior ou caso fortuito, a exclusivamente testemunhal. Decisão em tal sentido não vulnera os preceitos dos artigos 5º, incisos LV e LVI, 6º e 7º, inciso XXIV, da Constituição Federal".***

Coube à **Lei 13.874/2019** criar a ***Carteira de Trabalho Digital***, autorizando o Ministério do Trabalho a emitir a CTPS preferencialmente em meio eletrônico. Excepcionalmente, poderá ser emitida em meio físico, desde que:

I – nas unidades descentralizadas do Ministério do Trabalho e Previdência que forem habilitadas para a emissão;

II – mediante convênio, por órgãos federais, estaduais e municipais da administração direta ou indireta;

III – mediante convênio com serviços notariais e de registro, sem custos para a administração, garantidas as condições de segurança das informações.

O **empregador terá o prazo de 5 (cinco) dias úteis para anotar na CTPS**, em relação aos trabalhadores que admitir, a data de admissão, a remuneração e as condições especiais, se houver, facultada a adoção de sistema manual, mecânico ou eletrônico.

Ademais, a Lei 13.874/2019 ainda previu que o Sistema de Escrituração Digital das Obrigações Fiscais, Previdenciárias e Trabalhistas (eSocial) será substituído, em nível federal, por sistema simplificado de escrituração digital de obrigações previdenciárias, trabalhistas e fiscais.

**Nos termos do Boletim 41, a TNU** "decidiu afetar o tema como representativo da controvérsia, com a seguinte questão controvertida: Saber se a anotação de vínculo empregatício realizada extemporaneamente em CTPS tem a serventia de início de prova material para fins previdenciários (art. 55, § 3º, da Lei 8.213/91) ou se depende de outros elementos materiais de prova a corroborá-la" (REPRESENTATIVO DE CONTROVÉRSIA – AFETAÇÃO TEMA N. 240 – PUIL n. 0500540-27.2017.4.05.8307/PE).

**STJ**

Frise-se que, de acordo com a **Súmula 242**, "cabe ação declaratória para reconhecimento de tempo de serviço para fins previdenciários".

É possível a comprovação do tempo de serviço ou de contribuição do segurado empregado com a apresentação da Carteira de Trabalho assinada na época do vínculo e sem rasuras, pois a prova documental precisa ser contemporânea.

Entretanto, o registro na CTPS não gera presunção absoluta de veracidade do registro, mas sim relativa, podendo ser desconstituída pela Previdência Social na hipótese de erro de preenchimento, fraude ou anotação extemporânea.

**TST**

Sobre o tema, pontifica a Súmula 12, do TST, que "as anotações apostas pelo empregador na Carteira Profissional do empregado não geram presunção *jure et de jure*, mas apenas *juris tantum*".

**STF**

Outrossim, diz a *Súmula 225, do STF*, que "não é absoluto o valor probatório das anotações da carteira profissional".

**TNU**

**Súmula 75** – "A Carteira de Trabalho e Previdência Social (CTPS) em relação à qual não se aponta defeito formal que lhe comprometa a fidedignidade goza de presunção relativa de veracidade, formando prova suficiente de tempo de serviço para fins previdenciários, ainda que a anotação de vínculo de emprego não conste no Cadastro Nacional de Informações Sociais (CNIS)".

Ao julgar o **Tema Repetitivo 240**, a TNU decidiu que a anotação em CTPS feita pelo empregador após o fim do contrato de trabalho será extemporânea, não servindo como prova material para fins do artigo 55, §3º, da Lei 8.213/91, se desacompanhada de outros elementos materiais contemporâneos para fazer a prova material legalmente tarifada:

| **Tema** | **240** | **Situação do tema** | **Julgado** | **Ramo do direito** | **DIREITO PREVIDENCIÁRIO** |
|---|---|---|---|---|---|
| **Questão submetida a julgamento** | **Saber se a anotação de vínculo empregatício realizada extemporaneamente em CTPS tem a serventia de início de prova material para fins previdenciários (art. 55, § 3º, da Lei 8.213/91) ou se depende de outros elementos materiais de prova a corroborá-la.** | | | | |
| **Tese firmada** | I) É extemporânea a anotação de vínculo empregatício em CTPS, realizada voluntariamente pelo empregador após o término do contrato de trabalho; (II) Essa anotação, desacompanhada de outros elementos materiais de prova a corroborá-la, não serve como início de prova material para fins previdenciários. | | | | |
| **Processo** | **Decisão de afetação** | **Relator (a)** | **Julgado em** | **Acórdão publicado em** | **Trânsito em julgado** |
| PEDILEF 0500540-27.2017.4.05.8307/PE | 06/11/2019 | Juiz Federal Ivanir César Ireno Júnior – para acórdão: Juiz Federal Atanair Nasser Ribeiro Lopes | 25/3/2021 | 26/3/2021 | - |

Por outro lado, conforme fixado no voto do Relator, acolhido pelo Colegiado neste ponto, **o Tema 240 TNU não tratou de anotação em CTPS decorrente de decisão da Justiça do Trabalho:**

> *"50. No que toca à **anotação extemporânea decorrente de sentença trabalhista**, a solução afirmada acima não pode ser aplicada, uma vez que para o caso específico existe sólida e dominante jurisprudência do STJ, que não pode ser tocada ou afrontada por essa TNU, no sentido de que **"a sentença trabalhista pode ser considerada como início de prova material, desde que prolatada com base em elementos probatórios capazes de demonstrar o exercício da atividade laborativa, durante o período que se pretende ter reconhecido na ação previdenciária."***

No entanto, no caso de vínculos anotados na CTPS e não registrados no CNIS, é necessário se promover uma investigação, podendo ter se verificado uma das seguintes hipóteses:

A) Trata-se de vínculo antigo anterior à criação do CNIS, razão pela qual não está registrado;

B) A empresa não inscreveu o segurado como seu trabalhador, normalmente com o objetivo de sonegar o recolhimento das contribuições previdenciárias;

C) O registro na CTPS é fraudulento e deve ser rejeitado.

Por sua vez, com acerto, a TNU (tema 199) **não admite a declaração extemporânea do ex-empregador** como prova material contemporânea na prova do vínculo de emprego:

<table>
<tr><th>Tema</th><th>199</th><th>Situação do tema</th><th colspan="2">Julgado</th><th>Ramo do direito</th><th>DIREITO PREVIDENCIÁRIO</th></tr>
<tr><td colspan="2">Questão submetida a julgamento</td><td colspan="5">Saber se a declaração extemporânea do ex-empregador pode ser tida como início de prova material para fins de contagem de tempo de serviço.</td></tr>
<tr><td colspan="2">Tese firmada</td><td colspan="5">A declaração extemporânea de ex-empregador não é documento hábil à formação do início de prova material necessário à comprovação de atividade laboral em determinado período.</td></tr>
<tr><td colspan="2">Processo</td><td>Decisão de afetação</td><td>Relator (a)</td><td>Julgado em</td><td>Acórdão publicado em</td><td>Trânsito em julgado</td></tr>
<tr><td colspan="2">PEDILEF 0503955-40.2011.4.05.8400/RN</td><td>-</td><td>Juiz Federal João Batista Lazzari</td><td>07/05/2014</td><td>23/05/2014</td><td>16/07/2014</td></tr>
</table>

### 3.6. Tempo de contribuição na regra do professor do ensino básico

Nos termos do artigo 19 da **Emenda 103/2019**, para os **professores do ensino básico** que possuam tempo de contribuição exclusivo nesta condição, deve ser observado o seguinte regramento:

**a) HOMENS: 60 anos de idade e tempo mínimo de contribuição de 25 anos como professor do ensino básico;**

**b) MULHERES: 57 anos de idade e tempo mínimo de contribuição de 25 anos como professora do ensino básico.**

**Importante:**
A regra comum permanente da aposentadoria programada exige 20 anos do homem e 15 anos de tempo de contribuição da mulher. Já a regra do professor do ensino básico exige **25 anos de tempo de contribuição de ambos esclusivamente no ensino básico**, sendo neste ponto mais rígida.

Também serão beneficiados os professores do ensino infantil, fundamental e médio que estejam exercendo atividades de **direção de unidade escolar, coordenação e assessoramento pedagógico**, a teor do artigo 1º, da Lei 11.301/2006.

Contra a Lei 11.301/2006 foi proposta a **ADI 3.772** pelo Procurador-Geral da República, sob o argumento de violação ao artigo 201, §8º, da Constituição Federal. Por sua vez, em 29.10.2008, o STF declarou a validade da referida norma, mas determinou a sua interpretação conforme a Constituição:

> *"I – A função de magistério não se circunscreve apenas ao trabalho em sala de aula, abrangendo também a preparação de aulas, a correção de provas, o atendimento aos pais e alunos, a coordenação e o assessoramento pedagógico e, ainda, a direção de unidade escolar.* ***II – As funções de direção, coordenação e assessoramento pedagógico integram a carreira do magistério, desde que exercidos, em estabelecimentos de ensino básico, por professores de carreira, excluídos os especialistas em educação****, fazendo jus aqueles que as desempenham ao regime especial de aposentadoria estabelecido nos arts. 40, § 5º, e 201, § 8º, da Constituição Federal. III – Ação direta julgada parcialmente procedente, com interpretação conforme, nos termos supra" (g.n.)*

Logo, para as atividades de direção de unidade escolar, coordenação e assessoramento pedagógico desenvolvidas por professor de carreira não têm mais aplicabilidade a **Súmula 726, do STF:**

> "Súmula 726 – Para efeito de aposentadoria especial de professores, não se computa o tempo de serviço prestado fora da sala de aula".

Registre-se que **o STF excluiu os especialistas em educação do direito à redução**, pois não se tratam de professores, pois não habilitados a ministrar aulas, sendo uma espécie de carreira de apoio ao magistério ou mesmo gestores da atuação dos professore caracterizando-se como profissionais de educação para administração, planejamento, inspeção, supervisão e orientação para a educação básica.

Posteriormente, o STF fixou a tese no tema 965 em 27/9/2017:

> ***"REPERCUSSÃO GERAL NO RECURSO EXTRAORDINÁRIO 1.039.644*** *SANTA CATARINA RELATOR: MIN. ALEXANDRE DE MORAES RECTE.(S) :MAGALI RUTE DOS SANTOS ADV.(A/S) :FELIPE ROEDER DA SILVA ADV. (A/S) :JOSE SERGIO DA SILVA CRISTOVAM RECDO.(A/S) :ESTADO DE SANTA CATARINA PROC.(A/S)(ES) :PROCURADOR-GERAL DO ESTADO DE SANTA CATARINA RECDO.(A/S) :INSTITUTO DE PREVIDÊNCIA DO ESTADO DE SANTA CATARINA – IPREV ADV.(A/S) :MELISSA AGUIAR BATTISTI PORTO EMENTA: CONSTITUCIONAL E ADMINISTRATIVO. RECURSO EXTRAORDINÁRIO. APOSENTADORIA ESPECIAL DOS PROFESSORES (CONSTITUIÇÃO, ART. 40, § 5 º). CONTAGEM DE TEMPO EXERCIDO DENTRO DA ESCOLA, MAS FORA DA SALA DE AULA.*
>
> *1. Revela especial relevância, na forma do art. 102, § 3º, da Constituição, a questão acerca do cômputo do tempo de serviço prestado por professor na escola em funções diversas da docência para fins de concessão da aposentadoria especial prevista no art. 40, § 5º, da Constituição.*

> ***2. Reafirma-se a jurisprudência dominante desta Corte nos termos da seguinte tese de repercussão geral: Para a concessão da aposentadoria especial de que trata o art. 40, § 5º, da Constituição, conta-se o tempo de efetivo exercício, pelo professor, da docência e das atividades de direção de unidade escolar e de coordenação e assessoramento pedagógico, desde que em estabelecimentos de educação infantil ou de ensino fundamental e médio.***
>
> *3. Repercussão geral da matéria reconhecida, nos termos do art. 1.035 do CPC. Jurisprudência do SUPREMO TRIBUNAL FEDERAL reafirmada, nos termos do art. 323-A do Regimento Interno".*

O caso concreto julgado pelo STF **afastou do cômputo diferenciado** para a aposentadoria de professor período em que o autor do processo exerceu a sua atividade na **secretaria da escola**:

> "Portanto, inteiramente acertado o acórdão recorrido **ao não considerar**, para fins da aposentadoria especial de que trata o art. 40, § 5º, da CF/88, **o tempo de exercício da parte autora na função de "responsável por Secretaria de Escola"**. Com efeito, as atividades arroladas nos Anexos II e III da Determinação de Providência 001/2012, da Procuradoria-Geral do Estado de Santa Catarina, **não se abrigam no conceito de magistério**. Apenas o tempo de exercício nos cargos e funções do Anexo I propicia a concessão da aposentadoria especial" (passagem do voto do Ministro Alexandre de Moraes).

Note-se que sempre deve ser avaliado o caso concreto com as atribuições das funções do cargo, sendo uma decisão que se aplica tanto ao RGPS quanto ao RPPS na aposentadoria do professor.

De acordo com o artigo 61 da Lei 9.394/1996, consideram-se **profissionais da educação escolar básica** os que, nela estando em efetivo exercício e tendo sido formados em cursos reconhecidos, são:

> I – professores habilitados em nível médio ou superior para a docência na educação infantil e nos ensinos fundamental e médio;
>
> II – trabalhadores em educação portadores de diploma de pedagogia, com habilitação em administração, planejamento, supervisão, inspeção e orientação educacional, bem como com títulos de mestrado ou doutorado nas mesmas áreas;
>
> III – trabalhadores em educação, portadores de diploma de curso técnico ou superior em área pedagógica ou afim.
>
> IV – profissionais com notório saber reconhecido pelos respectivos sistemas de ensino, para ministrar conteúdos de áreas afins à sua formação ou experiência profissional, atestados por titulação específica ou prática de ensino em unidades educacionais da rede pública ou privada ou das corporações privadas em que tenham atuado, exclusivamente para atender a formação técnica e profissional.
>
> V – profissionais graduados que tenham feito complementação pedagógica, conforme disposto pelo Conselho Nacional de Educação.

Registre-se que, mesmo que fora da sala de aula, o professor da educação básica em instituição desta natureza que apenas **elabora e corrige provas faz jus à regra especial de aposentação do professor**. Veja-se o STF:

> ***ARE 714566 AgR / MG – MINAS GERAIS***
>
> ***AG.REG. NO RECURSO EXTRAORDINÁRIO COM AGRAVO***
>
> ***Relator(a): Min. ROSA WEBER***
>
> ***Julgamento: 30/09/2014***
>
> ***Publicação: 14/10/2014***
>
> ***Órgão julgador: Primeira Turma***
>
> ***Publicação***
>
> *PROCESSO ELETRÔNICO DJe-200 DIVULG 13-10-2014 PUBLIC 14-10-2014*
>
> ***Partes***
>
> *AGTE.(S) : MUNICÍPIO DE BELO HORIZONTE PROC.(A/S)(ES) : PROCURADOR-GERAL DO MUNICÍPIO DE BELO HORIZONTE AGDO.(A/S) : NEREIDA ASSUNÇÃO CARVALHO ADV.(A/S) : EDUARDO MACHADO DIAS E OUTRO(A/S)*
>
> ***Ementa***
>
> *EMENTA DIREITO PREVIDENCIÁRIO. SERVIDOR PÚBLICO MUNICIPAL. APOSENTADORIA ESPECIAL. PROFESSOR. ATIVIDADES EXERCIDAS FORA DA SALA DE AULA. POSSIBILIDADE. ADI Nº 3.772/DF. JURISPRUDÊNCIA DESTA CORTE. ALEGAÇÃO DE VIOLAÇÃO DO ART. 5º, XXXVI, DA CONSTITUIÇÃO FEDERAL. ÂMBITO INFRACONSTITUCIONAL DO DEBATE. ACÓRDÃO RECORRIDO PUBLICADO EM 28.9.2011. O acórdão recorrido está em harmonia com a jurisprudência deste Supremo Tribunal Federal, firmada após decisão proferida no julgamento da ADI 3.772/DF, no sentido de que a aposentadoria especial concedida aos professores deve ser estendida àqueles que exerçam atividades relacionadas com a **correção de provas**, o atendimento aos pais e alunos, a preparação de aulas, a coordenação e o assessoramento pedagógico e a direção da unidade escolar. Precedentes. O exame da alegada ofensa ao art. 5º, XXXVI, da Constituição Federal dependeria da reelaboração da moldura fática delineada no acórdão regional e prévia análise da legislação infraconstitucional aplicada à espécie, o que refoge à competência jurisdicional extraordinária, prevista no art. 102 da Constituição Federal. Agravo regimental conhecido e não provido.*

Conquanto tenham direito a uma aposentadoria por tempo de contribuição com redutor de 05 anos, não se trata mais de atividade enquadrada como especial desde o advento da Emenda 18/1981.

Nesse sentido o CRPS:

> *JR/CRPS – ENUNCIADO Nº 9 – Alterado: Publicado no DOU de 12.11.2019*
>
> *O segurado que exerça funções de magistério, nos termos da Lei de Diretrizes Básicas da Educação, poderá ser considerado professor para fins de redução do tempo*

*de contribuição necessário à aposentadoria (B-57), observados os demais elementos de prova no caso concreto.*

*I – Consideram-se funções de magistério as efetivamente exercidas nas instituições de educação básica, incluídas, além do exercício da docência, as de direção de unidade escolar e as de coordenação e assessoramento pedagógico, inclusive nos casos de reintegração trabalhista transitada em julgado.*

*II – As funções de direção, coordenação e assessoramento pedagógico integram a carreira do magistério, desde que exercidas, em estabelecimentos de ensino básico, por professores de carreira, excluídos os especialistas em educação.*

*III – Os estabelecimentos de educação básica não se confundem com as secretarias ou outros órgãos municipais, estaduais ou distritais de educação.*

***IV – É vedada a conversão de tempo de serviço especial em comum na função de magistério após 09/07/1981, data da publicação da Emenda Constitucional nº 18/1981.***

O Supremo Tribunal Federal possui o mesmo entendimento do INSS pela vedação da referida conversão por não mais se tratar de atividade especial:

*"AGRAVO REGIMENTAL NO RECURSO EXTRAORDINÁRIO. ADMINISTRATIVO. CONTAGEM PROPORCIONAL DE TEMPO DE SERVIÇO EXERCIDO NO MAGISTÉRIO PARA FINS DE APOSENTADORIA COMUM. IMPOSSIBILIDADE. AGRAVO REGIMENTAL IMPROVIDO.*

*I – **Consoante a jurisprudência do STF, é vedada a contagem proporcional de tempo de serviço no magistério para fins de aposentadoria comum.** II – Agravo regimental improvido" (RE nº 486.155/MG-AgR, Primeira Turma, Relator o Ministro Ricardo Lewandowski, DJe de 1º/2/2011).*

*"AGRAVO REGIMENTAL. APOSENTADORIA COMUM. REGIME PRÓPRIO. **APROVEITAMENTO DE TEMPO DE SERVIÇO PRESTADO NO MAGISTÉRIO, MEDIANTE FATOR DE CONVERSÃO. IMPOSSIBILIDADE.** PRECEDENTES. É pacífica a jurisprudência desta Corte no sentido de que não é possível "fundir normas que regem a contagem do tempo de serviço para as aposentadorias normal e especial, contando proporcionalmente o tempo de serviço exercido em funções diversas", pois "a aposentadoria especial é a exceção, e, como tal, sua interpretação só pode ser restritiva" (ADI 178, rel. min. Maurício Corrêa, Tribunal Pleno, DJ 26.04.1996). Agravo regimental a que se nega provimento" (RE 288640 AgR, 1ª Turma, de 06.12.2011).*

*"Agravo regimental no recurso extraordinário. Previdenciário. **Magistério. Reconhecimento da aposentadoria de professor como especial após a EC nº 18/81. Impossibilidade.** Fator previdenciário. Constitucionalidade. Incidência do fator previdenciário no cálculo da renda mensal inicial de aposentadoria por tempo de contribuição de professor. Legislação infraconstitucional. Ofensa reflexa. Ausência de repercussão geral. Precedentes. 1. A jurisprudência da Corte é assente em que, a partir da Emenda Constitucional nº 18/81, a aposentadoria de professor passou a ser espécie de benefício por tempo de contribuição, com o requisito etário reduzido, e não mais uma aposentadoria especial. 2. O Supremo Tribunal Federal, no*

*julgamento da ADI nº 2.111/DF-MC, Relator o Ministro Sydney Sanches, concluiu pela constitucionalidade do fator previdenciário. 3. A Corte assentou a ausência de repercussão geral do tema relativo à incidência do fator previdenciário no cálculo da renda mensal inicial de aposentadoria por tempo de contribuição de professor quando reunidos os requisitos após a edição da Lei nº 9.876/1999, dado o caráter infraconstitucional da matéria. (RE nº 1.029.608/RS, Relator o Ministro Edson Fachin, DJe de 31/8/17 – Tema 960). 4. Agravo regimental não provido. 5. Majoração da verba honorária em valor equivalente a 10% (dez por cento) do total daquela já fixada (art. 85, §§ 2º, 3º e 11, do CPC), observada a eventual concessão do benefício da gratuidade da justiça"* ***(RE 1038116 AgR/RS – RIO GRANDE DO SUL, de 29/9/2017).***

Veja-se a atual posição da TNU **(tema 158)**:

| **Tema** | **158** | **Situação do tema** | **Julgado** | **Ramo do direito** | **DIREITO PREVIDENCIÁRIO** |
|---|---|---|---|---|---|
| **Questão submetida a julgamento** | Saber qual o termo final do reconhecimento da especialidade da atividade de magistério. | | | | |
| **Tese firmada** | **Não é possível a conversão de período laborado na atividade de professor em tempo comum após a Emenda Constitucional 18/81. Revisão do Tema 22.** | | | | |
| **Processo** | **Decisão de afetação** | **Relator (a)** | **Julgado em** | **Acórdão publicado em** | **Trânsito em julgado** |
| Processo n. 50109441320134047003 | - | JUIZ(A) FEDERAL KYU SOON LEE | 11/09/2014 | 26/09/2014 | 06/10/2014 |

No mesmo sentido o STJ:

> *"3. O Supremo Tribunal Federal, em julgado que se realizou sob o regime da repercussão geral, assentou a inexistência do direito à conversão do tempo de serviço especial em comum, prestado por professor, após a Emenda 18/1981: "Recurso extraordinário com agravo. Repercussão geral da questão constitucional reconhecida. Reafirmação de jurisprudência. 2. Direito Previdenciário. Magistério. Conversão do tempo de serviço especial em comum. 3. Impossibilidade da conversão após a EC 18/81. Recurso extraordinário provido." (ARE 703.550 RG, Relator: Min. Gilmar Mendes, julgado em 2/10/2014, Repercussão Geral – Mérito, p. 21-10-2014")* ***– (STJ, AR 4712 / RN, 1ª Seção, de 12/9/2018).***

De acordo com o entendimento do INSS, a aposentadoria do professor é uma espécie de aposentadoria por tempo de contribuição com redução em 05 anos no tempo de contribuição, não sendo uma espécie de aposentadoria especial, pois não se trata de exposição a agentes nocivos à saúde e nem de segurado deficiente (artigo 201, §1º, da Constituição Federal).

A função de magistério é a exercida por professores em estabelecimento de educação básica em seus diversos níveis e modalidades, bem como em cursos de formação autorizados e reconhecidos pelos Órgãos competentes do Poder Executivo Federal, Estadual, do Distrito Federal ou Municipal, nos termos da Lei de Diretrizes e Bases – LDB, Lei nº 9.394, de 1996, sendo a educação básica formada pela educação infantil, ensino fundamental e ensino médio nas modalidades presencial e a distância.

O STF vem considerando como tempo de contribuição de professor, para fins de redução em 05 anos, o período de ensino como "professor leigo", ou seja, sem habilitação específica, pois não descaracterizado o magistério no ensino básico[14].

De acordo com o artigo 214 da Instrução Normativa INSS 128/2022, alterado pela IN INSS 141/2022, considera-se como **tempo de contribuição para aposentadoria de professor** os seguintes períodos:

> I – os períodos desempenhados em entidade educacional de ensino básico em função de magistério:
>
> **a) como docentes, a qualquer título;**
>
> b) em funções de direção de unidade escolar, de coordenação e assessoramento pedagógico, desde que exercidos por professores admitidos ou contratados para esta função, **excluídos os especialistas em educação**; ou
>
> c) em atividades de administração, planejamento, supervisão, inspeção e orientação educacional, desde que exercidos por professores admitidos ou contratados para esta função, excluídos os especialistas em educação;
>
> II – de afastamento em decorrência de percepção de **benefício por incapacidade, entre períodos de atividade de magistério**, desde que à data do afastamento o segurado estivesse exercendo as atividades indicadas nas alíneas "a", "b" e "c" do inciso I;
>
> III – de afastamento em decorrência de percepção de benefício por incapacidade decorrente de acidente do trabalho:
>
> a) até 30 de junho de 2020, ainda que não seja intercalado com períodos de atividade de magistério, desde que à data do afastamento, o segurado estivesse exercendo as atividades indicadas nas alíneas "a", "b" e "c" do inciso I; e
>
> b) a partir de 1º de julho de 2020, data da publicação do Decreto nº 10.410, de 2020, somente se intercalado com períodos de atividade indicadas, nas alíneas "a", "b" e "c" do inciso I;
>
> IV – de **licença-prêmio no vínculo de professor**;
>
> V – os períodos de descanso determinados pela legislação trabalhista, inclusive **férias e salário-maternidade**; e

14. Vide AI 251058 / SP, Rel. Min. Marco Aurélio, de 18.10.1999.

VI – de professor auxiliar que exerce atividade docente, **nas mesmas condições do titular**.

Entende-se que a aposentadoria por tempo de contribuição do professor deveria contar com um custeio adicional das empresas, pois é antecipada em cinco anos de contribuição, em aplicação ao Princípio da Precedência da Fonte de Custeio e da Equidade do Custeio da Seguridade Social, assim como ocorre com a aposentadoria especial, posto que, em média, a Previdência Social irá permanecer pagando o benefício por mais anos do que aos demais segurados.

### 3.7. Período de carência

A carência não é um instituto constitucional. Deveria ter havido uma reforma na Lei 8.213/91 após a EC 103/2019, que ainda não ocorreu. Como a aposentadoria programada é a soma dos requisitos da aposentadoria por idade e tempo de contribuição, **tem base jurídicia a exigência de 180 contribuições de carência.**

Nesse sentido, o RPS:

> *"Art. 29. A concessão das prestações pecuniárias do Regime Geral de Previdência Social, ressalvado o disposto no art. 30, depende dos seguintes períodos de carência:*
>
> *...*
>
> *II – **cento e oitenta contribuições mensais**, nos casos de **aposentadoria programada**, por idade do trabalhador rural e especial; (Redação dada pelo Decreto nº 10.410, de 2020)".*

Vale registrar que para período de carência não são consideradas contribuições em atraso antes da primeira paga em dia ou após perda da qualidade de segurado, nos termos do artigo 27, inciso II[15], da Lei 8.213/91, para os segurados sem presunção de recolhimento de contribuição previdenciária, vedação que inexiste atualmente para cômputo do tempo de contribuição.

Tendo em vista que o regime jurídico anterior previa a carência de apenas 60 contribuições mensais, há uma regra de transição esculpida no artigo 142, da Lei 8.213/91, para o segurado **"inscrito"** na Previdência Social Urbana até 24 de julho de 1991, bem como para o trabalhador e o empregador rural cobertos pela Previdência Social Rural, pontificando que a carência da aposentadoria por idade obedecerá à seguinte tabela, **levando-se em conta o ano em**

15. Art. 27. Para cômputo do período de carência, serão consideradas as contribuições: (Redação dada pela Lei Complementar nº 150, de 2015) II – realizadas a contar da data de efetivo pagamento da primeira contribuição sem atraso, **não sendo consideradas para este fim as contribuições recolhidas com atraso referentes a competências anteriores**, no caso dos segurados contribuinte individual, especial e facultativo, referidos, respectivamente, nos incisos V e VII do art. 11 e no art. 13. (Redação dada pela Lei Complementar nº 150, de 2015)

**que o segurado implementou todas as condições necessárias à obtenção do benefício:**

| Ano de implementação das condições | Meses de contribuição exigidos |
|---|---|
| 1991 | 60 meses |
| 1992 | 60 meses |
| 1993 | 66 meses |
| 1994 | 72 meses |
| 1995 | 78 meses |
| 1996 | 90 meses |
| 1997 | 96 meses |
| 1998 | 102 meses |
| 1999 | 108 meses |
| 2000 | 114 meses |
| 2001 | 120 meses |
| 2002 | 126 meses |
| 2003 | 132 meses |
| 2004 | 138 meses |
| 2005 | 144 meses |
| 2006 | 150 meses |
| 2007 | 156 meses |
| 2008 | 162 meses |
| 2009 | 168 meses |
| 2010 | 174 meses |
| 2011 | 180 meses |

**Registre-se que a regra de transição do artigo 142 da Lei 8.213/91 é compatível com a Emenda 103/2019 e se aplica à aposentadoria programada, nos termos da extinta Portaria INSS 450/2020:**

> *"Art. 5º Fica mantida a carência disciplinada pela Lei nº 8.213, de 24 de julho de 1991, mantendo-se, assim, a exigência de 180 (cento e oitenta) contribuições mensais para as aposentadorias programáveis e de 12 (doze) contribuições para a aposentadoria por incapacidade permanente previdenciária, antiga aposentadoria por invalidez previdenciária, classificada como não-programável.*

*Parágrafo único. Para definição da carência, deve ser verificado o direito à aplicação da tabela progressiva prevista no art. 142 da Lei nº 8.213, de 1991".*

No mesmo sentido a Instrução Normativa INSS 128/2022:

*"Art. 199. Para fins de concessão das aposentadorias programáveis, a carência a ser considerada deverá observar:*

*I – se segurado inscrito até 24 de julho de 1991, véspera da publicação da Lei nº 8.213, de 1991, inclusive no caso de reingresso, a constante da tabela progressiva do art. 142 do mesmo dispositivo legal; e*

*II – se segurado inscrito a partir de 25 de julho de 1991, data de vigência da Lei nº 8.213, de 1991, 180 (cento e oitenta) contribuições mensais.*

*§ 1º Em se tratando de aposentadoria por idade, inclusive do trabalhador rural, para fins de atendimento do disposto no inciso I, o número de meses de contribuição da tabela progressiva a ser exigido para efeito de carência será o do ano em que for preenchido o requisito etário, ainda que a carência seja cumprida em ano posterior ao que completou a idade.*

***§ 2º O exercício de atividade rural anterior a novembro de 1991 será considerado para a utilização da tabela progressiva do art. 142 da Lei nº 8.213, de 1991".***

## 3.8. Segurados acobertados

**A aposentadoria programada alcançará quase todos os segurados do RGPS.** Até mesmo o contribuinte individual e o segurado facultativo que pagam alíquota simplificada com base no artigo 21, §2º, da Lei 8.212/91 terão acesso ao benefício, pois a exclusão legal é apenas para a aposentadoria por tempo de contribuição sem idade mínima.

Nesse mesmo sentido o Decreto 3.048/99 atualizado pelo Decreto 10.410/2020:

*Art. 51. A aposentadoria programada, uma vez cumprido o período de carência exigido, será devida ao segurado que cumprir, cumulativamente, os seguintes requisitos: (Redação dada pelo Decreto nº 10.410, de 2020).*

*I – sessenta e dois anos de idade, se mulher, e sessenta e cinco anos de idade, se homem; e (Incluído pelo Decreto nº 10.410, de 2020)*

*II – quinze anos de tempo de contribuição, se mulher, e vinte anos de tempo de contribuição, se homem. (Incluído pelo Decreto nº 10.410, de 2020)*

*§ 1º Para fins de apuração do tempo de contribuição a que se refere o inciso II do **caput**, é vedada a inclusão de tempo fictício. (Redação dada pelo Decreto nº 10.410, de 2020).*

***§ 2º O período pelo qual os segurados contribuinte individual e facultativo tiverem contribuído na forma prevista no art. 199-A será considerado como tempo de contribuição, observada a restrição estabelecida em seu § 2º. (Redação dada pelo Decreto nº 10.410, de 2020).***

...

*Art. 199-A. A partir da competência em que o segurado fizer a opção pela exclusão do direito ao benefício de aposentadoria por tempo de contribuição, é de onze por cento, sobre o valor correspondente ao limite mínimo mensal do salário-de-contribuição, a alíquota de contribuição: (Incluído pelo Decreto nº 6.042, de 2007).*

*I – do segurado contribuinte individual, que trabalhe por conta própria, sem relação de trabalho com empresa ou equiparado; (Incluído pelo Decreto nº 6.042, de 2007).*

*II – do segurado facultativo, observado o disposto no inciso II do § 1º; e (Redação dada pelo Decreto nº 10.410, de 2020)*

*III – até a competência abril de 2011, do MEI, de que trata o § 26 do art. 9º, cuja contribuição deverá ser recolhida na forma regulamentada em ato do Comitê Gestor do Simples Nacional. (Redação dada pelo Decreto nº 10.410, de 2020)*

*§ 1º A alíquota de contribuição de que trata o* ***caput*** *é de cinco por cento: (Redação dada pelo Decreto nº 10.410, de 2020)*

*I – a partir da competência maio de 2011, para o MEI, de que trata o § 26 do art. 9º, cuja contribuição deverá ser recolhida na forma regulamentada em ato do Comitê Gestor do Simples Nacional; e (Incluído pelo Decreto nº 10.410, de 2020)*

*II – a partir da competência setembro de 2011, para o segurado facultativo sem renda própria que se dedique exclusivamente ao trabalho doméstico no âmbito de sua residência, desde que pertencente a família de baixa renda, observado o disposto no § 5º. (Incluído pelo Decreto nº 10.410, de 2020)*

*§ 2º O segurado, inclusive aquele com deficiência, que tenha contribuído na forma do* ***caput*** *e do § 1º e pretenda contar o tempo de contribuição correspondente para fins de obtenção de aposentadoria por tempo de contribuição ou de contagem recíproca do tempo de contribuição deverá complementar a contribuição mensal. (Redação dada pelo Decreto nº 10.410, de 2020)*

*§ 3º A complementação de que trata o § 2º será feita por meio do recolhimento da diferença entre o percentual pago e o de vinte por cento sobre o valor correspondente ao limite mínimo mensal do salário de contribuição em vigor na competência a ser complementada, acrescido dos juros moratórios de que trata o § 3º do art. 5º da Lei nº 9.430, de 27 de dezembro de 1996. (Redação dada pelo Decreto nº 10.410, de 2020)*

*§ 4º A contribuição complementar referida nos § 2º e § 3º será exigida a qualquer tempo, sob pena do indeferimento ou do cancelamento da certidão emitida para fins de contagem recíproca ou da aposentadoria por tempo de contribuição, observado o disposto no art. 347-A. (Incluído pelo Decreto nº 10.410, de 2020)*

*§ 5º Para fins do disposto no inciso II do § 1º, considera-se de baixa renda a família inscrita no Cadastro Único para Programas Sociais do Governo Federal – CadÚnico cuja renda mensal seja de até dois salários-mínimos. (Incluído pelo Decreto nº 10.410, de 2020)*

*§ 6º O segurado facultativo que auferir renda própria não poderá recolher contribuição na forma prevista no § 1º, exceto se a renda for proveniente, exclusivamente,*

*de auxílios assistenciais de natureza eventual e temporária e de valores oriundos de programas sociais de transferência de renda, observado o disposto no § 5º. (Incluído pelo Decreto nº 10.410, de 2020)".*

Por exceção, **somente o segurado especial não terá acesso ao benefício, salvo se possuir contribuições sobre o salário de contribuição**. É que a filiação automática do segurado especial com presunção de recolhimento sobre produção rural não gera tempo de contribuição para fins de aposentadorias, somente tendo acesso à aposentadoria por idade rural dentre as aposentadorias voluntárias.

### 3.9. Renda mensal

No que concerne à renda mensal, enquanto não editada a lei de regulamentação, deve ser aplicado o regramento do artigo 26 da Emenda 103/2019. Como se trata de benefício substituto do salário de contribuição, a renda mínima será de um salário mínimo.

Para os **HOMENS**, o valor do benefício de aposentadoria corresponderá a **sessenta por cento da média aritmética das 100% das remunerações/salários de contribuição, com acréscimo de 2% para cada ano que ultrapassar os 20 anos de contribuição:**

| HOMENS<br>TEMPO DE CONTRIBUIÇÃO | COEFICIENTE |
|---|---|
| 20 anos | 60% |
| 21 anos | 62% |
| 22 anos | 64% |
| 23 anos | 66% |
| 24 anos | 68% |
| 25 anos | 70% |
| 26 anos | 72% |
| 27 anos | 74% |
| 28 anos | 76% |
| 29 anos | 78% |
| 30 anos | 80% |
| 31 anos | 82% |
| 32 anos | 84% |

| HOMENS TEMPO DE CONTRIBUIÇÃO | COEFICIENTE |
|---|---|
| 33 anos | 86% |
| 34 anos | 88% |
| 35 anos | 90% |
| 36 anos | 92% |
| 37 anos | 94% |
| 38 anos | 96% |
| 39 anos | 98% |
| 40 anos | 100% |

Assim, se um segurado (homem) do RGPS tiver apenas 25 anos de tempo de contribuição, a renda do benefício será de 70% da média de todos os salários de contribuição desde o Plano Real (7/1994), respeitada a idade mínima referida e a renda não inferior a um salário mínimo.

Curioso notar que, **intencionalmente**, o artigo 26 da Emenda 103/2019 não limita a média de todos os salários de contribuição do segurado a 100%, de modo que o segurado que possuir mais de 40 anos de tempo de contribuição poderá fazer jus a uma aposentadoria por idade e tempo de contribuição que ultrapasse a 100% da média de salários de contribuição desde o Plano Real (competência 7/1994), a exemplo:

| HOMENS TEMPO DE CONTRIBUIÇÃO | COEFICIENTE |
|---|---|
| 41 anos | 102% |
| 42 anos | 104% |
| 43 anos | 106% |
| 44 anos | 108% |
| 45 anos | 110% |
| **E assim sucessivamente** | E assim sucessivamente |

Para **a aposentadoria da MULHER** existe uma regra diferenciada de cálculo da renda mensal no artigo 26, §5º[16], da Emenda 103/2019, que prevê a

16. § 5º O acréscimo a que se refere o *caput* do § 2º será aplicado para cada ano que **exceder quinze anos** de tempo de contribuição para os segurados de que tratam a alínea "a" do inciso I do art. 19 e do inciso I do art. 21 e **para as mulheres filiadas ao Regime Geral de Previdência Social**.

**progressão a contar de 15 anos**, e não de 20 anos de contribuição em todos os casos:

| MULHERES TEMPO DE CONTRIBUIÇÃO | COEFICIENTE |
|---|---|
| 15 anos | 60% |
| 16 anos | 62% |
| 17 anos | 64% |
| 18 anos | 66% |
| 19 anos | 68% |
| 20 anos | 70% |
| 21 anos | 72% |
| 22 anos | 74% |
| 23 anos | 76% |
| 24 anos | 78% |
| 25 anos | 80% |
| 26 anos | 82% |
| 27 anos | 84% |
| 28 anos | 86% |
| 29 anos | 88% |
| 30 anos | 90% |
| 31 anos | 92% |
| 32 anos | 94% |
| 33 anos | 96% |
| 34 anos | 98% |
| 35 anos | 100% |
| E assim sucessivamente | E assim sucessivamente |

Dessa forma, o coeficiente mínimo será de 60% e o máximo não está limitado pela legislação constitucional transitória.

Poderão ser **excluídas da média as contribuições que resultem em redução do valor do benefício**, desde que mantido o tempo mínimo de contribuição exigido, vedada a utilização do tempo excluído para qualquer finalidade, para a averbação em outro regime previdenciário ou para a obtenção dos proventos de inatividade dos militares.

Até o advento da Lei 13.183/2015, o fator previdenciário era sempre compulsório no cálculo do salário de benefício da aposentadoria por tempo de contribuição.

Após essa regra, foi criada uma exceção consistente no sistema de pontuação 85/95 (mulheres/homens), que progrediu na pontuação 86/96 em 31.12.2018.

No entanto, com a extinção da aposentadoria por tempo de contribuição sem idade mínima pela ***Emenda 103/2019*****, regra de pontuação 86/96, que consta(va) do artigo 29-C da Lei 8.213/91**, tornando flexível o fator previdenciário no cálculo da aposentadoria por tempo de contribuição, **não foi recebida pela reforma constitucional**, que extinguiu a regra permanente da aposentadoria por tempo de contribuição sem idade mínima que consta(va) da Lei 8.213/91, **ressalvada a formação do *direito adquirido* à mencionada pontuação até o dia da publicação da Emenda**.

Daí que para os antigos segurados que no dia da publicação da Emenda 103/2019 não tinham ainda adquirido o direito à pontuação do artigo 29-C da Lei 8.213/91, resta o enquadramento nas regras de transição constitucionais.

Considerando que a aposentadoria por incapacidade permanente é um benefício renunciável por não se tratar de aposentadoria programada e que o período de sua percepção é considerado como tempo de contribuição se intercalado por contribuições (art. 55, II, Lei 8.213/91), é possível a sua renúncia com ulterior pagamento de uma contribuição previdenciária na hipótese de o segurado já possuir idade mínima, tempo de contribuição e período de carência da aposentadoria programada.

Inclusive, em determinadas situações haverá elevação de renda mensal em decorrência da elevação do coeficiente do benefício, a exemplo de um homem que se aposentou por incapacidade permanente após a Emenda 103/2019 com vinte anos de tempo de contribuição e renda mensal de 60% do salário de benefício por não se tratar de acidente de trabalho.

Suponha-se que dez anos depois ele integralize os requisitos da aposentadoria programada e renuncie à aposentadoria por incapacidade permanente, tendo um ganho de coeficiente na renda da aposentadoria voluntária de 20%, considerando que 10 anos de tempo de contribuição geram o cômputo de 2% no coeficiente a cada ano.

Dessa forma, a aposentadoria por incapacidade permanente correspondia a 60% do salário de benefício, ao passo que a aposentadoria programada corresponderá a 80% do salário de benefício. Se o mesmo for feito após 20 anos, a renda passará para 100% do salário de benefício. Após 25 anos, para 110% do salário de benefício e assim sucessivamente.

**No entanto, a TNU possui posicionamento em sentido contrário:**

> **PUIL n. 00111315320224058300/PE**
>
> **Assunto:**
>
> APOSENTADORIA POR IDADE URBANA. RENÚNCIA À APOSENTADORIA POR INCAPACIDADE PERMANENTE.
>
> **Ementa:**
>
> PREVIDENCIÁRIO. PEDIDO DE UNIFORMIZAÇÃO NACIONAL. CONVERSÃO DE BENEFÍCIO POR INCAPACIDADE PERMANENTE EM APOSENTADORIA POR IDADE. POSSIBILIDADE. AUSÊNCIA DE DESAPOSENTAÇÃO OU REAPOSENTAÇÃO. FIXAÇÃO DE TESE. incidência da questão de ordem nº 20 desta tnu. anulação do acórdão. devolução dos autos à origem para adequação. pedido de uniformização PARCIALMENTE provido.
>
> **Tese fixada: "Admite-se a renúncia à aposentadoria por incapacidade permanente para fins de concessão de aposentadoria voluntária, desde que o segurado já tenha preenchido os requisitos para a nova aposentadoria, vedado o cômputo de contribuições vertidas após a concessão do benefício renunciado para fins de carência ou tempo de contribuição"**
>
> Pedido de Uniformização PARCIALMENTE provido.
>
> **Julgado em 14/05/2025**

Veja-se a fundamentação com trecho do voto vista vencedor da lavra do Juiz Federal Ivanir Ireno:

> *"9. Quanto ao mérito, cumpre traçar um breve retrospecto da legislação e da jurisprudência do Superior Tribunal de Justiça (STJ) acerca da conversão — ou transformação — da aposentadoria por invalidez em aposentadoria por idade. A Lei nº 5.890/1973 previa expressamente essa conversão automática, nos seguintes termos:*
>
> *Art 8º A aposentadoria por velhice será concedida ao segurado que, após haver realizado 60 (sessenta) contribuições mensais, completar 65 (sessenta e cinco) anos de idade, quando do sexo masculino, e 60 (sessenta) anos de idade, quando do feminino, e consistirá numa renda mensal calculada na forma do § 1º do artigo 6º desta lei.*
>
> *§ 1º A data do início da aposentadoria por velhice será a da entrada do respectivo requerimento ou a do afastamento da atividade por parte do segurado, se posterior àquela.*
>
> *§ 1º A data do início da aposentadoria por velhice será a da entrada do respectivo requerimento. (Redação dada pela Lei nº 6.887, de 1980)*
>
> *§ 2º Serão automaticamente convertidos em aposentadoria por velhice o auxílio-doença e a aposentadoria por invalidez do segurado que completar 65 (sessenta e cinco) ou 60 (sessenta) anos de idade, respectivamente, se do sexo masculino ou feminino.*

*§ 3º A aposentadoria por velhice poderá ser requerida pela empresa, quando o segurado houver completado 70 (setenta) anos de idade, ou 65 (sessenta e cinco), respectivamente, se do sexo masculino ou feminino, sendo nesse caso compulsória, garantida ao empregado a indenização prevista nos artigos 478 e 479, da Consolidação das Leis do Trabalho e paga pela metade.*

*10. A Lei nº 8.213/1991 não abordou expressamente essa matéria. Entretanto, até a entrada em vigor do Decreto nº 6.722/2008, o Decreto nº 3.048/1999 autorizava a transformação da aposentadoria por invalidez em aposentadoria por idade, desde que requerida pelo segurado e observado o cumprimento da carência exigida na data de início do benefício a ser transformado (ou seja, a aposentadoria por invalidez).*

*Art. 55. A aposentadoria por idade poderá ser decorrente da transformação de aposentadoria por invalidez ou auxílio-doença, desde que requerida pelo segurado, observado o cumprimento da carência exigida na data de início do benefício a ser transformado. (Revogado pelo Decreto nº 6.722, de 2008).*

*11. O STJ, ao que parece, tem se mostrado contrário à transformação na vigência da Lei 8.213/91:*

*PROCESSUAL CIVIL E PREVIDENCIÁRIO. AÇÃO RESCISÓRIA. ERRO DE FATO E VIOLAÇÃO LITERAL DE DISPOSIÇÃO DE LEI. ART. 485, V E IX, DO CPC. CONVERSÃO DE APOSENTADORIA POR INVALIDEZ EM APOSENTADORIA POR IDADE. POSSIBILIDADE NA VIGÊNCIA DA LEI N. 5.890/73.*

*1. Acórdão rescindendo fundado nas seguintes assertivas: a) rege-se a aposentadoria pela lei vigente à data da respectiva concessão; b) o autor teve concedida a aposentadoria por invalidez durante a vigência da Lei n. 5.890/73; c) entretanto, somente veio a atingir a idade necessária à conversão pleiteada durante a vigência do novo regramento instituído pela Lei n. 8.213/91.*

*2. O erro de fato, na espécie, é evidente, dependendo a sua comprovação de simples aferição da data de nascimento do autor, constante da cópia do documento de identidade.*

*3. A literalidade da norma invocada (art. 8º, § 2º, da Lei n. 5.890/73) não permite outra interpretação, senão a de que é automática a conversão da aposentadoria por invalidez em aposentadoria por idade, tão logo completados os 65 (sessenta e cinco) anos de idade, se homem.*

*4. Pedido da ação rescisória procedente.*

*(AR n. 2.281/RN, relator Ministro Rogerio Schietti Cruz, Terceira Seção, julgado em 8/10/2014, DJe de 4/12/2014.)*

*PREVIDENCIÁRIO. RECURSO ESPECIAL. CONVERSÃO DA APOSENTADORIA POR INVALIDEZ EM APOSENTADORIA POR IDADE. REQUISITO ETÁRIO PREENCHIDO NA VIGÊNCIA DA LEI 8.213/1991. DESCABIMENTO. CÔMPUTO DO TEMPO PARA FINS DE CARÊNCIA. INEXISTÊNCIA DE CONTRIBUIÇÃO EM PERÍODO INTERCALADO. IMPOSSIBILIDADE. PRECEDENTES. RECURSO ESPECIAL NÃO PROVIDO.*

*1. A Lei 8.213/1991 não contemplou a conversão de aposentadoria por invalidez em aposentadoria por idade.*

*2. É possível a consideração dos períodos em que o segurado esteve em gozo de auxílio-doença ou de aposentadoria por invalidez como carência para a concessão de aposentadoria por idade, se intercalados com períodos contributivos.*

*3. Na hipótese dos autos, como não houve retorno do segurado ao exercício de atividade remunerada, não é possível a utilização do tempo respectivo.*

*4. Recurso especial não provido.*

*(REsp n. 1.422.081/SC, relator Ministro Mauro Campbell Marques, Segunda Turma, julgado em 24/4/2014, DJe de 2/5/2014.)*

*AGRAVO REGIMENTAL. RECURSO ESPECIAL. PREVIDENCIÁRIO. APOSENTADORIA POR INVALIDEZ. CONVERSÃO EM APOSENTADORIA POR IDADE. IMPOSSIBILIDADE. CONDIÇÃO FÁTICA IMPLEMENTADA NA VIGÊNCIA DA LEI 8.213/91.*

*A concessão de benefício previdenciário rege-se pela lei vigente ao tempo em que o beneficiário preencheu as condições exigidas.*

*Se a condição fática, ter o autor 65 anos, sobreveio à vigência da Lei nº 8.213/91, o pedido não merece guarida, visto que a lei vigente não contemplou a conversão de aposentadoria por invalidez em aposentadoria por idade.*

*Agravo regimental a que se nega provimento.*

*(AgRg no REsp n. 441.779/RN, relator Ministro Paulo Medina, Sexta Turma, julgado em 31/8/2005, DJ de 24/10/2005, p. 391.)*

*12. Não obstante os julgados do Superior Tribunal de Justiça mencionados — que remontam ao ano de 2014 —, entendo que o arcabouço normativo atualmente vigente, conforme se demonstrará a seguir, autoriza a renúncia à aposentadoria por incapacidade permanente, desde que não sejam computadas, para fins de carência ou tempo de contribuição, contribuições vertidas após a data de início da aposentadoria renunciada. Caso essa condição seja descumprida, estar-se-á diante de hipótese de desaposentação, vedada pelo Tema 503 do Supremo Tribunal Federal, cujo entendimento somente pode ser superado por meio de lei.*

*13. Em primeiro lugar, é certo que a aposentadoria por incapacidade permanente é passível de renúncia, conforme se extrai, a contrário sensu, do §1º do art. 181-B do Decreto nº 3.048/1999, já transcrito anteriormente.*

*14. Em segundo lugar, destaca-se que a Portaria DIRBEN nº 992/2022, que trata da manutenção dos benefícios no âmbito do Regime Geral de Previdência Social (RGPS), expressamente autoriza a renúncia ao benefício, sem prejuízo da análise e eventual concessão de nova aposentadoria, ainda que de espécie diversa. Com a devida vênia, transcrevo os dispositivos pertinentes da referida Portaria:*

*Seção VIII*

*Desistência de Benefício*

*Art. 123. As aposentadorias concedidas pela previdência social são irreversíveis e irrenunciáveis.*

*Art. 124. O segurado poderá desistir do seu pedido de aposentadoria desde que manifeste essa intenção e requeira o arquivamento definitivo do pedido antes da ocorrência de um dos seguintes atos:*

*[...]*

*Art. 125. Uma vez solicitado o cancelamento do benefício e adotados os procedimentos mencionados no artigo anterior, o benefício não poderá ser restabelecido.*

*Art. 126. É possível, ao segurado, renunciar ao benefício de aposentadoria por incapacidade permanente, auxílio por incapacidade temporária, auxílio-acidente e auxílio suplementar. Também é possível a renúncia à percepção de sua cota individual, cota de benefício, de pensão por morte e de auxílio-reclusão, inclusive se concedido ou mantido por determinação judicial.*

*Parágrafo único. Nas situações do caput, para a efetivação do cancelamento do benefício, deverão ser adotadas as seguintes providências:*

*I – o pedido deve ser formalizado através de requerimento do Serviço "Solicitar Desistência de Benefício", através do Portal "Meu INSS" ou pela "Central 135";*

*II – quando o requerente for beneficiário de aposentadoria por incapacidade permanente deverá, necessariamente, ser encaminhado para avaliação médico pericial, a fim de verificar a permanência, ou não, da invalidez;*

*III – quando se tratar de benefício de auxílio por incapacidade temporária, com Data de Cessação do Benefício – DCB decorrente de análise médico pericial, o segurado deve ser encaminhado, necessariamente, para nova avaliação médico pericial, a fim de verificar a permanência, ou não, da incapacidade;*

*IV – mesmo que o resultado da perícia, tanto no benefício de auxílio de incapacidade temporária como no benefício de aposentadoria por incapacidade permanente, seja pela continuidade, o benefício deverá ser cessado na data da solicitação, haja vista o direito de renúncia;*

*V – se o segurado, requerente da renúncia, estiver em gozo do benefício de auxílio por incapacidade temporária, em período de manutenção não decorrente de decisão médico pericial, ou seja, benefício com Data de Cessação Administrativa – DCA ou com Data de Cessação de Benefício – DCB, com perícia de prorrogação automática do sistema, o benefício poderá ser cessado na data da solicitação por "desistência escrita do titular do benefício", sendo dispensada a realização do exame médico pericial;*

*VI – o beneficiário de pensão por morte ou de auxílio-reclusão poderá solicitar a renúncia de sua cota individual, inclusive se concedido ou mantido por determinação judicial;*

*VII – a renúncia aos benefícios constantes neste artigo se dá em relação à percepção pecuniária, não prejudicando a análise de benefício futuro, da mesma ou de outra espécie;*

*VIII – após a efetivação da renúncia, o benefício poderá ser reativado somente por decisão judicial ou recursal;*

*IX – em todas as situações dispostas nos incisos do caput, verificado recebimento de períodos após a DCB do benefício, deverá ser criada a tarefa de "Admissibilidade de Indícios de Irregularidade" com o devido apontamento dos indícios identificados.*

*15. Os atos normativos mencionados não violam preceitos constitucionais ou legais, tampouco conflitam com entendimentos vinculantes firmados pelo Supremo Tribunal Federal ou pelo Superior Tribunal de Justiça. Limitam-se a conferir interpretação sistemática, fundamentada e razoável à legislação previdenciária no que tange à possibilidade de renúncia e à concessão de novo benefício. Nesse contexto, a posição adotada pela Administração deve ser prestigiada, não sendo lógico nem coerente que o Poder Judiciário adote postura diversa e mais restritiva sobre a matéria.*

*16. Em síntese, desde que não sejam computadas, para fins de carência ou tempo de contribuição, as contribuições vertidas após a data de início da aposentadoria por incapacidade permanente, é juridicamente possível a renúncia a esse benefício, com vistas à concessão de nova aposentadoria voluntária ou programada — seja por idade, seja por tempo de contribuição —, nos termos das regras de direito adquirido, de transição ou da regra permanente previstas na Emenda Constitucional nº 103/2019.*

*17. Proposta de tese de julgamento:*

*Admite-se a renúncia à aposentadoria por incapacidade permanente para fins de concessão de aposentadoria voluntária, desde que o segurado já tenha preenchido, na data do requerimento, os requisitos para a nova aposentadoria, vedado o cômputo de contribuições vertidas após a concessão do benefício renunciado para fins de carência ou tempo de contribuição."*

*18. Em face do exposto, voto por DAR PARCIAL PROVIMENTO ao pedido de uniformização, com retorno dos autos à Turma Recursal de Origem para adequação do julgado, conforme a tese acima fixada".*

**Não vejo a conversão como possível. Mas a renúncia da aposentadoria por invalidez com ulterior recolhimento para intercalar, seguido de novo requerimento para uma aposentadoria voluntária, não vejo fundamento jurídico para impedir o cômputo do período de percepção do benefício por incapacidade para fins de carência e tempo de contribuição.**

### 3.10. Data de início do benefício

Uma vez realizada a idade mínima, tempo de contribuição e a carência, o benefício será devido desde a data de entrada do requerimento no INSS. **No caso do segurado empregado, a data de início do benefício será a do desligamento do emprego, se requerida até 90 dias.**

Caso não haja desligamento do emprego ou se requerida depois de transcorridos 90 dias da extinção do vínculo empregatício, o benefício será devido desde o requerimento administrativo.

### 3.11. Dispensa de qualidade de segurado

Por força do artigo 3º, §1º, da Lei 10.666/2003, **a perda da qualidade de segurado não será considerada para a concessão da aposentadoria por idade**, desde que o segurado conte com, no mínimo, o tempo de contribuição correspondente ao exigido para efeito de carência na data do requerimento do benefício. Essa regra é plenamente compatível com a EC 103/2019.

Logo, não é preciso que uma pessoa mantenha a qualidade de segurada para se aposentar por idade e tempo de contribuição, desde que preencha os demais requisitos legais.

### 3.12. Aposentadoria por idade compulsória nas estatais

A **Emenda 103/2019** passou a prever a **aposentadoria compulsória por idade** dos **empregados públicos**.

É que o artigo 201 da Constituição Federal passou a contar com o §16, que previu que *"os empregados dos consórcios públicos, das empresas públicas, das sociedades de economia mista e das suas subsidiárias serão* ***aposentados compulsoriamente****, observado o cumprimento do tempo mínimo de contribuição, ao atingir a idade máxima de que trata o inciso II do § 1º do art. 40, na forma estabelecida em lei"*.

Após prever que a aposentadoria no RGPS é causa de extinção do contrato de trabalho para o ocupante de emprego ou função pública, nos termos do artigo 37, §14[17], da Constituição, a Emenda 103/2019 ainda instituiu a **aposentadoria compulsória dos empregados públicos** dos entes da Administração Pública, na forma estabelecida em **lei**.

É feita remissão ao inciso II do § 1º do art. 40, que prevê aposentadoria por idade compulsória no RPPS "aos 70 (setenta) anos de idade, ou aos 75 (setenta e cinco) anos de idade, na forma de lei complementar".

Entende-se que esta regra não possui aplicação imediata, pois não possui todos os elementos de aplicação para a vigência imediata, não sendo bastante em si mesma (eficácia limitada).

Tanto que o dispositivo aduz ***"na forma estabelecida em lei"***, que deve fixar a idade em 70 ou 75 anos, bem como o tempo mínimo de contribuição que deverá ser cumprido para o deferimento da aposentadoria compulsória

17. § 14. A aposentadoria concedida com a utilização de tempo de contribuição decorrente de cargo, emprego ou função pública, inclusive do Regime Geral de Previdência Social, acarretará o rompimento do vínculo que gerou o referido tempo de contribuição.

por idade, além dos demais requisitos para a concessão do benefício pelo INSS no RGPS.

A tese desta obra foi adotada pelo Decreto 10.410/2020, que atualizou o Regulamento da Previdência Social (Decreto 3.048/99), que não regulamentou a aposentadoria por idade compulsória das estatais, visto que é necessário que seja editada lei de regulamentação.

No entanto, **a posição da Consultoria Jurídica do Ministério da Previdência Social foi no sentido da aplicação, ao RGPS, das regras da LC 152/2015**, que rege a aposentadoria compulsória no RPPS:

> ***"PARECER n. 00011/2024/CONJUR-MPS/CGU/AGU***
>
> ***NUP: 19975.114090/2021-69***
>
> ***INTERESSADOS: DEPARTAMENTO DE PROVIMENTO EMOVIMENTAÇÃO DE PESSOAL – DEPRO/SGP***
>
> ***ASSUNTOS: ACORDO DE COOPERAÇÃO TÉCNICA** EMENTA: CONSULTA. REGIMEGERAL DE PREVIDÊNCIA SOCIAL – RGPS.EMPREGADO PÚBLICO. APOSENTADORIACOMPULSÓRIA. ART. 201, § 16 DACONSTITUIÇÃO FEDERAL DE 1988.*
>
> ***I** – Consulta acerca da autoaplicabilidade do § 16 do art.201, da Constituição Federal de 1988, introduzido pela Emenda Constitucional nº 103, de 12 de novembro de 2019, que trouxe o instituto da aposentadoria compulsória para os empregados dos consórcios públicos, das empresas públicas, das sociedades de economia mista e das suas subsidiárias.*
>
> ***II** – Da leitura do dispositivo constitucional, é possível constatar que todos os elementos mínimos necessários à produção de efeitos positivos e negativos da norma constitucional já se encontram presentes, na medida em que se extrai as condições mínimas para a aplicação da aposentadoria compulsória, qual seja: a)ser empregado de consórcio público, empresa pública, sociedade de economia mista e suas subsidiárias; b)cumprir o tempo mínimo de contribuição exigido; e c) idade máxima de que trata o inciso II do § 1º do art. 40.*
>
> ***III** – Trata-se de norma constitucional de eficácia contida e aplicabilidade imediata, mas passível de restrição e que, enquanto não restringida, tem aplicabilidade integral, como se fosse uma norma constitucional de eficácia plena.*
>
> ***IV** – A Lei Complementar nº 152, de 2015, se aplica aos empregados públicos dos consórcios públicos, das empresas públicas, das sociedades de economia mista e das suas subsidiária, pois abarcados pelo seu art. 1º, na medida em que a utilização da expressão "agentes públicos" demonstra a intenção da norma de abarcar todas as pessoas físicas que prestam serviços ao Estado e às pessoas jurídicas da Administração Indireta; servindo o detalhamento do seu art. 2º, apenas para indicar quais agentes públicos que, no momento da sua edição, se submetiam ao instituto da aposentadoria compulsória;*
>
> ***V** – Atingido o tempo de contribuição, mas não a idade, não há falar em aposentadoria compulsória, outrossim, atingida a idade, mas não possuindo o tempo*

*mínimo de contribuição, o empregado deverá permanecer em atividade até que o segundo requisito seja satisfatoriamente adimplido, pois somente com a conjugação de ambos é que se perfectibiliza o instituto trazido pelo § 16 do art. 201 da Constituição Federal de 1988".*

*Data venia*, posição é equivocada, sendo imprescindível lei especifica para a regulamentação da aposentadoria compulsória dos empregados das estatais no RGPS para regular vários pontos que a LC 152/2015 não versa, a exemplo de:

**A)** No RGPS as aposentadorias exigem carência, diferentemente do RPPS. O que será aplicado?

**B)** No RPPS a aposentadoria compulsória aos 75 anos de idade não exige tempo mínimo de contribuição. O que será aplicado?

**C)** Qual a fórmula de renda mensal do benefício será aplicada?

O próprio INSS, na via administrativa, ainda não concede a aposentadoria compulsória aos 75 anos dos empregados das estatais.

A questão será julgada pelo STF no âmbito do **tema 1390** em repercussão geral (**RE 1519008**):

> *"O acórdão recorrido assentou que, após o advento da EC 103/2019, deve ocorrer rescisão compulsória do contrato de trabalho do empregado público que completa 75 anos de idade. Confira-se a ementa:*
>
> *"ADMINISTRATIVO. EMPREGADO PÚBLICO. 75 ANOS OU MAIS. APOSENTADORIA COMPULSÓRIA. POSSIBILIDADE. ART. 40, §1º E 201, § 16 DA CONSTITUIÇÃO. VERBAS RESCISÓRIAS. INDEVIDAS. APELO DESPROVIDO.*
>
> *1. Trata-se de apelação do particular contra sentença que julgou improcedente o seu pedido de reintegração em decorrência de sua demissão por possuir mais de 75 (setenta e cinco) anos de idade e ser aposentada desde 10/02/1988, em obediência ao art. 201, §16 da Constituição com as alterações da Emenda nº 103/2019.*
>
> *2. Na sentença, o magistrado consignou que a demandante obteve aposentadoria por tempo de serviço, concedida pelo INSS em 10.02.98, cerca de 21 anos antes da publicação da EC nº 103/2019, porém o fato de ter completado 75 anos inviabiliza a sua permanência no serviço público e legitima o seu afastamento compulsório.*
>
> *3. O cerne da questão debatida nos autos consiste em aferir a possibilidade de reintegrar à apelante ao emprego do qual foi dispensada em decorrência de ter atingido 75 anos de idade.*
>
> *4. De acordo com as alterações introduzidas pela Emenda nº 103/2019 os ocupantes de empregos públicos com 75 anos que tenham cumprido o tempo mínimo de contribuição para a obtenção da aposentadoria devem ser compulsoriamente desligados do cargo, nos termos dos arts. 40, II, § 1º e 20, § 16 da Constituição.*
>
> *5. O § 16 do art. 201 da Constituição estatui que os empregados dos consórcios públicos, das empresas públicas, das sociedades de economia mista e das suas*

*subsidiárias serão aposentados compulsoriamente, observado o cumprimento do tempo mínimo de contribuição, ao atingir a idade máxima de que trata o inciso II do § 1º do art. 40, na forma estabelecida em lei.*

*6. Por sua vez, o § 1º do art. 40 da Lei Maior dispõe que os servidores titulares de cargos efetivos serão aposentados compulsoriamente, com proventos proporcionais ao tempo de contribuição, aos 70 (setenta) anos de idade, ou aos 75 (setenta e cinco) anos de idade, na forma de lei complementar*

*7. Na espécie, observa-se que a recorrente obteve a concessão de aposentadoria por tempo de contribuição pelo Regime Geral da Previdência Social em 19/11/1997, cf. id. 4058300.25655931. Por sua vez, o contrato de trabalho foi rescindido em 24/10/2022, quando a requerente completou 75 anos, cf. id. 4058300.25655928 e 4058300.25655933.*

*9. A empregada se aposentou em 1997 pelo Regime Geral de Previdência Social, mas manteve o contrato de trabalho ativo até 24/10/2022, quando foi extinto pela empresa em razão de aposentadoria compulsória por idade, nos termos do § 16 do art. 201 da Constituição.*

*10. Mostra-se legítima, portanto, a rescisão contratual promovida pela CONAB, mormente porque o fato de o empregado estar aposentado desde 1997 e ter permanecido com o contrato de trabalho ativo, não obsta a incidência da aposentadoria compulsória, conforme art. 201, § 16 da Constituição.*

*11. Registro, por oportuno, que a despeito de a aposentadoria ter ocorrido em 1997, anteriormente a vigência da emenda nº 103/2019, tal fato não impede a rescisão do contrato de trabalho por ter atingido a idade máxima de permanência no emprego, afastando-se a incidência da tese firmada pelo tema 606 de repercussão geral, segundo a qual 'A natureza do ato de demissão de empregado público é constitucional-administrativa e não trabalhista, o que atrai a competência da Justiça comum para julgar a questão. A concessão de aposentadoria aos empregados públicos inviabiliza a permanência no emprego, nos termos do art. 37, § 14, da CRFB, salvo para as aposentadorias concedidas pelo Regime Geral de Previdência Social, até a data de entrada em vigor da Emenda Constitucional nº 103/09, nos termos do que dispõe seu art. 6º.'*

*12. Rejeita-se o pleito de pagamento de aviso prévio e multa de 40% do FGTS, haja vista que tais parcelas são pagas apenas nos casos de dispensa sem justa causa, não sendo devidas na hipótese de extinção de contrato de trabalho prevista em lei, tal como ocorre no caso dos autos.*

*13. Apelo desprovido. Honorários recursais em 2% sobre o valor arbitrado na sentença." (eDOC 12/ID: fa2ede87, p. 8-9)*

*Nas razões recursais, aponta-se violação aos arts. 37, § 14; 40, § 1º, II; e 201, § 16, do texto constitucional. (eDOC 18/ID: 297040a5)*

*Salienta-se que a recorrente é aposentada pelo RGPS desde 1998 e que seguiu rabalhando na Conab até 24.10.2022, ocasião em que foi dispensada, com fundamento na aposentadoria compulsória, prevista na EC 103/2019.*

*Defende-se que, nos termos da jurisprudência do Supremo Tribunal Federal, a aposentadoria compulsória não é aplicável aos empregados públicos e que as alterações da EC 103/2019 não podem ser aplicadas retroativamente a aposentadorias concedidas antes de sua vigência, conforme o art. 6º da própria emenda.*

*Pede-se, ao final, "o provimento do recurso extraordinário no sentido de modificar o r. acórdão proferido pelo Colendo TRF da 5ª Região, para que seja determinada a reintegração da recorrente (com o restabelecimento do plano de saúde e pagamento dos salários vencidos e vincendos até a efetivação da medida), ou, alternativamente, que lhe sejam pagas as verbas rescisórias nos termos da peça de ingresso". (eDOC 18/ID: 297040a5, p. 15)*

*A Procuradoria-Geral da República manifesta-se pelo provimento do recurso, em parecer ementado nos seguintes termos:*

*"Recurso Extraordinário. Direito Constitucional e Previdenciário. Reintegração de empregada pública aposentada pelo Regime Geral de Previdência Social. Aposentadoria compulsória de empregado público. Artigo 201, §16, da Constituição Federal. Redação dada pela Emenda Constitucional nº 103/2019. Norma de eficácia limitada. Ausência de norma regulamentadora atinente aos empregados públicos. Irretroatividade da norma introduzida pela EC nº 103/2019 referente às relações jurídicas consolidadas antes da entrada em vigor da referida emenda. Parecer pelo provimento do recurso extraordinário."*

***É o relatório.***

*Preliminarmente, considero atendidos os requisitos de admissibilidade do recurso extraordinário. Como se verá adiante, a matéria nele deduzida apresenta indubitável cunho constitucional, sendo certo ainda que a parte recorrente impugnou, de forma fundamentada, todos os argumentos veiculados no acórdão recorrido.*

*Extrai-se dos autos que a ora recorrente aposentou-se pelo Regime Geral de Previdência Social, em 10.2.1998, mas manteve o contrato de trabalho ativo até 24.10.2022, quando foi extinto compulsoriamente pela Companhia Nacional de Abastecimento (Conab), uma vez que ela contava mais de 75 anos de idade.*

*Por esse motivo, ajuizou ação, julgada improcedente pelo Juízo de primeiro grau (eDOC 8/ID c9d7ce81). Cito trecho da sentença:*

*"No caso em tela, como se observa na carta de concessão acosta aos autos sob o id. nº 25655931, a demandante obteve aposentadoria por tempo de serviço, concedida pelo INSS em 10.02.98, cerca de 21 anos antes da publicação da EC 103/2019, o que atrai a aplicabilidade do Tema 606/STF acima transcrito, que afasta a regra estabelecida pela reforma da previdência aos empregados públicos aposentados em data anterior à vigência da referida Emenda Constitucional.*

*Entretanto, quanto ao afastamento compulsório da autora por possuir idade superior a 75 anos, não assiste razão à autora. É que, com a reforma promovida pela EC 103/2019, a aposentadoria compulsória dos servidores públicos restou estendida aos empregados públicos, de modo que a mesma lei que regulamentava a situação destes se aplica àqueles."*

*Interposto recurso de apelação, o Tribunal Regional Federal da 5ª Região negou-lhe provimento. A Corte de origem consignou a validade da rescisão contratual promovida pela Conab, considerando o implemento da idade de 75 anos da empregada, consoante o disposto na EC 103/2019. Nesses termos, colho trecho do acórdão recorrido:*

*"O cerne da questão debatida nos autos consiste em aferir a possibilidade de reintegrar à apelante ao emprego do qual foi dispensada em decorrência de ter atingido 75 anos de idade.*

*De acordo com as alterações introduzidas pela Emenda nº 103/2019 os ocupantes de empregos públicos com 75 anos que tenham cumprido o tempo mínimo de contribuição para a obtenção da aposentadoria são compulsoriamente desligados do cargo.*

*O § 16 do art. 201 da Constituição estatui que os empregados dos consórcios públicos, das empresas públicas, das sociedades de economia mista e das suas subsidiárias serão aposentados compulsoriamente, observado o cumprimento do tempo mínimo de contribuição, ao atingir a idade máxima de que trata o inciso II do § 1º do art. 40, na forma estabelecida em lei.*

*Por sua vez, o § 1º do art. 40 da Lei Maior dispõe que os servidores titulares de cargos efetivos serão aposentados compulsoriamente, com proventos proporcionais ao tempo de contribuição, aos 70 (setenta) anos de idade, ou aos 75 (setenta e cinco) anos de idade, na forma de lei complementar*

*Na espécie, verifica-se que a recorrente se aposentou em 1997 pelo Regime Geral de Previdência Social, mas manteve o contrato de trabalho ativo junto à CONAB até 24/10/2022, quando foi extinto pela empresa em razão de ter atingido a idade máxima para permanência em empresa pública, nos termos do § 16 do art. 201 da Constituição, cf. id. 4058300.25655928, 4058300.25655933 e 4058300.25655931.*

*Mostra-se legítima, portanto, a rescisão contratual promovida pela CONAB, mormente porque o fato de o empregado estar aposentado desde 1997 e ter permanecido com o contrato de trabalho ativo, não obsta a incidência da aposentadoria compulsória, conforme art. 201, § 16 da Constituição.*

*(...)*

*Registro, por oportuno, que a despeito de a aposentadoria ter ocorrido em 1997, anteriormente a vigência da emenda nº 103/2019, tal fato não impede a rescisão do contrato de trabalho por ter atingido a idade máxima de permanência no emprego, a situação descrita nos autos não se amolda à tese firmada pelo tema 606 de repercussão geral, cujo teor tenho por bem reproduzir:*

*'A natureza do ato de demissão de empregado público é constitucional-administrativa e não trabalhista, o que atrai a competência da Justiça comum para julgar a questão. A concessão de aposentadoria aos empregados públicos inviabiliza a permanência no emprego, nos termos do art. 37, § 14, da CRFB, salvo para as aposentadorias concedidas pelo Regime Geral de Previdência Social, até a data de entrada em vigor da Emenda Constitucional nº 103/09, nos termos do que dispõe seu art. 6º.'*

*(...)" (eDOC 12/ID: fa2ede87, p. 2-3)*

*Cumpre registrar que o Supremo Tribunal Federal havia firmado orientação no sentido de que a aposentadoria compulsória caberia apenas aos servidores efetivos, não se aplicando às demais funções públicas cujo vínculo seja diverso, tais como notariais, empregados públicos e servidores ocupantes de cargo em comissão.*

*Confiram-se os seguintes precedentes de ambas as Turmas desta Corte, que igualmente afastavam a compulsoriedade da aposentadoria para empregados públicos:*

*"AGRAVO REGIMENTAL EM RECURSO EXTRAORDINÁRIO COM AGRAVO. INTERPOSIÇÃO EM 30.04.2019. EMPREGADO PÚBLICO CELETISTA. AUTARQUIA MUNICIPAL. APOSENTADORIA COMPULSÓRIA. ART. 40, § 1º, II, DA CF. INAPLICABILIDADE AOS SERVIDORES DO REGIME GERAL DE PREVIDÊNCIA. ADI 2.602. PRECEDENTES.* ***1. O entendimento adotado pelo Tribunal de origem está em divergência com a jurisprudência deste Supremo Tribunal, no sentido de que, à luz do art. 40, § 1º, II da Constituição Federal, no caso de empregado público celetista, não se aplica a regra constitucional da aposentadoria compulsória, a qual se destina aos titulares de cargo efetivo, orientação extraída do julgamento da ADI 2.602, redator para o acórdão Min. Eros Grau, pelo Plenário desta Suprema Corte e de outros precedentes sobre o tema.*** *2. Agravo regimental a que se nega provimento, com previsão de aplicação da multa prevista no art. 1.021, § 4º, CPC. Incabível a aplicação do disposto no art. 85, § 11, do CPC, em virtude da ausência de fixação de honorários pelo Tribunal de origem." (ARE 1.091.313 AgR, Rel. Min. Edson Fachin, Segunda Turma, DJe 9.10.2019; grifo nosso)*

*"DIREITO DO TRABALHO. AGRAVO INTERNO EM RECURSO EXTRAORDINÁRIO COM AGRAVO.* ***EMPREGADO PÚBLICO CELETISTA. AUTARQUIA MUNICIPAL. APOSENTADORIA COMPULSÓRIA. ART. 40, § 1º, II, DA CF. INAPLICABILIDADE AOS SERVIDORES DO REGIME GERAL DE PREVIDÊNCIA. PRECEDENTES. 1. A orientação jurisprudencial do Supremo Tribunal Federal é no sentido de que, no caso de empregado público celetista, não se aplica a regra constitucional da aposentadoria compulsória, a qual se destina a servidores públicos titulares de cargos efetivos em sentido estrito.*** *2. Agravo interno a que se nega provimento." (ARE 1.049.570 AgR, Rel. Min. Roberto Barroso, Primeira Turma, DJe 23.6.2020; grifo nosso)*

*Todavia, a EC 103/2019, ao incluir o § 16 no art. 201 da Constituição Federal, estendeu a aposentadoria compulsória também as empregados públicos, nos seguintes termos:*

*"§ 16. Os* ***empregados*** *dos consórcios públicos, das empresas públicas, das sociedades de economia mista e das suas subsidiárias* ***serão aposentados compulsoriamente****, observado o cumprimento do tempo mínimo de contribuição, ao atingir a idade máxima de que trata o inciso II do § 1º do art. 40,* ***na forma estabelecida em lei****".*

*É de se salientar que têm surgido certos questionamentos acerca da eficácia do referido dispositivo. Há decisões desta Corte proferidas no sentido de que o referido dispositivo depende de regulamentação legal para sua aplicação, por se tratar de norma de eficácia limitada. Nesse sentido, cito: ARE 1.533.068 ED, Rel. Min. Edson Fachin, DJe 28.2.2025; RE 1.519.018, Rel. Min André Mendonça, DJe 22.11.2024.*

*Por outro lado, também há posicionamentos no sentido de ser desnecessária qualquer complementação para a aplicação do dispositivo constitucional. Confira-se:*

*"Direito Constitucional e Administrativo. Agravo interno em suspensão de liminar. Aposentadoria compulsória em empresa pública. Negativa de provimento. I. Caso em exame 1. Agravo interno contra decisão que julgou procedente o pedido de suspensão de liminar. 2. A medida de contracautela tem por objeto acórdão que determinou a empresa pública mantenedora de hospital que (i) reintegre empregados despedidos por terem completado a idade prevista para a aposentadoria compulsória e (ii) deixe de rescindir qualquer contrato de trabalho por esse motivo. II. Questão em discussão 3. Discute-se a presença dos requisitos que autorizam a concessão de medida de contracautela (grave lesão à ordem e à saúde públicas). III. Razões de decidir 4. Os empregados associados à agravante estão afastados do serviço desde 2022, já havendo outros profissionais admitidos para desempenhar as respectivas funções. Em tal contexto, o cumprimento imediato de ordem de reintegração ainda sujeita a recurso representaria significativa desorganização administrativa para a empresa pública agravada, que administra hospital que presta serviços ao Sistema Único de Saúde. 5. Em juízo mínimo de probabilidade quanto à tese jurídica em discussão, próprio das medidas de contracautela,* ***observo que a Emenda Constitucional nº 103/2019 estendeu a regra da aposentadoria compulsória para os empregados de empresas públicas (art. 201, § 16, da Constituição Federal). O novo dispositivo tem densidade normativa suficiente para ser desde logo aplicado, sem prejuízo da edição superveniente de lei sobre o tema.*** *IV. Dispositivo 6. Agravo interno a que se nega provimento. __________ Atos normativos citados: Constituição Federal, art. 201, § 16; Lei nº 8.437/1992, art. 4º." (SL 1.701 AgR, Rel. Min. Luís Roberto Barroso (Presidente), Tribunal Pleno, DJe 14.3.2025; grifo nosso)*

***A controvérsia posta nos autos gira em torno da aplicabilidade imediata ou não do disposto no § 16 do art. 201 da Constituição Federal.***

***Dessa forma, verifica-se que a controvérsia constitucional não se restringe ao caso concreto descrito no recurso. A solução, dada por meio da decisão definitiva deste Tribunal, produzirá norma cuja hipótese de incidência abarcará todos os empregados públicos que já completaram ou estão na iminência de completar 75 anos de idade.***

*Além de o assunto alcançar, certamente, grande número de interessados, apresenta também evidente relevância jurídica, de forma que se faz necessária a manifestação desta Corte para a pacificação da matéria.*

***Ante o exposto, manifesto-me pela existência de matéria constitucional e de repercussão geral da controvérsia referente à aplicação imediata do art. 201, § 16º, da Constituição Federal, que prevê a rescisão compulsória do contrato de trabalho do empregado público que atinge 75 anos de idade".***

CAPÍTULO

4

# APOSENTADORIA PROGRAMADA (POR IDADE) HÍBRIDA

## 4.1. PERÍODO DE CARÊNCIA

Para a integralização da carência, caso o trabalhador rural tenha que computar período no qual se enquadrava em outra categoria, não será aplicada a redução de idade em 05 anos, na forma do *artigo 48, §3º, da Lei 8.213/91*. Trata-se da popular **aposentadoria por idade híbrida**, em que se permite a soma da carência rural com urbana.

Este benefício passou a ser previsto com o advento da Lei 11.718/2008, com a soma de carência urbana e rural, mas sem o redutor de 05 anos na idade que vigorava à época:

> *"§ 2º Para os efeitos do disposto no § 1º deste artigo, o trabalhador rural deve comprovar o efetivo exercício de atividade rural, ainda que de forma descontínua, no período imediatamente anterior ao requerimento do benefício, por tempo igual ao número de meses de contribuição correspondente à carência do benefício pretendido, computado o período a que se referem os incisos III a VIII do § 9º do art. 11 desta Lei. (Redação dada pela Lei nº 11,718, de 2008)*
>
> ***§ 3º Os trabalhadores rurais de que trata o § 1º deste artigo que não atendam ao disposto no § 2º deste artigo, mas que satisfaçam essa condição, se forem considerados períodos de contribuição sob outras categorias do segurado, farão jus ao benefício ao completarem 65 (sessenta e cinco) anos de idade, se homem, e 60 (sessenta) anos, se mulher. (Incluído pela Lei nº 11,718, de 2008)"***

Até o advento da Lei 11.718/2008, a Lei 8.213/91 (art. 48) não possuía previsão expressa para a junção do período de carência urbano e rural para a concessão da aposentadoria por idade em favor do trabalhador rural que não possuísse as 180 contribuições previdenciárias ou 180 meses no caso do seguro especial na condição de trabalhador rural, ou mesmo período menor na hipótese da regra de transição do artigo 142 da Lei 8.213/91:

> *"Art. 48. A aposentadoria por idade será devida ao segurado que, cumprida a carência exigida nesta Lei, completar 65 (sessenta e cinco) anos de idade, se homem, e 60 (sessenta), se mulher. (Redação dada pela Lei nº 9.032, de 1995)*
>
> *§ 1º Os limites fixados no caput são reduzidos para sessenta e cinqüenta e cinco anos no caso de trabalhadores rurais, respectivamente homens e mulheres, referidos na alínea a do inciso I, na alínea g do inciso V e nos incisos VI e VII do art. 11. (Redação Dada pela Lei nº 9.876, de 26.11.99)*
>
> *§ 2º Para os efeitos do disposto no § 1º deste artigo, o trabalhador rural deve comprovar o efetivo exercício de atividade rural, ainda que de forma descontínua, no período imediatamente anterior ao requerimento do benefício, por tempo igual ao número de meses de contribuição correspondente à carência do benefício pretendido, computado o período a que se referem os incisos III a VIII do § 9º do art. 11 desta Lei. (Redação dada pela Lei nº 11.718, de 2008)*
>
> ***§ 3º Os trabalhadores rurais de que trata o § 1º deste artigo que não atendam ao disposto no § 2º deste artigo, mas que satisfaçam essa condição, se forem considerados períodos de contribuição sob outras categorias do segurado, farão jus ao benefício ao completarem 65 (sessenta e cinco) anos de idade, se homem, e 60 (sessenta) anos, se mulher. (Incluído pela Lei nº 11.718, de 2008)***
>
> *4§º Para efeito do § 3º deste artigo, o cálculo da renda mensal do benefício será apurado de acordo com o disposto no inciso II do caput do art. 29 desta Lei, considerando-se como salário-de-contribuição mensal do período como segurado especial o limite mínimo de salário-de-contribuição da Previdência Social. (Incluído pela Lei nº 11.718, de 2008)"*

O texto legal veio a beneficiar o trabalhador rural que não tinha a carência integralmente rural, mas a tinha se unido período de carência urbana. No entanto, a redução em 5 anos no requisito idade não é aplicado, tendo sido acolhido o parâmetro urbano da idade: 65 anos para os homens e 60 anos para as mulheres.

Registre-se que **todos os trabalhadores rurais poderão se beneficiar da aposentadoria por idade híbrida**: empregados rurais, trabalhadores avulsos rurais, **segurados especiais** e contribuintes individuais rurais.

Outra questão que deve ser enfrentada é a extensão da aposentadoria por idade híbrida aos garimpeiros e pescadores artesanais, haja vista que a Lei 11.718/2008 apenas se referiu aos trabalhadores rurais, sendo que aqueles também possuem direito à redução em cinco anos na idade, acaso integralizem carência de 180 recolhimentos mensais nessa condição.

Acredita-se que o artigo 48, §3º, da Lei 8.213/91 deva ser interpretado de acordo com a finalidade da norma, que foi a de permitir a carência urbana ser somada à rural sem a redução na idade, razão pela qual aposentadoria por idade híbrida deverá abarcá-los por isonomia.

## 4.2. DISPENSABILIDADE DA MANUTENÇÃO DA QUALIDADE DE TRABALHADOR RURAL NA DATA DE ENTRADA DO REQUERIMENTO – ACP Nº 5038261-15.2015.4.04.7100/RS

**É possível denominar a aposentadoria por idade como híbrida quando há reunião neste benefício de carência rural e urbana pelo trabalhador rural sem a redução constitucional da idade que veio a beneficiar os trabalhadores rurais.**

É um benefício misto, que agrega simultaneamente as características da aposentadoria urbana e rural, não possuindo expressa previsão constitucional, mas apenas legal, adotando o legislador a idade urbana para a aposentadoria voluntária por idade.

De acordo com o entendimento do extinto Ministério da Previdência Social, através do Parecer 19/2013/CONJUR-MPS/CGU/AGU, aprovado pela Portaria nº 264/2013/MPS, a aposentadoria prevista no artigo 48, § 3º, da Lei nº 8.213/1991, tem natureza de benefício rural, de modo que o preenchimento de seus requisitos deve se dar enquanto o segurado detém a qualidade de trabalhador rural, devendo comprovar o efetivo exercício de atividade rural, por tempo equivalente ao da carência, no período imediatamente anterior ao requerimento do benefício.

Ademais, o disposto no § 4º do artigo 51 do RPS autorizava a formulação do requerimento da aposentadoria do art. 48, § 3º, da Lei nº 8.213, o segurado que, tendo preenchido seus requisitos ainda enquanto trabalhador rural, não mais ostentasse a qualidade de trabalhador rural, mas necessariamente detivesse qualidade de segurado, considerando a inaplicabilidade do art. 3º, §1º, da Lei nº 10.666/03, à aposentadoria rural.

Mesmo com o Decreto 10.410/2020, esse dispositivo foi mantido, mas realocado para o artigo 57 do Decreto 3.048/99:

> *"Art. 57. Os trabalhadores rurais que não atendam ao disposto no art. 56 mas que satisfaçam essa condição, se considerados períodos de contribuição sob outras categorias de segurado, farão jus ao benefício ao atenderem os requisitos definidos nos incisos I e II do caput do art. 51. (Redação dada pelo Decreto nº 10.410, de 2020).*
>
> *§ 1º Para fins do disposto no caput, o valor da renda mensal da aposentadoria será apurado na forma do disposto no art. 53, considerando-se como salário de contribuição mensal do período como segurado especial o salário-mínimo. (Incluído pelo Decreto nº 10.410, de 2020)*
>
> ***§ 2º O disposto neste artigo aplica-se ainda que, na oportunidade do requerimento da aposentadoria, o segurado não se enquadre como trabalhador rural. (Incluído pelo Decreto nº 10.410, de 2020)".***

**O posicionamento da AGU foi adotado inicialmente pela TNU** no julgamento do processo 2008.50.51.001295-0 (pedido de uniformização), na sessão de 04/09/2013, pelo rito do artigo 7º do RITNU (Regimento Interno).

Após divergências quanto ao conhecimento, a **TNU (antiga posição)**, por maioria, conheceu do incidente e, por unanimidade deu provimento ao PU do INSS, nos termos do voto do relator, que afirmou que a inovação trazida à Lei 8.213/91 pela Lei 11.718/08 deve ser aplicada apenas ao trabalhador quem completa o requisito etário no campo. Ou seja, não admite interpretação extensiva. Assim, o trabalhador urbano não pode se utilizar de período rural para o preenchimento da carência para a aposentadoria por idade urbana.

Acrescentou ainda que, caso fosse a vontade do legislador beneficiar também o trabalhador urbano, a lei 11718/08 o teria feito de modo expresso, mediante modificação ou revogação do §2º do artigo 55 da Lei 8.213/91. Veja-se a notícia publicada no sítio da Justiça Federal em fevereiro de 2014:

> "**Aposentadoria híbrida é privativa do trabalhador rural**
>
> Na sessão realizada nesta sexta-feira (14/02) em Fortaleza (CE), a Turma Nacional de Uniformização dos Juizados Especiais Federais reafirmou seu entendimento de que a aposentadoria por idade rural, prevista no artigo 48 da Lei 8.213/91 e seus parágrafos, é reservada aos trabalhadores que exerçam atividades de natureza rural.
>
> No caso concreto, o recorrente pretendia reformar o acórdão da Turma Recursal do Rio Grande do Sul, que negou sua pretensão de aproveitar atividade rural exercida em tempo remoto no cômputo do período de carência para concessão do benefício de aposentadoria por idade. No caso, o autor se afastou do trabalho no campo há mais de 20 (vinte) anos e passou a exercer atividade urbana.
>
> Na TNU, a relatora do processo, juíza federal Ana Beatriz Vieira da Luz Palumbo, considerou que o pedido não deveria sequer ser conhecido, isto é, que seu mérito não seria analisado, uma vez que a decisão apontada pelo requerente como base da divergência (Pedilef 2008.50.51.001295-0) já foi reformada pela própria turma, e o acórdão recorrido está em conformidade com esse entendimento.
>
> *"Na ocasião, fixou-se o entendimento de que a Lei 11.718/08 permitiu ao trabalhador rural (segurado especial) o cômputo de contribuições vertidas para o regime urbano, para fins de aposentadoria rural.* ***Asseverou-se que, "todavia, o contrário continua não sendo permitido, ou seja, o trabalhador urbano não pode se utilizar de período rural para o preenchimento da carência para a aposentadoria por idade urbana", concluiu a magistrada.***
>
> Dessa forma, incidiu sobre o pedido a Questão de Ordem nº 13 da TNU, segundo a qual: "não cabe Pedido de Uniformização, quando a jurisprudência da Turma Nacional de Uniformização de Jurisprudência dos Juizados Especiais Federais se firmou no mesmo sentido do acórdão recorrido".
>
> *Processo 5001411-58.2012.4.04.7102"*

No entanto, para a 2ª Turma do STJ, a aposentadoria por idade híbrida poderá ser concedida também a trabalhador urbano que, na época do requerimento administrativo, ostente essa qualidade e pretenda computar período pretérito de carência na qualidade de trabalhador rural:

> "PREVIDENCIÁRIO. APOSENTADORIA POR IDADE HÍBRIDA. ART. 48, §§ 3º e 4º, DA LEI 8.213/1991. TRABALHO URBANO E RURAL NO PERÍODO DE CARÊNCIA. **REQUISITO. LABOR CAMPESINO NO MOMENTO DO IMPLEMENTO DO REQUISITO ETÁRIO OU DO REQUERIMENTO ADMINISTRATIVO. EXIGÊNCIA AFASTADA**. CONTRIBUIÇÕES. TRABALHO RURAL. CONTRIBUIÇÕES. DESNECESSIDADE. **1. O INSS interpôs Recurso Especial aduzindo que a parte ora recorrida não se enquadra na aposentadoria por idade prevista no art. 48, § 3º, da Lei 8.213/1991, pois no momento do implemento do requisito etário ou do requerimento administrativo era trabalhadora urbana, sendo a citada norma dirigida a trabalhadores rurais**. Aduz ainda que o tempo de serviço rural anterior à Lei 8.213/1991 não pode ser computado como carência. 2. O § 3º do art. 48 da Lei 8.213/1991 (com a redação dada pela Lei 11.718/2008) dispõe: "§ 3º Os trabalhadores rurais de que trata o § 1º deste artigo que não atendam ao disposto no § 2º deste artigo, mas que satisfaçam essa condição, se forem considerados períodos de contribuição sob outras categorias do segurado, farão jus ao benefício ao completarem 65 (sessenta e cinco) anos de idade, se homem, e 60 (sessenta) anos, se mulher." 3. Do contexto da Lei de Benefícios da Previdência Social se constata que a inovação legislativa trazida pela Lei 11.718/2008 criou forma de aposentação por idade híbrida de regimes de trabalho, contemplando aqueles trabalhadores rurais que migraram temporária ou definitivamente para o meio urbano e que não têm período de carência suficiente para a aposentadoria prevista para os trabalhadores urbanos (*caput* do art. 48 da Lei 8.213/1991) e para os rurais (§§ 1º e 2º do art. 48 da Lei 8.213/1991). 4. Como expressamente previsto em lei, a aposentadoria por idade urbana exige a idade mínima de 65 anos para homens e 60 anos para mulher, além de contribuição pelo período de carência exigido. Já para os trabalhadores exclusivamente rurais, as idades são reduzidas em cinco anos e o requisito da carência restringe-se ao efetivo trabalho rural (art. 39, I, e 143 da Lei 8.213/1991). 5. A Lei 11.718/2008, ao incluir a previsão dos §§ 3º e 4º no art. 48 da Lei 8.213/1991, abrigou, como já referido, aqueles trabalhadores rurais que passaram a exercer temporária ou permanentemente períodos em atividade urbana, já que antes da inovação legislativa o mesmo segurado se encontrava num paradoxo jurídico de desamparo previdenciário: ao atingir idade avançada, não podia receber a aposentadoria rural porque exerceu trabalho urbano e não tinha como desfrutar da aposentadoria urbana em razão de o curto período laboral não preencher o período de carência. 6. Sob o ponto de vista do princípio da dignidade da pessoa humana, a inovação trazida pela Lei 11.718/2008 consubstancia a correção de distorção da cobertura previdenciária: a situação daqueles segurados rurais que, com a crescente absorção da força de trabalho campesina pela cidade, passam a exercer atividade laborais diferentes das lides do campo, especialmente quanto ao tratamento previdenciário. 7. Assim, a denominada aposentadoria por idade híbrida ou mista (art. 48, §§ 3º e 4º, da Lei 8.213/1991) aponta para um horizonte de equilíbrio entre as evoluções

das relações sociais e o Direito, o que ampara aqueles que efetivamente trabalharam e repercute, por conseguinte, na redução dos conflitos submetidos ao Poder Judiciário. 8. Essa nova possibilidade de aposentadoria por idade não representa desequilíbrio atuarial, pois, além de exigir idade mínima equivalente à aposentadoria por idade urbana (superior em cinco anos à aposentadoria rural), conta com lapsos de contribuição direta do segurado que a aposentadoria por idade rural não exige. 9. Para o sistema previdenciário, o retorno contributivo é maior na aposentadoria por idade híbrida do que se o mesmo segurado permanecesse exercendo atividade exclusivamente rural, em vez de migrar para o meio urbano, o que representará, por certo, expressão jurídica de amparo das situações de êxodo rural, já que, até então, esse fenômeno culminava em severa restrição de direitos previdenciários aos trabalhadores rurais. 10. Tal constatação é fortalecida pela conclusão de que o disposto no art. 48, §§ 3º e 4º, da Lei 8.213/1991 materializa a previsão constitucional da uniformidade e equivalência entre os benefícios destinados às populações rurais e urbanas (art. 194, II, da CF), o que torna irrelevante a preponderância de atividade urbana ou rural para definir a aplicabilidade da inovação legal aqui analisada. **11. Assim, seja qual for a predominância do labor misto no período de carência ou o tipo de trabalho exercido no momento do implemento do requisito etário ou do requerimento administrativo, o trabalhador tem direito a se aposentar com as idades citadas no § 3º do art. 48 da Lei 8.213/1991, desde que cumprida a carência com a utilização de labor urbano ou rural**. Por outro lado, se a carência foi cumprida exclusivamente como trabalhador urbano, sob esse regime o segurado será aposentado (*caput* do art. 48), o que vale também para o labor exclusivamente rurícola (§§1º e 2º da Lei 8.213/1991). 12. Na mesma linha do que aqui preceituado: REsp 1.376.479/RS, Rel. Ministro Mauro Campbell Marques, Segunda Turma, Julgado em 4.9.2014, pendente de publicação. 14. Observando-se a conjugação de regimes jurídicos de aposentadoria por idade no art. 48, § 3º, da Lei 8.213/1991, denota-se que cada qual deve ser observado de acordo com as respectivas regras. 15. Se os arts. 26, III, e 39, I, da Lei 8.213/1991 dispensam o recolhimento de contribuições para fins de aposentadoria por idade rural, exigindo apenas a comprovação do labor campesino, tal situação deve ser considerada para fins do cômputo da carência prevista no art. 48, § 3º, da Lei 8.213/1991, não sendo, portanto, exigível o recolhimento das contribuições. 16. Correta a decisão recorrida que concluiu (fl. 162/e-STJ): "somados os 126 meses de reconhecimento de exercício de atividades rurais aos 54 meses de atividades urbanas, chega-se ao total de 180 meses de carência por ocasião do requerimento administrativo, suficientes à concessão do benefício, na forma prevista pelo art. 48, § 3º, da Lei nº 8.213/1991". 17. Recurso Especial não provido" (REsp 1407613, de 14/10/2014).

O mesmo entendimento foi adotado pela 1ª Turma do STJ (REsp 1.476.383-PR, Rel. Min. Sérgio Kukina, julgado em 1º/10/2015). De acordo com a 1ª Turma do STJ, é possível considerar o tempo de serviço rural anterior ao advento da Lei 8.213/1991 para fins de carência de aposentadoria híbrida por idade, sem que seja necessário o recolhimento de contribuições previdenciárias para esse fim (REsp 1.476.383-PR, Rel. Min. Sérgio Kukina, julgado em 1º/10/2015).

Trata-se de uma interpretação extensiva razoável do STJ do artigo 48, §3º, da Lei 8.213/91, inserido pela Lei 11.718/2008, em aplicação ao Princípio da Isonomia e ao Princípio da Uniformidade e Equivalência dos Benefícios e Serviços às Populações Urbanas e Rurais, a fim de beneficiar o segurado urbano que queira contar período de carência como trabalhador rural.

De efeito, permitir a aposentadoria por idade híbrida somente ao segurado que ostente a qualidade de trabalhador rural no momento do implemento da idade ou do requerimento administrativo se afigura uma discriminação negativa contra o trabalhador urbano, desprovida de fator de discrímen dotado de razoabilidade, sendo por demais acertado o posicionamento da Corte Superior.

Imagine-se um segurado que conte com 10 anos de período de carência como trabalhador urbano e que, nos últimos 5 anos, tornou-se trabalhador rural na condição de segurado especial, quando requereu a sua aposentadoria por idade híbrida, possuindo 15 anos de carência com 65 anos de idade (10 anos urbanos e 05 anos rurais).

Após o entendimento do STJ, a TNU corretamente passou a estender a aposentadoria por idade híbrida aos trabalhadores urbanos no julgamento do PEDILEF 50009573320124047214, de 12/11/2014:

> **"DIREITO PREVIDENCIÁRIO. APOSENTADORIA MISTA OU HÍBRIDA. CONTAGEM DE TEMPO RURAL PARA APOSENTADORIA URBANA. APLICAÇÃO EXTENSIVA DO ATUAL DO ARTIGO 48, § 3º E 4O. DA LEI DE BENEFÍCIOS. DIRETRIZ FIXADA PELA SEGUNDA TURMA DO SUPERIOR TRIBUNA DE JUSTIÇA NO RECURSO ESPECIAL 1.407.613. ISONOMIA DO TRABALHADOR RURAL COM O URBANO. APOSENTADORIA POR IDADE NA FORMA HÍBRIDA PERMITIDA TAMBÉM PARA O URBANO QUANDO HOUVER, ALÉM DA IDADE, CUMPRIDO A CARÊNCIA EXIGIDA COM CONSIDERAÇÃO DOS PERÍODOS DE TRABALHO RURAL. PEDIDO DE UNIFORMIZAÇÃO CONHECIDO E PROVIDO.** 1. A autora completou 60 anos em 06.08.2010. Requereu aposentadoria por idade em 09.11.2010 (DER). Alega ter implementado o necessário tempo de carência (Art. 142, Lei 8.213/91), pois conta, entre períodos de trabalho rural (05/2002 a 07/2008) e trabalho urbano (10 anos, 08 meses e 20 dias – 1983, 2002 a 2010), com 174 meses, ou seja, 14 (quatorze) anos e seis meses. 1.1. Pretende (1) seja reconhecido o seu período de atividade rurícola, (2) o qual deve ser acrescido ao seu tempo de atividade urbana (cf. Lei n. 11.718/2008, que alterou o artigo 48 da Lei n. 8.213/91), para fins de (3) ser-lhe concedido o benefício previdenciário almejado (aposentadoria por idade). 1.2. Em outras palavras: requereu a Autora o reconhecimento do trabalho rural prestado nos regimes de economia individual e economia familiar em relação ao período compreendido entre maio de 2002 a julho de 2008; ato contínuo, que esse período seja acrescido ao tempo comprovado de trabalho urbano (1983, 2002 a 2010) para, nos termos

do Art. 48, par. 3º., da Lei 8.213/91, uma vez implementadas a idade e a carência, condenar o INSS a conceder-lhe e implantar o benefício de aposentadoria por idade, desde a DER (09.11.2010). 2. A sentença proferida pelo Juiz Federal de Mafra/SC concedeu-lhe preliminarmente o benefício do Art. 142 da Lei 8.213/91, permitindo-lhe utilizar a regra de transição ali prevista, fixando a carência em 174 meses de contribuições, desde que devidamente comprovados os requisitos legais para a concessão da aposentadoria por idade. Analisando a prova dos autos, assim pronunciou-se o d. Juiz Federal para julgar procedente, em parte, o pedido vestibular: "Os documentos carreados aos autos vão ao encontro dos depoimentos, o que forma um início de prova material razoável. Todavia, cumpre observar que nos períodos compreendidos entre 05/02/2001 a 31/05/2002 (Redram Construtora de Obras Ltda); 01/09/2003 a 01/03/2004 (Emerson Luiz Boldori); 22/02/2004 a 10/06/2004; 21/11/2006 a 24/01/2007; 30/04/2007 a 07/07/2007 e 12/11/2007 a 26/01/2008 (Nagano Kinzi Agropastoril Ltda), a autora manteve vínculos empregatícios com registro em sua CTPS, sendo que apenas os dois primeiros períodos não estavam ligados às atividades agrícolas. Assim, há que ser reconhecida a atividade rural em regime de economia familiar, de forma descontinua, nos intervalos de 01/06/2002 a 31/08/2003; 02/03/2004 a 21/02/2004; 11/06/2004 a 20/11/2006; 25/01/2007 a 29/04/2007; 08/07/2007 a 11/11/2007 e 27/01/2008 a 31/07/2008. Ultrapassado esse ponto, resta analisar o pedido de concessão do benefício previdenciário, com fundamento no artigo 48, §3 o, da LBPS. (...) Entretanto, a Turma Regional de Uniformização dos Juizados Especiais Federais decidiu, recentemente, no IUJEF 0001576-05.2010.404.7251/SC, em que foi relatora a Juíza Federal Ana Beatriz Vieira da Luz Palumbo, firmando entendimento pela impossibilidade de reconhecer-se, como carência de aposentadoria por idade urbana, o tempo de serviço rural. (...) Consigno que, mesmo reconhecendo a filiação anterior à vigência da Lei 8.213/91, o que autoriza a utilização da tabela prevista no artigo 142, a autora não cumpre a carência exigida pela lei, de modo que não cabe a concessão pretendida. Ante o exposto, JULGO PARCIALMENTE PROCEDENTE o pedido inicial, extinguindo o feito com resolução de mérito (art. 269, I, do CPC), para: a) condenar o INSS a reconhecer a atividade rural, em regime de economia familiar, nos períodos de 01/06/2002 a 31/08/2003; 02/03/2004 a 21/02/2004; 11/06/2004 a 20/11/2006; 25/01/2007 a 29/04 /2007; 08/07/2007 a 11/11/2007 e 27/01/2008 a 31/07/2008."2.1. A 2ª. Turma Recursal de Santa Catarina, por unanimidade, negou provimento ao recurso inominado, nos seguintes termos: "O recurso não merece provimento. É que o entendimento vigente nesta Turma Recursal é o de que a Lei no 11.718/08 possibilitou a soma dos períodos de atividade urbana e rurícola, para fim de carência, apenas nos casos de concessão de aposentadoria por idade aos trabalhadores rurais. Neste sentido, cito os processos nos 2010.72.51.000517-2 e 2010.72.51.003024-5, de minha relatoria, julgados, respectivamente, nas sessões de 26/01/2011 e de 30/03/2011. Com efeito, extrai-se da nova redação do parágrafo 3º do art. 48 da Lei no 8.213/91, dada pela Lei no 11.718/2008, que aos trabalhadores rurais que não cumprirem a carência da aposentadoria rural por idade, mas que satisfizerem essa condição se considerados períodos de contribuição sob outras categorias, poderão ter direito ao benefício quando completados 65 anos, se homem, ou 60 anos de idade, se mulher. A alteração, portanto, destina-se aos trabalhadores rurais, não aos trabalhadores tipicamente urbanos, como é o caso do(a) autor(a)."3. Entenderam os órgãos julgadores precedentes que o *favor legis* instituído pelo art. 48, § 3º., da Lei 8.213/91 é destinado aos trabalhadores rurais que implementam o requisito etário enquanto estão vinculados ao trabalho no campo; esta regra de aposentadoria por idade, instituída pela Lei 11.718/2008, não se aplica àquele, que em determinado período anterior, desempenhou atividade de natureza rural, mas se afastou do trabalho no campo. 3.1. A nova disciplina inserida pela Lei 11.718/2008 tem por objetivo corrigir situações de injustiça de diversos segurados que, por terem trabalhado parte no campo, parte no meio urbano, não conseguiam implementar, *in totum*, a carência exigida para a concessão da aposentadoria por idade (Art. 48, Lei 8.213/91). O parágrafo 3º. do citado Art. 48 da Lei 8.213/91 permite que a carência necessária à percepção do benefício previdenciário fosse aferida consoante a forma nele prevista, para que o trabalhador rural não viesse a ser prejudicado. 4. Essa forma de aposentadoria por idade prevista no par. 3º., do Art. 48, da Lei 8.213/91, alcança o segurado/trabalhador rural, com a finalidade de tutelar a condição jurídica daqueles que, por certo tempo afetos ao trabalho urbano, viessem a retornar ao campo. 5. Examinando a quadra fática, já fixada pelas instâncias precedentes, vejo que o trabalho rural foi reconhecido apenas para os períodos indicados na sentença, com término em 31.07.2008; por sua vez, o requisito da idade foi implementado em 06.08.2010, quando a Autora não mais trabalhava no campo. 6. Conheço do presente recurso quanto ao segundo paradigma, vez que restou comprovada a divergência não só entre o Acórdão da 5ª. Turma Recursal dos JEF's de SP (Processo N. 0005604-71.2010.4.03.6304), mas também do próprio Acórdão recorrido (TR-SC) na interpretação do Art. 48, par. 3º., da Lei 8.213/91. 7. Quanto ao mérito, tenho que a mais recente diretriz hermenêutica da Segunda Turma do C. STJ, fixada nos autos do Recurso Especial 1407613, da Relatoria do Min. Herman Benjamin (julgado em 14.10.2014) deu nova configuração à tese tratada nestes autos. Com efeito, esta Turma Nacional, em precedentes vários, havia entendido que a regra constante no art. 48 artigo 48, parágrafos 3º. e 4º., da Lei de Benefícios de Previdência possuía "mão única", sendo devida apenas para o trabalhador rural. 7.1. Desse modo, se o trabalhador fosse urbano, não faria jus o beneficiário ao favor legis. Com efeito, esta Turma Nacional de Uniformização, ao julgar os Pedidos de Uniformização n. 2008.50.51.001295-0 (Rel. Juiz Federal Paulo Ernane Moreira Barros) e 5001211-58.2012.4.04.7102 (Rel. Juíza Federal Ana Beatriz Vieira da Luz Palumbo), procedendo a uma interpretação sistemática dos artigos 48 e 55 da Lei 8.213/91, decidiu que a Lei 11.718/2008 apenas autorizou ao trabalhador rural utilizar as contribuições recolhidas para o regime urbano para fins de cumprimento da carência para aposentadoria por idade rural. Por outro lado, o trabalhador urbano não pode se utilizar de período rural para o preenchimento de carência com vistas à aposentadoria por idade urbana. 8. Entretanto, foi justamente essa a tese que veio a ser rechaçada pelo STJ no julgamento ora referido. Verbis: "o trabalhador tem direito a se aposentar por idade, na forma híbrida, quando atinge 65 anos (homens) ou 60 (mulheres), desde que tenha cumprido a carência exigida com a consideração dos períodos urbano e rural. Nesse caso, não faz diferença se ele está ou não exercendo atividade rural no momento em que completa a idade ou apresenta o requerimento administrativo, nem o tipo de trabalho predominante". 8.1. Segundo o em. Ministro Relator, efetivamente, "... o que define o regime jurídico da aposentadoria é o trabalho exercido no período de carência: se exclusivamente rural ou urbano, será respectivamente aposentadoria por idade rural ou urbana; se de natureza mista, o regime será o do artigo 48, parágrafos 3º. e 4º, da Lei 8.213, independentemente de a atividade urbana ser a preponderante no período de carência ou a vigente quando do implemento da idade". 8.2. Desse modo, o que decidiu a Corte Federal foi que a denominada aposentação por idade híbrida de regimes de trabalho, instituída pela Lei 11.718/08 contempla tanto os trabalhadores rurais que migraram da cidade para o campo, como o contrário (aqueles que saíram do campo e foram para a cidade). Isso porque, seja por amor ao postulado da isonomia, vez que a ratio é a mesma como ainda ante o fato de que, em sendo postulada aposentadoria urbana, de toda forma estar-se-á valorizando aquele que, muito ou pouco, contribuiu para o sistema. 9. Ante o exposto, conheço e dou provimento ao pedido de uniformização, para julgar procedente o pedido formulado na petição inicial (itens "A" e "B"). Sem honorários, por se tratar de recorrente vencedor".

A TNU fixou a tese em julgamento de incidente representativo de controvérsia, aduzindo que "para a concessão da aposentadoria por idade híbrida ou mista, na forma do art. 48, § 3º, da Lei n. 8.213/91, cujo requisito etário é o mesmo exigido para a aposentadoria por idade urbana, é irrelevante o caráter rural ou urbano da atividade exercida pelo requerente. Ademais, não há vedação para que o tempo rural anterior à Lei 8.213/91 seja considerado para efeito de carência, ainda que não verificado o recolhimento das respectivas contribuições" (Informativo 10 – processo 5009416-32.2013.4.04.7200, de 20/10/2016 – tema 131).

Nesta situação, caso se promova uma interpretação estrita do artigo 48, §3º, da Lei 8.213/91, a aposentadoria por idade deve ser negada, pois o segurado se enquadrava como trabalhador urbano na data do requerimento administrativo. No entanto, na correta concepção ampliativa e isonômica do STJ e TNU, o benefício deve ser deferido.

Saliente-se que foi proferida decisão judicial com deferimento de execução provisória na **Ação Civil Pública – ACP nº 5038261-15.2015.4.04.7100/RS**, com **efeitos nacionais**, pelo Tribunal Regional Federal da 4ª Região, determinando ao INSS assegurar o direito à aposentadoria por idade na modalidade híbrida, independentemente de qual tenha sido a última atividade profissional desenvolvida – rural ou urbana – ao tempo do requerimento administrativo ou do implemento dos requisitos, e independente de contribuições relativas ao tempo de atividade comprovada como trabalhador rural.

Eis os procedimentos do INSS de implantação dessa decisão judicial:

**Memorando-Circular Conjunto nº 1 /DIRBEN/PFE/INSS**

Em 4 de janeiro de 2018.

1. A decisão judicial proferida com deferimento de execução provisória na Ação Civil Pública – ACP nº 5038261-15.2015.4.04.7100/RS, pelo Tribunal Regional Federal da 4ª Região, determinou ao INSS assegurar o direito à aposentadoria por idade na modalidade híbrida, independentemente de qual tenha sido a última atividade profissional desenvolvida – rural ou urbana – ao tempo do requerimento administrativo ou do implemento dos requisitos, e independente de contribuições relativas ao tempo de atividade comprovada como trabalhador rural.
2. Em razão da decisão judicial, na análise dos requerimentos de benefício de aposentadoria por idade, com Data de Entrada do Requerimento-DER a partir de 05/01/2018, as Agências da Previdência Social de todo território nacional deverão observar as orientações constantes neste Memorando-Circular Conjunto.
3. Já existe previsão legal para a concessão da aposentadoria híbrida para o trabalhador rural aos 65 anos para o homem e 60 para a mulher, que segue inalterada, devendo ser aplicado, nesta hipótese, o disposto no § 2º do art. 230, da Instrução Normativa nº 77/PRES/INSS, de 21 de janeiro de 2015.
4. Preliminarmente, o requerimento deverá ser analisado a luz da legislação vigente, ou seja, verificar o direito à aposentadoria por idade urbana, aposentadoria por idade rural ou, ainda, a aposentadoria por idade híbrida ao trabalhador rural.
5. Deste modo, visando ao atendimento à ACP em questão, para os requerimentos em que o último vínculo do segurado for urbano ou que esteja em gozo de benefício concedido em decorrência desta atividade, o cômputo da carência em número de meses incluirá também os períodos de atividade rural sem contribuição, inclusive anterior a 11/1991, não se aplicando o previsto nos incisos II e IV do artigo 154 da revogada Instrução Normativa nº 77/2015, seguindo os mesmos critérios da aposentadoria híbrida para os trabalhadores rurais. Ou seja, deverá estar em atividade urbana ou na manutenção desta condição na implementação das condições ou na DER, uma vez que, para a aposentadoria híbrida do trabalhador rural, devemos verificar a manutenção da qualidade de segurado, estendendo-se esta regra ao trabalhador urbano, para fins de cumprimento à Ação Civil Pública.
6. Para os benefícios ainda não despachados deverá ser oportunizada a reafirmação da DER, mediante declaração do requerente, para fins de análise de direito, nos termos da ACP.
7. O Sistema Prisma será adequado para o cumprimento da determinação judicial, devendo os benefícios de aposentadoria por idade, após a disponibilização da demanda, serem concedidos com "Desp 00" e com informação do número da Ação Civil Pública 50382611520154047100.

Esse ato do INSS foi substituído pela **Instrução Normativa 151/2023:**

> *"INSTRUÇÃO NORMATIVA PRES/INSS Nº 151, DE 13 DE JULHO DE 2023*
>
> ***Altera a Instrução Normativa PRES/INSS nº 128, de 28 de março de 2022**, que disciplina as regras, procedimentos e rotinas necessárias à efetiva aplicação das normas de direito previdenciário.*
>
> *Art. 257-A. Por força de decisão judicial transitada em julgado, proferida nos autos da **ACP nº 5038261-15.2015.4.04.7100/RS**, para requerimentos com DER a partir de 5 de janeiro de 2018, fica assegurado o direito à aposentadoria por idade na modalidade híbrida, independentemente:*

*I – de qual tenha sido a última atividade profissional desenvolvida (rural ou urbana) ao tempo do requerimento administrativo ou do implemento dos requisitos; e*

*II – da efetivação de contribuições relativas ao tempo de atividade comprovada como trabalhador rural.*

***§ 1º Para fazer jus à aposentadoria por idade prevista no caput, o beneficiário deverá comprovar sua condição de segurado do RGPS na DER ou na data da implementação dos requisitos, cabendo o reconhecimento a esse benefício, inclusive quando a qualidade de segurado for em razão de percepção de benefício concedido em decorrência de qualidade de segurado resultante do exercício de atividade de natureza urbana.***

*§ 2º Na concessão da aposentadoria por idade prevista no caput, os períodos de atividade rural anteriores a 1º de novembro de 1991 são computados como carência, não se aplicando as previsões dos incisos II e V do art. 194.*

*§ 3º A aposentadoria de que trata o caput será calculada na forma prevista do inciso VI do art. 233.*

*§ 4º O disposto nos arts. 316 e 317 também são aplicáveis ao benefício de que trata este artigo, no que couber."*

A meu ver, há um equívoco da Autarquia (no §1º) na exigência da qualidade de segurado para a concessão do benefício, visto que somente na aposentadoria rural do segurado especial exige-se a implementação conjunta da idade com a carência.

Nesse sentido, o **PARECER n. 00020/2023/CONJUR-MTP/CGU/AGU, que inclusive foi homologado pelo Ministro da Previdência:**

"CONSULTA. REGIME GERAL DE PREVIDÊNCIA SOCIAL. APOSENTADORIA POR IDADE HÍBRIDA. 1) Consulta envolvendo a necessidade de comprovação da condição de trabalhador rural no momento da implementação dos requisitos para a concessão da aposentadoria por idade na modalidade híbrida; bem como da necessidade da manutenção da qualidade de segurado, ainda que urbana, no momento da implementação dos requisitos ou na data do requerimento. 2) Superação do entendimento firmado no PARECER/CONJUR/MPS Nº 19/2013. 3) Em atenção à jurisprudência consolidada e, especialmente, à previsão contida no § 2º do art. 57, do Regulamento da Previdência Social, conclui-se, para fins da concessão do benefício previsto no art. 48, § 3º, da Lei nº 8.213, de 24 de julho de 1991, pela **impossibilidade de se exigir a condição de trabalhador rural no momento do implemento dos requisitos para a concessão do benefício ou do respectivo requerimento administrativo**; bem como pela aplicabilidade do § 1º do art. 3º, da Lei nº 10.666, de 2003, ao benefício previsto no § 3º do art. 48, da Lei nº 8.213, de 1991, o que não implica equiparar o mero exercício de atividade rural sem efetiva contribuição ao tempo de contribuição".

Posteriormente, o citado ato foi substituído pelo **Parecer nº 00030/2024/CONJUR-MPS/CGU/AGU, de 14 de fevereiro de 2024, mais abrangente:**

"Ante o exposto e com arrimo no art. 11 da Lei Complementar nº 73, de 10 de fevereiro de 1993, sugere-se a revogação do PARECER n. 00020/2023/

CONJUR-MTP/CGU/AGU, diante do erro material identificado, bem como a revogação do PARECER/CONJUR/MPS Nº 19/2013, tendo em vista a superação do entendimento ali externando; fixando-se as seguintes conclusões: a) **com espeque na jurisprudência consolidada, conclui-se, para fins da concessão do benefício previsto no art. 48, § 3º, da Lei nº 8.213, de 1991, pela impossibilidade de se exigir a condição de trabalhador rural no momento do implemento dos requisitos para a concessão do benefício ou do respectivo requerimento administrativo; b) aplicabilidade do § 1º do art. 3º, da Lei nº 10.666, de 2003, ao benefício previsto no § 3º do art. 48, da Lei nº 8.213, de 1991, o que não implica equiparar o mero exercício de atividade rural sem efetiva contribuição ao tempo de contribuição".**

Hoje o cumprimento da ACP é regulado pela PORTARIA CONJUNTA DIRBEN/PFE/INSS Nº 94, DE 03 DE JUNHO DE 2024:

**ACP nº 5038261-15.2015.4.04.7100 RS – VIGENTE E TRANSITADA EM JULGADO**

Assunto: Decisão proferida na Ação Civil Pública – ACP nº 5038261-15.2015.4.04.7100/RS assegura o direito à aposentadoria por idade na modalidade híbrida, independentemente de qual tenha sido a última atividade profissional desenvolvida – rural ou urbana – ao tempo do requerimento administrativo ou do implemento dos requisitos, e independente de contribuições relativas ao tempo de atividade comprovada como trabalhador rural.

| | |
|---|---|
| **Decisão Judicial** | Assegurar o direito à aposentadoria por idade na modalidade híbrida, independentemente de qual tenha sido a última atividade profissional desenvolvida – rural ou urbana – ao tempo do requerimento administrativo ou do implemento dos requisitos, e independente de contribuições relativas ao tempo de atividade comprovada como trabalhador rural. |
| **Abrangência** | Nacional |
| **Período de vigência** | A decisão produz efeitos em benefícios de aposentadoria por idade com Data de Entrada do Requerimento-DER a partir de 5 de janeiro de 2018. |
| **Comprovação de Endereço** | Dispensada a apresentação |
| **Aplicabilidade** | a) Aplicam-se as regras de transição trazidas pela Emenda Constitucional nº 103, de 2019, bem como o disposto no §1º, do art. 317 da Instrução Normativa PRES/INSS nº 128, de 28 de março de 2022, para benefícios após 13 de novembro de 2019.<br>(alterado pela Portaria Conjunta Dirben/PFE/INSS nº 11, de 06 de Maio de 2025)<br>b) Como regra de transição, fica assegurado o benefício da aposentadoria por idade híbrida aos segurados que tenham implementado todos os requisitos, além de 180 meses de carência, idade mínima de 60 (sessenta) anos, se mulher, e 65 (sessenta e cinco) anos de idade, se homem, até 13 de novembro de 2019, conforme § 2º do art. 316 da IN PRES/INSS nº 128/2022. |

<table>
<tr>
<td>Aplicabilidade</td>
<td>
(alterado pela Portaria Conjunta Dirben/PFE/INSS nº 11, de 06 de Maio de 2025)<br>
c) Ainda como regra de transição, fica garantido o direito ao benefício do segurado que ainda não tenha implementado todos os requisitos para a aposentadoria por idade híbrida até 13 de novembro de 2019, mas que já estava filiado ao RGPS nesta data, sendo assim, além das condições já estabelecidas para cumprimento desta ACP, será exigido o cumprimento de 180 meses de carência, quinze anos de tempo de contribuição, bem como a idade mínima de 60 (sessenta) anos, se mulher, e 65 (sessenta e cinco) anos de idade, se homem, de acordo com o § 3º do art. 317 da IN PRES/INSS nº 128/2022.<br>
(alterado pela Portaria Conjunta Dirben/PFE/INSS nº 11, de 06 de Maio de 2025)<br>
d) E, conforme previsão do § 1º do art. 317 da IN PRES/INSS nº 128/2022, alcança também benefícios de aposentadoria por idade híbrida, após a EC nº 103/2019, quando deverão ser cumpridos os mesmos quesitos do item acima, só que a idade mínima da mulher deve ser acrescida de 6 (seis) meses a cada ano até atingir 62 (sessenta e dois) anos.<br>
(alterado pela Portaria Conjunta Dirben/PFE/INSS nº 11, de 06 de Maio de 2025)<br>
e) O requerente deverá comprovar sua condição de segurado do RGPS na Data de Entrada do Requerimento-DER ou na data da implementação dos requisitos.<br>
(alterado pela Portaria Conjunta Dirben/PFE/INSS nº 11, de 06 de Maio de 2025)<br>
f) É assegurado o direito, independentemente de qual tenha sido a última atividade profissional desenvolvida, rural ou urbana, ao tempo do requerimento administrativo ou do implemento dos requisitos.<br>
(alterado pela Portaria Conjunta Dirben/PFE/INSS nº 11, de 06 de Maio de 2025)<br>
g) A comprovação da qualidade de segurado poderá se dar, inclusive, em razão de percepção de benefício de natureza urbana.<br>
h) Não será exigida a indenização ou recolhimento de contribuições relativas ao tempo de atividade comprovada como segurado especial, nem mesmo a partir da competência novembro de 1991. (incluído pela Portaria Conjunta Dirben/PFE/INSS nº 11, de 06 de Maio de 2025)<br>
i) Os períodos de atividade rural anteriores a 1º de novembro de 1991 são computados como carência, não se aplicando as previsões dos incisos II e V do art. 194 da Instrução Normativa PRES/INSS nº 128, de 28 de março de 2022. (incluído pela Portaria Conjunta Dirben/PFE/INSS nº 11, de 06 de Maio de 2025)
</td>
</tr>
</table>

## 4.3. PERÍODO RURAL REMOTO (ANTERIOR À LEI 8.213/91)

Vale registrar que não existe impedimento normativo para considerar o período rural anterior à vigência da Lei 8.213/91 (Pró-rural) para a carência da aposentadoria por idade, inclusive a híbrida, vez que o impedimento existente se direciona apenas à aposentadoria por tempo de contribuição.

Isso porque a regra de vedação do artigo 55, §2º[1], da Lei 8.213/91 trata apenas do benefício de aposentadoria por tempo de contribuição, que não era assegurado aos trabalhadores rurais na Previdência Rural, não se direcionando à carência da aposentadoria por idade.

Eis a correta posição da TNU:

> "PEDIDO DE UNIFORMIZAÇÃO INTERPOSTO PELA PARTE AUTORA. PREVIDENCIÁRIO. APOSENTADORIA POR IDADE HÍBRIDA. PREENCHIMENTO DOS REQUISITOS LEGAIS. IDADE E PERÍODO DE CARÊNCIA. TEMA 131 DA TNU. ANULAÇÃO DO JULGADO. QUESTÃO DE ORDEM N. 20. INCIDENTE PROVIDO. 1. Prolatado acórdão pela Turma Recursal de Santa Catarina, o qual manteve a sentença que julgou improcedente o pedido em função da parte autora não ter demonstrado que o último vínculo de trabalho era rural. 2. Interposto incidente de uniformização pela Ré, com fundamento no art. 14, § 2º, da Lei nº 10.259/2001. Alega, em síntese, a divergência do julgado com o posicionamento predominante que afasta a exigência do exercício da atividade rural imediatamente anterior ao cumprimento do requisito etário, podendo ser aceito o exercício da atividade urbana. 3. Incidente admitido na origem, sendo os autos encaminhados à TNU e distribuídos a este Relator, por ocasião do mutirão. 4. Nos termos do art. 14, § 2º, da Lei nº 10.259/01, o pedido de uniformização nacional de jurisprudência é cabível quando houver divergência entre decisões sobre questões de direito material proferidas por turmas recursais de diferentes regiões ou em contrariedade à súmula ou jurisprudência dominante da Turma Nacional de Uniformização ou do Superior Tribunal de Justiça. 5. No caso dos autos, tanto a sentença como o acórdão recorrido entenderam que o exercício da atividade urbana no período imediatamente anterior ao requerimento do benefício impede a sua concessão. De outro lado, o acórdão paradigma aponta para a desnecessidade de que a atividade laborativa que precede o requerimento administrativo ou o preenchimento do requisito etário seja exclusivamente a atividade rural, podendo ser aceita para a concessão da aposentadoria por idade híbrida a atividade urbana. Nesse cenário, resta claro a dissonância jurisprudencial entre o acórdão recorrido e o paradigma. 6. Conheço, pois, do incidente e passo ao exame do mérito. 7. A TNU afetou a matéria aos temas Representativos de Controvérsia, tema 131, cuja tese firmada é a seguinte: **"Para a concessão da aposentadoria por idade híbrida ou mista, na forma do**

1. § 2º O tempo de serviço do segurado trabalhador rural, anterior à data de início de vigência desta Lei, será computado independentemente do recolhimento das contribuições a ele correspondentes, **exceto para efeito de carência**, conforme dispuser o Regulamento.

> **art. 48, § 3º, da Lei n. 8.213/91, cujo requisito etário é o mesmo exigido para a aposentadoria por idade urbana, é irrelevante a natureza rural ou urbana da atividade exercida pelo segurado no período imediatamente anterior à implementação do requisito etário ou ao requerimento do benefício. Ainda, não há vedação para que o tempo rural anterior à Lei 8.213/91 seja considerado para efeito de carência, mesmo que não verificado o recolhimento das respectivas contribuições."** 8. Incidente conhecido e provido para reafirmar a tese no sentido de que, para fins de concessão de aposentadoria por idade híbrida é indiferente que a atividade desempenhada pelo trabalhador quando do preenchimento do requisito etário ou do requerimento administrativo seja o trabalho rural ou urbano. Por consequência, o feito deve retornar ao juízo a quo para a consequente análise das provas, conforme a Questão de Ordem nº 20/TNU, fiel a tese apresentada" **(PEDILEF 50014771320144047217, DOU de 23/3/2017).**

Entrementes, ao julgar o **tema 168** em incidente de uniformização representativo de controvérsia, **a TNU rejeitou o cômputo do tempo rural remoto não contributivo na formação da carência da aposentadoria por idade híbrida** (Processo nº 0001508-05.2009.4.03.6318/SP):

> TEMA 168 – "**Para a concessão do benefício de aposentadoria por idade híbrida, não é possível somar ao período de carência, urbano ou rural, o tempo de serviço prestado remotamente na qualidade de trabalhador rural sem contribuição. Para fins dessa tese, entende-se por tempo remoto aquele que não se enquadra na descontinuidade admitida pela legislação, para fins de aposentadoria rural por idade, a ser avaliada no caso concreto**" (tese firmada na sessão de 26/10/2018).

Eis a publicação da notícia no site oficial do CJF:

> **Turma Nacional decide sobre tempo rural remoto na aposentadoria por idade híbrida**[2]
>
> ***Decisão TNU***
>
> Publicado: 24/08/2018 19h08 – Última modificação: 24/08/2018 19h08
>
> Entendimento foi firmado em representativo da controvérsia, na sessão de 17 de agosto
>
> Ao julgar um pedido de concessão do benefício de aposentadoria por idade híbrida (urbana e rural), a Turma Nacional de Uniformização dos Juizados Especiais Federais (TNU) decidiu, por maioria, que só é possível somar ao tempo de contribuição o tempo de serviço rural sem contribuições que esteja no período imediatamente anterior ao implemento da idade do segurado, ou à data do requerimento administrativo, ainda que de forma descontínua, até totalizar o número de meses equivalente à carência do benefício. O entendimento foi firmado na sessão ordinária do dia 17 de agosto, em São Paulo (SP).

2. https://www.cjf.jus.br/cjf/noticias/2018/agosto/turma-nacional-decide-sobre-tempo-rural-remoto-na-aposentadoria-por-idade-hibrida.

A aposentadoria por idade híbrida é devida a quem tem idade, mas não preenche individualmente os requisitos para a aposentadoria por idade urbana ou para a aposentadoria por idade rural. Por isso, na aposentadoria por idade híbrida, a lei autoriza mesclar a atividade rural com a urbana, somando-se o período de contribuição ao tempo de serviço rural, para o cômputo da carência do benefício. O processo chegou à TNU por meio do Instituto Nacional do Seguro Social (INSS), que recorreu contra acórdão da Turma Recursal de São Paulo, que reconheceu o direito de uma beneficiária da Previdência ao cômputo de tempo de labor rural em regime de economia familiar, antigo e descontínuo, para compor a carência necessária para a aposentação por idade.

Na TNU, o relator, juiz federal Ronaldo José da Silva, conheceu do incidente de uniformização, mas negou provimento à pretensão do INSS. A interpretação do magistrado reafirmou a tese do Tema 131 da TNU, com acréscimo de entendimento sobre eventual descontinuidade do labor rural, assentando que seria possível o cômputo de período rural remoto, ainda que descontínuo, prestado em qualquer época, mesmo anterior à Lei n. 8.213/91, laborado em regime de economia familiar ou como trabalhador rural, para fins de carência com o escopo de obtenção do benefício da aposentadoria por idade híbrida, prevista no art. 48, §3º, da Lei n. 8.213/91.

Porém, o julgamento foi interrompido na sessão do dia 21 de junho e retomado no dia 17 de agosto com o voto-vista da juíza federal Carmen Elizangela Dias Moreira de Resende, que seguiu a divergência apresentada pela juíza federal Luísa Hickel Gamba, que discordava do relator e que foi acompanhada pela maioria do Colegiado, dando provimento ao incidente de uniformização.

Gamba considerou que o fato de o labor rural ter ocorrido antes da edição da Lei n. 8.213/91 não representa qualquer óbice para seu cômputo para fins de concessão da aposentadoria por idade híbrida, desde que não seja considerado remoto. O tempo remoto seria aquele que não se enquadra na descontinuidade admitida pela legislação e que não está no período imediatamente anterior ao implemento da idade ou ao requerimento administrativo da aposentadoria por idade.

"É claro que, com o passar do tempo, esses períodos já começaram a ser caracterizados como remotos nos pedidos de concessão que tenham sido formulados recentemente. Nesse ponto, a utilização desses períodos encontra óbice na exigência legal de imediatidade para que o período rural sem contribuição possa substituir o requisito carência, não possuindo qualquer relação com o fato de serem eventualmente anteriores à edição da Lei n. 8.213/91", afirmou a juíza federal em seu voto.

Outro ponto destacado pela magistrada, é que o Superior Tribunal de Justiça (STJ) ainda não enfrentou a matéria sob o enfoque específico da contagem do tempo rural remoto, não imediato ou descontínuo. "O que existe são reiterados julgados no mesmo sentido das teses firmadas no Tema 131 desta Turma, que, naturalmente, observou a jurisprudência daquela Egrégia Corte", afirmou.

Ainda de acordo com Luísa Hickel Gamba, no processo analisado, verificou-se que a Turma Recursal de São Paulo determinou a concessão do benefício de aposentadoria por idade híbrida sem indagar sobre o requisito da imediatidade do período rural sem contribuição (03/10/1957 a 26/07/1971) para fins de

> cômputo da carência. Por este motivo, o Colegiado da TNU determinou o retorno dos autos para a Turma de origem a fim de adequar o julgado com base nessa interpretação. O processo foi analisado à luz dos representativos de controvérsia **(Tema 168)**, para que o mesmo entendimento seja aplicado a casos com a mesma questão de direito.
>
> Processo nº 0001508-05.2009.4.03.6318/SP
>
> A tese é bem confusa e acabou por restringir bastante o cômputo do período rural na carência da aposentadoria por idade híbrida do segurado que possui **período rural remoto não contributivo** e deseja integralizar os 15 anos de carência com a soma de ambos.
>
> A tese aduz que se entende por **tempo remoto** aquele que não se enquadra na descontinuidade admitida pela legislação, para fins de aposentadoria rural por idade, a ser avaliada no caso concreto, sendo que a vedação de consideração de carência se refere apenas ao não contributivo, onde parece se enquadrar o segurado especial (período pós Lei 8.213/91) e o trabalhador rural filiado à Previdência Social Rural (período pré Lei 8.213/91).

Na decisão, a Turma Nacional aduziu que, na carência da aposentadoria por idade híbrida, só é possível somar ao tempo de contribuição o tempo de serviço rural sem contribuições que esteja no período imediatamente anterior ao implemento da idade do segurado, ou à data do requerimento administrativo, ainda que de forma descontínua.

É certo que a legislação admite a carência rural em períodos contínuos ou descontínuos, sendo omissa a decisão sobre os limites da descontinuidade admitida para cômputo de carência, presumindo-se que devem ser utilizados os períodos de graça do segurado especial.

Por outro lado, **o impedimento citado não abarca o período rural remoto contributivo**, a exemplo dos períodos laborados no RGPS na condição de empregado ou trabalhador avulso rural.

> **IMPORTANTE!**
>
> **De seu turno, o Superior Tribunal de Justiça não possuía decisão específica sobre o tema. Até que a tese da TNU foi rejeitada pelo STJ no julgamento do tema 1007, que admitiu tempo rural remoto na aposentadoria por idade híbrida.**

> **STJ**
>
> Em 14/8/2019 **(tema 1.007)**, o STJ firmou tese repetitiva admitindo o direito à aposentadoria por idade híbrida também em favor do segurado urbano na data do requerimento, inclusive com cômputo de período rural remoto e descontínuo anterior à vigência da Lei 8.213/91: **Tese firmada** – O tempo de serviço rural, ainda que remoto e descontínuo, anterior ao advento da Lei 8.213/1991, pode ser computado para fins da carência necessária à obtenção da aposentadoria híbrida por idade, ainda que não tenha sido efetivado o recolhimento das contribuições, nos termos do art. 48, § 3º. da Lei 8.213/1991, seja qual for a predominância do labor misto exercido no período de carência ou o tipo de trabalho exercido no momento do implemento do requisito etário ou do requerimento administrativo.

**Eis o Acórdão do REsp 1.674.221 – SP (2017/0120549-0), de 14/9/2019:**

"PREVIDENCIÁRIO. RECURSO ESPECIAL. RECURSO ESPECIAL SUBMETIDO AO RITO DOS RECURSOS REPETITIVOS. OBSERVÂNCIA DO ARTIGO 1.036, § 5º. DO CÓDIGO FUX E DOS ARTS. 256-E, II, E 256-I DO RISTJ. APOSENTADORIA HÍBRIDA. ART. 48, §§ 3º. E 4º. DA LEI 8.213/1991. PREVALÊNCIA DO PRINCÍPIO DE ISONOMIA A TRABALHADORES RURAIS E URBANOS. MESCLA DOS PERÍODOS DE TRABALHO URBANO E RURAL. EXERCÍCIO DE ATIVIDADE RURAL, REMOTO E DESCONTÍNUO, ANTERIOR À LEI 8.213/1991 A DESPEITO DO NÃO RECOLHIMENTO DE CONTRIBUIÇÃO. CÔMPUTO DO TEMPO DE SERVIÇO PARA FINS DE CARÊNCIA. DESNECESSIDADE DE COMPROVAÇÃO DO LABOR CAMPESINO POR OCASIÃO DO IMPLEMENTO DO REQUISITO ETÁRIO OU DO REQUERIMENTO ADMINISTRATIVO. TESE FIXADA EM HARMONIA COM O PARECER MINISTERIAL. RECURSO ESPECIAL DA SEGURADA PROVIDO.

1. A análise da lide judicial que envolve a proteção do Trabalhador Rural exige do julgador sensibilidade, e é necessário lançar um olhar especial a esses trabalhadores para compreender a especial condição a que estão submetidos nas lides campesinas.

2. Como leciona a Professora DANIELA MARQUES DE MORAES, é preciso analisar quem é o outro e em que este outro é importante para os preceitos de direito e de justiça. Não obstante o outro possivelmente ser aqueles que foi deixado em segundo plano, arasitici-lo pressupõe um cuidado maior. Não se pode limitar a apontar que seja o outro. É preciso tratar de tema correlatos ao outro, com alteridade, responsabilidade e, então, além de distinguir o outro, incluí-lo (mas não apenas de modo formal) ao rol dos sujeitos de direito e dos destinatários da justiça (A Importância do Olhar do Outro para a Democratização do Acesso à Justiça, Rio de Janeiro: Lumen Juris, 2015, p. 35).

3. A Lei 11.718/2008, ao incluir a previsão dos §§ 3º. e 4º. no art. 48 da lei 8.213/1991, abrigou, como já referido, aqueles Trabalhadores Rurais que passaram a exercer temporária ou permanentemente períodos em atividade urbana, já que antes da inovação legislativa o mesmo Segurado se encontrava num paradoxo jurídico de desamparo previdenciário: ao atingir idade avançada, não podia receber a aposentadoria rural porque exerceu trabalho urbano e não tinha como desfrutar da aposentadoria urbana em razão de o curto período laboral não preencher o período de carência (REsp. 1.407.613/RS, Rel. Min. HERMAN BENJAMIN, DJe 28.11.2014).

4. A aposentadoria híbrida consagra o princípio constitucional de uniformidade e equivalência dos benefícios e serviços às populações urbanas e rurais, conferindo proteção àqueles Trabalhadores que migraram, temporária ou definitivamente, muitas vezes acossados pela penúria, para o meio urbano, em busca de uma vida mais digna, e não conseguiram implementar os requisitos para a concessão de qualquer aposentadoria, encontrando-se em situação de extrema vulnerabilidade social.

5. A inovação legislativa objetivou conferir o máximo aproveitamento e valorização ao labor rural, ao admitir que o Trabalhador que não preenche os requisitos para concessão de aposentadoria rural ou aposentadoria urbana por idade possa integrar os períodos de labor rural com outros períodos contributivos em modalidade diversa de Segurado, para fins de comprovação da carência de 180 meses para a concessão da aposentadoria híbrida, desde que cumprido o requisito etário de 65 anos, se homem, e 60 anos, se mulher.

6. Analisando o tema, esta Corte é uníssona ao reconhecer a possibilidade de soma de lapsos de atividade rural, ainda que anteriores à edição da Lei 8.213/1991, sem necessidade de recolhimento de contribuições ou comprovação de que houve exercício de atividade rural no período contemporâneo ao requerimento administrativo ou implemento da idade, para fins de concessão de aposentadoria híbrida, desde que a soma do tempo de serviço urbano ou rural alcance a carência exigida para a concessão do benefício de aposentadoria por idade.

7. A teste defendida pela Autarquia Previdenciária, de que o Segurado deve comprovar o exercício de período de atividade rural nos últimos quinze anos que antecedem o implemento etário, criaria uma nova regra que não encontra qualquer previsão legal. Se revela, assim, não só contrária à orientação jurisprudencial desta Corte Superior, como também contraria o objetivo da legislação previdenciária.

8. Não admitir o cômputo do trabalho rural exercido em período remoto, ainda que o Segurado não tenha retornado à atividade campesina, tornaria a norma do art. 48, § 3º. da Lei 8.213/1991 praticamente sem efeito, vez que a realidade demonstra que a tendência desses Trabalhadores é o exercício de atividade rural quando mais jovens, migrando para o atividade urbana com o avançar da idade. Na verdade, o entendimento contrário, expressa, sobretudo, a velha posição preconceituosa contra o Trabalhador Rural, máxime se do sexo feminino.

9. É a partir dessa realidade social experimentada pelos Trabalhadores Rurais que o texto legal deve ser interpretado, não se podendo admitir que a justiça fique retida entre o rochedo que o legalismo impõe e o vento que o pensamento renovador sopra. A justiça pode ser cega, mas os juízes não são. O juiz guia a justiça de forma surpreendente, nos meandros do processo, e ela sai desse labirinto com a venda retirada dos seus olhos.

10. Nestes termos, se propõe a fixação da seguinte tese: o tempo de serviço rural, ainda que remoto e descontínuo, anterior ao advento da Lei 8.213/1991, pode ser computado para fins da carência necessária à obtenção da aposentadoria híbrida por idade, ainda que não tenha sido efetivado o recolhimento das contribuições, nos termos do art. 48, § 3º. da Lei 8.213/1991, seja qual for a predominância do labor misto exercido no período de carência ou o tipo de trabalho exercido no momento do implemento do requisito etário ou do requerimento administrativo.

11. Recurso Especial da Segurada provido, determinando-se o retorno dos autos à origem, a fim de que prossiga no julgamento do feito analisando a possibilidade de concessão de aposentadoria híbrida".

Registre-se que o INSS interpôs recurso extraordinário no tema 1.007, admitido pelo STJ com determinação de **suspensão de todos os processos em grau de recurso**. Eis a determinação da Ministra Maria Thereza Moura, Vice-presidente do STJ:

> "Assim, presentes os pressupostos de admissibilidade, nos termos do artigo 1.036, § 1º, do Código de Processo Civil, admito o recurso extraordinário como representativo de controvérsia, **determinando a manutenção da suspensão de todos os processos que versem sobre a mesma controvérsia somente em grau recursal**, em trâmite no âmbito dos Tribunais e das Turmas Recursais dos Juizados Especiais Federais".

**No entanto, por maioria, o Recurso Extraordinário do INSS não foi admitido pelo STF por ausência de tema constitucional, confirmando o Tema 1.007 STJ.**

## 4.4. IDADE MÍNIMA E DEMAIS IMPACTOS DA EMENDA 103/2019

Esta regra tem plena compatibilidade com a Emenda 103/2019, que não são as regras de aposentadorias dos trabalhadores rurais, observada a **elevação da idade mínima da mulher de 60 para 62 anos**, ressalvada regra de transição do artigo 18 da Emenda 103/2019.

Assim, para as mulheres, a idade mínima da aposentadoria por idade híbrida aumentou de 60 para 62 anos em 13/11/2019.

No entanto, o próprio INSS aplicou a progressão etária da mulher constante do artigo 18 da Emenda 103/2019, conforme falaremos em seguida:

> Art. 18. O segurado de que trata o inciso I do § 7º do art. 201 da Constituição Federal filiado ao Regime Geral de Previdência Social até a data de entrada em vigor desta Emenda Constitucional poderá aposentar-se quando preencher, cumulativamente, os seguintes requisitos:
>
> I – 60 (sessenta) anos de idade, se mulher, e 65 (sessenta e cinco) anos de idade, se homem; e
>
> II – 15 (quinze) anos de contribuição, para ambos os sexos.
>
> § 1º A partir de 1º de janeiro de 2020, **a idade de sessenta anos da mulher**, prevista no inciso I do *caput*, será acrescida em seis meses a cada ano, até atingir **62 (sessenta e dois) anos de idade**.
>
> § 2º O valor da aposentadoria de que trata este artigo corresponderá ao valor apurado na forma da lei.

Eis a regra de transição do artigo 18 da Emenda:

a) HOMENS, 65 anos de idade e quinze anos de contribuição.

b) MULHERES, 60 anos de idade e quinze anos de contribuição.

Para as mulheres que não integralizarem ambos os requisitos até 31/12/2019, a idade de 60 anos será acrescida em 6 meses a cada 1 ano, até atingir 62 anos de idade:

| MULHERES | PONTUAÇÃO |
|---|---|
| **ATÉ 31/12/2019** | 60 |
| 1/1/2020 | 60,5 |
| 1/1/2021 | 61 |
| 1/1/2022 | 61,5 |
| 1/1/2023 | 62 |

Desse modo, a partir de 1/1/2023 a idade mínima para a mulher chegou aos 62 anos de idade.

De acordo com a correta posição do **Enunciado 226 FONAJEF**, "a progressão do aumento da idade, prevista no art. 18, §1º, da EC 103/2019, deve ser aplicada de acordo com o ano em que a mulher implementar o último requisito para aposentadoria por idade, independentemente da data do requerimento administrativo", pois deve ser observada a legislação em vigor na data da formação do direito, e não na data do requerimento administrativo.

**APOSENTADORIA POR IDADE HÍBRIDA APÓS A REFORMA CONSTITUCIONAL DA EMENDA 103/2019:**

Para os trabalhadores urbanos, a EC 103/2019 extinguiu a aposentadoria por tempo de contribuição e a aposentadoria por idade, criando um novo benefício por idade e tempo de contribuição atualmente denominado de aposentadoria programada, que exige ainda período de carência de 180 contribuições previdenciárias.

Por outro lado, o Congresso Nacional optou em não modificar as regras de aposentadoria por idade dos trabalhadores rurais, garimpeiros e pescadores artesanais, que conservaram a regra de 60 anos de idade para os homens e 55 anos de idade para as mulheres, com a exigência de carência de 180 meses, **mas sem a exigência de tempo de contribuição**.

Eis o atual texto constitucional do artigo 201, §7º:

> *"§ 7º É assegurada aposentadoria no regime geral de previdência social, nos termos da lei, obedecidas as seguintes condições: (Redação dada pela Emenda Constitucional nº 20, de 1998)*
>
> *I – trinta e cinco anos de contribuição, se homem, e trinta anos de contribuição, se mulher; (Incluído dada pela Emenda Constitucional nº 20, de 1998)*
>
> ***I – 65 (sessenta e cinco) anos de idade, se homem, e 62 (sessenta e dois) anos de idade, se mulher, observado tempo mínimo de contribuição; (Redação dada pela Emenda Constitucional nº 103, de 2019)***
>
> *II – sessenta e cinco anos de idade, se homem, e sessenta anos de idade, se mulher, reduzido em cinco anos o limite para os trabalhadores rurais de ambos os sexos e para os que exerçam suas atividades em regime de economia familiar, nestes incluídos o produtor rural, o garimpeiro e o pescador artesanal. (Incluído dada pela Emenda Constitucional nº 20, de 1998)*

***II – 60 (sessenta) anos de idade, se homem, e 55 (cinquenta e cinco) anos de idade, se mulher, para os trabalhadores rurais e para os que exerçam suas atividades em regime de economia familiar, nestes incluídos o produtor rural, o garimpeiro e o pescador artesanal. (Redação dada pela Emenda Constitucional nº 103, de 2019)".***

O impacto direto e imediato da Emenda 103/2019 na aposentadoria por idade híbrida, que legalmente adota a regra mínima de idade dos trabalhadores urbanos, foi a elevação da idade da mulher de 60 para 62 anos de idade.

Vale registrar que a regra de transição do artigo 18 da EC 103/2019 é constitucionalmente compatível com a aposentadoria idade híbrida, por se tratar de uma transitória de aposentadoria por idade urbana, atenuando o impacto na idade das mulheres com uma progressão até 31/12/2022:

> *"Art. 18. O segurado de que trata o inciso I do § 7º do art. 201 da Constituição Federal filiado ao Regime Geral de Previdência Social até a data de entrada em vigor desta Emenda Constitucional poderá aposentar-se quando preencher, cumulativamente, os seguintes requisitos:*
>
> *I – 60 (sessenta) anos de idade, se mulher, e 65 (sessenta e cinco) anos de idade, se homem; e*
>
> *II – 15 (quinze) anos de contribuição, para ambos os sexos.*
>
> *§ 1º A partir de 1º de janeiro de 2020, a idade de 60 (sessenta) anos da mulher, prevista no inciso I do caput, será acrescida em 6 (seis) meses a cada ano, até atingir 62 (sessenta e dois) anos de idade.*
>
> *§ 2º O valor da aposentadoria de que trata este artigo será apurado na forma da lei".*

Aliás, não teria sentido ter regra de transição para a mulher na aposentadoria programada urbana e não estender esta regra para a aposentadoria por idade híbrida.

Em relação à exigência ou não do tempo de contribuição na aposentadoria por idade híbrida, a Emenda 103/2019 silenciou a respeito, pois este benefício nunca gozou de expressa previsão constitucional.

O problema surgiu porque agora a aposentadoria programada urbana, além de exigir carência, exige tempo de contribuição, ao passo que a aposentadoria por idade rural apenas exige período de carência.

Isso se agrava na situação do segurado especial, pois o período de sua filiação não é considerado como tempo de contribuição, nos termos da Súmula 272 do STJ, salvo se verteu contribuições de 20% sobre o salário de contribuição, razão pela qual este segurado já não fazia jus à aposentadoria por tempo de contribuição, sendo herdeiro do regime do Pro-Rural, em que os trabalhadores rurais não tinham acesso à vetusta aposentadoria por tempo de serviço pelo recolhimento sobre produção rural comercializada.

Não é possível derrubar este pilar protetivo do Regime Geral, pois, além da não haver base legal, pode gerar uma tese perigosa de considerar como tempo de contribuição o período do segurado especial entre a Lei 8.213/91 e a Emenda 103/2019 (mais de 28 anos).

De efeito, a Lei 11.718/2008 apenas utilizou a idade urbana na aposentadoria híbrida por idade. Não regulou o tempo de contribuição, pois naquele tempo a aposentadoria por idade urbana exigia apenas período de carência, e não tempo de contribuição.

Desse modo, a meu ver, no viés constitucional, diante da omissão da Emenda 103/2019, que sequer regula a aposentadoria híbrida por idade, a inserção de novo requisito para este benefício (tempo de contribuição mínimo) exige a aprovação de lei, não sendo válida essa constituição por decreto.

**APOSENTADORIA POR IDADE HÍBRIDA APÓS O NOVO REGULAMENTO DA PREVIDÊNCIA SOCIAL (DECRETO 10.410/2020):**

Neste momento da obra vamos apresentar a interpretação presidencial do tema, através do Novo Regulamento da Previdência Social (Decreto 3.048/99 atualizado pelo Decreto 10.410/2020):

***"Subseção III***

***Da aposentadoria por idade do trabalhador rural***

***(Redação dada pelo Decreto nº 10.410, de 2020).***

*Art. 56. A aposentadoria por idade do trabalhador rural, uma vez cumprido o período de carência exigido, será devida aos segurados a que se referem a alínea "a" do inciso I, a alínea "j" do inciso V e os incisos VI e VII do **caput** do art. 9º e aos segurados garimpeiros que trabalhem, comprovadamente, em regime de economia familiar, conforme definido no § 5º do art. 9º, quando completarem cinquenta e cinco anos de idade, se mulher, e sessenta anos de idade, se homem. (Redação dada pelo Decreto nº 10.410, de 2020).*

*§ 1º Para fins do disposto no **caput**, o segurado a que se refere o inciso VII do **caput** do art. 9º comprovará o efetivo exercício de atividade rural, ainda que de forma descontínua, no período imediatamente anterior ao requerimento do benefício ou, conforme o caso, ao mês em que tiver cumprido o requisito etário, por tempo igual ao número de meses de contribuição correspondente à carência do benefício pretendido, computados os períodos pelos quais o segurado especial tenha recebido os rendimentos a que se referem os incisos III ao VIII do § 8º do art. 9º. (Redação dada pelo Decreto nº 10.410, de 2020).*

*§ 2º O valor da renda mensal da aposentadoria de que trata este artigo para os trabalhadores rurais a que se referem a alínea "a" do inciso I, a alínea "j" do inciso V e o inciso VI do **caput** do art. 9º, para o garimpeiro e para o segurado especial que contribua facultativamente corresponderá a setenta por cento do salário de benefício definido na forma prevista no art. 32, com acréscimo de um ponto percentual para cada ano de contribuição. (Redação dada pelo Decreto nº 10.410, de 2020).*

*§ 3º O valor da renda mensal do benefício de que trata este artigo para os trabalhadores rurais a que se refere o inciso VII do **caput** do art. 9º será de um salário-mínimo. (Redação dada pelo Decreto nº 10.410, de 2020).*

*§ 4º O segurado especial que contribui na forma prevista no § 2º do art. 200 somente fará jus à aposentadoria com valor apurado na forma prevista no § 2º deste artigo após o cumprimento do período de carência exigido, hipótese em que não será considerado como período de carência o tempo de atividade rural não contributivo. (Redação dada pelo Decreto nº 10.410, de 2020).*

*§ 5º A aposentadoria de que trata este artigo será devida na forma prevista no art. 52. (Redação dada pelo Decreto nº 10.410, de 2020).*

***Art. 57. Os trabalhadores rurais que não atendam ao disposto no art. 56 mas que satisfaçam essa condição, se considerados períodos de contribuição sob outras categorias de segurado, farão jus ao benefício ao atenderem os requisitos definidos nos incisos I e II do caput do art. 51. (Redação dada pelo Decreto nº 10.410, de 2020).***

*§ 1º Para fins do disposto no **caput**, o valor da renda mensal da aposentadoria será apurado na forma do disposto no art. 53, considerando-se como salário de contribuição mensal do período como segurado especial o salário-mínimo. (Incluído pelo Decreto nº 10.410, de 2020)*

*§ 2º O disposto neste artigo aplica-se ainda que, na oportunidade do requerimento da aposentadoria, o segurado não se enquadre como trabalhador rural. (Incluído pelo Decreto nº 10.410, de 2020)"*

A primeira consideração é de natureza "topográfica". O artigo 57, do RPS, que rege a aposentadoria por idade híbrida, foi inserida na Subseção III – Da Aposentadoria por Idade do Trabalhador Rural", conquanto se trate de benefício misto, que adota inclusive a idade urbana.

No entanto, o ponto nevrálgico é que o artigo 57 do RPS exige – para a concessão da aposentadoria por idade híbrida – que sejam atendidos os requisitos dos incisos I e II do seu artigo 51:

> *"Art. 51. A aposentadoria programada, uma vez cumprido o período de carência exigido, será devida ao segurado que cumprir, cumulativamente, os seguintes requisitos: (Redação dada pelo Decreto nº 10.410, de 2020).*
>
> *I – sessenta e dois anos de idade, se mulher, e sessenta e cinco anos de idade, se homem; e (Incluído pelo Decreto nº 10.410, de 2020)*
>
> ***II – quinze anos de tempo de contribuição, se mulher, e vinte anos de tempo de contribuição, se homem. (Incluído pelo Decreto nº 10.410, de 2020)".***

Dessa forma, conforme inciso II, **o Regulamento exige expressamente o tempo de contribuição de 20 anos para os homens e de 15 anos para as mulheres para a concessão da aposentadoria por idade híbrida.**

Considerando que o período de filiação do segurado especial não é considerado como tempo de contribuição, nos termos da Súmula 272 do STJ, salvo se verteu contribuições de 20% sobre o salário de contribuição, de acordo com a literalidade do texto regulamentar este segurado está privado de computar o seu período de labor rural para a aposentadoria por idade híbrida, exceto direito adquirido formado até 13/11/2019 à luz da normatização anterior à Emenda 103/2019.

Por certo, a intenção governamental não foi privar o segurado especial de ter acesso à aposentadoria por idade híbrida após a EC 103/2019, mas a exigência expressa de tempo de contribuição no citado benefício feita pelo *caput* do artigo 57 do RPS traz essa amarra.

Dessa forma, entendo **que a instituição da idade na aposentadoria programada da mulher em 62 anos se aplica à aposentadoria por idade híbrida de que trata do artigo 48, §3º, da Lei 8.213/91, inclusive com aplicação da regra de transição do artigo 18 da Emenda 103/2019.**

**De sua vez, no que tange à exigência de tempo de contribuição na aposentadoria por idade híbrida (art. 57 do RPS que remete ao art. 51, II), conquanto exista essa expressa previsão regulamentar, entendo que somente a lei poderia inserir esse novo requisito ao benefício.**

**Caberá à Secretaria de Previdência ou mesmo ao INSS definir a tese jurídica a respeito deste complexo tema, sendo prudente a alteração regulamentar.**

Dessa forma, podemos concluir que a Emenda 103/2019 e o Decreto 10.410/2020 implicaram em duas alterações na aposentadoria por idade híbrida, que pode agora ser chamada de aposentadoria programada híbrida:

A) Elevação da idade mínima da mulher de 60 para 62 anos de idade;

B) Exigência em regra permanente para os homens de 20 anos de "tempo de contribuição".

## 4.5. RENDA MENSAL

**Para direito constituído após a Emenda 103/2019**, a renda mensal observará o artigo 26 da Emenda 103/2019, conforme prevê de modo acertado o

Regulamento da Previdência Social (art. 57, §1º, com redação dada pelo Decreto 10.410/2020):

> *"Art. 57. Os trabalhadores rurais que não atendam ao disposto no art. 56 mas que satisfaçam essa condição, se considerados períodos de contribuição sob outras categorias de segurado, farão jus ao benefício ao atenderem os requisitos definidos nos incisos I e II do* ***caput*** *do art. 51. (Redação dada pelo Decreto nº 10.410, de 2020).*
>
> ***§ 1º Para fins do disposto no caput, o valor da renda mensal da aposentadoria será apurado na forma do disposto no art. 53****, considerando-se como salário de contribuição mensal do período como segurado especial o salário-mínimo. (Incluído pelo Decreto nº 10.410, de 2020)*
>
> ...
>
> *Art. 53. O valor da aposentadoria programada corresponderá a* ***sessenta por cento do salário de benefício definido na forma prevista no art. 32, com acréscimo de dois pontos percentuais para cada ano de contribuição que exceder o tempo de vinte anos de contribuição, para os homens, ou de quinze anos de contribuição, para as mulheres****. (Redação dada pelo Decreto nº 10.491, de 2020).*

Para os **homens**, a teor do artigo 26 da Emenda 103/2019, o valor do benefício de aposentadoria por idade híbrida corresponderá a **sessenta por cento da média aritmética das 100% das remunerações/salários de contribuição, com acréscimo de 2% para cada ano que ultrapassar os 20 anos de contribuição:**

| HOMENS<br>TEMPO DE CONTRIBUIÇÃO | COEFICIENTE |
|---|---|
| Até 20 anos | 60% |
| 21 anos | 62% |
| 22 anos | 64% |
| 23 anos | 66% |
| 24 anos | 68% |
| 25 anos | 70% |
| 26 anos | 72% |
| 27 anos | 74% |
| 28 anos | 76% |
| 29 anos | 78% |
| 30 anos | 80% |
| 31 anos | 82% |
| 32 anos | 84% |

| HOMENS<br>TEMPO DE CONTRIBUIÇÃO | COEFICIENTE |
|---|---|
| 33 anos | 86% |
| 34 anos | 88% |
| 35 anos | 90% |
| 36 anos | 92% |
| 37 anos | 94% |
| 38 anos | 96% |
| 39 anos | 98% |
| 40 anos | 100% |

Curioso notar que, **intencionalmente**, o artigo 26 da Emenda 103/2019 não limita a média de todos os salários de contribuição do segurado a 100%, de modo que o segurado incapacitado de modo permanente que possuir mais de 40 anos de tempo de contribuição poderá fazer jus a uma aposentadoria por incapacidade que ultrapasse a 100% da média de salários de contribuição desde o Plano Real (competência 7/1994), a exemplo:

| HOMENS<br>TEMPO DE CONTRIBUIÇÃO | COEFICIENTE |
|---|---|
| 41 Anos | 102% |
| 42 Anos | 104% |
| 43 Anos | 106% |
| 44 Anos | 108% |
| 45 Anos | 110% |
| **E assim sucessivamente** | **E assim sucessivamente** |

Para **a aposentadoria da mulher** existe uma regra especial de cálculo da renda mensal no artigo 26, §5º, da Emenda 103/2019, que prevê a **progressão a contar de 15 anos**, e não de 20 anos de contribuição:

| MULHERES<br>TEMPO DE CONTRIBUIÇÃO | COEFICIENTE |
|---|---|
| 15 anos | 60% |
| 16 anos | 62% |
| 17 anos | 64% |

| MULHERES<br>TEMPO DE CONTRIBUIÇÃO | COEFICIENTE |
|---|---|
| 18 anos | 66% |
| 19 anos | 68% |
| 20 anos | 70% |
| 21 anos | 72% |
| 22 anos | 74% |
| 23 anos | 76% |
| 24 anos | 78% |
| 25 anos | 80% |
| 26 anos | 82% |
| 27 anos | 84% |
| 28 anos | 86% |
| 29 anos | 88% |
| 30 anos | 90% |
| 31 anos | 92% |
| 32 anos | 94% |
| 33 anos | 96% |
| 34 anos | 98% |
| 35 anos | 100% |
| **E assim sucessivamente** | **E assim sucessivamente** |

Por força do artigo 48, §4º, da Lei 8.213/91, **o cálculo da renda mensal da aposentadoria por idade híbrida será apurado considerando-se como salário de contribuição mensal do período como segurado especial o limite mínimo de salário-de-contribuição da Previdência Social.**

No mesmo sentido o artigo 57, §1º, do Decreto 3.048/99:

> *"Art. 57. Os trabalhadores rurais que não atendam ao disposto no art. 56 mas que satisfaçam essa condição, se considerados períodos de contribuição sob outras categorias de segurado, farão jus ao benefício ao atenderem os requisitos definidos nos incisos I e II do caput do art. 51. (Redação dada pelo Decreto nº 10.410, de 2020).*
>
> ***§ 1º Para fins do disposto no caput, o valor da renda mensal da aposentadoria será apurado na forma do disposto no art. 53, considerando-se como salário de contribuição mensal do período como segurado especial o salário-mínimo.*** *(Incluído pelo Decreto nº 10.410, de 2020)"*

Assim, para cálculo do salário de benefício o período de segurado especial em que não haja recolhimento sobre o salário de contribuição será considerado salário mínimo nas competências mensais. E nos demais períodos os valores reais dos salários de contribuição. **Essa regra poderá gerar um salário de benefício e uma renda mensal superior a um salário mínimo.**

**Para direito adquirido formado até 13.11.2019**, a renda mensal da aposentadoria por idade híbrida será calculada de acordo com o artigo 50 da Lei 8.213/91, inclusive com a fórmula do salário de benefício com média dos 80% maiores salários de contribuição a partir de 07/1994 e fator previdenciário facultativo:

> *"Art. 50. A aposentadoria por idade, observado o disposto na Seção III deste Capítulo, especialmente no art. 33, consistirá numa renda mensal de 70% (setenta por cento) do salário-de-benefício, mais 1% (um por cento) deste, por grupo de 12 (doze) contribuições, não podendo ultrapassar 100% (cem por cento) do salário-de-benefício".*

Por fim, por se tratar de aposentadoria, nos termos do artigo 201, §2º, da Constituição, **a renda não poderá ser inferior a um salário mínimo.**

## 4.6. DATA DE INÍCIO DO BENEFÍCIO

A aposentadoria por idade híbrida para o segurado especial será sempre devida **a partir da data do requerimento administrativo** com lastro no artigo 49 da Lei 8.213/91:

> *"Art. 49. A aposentadoria por idade será devida:*
>
> *I – ao segurado empregado, inclusive o doméstico, a partir:*
>
> *a) da data do desligamento do emprego, quando requerida até essa data ou até 90 (noventa) dias depois dela; ou*
>
> *b) da data do requerimento, quando não houver desligamento do emprego ou quando for requerida após o prazo previsto na alínea "a";*
>
> ***II – para os demais segurados, da data da entrada do requerimento".***

CAPÍTULO

5

# REGRAS DE TRANSIÇÃO DAS APOSENTADORIAS VOLUNTÁRIAS COMUNS E DOS PROFESSORES DO ENSINO BÁSICO NA EMENDA CONSTITUCIONAL 103/2019 E DIREITO ADQUIRIDO

## 1. INTRODUÇÃO

Neste Capítulo 5 da obra vamos apresentar as regras de transição para os segurados filiados ao RGPS até da data da publicação da Emenda 103/2019 (13/11/2019).

Nos termos do artigo 10 da extinta Portaria INSS 450/2020, a **aposentadoria por tempo de contribuição**, ressalvado o direito adquirido, poderá ser concedida aos segurados filiados ao RGPS até 13 de novembro de 2019, mediante os requisitos fixados em quatro regras distintas de transição:

> I – aposentadoria por tempo de contribuição com pontuação, conforme art. 15 da EC nº 103, de 2019;
>
> II – aposentadoria por tempo de contribuição com idade mínima, conforme art. 16 da EC nº 103, de 2019;
>
> III – aposentadoria por tempo de contribuição com período adicional de 50% (cinquenta por cento), conforme art. 17 da EC nº 103, de 2019; e
>
> IV – aposentadoria por tempo de contribuição com idade mínima e período adicional de 100% (cem por cento), conforme art. 20 da EC nº 103, de 2019.

Dessa forma, os **artigos 15, 16, 17 e 20** da Emenda Constitucional 103/2019 veiculam **regras de transição da aposentadoria por tempo de contribuição**, não alcançando, portanto, os segurados que promoveram os recolhimentos simplificados de que trata o artigo 21, §2º, da Lei 8.212/91 e o segurado especial, salvo se este possuir recolhimentos sobre o salário de contribuição.

Por outro lado, o **artigo 18** da EC 103/2019 traz **regra de transição da aposentadoria por idade**, beneficiando o contribuinte individual autônomo e segurado facultativo que promoveram recolhimentos simplificados à razão de 5% ou de 11% sobre um salário mínimo.

**Ademais, não vejo impedimento para que o acréscimo fruto da conversão do tempo especial em comum limitada a 13.11.2019 seja considerada como tempo de contribuição das regras de transição da Emenda 103/2019, inclusive podendo ser considerada para fins de fixação de coeficiente do salário de benefício com base no artigo 26 da Emenda 103/2019.**

Nesse sentido, a conversão do tempo especial em comum foi admitida nas quatro regras de transição da EC 103/2019, a teor da IN INSS 128/2022:

> *"Art. 321. Ao segurado filiado ao RGPS até 13 de Novembro de 2019, data da publicação da Emenda Constitucional nº 103, fica assegurado o direito à aposentadoria por tempo de contribuição, cumprida a carência exigida, quando forem preenchidos, cumulativamente, os seguintes requisitos:*
>
> *I – 30 (trinta) anos de contribuição, se mulher, e 35 (trinta e cinco) anos de contribuição, se homem; e*
>
> *II – somatório da idade e do tempo de contribuição, incluídas as frações, equivalente a 86 (oitenta e seis) pontos, se mulher, e 96 (noventa e seis) pontos, se homem, observado o disposto no § 1º.*
>
> *§ 1º A partir de 1º de janeiro de 2020, a pontuação a que se refere o inciso II do caput será acrescida a cada ano de 1 (um) ponto, até atingir o limite de 100 (cem) pontos, se mulher, e de 105 (cento e cinco) pontos, se homem.*
>
> *§ 2º A idade e o tempo de contribuição serão apurados em dias para o cálculo do somatório de pontos a que se refere o inciso II do caput e o § 1º.*
>
> ***§ 3º A conversão de tempo de atividade sob condições especiais em tempo de atividade comum se aplica somente ao trabalho prestado até 13 de novembro de 2019, observando-se as disposições contidas no Capítulo V deste Livro.***
>
> *§ 4º A aposentadoria de que trata o caput será calculada na forma prevista na alínea "c" do inciso IV do art. 233.*
>
> *Art. 322. Ao segurado filiado ao RGPS até 13 de novembro de 2019, data da publicação da Emenda Constitucional nº 103, fica assegurado o direito à aposentadoria por tempo de contribuição, cumprida a carência exigida, quando forem preenchidos, cumulativamente, os seguintes requisitos:*
>
> *I – 30 (trinta) anos de contribuição, se mulher, e 35 (trinta e cinco) anos de contribuição, se homem; e*
>
> *II – idade de 56 (cinquenta e seis) anos, se mulher, e 61 (sessenta e um) anos, se homem. § 1º A partir de 1º de janeiro de 2020, a idade a que se refere o inciso II*

*do caput será acrescida de 6 (seis) meses a cada ano, até atingir 62 (sessenta e dois) anos de idade, se mulher, e 65 (sessenta e cinco) anos de idade, se homem.*

***§ 2º A conversão de tempo de atividade sob condições especiais em tempo de atividade comum aplica-se somente ao trabalho prestado até 13 de novembro de 2019, observando as disposições contidas no Capítulo V deste Livro.***

*§ 3º A aposentadoria de que trata o caput será calculada na forma prevista na alínea "c" do inciso IV do art. 233.*

*Art. 323. Ao segurado filiado ao RGPS até 13 de Novembro de 2019, data da publicação da Emenda Constitucional nº 103, e que na referida data contar com mais de 28 (vinte e oito) anos de contribuição, se mulher, e 33 (trinta e três) anos de contribuição, se homem, cumprida a carência, fica assegurado o direito à aposentadoria por tempo de contribuição quando forem preenchidos, cumulativamente, os seguintes requisitos:*

*I – 30 (trinta) anos de contribuição, se mulher, e 35 (trinta e cinco) anos de contribuição, se homem; e*

*II – cumprimento de período adicional correspondente a 50% (cinquenta por cento) do tempo que, em 13 de novembro de 2019, data de entrada em vigor da Emenda Constitucional nº 103, de 2019, faltaria para atingir 30 (trinta) anos de contribuição, se mulher, e 35 (trinta e cinco) anos de contribuição, se homem.*

***§ 1º A conversão de tempo de atividade sob condições especiais em tempo de atividade comum se aplica somente ao trabalho prestado até 13 de novembro de 2019, observando-se as disposições contidas no Capítulo V deste Livro.***

*§ 2º A aposentadoria de que trata o caput será calculada na forma prevista na alínea "d" do inciso IV do art. 233.*

*Art. 324. Ao segurado filiado ao RGPS até 13 de novembro de 2019, data da publicação da Emenda Constitucional nº 103, de 2019, fica assegurado o direito à aposentadoria por tempo de contribuição, cumprida a carência exigida, quando forem preenchidos, cumulativamente, os seguintes requisitos:*

*I – 57 (cinquenta e sete) anos de idade, se mulher, e 60 (sessenta) anos de idade, se homem;*

*II – 30 (trinta) anos de contribuição, se mulher, e 35 (trinta e cinco) anos de contribuição, se homem; e*

*III – período adicional correspondente a 100% (cem por cento) do tempo que, na data de entrada em vigor da Emenda Constitucional nº 103, de 2019, faltaria para atingir o tempo mínimo de contribuição referido no inciso II.*

***§ 1º A conversão de tempo de atividade sob condições especiais em tempo de atividade comum se aplica somente ao trabalho prestado até 13 de novembro de 2019, observando-se as disposições contidas no Capítulo V deste Livro.***

*§ 2º A aposentadoria de que trata o caput será calculada na forma prevista na alínea "e" do inciso IV do art. 233".*

**ATENÇÃO:**

Registre-se que o pressuposto de aplicabilidade das regras de transição constantes da Emenda 103/2019 é ser segurado filiado ao RGPS até 13/11/2019, de modo ser necessário ostentar a qualidade de segurado deste regime em 13.11.2019 (data da vigência da reforma constitucional) para ter acesso ao mencionado regramento excepcional.

Em teoria, se no dia 13.11.2019 não havia mais a qualidade de segurado que foi perdida até 12.11.2019, não deveria o segurado se beneficiar das regras de transição. Outrossim, se havia qualidade de segurado em 13.11.2019 e houve ulterior perda dessa condição com posterior refiliação, também não deveria o segurado ter acesso ao regramento transitório, pois foi rompida a filiação previdenciária, devendo acessar apenas o regramento permanente por se tratar de nova filiação concretizada após 13.11.2019.

No entanto, **na prática administrativa previdenciária o INSS historicamente não promove esse recorte técnico no RGPS**, que apenas vem sendo aplicado no âmbito do RPPS quando o servidor efetivo muda de cargo efetivo com interrupção de vínculo na situação de a vacância no antigo cargo e a posse em novo cargo efetivo não se dão no mesmo dia.

## 2. REGRA DE TRANSIÇÃO DE APOSENTADORIA DO ARTIGO 15 DA EMENDA 103/2019 (REGIME DE PONTUAÇÃO)

> **Art. 15.** Ao segurado filiado ao Regime Geral de Previdência Social até a data de entrada em vigor desta Emenda Constitucional, fica assegurado o direito à aposentadoria, quando preencher, cumulativamente, os seguintes requisitos:
>
> I – 30 (trinta anos) de contribuição, se mulher, e 35 (trinta e cinco) anos de contribuição, se homem; e
>
> II – somatório da idade e do tempo de contribuição, incluídas as frações, equivalente a 86 (oitenta e seis) pontos, se mulher, e 96 (noventa e seis) pontos, se homem, observado o disposto no § 1º.
>
> § 1º A partir de 1º de janeiro de 2020, a pontuação a que se refere o inciso II do *caput* será acrescida de um ponto a cada ano para o homem e para a mulher, até atingir o limite de 100 (cem) pontos, se mulher, e de 105 (cento e cinco) pontos, se homem.
>
> § 2º A idade e o tempo de contribuição serão apurados em dias para o cálculo do somatório de pontos a que se referem o inciso II do *caput* e o § 1º.
>
> § 3º Para o professor que comprovar exclusivamente 25 (vinte e cinco) anos de contribuição, se mulher, e 30 (trinta) anos de contribuição, se homem, em efetivo exercício das funções de magistério na educação infantil e no ensino fundamental e médio, o somatório da idade e do tempo de contribuição, incluídas as frações, será equivalente a 81 (oitenta e um) pontos, se mulher, e 91 (noventa e um) pontos, se homem, aos quais serão acrescentados, a partir de 1º de janeiro de 2020, um ponto a cada ano para o homem e para a mulher, até atingir o limite de 92 (noventa e dois) pontos, se mulher, e 100 (cem) pontos, se homem.
>
> § 4º O valor da aposentadoria concedida nos termos do disposto neste artigo será apurado na forma da lei.

Trata-se de regra de transição que somente beneficia aos segurados do RGPS filiados até o dia da publicação da Emenda 103/2019, considerando a extinção da aposentadoria por tempo de contribuição sem idade mínima.

Exigiu-se os seguintes requisitos para quem adquirir o direito até 31/12/2019:

a) HOMENS, 35 anos de tempo de contribuição e 96 pontos, considerando a soma da idade com o tempo de contribuição, inclusive com consideração de frações;

b) MULHERES, 30 anos de tempo de contribuição e 86 pontos, considerando a soma da idade com o tempo de contribuição, inclusive com consideração de frações.

A partir de 1/1/2020, houve a seguinte progressão de pontuação até o homem atingir a 105 pontos e a mulher alcançar a 100 pontos:

| ANO | HOMENS | MULHERES |
|---|---|---|
| Até 31/12/2019 | 96 | 86 |
| 1/1/2020 | 97 | 87 |
| 1/1/2021 | 98 | 88 |
| 1/1/2022 | 99 | 89 |
| 1/1/2023 | 100 | 90 |
| 1/1/2024 | 101 | 91 |
| 1/1/2025 | 102 | 92 |
| 1/1/2026 | 103 | 93 |
| 1/1/2027 | 104 | 94 |
| 1/1/2028 | 105 | 95 |
| 1/1/2029 | 105 | 96 |
| 1/1/2030 | 105 | 97 |
| 1/1/2031 | 105 | 98 |
| 1/1/2032 | 105 | 99 |
| 1/1/2033 | 105 | 100 |

Dessa forma, o ápice da pontuação das mulheres dar-se-á em 1/1/2033 ao passo que para os homens em 1/1/2028.

No que concerne ao professor do ensino básico com tempo exclusivo nesta condição, há uma regra especial para quem adquirir o direito até 31/12/2019:

a) HOMENS PROFESSORES, 30 anos de tempo de contribuição e 91 pontos, considerando a soma da idade com o tempo de contribuição, inclusive com consideração de frações.

b) MULHERES PROFESSORAS, 25 anos de tempo de contribuição e 81 pontos, considerando a soma da idade com o tempo de contribuição, inclusive com consideração de frações.

A partir de 1/1/2020, houve a seguinte progressão de pontuação até o homem atingir a 100 pontos e a mulher alcançar 92 pontos:

| ANO | HOMENS | MULHERES |
|---|---|---|
| Até 31/12/2019 | 91 | 81 |
| 1/1/2020 | 92 | 82 |
| 1/1/2021 | 93 | 83 |
| 1/1/2022 | 94 | 84 |
| 1/1/2023 | 95 | 85 |
| 1/1/2024 | 96 | 86 |
| 1/1/2025 | 97 | 87 |
| 1/1/2026 | 98 | 88 |
| 1/1/2027 | 99 | 89 |
| 1/1/2028 | 100 | 90 |
| 1/1/2029 | 100 | 91 |
| 1/1/2030 | 100 | 92 |

Dessa forma, o ápice da pontuação das mulheres dar-se-á em 1/1/2030 ao passo que para os homens em 1/1/2028.

Ao que parecia, havia um **erro material** na regra dos professores do ensino básico, o mesmo erro dos professores servidores federais outrora estudados.

Isso porque comparando com as idades da regra comum **o professor acaba não tendo nenhum benefício de redução de idade**, o que certamente não foi a intenção do legislador.

Veja-se que o escore do segurado homem não professor é de 96 pontos (35 anos de tempo de contribuição e 61 de idade, por exemplo).

Já para o segurado homem professor do ensino básico é de 91 pontos (30 anos de tempo de contribuição e os mesmos 61 anos de idade), sendo a mesma idade.

Mas a intenção foi realmente ter uma regra mais dura para os professores, tanto que foi preservado esse texto no Congresso Nacional.

Também serão beneficiados os professores do ensino infantil, fundamental e médio que estejam exercendo atividades de **direção de unidade escolar, coordenação e assessoramento pedagógico**, a teor do artigo 1º, da Lei 11.301/2006.

Contra a Lei 11.301/2006 foi proposta a **ADI 3.772** pelo Procurador-Geral da República, sob o argumento de violação ao artigo 201, §8º, da Constituição Federal. Por sua vez, em 29.10.2008, o STF declarou a validade da referida norma, mas determinou a sua interpretação conforme a Constituição:

> *"I – A função de magistério não se circunscreve apenas ao trabalho em sala de aula, abrangendo também a preparação de aulas, a correção de provas, o atendimento aos pais e alunos, a coordenação e o assessoramento pedagógico e, ainda, a direção de unidade escolar. II – **As funções de direção, coordenação e assessoramento pedagógico integram a carreira do magistério, desde que exercidos, em estabelecimentos de ensino básico, por professores de carreira, excluídos os especialistas em educação**, fazendo jus aqueles que as desempenham ao regime especial de aposentadoria estabelecido nos arts. 40, § 5º, e 201, § 8º, da Constituição Federal. III – Ação direta julgada parcialmente procedente, com interpretação conforme, nos termos supra" (g.n.)*

Logo, para as atividades de direção de unidade escolar, coordenação e assessoramento pedagógico desenvolvidas por professor de carreira não têm mais aplicabilidade a **Súmula 726, do STF:**

| "Súmula 726 – Para efeito de aposentadoria especial de professores, não se computa o tempo de serviço prestado fora da sala de aula". |
|---|

Registre-se que **o STF excluiu os especialistas em educação do direito à redução**, pois não se tratam de professores, pois não habilitados a ministrar aulas, sendo uma espécie de carreira de apoio ao magistério ou mesmo gestores da atuação dos professore caracterizando-se como profissionais de educação para administração, planejamento, inspeção, supervisão e orientação para a educação básica.

No que concerne à renda mensal, enquanto não editada a lei de regulamentação, deve ser aplicado o regramento do **artigo 26 da Emenda 103/2019.**

Para os **HOMENS**, o valor do benefício de aposentadoria corresponderá a **sessenta por cento da média aritmética das 100% das remunerações/salários de contribuição, com acréscimo de 2% para cada ano que ultrapassar os 20 anos de contribuição:**

| HOMENS TEMPO DE CONTRIBUIÇÃO | COEFICIENTE |
|---|---|
| 20 anos | 60% |
| 21 anos | 62% |
| 22 anos | 64% |
| 23 anos | 66% |
| 24 anos | 68% |
| 25 anos | 70% |
| 26 anos | 72% |
| 27 anos | 74% |
| 28 anos | 76% |
| 29 anos | 78% |
| 30 anos | 80% |
| 31 anos | 82% |
| 32 anos | 84% |
| 33 anos | 86% |
| 34 anos | 88% |
| 35 anos | 90% |
| 36 anos | 92% |
| 37 anos | 94% |
| 38 anos | 96% |
| 39 anos | 98% |
| 40 anos | 100% |

Assim, se um segurado (homem) do RGPS tiver apenas 25 anos de tempo de contribuição, a renda do benefício será de 70% da média de todos os salários de contribuição desde o Plano Real (7/1994), respeitada a idade mínima referida e a renda não inferior a um salário mínimo.

Curioso notar que, **intencionalmente**, o artigo 26 da Emenda 103/2019 não limita a média de todos os salários de contribuição do segurado a 100%, de modo que o segurado que possuir mais de 40 anos de tempo de contribuição poderá fazer jus a uma aposentadoria por idade e tempo de contribuição que ultrapasse a 100% da média de salários de contribuição desde o Plano Real (competência 7/1994), a exemplo:

| HOMENS TEMPO DE CONTRIBUIÇÃO | COEFICIENTE |
|---|---|
| 41 Anos | 102% |
| 42 Anos | 104% |
| 43 Anos | 106% |
| 44 Anos | 108% |
| 45 Anos | 110% |
| **E assim sucessivamente** | **E assim sucessivamente** |

Para **a aposentadoria da MULHER** existe uma regra diferenciada de cálculo da renda mensal no artigo 26, §5º[1], da Emenda 103/2019, que prevê a **progressão a contar de 15 anos**, e não de 20 anos de contribuição em todos os casos:

| MULHERES TEMPO DE CONTRIBUIÇÃO | COEFICIENTE |
|---|---|
| 15 anos | 60% |
| 16 anos | 62% |
| 17 anos | 64% |
| 18 anos | 66% |
| 19 anos | 68% |
| 20 anos | 70% |
| 21 anos | 72% |
| 22 anos | 74% |
| 23 anos | 76% |
| 24 anos | 78% |
| 25 anos | 80% |
| 26 anos | 82% |
| 27 anos | 84% |
| 28 anos | 86% |

1. § 5º O acréscimo a que se refere o *caput* do § 2º será aplicado para cada ano que **exceder quinze anos** de tempo de contribuição para os segurados de que tratam a alínea "a" do inciso I do art. 19 e do inciso I do art. 21 e **para as mulheres filiadas ao Regime Geral de Previdência Social**.

| MULHERES TEMPO DE CONTRIBUIÇÃO | COEFICIENTE |
|---|---|
| 29 anos | 88% |
| 30 anos | 90% |
| 31 anos | 92% |
| 32 anos | 94% |
| 33 anos | 96% |
| 34 anos | 98% |
| 35 anos | 100% |
| E assim sucessivamente | E assim sucessivamente |

Dessa forma, o coeficiente mínimo será de 60% e o máximo não está limitado pela legislação constitucional transitória.

Poderão ser **excluídas da média as contribuições que resultem em redução do valor do benefício**, desde que mantido o tempo mínimo de contribuição exigido, vedada a utilização do tempo excluído para qualquer finalidade, para a averbação em outro regime previdenciário ou para a obtenção dos proventos de inatividade dos militares (REGRA DE DESCARTE MÓVEL).

Coube à **Lei 14.331/2022** inserir o artigo 135-A na Lei 8.213/91, suprindo omissão do artigo 26 da Emenda 103/2019 que se esqueceu de constituir divisor mínimo no cálculo do salário de benefício, o que oportunizou a concretização de brecha constitucional que permitiu o **"milagre da contribuição única"** até 04 de maio de 2022, véspera da sua publicação:

> *"Art. 135-A. Para o segurado filiado à Previdência Social até julho de 1994, no cálculo do salário de benefício das aposentadorias, exceto a aposentadoria por incapacidade permanente, o divisor considerado no cálculo da média dos salários de contribuição não poderá ser inferior a* ***108 (cento e oito) meses****."*

Dessa forma, para os segurados que possuam salários de contribuição antes do Plano Real (Julho/1994), o divisor mínimo no cálculo do salário de benefício calculado com lastro no artigo 26 da EC 103/2019 será de 108 salários de contribuição.

Suponha-se que um segurado possua apenas 80 salários de contribuição a contar de 7/1994. Neste caso, teremos a soma dos 80 salários divididos por 108, o que reduzirá o valor do salário de benefício.

Com efeito, 108 salários de contribuição correspondem a 9 anos. Desse modo, todos os segurados que não possuam ao menos 9 anos de salários de

| | HOMENS | MULHERES |
|---|---|---|
| **ATÉ 31/12/2019** | **61** | **56** |
| 1/1/2025 | 64 | 59 |
| 1/1/2026 | 64,5 | 59,5 |
| **1/1/2027** | **65** | 60 |
| 1/1/2028 | 65 | 60,5 |
| 1/1/2029 | 65 | 61 |
| 1/1/2030 | 65 | 61,5 |
| **1/1/2031** | 65 | 62 |

Note-se que o ápice da idade para os homens dar-se-á em 1/1/2027 (65 anos) e para as mulheres em 1/1/2031 (62 anos).

No que concerne ao **professor do ensino básico** com tempo exclusivo nesta condição, há uma regra especial para quem adquirir o direito até 31/12/2019.

a) HOMENS PROFESSORES, 30 anos de tempo de contribuição e 56 anos de idade;

b) MULHERES PROFESSORAS, 25 anos de tempo de contribuição e 51 anos de idade.

A partir de 1/1/2020, as idades citadas serão acrescidas de 6 meses a cada ano, até atingir 57 anos de idade, se mulher, e 60 anos de idade, se homem:

| | HOMENS | MULHERES |
|---|---|---|
| **ATÉ 31/12/2019** | **56** | **51** |
| 1/1/2020 | 56,5 | 51,5 |
| 1/1/2021 | 57 | 52 |
| 1/1/2022 | 57,5 | 52,5 |
| 1/1/2023 | 58 | 53 |
| 1/1/2024 | 58,5 | 53,5 |
| 1/1/2025 | 59 | 54 |
| 1/1/2026 | 59,5 | 54,5 |
| **1/1/2027** | **60** | 55 |
| 1/1/2028 | 60 | 55,5 |

| | HOMENS | MULHERES |
|---|---|---|
| 1/1/2029 | 60 | 56 |
| 1/1/2030 | 60 | 56,5 |
| **1/1/2031** | 60 | 57 |

Note-se que o ápice da idade para os homens dar-se-á em 1/1/2027 (60 anos) e para as mulheres em 1/1/2031 (57 anos).

Também serão beneficiados os professores do ensino infantil, fundamental e médio que estejam exercendo atividades de **direção de unidade escolar, coordenação e assessoramento pedagógico**, a teor do artigo 1º, da Lei 11.301/2006.

Contra a Lei 11.301/2006 foi proposta a **ADI 3.772** pelo Procurador-Geral da República, sob o argumento de violação ao artigo 201, §8º, da Constituição Federal. Por sua vez, em 29.10.2008, o STF declarou a validade da referida norma, mas determinou a sua interpretação conforme a Constituição:

> *"I – A função de magistério não se circunscreve apenas ao trabalho em sala de aula, abrangendo também a preparação de aulas, a correção de provas, o atendimento aos pais e alunos, a coordenação e o assessoramento pedagógico e, ainda, a direção de unidade escolar. II –* ***As funções de direção, coordenação e assessoramento pedagógico integram a carreira do magistério, desde que exercidos, em estabelecimentos de ensino básico, por professores de carreira, excluídos os especialistas em educação****, fazendo jus aqueles que as desempenham ao regime especial de aposentadoria estabelecido nos arts. 40, § 5º, e 201, § 8º, da Constituição Federal. III – Ação direta julgada parcialmente procedente, com interpretação conforme, nos termos supra" (g.n.)*

Logo, para as atividades de direção de unidade escolar, coordenação e assessoramento pedagógico desenvolvidas por professor de carreira não têm mais aplicabilidade a **Súmula 726, do STF:**

> "Súmula 726 – Para efeito de aposentadoria especial de professores, não se computa o tempo de serviço prestado fora da sala de aula".

Registre-se que **o STF excluiu os especialistas em educação do direito à redução**, pois não se tratam de professores, pois não habilitados a ministrar aulas, sendo uma espécie de carreira de apoio ao magistério ou mesmo gestores da atuação dos professore caracterizando-se como profissionais de educação para administração, planejamento, inspeção, supervisão e orientação para a educação básica.

No que concerne à renda mensal, enquanto não editada a lei de regulamentação, deve ser aplicado o regramento do **artigo 26 da Emenda 103/2019.**

Para os **HOMENS**, o valor do benefício de aposentadoria corresponderá a **sessenta por cento da média aritmética das 100% das remunerações/salários de contribuição, com acréscimo de 2% para cada ano que ultrapassar os 20 anos de contribuição:**

| HOMENS<br>TEMPO DE CONTRIBUIÇÃO | COEFICIENTE |
|---|---|
| 20 anos | 60% |
| 21 anos | 62% |
| 22 anos | 64% |
| 23 anos | 66% |
| 24 anos | 68% |
| 25 anos | 70% |
| 26 anos | 72% |
| 27 anos | 74% |
| 28 anos | 76% |
| 29 anos | 78% |
| 30 anos | 80% |
| 31 anos | 82% |
| 32 anos | 84% |
| 33 anos | 86% |
| 34 anos | 88% |
| 35 anos | 90% |
| 36 anos | 92% |
| 37 anos | 94% |
| 38 anos | 96% |
| 39 anos | 98% |
| 40 anos | 100% |

Assim, se um segurado (homem) do RGPS tiver apenas 25 anos de tempo de contribuição, a renda do benefício será de 70% da média de todos os salários de contribuição desde o Plano Real (7/1994), respeitada a idade mínima referida e a renda não inferior a um salário mínimo.

Curioso notar que, **intencionalmente**, o artigo 26 da Emenda 103/2019 não limita a média de todos os salários de contribuição do segurado a 100%, de modo que o segurado que possuir mais de 40 anos de tempo de contribuição poderá fazer jus a uma aposentadoria por idade e tempo de contribuição que ultrapasse a 100% da média de salários de contribuição desde o Plano Real (competência 7/1994), a exemplo:

| HOMENS TEMPO DE CONTRIBUIÇÃO | COEFICIENTE |
|---|---|
| 41 anos | 102% |
| 42 anos | 104% |
| 43 anos | 106% |
| 44 anos | 108% |
| 45 anos | 110% |
| **E assim sucessivamente** | E assim sucessivamente |

Para **a aposentadoria da MULHER** existe uma regra diferenciada de cálculo da renda mensal no artigo 26, §5º[2], da Emenda, que prevê a **progressão a contar de 15 anos**, e não de 20 anos de contribuição em todos os casos:

| MULHERES TEMPO DE CONTRIBUIÇÃO | COEFICIENTE |
|---|---|
| 15 anos | 60% |
| 16 anos | 62% |
| 17 anos | 64% |
| 18 anos | 66% |
| 19 anos | 68% |
| 20 anos | 70% |
| 21 anos | 72% |
| 22 anos | 74% |
| 23 anos | 76% |
| 24 anos | 78% |
| 25 anos | 80% |
| 26 anos | 82% |

2. § 5º O acréscimo a que se refere o *caput* do § 2º será aplicado para cada ano que **exceder quinze anos** de tempo de contribuição para os segurados de que tratam a alínea "a" do inciso I do art. 19 e do inciso I do art. 21 e **para as mulheres filiadas ao Regime Geral de Previdência Social**.

| MULHERES TEMPO DE CONTRIBUIÇÃO | COEFICIENTE |
|---|---|
| 27 anos | 84% |
| 28 anos | 86% |
| 29 anos | 88% |
| 30 anos | 90% |
| 31 anos | 92% |
| 32 anos | 94% |
| 33 anos | 96% |
| 34 anos | 98% |
| 35 anos | 100% |
| **E assim sucessivamente** | E assim sucessivamente |

Dessa forma, o coeficiente mínimo será de 60% e o máximo não está limitado pela legislação constitucional transitória.

Poderão ser **excluídas da média as contribuições que resultem em redução do valor do benefício**, desde que mantido o tempo mínimo de contribuição exigido, vedada a utilização do tempo excluído para qualquer finalidade, para a averbação em outro regime previdenciário ou para a obtenção dos proventos de inatividade dos militares (REGRA DE DESCARTE MÓVEL).

Coube à **Lei 14.331/2022** inserir o artigo 135-A na Lei 8.213/91, suprindo omissão do artigo 26 da Emenda 103/2019 que se esqueceu de constituir divisor mínimo no cálculo do salário de benefício, o que oportunizou a concretização de brecha constitucional que permitiu o **"milagre da contribuição única"** até 04 de maio de 2022, véspera da sua publicação:

> *"Art. 135-A. Para o segurado filiado à Previdência Social até julho de 1994, no cálculo do salário de benefício das aposentadorias, exceto a aposentadoria por incapacidade permanente, o divisor considerado no cálculo da média dos salários de contribuição não poderá ser inferior a **108 (cento e oito) meses**."*

Dessa forma, para os segurados que possuam salários de contribuição antes do Plano Real (Julho/1994), o divisor mínimo no cálculo do salário de benefício calculado com lastro no artigo 26 da EC 103/2019 será de 108 salários de contribuição.

Suponha-se que um segurado possua apenas 80 salários de contribuição a contar de 7/1994. Neste caso, teremos a soma dos 80 salários divididos por 108, o que reduzirá o valor do salário de benefício.

Com efeito, 108 salários de contribuição correspondem a 9 anos. Desse modo, todos os segurados que não possuam ao menos 9 anos de salários de contribuição registrados a partir da competência Julho/1994 terão uma redução no salário de benefício.

Por outro lado, se cabível e proveitoso ao segurado, **segue em vigor a regra de descarte** contemplada no §6º do artigo 26 da Emenda 103/2019, não afetada pela criação do divisor mínimo inaugurado pela Lei 14.331/2022.

**Para as situações de direito adquirido formado até 04 de maio de 2022, o cálculo do salário de benefício à luz do artigo 26 da Emenda 103/2019 deverá ser feito sem a incidência de divisor mínimo, em respeito ao *Tempus Regit Actum*.**

Eis a regra no âmbito do Regulamento da Previdência Social desta transitória:

> *"Art. 188-J. Ressalvado o direito de opção pelas aposentadorias de que tratam os art. 51, art. 188-H, art. 188-I, art. 188-K e art. 188-L, observado o disposto no art. 199-A, a aposentadoria por tempo de contribuição será devida, a qualquer tempo, ao segurado filiado ao RGPS até 13 de novembro de 2019 que cumprir, cumulativamente, os seguintes requisitos: (Incluído pelo Decreto nº 10.410, de 2020)*
>
> *I – cinquenta e seis anos de idade, se mulher, e sessenta e um anos de idade, se homem; (Incluído pelo Decreto nº 10.410, de 2020)*
>
> *II – trinta anos de contribuição, se mulher, e trinta e cinco anos de contribuição, se homem; e (Incluído pelo Decreto nº 10.410, de 2020)*
>
> *III – carência de cento e oitenta contribuições mensais, para ambos os sexos. (Incluído pelo Decreto nº 10.410, de 2020)*
>
> *§ 1º A partir de 1º de janeiro de 2020, serão acrescidos seis meses a cada ano à idade considerada mínima para aposentadoria por tempo de contribuição até atingir sessenta e dois anos, para as mulheres, e sessenta e cinco anos, para os homens. (Incluído pelo Decreto nº 10.410, de 2020)*
>
> *§ 2º A data do início da aposentadoria de que trata este artigo será estabelecida em conformidade com o disposto no art. 52. (Incluído pelo Decreto nº 10.410, de 2020)*
>
> *§ 3º O valor da aposentadoria concedida em conformidade com o disposto neste artigo será apurado na forma prevista no § 3º do art. 188-H. (Incluído pelo Decreto nº 10.410, de 2020)".*

## 4. REGRA DE TRANSIÇÃO DE APOSENTADORIA DO ARTIGO 17 DA EMENDA 103/2019 (APOSENTADORIA POR TEMPO DE CONTRIBUIÇÃO SEM IDADE MÍNIMA E COM "PEDÁGIO" DE 50%)

> Art. 17. Ao segurado filiado ao Regime Geral de Previdência Social até a data de entrada em vigor desta Emenda Constitucional e que na referida data **contar com mais de 28 (vinte e oito anos) de contribuição, se mulher, e 33 (trinta e três) anos de contribuição, se homem**, fica assegurado o direito à aposentadoria quando preencher, cumulativamente, os seguintes requisitos:
>
> **I – 30 (trinta) anos de contribuição, se mulher, e 35 trinta e cinco anos de contribuição, se homem; e**
>
> II – cumprimento de **período adicional** correspondente a **50% (cinquenta por cento)** do tempo que, na data de entrada em vigor desta Emenda Constitucional, faltaria para atingir 30 (trinta) anos de contribuição, se mulher, e 35 (trinta e cinco) anos de contribuição, se homem.
>
> Parágrafo único. O benefício concedido nos termos deste artigo terá seu valor apurado de acordo com a média aritmética simples dos salários de contribuição e das remunerações calculada na forma da lei, **multiplicada pelo fator previdenciário**, calculado na forma do disposto nos **§§ 7º a 9º do art. 29 da Lei nº 8.213, de 24 de julho de 1991**.

Trata-se de regra de transição que somente beneficia aos segurados do RGPS filiados até o dia da publicação da Emenda 103/2019 e que faltavam pouco tempo para se aposentar por tempo de contribuição (**menos de dois anos**), considerando a extinção da aposentadoria por tempo de contribuição sem idade mínima.

Esta regra **dispensa idade mínima** e somente beneficia o **homem** que possuía **mais de 33 anos** de tempo de contribuição no dia da publicação da Emenda, assim como a **mulher** que possuía **mais de 28 anos** de tempo de contribuição.

Eis os requisitos:

a) HOMENS: 35 anos de tempo de contribuição e "pedágio" de 50% do tempo em faltava para atingir a 35 anos de tempo de contribuição no dia da publicação da Emenda;

b) MULHERES: 30 anos de tempo de contribuição e "pedágio" de 50% do tempo em faltava para atingir a 30 anos de tempo de contribuição no dia da publicação da Emenda.

Vamos supor que no dia da publicação da Emenda 103/2019 um segurado do sexo masculino possuía exatos 34 anos de tempo de contribuição. Neste caso, ele terá que cumprir mais 1 anos de tempo de contribuição para chegar aos 35 anos, bem como um "pedágio de 50% sobre 1 ano, o que perfaz 6 meses, devendo integralizar no total 35,5 anos de tempo de contribuição.

O prejuízo dessa regra para os segurados mais jovens é que o cálculo da renda mensal dar-se-á pelo artigo 28 da Lei 8.213/91, com **incidência obrigatória do fator previdenciário** no cálculo do salário de benefício, instituto que foi inclusive constitucionalizado.

Como é feita expressão remissão ao artigo 29 da Lei 8.213/91 e ao fator previdenciário, assim como pelo fato de o artigo 26 da Emenda 103/2019 não tratar da renda do benefício previsto neste artigo 17, deverá ser calculado o salário de benefício do segurado pela média aritmética simples dos 80% maiores salários de contribuição a partir de 7/1994, com multiplicação obrigatória pelo fator previdenciário, para, em seguida, fazer incidir o coeficiente de 100% sobre o salário de benefício.

**INDENIZAÇÃO E REFORMA DA PREVIDÊNCIA – EMENDA 103/2019**

Muitos segurados do RGPS vêm buscando o pagamento de **indenização previdenciária** à luz do artigo 45-A da Lei 8.212/91 de períodos de labor autônomo sem o devido recolhimento de contribuição previdenciária na época da prestação.

Isso é plenamente possível para o cômputo de tempo de contribuição em que o tributo já decaiu em razão do decurso de prazo superior a 5 anos do fato gerador, desde que demonstrada a atividade remunerada autônoma na época por início de prova material contemporâneo aos fatos ou inscrição ativa no INSS no período.

No entanto, para a formação do direito adquirido, conquanto o artigo 3º da Emenda 103/2019 não trate do tema de modo expresso, entende-se que o **pagamento da indenização previdenciária deve ocorrer até o dia da publicação da Emenda (13/11/2019)**, sob pena de não consideração para fins de aquisição de direito pré-reforma, pois o direito ao tempo de contribuição respectivo só é adquirido com o efetivo pagamento, conquanto se refira a período remoto.

Isso porque o direito adquirido é assegurado somente para os casos do direito formado no dia da publicação da Emenda 103/2019 ("desde que tenham sido cumpridos os requisitos para obtenção destes benefícios até a data de entrada em vigor desta Emenda Constitucional"), o que não ocorre se o pagamento da indenização se der a *posteriori*, pois nesta hipótese não havia o direito de aposentadoria na data de mudança de regime jurídico.

**Por exceção**, acaso o segurado tenha requerido ao INSS o pagamento de indenização em prazo razoável para a duração do processo administrativo previdenciário, com requerimento em data anterior ao advento da alteração constitucional em comento, entende-se que o pagamento deve ser admitido para a formação do direito adquirido, mesmo que efetuado posteriormente à reforma constitucional, pois o segurado não poderá se prejudicar pela mora da Autarquia Federal.

Tomando como parâmetro o julgamento do RE 631.240[3], entende-se que somente o requerimento de cálculo de indenização perpetrado antes de 90 dias do dia da publicação da Emenda Reformadora se amolda na situação citada.

---

3. 7. Nas ações sobrestadas, o autor será intimado a dar entrada no pedido administrativo em 30 dias, sob pena de extinção do processo. **Comprovada a postulação administrativa, o INSS será intimado a se manifestar acerca do pedido em até 90 dias, prazo dentro do qual a Autarquia deverá colher todas as provas eventualmente necessárias e proferir decisão**. Se o pedido for acolhido administrativamente ou não puder ter o seu mérito analisado devido a razões imputáveis

O mesmo posicionamento já foi adotado pelo STJ:

**PROCESSO**

**REsp 1213106 / RS**

RECURSO ESPECIAL

2010/0177735-5

**RELATORA**

Ministra MARIA THEREZA DE ASSIS MOURA (1131)

**ÓRGÃO JULGADOR**

T6 – SEXTA TURMA

**DATA DO JULGAMENTO**

03/05/2012

**DATA DA PUBLICAÇÃO/FONTE**

DJe 14/05/2012

**EMENTA**

PREVIDENCIÁRIO. APOSENTADORIA POR TEMPO DE SERVIÇO. RECONHECIMENTO DE PERÍODO COMO AUTÔNOMO. RECOLHIMENTO DAS CONTRIBUIÇÕES. NECESSIDADE. EFEITOS FINANCEIROS.

1. Para o reconhecimento do período compreendido entre julho de 1982 e outubro de 1989 como segurado autônomo, impõe-se o recolhimento das contribuições correspondentes.

**2. Assim, referido lapso temporal só será computado para fins de concessão de benefício previdenciário se houver o pagamento da respectiva indenização. Somente a partir desse momento os requisitos restarão implementados e a parte autora fará jus à aposentadoria.**

3. Recurso especial a que se nega provimento.

**PROCESSO**

AgInt no AREsp 1089440 / RS

AGRAVO INTERNO NO AGRAVO EM RECURSO ESPECIAL

2017/0090498-3

**RELATOR**

Ministro FRANCISCO FALCÃO (1116)

**ÓRGÃO JULGADOR**

T2 – SEGUNDA TURMA

**DATA DO JULGAMENTO**

19/04/2018

ao próprio requerente, extingue-se a ação. Do contrário, estará caracterizado o interesse em agir e o feito deverá prosseguir.

**DATA DA PUBLICAÇÃO/FONTE**

DJe 03/05/2018

RSTP vol. 348 p. 112

**EMENTA**

PREVIDENCIÁRIO. REVISÃO DE BENEFÍCIO. AGRAVO DE INSTRUMENTO. DEFICIÊNCIA DA FUNDAMENTAÇÃO. INCIDÊNCIA DO ENUNCIADO N. 284 DA SÚMULA DO STF. ACÓRDÃO EM CONSONÂNCIA COM A JURISPRUDÊNCIA DESTA CORTE.

I – O feito encontra-se em sede de execução. Então, por óbvio, deverá ser observado o título executivo. **II – O Tribunal a quo, apenas manteve a sentença, exarando entendimento no sentido de que o direito à revisão da aposentadoria somente pode ser reconhecido a partir do momento em que foram efetuadas as contribuições a destempo**. III – Havendo portanto decisão judicial no sentido de que ao recorrente é possibilitado o recolhimento a destempo, e feito esse recolhimento é possível o cômputo do período trabalhado desde então, não é possível em sede de recurso especial alterar esse entendimento para entender possível revisão que retroaja ao termo inicial da sua aposentadoria ou, mesmo do requerimento administrativo. IV – Desse modo, o recurso especial interposto na fase de execução que busca alterar entendimento firmado no processo de conhecimento, já transitado em julgado, encontra óbice na Súmula 284/STF. **V – Ainda que fosse possível superar tal óbice, melhor sorte não acolheria ao recorrente. Isto porque a jurisprudência desta e. Corte entende que para o reconhecimento de tempo de serviço, impõe-se, necessariamente, o recolhimento prévio da contribuição.** Nesse sentido: AgRg no REsp 1452151/PR, Rel. Ministro HERMAN BENJAMIN, SEGUNDA TURMA, julgado em 24/03/2015, DJe 01/07/2015; REsp 1213106/RS, Rel. Ministra MARIA THEREZA DE ASSIS MOURA, SEXTA TURMA, julgado em 03/05/2012, DJe 14/05/2012. VI – Gize-se, por oportuno, que não corresponde à realidade a alegação de que o atraso no pagamento das contribuições se deu em razão do INSS.

VII – A uma porque o tempo correto do recolhimento das contribuições era o período em que o segurado estava laborando, e não anos depois.A duas porque nunca houve, de fato, impedimento a que o segurado recolhesse as contribuições em atraso, as quais ele atribuía a obrigação à empresa da qual era sócio. E esse foi o pedido administrativo e judicial. E o que restou reconhecido no acórdão era que, na verdade, a obrigação é do segurado e as contribuições poderiam ser recolhidas a destempo, com efeitos dali em diante. VIII – Agravo interno improvido.

Registre-se que a questão será apreciada pelo STF no julgamento do tema **1329** em sede de repercussão geral:

***"Tema 1329 – Possibilidade de complementação de contribuição previdenciária para enquadramento em regra de transição prevista no art. 17 da Emenda Constitucional nº 103/2019.***

> ***RE 1508285 RG***
>
> *Repercussão Geral – Admissibilidade*
>
> ***Órgão julgador:*** *Tribunal Pleno*
>
> ***Relator(a):*** *MINISTRO PRESIDENTE*
>
> ***Julgamento:*** *04/10/2024*
>
> ***Publicação:*** *09/10/2024*
>
> *Ementa: Direito constitucional e previdenciário. Recurso extraordinário. Complementação de contribuição previdenciária. Regra de transição da EC nº 103/2019. Repercussão geral. I. Caso em exame 1. Recurso extraordinário contra acórdão de Turma Recursal do Tribunal Regional Federal da 4ª Região que condenou o INSS a conceder benefício de aposentadoria, com fundamento no art. 17 da Emenda Constitucional nº 103/2019, mediante a complementação de contribuição previdenciária para enquadramento em regra de transição de tempo mínimo de contribuição. II. Questão em discussão 2. A questão em discussão diz respeito à possibilidade de recolhimento de contribuição previdenciária após a edição da EC nº 103/2019 para enquadramento em regra de transição do art. 17, que exige tempo mínimo de contribuição "até a data de entrada em vigor" da Emenda. III. Razões de decidir* ***3. A Emenda Constitucional nº 103/2019, que alterou o sistema de previdência social, garantiu em seu art. 3º, a concessão de benefício àqueles que tenham cumprido os requisitos para a aposentadoria ou pensão até a data de entrada em vigor da Emenda.*** *Por seu turno, o art. 17 da EC nº 103/2019 fixou regra de transição para a concessão de aposentadoria aos segurados que, até a edição da Emenda, contassem "com mais de 28 (vinte e oito) anos de contribuição, se mulher, e 33 (trinta e três) anos de contribuição, se homem". 4. Constitui questão constitucional relevante definir se as regras de transição do art. 17 da EC nº 103/2019 admitem a complementação de contribuição previdenciária em momento posterior a vigência da Emenda. Grande volume de ações a respeito. IV. Dispositivo 5. Repercussão geral reconhecida para a seguinte questão constitucional: saber se a complementação de contribuição previdenciária após a edição da EC nº 103/2019 autoriza a aplicação da regra de transição do art. 17, que exige tempo mínimo de contribuição na data de entrada em vigor da Emenda".*

Registre-se que o STF utilizou a expressão "complementação" em sentido amplo, pois o caso versa sobre o pagamento de indenização previdenciária efetuado por segurado especial referente a mês do ano de 1994, mas promovido após a EC 103/2019.

O julgamento, para além de avaliar a interpretação do artigo 17 da EC 103/2019, irá ditar os contornos do direito adquirido a ser formado até 13.11.2019, quando o pagamento da indenização previdenciária de competência antiga se der após a data de publicação da EC 103/2019.

> *"SENTENÇA – Ante o exposto, afasto as preliminares suscitadas pelo INSS e, no mérito, julgo PARCIALMENTE PROCEDENTE o pedido, forte no art. 487, I, do CPC, para: a) determinar ao INSS que reconheça e averbe em favor da parte*

> *autora o período de atividade rural em regime de economia familiar compreendido entre* ***04/03/1994 e 04/04/1994, considerando que houve o pagamento da respectiva indenização, devendo referido lapso ser considerado para fins de aplicação das regras de transição trazidas pela EC nº 103/19 ou eventual direito adquirido pelas regras que lhe são anteriores****; b) condenar o INSS a conceder à parte autora o benefício de aposentadoria conforme art. 17 das regras de transição da EC 103/19, a partir da DER reafirmada (25/11/2022), nos termos da fundamentação;"*

Em 19 de março de 2025 foi determinada no âmbito do Tema 1329/STF a **suspensão nacional de todos os processos:**

> *Determinada a Suspensão Nacional "(...) Com base no art. 1.035, § 5º, do Código de Processo Civil,* ***DECRETO a SUSPENSÃO do processamento de todas as demandas pendentes que tratem da questão em tramitação no território nacional.*** *Oficie-se ao Conselho Nacional de Justiça e aos Presidentes de todos os Tribunais do país, com cópia deste despacho e da manifestação do Ministro Presidente, acolhida por unanimidade. A comunicação aos juízos de 1º grau e às turmas recursais de juizados deverá ser feita pelo Tribunal de 2ª instância com os quais mantenham vinculação administrativa. Publique-se. Brasília, 19 de março de 2025."*

Poderão ser **excluídas da média as contribuições que resultem em redução do valor do benefício**, desde que mantido o tempo mínimo de contribuição exigido, vedada a utilização do tempo excluído para qualquer finalidade, para a averbação em outro regime previdenciário ou para a obtenção dos proventos de inatividade dos militares (REGRA DE DESCARTE MÓVEL).

Coube à **Lei 14.331/2022** inserir o artigo 135-A na Lei 8.213/91, suprindo omissão do artigo 26 da Emenda 103/2019 que se esqueceu de constituir divisor mínimo no cálculo do salário de benefício, o que oportunizou a concretização de brecha constitucional que permitiu o **"milagre da contribuição única"** até 04 de maio de 2022, véspera da sua publicação:

> *"Art. 135-A. Para o segurado filiado à Previdência Social até julho de 1994, no cálculo do salário de benefício das aposentadorias, exceto a aposentadoria por incapacidade permanente, o divisor considerado no cálculo da média dos salários de contribuição não poderá ser inferior a* ***108 (cento e oito) meses****."*

Dessa forma, para os segurados que possuam salários de contribuição antes do Plano Real (Julho/1994), o divisor mínimo no cálculo do salário de benefício calculado com lastro no artigo 26 da EC 103/2019 será de 108 salários de contribuição.

Suponha-se que um segurado possua apenas 80 salários de contribuição a contar de 7/1994. Neste caso, teremos a soma dos 80 salários divididos por 108, o que reduzirá o valor do salário de benefício.

Com efeito, 108 salários de contribuição correspondem a 9 anos. Desse modo, todos os segurados que não possuam ao menos 9 anos de salários de contribuição registrados a partir da competência Julho/1994 terão uma redução no salário de benefício.

Por outro lado, se cabível e proveitoso ao segurado, **segue em vigor a regra de descarte** contemplada no §6º do artigo 26 da Emenda 103/2019, não afetada pela criação do divisor mínimo inaugurado pela Lei 14.331/2022.

**Para as situações de direito adquirido formado até 04 de maio de 2022, o cálculo do salário de benefício à luz do artigo 26 da Emenda 103/2019 deverá ser feito sem a incidência de divisor mínimo, em respeito ao *Tempus Regit Actum*.**

Eis a regra no âmbito do Regulamento da Previdência Social desta transitória:

> *"Art. 188-K. Ressalvado o direito de opção pelas aposentadorias de que tratam os art. 51, art. 188-H, art. 188-I, art. 188-J e art. 188-L, observado o disposto no art. 199-A, a aposentadoria por tempo de contribuição será devida, a qualquer tempo, ao segurado filiado ao RGPS até 13 de novembro de 2019 que contar com mais de vinte e oito anos de contribuição, se mulher, e com mais de trinta e três anos de contribuição, se homem, que cumprir, cumulativamente, os seguintes requisitos: (Incluído pelo Decreto nº 10.410, de 2020)*
>
> *I – trinta anos de contribuição, se mulher, e trinta e cinco anos de contribuição, se homem; (Incluído pelo Decreto nº 10.410, de 2020)*
>
> *II – cumprimento de período adicional de contribuição correspondente a cinquenta por cento do tempo que, em 13 de novembro de 2019, faltaria para atingir trinta anos de contribuição, se mulher, e trinta e cinco anos de contribuição, se homem; e (Incluído pelo Decreto nº 10.410, de 2020)*
>
> *III – carência de cento e oitenta contribuições mensais, para ambos os sexos. (Incluído pelo Decreto nº 10.410, de 2020)*
>
> *§ 1º A data do início da aposentadoria de que trata este artigo será estabelecida em conformidade com o disposto no art. 52. (Incluído pelo Decreto nº 10.410, de 2020)*
>
> *§ 2º O valor da aposentadoria de que trata este artigo corresponderá ao valor do salário de benefício definido na forma prevista no art. 32, multiplicado pelo fator previdenciário, calculado na forma prevista nos § 2º ao § 5º do art. 188-E. (Incluído pelo Decreto nº 10.410, de 2020)*
>
> *§ 3º A aplicação do fator previdenciário no cálculo do valor da aposentadoria de que trata este artigo é obrigatória, observado o disposto no art. 32, hipótese em que não se aplica o disposto no art. 29-C da Lei nº 8.213, de 1991. (Incluído pelo Decreto nº 10.410, de 2020)".*

## 5. REGRA DE TRANSIÇÃO DE APOSENTADORIA DO ARTIGO 18 DA EMENDA 103/2019 (APOSENTADORIA COM IDADE MÍNIMA)

> Art. 18. O segurado de que trata o inciso I do § 7º do art. 201 da Constituição Federal filiado ao Regime Geral de Previdência Social até a data de entrada em vigor desta Emenda Constitucional poderá aposentar-se quando preencher, cumulativamente, os seguintes requisitos:
>
> I – 60 (sessenta) anos de idade, se mulher, e 65 (sessenta e cinco) anos de idade, se homem; e
>
> II – 15 (quinze) anos de contribuição, para ambos os sexos.
>
> § 1º A partir de 1º de janeiro de 2020, **a idade de sessenta anos da mulher**, prevista no inciso I do *caput*, será acrescida em seis meses a cada ano, até atingir **62 (sessenta e dois) anos de idade.**
>
> § 2º O valor da aposentadoria de que trata este artigo corresponderá ao valor apurado na forma da lei.

Trata-se de regra de transição para o benefício de aposentadoria por idade que somente beneficia aos segurados do RGPS filiados até o dia da publicação da Emenda 103/2019.

Vale registrar que a **regra permanente para a aposentadoria por idade** introduzida pela Emenda 103/2019 no artigo 201 da Constituição contempla a idade de 65 anos para os homens e 62 para as mulheres, observado tempo mínimo de contribuição, que não restou fixada pela regra permanente constitucional, devendo ser aplicada provisoriamente para os novos segurados a regra de transição ao regramento permanente estatuída pelo artigo 19[4] da Emenda, outrora estudada.

Em relação às regras permanentes da aposentadoria por idade que vigoravam antes da Emenda, a inovação é o aumento progressivo da idade da mulher até chegar a 62 anos.

Eis a regra de transição do artigo 18 da Emenda:

a) HOMENS, 65 anos de idade e quinze anos de contribuição.

b) MULHERES, 60 anos de idade e quinze anos de contribuição.

Para as mulheres que não integralizarem ambos os requisitos até 31/12/2019, a idade de 60 anos será acrescida em 6 meses a cada 1 ano, até atingir 62 anos de idade:

---

4. Art. 19. Até que lei disponha sobre o tempo de contribuição a que se refere o inciso I do § 7º do art. 201 da Constituição Federal, o segurado filiado ao Regime Geral de Previdência Social **após a data de entrada em vigor desta Emenda Constitucional** será aposentado aos sessenta e dois anos de idade, se **mulher**, sessenta e cinco anos de idade, se **homem**, quinze anos de tempo de contribuição, se **mulher**, e vinte anos de tempo de contribuição, se **homem**.

| MULHERES | PONTUAÇÃO |
|---|---|
| **ATÉ 31/12/2019** | 60 |
| 1/1/2020 | 60,5 |
| 1/1/2021 | 61 |
| 1/1/2022 | 61,5 |
| 1/1/2023 | 62 |

Desse modo, a partir de 1/1/2023 a idade mínima para a mulher chegou aos 62 anos de idade.

De acordo com a correta posição do **Enunciado 226 FONAJEF**, "a progressão do aumento da idade, prevista no art. 18, §1º, da EC 103/2019, deve ser aplicada de acordo com o ano em que a mulher implementar o último requisito para aposentadoria por idade, independentemente da data do requerimento administrativo", pois deve ser observada a legislação em vigor na data da formação do direito, e não na data do requerimento administrativo.

**INTERESSANTE:**
Note-se que nesta regra de transição exige-se ao menos um período contributivo de 15 anos para o homem. **Mas para o homem que se filiar ao RGPS após a publicação da Emenda 103/2019, o período mínimo contributivo do homem passa para 20 anos,** nos termos do seu artigo 19[5].

O dispositivo não cita período de carência, se referindo apenas a "anos de contribuição". Mas a lógica impõe a regra de carência de 180 contribuições, presente em todos os benefícios de aposentadorias programadas, sendo este o posicionamento da extinta Portaria INSS 450/2020:

> *"Seção II*
>
> *Das Regras de Transição da aposentadoria por Idade e da aposentadoria por tempo de contribuição*
>
> *Subseção I*
>
> *Aposentadoria por idade (art. 18 da EC nº 103, de 2019)*
>
> *Art. 8º Para a concessão da aposentadoria por idade, conforme regra de transição fixada pela EC nº 103, de 2019, exige-se, cumulativamente:*
>
> *I – 60 (sessenta) anos de idade da mulher e 65 (sessenta e cinco) do homem;*
>
> *II – 15 (quinze) anos de tempo de contribuição; e*

5. **Art. 19.** Até que lei disponha sobre o tempo de contribuição a que se refere o inciso I do § 7º do art. 201 da Constituição Federal, o segurado filiado ao Regime Geral de Previdência Social após a data de entrada em vigor desta Emenda Constitucional será aposentado aos 62 (sessenta e dois) anos de idade, se mulher, 65 (sessenta e cinco) anos de idade, se homem, com 15 (quinze) anos de tempo de contribuição, se mulher, **e 20 (vinte) anos de tempo de contribuição, se homem.**

***III – 180 (cento e oitenta) contribuições mensais de carência.***

*Parágrafo único. Para definição da carência, deve ser verificado o direito à aplicação da tabela progressiva prevista no art. 142 da Lei nº 8.213, de 1991".*

No mesmo sentido o Regulamento:

*"Art. 188-H. Ressalvado o direito de opção pelas aposentadorias de que tratam os art. 51, art. 188-I, art. 188-J, art. 188-K e art. 188-L, a aposentadoria por idade será devida, a qualquer tempo, ao segurado filiado ao RGPS até 13 de novembro de 2019 que cumprir, cumulativamente, os seguintes requisitos: (Incluído pelo Decreto nº 10.410, de 2020)*

*I – sessenta anos de idade, se mulher, e sessenta e cinco anos de idade, se homem; (Incluído pelo Decreto nº 10.410, de 2020)*

*II – quinze anos de contribuição, para ambos os sexos; e (Incluído pelo Decreto nº 10.410, de 2020)*

***III – carência de cento e oitenta contribuições mensais, para ambos os sexos. (Incluído pelo Decreto nº 10.410, de 2020)***

*§ 1º A partir de 1º de janeiro de 2020, serão acrescidos seis meses a cada ano à idade considerada mínima para a aposentadoria por idade para as mulheres até atingir sessenta e dois anos de idade. (Incluído pelo Decreto nº 10.410, de 2020)*

*§ 2º A data do início da aposentadoria de que trata este artigo será estabelecida em conformidade com o disposto no art. 52. (Incluído pelo Decreto nº 10.410, de 2020)*

*§ 3º O valor da aposentadoria de que trata este artigo corresponderá a sessenta por cento do salário de benefício definido na forma prevista no art. 32, com acréscimo de dois pontos percentuais para cada ano de contribuição que exceder o tempo de vinte anos de contribuição, para os homens, e de quinze anos de contribuição, para as mulheres. (Incluído pelo Decreto nº 10.410, de 2020)".*

Vale registrar que para período de carência não são consideradas contribuições em atraso antes da primeira paga em dia ou após perda da qualidade de segurado, nos termos do artigo 27, inciso II[6], da Lei 8.213/91, para os segurados sem presunção de recolhimento de contribuição previdenciária, vedação que inexiste atualmente para cômputo do tempo de contribuição.

No que concerne à renda mensal, enquanto não editada a lei de regulamentação, deve ser aplicado o regramento do **artigo 26 da Emenda 103/2019.**

Para os **HOMENS**, o valor do benefício de aposentadoria corresponderá a **sessenta por cento da média aritmética das 100% das remunerações/**

6. Art. 27. Para cômputo do período de carência, serão consideradas as contribuições: (Redação dada pela Lei Complementar nº 150, de 2015) II – realizadas a contar da data de efetivo pagamento da primeira contribuição sem atraso, **não sendo consideradas para este fim as contribuições recolhidas com atraso referentes a competências anteriores**, no caso dos segurados contribuinte individual, especial e facultativo, referidos, respectivamente, nos incisos V e VII do art. 11 e no art. 13. (Redação dada pela Lei Complementar nº 150, de 2015)

**salários de contribuição, com acréscimo de 2% para cada ano que ultrapassar os 20 anos de contribuição:**

| HOMENS TEMPO DE CONTRIBUIÇÃO | COEFICIENTE |
|---|---|
| De 15 até 20 anos | 60% |
| 21 anos | 62% |
| 22 anos | 64% |
| 23 anos | 66% |
| 24 anos | 68% |
| 25 anos | 70% |
| 26 anos | 72% |
| 27 anos | 74% |
| 28 anos | 76% |
| 29 anos | 78% |
| 30 anos | 80% |
| 31 anos | 82% |
| 32 anos | 84% |
| 33 anos | 86% |
| 34 anos | 88% |
| 35 anos | 90% |
| 36 anos | 92% |
| 37 anos | 94% |
| 38 anos | 96% |
| 39 anos | 98% |
| 40 anos | 100% |

Assim, se um segurado (homem) do RGPS tiver apenas 25 anos de tempo de contribuição, a renda do benefício será de 70% da média de todos os salários de contribuição desde o Plano Real (7/1994), respeitada a idade mínima referida e a renda não inferior a um salário mínimo.

A regra de renda mensal do artigo 26 da Emenda 103/2019 ficou esdrúxula para esta regra de transição para **o segurado que possua entre 15 e 20 anos de contribuição**, pois nesta situação o **coeficiente será de 60% da média dos**

**salários de contribuição**, não sendo isonômico tratar da mesma forma um segurado que possua contribuição por 15 anos e outro que tenha 20 anos de contribuição ao RGPS.

Curioso notar que, **intencionalmente**, o artigo 26 da Emenda não limita a média de todos os salários de contribuição do segurado a 100%, de modo que o segurado que possuir mais de 40 anos de tempo de contribuição poderá fazer jus a uma aposentadoria por idade e tempo de contribuição que ultrapasse a 100% da média de salários de contribuição desde o Plano Real (competência 7/1994), a exemplo:

| **HOMENS TEMPO DE CONTRIBUIÇÃO** | **COEFICIENTE** |
|---|---|
| 41 anos | 102% |
| 42 anos | 104% |
| 43 anos | 106% |
| 44 anos | 108% |
| 45 anos | 110% |
| **E assim sucessivamente** | E assim sucessivamente |

Para **a aposentadoria da MULHER** existe uma regra diferenciada de cálculo da renda mensal no artigo 26, §5º[7], da Emenda 103/2019, que prevê a **progressão a contar de 15 anos**, e não de 20 anos de contribuição em todos os casos:

| **MULHERES TEMPO DE CONTRIBUIÇÃO** | **COEFICIENTE** |
|---|---|
| 15 anos | 60% |
| 16 anos | 62% |
| 17 anos | 64% |
| 18 anos | 66% |
| 19 anos | 68% |
| 20 anos | 70% |
| 21 anos | 72% |

7. § 5º O acréscimo a que se refere o *caput* do § 2º será aplicado para cada ano que **exceder quinze anos** de tempo de contribuição para os segurados de que tratam a alínea "a" do inciso I do art. 19 e do inciso I do art. 21 e **para as mulheres filiadas ao Regime Geral de Previdência Social**.

| MULHERES TEMPO DE CONTRIBUIÇÃO | COEFICIENTE |
|---|---|
| 22 anos | 74% |
| 23 anos | 76% |
| 24 anos | 78% |
| 25 anos | 80% |
| 26 anos | 82% |
| 27 anos | 84% |
| 28 anos | 86% |
| 29 anos | 88% |
| 30 anos | 90% |
| 31 anos | 92% |
| 32 anos | 94% |
| 33 anos | 96% |
| 34 anos | 98% |
| 35 anos | 100% |
| **E assim sucessivamente** | E assim sucessivamente |

Dessa forma, o coeficiente mínimo será de 60% e o máximo não está limitado pela legislação constitucional transitória.

Poderão ser **excluídas da média as contribuições que resultem em redução do valor do benefício**, desde que mantido o tempo mínimo de contribuição exigido, vedada a utilização do tempo excluído para qualquer finalidade, para a averbação em outro regime previdenciário ou para a obtenção dos proventos de inatividade dos militares.

Coube à **Lei 14.331/2022** inserir o artigo 135-A na Lei 8.213/91, suprindo omissão do artigo 26 da Emenda 103/2019 que se esqueceu de constituir divisor mínimo no cálculo do salário de benefício, o que oportunizou a concretização de brecha constitucional que permitiu o **"milagre da contribuição única"** até 04 de maio de 2022, véspera da sua publicação:

> *"Art. 135-A. Para o segurado filiado à Previdência Social até julho de 1994, no cálculo do salário de benefício das aposentadorias, exceto a aposentadoria por incapacidade permanente, o divisor considerado no cálculo da média dos salários de contribuição não poderá ser inferior a **108 (cento e oito) meses**."*

Dessa forma, para os segurados que possuam salários de contribuição antes do Plano Real (Julho/1994), o divisor mínimo no cálculo do salário de benefício calculado com lastro no artigo 26 da EC 103/2019 será de 108 salários de contribuição.

Suponha-se que um segurado possua apenas 80 salários de contribuição a contar de 7/1994. Neste caso, teremos a soma dos 80 salários divididos por 108, o que reduzirá o valor do salário de benefício.

Com efeito, 108 salários de contribuição correspondem a 9 anos. Desse modo, todos os segurados que não possuam ao menos 9 anos de salários de contribuição registrados a partir da competência Julho/1994 terão uma redução no salário de benefício.

Por outro lado, se cabível e proveitoso ao segurado, **segue em vigor a regra de descarte** contemplada no §6º do artigo 26 da Emenda 103/2019, não afetada pela criação do divisor mínimo inaugurado pela Lei 14.331/2022.

**Para as situações de direito adquirido formado até 04 de maio de 2022, o cálculo do salário de benefício à luz do artigo 26 da Emenda 103/2019 deverá ser feito sem a incidência de divisor mínimo, em respeito ao *Tempus Regit Actum*.**

A questão da exigência de carência foi enfrentada pela TNU no julgamento do **tema representativo 358** no que tange à regra de transição do artigo 18 da Emenda 103/2019.

No julgamento do **tema 358**, a TNU julgou ser válida a exigência de período de carência de 180 contribuições para a concessão da aposentadoria voluntária pela regra de transição do artigo 18 da EC 103/2019:

<table>
<tr><th>Tema</th><th>358</th><th>Situação do tema</th><th>Julgado</th><th>Ramo do direito</th><th>DIREITO PREVIDENCIÁRIO</th></tr>
<tr><td colspan="2">Questão submetida a julgamento</td><td colspan="4">Saber se, para fins de concessão de aposentadoria por idade urbana com DER após a EC 103/2019, permanece a necessidade de cumprimento do requisito da carência, particularmente para quem precisa usar a regra de transição do art. 18 da EC 103, ou se a regra de transição prevista no art. 18, da EC 103/19 não exige mais tal requisito (bastando ao beneficiário preencher, cumulativamente, os requisitos "idade" e "tempo de contribuição"), de forma que as contribuições recolhidas em atraso pelo contribuinte individual possam ser computados como tempo de contribuição (ainda que este tenha perdido a qualidade de segurado).</td></tr>
<tr><td colspan="2">Tese firmada</td><td colspan="4">1. Tempo de contribuição e carência são institutos distintos. 2. Carência condiz com contribuições tempestivas. 3. O art. 18 da EC 103/2019 não dispensa a carência para a concessão de aposentadoria.</td></tr>
<tr><th colspan="2">Processo</th><th>Decisão de afetação</th><th>Relator (a)</th><th>Julgado em</th><th>Acórdão publicado em</th><th>Trânsito em julgado</th></tr>
<tr><td colspan="2">PEDILEF 0500179-22.2022.4.05.8311/PE</td><td>13/03/2024</td><td>Juiz Federal Giovani Bigolin</td><td>16/10/2024</td><td>22/10/2024</td><td></td></tr>
</table>

## 6. REGRA DE TRANSIÇÃO DE APOSENTADORIA DO ARTIGO 20 DA EMENDA 103/2019 (APOSENTADORIA COM IDADE MÍNIMA E COM "PEDÁGIO" DE 100%)

> Art. 20. O segurado do Regime Geral de Previdência Social e o servidor público federal que tenham se filiado ao Regime Geral de Previdência Social ou ingressado no serviço público em cargo efetivo até a data de entrada em vigor desta Emenda à Constituição poderão aposentar-se voluntariamente quando preencherem, cumulativamente, os seguintes requisitos:
>
> I – 57 (cinquenta e sete) anos de idade, se mulher, e 60 (sessenta) anos de idade, se homem;
>
> II – 30 (trinta) anos de contribuição, se mulher, e 35 (trinta e cinco) anos de contribuição, se homem;
>
> III – para os servidores públicos, 20 (vinte) anos de efetivo exercício no serviço público e 5 (cinco) anos no cargo efetivo em que se der a aposentadoria;
>
> IV – período adicional de contribuição correspondente ao tempo que, na data de entrada em vigor desta Emenda Constitucional, faltaria para atingir o tempo mínimo de contribuição referido no inciso II.
>
> § 1º Para o professor que comprovar exclusivamente tempo de efetivo exercício das funções de magistério na educação infantil e no ensino fundamental e médio serão reduzidos, para ambos os sexos, os requisitos de idade e de tempo de contribuição em cinco anos, não se aplicando o disposto no § 5º do art. 40 e no § 8º do art. 201 da Constituição Federal.
>
> § 2º Os proventos das aposentadorias concedidas nos termos do disposto neste artigo corresponderão:
>
> I – em relação ao servidor público que tenha ingressado no serviço público em cargo efetivo até 31 de dezembro de 2003 e que não tenha feito a opção de trata o § 16 do art. 40 da Constituição Federal, à totalidade da remuneração no cargo efetivo em que se der a aposentadoria, observado o disposto no § 8º do art. 4º; e (NÃO SE APLICA AO RGPS);
>
> II – em relação aos demais servidores públicos e aos segurados do Regime Geral de Previdência Social, ao valor apurado na forma da lei.
>
> § 3º Os proventos das aposentadorias concedidas nos termos do disposto neste artigo não serão inferiores ao valor a que se refere o § 2º do art. 201 da Constituição Federal e serão reajustados:
>
> I – de acordo com o disposto no art. 7º da Emenda Constitucional nº 41, de 19 de dezembro de 2003, se concedidas nos termos do disposto no inciso I do § 2º; (NÃO SE APLICA AO RGPS);
>
> II – nos termos estabelecidos para o Regime Geral de Previdência Social, se concedidas na forma prevista no inciso II do § 2º.
>
> § 4º Aplicam-se às aposentadorias dos servidores dos Estados, do Distrito Federal e dos Municípios as normas constitucionais e infraconstitucionais anteriores à data de entrada em vigor desta Emenda Constitucional, enquanto não promovidas alterações na legislação interna relacionada ao respectivo regime próprio de previdência social.

Para o segurado que tenha **ingressado no RGPS até a data da publicação da Emenda 103/2019,** é assegurada a concessão de aposentadoria voluntária mediante o preenchimento dos seguintes requisitos cumulativos:

a) 60 anos de idade, se homem e 57 anos de idade, se mulher;

b) 35 anos de tempo de contribuição, se homem e 30 anos de contribuição, se mulher;

c) "Pedágio" (tempo de contribuição adicional) equivalente ao tempo em que faltava para atingir 35 anos de contribuição, se homem, e 30 anos se mulher, considerando o dia da promulgação da Emenda.

Assim, além da idade mínima, se no dia da promulgação da Emenda um homem possuía 34 anos de tempo de contribuição, terá que cumprir o 1 ano faltante mais um "pedágio" de 1 ano, totalizando 36 anos de tempo de contribuição.

No caso **professor do ensino básico**, devem ser observados os seguintes requisitos:

a) 55 anos de idade, se homem e 52 anos de idade, se mulher;

b) 30 anos de tempo de contribuição, se homem e 25 anos de contribuição, se mulher;

c) "Pedágio" (tempo de contribuição adicional) equivalente ao tempo em que faltava para atingir 30 anos de contribuição, se homem, e 25 anos se mulher, considerando o dia da promulgação da Emenda.

De efeito, os proventos de aposentadoria corresponderão **cem por cento da média** aritmética simples dos salários de contribuição e das remunerações adotados como base para contribuições a regime próprio de previdência social e ao Regime Geral de Previdência Social, ou como base para contribuições decorrentes das atividades militares de que tratam os arts. 42 e 142 da Constituição Federal, atualizados monetariamente, correspondentes a cem por cento do período contributivo **desde a competência julho de 1994** ou desde o início da contribuição, se posterior àquela competência, nos termos do artigo 26, §3º, inciso I da Emenda, com reajuste anual pelo INPC que é o índice do RGPS, nos termos do artigo 41-A da Lei 8.213/91.

Destarte, **será aplicado o coeficiente de 100% sobre a referida média de todas as remunerações/salários de contribuição** desde a competência Julho de 1994 (proventos integrais), conforme determina o artigo 26, §3º, inciso I[8] da Emenda 103/2019.

8. § 3º O valor do benefício de aposentadoria corresponderá a **cem por cento da média** aritmética definida na forma prevista no *caput* e no § 1º: I – no caso do inciso II do § 2º do art. 20.

Poderão ser **excluídas da média as contribuições que resultem em redução do valor do benefício**, desde que mantido o tempo mínimo de contribuição exigido, vedada a utilização do tempo excluído para qualquer finalidade, para a averbação em outro regime previdenciário ou para a obtenção dos proventos de inatividade dos militares.

Coube à **Lei 14.331/2022** inserir o artigo 135-A na Lei 8.213/91, suprindo omissão do artigo 26 da Emenda 103/2019 que se esqueceu de constituir divisor mínimo no cálculo do salário de benefício, o que oportunizou a concretização de brecha constitucional que permitiu o **"milagre da contribuição única"** até 04 de maio de 2022, véspera da sua publicação:

> *"Art. 135-A. Para o segurado filiado à Previdência Social até julho de 1994, no cálculo do salário de benefício das aposentadorias, exceto a aposentadoria por incapacidade permanente, o divisor considerado no cálculo da média dos salários de contribuição não poderá ser inferior a **108 (cento e oito) meses**."*

Dessa forma, para os segurados que possuam salários de contribuição antes do Plano Real (Julho/1994), o divisor mínimo no cálculo do salário de benefício calculado com lastro no artigo 26 da EC 103/2019 será de 108 salários de contribuição.

Suponha-se que um segurado possua apenas 80 salários de contribuição a contar de 7/1994. Neste caso, teremos a soma dos 80 salários divididos por 108, o que reduzirá o valor do salário de benefício.

Com efeito, 108 salários de contribuição correspondem a 9 anos. Desse modo, todos os segurados que não possuam ao menos 9 anos de salários de contribuição registrados a partir da competência Julho/1994 terão uma redução no salário de benefício.

Por outro lado, se cabível e proveitoso ao segurado, **segue em vigor a regra de descarte** contemplada no §6º do artigo 26 da Emenda 103/2019, não afetada pela criação do divisor mínimo inaugurado pela Lei 14.331/2022.

**Para as situações de direito adquirido formado até 04 de maio de 2022, o cálculo do salário de benefício à luz do artigo 26 da Emenda 103/2019 deverá ser feito sem a incidência de divisor mínimo, em respeito ao *Tempus Regit Actum*.**

Eis a regra no âmbito do Regulamento da Previdência Social desta transitória:

> *"Art. 188-L. Ressalvado o direito de opção pelas aposentadorias de que tratam os art. 51, art. 188-H, art. 188-I, art. 188-J e art. 188-K, a aposentadoria por tempo de contribuição será devida, a qualquer tempo, ao segurado filiado ao RGPS até 13 de novembro de 2019 que cumprir, cumulativamente, os seguintes requisitos: (Incluído pelo Decreto nº 10.410, de 2020)*

> *I – cinquenta e sete anos de idade, se mulher, e sessenta anos de idade, se homem; (Incluído pelo Decreto nº 10.410, de 2020)*
>
> *II – trinta anos de contribuição, se mulher, e trinta e cinco anos de contribuição, se homem; (Incluído pelo Decreto nº 10.410, de 2020)*
>
> *III – cumprimento de período adicional de contribuição correspondente ao tempo que, em 13 de novembro de 2019, faltaria para atingir trinta anos de contribuição, se mulher, e trinta e cinco anos de contribuição, se homem; e (Incluído pelo Decreto nº 10.410, de 2020)*
>
> *IV – carência de cento e oitenta contribuições mensais, para ambos os sexos. (Incluído pelo Decreto nº 10.410, de 2020)*
>
> *§ 1º A data do início da aposentadoria de que trata este artigo será estabelecida em conformidade com o disposto no art. 52. (Incluído pelo Decreto nº 10.410, de 2020)*
>
> *§ 2º O valor da aposentadoria de que trata este artigo corresponderá a cem por cento do salário de benefício definido na forma prevista no art. 32. (Incluído pelo Decreto nº 10.410, de 2020)"*

## 7. DIREITO ADQUIRIDO E DIREITO À MELHOR APOSENTADORIA

O direito adquirido é um dos temas mais relevantes em termos de legislação previdenciária, tendo em conta as inúmeras alterações feitas nas normas ao longo das últimas décadas.

Considera-se como direito adquirido o que se incorpora de maneira lícita ao patrimônio do seu titular, uma vez preenchidos todos os pressupostos legais para a sua concessão, sendo no Brasil uma garantia constitucional, pois adotamos neste ponto a Teoria Subjetiva defendida por Carlo Francesco Gabba, que considerava os efeitos jurídicos de uma lei em favor das pessoas.

Com efeito, **em termos de benefícios previdenciários, caso preenchidos todos os requisitos para a sua concessão, restará assegurado ao beneficiário a aplicação do regime jurídico do dia do nascimento do direito, mesmo que o segurado ou dependente não tenha requerido a prestação, não sendo aplicável o novo regramento**, salvo por expressa possibilidade legal e por opção do beneficiário.

Destarte, cuida-se de instituto que tem nexo direto com o Princípio do *Tempus Regit Actum*. É dessa forma que tem sido traçado o contorno do direito adquirido no Brasil em termos de Regime Geral de Previdência Social, em especial à luz da Emenda 20/1998, que o previu no seu artigo 3º:

> "Art. 3º – É assegurada a concessão de aposentadoria e pensão, a qualquer tempo, aos servidores públicos e aos segurados do regime geral de previdência social, bem como aos seus dependentes, que, até a data da publicação desta Emenda, tenham cumprido os requisitos para a obtenção destes benefícios, com base nos critérios da legislação então vigente".

Logo, em que pese as importantes alterações perpetradas pela primeira reforma da previdência social, todos os segurados e dependentes do RGPS que tenham preenchido todos os requisitos legais para a concessão dos benefícios até 16.12.1998, terão direito adquirido à sua concessão, inclusive a fórmula de cálculo, ficando imunes à aplicação das novas regras.

Como exemplo, se em 16.12.1998 um segurado homem contasse com 30 anos de serviço, terá direito adquirido à concessão da aposentadoria por tempo de contribuição com proventos proporcionais, na forma do artigo 53, inciso II, da Lei 8.213/91, não estando sujeito às regras de transição.

**Vale ressaltar que enquanto não completados os requisitos legais não há de se falar em direito adquirido, mas apenas em mera expectativa de direito.** Apesar disso, as reformas costumam aprovar regras de transição para atenuar o novo regramento, em decorrência do Princípio da Segurança Jurídica, para aqueles já filiados ao RGPS na data da vigência das alterações.

Outra hipótese importante no direito brasileiro em que foi garantido expressamente o direito adquirido ocorreu com o advento da Lei 9.876/99, que criou o fator previdenciário e alterou a fórmula de cálculo do salário de benefício, que não mais passou a ser calculado com base nos 36 últimos salários de contribuição, e sim nos 80% maiores de todo o período contributivo, após a competência de julho de 1994.

Nesse sentido, prevê o artigo 6º, da Lei 9.876/99:

> *"Art. 6º É garantido ao segurado que até o dia anterior à data de publicação desta Lei tenha cumprido os requisitos para a concessão de benefício o cálculo segundo as regras até então vigentes".*

Em termos de benefícios previdenciários, é comum que os segurados queiram adotar as regras que lhe são mais benéficas em mais de um regime jurídico, o que não é devido, pois importaria em cisão de normas. Não é outra a posição da Suprema Corte[9]:

> EMENTA: INSS. APOSENTADORIA. CONTAGEM DE TEMPO. DIREITO ADQUIRIDO. ART. 3º DA EC 20/98. CONTAGEM DE TEMPO DE SERVIÇO POSTERIOR A 16.12.1998. POSSIBILIDADE. BENEFÍCIO CALCULADO EM CONFORMIDADE COM NORMAS VIGENTES ANTES DO ADVENTO DA REFERIDA EMENDA. INADMISSIBILIDADE. RE IMPROVIDO. I – Embora tenha o recorrente direito adquirido à aposentadoria, nos termos do art. 3º da EC 20/98, não pode computar tempo de serviço posterior a ela, valendo-se das regras vigentes antes de sua edição. II – **Inexiste direito adquirido a determinado regime jurídico, razão pela qual não é lícito ao segurado conjugar as vantagens do novo sistema com aquelas aplicáveis ao anterior**. III – A

9. RE 575.089, de 10.09.2008.

> **superposição de vantagens caracteriza sistema híbrido, incompatível com a sistemática de cálculo dos benefícios previdenciários.** IV – Recurso extraordinário improvido.

Deveras, na concessão de benefício previdenciário, deverão ser aplicadas as normas jurídicas em vigor na data do implemento de todos os requisitos exigidos em lei para a sua concessão, conforme referendado pelo STJ[10]:

> "AGRAVO REGIMENTAL. PREVIDENCIÁRIO. BENEFÍCIO DEVIDO NOS MOLDES DA LEGISLAÇÃO EM VIGOR NA DATA DO PREENCHIMENTO DOS REQUISITOS. **1. Prevalece nesta Corte o entendimento de que inexiste "direito adquirido à preservação de regime jurídico previdenciário já revogado, devendo ser aplicada a lei vigente à época em que foram implementados os requisitos para a obtenção do benefício"** (AgRg no Agravo de Instrumento n. 1.137.665/RJ). 2. Agravo regimental a que se nega provimento".

Na mesma linha seguiu a **Emenda 103/2019**, que assegurou no artigo 3º a concessão de aposentadoria ao segurado do Regime Geral de Previdência Social e de **pensão por morte** aos respectivos dependentes, **a qualquer tempo, desde que tenham sido cumpridos os requisitos para obtenção destes benefícios até a data de entrada em vigor da Emenda Constitucional**, observados os critérios da legislação vigente na data em que foram atendidos os requisitos para a concessão da aposentadoria ou da pensão por morte.

Ademais, o valor da aposentadoria e da pensão concedida desta forma para o segurado do Regime Geral de Previdência Social ou para seus dependentes será apurado de acordo com a legislação em vigor à época em que foram atendidos os requisitos nela estabelecidos para a concessão do benefício.

Desta forma, mesmo quem não requereu benefício antes do advento da reforma implementada pela EC 103/2019 tem assegurado o direito adquirido, se cumpridos integralmente os requisitos para aposentar ou o óbito do segurado tenha ocorrido até o dia da sua publicação (13/11/2019).

Veja-se também o Regulamento assegurando o direito adquirido em regulamentação ao artigo 3º da EC 103/2019:

> ***"Art. 188-A. Será assegurada a concessão de aposentadoria, a qualquer tempo, ao segurado do RGPS, inclusive o oriundo de regime próprio de previdência social, que, até 13 de novembro de 2019, uma vez cumprido o período de carência exigido,*** *tenha cumprido os seguintes requisitos: (Redação dada pelo Decreto nº 10.410, de 2020)*
>
> *I – no caso de aposentadoria por idade – sessenta e cinco anos de idade, se homem, e sessenta anos de idade, se mulher; (Incluído pelo Decreto nº 10.410, de 2020)*
>
> *II – no caso de aposentadoria por tempo de contribuição: (Incluído pelo Decreto nº 10.410, de 2020)*

10. AGREsp 1.107.647, de 20.10.2009.

*a) para os professores que comprovem tempo de efetivo exercício exclusivamente em função de magistério na educação infantil, no ensino fundamental ou no ensino médio: (Incluída pelo Decreto nº 10.410, de 2020)*

*1. trinta anos de contribuição, se homem; ou (Incluído pelo Decreto nº 10.410, de 2020)*

*2. vinte e cinco anos de contribuição, se mulher; e (Incluído pelo Decreto nº 10.410, de 2020)*

*b) para os demais segurados: (Incluída pelo Decreto nº 10.410, de 2020)*

*1. trinta e cinco anos de contribuição, se homem; e (Incluído pelo Decreto nº 10.410, de 2020)*

*2. trinta anos de contribuição, se mulher; ou (Incluído pelo Decreto nº 10.410, de 2020)*

*III – no caso de aposentadoria especial – quinze, vinte ou vinte e cinco anos de contribuição, conforme o caso, para os segurados sujeitos a condições especiais que prejudiquem a sua saúde ou a sua integridade física. (Incluído pelo Decreto nº 10.410, de 2020)".*

Desde as Emendas 20/98[11] e 41/2003[12], assegurou-se o regime jurídico anterior com a formação do direito adquirido, ou seja, o implemento de todos os requisitos para a concessão do benefício em RGPS antes da reforma constitucional.

Daí que os segurados que implementarem todos os requisitos para se aposentar **até o dia da entrada em vigor da Emenda 103/2019** terão direito adquirido ao regime anterior, mesmo que prossigam em atividade.

O mesmo ocorre com os óbitos de segurados ocorridos até o dia da promulgação da Emenda, cujo regime jurídico será o anterior, independentemente da data de entrada do requerimento administrativo, pois é pacífico que a norma em vigor no dia da morte forma o estatuto do benefício, em respeito ao Princípio do *Tempus Regit Actum*.

Nesse sentido, o STJ:

> Súmula 340. *"A lei aplicável à concessão de pensão previdenciária por morte é aquela vigente na data do óbito do segurado".*

Nesse sentido, o **direito adquirido do segurado e de seu dependente do RGPS** restou assegurado no artigo 3º da Emenda.

---

11. Art. 3º – É assegurada a concessão de aposentadoria e pensão, a qualquer tempo, aos servidores públicos e aos segurados do regime geral de previdência social, bem como aos seus dependentes, que, até a data da **publicação desta Emenda**, tenham cumprido os requisitos para a obtenção destes benefícios, com base nos critérios da legislação então vigente.

12. Art. 3º É assegurada a concessão, a qualquer tempo, de aposentadoria aos servidores públicos, bem como pensão aos seus dependentes, que, até a data de **publicação desta Emenda**, tenham cumprido todos os requisitos para obtenção desses benefícios, com base nos critérios da legislação então vigente.

A ninguém é dado ter o melhor de dois mundos jurídicos, criando um terceiro regime jurídico com a escolha do melhor dos dois mundos. Daí que o segurado que prosseguir em atividade e optar pela concessão com base no direito adquirido, não poderá computar novas contribuições previdenciárias vertidas após a vigência da reforma constitucional.

Veja-se a posição da 1ª Seção do STJ (Informativo 676) no que tange ao direito adquirido a benefício formado antes da Emenda 20/1998:

> Processo
>
> PUIL 810-SP, Rel. Min. Herman Benjamin, Primeira Seção, por unanimidade, julgado em 10/06/2020, DJe 05/08/2020
>
> Ramo do Direito
>
> DIREITO ADMINISTRATIVO, DIREITO PREVIDENCIÁRIO
>
> Tema
>
> **Regime Geral de Previdência Social. Critério de cálculo de aposentadoria. Direito adquirido ao regime anterior à EC n. 20/1998. Aplicação do art. 187 do Decreto n. 3.048/1999. Salários de contribuição. Correção até a data da reunião dos requisitos, sob pena de hibridismo de regime**
>
> Destaque
>
> É aplicável o art. 187 do Decreto n. 3.048/1999, quando a aposentadoria foi deferida com base no direito adquirido anterior à vigência da Emenda Constitucional n. 20/1998, devendo a atualização dos salários de contribuição integrantes do período básico de cálculo observar como marco final a data ficta de dezembro de 1998 e, a partir de então, a renda mensal inicial deverá ser reajustada até a data da entrada do requerimento administrativo pelos índices de reajustamento dos benefícios.
>
> Informações do Inteiro Teor
>
> O Regulamento da Previdência Social, Decreto 3.048/1999, prevê duas possibilidades de cálculo do salário de benefício pelo direito adquirido, ambas amparadas nos artigos 187 e 188-B: (1) em razão do advento da Emenda Constitucional n. 20/1998, tendo em conta as alterações dos requisitos para concessão de aposentadoria; (2) pelo advento da Lei n. 9.876/1999.
>
> **Assim, quando a aposentadoria for deferida com suporte tão somente no tempo de serviço prestado até 16.12.1998, vale dizer, com base no direito adquirido anterior à vigência da Emenda Constitucional n. 20/1998, a atualização dos salários de contribuição integrantes do período básico de cálculo deverá observar como marco final a data ficta de dezembro de 1998 e não a data efetiva da implantação em folha de pagamento. Apurando-se a renda mensal inicial na época do implemento das condições preestabelecidas e reajustando-a posteriormente pelos mesmos índices aplicados aos benefícios previdenciários em manutenção, conforme parâmetros trazidos no artigo 187, parágrafo único, do Decreto n. 3.048/1999. Com efeito, a data de entrada do requerimento norteará unicamente o início do pagamento do benefício.**

Por outro lado, se o segurado optar pela aposentadoria pelas regras vigentes até a edição da Lei n. 9.876/1999, deve ser observada a redação do artigo 188-B do referido Decreto. Em qualquer dos casos deve ser calculada a renda mensal inicial do benefício na data em que reunidos os requisitos necessários para sua concessão, a partir daí, a renda mensal inicial deverá ser reajustada pelos índices de correção monetária dos benefícios previdenciários até a efetiva implantação em folha de pagamento.

Vale ressaltar que o critério entabulado pelo art. 187 do Decreto n. 3.048/1999, ampara o segurado com correção monetária até o início do benefício.

Em sentido contrário, a adoção do critério da correção dos salários de contribuição até o início do benefício, o requerimento administrativo no caso, resultaria na adoção de hibridismo de regimes, incompatível com o Regime Geral de Previdência Social. Isso porque o segurado reúne as condições para aposentadoria de regime extinto, e sob a regência dele é que deve ser calculada a renda mensal inicial do benefício. Essa interpretação decorre de julgamento do STF sob a sistemática da Repercussão Geral: RE 575.089, Relator Ministro Ricardo Lewandowski, Tribunal Pleno, julgado em 10.9.2008, DJe 23/10/2008.

Muitos segurados do RGPS vêm buscando o pagamento de **indenização previdenciária** à luz do artigo 45-A[13] da Lei 8.212/91 de períodos de labor autônomo sem o devido recolhimento de contribuição previdenciária na época da prestação.

Isso é plenamente possível para o cômputo de tempo de contribuição em que o tributo já decaiu em razão do decurso de prazo superior a 5 anos do fato

13. Art. 45-A. O contribuinte individual que pretenda contar como tempo de contribuição, para fins de obtenção de benefício no Regime Geral de Previdência Social ou de contagem recíproca do tempo de contribuição, período de atividade remunerada alcançada pela decadência deverá indenizar o INSS. (Incluído pela Lei Complementar nº 128, de 2008)

§ 1º O valor da indenização a que se refere o *caput* deste artigo e o § 1º do art. 55 da Lei nº 8.213, de 24 de julho de 1991, corresponderá a 20% (vinte por cento): (Incluído pela Lei Complementar nº 128, de 2008)

I – da média aritmética simples dos maiores salários-de-contribuição, reajustados, correspondentes a 80% (oitenta por cento) de todo o período contributivo decorrido desde a competência julho de 1994; ou (Incluído pela Lei Complementar nº 128, de 2008)

II – da remuneração sobre a qual incidem as contribuições para o regime próprio de previdência social a que estiver filiado o interessado, no caso de indenização para fins da contagem recíproca de que tratam os arts. 94 a 99 da Lei nº 8.213, de 24 de julho de 1991, observados o limite máximo previsto no art. 28 e o disposto em regulamento. (Incluído pela Lei Complementar nº 128, de 2008)

§ 2º Sobre os valores apurados na forma do § 1º deste artigo incidirão juros moratórios de 0,5% (cinco décimos por cento) ao mês, capitalizados anualmente, limitados ao percentual máximo de 50% (cinqüenta por cento), e multa de 10% (dez por cento). (Incluído pela Lei Complementar nº 128, de 2008)

§ 3º O disposto no § 1º deste artigo não se aplica aos casos de contribuições em atraso não alcançadas pela decadência do direito de a Previdência constituir o respectivo crédito, obedecendo-se, em relação a elas, as disposições aplicadas às empresas em geral. (Incluído pela Lei Complementar nº 128, de 2008)

gerador, desde que demonstrada a atividade remunerada autônoma na época por início de prova material contemporâneo aos fatos ou inscrição ativa no INSS no período.

No entanto, para a formação do direito adquirido, conquanto o artigo 3º da Emenda 103/2019não trate do tema de modo expresso, entende-se que **o pagamento da indenização previdenciária deve ocorrer até o dia da publicação da Emenda 103 (13.11.2019)**, sob pena de não consideração para fins de aquisição de direito pré-reforma, pois o direito ao tempo de contribuição respectivo só é adquirido com o efetivo pagamento, conquanto se refira a período remoto.

Isso porque o direito adquirido é assegurado somente para os casos do direito formado no dia da publicação da Emenda103/2019*("desde que tenham sido cumpridos os requisitos para obtenção destes benefícios até a data de entrada em vigor desta Emenda Constitucional")*, o que não ocorre se o pagamento da indenização se der a *posteriori*, pois nesta hipótese não havia o direito de aposentadoria na data de mudança de regime jurídico.

**Por exceção**, acaso o segurado tenha requerido ao INSS o pagamento de indenização em prazo razoável para a duração do processo administrativo previdenciário, com requerimento em data anterior ao advento da alteração constitucional em comento, entende-se que o pagamento deve ser admitido para a formação do direito adquirido, mesmo que efetuado posteriormente à reforma constitucional, pois o segurado não poderá se prejudicar pela mora da Autarquia Federal.

Desde as Emendas 20/98[14] e 41/2003[15], assegurou-se o regime jurídico anterior com a formação do direito adquirido, ou seja, o implemento de todos os requisitos para a concessão do benefício em RGPS antes da reforma constitucional.

Daí que os segurados do RGPS que implementarem todos os requisitos para se aposentar até o dia da entrada em vigor da Emenda 103/2019 (data da publicação – 13/11/2019) terão direito adquirido ao regime anterior, mesmo que prossigam em atividade, desde que lhes seja mais favorável, pois o instituto do direito adquirido se refere ao melhor benefício.

---

14. Art. 3º – É assegurada a concessão de aposentadoria e pensão, a qualquer tempo, aos servidores públicos e aos segurados do regime geral de previdência social, bem como aos seus dependentes, que, até a data da **publicação desta Emenda**, tenham cumprido os requisitos para a obtenção destes benefícios, com base nos critérios da legislação então vigente.

15. Art. 3º É assegurada a concessão, a qualquer tempo, de aposentadoria aos servidores públicos, bem como pensão aos seus dependentes, que, até a data de **publicação desta Emenda**, tenham cumprido todos os requisitos para obtenção desses benefícios, com base nos critérios da legislação então vigente.

Veja-se o artigo 3º da Emenda 103/2019:

> *"Art. 3º A concessão de aposentadoria ao servidor público federal vinculado a regime próprio de previdência social e ao segurado do Regime Geral de Previdência Social e de pensão por morte aos respectivos dependentes será* ***assegurada, a qualquer tempo, desde que tenham sido cumpridos os requisitos para obtenção desses benefícios até a data de entrada em vigor desta Emenda Constitucional****, observados os critérios da legislação vigente na data em que foram atendidos os requisitos para a concessão da aposentadoria ou da pensão por morte.*
>
> *§ 1º Os proventos de aposentadoria devidos ao servidor público a que se refere o* ***caput*** *e as pensões por morte devidas aos seus dependentes serão calculados e reajustados de acordo com a legislação em vigor à época em que foram atendidos os requisitos nela estabelecidos para a concessão desses benefícios.*
>
> *§ 2º Os proventos de aposentadoria devidos ao segurado a que se refere o* ***caput*** *e as pensões por morte devidas aos seus dependentes serão apurados de acordo com a legislação em vigor à época em que foram atendidos os requisitos nela estabelecidos para a concessão desses benefícios".*

Nesse sentido, o STF ao acolher a tese da antecipação da DIB/direito ao melhor benefício, consectário do direito constitucional ao direito adquirido:

> **RE 630501 / RS – RIO GRANDE DO SUL**
>
> **RECURSO EXTRAORDINÁRIO**
>
> **Relator(a): Min. ELLEN GRACIE**
>
> **Redator(a) do acórdão: Min. MARCO AURÉLIO**
>
> **Julgamento: 21/02/2013**
>
> **Publicação: 26/08/2013**
>
> **Órgão julgador: Tribunal Pleno**
>
> Repercussão Geral – Mérito
>
> **Publicação**
>
> REPERCUSSÃO GERAL – MÉRITO DJe-166 DIVULG 23-08-2013 PUBLIC 26-08-2013 EMENT VOL-02700-01 PP-00057
>
> **Partes**
>
> RECTE.(S) : ALOYSIO KALIL ADV.(A/S) : DAISSON SILVA PORTANOVA E OUTRO(A/S) RECDO.(A/S) : INSTITUTO NACIONAL DE SEGURO SOCIAL – INSS PROC.(A/S)(ES) : PROCURADOR-GERAL FEDERAL
>
> **Ementa**
>
> APOSENTADORIA – PROVENTOS – CÁLCULO. **Cumpre observar o quadro mais favorável ao beneficiário, pouco importando o decesso remuneratório ocorrido em data posterior ao implemento das condições legais. Considerações sobre o instituto do direito adquirido, na voz abalizada da relatora – ministra Ellen Gracie –, subscritas pela maioria.**

Na mesma linha o novo Regulamento da Previdência Social publicado em 01/07/2020:

"Art. 176-E. Caberá ao INSS conceder o benefício mais vantajoso ao requerente **ou benefício diverso do requerido, desde que os elementos constantes do processo administrativo assegurem o reconhecimento desse direito**.

Parágrafo único. Na hipótese de direito à concessão de benefício diverso do requerido, **caberá ao INSS notificar o segurado para que este manifeste expressamente a sua opção pelo benefício**, observado o disposto no art. 176-D".

Por outro lado, a ninguém é dado ter o melhor de dois mundos jurídicos, criando um terceiro regime jurídico com a escolha do melhor dos dois mundos. Daí que o segurado que prosseguir em atividade e optar pela concessão com base no direito adquirido, não poderá computar novas contribuições previdenciárias vertidas após a vigência da reforma constitucional.

Nesse sentido, o STF:

**RE 575089 / RS – RIO GRANDE DO SUL**

**RECURSO EXTRAORDINÁRIO**

**Relator(a): Min. RICARDO LEWANDOWSKI**

**Julgamento: 10/09/2008**

**Publicação: 24/10/2008**

**Órgão julgador: Tribunal Pleno**

Repercussão Geral – Mérito

**Publicação**

REPERCUSSÃO GERAL – MÉRITO DJe-202 DIVULG 23-10-2008 PUBLIC 24-10-2008 EMENT VOL-02338-09 PP-01773 RB v. 20, n. 541, 2008, p. 23-26 RT v. 98, n. 880, 2009, p. 122-129

**Partes**

RECTE.(S): RENI NUNES MACHADO ADV.(A/S): AYRTON JORGE MACHADO DE SOUZA E OUTRO(A/S) RECDO.(A/S): INSTITUTO NACIONAL DO SEGURO SOCIAL – INSS ADV.(A/S): MILTON DRUMOND CARVALHO

**Ementa**

EMENTA: INSS. APOSENTADORIA. CONTAGEM DE TEMPO. *DIREITO ADQUIRIDO*. ART. 3º DA EC 20/98. CONTAGEM DE TEMPO DE SERVIÇO POSTERIOR A 16.12.1998. POSSIBILIDADE. *BENEFÍCIO* CALCULADO EM CONFORMIDADE COM NORMAS VIGENTES ANTES DO ADVENTO DA REFERIDA EMENDA. INADMISSIBILIDADE. RE IMPROVIDO. **I – Embora tenha o recorrente *direito adquirido* à aposentadoria, nos termos do art. 3º da EC 20/98, não pode computar tempo de serviço posterior a ela, valendo-se das regras vigentes antes de sua edição. II – Inexiste *direito adquirido* a determinado regime jurídico, razão pela qual não é lícito ao segurado conjugar as vantagens do novo sistema com aquelas aplicáveis ao anterior. III – A superposição de vantagens caracteriza sistema híbrido, incompatível com a sistemática de cálculo dos *benefícios previdenciários*.** IV – Recurso extraordinário improvido.

**Não vejo como possível a aplicação da Teoria do Adimplemento Substancial ao Direito Previdenciário** em razão da Legalidade e da Regra de Contrapartida, sob pena de o Poder Judiciário sempre poder flexibilizar requisitos por falta de cumprimento por mínimo período de contribuição ou idade, ou mesmo pelo salário de contribuição não atingir o salário mínimo por poucos Reais.

Demais disso, **se trata de relação de Direito Público**, e não de Direito Privado, que gera despesas à União indevidas na situação de concessão de benefício sem o adimplemento de todos os requisitos constitucionais e legais.

Nesse sentido, **é imprescindível que o segurado conte com todos os requisitos até 13.11.2019** para ter direito adquirido a um benefício à luz do regime jurídico anterior frente à Emenda Constitucional 103/2019.

Nesse sentido, veja-se precedente da TNU de maio de 2023:

> Acórdão
>
> Precedente Relevante
>
> **Número**
>
> **5002105-46.2020.4.04.7005**
>
> 50021054620204047005
>
> **Classe**
>
> Pedido de Uniformização de Interpretação de Lei (Turma)
>
> **Relator(a)**
>
> FRANCISCO DE ASSIS BASILIO DE MORAES
>
> **Relator para Acórdão**
>
> FRANCISCO GLAUBER PESSOA ALVES
>
> **Origem**
>
> TNU
>
> **Órgão julgador**
>
> TURMA NACIONAL DE UNIFORMIZAÇÃO
>
> **Data**
>
> 17/05/2023
>
> **Data da publicação**
>
> 22/05/2023
>
> **Fonte da publicação**
>
> 22/05/2023
>
> **Ementa**
>
> EMENTA: PEDIDO DE UNIFORMIZAÇÃO DE LEI FEDERAL. CONSTITUCIONAL E PREVIDENCIÁRIO. **APOSENTADORIA POR TEMPO DE**

**CONTRIBUIÇÃO. NÃO PREENCHIMENTO DOS REQUISITOS À LUZ DO DIREITO ANTERIOR À EC N. 103/2019. INAPLICABILIDADE DA TEORIA DO ADIMPLEMENTO SUBSTANCIAL AO DIREITO PREVIDENCIÁRIO.** NÃO É LÍCITO AO SEGURADO CONJUGAR AS VANTAGENS DO NOVO SISTEMA COM AQUELAS APLICÁVEIS AO ANTERIOR, PORQUANTO INEXISTE DIREITO ADQUIRIDO A DETERMINADO REGIME JURÍDICO. IMPOSSIBILIDADE DE MESCLA DE REGIMES JURÍDICOS PARA GARANTIR BENEFÍCIO NOS MOLDES DO DIREITO ANTERIOR. NÃO HÁ DIREITO A REGIME JURÍDICO PARA O QUAL NÃO SE TENHAM IMPLEMENTADO AS CONDIÇÕES BASTANTES A TEMPO E MODO. RESTABELECIMENTO DA SENTENÇA QO N. 38 DESTA TNU. INCIDENTE PROVIDO.

**Decisão**

A Turma Nacional de Uniformização decidiu, por maioria, vencidos o relator e as Juízas Federais SUSANA SBROGIO GALIA e LUCIANA ORTIZ TAVARES COSTA ZANONI, DAR PROVIMENTO ao pedido, nos termos do voto do Juiz Federal FRANCISCO GLAUBER PESSOA ALVES que lavrará o acórdão.

No caso, o INSS conseguiu a reforma de decisão da 3ª Turma Recursal do Paraná que condenou o INSS, com base em juízo de equidade, a conceder aposentadoria por tempo de contribuição a um segurado que, em 01/10/2019, contava com 34 anos, 11 meses e 28 dias de tempo de contribuição, **faltando, portando, dois dias de tempo de contribuição**.

Eis os fundamentos técnicos do voto divergente vencedor, da lavra do Juiz Federal Francisco Glauber:

***"II.1. Inaplicabilidade da teoria do adimplemento substancial em sede de direito público.***

*O eminente relator ponderou:*

*21. Em resumo, é possível sintetizar as peculiaridades do caso nos seguintes pontos:*

*I. O autor acreditava ter preenchido os requisitos para a concessão do benefício;*

*II. Os requisitos estavam quase integralmente preenchidos, restando apenas poucos dias para a implementação;*

*III. Não é possível preencher os requisitos em momento futuro sem um prejuízo desproporcional ao segurado, em razão das alterações normativas decorrentes da Reforma da Previdência.*

*(...)*

*26. O desenvolvimento pretoriano da* ***Teoria do Adimplemento Substancial****, nas relações privadas, permitiu a construção de critérios para sua aplicação de modo seguro e previsível. De acordo com o STJ, já se debruçou sobre a fixação de balizas e critérios que autorizam essa bem elaborada forma de aplicar a equidade:*

*6. Assim, a Teoria do Adimplemento Substancial exige, para a hipótese, o preenchimento dos seguintes requisitos: i) o grau de satisfação do interesse do credor, ou seja, a prestação imperfeita deve satisfazer seu interesse; ii) comparação entre o valor da parcela descumprida com o valor do bem ou do contrato; iii) o esforço e diligência do devedor em adimplir integralmente; iv) a manutenção do equilíbrio entre as prestações correspectivas; v) a existência de outros remédios capazes de atender ao interesse do credor com efeitos menos gravosos ao devedor; e vi) ponderação entre a utilidade da extinção da relação jurídica obrigacional e o prejuízo que adviria para o devedor e para terceiros a partir da resolução. (...)*

*(REsp n. 1.236.960/RN, relator Ministro Antonio Carlos Ferreira, Quarta Turma, julgado em 19/11/2019, DJe de 5/12/2019.)*

*27. Estando reconhecida, pelo Superior Tribunal de Justiça, a validade jurídica da* ***Teoria do Adimplemento Substancial****, nas relações privadas, deve ser questionada a sua aplicação na seara previdenciária, como forma de balizamento da equidade.*

28. Tudo aponta para uma resposta afirmativa.

*Dentro dessa linha, o relator propôs o improvimento e o firmamento da tese já referida no relatório.*

*Pese embora o denodo do voto, há dificuldades na aplicação da teoria do adimplemento substancial ao direito previdenciário, público que é, como cediço.*

*A* ***primeira é a ausência de disponibilidade do direito por ambas as partes****, já que o INSS não pode abrir mão das exigências constitucionais ou legais, vinculado que é ao princípio da legalidade presente no art. 37, caput da Constituição Federal.*

*Relações de direito privado, nas quais imperam a disponibilidade de direitos, são inconfundíveis com as relações regidas pelo direito público, onde só há disponibilidade quando a lei assim o diga, o que não é o caso presente.*

*A* ***segunda é que a relação previdenciária não é um negócio jurídico privado****. Trata-se de uma relação informada por um regime jurídico complexo, de longa duração, e que muda ao longo do tempo, observando reformas previdenciárias nos planos constitucional e infraconstitucional.*

*De fato, o processo de reforma previdenciário é perene, com ajustes que vão sendo feitos ao longo do tempo, a fim de viabilizar o equilíbrio atuarial-econômico. O Estado, a partir das escolhas legislativas válidas, possui grande poder de conformação, por ser delicado o processo de garantia de proteção previdenciária ao imenso universo de segurados.*

*Tal imbróglio já fora adiantado pela divergência de fundamentos da Juíza Federal Susana Sbrogio Galia:*

*É que o instituto adotado para justificar a aplicação da regra equitativa – reconhecido aqui o empenho do E. Relator em conferir solução justa à controvérsia – cuida-se de instituto de direito privado, dirigido à estabilização de negócios jurídicos, que se pretende aplicar ao direito previdenciário, pertencente ao âmbito do direito público e à seara dos direitos fundamentais sociais.*

*A distinção destas categorias de direitos não se pauta por injustificado formalismo, mas tem suas origens na doutrina germânica justamente para sistematizar e desenvolver técnicas eficazes de proteção dos direitos fundamentais.*

*A teoria dos quatro status de Jellinek, após desdobrados por Häberle, notadamente quanto aos direitos prestacionais (prestações materiais do Estado) situa a posição do indivíduo – destinatário dos direitos – frente ao Estado, classificando os direitos de que este é detentor.*

*A tese aqui discutida "Adimplemento Substancial" situa-se no âmbito dos direitos de defesa – status negativus ou libertatis – que quer significar considerar as faculdades ou liberdades do indivíduo perante o Estado. Isto quer dizer que, neste ponto, o Estado estabelece as liberdades a serem respeitadas e usufruídas pelos indivíduos, e não pode deliberadamente desrespeitá-las. Daí que emerge a categoria dos direitos subjetivos, faculdades de agir perante a sociedade, demais indivíduos e em face do Estado. Este é o âmbito da livre iniciativa, em que a regra é a liberdade de conformação da autonomia da vontade, desde que respeitada a dimensão objetiva dos direitos fundamentais e os princípios estruturantes do Estado de Direito. Neste segmento, se a regra é a liberdade/faculdade de agir, as exceções à regra devem ser interpretadas restritivamente, de maneira que o controle de gradação de intensidade de restrição aos direitos fundamentais deste status estende-se até a aferição da proporcionalidade propriamente dita ou exame do grau de restrição a direitos fundamentais ao nível máximo de intensidade, qual seja, ponderação de direitos fundamentais em aparente conflito.*

***Tudo isso para mostrar que a exegese aplicada a tais direitos difere muito daquela dirigida ao direito público e mais especificamente ao direito previdenciário. Isso porque a relação jurídica previdenciária situa o indivíduo na posição de exigir do Estado prestação material. Falamos aqui do status positivo ou civitatis. Por isso, surge daí o que denominamos de direito potestativo (direito do indivíduo de exigir do Estado uma prestação) que caracteriza e rege toda a relação previdenciária. Aqui a regra não é a da liberdade ou faculdade de agir do indivíduo, senão que envolve política pública, de ordem programática, em que o Estado fixa em lei as prestações que serão devidas e que lhe obrigam para concretização das diretrizes de igualdade e solidariedade, leia-se isonomia, justiça social e dignidade humana.***

***Sob o enfoque exegético, a liberdade de conformação do legislador é maior, e a obrigação do Estado vincula-se à lei, sistematicamente aplicada em consonância com a Constituição, o que importa em observância dos critérios de razoabilidade e proporcionalidade entre as medidas empregadas pelo legislador para consecução das políticas públicas e efetividade dos direitos fundamentais protegidos, aferidos segundo as diretrizes da isonomia, justiça social e dignidade humana.***

Na mesma alinha, secundou a Juíza Federal Luciana Ortiz Tavares Costa Zanoni:

***Entretanto, peço vênia para divergir na importação da Teoria do Adimplemento Substancial do regime jurídico privado para alicerçar a tese, por não guardar compatibilidade com o regime jurídico público, fundamentalmente alicerçado no princípio da legalidade, cuja flexibilidade deve ser construída em bases próprias da razoabilidade, proporcionalidade e confiança legítima.***

*De forma que compartilho do entendimento externado no voto de autoria da Juíza Federal Susana Sbrogio Galia, que com a profundidade doutrinária que caracteriza seus votos, afastou a Teoria do Adimplemento Substancial em situações jurídicas de natureza pública.*

Deixo de aprofundar ainda mais o tema, porque a abordagem formulada acima já me pareceu suficiente para afastar a analógica aplicação da teoria do adimplemento substancial.

***II.2. Equidade e mesclagem de regimes jurídicos previdenciários passado e atual. Descabimento.***

*Como solução para o caso, repelindo a teoria do adimplemento substancial, apontou a Juíza Federal Susana Sbrogio Galia*

*A equidade, neste ponto, envolverá a razoabilidade e proporcionalidade das medidas prestacionais e o risco que pretendem contingenciar no limite da vedação à proteção insuficiente por parte do Estado, quando perquirimos de estabelecer a isonomia, a justiça social e defender a dignidade humana. Este é o ponto em que a diferença entre as categorias de direitos mostra-se mais evidente.*

*Por isso, respeitosamente, pensa-se ser possível o emprego da equidade para solução da controvérsia, sem a necessidade de utilização de institutos de direito privado, que se pautam pela autonomia da vontade e por direitos subjetivos. Para tanto, a via empregada segue os parâmetros de conformação do legislador, razoavelmente aplicados, em consonância com a Constituição Federal.*

*Tem-se que, com o advento da EC 103 de 2019, além de regras mais gravosas para aposentação, sucedeu a possibilidade de complementação das contribuições vertidas abaixo do mínimo do salário de contribuição, e, assim, novas regras para cômputo de tempo de contribuição advieram.*

*Cito o art. 19-C, § 2º., do Decreto 3.048/99 (com redação do D. 20.410/2020):*

*Art. 19-C. Considera-se tempo de contribuição o tempo correspondente aos períodos para os quais tenha havido contribuição obrigatória ou facultativa ao RGPS, dentre outros, o período:* ***(Incluído pelo Decreto nº 10.410, de 2020)***

*§ 2º As competências em que o salário de contribuição mensal tenha sido igual ou superior ao limite mínimo serão computadas integralmente como tempo de contribuição, independentemente da quantidade de dias trabalhados.* ***(Incluído pelo Decreto nº 10.410, de 2020).***

***Por conseguinte, poderia ser mantido o cômputo integral do mês respectivo, com base no art. 19-C, §2º, Decreto 3.048/99, independentemente do número de dias trabalhados.***

***Isso em homenagem à preservação da equidade e do tratamento isonômico no custeio da previdência social (art. 194-V, da CF/88), uma vez que o normativo procedimental da administração passa a alterar a forma de contabilização das contribuições previdenciárias – que antes eram contabilizadas em dias exatos de trabalho – para agora considerar o mês inteiro como efetivamente laborado, independentemente da quantidade de dias trabalhados pelo segurado. A desconsideração do "mês cheio" poderia gerar tratamento anti-isonômico com relação a trabalhadores que, de qualquer forma, verteram contribuições no mês respectivo, para fins de cômputo de tempo de contribuição. Logo, para***

***segurados que não completaram os 30 (trinta) dias faltantes – ou a competência faltante – para perfectibilizar os 35 anos anteriores à promulgação da EC 103/2029, não haveria necessidade de complementação do salário de contribuição até o limite mínimo. Posteriormente ao advento da EC 103/2019, há necessidade de complementação para que a competência seja considerada.***

***Não se cuida aqui de inobservância da máxima tempus regit actum, mas de juízo de equidade, porquanto não se trata de alteração de regime jurídico previdenciário. Apenas, considera-se procedimento previsto pela administração em norma infralegal de caráter explicativo (ou interpretativo) da forma de cômputo do tempo de contribuição, no que tange à contabilização da competência independentemente do número de dias trabalhados.***

*Ocorre que tal solução esbarra em dois óbices hermenêuticos, a meu ver.*

***Um**, respeitante à impossibilidade de aplicação da equidade como fonte de direito, quando efetivamente não há um conflito normativo.*

*De fato, não se cuida aqui de dúvida jurídica séria quanto ao direito aplicável, **mas entendimento de que o regime novo, menos gravoso no particular (desnecessidade de trabalhar o mês inteiro para se considerar o período de um mês para fins de contribuição), poderia seria aplicável para obter aposentadoria por tempo de contribuição nos moldes do regime antigo**.*

*Sabe-se que os Juizados Especiais admitem decisões baseadas na equidade e justiça, atendidos os fins sociais e as exigências do bem comum (art. 6°. da Lei n. 9.099/95 aplicável subsidiariamente à Lei n. 10.259/2001, que trata dos Juizados Especiais Federais). É certo que se trata de mera reiteração do que já dispõe o art. 5°., da Lei de Introdução às Normas do Direito Brasileiro.*

*O nosso sistema jurídico é baseado no positivismo jurídico (civil law). De fato, contrariamente aos países do direito costumeiro (a Inglaterra é o maior exemplo) a fonte maior do direito brasileiro é a lei escrita. Bem ou mal, é nela que o Estado democrático de direito brasileiro assenta suas raízes.*

*Pode ocorrer, entretanto, que a lei não abarque todas as situações do cotidiano, donde surgem as lacunas do ordenamento. De fato, as multifárias relações sociais não são acompanhadas tão rapidamente das leis. Por isso que, como diz Maria Helena Diniz:*

*"É lacunoso o direito porque, como salientamos, a vida social apresenta nuanças infinitas nas condutas compartidas, problemas surgem constantemente, mudam-se as necessidades com os progressos, de maneira que impossível seria que as normas jurídicas regulassem toda sorte de comportamento, mas é, concomitantemente, sem lacunas porque o próprio dinamismo do direito mobiliza soluções que serviriam de base para qualquer decisão, seja ela do órgão jurisdicional, sela ela do Poder Legislativo. Assim sendo, sempre haverá um direito para quaisquer relações que se instaurarem no convívio social, por mais intrincadas, heterogêneas ou excêntricas que sejam, fechando-se o sistema, porém, tal não significa que nada se tenha a ver com fatos e valores, porque esses elementos são intercalares de norma a norma; observância, criação e aplicação de preceitos normativos são fatos sociais qualificados deonticamente.*

*Dinamicamente considerado, o direito auto-integra-se, suprindo seus espaços vazios, mediante o processo de aplicação e criação de normas pelo legislativo e pelo órgão judicial; logo, o sistema jurídico, poder-se-ia dizer, não é completo, mas completável. Poder-se-á até falar, ainda, que as lacunas no direito são 'provisórias', porque podem ser supridas pela própria força interna do direito, porém não eliminadas pelo judiciário".*

(DINIZ, Maria Helena. As Lacunas do Direito. 4ª. ed., São Paulo: Saraiva, 1997, p. 115-116).

*Tem-se, pois, que verificada a existência da lacuna, há que haver a integração da norma jurídica, utilizados os meios em direito previstos, quais sejam a analogia, o costume, os princípios gerais do direito e a equidade (DINIZ, Maria Helena. As Lacunas do Direito. 4ª. ed., São Paulo: Saraiva, 1997, p. 138-139). A aplicação da eqüidade pressupõe, antes, o reconhecimento de uma situação jurídica não regrada pelo ordenamento jurídico.*

*Pensamos que a aplicação e a interpretação da norma jurídica atendem a um padrão universal (DINIZ, Maria Helena. As Lacunas do Direito. 4ª. ed., São Paulo: Saraiva, 1997, p. 135-137), fundamente ligados à filosofia do direito, e que não podem ser simplesmente esquecidos pelo julgador.*

*Porém, nos Juizados Especiais houve a permissão expressa para que o juiz, diante do caso concreto, aplique a regra que entenda mais justa. Excepcionou-se a impossibilidade geral de se recorrer diretamente à eqüidade sem que verificada a existência da lacuna.*

*E é por isso que o controle de tais decisões sempre recairá no campo das concepções de justiça de cada um, quando nesse permissivo se baseiem. O que não pode ser é a utilização desregrada deste valioso instrumento de distribuição de justiça, de molde a resolver os casos cotidianos que são levados aos Juizados Especiais.*

*Qual o limite, então, para a equidade dentro dos Juizados?*

*É que a equidade, como fonte do direito, não pode incidir quando não haja uma lacuna normativa. E não se pode "construir" uma lacuna inexistente, porque não se concorda com a forma como o direito positivo tratou a situação jurídica posta ao Judiciário.*

*Bem ou mal, o judiciário deve observar o princípio da autocontenção, para que não vá além daquilo que o legislador, detalhadamente, já assentou. Do contrário, estará atuando de forma kamikaze, fomentando ao invés de pacificando conflitos.*

**Dois**, *é que a hermenêutica previdenciária bastante cimentada junto ao STF é sobre a impossibilidade de mescla de regimes jurídicos. Isso é muito forte e claro.*

*O Supremo, no julgamento do recurso extraordinário nº 630.501,* ***reconheceu o direito do segurado ao recebimento de prestação previdenciária mais vantajosa entre aquelas cujos requisitos cumpre****:*

APOSENTADORIA – PROVENTOS – CÁLCULO. Cumpre observar o quadro mais favorável ao beneficiário, pouco importando o decesso remuneratório ocorrido em data posterior ao implemento das condições legais. Considerações sobre o instituto do direito adquirido, na voz abalizada da relatora – ministra Ellen Gracie –, subscritas pela maioria.

*É dizer:* ***reconhece-se o direito ao quadro mais favorável, desde que tenham se perfectibilizadas as condições para o implemento do benefício****. A contingência (implemento do tempo de contribuição, idade ou outro requisito exigido) que surja em momento para o qual não mais prevista a condição benéfica, por revogada, não pode ser aquinhoada com ela, por falta de previsão legal e por vedação à retroatividade das leis.*

*Implemento das condições para aposentadoria (ou qualquer benefício previdenciário) havido na vigência do direito anterior à EC n. 103/2019 enseja concessão nos moldes do direito anterior. Não se traz algo do direito novo para perfectibilizar implemento à luz do direito anterior.*

*Nessa linha posições antigas e claras do próprio STF, rejeitando direito adquirido a regime jurídico previdenciário quanto à sistemática de cálculo dos benefícios previdenciários:*

*"Na sistemática de cálculo dos benefícios previdenciários,* ***não é lícito ao segurado conjugar as vantagens do novo sistema com aquelas aplicáveis ao anterior, porquanto inexiste direito adquirido a determinado regime jurídico****" (Tema 70 da Repercussão Geral).*

*"A revisão de pensão por morte e demais benefícios, constituídos antes da entrada em vigor da Lei 9.032/1995,* ***não pode ser realizada com base em novo coeficiente de cálculo estabelecido no referido diploma legal****" (Tema 165 da Repercussão Geral).*

*Nessa toda, mais uma vez secundou a Juíza Federal Luciana Ortiz Tavares Costa Zanoni:*

*Em que pese perfilhar desse entendimento de se adotar a equidade para agasalhar o direito do segurado que sob a regência de norma mais gravosa, teria seu direito abraçado por norma posterior mais favorável, a orientação da Corte Constitucional é em sentido contrário. Clássico exemplo foi a alteração do benefício de pensão por morte promovida pela Lei n. 9.032/95 que ampliou o valor da renda mensal para 100% do salário de benefício. O Egrégio Supremo Tribunal Federal se pronunciou sobre a aplicação da lei vigente à época do fato gerador (morte), em situação na qual se buscava a majoração do valor da pensão por morte: PENSÃO – MAJORAÇÃO – LEIS Nº 8.213/91 E 9.032/95. Consoante a jurisprudência pacífica no Plenário, descabe aplicar às pensões lei nova que haja implicado majoração. Precedentes: Recursos Extraordinários nº 415.454/SC e 416.827/SC, julgados na sessão de 08 de fevereiro de 2007. (STF, Ag. Reg. no Rext 587.991-DF, Relator: Min. Marco Aurélio, Primeira Turma, julgamento 02/10/2012). Entendo, assim, que a retroatividade de normatização mais favorável ao segurado é fundamento frágil para sustentar a tese, ainda que se considere que não se trate de aplicação de regime jurídico mais benéfico a situações pretéritas.*

*Sob tais luzes, não creio que a solução calcada na equidade tenha razão de ser aqui".*

**O direito adquirido não é um fardo ao segurado, pois o seu gozo é facultativo.** É evidente que nas situações em que o regramento da Emenda 103/2019, quer regramento de transição ou permanente, se tornar no caso concreto mais favorável ao segurado, deverá o INSS conceder o melhor benefício, inclusive no que concerne à renda mensal.

**Ressalve-se apenas que na situação de ato jurídico perfeito consistente na concessão do benefício até 12/11/2019, é descabida a incidência do novel regramento inaugurado pela Emenda 103/2019, diante da situação consolidada, exceto no caso de desistência do segurado nas situações autorizadas no artigo 181-B do Decreto 3.048/99.**

Ao revés, na situação de requerimento administrativo oferecido antes da Emenda 103/2019 em que a renda mensal fruto da aplicação da regra de direito adquirido formado em 13/11/2019 for inferior à renda do artigo 26 da Emenda 103/2019 em aplicação de regra permanente ou transitória da EC 103/2019, deve o INSS conceder o melhor benefício.

Nessa situação deve a autarquia notificar o interessado para a escolha do melhor benefício, pois por certo poderá haver a reafirmação da DER com perda de atrasados, embora haja elevação da mensal inicial, sendo a escolha do segurado.

Essa situação tem se tornado muito comum, pois a despeito da redução de coeficiente das aposentadorias programadas em diversas situações, a renda mensal pelas regras da EC 103/2019 pode se apresentar maior especialmente em razão da inexistência de divisor mínimo no salário de benefício, regra de descarte do tempo de contribuição excedente e inexistência de fator previdenciário.

Decerto, **o direito adquirido se refere ao melhor benefício, inexistindo direito adquirido ao pior benefício (menor renda mensal)**, quando a novel legislação é mais benéfica ao segurado e inexistia ato jurídico perfeito na data de mudança do regime jurídico (13/11/2019).

Nesta situação é curial que o segurado seja instado a se manifestar sobre o interesse na reafirmação administrativa da DER para 13/11/2019.

Isso porque não é possível a concessão de atrasados para a DER anterior à 13/11/2019 com a aplicação das regras da Emenda 103/2019, sob pena de criação de um terceiro regime jurídico, o que não se admite de acordo com a jurisprudência firmada pelo STF.

No entanto, a despeito do meu posicionamento, o INSS não admite a reafirmação da DER nesta hipótese. Mas a nossa tese já foi acolhida pela TNU:

> "**PUIL n. 5003210-40.2020.4.04.7205/SC** Relator(a): JUIZ FEDERAL FABIO DE SOUZA SILVA Assunto: REAFIRMAÇÃO DA DER. DATA POSTERIOR À EC 103/2019. REGRA DE TRANSIÇÃO. Ementa: PEDIDO DE UNIFORMIZAÇÃO DE INTERPRETAÇÃO DE LEGISLAÇÃO FEDERAL. REAFIRMAÇÃO DA DER. DATA POSTERIOR À EC 103/2019. REGRA DE TRANSIÇÃO.

POSSIBILIDADE. CONHECIDO E PROVIDO. 1. O tema 995 do STJ é aplicado às aposentadorias voluntárias, com a possibilidade de aproveitamento dos eventos ocorridos o curso do processo, nos casos em que o fato gerador ocorrer após o requerimento original. 2. A discussão é meramente sobre o aproveitamento dos atos processuais. 3. Nos casos de requerimentos administrativos anteriores à EC 103/19, não há óbice ao aproveitamento do tempo de contribuição decorrido até o julgamento na Turma Recursal, mesmo que posterior à vigência das novas regras constitucionais. 4. Tese: É possível a reafirmação da DER para a concessão de benefícios previstos nas regras de transição da EC 103/19, mesmo que o requerimento original preceda à vigência da emenda constitucional. 5. PUIL conhecido e provido. **Tese firmada: É possível a reafirmação da DER para a concessão de benefícios previstos nas regras de transição da EC 103/19, mesmo que o requerimento original preceda à vigência da emenda constitucional. Julgado em 27/05/2021".**

Sobre a tese do melhor benefício e a reafirmação da DER como seu instrumento de concretização no processo administrativo previdenciário, eis a Instrução Normativa INSS 128/2022:

*"Art. 577. Por ocasião da decisão, em se tratando de requerimento de benefício, deverá o INSS:*

*I – reconhecer o benefício mais vantajoso, se houver provas no processo administrativo da aquisição de direito a mais de um benefício, mediante a apresentação dos demonstrativos financeiros de cada um deles; e*

*II – verificar se, não satisfeito os requisitos para o reconhecimento do direito na data de entrada do requerimento do benefício, se estes foram implementados em momento posterior, antes da decisão do INSS, caso em que o requerimento poderá ser reafirmado para a data em que satisfizer os requisitos, exigindo-se, para tanto, a concordância formal do interessado, admitida a sua manifestação de vontade por meio eletrônico".*

O detalhamento consta da Portaria INSS/DIRBEN 993/2022:

*"Art. 107. O INSS deve conceder o melhor benefício a que o segurado fizer jus, cabendo ao servidor orientar nesse sentido.*

*Art. 108. Quando, por ocasião da decisão, for identificado que estão satisfeitos os requisitos para mais de um tipo de benefício, cabe ao INSS oferecer ao segurado o direito de opção, mediante a apresentação dos demonstrativos financeiros de cada um deles.*

*§ 1º A opção deverá ser expressa e constar nos autos.*

*§ 2º Nos casos previstos no caput, deverá ser observada a seguinte disposição:*

*I – se os benefícios forem do mesmo grupo, a DER será mantida; e*

*II – se os benefícios forem de grupos distintos, e o segurado optar por aquele que não requereu inicialmente, a DER será fixada na data da habilitação do benefício, observado o disposto no art. 31 a 34.*

...

*Art. 32. Em se tratando de requerimento de benefício, a DER será mantida sempre que o benefício requerido e o benefício devido ou o mais vantajoso fizerem parte do mesmo grupo, estabelecido em cada inciso a seguir na forma da Carta de Serviços ao Cidadão:*

*I – aposentadorias;*

*II – benefícios por incapacidade;*

*III – benefícios aos dependentes do segurado;*

*IV – salário-maternidade; e*

*V – benefícios assistenciais.*

*Art. 33. Em se tratando de análise inicial de requerimento de benefício de aposentadoria, na hipótese de reconhecimento do direito a mais de uma aposentadoria na DER, deverá ser oferecida ao segurado a opção pelo benefício que seja mais vantajoso.*

*§ 1º O disposto no caput se aplica às situações em que for implementado o direito a mais de uma aposentadoria em momento posterior à DER até a data do despacho do benefício – DDB, devendo ser oferecido ao segurado a possibilidade de reafirmação da DER para esta data, observado que ela deve ser anterior a DDB.*

*§ 2º Se durante a análise do requerimento inicial for verificado que na DER o segurado não satisfazia os requisitos para o reconhecimento do direito, mas que os implementou em momento posterior até a DDB, deverá o servidor informar ao interessado sobre a possibilidade de reafirmação da DER para esta data, observado que ela deverá ser anterior a DDB, exigindo-se, para sua efetivação, a expressa concordância por escrito ou por meio digital com validação de acesso por senha, como no Portal "Meu INSS".*

*Art. 34. Na hipótese de o segurado ter implementado todas as condições para uma ou mais de uma espécie de aposentadoria na DER ou até a data do despacho do benefício, na forma do disposto no art. 33, e em não lhe tendo sido oferecido o direito de opção pelo melhor benefício, deverá ser garantido esta opção no requerimento de revisão.*

*§ 1º Com exceção da hipótese prevista no caput, não cabe reafirmação da DER nos pedidos de revisão ou em decorrência de procedimento de apuração de indício de irregularidade, considerando tratar-se de procedimento exclusivo da concessão.*

*§ 2º A alteração da DER prevista no caput está limitada à data do despacho do benefício na concessão".*

Note-se que a **Autarquia somente preserva a DER originária se se tratar de benefícios previdenciários pertencentes ao mesmo grupo**, mas, no caso de grupos distintos, será reafirmada a DER para a data de habilitação do benefício.

Por outro lado, o Enunciado 1 do CRPS não traz essa restrição, **preservando a DER originária mesmo em se tratando de benefícios de grupos diversos.**

**Veja-se que a TNU não adota a regra dos grupos de benefícios para fins de retroação da DIB:**

*"PUIL n. 0003109-53.2018.4.03.6343 / SP*

*Relator(a): JUIZ FEDERAL FRANCISCO GLAUBER PESSOA ALVES Assunto: APOSENTADORIA POR TEMPO DE CONTRIBUIÇÃO. RETROAÇÃO DA DIB. MELHOR BENEFÍCIO. Ementa: PEDIDO DE UNIFORMIZAÇÃO DE LEI FEDERAL. PREVIDENCIÁRIO. RETROAÇÃO DA DIB À DER NA QUAL POSTULADO BENEFÍCIO DIVERSO. DIREITO AO MELHOR BENEFÍCIO. PRECEDENTES. DOUTRINA. TESE: "DADO O PRINCÍPIO DO MELHOR BENEFÍCIO, AINDA QUE O SEGURADO TENHA APRESENTADO ADMINISTRATIVAMENTE PEDIDO ESPECÍFICO DE OUTRO BENEFÍCIO, FARÁ JUS À RETROAÇÃO DAQUELE QUE LHE SEJA MAIS VANTAJOSO, PARA O QUAL JÁ PREENCHIA AS CONDIÇÕES ÀQUELE MOMENTO". INCIDENTE PROVIDO.*

***Tese firmada: "Dado o princípio do melhor benefício, ainda que o segurado tenha apresentado administrativamente pedido específico de outro benefício, fará jus à retroação daquele que lhe seja mais vantajoso, para o qual já preenchia as condições àquele momento".***

*Julgado em 17/05/2023".*

Veja-se também o Novo Regulamento da Previdência Social publicado em 01/07/2020:

*"Art. 176-D. Se, na data de entrada do requerimento do benefício, o segurado não satisfizer os requisitos para o reconhecimento do direito, mas implementá-los em momento posterior, antes da decisão do INSS,* ***o requerimento poderá ser reafirmado para a data em que satisfizer os requisitos****, que será fixada como início do benefício, exigindo-se, para tanto, a concordância formal do interessado, admitida a sua manifestação de vontade por meio eletrônico".*

Nota-se que o Novo Regulamento se alinhou ao STJ, que por expresso previu que a reafirmação judicial da DER dar-se-á para a data do implemento dos requisitos no curso do processo (tema 995):

| **Tema/Repetitivo** | **995** | **Situação do Tema** | **Acórdão Publicado** | **Órgão Julgador** | **PRIMEIRA SEÇÃO** | **Assuntos** |
|---|---|---|---|---|---|---|
| **Questão submetida a julgamento** | | Possibilidade de se considerar o tempo de contribuição posterior ao ajuizamento da ação, reafirmando-se a data de entrada do requerimento-DER- para o momento de implementação dos requisitos necessários à concessão de benefício previdenciário: (i) aplicação do artigo 493 do CPC/2015 (artigo 462 do CPC/1973); (ii) delimitação do momento processual oportuno para se requerer a reafirmação da DER, bem assim para apresentar provas ou requerer a sua produção. | | | | |
| **Tese Firmada** | | **É possível a reafirmação da DER (Data de Entrada do Requerimento) para o momento em que implementados os requisitos para a concessão do benefício, mesmo que isso se dê no interstício entre o ajuizamento da ação e a entrega da prestação jurisdicional nas instâncias ordinárias, nos termos dos arts. 493 e 933 do CPC/2015, observada a causa de pedir.** | | | | |

Deste modo, constata-se que o INSS admite a reafirmação administrativa da DER somente em duas situações:

**A)** Se não satisfeitos os requisitos para o reconhecimento do direito na data de entrada do requerimento do benefício, se estes foram implementados em momento posterior, antes da decisão do INSS, caso em que o requerimento poderá ser reafirmado para a data em que satisfizer os requisitos, exigindo-se, para tanto, a concordância formal do interessado, admitida a sua manifestação de vontade por meio eletrônico (reafirmação do mesmo benefício requerido);

**B)** Quando, por ocasião da decisão, for identificado que estão satisfeitos os requisitos para mais de um tipo de benefício, se os benefícios forem de grupos distintos, e o segurado optar por aquele que não requereu inicialmente, a DER será fixada na data da habilitação do benefício (reafirmação para benefício distinto do requerido, se pertencente a outro grupo).

A meu ver deveria existir mais uma hipótese de reafirmação administrativa da DER. Neste diapasão, suponha-se que um segurado requereu uma aposentadoria por idade em 06/06/2019 e com direito adquirido formado a esse benefício já na DER, com renda mensal de R$ 1.500,00.

Neste interregno, adveio a Emenda 103, publicada em 13/11/2019 e o processo ainda não havia sido decidido nessa data.

Sucede que, em razão da regra de descarte e da inexistência de divisor mínimo para o salário de benefício, regra de transição da Emenda 103 com aplicação do seu artigo 26 gerou uma renda mensal R$ 2.200,00, R$ 700,00 a mais do direito a renda fruto do direito adquirido.

Nessa situação, ao decidir o processo supostamente em julho de 2020, deve o servidor da autarquia abrir exigência para o segurado dando as seguintes opções:

1. Concessão do benefício na DER originária de 06/06/2019 e com renda mensal de R$ 1.500,00 ou;
2. Concessão do benefício na DER de 13/11/2019 mediante reafirmação da DER para a data da vigência da Emenda 103/2019, com renda mensal de R$ 2.200,00, mas sem pagamento de atrasados do período anterior à vigência da EC 103/2019.

Já na hipótese de requerimento oferecido a partir de 13/11/2019, não será necessária a reafirmação da DER, acaso a regra da Emenda 103 gere um benefício com maior renda mensal, pois a Reforma Constitucional já vigorava na DER.

De acordo com a Portaria PRES/INSS 1.382, de 19.11.2021, "para fins de análise a direito adquirido, somente poderão ser considerados os recolhimentos em atraso efetuados até a data da verificação do direito. Os recolhimentos com data de pagamento posterior à data da análise do direito não integrarão o cálculo de tempo de contribuição nessa regra, mesmo que se refiram a competências anteriores".

**Isso porque o direito adquirido, para fins do artigo 3º da Emenda 103/2019, é um "retrato" tirado em 13/11/2019, data da sua publicação.** Pagamentos posteriores não são válidos para fins de direito adquirido, pois os pagamentos são constitutivos do direito a partir da sua realização, não tendo efeitos retroativos na situação de segurados que não possuem presunção de recolhimento de contribuição previdenciária (exemplo principal é o contribuinte individual autônomo).

No mesmo sentido a posição da CONJUR/MPS:

> ***PARECER n. 00024/2025/CONJUR-MPS/CGU/AGU***
>
> ***NUP: 10128.123848/2023-28***
>
> ***INTERESSADOS: MINISTÉRIO DA PREVIDÊNCIA SOCIAL - CONSELHO DE RECURSOS DA PREVIDÊNCIA SOCIAL***
>
> ***ASSUNTOS: CONTRIBUIÇÕES***
>
> *EMENTA: CONSULTA. REGIME GERAL DE PREVIDÊNCIA SOCIAL – RGPS. CONTRIBUINTE INDIVIDUAL. TEMPO DE CONTRIBUIÇÃO. ART. 45-A DA LEI Nº 8.212, DE 24 DE JULHO DE 1991. INDENIZAÇÃO. NATUREZA JURÍDICA. 1) Consulta envolvendo a possibilidade do cômputo como tempo de contribuição das contribuições indenizadas após a Data de Entrada do Requerimento – DER, desde que antes da concessão da prestação previdenciária. 2) O cerne dos autos perpassa pela definição da natureza jurídica da indenização prevista no art. 45-A da Lei nº 8.212, de 24 de julho de 1991. 3)* ***Somente a partir do efetivo pagamento da indenização do tempo trabalhado e não contribuído que tal período passa a ser considerado tempo de contribuição, logo, a indenização do art. 45-A, da Lei nº 8.212, de 1991, tem natureza constitutiva, não podendo o período indenizado ser considerado para fins de aferição de elegibilidade previdenciária antes do respectivo pagamento.*** *4) Caso haja requerimento administrativo e apenas com a indenização de períodos anteriores seja possível adimplir os requisitos para a concessão do benefício, impõe-se a necessidade de se reafirmar a DER, pois no momento do requerimento o segurado não reunia todos requisitos necessários para o deferimento do benefício. 5) Mesmo nos casos em que o segurado apresenta seu requerimento administrativo e solicita as guias para realizar o pagamento da indenização de tempo pretérito, será necessária a reafirmação da DER caso deseje se valer do período indenizado, pois foi o próprio segurado que deu causa a situação ao não realizar o recolhimento da contribuição previdenciária de forma adequada e tempestiva.*

Veja-se a TNU no mesmo sentido:

> "PUIL n. 5001844-45.2020.4.04.7114/RS Relator(a): JUIZ FEDERAL GUSTAVO MELO BARBOSA Assunto: APOSENTADORIA POR TEMPO DE CONTRIBUIÇÃO. INDENIZAÇÃO DE CONTRIBUIÇÕES PREVIDENCIÁRIAS. TERMO INICIAL DO BENEFÍCIO. Ementa: PEDIDO DE UNIFORMIZAÇÃO DE INTERPRETAÇÃO DE LEI FEDERAL. PREVIDENCIÁRIO. INDENIZAÇÃO DE CONTRIBUIÇÕES PREVIDENCIÁRIAS. NATUREZA CONSTITUTIVA DO DIREITO À CONTAGEM DO TEMPO DE CONTRIBUIÇÃO. FIXAÇÃO DO TERMO INICIAL DO BENEFÍCIO APENAS APÓS O SEU PAGAMENTO. INCIDENTE CONHECIDO E DESPROVIDO. 1. **A indenização de contribuições previdenciárias não tem caráter declaratório, mas constitutivo do direito, motivo pelo qual é inviável a fixação do termo inicial do benefício pretendido em momento anterior ao pagamento**. 2. É bem verdade que o(a) autora traz uma particularidade muito relevante do caso concreto, qual seja, de que solicitou a emissão das guias necessárias ao pagamento da indenização ainda no curso do processo administrativo, pedido este solenemente ignorado pela autarquia previdenciária. 3. Não obstante a extrema relevância do argumento, o que me parece incontornável é que o(a) promovente, antes do pagamento da indenização, simplesmente não tinha direito adquirido ao benefício, pois não reunia tempo de contribuição suficiente. 4. Ademais, a indenização só se fez necessária porque o(a) segurado(a), em primeiríssimo lugar, não cumpriu com sua obrigação a tempo e modo, de maneira que o INSS não errou sozinho. 5. Tese fixada: "Havendo necessidade de indenização de contribuições previdenciárias para fins de contagem de tempo de contribuição, o termo inicial do benefício está condicionado ao seu pagamento". 6. Incidente conhecido e desprovido. **Tese firmada: Havendo necessidade de indenização de contribuições previdenciárias para fins de contagem de tempo de contribuição, o termo inicial do benefício está condicionado ao seu pagamento**. Julgado em 23/06/2022".

De acordo com a Portaria PRES/INSS 1.382, de 19.11.2021, "para fins de verificação do tempo de contribuição apurado até 13 de novembro de 2019, utilizado para verificação das regras de transição da aposentadoria por tempo de contribuição com pedágio de 50% (cinquenta por cento) e de 100% (cem por cento), previstos nos arts. 17 e 20 da Emenda Constitucional nº 103, de 12 de novembro de 2019, os recolhimentos realizados em atraso em data posterior não serão considerados".

Cite-se, como exemplo, o artigo 17 da EC 103/2019, que exige que em 13/11/2019 o segurado tenha mais de 33 anos de tempo de contribuição e a mulher mais de 28 anos de tempo de contribuição. Para este fim, recolhimentos e tempo de contribuição a partir de 14/11/2019 serão desconsiderados.

Por outro lado, "todos os recolhimentos em atraso realizados até a data de entrada do requerimento serão considerados, inclusive para cômputo no tempo total calculado para a verificação do direito às regras de transição aplicadas nas aposentadorias por idade, tempo de contribuição, do professor e especial, ressalvada a hipótese anterior".

Destarte, para fins das regras de transição, em regra, serão considerados recolhimentos feitos após a vigência da Emenda 103/2019, salvo nas situações em que a regra exija um tempo de contribuição cumprido até 13.11.2019.

De com a Portaria INSS/DIRBEN 991/2022 (art. 150, §4º), **para fins de análise a direito adquirido, somente poderão ser considerados os recolhimentos em atraso efetuados até a data da verificação do direito.** Os recolhimentos com data de pagamento posterior à data da análise do direito não integrarão o cálculo de tempo de contribuição nessa regra, mesmo que se refiram a competências anteriores, inclusive na situação de pagamento de indenização previdenciária.

**Existe precedente da TNU contraditório. Não é possível fixar a natureza CONSTITUTIVA do pagamento da indenização previdenciária adimplida após o advento da EC 103/2019 apenas para fins do termo inicial dos efeitos financeiros do benefício, e ao mesmo tempo estabelecer a sua natureza retroativa (DECLARATÓRIA) para fins de formação de direito adquirido em 13.11.2019, pois o direito exsurge somente na data do pagamento.**

**Lembre-se de que o segurado não pagou a contribuição previdenciária há bom tempo e a sua constituição tributária decaiu, pois passaram-se mais de 5 anos a contar de 1º de janeiro do ano seguinte.**

Logo, temos um **inadimplemento tributário decaído**, não havendo base jurídica de atribuir natureza retroativa ao pagamento da indenização previdenciária, que é **constitutiva.**

Veja-se o citado precedente:

> PUIL n. 5007203-42.2021.4.04.7113/RS
>
> Relator(a):
>
> JUIZ FEDERAL GIOVANI BIGOLIN
>
> Assunto:
>
> APOSENTADORIA POR TEMPO DE CONTRIBUIÇÃO. TEMPO DE CONTRIBUIÇÃO. POSTERIOR À EC 103/2019. Ementa: PEDIDO NACIONAL DE UNIFORMIZAÇÃO DE JURISPRUDÊNCIA. DIREITO PREVIDENCIÁRIO. INDENIZAÇÃO DE CONTRIBUIÇÕES PREVIDENCIÁRIAS. NATUREZA CONSTITUTIVA DO DIREITO À CONTAGEM DO TEMPO DE CONTRIBUIÇÃO. TEMPO DE SERVIÇO RURAL INDENIZADO APÓS A EC 103/2019. CÔMPUTO PARA CONCESSÃO DE BENEFÍCIO DE ACORDO COM A LEGISLAÇÃO ANTERIOR À EC 103/2019. DIREITO ADQUIRIDO. RECURSO CONHECIDO E PARCIALMENTE PROVIDO.
>
> 1. No julgamento do PUIL 5001844-45.2020.4.04.7114, esta Turma Nacional de Uniformização manifestou a orientação de que as contribuições previdenciárias

indenizadas têm caráter constitutivo do direito à prestação previdenciária, "motivo pelo qual é inviável a fixação do termo inicial do benefício pretendido em momento anterior ao pagamento", já que, em regra, o segurado não pode usufruir dos benefícios previdenciários sem a devida contraprestação prévia.

2. Embora estabelecendo que o termo inicial do benefício está condicionado ao custeio das contribuições indenizadas, a Turma não apreciou, nem mesmo de forma reflexa, a questão acerca do direito adquirido ao benefício de aposentadoria ou mesmo se há direito à utilização das regras de transição, nos casos em que a indenização/complementação foi realizada após a vigência da EC 103/2019 (relativas a labor anterior à referida mudança constitucional).

3. A jurisprudência se consolidou no sentido de que o tempo de serviço se incorpora ao patrimônio do trabalhador com base na lei vigente na data em que o trabalho foi prestado (STJ, 1ª Seção, REsp 1.398.260, j. 14.05.2014). Essa, aliás, é também a ratio que se encontra na base do enunciado da Súmula 33 deste Colegiado Nacional, segundo o qual o termo inicial da aposentadoria por tempo de serviço concedida em juízo será a DER, ainda que a comprovação do cumprimento pleno dos respectivos requisitos se dê em momento posterior e só depois tal prova tenha chegado ao conhecimento do INSS. Conclui-se que o direito ao benefício, ao contrário do direito à prestação previdenciária tem por legislação de regência aquela vigente quando do implemento da condição etária ou do tempo de serviço. A necessária regularização superveniente do labor já desempenhado não tem o condão de alterar a legislação a ser considerada quando já completado o tempo de contribuição em momento anterior, visto que nesse caso o direito já se encontra incorporado ao patrimônio jurídico do segurado.

4. Assim, também no que se refere às contribuições, a legislação a ser aplicada é a vigente na data em que foram implementados os requisitos para a aposentadoria, mesmo que a indenização/regularização do período já laborado ocorra depois da EC nº 103/2019. Com efeito, se os requisitos foram implementados em momento anterior, o pagamento da indenização é condição necessária para que o benefício seja exigível, mas o fato de ela ter sido paga a destempo não pode determinar a aplicação da legislação posterior, salvo se ela for mais benéfica.

5. O tempo de contribuição e o direito à indenização integram o patrimônio jurídico do segurado, ainda que eventuais efeitos financeiros sejam postergados pela tardia indenização. Tem-se, portanto, que uma situação é o direito adquirido ao reconhecimento do tempo de contribuição, outra são os efeitos financeiros de sua contagem e da concessão da aposentadoria – estes, sim, dependentes da prévia indenização.

6. Portanto, o recurso de uniformização resulta parcialmente provido, para fixar o entendimento de que o tempo de serviço rural exercido após 10/1991, desde que efetivamente indenizado, pode ser utilizado para a concessão de benefício de acordo com a legislação anterior à EC 103/2019, ainda que o pagamento da respectiva indenização tenha ocorrido em data posterior.

7. Tese fixada: Na hipótese de indenização de contribuições previdenciárias para fins de contagem de tempo de contribuição após a EC 103/2019, o termo inicial

do benefício está condicionado ao seu efetivo pagamento, mas o segurado tem o direito adquirido ao benefício em conformidade com as normas vigentes ao implemento do requisito etário ou temperal previsto na referida emenda (caso mais benéficas), aí incluindo-se as regras de transição.

**Tese firmada:**

**Na hipótese de indenização de contribuições previdenciárias para fins de contagem de tempo de contribuição após a EC 103/2019, o termo inicial do benefício está condicionado ao seu efetivo pagamento, mas o segurado tem o direito adquirido ao benefício em conformidade com as normas vigentes ao implemento do requisito etário ou temperal previsto na referida emenda (caso mais benéficas), aí incluindo-se as regras de transição.**

Julgado em 22/11/2023

Registre-se que a questão será apreciada pelo STF no julgamento do tema **1329** em sede de repercussão geral:

***"Tema 1329 – Possibilidade de complementação de contribuição previdenciária para enquadramento em regra de transição prevista no art. 17 da Emenda Constitucional nº 103/2019.***

***RE 1508285 RG***

*Repercussão Geral – Admissibilidade*

***Órgão julgador:*** *Tribunal Pleno*

***Relator(a):*** *MINISTRO PRESIDENTE*

***Julgamento:*** *04/10/2024*

***Publicação:*** *09/10/2024*

*Ementa: Direito constitucional e previdenciário. Recurso extraordinário. Complementação de contribuição previdenciária. Regra de transição da EC nº 103/2019. Repercussão geral. I. Caso em exame 1. Recurso extraordinário contra acórdão de Turma Recursal do Tribunal Regional Federal da 4ª Região que condenou o INSS a conceder benefício de aposentadoria, com fundamento no art. 17 da Emenda Constitucional nº 103/2019, mediante a complementação de contribuição previdenciária para enquadramento em regra de transição de tempo mínimo de contribuição. II. Questão em discussão 2. A questão em discussão diz respeito à possibilidade de recolhimento de contribuição previdenciária após a edição da EC nº 103/2019 para enquadramento em regra de transição do art. 17, que exige tempo mínimo de contribuição "até a data de entrada em vigor" da Emenda. III. Razões de decidir* ***3. A Emenda Constitucional nº 103/2019, que alterou o sistema de previdência social, garantiu em seu art. 3º, a concessão de benefício àqueles que tenham cumprido os requisitos para a aposentadoria ou pensão até a data de entrada em vigor da Emenda.*** *Por seu turno, o art. 17 da EC nº 103/2019 fixou regra de transição para a concessão de aposentadoria aos segurados que, até a edição da Emenda, contassem "com mais de 28 (vinte e oito) anos de contribuição, se mulher, e 33 (trinta e três) anos de contribuição, se homem". 4. Constitui questão constitucional relevante definir se as regras de transição do art. 17 da EC*

> *nº 103/2019 admitem a complementação de contribuição previdenciária em momento posterior a vigência da Emenda. Grande volume de ações a respeito. IV. Dispositivo 5. Repercussão geral reconhecida para a seguinte questão constitucional: saber se a complementação de contribuição previdenciária após a edição da EC nº 103/2019 autoriza a aplicação da regra de transição do art. 17, que exige tempo mínimo de contribuição na data de entrada em vigor da Emenda".*

Registre-se que o STF utilizou a expressão "complementação" em sentido amplo, pois o caso versa sobre o pagamento de indenização previdenciária efetuado por segurado especial referente a mês do ano de 1994, mas promovido após a EC 103/2019.

O julgamento, para além de avaliar a interpretação do artigo 17 da EC 103/2019, irá ditar os contornos do direito adquirido a ser formado até 13.11.2019, quando o pagamento da indenização previdenciária de competência antiga se der após a data de publicação da EC 103/2019.

> *"SENTENÇA – Ante o exposto, afasto as preliminares suscitadas pelo INSS e, no mérito, julgo PARCIALMENTE PROCEDENTE o pedido, forte no art. 487, I, do CPC, para: a) determinar ao INSS que reconheça e averbe em favor da parte autora o período de atividade rural em regime de economia familiar compreendido entre* ***04/03/1994 e 04/04/1994, considerando que houve o pagamento da respectiva indenização, devendo referido lapso ser considerado para fins de aplicação das regras de transição trazidas pela EC nº 103/19 ou eventual direito adquirido pelas regras que lhe são anteriores****; b) condenar o INSS a conceder à parte autora o benefício de aposentadoria conforme art. 17 das regras de transição da EC 103/19, a partir da DER reafirmada (25/11/2022), nos termos da fundamentação;"*

# REFERÊNCIA BIBLIOGRÁFICA

AMADO, Frederico. Curso de Direito e Processo Previdenciário, tomo 1 e 2. Juspodivm: 2025.

EDITORA
JusPODIVM
www.editorajuspodivm.com.br

Impressão e Acabamento
Plena Print
Indústria Gráfica

JUS4610